(Cooty)

Reminiscing

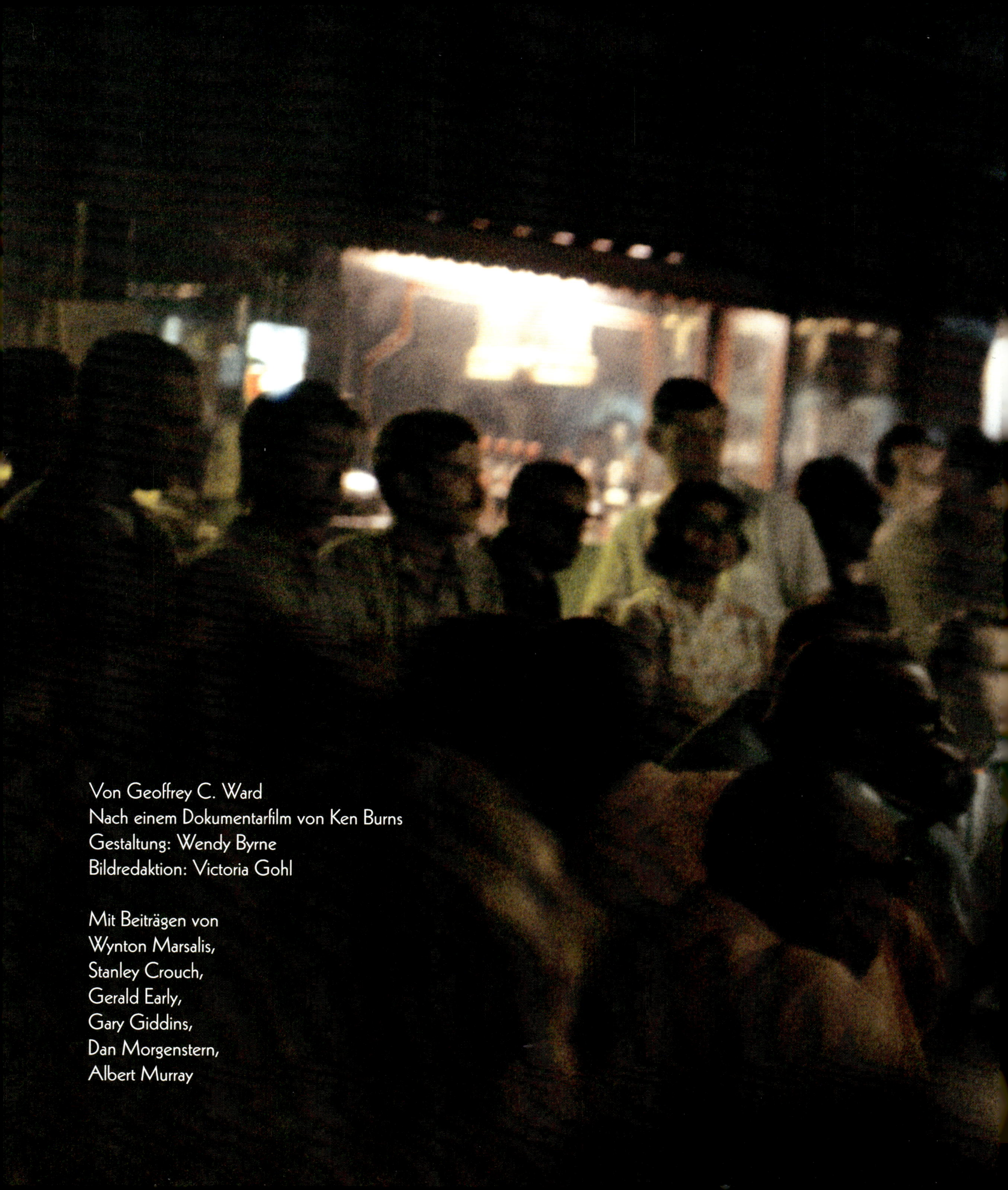

Von Geoffrey C. Ward
Nach einem Dokumentarfilm von Ken Burns
Gestaltung: Wendy Byrne
Bildredaktion: Victoria Gohl

Mit Beiträgen von
Wynton Marsalis,
Stanley Crouch,
Gerald Early,
Gary Giddins,
Dan Morgenstern,
Albert Murray

JAZZ

EINE MUSIK UND IHRE GESCHICHTE

Aus dem Amerikanischen von
Franca Fritz und Heinrich Koop

Econ

Die Originalausgabe erschien 2000 unter dem Titel
Jazz – A History of America's Music bei Alfred A. Knopf,
Random House, Inc., New York.

Der Econ Verlag ist ein Unternehmen der
Econ Ullstein List Verlag GmbH & Co. KG, München

I. Auflage 2001

ISBN 3-430-11609-0

Printed in Germany
Graphik und Satz: Sabine Dohme, München
Redaktion: Werner Wahls
Druck und Bindung: Mohn-Media, Gütersloh

Weitere Copyright-Hinweise siehe S. 479f.

INHALT

Vorsatz:
52nd Street

Vorhergehende Seiten:
Cootie Williams' Trompetenstimme für Duke Ellingtons »Reminiscing in Tempo«, Originalnoten des Komponisten, 1935.
Jazzklubs in Manhattan, um 1960.
Das Ornette Coleman Quartet, 1959: Coleman, Don Cherry, Billy Higgins (teilweise verdeckt), Charlie Haden

Folgende Seiten:
Louis Armstrong.
Vorderansicht des Apollo Theater, Harlem, um 1964.
Frank Trumbauer.
Billie Holiday.
Duke Ellington.
Die Hände von Art Tatum.
Charlie Parker.
Miles Davis.
Dave Brubeck (Vordergrund) und Paul Desmond.
Benny Goodman.
Savoy Ballroom in Harlem; die Tänzer bewegen sich zu einer Ballade des Lucky Millinder Orchestra, 1942.

UNSERE KUNST

Man kann es so sehen: Der Jazz ist ein gutes Barometer für die Freiheit. ... In ihren Anfängen brachten die Vereinigten Staaten von Amerika bestimmte Ideale der Freiheit und Unabhängigkeit hervor, aus denen sich schließlich auch der Jazz entwickelte – eine Musik, die so frei ist, dass manche Menschen sie für den einzigen ungehinderten, unverfälschten Ausdruck völliger Freiheit halten, den dieses Land je hervorgebracht hat.

DUKE ELLINGTON

»Wenn jemand in zweitausend Jahren unsere Zivilisation erforscht, werden die Amerikaner nur wegen drei Dingen in Erinnerung geblieben sein: wegen ihrer Verfassung, Baseball und Jazz.« Diese Bemerkung des Autors und Essayisten Gerald Early zaubert fast allen ein Lächeln aufs Gesicht, als ob er sie als Witz gemeint hätte, aber ich bin mir sicher, dass er diesen Satz ernst nahm – und damit absolut Recht hat. Wir haben im Lauf der letzten Jahre den Versuch unternommen, die typisch amerikanische Kunstform des Jazz zu ergründen – zunächst im Rahmen einer zehnteiligen historischen Dokumentation für das Fernsehen, und nun in diesem Buch.

Jazz, »unsere Kunst«, wie der Trompeter Wynton Marsalis sagt, ist die einzige von Amerikanern geschaffene Kunstform, ein beständiger und unauslöschlicher Ausdruck unseres größten Talents und unserer Hoffnungen, »eine schmerzlose Möglichkeit«, so Marsalis weiter, »uns selbst verstehen zu lernen.« Die Linien, Phrasen und Riffs dieser Musik sind nicht nur ein Spiegel der amerikanischen Kreativität, sondern eine fröhliche und zugleich sublime Verherrlichung ihrer erlösenden zukünftigen Möglichkeiten – sowohl auf einer gemeinschaftlichen als auch auf einer äußerst persönlichen und psychologischen Ebene.

Der Jazz ist vergleichbar mit einem Prisma, durch das ein Großteil der Geschichte der USA betrachtet werden kann – ein neugieriger und ungewöhnlich objektiver Zeitzeuge des 20. Jahrhunderts. Und daher ist das Buch ganz selbstverständlich auch eine Geschichte über Beziehungen zwischen den Rassen und Vorurteile, über Minstrel-Gehabe, Diskriminierung, Lynchjustiz und Bürgerrechte. Anstatt zu behaupten, dass die Geschichte der Schwarzen ein belangloses, politisch korrektes Addendum der amerikanischen Geschichte sei, stellt unsere Studie des Jazz die explosive Hypothese auf, dass diejenigen, denen die eigentümliche Erfahrung zuteil wurde, als Unfreie in einem freien Land leben zu müssen, in Wirklichkeit im Zentrum unserer geschichtlichen Entwicklung gestanden haben könnten. Afroamerikaner im Allgemeinen,und schwarze Jazzmusiker im Besonderen tragen mit sich eine komplizierte Botschaft für uns andere, eine Erinnerung an unsere großen Hoffnungen und unsere großen Schwächen; und die Musik, die sie schufen und dann großzügig mit dem Rest der Welt teilten, handelt von Widersprüchen, die viele von uns am liebsten ignorieren würden. Unser häufig vernachlässigtes Bewusstsein ist eingebettet in die Musik, ihre fesselnden Persönlichkeiten und erhabenen künstlerischen Leistungen – eine Botschaft der Hoffnung und Transzendenz, der Zustimmung im Angesicht der Not, beispiellos im sich ständig weiter entwickelnden dramatischen Geschehen, das wir amerikanische Geschichte nennen. Der Jazz erschien uns wie eine Schablone der Veränderung in einer sich ständig verändernden Welt, und doch zugleich als Fundgrube sorgfältig erhaltener Wahrheiten, so alt wie das Versprechen der Freiheit. In Clubs und auf Konzertbühnen hat der Jazz diese Botschaft lebendig erhalten.

Aber Jazz ist viel mehr. Er erzählt die Geschichte zweier Weltkriege und einer verheerenden Wirtschaftskrise, er ist der Soundtrack, der den Amerikanern durch ihre schwersten Krisen half. Jazz erzählt

LOUIS ARMSTRONG
AND HIS ORCH
CAST 50
MIDNITE SHOW
TONIGHT
LOUIS
ARMSTRONG

vom Sex, von der Art, wie Männer und Frauen miteinander sprechen, und den komplizierten Ritualen des Werbens – ein subtiler und kultivierter Paarungsruf, der in den letzten Jahren fast völlig aus der populären Musik verschwunden zu sein scheint. Er erzählt von Drogen, den schrecklichen Folgen der Sucht und dem hohen Preis der Kreativität. Er erzählt vom Aufkommen und der explosionsartigen Ausbreitung des Radios und von der Seele großer amerikanischer Städte – New Orleans, der Geburtsstätte des Jazz, sowie Chicago, Kansas City und New York, wo diese Musik erwachsen wurde. Er erzählt von Immigration, Assimilation und dem Gefühl der Vertreibung – und von der Musik als rettendem Anker. Er erzählt von Bewegung und Tanz und davon, wie man mit dem Hintern wackelt. Er erzählt vom Entertainment, der häufig abgetanen, aber heiligen Gemeinschaft von Künstler und Publikum. Er erzählt von Einsamkeit und Isolation und der beinahe unerträglichen Bürde des Bewusstseins. Er erzählt vom Leiden und vom Feiern – er erzählt vor allem vom Feiern – und von Füßen, die im Takt wippen.

Und der Jazz erzählt die Geschichte von Dutzenden außergewöhnlicher Menschen, die uns, den Mitarbeitern an diesem Buch, fast wie Familienmitglieder ans Herz gewachsen sind: Proteische Genies – Schwarze und Weiße, Frauen und Männer, Süchtige und Waisen, Zuhälter und Prostituierte, Privilegierte und Verzweifelte, die in der Lage waren, etwas zu tun, von dem wir anderen nur träumen können, nämlich hier und jetzt Kunst zu schaffen.

Fast sechs Jahre haben wir an der Fernsehserie und dem Buch gearbeitet. Unserer Meinung nach repräsentiert dieses Projekt die umfassendste Dokumentation, die je zum Thema Jazz zusammengestellt wurde. Und dennoch konnte so vieles nicht berücksichtigt werden, Dutzende außergewöhnlicher Musiker, Geschichten und Augenblicke, weil wir unser Ziel nicht aus den Augen verlieren durften – eine überzeugende Geschichte für ein breites Publikum zu erzählen. Die wahre Geschichte des Jazz, die nie vollständig erzählt werden kann, ist die Geschichte von einer Million Nächten, in denen – allen Widrigkeiten zum Trotz – Männer und Frauen aller Hautfarben und mit häufig erstaunlichen Begabungen zusammenkamen und große Kunst schufen, wobei sie jedes Mal Jahrhunderte menschlichen Leidens, Grausamkeit, Überwindung, Suche und schließlich Freude wieder aufleben ließen. Wir haben uns ganz bewusst dafür entschieden, einige außergewöhnliche und sinnbildliche Geschichten auszuwählen und so genau wie möglich nachzuerzählen, anstatt enzyklopädisch vorzugehen und keine Geschichte wirklich zu ihrem Recht kommen zu lassen. Wir bitten die »Jazzkenner« um Nachsicht, die sich durch derartige Auslassungen beleidigt fühlen könnten, und hoffen, dass die »Jazznovizen« durch die Lektüre dieses Buches angeregt werden, die unendlich vielfältige Landschaft »unserer Kunst« weiter zu erforschen.

Jedes neue Projekt bringt die Aussicht auf täglich neue Überraschungen und Freuden mit sich, während man versucht, einem Thema seine Geheimnisse zu entreißen und diese mit dem Publikum zu teilen. Bei Jazz war es ein ganz bestimmtes »Mitglied der Familie«, das mich in einer Art und Weise veränderte, die sich mit Worten kaum beschreiben lässt.

Als ich mit der Arbeit an diesem Projekt begann, hatte ich vielleicht zwei Jazzplatten in meiner relativ umfangreichen Plattensammlung – heute finde ich meine anderen Platten kaum noch wieder. Ich höre Jazz von morgens bis abends – Old Jazz und New Jazz, Mainstream und Avantgarde und Fusion, Swing und Bop und Cool. Ich spiele ihn Tag und Nacht, im Auto, wenn ich ins Bett gehe und während ich diese Sätze schreibe, weil seine differenzierten Rhythmen und eleganten Melodielinien wie Medizin für meine Seele sind. Aber es gibt einen Musiker, dessen Aufnahmen ich häufiger höre als alle anderen. Die größte Überraschung und Freude bestand für mich darin, die Kraft, die Größe und das Genie von Louis Armstrong kennen zu lernen.

Selbst die oberflächlichste Studie wird deutlich machen, welch zentrale Position Armstrong in der Musik einnimmt, die wir heute als Jazz kennen. Ich wusste natürlich bereits vor Beginn unseres Projekts, dass Armstrong für die Geschichte des Jazz eine wichtige Rolle spielt, aber bis dahin kannte ich ihn eigentlich nur als einen Typen mit einem Lächeln und einem Taschentuch und als Sänger von Popsongs wie »Hello, Dolly!« oder »It's a Wonderful World«. Ich hatte nicht die leiseste Ahnung von der Wahrheit, die Interview für Interview, Aufnahme für Aufnahme immer deutlicher zutage trat: Louis Armstrong ist schlicht und einfach die bedeutendste Persönlichkeit der amerikanischen Musik. Er ist für die Musik des 20. Jahrhunderts (ich habe nicht Jazz gesagt) das, was Einstein für die Physik, Freud für die Psychologie und die Gebrüder Wright für das Reisen sind. Zum einen hob Armstrong das Instrumentalspiel auf eine neue Ebene, befreite den Jazz von fast all seinen Beschränkungen und schuf im Grunde das, was wir heute als Swing kennen; zum anderen revolutionierte er auch den Gesang in ähnlicher Weise. Und all das tat er mit einer spirituell so umfassenden Herzlichkeit und Menschlichkeit, dass meine Gedanken über die Sterblichkeit von der Hoffnung gemildert werden, ihn eines Tages im Duett mit Gabriel hören zu dürfen (wobei er Gabriel natürlich – um mit seinen eigenen Worten zu sprechen – aus allen Wolken blasen wird). Diese Entdeckung war verblüffend und erhebend zugleich.

Alle, die wir für dieses Projekt interviewten – ob Musiker, die vor Jahrzehnten selbst mit Armstrong gespielt hatten, Musiker aus einer jüngeren Generation, die versuchten, sich in der heutigen Zeit mit Armstrongs Erbe auseinanderzusetzen, oder Kritiker, Autoren, Historiker, Freunde und Anhänger –, sie alle schüttelten letztlich nur den Kopf und sagten, dass Louis Armstrong »ein Geschenk Gottes« war, »ein Engel«.

Doch vielleicht hat Wynton Marsalis, selbst einer der großen Trompeter des Jazz, es in seiner Antwort auf meine Frage nach Louis Armstrong am besten beschrieben. Nachdem er bereits darauf bestanden hatte, dass Armstrong von Gott auserwählt wurde, »um uns allen das Gefühl und die Botschaft und die Identität des Jazz zu vermitteln«, fügte er noch eine abschließende Betrachtung hinzu:

»Louis Armstrongs überwältigende Botschaft ist eine der Liebe. Wenn man seine Musik hört, spricht daraus reine Freude. ... Er wollte sich um keinen Preis von den Mächten des Lebens besiegen lassen. Und diese Mächte kennen wir alle. ... Meine Ururgroßmutter sagte immer: ›Das Leben hat eine Rute für jeden Hintern‹, und es ist eine Rute, die genau für deinen Hintern gemacht ist, also wird sie wahrscheinlich auf einem anderen Hintern nicht funktionieren. Und wenn du an der Reihe bist ... wird die Rute auf deinem nackten Hintern tanzen und dir so gemein weh tun, wie du es dir kaum vorstellen kannst. Aber wenn du deine Tracht bekommen hast, wird Louis Armstrong da sein, und er wird dir sagen: ›Ist schon gut, mein Junge.‹«

KEN BURNS
WALPOLE, NEW HAMPSHIRE

Der Jazz feiert das Leben – das menschliche Leben. In all seinen Facetten. In seiner Absurdität. Seinen Beschränkungen. Seiner Größe. Seiner Intelligenz. Seiner Sexualität. Seiner Tiefe. Und er beschäftigt sich damit ... er beschäftigt sich wirklich damit.

Wynton Marsalis

Es ist krasser Individualismus in Reinkultur. Es bedeutet, raus auf die Bühne zu gehen und zu sagen: Völlig egal, wie es irgendjemand vor mir gespielt hat – ich werde es genau so spielen und nicht anders.

Gary Giddins

Wer einem Jazzmusiker beim Spielen zusieht, der sieht einen Pionier, einen Forscher, einen, der experimentiert, einen Wissenschaftler, und dies alles gleichzeitig – denn dieses Spiel ist die Inkarnation des kreativen Prozesses!

Albert Murray

Es ist die Musik Amerikas – erwachsen aus einem millionenfachen Austausch zwischen Haben und Nichthaben, Glück und Trauer, Land und Stadt, zwischen Schwarz und Weiß und Männern und Frauen, zwischen dem Alten Afrika und dem Alten Europa –, die nur in einer völlig Neuen Welt entstehen konnte.

Es ist eine Kunstform, die sich selbst immer wieder neu erfindet – so wie das Land, in dem sie geboren wurde.

Sie belohnt individuellen Ausdruck, verlangt aber gleichzeitig selbstlose Zusammenarbeit.

Sie verändert sich ständig, bleibt aber fast immer fest im Blues verwurzelt.

Sie besitzt eine reiche Tradition und ihre eigenen Gesetze, entfaltet sich aber jede Nacht völlig neu.

Sie erzählt davon, wie man seinen Lebensunterhalt verdient, wie man alles riskiert, alles verliert und die Liebe findet, wie man die Dinge vereinfacht und wie man sich in Schale wirft.

Sie hat ungeheure Popularität genossen und harte Zeiten überstanden, aber sie hat die Amerikaner – und zwar alle Amerikaner – immer von ihrer besten Seite gezeigt.

Wie der Schlagzeuger Art Blakey zu sagen pflegte: »Jazz wäscht dir den Staub des Alltags vom Leib.«

Aber letztendlich zählt nur eins – Jazz swingt.

SUPERIOR ORCH
SUPERIOR ORCH
SUPERIOR ORCH
SUPERIOR ORCH
SUPERIOR ORCH
LEADER
SUPERIOR ORCH

JAZZ GUMBO

Im September 1931 tauchten überall in Austin, Texas, knallbunte Plakate an den Häuserwänden auf. Sie zeigten einen strahlenden schwarzen jungen Mann mit einer goldenen Trompete in der Hand und waren in ihrer unparteiischen Offenheit für die damalige Zeit und den Ort Aufsehen erregend. Denn es haftete ihnen nichts Clowneskes oder Übertriebenes an, und sie enthielten keine Spur der primitiven Minstrel-Stereotypen, mit denen schwarze Amerikaner damals gemeinhin dargestellt wurden. »Louis Armstrong, King of the Trumpet, and His Orchestra«, würden ab dem 12. Oktober viermal im Hotel Driskill zum Tanz aufspielen.

Unter den Gästen, die 75 Cent Eintrittsgeld bezahlten, war ein Erstsemester der Universität von Texas namens Charlie Black. Die Plakate hatten ihn magisch angezogen. Er verstand wenig von Jazzmusik und hatte noch nie etwas von Armstrong gehört. Dafür wusste er, dass wahrscheinlich jede Menge Mädchen zum Tanzen da sein würden. Auf der Tanzfläche

Das Original Superior Orchestra, um 1908. Kornettist ist Bunk Johnson, Peter Bocage spielt Violine, Louis »Big Eye« Nelson Klarinette. Diese auf verschiedene Spielarten des Ragtime spezialisierte Gruppe richtete sich an eine eher vornehme Zuhörerschaft; Johnson und Bocage gehörten jedoch auch der Eagle Band an, die für ein erheblich ungehobelteres Publikum Blues spielte.

sah man ausschließlich Weiße – nur Armstrong, seine Musiker und die Kellner waren Afroamerikaner. Dann, erinnerte sich Black, begann Armstrong zu spielen:

> »… meist mit geschlossenen Augen, und er ließ aus diesem inneren Raum der Musik Dinge strömen, die es nie zuvor gegeben hatte … die Kraft einer Dampfpfeife, lyrische Anmut, die er beliebig abwechseln oder sogar mischen konnte.
>
> Er war das erste Genie, das ich je zu sehen bekam … Man kann gar nicht überschätzen, was es für einen 16-jährigen Jungen aus dem Süden bedeutet, zum ersten Mal einen genialen Menschen vor sich zu sehen – und dann ausgerechnet einen Schwarzen. Damals haben wir Schwarze überhaupt nicht wahrgenommen, und wenn, dann nur als Diener. Natürlich gab es, wie man später erfuhr, in Austin auch Schwarze in gehobeneren Positionen, auch Intellektuelle, aber die blieben unter sich, kamen kaum in die Stadt, wahrscheinlich, um Demütigungen aus dem Weg zu gehen. Die meisten Schwarzen, die ich kannte, konnte ich gut leiden – manche sogar sehr, zum Beispiel Old Buck Green, der als Sklave geboren und aufgewachsen war und der mir beibrachte, die Mundharmonika so zu spielen wie er. Damals war er 75 und ich zehn Jahre alt. Manche Schwarze wurden, auf diese paradoxe weiße Art des Südens, geehrt und hoch geachtet – und auch dabei fällt mir wieder Buck Green ein. Aber ein Genie, das mit Leichtigkeit alle ihm gegebenen Fähigkeiten beherrscht, alle Höhen und Tiefen, für alle Zeiten? Es war mir schlichtweg nie in den Sinn gekommen …, dass ich so etwas erstmals bei einem Schwarzen entdecken würde. Es war einfach nicht zu fassen … Lügen haben kurze Beine, widersprechen einander, säuseln albern herum und verblassen irgendwann im Dunkel. Aber die Wahrheit, die man selbst gesehen hat, hat Bestand.«

Neben Black stand ein Junge von der Austin High School. »Wir hörten gemeinsam lange Zeit zu«, erinnerte sich Black. »Schließlich wandte er sich mir zu, schüttelte den Kopf, als wolle er – so schien es mir – einen zwar vagen, aber unannehmbaren Gedanken abschütteln, und sagte dann einen Satz, der perfekt die vorherrschende Meinung der damaligen Zeit und des Ortes widerspiegelte: ›Na und? Er ist trotzdem nur ein gottverdammter Nigger!‹« Dann ging er. Für Black aber war von nun an nichts mehr so wie vorher. »Louis öffnete mir die Augen und stellte mich vor die Wahl. Schwarze, so sagte man damals, ›gehörten an ihren Platz‹. [Aber] wo war der ›Platz‹ eines solchen Mannes und der seiner Vorfahren?«

Aus Charlie Black wurde später Professor Charles L. Black Jr., ein berühmter Verfassungsrechtler. 1954 versuchte er die Frage zu beantworten, die die Musik von Louis Armstrong ihm seinerzeit gestellt hatte: Er wurde Mitglied der Gruppe von Anwälten, Schwarzen wie Weißen, die den Obersten Gerichtshof der USA im Fall Brown vs. Board of Education of Topeka davon überzeugen konnten, dass die Rassentrennung von Schulkindern verfassungswidrig war und die Formel »Separate but Equal« (Getrennt, aber gleichberechtigt) nach US-Recht nicht länger hingenommen werden konnte.

Genialität lässt sich letztlich auf nichts zurückführen. Keine noch so aufwändige historische oder psychologische Forschungsarbeit kann das Auftauchen solcher Künstler wie Bach, Picasso oder Armstrong erklären, die aus dem Nichts zu kommen scheinen und allein durch ihre individuelle Kreativität eine ganze Kunstrichtung von Grund auf erneuern. Auch die Ursprünge der Musik, die Armstrong spielte, sind nur schwer fassbar. Die Jazzmusik gehört allen Amerikanern, und mit der Zeit galt sie in aller Welt als Symbol der positivsten Eigenschaften des Landes – geschaffen wurde sie jedoch von Menschen, denen die grundlegendsten Vorteile eines Lebens in den USA verweigert wurden. Sie wuchs an tausenderlei Orten auf – doch geboren werden konnte sie nur in New Orleans, der Heimatstadt von Louis Armstrong.

New Orleans. Der alte French Market um 1895. Dieses Foto entstand 76 Jahre nachdem Benjamin Henry Latrobe den Markt zum ersten Mal sah.

In den frühen Morgenstunden des 12. Januar 1819 ging die Brigg Clio nach dreiwöchiger Fahrt von New York auf der Reede von New Orleans vor Anker. Unter den Passagieren befand sich der Architekt Benjamin Henry Latrobe (1764–1820), der Vater des »Greek Revival«-Stils in Amerika, der kurz zuvor die Umbauarbeiten am State Capitol in Washington geleitet hatte. Er war ein weltlich gesinnter, weit gereister Mann, der aus England stammte und in Frankreich, Deutschland und Italien gelebt und gearbeitet hatte. Nun brannte er darauf, zum ersten Mal die größte Stadt und den bedeutendsten Hafen des amerikanischen Südens zu erleben. Doch als der Tag endlich anbrach, »umhüllte ein so dichter Nebel die Stadt, dass man ihre Existenz nur mit den Ohren feststellen konnte«, schrieb Latrobe, und er hörte »seltsamere Klänge, als man sie irgendwo sonst auf Erden zu hören bekommt … Es ist ein beständigeres, lauteres, rascheres und bunteres Geschnatter aller vorstellbaren Sprachen, als man es in Babel hätte vernehmen können.«

Schließlich verdrängten die wärmenden Sonnenstrahlen den Nebel, so dass Latrobe und seine Mitpassagiere an Land gehen und die Quelle dieser merkwürdigen Kakophonie ermitteln konnten. Entlang der Anlegestelle erstreckte sich, so notierte Latrobe, ein Markt unter freiem Himmel, »nach Westen so weit das Auge reichte, nach Osten bis zur Markthalle«, mit zwei Reihen von Händlern, die lautstark alles anpriesen, Bananen, Blecheimer, frische Fische, seltene Bücher:

> »Einige haben Stände oder Tische mit einem Vordach oder einer Segeltuchplane … Die Mehrzahl hat jedoch die Ware auf dem Boden ausgelegt … auf einem Stück Segeltuch oder einem Haufen Palmenblätter. Die Händler selbst waren nicht weniger vielfältig als die angebotenen Artikel. Weiße Männer und Frauen, Braun in allen Schattierungen, Gesichter aus allen gesellschaftlichen Schichten, vom rundlichen Yankee zum hageren Spanier, von pechschwarzen Negern und Negerinnen über

Kreuzung St. Peter / Royal Street im Herzen des French Quarter, aufgenommen 1884. Die im Kolonialstil erbauten Häuser entstanden nach 1840, 40 Jahre, nachdem New Orleans unter amerikanische Herrschaft gekommen war. Die Eisenverzierungen wurden in späterer Zeit hinzugefügt. Diese Architektur war ein deutlicher Beleg für die Entschlossenheit der Bürger von New Orleans, die Eigenständigkeit ihrer Stadt zu bewahren.

halbnackte, schmutzige Indianer zu Mulatten mit gelocktem oder glattem Haar, Terzeronen [Nachkommen eines Weißen und einer Mulattin] aller Schattierungen mit langem, krausen Haar, die Frauen in knallgelben und scharlachroten Röcken, die Männer mit Mützen und Hüten ... Ich glaube, ich bin bestimmt 500 Verkäufern und Käufern begegnet, die allesamt ihre Stimmbänder strapazierten, um einander an Lautstärke zu übertreffen«.

Diesem einzigartigen, aus aller Welt stammendem Stimmengewirr sollte schließlich die charakteristischste Musik Amerikas entspringen. »Alles hier wirkt sonderbar«, beschrieb Latrobe New Orleans am Ende seines ersten Tages in der Stadt. Es war für ihn »unmöglich, die Dinge nicht unter einem völlig neuen Aspekt zu betrachten, selbst für jemanden, der in Europa und Amerika viel herumgekommen ist.«

Tatsächlich musste New Orleans ihm einen gänzlich ungewöhnlichen Anblick bieten, handelte es sich doch um die wohl kosmopolitischste Stadt der damaligen Welt. Gegründet wurde sie 1718 von den Franzosen, mitten in einem moskitoverseuchten Sumpfgebiet 90 Meilen nördlich der Mündung des Mississippi. Kurzzeitig von den Spaniern regiert, gelangte sie danach wieder unter französische Hoheit und erhielt Besuch von Schiffen aus aller Herren Länder; später wurde die Stadt mehr oder weniger friedlich von amerikanischen Flachbootmatrosen besetzt, die die Französisch sprechenden Stadtbewohner als »Kaintucks« verspotteten. 1803 fiel sie durch den Verkauf des Louisiana-Territoriums (den so genannten Louisiana-Purchase) an die USA.

»Es gibt hier im Grunde drei Gesellschaften«, hielt Latrobe ein paar Tage später fest, nachdem er sich in seinem Hotel mit Blick auf den alten Exerzierplatz der Franzosen eingerichtet hatte, aus dem bald darauf der Jackson Square werden sollte. »1. Die Franzosen, 2. Die Amerikaner und 3. Die Gemischten.« Dabei besaß Latrobe erst eine vage Vorstellung von der unendlichen Schichtenvielfalt der Stadt. So teilten sich selbst die Franzosen noch einmal untereinander auf in die Nachkommen der ersten Siedler und diejenigen, die aus Kanada, vor der Französischen Revolution, den Napoleonischen Kriegen oder dem Sklavenaufstand geflohen waren, der erst kurz zuvor die französische Herrschaft über Haiti

Als Currier & Ives 1885 diese Stadtansicht aus der Vogelperspektive veröffentlichten, war New Orleans noch immer der geschäftigste Hafen im Süden. Die breite Straße, die sich diagonal vom Hafenviertel bis zum fernen Ufer des Lake Pontchartrain zieht, die Canal Street, markierte die Trennlinie zwischen »Downtown«, dem ältesten und vornehmsten Stadtteil, in dem sich die Creoles of Color ansiedelten (rechts), und »Uptown«, dem »American Quarter«, das von Neuankömmlingen bevölkert wurde, zum Beispiel schwarzen Einwanderern aus dem Landesinnern.

Daguerreotypien von Creoles of Color, wahrscheinlich um 1865 entstanden. Die Porträtierten sind unbekannt, doch ihre elegante Kleidung deutet auf einen gewissen Wohlstand hin, den im kosmopolitischen New Orleans auch einige Nichtweiße erlangen konnten.

und Santo Domingo beendet hatte. Alle jedoch waren sie bestrebt, ihre Sprache und ihre römisch-katholischen Bräuche beizubehalten, und stolz grenzten sie sich von den protestantischen amerikanischen Neuankömmlingen ab, die nun in die Stadt strömten und deren Kultur, wie Latrobe notierte, der ihren entgegengesetzt zu sein schien. »Das Bestreben der Amerikaner«, schrieb Latrobe, »ist es, Geld zu machen. Sie sind ständig in Bewegung. Ihre Gliedmaßen, ihr Kopf und ihr Herz richten sich einzig und allein auf dieses Ziel.«

Doch die Stadt war noch vielschichtiger. Sie, die wegen ihrer Lage an einer Flussbiegung auch »Crescent City« genannt wurde, war auch die Heimat der Choctaw- und Natchez-Indianer. Und darüber hinaus sollte sie bald einen Zustrom von Menschen aus dem Balkan verzeichnen – Kroaten, Serben, Montenegriner, Griechen und Albaner. Neben Chinesen und Malaien kamen und blieben Spanisch sprechende Filipinos, und nach 1850 gesellten sich zahlreiche deutsche, irische und sizilianische Einwanderer hinzu. Um 1860 stammten 40 Prozent der Einwohner von New Orleans aus dem Ausland.

New Orleans war ein Zentrum des Sklavenhandels. In seiner Blütezeit gab es in der Stadt nicht weniger als zwei Dutzend Auktionshäuser für Sklaven, und die geräumigen Tanzsäle der zwei größten Hotels am Ort fungierten mehrmals im Jahr als Ausstellungsräume für die menschliche Ware. Zugleich beherbergte die Stadt jedoch auch die wohlhabendste Gemeinschaft freier »Farbiger« im ganzen Süden. Viele von ihnen waren Abkömmlinge der französischen Siedler und deren afroamerikanischer oder indianischer Frauen und Geliebten. Sie nannten sich »Creoles of Color« und sprachen Französisch oder eine Mundart, die weiße Amerikaner als »Niggerfranzösisch« bezeichneten. Die Wohlhabendsten unter ihnen schickten ihre Kinder nach Paris in die Schule.

Die Kreolen kontrollierten die Zigarrenherstellung, das Maurer- und Zimmerhandwerk sowie die Schuhmacherei in der Stadt. Viele wohnten südlich der Canal Street im ursprünglichen, besonders vornehmen, »Downtown« genannten Stadtteil und standen den schwarzen Dienern, Sklaven und Dienstboten bestenfalls ambivalent gegenüber, die sich im »Uptown« genannten amerikanischen Viertel drängten.

»Die Menschen hier sind äußerst voreingenommen«, erklärte der kreolische Geiger Paul Dominguez. »Und die Hautfarbe entscheidet alles ... [Wir] in Downtown bemühen uns, klug zu sein. Alle lernen ein Handwerk. Wir versuchen das Gefängnis zu meiden. Uptown, jenseits der Canal Street, da sind sie das Gefängnis gewöhnt. Hier in der Stadt gibt es gewaltige Unterschiede. Die Leute in Uptown sind allesamt Rüpel, haben ein zerschlagenes Gesicht und wohnen am Fluss. Alles Baumwolle – dort ist man Hafenarbeiter oder Handlanger. Und was mich betrifft, ich war noch nicht einen Tag meines Lebens auf dem Fluss.«

Einige Jahre nach der Ankunft Latrobes fing ein Besucher namens James R. Creecy die heterogene Natur der Stadt in Knittelversen ein:

Warst du je in New Orleans?
Falls nicht, dann fahr bloß hin.
Tag und Nacht gibt's eine Show
und furchtbar viel zu sehn!
Franzosen, Spanier und Westinder,
Kreolen und Musties,
Leute aus Kentucky und Tennessee,
Rechtsanwälte und Yankees.
Pfarrer, Priester, Mönche und Nonnen,
Frauen jeglicher Farben;
Schwarze in Purpur und feinem Tuch,
Sklaven in Ketten, mit Lumpen und Narben.
Schiffe, Flachboote, Dampfer und Räuber,
Piraten und Alligatoren,
Mörder, Spieler, Trinker und
Baumwoll-Spekulatoren;
Matrosen, Soldaten und hübsche Mädchen,
'ne hässliche Wahrsagerin;
Zuhälter, Schläger, Garnelen und
Gauner mit Üblem im Sinn;
Weiße Männer mit schwarzen Frauen, doch
umgekehrt gibt's das auch schon.
Nachkommenschaft aller Hautfarben –
ein höllisches Menschenbabylon.

Jedes Element dieser »Nachkommenschaft aller Hautfarben« und dieses »höllischen Menschenbabylons« brachte seine einzigartige, charakteristische Musik in den Schmelztiegel New Orleans ein und legte so den Grundstein für den Jazz.

AURORA BOREALIS

»Während wir Kinder gerade auf der Straße spielten, hörten wir plötzlich Töne«, erinnerte sich der aus New Orleans stammende Gitarrist Danny Barker. »Es war wie ein Naturphänomen, wie die Aurora Borealis. Man konnte deutlich hören, dass

Zuckerfabrikarbeiter aller Hautfarben warten auf ihren Wochenlohn (Foto von Georges François Mugnier, um die Jahrhundertwende).

ein paar Leute Musik machten, aber niemand wusste, woher die Töne kamen. Also rannten wir los. ›Es kommt von hier!‹ ›Nein, von da drüben!‹ Und manchmal, nachdem wir eine Weile herumgelaufen waren, stellten wir fest, dass diese Musik ziemlich weit weg sein musste. Aber so ein Sound konnte ständig irgendwo auftauchen. Die ganze Stadt war voll solcher Musik.«

Barker erinnerte sich zwar an seine Kindheit zu Beginn des 20. Jahrhunderts, doch die schmutzigen Straßen seiner Heimatstadt waren schon immer von Musik erfüllt gewesen. Schon lange vor Latrobes Besuch hatte das Tanzen im Leben der Einwohner von New Orleans eine wesentliche Rolle gespielt. »Im Winter tanzen sie, um sich aufzuwärmen«, erzählte ein französischer Besucher, »und im Sommer tanzen sie, um sich abzukühlen.« Die römisch-katholische Tradition der Stadt, die nichts Sündhaftes am Tanzen finden konnte und für die der Sonntag sowohl Feiertag als auch der Tag des Herrn war, erwies sich als ausgesprochen resistent gegenüber den Bemühungen der protestantischen amerikanischen Neuankömmlinge, die Lebensweise in New Orleans zu verändern. Als 1831 eine Schar von Geistlichen die Stadt aufforderte, die Tanzsaison zumindest zu beschränken, brandmarkte die örtliche Zeitung Bee sie als »Männer, denen von Gott befohlen wurde, der Welt zu verkünden, der Tanz sei eine Erfindung des Teufels ... und der Schöpfer habe uns den Sinn für Vergnügungen lediglich gegeben, damit wir uns rühmen können, ihm zu widerstehen.« Jedenfalls vermochten sie keinen Einfluss auf die Stadt zu nehmen. Zehn Jahre später florierten bereits 80 öffentliche Tanzsäle, die sich, wie ein Besucher schrieb, »zu einer einzigen riesengroßen Arena für Walzer und Galopp« entwickelt hatten.

Meist waren es kreolische Musiker – manchmal ganze Orchester, öfter aber ein Streichertrio oder -quartett –, die in der Stadt für die weißen oder kreolischen Tänzer spielten: Walzer, Polkas, Schottische, Quadrillen oder sinnliche, synkopierte Kontratänze, zum Beispiel Habaneras, mit spanischen, aus Haiti und Kuba stammenden Rhythmen. Sie spielten auch für die berühmt-berüchtigten »Terzeronenbälle«, auf denen weiße Männer sich kreolische Mätressen suchten. Nichtweiße Männer waren zwar offiziell ausgeschlossen, doch zuweilen ließ sich nur schwer entscheiden, wer wen zum Tanz aufforderte, da Männer wie Frauen meist Masken trugen. Wie Danny Barker feststellte, wurde in New Orleans seit jeher »ziemlich ausgiebig integriert«.

Schon lange vor dem Bürgerkrieg (1861–65) zeigte New Orleans sich »wie besessen vom Saxophon- und Trompetenspiel«, wie es die Lokalzeitung Picayune nannte. Außerdem spielten Tanzmusiker nebenbei oft auch in den Marching Bands, die immer und überall in der Stadt präsent waren – sei es zur Unterhaltung der Picknickgesellschaften in den Parks oder am Südufer des Lake Pontchartrain, wo sie ihre Melodien von

Mit seiner Erstaufführung von »Jump Jim Crow« am 25. November 1833 im American Theater an der New Yorker Bowery erregte Thomas Dartmouth »Daddy« Rice so großes Aufsehen, dass man noch jahrzehntelang die Nachwirkungen spüren konnte und das Ereignis von einem unbekannten Maler festgehalten wurde. Minstrel-Shows, bei denen weiße, als Schwarze zurecht gemachte Sänger oder Komiker auftraten, brachten den weißen Amerikanern – die gar nicht genug davon bekommen konnten – eine zwar lebendige, doch verzerrt dargestellte Form afroamerikanischen Gesangs und Tanzes nahe. Die unten abgebildete Sammlung so genannter Negermelodien aus dem Jahr 1867 war nur eine von tausenderlei Versuchen, von dem Rummel zu profitieren, den Daddy Rice ausgelöst hatte.

den Decks der Seite an Seite vor Anker liegenden Dampfschiffe schmetterten – was ein Beobachter als »Kampf der Klänge« bezeichnete. Und schließlich begleiteten sie Trauernde zum Friedhof hin und zurück, »vor, neben und hinter ihnen eine Menschenansammlung aller Hautfarben, beiderlei Geschlechts und in jedem nur erdenklichen Zustand«.

Zu diesem Trauermarsch, der auf dem Weg zum Friedhof von langsamen, getragenen Weisen, auf dem Rückweg aber von anregenden, heiteren Melodien begleitet wurde, äußerte sich damals fast jeder Besucher der Stadt – nicht zuletzt deshalb, weil man ihnen fast überall begegnete. Die ansteckende Lebensfreude der Stadt konnte die Tatsache nicht überdecken, dass das von Sümpfen umgebene und alljährlich von Überschwemmungen heimgesuchte New Orleans nicht einmal über die grundlegendsten sanitären Einrichtungen verfügte und eine Brutstätte für Krankheiten darstellte. Zwischen 1817 und 1860 brach 23-mal das Gelbfieber aus und forderte Tausende Opfer. Dazu kamen Cholera- und Malariaepidemien: Noch 1880 starb fast die Hälfte aller nichtweißen Neugeborenen im ersten Lebensjahr und die durchschnittliche Lebenserwartung eines Schwarzen lag bei lediglich 36 Jahren (wobei Weiße im Durchschnitt auch nur ein Jahrzehnt älter wurden).

In dieser Situation spendete die Musik Trost und gute Laune. Die Theater führten die bizarre »Promenadenmusik« der Minstrel-Shows auf, so genannte Plantagenmelodien, die zwar häufig auf authentischen schwarzen Songs und Spirituals beruhten, aber von weißen wie schwarzen Komponisten zu formalen Kompositionen umgearbeitet wurden. Aufgeführt wurden sie von als Schwarze geschminkten Weißen (später häufig von Schwarzen, die als Weiße zurechtgemacht waren, welche wiederum Schwarze spielten ...). Fast ein Jahrhundert lang blieb die Minstrel-Show die populärste Unterhaltungsform in Amerika – eine ritualisierte Mischung aus lebendiger Musik, Klamauk, anspruchsvoller Eleganz, bewusst übertriebenen, hässlichen und hartnäckigen Klischees und zugleich grenzenloser Begeisterung für die Musik und Tänze der am meisten verachteten Minderheit des ganzen Landes. Der erste Minstrel-Hit wurde von Thomas Dartmouth »Daddy« Rice, einem Weißen, geschrieben und (mit geschwärztem Gesicht) gesungen. Er behauptete seinerseits, er habe das Lied zum ersten Mal aus dem Munde eines schwarzen Stallburschen gehört, der gerade einen Pferdestall ausmistete. Rice gab dem Stück den Namen des Jungen – Jim Crow – und trat damit mehrmals mit großem Erfolg in New Orleans auf.

Zumindest einmal drückte die Crescent City der Tradition der Minstrel-Shows ihren ganz eigenen Stempel auf: 1840 bot Mick Saunders, der bekannte Entertainer, mit geschwärztem Gesicht seine Version zweier stereotyper Minstrelfiguren dar, die des so genannten »Sharpster« (eines aalglatten Gauners) und des »Shuffling Simpleton« (eines Bauerntölpels). Dabei fand er sich auf der Bühne neben einem echten schwarzen Straßenhändler wieder, der heute bestenfalls noch als »Old Corn Meal« in Erinnerung geblieben ist, der ihm jedoch mit Liedern die Show stahl, die

Minstrel-Star Lew Dockstader – der Mann mit Hut in der Bildmitte – posiert inmitten seiner 50 Mann starken Schauspieltruppe für The Possum Hunt Club, einer 1910 aktuellen Show, in der Dockstader einen Kellner spielt, der US-Präsident Theodore Roosevelt nach Afrika begleiten soll. Zu den Mitgliedern dieser berühmten Truppe gehörte auch Al Jolson.

er schon jahrelang auf den Straßen der Stadt gesungen hatte: »My Long Tail Blue«, »Old Rosin the Bow« sowie diversen Variationen des »Star-Spangled Banner«.

1850 unterhielt die Stadt zwei Sinfonieorchester, ein weißes und ein kreolisches, dazu drei Opernhäuser, allesamt mit separaten Sitzreihen für Weiße, Kreolen und Sklaven. Letztere waren offiziell verpflichtet, vor dem Kauf einer Eintrittskarte eine schriftliche Genehmigung ihres Herrn vorzuweisen. Besucher aus dem Norden waren zuweilen verblüfft, wenn sie neben dem Geschrei der Straßenhändler Sklaven hörten, die Opernarien trällerten. Die Einwohner von New Orleans fanden das völlig normal. Die Sklaven machten aber auch ihre eigene Musik. Nicht lange nach seiner Ankunft hörte Benjamin Latrobe bei einem Sonntagsspaziergang auf der St. Peter Street ein »ganz außergewöhnliches Geräusch, das meiner Einschätzung nach von … Pferden stammte, die auf einem Holzboden herumstampften«. Als er die Straße entlangeilte, entdeckte er jedoch, dass »es von fünf- bis sechshundert Menschen stammte, die … auf einem öffentlichen Platz zusammengekommen waren … Die Beteiligten schienen ausnahmslos Schwarze zu sein.«

Er hatte durch Zufall den Congo Square gefunden, eine Wiese am Nordwestrand der Stadt, auf der die Stadtväter den Sklaven gestatteten, sonntags ein paar Stunden zu tanzen und zu singen. Die Tänzer stellten sich in zwei kreisförmigen Gruppen auf, »in deren Mitte zwei … Frauen tanzten. Beide hielten ein grobes Taschentuch … und postierten sich in einer elendig teilnahmslosen & langweiligen Figur zueinander, bei der sie Füße und Körper kaum bewegten.

»Die Musik kam von einem Saiteninstrument und zwei Trommeln, eine davon zylindrisch mit etwa einem Fuß Durchmesser … Sie machten einen Höllenlärm. Das sonderbarste Instrument jedoch war ein Saiteninstrument, das zweifelsfrei aus Afrika importiert worden war. Am oberen Ende des Griffbretts sah man die ungehobelte Figur eines Mannes in sitzender Position, dahinter saßen zwei Zapfen, an denen die Saiten befestigt waren. Der Korpus bestand aus einer Kalebasse. Ein winziger alter Mann, offensichtlich 80 oder 90 Jahre alt, spielte auf dem Instrument ... Zu dem Tanz sang ein Mann ein ungeschlachtes Lied in einer vermutlich afrikanischen Sprache. Französisch war es jedenfalls nicht. Die Frauen schrien zu jeder einzelnen Note einen abscheulichen Refrain, der aus einer einzigen Note bestand. Die hier erlaubten sonntäglichen Vergnügungen sind offenbar solche, die von den ehemaligen Bewohnern Afrikas bewahrt worden sind.«

Latrobe und den anderen neugierigen Weißen, die sich im Laufe der Jahre aufmachten, um am Congo Square Sklaventänze und deren voll komplexer Polyrhythmen steckende Begleitmusik zu sehen und zu hören, erschien dies wie ein authentischer Einblick in das ursprüngliche Afrika. Und tatsächlich waren manche, die in diesen frühen Jahren dort tanzten, in Ketten aus Westafrika herbeigeschafft worden. All denen, für die Musik und Tanz immer schon fester Bestandteil des alltäglichen Lebens gewesen war, bot der Congo Square eine kostbare Gelegenheit, sich wenigstens ein klein wenig dessen zurückzuerobern, was sie verloren hatten, als man sie aus ihrer Heimat fortschleppte.

Doch die Not machte erfinderisch. Um in Amerika überleben zu können, mussten die Sklaven imstande sein, alles in sich aufzunehmen, was sie um sich herum sahen und hörten, um dann nach Möglichkeiten zu suchen, sich dies alles zu eigen zu machen. Zur Zeit von Latrobes Besuch, um 1819, war die Einfuhr von Sklaven aus Übersee bereits seit mehr als einem Jahrzehnt illegal, und wenige Jahre später hatten diejenigen, die sich am Congo Square einfanden, keine eigene Erinnerung mehr an Afrika. Jetzt kamen Einwanderer (oder deren Kinder) von den Westindischen Inseln, deren Musik sich bereits stark mit dem ansteckenden, lateinamerikanisch getönten Pulsschlag der Karibik vermengt hatte und deren Religion eine Mischung aus Katholizismus und westafrikanischer Geisteranbetung darstellte, die sie selbst vodoun nannten – »Voodoo« für die Weißen, die zugleich fasziniert waren und sich davor fürchteten.

Andere stammten aus dem Landesinnern der Südstaaten, wo die Musik ihrer Vorfahren sich längst mit der ihrer Herren vermischt hatte. Nun tauchten neben Trommeln, Rasseln und Banjos auch europäische Instrumente auf: Geigen und Querpfeifen, Maultrommeln, Triangeln und Tamburine. Und die Musiker spielten neben uramerikanischen Liedern wie »Old Virginia Never Tire« und »Hey Jim Along Josey« auch französische und spanische Melodien und Tänze, zu denen die Tänzer Gigues, Fandangos und Reels tanzten, die ihren afrikanischen Ahnen Rätsel aufgegeben hätten.

Doch der Congo Square war nicht der einzige Tanzplatz der Sklaven. Trotz einer ganzen Reihe von Verfügungen, die sie ruhig stellen und an ihren Wohnort binden sollten, tranken und tanzten die Sklaven von New Orleans in so vielen illegalen Kneipen, dass der Herausgeber der Zeitung *Bee* 1833 klagte: »Nicht eine Straße, nicht eine Straßenecke kann man passieren, ohne auf sie zu stoßen. Auch wenn es für die Kneipiers Gewinn bedeutet, sind der Lärm und die Ruhestörung doch äußerst unangenehm für ihre Nachbarn.«

Die lebensfrohe Tradition von New Orleans und die nahezu überall in der Stadt anzutreffende Vorliebe für Musik und Tanz machte – in Verbindung mit der überraschend durchlässigen Beschaffenheit der Rassenschranken – sämtlichen Bewohnern alle Musikstile zugänglich. Und sie alle steuerten schließlich auf den Jazz zu.

Als in den frühen Morgenstunden des 12. April 1861 die Geschütze der Konföderierten das Feuer auf Fort Sumter im Hafen von Charleston eröffneten, war es General Pierre Gustave Toutant Beauregard, ein Lieblingssohn der Stadt New Orleans, der den ersten Befehl zum Feuern erteilte. Sein Bundesstaat – und seine Heimatstadt – waren bereits seit über zwei Monaten nicht mehr Teil der Union. Doch lange sollte New Orleans der Konföderation der Südstaaten nicht angehören. Kaum ein Jahr später, am 24. April 1862, fuhr eine Dampfschiffflotte der Nordstaaten den Fluss hinauf und zwang die Stadt zur Kapitulation. Die Besetzung durch die Union schien für die Tausenden von entlaufenen Sklaven, die bald massenhaft aus dem Landesinnern des Südens in die Stadt strömten, der Beginn ihrer Freiheit zu sein.

»Wir wollen als Menschen respektiert und behandelt werden«, schrieb kurz nach Kriegsende die im Besitz von Schwarzen befindliche *New Orleans Tribune*, »nicht als Afrikaner oder Neger oder Farbige, sondern als Amerikaner und amerikanische Staatsbürger.« Während der Reconstruction – der Neuordnung der politischen

ZUKUNFTSMUSIK FÜR AMERIKA

1892 ging der tschechische Komponist Antonín Dvořák nach New York, um dort die Leitung des neu eröffneten National Conservatory of Music of America zu übernehmen. Er hatte sich bereits einen Namen damit gemacht, Themen, die auf den ursprünglichen Liedern und Tänzen seiner böhmischen Heimat basierten, in seine Sinfonik einzuflechten. Die wohlhabende Gründerin des Konservatoriums, Jeanette Thurber, hoffte nun, dass er amerikanische Komponisten lehren würde, das Gleiche in den USA zu bewerkstelligen. Diese Hoffnung teilte Dvořák aus ganzem Herzen. »Ich bin nicht nach Amerika gekommen, um für das Publikum Wagner zu interpretieren«, sagte er schon bald nach seiner Ankunft. »Ich bin hierher gekommen, um herauszufinden, was junge Amerikaner in sich haben, und um ihnen zu helfen, dies zum Ausdruck zu bringen.« Er bewunderte indianische Gesänge und Rhythmen, am meisten berührte ihn jedoch die afroamerikanische Musik. »Ich bin jetzt davon überzeugt, dass sich die zukünftige Musik dieses Landes auf die so genannten ›Negermelodien‹ stützen muss«, berichtete er. »In diesen amerikanischen Negermelodien habe ich alles gefunden, was man für eine große, vortreffliche Musiktradition benötigt. Sie sind gefühlvoll, sanft, leidenschaftlich, melancholisch, feierlich, religiös, kühn, heiter, fröhlich – was immer man will.« Ob Dvořáks Sinfonie Nr. 9 in e-Moll, op. 95 (Aus der Neuen Welt), auf afro-amerikanische Spirituals zurückgeht oder nicht, ist nach wie vor umstritten. Dennoch hatte die Tatsache, dass Dvořák die Bedeutung ursprünglicher Formen betonte, einen dauerhaften, wenn auch indirekten Einfluss auf die amerikanische Musik: Sowohl Aaron Copland als auch George Gershwin studierten bei ehemaligen Dvořák-Schülern.

Verhältnisse in den Südstaaten nach dem Sezessionskrieg – erzielte man in dieser Hinsicht trotz des zuweilen gewaltsamen weißen Widerstands wirkliche Fortschritte: Öffentliche Einrichtungen und Schulen wurden Farbigen, zumindest auf dem Papier, zugänglich gemacht, und neben weißen drückte nun auch eine Reihe von schwarzen und kreolischen Schülern die Schulbank. Farbige Einwohner der Stadt prozessierten erfolgreich für das Recht, an jedem Platz in der Französischen Oper sitzen dürfen. Unterstützt von den Bajonetten der Bundesregierung zwangen sie die Stadt außerdem, das Prinzip der nach Rassen getrennten Straßenbahnen aufzugeben. Schwarze und weiße Baseballmannschaften spielten nun gegeneinander, schwarze und weiße Dockarbeiter traten gemeinsam in den Streik, und die betagten schwarzen und weißen Veteranen der Schlacht von New Orleans im Januar 1815 saßen am Jahrestag freundschaftlich an einem Tisch. 1874 entdeckte der Herausgeber einer anderen Zeitung in der Tatsache, dass »die Bürger- und Staatsrechte in unserer Mitte stärker umgesetzt werden als in jeder anderen Stadt des Südens« den Nachweis für eine »Toleranz des Geistes«.

Es war zu schön, um auf Dauer wahr zu sein. Drei Jahre später, 1877, zogen sich die letzten Truppen der Bundesregierung aus den ehemaligen konföderierten Staaten zurück, und in der gesamten Region wurden die weiße Herrschaft und die strikte Rassentrennung mit brutalen Mitteln wieder eingeführt. Doch im kosmopolitischen New Orleans konnte, zumindest eine Zeitlang, das Schlimmste vermieden werden.

In der Zwischenzeit wuchs das bereits reiche musikalische Erbe der Stadt beständig an. Nach dem Bürgerkrieg kamen überall im Land die »Brass Bands«, die Blechblasorchester in Mode. Es gab bald keine Kleinstadt in Amerika, in der nicht zumindest eine dieser Bands spielte, und in New Orleans verstärkte dies nur die allgemeine »Besessenheit« aus der Vorkriegszeit. Einwohner aller Hautfarben und Nationalitäten marschierten zu den Klängen deutscher, französischer, irischer und italienischer Bands (wobei Letztere durch einen lyrischen, verspielten Klarinettenstil begeisterten, der seinen Ursprung in Sizilien hatte) sowie zur Musik der Militärkapellen der Besatzungstruppen, egal ob schwarz oder weiß. Als Patrick Sarsfield Gilmore, ein

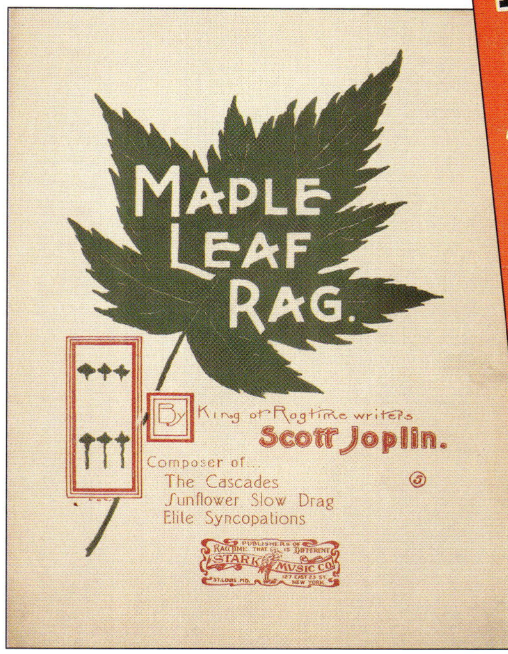

»Maple Leaf Rag« von Scott Joplin,aus dem Jahr 1899, der größte Hit der Ragtime-Ära. Daneben »Fashion Rag«, eines der vielen Stücke, mit denen man an Joplins Erfolg anknüpfen wollte.

berühmter Kornettist und Bandleader, am Lafayette Square das »Grand National Concert« veranstaltete, traten 500 Blechbläser aus New Orleans gemeinsam mit ihm an. Ab 1880 war ein Sommerkurort namens West End am Lake Pontchartrain alljährlich Gastgeber für Bands aus dem ganzen Land; Tag und Nacht fanden Konzerte statt, bei denen alle möglichen Musikstile zu hören waren – von Plantation-Songs zu Opern-Ouvertüren, von Walzern bis zu den »Coon-Songs« der Minstrel-Shows.

Aber auch erstklassige schwarze Bands kamen in die Stadt, häufig als Teil der Minstrel-Shows. Zu ihnen gehörten die »Louisiana Slave Troupe and Brass Band«, »Smallwood's Great Contraband Minstrels Brass Band« sowie Billy Kersands Minstrel Band, die einmal derart präzise an der Spitze des Mardi Gras-Finales marschierte, dass niemand auf das Angebot von 1000 Dollar einging, welches der Bandleader derjenigen Gruppe in Aussicht gestellt hatte, die sie in Sachen »Exerzieren und Paradeformation« überträfe.

Schwarze und kreolische Vereine zur Förderung gemeinsamer Interessen sowie die Musiker selbst stellten Bands auf die Beine. Als 1881 ein Gedenkmarsch für den ermordeten republikanischen Präsidenten James Garfield langsam durch die Stadt zog, spielten mehrere schwarze Gruppen dabei neben den weißen Bands die Trauermärsche. Manche Musiker – etwa die auf der Magnolienplantage des ehemaligen Gouverneurs Henry Clay Warmouth in Plaquemine Parish ausgebildeten und ausgerüsteten Mitglieder der Eclipse Band – rühmten sich ihres Talents, nicht nur spielen, sondern auch Noten lesen zu können. Sie machten sich über ungebildete Musiker lustig, die die Stirn hatten, es mit ihnen aufzunehmen, und nannten sie »Schwindler«, »Gehörmusiker« oder »Schablonenspieler«, die sich auf Vermutungen und Eingebungen verließen statt auf geschriebene Noten.

Um 1895 hatten sich drei neuartige Musikrichtungen in der Stadt verbreitet – drei Stile, ohne die es keinen Jazz gegeben hätte.

An erster Stelle war der Ragtime zu nennen, als formale Weiterentwicklung der jahrzehntelangen afroamerikanischen Praxis des Improvisierens »zerrissener« Melodien, die synkopiert und neu arrangiert wurden, um sie lebendiger und besser tanzbar zu machen. Der Ragtime war in den Städten des Mittleren Westens von schwarzen Musikern entwickelt worden, die in ihm eine Möglichkeit sahen, den perkussiven Klang des Banjos am Klavier nachzuahmen.

Er bediente sich sämtlicher musikalischer Quellen, die es vor ihm gegeben hatte – Spiri-

Die Mathews and Lockport Brass Band, 1904. Der auf die Pauke gemalte Name bezieht sich nicht auf die Musiker, deren Identität längst in Vergessenheit geraten ist, sondern auf zwei südlich von New Orleans gelegene Nachbarstädtchen, aus denen sie stammten. Zu Zeiten des Mardi Gras zogen ländliche Brass Bands wie diese oft in die große Stadt und bereicherten die fröhlichen Feiern mit ihren rauen Klängen.

MATHEWS
BAND
LOCKPOR

Gegen Ende des 19. Jahrhunderts strömten so viele Afroamerikaner nach New Orleans wie nie zuvor und nahmen dort Arbeit in den Hafenanlagen an. Dabei brachten sie sowohl den Blues als auch die Musik der schwarzen Baptistenkirchen mit (unten).

tuals und Minstrel-Melodien, europäischer Volksmusik, Opernarien und Militärmärsche – alles voller gebrochener Akkorde und zu neuartigen Rhythmen arrangiert. Zunächst wurde der Ragtime von umherziehenden Pianisten verbreitet, dann durch den Verkauf von Notenblättern. Schließlich eroberte er die Herzen der jungen Tänzer im ganzen Land, die ihn umso mehr mochten, weil ihre Eltern ihn ablehnten – denn er ermutigte junge Männer und Frauen dazu, eng miteinander statt in Gruppen zu tanzen. »Ragtime, das ist durchgedrehte Synkopierung«, schrieb der Herausgeber des Magazins *Etude*,

DAS, WAS DIE LEUTE WOLLTEN

»Meine Bluesstücke gehen alle auf irgendeinen alten Negersong aus dem Süden zurück«, schrieb William Christopher Handy in seiner Autobiografie. »Etwas, das mir im Gedächtnis geblieben ist, das ich summe, ohne darüber nachzudenken. Irgendein altes Lied, das Teil meiner Kindheit und meiner Rasse ist. Ich kann zu jedem meiner Bluesstücke das Lied nennen, das mir als Grundlage gedient hat.«
Der aus Alabama stammende Handy unterrichtete Musik am A & M College in Huntsville und spielte in einer reisenden Minstrel-Truppe Kornett. Als er 1902 sein eigenes Orchester für weiße Tanzgesellschaften in Cleveland (Mississippi) leitete, lernte er in Sachen Musik etwas, was er nie wieder vergessen sollte:
»Jemand richtete eine sonderbare Anfrage an uns. Ob wir mal ›unsere Eingeborenenmusik‹ spielen könnten? Das stellte mich vor ein Rätsel. Die Männer in der Band konnten die Musik ja schlecht ›vortäuschen‹ und sie ›verkaufen‹ wie die Minstrel-Leute; es waren schließlich alles Musiker, die sich strikt der Autorität gedruckter Noten beugten.« Daraufhin bat das Publikum Handys Band, eine Pause einzulegen und eine Gruppe aus dem Ort ein paar ihrer eigenen Melodien spielen zu lassen. »Wir zogen uns höflich zurück, als die Neuankömmlinge auf die Bühne stiegen. Angeführt wurden sie von einem langbeinigen, schokoladenbraunen Jungen, und ihre Band bestand aus nur drei Instrumenten – einer ramponierten Gitarre, einer Mandoline und einem abgenutzten Bass ... Sie stimmten eine dieser Endlosmelodien an, die keinen klaren Anfang und schon gar keinen Schluss haben. Ihr Geklimper hatte etwas nervig Eintöniges, ging aber immer weiter; es war die Art Musik, die lange mit Zuckerrohr- und Hafenarbeitern in Verbindung gebracht wurde. Sie war nicht wirklich unangenehm oder unerfreulich, aber ich fragte mich doch langsam, ob sich außer Kleinstadtsäufern und ihrem Gefolge irgendjemand etwas daraus machen würde. Die Antwort ließ nicht lange auf sich warten. Es regnete Silberdollars auf ihre befremdlich aufstampfenden Füße. Die Tänzer gerieten völlig aus dem Häuschen. Dollars, Vierteldollars, halbe Dollars – vor den Jungs lag mehr Geld, als meine neun Musiker für den gesamten Auftritt bekamen. Da erkannte ich die Schönheit primitiver Musik. Die Jungs brachten das, was die Leute wollten. Sie trafen ins Schwarze. Ihrer Musik fehlte der Feinschliff, aber sie hatte Substanz ... In jener Nacht wurde ein Komponist geboren, ein amerikanischer Komponist.«
Handy brachte den Blues zu Papier, den er gehört hatte. 1909 – er lebte und arbeitete mittlerweile in Memphis – orchestrierte er ein Stück, das von dem abgrundtief korrupten Boss Ed Crump handelte, der damals gerade für das Bürgermeisteramt kandidierte. Der Text war für den Kandidaten nicht besonders schmeichelhaft. Crump jedoch gefiel das Stück, und so ging es auch den schwarzen und weißen Wählern, die zu seinen Veranstaltungen kamen, um es dort von Handys Band zu hören. 1912 veröffentlichte Handy es mit völlig neuem Text als »The Memphis Blues«. Das Stück war zwar nicht der erste Blues, der veröffentlicht wurde, da zwei andere Songschreiber ihm zuvorkamen, doch es brachte Handys Karriere so sehr ins Rollen , dass dieser später den Namen »Father of the Blues« bekam. Und es trug dazu bei, den Blues zu einem Geschäftszweig zu machen und bereitete schließlich den Boden für den Jazz.

W. C. Handys »Aunt Hagar's Blues«, ein musikalisches Porträt einer frommen Frau, die trotz strenger Ermahnungen ihres Predigers dem Blues einfach nicht widerstehen kann.

»und wer ihm zum Opfer fällt, kann meiner Meinung nach nur wie ein tollwütiger Hund behandelt werden, nämlich mit einer Ladung Blei. Ob er nur eine vorübergehende Phase unserer dekadenten Kultur darstellt oder eine ansteckende, langwierige Krankheit, wie die Lepra, wird sich erst im Lauf der Zeit herausstellen.«

Trotz – vielleicht sogar wegen – derartiger Kritik hatte der Ragtime Bestand. Schwungvoll, treibend und unwiderstehlich, blieb er ein Vierteljahrhundert die beliebteste Musik Amerikas. Und nirgends war der Ragtime beliebter und allgegenwärtiger als in New Orleans. Um die Jahrhundertwende versahen die Musiker der Crescent City alle Musikrichtungen mit einer Dosis Ragtime – egal ob in den Tanzhallen oder bei den Straßenparaden.

Zeitgleich strömten schwarze Flüchtlinge aus dem Mississippidelta in die Stadt; Menschen, denen selbst die harte Arbeit im Hafen ein besseres Leben verhieß als die auf den Baumwoll- und Zuckerrohrplantagen. Im Gepäck führten sie zwei Musikformen, die für die Entwicklung des Jazz entscheidend waren: die geistliche Musik der Baptistenkirche und den weltlichen Zwillingsbruder dieser Musik, den Blues.

Wo oder wann der Blues entstand, ist nicht bekannt. »Es gibt keinen ersten Blues«, erinnerte sich der New Orleanser Klarinettist Louis »Big Eye« Nelson. »Der Blues war immer schon da.« Bluestexte konnten von allem Möglichen handeln – leeren Taschen, einem niederträchtigen Chef, dem Teufel höchstpersönlich –, aber bei den meisten drehte es sich um die Beziehung zwischen Mann und Frau. Dabei erwartete man von den Interpreten, dass sie eine Geschichte erzählten und ihren Zuhörern ein besseres und kein schlechteres Gefühl vermittelten.

I'm goin' to lay my head on some
lonesome railroad track,
I'm goin' to lay my head on some
lonesome railroad track –
and when the train come along, I'll
snatch my damn head back.

Die ersten Bluessänger – umherziehende Gitarristen, die für ein paar Pennies auf den Straßen der Südstaaten spielten –, folgten keiner strengen Musikform. Aber als die ersten Musiker in New Orleans und bald auch anderswo im Land sich mit ihren Instrumenten am Blues versuchten und Songschreiber dessen kommerzielle Möglichkeiten erkannten, kristallisierte sich eine bestimmte Form heraus: Auf das Wesentliche reduziert, basierte der Blues lediglich auf drei Akkorden, meistens in Sequenzen von je zwölf Takten arrangiert, die eine unbegrenzte Zahl von

Variationen ermöglichten und auch eine unendliche Gefühlsvielfalt zum Ausdruck bringen konnten.

Bluesstücke waren so etwas wie Gute-Laune-Musik, weshalb sie vielen Kirchgängern ein Gräuel waren, ein Werk des Teufels und damit den Erlösten verboten. Musikalisch betrachtet waren der Blues und die Choräle, die die schwarzen Baptisten in der Kirche sangen und spielten, jedoch immer schon austauschbar gewesen – erfüllt mit den gleichen gebeugten Noten, dem gleichen Stöhnen, dem gleichen Flehen. Im letzten Jahrzehnt des 19. Jahrhunderts verschwammen die Unterschiede dann sogar noch weiter, als die in den Schwarzenvierteln der Großstädte aus dem Boden schießenden Holiness-Kirchen damit begannen, Tamburins, Trommeln, Pianos, Kornette und sogar Posaunen einzusetzen, um sich noch frohgemuter beim Herrn Gehör zu verschaffen.

»Diese Baptistenrhythmen ähnelten den Jazzrhythmen«, erzählte der Banjospieler Johnny St. Cyr aus New Orleans, »und der Gesang klang fast so wie ein Blues.« Der Schlagzeuger Paul Barbarin war der gleichen Meinung: »Der Gesang der Prediger in den Baptistenkirchen war der pure Rhythmus. Es klang wie eine Jazzband.«

»In der [Kirche] klatschten die Leute in die Hände«, erinnerte sich der Sidney Bechet, einer der besten Klarinettisten der Crescent City, »und das bildete dann den Rhythmus. Beim Blues war es noch weniger – man brauchte das Klatschen gar nicht, sondern hatte es im Kopf ... Und beide waren Gebete, die Spirituals wie auch der Blues. Das eine richtete sich an Gott, das andere an alles Menschliche. Während das eine sagte: ›Oh Gott, lass mich gehen‹, meinte das andere: ›Oh Boss, lass mich in Ruhe‹«.

Die Jazzmusik vereinigte schließlich beide Formen des Bittgebets, das geistliche wie das weltliche, und die Musiker aus New Orleans waren die ersten, die den unendlich ausdrucksvollen Sound des Blues vertieften, indem sie ihn auf ihren Blasinstrumenten spielten – sie waren die ersten, die das kollektive »Stöhnen« der Gemeinde widerhallen ließen, und die ersten, die das Muster des Call-and-Response, des Frage-und-Antwortspiels zwischen dem religiösen Mahner und seiner aufgewühlten Gemeinde zum Ausdruck brachten.

SEPARATE BUT EQUAL

Im Frühjahr 1885 besuchte der aus Neuengland stammende Romancier und Kritiker Charles Dudley Warner die Internationale Baumwollmesse in New Orleans. Er war überrascht von dem Bild, das sich ihm bot: »Weiße und Farbige vermischten sich ungehindert auf dem Messegelände«, schrieb er nach Hause, »besprachen und betrachten das, was von allgemeinem Interesse war« und schienen »unbewusst von einer Gleichberechtigung auszugehen.«

Doch die so genannten »Jim Crow«-Gesetze, die im Rest des Südens eine strikte Rassentrennung vorsahen, schränkten im letzten Jahrzehnt des 19.Jahrhunderts auch in New Orleans das Leben allmählich ein. »Zwischen Farbigen und Weißen gibt es Unterschiede, die weder durch Bildung noch durch das Gesetz aufgehoben werden können«, schrieb die New Orleanser *Picayune*. »Neben einem Neger am Hoteltisch oder in einer Konzerthalle zu sitzen, heißt nach Meinung der Weißen, die Wahrheit zu ignorieren.« Nun verbannten neue Vorschriften Schwarze gänzlich aus den Theatern, wo ihnen zuvor wenigstens ein eigens abgetrennter Bereich zugebilligt worden war. »Neger waren dort, wo [klassische Musik] gespielt wurde, nicht zugelassen«, erinnerte sich der Schlagzeuger Baby Dodds, »also hörte ich sie mir von draußen an ... in der Eingangshalle des Tulane Theater ... Auf der einen Seite war ein Opernhaus, auf der anderen dieses Theater, und so stellten wir uns in die Mitte, um die Musik zu hören.«

1890 wurde mit deutlicher Mehrheit ein Gesetz verabschiedet, das Schwarzen und Weißen bei Eisenbahnfahrten im Bundesstaat getrennte Waggons zuwies – und das, obwohl 16 schwarze und kreolische Ratsmitglieder protestiert hatten, dieses Gesetz sei »verfassungswidrig, unamerikanisch und ungerecht«. Zwei Jahre später machte sich ein New Orleanser Kreole namens Homer Adolph Plessy daran, das neue Gesetz einer Prüfung zu unterziehen, indem er einen Ausflugszug bestieg und darauf bestand, in dem Waggon zu sitzen, der ausschließlich Weißen vorbehalten war. Plessy hatte nach eigenen Worten »sieben Achtel weißes und ein Achtel afrikanisches Blut in den Adern ... [und] die Beimischung farbiger Abstammung ist nicht erkennbar«. Trotzdem wurde er verhaftet (die Polizei hatte einen Tipp bekommen), vor Gericht gestellt und verurteilt. 1896 bestätigte der Oberste Gerichtshof der Vereinigten Staaten im Fall Plessy vs. Ferguson in zweiter Instanz das Urteil. »Getrennt, aber gleichberechtigt« sei verfassungskonform, beschied er. Dieses Urteil sollte fast 60 Jahre lang das Leben im amerikanischen Süden und in New Orleans prägen.

Schwarze Kinder wurden nun aus staatlichen Schulen entfernt – wobei in New Orleans, eben weil es New Orleans war, einer großen Zahl von Schülern mit nur leicht getönter Hautfarbe der Schulbesuch de facto weiterhin möglich blieb. Auch schwarzen und weißen Boxern, Rennradfahrern und Baseball-Mannschaften war es jetzt untersagt, gegeneinander anzutreten. Louisiana änderte seine Verfassung und entzog allen das Wahlrecht, deren Großväter Sklaven gewesen waren. 1897 hatten 95 Prozent der schwarzen Wähler das Wahlrecht besessen – 1901 war nur noch ein Prozent an der Wahlurne willkommen. Die Sitzplätze in den Straßenbahnen wurden wieder streng nach Hautfarbe getrennt, obwohl der Präsident der Transportgesellschaft wütend warnte, »auch der beste Ethnologe der Welt geriete in Verlegenheit, müsste er die Straßenbahnfahrgäste in dieser Stadt nach Rassen einteilen«.

Über Nacht wurde die exklusive Welt der »Creoles of Color« auf den Kopf gestellt. Ein wenig weißes Blut in den Adern hatte zuvor in New Orleans gewisse Privilegien mit sich gebracht. Nun aber genügte ein einziger Tropfen schwarzen Blutes – laut staatlicher Verordnung jede »nachweisbare Spur« –, um jemanden als Bürger zweiter Klasse einzustufen.

Diese Veränderungen trafen die kreolischen Musiker ganz besonders. John Robichaux, der vielleicht beliebteste kreolische Musiker der Stadt und ein hervorragend ausgebildeter Geiger, hatte bis dahin mit seinem vornehm gekleideten »Gesellschaftsorchester« an zwei der prestigeträchtigsten Schauplätze der Stadt leichte Tanzmusik für Weiße gespielt, nämlich im Hotel Grunewald und im Restaurant Antoine's. »Er bekam die ganzen gutbezahlten Auftritte bei den Reichen«, erinnerte sich der Bassist George »Pops« Foster. Nun aber musste auch Robichaux erleben, dass man ihn häufig durch weiße Musiker ersetzte: Er war gezwungen, einer nach Hautfarbe getrennten Musikergewerkschaft beizu-

Diese aus drei Jungen bestehende Band spielte 1910 in den Straßenbahnen von New Orleans; ihre Gage bestand aus den Trinkgeldern der Insassen. Der Kornettist Albert »Abbie« Brunies (Mitte) spielte später als Profimusiker in den Brass Bands von Papa Jack Laine und Johnny Fischer. Sein jüngerer Bruder George (rechts) brachte es noch weiter: Er wurde Posaunist bei den New Orleans Rhythm Kings, der vielleicht musikalisch begabtesten aller weißen Bands, die nach 1917 Richtung Norden zogen. Auf Anraten eines Numerologen ließ er später das »e« in Vor- und Nachnamen weg und nannte sich »Georg Brunis«.

treten und sich erstmals auf gleicher Ebene mit schwarzen Musikern zu messen. »Sie wissen ja, was mit uns [kreolischen] Musikern passierte«, sagte Paul Dominguez.

»Wir hatten alle eine musikalische Ausbildung und beherrschten unsere Instrumente – jetzt aber mussten wir uns anpassen. Wir aus Downtown hielten nicht besonders viel von dieser primitiven Uptown-Musik, bis wir unsere Brötchen nicht mehr anders verdienen konnten ... So arbeitete ich zum Beispiel in der Olympia Band, ein oder zwei Abende die Woche für jeweils zweieinhalb Dollar. Im The 25's [einer Spielhölle im Rotlichtviertel] zahlte man einem zwar nur eineinviertel Dollar plus Trinkgeld, beschäftigte einen aber sieben Abende. Da musste ich doch die Olympia Band verlassen und in diese Spelunke wechseln, oder? ... Tja ... So macht man aus einem Geiger einen Fiedler ... Ein Fiedler ist kein Geiger, aber ein Geiger kann sehr wohl ein Fiedler sein. Wenn ich meinen Lebensunterhalt verdienen wollte, musste ich mich genauso ungehobelt verhalten wie die anderen. Dann musste ich eben auf Jazz oder Rag oder irgendwas anderes machen ... Und [Buddy] Bolden war an allem Schuld.«

DAS GEFÜHL DIESES MANNES

Im Sommer 1898 nahm die Crescent City mit ganzem Herzen Anteil an dem fieberhaften Patriotismus, der das Land befiel, als es in den Krieg gegen Spanien zog. »In New Orleans herrschte große Begeisterung«, notierte Colonel Leonard Wood, Befehlshaber des Kavallerie-Freiwilligenregiments der Rough Riders, als er auf dem Weg zur Front durch die Stadt zog. »Die Straßen sind voller Menschen, und, schöner noch, sie halten alle die amerikanische Flagge in der Hand. Die Kosten dieses Krieges werden reichlich vergolten durch das, was man heute im Süden zu sehen bekommt. Wir sind endlich wieder ein vereinigtes Land.«

Die Brass Bands der Stadt wetteiferten um die beeindruckendste Abschiedsfeier am Anlegeplatz, während die amerikanischen Truppen nach Tampa eingeschifft wurden, von wo aus der Angriff auf Kuba gestartet werden sollte. Als es Zeit wurde, die ausschließlich aus Schwarzen bestehende 10. Kavallerie zu verabschieden,

GRAND OPENING OF
Dixie Park,
On Easter Sunday, Mar. 27, 1910.
The most refined Park for colored people in the South. Where order is always maintained
The Features of the Opening will be
OPEN AIR CONCERT, MOVING PICTURES AND
BIG MINSTREL SHOW
CHANGE OF BILL EVERY WEEK
THE PARK WILL OPEN WITH ABOVE ATTRACTIONS EVERY SUNDAY AND WEDNESDAY.
We have arranged to have good car service so that there will be no complaint in reaching to and from the Park.
After the Performance there will be Dancing Free as heretofore
The Music will be furnished by Prof. Rabb Frank and his wonderful Peerless Band in all new Uniforms.
ADMISSION TO PARK - 15 CTS.
The Park is for Rent to the colored people for public and private Picnics or any other respectable amusement.
For Renting Privilege of Dixie or Lincoln Parks APPLY TO
Orleans Bazaar, Ltd. 1531-1533 Canal St.
OR TO JNO. W. BOYD 229 S. ROBERTSON STREET.

There Are Some Things Bad And Some Things Good, But When They Get With The Ten Well-Known Gentlemen Of The City They Are all good So Everybody Come And Have A Good Tim At The
GRAND BALL
TO BE GIVEN BY
Ten Well-Known Gentlemen
ON
MONDAY NIGHT, APRIL 5th., 1909
AT THE
Masonic and Odd-Fellows Hall
ON PERDIDO AND S. RAMPART STREETS.
NAMELY
John P. Adams, Simmie Simms, Willie Carter, Henry Morton, Steve Washington Harry Fargo, Victor Adams, John W. Johnson, John Franklin, Varice Henry
FLOOR COMITTEEM: Charley Powels, Chairman; Geo. Hicks, Willie Wise, Edward White, George Porter, Fred Thompson.
Music By Babb Frank and McCurdy's Peerless Orchestra
DANCING FROM 8 P. M. TO 4 A. M.
ADMISSION - - - - 25 CENTS
PAY AT THE DOOR.

Von den Bands in New Orleans wurde erwartet, dass sie zu allen möglichen Anlässen spielten. Dabei machte auch das Peerless Orchestra keine Ausnahme. Zur Eröffnung des Dixie Park (oben) trugen sie Uniformen (gegenüberliegende Seite oben); wurden sie jedoch vom schwarzen Klub »Ten Well-Known Gentlemen« für Tanzmusik bei Privatgesellschaften engagiert (gegenüberliegende Seite unten), kleideten sie sich eleganter.

PEERLESS

PEERLESS
ORCHESTRA

Einzige bekannte Fotografie von Buddy Bolden und seinem Orchester, entstanden 1905. Stehend, von links nach rechts: William Warner, Willie Cornish, Buddy Bolden und James Johnson. Sitzend Frank Lewis und Jefferson Mumford.

erwies ihnen die beliebteste schwarze Band der Stadt die Ehre. Ihr Leader, der Kornettist Buddy Bolden, spielte »Home, Sweet Home« mit solchem Feingefühl und tiefer innerer Überzeugung, dass einige der Männer über Bord sprangen und ans Ufer schwammen – wenn man den Erinnerungen alter Musiker aus New Orleans Glauben schenken will. Natürlich hatte es sich so nicht abgespielt – genauso wenig wie viele andere der Geschichten, die sich um Buddy Bolden rankten. Offiziere der Army waren selten von Heimweh geplagt und kaum von sentimentaler Musik zu beeindrucken, und jeder Soldat, ob schwarz oder weiß, wäre sofort wieder ergriffen oder noch im Wasser erschossen worden, hätte er den Versuch gewagt, auf diese Weise zu desertieren. Aber die Tatsache, dass Boldens Zeitgenossen diese Legende absolut glaubwürdig fanden, ist Beweis für die starke Wirkung, die seine Musik ausgeübt haben muss.

Vertraut man den Erinnerungen derer, die ihn mit eigenen Ohren hörten, so stand er von Anfang an fest in der amerikanischen Brass Band-Tradition der Meisterkornettisten, unterschied sich jedoch von anderen Musikern aus New Orleans – er war lauter, kühner, innovativer. Die Leute kamen nicht seiner Band wegen, sondern weil sie ihn hören wollten und das, was er mit den Stücken anstellen konnte. Längst hatten die Marching Bands begonnen, ihre Musik zu »verjazzen«, indem sie den vertrauten Klängen Synkopierungen und Verzierungen hinzufügten, wenn sie durch die Straßen der Stadt zogen. Aber Buddy Bolden könnte der Allererste gewesen sein – und er war mit Sicherheit einer der Ersten –, der diesen Sound in die Tanzhallen brachte und mit dem Blues vermischte.

Der Mann bleibt so etwas wie ein Rätsel. Den Erzählungen nach war er ein großer, extravaganter Mann, der an den Tagen der Parade seinen Hemdkragen gern offen trug, so dass die Frauen, die ihn anhimmelten und ihm Hut und Mantel trugen, seine breite Brust und sein rotes Flanellunterhemd bewundern konnten. Doch auf dem einzigen noch existierenden, arg ramponierten Foto wirkt er zwar von sich überzeugt, ansonsten jedoch nicht sonderlich attraktiv und von normaler Statur. Da keinerlei Tonbandaufnahmen von ihm existieren, kann niemand mit Bestimmtheit sagen, wie sich seine Musik anhörte. Und noch bevor der Jazz – diese charakteristische Mischung aus Blues und Kirchenmusik, Ragtime und Militärmärschen sowie anderen Elementen des Schmelztiegels New Orleans, der er den Weg bereiten half – über die Grenzen seiner Stadt hinaus nennenswerte Bekanntheit erlangte, bereitete der Wahnsinn seiner Karriere ein jähes Ende.

Der Musikhistoriker Donald M. Marquis benötigte mehr als ein Jahrzehnt, um auch nur eine Hand voll unstrittiger Fakten aus seinem Leben zusammenzutragen. Charles Joseph Bolden wurde 1877 in New Orleans geboren, dem Jahr, in dem die Reconstruction abgeschlossen wurde. Als Enkel eines Sklaven und Sohn eines Rollkutschers, der starb, als der Junge gerade erst sieben Jahre alt war, wuchs Bolden an der First Street auf und verbrachte dort auch den Großteil seines Lebens in einem gemischten Arbeiterviertel, wo er alle möglichen Arten von Musik zu hören bekam. Seine Nachbarn waren meist irische und deutsche Einwanderer; der weiße Klarinettist Larry Shields wurde nur zwei Häuser weiter geboren. Oft zogen Brass Bands, schwarze wie weiße, durch das Viertel.

Bolden soll die Fisk School for Boys besucht haben, wo zum Lehrplan auch die Grundlagen der Musik gehörten. Außerdem weiß man, dass er regelmäßig in der Baptistenkirche St. John am Gottesdienst teilnahm, deren Gemeinde für die besondere Inbrunst gerühmt wurde, mit der sie Spirituals und Jubilees erklingen ließ. Der Posaunist Kid Ory behauptete, Bolden habe auch oft eine Holiness-Kirche an der Ecke Franklin und Jackson Avenue besucht, »jedoch nicht aus religiösen Gründen, sondern um sich dort musikalisch inspirieren zu lassen. Er hörte sich diese Lieder an und veränderte sie dann ein wenig. In diesen Kirchen ... hatten sie manchmal Trommeln und ein Klavier, und die Leute sangen und klatschten dazu. Ab und zu waren auch Gäste dabei: Man lud einen Trompeter oder Posaunisten dazu ein, mit ihnen zu spielen ... Da holte sich Buddy alles her, und so fing alles an.« Jedenfalls verglichen Boldens Zuhörer später immer das anerkennende Rufen derer, die sein Spiel auf dem Podium begrüßten, mit der Antwortstrophe, die ein Baptistenprediger seinen Gläubigen entlockte.

Er hatte Stuckateur gelernt, denn nur wenige Musiker in New Orleans rechneten damals damit, sich als Musiker über Wasser halten zu können. Aber ab 1894 nahm er Kornettstunden bei einem Nachbarn, der mit seiner nunmehr verwitweten Mutter befreundet war. Schon bald spielte er in einem Streichorchester Tanzmusik, bis er seine eigene Brass Band leitete und sich dabei als »Professor« Bolden ankündigte. Er und seine Leute spielten alles, was sich das anspruchsvolle Publikum von New Orleans wünschen konnte: Walzer, Mazurkas, Schottische, Polkas, Rags, Spirituals, Blues. Und das spielten sie in der ganzen Stadt, bei Paraden und Tanztees, Picknickveranstaltungen und Ballonfesten, für schwarze Tanzgesellschaften in der Masonic Hall, Globe Hall, Jackson Hall, Perseverance Hall sowie der Union Sons Hall, die wegen ihrer deftigen, feuchtfröhlichen Atmosphäre besser als »Funky Butt Hall« bekannt war.

Seine vornehmeren Auftritte schlossen mit einer honigsüßen Version von »Home, Sweet Home«, die den Tänzern signalisieren sollte, dass es nun Zeit zum Gehen war. Doch bei den Auftritten, wo man mehr von ihm erwartete, stimmte er gegen Mitternacht eine donnernde Erkennungsmelodie namens »Don't Go Away Nobody« an, und die Menge wusste, dass es nun mit langsamen Tänzen bis zum Sonnenaufgang weiterging. »Mit diesen alten ... Lowdown-Blues-Stücken konnte der Junge erwachsene Frauen dazu bringen, aus dem Fenster zu springen«, erinnerte sich ein Musikerkollege. »Er konnte mit seinem Kornett so stöhnen und klagen, dass es einem durch Mark und Bein ging – als wäre man in der Kirche.«

Bolden war nicht nur Musiker, sondern auch Entertainer. Seine bekannteste Nummer hieß »Funky Butt« oder »Buddy Bolden Blues« und wies je nach Anlass unterschiedliche Texte auf. Die meisten waren schlichtweg zotig, aber eine Version verspottete einen Richter der Stadt namens J. J. Fogarty, der die Mitglieder von Boldens Band offenbar nicht leiden konnte. »Die Polizei steckte einen ins Gefängnis, wenn sie mitbekam, dass man dieses Lied sang«, erinnerte sich ein Musiker, und einmal, als Bolden während einer Parade damit loslegte, »fingen die

Als diese Aufnahme um 1930 entstand, war aus der Funky Butt Hall (rechts), in der Buddy Bolden oft bis zum Morgengrauen Blues gespielt hatte, die Baptistenkirche Greater St. Matthews geworden.

Leute an mitzusingen, und die Polizisten zogen ihnen prompt eins über.«

Anfangs brachten die kreolischen Musiker Bolden und der von ihnen so genannten »Lottermusik« offene Verachtung entgegen. Pops Foster erinnerte sich, dass Bolden »für den Stil, den er spielte, sehr gut war. Er spielte nur Blues und diese billige Musik, aber die spielte er laut.« Nur wenig großmütiger zeigte sich der Kornettist Peter Bocage: »Er hatte einen guten Ton, spielte aber alles in B-flat. Er spielte viel Blues, langweiliger Mist ... Blues war ihr Ding.«

Allmählich aber zwang die ungezügelte Kraft seiner Musik und ihre offenkundige Wirkung auf die Menge, die zu seinen Auftritten kam, manchem Kreolen widerwillig Respekt ab. Der Klarinettist George Baquet erinnerte sich, wie er Bolden und seine Band erstmals bei einer nächtlichen Tanzveranstaltung in der Odd Fellow's Hall hörte.

> »Niemand nahm den Hut ab. Es ging ziemlich rau zu. Man zahlte 15 Cent und ging rein. Die Band saß zu sechst auf einem niedrigen Podium. Sie hatten ihre Hüte auf und machten gerade Pause, wirkten ziemlich schläfrig. Da stampft Buddy plötzlich auf, klopft mit seiner Trompete auf den Boden, um den Takt vorzugeben, und alle setzen sich aufrecht. Sie spielten ›Make Me A Pallet‹. Alle standen auf und riefen laut: ›Oh, Mr. Bolden, spielen Sie für uns! Buddy, spiel!‹ So etwas hatte ich noch nie gehört. Bis dahin hatte ich nur ›ordentliche Musik‹ gespielt, aber das hier war etwas, das mich wirklich anzog. Sie holten mich aufs Podium, und ich spielte mit ihnen. Danach spielte ich nicht mehr so oft ordentliche Sachen.«

Boldens schärfster Konkurrent war John Robichaux. Sonntagsnachmittags herrschten er und sein gut ausstaffiertes kreolisches Orchester über den Musikpavillon im Lincoln Park. Gleich gegenüber der Short Street, im Johnson Park, hielt Bolden Hof, und nichts bereitete ihm mehr Vergnügen, als sein Kornett in Richtung von Robichaux' Zuhörern zu halten und so laut zu blasen, dass diese der Versuchung nicht widerstehen konnten, hinüberzukommen und zu hören, was er sonst noch für sie auf Lager hatte. Er nannte das »meine Kinder nach Hause rufen«.

Bald reagierten auch jüngere kreolische Musiker auf ihn und versuchten, seinen treibenden Beat, seine Affinität zum Blues und seine Improvisationsfreude in ihr Spiel einzubauen. Bolden und seine Leute »spielten ihre eigene Musik – und die auf ihre ganz eigene Weise, verstehen Sie?«, sagte Peter Bocage. »So fing es mit dem Jazz an – einfach durch das Gefühl dieses Mannes ... durch seine Improvisationen.«

Allerdings gab es noch keinen Namen für die Musik, die Bolden und andere Musiker aus New Orleans – schwarze, kreolische und weiße – zu Beginn des neuen Jahrhunderts zu spielen begannen. Ältere Musiker bezeichneten das, was sie spielten, manchmal bis ans Ende ihrer Tage als »Ragtime«. Doch schließlich entstand dabei eine völlig neue Musikform – »weder Spiritual, Blues oder Ragtime« noch eine andere Musikrichtung, die man in den Straßen von New Orleans hörte, wie sich ein Musiker erinnerte, »sondern alles auf einmal, wobei sich alles miteinander verband«. Diese neue Musik sollte stets mehr sein als nur die Summe ihrer Teile – genau wie die Stadt, die sie ins Leben gerufen hatte, genau wie das Land, das sie bald in seine Arme schließen sollte.

HÖLLISCHE TRÄUME

Am Abend des 23. Juli 1900, einem Montag, sahen drei New Orleanser Polizisten zwei Schwarze auf der Hintertreppe eines Hauses an der Ecke Dryade und Washington Street sitzen, das einer weißen Familie gehörte. Sie fragten die Männer, was sie dort zu suchen hätten.

Einer gab seinen Namen mit Robert Charles an. Er war sechs Jahre zuvor aus Mississippi nach New Orleans gekommen, und zwar nach einer Schießerei mit einem weißen Eisenbahnangestellten, der versucht hatte, ihm einen Revolver zu entreißen, der nach Charles' Worten ihm gehört hatte. Charles war überzeugt davon, dass es für Schwarze in Amerika keine Zukunft gab, und er verteilte zwischen seinen Gelegenheitsjobs Flugblätter auf der Straße, die zu einer massenhaften Auswanderung nach Afrika aufriefen.

Charles erwiderte den Polizisten, er warte auf einen Freund. Einer der Beamten forderte ihn auf, weiterzugehen. Als Charles dies ablehnte, zog er seinen Knüppel und griff schließlich zur Pistole. Charles zog ebenfalls eine Schusswaffe. Nach einem Schusswechsel brach der Polizist zusammen, und auch Charles wurde getroffen, schleppte sich aber noch bis zu seiner Pension, wo er ein Gewehr holte. Als die Polizei ihn stellte, erschoss er zwei Beamte und konnte erneut entkommen. Diese Nachricht verbreitete sich in der Stadt wie ein Lauffeuer. Am nächsten Abend versammelten sich Hunderte aufgebrachter Weißer am Denkmal von Robert E. Lee; selbst ernannter Anführer der Menge war der Bürgermeister der nahe gelegenen Ortschaft Kenner. »Wir können diesen Niggern nur dann eine Lektion erteilen und ihnen ihren Platz zeigen«, brüllte er, »wenn wir jetzt losmarschieren und ein paar von ihnen lynchen.«

Ungefähr zur gleichen Zeit, so erinnerte sich Big Eye Nelson, bereitete sich Buddy Bolden auf seinen Auftritt mit einem Streichorchester vor, das im The 25's an der Ecke Iberville und Franklin spielen sollte, im schwarzen Teil des Rotlichtviertels. Nelson sollte an jenem Abend Bass spielen und hatte gerade sein Instrument aus dem Koffer genommen, als eine Frau von der Straße hereingerannt kam und die Musiker bestürmte, sofort aufzuhören, weil ein weißer Mob zu ihnen unterwegs sei.

Doch Bolden schenkte ihr keine Beachtung. »So was hat's hier in New Orleans noch nie gegeben«, antwortete ihr einer der Musiker, »und auch heute Abend wird's dazu nicht kommen.« Das Orchester begann zu spielen. Plötzlich hörte man draußen auf der Straße Männer hin und her laufen und etwas rufen. Dann fielen Schüsse, gefolgt von Flüchen und Schreien.

»Ich selbst saß am hinteren Ende des Podiums«, erinnerte sich Nelson. »Mit einem Mal stürzten alle in meine Richtung, um von der Tür wegzukommen und durch die Hintertür zu verschwinden. Vom Bass blieb nur noch Kleinholz übrig ... Wir schafften es gerade noch durch das Fenster ... und raus in die Gasse, aber da waren auch schon jede Menge Leute.« Nelson, Bolden und ihre Mitmusiker fanden schließlich Zuflucht im Haus eines Freundes, doch die goldene Uhr des Kornettisten blieb an der Wand über dem Podium zurück. Und als die Unruhen schließlich nach drei Tagen zu Ende gingen, entdeckte man unter den Toten auch die Leiche von Big Eye Nelsons Vater.

Vier Tage lang war Robert Charles nicht aufzufinden. Dann verriet ein schwarzer Informant der Polizei, dass er sich in einem Haus an der Saratoga Street versteckte. Hunderte bewaffne-

Das Schlimmste, was einem Jungen in New Orleans passieren kann, ist im Klassenzimmer zu hocken und zu hören, wie sich eine Brass Band nähert, höllisch swingend an der Schule vorbeizieht und dann in der Ferne wieder entschwindet. Dann bekommt man eine Menge trauriger Gesichter in der Klasse zu sehen. Ist jedoch gerade Mittagspause, zwischen zwölf und eins, und die Glocke läutet um ein Uhr, bleiben eine Menge Plätze leer ... Die Musik begeisterte und berührte uns so sehr, dass wir, ehe wir uns dessen bewusst wurden, bereits zehn oder 20 Blocks lang hinter der Band hergelaufen waren.

DANNY BAKER

Papa Jack Laine (sitzend) und seine Reliance Marching Band im Jahr 1910. Laine war zugleich Unternehmer und Musiker. In jenem Jahr bezahlte er 2000 Dollar für ein heruntergekommenes Zirkuszelt, taufte es hochtrabend »Laine's Greater Majestic Minstrels« und baute es in Erwartung üppiger Gewinne in der Nähe des Straßenbahndepots an der Ecke Canal und White Street auf. Doch ein Sommerhurrikan fegte das Zelt und den Großteil seiner Ersparnisse fort. Laine war Mentor zahlreicher weißer Musiker: Sechs Jahre nach Entstehung dieses Fotos spielte der Klarinettist Alcide »Yellow« Nuñez in einer Chicagoer Gruppe namens Stein's Band from Dixie, dem Vorläufer der Original Dixieland Jazz Band.

ter Weißer verstärkten die Reihen der Polizei, die das Haus umstellte. Bei dem folgenden Schusswechsel gelang es Charles, fünf weitere Angreifer zu töten und zwanzig von ihnen zu verletzen, bevor er schließlich selbst ums Leben kam. Man jagte ihm so viele Kugeln in den Leib, dass sein Leichnam nicht mehr zu identifizieren war – was die Legende entstehen ließ, er sei doch noch entkommen.

Anschließend schoben die Weißen angeblichen Unruhestiftern aus dem Norden alle Schuld in die Schuhe. »Unter der dunklen, schäumenden Masse der Menschlichkeit, die uns umgibt ... scheint alles friedlich und wunderbar«, warnte der *Daily State* aus New Orleans seine Leser, »doch ahnen wir anscheinend nicht, welch höllische Träume von tief unten emporsteigen ... Wir befinden uns ... unter dem Regime des freien Negers und mitten in einem gefährlichen Sklavenaufstand, doch nicht aus einem tatsächlichen Grund, sondern aus dem angeborenen Rassenhass des Negers heraus, der von unseren Menschenfreunden aus dem Norden auch noch fortwährend geschürt wird.«

Für manchen Schwarzen in New Orleans wurde Robert Charles zum Volkshelden. Man schrieb sogar ein Lied über ihn, doch noch Jahre später galt es nicht als ratsam, diesen Song in Gegenwart von Weißen zu singen.

Die Beziehungen zwischen den Rassen in der Stadt erholten sich nie mehr – selbst dann nicht, wenn es um Musik ging. Jahrelang hatten schwarze und weiße Bands am Ufer des Lake Pontchartrain nebeneinander für Picknickgesellschaften gespielt, wie der Schlagzeuger Paul Barbarin sich erinnerte:

»Jeden Montag gab es an Lucian's Pavillon etwas zu sehen. Man stieß dort dann auf eine

ENDLICH AM BROADWAY

Will Marion Cook und drei Notenblätter mit seinen Hits

Entstanden in den Schwarzenvierteln des Mittelwestens, hatte der Ragtime 1898 bereits New York erobert und der afroamerikanische Cakewalk wurde der Lieblingstanz junger Menschen aller Hautfarben. Männern wie dem klassisch ausgebildeten Komponisten Will Marion Cook, einem früheren Schüler von Antonín Dvořák, und dem Dichter Paul Laurence Dunbar schien die Zeit reif, am Broadway eine rein schwarze Show zu inszenieren. Das Ergebnis hieß Clorindy, or the Origin of the Cakewalk. Weil es sich hier um eine stundenlange Abfolge von Parodien mit plumpen, minstrelartigen Gags handelte, trieb es Cooks Mutter vor Scham die Tränen in die Augen, als sie das Stück zum ersten Mal hörte. Immerhin brachte Clorindy 26 afroamerikanische Darsteller auf die Bühne, die das Theaterpublikum von Manhattan in Erstaunen versetzten.

Die Eröffnungsvorstellung im Casino Roof Garden war ein Triumph, erinnerte sich Cook:

»Mein Chor sang wie die Russen, tanzte wie die Neger und legte einen Cakewalk hin wie die Engel! Als die Schlussnote verklang, stand das Publikum auf und applaudierte mindestens zehn Minuten ... Es war das reinste Chaos, aber nie hatte mir Chaos besser gefallen ... Ich war derart begeistert, dass ich ein Glas Wasser trank, es für Wein hielt und herrlich betrunken wurde. Endlich waren am Broadway auch Neger und sollten dort auch bleiben ... Nichts konnte uns mehr aufhalten, und es hielt uns auch ein ganzes Jahrzehnt lang nichts mehr auf.«

Cook schrieb weitere erfolgreiche Shows, darunter In Dahomey und Bandana Land. Eines Tages nahm er sich vor, ein Stück zu schreiben, das mit mindestens zehn Minuten ernster, »seines Talents würdiger« Musik begann, bevor es auf den heiteren Stoff zurückgriff, den das weiße Publikum von schwarzen Entertainern unbedingt hören wollte. Anderen schwarzen Komponisten, zum Beispiel Bob Cole, den Brüdern Johnson, James Weldon und J. Rosamond, gelang es ebenfalls, ihre Werke an den Broadway zu bringen.

Um 1910 aber verblasste bei den weißen Theaterbesuchern langsam der Reiz des Neuen, und erst 1920 tauchten wieder schwarze Besetzungen auf. Deren Rückkehr lag zum Teil an der Energie und Beliebtheit einer anderen afroamerikanischen Schöpfung, die gerade erst im Entstehen begriffen war, als Cook und Dunbar ihr erstes Stück aufführten – der Jazzmusik.

Picknickgesellschaft, bei der entweder die Imperial, die Superior oder die Olympia Band spielte. Dazu muss man sich die Sommersonne vorstellen, den blauen See, die Gesellschaften in Weiß, Grün, Gelb, in allen nur möglichen Farben. Die weißen Sommerkleider, die vielen bunten Sonnenschirme. Die goldenen Buchstaben auf den Brauereiwagen, das schimmernde Pferdegeschirr ... Fünf oder sechs Bands, die fünf oder sechs verschiedene Stücke spielten, keine 100 Yards voneinander entfernt. Lachende Männer, die ein Fass Bier den Holzsteg entlangrollten, hin zu einer der Gesellschaften. Hotdogs, Austern, Langusten, Strandkrabben und fette Seeforellen. Alle aßen, sangen oder machten Musik. Es war ein freundlicher Ort und eine freundliche Zeit. Und zwei Gesellschaften weiter spielte vielleicht gerade eine weiße Band. Man soll nicht glauben, wir hätten damals nicht auch eine Menge hervorragender weißer Jazzer gehabt. Die gab es sehr wohl, und sie spielten großartig. Aber es herrschte immer eine ehrliche musikalische Rivalität.«

Nach dem Aufruhr um Robert Charles nahm diese ehrliche Rivalität bisweilen bösartige Züge an. Um die Jahrhundertwende war Papa Jack Laine der bekannteste Leader einer weißen Marching Band; er war Schlagzeuger, Schmied und manchmal Boxer und hatte schon in der Grundschule damit begonnen, seine Reliance Brass Band auf die Beine zu stellen, die er dann über 40 Jahre lang leiten sollte. 1910 beschäftigte er so viele Musiker, dass er an einem einzigen Tag zehn verschiedene Besetzungen auf die Straße schicken konnte. Zwei Generationen weißer Musiker aus New Orleans kamen über ihn an ihre ersten Auftritte: »Ich hab die Jungs aufgelesen ... als sie noch in kurzen Hosen spielten«, sagte er immer gern.

Sein ganzes Leben lang behauptete Laine, Nichtweiße hätten mit der Musik, die er und seine Leute spielten, überhaupt nichts zu tun und das Synkopieren nur dadurch gelernt, dass sie ihm zuhörten. Doch zwei Musiker, die er besonders oft engagierte, waren Kreolen mit nur leichter Hautfärbung: der Klarinettist Achille Baquet und der Posaunist Dave Perkins, der sich in den Straßenbahnen von New Orleans lieber auf die hintere Plattform stellte, statt sich zwischen den Weißen im vorderen oder den Schwarzen im hinteren Wagenbereich entscheiden zu müssen. (»Sie waren beide Nigger«, gab Laine viele Jahre später zu, »doch sie spielten so gut, dass es egal war, welche Hautfarbe sie hatten.«)

Der sinnlose Streit über das Eigentumsrecht an der amerikanischen Musik brach früh aus und hat leider nie wirklich ein Ende gefunden.

JELLY ROLL

»Es ist nachweislich bekannt und unumstritten, dass die Wiege des Jazz in New Orleans steht«, schrieb der Pianist Jelly Roll Morton 1938, »und ich persönlich habe ihn 1902 erfunden.« Im fraglichen Jahr war Morton aber erst zwölf Jahre alt gewesen, und als er diese Behauptung aufstellte, war auch seine Musik längst wieder aus der Mode gekommen. Viele, die ihn kannten, nahmen diesen Satz einfach als neuerlichen Beweis dafür, dass er sein Leben lang nicht aufhören konnte, maßlos aufzuschneiden. »Er wollte viele Dinge erfunden haben, die er in Wirklichkeit nicht erfunden hat«, meinte Pops Foster. »Wenn man ihm nur lange genug zuhörte, behauptete er auch noch, er hätte das Klavier erfunden oder sonst etwas, das ihm gerade einfiel.«

Natürlich wurde der Jazz nicht von einer einzigen Person erfunden – er begann als »Gumbo«, als Eintopf, angerührt und gewürzt von Hunderten von Händen. Doch in Mortons Behauptung steckte mehr Wahrheit, als zur damaligen Zeit ersichtlich sein konnte. »Alles was er sagte, konnte er untermauern«, äußerte sich sein Freund, der Klarinettist Omer Simeon einmal, »und zwar mit dem, was er tat.« Tatsächlich zählte Morton zu den Ersten, die Jazz spielten – und er war dessen erster Theoretiker, Komponist und Meister der Form, der Erste, der ihn zu Papier brachte und dadurch auch einer der Ersten, die dazu beitrugen, dass sich die Musik aus New Orleans im ganzen Land verbreitete. Es hat den Anschein, als habe er von Anfang an sowohl mit seinem gepflegten Klavierspiel als auch mit den Stücken, die er ab etwa 1905 komponierte, eine Musik schaffen wollen, die den Blues und den Ragtime miteinander verband, sich aber von beiden zugleich deutlich unterschied.

Der Blues war zwar voller Leidenschaft, ihm aber zu schlicht, wie er einmal sagte. Zudem hielt er die meisten Bluesmusiker für »Klavierspieler mit nur einer Melodie«. Ragtime-Musiker hingegen neigten zu sehr dazu, alles auf Tempo zu trimmen, und das ihrer Musik zugrunde liegende Prinzip erschien ihm als »eine Form der Synkopierung, auf deren Grundlage sich nur bestimmte Melodien spielen lassen.«

»Jazzmusik dagegen«, meinte er, »ist ein Stil, keine Sammlung von Kompositionen. Jede Art von Musik lässt sich als Jazz spielen, wenn man die entsprechenden Kenntnisse besitzt.« Und niemand besaß mehr Stil und mehr Kenntnisse

Als dieses Porträt entstand, war Jelly Roll Morton gerade erst 20 Jahre alt, hatte jedoch bereits drei Jahre Erfahrung als umherziehender Musiker. »Er war immer in Bewegung«, berichtete ein Freund, »und hielt es nie länger als ein paar Tage an einem Ort aus.«

Louise Monette, die Mutter von Jelly Roll Morton.

als Jelly Roll Morton. »Kein Jazzpianist«, führte er aus, »kann jemals Jazz spielen, wenn er nicht versucht, eine Band zu imitieren.« Dieser Überzeugung blieb er treu und bemühte sich, an den Tasten so etwas wie die Polyphonie der Marching Bands von New Orleans nachzubilden: Seine linke Hand gab den Bass wieder, manchmal mit Phrasen durchsetzt, die an den Tailgate-Posaunenstil erinnerten, während seine Rechte die Melodielinien von Kornett und Klarinette nachahmte. Ganz gleich, was er spielte – ob Ragtime, Blues, französische oder italienische Opernarien, spanische Volkslieder und Tänze –, alles bekam bei ihm eine neue, sanftere Synkopierung. Unter seinen langen, geschmeidigen Fingern und im Rhythmus seiner laut klopfenden Füße verwandelte sich jedes Stück in etwas völlig Neues. »Wenn man an einem Haus vorüberging, in dem Jelly Roll spielte«, erzählte der Bassist Bill Johnson, »wusste man sofort, dass er es war. Denn so wie er ... spielte sonst niemand.«

Geboren wurde er als Ferdinand Joseph Lamothe am 20. Oktober 1890 in New Orleans. Später änderte er seinen Familiennamen in Morton, aus »geschäftlichen Gründen«, wie er einmal erklärte, »weil ich nicht ›Frenchy‹ genannt werden wollte«. Morton verkörperte alle rassistischen Widersprüche seiner Heimatstadt. So behauptete er eines Tages, seine Vorfahren hätten »schon lange vor dem Erwerb von Louisiana in New Orleans gelebt und stammten direkt aus Frankreich«. Nur selten ließ er eine Gelegenheit aus, seine helle Hautfarbe und seine schlank geschnittenen Gesichtszüge mit denen von Schwarzen zu vergleichen, von denen viele, wie er zu sagen pflegte, »Lippen wie Stoßstangen« hätten. Tatsächlich war seine Familie vergleichsweise neu in der Stadt, doch er stammte keineswegs von französischen Einwanderern ab, sondern war schlichtweg der uneheliche Sohn kreolischer Eltern, deren Vorfahren aus Haiti kamen.

Sein kreolisches Gehabe hielt ihn allerdings auch nicht davon ab, sich schon früh und begierig auf die zumeist schwarze Welt des Blues einzulassen, die ihn umgab. Er selbst sagte einmal über seine Stadt: »Bei uns in New Orleans gab es alle möglichen Nationalitäten, doch mit der Musik konnten wir uns den Menschen annähern.« Nie vergaß er den ersten Blues, den er je gehört hatte – gespielt und gesungen von Mamie Desdoumes, einer Nachbarin. Sie hatte nur drei Finger an der rechten Hand, erinnerte sich Morton, und kannte auch nur eine Melodie, die sie »gleich nach dem Aufstehen den ganzen Tag am Klavier spielte«:

I stood on the corner, my feet was dripping wet,
I asked every man I met ...
Can't give me a dollar, give me a lousy dime,
Just to feed that hungry man of mine.

Eines Tages sollte Morton selbst derartige Bluesstücke schreiben.

Die Unberechenbarkeit seines Vaters brachte seine Mutter bald dazu, ihn zu verlassen und zu einem anderen Mann zu ziehen. »Wir hatten immer irgendein Instrument im Haus«, erzählte Morton, »zum Beispiel eine Gitarre, Trommeln, ein Klavier, eine Posaune ... eine Mundharmonika oder Maultrommel. Wir hatten jede Menge davon, und jeder spielte dann zu seinem Vergnügen.« Mit sieben spielte er bereits so gut Gitarre, dass er in einem Trio zum Tanz aufspielen konnte. Ein paar Jahre später sang er in einem Quartett, das sich auf Spirituals bei Trauerfeiern spezialisiert hatte und im Gegenzug »jede Menge reichlich mit Senf bestrichene Schinken- und Käsesandwiches erhielt«. Von Anfang an gefiel ihm der Ton des Klaviers am besten, aber er befürchtete, seine Freunde könnten ihn als »Weichling« verspotten, wenn er sich daran versuchte. Irgendwann jedoch nahm ihn jemand mit in die Französische Oper, und dort bemerkte er, wie er in einem Interview erzählte, »einen Klavierspieler ... der keine langen Haare hatte. Da entschied ich, dass sich ein Klavier für einen Herrn genauso gut eignete wie für eine Dame.«

Als Morton 14 war, starb seine Mutter, und er zog mit seinen beiden Schwestern zu Verwandten. Ein Jahr später wagte er sich – in langen Hosen, die er aus dem Kleiderschrank seines Onkels hatte mitgehen lassen, um die Polizisten hinters Licht zu führen, die Jugendliche in kurzen Hosen verscheuchen sollten –, nach Storyville, in das ausgesprochen freizügige, 18 Häuserblocks umfassende Vergnügungsviertel der Stadt. Das nach Sidney Story – einem rechtschaffenen Ratsherrn, der 1897 in einem vergeblichen Versuch, Ordnung in seine ungeschliffene Stadt zu bringen, vorgeschlagen hatte, ein Rotlichtviertel einzurichten – benannte Storyville war in ganz Amerika einmalig und ein magnetischer Anziehungspunkt für vergnügungssüchtige Männer aus allen Bundesstaaten und gesellschaftlichen Schichten. In den 230 Bordellen gingen etwa 2000 Prostituierte ihrem Gewerbe nach, deren besonderen Talente und Hautfarbe – »weiß«, »farbig« oder »Mischling« – jährlich in einem offiziellen Blue Book aufgelistet wurden, das jeder an der Straßenecke für einen Vierteldollar kaufen konnte. Niemand weiß, wie viele Frauen sonst noch ihr Geld in den Holzverschlägen verdienten, die die Straßen und Gassen der Gegend säumten. Die Kunden waren ausnahmslos Weiße – oder gingen zumindest als solche durch –, aber es gab auch ein inoffizielles, sich über einige Blocks hinziehendes »schwarzes Storyville« gleich hinter der Canal Street.

In späteren Jahren entstand die Legende, Storyville – von den meisten Musikern »The District« genannt – sei der Geburtsort des Jazz gewesen. Tatsächlich aber spielten hier nur wenige Bands in den überfüllten Bars und Bordellen, hauptsächlich deswegen, weil deren Besitzer nicht glauben, dass die Tänzer besonders viel trinken würden. Dagegen bestand große Nachfrage nach Salonpianisten: Sie nahmen nicht viel Platz in Anspruch, trugen dazu bei, dass die Leute von der Straße hereinkamen und spielten jene Art von Musik, die für »Nackttänze« und sonstige, in manchen Häusern dargebotenen

Tom Andersons Gebäudekomplex an der Ecke Basin und Iberville Street war das luxuriöseste Bordell in Storyville. 100 Glühbirnen an der Decke der Bar warfen ein gleißendes Licht. Die schimmernde Bar selbst war einen halben Block lang und wurde von einem Dutzend Barkeeper bewirtet. Oben gab es »Privaträume für das schöne Geschlecht«, und Anderson gehörte zu den wenigen Etablissements in der Gegend, die groß genug waren, eine komplette Band zu engagieren. Sämtliche Gebäude dieses Straßenzugs waren Bordelle, alle sehr günstig gegenüber der Basin Street an der Endstation der Southern Railroad gelegen, die täglich und rund um die Uhr Hunderte potenzieller Kunden in die Stadt brachte.

sexuellen Vergnügungen benötigt wurde. In jedem Fall schufen sie eine Atmosphäre, die dazu beitrug, dass die Kunden ihre Taschen leerten.

Eines Samstagmorgens hörte Morton, dass eine Bordellwirtin in Storyville Ausschau nach einem neuen Klavierspieler hielt. Zu dieser Zeit gehörte er nach eigenen Worten bereits zu den besten »Nachwuchspianisten« der Stadt und bekam die Stelle ohne Probleme. Seiner Urgroßmutter, bei der er und seine Schwestern untergekommen waren, erklärte er, er werde nun abends nicht mehr nach Hause kommen, da er die Nachtschicht in einer Böttcherei übernommen hätte.

Die meisten Freudenhäuser garantierten ihren Pianisten lediglich einen Dollar pro Abend, nur wenige zahlten bis zu fünf Dollar. Allerdings kamen nach Mortons Erzählungen »sehr häufig Männer ins Haus und drückten einem einen 20- oder 50-Dollar-Schein in die Hand … und der Wein floss in Strömen, wie Wasser«. Morton behauptete, jede Nacht, in der er weniger als 100 Dollar verdiente, sei für ihn eine schlechte gewesen. »Die Klavierspieler warteten genau so auf ihre Freier wie die Mädchen«, erläuterte Pops Foster.

> »Wenn ein Freier gut zu den Mädchen war, dann war das auch für den Klavierspieler gut. Die meisten Männer, die in das Freudenhaus kamen, waren schon halb voll, und je betrunkener sie wurden, desto mehr Trinkgeld gaben sie. Der Freier suchte sich das Mädchen und den Klavierspieler aus, und dann ging man gemeinsam aufs Zimmer, wo der Freier und das Mädchen etwas tranken und Sex miteinander hatten, während der Klavierspieler ein paar langsame Bluesstücke spielte.«

Nach Feierabend besuchte Morton häufig das Hinterzimmer eines Etablissements namens The Frenchman's, wo ihm zufolge »alle denkbaren Vergnügungen« geboten wurden und wo sich alle Klavierspieler des Viertels trafen. »Dort sah man spanische, französische und amerikanische [Pianisten]«, erinnerte er sich. »Sie kamen aus aller Welt. New Orleans war der Treffpunkt der besten Pianisten des ganzen Landes.«

Selbst Morton behauptete nicht von sich, bester Pianist des Viertels zu sein. Diese Ehre war dem »Mann der 1000 Songs« vorbehalten, einem Ragtime-Spezialisten namens Tony Jackson, Komponist des Dauerbrenners »Pretty Baby«. Doch »Jelly war der beste Unterhaltungs-Pianist«, erinnerte sich Pops Foster. »Er kannte all diese schmutzigen Lieder, und … wenn ein Freier zur Tür reinkam, erfand Jelly einen Schmuddelreim auf seinen Namen und baute ihn in sein Pianospiel ein.« Viele Jahre später nahm Morton für die Library of Congress einige der ausgesprochen pikanten Lieder auf, die er während seiner Zeit in Storyville geschrieben hatte – sie sind der denkbar lebendige Beweis dafür, dass die Bürger des neuen Jahrtausends in punkto Sex und Sünde ihren Vorvätern nichts, aber auch gar nichts voraushaben.

Daneben komponierte und spielte Morton auch gesellschaftsfähigere Stücke, zum Beispiel »The Wolverines« (das zu seinem großen Ärger von seinem Verleger später in »Wolverine Blues« umbenannt wurde), »Milneburg Joys«, ein Lobgesang auf ein Picknickwäldchen am Lake Pontchartrain, sowie den »Jelly Roll Blues«, einen Lobgesang auf sich selbst.

In New Orleans, Louisiana town,
There's the finest boy for miles around
Lord, Mister Jelly Roll, your affection he has stole ...
He's so tall and chancey,
He's the lady's fancy.
Everybody know him,
Certainly do adore him.

When you see him strolling, everybody opens up,
He's red hot stuff,
Friends, you can't get enough.
Play it soft – don't abuse.
Play them Jelly Roll Blues.

Das bekannteste Stück aus Mortons früher Zeit ist der »King Porter Stomp«. Es war nach seinem Freund, dem Pianisten Porter King, benannt, und er behielt es in seinem Repertoire als Geheimwaffe im Wettstreit mit anderen Klavierspielern. In einer vereinfachten Version sollte es mit der Zeit von über 30 Bands aufgenommen werden und lieferte Benny Goodman später einen seiner größten Hits.

Mortons Talent und seine Fähigkeit, sich gut in Szene zu setzen, brachten ihm schließlich Jobs bei den spendabelsten »Wirtinnen« des Viertels ein: Hilma Burt, Josie Arlington, Gypsy Schaefer, Lulu White, die »Octoroon Queen«, Antonia Gonzales, die sich selbst als »einzige Opernsängerin und Kornettistin im Rotlichtviertel« bezeichnete, sowie »Countess« Willie V. Piazza, die einmal einen Freier erschoss, der eines ihrer Mädchen misshandelte, und danach von zwölf wohlwollenden New Orleanser Geschworenen für unschuldig befunden wurde.

Schon bald ging es Morton finanziell gut – so gut, dass er sich einen eleganten Maßanzug, ein glänzendes Paar der damals modischen flachen St. Louis-Schuhe sowie einen Stetson leisten konnte. »Damals dachte ich, ich müsste sterben, wenn ich keinen Hut mit dem Stetson-Emblem trug«, erinnerte er sich später. Seine vornehme Kleidung wurde ihm allerdings zum Verhängnis. Auf dem Nachhauseweg von der Kirche sah ihn seine Urgroßmutter eines Sonntagmorgens von der Arbeit kommen. Wie konnte er es sich leisten, sich so todschick anzuziehen, fragte sie sich, und in einem untypischen Anfall von Offenheit beichtete er ihr alles. Prompt warf sie ihn aus dem Haus. »Ein Musiker ist nichts anderes als ein Tagedieb und ein Taugenichts«, beschied sie ihm. »Ich will nicht, dass du dich weiterhin in der Nähe deiner Schwestern herumtreibst. Also ziehst du besser aus.«

Zwar schickte er den Rest seines Lebens Geld nach Hause, war aber nun – als 17-Jähriger – auf sich allein gestellt. Manchmal arbeitete er in New Orleans, meistens aber zog er umher und spielte in den unterschiedlichsten Städten: Biloxi, Jacksonville, Gulfport, Memphis, Chicago, Selma, Houston, Oklahoma City, St. Louis, Indianapolis, Philadelphia, Detroit – und 1917 zog es ihn sogar ganz nach Westen, bis nach Los Angeles.

Die Musik war stets seine »vorrangige Tätigkeit«, wie er sich ausdrückte, aber wenn er Schwierigkeiten hatte, Auftritte zu bekommen, verdiente er sich seinen Lebensunterhalt auf andere Weise. Zuweilen schwärzte er sich das Gesicht und trat mit einem Komiker namens Sammy Russell als Vaudeville-Duo auf, was ihm seinen Angaben nach auch den berühmten Spitznamen einbrachte.

»Sam meinte: ›Du weißt doch gar nicht, mit wem du's zu tun hast.‹ Ich erwiderte, das sei mir auch egal, worauf wir eine kleine Auseinandersetzung hatten. Schließlich fragte ich ihn, wer er denn sei, und er stellte sich mir vor als ›Sweet Papa Cream Puff, frisch aus der Bäckerei‹. Das sorgte für großes Gelächter. Während ich noch da stand und Grimassen schnitt ... kam mir der Gedanke, ich sollte wohl besser etwas zu der Bäckerei sagen. Daher antwortete ich, ich sei ›Sweet Papa Jelly Roll, hätte Dampframmen in den Hüften, und alle Frauen der Stadt würden darauf brennen, meine Ofenklappe zu öffnen‹.«

Zwischen seinen Auftritten spielte Morton Karten, betätigte sich als Zuhälter, verdiente sich etwas beim illegalen Glücksspiel dazu oder ging mit einer klebrigen Flüssigkeit aus Salz und Coca-Cola hausieren, die angeblich Tuberkulose heilte. Dabei stand bei ihm immer die Kunst im Mittelpunkt, sich effektvoll in Szene zu setzen. Der Pianist James P. Johnson erlebte ihn einmal in Kalifornien:

»Er zog immer seinen Mantel aus. Der hatte ein besonderes Futter, das allen ins Auge fiel, und deshalb schlug er den Mantel um und legte ihn, statt ihn zusammenzufalten, der Länge nach auf das Klavier. Das machte er ganz langsam, sorgfältig und feierlich, als wäre der Mantel ein Vermögen wert und müsse mit äußerster Sorgfalt behandelt werden. Dann holte er ein seidenes Taschentuch hervor, schüttelte es aus, damit es auch jeder sehen konnte, und staubte damit den Klavierstuhl ab. Danach setzte er sich, schlug seinen speziellen Akkord an – jeder Entertainer hatte als Erkennungszeichen einen besonderen Akkord, wie ein Signal –, und ab ging die Post! Der erste Rag, den er spielte, war immer sehr lebendig, um das Publikum zum Staunen zu bringen.«

Wo Jerry Roll Morton auch hinkam – die Musik aus New Orleans begleitete ihn. Dabei sah er sich oft gezwungen, mit Musikern zu spielen, die wenig oder gar nichts davon verstanden.

»Wenn es jemand aus New Orleans war, gab es keine großen Probleme«, erinnerte er sich, »weil diese Jungs viele meiner Breaks kannten; aber da ich von einem Ort zum anderen reiste, musste ich es den anderen erst mal beibringen. Daher ... fing ich an, diese sonderbare Form aus Mathematik und Harmonielehre aufzuschreiben, die niemand sonst auf der Welt beherrschte.«

Während er die Polyphonie von New Orleans »aufschrieb«, damit auch nicht eingeweihte Musiker sie spielen konnten, sezierte Morton die Musik, wie es vor ihm noch niemand und nach ihm nur wenige getan haben. Er legte ein grundlegendes Element nach dem anderen frei:

Wie man Breaks zu spielen hat – kleine Soli, während die Band plötzlich verstummt, um zusätzliche Spannung zu schaffen: »Ein Break ... ist wie eine musikalische Überraschung«, erklärte Morton. »Ohne Breaks, ohne saubere Breaks und ohne schöne Ideen bei den Breaks ... hat man keine Jazzband und kann keinen Jazz spielen. Selbst wenn ein Stück eigentlich gar keinen Break

Der »Spiegelsaal« in Hilma Burts Freudenhaus, gleich neben Anderson. Hier spielte Jelly Roll Morton für die Mädchen und ihre Freier Klavier. Da er 1902, als diese Aufnahme entstand, jedoch erst zwölf Jahre alt war, dürfte der Mann am Klavier wohl einer seiner Vorgänger gewesen sein.

hat, empfiehlt es sich dennoch, eine Stelle einzubauen, an der man einen Break macht.«

Wie man Riffs einfügt – unisono gespielte Phrasen, die sich in gleichmäßigen Abständen wiederholen, einen Solisten anspornen und die Zuhörer davon überzeugen sollen, dass die Band nach wie vor zusammenspielt. »Ein Riff ist für uns wie ein Fundament«, meinte er dazu, »wie etwas, auf dem man sich bewegt.«

Wie man die von ihm so genannte »spanische Klangfarbe« einbringt – jenen melancholisch-sehnsuchtsvollen Bassrhythmus des Tango und der frühen spanischen und karibischen Tänze, die in New Orleans schon immer populär gewesen waren und ohne die dem Jazz nach Mortons Auffassung die rechte »Würze« fehlte. »Die linke Hand bleibt, wie sie ist [d.h. sie spielt den Tangorhythmus]. Der Unterschied liegt in der rechten Hand, in der Synkopierung, die eine ganz andere Klangfarbe erzeugt – sozusagen von Rot ins Blaue übergeht.«

Wie man das richtige Tempo anschlägt – »Viele Leute haben eine falsche Vorstellung von Jazz«, meinte er. »Jazzmusik muss man süß spielen. Sanft, mit reichlich Rhythmus.«

»Erst wenn man reichlich Rhythmus und reichlich Swing hat, wird es richtig gut ... Mit Tripelforte bekommt man keine Crescendos und Diminuendos hin. Und um echte Höhen zu erreichen, muss man auch in der Lage sein, ganz tief hinabzusteigen. Wenn ein Glas voll ist, kann man nicht noch mehr hineingießen, aber bei einem halb vollen Glas hat man die Möglichkeit, noch Wasser nachzufüllen. Auf dem gleichen Prinzip beruht auch die Jazzmusik.«

Trotz Mortons Bemühungen blieb die Musik aus New Orleans ein weiteres Jahrzehnt lang »aller Welt fremd«. 1901 hatte man die Victrola erfunden, doch niemand war bislang auf die Idee gekommen, Aufnahmen von Musikern aus New Orleans oder deren neuartiger Musik zu machen. Stattdessen breitete sich der Jazz nach und nach über das ganze Land aus.

EIN HIMMEL VOLLER GEIGEN

An einem Spätnachmittag im April 1907, kurz nachdem Jelly Roll Morton begonnen hatte, seine eigene Musik zu komponieren, sollte eine von dem 18-jährigen kreolischen Kornettisten Freddie Keppard geführte Band bei einem Gartenfest im Hause von Mr. and Mrs. Omar Bechet, 414 Girod Street, in New Orleans auftreten. Ihr Sohn Leonard, ein vielversprechender Student der Zahnmedizin, wurde 21 Jahre alt. Musik sollte es geben, Tanz auf dem Rasen und jede Menge kreolisches Essen.

Der Klarinettist George Baquet verspätete sich jedoch, und da die Gäste bereits eintrafen, bauten Keppard und der Rest der Band in der Küche auf und spielten ohne ihn, so gut sie konnten. Plötzlich fiel von irgendwo im Haus eine Klarinettenstimme ein. »Wer zum Teufel ist denn das?«, fragte Keppard und machte sich auf die Suche nach der Quelle der Töne. Schließlich stieß er auf Bechets jüngsten Sohn Sidney, der in einem abgedunkelten Zimmer auf dem Zahnarztstuhl seines Bruders thronte und so laut spielte, wie er nur konnte. Der kräftige Junge mit dem rundlichen Gesicht war gerade einmal neun Jahre alt und hatte sich alles selbst beigebracht.

Keppard fragte ihn, ob er mit in die Küche kommen wollte. »Dieses Gefühl werde ich nie vergessen«, erinnerte sich Bechet, »als ich in der Küche mit diesen Leuten spielte ... Es waren Meister ihres Fachs ... Sie gaben mir das Gefühl, ich dürfte erst dann zufrieden sein, wenn ich regelmäßig mit ihnen spielen könnte. Es war einfach phantastisch!« Schließlich tauchte George Baquet doch noch auf – er hatte bei einem Straßenumzug gespielt. Er holte seine Klarinette heraus, »fuhr mir mit der Hand über den Kopf und ... lachte einfach. Und er ließ mich den ganzen Abend neben sich stehen, spielte direkt neben mir. An dem Abend war ich bestimmt das glücklichste Kind in ganz New Orleans. Selbst für einen Himmel voller Geigen hätte man mich nicht kaufen können«, erinnerte sich Bechet.

Baquet erbot sich, dem Wunderkind im Tausch gegen ein paar Beutel Bull Durham-Kautabak Unterricht zu geben. Auch andere Klarinettisten boten ihre Hilfe an. Der klassisch ausgebildete Luis »Papa« Tio wollte den jungen Sidney überreden, der ungehobelten neuen Musik aus dem Weg zu gehen, die man nun auf den Straßen hörte. »Nein, nein, nein!«, erklärte er dem Jungen. »Wir wollen doch nicht bellen wie ein Hund oder maunzen wie eine Katze!« Doch Bechet zog den »verlotterten« Sound von Big Eye Nelson Tios »ordentlicher« Musik vor:

Sidney Bechet war schon mit 19 als Straßenmusiker unterwegs. Er verspürte sein Leben lang den »Drang, in Bewegung zu bleiben«, wie er sich ausdrückte.

Die Eagle Band, von der der Bassist George »Pops« Foster behauptete, sie würde »immer heiß spielen«. Wie bei vielen guten Bands der Stadt wechselte ihre Besetzung häufig. In dieser Zusammensetzung von 1916 ist Frankie Dusen Posaunist und Bandleader, und Louis »Big Eye« Nelson spielt Klarinette. Kornettist war Buddy Petit, der, wie sich Danny Parker erinnerte, mit solcher Energie spielte, dass seine Bewunderer während der Straßenumzüge »in Zehnergruppen um ihn herumstanden«.

»Manche Musiker spielten ... ganz hübsch«, meinte er, »aber mir gefiel die Musik besser, auf die ich gerne hätte tanzen wollen.« Von Anfang an brachte er nicht die Geduld auf, sich von jemandem über längere Zeit unterrichten zu lassen. Und niemand konnte ihn dazu bewegen, sich mit Theorie zu beschäftigen. »Noten lernte er nicht«, erzählte Nelson, »und doch war er mein bester Schüler.«

Die Eltern des Jungen hofften, die Musik würde sich zu seinem Hobby und nicht zu seinem Beruf entwickeln – so war es bei vielen kreolischen Familien und auch bei seinen vier älteren Brüdern. Sie legten Sidney nahe, statt Musiker doch lieber Maurer oder Friseur zu werden. »Wir wollten unsere Familie nicht gefährden, indem wir uns unter das grobe Volk mischten«, erinnerte sich Leonard Bechet. »Wir machten uns immer große Sorgen, wenn Sidney irgendwo draußen spielte.«

Dem Jungen war das egal. Er wollte einfach nur spielen – und mit Musikern durch die Gegend ziehen, die Dutzende von Jahren älter waren als er, die er aber schon jetzt als seinesgleichen betrachtete. Noch immer in kurzen Hosen, durfte Bechet schon bald bei den besten Bands der Stadt einsteigen. Mit 14 tat er sich mit einem anderen kreolischen Wunderkind zusammen, dem Kornettisten Buddy Petit, und gründete eine siebenköpfige Band namens Young Olympians, die bei Paraden mitmarschierte, vor Picknickgesellschaften auftrat und sich eine breite Schneise durch die Mädchen schlug, die zu ihren Auftritten kamen. »Sidney kriegte man nie gebändigt«, berichtete Big Eye Nelson einmal, »der kleine Teufel war ständig hinter den jungen Mädels her.«

Die Bechets taten alles in ihrer Macht Stehende, um ihren Sohn davon abzuhalten, weiterhin Musik zu machen. Sie zogen einen Friedensrichter hinzu, der ihn dazu bringen sollte, weiter zur Schule zu gehen. Doch er hörte nicht auf ihn, und wenn sie seine Klarinette wegschlossen, lieh er sich entweder eine aus oder überredete seinen jeweiligen Bandleader, ihm genug Geld zu geben, dass er sich eine aus dem Pfandhaus holen konnte.

Mit knapp 15 heuerte er bei der wildesten Formation der Stadt an, der von dem Kornettisten Willie »Bunk« Johnson geleiteten Eagle Band. Bechets Worten nach waren kreolische Musiker »verdammt gut und beim Ragtime mit die Besten; aber wenn es um den Blues ging, kam niemand gegen Bunk oder das Eagle Orchestra an.« Es war eine richtige »Gutbucket«- oder »Lowdown«-Band und bei Straßenwettbewerben praktisch nicht zu übertrumpfen, erinnerte sich Bechet. Wenn eine kreolische Band aus Downtown sich über die Canal Street auf Uptown-Territorium verirrte, konnte sie »sich nur noch aus dem Staub machen, wenn sie hörte, dass die Eagle Band im Anmarsch war«, bestätigte ein kreolischer Musiker.

Bechet liebte diese Band, und er spielte gern an Orten, an denen es rau herging, etwa der Funky Butt Hall, wo einst Buddy Bolden das Zepter geschwungen hatte. Und ihm gefiel die weltliche Ader seines Bandleaders, dessen kühne Trinkgelage und pausenlose Schürzenjagd er eifrig nachahmte. Schon bald verließ er sein Elternhaus, um sich ganz der Musik und dem unsteten Musikerleben zu widmen. Eine Unterkunft fand er immer dort, wo gerade Platz war – »Heute hier, morgen dort«, erinnerte sich ein Freund –, und er hatte drei, vier Engagements am Tag, so viele, dass er manchmal in der Straßenbahn einschlief, die ihn zu seinem nächsten Auftritt bringen sollte.

In späteren Jahren äußerten sich Bechets Familienmitglieder philosophisch über das Leben, das er sich ausgesucht hatte. »Man musste durch diese harte Schule gehen, wenn man so spielen lernen wollte wie Sidney«, erklärte Leonard Bechet einmal in einem Interview. »Man muss mit allen möglichen Leuten spielen. Man muss echt hart spielen, wenn man für Neger spielt. Man muss alles geben, damit sie zufrieden sind ... Wenn man das tut, bekommt man den richtigen Drive. Bolden hatte ihn. Und Bunk Johnson hatte ihn.«

Sidney Bechet hatte ihn ebenfalls – und er drückte ihn mit solcher Leidenschaft und Klangfülle aus, dass es ihm manchmal fast das Instrument zu zerreißen schien. »Er spielte immer leidenschaftlich«, meinte Peter Bocage. »Das war sein Naturell. Er konnte nie auch nur eine Minute ruhig sitzen bleiben. Es gab immer irgendetwas, was er tun musste. Wenn er spielte, war es das Gleiche. Ständig stand er unter Strom.«

Bechet wurde schnell bekannt für seine schwierige, »äußerst niederträchtige« Persönlichkeit, wie er selbst einmal zugab, die es ihm verbot, in einer Band zu spielen, in der ein anderer auch nur einen Penny mehr verdiente als er selbst. Außerdem machte er sich einen Namen als einzigartiger Klarinettist, der die Musik als ewigen Kampf betrachtete, aus dem er immer als Sieger hervorgehen wollte. Die Musik der Brass Bands aus New Orleans war zwar das kunstvolle Zusammenspiel eines Ensembles, doch bislang hatte der Kornettist immer als Erster unter Gleichen gegolten: Er spielte den Lead, gab das Thema vor, um das herum der Klarinettist dann obligate Begleitungen zu spielen hatte. Doch Zweitbester zu sein, war für Sidney Bechet nicht genug. Eine Zeit lang versuchte er, selbst Leadkornett zu spielen – und soll nach Aussage seiner Zuhörer dabei absolut laut und überzeugend gewesen sein. Aber auch an der Klarinette spielte er mit solcher Energie, dass er Kornettisten – daran gewöhnt, die Rolle des Helden zu spielen – immer wieder übertönte. »Zwischen 1914 und 1916«, meinte sein Klarinettistenkollege Albert Nicholas, »übertrumpfte er sie alle.«

Bald gab er sich auch nicht mehr damit zufrieden, der am meisten bewunderte Klarinettist seiner Heimatstadt zu sein. »Es gab in und um New Orleans viele gute Musiker, von denen man lernen konnte«, erinnerte er sich, »doch ich wurde rastlos. Ich hatte so viel über den Norden gehört, über diesen und jenen Ort, dass ich darauf brannte, loszuziehen.« Ein unternehmungslustiger junger Klavierspieler und Songschreiber namens Clarence Williams verschaffte ihm seine erste Gelegenheit, mehr von der Welt zu sehen. Williams hatte sich viel vorgenommen. Er war davon überzeugt, den Verkauf seiner in den Billigläden geführten Notenblätter ankurbeln zu können, wenn er mit einem Quartett von Stadt zu Stadt zog, das sowohl Komödien aufführen als auch seine Musik spielen konnte. Dazu kam es dann allerdings erst gar nicht, denn er hatte es versäumt, sich um genügend Engagements zu kümmern, um seine kleine Truppe über Wasser halten zu können. »Wir hatten alles Mögliche darüber gehört, wie viel freier der Norden war, und wir wollten unbedingt dorthin«, erzählte

Edward »Kid« Ory (zweiter von links, mit Posaune) und seine Woodland Band, 1905. Ory wuchs auf der Woodland Plantation in La Place (Louisiana) auf, knapp 30 Kilometer von New Orleans entfernt. Als kleiner Junge bastelte er aus Zigarrenschachteln und Angelschnur Instrumente für eine Band aus Spielkameraden. Mit 13 organisierte er Grillpartys und machte bei Baseballspielen Musik, um das Geld für neue Instrumente aufzubringen. Dass er Musiker werden wollte, sah seine kreolische Familie anfangs gar nicht gern – ähnlich wie bei Jelly Roll Morton und Sidney Bechet. Doch das kümmerte ihn nicht. »Für mich gab es nichts anderes als Musik ... Das mit den Mädchen machte mir Sorgen ... aber ich war sicher, dass ich ein Mädchen kennen lernen würde, wenn ich erst Musiker wäre.«

Bechet. »Aber du lieber Himmel, wir kamen gerade mal bis Texas ... Wir spielten Tanzmusik, machten Shows und hatten eintägige Auftritte ... Eine Zeit lang kam bloß ein billiges Warenhaus nach dem anderen.« Schließlich löste sich das Quartett auf. Bechet schloss sich einer Wanderbühne an, die ihn aber auch nur in ein kleines Provinznest in der Nähe von Beaumont führte, in dem fremde Schwarze angewiesen wurden, vor Einbruch der Nacht weiterzuziehen und wo es schwarzen Einheimischen untersagt war, nach Einbruch der Dämmerung auf die Straße zu gehen. Nachdem er dort bei einer Privatgesellschaft Tanzmusik gespielt hatte, ging Bechet nach Mitternacht mit einem, wie er sich ausließ, »weißen Störenfried ... der nicht bei seinesgleichen blieb und einen nicht in Ruhe lassen wollte«, die Eisenbahnschienen entlang. Es kam zu einem Wortwechsel. Dann streckte Bechet den Mann mit einem Holzstück nieder und sprang auf einen Güterzug nach Galveston, wo einer seiner Brüder lebte. Dort freundete er sich mit einem mexikanischen Gitarristen an, mit dem er eines späten Abends wegen Trunkenheit und Erregung öffentlichen Ärgernisses aufgegriffen wurde. Bechet entging einer brutalen Misshandlung im Gefängnis nur dadurch, dass diejenigen, die ihn verhaftet hatten, seinen Kameraden besinnungslos schlugen und traten. Schweigend saß er dann im Dunkeln, während seine Mitgefangenen einen Blues sangen:

Tied in a hundred feet of chain,
Every link of the chain was initial to his name
Warden come early that morning for him to be hung
On account of something he hadn't done.

»Mein lieber Mann, das war vielleicht ein Blues«, erinnerte sich Bechet. »Sie sangen ihn wie etwas, das man auf die Erde schickte, wenn es einem gegeben war, Gott zu sein. Etwas, das man seinem in Schwierigkeiten geratenen Sohn schicken würde, wenn der auf der Erde, man selbst aber im Himmel wäre.«

Am nächsten Morgen erwirkte Bechets Bruder seine Freilassung auf Kaution, und er kehrte so schnell wie möglich nach New Orleans zurück. Doch kaum bot sich ihm wieder eine Gelegenheit, machte er sich erneut auf die Reise. Er sollte sein ganzes Leben lang rastlos und unzufrieden bleiben. In der Geschichte des Jazz gab es keinen Musiker, der mehr Persönlichkeit hatte und diese auf seinem Instrument stärker zum Ausdruck brachte. Doch genau diese Persönlichkeit stand ihm immer wieder im Wege. »Man braucht gar nicht nach Ärger zu suchen«, schrieb er. »So wie ich das sehe, findet der Ärger einen von ganz allein.« In den kommenden Jahren sollte er Sidney Bechet noch oft genug finden.

BESSER ALS ALLE ANDEREN

1906 war Buddy Bolden der bekannteste schwarze Musiker in New Orleans – bejubelt als King Bolden von den Kindern, die sich jeden Morgen vor seinem Haus an der First Street versammelten, nur um ihm beim Üben zuzuhören. »Er blies sein Horn so laut, dass er jeden aus dem Haus blies«, erinnerte sich eines der Kinder. Doch gab es auch andere, jüngere Anwärter auf die Krone, vor allem den jungen Freddie Keppard, der angeblich sogar noch lauter spielen konnte als Bolden. Buddy Bolden war zeitlebens Alkoholiker und »trank jeden Whiskey, den er oder sonst jemand auftreiben konnte«, wie sich Jelly Roll Morton erinnerte. Bald darauf litt er unter Kopfschmerzen, führte Selbstgespräche, zerstritt sich mit seinen Bandmitgliedern und schien sich immer stärker über alles Mögliche aufzuregen und Sorgen zu machen. Seine Mutter tat, was sie konnte, um seine Angst zu mildern, aber nichts schien zu helfen.

Am 2. März des gleichen Jahres erschien sein Name zum ersten und einzigen Mal in den Zeitungen.

»Im Glauben, von seiner Mutter unter Drogen gesetzt zu werden, sprang der Neger Charles Bolden, wohnhaft an der First Street 2302, gestern nachmittag während eines Anfalls von Demenz aus dem Bett und schlug seine Mutter mit einem Wasserkrug nieder. Bolden, ein Musiker, war bereits seit einiger Zeit krank. Seine Mutter saß gestern nachmittag an seinem Bett, um ihm Beistand zu leisten, als er sich plötzlich dem Irrglauben hingab, sie flöße ihm tödliche Drogen ein. Er griff nach dem Wasserkrug und zerbrach ihn auf dem Kopf seiner Mutter, wobei er ihr eine leichte Schädelverletzung zufügte.«

Bolden verbrachte ein oder zwei Tage in Gewahrsam, und nach seiner Entlassung schien es ihm wieder relativ gut zu gehen. Bald jedoch zeigte er sich dermaßen streitsüchtig, unzuverlässig und misstrauisch, dass seine Band auseinander brach und »alle guten Freunde ihm den Rücken kehrten«, wie sich ein Musiker erinnerte. Zu einem Wettbewerb mit einer hauptsächlich kreolischen, vom Kornettisten Manuel Perez und seinem alten Freund Big Eye Nelson angeführten Band in der Globe Hall erschien er nicht zur verabredeten Zeit. Am 1. Mai hatte er wie jedes Jahr vor, bei der großen alljährlichen »Big Parade« mitzuspielen. Aber noch während der großen Parade entfernte er sich plötzlich von seinen Mitspielern und ging nach Hause. Da-nach spielte er nie wieder in der Öffentlichkeit Horn.

Am 13. März 1907, etwa ein Jahr nach seiner ersten Verhaftung, musste seine Mutter erneut die Polizei rufen. Sie befürchtete, ihr Sohn werde ihr oder sich selbst etwas antun. Im April wurde Bolden dann in die Staatliche Nervenanstalt in Jackson eingeliefert. Er war gerade mal 29 Jahre alt und sollte die Klinik nie wieder verlassen. Später beschrieb einer der verantwortlichen Ärzte seinen Zustand so:

»Recht gut ansprechbar, gibt Antwort. Paranoide Wahnzustände, auch eingebildete. Auditive und visuelle Halluzinationen. Selbstgespräche. Starke Reaktion. Reißt Gegenstände von der Wand. Zerreißt seine Kleider. Einsicht und Urteilsvermögen fehlen ... Äußerlich heruntergekommen, Gedächtnis jedoch gut. Unzusammenhängender Gesprächsfaden. Hört die Stimmen derer, die ihm zusetzten, bevor er hierher kam ... DIAGNOSE: Dementia praecox, paranoide Ausprägung.«

Er war nicht mehr imstande, seine eigene Mutter zu erkennen, wenn sie zu Besuch kam, und war sogar zu verwirrt, um auch nur in der farbigen Patientenband zu spielen. Dennoch sollte Bolden noch 25 Jahre leben, ohne zu wissen, was mit der Musik geschah, die er als einer der Ersten gespielt hatte. Manchmal allerdings, so erinnerte sich der Anstaltsgeistliche, bat er darum, sich ein Kornett ausleihen zu dürfen. Dann blies er einen oder zwei Chorusse – lange genug, »dass man hören konnte, dass er besser war als alle anderen«.

Eine Pause während des Mardi Gras-Umzugs 1910 auf der Canal Street, an den man sich in New Orleans noch heute erinnert, da es in jenem Jahr erstmals bei diesen Feierlichkeiten schneite. Die Musiker im Vordergrund gehörten zu Papa Jack Laines Reliance Marching Band.

MUSIC FURNISHED
ORIGINAL TUXEDO
JAZZ BAND

KAPITEL ZWEI 1907–1917

DAS GESCHENK

Gegen Ende des Jahres 1912, noch bevor Sidney Bechet das Haus seiner Eltern verließ, um sich allein durchs Leben zu schlagen, tauchte eines Tages Bunk Johnson an der Tür der Bechets auf. An einer Straßenecke im schwarzen Storyville spielte ein Jungenquartett für ein paar Pennys. Sidney müsse einfach mitkommen, um sich anzuhören, »wie die singen und harmonieren«. Bechet folgte ihm, und diese Jungen waren »richtig gut«, wie er sich erinnerte – so gut, dass er sie zu sich einlud, damit auch seine Familie sie singen hörte.

Der elfjährige Junge mit den glänzenden Augen, der die Tenorstimme sang, meinte, er würde sehr gerne mitkommen – die Aussicht auf eine leckere kreolische Mahlzeit war äußerst verlockend –, aber er hätte so viele Löcher in seinen Schuhsohlen, dass er Schmerzen bekäme, wenn er den ganzen Weg durch die Stadt zu Fuß gehen müsse. Bechet, der zwar selbst erst 15 Jahre alt war, aber bereits verdiente wie ein Erwachsener, warf dem Jungen mit großer Geste eine 50-Cent-Münze

Die Original Tuxedo Jazz Band spielte für weiße Picknickgesellschaften – und jedes andere Publikum in New Orleans. Oscar »Papa« Celestin, der Kornettist, teilte sich bis 1925 die Leitung der Band mit dem Posaunisten William »Bébé« Ridgley, bevor er das Tuxedo Jazz Orchestra gründete. Celestin war Mentor vieler guter Musiker, darunter auch Louis Armstrong, der die Band als »die heißeste der ganzen Stadt« in Erinnerung behielt.

zu, damit er sich die Schuhe neu besohlen lassen konnte. Dann lief er nach Hause, um seiner Mutter zu berichten, dass sie zum Abendessen Gäste hätten. Der Elfjährige steckte die Münze in die Tasche. Weder er noch seine Freunde machten sich je die Mühe, bei den Bechets vorbeizuschauen. »Ich zog damals mit einem Haufen harter Jungs durch die Gegend, die ziemlich verrückte Sachen anstellten«, schrieb der Junge viele Jahre später. Zuhälter und Prostituierte, die zu seinen engsten Nachbarn zählten, kannten ihn als »Little Louis«. Sein richtiger Name war Louis Armstrong, und die Geschichte seines Aufstiegs ist so erstaunlich, so amerikanisch – und letztlich ebenso unerklärlich –, wie die von Abraham Lincoln.

»Mein Leben war ein einziger Glücksfall«, schrieb Armstrong. »Trotz aller Missgeschicke ... machte ich nie Pläne. Ich nahm das Leben, so wie es kam.« Aufgewachsen hauptsächlich auf den unruhigen Straßen des schwarzen Storyville und von Geburt an von so viel Verbrechen und Gewalt umgeben, dass man damit den Aktenschrank eines Soziologen füllen könnte, war er an einigen Straftaten selbst beteiligt und Zeuge zahlreicher anderer – doch über keine einzige urteilte er leichtfertig. Und wie durch ein Wunder gelang es ihm, all dies in sein künstlerisches Schaffen einfließen zu lassen – das Gute und das Böse, das Hässliche und das Schöne. In der Folge wirkte seine unvergleichliche Genialität – sein »Geschenk«, wie er es nannte – daran mit, den Jazz in eine solistische Kunstform zu verwandeln, und sie beeinflusste jeden Sänger, jeden Instrumentalisten, ja, jeden Künstler nach ihm. Mehr als fünf Jahrzehnte verlieh er allen, die ihn hörten, das Gefühl, ganz gleich, wie die Dinge stehen mochten – am Ende würde sich doch wieder alles zum Guten wenden.

Louis Armstrong wurde am 4. August 1901 geboren – und nicht am 4. Juli 1900, wie er selbst immer angenommen hatte –, und zwar in der Jane Alley Nr. 723, in einem Viertel von New Orleans, das so gewalttätig war, dass man es »Battlefield« (Schlachtfeld) nannte. Sein Vater William Armstrong, der in einer Terpentinfabrik Kessel befeuerte, wenn er denn überhaupt Arbeit fand, kehrte seinen Kindern schon früh den Rücken und besuchte sie später nur selten. »Einen Vater hatten wir nicht«, erinnerte sich Armstrong.

Seine Mutter Mary Albert, Mayann genannt, war bei seiner Geburt gerade erst 15 und ein Flüchtlingsmädchen aus den Zuckerrohrfeldern. Manchmal verdingte sie sich als Prostituierte, um sich über Wasser zu halten; ihren Sohn überließ sie die ersten fünf Jahre seine Lebens der Obhut ihrer Mutter. Dann aber holte sie ihn wieder zu sich und wohnte mit ihm und seiner jüngeren Schwester Beatrice (später als Mama Lucy bekannt geworden) in einer Einzimmerwohnung an der Ecke Liberty und Perdido Street, im Herzen von Storyville. Sonntags nahm sie ihre Kinder mit in die Kirche und lehrte sie Unabhängigkeit und Selbstachtung. »Sie hielt den Kopf immer hoch erhoben«, erinnerte sich Armstrong. »Nie empfand sie Neid gegenüber jemand anderem oder dem gegenüber, was er besaß. Ich glaube, das habe ich ... von Mayann geerbt.«

Das sollte zeit seines Lebens Armstrongs Einstellung bleiben: »Ich meine, man soll sich nicht den Kopf darüber zerbrechen, was die anderen haben, so lange man es sich selbst auf seine eigene Art und Weise gut gehen lässt«, erklärte er während eines Interviews, als er bereits ein weltberühmter Musiker war. »So schlecht kann es gar nicht werden, dass ich mich nicht wenigstens über ein gutes Essen am Tag freuen könnte; und wenn ich wieder in der Zinkwanne baden müsste, könnte ich mir schließlich immer noch den Hintern waschen.«

Als kleiner Junge war er ziemlich auf sich allein gestellt, wenn es darum ging, sich einen Weg durch die verdreckten Straßen zu bahnen, den Wagen und Pferden aus dem Weg zu gehen, mit anderen Jungen zu spielen und zu streiten und der Musik hinterherzujagen, die sein Lebensinhalt werden sollte. Oft zogen in seinem Viertel Brass Bands schmetternd durch die Straßen, und die Funky Butt Hall lag nur wenige Schritte vom Zimmer seiner Mutter entfernt. Hier spielten samstagabends die Musiker etwa eine halbe Stunde lang draußen auf dem Bürgersteig, um die Passanten in die Tanzveranstaltung zu locken, die bei Sonnenuntergang begann. Dann stellte Louis sich neben die anderen Kinder, hörte zu, tanzte, und wenn Musiker und erwachsene Tänzer hineinmarschiert waren – »es ging dort richtig zur Sache«, erinnerte sich Armstrong, »man musste sein Rasiermesser mitnehmen, denn es konnte passieren, dass man jemandem eine ›Rasur‹ verpassen musste, bevor der Abend vorbei war« –, spähte er durch die Ritzen der verwitterten Hallenwände und bekam so alles mit, was drinnen vor sich ging: Die vom Blues durchtränkte Musik, die schweißüberströmten Tänzer, die »auf die Tanzfläche strömten und dort herumzuckten«, wenn sie sich nicht gerade bei einem sinnlichen, langsamen Tanz aneinander pressten, und auch die Schlägereien, die manchmal sämtliche Zuschauer wieder hinaus auf die Straße trieben.

»Die hielten ihre Bräute immer fest im Griff und legten dabei ihren Hut auf den Arm. Das

In diesem heruntergekommenen Haus an der Ecke Jane Alley/Perdido Street wurde Louis Armstrong 1901 geboren. Das Foto entstand 62 Jahre später, kurz bevor die Stadt das Gebäude abreißen ließ.

Der 19-jährige Louis Armstrong, seine Mutter Mayann und seine Schwester Beatrice posieren 1920 in New Orleans für einen Fotografen.

Die Familie Karnofsky, die den jungen Louis unerwartet freundlich behandelte, 1917.

> war das einzige Mal, dass sie ihren Hut abnahmen – sie legten ihn sich auf den Arm, und dann tanzten sie mit ihrer Puppe … aber sie ließen ihn nie fallen. Und wehe, wenn ihn jemand berührte, dann war sofort der Teufel los … wenn jemand diesem Stetson zu nahe kam. Dann warteten sie, bis der Tanz vorüber war, gingen auf den anderen zu und sagten: ›Hast du da eben meinen Hut angerührt, mein Freund?‹ Und der andere sagte: ›Ja, hab ich.‹ Patsch! gab es dann voll eine aufs Maul. Und schon war eine Riesenschlägerei im Gang.«

Die Helden seines Viertels waren Zuhälter und Spieler. »Ich bin mit diesen Leuten groß geworden«, erzählte er einmal. »Sie lebten glücklich, ohne viel Geld, aber … sie hatten immer eine Bleibe und ein sauberes Hemd mit Kragen und Krawatte und einen blauen Anzug, der so oft geplättet worden war, dass er wie ein Spiegel aussah – aber scharf war er trotzdem.« Manchmal spekulierte Armstrong darüber, was aus ihm wohl geworden wäre, hätte er nicht schon früh beschlossen, Musiker zu werden – ein Schmalspurganove, der »nicht allzu viel gestohlen hätte«, meinte er schließlich.

Mayann schickte ihren Louis auf die Fisk School for Boys an der Franklin Street – die gleiche Schule, die schon Buddy Bolden 20 Jahre zuvor besucht hatte. Doch bereits als Siebenjähriger arbeitete er vier Jahre lang vor und nach der Schule für einen jüdischen Einwanderer aus Russland, einen gewissen Morris Karnofsky, der Lumpen, Knochen und alte Flaschen sammelte und den Prostituierten von Storyville Kohlen lieferte. Louis fuhr im Wagen mit und blies in ein großes Blechhorn, damit die Kunden wussten, dass die Karnofskys im Anmarsch waren. Besonderes Vergnügen bereitete es ihm, die Kohlen eimerweise in die Bordelle zu bringen, weil er dort die Musik aus den angrenzenden Spielhöllen hören und »einen raschen Blick« auf die Frauen werfen konnte, die in Unterwäsche auf Kunden warteten.

Und er mochte die Karnofskys. »Abends kamen wir immer spät zurück …, wenn wir alte Lumpen und Knochen gekauft hatten«, erinnerte er sich. »Wenn sie dann zu Abend aßen, machten sie mir auch einen Teller zurecht und meinten: ›Wenn du schon für uns arbeitest, kannst du auch bei uns essen … Bis du zu Hause bist, ist es viel zu spät für dein Abendessen.‹« Nach dem Essen sang Mrs. Karnofsky ihren kleinen Sohn in den Schlaf, und wenn die ganze Familie »sanft und melodiös« einfiel, durfte auch Louis mitsingen. In einer Welt, in der die meisten Weißen sich ihm gegenüber bestenfalls geringschätzig zeigten, war die Gastfreundschaft der Karnofskys eine Offenbarung. »Sie waren immer freundlich und nett zu mir. Das tat mir besonders gut, da ich ja noch ein Kind war, das ein freundliches Wort gut gebrauchen konnte …, denn ich lernte gerade erst die Welt kennen.« Wegen dieser Freundlichkeit empfand Armstrong immer eine besondere Zuneigung für Juden, die seinen Worten nach »eine wundervolle Seele besaßen« – sein Leben lang trug er einen Davidstern, und als er sesshaft geworden war, achtete er darauf, dass immer etwas Matze in seinem Brotkasten zu finden war.

Im Alter von zehn Jahren und »nachdem ich mein Blechhorn schon eine ganze Zeit lang geblasen hatte«, schrieb Armstrong, »fragte ich mich, ob ich wohl ein richtiges Horn blasen könnte.« Als er eines Tages in der Auslage eines Pfandhauses ein ramponiertes Kornett entdeckte, bat er seinen Arbeitgeber um fünf Dollar Vorschuss, damit er es kaufen konnte. Der willigte ein, und Armstrong zahlte es ihm von seinem Verdienst in 50-Cent-Raten pro Woche zurück.

> »Das kleine Kornett war total verdreckt und schon ganz schwarz angelaufen. Morris (einer von Karnofskys Söhnen) säuberte es mit Messingpolitur und reinigte es von innen mit Öl … Dann bat er mich, ein Stück darauf zu spielen. Obwohl ich nicht eine einzige Melodie hinbekam, applaudierte er mir, und das gefiel mir sehr. Als ich noch ein kleiner, heranwachsender Junge war, machten sich die Leute, für die ich arbeitete, große Sorgen um meine musikalische Zukunft. Sie merkten, dass ich Musik im Blut hatte. Sie wollten unbedingt, dass ich es im Leben zu etwas brachte. Und das war die Musik. Sie unterstützen jede meiner Anstrengungen.«

Als Armstrong elf war, gab er trotz aller Freundlichkeit der Karnofskys seinen Job auf, ging mitten in der 3. Klasse von der Schule ab und handelte sich zunehmend Ärger ein. »Man muss sich darüber im Klaren sein, dass es eine unruhige Zeit war … die Jahre, in denen ich in New Orleans aufwuchs«, schrieb er. »Man musste kämpfen und eine Menge gottloser Dinge tun, damit

Die Colored Waif's Home Brass Band, 1913. Der zwölfjährige Louis Armstrong sitzt stolz gleich hinter dem Leiter der Band, Peter Davis. Als Davis ihm erlaubte, in der Band mitzuspielen, fühlte Armstrong »sich im siebten Himmel. Mein Wunsch war Wirklichkeit geworden.«

die anderen nicht auf einem herumtrampelten.« Diese »gottlosen Dinge« sorgten dafür, dass sein Name für die Beamten des 3. Polizeireviers zum Begriff wurde.

Die Musik faszinierte ihn jedoch nach wie vor, und bald organisierte er das Straßenquartett, welches Sidney Bechet so beeindruckte und das für Trinkgeld sang und tanzte, während es gleichzeitig wachsam nach Polizisten und Schulbeamten Ausschau hielt, die auf der Jagd nach Schwänzern waren. »Manchmal kam ein Betrunkener auf uns zu und gab uns einen Dollar«, erzählte Armstrong. »Die Erwachsenen arbeiteten für einen Dollar einen ganzen Tag.« Am frühen Morgen des Neujahrstags 1913, an der Ecke Rampart und Perdido Street, ließ ihn sein wachsames Auge allerdings im Stich. Jahre später lieferte er seine eigene Version der Ereignisse. In jenem Winter vor dem Vorfall hatte er bemerkt, dass der letzte der zahlreichen »Stiefväter«, die bei Mayann im Laufe der Jahre eingezogen waren, einen 38er Revolver besaß, den er in einem Koffer unter ihrem Bett aufbewahrte. Am Silvesterabend, an dem Louis und die Mitglieder seines Quartetts lange draußen bleiben wollten, weil sie auf besonders saftige Trinkgelder von fröhlichen Nachtschwärmern hofften, hielt Louis es für eine gute Idee, den Revolver aus dem Haus verschwinden zu lassen, damit er ihn Schlag Mitternacht unter dem Hemd hervorziehen und seinen Beitrag zu dem spektakulären Getöse leisten könnte, mit dem die Stadt die Ankunft des neuen Jahres zu begrüßen pflegte.

Johnny Fischer's Marching Band auf der North Rampart Street, um 1910. Die beiden kleinen Jungen am rechten Bildrand, die sich bemühen, Schritt zu halten, sind Vorboten der jubelnden und tanzenden »Second Line« – mitziehende Zuhörer, die die Musiker auf ihrem Marsch durch die Straßen begleiteten. »Bei der kleinsten Gelegenheit wurde Musik gemacht«, erinnerte sich der Gitarrist Danny Barker. »Deswegen fingen auch so viele Kinder in New Orleans mit der Musik an: Sie hörten sie einfach ständig.«

»Alle schossen mit Pistolen, Gewehren und Leuchtkugeln oder warfen Knallfrösche … Wir zogen über die Rampart Street und sangen dabei ›My Brazilian Beauty‹, sozusagen unsere Erkennungsmelodie. ›My Brazilian beauty, down on the Amazon, that's where my love has gone, gone, gone …‹ Da holt so ein kleiner alter Kerl auf der anderen Straßenseite eine Pistole heraus …, eine Kinderpistole, und feuert damit. Sofort riefen die Typen aus meinem Viertel: ›Schnapp ihn dir, Dipper!‹, und ich sagte: ›Okay – Peng! Peng! Peng!‹ Es war ein Spaß. Aber plötzlich umklammerten mich zwei Arme, ich schaute auf, und da stand ein großer, kräftiger Wachtmeister. Oh Gott, dachte ich, jetzt ist alles zu Ende … Ich weinte und rief: ›Oh Mister … Bitte lassen Sie mich gehen, nehmen Sie bloß die Pistole.‹«

Doch der Polizist nahm Pistole und Jungen. Der verbrachte eine kalte, angstvolle Nacht im Gefängnis und kam am nächsten Morgen, weil ihn der Jugendrichter zum »Wiederholungstäter« erklärte, auf unbefristete Zeit ins Colored Waif's Home, ein Heim für schwer erziehbare Jungen und Mädchen.

Dieses Heim war, zumindest anfänglich, ein düsterer Ort, der nach militärischen Regeln geführt wurde: Ausreißer bekamen mehr als 100 Peitschenhiebe, die anderen Jungen mussten den Übeltäter dabei festhalten. In den ersten zwei Wochen hatte Louis so viel Angst und Heimweh, dass er kaum etwas essen konnte. Doch selbst im Waif's Home konnte man der Musik von New Orleans nicht entkommen, wie sich Armstrong erinnerte, und wenn er samstagabends auf seinem Bett im Schlafsaal lag, drang manchmal der Sound von Freddie Keppards Kornett durch das offene Fenster. »Diese Typen spielten einfach toll«, erinnerte er sich. »Ganz relaxt.« Und diese »relaxte« Musik wollte er auch spielen.

Der ganze Stolz des Heims war eine uniformierte Marching Band, die mit ihren Auftritten in der ganzen Stadt Spendengelder sammelte. (Ein Grund für die Beliebtheit der Band lag darin, dass ihre Musiker – anders als die Mitglieder »erwachsener« Bands – so glücklich darüber waren, das Heim verlassen zu dürfen, und sei es auch nur für einen Nachmittag, dass sie sich nie darüber beschwerten, weite Entfernungen zurücklegen zu müssen; ein Ehemaliger erinnerte sich daran, in sengender Hitze einmal 25 Meilen zu Fuß gegangen zu sein.)

Armstrong wollte unbedingt in die Band aufgenommen werden, doch der musikalische Leiter, Peter Davis, schloss ihn wochenlang aus, weil er davon überzeugt war, dass Jungen aus dem »Battlefield« es nie zu etwas bringen würden. »Auf mir klebte ein schlechtes Etikett«, erinnerte sich Armstrong. »Ich war ein schlechter Junge, der mit anderen schlechten Jungen in einer schlechten Gegend herumlief.« Er versuchte alles, damit Davis ihm eine Chance gab, trommelte mit den Querstäben von Stühlen den Rhythmus und verfiel in »lustige Tänze«, sobald die Band zu spielen begann.

Schließlich hatte Davis ein Herz und gestattete Armstrong zunächst, Tamburin zu spielen, dann Althorn und Signalhorn und schließlich Kornett. Rasch beherrschte er alle beliebten Marschmelodien – »Home, Sweet Home«, »Maryland, My Maryland« und »Ole Miss« –, und wenig später entwickelte er nach den Worten eines älteren Musikers »einen guten, kräftigen Ton«, bemerkenswert für jemanden seines Alters. Im Juni nahm Davis ihn beiseite und eröffnete ihm, ab sofort sei er Bandleader. »Ich sprang vor Freude in die Luft«, erinnerte sich Armstrong, »und rannte in den Speisesaal, um den anderen Jungs die gute Nachricht zu überbringen.«

Schon bald verbreitete sich Armstrongs Ruf jenseits des Waif's Home, erinnerte sich der Schlagzeuger Zutty Singleton:

> »Manche von denen, die dorthin geschickt worden waren, erzählten nach ihrer Rückkehr, wie glänzend dieser Louis Armstrong spielte. Dann sah ich Louis selbst in einer Band, die für eine Picknickgesellschaft spielte. Er marschierte mit der Band, und wir gingen ganz nahe an ihn heran, um zu sehen, ob er diese Noten wirklich spielte. Wir konnten nicht fassen, dass er in so kurzer Zeit spielen gelernt haben sollte. Ich weiß noch, dass er »Maryland, My Maryland« spielte – und wie er dieses Stück zum Swingen brachte!«

Als Armstrong im gleichen Sommer seine Band zum ersten Mal durch sein altes Viertel führte, wurden sie bereits von »allen Huren, Spielern, Dieben und Bettlern erwartet, weil sie wussten, dass Mayanns Sohn dabei war«. Aber »sie hätten sich nie träumen lassen, dass ich Kornett spielen würde und dann auch noch so gut. Sie rannten los, um Mama aufzuwecken ..., damit sie mich vorbeimarschieren sehen konnte.« Die Zuschauer – Armstrong nannte sie »the sporting crowd«, die Freudenhausleute – waren furchtbar stolz, als sie sahen, dass dieser »Little Louis«, jemand aus ihrer Gegend, ein so gutes Bild abgab. Sie waren sogar so stolz, dass sie seinen Hut und die der anderen mit genügend Fünf-Cent-, Zehn-Cent- und Vierteldollarstücken füllten, dass die Band sich Uniformen und nagelneue Instrumente kaufen konnte.

Freddie Keppard – von seinen Fans »King« Keppard genannt – in der Uniform seines Olympia Orchestra, kurz bevor er gezwungen war, New Orleans zu verlassen. In der Erinnerung seines Bewunderers Sidney Bechet war er nicht nur ein begabter und kraftvoller Kornettist, sondern auch »ein unglaublicher Rumtreiber.«

Während Armstrong hinter den Mauern des Waif's Home übte und spielte, wurden draußen die Zeiten härter. Immer weniger Schiffe legten in New Orleans an und zogen stattdessen weiter östlich gelegene Häfen wie Biloxi und Miami vor. Und so gab es immer weniger Jobs für Musiker – egal, ob schwarz oder weiß.

Am frühen Ostersonntagmorgen 1913 gab es zwischen den rivalisierenden Besitzern der Tuxedo-Tanzhalle und der 102 Ranch gleich gegenüber der Franklin Street in Storyville eine Schießerei, in deren Verlauf beide Besitzer starben und eine Reihe von Passanten verletzt wurden. Daraufhin schloss die Stadt monatelang sämtliche Tanzhallen – was dazu führte, dass manche Musiker ihren Job ganz aufgeben mussten.

PARLOR SHOE STORE
PICARD & GILLEN

Papa Jack Laine's Reliance Marching Band (links) spielt beim Feuerwehrumzug 1912 in Biloxi, Mississippi, für die festlich gekleideten Mitglieder der Feuerwehr aus dem West End von New Orleans. Dieses Viertel grenzte an einen beliebten Ferienort gleichen Namens am Südufer des Lake Pontchartrain, berühmt wegen der an Wochenenden dort stattfindenden Konzerte. 16 Jahre später würden diese in Louis Armstrongs Aufnahme von King Olivers »West End Blues« verewigt.

Im Sommer 1914 trafen Freddie Keppard und George Baquet – die bei Ausbruch der Schießerei im Tuxedo gespielt hatten – nach langer Reise in Los Angeles ein. Mit fünf anderen Flüchtlingen aus New Orleans gründeten sie dort das Original Creole Orchestra und waren froh, eines Abends in der Doyle's Arena zwischen den Boxkämpfen spielen zu dürfen. Die Reaktion der Boxfans auf ihre Musik an diesem Abend war allerdings mehr als gemischt. Ein örtlicher Sportjournalist bezeichnete es als »abstoßende Vorstellung. ... Jemand aus dem Management war auf die unglückliche Idee gekommen, zwischen den Kämpfen einer Truppe von Negern zu gestatten, den Ring zu betreten, dort einen scheußlichen Abklatsch von Musik zu verbrechen und das Publikum zu beleidigen, indem sie offenkundig um Münzen bettelten.«

George Baquet hingegen erinnerte sich, dass sie am Ring die New Orleans-Version einer Broadway-Melodie namens »In Far-off Mandalay« anstimmten, bei der Keppard auf eine Bank stieg, um sein Kornett zu blasen und dabei seine Melone als Dämpfer benutzte, worauf die Menge begann, sich im Takt der Musik zu wiegen. Die Band wurde aufgefordert, in den Ring zu klettern und eine weitere Nummer zu spielen; ein Boxkämpfer namens Battling Brant, der auf seine eigene Vorstellung wartete, war so angetan von ihrer Musik, dass er zu tanzen begann. Später bot ein Mitarbeiter des Vaudeville-Agenten Alec Pantages, der sich zufällig unter den Zuschauern befunden hatte, der Band einen Vertrag an. Ihm sei es gleich, was für eine »Show« sie abzögen, meinte er – Hauptsache, sie spielten diese Musik für ihn.

Die nächsten vier Jahre traten Keppard und das Original Creole Orchestra in zahlreichen Vaudeville-Theatern im ganzen Land auf, von Winnipeg bis Brooklyn, von Boston bis Salt Lake City, und sie zogen dabei die Art von Show ab, die das weiße Publikum damals von schwarzen Entertainern erwartete – sie schwärzten sich das Gesicht mit gebranntem Kork, kleideten sich wie Tagelöhner auf dem Land und rissen Witze. Doch wohin sie auch kamen, spielten sie – genau wie Jelly Roll Morton – die Großstadtmusik aus New Orleans.

Als Freddie Keppard und seine Band im Sommer 1914 ihre Vaudeville-Tournee begannen, war der 13-jährige Louis Armstrong gerade aus dem Heim entlassen worden. Dazu beigetragen hatte seine gute Führung und sein verblüffendes musikalisches Können – aber auch die Intervention zweier Weißer. Damit ein armer, verwahrloster schwarzer Junge zur damaligen Zeit und am damaligen Ort eine zweite Chance bekam, mussten einflussreiche Weiße dazu bewegt werden, sich für ihn einzusetzen. Da es nicht in ihrer Macht stand, ihren Jungen auf freien Fuß setzen zu lassen, hatte seine Mutter sich an die Familie gewandt, für die sie als Wäscherin arbeitete, und sie gebeten, für Louis zu bürgen. Und sein fast ständig abwesender Vater überredete immerhin den Besitzer der Terpentinfabrik, beim Richter ein gutes Wort für Louis einzulegen.

Es war eine Lektion, die Armstrong nie vergessen sollte. Als man ihn viele Jahre später einmal um eine Erklärung bat, warum er so unerschütterlich loyal zu seinem weißen Manager Joe Glaser stand, dessen ungehobelte Art viele Leute immer wieder vor den Kopf stieß, erinnerte Armstrong an einen Rat, den ihm ein schwarzer Rausschmeißer in Storyville gegeben hatte: »Sieh zu, dass du immer einen Weißen im Rücken hast, der dir die Hand auf die Schulter legt und sagt: ›Das ist mein Nigger.‹« Für manchen mochte das nach Unterwürfigkeit riechen – für Armstrong war es schlichtweg Realitätssinn. Der scharfsichtige Ratschlag des Rausschmeißers diente ihm nur als Bestätigung dessen, was ihn das Leben in New Orleans bereits gelehrt hatte. In einer von Weißen beherrschten Welt benötigte ein Schwarzer, ganz gleich wie begabt er sein mochte, stets Protektion.

Nach wie vor rackerte sich Armstrong ab, um Mutter und Schwester zu unterstützen. In den folgenden Jahren nahm er zahlreiche Jobs an, damit immer Essen auf dem Tisch stand. So verkaufte er Zeitungen – und bekam es dabei gelegentlich mit weißen Jungen zu tun, die den Job als ihr Vorrecht betrachteten – und half im Hafen beim Löschen von Bananen (später konnte er nicht einmal mehr deren Geruch ertragen!). Er kaufte Kohlengrus auf, das er dann zu fünf Cent pro Eimer weiterverkaufte. Er durchwühlte die Lebensmitteltonnen der Großmärkte nach noch verwendbarem Obst und Gemüse, das er dann an Restaurants verkaufte. Er färbte sich sogar das Gesicht mit Mehl, nahm an einem Amateurwettbewerb im Iroquois Theater teil und brachte das Preisgeld seiner Mutter nach Hause.

Auf dem Weg zu einem Bestattungsunternehmen sammeln die Square Deal Boys eine wachsende Menge um sich, 1946.

Mehr als drei Jahrzehnte, nachdem Louis Armstrong erstmals bei einem Leichenzug mitmarschiert war, hielten die New Orleanser Musiker immer noch den gleichen Ablauf ein: Auf dem Weg zum Friedhof spielten sie eine Trauerhymne, um »Trauer in die Herzen zu pflanzen«, so der Trommler Baby Dodds. Bei der Beisetzung selbst hatten sie nichts zu tun. An heißen Nachmittagen liefen die Männer während der Grabrede los, um sich Erfrischungen zu holen. Es war dann Sache des Schlagzeugers, erinnerte sich Dodds, die Musiker wieder »zusammenzutrommeln«:

> **»Wenn sie den Leichnam in die Erde hinabließen und der Satz kam: »Asche zu Asche« – tja, das war dann das Stichwort für den Schlagzeuger ... Der stellte sich dann mitten auf die Straße und fing an, laut zu wirbeln ... Und dann konnte man sehen, wie die Männer über die Gräber sprangen und aus Häusern und Bars herausgelaufen kamen – sie flogen regelrecht. Es machte mir immer einen Riesenspaß, mir diejenigen anzusehen, die sich verspätet hatten und nun rennen mussten. Manche hatten ein Sandwich in der Hand oder ein Stück Gebäck im Mund, auf dem sie nun kräftig herumkauten. Andere hielten noch einen Whiskey in der Hand. Manch einer küsste seine Frau und rief: ›Bis bald, bis später, auf Wiedersehen!‹, und dann PENG! knallte die Tür zu ...«**

Auf dem Rückweg vom Friedhof spielte die Band etwas Fröhliches, beispielsweise »Oh, Didn't He Ramble«, um den Eintritt des Verstorbenen in den Himmel zu feiern.

Gleichzeitig hielt er ständig nach Gelegenheiten Ausschau, die Musik spielen zu können, die mittlerweile alles für ihn bedeutete. »Ich weiß noch, wie Louis einmal in den Lincoln Park ging, um die Kid Ory Band zu hören«, erzählte der Kornettist Mutt Carey. »Ich spielte damals Trompete bei Kid und ließ Louis für mich einsteigen. Damals war ich der ›Blues King‹ von New Orleans, aber an dem Tag spielte Louis mit mehr Blues, als ich je in meinem Leben gehört hatte. Es war mir nie in den Sinn gekommen, dass man den Blues auf so viele unterschiedliche Arten interpretieren konnte.«

Armstrongs gefühlvolles Bluesspiel brachte ihm seine ersten richtigen Jobs ein. Er spielte in dreiköpfigen Bands, zuerst in einer Spielhölle, die einem Franzosen namens Henry Ponce gehörte, dann bei dem Sizilianer Henry Matranga. Abends ging es dort rau zu, erinnerte sich Armstrong, doch der Samstagabend war etwas Besonderes. Auf den Straßen von Storyville wimmelte es dann von Männern in Overalls, die von den Sägewerken, den Hafenanlagen, den Zuckerrohr- und den Baumwollfeldern kamen – in der Tasche einen Wochenlohn und auf der Suche nach Vergnügungen. Manche trugen eine 45er, die meisten hatten Messer oder Rasiermesser bei sich. Die sporting crowd, die von ihnen profitierte, war ungehobelt und oft gewalttätig – »ein berüchtigter Haufen«, wie sich Armstrong erinnerte. Zu ihnen gehörten Cheeky Black, Funky Stella und Cross-Eyed Louise, Long Head Willie Logan, Roughhouse Camel, Cocaine Buddy, Mary Meat Market sowie Black Benny Williams, ein fast zwei Meter großer Gelegenheitstrommler bei Paraden, der eine Zeit lang als Beschützer des Jungen auftrat. Mittlerweile war auch Armstrong im Viertel unter Spitznamen bekannt – als »Hammock Face«, »Rhythm Jaws« »Dippermouth« oder »Satchelmouth«.

Die Kneipen, in denen Armstrong spielte, bestanden für gewöhnlich aus drei Räumen – einer Bar, einem Raum, in dem ein Kartenspiel namens Cotch gespielt wurde, und einem weiteren Raum zum Tanzen. Dort waren die Wände von groben Holzbänken gesäumt, und Armstrong und seine Kumpane spielten auf einer Bühne, die so klein war, dass sie sich nicht einmal umdrehen konnten. »Die Drinks waren billig – und stark. Das Bier trank man aus Blecheimern, und zwar so kalt, dass sich außen Kondenswasser bildete.«

Von den Musikern erwartete man, dass sie die ganze Nacht hindurch spielten. Gegen vier Uhr morgens, erinnerte sich Armstrong, kamen eine nach der anderen die Huren herein, gepudert mit rosafarbener Kreide, die sie mit einem Duftwässerchen für 15 Cent parfümiert hatten, »mit langen Strümpfen voller Dollar und gaben uns Trinkgeld, damit wir Blues spielten ... Sie waren hübsch und ein vielversprechender Anblick.« Aber es war mit ihnen nicht gut Kirschen essen. Einmal sah Armstrong mit an, wie eine berühmt-berüchtigte Prostituierte namens Mary Jack the Bear und eine jüngere Rivalin (an die man sich später nur noch als Deborah erinnerte) mitten auf der Gravier Street in Streit gerieten und mit Messern aufeinander losgingen, bis ihre Gesichter nur noch blutige Masken waren.

Eines Sonntagmorgens hätte es fast auch mit Armstrong selbst ein blutiges Ende genommen. Als er und Henry Ponce gerade vor Ponces Kneipe herumstanden und über den Blues sprachen, den Louis gerade gespielt hatte, tauchten auf der gegenüberliegenden Straßenseite mehrere Männer auf. Sie standen allesamt im Dienst von Ponces Erzrivalen, einem sizilianischen Klubbesitzer namens Joe Segretta. Plötzlich zog einer von ihnen eine Pistole und eröffnete das Feuer. Kugeln zischten an Armstrongs Kopf vorbei. Da zog auch Ponce seine Waffe und schoss zurück. Die Angreifer flohen, aber Ponce lief hinter ihnen her und schoss dabei immer weiter. Als der Rauch sich verzogen hattte, lagen drei der Möchtegern-Gangster zusammengekrümmt auf der Straße. Als Freunde zu Armstrong eilten und ihn fragten, ob er verletzt sei, fiel er augenblicklich in Ohnmacht. »Ich arbeitete zwar weiterhin in Kneipen«, schrieb er, »aber seitdem war ich immer auf der Hut.«

Aber auch Armstrongs ständig wachsender Ruhm als Musiker konnte ihn nicht vor den alltäglichen Erniedrigungen bewahren, denen die Schwarzen in New Orleans ausgesetzt waren. So trank er eines Abends mit Freunden ein Bier bei Henry Matranga, als »Captain Jackson, der niederträchtigste Kerl bei der Polizei«, mit einigen anderen Beamten hereinplatzte. Jemand sei gerade auf der Rampart Street ausgeraubt worden, verkündete er, und deshalb würden alle Anwesenden festgenommen. Obwohl sie ihre Unschuld beteuerten, wurden Armstrong und die anderen in das nur wenige Blocks entfernte Parish Prison abgeführt.

Dort fand er sich dann in der Gesellschaft verurteilter Straftäter mit Namen wie Dirty Dog und Steel Arm Johnny wieder, die auf ihre Überführung ins Staatsgefängnis warteten. Sore Dick, der schwarze »Captain of the Yard«, ließ ihn immer wieder mit einem Besen den Gefängnishof fegen. »Alle Neuankömmlinge, fand ich später heraus, mussten den Hof fegen, ob das nun nötig war oder nicht. So kriegten sie dich schon auf Trab, bevor du deine Strafe antreten musstest.« Louis Armstrong verbrachte mehrere Tage hinter Gittern und befürchtete schon das Schlimmste, als Matrangas Anwälte endlich seine Freilassung erwirkten. »Das war Teil des Systems, wie es damals eben funktionierte«, meinte er. »Trotzdem werde ich diese Erfahrung als Kurzzeithäftling unter all den Langjährigen nie vergessen.«

Und er sollte auch nie vergessen, was sich am folgenden Tag ereignete. Zufällig war gerade Mardi Gras, und die Mitglieder des Zulu Social Aid and Pleasure Club, einer der ältesten schwarzen Karnevalsgesellschaften der Stadt, marschierten wie jedes Jahr mit geschwärzten Gesichtern durch die Straßen von Uptown. Diese »Krewe« – wie die Karnevalsgesellschaften in New Orleans genannt werden – war 1909 von Männern aus Armstrongs Viertel als Parodie auf die weißen Gesellschaften gegründet worden. Sie bestand aus »Kohlenwagenfahrern, Barkeepern, Kellnern, Gaunern usw. Aber alle kamen gut miteinander klar ... und sie legten sich gewaltig ins Zeug.« Sie stellten die ausgelassene Begleitung eines von einem Maulesel gezogenen Festwagens dar, der den schreiend bunten König der Zulus beförderte. Dieser sollte – ebenfalls mit geschwärztem Gesicht – eine groteske Karikatur

Joe »King« Oliver, um 1905.

von »Rex« verkörpern, dem weißen Karnevalskönig. Das Kostüm des »Zulu King« variierte von Jahr zu Jahr – mal trug er das Abendkleid einer Frau an Stelle des wallenden Umhangs von Rex, mal hielt er einen Schweineknochen an Stelle des mit Juwelen besetzten Zepters –, aber es war »der Traum jedes Jungen aus dem Viertel«, wie Armstrong meinte, einmal zum König auserwählt zu werden.

Weiße Zuschauer fanden die Marschierenden lustig; manches Mitglied des schwarzen Establishments der Stadt hingegen empfand sie bereits als groteske Peinlichkeit. Doch für Armstrong und seine Freunde und Nachbarn aus dem ärmsten Teil der Stadt stellte der Umzug mit schwarz geschminkten Gesichtern eine der seltenen Gelegenheiten dar, sich über weiße Klischeevorstellungen lustig zu machen und gleichzeitig auch noch die ganze weiße Gesellschaft zu parodieren. Als Krönung wagte es in diesem Jahr ein Lokalmatador namens Garfield Carter, der überall im schwarzen Storyville als »Papa Gar« bekannt war, neben dem Festwagen des Zulu King mitzumarschieren, verkleidet als Captain Jackson höchstpersönlich – eine unverhohlene Verhöhnung des Mannes, der Armstrong und viele seiner Freunde ins Gefängnis gesteckt hatte. Bei seinem Anblick, so erinnerte sich Armstrong, brach die Menge im schwarzen Storyville in wildes Gelächter aus. »Es ist schon eigenartig«, schrieb er, »einen Augenblick lang ist das Leben der größte Mist, und im nächsten Augenblick eine Wucht.«

Armstrong spielte nach wie vor in Kneipen, als ein Mann auf ihn aufmerksam wurde, der später sein Mentor werden sollte: Joe »King« Oliver – »der beste Kornettist in ganz New Orleans, der erste große Musiker in meinem Leben ... und bis heute der größte, dem ich je begegnet bin«. Oliver spielte damals mit dem Posaunisten Kid Ory im Pete Lala's in Storyville, und wenn dort um Mitternacht Feierabend war, hatte er es sich zur Gewohnheit gemacht, vorbeizukommen und dem jungen Armstrong zuzuhören.

»Ich mochte Joe Oliver sehr«, sagte Armstrong. »Er tat mehr für junge Musiker ... als irgendjemand sonst.« Das entsprach jedoch keinesfalls Olivers Ruf. Er war »hart wie Stahl«, erinnerte sich Ory. Oliver war klein, mit breiter Brust, wog deutlich über 200 Pfund, und da er ein Augenlicht verloren hatte, trug er ständig eine »Melone« schief auf dem Kopf, um das zu kaschieren. Man kannte ihn als »Ol' Cocky«, doch kaum jemand wagte es, ihn in seiner Gegenwart bei seinem Spitznamen zu nennen. Er hatte in seiner Nähe auf der Bühne immer einen Ziegelstein liegen, mit dem er auf den Boden schlagen konnte, wenn seine Band nicht auf seinen stampfenden Fuß achtete, mit dem er jede Nummer eröffnete und beendete. Damit potenzielle Rivalen nicht sehen konnten, wie er gerade spielte, bedeckte er gelegentlich seine Finger mit einem Taschentuch. Ein Musiker, der einige Jahre später mit ihm spielte, erinnerte sich daran, dass bei den Proben zuweilen eine gewisse Anspannung herrschte.

> »Der King kam herein, Noten unterm Arm, Revolver in der Manteltasche. Dann warf er alles auf den Tisch und schaute sich um, ob auch alle da waren. Schließlich nahm er seinen Revolver in die Hand und fragte: ›Sind alle da?‹ Alle bestätigten es, ja, wir waren alle da, und dann legte er die Waffe wieder auf den Tisch, und die Probe konnte beginnen.«

Der Pianist Richard M. Jones behauptete, selbst gesehen zu haben, wie Oliver bei einem Auftritt im Nachtclub Abadie, an der Ecke Marais und Bienville Street, Buddy Boldens Thronfolger Freddie Keppard die Krone des besten Kornettisten der Stadt entriss. Tagelang hatte Oliver sich darüber geärgert, dass Keppard zahlreiche Gäste in einen anderen Klub gleich nebenan lockte. Schließlich konnte er es nicht länger ertragen. »Jetzt spiel mal B-flat«, soll er Jones am Piano angewiesen haben. »Er nannte nicht einmal ein Stück.« Dann ging Oliver nach draußen, »setzte sein Horn an die Lippen und blies die schönsten Sachen, die ich je gehört habe. Die Leute kamen aus den anderen Läden heraus, um zu sehen, wer da spielte. Wenig später war unser Laden voll, und Joe kam rein, grinste und meinte: ›Jetzt geht mir dieser ... nicht länger auf die Nerven.‹«

Um die Werbetrommel für ihre bevorstehenden Auftritte zu rühren, spielten Oliver, Ory und ihre Band öfters hinten auf einem Möbelwagen, der von einem Maulesel gezogen wurde. Darauf folgte häufig ein Wettstreit, den Louis Armstrong einmal beschrieben hat:

> »Der Wagen fuhr durch das Viertel, und sie fingen an zu spielen. Es waren immer eingängige Stücke ... Im ganzen Viertel strömten die Leute aus ihren Häusern ... Von der einen Seite kamen also Kid Ory und Joe Olivers Band, die für eine Tanzgesellschaft aufspielen wollten, und von der anderen Seite die Imperial Band. Also hielten sie beide an, und dann begann der Wettstreit ... Sie ketteten die Räder der Möbelwagen an, damit sie sich nicht mehr bewegen konnten. Es hieß, einfach stehen zu bleiben und zu blasen, was das Zeug hielt, und die Menge klatschte ... Unterschiedliche Stücke, im Versuch, sich gegenseitig zu übertrumpfen. Normalerweise stachen King Oliver und Ory die anderen aus. Und wenn sie wieder loszogen, spielte Ory ein kleines Riff auf der Posaune, und die Leute wälzten sich auf dem Boden vor Lachen; sie wussten genau, was er damit sagen wollte: ›Ihr könnt uns mal!‹«

Letztendlich zogen aber weder Joe Olivers Lautstärke noch sein Wetteifer die Massen an, sondern seine Begabung. Oliver war ein Meister der Stimmung. Er konnte rau genug spielen, um den Huren und Zuhältern von Storyville zu gefallen, blies beizeiten aber auch »süß« genug, um die weißen Tanzgesellschaften an der Tulane University für sich zu gewinnen. Außerdem war er ein guter Entertainer, und er konnte besser mit dem Dämpfer umgehen als jeder andere in seinem Geschäft. Dabei verwendete ein ganzes Arsenal an Gegenständen, zum Beispiel Wassergläser, Kübel, andere Instrumente, die in den Trichter seines Horns passten – einfach alles, was sein Kornett grollen oder ächzen ließ, krähen wie ein Hahn oder weinen wie ein Baby. »Joe konnte sein Horn klingen lassen wie eine Gemeindeversammlung der Holy Roller«, meinte Mutt Carey. »Mein Gott – was der Mann mit seinem Horn alles anstellte!«

Armstrong nutzte jede Gelegenheit, seinem Idol nahe zu sein. »Für mich war er fast wie Buddy Bolden«, sagte er. »Wenn er auf ein Schwätzchen mit den Jungs in die Bar ging – er trank nicht – oder wenn er bei einer Parade war und gerade nicht spielte, hielt ich ihm sein Horn, damit er sich die Stirn abwischen und weitergehen konnte.« Außerdem erledigte Armstrong Botengänge für Olivers Frau – im Gegenzug für köstliche Gerichte aus roten Bohnen und Reis – und bat Oliver so oft wie möglich um Tipps.

Der junge Mann war bereits im Begriff, die erstaunlichen Fähigkeiten zu entwickeln, die eines Tages die Musikwelt verblüffen sollten, und spielte gern die von ihm so genannten »Figurationen«, ausschmückende Improvisationen bei den Akkordwechseln – »genau wie ein Klarinettist«, erinnerte er sich. Selbst Sidney Bechet geriet einmal ins Staunen, als er Armstrongs mühelose und in rasendem Tempo vorgetragene Trompetenversion eines Klarinettensolos aus der von Alphonse Picou berühmt gemachten Nummer »High Society« hörte. Derlei virtuose Darbietungen ließen Joe Oliver jedoch kalt. Bei ihm stand immer die Melodie an erster Stelle. »Spiel einen Lead auf dem Horn, Junge«, sagte er Armstrong immer wieder. »Und spiel den Lead so, dass die Leute wissen, was du tust.«

Der ältere Mann bewunderte den vollen, warmen Ton des Jungen; er mochte dessen Eifer und Lernbereitschaft und ließ ihn immer häufiger in der Band aushelfen, die er und Kid Ory leiteten. Als er ihm eines Tages ein ramponiertes Kornett schenkte, war Armstrong überwältigt. »Ich liebte und hütete es wie meinen Augapfel«, erinnerte er sich. »Ich spielte es sehr lange, bis ich eines Tages das Glück hatte, mir ein anderes leisten zu können.«

BEGNADET

Im Sommer 1914, als der 13-jährige Louis Armstrong aus Waif's Home entlassen wurde, nahm ein 15-Jähriger aus Washington D.C., der mit seiner Mutter die Sommerferien im Urlaubsort Asbury Park in New Jersey verbrachte, eine befristete Stelle als Tellerwäscher im Plaza Hotel an. Er hasste die feuchtheiße Arbeit »wie die Pest«, wie er viele Jahre später zugab, doch wo er nun einmal da war, überredete ihn der Oberkellner, sich in seiner Freizeit einen Ragtimepianisten aus Philadelphia namens Harvey Brooks anzuhören. Dieser Auftritt veränderte sein Leben. »Ich kann Ihnen gar nicht beschreiben, was diese Musik mit mir anstellte«, sagte er später einmal in einem Interview. »Es war völlig anders als alles, was man normalerweise am Klavier zu hören bekam. Die Individualität des Mannes durchzog alle Kompositionen, die er spielte. »So würde ich auch gern Klavier spielen können«, sagte ich mir damals sofort, »so dass alle wissen, wer spielt, ohne dass jemand es ihnen gesagt hätte.«

Auf dieser Idee basierte alles, was Edward Kennedy Ellington während seiner langen Karriere als Pianist, Bandleader, Komponist und Arrangeur tat. Niemand, der auch nur entfernt mit seiner Art des Tastenanschlags oder mit dem Sound des Orchesters vertraut war, das er 50 Jahre lang führte, hätte seine Musik mit der eines anderen verwechseln können. Und gleichzeitig fand er Mittel und Wege, alles, was er um sich herum sah und hörte, in sein erstaunliches musikalisches Schaffen einfließen zu lassen – und zwar nicht nur repräsentativ für ein »in Rhythmus und Melodie ausgedrücktes Negergefühl«, wie er es nannte, sondern für den Rhythmus und das Gefühl einer ganzen Nation. Sein Freund, der Romancier und Kritiker Albert Murray, schrieb: »In seinen besten Momenten klingt ein Auftritt von Ellington so, als kenne er die Wahrheit über alle anderen Musikrichtungen der Welt und hielte Ausschau nach etwas Besserem. Nicht einmal die Verfassung ist so durch und durch amerikanisch in ihren Aussagen und Leistungen wie seine Musik.«

Über ein halbes Jahrhundert lang blieb Ellington eine Schlüsselfigur der amerikanischen Musik – und doch konnte nie jemand von sich behaupten, ihn gut gekannt zu haben. Laut seiner Schwester Ruth gab es bei ihm »einen Schleier nach dem anderen« zu lüften. Seine persönlichen Gefühle betrachtete er als Privatsache; sie wurden lediglich durch seine Musik zum Ausdruck gebracht. In seiner Autobiographie »Music Is My Mistress« – einer Sammlung scharfsinni-

Daisy Ellington, die Mutter von »Duke«.

Edward Kennedy Ellington persönlich – bereits im Alter von vier Jahren eine fürstliche Erscheinung.

J. E. Ellington und sein ihn bewundernder Sohn, aufgenommen in den 20er Jahren.

ger, aber wohlwollender Notizen über Leute, die er kannte und Orte, die er besucht hatte – findet sich kaum ein Wort über ihn selbst. Wer sie liest, bekommt den Eindruck, Ellington hätte nie kämpfen müssen, sich keinerlei Feinde gemacht und nie eine Kränkung erlitten. Die im Smithsonian Institute hinterlegten »Ellington-Papiere« dokumentieren zwar seine Kompositionsmethoden, geben aber nur spärlich Aufschluss über die Persönlichkeit des Mannes, der den Stift führte. Auf der Bühne und auch dahinter schien er immer der »Duke« zu sein, strahlend, aber undurchsichtig, von einer trägen, teilweise aufgesetzt wirkenden Höflichkeit und immer darum bemüht, das Publikum – das er nach eigenem Bekunden innig liebte – zu erfreuen und zugleich auf angemessene Distanz zu halten.

Zwischen Ellingtons wohlbehüteter Kindheit und der des jungen Louis Armstrong lagen Welten. Er wurde am 22. April 1899 im Haus seiner Großeltern mütterlicherseits an der 20th Street im Nordwesten Washingtons geboren und verbrachte seine ersten Jahre in einem großen, komfortablen Haus am Ward's Place, nur wenige Straßenzüge vom Weißen Haus entfernt.

Damals hatte die amerikanische Hauptstadt den größten schwarzen Bevölkerungsanteil aller amerikanischen Städte – fast 100 000 Menschen. Nach Angaben des Kornettisten Rex Stewart, der später einer von Ellingtons bekanntesten Solisten werden sollte, war der Nordwesten Washingtons Heimat der »Leute mit hellerer Gesichtsfarbe und besseren Jobs, zum Beispiel Lehrer, ... Büroangestellte oder Regierungsangestellte«.

Ellingtons Vater, James Edward Ellington – J. E. für Außenstehende und »Uncle Ed« für seine Kinder, weil er sich alt vorkam, wenn sie ihn »Vater« nannten –, war ein Mann aus bescheidenen Verhältnissen, aber mit großen Zielen. Seiner Tochter Ruth zufolge war er ein »Gentleman im Chesterfieldstil, komplett mit Handschuhen und Gamaschen«. Nachdem er als Kutscher und Chauffeur gearbeitet hatte, wurde er Butler bei einem prominenten Washingtoner Arzt, lieferte manchmal Speisen und Getränke ins Weiße Haus. Schließlich wurde er technischer Zeichner bei der Washingtoner Marinewerft, doch »seine Familie zog er groß, als wäre er ein Millionär«, wie sich sein Sohn erinnerte, und er liebte die galanten Schmeicheleien, für die auch Ellington eines Tages bekannt werden sollte. Wenn es schneite, pflegte er zu sagen, »die Millionen wunderschöner Schneeflocken« seien ein Tribut an die Schönheit seiner Frau.

Daisy Ellington war die Tochter eines Polizeihauptmanns und so tief religiös, dass sie – wie ihre Tochter sich erinnerte – keinen Lippenstift trug, »weil sie der Meinung war, eine Frau dürfe keinen anderen Mann verlocken«. Nachdem sie ein Kind im Säuglingsalter verloren hatte, widmete sie ihre ganze Aufmerksamkeit ihrem Sohn – er stellte die zweite Chance dar, für die sie immer gebetet hatte. Nichts war gut genug für ihn: »Ich wurde verhätschelt und durch und durch verwöhnt, und zwar von allen Frauen in der Familie«, berichtete Ellington, »bis zum Alter von sechs Jahren wurde meinen Füßen jeglicher Bodenkontakt verwehrt.« Seine Mutter nahm ihn sonntags gleich zweimal mit in die Kirche – zuerst in die Baptist Church an der 19th Street, in die ihre Familie immer gegangen war, und danach in die John Wesley African Methodist Church, die ihr Mann bevorzugte. Sie sorgte dafür, dass nicht nur ein, sondern gleich zwei Ärzte bereit standen, als ihr Junge eine Lungenentzündung bekam; sie spielte ihm einfache klassische Stücke so wunderschön auf dem Klavier vor, dass er manchmal weinen musste, und als er alt genug war, selbst die Tasten zu erreichen, sorgte sie dafür, dass er nach jeder Unterrichtsstunde, die ihm seine Nachbarin und Lehrerin Marietta Clinkscales erteilte, auch gewissenhaft übte.

»Als wäre ich ein ganz, ganz besonderes Kind«, schrieb Ellington, »sagte meine Mutter immer: ›Edward, du bist begnadet!‹« Doch begnadet zu sein, genügte nicht: Er dürfe nicht zulassen, dass ihn irgendetwas aufhalte, prägte sie ihm ein. Unannehmlichkeiten und potenzielle Hindernisse mussten schlichtweg ignoriert werden. In seinem Leben durfte es keine »Pannen« geben, denn er »konnte alles schaffen, was andere auch erreichten«. Schließlich glaubte er selbst daran, und seine Mutter blieb immer der wichtigste Mensch für ihn.

Die überschwängliche Begeisterung der Mutter gegenüber dem Sohn war offensichtlich ansteckend. »Alles, was Edward tat, war großartig«, erinnerte sich seine Schwester. »Alle in der Familie himmelten Edward an – Tanten, Onkel, Cousinen. Ganz gleich, was er anstellte, es war wunderbar, und was er auch spielte, es war wunderschön.« Eine seiner Cousinen erinnerte sich, dass man von ihr und ihrer Schwester erwartete, einen Knicks vor dem Jungen mit den glänzenden Augen zu machen, dem Schulkameraden wenig später den Spitznamen »Duke« gaben.

Ellingtons Erinnerungen an seine Kindheit sind verständlicherweise idyllisch – Weintrauben, die an der Laube im schattigen Hinterhof seiner Großmutter wuchsen; ein abendliches Festmahl aus Steaks und Schildkrötensuppe, die sein Vater von einer von ihm belieferten feinen Gesellschaft mit nach Hause brachte; ein Baseballspiel mit den Nachbarsjungen auf der 16th Street, bei dem US-Präsident Theodore Roosevelt ihnen hoch zu Ross auf seinem nachmittäglichen Ausritt zuschaute.

Die Kinder der Ellingtons wuchsen in einem Haushalt auf, der »voller Liebe war und in dem man nicht von feindseligen Begebenheiten sprach ... das war wohl ihre Art, uns zu beschützen«, erinnerte sich Ruth Ellington. Über die Jahre dürfte diese bewusste Zurückhaltung nicht immer aufrechtzuerhalten gewesen sein: Sowohl in Washington als auch in anderen Städten hatte die Bundesregierung bereits seit längerem deprimierend viel von den Errungenschaften der Reconstruction aufgeben müssen. Früher hatten die schwarzen Bewohner von Washington im öffentlichen Leben der Stadt eine bedeutende Rolle gespielt; inzwischen waren sie jedoch weitgehend entmachtet, denn die »Jim Crow Laws«, die Rassentrennungsgesetze, hatten zusammen mit den Sitten des Südens zu nach Hautfarbe getrennten Unterkünften und öffentlichen Einrichtungen geführt.

Die Baptist Church an der 19th Street war eine der beiden Kirchen, die Daisy Ellington sonntags mit ihrem Sohn besuchte. S. 51: Das Gayety Burlesque Theater, in dem der Junge mit zwölf seine weltliche Ausbildung begann.

Dennoch schrieb der Dichter Paul Laurence Dunbar, dessen Eltern noch Sklaven gewesen waren, im Jahr 1900, Washington besitze »unter Farbigen ein höheres kulturelles Niveau als jede andere Stadt.« Hier war die Heimat der Howard University, hier gab es unabhängige schwarze Kirchen, Schulen, Theater, Orchester, Chorgemeinschaften und ein Konservatorium. Eine eng miteinander verwobene Gruppe von etwa 60 Familien regierte die Welt der Schwarzen in Washington – Nachkommen freier Schwarzer und meist von »pfann- oder lebkuchenbrauner Hautfarbe«, wie es die in der Hand von Schwarzen befindliche Washingtoner Zeitung Bee formulierte. Direkt nach ihnen kamen Geschäftsleute, Akademiker und Regierungsangestellte wie etwa die Ellingtons. Am unteren Ende der Leiter standen Bee zufolge die »Massen«, hauptsächlich dunkelhäutige Nachkommen der Sklaven, die weitgehend außer Sichtweite in den stinkenden Gassen hinter den eleganten Wohnhäusern der Stadt lebten. »Ich weiß nicht, wie viele gesellschaftliche Klassen es unter den Schwarzen der damaligen Zeit gab«, erinnerte sich Duke Ellington, »aber ich weiß sehr wohl, dass jedes Familienmitglied, das sich einfach unter eine andere Gruppe mischen wollte, zu hören bekam, so etwas gehöre sich nicht. Für andere mochte das ja wunderbar sein – aber eben nicht für meine Cousinen und mich.«

Ellingtons Zurückhaltung in Bezug auf sein Privatleben setzte schon früh ein. Er blieb seiner Mutter zwar eng verbunden, entschied sich

jedoch zugleich dafür, auf eigenen Füßen zu stehen – was bedeutete, dass er schon früh lernte, manche Dinge vor ihr geheim zu halten. Wie vor ihm Jelly Roll Morton war auch er nicht gewillt, sich den Restriktionen seiner Familie zu beugen, und er lernte schon bald neue Welten kennen – fern des wachsamen Auges seiner Mutter. Als Ellington zwölf Jahre alt war, schlichen er und seine Freunde sich in das Gayety Burlesque Theater ein, wo er – sofern er den Blick von den »hinreißenden Mädchen« wenden konnte – einen ersten Eindruck vom Glanz des Showgeschäfts erhielt, das er eines Tages so meisterhaft beherrschen sollte. »Ich bin ein Theatermensch«, sagte er über sich. Schon bald darauf zählte er zu den Stammgästen von Frank Hollidays Billardsaal, gleich neben dem Howard Theater an der Ecke 7th und T Street – einem Treffpunkt von Männern aus allen Schichten der schwarzen Stadtbevölkerung. Hier begegnete man Spielern und Billardhaien ebenso wie College-Absolventen oder Salonwagenschaffnern mit ihren wunderbaren Geschichten von all den Orten, die sie schon gesehen hatten. »Meistens begannen sie mit Sätzen wie: ›Ich komme gerade aus Chicago‹ oder ›Ich war gestern Abend in Cleveland‹«, erinnerte sich Ellington. Es gab immer etwas Lohnendes aufzuschnappen in diesem Billardsaal, in dem es »ständig den Anschein hatte, als seien hier die Koryphäen ihrer jeweiligen Fachgebiete versammelt ... egal, ob Baseball, Football, Basketball, Boxen, Catchen, Pferdesport, Medizin, Jura oder Politik – alles wurde mit größter Ernsthaftigkeit diskutiert.« Für Ellington war es der Beginn eines lebenslangen aufmerksamen Zuhörens. Und in Hollidays Billardsaal sah er auch zum ersten Mal, wie sich »alle Schichten vermischen konnten und auch sollten«.

1913 glaubten einige schwarze Washingtoner, ermutigende Zeichen eines politischen Wandels zu erkennen: Am 4. März wurde Woodrow Wilson, der frühere demokratische Gouverneur von New Jersey, als Präsident der Vereinigten Staaten vereidigt. Während des Wahlkampfs hatte er seinen »wärmsten Wunsch nach Gerechtigkeit für Farbige in jeder Hinsicht – und zwar nicht nur als unwillige Gerechtigkeit, sondern als solche, die mit Freigebigkeit und einem aufrechten inneren Gefühl ausgeführt wird«, zum Ausdruck gebracht. Nie zuvor hatte sich ein Präsidentschaftskandidat der Demokraten den Bestrebungen der Afroamerikaner so wohlwollend gegenüber gezeigt, und daher nahmen zahlreiche schwarze Einwohner der Stadt an der Zeremonie vor dem Weißen Haus teil, um zu erfahren, was die Zukunft für sie bereithielt.

Unter ihnen befanden sich auch Jane Thompson Stewart aus Georgetown und ihr fünfjähriger Sohn Rex. Es war ein bitterkalter Tag, und so beschloss die Mutter, sich bei einem Straßenhändler einen Kaffee zu besorgen. Doch als sie höflich um zwei Tassen bat, schaute der Mann regelrecht durch sie hindurch. Sie versuchte es erneut, wurde jedoch weiterhin ignoriert, wie sich Rex Stewart erinnerte.

> »Schließlich sagte Mutter so laut ›Ich möchte zwei Tassen Kaffee!‹, dass der Verkäufer sich vor Schreck zu einer Reaktion gezwungen sah. ›Wieso denn das, Tantchen?‹ Zum ersten Mal erlebte ich meine Mutter wütend. Sie baute sich vor ihm auf wie ein Riese und erwiderte: ›Ich bin kein Tantchen, und ich bin nicht hierher gekommen, um mich beleidigen zu lassen. Heute ist ein sehr kalter Tag, und ich verlange im Namen des Anstands ein heißes Getränk für meinen Sohn und mich.‹«

Der Verkäufer erklärte ihr, er verkaufe keinen »Niggerkaffee«, und selbst wenn, würde er ihr keinen verkaufen, denn er könne »Klugscheißernigger« nicht leiden. Da schritt ein Weißer ein und stauchte den Mann so zusammen, dass er schließlich zwei Becher Kaffee zu je fünf Cent einschenkte. Er verlangte jedoch einen Dollar, und als der Junge und seine Mutter ausgetrunken hatten, zerschlug der Mann voll Verachtung die von ihnen benutzten Becher.

Der Vorfall erwies sich als ein böses Omen – denn der neue Präsident hatte nicht die geringste Absicht, seine Versprechen einzulösen. Innerhalb von drei Monaten erließ Wilson eine Exekutivorder, nach der auch innerhalb der Bundesregierung die Rassentrennungsgesetze zur Anwendung kamen. Nun wurden die Toiletten aller Regierungsgebäude in solche für Schwarze und solche für Weiße getrennt. Man trennte die schwarzen Angestellten von ihren weißen Kollegen, mit denen sie jahrelang Seite an Seite gearbeitet hatten. Die ganze Stadt schloss sich dem an: Das National Theater engagierte einen schwarzen Türsteher, weil die Direktion glaubte, er sei am ehesten dazu in der Lage, hellhäutige Farbige zu erkennen, die als Weiße durchgehen wollten. Bei der Einweihung des Lincoln Memorial stellten bewaffnete Marines sicher, dass schwarze Gäste – darunter der Leiter des Tuskegee Institute als einer der Festredner – sich nicht von ihren jeweiligen, durch ein Seil separierten Plätzen entfernten, die jenseits einer unbefestigten Straße gegenüber dem Standbild des Großen Sklavenbefreiers lagen.

Infolgedessen unternahmen die schwarzen Washingtoner besondere Anstrengungen, um ihr Selbstwertgefühl aufzubauen. Die Zeitungen der Schwarzen riefen dazu auf, gegenseitige Differenzen beizulegen, schwarze Geschäftsleute zu unterstützen und weiße Händler, die sie diskriminierten, zu boykottieren; Schwarze sollten schwarze Wohltätigkeitseinrichtungen unterstützen und auf schwarze Errungenschaften stolz sein. Gleichzeitig drängte der stellvertretende Schulinspektor der Farbigenschulen darauf, dass die in seiner Obhut stehenden Kinder »über die herausragenden Männer unserer Rasse« unterrichtet würden, damit sie nicht »von weißem Anspruchsdenken überwältigt würden und eine Beeinträchtigung schwarzen Unternehmungsgeistes vermieden wird«. Als Wilson sein Amt antrat, besuchte Ellington gerade die achte Klasse der William Lloyd Garrison Junior Highschool, und er erinnerte sich sein Leben lang an die Lektionen, die seine Schulleiterin Miss Boston allen Schülern einzuschärfen suchte:

> »Wenn wir in die Welt hinausgingen, würde auf uns die schwere Verantwortung lasten, uns praktisch immer auf einer Bühne zu bewegen, denn immer wenn jemand einen Neger zu sehen bekäme, würde er diese Rasse einer erneuten Bewertung unterziehen. Sie brachte uns bei, dass angemessenes Sprechen und gute Manieren zu unseren obersten Pflichten gehörten, denn als Vertreter der Negerrasse müssten wir Respekt für unser Volk einfordern. Da wir auf eine reine Farbigenschule gingen, wurde die Geschichte der Schwarzen in den Lehrplan hineingestopft, damit wir unser Volk bis zu den Anfängen zurückverfolgen konnten. In dieser Schule war man stolz, sehr stolz auf seine Rasse.«

Nachdem er 1914 von seinem Intermezzo als Tellerwäscher in Asbury Park zurückgekehrt war, ging Ellington auf die Samuel H. Armstrong Technical High School. Er war nun entschlossen Pianist zu werden – unter anderem deshalb, erzählte er, weil er festgestellt hatte, dass er sich zu Mädchen hingezogen fühlte und diese sich zu Pianisten. Die wirklichen Gründe für seine Entscheidung waren jedoch die Begeisterung, die er bei Harvey Brooks' Auftritt empfunden hatte und die Überzeugung, dass die Musik das geeignete Mittel für ihn war, sich zu verwirklichen.

Eine Zeit lang nahm Ellington Stunden bei einem fähigen, aber alkoholkranken Pianisten namens Lester Dishman, der sich im Austausch dafür von dem Jungen von einem Auftritt zum nächsten lotsen ließ. Wenig später, erinnerte sich Rex Stewart, spielte Ellington für 75 Cent am Abend Klavier für Teenager-Tanzveranstaltungen in der True Reformers Hall auf der U Street und »fixierte dabei das nächstbeste hübsche Mädchen mit seinem berühmten hypnotischen Lächeln«. Außerdem hatte er damit begonnen, seine eigenen Stücke zu schreiben, darunter »Soda Fountain Rag« und »What You Gonna Do When the Bed Breaks Down?«, in seiner Erinnerung »ein schöner Engtanz-Blues«. Schon der Titel dürfte seine Mutter entsetzt haben – aber er machte ihn bei seinen Klassenkameraden ausgesprochen beliebt.

DIE ERFINDER DES JAZZ

Am 13. Mai 1915 traf eine fünfköpfige weiße Band aus New Orleans in Chicago ein, um dort sechs Wochen lang in einem Kellerrestaurant namens »Lamb's Café« an der Ecke Randolph und Clark Street zu spielen. Die Musiker kündigten sich als »Brown's Band from Dixieland« an, nach ihrem Posaunisten Tom Brown, einem ehemaligen Mitglied von Papa Jack Laine's Marching Band. Der Musikstil, den sie spielten, war in den Schwarzenvierteln der Stadt bereits relativ populär, während die meisten weißen Einwohner von Chicago noch nie etwas Derartiges gehört hatten – und anfangs alles andere als begeistert waren. Immer wenn die Band zu spielen begann, hielt sich die Kassiererin die Ohren zu, und ein Streichorchester beendete lieber sein Engage-

Vaudeville-Tänzer und Komiker Joe Frisco posiert 1915 auf einer Straße in Chicago für ein Werbefoto. Hinter ihm, frisch aus New Orleans und keineswegs sicher, wie ihre Musik in der »Windy City« ankommen wird, die fünf Mitglieder der »Brown's Band from Dixieland«, darunter der Posaunist Tom Brown (über Friscos linker Schulter) sowie der Klarinettist Larry Shields.

ment, als mit Musikern auf einer Bühne aufzutreten, die derartig primitive Geräusche von sich gaben.

»Unser Debüt war jämmerlich«, gab der Kornettist Ray Lopez später zu. »Diese Yankees wollten weder zuhören noch tanzen. Die ließen uns einfach sitzen. Wir versuchten abwechselnd, mit den Gästen zu reden: ›Leute, das hier ist Musik aus New Orleans. Heiße Musik. Unten im Süden tanzt man dazu. Ihr müsst auch tanzen. Nun kommt schon, versucht's mal. Amüsiert euch!‹ Sechs Abende lang baten und bettelten wir. Nichts zu machen.« Dann belegte eine durchreisende Vaudeville-Truppe das Café für eine Party – und soll sich dort, den Erzählungen zufolge, prächtig amüsiert haben. Danach, so erinnerte sich Lopez, kam ihre Musik wunderbar an, bis das Restaurant wegen Umbauarbeiten schloss. Wenig später löste sich Brown's Band from Dixieland auf, und die meisten Mitglieder kehrten nach New Orleans zurück.

Zur gleichen Zeit eroberte sich Freddie Keppard mit seiner Musik eine begeisterte Fangemeinde – zumindest unter den Musikerkollegen. »Niemand kriegte so hohe und tiefe Töne auf der Trompete hin wie er – höchstens der Erzengel Gabriel«, erinnerte sich sein Freund und kreolischer Landsmann Jelly Roll Morton. »Er spielte kraftvoll in jeder Lage, hatte eine großartige Phantasie und einen besseren Ton als jeder andere.« Keppard soll derart laut gespielt haben, dass die Leute in den ersten Reihen manchmal darum baten, weiter nach hinten rücken zu dürfen, und wenn er in einem Nachtclub spielte, brachte er »die Gläser auf der Bar zum Tanzen – darauf wurden sogar Wetten abgeschlossen«, erinnerte sich der Saxophonist Garvin Bushell. Trotz seiner Begabung und Kraft war Keppard zurückhaltend und äußerst misstrauisch; er befürchtete, andere Kornettisten könnten seinen Fingersatz kopieren, so dass er – wie Joe Oliver – manchmal ein Taschentuch benutzt haben soll, um seine rechte Hand beim Spielen zu verdecken.

Im Dezember 1915 traten Keppard und sein Original Creole Orchestra in einem New Yorker Theater auf, als ein Sprecher der Firma Victor Talking Machine ihnen angeboten haben soll, Aufnahmen von der Band zu machen. Zunächst jedoch, so erklärte er ihnen, bräuchte er eine Probeaufnahme, um festzustellen, ob das pri-

LET US DO YOUR PLAYING

THE FAMOUS

CREOLE ORCHESTRA from NEW ORLEANS, La

For Balls, Parties and Picnics

REASONABLE PRICES TO EVERYONE

W. M. JOHNSON, Manager and Bass Violinist.
JIMMIE PALAO Leader and Violinist
FREDDIE KEPPARD, Cornet
W. M. Williams, Guitar
GEORGE BAQUET, Clarinet
EDDIE VENSON, Trombone
D. JOHNSON, Drummer

Give us two Days' Notice, 401 Central Ave. Phone M. 1405

Das von Ort zu Ort reisende Original Creole Orchestra mit Freddie Keppard und George Baquet wirbt 1914 in Los Angeles mit allem, was es zu bieten hat.

mitive Aufnahmegerät der Firma den Klang des Bassisten der Band einfangen könnte. Doch Keppard lehnte das Angebot ab. Nach Meinung seines Klarinettisten George Baquet lag das daran, dass Keppard sich beleidigt fühlte, ohne Bezahlung vorspielen zu sollen. Andere erinnerten sich daran, er habe gesagt: »Kommt nicht in Frage, Jungs. Wir bringen unsere Sachen doch nicht auf Platten raus, damit jeder sie klauen kann.« Wieder andere wollten gehört haben, Keppard habe die gleiche Gage verlangt wie der Operntenor Enrico Caruso, der teuerste Künstler der damaligen Zeit, und sich damit einen Korb eingehandelt. Keppards Freund Sidney Bechet hingegen erklärte, es habe nur einen einzigen Grund für seinen Widerwillen gegeben: »Freddie machte sich einfach nichts daraus, das ist alles.« Jedenfalls verpasste er so die Gelegenheit, der erste Jazzmusiker zu werden, von dem Schallplattenaufnahmen gemacht wurden.

Tom Browns Erfolg im Lamb's Café bewegte andere Chicagoer Klubbesitzer dazu, Ausschau nach weiteren weißen »Dixi«-Bands zu halten. Eine von ihnen war ein hastig zusammengestelltes Quintett aus New Orleans, das von dem Schlagzeuger Johnny Stein angeführt wurde und dem der Pianist Henry Ragas und drei weitere Veteranen aus Papa Jack Laine's Marching Band angehörten – der Klarinettist Alcide »Yellow« Nuñez, der Posaunist Eddie »Daddy« Edwards und der Kornettist Dominick James »Nick« LaRocca.

Im April 1916 wurde ihre Band für ein billiges Varieté namens New Schiller Café an der 31st Street gebucht, das eines Samstagabends das Glück hatte, von einer Streitmacht etwa 60 entschlossener Frauen der »Anti-Saloon League« heimgesucht zu werden – einer Liga, die die schrecklichen Folgen des Alkohols öffentlich anprangern wollte. In ihrer Begleitung befand sich ein Reporter des *Chicago Herald*. Der Artikel, der am folgenden Tag unter der Schlagzeile »Sechzig Frauen reißen dem Laster die Maske herunter« erschien, erwies sich als Traum eines jeden PR-Managers.

»Aus sämtlichen Himmelsrichtungen trafen Taxis vor dem Schiller ein. Vor den Türen kämpfte eine Menschenmenge darum, eingelassen zu werden. Schweißüberströmt hielt der Türsteher sie zurück. ›Ihr könnt hier nicht rein!‹, rief er. ›Wir sind voll bis auf den letzten Platz!‹ ... Wer es dennoch hineinschaffte, konnte dort sein eigenes Wort nicht verstehen. Das gellende Lachen betrunkener Frauen konkurrierte mit den aufdringlich schrillen Tönen der aus New Orleans stammenden Jass Band, die unaufhörlich zu spielen schien. Männer und Frauen saßen dicht nebeneinander, die Arme umeinander geschlungen, singend, rufend, und sie gestalteten den Abend zu einem einzigen Trauerspiel, während ihre unglückseligen Brüder und Schwestern draußen verzweifelt darum kämpften, ihnen Gesellschaft leisten zu dürfen.«

Der Zeitungsreporter dürfte gehofft haben, die durch ihn und die Kreuzritterinnen erfolgte Anprangerung des Lasters werde die Leser in Angst und Schrecken versetzen. Tatsächlich weckte der Artikel eher die Neugierde, und viele wollten sich selbst davon überzeugen, was an dem ganzen Wirbel dran war. Über Nacht verdoppelten sich die Besucherzahlen des Cafés. »Die Wirkung, die wir auf die Leute in Chicago hatten, war gewaltig«, erinnerte sich LaRocca. »Frauen stürmten auf die Tanzfläche und vollführten wilde Tänze. Sie mussten regelrecht beiseite gezerrt werden ... Je wilder sie sich aufführten, desto besser spielten wir ... Die Menge schrie: ›Spielt uns noch einen Jass!‹ Ich sehe diese Frauen immer noch vor mir, wie sie versuchten, ihre eigene Show abzuziehen ... Sie hoben ihre Kleider bis über die Knie und tanzten weiter, die Männer stießen schrille Schreie aus, und alle waren gut drauf.«

LaRocca gehörte nicht zu den bekanntesten Kornettisten von New Orleans – den Job in Chicago hatte er vor allem deshalb bekommen, weil er zufällig in der Lage war, die für die Bahnfahrt der Truppe von New Orleans nach Norden benötigten 125 Dollar aufzubringen. Aber er brannte vor Ehrgeiz und war entschlossen, nicht als Versager in seine Heimatstadt zurückzukehren. Als Sohn eines Schuhmachers aus Sizilien war er in dem rauen New Orleanser Stadtteil »Irish Channel« aufgewachsen und gehörte damit einer der am meisten verachteten Minderheiten seiner polyglotten Heimatstadt an. Der viel gerühmte tolerante Geist der Stadt hatte die Italo-Amerikaner niemals mit eingeschlossen. Um die Jahrhundertwende sollen etwa 18 000 von ihnen in der Stadt gelebt haben, und in der Vorstellung vieler Mitbürger steckten sie alle mit der Mafia unter einer Decke. Ein Krieg zwischen rivalisierenden italienischen Banden hatte 1890, im Jahr nach LaRoccas Geburt, zu einem scharfen Durchgreifen der Polizei geführt, und als im darauf folgenden Jahr der Polizeichef mitten auf der Basin Street erschossen wurde, klagte man 19 Sizilianer dieses Verbrechens an und machte neun von ihnen den Prozess. Als sechs für unschuldig befunden wurden und sich die Geschworenen bei den anderen dreien nicht auf ein Urteil einigen konnten, stürmte ein Mob entrüsteter Weißer und Schwarzer das Orleans Parish Prison und erschlug alle neun Beschuldigten sowie zwei weitere Männer, die noch gar nicht vor Gericht gestanden hatten. Der Bürgermeister lobte den Mob für sein rasches Handeln mit den Worten: »Die Italiener hatten das Gesetz in die eigene Hand genommen, und uns blieb keine andere Wahl, als das Gleiche zu tun.«

Niemand wurde je für diese Lynchmorde angeklagt, doch die Erinnerung daran blieb jahrzehntelang frisch. Während LaRoccas Kindheit und Jugend wurden er und andere Italo-Amerikaner in New Orleans immer wieder mit dem Ruf verspottet: »Who Killa da Chief?« Als Sizilianer fühlte er sich immer als Außenseiter in seiner Heimatstadt – »ein armer kleiner Spaghettifresser aus ärmlichen Verhältnissen«, wie er selbst von sich sagte. Diese Tatsache erklärt wahrscheinlich sowohl seinen enormen Ehrgeiz als auch seine Weigerung anzuerkennen, dass Afroamerikaner – die einzige Minderheit, auf die er glaubte hinabsehen zu können – auch nur entfernt etwas mit der Entstehung jener Musik zu tun haben könnten, von der er später behaupten sollte, sie ganz allein geschaffen zu haben.

Wenn es nach LaRoccas Vater gegangen wäre, hätte sein Junge nie Karriere als Jazzmusiker gemacht. Zwar hatte er selbst früher einmal in seiner Freizeit für Tanzgesellschaften Kornett gespielt, doch waren Berufsmusiker in seinen Augen »Rumtreiber«, und er bestand darauf, dass sein Sohn studierte, damit er einmal Arzt werden und so aller Welt beweisen konnte, dass Italiener so gut waren wie jeder andere. Als Nick im Alter von etwa neun Jahren seinen Eltern stolz sein erstes Stück vorspielte, wartete der Vater, bis der Junge unbeholfen auf den Ventilen seines alten Kornetts zu Ende gespielt hatte, entriss seinem Sohn dann das Horn und zertrümmerte es mit einer Axt. Als sich der Sohn trotzig wieder ein Kornett zulegte und heimlich im Nebengebäude zu üben begann, zerstörte der Vater auch dieses Instrument.

Als sein Vater schließlich starb, ließ LaRocca jeden Gedanken an eine Ärztelaufbahn fahren. Stattdessen betätigte er sich als Bühnenarbeiter in der französischen Oper, arbeitete als Elektriker und machte Musik, wann immer er konnte – zunächst nur gegen »Naturalien«, dann gegen Bezahlung. Er lernte nie Noten lesen, war jedoch ein aggressiver und unkonventioneller Spieler, und wie sein Vorbild Ray Lopez hielt er das Horn mit der rechten Hand und spielte die Ventile mit der Linken.

Als LaRocca 1916 nach Chicago kam, um sich Johnny Stein im New Schiller Café anzuschließen, hatte er schon bei mindestens 15 New Orleanser Bands gespielt. Auch Steins Truppe brach auseinander, als die Leitung des Cafés eine Honoraraufbesserung verweigerte und der Posaunist dem Schlagzeuger die Nase einschlug. Daraufhin überredete LaRocca Edwards, Ragas und Nuñez, sich ihm in einer neuen, gemeinsam geleiteten Gruppe namens Original Dixieland Jass Band anzuschließen. Sie holten den Schlagzeuger Tony Sbarbaro dazu und ersetzten Nuñez später durch den Klarinettisten Larry Shields, der nur zwei Häuser neben Buddy Boldens Elternhaus geboren wurde.

Die ODJB, wie die Band sich abkürzte, verbrachte die nächsten sechs Monate in einem Gangstertreff namens Casino Gardens, der sich selbst als »The Theatrical Profession's Most Popular Rendezvous« deklarierte. Dort hörte sie der Vaudevillestar Al Jolson, der später behaupten sollte, er sei maßgeblich dafür verantwortlich gewesen, ihnen das Engagement in New York vermittelt zu haben, welches LaRoccas Träume wahr werden ließ – Auftritte im Paradise Ballroom, einem Teil des neuen Reisenweber-Restaurantkomplexes am Columbus Circle.

Die Band trat ihr Engagement am 17. Januar 1917 an. Zunächst verließen die New Yorker Tänzer genau wie die Chicagoer fluchtartig die Tanzfläche, sobald die Band zu spielen begann. Tom Browns Band den Rücken gekehrt hatten. LaRocca erinnerte sich, wie betrunkene Gäste riefen: »Sag diesen Bauern, sie sollen nach Hause gehen!« Aber nachdem der Conferencier behutsam erklärte: »Diese Musik ist zum Tanzen gedacht«, versuchten es ein paar abenteuerlustige Paare, und schließlich gesellten sich weitere dazu. »Dieses ›Jazz-Zeugs‹ hört sich an wie ... Musiker, die versuchen, Schwung in eine Sideshow zu bringen«, schrieb *Variety*. »Man könnte es auch ›besoffene Musik‹ nennen – denn genau das muss man sein, um es zu mögen.« Doch seine Wirkung auf die Tänzer ließ sich nicht leugnen.

»Eines steht fest ... die Melodien, wie sie von der Jazzformation im Reisenweber's gespielt werden, sind recht geeignet dafür, dass die Tänzer auf der Tanzfläche aus sich herausgehen und bei den Tanzschritten immer gewagter werden. Schmissige, swingende Musik ist genau das, was die Tänzer wollen ... Am späten Morgen gehen die Jazzer an die Arbeit und die Tänzer auf die Tanzfläche, und sie bleiben dort, bis sie umfallen ... Sehen die Tänzer an den Tischen einen Bekannten, hört man häufig: ›Oh, Boy!‹, und sie verdrehen die Augen und gleiten vorüber. Und der Ausdruck ›Oh, Boy!‹ beschreibt die Jazz Band wahrscheinlich besser als alles andere.«

Reisenweber's schaltete Zeitungsanzeigen, die den Jazz als »Begeisterungstaumel über Nacht – der letzte Schrei« anpriesen. Außerdem wurde ein neues Neonschild montiert, auf dem zu lesen war: THE ORGINAL DIXIELAND JAZZ BAND – DIE ERFINDER DES JAZZ. (Das ursprüngliche JASS war hastig in JAZZ abgeändert worden, wie sich LaRocca erinnerte, weil in den Straßen der Umgebung kleine Jungen damit begonnen hatten, den Buchstaben J von den Plakaten abzukratzen.)

Innerhalb einer Woche nach der Premiere im Reisenweber's beschloss Columbia Records, eine Aufnahme der Musik zu machen, die einen sol-

Derselbe fröhlich-anarchische Stil, der die New Yorker 1917 noch irritierte, als sie die Original Dixieland Jazz Band zum ersten Mal hörten, wurde drei Jahre später – als diese Karikatur für die Victor Talking Machine Company entstand – bereits zu Werbezwecken eingesetzt.

Im Frühjahr 1914 begann das Tanzpaar Vernon und Irene Castle ihre so genannte »Wirbelwindtour« durch die USA – 30 Städte in 28 Tagen. Vernon Castle war ein englischer Entertainer, dessen richtiger Name Vernon Blyth lautete; seine Frau war die Tochter eines Arztes aus Westchester County. Die beiden waren elegante und kultivierte Tänzer – was sich sehr beruhigend auf diejenigen Eltern auswirkte, die sich Sorgen um die Moral ihrer Kinder machten. Der New Yorker *Herald* sprach für viele ältere Weiße, als er den Ragtime missbilligend als »Symbol für die primitive Moral und merklichen moralischen Beschränkungen des Negers« bezeichnete. Auch schwarze Amerikaner machten sich Sorgen – wenn auch aus anderen Gründen. »Die Negerrasse tanzt sich zu Tode«, warnte Reverend Adam Clayton Powell Sr., Seelsorger der Abyssinian Baptist Church in Harlem. »Unser Volk ist zu frivol, weil es zu viel Unrat aufnimmt. Man spürt die Auswirkungen des Tango, Chicago, Turkey Trot, Texas Tommy und der Ragtime-Musik nicht nur in den Unterhaltungen, sondern auch in den Bewegungen.«

»Wir waren anständige Leute«, erinnerte sich Irene Castle. »Wir waren verheiratet, und wenn wir tanzten, war daran nichts Anzügliches.« Das Paar wurde dermaßen erfolgreich, dass 250 000 Amerikanerinnen dem Beispiel von Irene Castle gefolgt sein sollen, als diese sich die Haare kurz schneiden ließ.

Die Castles tanzten hervorragend, verdankten jedoch viel dem rhythmischen Drive und musikalischen Schliff ihres zehnköpfigen schwarzen Begleitorchesters – und seinem bemerkenswerten Leiter James Reese Europe. In Alabama geboren und in Washington aufgewachsen, wo er Geige und Klavier studierte, hatte Europe als musikalischer Leiter in schwarzen Revues am Broadway gearbeitet. Da die New Yorker Ortsgruppe der US-Musikergewerkschaft keine Schwarzen aufnahm, war Europe 1910 bei der Gründung einer konkurrierenden Organisation behilflich, die als Interessenvertretung und Verrechnungsstelle diente, dem Clef Club. Zwei Jahre später organisierte und leitete er ein bahn-

Vernon und Irene Castle bieten den Leserinnen von *The Ladies Home Journal* im Dezember 1914 angemessen schicklichen Tanzunterricht.

MR. AND MRS. VERNON CASTLE'S NEW DANCES FOR THIS WINTER

III: THE CASTLE FOX TROT

DESCRIBED BY MR. CASTLE

WITH PHOTOGRAPHS OF EACH STEP

ESPECIALLY POSED BY MR. AND MRS. CASTLE

PHOTOGRAPHS COPYRIGHT BY IRA L. HILL'S STUDIO

IN PRESENTING the last of our three modern dances I am obliged to revert to the very old and true saying that "There is no new thing under the sun." However in the present dance you will find a pleasant change, and as it is very like the one-step I think it should become popular. On and off for the last three months we have been introducing this dance at various parties, and it has always been received with a great deal of enthusiasm. So far as the music for this dance is concerned; if you will play an ordinary "rag" half as fast as you would play it for the one-step you will have a pretty good idea of the music and tempo.

And now for the dance itself. Before teaching you the steps I should like you to listen to the music. You will find absolutely no difficulty in dancing to it, but the natural inclination is either to dance very fast steps double time to the music or very slow steps with it. The latter is what most people do, and what is more they seem to enjoy it. But it seems to me that, as to keep up the dance one way is too fast and the other too slow, the only real solution is to combine the two. By doing this you not only make the dance comfortable, but you also make it possible to do a great variety of easy and amusing steps.

The position for this dance is the ordinary one, and I start on my left foot going forward, and you on your right foot going back. We take two slow steps with the music and then four fast steps double time to the music. This completes the step and one bar. We repeat the thing—two slow and four fast steps, and so on around the room. This is very easy, and as it is the main step it should be done in between other more difficult steps. In this way it makes the changing from one step to another more simple. In taking the slow steps in this dance the stride should be as long as possible, as it adds a great deal of grace. (See the first and second photographs.)

The next step is not quite so easy to explain as it is to do. The first two slow steps are the same, except that I walk forward a little to one side, instead of directly facing you (see the third photograph). After the second slow step we spin round for three fast steps, reserving the fourth and last fast step to stop with, because when one begins spinning very fast it is difficult to stop right on the beat, and so we save our last step upon which we stop, and I prepare to go forward again. By stopping suddenly like this you will find you unconsciously fall into half a "grapevine" step (see the fourth photograph), which gives the finish a very pretty effect.

I feel sure it is unnecessary for me to explain what a grapevine step is, as it is far too well known. In the beginning of the dance furore, when all the new steps of the turkey trot first came out, the "grapevine" was the standby of all the beginners, and it was about as far as most of them got, for which they should now be thankful

The counting for the second step is "O-n-e, t-w-o, one, two, three, stop, the first two steps slow and the last three spinning fast.

The third step is much like the first, with the addition of a very pretty little back kick (see the fifth photograph). The first two steps are the same (slow ones, you going back on your right and I forward on my left). We then give a tiny hop and both kick up at the back, you with your right foot and I with my left (see the fifth photograph). This takes up two fast beats, and for the other two remaining beats we take two fast steps in the same direction we started. This completes that step, which takes the same number of beats as the others. The counting is "O-n-e, t-w-o, hop, kick, three, four.

For the next step, instead of taking two slow steps forward we take two drags to the side. This drag is a very old negro step, often called "Get over, Sal." It is done this way: You first take a small hop on your left foot, then quickly throw the weight of the body on the right, dragging the left up to the right. This should take up one long beat. I realize how difficult it is to understand this, but I can think of no simpler way of explaining it, and the sixth photograph should help considerably. In it my wife is just about to drag the left foot up to the right.

After this you do exactly the same step on the other side (see the seventh photograph). This takes up the other long beat; then you finish with four fast steps as in the beginning of the dance. For you the counting is: "Drag to left, drag to right, one, two, three, four." As I am opposite you I have naturally to drag to the right while you drag to the left.

Now here is a step which is, I think, by far the prettiest of all. In order to get into it easily it is necessary to begin in exactly the same way as the first and main step—except that I am at the side instead of directly facing you. We commence "O-n-e, t-w-o, one, two, three, four." Now we take one more slow step, as though we were commencing again, and, instead of taking the second step, we face quickly around in the other direction without changing the position of our feet. This takes up the second long beat (the eighth photograph shows us just after we have made this turn).

The rest is fairly simple. We take four fast steps back in the direction from which we came, and repeat the step. "O-n-e, turn, one, two, three, four," and so on. There is one difficulty in this step, and that is to keep the feet in the same position while you turn around, and after you have made the turn, to avoid starting off again with the four fast steps ahead of the music.

NUMBER ONE
In Taking the Slow Steps the Stride Should be as Long as Possible

NUMBER TWO
This is the Second Slow Step at the Beginning of the Dance

NUMBER THREE
I Walk a Little to the Side Instead of Directly Facing You

NUMBER FOUR
By Stopping Suddenly You Will Find You Unconsciously Fall Into Half a "Grapevine" Step

NUMBER FIVE
This Step is Very Much Like the First, With the Addition of a Very Pretty Little Back Kick

NUMBER SIX
In This Picture My Wife is Just About to Draw the Left Foot Up to the Right Foot

NUMBER SEVEN
This is Exactly the Same Step on the Other Side

NUMBER EIGHT
This Picture Was Taken Just After We Had Made the Turn

Page 24

Page 25

brechendes Konzert afroamerikanischer Musik in der Carnegie Hall. Sein 105-köpfiges Clef Club Symphony Orchestra spielte Ragtime, Spirituals, Plantation Songs, Chorwerke und Theatermelodien sowie Instrumentalstücke mit zehn Klavieren gleichzeitig. Die Veranstaltung war ein Triumph. »Die Neger haben uns die einzige uns eigene, wirklich amerikanische Musik gegeben«, schrieb das New Yorker *Evening Journal*, »national, ursprünglich und echt«. Europe war es wichtig, schwarze Musik würdevoll zu präsentieren, auch wenn er zuweilen die skurrilen Erwartungen des weißen Publikums erfüllen musste. »Die Leute um Europe waren absolut notenfest«, erinnerte sich sein Pianist Eubie Blake. »Selbst wenn eine Fliege auf das Papier geschissen hätte, hätten sie das auch noch gespielt ... Aber die Leute wollten eben glauben, dass Neger keine Noten lesen könnten, sondern Naturtalente seien. Also spielten wir nie

mit Noten ... Ich bekam immer die aktuellste Broadway-Musik vom Verleger, und dann lernten wir die Stücke und übten sie ein, bis wir sie im Schlaf spielen konnten. ... Und dann meinten diese ganzen hochtrabenden hohen Tiere immer: ›Ist das nicht toll, wie diese unausgebildeten, primitiven Musiker diese aktuellen Stücke aufschnappen, ohne Noten lesen zu können?‹«

»Während der Pausen auf der Castle-Tournee«, schrieb W. C. Handy, »setzte sich Jim ans Klavier und spielte langsam den ›Memphis Blues‹. Das tat er so oft, dass die Castles sich von seinem Rhythmus faszinieren ließen, und Jim fragte sie, warum sie denn keinen langsamen Tanz erfänden, der dazu passte.« Heraus kam der Foxtrott, das am längsten währende Vermächtnis der Castles.

Europes Orchester war das erste schwarze Orchester, das Schallplattenaufnahmen machte, und die kleineren Bands, die er für New Yorker Gesellschaftstänze zusammenstellte, waren so beliebt, dass sich ein weißer Bandleader einer Zeitung gegenüber beschwerte, es werde »nicht mehr lange dauern, bis arme weiße Musiker gezwungen sind, sich das Gesicht schwarz zu färben, wenn sie nicht verhungern wollen.« Europe konnte das egal sein. Seiner Ansicht nach war ein neuer Typus des schwarzen Musikers im Kommen, der »ernsthaftes Studium« mit »Naturtalent« verband und »die ihm innewohnende charakteristische Qualität« zur amerikanischen Musik beisteuerte.

James Reese Europe und etwa zwei Drittel des Clef Club Symphony Orchestra, das er 1911 im Manhattan Casino in Harlem leitete. Zu seinem »Monster Melange and Dancefest« gehörten neue Musik von schwarzen Komponisten, eine Minstrel-Show sowie Orchesterversionen von Spirituals.

chen Wirbel verursachte. Am 30. Januar 1917 kam die ODJB in einem winzigen Studio zusammen und spielte nervös zwei Nummern ein – »Indiana« und »Darktown Strutters' Ball«. Das Ganze stand unter keinem guten Stern: Die Songs waren neu für die Musiker, und ihnen blieb nur knapp eine Stunde zum Proben. Schon die Lautstärke der Band überforderte das primitive Aufnahmegerät – ein großes, trichterförmiges Blechhorn, in das alle zu spielen hatten; es war mit einer primitiven Nadel verbunden, die Rillen in eine Wachsscheibe schnitt. Was herauskam, klang in den Ohren der Verantwortlichen der Plattenfirma so chaotisch, dass sie den Musikern ihr Honorar von 250 Dollar bezahlten und die Aufnahmen zu den Akten legten.

Dem Großteil der amerikanischen Öffentlichkeit blieb der Jazz unbekannt. Zur gleichen Zeit besuchte »Duke« Ellington die letzte Klasse der Highschool, angeblich um Werbegrafiker zu werden. In Wahrheit jedoch drückte er sich vor der Schule – er bekam nur mittelmäßige Noten und kassierte ein Mangelhaft im einzigen Musiktheoriekurs, den er je besuchte –, nur um möglichst viel Zeit bei den Ragtimepianisten zu verbringen, die er zu seinen Vorbildern erkoren hatte. Sie »hörten sich in meinen Ohren so gut an«, erinnerte sich Ellington, »und sie sahen auch so gut aus! Besonders, wenn sie kurz ihre linke Hand aufblitzen ließen.« Viele von ihnen behandelten den jungen Mann ausgesprochen freundlich. Oliver »Doc« Perry, einer der bekanntesten Bandleader der Stadt, hielt so viel von Ellington, dass er sein »Klaviervater« wurde und ihm beibrachte, »wie man Noten liest und nicht nur auseinander klaubt.«

Zu seinen Idolen gehörten sowohl Lokalgrößen als auch durchreisende Stars, klassisch ausgebildete Pianisten ebenso wie jene, die ihren Stil ganz allein ausgebildet hatten:

»Jeder kam an die Reihe und zeigte seine Tricks und Kniffe. Doc Perry und Louis [Brown] waren die Jungs aus dem Konservatorium, brachten aber auch großen Respekt für diejenigen auf, die nach Gehör spielten, und obwohl ihre Techniken für den jeweils anderen böhmische Dörfer waren, ging man achtungsvoll miteinander um, und es fand ein wunderbarer Austausch statt. Jeder profitierte vom Spiel des anderen. Genau dort, wo ich mich befand, über das Klavier gebeugt und die Ohren aufgesperrt, fand

Tea Dances Every Afternoon — 4:30 to 6:30

Supper Dances Every Night — 11:00 to Closing

AT

Margaret Hawkesworth's

"PARADISE"

The Smartest, Most Beautiful and Most Modern Ballroom in America,

In the New Reisenweber Building, at

Eighth Avenue and 58th Street

Decorations by Joseph Urban and Raphael Kirchner.

Miss Hawkesworth announces the Paradise Supper Club for Those Desiring the Advantages of Similar Social Organizations in Europe.

Highest class entertainment every night by well-known artists. Miss Hawkesworth will dance afternoon and evening with Mr. Alexander Kiam. Superb cuisine—best dance music—best dancing floor in town

and

The First Sensational Amusement Novelty of 1917

"THE JASZ BAND"

Direct from its amazing success in Chicago, where it has given modern dancing new life and a new thrill. The Jasz Band is the latest craze that is sweeping the nation like a musical thunderstorm.

"THE JASZ BAND"

Comes exclusively to "Paradise" First of All New York Ballrooms, and will open for a run to-night.

You've Just Got to Dance When You Hear It.

Special Breakfast Served After 1:30 A. M.

Evening Dress Not Obligatory

Eine Zeitungsanzeige vom Januar 1917 wirbt für den ersten New Yorker Auftritt der Original Dixieland Jazz Band.

eine Verschmelzung der beiden statt … Es war ein wunderbares, fruchtbares Klima für alle.«

Die Musik des erwachsenen Ellington – gespielt von einer Band von Männern, deren Stile und Persönlichkeiten unter der Führung jedes anderen aneinander geraten wären oder sich gegenseitig eliminiert hätten – förderte genau jenes fruchtbare Klima und basierte exakt auf dieser Art des typisch amerikanischen Austauschs.

Zwar blieben die schulischen Leistungen des Jungen nach wie vor mäßig, doch er war so talentiert im Malen und Zeichnen, dass er ein Stipendium der National Association for the Advancement of Colored People am Pratt Institute erhielt. Zum Entsetzen seiner Mutter gab Ellington dann aber, nur vier Monate vor dem Abschluss, sein Stipendium auf und ging von der

Schule ab. (Auch wenn er damit die Malerei endgültig aufgab, blieb er doch den Farben sein ganzes Leben lang treu – sie durchdrangen seine Musik, von »Mood Indigo« und »Magenta Haze« über »Blue Rose« bis »Blue Cellophane«.) Jetzt gab es kein Zurück mehr: Er hatte sich ent-

Die Mitglieder der Original Dixieland Jazz Band: Tony Sbarbaro, Daddy Edwards, Nick LaRocca, Larry Shields und Henry Ragas (von links nach rechts).

schieden, Profimusiker zu werden. Ragtime, volkstümliche Lieder, leichte klassische Stücke und Blues – Ellington hoffte, all das gleichermaßen zu beherrschen. Doch es ist unwahrscheinlich, dass er zu diesem Zeitpunkt vom Jazz – der Musik, die in New Orleans entstanden war, nun auch in Chicago und New York immer mehr Menschen in ihren Bann zog und die er sich eines Tages zu Eigen machten sollte – auch nur eine einzige Note gehört hatte. Dies sollte sich binnen weniger Wochen grundlegend ändern – und das galt für ihn und für das ganze Land.

KAPITEL DREI 1917–1924

DIE ÄRA DES JAZZ

Am 26. Februar 1917 bat US-Präsident Woodrow Wilson den Kongress um die Befugnis, amerikanische Handelsschiffe gegen den von Wilhelm II. am 1. Februar ausgerufenen »uneingeschränkten U-Boot-Krieg« zu bewaffnen. Wilson hatte sich sehr bemüht, das Land aus dem europäischen Krieg herauszuhalten, der nun schon fast drei Jahre tobte. Seine neue Politik lautete »bewaffnete Neutralität«, und einer Mehrheit im Land widerstrebte es weiterhin, Partei zu ergreifen. Aber nun wurde es immer wahrscheinlicher, dass die deutsche Kriegsführung die Vereinigten Staaten in den Konflikt hineinzog.

Am gleichen Tag wollten die Mitglieder der Original Dixieland Jazz Band erneut Aufnahmen von ihrer Version der New Orleanser Musik machen. Diesmal befanden sie sich in den New Yorker Studios der Victor Talking Machine Company und standen im Begriff, zwei Nummern aufzunehmen, die sie häufig spielten, nämlich »Dixieland Jass Band One-Step« und »Livery Stable Blues«. Der Toningenieur von Victory tat

Bennie Kruegers (links) Brunswick Orchestra und die Sängerin Dorothy Jardon machen im Sommer 1922 Reklame für ihren Auftritt im Brighton Beach Pavilion von Brooklyn. »Es war die Geburtsstunde der Jazzverrückten«, erinnerte sich der Komponist Hoagy Carmichael, »und ich war einer von ihnen.«

sein Bestes, um die Instrumente angemessen aufeinander abzustimmen. Der Schwerpunkt lag auf den komödiantischen Effekten: Nick LaRocca ließ sein Kornett tatsächlich wiehern wie ein Pferd, Larry Shields krähte mit seiner Klarinette wie ein Hahn und Daddy Edwards ließ seine Posaune muhen. Niemand improvisierte: Jede Note war mit Bedacht im Voraus ausgearbeitet worden.

Und doch war die Musik »heißer« und lebendiger als alles, was je zuvor aufgenommen worden war – der Toningenieur hatte darauf bestanden, dass die Männer besonders schnell spielten, damit das Stück auf eine Schallplattenseite passte –, und die meisten Amerikaner hatten so etwas noch nie gehört. Die Platte erschien am 7. März und verkaufte sich bei einem Stückpreis von 75 Cent mehr als eine Million Mal – wesentlich häufiger als jede Schallplatte von Caruso oder John Phillip Sousa. Schon wenig später stand die ODJB erneut im Studio, um weitere Stücke aufzunehmen: »At the Jazz Band Ball«, »Fidgety Feet«, »Sensation Rag«, »Tiger Rag« und »Clarinet Marmalade Blues«.

»In seinen Frühzeiten war der Jazz unbekannt, obskur – ein Hintergrundgeräusch in einer billigen Absteige«, erinnerte sich der Bandleader Paul Whiteman (mithilfe seiner Ghostwriterin Mary Margaret McBride). »Wenig später wurde er dann zum seriösen Zeitvertreib mehrerer hundert Millionen Menschen, Zerstreuung für Prinzen und Millionäre ... Die Zeit war reif ... Die Kriegsbegeisterung griff um sich. Das Tempo verschärfte sich im ganzen Land. Die Räder drehten sich wie verrückt. Jede Fabrik führte Nachtschichten ein. Die Amerikaner ... lebten ein härteres, schnelleres Leben als je zuvor. Ohne ein neues Betätigungsfeld ging das nicht. Arbeit allein reichte nicht aus, und Amerika hatte ja noch nicht entdeckt, wie man spielte ... Derweil wurde in New Orleans ein Stärkungsmittel für das landesweite Nervenleiden zusammengebraut ... das große amerikanische Getöse, der Jazz.«

Das »Getöse«, das die ODJB spielte, war rüpelhaft, respektlos, anmaßend – und ausgesprochen amerikanisch. »Ein Engländer betritt ein Lokal, als gehöre es ihm«, schrieb der Kritiker der New York Times, Olin Downes, »der Amerikaner betritt es, als interessiere ihn überhaupt nicht, wem es gehört. So etwas liegt auch in dieser Musik.« Junge Leute waren von ihr völlig hingerissen, und die Firma Victor konnte ihr Glück überhaupt nicht fassen – obwohl keinem so ganz klar war, was die Toningenieure da eigentlich aufgenommen hatten. Jedenfalls war Jazz »organisierte Desorganisation«, wie es die Werbetexter von Victor ausdrückten.

> »Ob Jass, Jas oder Jazz geschrieben – eine Jassband verdirbt niemandem den Spaß. Sie ist das neueste in den Varietés und trägt sehr zum Vergnügen der Zuschauer bei. Nie weiß man, was sie als nächstes tut, doch immer weiß man, was ihre Zuhörer tun werden – sie werden ›das Tanzbein schwingen‹.
>
> Die Jassband ist eine völlig neue Entwicklung in der Musik. Sie hat genügend Energie und Durchschlagskraft, um einer Mumie neues Leben einzuhauchen und wird stinknormale Tänzer dazu bewegen, bis zum Morgengrauen auf den Beinen zu bleiben.«

Amüsiert machten LaRocca und seine Leute mit den PR-Leuten gemeinsame Sache und taten so, als sei alles, was sie vorführten, an Ort und Stelle erfunden worden. Sie erklärten sich zu »musikalischen Anarchisten«, was Daddy Edwards zu der Behauptung verleitete, keiner von ihnen könne Noten lesen, obwohl er es perfekt beherrschte.

Die Platte, mit der alles begann: »Livery Stable Blues« von der Original Dixieland »Jass« Band.

Daheim in New Orleans versetzte der Erfolg der Original Dixieland Jazz Band die Musiker in Hochstimmung. Violinisten verloren in sämtlichen Tanzorchestern der Stadt ihren Job, weil die ODJB auch ohne auskam. Kid Ory feuerte ein Mitglied des Sextetts, in dem er mit Joe Oliver spielte, nur damit es der fünfköpfigen Besetzung des ODJB entsprach. Oliver selbst schloss sich bald der massenhaften Abwanderung von schwarzen und weißen Musikern an, die es gen Norden nach Chicago zog, wo Klubbesitzer verzweifelt Ausschau nach Leuten hielten, die ihren Kunden die Musik der Crescent City präsentieren konnten.

Wie alle im Land hörte auch Louis Armstrong die Platten der Original Dixieland Jazz Band. Er hatte genug Geld auf die Seite gelegt, um sich eine Victrola zu kaufen, auf der er sich Opernarien von Caruso und dem irischen Tenor John McCormack anhörte, dessen »wunderschöne Phrasierungen« er besonders bewunderte. Da kamen die ersten Jazzaufnahmen heraus. »Wir fanden sie großartig«, erinnerte er sich. »In New Orleans spielten ja alle viel Jazz, aber die Original Dixieland Jazz Band war es, die ihn populär machte.« Ihm gefiel der Sound von Nick LaRoccas Kornett gut, doch von Larry Shields Klarinettensolo in »Clarinet Marmalade« war er völlig begeistert, und schon bald brachte er andere Kornettisten durch die Leichtigkeit, mit der er es auf seinem Horn fehlerfrei nachspielen konnte, in Bedrängnis.

Sidney Bechet hingegen verachtete die ODJB und ihre Behauptung, Stücke wie »Livery Stable Blues« geschrieben zu haben. »Das waren alles Nummern, die sie gelernt hatten, als sie in New Orleans uns gegenüber spielten«, sagte er später. »Diese Dixieland-Musiker konnten doch nur das spielen, was sie von uns gelernt hatten, mehr nicht.« Aber die Jazzbegeisterung, die die ODJB auslöste, eröffnete auch Bechet neue Chancen. Im Juli tauchte eine Vaudeville-Agentin in New Orleans auf und überredete ihn und vier weitere Musiker, sich ihrer auf Tournee gehenden Revue anzuschließen und dabei die größten Hits der Band zu spielen. »Sie sind alle glühend heiß«, hieß es in der in Indianapolis erscheinenden *Freeman* über Bechet und seine Kollegen, »und die Menge tobt und rast, um ihren ›Livery Stable Blues‹ zu hören.«

»Der Begriff Jazz«, schrieb Paul Whiteman 1926, »war ursprünglich ein Slangwort aus Gangsterkreisen und hatte eine Bedeutung, die in der feinen Gesellschaft tabu war ... aber dank seiner Prägnanz schaffte er es letztlich doch in die Salons. Er wurde mal als Verb, mal als Nomen benutzt und bezeichnete allgemein Geschwindigkeit oder rasches Handeln.« Die Musik aus New Orleans, die sich schnell verbreitete, wurde zunächst als »ratty music«, »gut-bucket« oder »hot music« bezeichnet. Doch nach einiger Zeit begann man, sie »jass«, »jasz« oder »jazz« zu nennen, ohne dass jemand mit Sicherheit sagen konnte, warum. Bereits 1906 benutzte ein Sportjournalist aus San Francisco das Wort, um damit Schwung und Begeisterung auf dem Baseballfeld wiederzugeben. Manche meinen, das Wort stamme von einem westafrikanischen Begriff für »das Tempo erhöhen« ab. Die meisten Fachleute jedoch sind davon überzeugt, dass der Begriff wie die Musik selbst aus New Orleans stammt – entweder nach dem Jasminparfüm, das die Prostituierten der Stadt bevorzugten, oder nach »jezebel«, einer im 19. Jahrhundert gebräuchlichen Bezeichnung für Prostituierte, oder als Synonym für Geschlechtsverkehr in Storyville, wo einige Bordelle »jays'n houses« genannt worden sein sollen. »Die ursprüngliche Bedeutung von Jazz war ›Schöpfung‹«, meint hingegen Wynton Marsalis. »Tiefer oder profunder geht es nicht mehr – es sei denn, man befasst sich mit dem Schöpfer selbst.«

Die Original Dixieland Jass Band änderte die Schreibweise ihres Namens, kurz nachdem im März 1917 der Katalog der Plattenfirma RCA Victor erschienen war (rechts). Die Sängerin Sarah Martin (unten) nannte ihre Gruppe auch fünf Jahre später noch »Jass Fools«.

DIE HELLFIGHTERS

31 Tage nach Veröffentlichung der ersten Platte der ODJB, am 6. April 1917, trat Amerika in den Ersten Weltkrieg ein. Am Neujahrstag 1918 landeten 2000 Männer des 15. New Yorker Regiments in Brest an der bretonischen Küste. Die französischen Soldaten, Seeleute und Zivilisten, die zu ihrer Begrüßung herbeieilten, hatten so etwas wie diese Amerikaner noch nie gesehen. Die Offiziere waren, wie die gesamten US-Truppen, die seit dem vergangenen Juni in Frankreich an Land gegangen waren, weiß. Doch ihre Unteroffiziere und Mannschaften waren samt und sonders schwarz, ebenso wie die Mitglieder der großen Regimentsband. Und als diese ihre unverwechselbare Version der »Marseillaise« anstimmte, staunten die Zuschauer an der Küste erst recht. Denn diese Amerikaner spielten mit solchem Elan und rhythmischem Drive, dass die Franzosen acht oder zehn Takte benötigten, um ihre eigene Nationalhymne zu erkennen. Dann »legte sich ein erstaunter Ausdruck auf ihr Gesicht«, erinnerte sich einer der Bandmusiker, und prompt »nahmen sämtliche anwesenden französischen Soldaten und Seeleute Haltung an und salutierten.«

An der Spitze der Band marschierte jener James Reese Europe, der als gefragtester Bandleader für Gesellschaftstänze in New York und als musikalischer Leiter für das Schautanzpaar Vernon und Irene Castle im ganzen Land den Foxtrott verbreitet hatte. Zwei Jahre zuvor hatte er sich freiwillig gemeldet, nicht aus einem besonderen Patriotismus heraus, wie er einem Freund berichtete, oder weil er ein Faible für Militärmusik hatte, sondern weil er der Ansicht war, eine Harlemer Einheit der Nationalgarde werde »Männer aller Klassen zusammenbringen, die für etwas in der Gemeinschaft stehen«, und weil er es als Nachlässigkeit empfunden hätte, nicht dazuzugehören.

Das Regiment war zunächst zur Ausbildung in den Süden geschickt worden, nach Spartanburg in South Carolina, und zwar gegen die energischen Einwände des dortigen Bürgermeisters. »Mit Bedauern habe ich zur Kenntnis genommen, dass das 15. Regiment hierher beordert wurde«, erklärte er der Presse, »denn bei ihren nördlichen Vorstellungen über Rassengleichheit erwarten sie wahrscheinlich, wie Weiße behandelt zu werden. Ich kann ihnen aber gleich versichern, dass sie als Neger behandelt werden, und nichts anderes ... Es ist, als wedelte man einem Stier mit einer roten Fahne vor der Nase herum. So etwas kann man nicht machen, ohne sich Ärger einzuhandeln.«

Leutnant James Reese Europe 1918 in Frankreich.

Am ersten Samstag nach der Ankunft des Regiments gab Europes Band ein Konzert. Eine große, mürrische Menge Weißer versammelte sich, wie sich Major Arthur W. Little erinnerte, und

> »das Gerede, das einige von uns aus dieser Menschenmenge zu Anfang des Konzerts aufschnappten, war alles andere als beruhigend ... Aber es muss doch etwas an diesem Ausspruch über Musik und ihren Zauber dran sein, denn nach und nach ... wurde das Gemurre der Menge leiser, bis schließlich Schweigen einkehrte auf dieser großen öffentlichen Kreuzung. Wie es seine Angewohnheit war, leitete Leutnant Europe die Band so, dass nur wenige Sekunden Pause zwischen den einzelnen Nummern blieben und das Programm kurz wirkte. Als das letzte Stück vorbei war und die 40 oder 50 Bandmitglieder in vorschriftsmäßiger Formation vom Podium marschierten und dabei das ›Hepp-hepp-hepp‹ der Sergeants das einzige Geräusch aus ihren Reihen war, schaute sich die Elite der Spartanburger Bürgerschaft dumm an, und man hörte, wie einer von ihnen fragte: ›War das jetzt alles?‹, worauf ein anderer erwiderte: ›Wann spielen sie denn wieder?‹«

Am nächsten Tag traten Mitglieder der Handelskammer von Spartanburg an Major Little heran. Ob denn die Band am kommenden Samstag für Tanzmusik im Country Club vielleicht abkömmlich sei?

Mochte Europes Musik auch den einen oder anderen weißen Bürger von Spartanburg erweichen, zeigten sich andere jedoch nach wie vor durch die Anwesenheit schwarzer Truppen verärgert. Um den Frieden zu wahren, gelobten die Männer, sich der strikten Rassentrennung zu unterwerfen, wenn sie in die Stadt gingen, und möglichst wegzuschauen, wenn sie beleidigt würden. Derlei Gelübde hatten die weißen Truppen aus anderen New Yorker Einheiten, die in der Nähe ausgebildet wurden, allerdings nicht abgelegt. Sie beschimpften Ladenbesitzer, wenn diese ihre Kameraden, gleich welcher Hautfarbe, nicht bedienten, und als ein schwarzer Infanterist tätlich angegriffen wurde, weil er nicht schnell genug den Gehweg verlassen hatte, um einer Reihe von flanierenden Weißen Platz zu machen, prügelten sich weiße New Yorker mit den Angreifern. Als der Besitzer eines Hotels in der Innenstadt einen schwarzen Soldaten niederschlug, weil der es versäumt hatte, seinen Hut zu ziehen, bevor er sich in der Lobby eine Zeitung kaufte, mussten die Offiziere wütende weiße Soldaten davon abhalten, das ganze Hotel niederzubrennen. Schließlich zog man es vor, die Ausbildung des Regiments in Frankreich abzuschließen, wo es, wie der Kommandeur seinen Leuten mit Sicherheit sagen konnte, keine »Rassenschranke« gab.

Mitglieder von Europes Hellfighter's Band.

James Europe und seine Leute geben Verwundeten vor einem Pariser Krankenhaus ein Ständchen. »Als sie den ›Memphis Blues‹ spielten«, schrieb der Kriegskorrespondent Irvin S. Cobb, »marschierten die Männer nicht länger; stattdessen schien die Musik ihnen direkt vom Kopf in die Füße zu gehen, so dass sie förmlich weiter tanzten. Ich bin davon überzeugt, dass dies die beste Regimentsband unseres ganzen Heeres ist. Auf jeden Fall ist sie die Beste, die ich in Europa während des Krieges gehört habe.«

Schon kurz nachdem Europes Band in Frankreich gelandet war, erkannten die Blechbläser der Armee, dass sich ihre Version des Militär-Ragtime gut für die Moral machte und gelangweilten oder verwundeten Infanteristen ein »Gefühl von zu Hause« vermittelte. Zugleich brachte sie ihnen unter den Franzosen neue Freunde ein. Der Songschreiber Noble Sissle, der als Sänger der Band fungierte, erinnerte sich an seinen ersten Auftritt vor französischen Zivilisten anlässlich eines Lincoln-Gedenkkonzerts im Opernhaus von Nantes. Die Männer spielten französische Märsche, »The Stars and Stripes Forever«, Plantation-Songs und Ragtime-Stücke, die die Franzosen noch nie gehört hatten. Dann folgte der »Knaller«, schrieb Sissle, nämlich W. C. Handys »Memphis Blues«. Es begann mit »gefühlvollen Beckenschlägen« der Schlagzeuger, deren Schultern sich im Takt bewegten, und dann »schienen Leiter wie Musiker alles um sich herum zu vergessen ... Kornett- und Klarinettenspieler fingen an, die Noten in diesem typischen Rhythmus zu manipulieren, den noch kein Musiker zu Papier gebracht hat. Jetzt hielt das Publikum es nicht länger aus, denn der ›Jazzvirus‹ hatte es befallen, schien seinen Lebensnerv zu treffen, ließ es aus sich herausgehen und löste das aus, was man in Amerika als ›eagle rocking it‹ bezeichnet.«

Die Musik, die Europes Leute spielten, war nach wie vor zum Marschieren bestimmter, orchestrierter Ragtime und kein Jazz, und niemandem war es gestattet, zu improvisieren. Doch sie steckte bereits voller Jazzelemente – Breaks, Riffs, gezogener Posaunentöne und einer Rhythmik, an die keine andere Militärkapelle auch nur annähernd herankam. »Wo wir auch spielten – immer entstand Aufruhr«, schilderte Europe einem Reporter. »Der Höhepunkt fand jedoch in den Tuilerien statt, als wir zusammen mit den besten Bands der Welt ein Konzert gaben – der British Grenadier's Band, der Band der Garde Republicain und der Königlich Italienischen Band. Natürlich konnte meine Band sich mit keiner der anderen messen, aber die Menge – und es war die größte Menschenmenge, die ich je gesehen habe – ließ sie stehen, um uns zu hören. Wir spielten vor mindestens 50 000 Leuten, und wenn wir gewollt hätten, würden wir heute noch spielen.«

Auch die britischen, französischen und italienischen Bandleader zeigten sich beeindruckt und baten darum, einen Blick auf die Instrumente werfen zu dürfen, die Europes Leute benutzt hatten. Sie konnten nicht fassen, dass man mit einem gewöhnlichen Horn einen solchen Sound erzeugen konnte. Es seien gar nicht die Instrumente, auf denen seine Männer spielten, erklärte Europe geduldig, sondern die Art und Weise, wie sie darauf spielten – das mache den Unterschied aus. »Wir spielen die Musik zwar so, wie sie geschrieben ist«, aber auf eine synkopierte Art und Weise, die »charakteristisch für eine rassische Musik ist. Ich muss mit der Band täglich proben, um zu verhindern, dass die

17. Februar 1919: Die Hellfighter's Band führt das 369. Infanterieregiment auf der Fifth Avenue an, vorbei an der New York Public Library.

Musiker mehr aus ihrer Musik machen, als ich das möchte. Wann immer möglich, schmücken sie ihre Parts aus, um neue, eigentümliche Klänge zu erzeugen. Manche dieser Effekte sind hervorragend, andere aber nicht, so dass ich ständig die eigenständige Kreativität jedes Musikers einschränken muss.«

In der Nacht des 20. April 1918 geriet Europe als erster afroamerikanischer Offizier in Kampfhandlungen. Er begleitete eine französische Nachtpatrouille durch ein Stück Niemandsland, das unter schwerem feindlichen Beschuss lag. Sechs Wochen später überlebte er einen deutschen Giftgasangriff, der seine Lungen so schwächte, dass er nicht länger an den Kampfhandlungen teilnehmen konnte, der seine Kreativität jedoch nicht schmälerte. Noch im Krankenhaus schrieb er ein neues Stück, »On Patrol in No Man's Land«. Dann arrangierte er ihn mit Spezialeffekten für die Regimentsband – Sirenen und Alarmglocken, Artillerieeinschläge und das Rattern von Maschinengewehrfeuer –, allesamt von den beiden Schlagzeugern der Band produziert.

Zur gleichen Zeit blieben die Männer des 15. New Yorker Regiments, mittlerweile in 369. Infanterieregiment der U.S. Army umgetauft, 191 Tage hintereinander im Kampfeinsatz; sie errangen 171 Tapferkeitsauszeichnungen, mehr als jede andere US-Einheit, und waren besonders stolz auf den Namen, den die Franzosen ihnen gaben – die Hellfighters. Nach dem Krieg kehrten sie am 17. Februar 1919 zur Siegesparade entlang der Fifth Avenue nach New York zurück. Tausende New Yorker, Schwarze und Weiße, strömten auf die Straßen, um sie zu feiern. »Niemals in der Geschichte New Yorks«, schrieb ein Journalist, »hat man heimkehrenden Helden einen solch stürmischen, königlichen Empfang bereitet ... Weiße und Farbige werden wohl lange Zeit nicht mehr gemeinsam an einer solchen überschwänglichen und begeisterten Demonstration teilnehmen.«

»Leutnant Jim Europes 369. Infanterieband (›Hellfighters‹)« ging fast sofort nach ihrer Rückkehr von der Front auf eine triumphale Tournee und begeisterte ihr Publikum in Brooklyn, Albany, Buffalo, Cleveland, Toledo, Pittsburgh, St. Louis und schließlich in Chicago, wo die Herausgeber des *Defender* Lehren aus dem Erfolg dieser »heißen Ware«, wie sie es nannten, zogen.

> »Selbst der voreingenommenste Feind unserer Rasse könnte einen Abend mit Europe nicht überdauern, ohne seine Einstellung zu ändern. Denn er sieht sich unwillkürlich genötigt, uns in anderem Licht zu betrachten. Dass ein Weißer uns vornehmlich als Koch, Gepäckträger und Kellner sieht, ist hinlänglich bekannt, und die begrenzten Möglichkeiten sind zum großen Teil für die verzerrte Meinung verantwortlich, die von uns besteht. Hier sind Europe und seine Band für unsere Rasse von größerem Wert als tausend Reden der so genannten Vertreter und Förderer unserer Rasse. Bloße Schaumschlägerei hat noch keiner Rasse substantielle Hilfe geleistet. ... die Bemühungen eines Redners, der, mag er noch so fesselnd sein, sich fast ausschließlich auf ein Publikum des eigenen Volkes beschränkt, sind so dienlich dabei, unser Anliegen denen vorzutragen, die wir am ehesten ansprechen wollen, wie die eines Mannes, der sich an seinen eigenen Stiefelschlaufen hochzuheben versucht. Die Erfahrung lehrt, dass die meisten unserer Redner letzten Endes nur auf ihren eigenen Vorteil bedacht sind. Das Gute, das sie uns dabei tun, tendiert gegen Null.«

Jim Europe war in jenem Frühjahr 1919 gerade mal 39 Jahre alt und hatte große Pläne: ein National Negro Symphony Orchestra, ein neues Musical am Broadway, neue Methoden, mit denen sich Jazzelemente mit anderen Formen verschmelzen ließen, um das zum Ausdruck zu bringen, was er »die Seele des Negers« nannte. »Wir haben Frankreich für uns gewonnen, indem wir Musik spielten, die die unsere war und nicht blasser Abklatsch einer anderen«, erklärte er in einem Interview, »und wenn wir uns in Amerika entwickeln wollen, müssen wir nach unseren eigenen Methoden vorgehen.«

Am Morgen des 9. Mai sollten Europe und seine Leute in Boston eine weitere Ehrung entgegennehmen. Nachdem sie auf den Stufen des Massachusetts State House gespielt hatten, sollte Gouverneur Calvin Coolidge ihnen einen Kranz überreichen, den sie am Sockel des Denkmals für die 54. Massachusetts Freiwilligeneinheit niederlegen sollten, dem ersten schwarzen Regiment, das im Bürgerkrieg gekämpft hatte. Doch am Vorabend der Zeremonie, als Europe in der Garderobe der Mechanic's Hall saß, stellte sich ihm einer seiner beiden Schlagzeuger entgegen, ein reizbarer Mann namens Herbert Wright. Es kam zu einem Wortwechsel. Wright beschuldigte seinen Chef, ihn ungerecht zu behandeln, und stieß ihm plötzlich ein Taschenmesser in den Hals. Zunächst schien die Wunde nicht Besorgnis erregend, bevor Europe ins Krankenhaus ging, wies er seine Leute noch an, das Konzert zu Ende zu bringen. Er wollte sie am nächsten Morgen bei der Zeremonie vor dem Regierungsgebäude treffen. Noch in der gleichen Nacht verblutete er.

Die Stadt New York gewährte ihm ein öffentliches Begräbnis, das erste, das man einem Schwarzen zugestand. Tausende Trauergäste, Schwarze wie Weiße, kamen herbei, um der Prozession aus Harlem über die West Side in die St. Mark's Episcopal Church beizuwohnen. »Bevor Jim Europe nach New York kam«, erzählte ein schwarzer Trauergast einem Reporter der New Yorker *Tribune*, »kannten Farbige nur Negertänze und Hilfsarbeiten. Das alles hat sich geändert. Jim Europe war ein lebendiger Sesam-öffne-dich für die Farbigen ... Er holte sie raus aus ihren Trägerjobs und hob sie in bedeutende Positionen als echte Musiker.«

Ein Leitartikler der *New York Times* erkannte deutlicher als andere, was der Verlust Europes bedeutete, nicht nur für die afroamerikanische Gemeinschaft, sondern für die gesamte amerikanische Musik:

> »Wer den gegenwärtigen Ragtime, so unvollkommen er sein mag, als Entwicklungsphase auf dem Weg zu einer anderen Musik betrachtet, die letzten Endes beträchtlichen Wert besitzen wird, muss den vorzeitigen Tod eines Mannes bedauern, der als einer der größten Ragtime-Dirigenten gilt, vielleicht der größte, den wir je hatten. Ragtime mag Negermusik sein, aber er ist amerikanische Negermusik und lebendiger als viele andere amerikanische Musikstile. Und Europe war der Amerikaner, der wohl am meisten zu seiner Entwicklung beigetragen hat.«

DIE STRASSE, AUF DER DIE WELT SWINGT

Wenige Tage, nachdem Jim Europe und seine Leute aus Europa zurückgekehrt waren, machte sich die Original Dixieland Jazz Band nach England auf. Trotz des Krieges waren die Begriffe »Jazz« und »jazzy« in London bereits gängig. Allerdings wussten nur wenige Briten mehr als dass Jazz laut, schmissig und modern war und etwas mit schwarzen Amerikanern zu tun hatte. Als Nick LaRocca und seine Leute in England landeten, versicherte die Londoner *Daily News* vorsichtshalber ihren Lesern, die Männer seien »allesamt weiß, so weiß man nur sein kann«.

Bei ihrem ersten Auftritt im Rahmen eines Varietéprogramms im Hippodrome Theater jubelten ihnen so viele US-Soldaten zu, dass die von ihnen in den Schatten gestellten britischen Stars verlangten, sie sollten gefeuert werden. Fünf Nächte später spielte die Band – angekündigt als »Das Neueste in einer Welt der Superlative« – im Palladium vor ausverkauftem Haus, schaffte fast das Gleiche in Glasgow, spielte im Buckingham Palace für die königliche Familie und trat am Abend des 28. Juni, als der Versailler Vertrag den Krieg offiziell beendete, anlässlich einer Siegesfeier vor einer glanzvollen Gesellschaft im vornehmen Savoy Restaurant auf. Auf dem Schlagzeug von Tony Sbarbaro hielt an jenem Abend ein Teddybär eine winzige amerikanische Flagge in der Hand, und als die Männer vor Beginn der Tanzveranstaltung »Star-Spangled Banner« anstimmten, drängten sich Mitglieder der U.S. Marine Band neugierig um sie, um herauszufinden, wie so wenige Männer so viel Krach machen konnten.

Die Musik Amerikas auf dem Weg nach Übersee: Der Schlagzeuger Tony Sbarbaro (rechts) steht neben einem Plakat, das den Auftritt der Original Dixieland Jazz Band im Londoner Palladium im Frühjahr 1919 ankündigt und ihn und seine Mitmusiker zu den »Schöpfern des Jazz« erklärt. Das Bild oben zeigt die ODJB auf der Bühne im Palais de Danse in Hammersmith; die Zylinder verkünden stolz die Herkunft der Musiker aus den Südstaaten. Zu diesem Zeitpunkt hatten zwei Gründungsmitglieder die Band bereits verlassen und waren durch den aus New Orleans stammenden Posaunisten Emile Christian und den englischen Pianisten Billy Jones ersetzt worden.

Als die ersten Amerikaner in den Krieg zogen, hatte ein Songschreiber von der New Yorker »Tin Pan Alley« [Spitzname für die 20th Street zwischen Fifth und Sixth Avenue, wo die meisten amerikanischen Musikverlage ansässig waren, A.d.Ü.] umgehend ein zeitgemäßes Stück namens »We're Going to Celebrate the End of the War in Ragtime« herausgebracht. Als die Truppen wieder heimkehrten, stellten sie fest, dass ihre Heimat die schnellste Veränderung ihrer Geschichte durchlebte, und dass der Jazz und nicht der Ragtime dabei das Tempo vorgab.

Der Jubel für Jim Europe und seine Hellfighters war kaum verstummt, da tobte im ganzen Land die Inflation. 1919 gab es etwa 3600 Streiks, in Boston ging sogar die Polizei auf die Barrikaden. Übertriebene Ängste vor den »Roten« und »Radikalen« führten dazu, dass die Bundesbehörden über 6000 Menschen festnahmen, von denen die meisten sich nichts zu Schulden hatten kommen lassen. Der US-Kongress kehrte der Welt den Rücken, indem er den Beitritt zum Völkerbund ablehnte und die Einwanderung begrenzte, um Neuankömmlinge, die nicht »nordischer« oder »teutonischer« Herkunft waren, auszuschließen. Der wiedererstarkte Ku-Klux-Klan – vier Millionen Mitglieder im Jahr 1924 – war nur der sichtbarste Ausdruck einer Ausländerfeindlichkeit, die einen Großteil des Landes befiel. Die Ansprüche aller Minderheiten gerieten unter Beschuss, wobei die Afroamerikaner das häufigste Ziel darstellten. Allein während der letzten neun Monate des Jahres 1919 wurden über 70 Schwarze vom weißen Mob umgebracht – zehn davon waren heimkehrende Soldaten, die noch ihre Uniform trugen. Und auch im Norden kam es zu Rassenunruhen: Bei Straßenschlachten in Chicago, die erst mit dem Eintreffen der Nationalgarde ein Ende fanden, starben 38 Menschen.

Als Reaktion auf die fortwährende Gewalt entwickelte sich in den Schwarzengegenden ein neues Selbstbewusstsein und Selbstvertrauen. »Der alte Neger geht«, schrieb der Harlemer *Crusader*, »sein unterwürfiges Kriechen war der Sache nicht dienlich.« »Der NEUE NEGER fürchtet sich nicht vor dem Antlitz des Tages«, griff der in Kansas City erscheinende *Call* auf. »Die Zeit des Katzbuckelns ist vorüber.« Die NAACP, die National Association for the Advancement of Colored People, unternahm einen landesweiten Feldzug gegen die Lynchjustiz. W. E. B. DuBois, Herausgeber ihrer Zeitschrift *The Crisis*, machte keinen Hehl aus seiner kämpferischen Haltung:

> »Wir kehren zurück aus der Sklaverei der Uniform, die wir auf Verlangen einer wahnsinnigen Welt statt der bürgerlichen Kluft der Freiheit überziehen mussten. Nun stehen wir wieder hier und schauen Amerika offen ins Gesicht ... Dieses unseres Land ist – trotz alldem, was seine besseren Geister getan und geträumt haben – noch immer ein schändliches Land.
>
> Es lyncht ... Es entrechtet seine eigenen Bürger ... Es ermutigt die Ignoranz ... Es bestiehlt uns ... Es beleidigt uns ...
>
> Wir kehren vom Kampf zurück. Wir kehren zum Kampf zurück.

Macht Platz für die Demokratie! Wir haben sie in Frankreich gerettet, und beim großen Jehova, wir werden sie auch in den USA retten.«

Überall im Land bemühten sich Afroamerikaner verstärkt um den Aufbau eigener Institutionen – Banken, Geschäfte, aber auch Baseballmannschaften. Männer wie Alain Locke und James Weldon Johnson prophezeiten derweil, dass bald ein »Genie der Rasse« käme, jemand, der schwarze Folkmusik – Spirituals, Blues, Ragtime – in etwas völlig Neues, ganz und gar Amerikanisches verwandeln werde. Dabei entging ihnen, dass diese Musik der Jazz sein würde. Diese Ansicht sollte erstmals in Übersee vertreten werden, von jemandem, der nie einen Fuß in die Vereinigten Staaten gesetzt hatte.

Am 4. Juli 1919, nur fünf Tage nach dem Triumph der ODJB beim Savoy Ball in London, trat das Southern Syncopated Orchestra, eine aus etwa 40 schwarzen Musikern und Sängern bestehende Truppe, ein fünfmonatiges Engagement in der Royal Philharmonic Hall an. Ihr musikalischer Leiter, Will Marion Cook, war ein stolzer, jähzorniger Mann. Er entstammte der gleichen Mittelschicht Washingtons, aus der auch Duke Ellington kam, hatte am Oberlin-Seminar in Berlin Geige studiert und dann beim tschechoslowakischen Komponisten Antonín Dvořák während dessen Kurzaufenthalt in New York gelernt. Allerdings kehrte er mit 30 Jahren der Konzertbühne den Rücken, weil er erkannt hatte, dass sie ihm als schwarzem Musiker keine Zukunft bot. Nach Auskunft Ellingtons, der ihn gut kannte, war das auslösende Moment dafür eine gönnerhafte Kritik gewesen, in der er als »der Welt größter Negerviolinist« tituliert wurde. Cook suchte den Kritiker auf und zertrümmerte mit den Worten: »Ich bin der größte Violinist der Welt!« seine Violine auf dessen Schreibtisch. Dann stürmte er hinaus und schwor sich, nie wieder in der Öffentlichkeit aufzutreten. Zunächst konzentrierte er seine Aufmerksamkeit darauf, die authentischste afroamerikanische Musik der damaligen Zeit an den Broadway zu bringen, die unter den vorherrschenden Bedingungen möglich war. Cook hatte die Musik für Clorindy, or the Origin of the Cakewalk geschrieben – die Revue des Dichters Paul Laurence Dunbar – sowie für drei sehr erfolgreiche Shows des Komödienduos Bert Williams und George Walker, In Dahomey, In Abyssinia und Bandana Land.

Nach wie vor glaubte Cook an seine Mission, »die musikalische Kunst des Negers – wahrhaft amerikanisch, unverwechselbar, charakteristisch und erhebend – in die Sphäre zu bringen, in die sie gehört ... denn in der Demokratie der Kunst haben Rassenvorurteile keinen Platz.« Diese »musikalische Kunst des Negers« umfasste nach Cooks Definition alles »von alten Spirituals bis zu den Standardwerken der modernen Negerkomponisten« – alles, außer Jazz. Die Blechbläser-Arrangements von Jim Europe hatte er als »würdelos« missbilligt; die Original Dixieland Jazz Band samt ihrer weißen Nachahmer verabscheute er, weil er deren in seinen Augen ungeschliffene, rasch vergängliche Novelty-Musik nur als neuerlichen Ausdruck der ihm verhassten alten Minstrel-Shows betrachtete. Er bestand darauf, dass seine Musiker seine Orchestrierungen immer so spielten, wie er sie geschrieben hatte – mit einer einzigen Ausnahme. Der damals 21-jährige Sidney Bechet, auf den Cook in Chicago gestoßen war, durfte jeden Abend kurz vor dem Finale während eines Stücks namens »Characteristic Blues« ein Solo improvisieren und erhielt stürmische Ovationen.

»Ich weiß nicht, wer mehr in Bewegung geriet – das Publikum oder die Musiker«, schrieb der Kritiker des Londoner *Daily Herald*. »Als die Musik immer ›raggier‹ wurde, wogten sie hin und wir wogten her ... Sie schnippten mit den Fingern und klatschten in die Hände, worauf wir noch mehr klatschten und alle ganz begeistert waren.«

Der schweizerische Dirigent Ernest Ansermet besuchte in diesem Sommer mehrere Kon-

Sidney Bechet (rechts) und die Jazz Kings, für die er oft in und um London spielte, nachdem sich das Southern Syncopated Orchestra 1921 aufgelöst hatte.

»Verbrecherfotos« der Londoner Polizei von Sidney Bechet, 1922.

zerte mit Bechet und schrieb später über ihn und seine Musik für die *Revue Romande* einen prophetischen Artikel:

> »Im Southern Syncopated Orchestra gibt es einen außerordentlichen Klarinettenvirtuosen, der, so scheint es, als erster seiner Rasse perfekt geformte Bluesstücke auf der Klarinette komponiert hat. Zwei davon hörte ich, die er erst sehr ausführlich ausgearbeitet hatte und dann seinen Kollegen vorspielte, damit sie sich eine Begleitung dazu ausdenken konnten. Sie sind extrem schwierig und gleichermaßen bewundernswert wegen der Fülle ihres Einfallsreichtums, der Kraft ihrer Betonung und weil sie etwas Neues, Unerwartetes wagen …
>
> Ich möchte den Namen dieses genialen Musikers hier wiedergeben, den ich, was mich betrifft, nicht mehr vergessen werde: Sidney Bechet. Wenn man in der Vergangenheit so oft und so mühevoll versucht hat, einen Menschen aufzuspüren, dem wir das Aufkommen einer Kunstform verdanken … wie bewegend ist es dann, diesem schwarzen, rundlichen Jungen mit weißen Zähnen und niedriger Stirn zu begegnen. Er freut sich sehr darüber, dass dem Publikum seine Darbietung gefällt, doch kann er nichts über seine Kunst sagen, außer dass er seinem ›eigenen Weg‹ folgt. Und dann ist man geneigt zu glauben, dass sein ›eigener Weg‹ vielleicht die Straße ist, auf der schon morgen die ganze Welt swingt.«

Sidney Bechet sollte sein Leben lang einen eigenen Weg beschreiten. Er war »ein guter Freund und ein prima Kumpel«, erinnerte sich ein Orchesterkollege, »aber er konnte sich selbst nicht trauen. Er war dermaßen impulsiv … wenn der Moment kam, konnte ihn nichts auf der Welt davon abhalten, das zu tun, was er sich vorgenommen hatte.«

Eines Abends, als Cooks Frau, die Sopranistin Abbie Mitchell, gerade ihre große Nummer begann, eine Arie aus Madame Butterfly, sprang Bechet von seinem Stuhl im Orchester auf, marschierte in ihr Scheinwerferlicht und fing an, eine komplexe, leidenschaftliche Begleitung zu spielen. Cook, der Überraschungen aller Art auf der Bühne verabscheute, wollte Bechet an Ort und Stelle feuern, bis seine Frau ihm klar machte, wie sehr es ihr gefallen habe.

Nachdem das Southern Syncopated Orchestra sich aufgelöst hatte, blieb Bechet in London und spielte in wechselnder Besetzung mit ehemaligen Bandmitgliedern, die sich Jazz Kings nannten. Es war die Art Truppe, die ihm zusagte – es gab weder Kornett- noch Trompetenspieler, die mit ihm um die Führung konkurriert hätten –, und sie wurde schließlich engagiert, nach der Original Dixieland Jazz Band im riesigen Palais de Danse von Hammersmith zu spielen, wo sie manchmal abends vor einer Tanzgesellschaft von 5000 Gästen auftraten. Wenn das Palais um Mitternacht schloss, spielte Bechet noch in einem kleinen Klub namens Rector's weiter, wo er sich gern in die Mitte der Tanzfläche setzte, wie sich ein Stammgast erinnerte, »und uns im Schneidersitz Soli vorführte …, wobei er für gewöhnlich mit der Einleitung aus Pagliacci begann.«

Bechet spielte nun häufig ein neues Instrument – das Sopransaxophon, das er der Klarinette vorzog, weil es, wie er sagte, so laut sei. Jetzt könne ihn kein Blechbläser mehr übertönen. Zunächst verspotteten Musiker es als »Sidneys Nebelhorn« und machten sich über das unverkennbare Tremolo lustig, mit dem er es spielte, doch genau dieser gewaltige, leidenschaftliche Sound erdrückte bald fast jeden, der neben ihm bestehen wollte. Er war anders, als alles, was man zuvor gehört hatte und ist seitdem auch nicht mehr erreicht worden.

Bechets Privatleben verlief ähnlich turbulent wie seine Musik. Er trank zu viel, verlor Jobs, weil er ständig unpünktlich war und ihm das auch nichts auszumachen schien. Und er betätigte sich als Glücksspieler. Einmal verlor er sein Horn an einen Musikerkollegen, der es ihm großzügig zurückgab, weil Bechet sich sonst seinen Lebensunterhalt nicht mehr hätte verdienen können. Außerdem jagte er der britischen Damenwelt nach – und wurde von ihr gejagt. Er war »so attraktiv wie ein Panther«, erinnerte sich die von ihm hingerissene Reederei-Erbin Nancy Cunard, »und ähnelte auch einem – jung, mit schöner, hellbrauner Haut und blauschwarzem Kraushaar. Er besaß eine angeborene Höflichkeit und trug elegante Kleidung.«

Nach einem nie ganz aufgeklärten, nebulösen Vorfall wurde Bechet eines Tages verhaftet und angeklagt, eine Londoner Prostituierte tätlich angegriffen zu haben. »Es war bloß ein alberner Streit zwischen Mann und Frau«, behauptete Bechet, doch das Gericht verurteilte ihn zu zwei Wochen Haft im Gefängnis von Brixton und verwies ihn anschließend des Landes.

»Ja, ich kann schon ziemlich niederträchtig sein«, gab Sidney Bechet viele Jahre später zu. »Das weiß ich. Aber nicht in Sachen Musik. Da musst du Vertrauen haben. Die musst du ernst nehmen und sie gut behandeln.«

SCHNELLE FINGER

Louis Armstrong war bestürzt, als es Joe Oliver 1918 nach Chicago zog. Doch als man ihn bat, den Platz seines Mentors als Leadkornettist in der Band einzunehmen, in der Oliver und Kid Ory den Lead gespielt hatten, war er begeistert. Er gab sich größte Mühe, ihr Repertoire zu beherrschen und schrieb sogar ein eigenes Stück, das Clarence Williams ihm für 50 Dollar abkaufte (und das als »I Wish I Could Shimmy Like My Sister Kate« schließlich im Norden ein großer Hit wurde). Außerdem nahm er an Wettbewerben teil, bei denen er gegen andere Kornettisten antrat, darunter Sam Morgan, Chris Kelly, Ernest »Punch« Miller und Buddy Petit.

Sein Erzrivale war Henry »Kid« Rena, ein kreolischer Kollege noch aus der Colored Waif's Home Band, der seine Freude an hohen Noten und ausgeklügelten Verzierungen teilte. »Kid Rena und ich trugen heftige Wettkämpfe miteinander aus«, erinnerte sich Armstrong. »Bis auf Pfeifen konnte Rena mit seinem Kornett alles Mögliche anstellen, aber was ich hinlegte, war auch nicht schlecht.«

Hatte sich Sidney Bechet der New Orleanser Tradition widersetzt, indem er versuchte, dem Kornett das Lead zu entreißen, bemühten sich nun sowohl Armstrong als auch Rena, das Lead beizubehalten und dabei auch noch die ausschmückende Rolle der Klarinette zu übernehmen. Armstrong spielte weiterhin klarinettenartige »Figurationen ... schnelle Finger und so weiter«, und als er in Oscar »Papa« Celestins hervorragender Tuxedo Brass Band mitmarschierte, der besten – und am besten gekleideten – Marschtruppe in der Stadt, verblüffte er seine Kollegen mit schöner Regelmäßigkeit. »Ich habe Louis Armstrong nie verstanden«, gab der Posaunist Sunny Henry zu, »weil diesem Schlawiner ... immer egal war, was gespielt wurde ... Der spielte ständig eine Begleitmusik ... von der Melodie abweichend, wohlgemerkt; nie spielte er gradlinig mit uns anderen mit. Aber alles, was der Halunke dabei hinlegte, haute hin.«

Bald »war ich ziemlich beliebt in meiner guten, alten Stadt«, erinnerte sich Armstrong. Mit wachsendem Bekanntheitsgrad nahm auch sein Verantwortungsgefühl zu. Im Alter von 18 Jahren heiratete er eine leicht aufbrausende Prostituierte namens Daisy Parker, die seine Einnahmen verschlang und ihn verschiedentlich mit einem Rasiermesser, einem Brotmesser oder mit Ziegelsteinen angriff, die sie nach seinen Worten so schnell und zielgenau warf wie Satchel Paige später mit dem Baseball umzugehen verstand. Als seine Cousine einen Sohn namens Clarence zur Welt brachte, dabei starb und der Junge einen Gehirnschaden erlitt, nahm er sich seiner an.

Gelegentlich boten ihm auch Musiker von außerhalb der Stadt Arbeit an, aber er dachte nicht ernsthaft daran, seine Heimatstadt zu verlassen. »Ich sah so viele Jungs die Stadt verlassen«, meinte Armstrong, »und dann bekamst du mit, wie sie sich als Tippelbrüder wieder nach Hause durchschlagen mussten. Niemand außer Papa Joe [Oliver] hätte mich dazu bewegen können, New Orleans zu verlassen.«

Vier Jahre musste er ausharren, bis Papa Joe ihm schließlich das Telegramm schickte, auf das er gewartet hatte. Doch diese Zeit nutzte er sinnvoll. Drei Sommer lang spielte er für Tanzgesellschaften auf Dampfschiffen, die vier Brüdern namens Streckfus gehörten, deren Flotte schwimmender Ballsäle den Mississippi hinauf- und hinunterpflügten – von New Orleans bis hoch hinauf in den Norden nach St. Paul, Minnesota und wieder zurück. Bandleader und Pianist Fate Marable, der auch an der Dampfpfeifenorgel einspringen konnte, war ein strenger Vorgesetzter und bestand darauf, dass sein junger Kornettist Noten genauso gut lesen wie spielen konnte. Von den neun Männern seiner Band wurde verlangt, Walzer, leichte Klassik und die jeweils neuesten Songs zu spielen; ein Kassierer mit scharfem Gehör registrierte derweil allabendlich jeden falschen Ton und mahnte den Übeltäter entsprechend und umgehend ab. Wer sich Marables Regeln nicht beugte, bekam es im wahrsten Sinne des Wortes mit dem Kriegsbeil zu tun: Fand er sich am nächsten Tag zur Arbeit ein, steckte auf seinem Stuhl ein Beil, das bedeutete, dass er gefeuert war.

Armstrong hingegen bekam 50 Dollar die Woche plus einen Bonus von fünf Dollar – mehr

Fate Marables Band an Bord der S.S. Sidney, 1919. Zweiter von links ist der junge Louis Armstrong, Bassist ist George »Pops« Foster, hinter dem Schlagzeug sitzt Baby Dodds. An den meisten Abenden wimmelte es auf der Tanzfläche von weißen Tänzerinnen und Tänzern aus den Orten am Fluss, die teils noch nie einen schwarzen Musiker gesehen hatten. »Wir mussten uns viele gehässige Bemerkungen anhören«, erinnerte sich Armstrong. »Aber wir waren solche Sprüche gewohnt und swingten einfach weiter ... Bevor der Abend vorbei war, liebten sie uns alle. Wir konnten kaum die Bühne verlassen, ohne dass sie uns ... anbettelten, bald wieder zu kommen.«

»Es gab da so eine Redensart in New Orleans: Wenn ein Musiker einen Job bei Fate Marable auf einem der Flussdampfer bekam, hieß es gleich: ›Aha, du gehst aufs Konservatorium.‹«

ZUTTY SINGLETON

Geld, als er jemals zu Gesicht bekommen hatte. Außerdem spielte er mit einigen der besten jungen Musiker von New Orleans, darunter Pops Foster, dem Klarinettisten Johnny Dodds und dessen Bruder Warren, dem Schlagzeuger, den die anderen »Baby« nannten.

Baby Dodds zufolge hatten auch weiße Musiker für die Band gespielt, sich dann aber mürrisch darüber geäußert, für einen »Farbigen« zu arbeiten – und sei es auch ein hellhäutiger und rothaariger wie Fate Marable. Außerdem hätten die Brüder Streckfus ihre rein schwarze Truppe nur als Experiment angelegt. »Die priesen uns schon als Farbige an, bevor wir überhaupt dort waren«, erzählte Dodds, »damit sie die Leute nicht enttäuschten.« Er erinnerte sich, dass sie einmal in Hannibal, Missouri, anlegten, wo die Weißen an Bord strömten, um dann jedoch nur große Augen zu machen statt zu tanzen. »Als Handlanger kannten sie die Neger, nicht aber im weißen Hemd, mit Kragen und Krawatte, und als Musiker. Sie wussten einfach nicht, was sie davon halten sollten.« Immerhin hörten sie zu, und als das Schiff das nächste Mal in Hannibal anlegte, »kriegten wir sie gar nicht mehr vom Schiff runter«, erzählte Dodds. »Das waren die tanzwütigsten Leute, die mir je begegnet sind.«

In St. Louis wurden montagabends Kreuzfahrten nur für schwarze Tanzgesellschaften veranstaltet. Pops Foster erinnerte sich, dass die Musiker den Montag »Getaway Night« im Sinne von »Erlaubnis-Abend« nannten, weil »sie sich alles erlauben konnten«. Sie tranken, rauchten, kamen mit den Gästen ins Gespräch und legten eine besonders lebendige Show aufs Parkett. Baby Dodds erregte Aufsehen, indem er während des Trommelns Shimmy tanzte. »So etwas hatten die Farbigen noch nie gesehen«, meinte er. »Ich hatte immer einen Haufen von fünf, sechs Leuten dicht um mich herum und Louis Armstrong auch. Es war herrlich; wir beide, Louis und ich, waren die Größten an Bord.«

Als ihr Schiff im Sommer 1920 in Davenport, Iowa, festmachte, hörte ein 17-jähriger Highschoolstudent namens Leon »Bix« Beiderbecke Armstrong spielen – und sollte es nie mehr vergessen. Gleiches galt für einen jungen Posaunisten namens Jack Teagarden aus Texas, der an einem mondhellen Abend zufällig am Anlegeplatz von New Orleans stand und aus der Richtung des Wassers eine entfernte Kornettstimme hörte. Zunächst konnte er nur die verschwommenen Konturen eines Ausflugsschiffs erkennen, das durch den Dunst auf ihn zuglitt. Doch der Klang, der immer lauter wurde, je näher das Schiff heranglitt, war anders als alles, was er zuvor gehört hatte. Es war Louis Armstrong, »der wie ein Gott vom Himmel herabstieg«, erinnerte er sich.

Am 4. Juli 1919 gingen Armstrong, Johnny Dodds und Pops Foster gemeinsam in St. Louis an Land und machten in einer Bar Station, die einem Mann namens Boots gehörte, um sich dort jeweils einen Viertelliter Whisky zu genehmigen. Sie wollten dort den Abend über feiern, denn Armstrong war ja davon überzeugt, am Unabhängigkeitstag geboren worden zu sein und an diesem Tag 19 Jahre alt zu werden. Außerdem hatten sie gehört, dass eine Prohibition bevorstand, erinnerte sich Foster, und wollten nun etwas haben, um über diese Zeit hinwegzukommen, bis wieder gesunder Menschenverstand einkehrte. Das sollte allerdings 13 Jahre dauern. Am 20. Januar 1920 trat das Fifteenth Amendment in Kraft – ein Nachtragsgesetz, das dazu dienen sollte, die traditionell nur von Männern besuchten Bars abzuschaffen. Stattdessen schossen nun Zehntausende von »Speakeasies«, Flüsterkneipen, sowie Rasthäuser aus dem Boden, in die nun auch scharenweise Frauen strömten. Der Alkohol verschwand nicht, er tauchte nur in den Untergrund ab. Die Prohibition förderte das organisierte Verbrechen und korrumpierte die amerikanische Politik. Für die Jazzmusik jedoch – die in den Bars und Straßen von New Orleans ihren Ursprung hatte – und für die Jazzmusiker selbst entpuppte sie sich als ein Geschenk des Himmels. Ihre Musik wurde nun für Varietés, Flüsterkneipen und Rasthäuser auserkoren und lieferte die Begleitung für eine Ära, die F. Scott Fitzgerald später das »Jazz Age« nennen sollte.

ICH WÜRDE DURCH DIE HÖLLE GEHEN

Als die Original Dixieland Jazz Band im Juli 1920 nach New York zurückkehrte, stieß sie in der Stadt auf lautstarke Nachahmer: die Louisiana Five, Georgia Five, Alabama Five, St. Louis Five, Domino Five, Original Indiana Five, die Frisco Jass Band und die Original New Orleans Jazz Band, bei der zwar vier der Musiker aus New Orleans kamen, die aber in Wirklichkeit die Schöpfung des in Brooklyn geborenen Ragtime-Pianisten Jimmy Durante war. »In manchen Bands der damaligen Zeit spielte der Kornettist die Melodie«, erinnerte sich Durante, »in anderen übernahm das der Klarinettist. In unserer Band spielte niemand die Melodie.«

Für die meisten dieser Gruppen waren Melodie – und Musik – nicht so wichtig wie Lautstärke und der Reiz des Neuen. Nach den Worten von Ralph Berton, dem jüngeren Bruder des Schlagzeugers Vic Berton, wollten sie vor allem eine Botschaft übermitteln: »Lasst uns alle mal tüchtig einen heben und dann gucken, was für einen durchgeknallten Sound wir spielen können.« Größter Hit der Louisiana Five war »Yelping Hound Blues«, bei dem Tom Browns ehemaliger Klarinettist Yellow Nuñez einen den Mond anbellenden Hund nachahmte. Earl Fullers Famous Jazz Band war im Restaurant Rector's fast ausschließlich auf Lacher aus: Wenn der Bandleader Klavier spielte, hämmerte der Schlagzeuger John Lucas mit – wie sie es ankündigten – »6 Quadratmetern« an Schellen, Becken, Klanghölzern und »Teilen von ... elektrisch betriebenen Apparaten« drauf los, der Posaunist setzte den Fuß ein, um seinen Zug zu manipulieren, und Ted Lewis jonglierte einhändig mit einem Zylinderhut, während er mit der anderen Hand auf der Klarinette einen möglichst schrägen Ulkton fabrizierte.

Eine Zeit lang hielt die ODJB gut mit und versuchte sich sogar in einem etwas sanfteren Stil, bei dem nun auch ein Saxophon zum Einsatz kam. Doch nichts, was sich Nick LaRocca oder seine Werbeagenten ausdachten, konnte die Band wieder in ihre ehemals herausragende Stellung bringen, auch nicht ein ausgefeilter Bühnenauftritt im Zoo der Bronx, wo ihre Musik angeblich einen Polarbären dazu animierte, vergnügt Shimmy zu tanzen, eine Flusspferddame jedoch unter Wasser Zuflucht suchen ließ. Zu viele Gelage und zu viele Eintagsengagements zermürbten die Mitglieder schließlich, so dass sich einer nach dem anderen aus dem Staub machte. 1925 erlitt Nick LaRocca einen Nervenzusammenbruch, gab die Musik auf und kehrte wieder in seine Baufirma in New Orleans zurück, als hätte er nie etwas anderes getan.

Als dann später die ersten Bücher über die Geschichte des Jazz erschienen, voll des Lobs für

Nut Jazz: Die Frisco Syncopators (ganz oben) und eine vom Schlagzeuger Albert »Doc« Wrixon angeführte Band in Clownskostümen, die manchmal an Bord der gleichen Streckfus-Schiffe spielte, auf denen auch Louis Armstrong auftrat.

kreolische und schwarze Musiker aus New Orleans wie Sidney Bechet, Joe Oliver und Louis Armstrong, reagierte LaRocca allerdings wütend. Nun war er überzeugt davon, man schmiede ein Komplott gegen ihn und wolle ihn um den seiner Meinung nach alleinigen Verdienst bringen, den Jazz ins Leben gerufen zu haben. Wie sein Mentor Papa Jack Laine beharrte auch LaRocca darauf, seine Musik – jede Art Jazzmusik – habe rein gar nichts mit Schwarzen zu tun. »Unsere Musik ist streng die von Weißen. Unsere ersten Versuche erinnerten an die Militärmärsche, die wir als Jugendliche bei Parkkonzerten zu hören bekamen. Viele Autoren haben unterstellt, dieser Rhythmus, den wir aufbrachten, stamme aus dem afrikanischen Dschungel, und haben ihn den Negern zugeschrieben. Ich behaupte, die Neger erlernten diesen Rhythmus und diese Musik von den Weißen … Zu keiner Zeit spielte der Neger irgendwelche Musik, die ebenbürtig mit der der Weißen gewesen wäre.«

Das Nachkriegsjahrzehnt, später als »Roaring Twenties« bezeichnet, war eine Zeit ungekannten Wohlstands. In diesen »Goldenen Zwanzigern« zwischen 1920 und 1929 verdoppelte sich das Volksvermögen beinahe, und die Produktion stieg um 60 Prozent. Zum ersten Mal lebte die Mehrheit der Bevölkerung in Ballungsgebieten und in Häusern, die elektrisch beleuchtet wurden. Man verdiente mehr als je zuvor und gab es – angespornt von einer sich rasant entwickelnden Werbeindustrie – auch schneller wieder aus: für Waschmaschinen, Kühlschränke, Staubsauger, zwölf Millionen Radios, 30 Millionen Autos und unzählige Millionen Eintrittskarten für das Kino, in dem man sich in eine neue, schnelllebige Welt von Luxus und Glanz entführen ließ, von der frühere Generationen nicht einmal zu träumen gewagt hätten. Gleichzeitig beanspruchten Frauen eine neue Unabhängigkeit: an den Wahlurnen, am Arbeitsplatz – aber auch auf der Tanzfläche.

Bei vielen Millionen Menschen lösten die 20er Jahre jedoch keine stürmische Begeisterung aus, sondern Angst und Furcht wegen der rasanten Veränderungen; für sie, die sich nach dem kleinstädtischen Amerika der Jahrhundertwende zurückzusehnen begannen, war die Jazzmusik nicht bloß ein Ärgernis, sondern eine Bedrohung – ein weiteres Symbol dafür, dass sich die Moral lockerte und erschreckende Veränderungen statt-

Vassar's Scale Steppers im Lincoln Gardens an Chicagos South Side, 1921. Bandleader war der Geiger Milton Vassar (zweiter von links), an der Trompete Tommy Ladnier aus New Orleans. Im darauf folgenden Jahr spielten King Oliver und Louis Armstrong auf dieser Bühne.

fanden. Der Ragtime mit seinen einschmeichelnden Rhythmen und seinem gewagten Paartanz war für sie schlimm genug gewesen, aber die nervöse, raue Version New Orleanser Polyphonie von der Original Dixieland Jazz Band und vielen ihrer Nachahmer erschien ihnen noch wesentlich schlimmer. »Für meine Begriffe handelt es sich hierbei überhaupt nicht um Musik«, äußerte sich Professor Henry Van Dyck von der Princeton University. »Es ist lediglich eine Reizung der Gehörnerven, ein Sinnenreiz auf den Saiten der körperlichen Leidenschaft. Sein Vergehen liegt nicht in der Synkopierung, denn die ist, sparsam eingesetzt, ein legitimes Mittel. Doch beim ›Jazz‹ handelt es sich um eine reine Kakophonie, eine Abfolge unangenehmer Klänge in verworrenen Dissonanzen, eine vorsätzliche Scheußlichkeit und bewusste Vulgarität.«

Zu einer Umfrage unter akademisch ausgebildeten Musikern Stellung nehmend, berichtete der *Musical Courier*, die meisten der Befragten hätten »das ›Improvisieren‹ und ›Verjazzen‹ eines Stücks ... als durchweg unangenehm« empfunden, während andere sogar »die Meinung geäußert hätten, das bolschewistische Zerschlagen der Regeln und Grundsätze anständiger Musik« bringe Unheil über die amerikanische Musik.

Für manchen war Jazz gleichbedeutend mit Lärm. Thomas Edison, dessen Erfindung des

Phonographen die explosionsartige Verbreitung dieser Musik überhaupt erst ermöglicht hatte, behauptete, er lasse Jazzplatten rückwärts abspielen, denn dann »hörten sie sich besser an«. Als die *New York Times* berichtete, die Bewohner eines sibirischen Dorfes hätten hungrige Polarbären aus ihren Straßen vertrieben, indem sie mit Töpfen und Pfannen klapperten, lautete die dazugehörige Schlagzeile: »Jazz verschreckt Bären«. Und als ein berühmter britischer Dirigent während eines Besuchs auf Coney Island einen Herzinfarkt erlitt und tot zusammenbrach, schob die gleiche Zeitung sein Ableben den mittlerweile lautstark auf den Gehwegen miteinander konkurrierenden Jazzbands zu.

Außerdem unterstellte man dem Jazz und den von ihm inspirierten Tänzen eine katastrophale Wirkung auf die Moral des Landes. »Durch die krankhafte, nervenaufreibende und sexuell erregende Musik der Jazzorchester steuern Hunderte amerikanischer Mädchen auf die moralische Verderbnis zu«, berichtete der New Yorker *American*. Allein im Chicago der vorangegangenen zwei Jahre, so berichtete der Selbstschutzausschuss von Illinois im Jahr 1923, ließe sich der Verfall von 1000 Mädchen direkt auf den verderblichen Einfluss der Jazzmusik zurückführen. In Cincinnati erwirkte die Heilsarmee per einstweiliger Verfügung den Baustopp für ein Theater neben einem Heim für werdende Mütter, mit der Begründung, die »aufgezwungene Nähe zu einem Theater und Jazzpalast« könne bei wehrlosen Kleinkindern gefährliche »Jazz-Gefühle« erwecken.

Eine Mitarbeiterin der Wohlfahrt verfasste einen Bericht über die »krankhafte Erregung«, die sie mittlerweile sogar bei Tanzgesellschaften in den Kleinstädten des Mittleren Westens beobachtet haben wollte. »Junge Pärchen verlassen die Halle in einem Zustand gefährlicher Unruhe. Alle Mitarbeiter der Wohlfahrt, die abends ausgezogen sind, um Anzeichen von Aktivitäten außerhalb der Tanzhalle in Augenschein zu nehmen, sind entsetzt ... über die offenkundige Missachtung selbst elementarster Grundregeln der Zivilisation ... Beim gesellschaftlichen Miteinander muss man mit Opfern rechnen, doch was der moderne Tanz hervorbringt, grenzt an eine Katastrophe.«

Neben seinen als störend empfundenen Klängen, seinem flotten Tempo und seiner angeblichen Wirkung auf die Moral, wurde der Jazz auch wegen seiner Herkunft verurteilt. Viele ältere weiße Amerikaner waren entsetzt, ihre Kinder auf eine Musik tanzen zu sehen, die man den »Negerbordellen des Südens« zuschrieb, wie sich der Musikkritiker der New Yorker *Herald Tribune* ausdrückte. »Jazz wird oft in Verbindung mit schlechter Gesellschaft, schmutzigen Wörtern und unaussprechlichen Tänzen gebracht«, verkündete der Herausgeber der Zeitschrift *Etude*. Mrs. Max Obendorfer, musikalische Leiterin der General Federation of Women's Clubs, erklärte, Jazz sei ursprünglich »Begleitmusik der Voodootänzer gewesen« und habe »die halb verrückten Barbaren zu den schändlichsten Taten stimuliert ... [Er] wurde auch von anderen Barbaren eingesetzt, um Brutalität und Sinnlichkeit zu fördern.« (Die Schwarzen wurden nicht als einziger Herd des Jazzvirus angesehen. Der Kritiker Carl Engel sorgte sich auch um die Auswirkungen »semitischer Lieferanten von Broadwaymelodien« auf die angelsächsische Jugend, während Henry Fords *Dearborn Independent* die »hemmungslose Sinnlichkeit gezogener Töne« finsteren Juden zuschrieb.)

Diese Einstellung war nicht neu. 20 Jahre zuvor hatten Weiße den Ragtime oft abgelehnt, weil er auf schwarzen Songs und Tänzen gründete – genau wie später der Rock'n'Roll wegen seiner Verbindung zur afroamerikanischen Bluestradition verurteilt wurde. Doch hier und da vollzog sich etwas völlig Neues im ganzen Land. Eine Reihe weißer Jugendlicher, sowohl in Kleinstädten und wohlhabenden Vorstädten als auch in Großstadtslums, sahen in dieser vorrangig schwarzen Musik allmählich mehr als nur den Reiz des Neuen. Sie hörten immer stärker heraus, dass sich in der Musik der Afroamerikaner ihre eigenen Gefühle widerspiegelten, und schauten sich nach Möglichkeiten um, selbst daran teilzuhaben. In einem Land, in dem es Schwarzen und Weißen per Gesetz und durch die Sitten untersagt war, auf gleicher Ebene miteinander zu verkehren – selbst beim Boxen blieb der Schwergewichtstitel für schwarze Herausforderer tabu –, wollten sich diese jungen Männer in einer ganz neuen, von schwarzen Amerikanern geschaffenen Welt behaupten, in der schwarze Musiker im Mittelpunkt der Bewunderung stand. So etwas hatte es bislang in Amerika noch nicht gegeben.

Ende 1921 traten acht weiße Musiker, die sich New Orleans Rhythm Kings nannten, ein insgesamt 17 Monate währendes Engagement in einem kleinen Kellervarieté namens Friar's Inn an, 343 South Wabash, an der Near North Side in Chicago. Der Klub machte Reklame für sich als »Land der Boheme, in dem sich gute Freunde treffen.« Der Laden »war genau richtig«, erinnerte sich ein Besucher, nämlich »stinkig, heruntergekommen, düster und staubig«, und zu den guten Freunden, die sich dort trafen, gehörte neben dem Gangster Dion O'Banion – der auch »der Florist« genannt wurde, weil er bei Beerdigungen in Unterweltskreisen für die Blumen (und manchmal auch für die Leichen) sorgte – auch der junge Al Capone, der O'Banion wenig später ermorden ließ und seinen Platz als Boss der North Side einnahm.

Die gefeiertsten Mitglieder der New Orleans Rhythm Kings – Kornettist Paul Mares, Posaunist George Brunies und Klarinettist Leon Roppolo – stammten alle aus New Orleans. Mares, der die Band zusammengestellt hatte, war äußerst bescheiden, was ihre Fertigkeiten betraf. »Wir hatten nur zwei Tempi – den Slow Drag und den Zweiviertel-Onestep«, erinnerte er sich. »Wir versuchten, so gut wie möglich die Farbigenmusik zu kopieren, die wir zu Hause gehört hatten. Wir gaben unser Bestes, konnten aber natürlich nicht wirklich den farbigen Stil spielen.«

Warum auch immer: Die Rhythm Kings unterschieden sich völlig von der Original Dixieland Jazz Band und deren ungezählten weißen Nachahmern – ihr Sound erinnerte wenig an Ragtime, war unaufgeregter, entspannter und fließend. An komödiantischen Effekten waren sie kaum interessiert; stattdessen hatten sie gelernt, ihren Sound zu modulieren – unter anderem deshalb, weil das Friar's Inn sehr klein war und eine niedrige Decke aufwies. Mares achtete darauf, im mittleren Bereich seines Kornetts zu bleiben und gestaltete seinen auf Blues basierenden Stil nach dem Vorbild von King Oliver, während Brunies sich in solider New Orleanser Tailgate-Posaunentradition bewegte. Ropollos lyrische Klarinette jedoch besaß einen ganz eigenen, unverkennbaren Sound, der selbst bei ganz offenkundig fröhlichen Stücken von einer unheimlichen Melancholie durchdrungen war. (Wie Buddy Bolden wurde auch Ropollo später wegen einer Geistesstörung in eine Nervenheil-

Die New Orleans Rhythm Kings im Friar's Inn, 1922: George Brunies, Posaune; Paul Mares, Kornett und Leon Ropollo an der Klarinette.

anstalt in Louisiana eingeliefert.) Ralph Berton fasste die Wirkung zusammen, die die Band auf junge weiße Jazzbegeisterte in Chicago ausübte: »Sie spielten nicht in dem clownesken, ironischen Geist der weißen Bands ... sondern ernsthaft – gemein und schäbig, anmutig oder funky, antreibend oder schwärmerisch, aber immer – echt. Damals sagten wir dazu – und ein höheres Lob gab es nicht: ›Sie spielten wie Nigger.‹«

Die meisten Musiker der Rhythm Kings waren noch keine 21 Jahre alt und durften daher auf der Bühne des Friar's Inn keinen Alkohol trinken. Minderjährige Fans bekamen ohnehin keinen Einlass in den Klub, so dass »die einzige Möglichkeit, sie zu hören, darin bestand, hinunterzugehen, in der Tür stehen zu bleiben und ihnen zuzuhören. Es war toll, wenn dann jemand die Tür aufmachte und wir sie besser hören konnten«, erinnerte sich einer von ihnen.

Doch offenkundig gab es auch Ausnahmen. So gehörte im Frühjahr 1922 zu den Stammgästen des Friar's Inn ein 19-jähriger Privatschüler mit Segelohren namens Leon Bix Beiderbecke, der aus Iowa stammte. »Bix kam rein, setzte sich ruhig hin und aß zu Abend«, erinnerte sich der Banjospieler der Rhythm Kings, Lou Black. »Unsere Rhythmusgruppe spielte für die Abendgesellschaft und fing um 18 Uhr an, die vollzählige Band legte dann gegen 22 Uhr los. Bix blieb immer da, um die Musik zu hören. Unser Oberkellner ... fand nicht, dass Highschoolstudenten so spät noch etwas im Klub zu suchen hätten. Er machte deshalb des Öfteren Drohgebärden gegenüber Bix, als wolle er ihn hinauswerfen. Aber wenn er es dann tatsächlich versuchte, stand die ganze Band auf und sagte: ›Wenn er geht, gehen wir auch.‹ Es war eine großartige Band, da gibt es kein Vertun. Wenn wir den Höhepunkt erreichten, kam Jemima, unsere Garderobenfrau, zum Vorschein und tanzte vor ihrem Tresen.«

Fürs Tanzen interessierte sich Beiderbecke nicht. Er brachte ein ramponiertes Kornett in einer Papiertüte mit und wartete auf die Momente, in denen seine Helden es ihm erlaubten, einzuspringen. Sein Lieblingsstück war »Angry«, wie sich Paul Mares erinnerte. »Manchmal schien es, als sei es das Einzige, das er kannte.«

Für Beiderbecke war es schon ein Akt der Rebellion, überhaupt in diesem Klub zu sein. Seine Eltern hatten ihn nämlich im vergangenen September der strengen Disziplin der Lake Forest Academy im gleichnamigen Vorort von Chicago übergeben, um ihm den Jazz auszutreiben. Aber seit seiner Ankunft dort verließ er Abend für Abend den Schlafsaal, mit oder ohne Erlaubnis des Schulleiters, und fuhr 35 Meilen in die Stadt, um dort die Musik zu hören, die bereits alles für ihn bedeutete. Schon zweimal hatte er sich auf diese Weise einen offiziellen Tadel von der Schule eingehandelt, und man sprach bereits davon, ihn von der Schule zu verweisen, falls er sich nicht besserte. Aber das interessierte ihn nicht. Es schien, als könne er einfach nicht anders.

Bix Beiderbecke war ein schüchternes, von tiefen Selbstzweifeln geplagtes Wesen aus dem Mais-Land Iowa – ein Junge, der nur rudimentär Noten lesen lernte und kaum redete, sofern er nicht angesprochen wurde. Sein Lieblingsausdruck lautete »Was zum Teufel ...?« Er war kein Virtuose im Sinne eines Louis Armstrong oder Sidney Bechet. Man kann ihn zwar auf rund 250 Platten hören, doch außerhalb seines Kollegenkreises brachte er es nie zu wirklicher Berühmtheit, und noch vor seinem 29. Geburtstag hatte er sich zu Tode getrunken. Doch die zurückhaltende Gewandtheit seiner Soli und die leuchtende Brillanz seiner Klangfülle – »jede Note durchdrang den Zuhörer wie ein Lichtstrahl«, erinnerte sich ein Freund, »und man fühlte sich klar, rein und offen« – brachten dem Jazz einen ruhigen, lyrischen Stil und lieferten einer ganzen Generation junger Weißer den so dringend benötigten Beweis dafür, dass auch sie einen dauerhaften Beitrag zu dieser neuen amerikanischen Musik leisten konnten.

»Für uns war Bix ein Rätsel«, erinnerte sich einer seiner glühendsten Verehrer. »Wir trafen ihn, bewunderten ihn, hielten ihn für einen großartigen Kerl. Aber im Grunde kannten wir ihn überhaupt nicht. Er war so ganz anders als wir.« Da ihn selbst diejenigen, mit denen er auf der Bühne stand, nicht wirklich kennen lernten

Bismarck und Agatha Beiderbecke aus Davenport, Iowa, mit ihren Kindern, 1904. Bix sitzt auf dem Schoß seines Vaters, flankiert von Charles und Mary Louise.

und er so früh starb, versuchten einige romantisch veranlagte Autoren – die ihn noch weniger verstanden –, ihn posthum zu einem selbstlosen Märtyrer seiner Zunft zu machen, zum »Jazzheiligen Nummer eins«, wie der britische Saxophonist und Autor Benny Green spöttisch schrieb, und sein Talent, das er zweifellos besaß, so zu übersteigern, dass er zu einem weißen Gegenstück von Louis Armstrong wurde. Nichts davon wurde ihm oder seiner Musik gerecht.

Für Armstrongs Mutter und die Leute, mit denen sie im schwarzen Storyville lebten, war die Jazzmusik ein Schritt nach oben, ein Ausweg für »Little Louis« gewesen. Für die Eltern und Nachbarn von Bix Beiderbecke in Davenport, Iowa, glich seine Entscheidung, Jazzmusiker zu werden, einem Absturz in die Unterwelt. Beiderbecke wurde am 10. März 1903 in Davenport, 1934 Grand Avenue, geboren. Sein Vater, Bismarck Beiderbecke, war ein wohlhabender Kohlen- und Holzhändler, benannt nach dem »Eisernen Kanzler« der deutschen Heimat seiner Familie. Seine Mutter Agatha war die Tochter eines Dampfschiffkapitäns. Beide liebten Musik – er war im Gesangverein seines Vaters aufgetreten, sie galt als begabte Hobbypianistin und spielte Orgel in der Presbyterianischen Kirche – und förderten das frühe Interesse ihres Sohnes am Klavierspiel. Noch bevor er drei Jahre alt war, konnte Bix mit einem Finger eines der Lieblingslieder seiner Mutter spielen, »Oh, Mr. Dooley«, und mit sieben war er Gegenstand eines bewundernden Artikels im Davenporter *Daily Democrat*, der mit den Worten begann: »Der kleine Bickie Beiderbecke spielt alles, was er hört!«

»Er war ein verträumter kleiner Bursche«, erinnerte sich seine Kindergärtnerin, »und ging immer lieber seine eigenen Wege, als sich der größeren Gruppe anzuschließen.« Bix sollte immer verträumt bleiben, sich immer ein wenig abseits von den anderen halten. Mit zehn kam er, wie sich sein älterer Bruder Charles erinnerte, »abends nicht mehr zum Essen nach Hause«, weil er lieber am Ufer entlanglief und sich an Bord eines der Ausflugsschiffe schlich, um dort Dampforgel zu spielen. »Mutter begriff, wie sehr ihn die Musik aufwühlte ... Ich weiß noch, wie wir ohne Bix zu Abend aßen und auf einmal Melodien hörten, wie nur er sie spielen konnte ... Es war beruhigend zu wissen, wo er war.« Die Handlung der Stummfilme, die sich Bix und seine Freunde an Samstagnachmittagen für fünf Cent anschauten, interessierte ihn kaum, aber sobald das Licht wieder anging, rannte er nach Hause, um auszuprobieren, ob er die Melodien wiedergeben könnte, die während der Handlung als Begleitung gespielt worden waren. Er blieb sein Leben lang dem Klavierspiel verbunden und bemühte sich, neue Harmonien zu entwickeln, wann immer er ein Klavier zu sehen bekam. Doch gerade weil er als Junge über ein so scharfes Gehör verfügte, lernte er nie in vollem Umfang Musiktheorie – ein Mangel, der sein geringes Selbstbewusstsein, das ihn fortwährend quälte, nur noch verstärkte.

Im Januar 1919 kehrte sein Bruder aus der Armee zurück – mit einer Victrola und einer Hand voll Schallplatten, darunter die hektische »Tiger Rag«-Version der Original Dixieland Jazz Band. Der 15-jährige Bix war wie gebannt. Immer wieder hörte er sich die Aufnahme an, »den Kopf beinahe im Trichter«, wie sich sein Bruder erinnerte. Dann lieh er sich von einem Nachbarn ein Kornett und brachte sich selbst das Spielen

Die S.S. Capitol, das Streckfus-Dampfschiff, auf dem sowohl Louis Armstrong als auch Bix Beiderbecke in jungen Jahren spielten.

bei, indem er den Plattenteller abbremste, um jede einzelne Note zu hören. Anschließend übertrug er das Gehörte auf das Klavier und versuchte dann, es auf seinem Horn wiederzugeben. »Anfangs war es für uns sehr hart, denn sein Spiel bestand aus kurzen, herausgepressten Tönen, bis er sich einen Dämpfer besorgte. Dieser Dämpfer war ein Geschenk des Himmels, und wir konnten mit unserem Leben fortfahren.«

Beiderbecke erhielt nie eine formelle Ausbildung auf seinem Instrument, wurde aber von zwei anderen jungen Kornettisten stark geprägt, die beide aus New Orleans kamen. Der erste war Louis Armstrong, gerade einmal zwei Jahre älter als er. Beiderbecke hörte ihn an Bord eines Streckfus-Schiffs, das im Frühjahr 1920 einen Monat lang in Davenport vor Anker lag. »Bix kam an Bord«, erinnerte sich Armstrong, »hörte zu, ging nach Hause und übte, was er gehört hatte. Er konnte nie genug kriegen.« Im darauf folgenden Winter hörte Beiderbecke einen jungen weißen Musiker namens Emmet Hardy, der mit solcher Anmut und solchem Drive einen Shimmy-Tänzer in einem Davenporter Theater begleitete, dass Beiderbecke nach dem frühen Tod Hardys dessen Mutter schrieb, ihr Sohn sei »der größte Musiker gewesen, den ich je gehört habe.«

Der örtlichen Musikergewerkschaft durfte Bix nicht beitreten, weil er nicht gut genug Noten lesen konnte. Doch er fand auch ohne Gewerkschaft genügend Gelegenheitsauftritte mit unbedeutenden Bands in und um seine Heimatstadt: Billy Greers Melody Jazz Band, Buckleys Novelty Orchestra, das Ralph Miedke Society Orchestra, die Ten Capitol Harmony Syncopators und das hochtrabend benannte Plantation Jazz Orchestra, mit dem er im Sommer 1921 eine Zeit lang an Bord des Streckfus-Dampfers Majestic unterwegs war. In diesem Juli hörte er erneut Louis Armstrong, als sein Schiff und die St. Paul in Louisiana (Missouri) vor Anker gingen. Armstrong und die Fate Marable Band waren »das Gesprächsthema am Fluss«, schrieb Bix nach Hause.

Mit 18 spielte Bix so gut, dass er an der Seite älterer Musiker spielen – und ihnen hinter der Bühne bei Maiswhisky und selbst gebranntem Gin Gesellschaft leisten konnte. Mit 19 wurde er laut Dienstbuch der Davenporter Polizeistation wegen »Unzucht mit Minderjährigen« verhaftet. Offenbar ging es schlichtweg um ein Nachbarmädchen. Der Fall kam zwar nie vor Gericht, doch muss der Skandal für ihn und seine Familie erniedrigend gewesen sein.

Bix' Eltern waren ohnehin entsetzt. Klassische Musik war eine Sache, der Jazz – und das Lotterleben, das er zu fördern schien – eine ganz andere. Diese Musik stand für alles, was sie verabscheuten; sie stellte eine ernsthafte Bedrohung des Friedens und der öffentlichen Ordnung in ehrenhaften Gemeinden wie der ihren da. Die Beiderbeckes hatten sich immer gewünscht, dass ihr Junge nach Princeton ging, und im Herbst 1921 schickten sie ihn Hals über Kopf nach Lake Forest.

Ihre Hoffnung, ihn dadurch vom Jazz abbringen zu können, erfüllte sich nicht. Im September, kaum eine Woche nach seiner Ankunft an der Schule, schrieb er seinem Bruder nach Hause, er habe es bereits geschafft, an die South Side zu kommen und sich auf seiner emsigen Suche nach »echten Jazzniggern« Einlass in drei verschiedene schwarze Klubs an der 35th Street zu verschaffen. »Glaub bloß nicht, dass ich auf Schwierigkeiten aus bin, Burnie«, schrieb er, »aber ich würde durch die Hölle gehen, um eine gute Band zu hören.«

Bix Beiderbecke war in erster Linie Musiker, bestrebt, die Besten zu hören und von ihnen zu lernen, ganz gleich, welche Hautfarbe sie hatten. An Thanksgiving schlich er sich in das Hotel Sherman, um dort Louis Panico zu hören, den Kornettisten von Isham Jones' weißem Tanzorchester. Panico war Spezialist mit dem Dämpfer, Fan von Joe Oliver, berühmt für seine komödiantischen Effekte und so talentiert, dass er ein Buch namens »The Novelty Cornetist« über Kornetttechniken verfasste. »Als ich ihm erzählte, dass ich auf dem guten, alten Mississippi gelebt und an Bord der Capitol gespielt hatte«, berichtete Bix stolz zu Hause, »sagte er mir, er werde mir zeigen, wie man [auf dem Horn] lacht, und das tue er nicht oft.«

Bix half dabei, auf dem Campus eine Band zu organisieren und bekam es prompt mit dem Schulleiter zu tun, der seinen Auftritt bei einer schulischen Tanzveranstaltung unschicklich fand. Bix begann nun, den sparsamen Kornettstil zu entwickeln, für den man ihn eines Tages in Erinnerung behalten sollte. Als ihm ein Schulkamerad, der sich brüstete, trommelwirbelartig Saxophon spielen zu können, vorwarf, er spiele zu zurückhaltend und sei »geizig mit Noten«, konterte Beiderbecke: »Dein Problem ist, dass du zu viele Noten spielst, die zu wenig bedeuten.« Von Anfang an wollte Bix, dass jeder Note eine möglichst große Bedeutung beikam.

Bix Beiderbecke als Student der Lake Forest Academy. »Wenn es euch nichts ausmacht«, schrieb er kurz nach seiner Ankunft nach Hause, »dann schickt mir doch bitte die ganzen Dixieland-Jazzplatten, die ich bestellt hatte. Mein Zimmergenosse hat eine Victrola.«

Er verließ nun regelmäßig den Campus, um in der Innenstadt von Chicago in Hotels zu spielen. Als er einmal in einer exklusiven Mädchenschule auftrat, nahm die Schulleiterin den Bandleader beiseite und beschwerte sich: »Euer netter Junge hier verdreht meinen Mädchen den Kopf! Sorgen Sie dafür, dass er damit aufhört.« Allein im Mai 1922 schlich er sich mehrmals aus seinem Zimmer, um in Gary, Indiana, im Edgewater Beach Hotel und an der Northwestern University zu spielen. Daneben fand er noch die Zeit, die New Orleans Rhythm Kings im Friar's Inn zu hören sowie Joe Oliver, der im Lincoln Gardens, einem Café an der South Side, auftrat. Verständlicherweise ließen seine schulischen Leistungen dadurch völlig zu wünschen übrig.

In den frühen Morgenstunden des 20. Mai wurde er auf der Feuerleiter beim Versuch ertappt, zurück in seinen Schlafsaal zu klettern. Die Fakultät sprach sich mehr oder weniger geschlossen dafür aus, ihn am nächsten Tag von der Schule zu verweisen. Als sein enttäuschter Vater eintraf, um ihn mit nach Hause zu nehmen, gelang es dem Jungen jedoch, seinen Vater umzustimmen: Bix wollte versuchen, sich den Rest des Jahres als Musiker durchzuschlagen. Er arbeitete auf Ausflugsschiffen und in Tanzorchestern in Michigan und Wisconsin, kehrte dann nach Chicago zurück und schloss sich einem jungen Septett an, den Royal Harmonists of Indiana, das ein Engagement in Syracuse, New York, bekommen hatte.

Deren Banjospieler war Eddie Condon, der Sohn eines Barkeepers aus Indiana und gerade erst 17 Jahre alt, aber dank seiner rhetorischen Fähigkeiten bereits mit dem Spitznamen »Slick« ausgestattet. Bei ihrer ersten Begegnung machte Beiderbecke auf ihn keinen besonderen Eindruck. Bix trug eine zerbeulte Mütze und einen abgetragenen grünen Mantel, erinnerte sich Condon, »er hatte ein rundliches Gesicht und Augen, die kein Interesse an ihrem Gegenüber erkennen ließen.« Gemeinsam bestiegen sie den Zug nach Syracuse und legten sich schlafen. Am nächsten Morgen, gelangweilt von der flachen Landschaft von Ohio, die am Fenster vorbeiglitt, fing Condon träge an, auf seinem Banjo zu spielen. Daraufhin packte der Saxophonspieler sein Horn aus.

»Schließlich holte Beiderbecke ein silbernes Kornett hervor«, erinnerte sich Condon, »... führte es an die Lippen und blies eine kurze Phrase darauf. Der Sound kam so weich hervor wie das Jawort eines Mädchens ... ›Also gut‹, sagte Beiderbecke. ›Panama.‹ Endlich spielte ich Musik. Wenn es nach mir gegangen wäre, hätte ich ewig weitergemacht. Wir nahmen den ganzen Zug auseinander. Die Leute kamen reihenweise aus den anderen Waggons, stellten sich in den Gang und auf die Sitze. Wir brannten darauf, nach Syracuse zu kommen, und ich hoffte, dass Beiderbecke mir für immer treu bleiben würde.«

HYPNOTISIERT VOM ERSTEN TON AN

Auch Louis Armstrong ging in diesem Sommer auf Reisen. Am 8. Juli 1922 stieg er in New Orleans in einen Zug nach Chicago. Er war 21 Jahre alt und endlich im Begriff, sich seinem Idol King Oliver anzuschließen. In New Orleans hatte er pro Abend anderthalb Dollar verdient, in Chicago konnte er sich über 52,50 Dollar die Woche freuen, dazu noch einmal den gleichen Betrag an Trinkgeld von begeisterten Gästen. »In Chicago gab es jede Menge Arbeit«, erinnerte sich Armstrong, »hier wuchs das Geld regelrecht auf den Bäumen, und alle möglichen hübschen Frauen standen einem zu Diensten. Anfang der 20er Jahre wurde man als Musiker in Chicago behandelt und respektiert wie ... wie eine Art Gott.«

Er brachte nur seinen Kornettkasten und einen alten Koffer mit seinem geflickten, abgetragenen Smoking mit. Seine Mutter Mayann hatte ihm für die Zugreise ein Thunfischsandwich eingepackt und dafür gesorgt, dass er lange Unterwäsche trug; sie hatte gehört, dass es dort, wo er hinfuhr, sogar mitten im Sommer kalt sei.

Mit seiner Fahrt nach Chicago schloß sich Armstrong der so genannten »Great Migration« an, einer Völkerwanderung, die seit 1917 über eine halbe Million Afroamerikaner Richtung Norden hatte ziehen lassen, und denen bis Ende der 20er Jahre noch einmal eine weitere Million folgen sollte. Wie Alain Locke in der Einführung seines 1925 erschienenen Abrisses der schwarzen Kunst und Literatur, »The New Negro«, ausführte, gab es für diesen Exodus nicht nur einen einzelnen Grund.

»Die Zuwanderungswelle der Neger nach Norden und in die Städte lässt sich nicht allein als eine unbedachte, von den Anforderungen der Kriegsindustrie und im Zusammenhang mit dem Einwanderungsstopp ausgelöste Flut erklären. Gleichfalls nicht mit dem Druck, den magere Ernten in Kombination mit einer gestiegenen gesellschaftlichen Gewaltbereitschaft in gewissen Regionen des Südens und Südwestens ausüben. Ferner zählten weder die Nachfrage nach Arbeitskräften noch der Baumwollkapselkäfer und ebenso wenig der Ku-Klux-Klan zu den wesentlichen Ursachen, mag auch der eine oder andere – oder alle –

Sunset Cafe
CHICAGO'S CLASSIEST PLEASURE PALACE
Corner Thirty-fifth Street and Calumet Avenue
Birthplace and Home of Jazzaway Jazzcopation
New Entertainment Each Week
Best of CHINESE and AMERICAN DISHES
All Styles and Kinds
ALL TAXI AND CAR LINES LEAD TO THE SUNSET
Your evening of pleasure is not complete without a visit to Calumet Avenue and 35th Street
ENTERTAINERS:
ALBERTINE PICKENS
GENEVIEVE STERN
IOLA YOUNG
MISS RICKS
"STRAPPY" JONES,
THE SENSATIONAL DANCER
Each artist a Man o'War for pep! Glance at 'em. Can you beat that line-up?
Dance by CARL DICKERSON'S "SNAPPY" ORCHESTRA
RIFAS & FOX, Proprietors
BUDDY MILLER, Manager

T. O. B. A.
(Theater Owners' Booking Association)
ALL ACTS, COMPANIES and THEATER MANAGERS
Communicate with the
T. O. B. A.
Suite 442-3-4 Volunteer Life Bldg. CHATTANOOGA, TENN.
SAM E. REEVIN, Manager, Suite 442-3-4 Volunteer Life Building, Chattanooga, Tenn.,
or S. H. DUDLEY, 1223 Seventh Street, N. W., Washington, D. C.

VISIT POPULAR
LINCOLN GARDENS
459 E. 31st St.
Chicago's Largest Dance Hall
DANCE TO THE MUSIC OF
JOE OLIVER'S CREOLE JAZZ BAND
JUST BACK FROM A GREAT YEAR ON THE COAST
ENTERTAINERS
REFRESHMENTS

GET THE GREAT SONG HIT
MUSCLE SHOALS BLUES
THE SEASON'S BEST FOX TROT-SONG
Already out on the Q. R. S., U. S., Kimball and other leading player word rolls, and the Wurlitzer and Clark rolls, for electric pianos. Are now released by several large phonograph record companies.
Sheet Music, 35c. Orchestrations, 35c.
Order from your jobber or direct from the publishers.
GEORGE W. THOMAS MUSIC COMPANY
428 BOWEN AVENUE. CHICAGO, ILL.

HAMMOND & SONS
VENDOME THEATER
3143-49 STATE STREET
1500 Comfortable Seats
Mammoth Pipe Organ
ERSKINE TATE'S SYMPHONY ORCHESTRA
Continuous, 2 to Midnight
REAL REEL FEATURES
POPULAR PRICES
FINEST THEATER IN CHICAGO

OWL THEATER
STATE
NEAR 47TH STREET
Finest Equipped Theater Outside the Loop.
1200 Roomy Seats
MUSIC BY THE BEST ORCHESTRA EVER ASSEMBLED
CLARENCE LEE, Director
THE MOST POPULAR THEATER ON THE SOUTH SIDE
Daily, 6 P. M. to Midnight.
Last Show Starts at 10:30 P. M.

PICKFORD THEATER
35th Street and Michigan Avenue
PICKFORD SYMPHONY ORCHESTRA

Oben: Der *Chicago Defender* vom 17. Juni 1922 mit Anzeigen für einige Unterhaltungsprogramme, die zum Teil auch für Schwarze zugänglich waren. King Oliver tritt bereits im Lincoln Gardens auf.
Rechts: Armstrong und Oliver in Chicago, 1922. »Oliver war immer Inspiration und Idol für mich«, sagte Armstrong. «Kein Trompetenspieler hatte je das Feuer, das er besaß. Mann, der konnte eine Nummer wirklich durchhämmern.«

dieser Faktoren dazu beigetragen haben. Das Anbranden dieser menschlichen Welle an die Ufer der großen Städte im Norden lässt sich vielmehr hauptsächlich mit einer neuen Vision erklären: Der Hoffnung auf soziale und ökonomische Freiheit, auf Eroberungen, auf die Chance zur Verbesserung der eigenen Lebensumstände ... Mit jeder aufeinander folgenden Welle vollzog sich eine Bewegung hin zu einer größeren, demokratischen Veränderung – was im Falle der Schwarzen nicht nur eine willkürliche Flucht vom Land in die Stadt, sondern auch vom mittelalterlichen Amerika in das Amerika der Jetztzeit bedeutete.«

Die meisten Einwanderer aus dem tiefen Süden kamen an der Endstation der Illinois Central Line in Chicago an. Die Stadt galt als »der sicherste Ort in der Nähe von New Orleans«, erinnerte sich Danny Barker. »Alle anderen Orte zwischen diesen beiden Punkten wurden nur als Durchgangsstationen betrachtet ... Ich weiß noch, wie Verwandte nach New Orleans zurückkehrten und immer wieder erzählten, dass sie Orte wie Memphis, Bowling Green, Kankakee und Natchez vom Abteilfenster aus gesehen hätten: ›Ich kann einfach nicht glauben, dass ein Farbiger in einem so nahe an Chicago gelegenen Ort leben kann, statt dorthin zu gehen.‹« Weit über 100 000 schwarze Amerikaner nannten mittlerweile Chicago ihre Heimat. Die meisten von ihnen drängten sich an der South Side, und nicht einmal die schweren Rassenunruhen, die die Stadt im Sommer 1919 heimsuchten, konnten ihren Glauben daran erschüttern, dass das Leben im Norden besser war als eine Rückkehr in die Rassendiskriminierung des Südens. Nach den Worten der im Besitz von Schwarzen befindlichen Chicagoer Zeitschrift *Whip* war der »Stroll« – das schwarze Vergnügungsviertel, das sich im Laufe des Jahrzehnts allmählich entlang der South State Street ausbreitete –, »die Boheme der Farbigen ... ein Mekka für Vergnügungen« und wurde von schwarzen Gemeinden im ganzen Land gefeiert. Es gab Klubs, die ihre Klientel auf Schwarze beschränkten, während andere, »black and tans« genannt, Gäste beider Hautfarben willkommen hießen. Läden und Restaurants hatten durchgehend geöffnet. »Begeisterung rund um die Uhr«, erinnerte sich der Schriftsteller Langston Hughes. »Um Mitternacht war es wie am hellichten Tag. Auf der

Die Michigan Avenue im Zentrum von Chicago, 1924. Die Hochhäuser der Innenstadt und die vornehmen Viertel lagen meilenweit von der übervölkerten South Side entfernt, wo sich die meisten der vor der Rassendiskriminierung geflüchteten Schwarzen niedergelassen hatten – und täglich kamen weitere hinzu. In Chicago »war man nicht gezwungen, ›Yes, Ma'am‹ oder ›Yes, Sir‹ zu Weißen zu sagen.« Ein anderer meinte: »Man konnte überall hingehen, brauchte nicht zu den Weißen aufzuschauen, musste ihnen auf der Straße nicht aus dem Weg gehen oder sich bei den Shows nicht in den Olymp setzen.«

Straße wimmelte es von Arbeitern, Spielern, Prostituierten, Zuhältern, Kirchgängern und Sündern.« Die Polizei drückte meistens beide Augen zu. Sie unterstand Big Bill Thompson, dem rotgesichtigen, offen korrupten demokratischen Bürgermeister der Stadt, der von der Prohibition überhaupt nicht begeistert war. Wenn er mit seinem Gefolge von einem Klub zum nächsten zog, brüllte er gern: »Holt euch ein Horn und blast laut für Chicago. Die Jazzband soll spielen! Zeigen wir denen mal, dass wir alle noch am Leben sind!«

Nie zuvor war Louis Armstrong so weit von seiner Heimat entfernt gewesen. Als er auf den Bahnsteig der Station an der Twelfth Street hinabstieg und kein Joe Oliver da war, um ihn abzuholen, fragte er sich schon, ob es nicht ein Fehler gewesen sei, New Orleans zu verlassen.

»Ich sah eine Million Leute, aber keinen Mister Joe, und die anderen waren mir völlig egal. So eine große Stadt hatte ich noch nie gesehen. Diese ganzen Hochhäuser, ich dachte damals, das wären Universitäten. Ich sagte, nein, das hier ist die falsche Stadt. Da stand ich nun mit meinem abgetragenen Anzug, meinen Schulterpolstern und meinen schlotternden Hosenbeinen und machte schon Anstalten, wieder nach Hause zu fahren, als ein Gepäckträger, dem Joe Bescheid gegeben hatte, mich ansprach.«

Der Gepäckträger setzte ihn in ein Taxi und schickte ihn zum Lincoln Gardens Café, einer riesigen und reich verzierten Tanzhalle an der Ecke 31st Street und Cottage Grove, im Herzen der South Side und nur wenige Blocks vom »Stroll« entfernt. Als Armstrong dort eintraf und die Musik hörte, die aus der Tür drang, sagte er sich: »Nein, in dieser Band habe ich nichts verloren, die sind zu gut.« Doch Oliver sah ihn und rief: »Komm schon rein, du kleiner Feigling!«

Als Armstrong dann im Klub war, schien alles ganz vertraut. Er hörte Oliver mit dem Fuß aufstampfen und das Tempo vorgeben – genau wie er es schon in New Orleans getan hatte. Es stand den Musikern frei, ihren Mantel auszuziehen, wenn es ihnen zu heiß wurde, und gegen den Durst stand in einer Ecke der Bühne ein Eimer Wasser mit einem Schöpflöffel und einem darin herumtreibenden dicken Eisblock. Oliver forderte ihn sofort auf, mitzuspielen.

»Es war wie im Himmel«, schrieb Armstrong. »Papa Joe war derart in Hochstimmung, dass er eine halbe Stunde über die Zeit spielte. Ich war so glücklich, dass ich gar nicht wusste, was ich tun sollte. Ich hatte das große Los gezogen. Ich war oben im Norden mit den Großen. Ich spielte mit meinem Idol, dem King, Joe Oliver. Endlich hatten sich all meine Kindheitsträume erfüllt ... Ich war zu Hause.«

King Olivers Creole Jazz Band, 1923. Von links: Baby Dodds, Posaunist Honoré Dutrey, Joe Oliver, Bassist Bill Johnson, Louis Armstrong, Klarinettist Johnny Doods und Pianistin Lil Hardin.

Joe Olivers Creole Jazz Band sollte die nächsten zwei Jahre Armstrongs Zuhause bleiben. Die Band entpuppte sich als Allroundorchester, das bei jedem Tempo gut klang. »Wir spielten so leise«, erzählte der Schlagzeuger Baby Dodds, »dass man ... die Füße der Leute beim Tanzen hören konnte. Die Musik war ganz sanft, und dann, wenn wir ein wenig Gas gaben, brauchten die Gäste bloß noch zu tanzen.«

Von den Bandmitgliedern wurde auch erwartet, sich gut in Szene zu setzen: Oliver beherrschte die »New Orleanser Mätzchen«, wie es die Leute aus dem Norden nannten, meisterhaft – komische Vokaleffekte, erzeugt mit der Vielfalt der von ihm benutzten Dämpfer. Baby Dodds tanzte Shimmy beim Trommeln und der Bassist Bill Johnson spielte manches Mal im Liegen. Und auch Louis Armstrong tanzte, wie er sich erinnerte, einmal jedoch glitt er dabei aus und stürzte so böse, »als würde ich mir alle Knochen brechen«.

Aber es war seine und Olivers Musik, die immer größere Menschenmengen in das Lincoln Gardens lockte. Oliver und Armstrong perfektionierten einen Stil von Duettbreaks, bei dem Armstrong instinktiv zu wissen schien, was sein Boss im nächsten Moment spielen würde und immer die optimale Ergänzung parat hatte. Ihre Breaks, die jeden Abend anders ausfielen, aber immer in perfekter Harmonie erfolgten, waren den anderen Musikern, die sich mittlerweile regelmäßig um die Bühne drängten, ein Rätsel. Aber es steckte keine Zauberei dahinter, sondern künstlerische Fertigkeit. »Während der Rest der Band spielte«, erklärte Armstrong, »beugte sich Oliver zu mir rüber und signalisierte mit den Ventilen seines Kornetts die Noten, die er beim nächsten Break spielen würde ... Ganz gleich, was Mister Joe spielte, ich bemühte mich einfach immer, dass es sich so gut wie möglich anhörte. Nie blies ich mit meinem Horn über Joe Oliver, außer wenn er sagte: ›Übernimm!‹«

Unter den regelmäßigen Zuhörern von Oliver und Armstrong im Lincoln Gardens war auch eine Gruppe von wissbegierigen weißen Highschoolstudenten, zum Teil noch in kurzen Hosen. »Abend für Abend fuhren wir zur South Side raus«, erinnerte sich einer von ihnen. Weder die Tatsache, dass der Klub »von und für Neger« war, noch die Anwesenheit eines drei Zentner schweren Rausschmeißers, der sie allabendlich wohlwollend damit aufzog, sie seien wohl wegen ihrer »Musikstunden« an die South Side gekommen, konnte sie davon abhalten.

Es war ein ungehobelter Haufen, rebellisch und eigensinnig. Einige kamen aus den Slums der Großstädte, andere stammten aus wohlhabenden Vorstadtgegenden oder waren Flüchtlinge aus ländlichen Gebieten, angelockt vom »pulsierenden Lebensgefühl in der Stadt«, wie es ein Musiker formulierte. Alle aber fühlten sich der Welt entfremdet, in der sie aufgewachsen waren, und der Jazz diente ihnen nicht nur als Ventil für Gefühle, die sie anderweitig nicht ausdrücken konnten, sondern auch als Symbol einer persönlichen Herausforderung, die einer von ihnen so umschrieb: »... ein kollektives Nasendrehen gegenüber allen Säulen der Gesellschaft, ein synkopierter Beifall aus der Bronx für die selbstgerechten Spießer im Land.«

Eine Hand voll Highschoolstudenten, die sich im Herbst 1922 in einem gepflegten West Side-Viertel namens Austin zusammenschlossen, sollten als Austin High Gang in die Jazzgeschichte eingehen – obwohl keiner von ihnen einen Abschluss an der gleichnamigen Schule machte. Zu ihnen zählten Jimmy McPartland, mit seinen 15 Jahren bereits ein Veteran der Straßenkämpfe in den rauesten Gegenden der Near West Side, er glaubte, Kornettspielen könnte etwas für ihn sein; sein Bruder Richard, Gitarrist; ein schüchterner, bebrillter Geigenschüler namens Frank Teschemacher, der seine Liebe zur Musik bald auf die Jazzklarinette verlagern sollte, sowie Bud Freeman, ebenfalls Produkt eines rauen Stadtteils und am Saxophon interessiert. Bald sollte sich ihnen noch Dave Tough anschließen, ein zurückhaltender und belesener angehender Schlagzeuger aus dem wohlhabenden Vorort Oak Park. Alle fühlten sie sich als Außenseiter, und

Mitglieder der Austin High Gang. Von links: Der angehende Klarinettist Frank Teschemacher, Kornettist Jimmy McPartland und sein Bruder Richard (Gitarre und Banjo), Tenorsaxophonist Lawrence »Bud« Freeman und sein Bruder Arny, der Schauspieler wurde. »Wenn Sie mich fragen, war Chicago der beste Platz für einen jungen aufstrebenden Jazzmusiker«, erinnerte sich Freeman.

schon mit 15 waren Tough und Jimmy McPartland heftige Trinker.

Ihr Weg zum Jazz hatte in weißen Bands begonnen. »Jeden Tag gingen wir nach der Schule in eine Eisdiele, die Spoon and Straw hieß«, erinnerte sich McPartland. »Dort gab es eine Victrola, um die wir uns immer herumsetzten und Platten hörten. Eines Tages legten wir neue Platten von den New Orleans Rhythm Kings auf. Mann, als wir die hörten, gerieten wir völlig aus dem Häuschen. Alle drehten total durch. Es war toll. Wir blieben von drei Uhr nachmittags bis acht Uhr abends da, bloß um uns die Platten anzuhören ... Und dann beschlossen wir, eine Band zu gründen und so zu spielen wie diese Jungs.«

Genau wie Bix Beiderbecke einige Jahre zuvor, lernten sie verbissen ihre ersten Stücke von den Schallplatten: »Wir mussten unsere Instrumente dem Abspielgerät anpassen und auf eine bestimmte Tonhöhe stimmen, bis wir die ersten paar Noten spielen konnten. Dann legten wir eine Pause ein«, erzählte McPartland. »Noch ein paar Takte von der Platte, jeder von uns suchte sich seine Töne und zack! ... Jeder suchte sich die richtigen Noten zusammen, damit wir die richtigen Harmonien hatten und so weiter. Wir entwickelten uns eigenständig. Man durfte zwar alles von den Platten der Ensembles kopieren, musste aber ein eigenes Solo spielen. Jeder musste sein Solo auf seine eigene Art und Weise spielen, nicht so, wie es auf der Schallplatte war ... Wir sagten uns: ›Das ist nicht fair, man darf doch nicht die Musik von jemandem kopieren.‹«

Um ihre Helden höchstpersönlich zu hören, trieben sie sich immer öfter an der Tür des Friar's Inn herum, gründeten eine Gruppe, die sie zu Ehren der anderen die Blue Friar's nannten und bekamen auch gelegentliche Auftritte in der Stadt. Als sie einmal auf der Party einer Studentenverbindung an der South Side spielten, nahm ein Student einige von ihnen in den Lincoln Gardens mit, damit sie Oliver und Armstrong hören konnten. »Danach gingen wir nie wieder zu den New Orleans Rhythm Kings«, erinnerte sich Bud Freeman, »denn als wir ... King Oliver zuhörten ... begriffen wir, dass wir zum ersten Mal den echten Jazz hörten ... Wir mussten diese Musik einfach hören – so wie der Mensch essen muss.«

Andere junge weiße Musiker, die die kommerzielle, mal sentimentale, mal hektische Tanzmusik ebenfalls ablehnten, die der Jazz für ihre Familie und Freunde noch immer darstellte, bevorzugten den aufregenderen Sound der South Side und folgten Armstrong und Oliver, wie die Austin High Gang, durch die ganze Stadt.

Eddie Condon hörte Armstrong und Oliver zuerst bei einer privaten Studentenparty in einem Klub namens Chez Paree an der North Side. Es hatte »hypnotische Wirkung beim ersten Hören«, erinnerte er sich. »Die beiden umkreisten einander wie eifersüchtige Frauen, die über den gleichen Mann reden.« Bald war auch er Stammgast im Lincoln Gardens.

»In der kleinen Kabine draußen, an der wir unseren Eintritt bezahlten, war der Sound laut: er kam im Viervierteltakt, wie eine regelmäßige Muskelkontraktion. Wenn die Tür aufging, erhoben sich die [Kornette] von King und Louis über alles andere und stellten den ganzen Laden auf den Kopf. Tische, Stühle, Wände, Leute – alles bewegte sich im Rhythmus. Es war dunkel, verräuchert und stank nach Gin. Die Leute

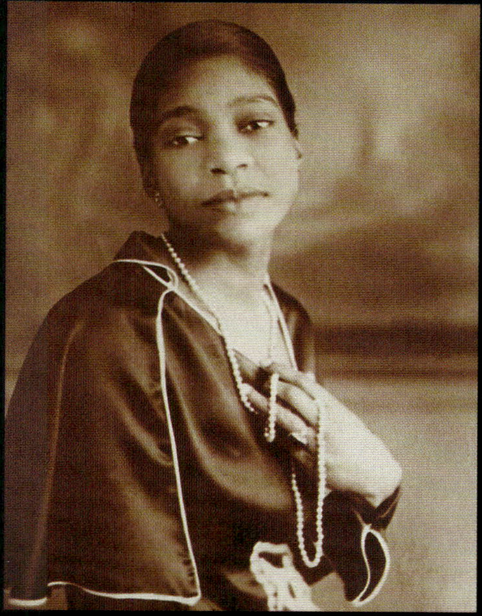

DIE KAISERIN DES BLUES

Im Frühjahr 1927 musste der Zug, in dem sich die Bluessängerin Bessie Smith und ihre Band befanden, irgendwo im Süden Ohios anhalten. Eine Überschwemmung hatte die Gleise unter Wasser gesetzt, und die Truppe wurde mit einem Ruderboot zu dem Theater gebracht, in dem sie auftreten sollte. Als das Publikum Smith bat, einen Blues über das Hochwasser zu singen, erwiderte sie, sie würde leider keinen kennen; doch sobald sie wieder zu Hause ankam, schrieb sie einen. Bessie Smith war in allererster Linie eine großartige Unterhaltungskünstlerin, doch ihr Publikum – fast ausschließlich schwarz und zumeist arm – erwartete von ihr auch, das zu sagen, was es selbst nicht sagen konnte.

Bessie Smith war nicht die erste Bluessängerin, die Schallplattenaufnahmen machte. Mamie Smith kam ihr 1920 zuvor – und verkaufte allein in Harlem binnen einer Woche 75 000 Platten für Okeh Records. Und es gab noch weitere Sängerinnen mit großer Anhängerschaft, darunter Ma Rainey, die »Mutter des Blues«, Ida Cox, die »Königin des Blues«, Clara Smith, die »Weltmeisterin des Wehklagens«, Chippie Hill, Sippie Wallace und Alberta Hunter. Doch fast unmittelbar nachdem sie 1923 den »Down-Hearted Blues« für Columbia aufgenommen hatte, wurde Bessie Smith zur unbestrittenen »Kaiserin des Blues«, gefeiert für ihre majestätische Stimme und dafür, dass sie ihre Songs ohne jegliche Sentimentalität und ohne Selbstmitleid sang.

Sie kam 1894 in Chattanooga zur Welt, begann als Neunjährige für ein paar Pennys an Straßenecken zu singen und bereiste noch als Kind in einer Minstrel-Show mit Ma Rainey den Süden. Dann rückte sie zum Star der schwarzen Vaudeville-Organisation T.O.B.A. auf, was offiziell »Theater Owners Booking Association« bedeutete, unter schwarzen Künstlern jedoch »Tough on Black Asses« genannt wurde. »Sie machte etwas völlig Neues«, erinnerte sich der Trompeter Adolphus »Doc« Cheatham, »aber immer mehr Leute hörten den Blues. Die einen mochten ihn, die anderen nicht. Manche kamen, um sich Bessie Smith anzuhören – die Lehrer zum Beispiel –, aber sie wollten dabei nicht gesehen werden und verbargen deshalb ihr Gesicht.«

Die Plattenaufnahmen, die Bessie Smith und ihre Rivalinnen machten, waren eine Sensation für die Schwarzen. Nach einiger Zeit verkauften sogar Zeitungsjungen und reisende Vertreter Bluesplatten. Der Chicagoer *Defender* drängte »Musikliebhaber überall und diejenigen, die unserer Rasse behilflich sein wollen«, die Platten schwarzer Sänger und Musiker zu kaufen. Schon bald brachten Okeh, Paramount, Vocalion und Columbia Aufnahmen auf den Markt, die sich speziell an das schwarze Publikum richteten – so genannte »Race Records« –, ähnlich wie sie bereits zuvor spezielle ethnische Programme für andere Minderheiten ins Leben gerufen hatten. Und Harry Pace, Musikverleger und Partner von W.C. Handy, warb für sein neues Label Black Swan – die erste Plattenfirma im Besitz von Schwarzen – mit dem Slogan »Die einzigen echten Farbigen-Schallplatten – andere geben sich nur als farbig aus«. Bald verkauften Race Records über fünf Millionen Platten im Jahr.

Das Leben von Bessie Smith verlief so, wie sie es in ihren Songs besang. Ihre ersten Agenten, der Songschreiber Clarence Williams und der bei Columbia für Race Records zuständige Frank Walker, betrogen sie um ihre Tantiemen. 1923 heiratete sie Jack Gee, einen Nachtwächter, der gerne vorgab, einmal Polizist gewesen zu sein, sich allerdings mehr für ihr Geld interessierte als für ihr Glück. Die beiden bekämpften sich mit Worten und mit Fäusten – sechs stürmische Jahre lang, in denen sie sich eine Vielzahl von Liebhabern nahm, männliche wie weibliche. Einmal jagte sie ihren Mann die Eisenbahnschienen entlang und feuerte dabei mit dem Revolver auf ihn. Alkohol machte sie nur noch bösartiger. Sie war bekannt dafür, die Vorhänge um sich herum niederzureißen, wenn ihr nicht gefiel, was sich auf der Bühne abspielte. Konkurrentinnen konnte sie nicht ertragen und weigerte sich manchmal, mit anderen Sängerinnen auf die Bühne zu gehen, wenn diese schlanker oder hellhäutiger waren als sie.

»Sie sagte jedem, er könne sie mal«, erinnerte sich eine ihrer Nichten. »Niemand legte sich mit Bessie an, ganz egal, ob schwarz oder weiß – das spielte keine Rolle.«

Bessie Smith in Pose (oben) und in Aktion (unten) auf einer Bühne in Philadelphia, angekündigt als »größter und bestbezahlter farbiger Star der Welt«.

»Es gibt in unserem großen Land 14 Millionen Neger«, erklärte Perry Bradford, der Pionier unter den schwarzen Schallplattenproduzenten 1920, »und sie alle werden Schallplatten kaufen, wenn diese von einem der ihren aufgenommen worden sind, denn nur wir können Jazzsongs singen und interpretieren, die so heiß sind, dass sie gerade erst vom Grill zu kommen scheinen.« Zu den so genannten Race Records gehörten Aufnahmen von Predigten, Gospelmusik, Spirituals und Comedy-Nummern – alles, was nach Ansicht der Plattenfirmen das afroamerikanische Publikum interessieren könnte. Okeh, eine Tochtergesellschaft der General Phonograph Corporation, gehörte zu den Pionieren, gefolgt von Victor, Brunswick und anderen. Ab 1927 erschienen jährlich etwa 500 neue Aufnahmen.

Jack und Irving Mills, deren erste Büroräume sich an der Ecke 47th Street und Eighth Avenue befanden (links), begründeten ihren Musikverlag auf Vaudeville-Nummern. Ihr erster Hit war »Mr. Gallagher and Mr. Shean.« Als 1920 das Bluesfieber ausbrach, kauften sie jeden Bluessong, den sie kriegen konnten. Einige von New Yorks talentiertesten afroamerikanischen Komponisten arbeiteten für Irving, der in späteren Jahren eine schicksalshafte Zusammenarbeit mit dem jungen Duke Ellington eingehen sollte.

auf dem Balkon beugten sich vor und verschütteten ihre Drinks auf die Gäste darunter. Es gab eine Zwischendecke aus feinmaschigem Drahtgeflecht, mit nachgemachten Ahornblättern bedeckt; das eigentliche Dach begann acht Meter darüber. Von der Mitte des Drahtgeflechts hing eine runde Glaskugel herab; wenn Blues gespielt wurde, bewegte sie sich langsam und ein kleiner Scheinwerfer arbeitete sich an ihr entlang. Es gab eine Show und einen Conférencier namens King Jones. Er stellte sich vor Oliver und rief: »Oh! Noch einen Chorus, King!« Oliver und Louis wirbelten immer weiter, stapelten einen Chorus auf den anderen, während die Rhythmusgruppe den Beat lieferte, bis dir die ganze Sache in den Kopf stieg und dir das Hirn herauspustete. In der Nähe der Band war Platz für die Musiker, die zum Zuhören und Lernen kamen; dorthin setzten wir uns, steif vor Wissbegierde, Freude und dem nach Lakritz schmeckenden Gin, den wir für zwei Dollar pro Glas vom Kellner bekommen hatten. Man konnte zwar auch eigenen Schnaps mitbringen, aber das machte keinen Unterschied, denn es lief letztlich auf das Gleiche hinaus – die Band spielte …, und alles und jeder war in Bewegung, rutschte hin und her, stampfte den Rhythmus, inhalierte den Qualm und kippte seinen Gin.«

Bud Freeman lernte bei seinen Besuchen der South Side mehr als nur Musik. Auch das Tanzen faszinierte ihn. »Ich hatte noch nie Leute gesehen, denen das Ganze so viel Spaß machte«, schrieb er. »Ihre Körper klebten regelrecht aneinander, als versuchten sie, durch den anderen hindurchzugehen … Sie konnten es sich nicht leisten, öfter als einmal die Woche in einen Klub oder eine Tanzhalle zu gehen, aber wenn sie diese Musik hörten, spürten sie ein herrliches Gefühl der Freiheit. Ich kannte keinen Weißen mit Geld, der ein solches Gefühl gehabt hätte.«

»Damals hatte man uns so lange eingeredet, die Schwarzen seien uns unterlegen«, fuhr Freeman fort, »dass wir es schließlich glaubten … und auf alle herabschauten, die nicht weiß waren … Und da waren nun diese Schwarzen, die keinerlei Privilegien besaßen. Sie durften nicht in unsere Geschäfte und Kinos, aber wir Weiße durften in ihre Gemeinden, und dort behandelten sie uns fabelhaft. Für mich war ihre Lebensart genauso wichtig wie ihre Musik. Es war nicht nur ihre Musik, die mich bewegte, sondern das ganze Bild eines unterdrückten Volkes, das viel glücklicher wirkte als wir Weißen, die alles besaßen. Zutiefst beeindruckt entwickelte ich eine starke Zuneigung zu ihnen und wurde Jazzmusiker.«

Am 5. April 1923 bestiegen King Oliver, Louis Armstrong und der Rest der Creole Jazz Band den Zug von Chicago nach Richmond, Indiana, dem Sitz der Gennett Record Company. Das Label war dem Jazz gegenüber nicht besonders freundlich eingestellt – was auch für schwarze Amerikaner galt. Gennett hatte sich seinen Ruf durch weitaus weniger gewagte Aufnahmen erworben – das National Marimba Orchestra, William Jennings Bryan, der den 23. Psalm rezitierte, sowie ein Kirchenliedsänger namens Homer Rodeheaver. Die Firma machte vor Ort außerdem rege Geschäfte mit der Produktion antikatholischer, antisemitischer und antischwarzer Hymnen für den Ku-Klux-Klan, der damals Indiana weitgehend beherrschte.

Gennett hatte bis dahin erst von einer einzigen bekannten Jazzgruppe Aufnahmen gemacht, den New Orleans Rhythm Kings. Nun stand die Firma im Begriff, die erste Platte eines schwarzen Ensembles aus New Orleans zu produzieren. Einfach war das nicht. Das Aufnahmestudio entpuppte sich als umgebautes Eisenbahndepot, und wenn in den nahe gelegenen Rangierbahnhöfen Züge ein- und ausfuhren, mussten die Aufnahmen unterbrochen werden. Außerdem erwies sich Armstrongs Sound als so überwältigend, dass der Toningenieur ihn anwies, sich ein gutes Stück vom Schalltrichter entfernt aufzustellen, damit er Joe Oliver nicht übertönte.

Die neun Aufnahmen, die sie an diesem und am nächsten Tag machten, waren nur ein schwacher Abglanz dessen, was Bix Beiderbecke und die Austin High Gang mit ihren Freunden live im Lincoln Gardens gehört hatten. Es blieb keine Zeit, die »Chorusse anzuhäufen«, die Eddie Condon so über die Maßen beeindruckt hatten; Oliver klang zurückhaltender, als er es zeitgenössischen Schilderungen zufolge auf der Bühne war (möglicherweise, weil er sich wie sein alter Rivale Freddie Keppard davor hütete, sein bestes Spiel auf Schallplatte zu dokumentieren, wo jeder es für sich klauen konnte.) Baby Dodds musste sich auf Klanghölzer und seine Marschtrommel beschränken, weil die Basstrommel zur damaligen Zeit noch nicht aufgenommen werden konnte, und Armstrong war manchmal kaum zu hören.

Und dennoch fangen die Platten die Freude und die Erregung, die vielschichtige Polyphonie und das rhythmische, aber entspannte Tempo ein, die für die beste Musik aus New Orleans so typisch waren. Die Breaks der beiden Kornette, die einen solchen Reiz auf die Chicagoer ausübten, wirken heute noch verblüffend. Und in einem Stück namens »Chimes Blues« spielt Louis Armstrong sein erstes jemals aufgenommenes Solo. Ob nun im Vorhinein mit Olivers Hilfe geplant oder nicht – es wird mit äußerster Selbstsicherheit vorgetragen und ist bereits durchdrungen von der überwältigenden Wärme, die seinen Ton sein Leben lang kennzeichnen sollte.

Im Katalog von Gennett wurden die Aufnahmen der Creole Jazz Band als »Schmissige Tanzhits ... von farbigen Künstlern, exklusiv bei Gennett« angekündigt, und im Sommer erhielten Oliver und Armstrong Anfragen aus der ganzen Stadt. Als man ihnen bei einem Kongress der Musikbranche in einem vornehmen Hotel an der North Side 20 Minuten Spielzeit gewährte, durften sie erst nach über zwei Stunden die Bühne wieder verlassen. Nach Angaben des Branchenblatts *Talking Machine* applaudierten die Kongressteilnehmer »dem kleinen Jungen mit den Froschlippen, der Kornett spielte«, besonders kräftig.

Ohne es zu beabsichtigen, stellte Louis Armstrong seinen Mentor allmählich in den Schatten. Das blieb der Pianistin der Creole Jazz Band, Lil Hardin, nicht verborgen. Die in Memphis geborene Lil war anders als die Frauen, die Armstrong bis dahin kennen gelernt hatte. Für ihre Mutter war der Blues »wertlose, amoralische Musik, gespielt von wertlosen, amoralischen Faulenzern«. Sie hatte klassisches Klavier studiert und die Fisk University mit der Absicht besucht, Musiklehrerin zu werden – bis sie entdeckte, dass sie mit dem Klavierspiel viel mehr Geld verdienen konnte. Und das tat sie dann auch – zunächst, indem sie in Musikgeschäften neue Stücke vorspielte, um den Verkauf von Notenblättern anzukurbeln, und später in Jazzbands. Mit King Oliver spielte sie gern, auch wenn sie ihn nicht gerade für einen unkomplizierten Arbeitgeber hielt. Als sie einem Stück einmal eine kleine Klavierfigur hinzufügte, ließ er sie

Hochzeitsfoto von Lil Hardin und Louis Armstrong, 1924. »Als Lil und ich heirateten«, erinnerte sich Armstrong, »zogen wir durch die Nachtklubs. Sobald wir aus einem Taxi stiegen, bewarf man uns mit Reis.«

eiskalt abbrechen. Einen Klarinettisten hätte er schon, meinte er.

Als Armstrong sich der Band anschloss, hielt sie zunächst gar nicht viel von ihm, wie sie später einmal in einem Interview eingestand.

»Die ganze Zeit schon hatte ich von allen möglichen Musikern von »Little Louis« gehört ... was für ein guter Trompetenspieler er wäre ... Und als er dann Little Louis mitbrachte ... und mir vorstellte, da wog dieser kleine Louis 226 Pfund. Da sagte ich: ›Little Louis? Wieso nennst du ihn denn Little Louis, wenn er so dick ist?‹ ... Ich war alles andere als beeindruckt ... Mir gefiel nicht, wie er sich anzog, mir gefiel nicht, wie er redete ... Damals trugen die Mädchen Strumpfhalter, und wenn ich mich zum Spielen hinsetzte, rollte ich die Strümpfe runter, so dass der Strumpfhalter unter dem Knie [war] ... Sofort schaute Louis auf meine Knie, und ich sagte: ›Der Kerl hat Ideen im Kopf, die er lieber nicht aussprechen sollte.‹«

Auch in Armstrongs Spiel hörte sie zunächst nichts Besonderes, was nach ihren Worten daran lag, dass er zu sehr darauf achtete, Olivers Lead zu folgen. Daher war sie völlig verblüfft, als sie ihren Boss in einem unbeobachteten Moment sagen hörte, sein Schützling könne zwar mittlerweile besser spielen als er, doch »so lange ich ihn hier bei mir behalte, wird er nicht an mir vorbeiziehen können, und so lange bin immer noch ich der ›King‹.« Erst nach ihrer ersten gemeinsamen Aufnahme im Studio von Gennett sah sie die Dinge mit anderen Augen. »Sie stellten Louis etwa fünf Meter entfernt in eine Ecke ... Und Louis ... schaute ganz traurig. Er empfand es als schlimm, von der Band getrennt zu stehen ... Ich schaute ihn an und lächelte ihm aufmunternd zu ... Dann sagte ich zu mir: »Also, wenn sie ihn so weit weg stellen müssen, damit man Joe hören kann, dann muss er ja besser sein. Von da an hatte er mich überzeugt.«

Hardin war ehrgeizig, gradlinig und – wie Armstrong – unglücklich verheiratet. Trotz ihres ersten Eindrucks und ihres unterschiedlichen Werdegangs verliebte sie sich in ihn und war entschlossen, ihn zu heiraten – und aus ihm einen Star zu machen. Armstrong war verblüfft: »Wer war ich denn schon«, gestand er später, »dass ich hätte glauben können, so eine tolle, flotte Biene wie Lil« könnte sich für ihn interessieren. »So etwas konnte ich mir einfach nicht vorstellen.« Das ging den anderen Männern der Band ebenso. Einige von ihnen beschwerten sich darüber, dass ein »kleiner Scheißer vom Land« eine solch kultivierte Frau umwerben könne. »Kaum bekamen die Musiker mit, dass wir miteinander gingen, redeten sie fast kein Wort mehr mit uns«, erinnerte sich Lil Hardin. »Es gefiel ihnen nicht, weil sie wussten, dass ich etwas plante. Mir schien es das Beste, ihn von Joe wegzubringen.«

Das sollte sich jedoch als äußerst schwierig erweisen.

DAS BESTE AUF DER GANZEN WELT

Im gleichen Frühjahr tauchte Jelly Roll Morton in Chicago auf. Er hatte sich immer als der Erfinder des Jazz dargestellt und einige Jahre an der Westküste verbracht, während diese Musik landesweit immer mehr an Popularität gewann. Nach den Worten der rothaarigen Sängerin Ada »Bricktop« Smith konnte er sich nicht »entscheiden, ob er als Zuhälter oder als Pianist tätig sein wollte. Ich riet ihm, beides zu machen.« Offenbar hat er diesen Ratschlag befolgt. Morton trat im Cadillac Café an der Central Avenue in Los Angeles auf, wo sich ihm zufolge »nur Filmstars aufhielten ... so lange ich dort war.« Er gewöhnte sich an, zwischen den Sets bei anderen Klavierspielern vorbeizuschauen und ihnen zu erklären: »Wenn du mich in den Laden kommen siehst, mach sofort das Klavier frei«, um dann den Platz an den Tasten zu übernehmen. Außerdem sicherte er sich einen hübschen Nebenverdienst durch die Einkünfte seines Prostituiertenrings, den er »The Pacific Coast Line« nannte. Daneben leitete er ein heruntergekommenes Hotel samt Spielhölle in Los Angeles, wurde von einer eifersüchtigen Frau zu Unrecht des Mordes beschuldigt, unterhielt in San Francisco einen Nachtklub und verlor sein gesamtes Geld beim Kartenspiel in Seattle.

Doch dann erhielt Jelly Roll Morton eines Tages ein Telegramm der in Chicago ansässigen Melrose Publishing Company, die ihm – nach eigener Aussage – 3000 Dollar für die Rechte an dem Titel bot, der die New Orleans Rhythm Kings und andere berühmt gemacht hatte, nämlich »Wolverine Blues«. Morton nahm das Geld und fuhr nach Chicago. Da sich Joe Oliver, Louis Armstrong und andere New Orleanser Musiker wie Freddie Keppard und der Klarinettist Jimmy Noone in der Stadt großer Beliebtheit erfreuten und es jungen weißen Musikern, die er für bloßen Abklatsch hielt, sogar noch besser ging, war er entschlossen, aktiv zu werden.

Eines Tages in jenem Mai, so erinnerte sich Lester Melrose, der jüngere der beiden Brüder, »kam ein Typ mit großem roten Halstuch und breitkrempigem Cowboyhut bei uns in den Laden und brüllte: ›Alles mal herhören! Ich bin Jelly Roll Morton aus New Orleans, der Erfinder des Jazz!‹ Er redete eine Stunde lang ohne Punkt und Komma darüber, wie gut er sei, setzte sich dann ans Klavier und bewies, dass er mindestens so gut war, wie er behauptet hatte.«

»Wie findet ihr das Stück?«, fragte er, immer wenn er durch eine neue Nummer gejagt war.

»Gar nicht schlecht«, antwortete einer der Brüder.

»Nicht schlecht? Teufel noch mal, das ist perfekt!«, erwiderte Morton.

Die Brüder Melrose kamen überein, weitere Songs von ihm zu veröffentlichen und waren ihm dabei behilflich, einen Plattenvertrag mit Gennett abzuschließen. Dabei ging es vor allem um Klaviersoli – »King Porter Stomp«, »The Pearls« oder »Kansas City Stomps« (benannt nicht nach der Stadt im Mittleren Westen, sondern nach einer Bar in Tijuana, die Morton auf seinen Reisen besucht hatte.) Außerdem spielte er auf sechs Aufnahmen mit den New Orleans Rhythm Kings und wurde auf diese Weise der erste schwarze Musiker, von dem man weiß, dass er gemeinsam

Jelly Roll Morton, 1924. »Kein anderer Pianist konnte ihm das Wasser reichen«, erinnerte sich sein Musikverleger Lester Melrose. »Jelly war wegweisend, der beste, den wir damals hörten – und wir haben sie alle gehört.«

»Wolverine Blues«, Mortons erster echter Hit.

mit Weißen Plattenaufnahmen machte. (Dabei bestand die größte Herausforderung darin, Morton in Richmond, Indiana, eine Übernachtungsmöglichkeit zu verschaffen. »Wir hielten es für das Beste, ihn als Kubaner auszugeben«, erinnerte sich der Posaunist George Brunies, »und das taten wir dann auch.«)

Als 1923 der in Pennsylvania geborene Pianist Earl Hines nach Chicago kam, war Morton seiner Erinnerung nach »der populärste Unterweltpianist der ganzen Gegend. [Er] hatte eine helle Gesichtsfarbe und sah ziemlich gut aus. Heute würde man sagen, er war übertrieben gekleidet, aber er war eben der Typ Mann, der perlmuttbesetzte Pistolen bei sich trug und ständig jede Menge Bargeld mitführte. Wenn jemand versuchte, ihn in die Enge zu treiben ... sagte er Dinge wie: ›Ich besitze mehr Anzüge als du Taschentücher!‹ oder ›Ich bin mehr in der Welt herumgekommen als du in einer Teetasse!‹ Er hatte jede Menge Nummern geschrieben, und alle hielten große Stücke auf ihn.«

Obwohl seine Musik sehr beliebt war, fiel es Morton schwer, Engagements zu bekommen oder zu behalten. »Er ergatterte sich zwar durch Reden einen Job«, sagte Pops Foster, »aber dann quasselte er ständig weiter auf den Kerl ein, der ihn engagieren wollte, und noch bevor er überhaupt zu spielen anfing, hatte er sich schon wieder um den Job geredet. Der Kerl feuerte Jelly einfach deswegen, damit er sich sein Gequassel nicht länger anhören musste.« Aber das war nicht der einzige Grund. Die meisten Klubs in Chicago wurden von Weißen betrieben, die oft in Verbindung mit dem organisierten Verbrechen standen und denen Mortons Großtuerei, sein kreolischer Hochmut und seine Weigerung, je etwas anderes als eine gerechte Behandlung zu akzeptieren, auf die Nerven gingen. Statt einen Handel zu versuchen, wenn ein Klubbesitzer ihm eine Gage anbot, die Morton seines Talentes für unwürdig befand, fühlte er sich genötigt, ihm gehörig Bescheid zu stoßen: »Du bringst [den weißen Bandleader] Paul Whiteman hierher und zahlst ihm jede Summe, nur weil er den Namen ›King of Jazz‹ trägt. Aber zufälligerweise steht der echte König des Jazz vor dir. Ich habe den Jazz erfunden und hierher gebracht.« Also setzte ihn der Klubbesitzer vor die Tür. »Jelly Roll war kein guter, alter Neger aus den Südstaaten, wie ihn Joe Oliver verkörperte«, erklärte Lester Melrose einmal. Er lehnte es grundsätzlich ab, sich einem anderen zu beugen.

LASS DEIN INNERES FREI

Ende Januar 1923 schaute sich Duke Ellington vom für Schwarze reservierten Balkon des Howard Theaters in Washington eine Vaudeville-Revue namens How Come an. Es war kaum mehr als eine Aneinanderreihung von Sketchen, aber die Hauptrolle – ein chinesischer Wäschereiangestellter, der unglaubwürdigerweise auch noch ein meisterhafter Sopransaxophonspieler war – wurde von Sidney Bechet gespielt, der nach seinem Intermezzo in einem britischen Gefängnis wieder in seine Heimat zurückgekehrt war. Gegen Ende der Aufführung trat Bechet nach vorn, um ein vom Blues erfülltes Solo zu spielen, das Ellington nie mehr vergaß. Zunächst war da die unverfälschte Schönheit seines Tones – »man hörte das Holz«, sagte Ellington, und dann war es noch »au naturel«, wie er sich erinnerte, »aus tiefster Seele, ganz von innen heraus«. Was Bechet auch spielte, immer schien es, als »riefe er jemanden«. »Das war meine erste Begegnung mit dem New Orleans-Stil. So etwas hatte ich noch nie gehört. Für mich war das ein völlig neuer Sound, eine völlig neue Auffassung.« Als die Zeit dafür reif war, sollte Ellington diesen Sound zum wesentlichen Bestandteil seiner außergewöhnlichen Musik machen.

Obwohl gerade erst 24, hatte Ellington es schon mit seinen Duke's Serenaders zu einem der erfolgreichsten Tanzmusik-Bandleader in der Stadt gebracht. Aber Washington erschien ihm allmählich zu klein und zu ruhig. Er sehnte sich nach dem »New Yorker Trubel«. Vier Jahre zuvor hatte er Edna Thompson geheiratet, eine Nachbarstochter und Klassenkameradin aus der Highschool, und die beiden hatten einen Sohn namens Mercer. Doch nur wenige Wochen, nachdem Ellington Sidney Bechet gehört hatte, verließ er die beiden, machte sich Richtung Norden auf und schloss sich dort zwei jungen Freunden an, dem Schlagzeuger Sonny Greer und einem ehemaligen Schulkameraden namens Otto Hardwick, der Altsaxophon spielte.

»In unserer Vorstellung«, erinnerte sich Ellington, »besaß Harlem die faszinierendste Atmosphäre der ganzen Welt. Wir mussten einfach dorthin.« Mittlerweile wohnten in New York mehr Afroamerikaner als in jeder anderer Stadt im Norden, und die meisten von ihnen lebten in Harlem. »Es ist ein Mekka für Touristen, Vergnügungssüchtige, Neugierige, Abenteurer, Unternehmer, Ehrgeizige und Talente aus der gesamten schwarzen Welt«, schrieb der Schriftsteller James Weldon Johnson, »denn sein Reiz ist bis zur Karibik und sogar bis nach Afrika vorgedrungen.« In Harlem hatte die National Association for the Advancement of Colored People (NAACP) ihren Hauptsitz, ebenso wie die Urban League und die Universal Negro Improvement Association von Marcus Garvey. Darüber hinaus lebte in diesem Stadtteil eine Fülle schwarzer Schriftsteller und Künstler, die sich alle eifrig mit der Frage beschäftigten, was es eigentlich bedeutete, ein schwarzer Amerikaner zu sein – später sollte man all dies als »Harlem Renaissance« bezeichnen. Auch für Duke Ellington war Harlem lange Zeit seines Lebens gleichbedeutend mit Heimat.

Harlem bot schwarzen Musikern zahlreiche Jobs in Theatern, Nachtklubs und Tanzhallen, und der Broadway und die Schallplattenfirmen waren nur eine U-Bahn-Fahrt entfernt. Es gab

König des Stride-Piano, James P. Johnson, vor seiner Wohnung in New York. Die Aufnahme entstand in den 20er Jahren.

jedoch auch Bewohner, die den Jazz als peinlich empfanden, als vulgäre Unterschichtmusik, einer Rasse nicht würdig, die doch im Begriff stand, sich zu emanzipieren. »Im Haus einer durchschnittlichen schwarzen Familie war es nicht gestattet, Blues oder Boogie-Woogie zu spielen«, erinnerte sich der Saxophonist Garvin Bushell. »Diese Musik hatte angeblich etwas Schäbiges an sich.« Der Altsaxophonist und Arrangeur Benny Carter pflichtete ihm bei: »Nach meiner Einschätzung schaute man auf den Jazz herab – wie es auch meine Eltern taten. Das war nicht die Musik, die sie gerne hörten.«

Aber Duke Ellington wollte sie hören, und er wollte sie auch spielen. Er und seine Freunde arbeiteten zunächst für Wilbur Sweatman, einen Vaudeville-Darsteller, der dafür bekannt war, dass er »The Rosary« auf drei Klarinetten gleichzeitig spielen konnte. Doch als Sweatmans Truppe die Stadt verließ, um auf Tournee zu gehen, blieb Ellington mit seinen Freunden zurück, händeringend auf der Suche nach Arbeit. Um sich über Wasser zu halten, mussten sie manchmal mit Poolbillard ihr Geld verdienen.

Außerdem trieb sich die Band bei Ellingtons Idolen herum, den Meistern des so genannten »Eastern Ragtime« – Stride-Pianisten aus Harlem. Diese bezeichneten sich selbst als »Ticklers«, Spaßvögel, doch die Spitznamen, die sie sich gaben, waren alles andere als spaßig – »Der Bär«, »Der Holzhammer«, »Die Bestie«, »Das Tier« –, und sie passten zu den anhaltenden Klavierkriegen, die sie untereinander ausfochten. Es war eine Elitetruppe, ebenso bunt gemischt wie ehrgeizig, die aus dem Ragtime etwas völlig Neues machte. »Es war ›orchestrales Piano‹«, erinnerte sich einer von ihnen, »volle, runde, laute, weit gefächerte Akkorde ..., die sich gegen die rechte Hand bewegten. Die anderen Jungs aus dem Süden und aus dem Westen ... nutzten die ganze Breite der Klaviatur gar nicht ... Das konnten wir uns nicht erlauben, unser Publikum war an besseres Spielen gewöhnt.« Ellington meinte: »Das Tempo war sehr beschwingt.«

James P. Johnson galt als Erster unter Gleichen. Er war groß, rauchte dicke Zigarren und arbeitete nicht nur als Pianist, sondern auch als Komponist und Dirigent. Von ihm bespielte Klavierwalzen hatten mit dazu beigetragen, dass Ellington Musiker werden wollte. Johnson war schüchtern und freundlich, liebte aber den Wettstreit mit anderen Pianisten so sehr, dass seine Frau aus Queens nach Harlem kommen und dort »von Straße zu Straße gehen musste, bis sie das Klavier hörte ... seinen Stil erkannte und in die entsprechende Wohnung ging, um ihn nach Hause zu holen«.

Johnsons enger Freund und schärfster Rivale war William Henry Joseph Bonaparte Bertholoff Smith – Willie »the Lion«. Smith erzählte zuweilen, seinen Spitznamen habe er sich durch besondere Tapferkeit im Ersten Weltkrieg verdient – gelegentlich behauptete er aber auch, er sei wegen seiner Neigung zum Judentum »Löwe von Judäa« genannt worden. Niemand genoss den Wettstreit am Klavier mehr und machte dabei eine bessere Figur als er – der Mann, den Ellington den »Löwen« nannte. »Manchmal gab es bei uns gnadenlose Zweikämpfe, die vier, fünf Stunden dauerten«, erinnerte sich Smith.

> »Wir schmückten die Melodien mit eigenen Ideen aus und versuchten, Muster zu entwickeln, die mehr Originalität besaßen als die, die vor unserer Zeit gespielt wurden. Manchmal ging es nur darum, wer sich innerhalb eines vorgegebenen Stücks die meisten Variationen ausdenken konnte. Es war die reine Improvisation. Man musste seinen eigenen Stil haben und imstande sein, in sämtlichen Tonarten zu spielen. Damals konnten wir die Shouts der anderen dadurch kopieren, indem wir sie auswendig lernten. Um zu verhindern, dass die anderen zu viel von meinen Sachen übernahmen, spielte ich manchmal in den schweren Tonarten, H-Dur und E-Dur.«

Der »Löwe« fand Gefallen an Ellington und dessen Freunden, besorgte ihnen gelegentliche Auftritte und nahm sie mit auf organisierte Partys – Tanznächte, die in überfüllten Privatwohnungen veranstaltet wurden, wo der Eintritt die Miete aufzubringen half, und bei denen Smith, Johnson und ihre Rivalen sich geniale Schlachten lieferten. »Man steckte 100 und mehr Menschen in

Werbung für den jungen Duke Ellington im Telefonbuch von Washington D. C., 1919.

Das »Renaissance«, ein Tanzsaal und Spielcasino an der Ecke 138th Street und Seventh Avenue, war einer der Orte in Harlem, an denen der junge Duke Ellington eines Tages zu spielen hoffte. »Jeder, der nach New York kommt, hat unweigerlich das Gefühl, dass etwas Großartiges geschehen wird«, schrieb er.

Willie »the Lion« Smith. Sein Ratschlag an junge Pianisten wie Duke Ellington lautete schlicht und einfach: »Get around, be on the scene, play it clean, be seen, be keen and be over 18.«

eine Sieben-Zimmer-Eisenbahnerwohnung«, erinnerte sich der »Löwe«, »bis sich die Balken bogen. Manche Partys dehnten sich auf die Treppenhäuser und das ganze Gebäude aus.« Gewöhnlich einigten er und Johnson sich auf ein Unentschieden, erinnerte sich Ellington. »Es ging nie bis aufs Messer. Bei diesen beiden Giganten war es immer ein fairer Wettkampf. Keiner tat dem anderen weh; dafür hatten sie zu viel Respekt voreinander.«

Schließlich zog sich Ellington von diesen Klavierschlachten zurück. »Ich musste Musik schreiben, die ich spielen konnte«, meinte er.

Im September 1923 spielten Ellington, Greer und Hardwick in einer fünfköpfigen Band in einem Kellerlokal namens Kentucky Club an der 49th Street, ganz in der Nähe des Times Square. Bandleader war der Banjospieler, Gelegenheitssaxophonist und Schmalspurimpresario Elmer Snowden. Die Band nannte sich Washington Black Sox – eine Anspielung auf die Chicagoer Baseballmannschaft, die 1919 absichtlich die World Series verloren hatte. Duke Ellington zufolge spielte die Band melodiöse, unaufdringliche Musik »unterhalb des Konversationspegels«, zu der die »zerbrechliche und elegante« Trompete eines weiteren jungen Freundes aus Washington beitrug, eines Gelegenheitsstudenten an der Howard University mit Namen Arthur Whetsel.

Eines Tages verpflichtete Snowden einen bemerkenswerten jungen Kornettisten, der enormen Einfluss auf Ellington – und durch ihn auch auf die Geschichte der Jazzmusik – haben sollte. James »Bubber« Miley, in South Carolina geboren, aber in New York aufgewachsen, war bereits darin geübt, gedämpfte, ungewöhnliche Klänge zu produzieren, als er im Rahmen einer Tournee nach Chicago kam, King Oliver hörte und – wie die Mitglieder der Austin High Gang – seine Musikauffassung für immer änderte. Bei dieser Gelegenheit war zufällig auch Garvin Bushell zugegen. »Bubber und ich saßen mit offenem Mund da«, erinnerte er sich. »Die Trompeten … im Osten besaßen mehr ›klassische‹ Qualität, aber Olivers Ton berührte mich mehr. Er war nicht so kultiviert, brachte aber die Gefühle der Leute besser zum Ausdruck. Oliver spielte Sachen, die dich im Innersten berührten.«

Als er wieder in New York war, ging Miley daran, ebenfalls zu lernen, wie man Menschen in ihrem Innersten berührt, und nach einiger Zeit bereicherte er das Black Sox Orchestra um ein Repertoire von gedämpften gospelartigen Tönen, die sogar noch überraschender waren als die von King Oliver. »Miley spielte den ganzen Abend über Growls im gut-bucket-Stil auf seinem Horn. Damit bekam unsere Musik eine neue Klangfarbe und einen eigenen Charakter.« Mileys Sound brachte den Männern außerdem erste ernsthafte Anerkennung ein. »Zu dieser Farbigenband … gehört ein Trompeter, der vor keinem Kornettisten in seiner Branche den Hut ziehen muss«, schrieb Abel Green vom *New York Clipper*. »Er spielt die unheimlichsten Modulationen und ›singenden‹ Noten, die man je gehört hat … Diese Jungs sehen in ihren Anzügen gut aus. Sie arbeiten hart, bilden sich aber nichts auf ihre Musik ein, und die Tatsache, dass sie ohne Noten spielen, lässt auf gewissenhafte Proben schließen.«

»Das war der Punkt, an dem wir beschlossen, ›süße‹ Musik zu vergessen«, sagte Ellington. In Wirklichkeit vergaß er jedoch nie irgendetwas. Der Musik, die er nun komponierte, war nichts fremd, und sie bewegte sich stets auf dem schmalen Grat zwischen »sweet« und »hot«. Und damit

Die Washingtonians im Hollywood Club in der Nähe des Times Square, 1924. Von links: Sonny Greer, Charlie Irvis, Bubber Miley, Elmer Snowden, Otto Hardwick und Duke Ellington, der bald darauf Bandleader wurde. »Im Hollywood Club waren wir richtig, denn der blieb die ganze Nacht über geöffnet«, schrieb Ellington.

übernahm Ellington das Kommando. Die Männer der Band machten ihn zum Bandleader, als sie bemerkten, dass Elmer Snowden sich mehr als nur seinen Gagenanteil abzweigte. »An Ellington war etwas Magisches, das man einfach nicht begreifen konnte«, erklärte Sonny Greer viele Jahre später in einem Interview. »Ich bin in meinem ganzen Leben nie wieder jemandem wie ihm begegnet. Wenn Ellington einen Raum betritt, beginnt das ganze Zimmer zu leuchten.«

Ellington taufte die Band in »Washingtonians« um, begann Stücke zu komponieren und machte bei Musikverlegern am Broadway die Runde. Dabei überließ er ihnen zuweilen hastig dahingeschriebene Bluesstücke für 15 Dollar, während er selbst nach etwas Besserem suchte. Schließlich machte er Will Marion Cook ausfindig, mittlerweile weißhaarig und von den jungen Songschreibern, die hofften, einmal ähnlich erfolgreich zu werden wie er, »Dad« genannt. Cook war so reizbar wie eh und je, zeigte sich jedoch bereit, Ellington mit Rat und Tat zur Seite zu stehen. Eines Sommertags, als die beiden gerade gemeinsam im Taxi mit offenem Verdeck durch den Central Park fuhren, drängte Cook Ellington, er solle sich an einem Konservatorium formell ausbilden lassen. »Dad, ich will nicht ins Konservatorium«, erwiderte Ellington, »weil sie mir da nicht das beibringen, was ich lernen möchte.«

In diesem Fall, so beschied ihm Cook, »... finde erst heraus, was der richtige Weg ist, und wenn du ihn gefunden hast, vermeide ihn, lass dein inneres Selbst frei und lass dich von ihm leiten. Versuche immer, nur du selbst zu sein.«

Diesen Ratschlag befolgte Duke Ellington sein Leben lang.

DER KÖNIG DES JAZZ

Am verschneiten Nachmittag des 12. Februar 1924 gelangte der Jazz – geboren auf den Straßen und in den Tanzhallen von New Orleans und aufgezogen in Großstadtklubs, Flüsterkneipen und Vaudeville-Theatern – erstmals auf eine Konzertbühne. Allerdings handelte es sich um eine besondere Art des Jazz, den so genannten symphonischen Jazz, und präsentiert wurde er in Manhattans eleganter Aeolian Hall vom Leiter des bekanntesten Tanzorchesters des Landes.

Paul Whiteman war ein klassisch ausgebildeter Musiker aus Colorado, der 1915 in San Francisco zum ersten Mal von New Orleanser Musikern gespielten Jazz gehört hatte. »Die erste Begegnung zwischen dem Jazz und mir fand in einer heruntergekommenen Tanzhalle an der Barbary Coast statt«, erinnerte er sich. »Er schrie und grölte mich von einer Pseudobühne an, die in der Mitte eines rauchgeschwängerten, nach Bier stinkenden Raums stand.« Alles war an jenem Tag für Whiteman schief gegangen: Seine Tätigkeit als Bratschist beim Symphonieorchester von San Francisco langweilte ihn, er war auf dem Hin- und Rückweg zu einer trostlosen Probe klatschnass geworden, hatte seinen Rasierspiegel zerbrochen und die Frühstückseier steinhart werden lassen. Ein Freund musste ihn regelrecht in den Klub schleifen. Aber in dem Augenblick, als die Musiker zu spielen begannen, war all das vergessen. »Mein ganzer Körper straffte sich, und ich hörte aufmerksam zu. Es war, als träte man aus der Dunkelheit in helles Licht. Meine schlechte Laune verflog, als der Georgia-Blues auf mich einwirkte, den der Posaunist wehklagend spielte. Der Kopf drehte sich mir, aber meine Füße schienen diese Melodie zu begreifen. Ich wollte jubeln, tanzen, singen. Und das tat ich dann auch. Rau? Ja. Ungehobelt? Zweifellos. Unmusikalisch? Todsicher. Aber rhythmisch, ansteckend wie die Pocken und ein Heidenspaß.«

Drei Jahre später beendete er seine Karriere als klassischer Orchestermusiker und schloss

Paul Whiteman. »Er bebt, wackelt und zittert«, schrieb der Kritiker der *New York Times*, »wie ein Stück Jazzpudding, dirigiert mit dem hinteren rechten Hosenbein und zieht dabei das Gesicht eines Mandarins.«

sich einem Tanzorchester an – nur um zwei Tage später gefeuert zu werden, weil er nicht imstande war, frei zu improvisieren. Als er seinen Boss um eine Erklärung bat, sagte der nur: »Du kannst einfach nicht jazzen, das ist alles.« Gedemütigt, aber nach wie vor von der Musik fasziniert, beschloss Whiteman, einen Weg zu finden, Jazz zu orchestrieren, seinen Rhythmus und seinen Charakter zu bewahren, ihn zugleich aber ebenso exakt und kalkulierbar wie symphonische Musik zu gestalten. Sein Vater – musikalischer Leiter der staatlichen Schulen in Denver – verachtete den Jazz und war von der Entscheidung seines Sohns, der Klassik den Rücken zu kehren, tief enttäuscht. Das mag zum Teil Whitemans selbst ernannte Mission erklären, »das Stigma barbarischer Züge und der Dschungelkakophonie zu beseitigen« und »den Jazz zu einer Lady zu machen«.

Mit Arrangements des Pianisten Ferde Grofé – der schließlich dazu überging, semiklassische Stücke wie die »Grand Canyon Suite« zu komponieren – machte Whiteman jedenfalls sein Orchester zu »einem effizienten Arrangement«, wie er sich ausdrückte. »Jedes Mitglied weiß jederzeit ganz genau, was es zu spielen hat. Sogar die gezogenen Töne sind in den Noten verzeichnet.« 1918 ging er mit seiner Band nach Osten, nach Atlantic City, nahm 1920 das Stück »Whispering« auf, das sich mehr als zweieinhalb Millionen Mal verkaufte, spielte für die Ziegfeld Follies und trat schließlich eine lange, erfolgreiche Spielzeit im Nachtklub Palais Royal am Broadway an, wo er für wohlhabende Tanzgesellschaften spielte. Auch andere Orchesterleiter experimentierten mit arrangiertem Jazz, zum Beispiel Paul Specht, Vincent Lopez und Art Hickmann, dessen kalifornisches Tanzorchester das erste gewesen sein dürfte, das eine ganze Saxophongruppe einsetzte. Niemand aber konnte es mit dem eleganten Schliff von Whitemans Musik und der unermüdlichen Energie aufnehmen, mit der er sie vermarktete. Er war ein großer Mann, deutlich über einen Meter achtzig, wog manchmal über 300 Pfund und wies eine verblüffende Ähnlichkeit mit dem korpulenten Filmkomiker Oliver Hardy auf. Whiteman war ein Meister der Selbstvermarktung und zu fast jeder publikumswirksamen Aktion bereit, solange sie seiner Band nur Aufmerksamkeit bescherte.

Das Konzert in der Aeolian Hall war seine Idee und sollte seiner Musik künstlerische Legitimität verleihen – sowie Vincent Lopez zuvorkommen, der Pläne für ein eigenes Konzert in Manhattan angekündigt hatte. Um sicherzustellen, dass ihm die nötige Aufmerksamkeit zuteil wurde, gab Whiteman bekannt, dass er den herausragendsten Persönlichkeiten der Musikwelt Freikarten geschickt hatte – unabhängig davon, ob diese nun teilnehmen konnten oder nicht: Igor Strawinski, Leopold Stokowski, Sergei Rachmaninow, John McCormack, Amelita Galli-Curci sowie sämtlichen Musikkritikern des Nordostens. »Mr. Whiteman möchte auf die gewaltigen Fortschritte aufmerksam machen«, versprach das Programmheft, »die es in der populären Musik gegeben hat, von der Zeit der dissonanten Volksmusik, die vor etwa zehn Jahren entstand, bis hin zur melodiösen Musik von heute, die – ohne guten Grund – noch immer als Jazz bezeichnet wird.«

Um zu zeigen, welch große Entwicklung nach Whitemans Ansicht in der amerikanischen Musik stattgefunden hatte, eröffnete das Programm mit einer von fünf Männern gespielten wilden Version des »Livery Stable Blues« – das Stück, mit dem die Original Dixieland Jass Band sieben Jahre zuvor die landesweite Jazzbegeisterung ausgelöst hatte. (Angeblich soll Whiteman einen Augenblick lang verärgert gewesen sein, als das Publikum diese als Persiflage gedachte Nummer unverhofft begeistert aufnahm.) Alles, was im Lauf der nächsten vier Stunden folgte, war elegant und orchestral, ohne jede Spur von Improvisation. Whitemans 23 Musiker, darunter acht Geiger, führten synkopierte Versionen leichter klassischer Musik und alter Hits wie »A Pretty Girl Is Like a Melody«, »To a Wild Rose« und »Song of the Volga Boatmen« auf. Höhepunkt war eine neue, speziell für diesen Anlass komponierte Auftragsarbeit von George Gershwin, dem Sohn eines Einwanderers, der wie Duke Ellington viel Zeit damit verbracht hatte, den Meistern des Harlem Stride-Piano zuzuhören. Gershwins Stück, »Rhapsody in Blue«, war etwas Neues – ein klassisches Stück, mit Jazzfeeling durchsetzt –, und es sollte zu einer der beliebtesten Kompositionen der amerikanischen Musik werden.

Der New York *Herald* nannte das Konzert »einen durchschlagenden Erfolg«. Das Orchester musste fünf Zugaben spielen. Whiteman habe endgültig bewiesen, schrieb Variety, »dass das Tanzorchester, die Band, die Jazzmanie oder wie man es auch immer nennen mag, nie aussterben wird. Es gehört zur amerikanischen Kultur und stellt eine absolute Notwendigkeit dar.« Obwohl seine Leute an jenem Nachmittag herzlich wenig Jazz gespielt hatten, wurde Whiteman nun überall als »The King of Jazz« angepriesen.

Später warf man ihm vor, er verwässere den Jazz – eine Sorge, die er selbst sogar zu teilen schien. »Die dämonische Energie, die phantastische Zügellosigkeit der Betonungen und humorigen Stimmungen mussten allesamt abge-

Plakat für Paul Whitemans Konzert in der New Yorker Aeolian Hall, 1924.

schwächt werden«, gab er einmal zu. »Ich hoffe, dass wir durch dieses Abschwächen unsere Musik nicht, wie Kritiker es vorhersagen, ihres Lebens berauben.« Andere beschuldigten ihn, sich widerrechtlich die Musik der Afroamerikaner anzueignen. Was seine eigenen Leistungen betraf, gab er sich stets bescheiden. »Über den echten Jazz«, vertraute er einem Interviewer an, »weiß ich so viel wie Scott Fitzgerald über das Zeitalter des Jazz.« Er war sich durchaus bewusst, dass er künstlerisch tief in der Schuld der schwarzen Musiker stand. Das verdeutlicht schon der erste Absatz seiner Autobiographie: »Jazz kam vor 300 Jahren in Ketten nach Amerika. Die Psalmen singenden holländischen Händler, die mit ihren Kriegsschiffen die Meere durchkreuzten, bezeichneten ihre Fracht als ›vierzehn schwarze afrikanische Sklaven zum Verkauf in den Kolonien Ihrer Majestät‹ ... Eine unbezahlbare Ware, dazu bestimmt, drei Jahrhunderte später eine ganze Nation zum Tanzen zu bringen ... der Jazz ... sollte ihr Geschenk an ... die Nachwelt sein.« Außerdem vergab er regelmäßig Arbeit an schwarze Arrangeure, und 1923, ein Jahr vor seinem Konzert in der Aeolian Hall, verblüffte er seine Manager, indem er zwei Mitgliedern des schwarzen, im Roseland Ballroom auftretenden New Orleanser Ensembles von Armand Piron Arbeit in seinem Orchester anbot. Sie nahmen das Angebot nicht an – aber nur, weil sie genug von New York hatten und »nach Hause« wollten, wie einer der beiden viele Jahre später erklärte.

Manche schwarzen Musiker verübelten Whiteman seinen Ruhm und seinen Reichtum, den er erwarb, indem er die Musik spielte, der sie den Weg geebnet hatten. Aber nur wenige scheinen einen persönlichen Groll gegen ihn gehegt zu haben – und niemand konnte ihm seine Qualitäten als Musiker absprechen. Wenn seine Bemühungen, den Jazz »auf eine höhere Stufe zu bringen«, zuweilen auch naiv und im Nachhinein sogar herablassend wirken, so erwuchsen aus genau diesen Anstrengungen doch Vorteile für alle Jazzmusiker, gleich welcher Hautfarbe. »Paul Whiteman galt als König des Jazz, und niemand trägt diesen Titel bis heute auch nur annähernd mit solcher Gewissheit und Würde«, schrieb Duke Ellington, der Whitemans hochfliegende Ambitionen für seine Musik, sein Ohr für erstklassige Musiker und seine unternehmerischen Qualitäten bewunderte, mit denen er seine Band aufbaute und unterhielt. »Die Whiteman-Aufnahmen, die ich hörte, entfernten den Snobismus aus der ... Musik und öffneten neue Türen.«

DAS EINZIG WAHRE

Nicht einmal die beruhigenden Klänge von Paul Whiteman und seinen vornehmen Konkurrenten konnten jemanden wie die Eltern von Bix Beiderbecke für sich einnehmen. Nach wie vor verabscheuten sie Jazz in jeglicher Form, und nach wie vor hofften sie, ihren Sohn dazu bringen zu können, der Musik – und dem Musikerleben – den Rücken zu kehren, die seiner Ausbildung ein jähes Ende bereitet und ihren Traum zerstört hatten, er werde aufs College gehen und Karriere als Geschäftsmann machen. Im Februar 1923 kehrte er gehorsam nach Davenport zurück, arbeitete für seinen Vater, wog Kohlen ab, nahm Zahlungen entgegen und stellte sich in der Bank an, um Schecks zu hinterlegen. Das war eine ermüdende und erniedrigende Arbeit, doch er hielt fünf Monate durch, in denen er nur für die Abendstunden lebte, in denen er bei örtlichen Bands mitmachte.

Im Juli hielt Beiderbecke es dann nicht mehr aus und fuhr nach Chicago. Tagsüber spielte er an Bord eines Ausflugsdampfers auf dem Lake Michigan in einer Band, zu der ein häufig seekranker 14-jähriger Klarinettist namens Benny Goodman gehörte; die Abende verbrachte er so oft wie möglich im Lincoln Gardens, wo er Oliver und Armstrong hörte. Manchmal, so erinnerte sich ein Freund, durfte er dort sogar für ein, zwei Chorusse einspringen und wurde mit einem »zustimmenden Nicken« von Seiten der Band belohnt. Nach den Worten von Beiderbeckes Freund Esten Spurrier lernte Bix durch das Zuhören bei Armstrong, wie man ein zusammenhängendes Solo aufbaute. Er nannte es »den korrelativen Chorus – zwei Takte spielen, dann zwei sich darauf beziehende, und man hatte vier Takte, nach denen man wieder vier Takte spielte, die sich auf die ersten vier bezogen, und so weiter, ad infinitum, bis zum Ende des Chorus.«

Den Herbst 1923 verbrachte Bix in Ohio, als Mitglied eines neuen Septetts im Stockton Club, einem heruntergekommenen Rasthaus vor den Toren der Stadt Hamilton. Es wurde von Gangstern betrieben – im ersten Stock fanden illegale Glücksspiele statt –, und am Anfang war die Gruppe nur mäßig angetan. Sie spielten so oft Jelly Roll Mortons »Wolverine Blues«, dass schließlich jemand vorschlug, sie sollten sich doch »Wolverines« nennen. Am Neujahrsabend fand das Engagement ein jähes Ende, als zwei rivalisierende Gruppen von Schmalspurganoven bei den Festivitäten auftauchten. Der Geschäftsführer versuchte, sie zu trennen, indem er die Jungs aus Cincinnati mit ihren Freundinnen an die eine Seite der Tanzfläche setzte und die aus Hamilton an die andere. Doch als die Band dann zu spielen begann und schwarz gebrannter Schnaps in Strömen floss, kam es erst zu Wortgefechten, dann zu Schlägereien, und bald flogen Flaschen und Möbel durch die Gegend. Über das folgende gibt es unterschiedliche Aussagen. Ein Musiker will fast eine Stunde lang »Chinatown, My Chinatown« gespielt haben, während die beiden Gangs miteinander kämpften, ein anderer jedoch erinnerte sich daran, mit dem Rest der Band Zuflucht hinter Stühlen und Tischen gesucht zu haben, aus Sorge darüber, er könne sich Lippen oder Finger verletzen. Jedenfalls wurde der Stockton Club am nächsten Tag von den Behörden geschlossen – zu viele Einwohner liefen bandagiert herum, als dass die Stadt seine illegale Existenz länger hätte ignorieren können –, und die Wolverines waren ihren Job los.

Sie fuhren weiter nach Cincinnati, wo sie in einem schmuddeligen Tanzsaal namens Doyle's Dancing Academy auftraten, der im zweiten Stock eines Hauses lag. Es kamen kaum ältere Tänzer, weil die Wolverines keine »netten« Arrangements oder langsame Tänze spielten, die ihnen gefallen hätten. Dafür drängten sich junge Arbeiterinnen, Schüler der Highschool sowie vereinzelte örtliche Musiker bei den »heißen« Nummern auf der Tanzfläche. Auch Studenten von nahe gelegenen Universitäten fanden Gefallen an der Band. Beflügelt durch diese ersten zaghaften Anzeichen von Erfolg, mieteten die Wolverines im Februar 1924 dasselbe Gennett-Studio, in dem King Oliver und Louis Armstrong fast ein Jahr zuvor Aufnahmen gemacht hatten, und nahmen dort vier Stücke auf. Es war der erst 21-jährige Beiderbecke, durch den sich die Wolverines von anderen Bands unterschieden und der seine Freunde mittlerweile überragte und sie anspornte, sich mehr Mühe zu geben. Ralph Berton erinnerte sich an die Wirkung, die Beiderbeckes erste Schallplatte auf ihn hatte:

> »Die Musik war unwiderstehlich, manchmal aufregend ›heiß‹ und zugleich cool und distanziert – gezügelte Inbrunst, verhüllte Leidenschaft. Sie hatte ein zurückhaltendes Understatement in sich, das man noch nie zuvor im Jazz gehört hatte, das aber doch ganz natürlich einem nicht gedämpften Kornett entsprang, um dann bescheiden und beiläufig in der Mittellage zu bleiben. Die Tonbildung war anders als alles, was ich jemals auf einem Blechinstrument in der klassischen Musik oder beim Jazz gehört hatte – die Noten wirkten nicht wie geblasen, sondern angeschlagen.«

Kurze Zeit später erhielt Bix einen Brief von einem Freund, einem wortkargen angehenden Komponisten namens Hoagy Carmichael, der ein Tanzorchester an der Indiana State University leitete, wo er gleichzeitig Jura studierte. Falls die Band auf eigene Kosten nach Indianapolis kommen würde, schrieb Carmichael, könne er für sie eine ganze Saison lang Wochenendauftritte bei Tanzgesellschaften auf und um den Campus herum arrangieren. Das Angebot klang verlockend für die Wolverines, doch der Manager von Doyle's Dancing Academy weigerte sich, sie gehen zu lassen. Sie hatten einen Vertrag abgeschlossen, der noch mehrere Wochen lief, und um sich dagegen abzusichern, dass sie ihm entwischten, schloss er ihre Instrumente in seinem Tanzsaal ein. In der folgenden Nacht brachen Bix und seine Freunde in das Gebäude ein, ließen mithilfe einer Wäscheleine vorsichtig Tuba, Kontrabass und eine leuchtend bunte Basstrommel aus dem Fenster des zweiten Stockwerks zu einem wartenden Auto hinab und machten sich auf den Weg nach Indianapolis.

Dort waren sie die Sensation. Sie nahmen weitere Schallplatten auf, traten bei fast allen Studentenverbindungen auf und spielten in ganz Indiana und Michigan. Der Bandleader einer Gruppe, die das Pech hatte, vor ihnen auf der Bühne zu stehen, erinnerte sich an ihre Wirkung:

> »Wir spielten ein, zwei eher sanfte Nummern. Der Auftritt unserer Band endete mit höflichem Applaus. Dann kamen die Wolverines! Bix und seine Jungs legten los wie die Feuerwehr, und der ganze Laden geriet völlig aus dem Häuschen. Alles begann zu tanzen ... Die jungen Leute vergaßen alles, was sie über Körperhaltung und Feingefühl gelernt hatten und hüpften herum wie bei einer Footballparade. Bald drängten sich die Tänzer um Bix, Jimmy [Hartwell] und George [Johnson] und krochen ihnen fast in die Instrumente ... Sie machten jedes heiße Tempo mit ... lachten bei jedem Break und bejubelten jedes Solo. Das war vielleicht ein Schauspiel!«

Überall begeisterten sich die Menschen nun für Beiderbeckes Sound; Bix selbst blieb jedoch hartnäckig verschlossen. Selbst die Geschichten, die seine Freunde über ihn erzählten, verraten nicht viel. Er hatte immer eine Flasche Maiswhiskey in seiner Nähe und machte sich wenig aus Essen; er ernährte sich praktisch von Chili und Austerncrackern (und wenn das Restaurant kein Chili mehr hatte, aß er einfach noch mehr Cracker, die er in Ketchup tunkte). Er wusch sich seltener, als es seinen Freunden lieb war und machte sich auch nur selten die Mühe, sein Kor-

Jazz ist das Produkt eines rastlosen Zeitalters, in dem das Kriegsfieber erst langsam an Intensität verliert und in dem Männer und Frauen ... noch immer zu verstört sind, als dass sie sich mit einem friedlichen Dasein begnügen würden. Ein Zeitalter, in dem Verrückte und Verrücktheiten die Regel ... sind, in dem Maler Freude daran haben, das zu porträtieren, was nicht existiert, und Bildhauer menschliche Gliedmaßen zu merkwürdigen, phantastischen Formen verzerren, in dem ... Automobile die Straßen entlangrasen, in dem Flugzeuge immer neue Rekorde brechen und Damen in solcher Eile sind, dass sie kurze Röcke tragen, mit denen sie sich schneller fortbewegen können, und sich die Haare schneiden, um jeden Tag ein paar kostbare Minuten zu sparen ... Mitten in diesem brodelnden, sprudelnden Tumult schäumte der Jazz frohlockend auf dem reißenden Strom dahin. Und doch ist das Ende der Zivilisation noch nicht gekommen, und der Jazz wird entweder gezähmt und auf künstlerische Zwecke ausgerichtet werden oder verschwinden. Doch selbst wenn er gänzlich verschwände, hätte er nicht umsonst existiert. Denn seine Aufnahmen werden als menschliche Zeugnisse bleiben – als Geist des Zeitalters, als Musik des Volkes.

R. W. S. Mendl, 1926

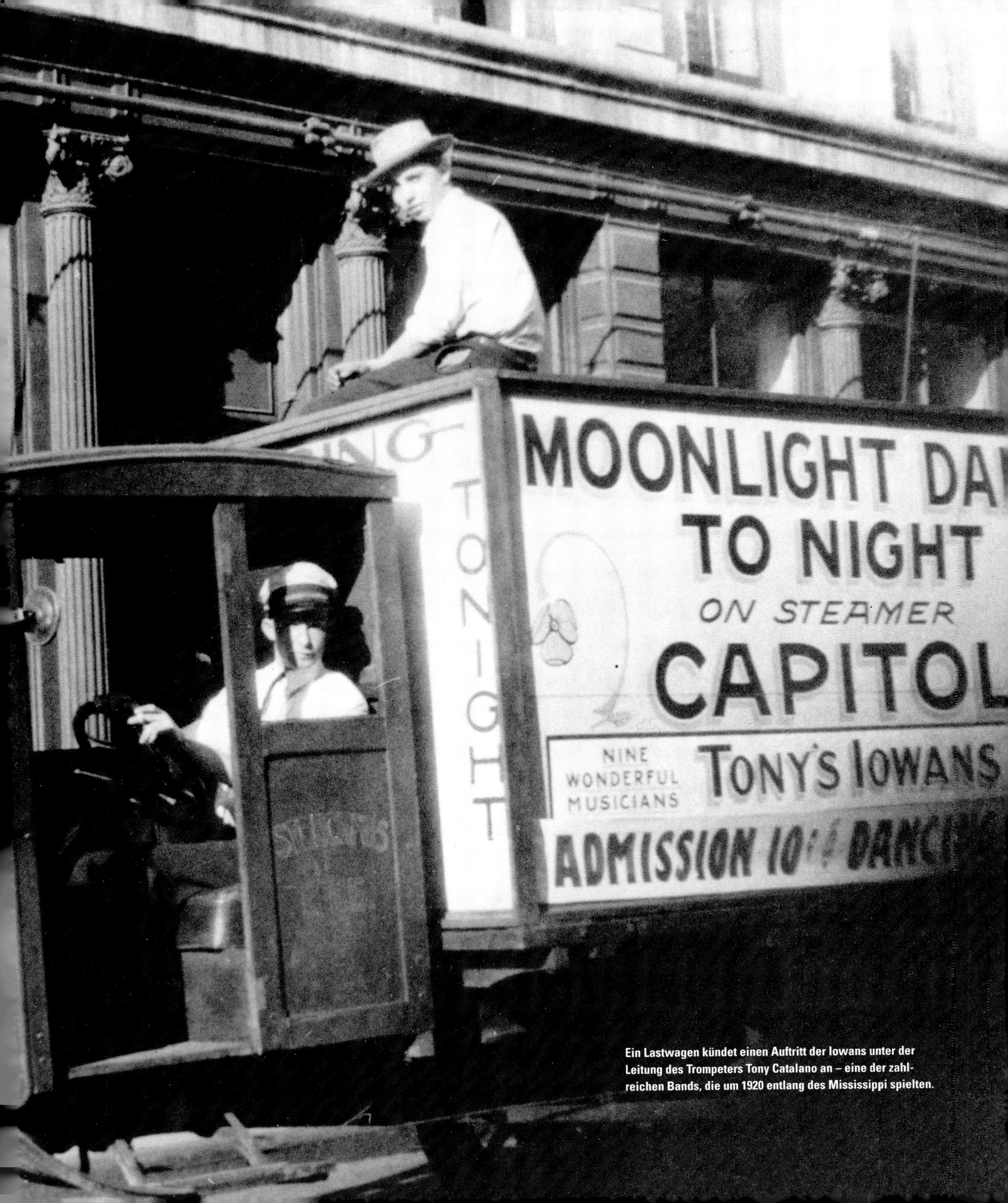

Ein Lastwagen kündet einen Auftritt der Iowans unter der Leitung des Trompeters Tony Catalano an – eine der zahlreichen Bands, die um 1920 entlang des Mississippi spielten.

nett zu reinigen, weil es ihm sonst »zu hart« klang. Ansonsten verfolgte er die sportliche Karriere seines Lieblingsbaseballspielers Rogers Hornsby von den St. Louis Cardinals, verabscheute Mozart und Beethoven, begeisterte sich dafür aber an der Absurdität surrealistischer Gedichte wie auch an P. G. Wodehouses geistreichen Geschichten über die britische High Society.

Meistens hielt er sich abseits. »Er hatte oft etwas Zynisches, Gelangweiltes an sich, saß einfach nur herum, die Beine lässig übereinander geschlagen und ließ den Körper schlaff hängen«, schrieb der aus Chicago stammende Klarinettist Milton »Mezz« Mezzrow, der ihn in diesem Sommer kennen lernte, »aber das war bei ihm nicht gespielt ... Dass er den Dingen aus dem Weg ging, bewies, dass ihn das, was die meisten Leute aufregte, völlig kalt ließ ... Musik war das einzige, was ihn wirklich zum Leben erweckte. Das konnte nicht einmal der Whiskey – und dabei gab er ihm reichlich Gelegenheit dazu.«

Mezzrow identifizierte sich so sehr mit schwarzen Musikern, dass er selten überhaupt einem anderen zuhörte. Bix jedoch war für ihn etwas anderes. »Trotz der Whiskeyschwaden, die er aus seinem zerbeulten Kornett blies, habe ich vor und nach ihm nie wieder einen solchen Ton gehört. Meistens spielte er mit offenem Horn, jede Note voll, satt und rund, deutlich hervortretend wie eine Perle ... mit einem so kräftigen

Die Wolverines auf Tournee, 1924. Diamantringe in Kombination mit »heißer« Musik sollten eine möglichst große Menschenmenge zur Ostertanzparty in Madison, Indiana, locken. Die spektakuläre Art Noveau-Wandbemalung im Palace Theater (unten) ließ die Band verschwindend klein erscheinen. Zweiter von rechts ist Bix Beiderbecke.

18. Februar 1924: Die Wolverines im Gennett-Aufnahmestudio in Richmond, Indiana. Von links: Min Leibrook (Tuba), Jimmy Hartwell (Klarinette), George Johnson (Tenorsaxophon), Bob Gillette (Banjo), Vic Moore (Schlagzeug), Dick Voynow (Piano), Bix Beiderbecke (Kornett) und Al Gandee (Posaune).

Drive, wie ihn damals nur wenige Musiker besaßen ... Kräftig und schwungvoll, jede Note ein harter Schlag, wobei der Kopf immer das Herz kontrollierte.« Mit ihm zu spielen war in Mezzrows Erinnerung »wie in einen eigens für dich maßgeschneiderten Anzug mit Seidenfutter zu gleiten.«

Im Spätsommer bekamen die Wolverines dann das Angebot, auf das sie gewartet hatten: ein Monatsengagement in New York City, im Cinderella Ballroom am Broadway. Anfang September verließen sie in zwei betagten Cabrios Indiana. Sie brauchten drei Tage, um ihr Ziel zu erreichen, doch nun winkte ihnen endlich das große Geld.

HIER KOMMT DER ÄRGER IN PERSON

Als er nach drei Jahren im Ausland nach New York zurückkehrte, war der 25-jährige Sidney Bechet unter Musikern bereits eine Legende – zum einen wegen der Energie und Leidenschaft seines Spiels, zum anderen wegen seines streitlustigen Charakters, der ihn immer in Schwierigkeiten zu bringen drohte. Dennoch gab es noch immer keine Plattenaufnahme von ihm.

Am 30. Juni 1923, fast drei Monate nachdem Oliver und Armstrong ihre ersten Aufnahmen gemacht hatten, bespielte Bechet endlich zwei Seiten mit Clarence Williams' Blue Five – »Wild Cat Blues« und »Kansas City Blues«. Von der ersten Note an führte er Regie. Während er sich auf seine extravagante Art und Weise wehklagend, windend und brüllend seinen Weg durch das Stück bahnte, zog sich der Kornettist bewusst auf eine untergeordnete Position zurück. Keine Jazzaufnahme hatte einem Solisten je so viel Platz eingeräumt, und kein Solist war auf Schallplatte auch nur in die Nähe der emotionalen Energie seines Spiels gekommen. Bechet machte weitere Aufnahmen mit einer ganzen Reihe von Bluessängern – sowohl guten als auch schlechten –, die alle enorm von seiner Präsenz profitierten, auch wenn sie seine Lautstärke manchmal in Schwierigkeiten brachte. »Wenn mein Chorus dran war, sprang die Nadel«, erinnerte er sich. »Ich konnte nicht so spielen wie ich wollte. Die Toningenieure kriegten jedesmal Zustände, wenn sie mich ins Studio kommen sahen. Es hieß dann immer: ›Hier kommt der Ärger in Person.‹«

Für junge Musiker war Bechets Sound eine Offenbarung. In Boston verschlissen Harry Carney und Johnny Hodges, beide zukünftige Stars in Duke Ellingtons Orchester, Bechets erste Schallplatten. Hätte es ihn nicht gegeben, so Hodges, »würde ich heute wahrscheinlich Musik nur als Hobby spielen«. In Bechets Heimatstadt New Orleans, so erinnerte sich der Klarinettist Barney Bigard, ebenfalls zukünftiges Mitglied in Ellingtons Orchester, »... hörte man [Sidney] auf einer Victrola, sobald man an einem Haus ... mit geöffneten Fenstern vorbeikam«.

Bechet freute sich über das Aufsehen, das er erregte, behielt aber die Konkurrenz scharf im Auge. Als der in Missouri geborene Tenorsaxophonist Coleman Hawkins verlauten ließ, Musiker aus New Orleans könnten nicht spielen, eilte Bechet in den Band Box Club, um ihn herauszufordern. Die beiden Männer lieferten sich die ganze Nacht einen Wettkampf, und als Hawkins um sechs Uhr morgens sein Instrument einpackte und fluchtartig die Bühne verließ, soll Bechet ihm, immer noch spielend, auf die Straße gefolgt sein.

Aber Bechets aufbrausendes Temperament und seine Unfähigkeit, Anweisungen entgegenzunehmen, schadeten ihm und seiner Karriere mit schöner Regelmäßigkeit. So erhielt er zwar einen Job bei James P. Johnson, musste dann aber feststellen, dass »Johnson ... orchestrierten Jazz spielen wollte, während ich im New Orleans-Stil spielte und in den Nummern zwar den Harmonien folgte, dazu aber auch aus dem Stegreif heraus spielte und improvisierte ... Wenn man schon im Voraus jede Note kennt, die man spielen wird, und auch die Art und Weise, in der man sie spielt, dann braucht man überhaupt kein Feeling.« Johnson verlangte, dass er sich an die Arrangements hielt; Bechet weigerte sich, und so ließ Johnson ihn ziehen.

Im Sommer 1924 spielte er in Neuengland mit Duke Ellington, der gerade ohne Engagement war, für Tanzgesellschaften. Die Gangster, denen das Hollywood Inn gehörte, hatten den Klub im April absichtlich in Brand gesteckt, um von der Versicherung Geld zu kassieren, anstatt sich mit den mageren Einkünften abzufinden, die sie während der heißen Sommermonate erzielt hätten.

Bechet »passte zu unserer Band wie die Faust aufs Auge«, erinnerte sich Ellington, und er war begeistert von dem Wetteifer, den Bechet in die Gruppe brachte. Er war »wie ein Gladiator«, sagte Ellington. »Er ging raus auf die Bühne und spielte, und wer ihm folgte, musste ihn erst einmal übertrumpfen.« Bechets größter Konkurrent war Bubber Miley. »Manchmal brummten sich die beiden furchtbar an. Dann ging Bechet raus und spielte zehn Chorusse, und Bubber spielte auch zehn Chorusse, und während der eine spielte, ging der andere nach hinten und genehmigte sich einen Schluck!«

Im Lauf der Jahre erlangte Ellington verdientermaßen den Ruf, unvernünftiges Verhalten seiner Musiker zu tolerieren – vorausgesetzt, sie konnten spielen. Aber 1924 war Ellington erst 25 Jahre alt, und Bechet unter Kontrolle zu halten, hatte sich bereits für ältere und erfahrenere Männer als ein Ding der Unmöglichkeit erwiesen. Bechet bestand darauf, einen großen deutschen Schäferhund namens Goola mit zur Arbeit zu bringen. Er redete sich ein, Bubber Miley und der Posaunist Charlie Irvis, ebenfalls Meister gedämpfter Growl-Effekte, heckten eine Verschwörung gegen ihn aus. Und einmal brachte er es auf eine »Fahrtkosten«-Abrechnung in Höhe von über 200 Dollar, indem er in New York ein Taxi mietete, das ihn zu einer Tanzveranstaltung außerhalb von Boston befördern sollte – wobei er dem Taxifahrer dann noch eine Übernachtung im örtlichen Bordell spendierte, damit er sich bei seiner Rückfahrt am nächsten Tag nicht um ein neues Taxi zu kümmern brauchte.

Als Bechet schließlich zu einem Engagement drei Tage zu spät erschien und behauptete, es sei nicht seine Schuld – sein Taxifahrer habe sich verirrt – ließ Ellington ihn traurig ziehen. »Bechet war immer ein Vagabund«, sagte er, »der auch die andere Seite des Hügels erkunden wollte.« Er blieb jedoch entschlossen, andere Musiker aufzutreiben, die mehr von dem New Orleans-Sound einbringen würden, den Bechet in seiner Musik verkörpert hatte.

BEREIT FÜR DEN NEUEN TAG

Während der ersten beiden Oktoberwochen des Jahres 1924 hätte ein vorausschauender Jazzfan bei einem Besuch der West Side von Manhattan an einem einzigen Abend und innerhalb von vier Häuserblocks gleich drei der bedeutendsten Jazzmusiker zu Beginn ihrer Karriere sehen und hören können. Er wäre Zeuge der ersten, umwälzenden Veränderungen geworden, die aus einer zuvor überwiegend als Novelty-Musik präsentierten Musikform eine Kunstform machen sollten.

Duke Ellington und seine Washingtonians waren mittlerweile in ihren Kellerklub an der Ecke 49th Street und Broadway zurückgekehrt. Seine Eigentümer hatten den Laden nach dem nicht ganz ungelegenen, »saisonbedingten« Brand in »Hollywood Club« umgetauft und renoviert. Diesem Brand folgte im Januar des darauf folgenden Jahres ein weiteres Feuer, das durch einen hilfreichen Hinweis des Managers gegenüber Sonny Greer angekündigt wurde: Er riet ihm, sein Schlagzeug nach der Arbeit lieber mit nach Hause zu nehmen. Aber auch nach der Renovierung wirkte der Klub nicht sonderlich einladend: Greer hatte den Auftrag, an Lautstärke zuzulegen, sobald die manchmal unter den Tischen dahinhuschenden Ratten zu quieken begannen. Nach wie vor bestand die Band lediglich aus sechs Musikern, und meistens arrangierte Ellington die Stücke anderer Komponisten um, anstatt eigene zu schreiben. Doch die frischen Klangfarben und -strukturen, die er in seinen Arrangements entwickelte, sowie die verblüffenden Growls von Bubber Miley und Charlie Irvis erregten so viel Aufmerksamkeit, dass der Klub sich bereits mit dem Satz vermarktete: »Wo sich Profimusiker ein Stelldichein geben«. Paul

Entgegen der Behauptung des Herausgebers, es handle sich um die Originalversion, gab es den Charleston als afroamerikanischen Tanz schon lange vor 1923. Hinter »Jimmy Johnson« verbarg sich der Pianist und Komponist James P. Johnson; der Song war der Hit seiner Broadwayshow Runnin' Wild.

Der Jazz ist zum Ausdrucksmedium für das amerikanische Naturell geworden – ein Symbol für seinen Lebensstil, seinen vorwärts drängenden Geist ... Was für einen ironischen Plan die Neger – wenn auch unbewusst – ersonnen haben! Sie, die am meisten verleugnet werden, haben den Schlüssel für die Interpretation des amerikanischen Geistes geschmiedet.

CHARLES S. JOHNSON, *OPPORTUNITY*, 1925

Whiteman schaute häufig frühmorgens herein, wenn sein Auftritt im nahe gelegenen Palais Royal beendet war, und wie Ellington sich erinnerte, gab er im Allgemeinen 50 Dollar Trinkgeld.

Nur einen Häuserblock weiter, an der Ecke Broadway und 48th Street, spielten im Cinderella Ballroom Bix Beiderbecke und die Wolverines, die sich anlässlich ihres Debüts in New York in »The Personality Kids« umtauften. Der Ruf ihrer durchgehend »heißen« Musik war ihnen vorausgeeilt – es kam immer noch nicht häufig vor, dass weiße Bands ernsthaften Jazz und nichts anderes als Jazz spielten, vor allem in New York –, und am Eröffnungsabend im September stiegen mindestens 50 Musiker die Treppen zum Tanzsaal im ersten Stockwerk hinauf, gespannt darauf, die Wolverines live zu erleben. Paul Whiteman und Beiderbeckes erstes Idol Nick LaRocca waren darunter, ebenso ein junger Jazzfan aus Yale, Richardson Turner. »Kein Mensch tanzte«, erinnerte er sich. »Die Wolverines spielten. Man kann gar nicht mit Worten beschreiben, welch elektrisierende Wirkung dieser Haufen hatte ... Bix hatte seine eigene unorthodoxe Technik. Er spielte einen Triller mit allen Fingern über den Ventilen und blies sein Horn in einem Winkel von ungefähr 45 Grad zum Fußboden ... Sie spielten etwa zehn ›letzte‹ Chorusse, bei denen sie sich um den Schlagzeuger stellten und ihn anspielten. Es war phantastisch!«

Abel Green, der mittlerweile für *Variety* schrieb, war der gleichen Ansicht und nannte das Wolverine Orchestra »eine glühend heiße Gruppe«: »Ihr Gefühl für Rhythmus und Tempo ist extrem für diese Art von Tanzmusik, und die ihnen entgegengebrachte Sympathie der Tanzfans spricht für sich.« Letztendlich erwiesen sich die Wolverines als zu extrem für den Cinderella Ballroom. Zwar fand der hektische Charleston bei jungen New Yorkern immer mehr Anklang, und die Wolverines waren auch ideal, um die Tänzer in Schwung zu bringen. Ihr Saxophonspieler George Johnson erinnerte sich jedoch: »Diejenigen, die nicht tanzten und ein paar derjenigen, die es doch probierten, empfanden die überfüllte Tanzfläche als Nachteil und hatten Bedenken in Anbetracht der Gefahr für Leib und Seele, die von umherfliegenden Füßen ausging ... [Bald] kamen nur noch die Charleston-Tänzer ins Cinderella, und alle anderen, die es weniger ungestüm mochten, gingen woanders hin.«

Bix schien daran, wie immer, nicht interessiert; er tauchte jeden Abend auf, um zu spielen, während er tagsüber trank und am Klavier saß. »Morgens setzte sich Bix auf den Bettrand«, erinnerte sich ein Musiker, der in New York ein Zimmer mit ihm teilte, »und ließ seine Beine ein paar Mal hin und her baumeln. Dann holte er ein fassförmiges Glas aus seinem Koffer, goss sich zwei doppelte Gin ein, trank sie in einem Zug aus und meinte, das wäre seine tägliche ›Vitaminspritze‹. Dann spritzte er sich ein wenig Wasser ins Gesicht, kämmte seine Haare und war bereit für den neuen Tag.«

Der Vertrag der Wolverines wurde nicht verlängert, und im Oktober nahm Bix das Angebot an, seinen strahlenden Ton in einem in Detroit ansässigen Orchester erklingen zu lassen, das von Paul Whitemans Erzrivalen Jean Goldkette geleitet wurde. Bevor er aufbrach, ließ er den 17-jährigen Jimmy McPartland aus Chicago kommen, damit dieser seine Stelle übernahm. »Ich mag dich, mein Junge«, erklärte Bix seinem jungen Bewunderer. »Du klingst wie ich. Aber du kopierst mich nicht.« Für einen jungen Musiker wie McPartland, der noch nach einem Weg suchte, etwas Eigenes in die Musik einzubringen, hätte es kein größeres Lob geben können.

Viele der Tänzer, denen die Tanzfläche im Cinderella zu überfüllt war, eilten die Treppen wieder hinunter und den Broadway hinauf zum Roseland Ballroom an der 51st Street. Das Roseland war der größte und feudalste New Yorker Tanzsaal, in dem sich jeden Abend zwei Orchester abwechselten. An einem Ende der riesigen Tanzfläche stand Sam Lanins weißes Orchester, am anderen Ende die berühmteste schwarze Band der Stadt unter Leitung von Fletcher Henderson. Und in deren Bläsersektion saß ein neuer Kornettist: Louis Armstrong.

Lil Hardin hatte über ein Jahr gebraucht, um Armstrong dazu zu bewegen, sie zu heiraten und Joe Oliver den Rücken zu kehren. Er verdanke »Mr. Joe« alles, sagte er, und sei sich nicht sicher, ob er es allein schaffen könne. Doch seine Braut blieb hartnäckig: »Ich will nicht mit einem zweiten Trompeter verheiratet sein«, teilte sie ihm mit. »Ich will, dass du die erste spielst!« Widerwillig verließ er schließlich im Juni 1924 die Creole Jazz Band, nur um sich prompt von Sammy Stewart, dem Leiter von Chicagos elegantestem schwarzen Tanzorchester, einen Korb

Fletcher Henderson (hintere Reihe, zweiter von rechts) mit seiner Abschlussklasse der Atlanta University, 1920. Statt der ursprünglich angestrebten Karriere als Wissenschaftler nahm er binnen weniger Jahre Schallplatten mit Titeln wie »Shake It and Break It« auf.

einzuhandeln. »Ich war nicht ›fesch‹ genug«, erinnerte sich Armstrong, »ganz gleich, wie gut ich spielte, ich war für seinesgleichen nicht geschaffen.« Stattdessen nahm er einen Job im Dreamland Café an und begleitete einen recht ordentlichen Sänger namens Ollie Powers – bis er schließlich ein Telegramm von Fletcher Henderson bekam, der ihm 55 Dollar die Woche bot, wenn er nach New York käme.

Obwohl er gar nicht mehr in Joe Olivers Band spielte, konnte er sich nicht zu einer Zusage durchringen, solange ihm der alte Mann nicht die Erlaubnis dazu gab: »Als ich dem King erklärte, dass es die Chance für mich sei, nach New York zu kommen, wo es wirklich abging, verstand er mich (was ich nicht anders erwartet hatte) und ließ mich gehen.«

Fletcher Henderson war einer der ganz großen Namen im Bereich der Tanzmusik, auch wenn er ursprünglich gar nicht geplant hatte, Musiker zu werden. Er wurde in Cuthbert, Georgia, als Sohn eines Klavierlehrers geboren, der auch eine Kaufmännische Schule leitete. Nach seinem Abschluss an der Atlanta University ging Henderson nach Norden, um an der New Yorker Columbia University Chemie zu studieren. Doch noch bevor er sein Studium aufnehmen konnte, waren seine Ersparnisse bereits aufgebraucht, so dass er einen Job als Reklamesänger bei W. C. Handy annahm, um danach bei der Schallplattenfirma Black Swan als Begleitmusiker zu arbeiten. Die vornehmeren Sparten dieses Labels – Spirituals, Folkmusik und Auszüge aus Opern – waren ihm lieber als Jazz oder Blues, und als man ihn bat, Ethel Waters auf Tournee zu begleiten, war ihm nicht ganz wohl dabei. »Er schien nicht davon überzeugt, dass es seiner würdig war, als Collegestudent … für ein Mädchen Klavier zu spielen, das in einem Keller Blues sang«, erinnerte sie sich. »Fletcher ließ seine ganze Familie aus Georgia kommen, um mich zu begutachten und zu klären, ob das Ganze auch in Ordnung war.« Um ihn dazu zu bewegen, die Art von »gottverdammter« Basslinie zu spielen, auf der sie bestand, ließ sie ihn immer wieder Klavierwalzen von James P. Johnson abhören.

1923 leitete Henderson dann im Club Alabam, der in der Nähe des Broadway an der 44th Street lag, eine eigene Band. (Seine Kollegen wählten ihn wegen seines guten Aussehens und seiner vornehmen Manieren zum Bandleader.) Zu dieser Truppe gehörten mindestens drei Musiker, die einmal bedeutende Jazzsolisten werden sollten – Coleman Hawkins, Kornettist Joe Smith und Posaunist Big Charlie Green –, und Henderson wurde gelegentlich als »Colored King of Jazz« angekündigt. Doch wie das von Paul Whiteman geführte Orchester waren auch sie in erster Linie keine Jazzband; vielmehr handelte es sich um ein populäres Tanzorchester, das sich auf fröhliche, leichte Musik spezialisiert hatte, die nur wenige Jazzelemente enthielt und noch ganz in der Tradition der Ostküste gehalten war. Garvin Bushell beschrieb es folgendermaßen: Die New Yorker »spielten Foxtrott und hielten noch an traditionellen Two-Beat-Rhythmen fest … [sie waren] näher am Ragtime-Stil und … weiter vom Blues entfernt. Es gab keinen Interpreten aus dem Osten, der wirklich hätte Blues spielen können … Wir spielten keine gezogenen Vierteltöne wie die Leute aus dem Süden. Wir im

UNSER ALLER MUTTER

»Gott machte mich zäh, halsstarrig und unverwüstlich«, schrieb Ethel Waters. Sie kam 1896 im Rotlichtviertel von Chester (Pennsylvania) als unerwünschte Folge einer Vergewaltigung zur Welt; ihre Mutter war erst zwölf Jahre alt. Die Großmutter bemühte sich zwar, sie anständig zu erziehen, doch schon mit zehn war Ethel Anführerin einer Kinderbande, die Essen stahl, um zu überleben, und spionierte für die Zuhälter und Prostituierten in ihrem Viertel. Sie begann ihre Karriere als Shimmytänzerin und Sängerin. Bald trat sie für zehn Dollar die Woche in schwarzen Theatern und Zeltvorstellungen auf, bei denen sie als »Sweet Mama Stringbean« angekündigt wurde. Manche ihrer Aufnahmen waren in ausgesprochen zweideutiger Bluestradition gehalten – »Organ Grinder Blues«, »Do What You Did Last Night«, »Handyman«. Im Gegensatz zu den anderen Blues-Stars ihrer Zeit besaß sie eine helle, klare Stimme und hatte sich auf verstohlene Andeutungen spezialisiert. Auf »undamenhafte Shouts und Growls« – wie sie es nannte – verzichtete sie. 1925 wollte ihr Manager, dass sie sich im »white time« versuchte, dem rein weißen Vaudeville-Ring. Er beschaffte ihr neue Songs von der Tin Pan Alley, dem Zentrum der New Yorker Schlagerindustrie, darunter »My Man« und »He's Funny That Way«. Sie war davon überzeugt, dass sie scheitern würde. Aber das weiße Publikum war begeistert.

Ein New Yorker Kritiker pries sie als »größte Künstlerin ihrer Rasse und Generation«. Sie wurde der erste weibliche schwarze Star im Palace Theater von New York, trat im Plantation und Cotton Club auf und ging 1929 nach Hollywood, wo sie ihren unvergesslichen Song »Am I Blue« vorstellte. Eine Zeit lang war Ethel Waters die bestbezahlte Frau im Showbusiness und Lena Horne machte ihr das größtmögliche Kompliment: Ethel Waters, sagte sie, war »unser aller Mutter«.

Ethel Waters 1927 als Star in ihrer ersten Broadway-Show, der Revue Africana. »Es war eine flotte Show«, erinnerte sie sich, »und sie verschaffte den weißen Theaterbesuchern einen ersten längeren Blick auf mich.«

Norden folgten der Auffassung des Ragtime – jede Menge Noten.« Hendersons Arrangements wurden von dem jungen Altsaxophonisten Don Redman geschrieben und zunächst gezielt denen von Whitemans Band nachgebildet – synkopiert, aber schematisch, voller kurzer, für Holz- und Blechbläser gesetzter Stakkato-Soli und Call-and-Response-Figuren. Das Ergebnis war »sanft, süß und perfekt«, schrieb ein Journalist des *Chicago Defender*, »nicht der rührselige New Orleans-Kram, sondern schmissige, mit Blue Notes durchsetzte Synkopen im Tanzrhythmus ..., ganz anders als das durchschnittliche Negerorchester, eher auf einem Niveau mit guten weißen Orchestern wie dem von Paul Whiteman.«

Derlei Lob trug dazu bei, dass Henderson eine Einladung erhielt, im Sommer 1924 im Roseland zu spielen. Aber nur wenige Tage nach dem Auftaktkonzert verließ Joe Smith urplötzlich die Band wegen eines besser bezahlten Jobs in einem Theaterorchester am Broadway. Henderson beschloss, als Ersatz jemanden zu suchen, der ein wenig vom Feuer der »Crescent City« in seine Band bringen würde. Während seiner gemeinsamen Tournee mit Ethel Waters im Jahr 1921 hatte er in New Orleans Louis Armstrong gehört und ihm sogar einen Job angeboten, den Armstrong damals allerdings abgelehnt hatte.

»Weil ich wusste, wie sein Horn klang«, erzählte Henderson, »musste ich einfach versuchen, ihn für meine Band zu gewinnen ... Ehrlich gesagt erwartete ich nicht, dass er mein Angebot annehmen würde; daher war ich total überrascht, als er dann doch nach New York kam und sich uns anschloss.«

Armstrongs Ankunft in New York am 30. September stand unter keinem guten Stern, wie sich Don Redman erinnerte. »[Der Schlagzeuger] Kaiser Marshall brachte uns mit seinem Auto in die Innenstadt, damit wir Louis abholen konnten. Der war groß und fett und trug hohe Schuhe mit Ösen und eine lange Unterhose, die bis zu den Socken reichte. Als ich ihn betrachtete, sagte ich mir: Wer zum Teufel ist das? Das kann unmöglich Louis Armstrong sein.«

Auch sein »Auftritt« bei der ersten Probe der Band verlief nicht gerade vielversprechend. Hendersons Leute pflegten sich stets ihres eleganten Äußeren zu rühmen – »englische Ausgehanzüge zu 110 Dollar«, erinnerte sich Marshall, »Sieben-Dollar-Gamaschen und 18-Dollar-Schuhe«. Arm-

WARNERS
HOPPE
BILLIARDS
ROSELAND
RIVO
BARRYMORE
SEA BEAST
UGS

Der Times Square um 1925. Links der Roseland Ballroom, lange Jahre die Heimat des Fletcher Henderson Orchestra.

strong hingegen erschien in groben Schuhen mit dicken Sohlen, wie Polizisten sie trugen, »stampfte Bumm-bumm-bumm durch den Saal, grinste und begrüßte die Jungs«.

Die waren wenig beeindruckt. »Die Band verhielt sich ... dem Neuankömmling gegenüber ein wenig reserviert«, meinte Henderson, »und es lag eine gewisse Spannung in der Luft.« Louis Armstrong hatte in Fate Marables Band Noten lesen gelernt, zog es jedoch weiterhin vor, nach Gehör zu spielen. Das erste Notenblatt, das Henderson ihm überreichte – »ein Medley aus wunderschönen irischen Walzern« –, schien den Neuankömmling besonders einzuschüchtern. Er war »verwirrt von dem Trompetenpart, den ich ihm gab«, sagte Henderson. »Darin war ein Diminuendo notiert, das bis zu einem pp [pianissimo – sehr leise] hinunterging. Die Band befolgte diese Notation und spielte ganz leise, während Louis immer noch ... mit voller Lautstärke blies. Ich wies ihn auf das pp hin, und Louis' Erwiderung brachte uns alle zum Lachen: ›Oh, I thought, that meant pound plenty.‹ Danach gab es keine Spannungen mehr.«

Nach eigenen Worten fühlte Armstrong sich jedoch nach wie vor fehl am Platz zwischen Hendersons Musikern – bis Charlie Green und der Tubaspieler sich bei einer Probe wenige Tage später auf ein Wettspielen einließen. »Oh, diese Band gefällt mir«, sagte er sich. Und als er seine anfängliche Nervosität erst einmal überwunden hatte, gefiel er ihr und den Tänzern im Roseland ebenfalls. Howard Scott, sein Kollege aus der Blechbläsersektion, erinnerte sich an sein Debüt: »Am Anfang hatte er Angst. Er fragte: ›Wie bin ich, Scottie?‹ Ich sagte: ›Hör zu, mach einfach die Augen zu und spiel nach Gefühl ... Lass es einfach raus, Louis. Sei du selbst ... Vergiss die Leute.‹ Und das tat er dann auch. Die Leute hörten auf zu tanzen, kamen zu uns rüber und hörten ihm zu ... und man erzählte uns, dass auch Passanten [auf der Straße] stehenblieben, um ihm zuzuhören. So laut war er. Am nächsten Abend kam man überhaupt nicht mehr ins Roseland rein.«

»Sie dürfen nicht vergessen, dass ich trotz allem bloß ein junger Bursche auf dem Weg nach oben war«, erklärte Armstrong später. »Ich konnte nicht so gut Noten lesen wie viele andere, aber die Musik selbst brachte mich in den Bands nie in Verlegenheit, weil ich mir meiner Sache sicher war. ›Spielen kann ich‹, sagte ich ihnen, ›und wenn ihr mir Platz zum Spielen gebt, dann geht's bestimmt gleich gut ab. Aber stellt mich bloß nicht auf die Probe.‹«

Da Armstrongs Innovationen schon bald allumfassend spürbar waren – nicht nur im Jazz, sondern auch in der gesamten amerikanischen populären Musik –, und weil ihm auf den Schallplatten, die er ab jenem Herbst mit Fletcher Henderson aufnahm, nur wenig Raum für Soli gegeben wurde, ist es heute schwierig, ihn so jung und unverbraucht zu hören, wie es den Tänzern 1924 im Roseland und zahlreichen von Ehrfurcht ergriffenen New Yorker Musikern möglich war. Auf Hendersons Aufnahmen hört man jene schwungvollen Chorusse, sorgsam arrangierten Breaks und aufgewühlten Soli, wie sie auch von einem halben Dutzend anderer Bands gespielt wurden. Doch dann bricht plötzlich Louis Armstrong hervor, als weise er – wie von einem anderen Stern – den Weg in die Zukunft. Er ist »heißer«, aber zugleich auch relaxter als die anderen, treibt, ganz wie es ihm beliebt, den Beat voran oder verzögert ihn, zieht die Schlusstöne hin, statt sie abrupt abzubrechen, wie es seine New Yorker Kollegen taten, erhebt sich über das zuweilen schwerfällige Ensemble, immer unverkennbar er selbst, immer dem Blues verbunden, ganz gleich, welches Stück oder Tempo er spielt.

Armstrongs Anwesenheit veränderte Hendersons Orchester. Auf seinen Vorschlag kam der Klarinettist Buster Bailey hinzu, ebenfalls ein ehemaliges Mitglied der King Oliver Band, um den Blues-Charakter der Band zu verstärken. Don Redman begann an neuartigen Arrangements zu arbeiten – weniger »symphonisch«, geschmeidiger, treibender –, bei dem die Bandsektionen Figuren spielten, die wie Improvisationen klingen sollten. Coleman Hawkins erinnerte sich an einen Abend im Roseland, als das Publikum Armstrong gar nicht mehr aufhören lassen wollte, nachdem er während einer pseudo-orientalischen Nummer namens »Shanghai Shuffle« ein Solo gespielt hatte. »Ich glaube, sie brachten ihn dazu, zehn Chorusse zu spielen. Danach ... nahm einer der Tänzer Armstrong auf die Schultern. Fletcher Henderson gab weiter am Piano den Rhythmus vor, während ich stumm dastand, beinahe verschüchtert, und mich fragte, ob ich wohl jemals auch nur annähernd an Armstrongs Größe herankommen würde.« Bis zu diesem Zeitpunkt war Hawkins vor allem dafür bekannt, komödiantische Effekte an seinem Instrument zu erzeugen – Gackern und Schnalzen in alter Vaudeville-Tradition. Aber nach diesem Erlebnis widmete er sich ganz der Suche nach Möglichkeiten, Armstrongs Ideen in sein eigenes Spiel einzubauen und veränderte dadurch im Laufe der Zeit die Rolle des Tenorsaxophons im Jazz.

Sobald sie im Hollywood Club fertig waren, besuchten auch Duke Ellington und seine Leute das Roseland, um Armstrong zu hören. »Mir fehlen die Worte, um diesen Kick zu beschreiben«, erinnerte sich Ellington. »Dieser Bursche war das Stadtgespräch.« Wie Hawkins sollte sich auch Ellington bald auf die Suche nach Möglichkeiten machen, Armstrongs Ideen auf seine eigene Musik zu übertragen.

So sehr Armstrong die New Yorker Musiker verblüffte, er selbst lernte auch eine Menge, so zum Beispiel bei den Tanzorchestern von Sam Lanin und Vincent Lopez, die manchmal in einem gegenüberliegenden Klub auftraten. Beide rühmten sich eines begabten Leadkornettisten, der auf eine Art und Weise spielte, die Armstrong weitgehend unbekannt war. Als er Vic D'Ippolito für Lanin spielen hörte, »erkannte ich allmählich, wie wichtig der erste Mann der Sektion ist«, erinnerte sich Armstrong. »Vic hatte einen guten Ton, und er hatte Schmiss.«

B. A. Rolfe, der bei Lopez spielte, war sogar noch beeindruckender. Dieser Kornettist stammte aus Europa, war auf dem ganzen Kontinent als »Trompetenwunderknabe« auf Tournee gegangen, liebte akrobatische Effekte und beherrschte die höheren Tonlagen seines Instruments meisterhaft. Als Armstrong miterlebte, wie Rolfe Abend für Abend während eines einwöchigen Engagements in Pittsburgh enormen Applaus dafür bekam, dass er »Shadowland« eine Oktave höher als geschrieben spielte, beschloss er, sich selbst ebenfalls »um diesen höheren Bereich zu kümmern«.

Schon bald sollte er darin unschlagbar sein. Damals spielten Kornettisten und Trompeter nur selten höher als bis zum hohen C. Armstrong beendete seinen Chorus gewöhnlich mit einem F, und zwar mit einem kräftigen, stürmischen Ton, der sich sehr von dem dünnen Falsettton unterschied, den auch ein Rolfe benötigte, um sich in derart Schwindel erregende Höhen zu

Das Fletcher Henderson Orchestra, 1924. Von links: Howard Scott (Trompete), Coleman Hawkins (Tenorsaxophon), Louis Armstrong (Kornett), Charlie Dixon (Banjo), Fletcher Henderson (Piano), Kaiser Marshall (Schlagzeug), Buster Bailey (Klarinette und Saxophon), Elmer Chambers (Trompete), Charlie Green (Posaune), Bob Escudero (Tuba) und Don Redman (Arrangeur und Altsaxophon). »Jahrelang hörte praktisch jeder Musiker in New York … Fletcher Henderson«, erinnerte sich der Autor Wilder Hobson.

schwingen. Später gab es zwar Trompeter, die höher spielten als Armstrong, aber niemand schaffte es, mit einer solch beständigen Mischung aus Kraft und Wärme solche Höhen zu erreichen wie er.

Der Kornettist Rex Stewart, damals Mitglied einer inzwischen längst vergessenen Band namens Leon Abbey's Bluesicians, erinnerte sich daran, wie er eines Abends mit zwei anderen Bläsern loszog, um Armstrong mit Hendersons Band im Savoy Ballroom in Harlem zu hören. »Wir fanden, dass man Armstrong nur richtig genießen könnte, wenn man sich mit flüssigen Erfrischungen in Stimmung brachte. Also gossen wir unser Lieblingsgetränk in Coca-Cola-Flaschen. Ich entschied mich für Gin, was sich als Fehler herausstellte … Immer wenn er auf einem hohen F endete, warf ich eine Colaflasche auf den Boden, aber bei dem ganzen Applaus konnte man sie noch nicht einmal zerplatzen hören. Leider hatten die Rausschmeißer dafür kein Verständnis.« Stewarts Begeisterung für Armstrong brachte ihm schließlich mehrere Jahre Hausverbot im Savoy ein.

Schon wenige Tage nach Armstrongs Ankunft in New York drängte Clarence Williams, ein Bekannter aus New Orleans, nachdrücklich darauf, ihn ins Aufnahmestudio zu bringen. Während der nächsten 14 Monate begleitete Armstrong 15 verschiedene Blues- und Novelty-Sänger, darunter Ma Rainey, Alberta Hunter, Clara Smith und die phantastische »Kaiserin des Blues«, Bessie Smith, die er in Erinnerung

Alberta Hunter, 1923.
»Louis Armstrong spielte mit all seiner Liebe«, erinnerte sie sich. »Alle mochten ihn.«

behielt als »äußerst ruhige Frau, die sich aus allem heraushielt. Aber wehe dem, der sich mit ihr anlegte.« Bei Aufnahmen wie »Cold in Hand Blues« bildete seine sparsame, treffende Phrasierung eine perfekte Ergänzung zu Smiths gebieterischer Stimme und fügte manchmal eine eigene, neue Gegenmelodie hinzu. Später verriet er, dass er nicht mit allen Sängern glücklich gewesen sei, mit denen er zusammenarbeitete, aber »alles, was ich mit ihr machte, gefällt mir«. Smith war dagegen weniger edelmütig. Armstrong spiele zu laut, sagte sie, womit sie ausdrücken wollte, dass er es manchmal wagte, gegen ihre Stimme um die Aufmerksamkeit der Zuhörer zu buhlen. Sie zog Joe Smith vor, der immer darauf bedacht war, sich diskret im Hintergrund zu halten.

Armstrong machte auch Aufnahmen mit Sidney Bechet – was seinem Kollegen aus New Orleans nicht immer gefiel. Seit dem Moment, ab dem er Schallplatten bespielte, war Bechet der Star jeder Aufnahmesession. Selbst wenn er als Begleitmusiker für Sänger engagiert wurde, hinterließ sein Spiel oft einen nachhaltigeren Eindruck als der Gesang selbst. Dann kam Armstrong in die Stadt und Bechet musste erleben, wie die Menge dem Neuling zujubelte – schlimmer noch, er musste feststellen, dass seine Musikerkollegen gar nicht mehr aufhörten, über ihn zu sprechen.

Bechet und Armstrong waren zwar immer herzlich miteinander umgegangen, jedoch nie wirkliche Freunde geworden. Dabei mochte die alte New Orleanser Antipathie zwischen Kreolen und Schwarzen ebenso eine Rolle gespielt haben wie die Tatsache, dass sich der elfjährige Armstrong bei ihrer ersten Begegnung mit dem halben Dollar des älteren Jungen davongemacht hatte. Darüber hinaus jedoch betrachteten die beide den jeweils anderen als einzigen echten Rivalen. Auf zwei Aufnahmen eines Stücks namens »Cake-Walking Babies«, die sie in diesem Winter machten, kann man etwas von dieser Konkurrenz hören. Die erste Version entstand drei Tage vor Weihnachten für Gennett Records und wirkt vom ersten Chorus an fast wie ein Überfall. Bechet drängt sich in den Vordergrund, als sei er entschlossen, ein für alle Mal zu demonstrieren, dass der ganze Rummel um Armstrong unangebracht ist und er selbst als »heißester« Jazzsolist unerreichbar bleibt. Armstrong, der mit gedämpftem Kornett spielt und dessen Bemühungen durch eine schlechte Aussteuerung zusätzlich behindert werden (wodurch er in den Hintergrund gerät), gibt sein Bestes, um am Lead festzuhalten, und hat auch keine Mühe, mit Bechets ungestümem Tempo Schritt zu halten. Aber es steht außer Frage, wer das Kommando hat.

Keine drei Wochen später standen sich die beiden Männer erneut gegenüber, diesmal in den Studios der Okeh Record Company. Mochte Armstrong beim ersten Mal von Bechets ungestümer Art noch auf dem falschen Fuß erwischt worden sein, so war er diesmal besser auf ihn vorbereitet. Die Aufnahme ist überwiegend das Werk eines Ensembles, doch beide Männer spielen furiose Soli und legen tatsächlich einen so Aufsehen erregenden, überfallartigen Break ein, dass es dem Zuhörer noch heute fast den Atem verschlägt. Bis zu diesem Punkt scheint der Wettbewerb mehr oder weniger unentschieden auszugehen. Dann legt Armstrong plötzlich eine Reihe prächtiger, mitreißender, rhythmisch komplizierter Läufe ein, an die kein anderer Musiker seiner Zeit herankam – nicht einmal Sidney Bechet.

Gertrude »Ma« Rainey und ihre Georgia Minstrels in Chicago, 1925. Ihr Pianist Thomas A. Dorsey, seinerzeit berühmt für seine gewagten Melodien, sollte dies alles bald hinter sich lassen und zum Vater der modernen Gospelmusik werden. Später sagte er: »Ich schäme mich nicht für meinen Blues. Ein Beat ist ein Beat.«

Jahre später nagte Armstrongs größere Beliebtheit noch immer an Bechet. Bud Freeman beging einmal den Fehler, ihn in Bechets Gegenwart überschwänglich zu loben. »Also, ich weiß nicht, Mann«, erwiderte Bechet. »Ich denke, ich habe da auch noch ein Wörtchen mitzureden.«

»Die Band verdankte Louis eine Menge, und er verdankte uns auch viel«, erinnerte sich Fletcher Henderson. »In meiner Band lernte er richtig Noten lesen, und zwar so ziemlich in jeder Tonart. [Und] er machte die Leute mit dem Swing des New-Orleans-Stil vertraut.« Bevor Armstrong kam, spielten die meisten New Yorker Bands immer noch »um-ta-ta und ricky-tick«, erinnerte sich der Trompeter Max Kaminsky, »und brachen den Rhythmus in abgehackte Synkopierungen auf«. Armstrong änderte das alles und führte die Musik weg von dem traditionellen Two Beat-Rhythmus, den die Original Dixieland Jazz Band berühmt gemacht hatte, hin zu einem fließenden, gleichmäßig verteilten Viervierteltakt, der eines Tages zum pulsierenden Herzen des Bigband-Swing werden sollte. Das war nur das erste seiner zahlreichen Geschenke an die amerikanische Musik.

»Über ... den elektrisierenden Ton, seine großartigen Ideen, sein hervorragendes Harmoniegefühl, über seine erstklassige Technik, seine Energie, seine Mühelosigkeit und Intensität, seine perfekte Beherrschung des Instruments hinaus – besaß er vor allem Swing«, schrieb Kaminsky. »Vor Louis wusste niemand, was Swing bedeutet. Dabei handelt es sich um mehr als bloß den Beat, es geht darum, die Phrasen genau im Gefühl des Beats auszudrücken, sie so zu formen und aufzubauen, dass sie ein integraler, unteilbarer Bestandteil des Tempos werden. Andere hatten die Idee dazu, aber Louis war auch imstande, dies umzusetzen; er war Erbe all dessen, was bereits gewesen war und Vater dessen, was noch kommen sollte.«

Louis Armstrong in New York, 1925.

AUSDRUCKSFREIHEIT UND GROOVE

Ein Interview mit WYNTON MARSALIS

Wynton Marsalis ist der bekannteste Jazzmusiker Amerikas. Der Trompeter, Komponist, Pädagoge und Künstlerische Leiter für Jazz am Lincoln Center in New York wurde am 18. Oktober 1961 in New Orleans geboren. Sein Vater Ellis ist Jazzpianist und Klavierdozent; seine Mutter Dolores Ferdinand Ellis besitzt einen Abschluss in Hauswirtschaftslehre und ist Mutter von sechs Söhnen, darunter vier Profimusiker. Marsalis fungierte als leitender künstlerischer Berater für die Filmdokumentation Jazz, und während der fünfjährigen Entstehungsphase unterhielt Ken Burns sich mehrere Male mit ihm vor der Kamera. Das folgende Interview ist ein Auszug aus diesen Gesprächen.

Was ist Jazz?

Jazzmusik ist Ausdrucksfreiheit und Groove, »down-home« und anspruchsvoll zugleich. Das Gefühl beim Jazz gleicht dem Gefühl, das einen überkommt, wenn man das Haus seiner Lieblingsgroßmutter besucht: Man weiß, dass es dort alle möglichen Sachen gibt, die man nicht kennt, aber es ist eben gesammelte Weisheit. Das ganze Haus vermittelt einem ein warmes Gefühl. Und es ist ein vertrauter Ort. Man ist schon mal dort gewesen, und wenn man sich an den Tisch setzt, um zu essen – tja, dann wartet alles eben schon auf einen.

Der Jazz objektiviert Amerika – er ist eine Kunstform, die uns die schmerzlose Möglichkeit verschafft, uns selbst zu begreifen. Das ist wirklich das Beste, was man von einer Kunstform sagen kann: Man lernt etwas über sich und hat noch Spaß dabei. Und genau das ist der Effekt von Jazz.

Was ist das Besondere, Einzigartige am Jazz?

Die wirkliche Kraft und Innovation des Jazz liegt darin, dass hier eine Gruppe von Menschen zusammenkommen kann und Kunst schafft – improvisierte Kunst –, indem sie ihre Interessen miteinander aushandelt. Und dieses gemeinsame Aushandeln *ist* die Kunst. Man hört immer, dass Bach improvisiert hat, und das stimmt auch. Aber es war ja nun nicht so, als wäre er zur zweiten Bratsche gegangen und hätte gesagt: »Okay, lass uns jetzt mal ›Ein feste Burg‹ spielen.« So ist das nicht abgelaufen. Beim Jazz aber könnte ich morgen nach Milwaukee fahren und dort um halb drei Uhr morgens in eine Bar marschieren. Und wenn dort drei Musiker wären, könnte ich sagen: »Was wollt ihr spielen, Leute? Wir wär's mit Blues?« Tja, und dann würden wir alle vier anfangen zu spielen, und jeder begleitet, spielt und hört zu. Man weiß aber nie, was die anderen genau tun werden. Und das ist die Kunst dabei. Wir vier können in einen Dialog eintreten. Wir können eine Unterhaltung beginnen. Wir können in der Sprache der Musik miteinander sprechen. Das ist Kunst. Unsere Kunst.

Dieser Improvisationsgeist scheint etwas ausgesprochen Amerikanisches zu sein. Ist das so?

Das ganze Konzept des Improvisierens ist Teil des amerikanischen Lebens. Als Sklave musste man ja auch lernen zu improvisieren. Man kam ins Land, ohne dessen Sprache zu kennen. Es gab jede Menge Lebensmittel, die man nicht kannte. Man musste sich mit einem ganz neuen System auseinander setzen. Und wer da nicht improvisieren konnte, steckte bis über beide Ohren in Schwierigkeiten. Denn so konnte er nicht überleben.

Du hast einmal gesagt, Jazz sei die Quintessenz des amerikanischen Geistes und die deutlichste Art und Weise zu erkennen, wer wir sind. Wie hast du das gemeint?

Im amerikanischen Leben existieren die unterschiedlichsten Interessen. Ständig gibt es Kontroversen, und wir versuchen, über diese Kontroversen zur Harmonie zu gelangen. Es klingt merkwürdig, aber das Ganze wirkt wie ein Streit, den man austrägt, um etwas zu lösen – und nicht wie ein Streit, den man um des Streitens willen beginnt.

Genau so ist es auch im Jazz: Da stehen dann acht Musiker auf der Bühne, und jeder Einzelne von ihnen hat seine eigene Persönlichkeit und seine eigenen Interessen. Es gibt zwar Noten, aber irgendwann löst man sich dann mehr und mehr von der Partitur und ist gezwungen, intelligente Entscheidungen zu treffen – Entscheidungen mit Herz, Entscheidungen, die der eigenen Persönlichkeit erlauben, zu atmen und zu sprechen, aber auch Entscheidungen, die den Persönlichkeiten der anderen das Atmen erlauben. Dabei spielen die anderen dauernd etwas, das man selbst nicht spielen würde. Also muss man lernen, wann man etwas sagt und wann man Platz macht. Immer aber handelt man das aus. Woran orientierst du dich? Spielst du mit dem Klavier? Weißt du, was das Schlagzeug gerade macht? Und so stellt sich die Frage der Einheit, des Ziels, des Willens zum gemeinsamen Spiel. Das ist Jazzmusik. Auf der einen Seite steht man selbst, mit seinem individuellen Ausdruck – und muss dann herausfinden, wie man ihn mit den anderen in Einklang bringt. Das funktioniert genau wie in der Demokratie.

Jazzmusik erklärt einem, was es bedeutet, Amerikaner zu sein – man ist Teil eines Prozesses. Und die Demokratie ist ein Prozess. Sie entwickelt sich nicht immer so, wie man es selbst gern hätte. Manchmal muss man sich eben an ein ganz bestimmtes Riff halten und zuhören, was der andere spielt. Jazz glaubt an die Ausdrucksfreiheit, aber auch daran, dass Menschen miteinander kommunizieren. Das mag des Öfteren nicht funktionieren, aber es gibt immer ein nächstes Mal: »Na gut, das haben wir jetzt vermasselt. Spielen wir eben ein anderes Stück.« Charlie Parker hat mal einem Musiker gesagt: »Okay, was möchtest du denn spielen? Wir haben nämlich eine Menge Stücke drauf. Da macht es doch keinen Sinn, etwas zu spielen, bei dem du außen vor bleibst.«

Empfindest du es nicht als ungeheure Ironie, dass Amerikas großartigste Musik ausgerechnet von seiner unbeliebtesten Minderheit erschaffen wurde?

Wenn man die Mythologie kennt, ist es nicht ironisch. Gott verkündet die Botschaft, nicht der Mensch. Und die Botschaft kommt von dort, von wo man sie am wenigsten erwartet hätte. So ist das immer in der Mythologie: Derjenige, den man ausschließt, den man unterdrückt und mit Füßen tritt – das Aschenputtel –, ist derjenige, der moralische Autorität und eine besondere Gabe besitzt. Das ist so alt wie Tag und Nacht, so alt wie die Erdç-musik wurde von Menschen erschaffen, die Amerikaner sein wollten. Sie entstammt dem Bewusstsein derer, die ausgeschlossen waren, zugleich aber im Mittelpunkt standen. Menschen wie Buddy Bolden oder Louis Armstrong – das sind Amerikaner im wahrsten Sinne. Man verweigerte ihnen die Anerkennung als Amerikaner, aber das änderte nichts an der Tatsache, dass sie Amerikaner waren. Sie hatten Zugang zu all den Informationen, die anderen Amerikanern auch zugänglich waren. Sie begegneten einander in New Orleans und verschmolzen viele verschiedene Lebenseinstellungen und Erfahrungen miteinander, aus denen sich die Jazzmusik entwickelte. Und sie waren gezwungen, ihre Interessen miteinander auszuhandeln. Das taten sie nicht aus freien Stücken, sondern weil sie aufgrund der Rassentrennung dazu gezwungen waren. Auf der einen Seite gab es die Kreolen, die von den dunkelhäutigeren Schwarzen separiert lebten, weshalb sich beide Seiten nicht leiden konnten. Und dann waren da die Weißen. Es gab also ein grundlegendes Drei-Kasten-System, von denen keine die andere mochte oder ihr vertraute. Sie kannten sich aber alle, weil sie sich jeden Tag begegneten. Sie lebten nah beieinander, aßen das gleiche Essen, sprachen im Wesentlichen die gleiche Sprache. Sie hörten die gleiche Musik und teilten gemeinsame Erfahrungen. Dann wurden die Kreolen zu einem bestimmten Zeitpunkt gezwungen, sich mit den Schwarzen zu vermischen. Gut, gewollt haben sie das nicht, aber sie mussten sich ihnen im Wettbewerb um Jobs stellen. Und so begann es mit dem Jazz. Denn an so einem Punkt heißt es natürlich: »Okay, wie gehe ich jetzt damit um, was die anderen machen?«

Welche Rolle spielt der Blues in dieser schöpferischen Mischung?

Blues fühlt sich gut an. Blues ist vieles auf einmal – eine Philosophie und eine Form, eine musikalische Form von Takten und Phrasen, ein Ganzes, das aus Melodien und Themen besteht. Ein harmonisches System. Ein System von »Call and Response«, ein Haufen »Moans and Groans«, »Shouts and Cries«. Dissonanz und Konsonanz. Und er kann Nahtstelle sein zur Musik aus aller Welt.

Blues ist wie die Folk-Themen und die Krümel und Einzelteile, die durch die Kunst des Jazz in Jazzmusik verwandelt werden. Den Blues braucht man einfach. Blues ist wie die Mehlschwitze in einem Gumbo. Eine Suppe kann noch so toll schmecken – aber ohne Mehlschwitze ist es eben kein Gumbo. Die Leute fragen mich manchmal, ob im Jazz immer auch Blues ist. Dann antworte ich, ja, wenn er gut klingt, dann ist das so.

Die Geschichte des Jazz ist voller außergewöhnlicher Persönlichkeiten und überragender, genialer Schöpfer. Was hatte Louis Armstrong an sich, das ihn selbst aus dieser Gruppe noch hervorhob?

Bei Louis Armstrong verbinden sich tiefstes menschliches Gefühl mit höchster musikalischer Reife – und das in einer einzigen Person. So etwas kommt in der Musikgeschichte selten vor. Er war dazu auserkoren, uns allen das Feeling, die Botschaft und die Identität des Jazz zu vermitteln. Das vermittelte er allen Musikern, das vermittelte er der ganzen Welt. Er verkörpert die Jazzmusik. Er war zutiefst »down-home«, gefühlvoll und leidenschaftlich, hatte dabei jede Menge Feuer in sich, war stark wie ein Bulle und hätte im Notfall auch jeden k. o. schlagen können.

Und er kannte das Leben der einfachen Leute. Die Armut. Die Prostitution. Gleichzeitig hatte er etwas ganz und gar Königliches an sich, eine spirituelle Präsenz. Er versuchte immer, das Beste aus einer Situation zu machen. Und so war auch sein Spiel. Er konnte besser Trompete spielen als jeder andere. Er konnte gewandter in den höchsten Tönen spielen als jeder andere. Und was ihn als Musiker besonders auszeichnete, war die Tatsache, dass er hörte, was alle anderen spielten. Nicht nur, dass er es hörte – er konnte sogar hören, was sie zu spielen versuchten. Und das alles integrierte er in sein Spiel.

Louis Armstrong hat eine neue Spielweise erfunden. Er schuf das zusammenhängende Solo, verschmolz den Sound des Blues mit dem amerikanischen Volkslied, erweiterte das Spektrum der Trompete. Louis Armstrong schuf das melodische und rhythmische Vokabular, aus dem alle Bigbands ihre Musik schöpften. Und alle Musiker haben ihn imitiert. Wir können uns heute gar nicht mehr richtig vorstellen, wie beliebt er war. Jeder Musiker an jedem Instrument versuchte, so zu spielen wie er – Klarinette, Saxophon, Bass, Schlagzeug. Duke Ellington sagte einmal, er wünschte sich Louis Armstrong an allen Instrumenten.

Und er blieb immer er selbst. Schon als er das erste Mal eine Trompete in die Hand nahm, muss er großartig geklungen haben – davon bin ich überzeugt. Er trug den Geist und das Verständnis in sich, das vom Schöpfer der Menschheit stammt. Sein Sound hatte ein Licht in sich – ich kann es nicht anders beschreiben. So etwas erreicht man nicht durch Üben. Es ist eine spirituelle Präsenz, und wenn man jemand mit einem Licht in seinem Ton hört, wird man wie magisch angezogen.

Duke Ellington ist die andere Figur, die aus unserer Sicht die Jazzgeschichte dominiert.

Bei Duke Ellington muss man vor allem wissen, dass er die Menschen, das Leben und die Musik geliebt hat. Er hat begriffen, dass alles möglich ist. Er begriff, was man brauchte, um etwas Unsichtbares sichtbar zu machen, wusste, wie man aus dem Möglichen etwas Reelles macht. Und das beherrschte er auf vielerlei Art. Er zeigte aller Welt, wie man den Sound des Blues für ein großes Ensemble orchestriert. Er erfand harmonische Systeme und Voicings, die niemand außer ihm beherrschte. Er konnte sich einen Stil anhören, ihn in seinem Kern erfassen, und dann die Aussage und die Essenz dieses Stils in seinen eigenen Stil integrieren. Es heißt, er habe für seine Musiker geschrieben, und das sei sein Erfolgsgeheimnis gewesen. Aber ich bin anderer Meinung. Ich glaube eher, ihr Erfolgsgeheimnis bestand darin, ihn für sich schreiben zu lassen.

Die große Spiritualität, der man im Sound von Louis Armstrong begegnet, findet man bei ihm nicht. Duke Ellington ist eher ein Typ für den späten Abend – jemand, der das Sinnliche versteht. Das findet sich in seiner Musik, in seinem Sound. Er musste nur ein, zwei Noten auf dem Klavier anschlagen, und schon fühlte man sich wie in einem Klub spät am Abend, wo gleich etwas wirklich Bedeutendes passieren würde. Er ist wie Bacchus oder Dionysos. Er liebt das Sinnliche. Das ist sein Reich. Und er ist da, um einen wissen zu lassen, was man tun muss, wie man es tun muss und in welchem Tempo man es tun muss. Daher ist er unentbehrlich.

Die Geschichte des Jazz und die Geschichte der Rassenzugehörigkeit in Amerika scheinen untrennbar miteinander verbunden.

Na ja, Rassenzugehörigkeit ist ... Für unser Land ist sie wie die Prüfung, die man der Sage nach für sein Königreich bestehen muss, damit dort alle glücklich leben können. Das ist immer etwas, das man lieber nicht tun möchte. Und es geht auch immer darum, sich mit sich selbst zu konfrontieren – wobei es immer genau darauf hinausläuft, dass man letztlich scheitert. Aber der Gradmesser des Erfolgs besteht darin, seinen Heroismus und seinen Mut dieser Prüfung zu unterziehen. Kann man ihr offen und ehrlich gegenübertreten? Bringt man die Kraft auf, einem Angriff standzuhalten? Da die Jazzmusik im Zentrum der amerikanischen Mythologie steht, hat sie notwendigerweise mit der Rassenzugehörigkeit zu tun. Schließlich ist die Rassenfrage ja unser schwarzer Fleck auf der weißen Weste – wenn das kleine Wortspiel erlaubt ist. Es ist etwas, dem wir immer näher kommen, je weiter wir davor weglaufen. Und es ist eine uralte Geschichte – wenn es nicht um die Hautfarbe geht, dann um etwas anderes. Aber hier in diesem speziellen Fall, bei dieser Nation, ist es die Rassenzugehörigkeit.

Aber der Jazz ist keine Musik einer einzigen Hautfarbe. Jeder spielt Jazz – und hat ihn auch schon immer gespielt. Doch wenn jemand die Geschichte des Jazz unterrichtet, ist immer die Rede von weißen Bands und schwarzen Bands. Aber so haben die Musiker ihre Musik nicht gelernt, das ist die faustdicke Lüge in der Jazzgeschichte. Benny Goodman hätte von jedem Klarinette gelernt, der ihm etwas beibringen konnte. Elvin Jones studierte bei jemandem, der im Symphonieorchester von Detroit spielte. Miles Davis ging auf die Juilliard School und studierte dort bei William Vachiano. Der konnte ihn nicht lehren, wie man Jazz spielt – doch als Trompeter lernte er dort von jedem, der gerade an dieser Hochschule war. Louis Armstrongs Stil ist beeinflusst vom Stil solcher Kornettvirtuosen wie Bohumir Kryl und Herbert L. Clarke. Bunny Berigan wurde von Louis Armstrong beeinflusst. Bix Beiderbecke wurde von Louis Armstrong beeinflusst. Lester Young wurde von Frankie Trumbauer beeinflusst. So funktioniert Musik: Man hört etwas, das einem gefällt, und will es auch so spielen.

Was passierte in den frühen Jahren in Chicago, als junge Weiße wie Bix Beiderbecke an die South Side fuhren, um sich die verblüffende neue Musik anzuhören, die Armstrong und King Oliver spielten?

Ich glaube, mit Bix Beiderbecke haben wir das Musterbeispiel eines Musikers vor uns, der am Scheideweg zwischen der Frage der Hautfarbe und der Frage des Jazz stand. Denn wenn es im Jazz um die Frage der Hautfarbe geht, wird sie immer nur aus einer Perspektive gestellt. Immer hört man die gleiche Geschichte von weißen Musikern, die zum Jazz gekommen sind, ihn gespielt haben und dafür von den Medien mehr Aufmerksamkeit erhielten als schwarze Musiker. Und im Allgemeinen war es ja auch so. Daran besteht kein Zweifel. So etwas passiert ständig. Aber nie hört man die Geschichte aus der Perspektive der weißen Musiker. Als diese weißen Jungs sich aufmachten, um King Oliver und Louis Armstrong zu hören, müssen wir uns vor Augen halten, dass deren Musik – von Bach abgesehen – das Abstrakteste und Anspruchsvollste war, das man je gehört hatte. Nun liebt ja ein Musiker Musik, und er liebt sein Instrument. Wenn er dann jemanden hört, der dieses Instrument großartig beherrscht, empfindet er eine Mischung aus tiefem Neid, Respekt und Zuneigung. Man geht jeden Abend aus, man hört den größten Musiker der Welt spielen, Louis Armstrong, und man will nur eins – so spielen zu können wie er. Aber es war einem eingeschärft worden: »Hör da nicht hin. Das sind Nigger, die können gar nicht spielen, das ist Negermusik, das Ganze ist nur ein Witz.« Doch irgendwann wird einem klar, dass diese Musik das Wichtigste ist, was einem im ganzen Leben begegnet ist. Und wenn man sich dessen gewahr wird, wird einem auch bewusst, dass man selbst ein Teil davon ist. Und das muss erhebend und erschreckend zugleich sein. Denn Jazzmusik zu akzeptieren, bedeutet, dass man an einem gewissen Punkt auch das Menschsein des amerikanischen Negers akzeptieren muss.

Das ist etwas, das bis zu »Onkel Tom« zurückgeht – nur mit dem Unterschied, dass der alte Tom ein hilfloser alter Onkel war, der sich hinsetzte und den kleinen weißen Jungs den Lauf der Welt erklärte. Tja, das hatte sich mittlerweile geändert, denn die Männer, die diese Jungs auf der Bühne erlebten, waren gut gekleidet, kultiviert, und Louis Armstrong war etwa in ihrem Alter. Da war Konkurrenzdenken dabei, Ehrfurcht, Neid, Respekt, Liebe, Verehrung, eine Menge unterschiedlicher Gefühle, alles gleichzeitig. Und Scham ebenfalls. Denn die weißen Jungs hatten gelernt, dass diese Menschen ein Leben lang minderwertig seien. Jeder Zeitschriftenartikel, jede Zeitungsstory, die ganze amerikanische Mythologie sagt: »Ein Nigger ist einen Scheißdreck wert.« Das hat man beigebracht bekommen. Und jetzt stehen sie da, schauen sich diese Musiker an, und denken: »Mann, ich wünschte, ich könnte so spielen wie diese Typen.« Wie ist einem dann zumute? Und wenn sie sich dann entschließen, zu lernen, wie man diese Musik spielt, wie reagiert die Gesellschaft dann darauf? Entweder sie schaffen es und werden als dieser oder jener Weißer bekannt – was nicht der Grund dafür ist, warum sie diese Musik hatten spielen wollen. Oder sie werden von ihren Eltern verspottet, weil sie dreckige Schwarzenmusik spielen, die einen ja doch nur zum Trunkenbold macht, der in der Gosse landet, und die einen allen möglichen guten Sex haben lässt, den man besser nicht haben sollte. Oder sie schlagen sich mit der Kunstform herum, lernen, wie man sie spielt, und werden so gut wie möglich – doch selbst wenn ihnen das gelingt, wie etwa Bix Beiderbecke, werden sie immer hinter Louis Armstrong zurückbleiben. Wie sollen sie nun als Männer, mit dem natürlichen Konkurrenzdenken, das der Mann eben hat, und dazu noch als Weiße, denen man beigebracht hat, sie seien die Nummer eins, wie also sollen sie das alles im Lauf ihrer menschlichen Entwicklung erfolgreich bewältigen? Das war die große Frage, die sich ihnen ihr Leben lang stellte.

Du vertrittst den Standpunkt, dass man die Geschichte des Jazz begreifen muss, wenn man ihn spielen will.

Geschichte ist die Bühne. Das gilt für alle Künste. Shakespeare befasste sich mit Themen, die schon lange vor ihm existierten. Picasso meinte, er könne Kunstformen wiederbeleben, die schon lange tot waren – sumerische Kunst, etruskische Kunst. Er konnte sich dieser Formen annehmen, sie wieder zum Leben erwecken und ihnen ein anderes Flair oder ein anderes Gefühl verleihen. Das ist der Kern der Kunst, darin liegt die Freude daran. Will man mit der ganzen Menschheitsgeschichte spielen? Oder nur mit den letzten zehn Jahren?

Am populärsten war Jazz während der 30er und Anfang der 40er Jahre, als er noch für ein Tanzpublikum gespielt wurde.

Jazzmusik ist Tanzmusik. Je näher man einer körperlichen Reaktion kommt, desto mehr wird die Musik swingen und desto besser wird sie sich anfühlen. Je weiter man sich von einer körperlichen Reaktion entfernt, desto schlechter fühlt sie sich an. Wenn Duke Ellington bei einem Tanzabend auftrat und dabei eine seiner langsameren Nummern spielte, konnte er die gefühlsbetonte Wirkung erkennen, die seine Musik besaß, und bei den Stücken mit mehr Tempo sah er einen Raum voller Menschen vor sich, die auf seine Musik tanzten und Spaß hatten. Doch wenn man in einem Konzertsaal spielt, scheinen die Leute manchmal Angst zu haben, auch nur leicht mit dem Fuss zu klopfen oder den Kopf zu bewegen. Dann fragt man sich: »Was ist hier los?« Man weiß einfach nicht, ob man swingt oder nicht.

Es heißt aber doch auch, der Jazz hätte sich erst mit dem Aufkommen des Bebop zu einer reiferen, »intellektuelleren« Kunstform entwickelt.

Ich glaube nicht, dass sich die Frage nach der Entwicklung zur intellektuelleren Kunstform je gestellt hat – denn der klügste Jazzmusiker in Punkto rein musikalischer Intelligenz war Duke Ellington, und er fühlte sich nie zum Bebop hingezogen. Daher bin ich auch nicht davon überzeugt, dass sich der Jazz zu etwas entwickelte, in das man eine Menge Intellekt hineinsteckte, nur um einen Stil zu erschaffen, den dann niemand verstand. Die europäische Musik hat unter einer solchen Entwicklung gelitten. Diese Musik ging teilweise in eine Richtung, die vielleicht mathematisch betrachtet brauchbar war, die das Publikum aber schlichtweg ablehnte. Denn im Grunde hat Musik etwas mit einem Mann und einer Frau zu tun, mit Männern und Frauen und ihrer Beziehung zu Gott. Wenn man diese Ebene verlässt, erfindet man vielleicht etwas, das eine Weile lang hip und interessant ist. Vielleicht. Man kann sein Horn in die Hand nehmen

und mit einer Gruppe Musiker einfach spielen, was man spielen will, und das kann durchaus kreativ sein. Man kann spielen, was man will. Man kann sich eines kleinen Themas annehmen und einfach eine Stunde darüber spielen, so laut man will, mit so viel Wut, so viel Freude, wie man nur möchte. Das kann ausdrucksvoll und bedeutungsvoll sein und eine Menge Spaß machen. Ich glaube bloß nicht, dass viele so etwas allzu lange hören wollen. Für mich ist das die elitärste Form der Musik – die ultimative, elitäre Aussage, die da lautet: »Ich möchte das jetzt spielen.« Außerdem widmet man sich dabei nicht der Form. Es ist wie beim Basketball: Ist der Korb erst einmal weg und muss ich mich nicht mehr an bestimmte Regeln halten, dann stehe ich einfach auf der Straße und dribble vor mich hin. Natürlich kann das auch Spaß machen – nur ist es dann eben kein Basketball mehr.

Du hast einmal gesagt, Jazz sei etwas für Erwachsene und entspringe erst einer gereiften Sensibilität.

Man wird nie einem Wunderkind wie Mozart begegnen, einem Acht- oder Neunjährigen, der großartige Jazzmusik spielt. Zwar gibt es auch in der klassischen Musik nicht viele Mozarts, aber hin und wieder erlebt man doch Menschen, die frühzeitig entwickelt sind und schon in jungen Jahren ein professionelles Niveau erreichen. Beim Jazz gibt es das nicht: Hier geht es darum, wie viel man über das menschliche Leben weiß. Was verstehst du vom alten Uncle Ned, von dem Vater, der seine Familie verlassen hat? Was davon, womit deine Mutter fertig werden muss? Was begreifst du von dem, was dir die Frau im Bus erzählt hat? Das ist es, was aus deiner Trompete kommt – wie viel du vom Leben begreifst, von seiner Struktur, seiner Absurdität und seiner Schönheit. Kinder denken über so etwas noch nicht nach; sie sind zu sehr mit sich selbst beschäftigt. Wir leben in einer Zeit, in der der Generationsunterschied eine große Rolle spielt. So etwas gibt es im Jazz nicht. Als junger Musiker möchte man so spielen können wie die Leute, die es draufhaben. Kein 13- oder 14-Jähriger kommt zu Clark Terry oder einem anderen großen Musiker und erzählt ihm, was Sache ist. Aber wenn man mit Schülern von der Highschool spricht, wollen die wissen: »Aber was halten die Kids davon?« Als ob es Sache eines Erwachsenen wäre, darauf zu achten und herauszubekommen, was die denken – als ob dich das einen Schritt weiterbrächte.

Die Botschaften, die große Jazzmusiker uns übermitteln, enthalten immer etwas Spirituelles. Wie vielen Menschen hat die Musik von Louis Armstrong dabei geholfen, auf dieser Welt zu überleben? Jazz ist gegenwärtige Musik. Sie erlöst uns nicht von dieser Welt, sondern führt uns mitten hinein und sagt: »So sieht es aus.« Sie beschäftigt sich mit der Gegenwart und sagt: »Und genau das alles passiert.« Vielleicht liegt jemand betrunken auf der Straße – möglicherweise ist es der Kerl, den man gerade spielen gehört hat. Es könnte auch Charlie Parker sein. Aber diese Tatsache schmälert die Kraft seiner Aussage nicht: »Ja, das habe ich getan, und das hier auch.« In dieser Musik liegt das ganze Spektrum des Menschseins.

Was sagt uns der Jazz über den Zustand unseres Landes?

Er sagt uns, dass wir lernen müssen zuzuhören. Das tun wir nämlich nicht. Wenn ich junge Musiker spielen höre, ist ihnen allen gemeinsam, dass sie einander nicht zuhören. Zunächst einmal spielen sie zu laut. So laut wie sie spielen, können sie einfach nicht mit anderen spielen. Außerdem sagt uns der Jazz, dass wir zuhören und ehrlich versuchen müssen zu verstehen, was der andere spielt. Wenn man Trompete spielt und nicht versteht, was der Bassist spielt, findet man sich möglicherweise nicht mehr zurecht. Wenn man die Akkorde nicht kennt, die das Klavier spielt, ist es äußerst schwierig, mit dem Klavier zu spielen. Außerdem ist man selbst verantwortlich dafür zu lernen. Man muss zum Schlagzeuger gehen und ihn fragen: »Was ist das für ein Rhythmus?« »Ein Fünfviertel.« »Okay, kannst du mir mal zeigen, wie man den spielt? Wie soll ich darauf reagieren?« Man kann nicht einfach sagen: »Tja, ich bin Afroamerikaner und du bist Amerikaner asiatischer Herkunft und du Weißer und du irischer Amerikaner, und ich will zehn Prozent davon und ihr könnt die anderen 90 Prozent haben«, weil Musik so nicht funktioniert. Alle müssen die Musik machen. Ich kann nicht sagen: »Also, als Trompeter muss ich eigentlich gar nicht wissen, was das Klavier spielt. Ich will bloß meinen Freiraum für das Solo.« »Ich bin Schlagzeuger, deswegen spiele ich lauter als ihr alle, also gebt euer Bestes.« Man kann nicht sagen: »Ich bin Komponist und verstehe mehr von Musik als ihr alle, also spielt die Musik so, wie ich das will.« Solche Verhältnisse kann man im Jazz nicht haben. Wer Musik komponiert, muss auch Musik schreiben, die die Musiker spielen können – ein Teil des Erfolgs besteht darin, etwas zu schreiben, über das sie improvisieren wollen. Als Trompeter muss man herausfinden, wie man im Einklang mit dem Saxophon spielt. Als Schlagzeuger muss man herausfinden, wie man groovt und swingt und dafür sorgt, dass sich alles für jeden gut anfühlt, wie man sie antreibt, wenn sie Hilfe brauchen, wie man sich zurückhält, wenn sie keine brauchen, wie man etwas aus ihnen herauskitzelt. Man muss aber auch auf den Bass hören und darf nie den Swing vergessen. Als Bassist muss man schlichtweg seinen Job fachmännisch erledigen und seinen Beitrag leisten, wann immer man kann und mit interessanten Ostinatos und Grooves ankommen und der Musik neue Richtungen eröffnen. So hat jeder seine Aufgabe – aber die Rollen sind austauschbar. Es ist eine Frage der Integrität und Intelligenz der Gruppe.

Was wäre das Leben ohne Jazz?

Man kann mit Sicherheit ohne Jazz auskommen. Zum Leben braucht man nur Wasser und Nahrung. Die Kunst im Allgemeinen ist nicht lebensnotwendig. Aber was für ein Leben führt man dann? Ich weiß es nicht. Man braucht kein Bett zum Schlafen. Man muss Nahrung nicht kochen, um sie zu essen. Man muss keine Kleider einer besonderen Stilrichtung besitzen. Man muss nicht auf eine bestimmte Art und Weise reden. Die meisten Dinge, die einen umgeben, braucht man nicht wirklich. Aber wenn man sie um sich hat, macht das Leben in dieser Welt einfach mehr Spaß. Und sie geben einem auch etwas, auf das wir uns freuen, etwas, das uns mit allem verbindet, was auf der Erde geschieht. Es ist, als wollten sich bettelarme Leute auf dem Land an einem Sonntagmorgen gut anziehen, ohne überhaupt Geld zu besitzen, sie haben bloß diesen kleinen Hut mit der Blume drauf. Es geht um das, was diese Blume darstellt. Das gewisse Etwas. Die eine Kleinigkeit, die dich zu etwas Besonderem macht, einzigartig. Das ist Jazzmusik. Und das ist es auch, was ein Jazzmusiker den Menschen geben möchte.

UNSERE SPRACHE

Der Jazz wurde in New Orleans geboren und wuchs auf in Chicago, New York und an der amerikanischen Westküste. Bereits Mitte der 20er Jahre hörte man ihn in verschiedensten Varianten in den Tanzsälen, Rasthäusern und Flüsterkneipen des ganzen Landes. Der Blues, einst das Produkt umherziehender schwarzer Musiker, der Ärmsten der Armen aus den Südstaaten, hatte sich zu einem Geschäftszweig der Musikindustrie entwickelt, und das Tanzen zog ein Land in seinen Bann, das zu glauben schien, der Wohlstand könnte gar kein Ende mehr nehmen. Die ersten reinen Frauenorchester entstanden – wie zum Beispiel Babe Egan's Hollywood Redheads, eine Band, die sich auf Plakaten als Twelve Vampires ankündigte, oder die Parisian Redheads, die in Wirklichkeit allesamt aus Indiana stammten. Über 100 Tanzorchester zogen regelmäßig kreuz und quer durch das weite Land zwischen St. Louis und Denver, Texas und Nebraska. Zu diesen »Territory Bands« gehörten die Coon-Sanders

Pianist Ben Smith, Bildmitte, und seine Blue Syncopaters, 1928. Die Band kam aus El Paso, Texas, machte nie Schallplattenaufnahmen, reiste jedoch wie zahlreiche andere der so genannten Territory Bands Jahr für Jahr Tausende von Meilen durch das Land und brachte die Musik – und mehr als nur eine Prise Eleganz – in die Städte und Dörfer der Präriestaaten.

Nighthawks, die Orchester von Alphonso Trent, Doc Ross, Troy Floyd und Benny Moten, die Deluxe Melody Boys, die Happy Black Aces, Jesse Stone's Blue Serenaders, George E. Lee und sein Singing Novelty Orchestra, Walter Page mit seinen Blue Devils sowie Andy Kirk's Clouds of Joy. »Damals fand man nichts dabei, 150 oder 200 Meilen weit zu fahren, um tanzen zu gehen«, erinnerte sich ein Veteran der Territory Bands. »Es kamen viele Leute aus dem Publikum zu uns und erzählten: ›Wir sind 200 Meilen gefahren, um euch zu sehen.‹«

In der Zwischenzeit brachten Rundfunk und Schallplatten – von denen die Amerikaner 1927 über 100 Millionen Stück kauften – den Jazz auch in Gegenden, die so abgelegen waren, dass keine Band dort auftauchte. Und die Musik selbst begann sich zu verändern: Statt des überschwänglichen, kollektiven Stils legte man nun immer mehr Wert auf die Innovationen hochtalentierter Individualisten. Solisten, die improvisierten und sich bemühten, ihre eigene Stimme zu finden und ihre eigene Geschichten zu erzählen, rückten immer stärker in den Mittelpunkt.

Als Louis Armstrong im November 1925 nach Chicago zurückkehrte, um im Dreamland Café zu spielen, verblüffte ihn ein Spruchband über der Tür, auf dem er als »Größter Jazzkornettist der Welt« angepriesen wurde. Seine Frau Lil hatte darauf bestanden. Armstrong selbst war zunächst peinlich berührt: »Ich wollte nie eine große Nummer sein«, sagte er. Aber nun gab es kein Zurück mehr für ihn.

Anfänglich hatte Armstrong es genossen, mit Fletcher Henderson zu spielen; ihm gefielen New York und das Nachtleben von Harlem, und er freute sich über den Empfang, der ihm und dem Orchester überall bereitet wurde. »Wir waren die erste farbige Bigband, die durch die Lande zog«, erinnerte er sich stolz. »Wir bereisten sämtliche Neuengland-Staaten.« Doch Lil Hardin Armstrong, die im Dreamland Café in Chicago ihre eigene Band leitete, befürchtete, dass es ihrem Mann in Manhattan ein wenig zu gut gefiel – möglicherweise hatte sie läuten gehört, dass er sich nach Feierabend noch mit einem Revuegirl traf. Auf jeden Fall war sie unzufrieden mit der Entwicklung seiner Karriere. Zwar sorgte Armstrongs Engagement in New York dafür, dass sein Name immer bekannter wurde, aber Henderson war nach wie vor nicht bereit, ihm den Status einzuräumen, den er ihrer festen Überzeugung nach verdiente. Im Oktober 1925 brachte sie den Besitzer des Dreamland dazu, ihrem Mann 75 Dollar pro Woche anzubieten und schickte ihm ein unmissverständliches Telegramm, in dem sie ihm das Datum nannte, an dem sie ihn wieder zurückerwartete. Ihr letzter Satz lautete: WENN DU AN DIESEM TAG NICHT KOMMST, BRAUCHST DU GAR NICHT MEHR ZU KOMMEN.

Kleine Bands, die sich keinen Bus leisten konnten, fuhren die langen Strecken zu ihren Engagements in Privatwagen. Die Instrumente reisten gut verpackt und verschnürt hinten oder auf dem Wagen mit – kein Problem, solange es nicht regnete.

Armstrong kam. Nach 14 Monaten in New York fühlte er sich zunehmend unzufriedener. Henderson nahm es mit der Disziplin innerhalb der Band nicht allzu genau; manche seiner Leute tranken zu viel und erschienen zu spät, zuweilen auch gar nicht. »Mir war es immer ernst mit meiner Musik«, erinnerte sich Armstrong. Es ärgerte ihn, dass er so gut spielen konnte, wie er wollte und doch nicht die erste Trompete spielen durfte. Dieser Platz war für Elmer Chambers reserviert, auf dessen verfeinerten, »ernsten« Ton Henderson mittlerweile baute, wenn er bei Tanzabenden der besseren Gesellschaft spielte. (Armstrong sagte später über Chambers, er klänge wie eine »alte Ziege«.) »Fletcher ließ mich nur das dritte Kornett spielen«, beklagte sich Armstrong viele Jahre später. »Die ganze Zeit, in der ich in seiner Band spielte, gab er mir immer nur 16 Takte für ein Solo; dafür musste ich aber immer die hohen Töne spielen, die nicht mal die Primadonnen, die ersten Trompeter hinkriegten.« Armstrong betrachtete sich als Allround-Entertainer – er war jemand, der ebenso gern Gelächter hörte wie Applaus, und seit seiner Zeit als elfjähriger Tenor auf den Straßen des schwarzen Storyville hatte er sowohl gesungen als auch gespielt. An diesen Fähigkeiten zeigte Henderson jedoch offenbar kein Interesse. Er mochte die von ihm so genannte »Nebelhornstimme« Armstrongs nicht und fand dessen überschwänglichen, überfallartigen Stil zu schwarz für die weißen Gäste des Roseland. Armstrong durfte im Allgemeinen nur bei den zwangloseren Auftritten der Band in Harlem singen.

Doch mehr als alles andere ärgerte Armstrong sich darüber, dass Henderson »mich einfach nicht verstand« und ihn trotz seines Talents weiterhin als eine Art dunkelhäutigen Bauerntrottel betrachtete. Falls Henderson wirklich so dachte – er bezeichnete Armstrong Jahre später tatsächlich immer noch als »ziemlich hinterwäldlerischen Jungen in der Großstadt« –, dürfte der Höhepunkt einer großen Abschiedsfeier, die er zu Armstrongs Ehren im Small's Paradise in Harlem gab, nicht dazu beigetragen haben, seine

Die in Michigan beheimatete »House of David«-Sekte, deren Gründer sich auserkoren wähnte, die untergegangenen Stämme Israels wieder zu vereinigen, kam zu Geld, indem sie Jazzbands gründete und Baseballmannschaften aufstellte. Das Verbot der Sekte, sich die Haare zu schneiden, erstreckte sich offensichtlich nicht auf Frauen.

Die Parisian Red Heads, die sich auf Plakaten als »America's Greatest Girl Band« ankündigten und sich später in The Bricktops umbenannten, 1929.

Das Erskine Tate Orchestra im Vendome Theater an der South Side von Chicago, 1925. Vierter von links ist Louis Armstrong. Als Tate ihn bat, sich seinem eleganten Orchester anzuschließen, schrieb Armstrong: »Ich hätte ohnmächtig werden können … denn es war für jeden Musiker was ganz Besonderes, in Tates Band zu spielen.«

Meinung zu ändern. Auf die Ansprachen und ein üppiges Abendessen folgte eine Jam-Session, bei der eine Flasche Champagner nach der anderen geköpft wurde. Schließlich stellten Armstrong und Buster Bailey fest, dass sie zu viel getrunken hatten und beschlossen, sich auf den Heimweg zu machen. Armstrong torkelte auf Henderson zu, um sich ein letztes Mal von ihm zu verabschieden; doch kaum hatte er begonnen, sich bei ihm für seine Freundlichkeit zu bedanken, beugte er sich vor – und erbrach sich quer über das »schöne, saubere Smokinghemd« des Bandleaders.

Das Dreamland Café an der South State Street 3520 war eine wirkliche Besonderheit in Chicago – eine opulente, mit Spiegeln behängte »Black-and-Tan«-Bar, die von Schwarzen wie Weißen frequentiert wurde und die Billy Bottoms gehörte, einem prominenten schwarzen Unternehmer mit guten Beziehungen. Zuhältern, Prostituierten und »Schiebern«, die für weiße Männer schwarze Frauen aus anrüchigen Lokalen besorgten, war der Eintritt verwehrt. »Einheimische und Geschäftsleute unserer Hautfarbe aus der ganzen Stadt können unbesorgt Freunde und Familienmitglieder mitbringen, im Wissen, dass hier nichts erlaubt wird, weder in Worten noch in Taten, was Anlass zu Beschwerden geben könnte«, versicherte der *Chicago Defender* seiner Leserschaft. Nur zwei Wochen, nachdem die Armstrongs wieder gemeinsam auf dieser Bühne standen, berichtete der Musikkritiker des *Defender*, der Kornettist ziehe »abends viele weiße Musiker ins Dreamland, die ihm zuhören, wie er die eigenartigsten Jazzfiguren bläst. Der Junge ist eine Klasse für sich.«

Das fand auch der New Orleanser Pianist Richard M. Jones, mittlerweile Produzent für Race Records beim Okeh-Label. Er überredete Tommy Rockwell, den Geschäftsführer der Chicagoer Niederlassung, erstmals Schallplatten mit Louis Armstrong unter dessen eigenem Namen aufzunehmen. Am 12. November 1925 spielten Armstrong und eine für diese Aufnahmen zusammengestellte Band, die er Hot Five taufte – Kid Ory, Johnny Dodds, Lil Armstrong und der Gitarrist und Banjospieler Johnny St. Cyr – die ersten drei von etwa 65 Aufnahmen ein, die Armstrong ein für alle Mal als bedeutendsten Solisten im Jazz etablieren sollten. »Bei diesen Aufnahmen«, erzählte Armstrong Jahre später, »ging es nur darum, die Typen abzuholen und die Sache hinter sich zu bringen. Wir wollten auch gar keine Tantiemen, es hieß nur: ›Bezahl mich einfach, Mann, schieb mir den Zaster rüber.‹ Jeder kriegte 50 Dollar pro Aufnahme – für uns war das ein Gig wie jeder andere, und wir freuten uns, weil wir anschließend nach Uptown fahren und mit dem Geld auf die Pauke hauen konnten. Und jetzt hör sich einer diese Aufnahmen an!« Lil Hardin Armstrong pflichtete ihm bei. »Am Anfang hatten wir keine Ahnung, dass Jazz einmal so bedeutend werden würde und dass irgendjemand einmal wissen wollte, wie wir angefangen haben, was wir gespielt haben, welche Aufnahmen wir gemacht haben. Es ist schon witzig, wenn man dann in Büchern liest, warum wir dies und das getan haben. Ich bin froh, dass sie das alles wissen – wir wussten es nämlich selbst nicht.«

Die Aufnahmen der Hot Five – und später die der Hot Seven – wurzelten tief in der Tradition von New Orleans, die Armstrong von Geburt an geprägt hatte. Und dennoch ist hier, sozusagen vom ersten Chorus der ersten Aufnahme an (eines ansonsten durchschnittlichen Stücks von Lil Armstrong namens »My Heart«) etwas völlig Neues zu hören. Zwar ist die vertraute kollektive Polyphonie noch immer gegenwärtig, und die einzigen richtigen Soli werden von Dodds und der Komponistin gespielt, doch Armstrong bläst den Lead und eine Reihe von Breaks mit solcher Energie und einem Gefühl, dass sie wie Soli klingen. Im Lauf der folgenden zwei Jahre erweiterte sich seine Rolle fortwährend, bis, wie sich die Frau seines Freundes und Schlagzeugers Zutty Singleton erinnerte, die übrigen Musiker auf den Aufnahmen wie »ein Chor« klingen, dessen Rolle darin besteht, die musikalische Untermalung für Armstrongs Höhenflüge zu liefern.

»Ich wurde von Abend zu Abend beliebter«, erinnerte sich Armstrong, »und war das Gesprächsthema in Chicago.« Binnen eines Monats nach seiner Rückkehr und noch während seiner Auftritte im Dreamland nahm Armstrong ein Angebot von Erskine Tate an, dem Leiter des Theaterorchesters im höhlenartigen Vendome Theater, drei Straßen weiter südlich an der South State Street. Ein solches Engagement war für Armstrong völlig neu: Er spielte nun in einem zwölfköpfigen Orchester zusammen mit Streich- und Holzblasinstrumenten, musste im Smoking Stummfilme begleiten und zwischen den Vorführungen das volle Programm von Broadway-Melodien und leichter Klassik spielen, das nach Armstrongs Erinnerung in einer »brandheißen Nummer« gipfelte. Zunächst hatte Armstrong Bedenken – genau wie damals, als er nach Chicago ging und bevor er seinen Platz in Fletcher Hendersons Band eingenommen hatte. Seine Frau musste drohen, ihm »bei lebendigem Leib die Haut abzuziehen«, bis er endlich einwilligte, zur ersten Probe zu gehen.

In diesem Orchester war perfektes Vom-Blatt-Spielen gefordert, und Tate bestand auch darauf, dass Armstrong sein »stummeliges kleines Kornett« gegen eine elegante neue Trompete eintauschte, die zu der seines Sektionskollegen, Tates jüngerem Bruder Jimmy, passte. (Wenig später gab Armstrong das Kornett ganz auf.) Als Tate ihn dazu bewegen wollte, den Orchestergraben zu verlassen und für seine Solonummern auf die Bühne zu steigen, schreckte er davor zurück. Er wolle es sich nicht mit seinen Kollegen verscherzen, meinte er. Trotzdem richtete man einen Scheinwerfer auf ihn, und als dieser Armstrongs schimmerndes Horn fand und er zu spielen begann – manchmal 50 hohe C hintereinander, während alle im Saal mitzählten, um dann auf ein hohes F zu klettern –, geriet das Publikum völlig aus dem Häuschen und war bald nicht mehr bereit, irgendwelche Stellvertreter zu akzeptieren, wie der junge Adolphus »Doc« Cheatham feststellen musste. Cheatham kam frisch aus Nashville, Tennessee, war erst 21 und kurz zuvor vom Kornett zum Saxophon gewechselt, als Armstrong ihn in Chicago an einer Straßenkreuzung anhielt.

»[Louis] sagt: ›Hast du Lust, im Vendome Theater für mich zu spielen? Ich will am Donnerstag freinehmen.‹
Ich antworte: ›Tut mir sehr Leid, aber ich glaube nicht, dass ich für dich der Richtige bin ...‹
[Doch] Louis bestand darauf ... Ich wollte es zwar lieber nicht machen, hatte aber das

Das Pearl High School Orchestra in Nashville, Tennessee, 1918. Oben links steht Adolphus »Doc« Cheatham, der sein Altsaxophon später gegen ein Kornett eintauschte und es damit zu einer der längsten Jazz-Karrieren brachte.

Gefühl, ich könnte ein bisschen Geld in den Taschen gebrauchen ... Die Musiker kamen einer nach dem anderen herein, setzten sich, und zum Schluss kam Tate mit seinem Taktstock ... Als Louis' Part der Show spielten sie seine Spezialität, ›Poor Little Rich Girl‹. Es war eine große Band, mit Geigen und so weiter, und [das Publikum] bekam gar nicht mit, dass ich dabei war. Ich saß da mit meinem Kornett und als Louis Part schließlich begann und Tates Bruder meinte: ›Du bist dran‹, stand ich auf und blies das Kornett.
Die Leute fingen an zu kreischen, man verstand sein eigenes Wort nicht mehr. So etwas hatte ich im ganzen Leben noch nicht erlebt – aber nur eine Sekunde lang, dann brachen sie abrupt ab, wurden still, der Applaus verebbte, erstarb regelrecht ... sie hatten bemerkt, dass ich nicht Louis war. Mir war, als müsse ich tot umfallen.«

Louis Armstrongs Hot Five, 1925. Von links nach rechts: Armstrong, Johnny St. Cyr, Johnny Dodds, Kid Ory und Lil Hardin Armstrong. Dieses PR-Foto signierte Armstrong für einen der zahllosen jungen Trompeter, die ihn damals verehrten, den in Chicago geborenen Muggsy Spanier.

Musiker zahlten Eintritt für einen Platz im Vendome, nur um zu sehen, ob Armstrong die hohen Noten hinbekam, für die er berühmt geworden war. Als er Lil gegenüber gestand, er mache sich manchmal Sorgen, dass er versagen könnte, reagierte sie unwirsch. Er solle einfach anfangen, zu Hause das hohe G zu üben, meinte sie. »Wenn du zu Hause das G triffst, brauchst du dir über ein F im Theater nicht mehr den Kopf zu zerbrechen.« Das funktionierte offensichtlich. Als er in einer späteren Lebensphase während eines Interviews gefragt wurde, ob er je eine der hohen Noten verpasst hätte, lachte Armstrong nur. »Damit gab's nie Probleme.«

Armstrongs angeborene Fähigkeit, sich gut in Szene zu setzen, kam nun voll zur Geltung. Er tanzte, machte Witze und sang genauso gut, wie er spielte. Besonders gern setzte er eine Brille auf und zog einen Mantel mit langen Schößen über, um dann als diebischer Prediger »Reverend Satchelmouth« Pseudopredigten im Stil seines Lieblingsentertainers Bert Williams zu halten.

Es gab auch Musiker, die sich über die Aufmerksamkeit ärgerten, die Armstrong zuteil wurde. Lil erinnerte sich an einen Abend, als Freddie Keppard, der kreolische Kornettist und Erzrivale Joe Olivers in New Orleans, betrunken und ohne sein Horn ins Dreamland platzte.

»Freddie stellte sich eine Weile neben die Bühne und hörte zu. Dann sagte er zu Louis: ›Junge, gib mir mal deine Trompete.‹ Daraufhin schaute mich Louis an, und als ich nickte, gab er sie ihm. Und Freddie blies, und wie er das tat ... Die Leute applaudierten ihm herzlich. Dann reichte er Louis die Trompete wieder zurück, und ich sagte: ›Jetzt zeig's ihm, zeig's ihm!‹ Und dann spielte er, wie ich ihn noch nie im Leben gehört hatte. Wenn man Louis richtig spielen hören will, braucht man bloß zu warten, bis er wütend ist. Mannomann, er blies, und die Leute stellten sich auf die Tische und Stühle und schrien. Und Freddie hat sich ganz schnell davongemacht. Nie wieder hat jemand Louis um seine Trompete gebeten!«

Im Lauf der nächsten Monate kamen noch weitere Herausforderer. Laut Barney Bigard erschien eines Abends Johnny Dunn, ein aalglatter Musiker der New Yorker Stakkato-Ragtime-Tradition, und machte sich vor Louis Armstrong über dessen Spiel lustig. »Junge, du hast ja überhaupt keine Ahnung«, meinte er. Armstrong »blies ihn schlicht und einfach zur Tür hinaus«, behauptete Bigard. »Als Louis fertig war, schauten sie sich nach Johnny Dunn um, doch der hatte sich aus dem Staub gemacht. Und er ist nie wieder dort aufgetaucht.«

Kid Ory erinnerte sich, dass dem Schnellfinger-Spezialisten Cladys »Jabbo« Smith in etwa Gleiches widerfuhr, als er Armstrong »mit blutunterlaufenen Augen« aufsuchte. Smith tat sein Bestes, fand aber seinen Meister und verließ den Club, wobei er vor sich hin murmelte, er wolle sich eine Posaune besorgen.

Am 26. Februar 1926 ging Armstrong mit seinen »Hot Five« erneut ins Okeh-Studio, um weitere sechs Plattenseiten zu bespielen. Diese Aufnahmen bestätigen die künstlerische Meisterschaft Armstrongs, und zwei von ihnen schrieben Jazzgeschichte. »Cornet Chop Suey« war sein erstes virtuoses Meisterwerk. Abgesehen von einem hölzernen Pianosolo seiner Frau steht Armstrongs Kornett im Mittelpunkt der Aufnahme – er führt die Melodie ohne jede Begleitung, führt das Ensemble, spielt ein spektakuläres Solo, bei dem die Rhythmusgruppe pausiert

Louis Armstrongs Erfolg mit »Heebie Jeebies« inspirierte andere Entertainer, wie zum Beispiel Ethel Waters, zu eigenen Versionen des Stücks.

und endet mit einer eigenen Kadenz. Tommy Rockwell hielt diese Aufnahme für so gewagt, dass er sie erst veröffentlichte, als die Verkaufszahlen eines anderen, an jenem Tag aufgenommenen Stücks bewiesen, dass allein schon Armstrongs Name Schallplatten verkaufte. Als »Cornet Chop Suey« dann in die Geschäfte kam, mühten sich aufstrebende Kornettisten im ganzen Land ab, Armstrongs elegante Trompetenlinien nachzuahmen. In seiner Heimatstadt New Orleans endete eines Abends ein scharfer Wettbewerb, ein regelrechter musikalischer Showdown zwischen den Kornettisten Edgar »Guy« Kelly und Henry »Red« Allen zu Gunsten von Kelly, weil Allen es versäumte, Armstrongs Schlusskadenz zu spielen.

Die zweite historische Aufnahme, die an jenem Tag entstand, war ein Novelty-Stück namens »Heebie Jeebies«, in dem Armstrong einen einzigen überschwänglichen Chorus in Nonsenssilben sang. In späteren Jahren kam die Legende auf – die schließlich von Armstrong persönlich befördert wurde –, es sei alles aus Versehen geschehen: Angeblich war ihm während der Aufnahme das Textblatt hingefallen, und er war nur deshalb zum »Scat«-Gesang übergegangen, weil ihm der Produzent bedeutet hatte, weiterzumachen und die Aufnahme nicht zu ruinieren. Doch keiner der sonst an diesem Tag Anwesenden kann sich an ein solches Ereignis erinnern, und da Armstrong den Text erst kurz vor dem Beginn der Session noch als Gedächtnisstütze auf Papier gekritzelt und ihn bereits einmal problemlos gesungen hatte, ist es schwer vorstellbar, wie er ihn hätte vergessen können. In Wahrheit war der Scat-Gesang in New Orleans durchaus üblich – »Wir machten das immer im [Jungen-]Quartett, wenn wir die Straße runtergingen«, gab Armstrong selbst einmal zu –, und Don Redman hatte bereits einen Scat-Chorus mit Fletcher Henderson aufgenommen. Armstrong jedoch sang seine Nonsenssilben mit einem bisher nie da gewesenen überschwänglichen Selbstvertrauen und unberechenbarem rhythmischen Schwung.

»Heebie Jeebies« war Armstrongs erster Hit und verkaufte sich binnen weniger Monate mehr als 40 000-mal, meist in den Schwarzenvierteln. Mezz Mezzrow erinnerte sich, wie er einmal nach Mitternacht 50 Meilen weit fuhr, nur um Bix Beiderbecke diese Platte vorzuspielen. »Bix lachte die ganze Zeit in sich hinein, während die Platte immer wieder lief ... [Dann] stürmte er aus dem Haus, um jeden aufzuwecken, den er kannte ... und ihm die Platte vorzuspielen ... Danach konnte man noch monatelang Typen hören, die sich mit Louis' Riffs begrüßten ... ›I got the Heebies!‹, rief der eine, worauf der andere erwiderte: ›I got the Jeebies!‹, und dann brabbelten sie mit unzusammenhängenden Silben aufeinander los ... Louis' Scat-Gesang hätte beinahe auf ewig die englische Sprache aus der Windy City vertrieben.«

GENAU MEIN FALL

Im Sommer 1925 standen allabendlich Hunderte junger Arbeiterinnen und Arbeiter vor dem Eingang des Midway Dancing Gardens an der Ecke 66th und Cottage Grove an der Chicagoer South Side. Ungeduldig warteten sie darauf, ihre Eintrittskarte für einen Dollar zu lösen und auf die Tanzfläche zu kommen. Die Midway Gardens waren ursprünglich von Frank Lloyd Wright als Freiluftbühne für die Sommerkonzerte des National Symphony Orchestra entworfen, 1923 aber umgebaut worden und hatten sich schlagartig zum beliebtesten Treffpunkt für junge Leute in ganz Chicago entwickelt. »Auf der Tanzfläche des Midway Gardens findet sich kein einziger Mensch reiferen Alters«, berichtete *Variety*. »Die jungen Männer in ihren unvermeidlichen hochtaillierten dunklen Anzügen und mit ihren langen, merkwürdigen, vor Vaseline glänzenden Haaren sind samt und sonders Prototypen des ›Königs der Tanzflächen‹. Die Mädchen, zumeist hübsch und ausnahmslos ausdauernde Tänzerinnen, haben sich ebenfalls zurechtgemacht. Tagsüber reichen ihre Tätigkeiten wahrscheinlich von der Fließbandarbeit bis zum Diktateschreiben.«

1925 war Amerika vom Tanzfieber gepackt worden, und die Tänzer hatten feste Vorstellungen von der Musik, die sie hören wollten. »Gaben sie sich in früheren Zeiten noch damit zufrieden, zu jeder altmodischen Blechkapelle zu tanzen«, formulierte der *New York Clipper*, »so sind sie heute ungewöhnlich eigen, was die Art von Musik angeht, zu der sie ›das Tanzbein schwingen‹ wollen.« Und es war vor allem die Musik der elfköpfigen Band, die die jungen Chicagoer in Massen anzog. Flüssig und doch von unerbittlicher Lebendigkeit – über langsame Tänze rümpfte man die Nase, und zwischen den Tänzern lauerten ständig wachsame offizielle Anstandsdamen nach Anzeichen ungebührlichen Verhaltens –, wurde sie stets von »einem dem Tanzschritt förderlichen Rhythmus« in Gang gehalten, wie es eine Zeitung formulierte. Dafür sorgten drei ehemalige Mitglieder der New Orleans Rhythm Kings: Pianist und Dirigent Elmer Schoebel, Lou Black am Banjo und der Schlagzeuger Frank Snyder. Die Band brüstete sich damit, »heißer« zu sein als das eher gesetzte Hausorchester des rivalisierenden Trianon Ballroom – und einen Großteil dieser Hitze lieferte ein 16-jähriges Klarinettenwunder namens Benjamin David Goodman.

Goodman trug eine Brille, war schüchtern und noch so jung, dass er nur auf der Bühne lange Hosen trug. Aber er verdiente sich bereits seit seinem 13. Lebensjahr seinen Lebensunterhalt als Profimusiker und war mittlerweile so gut, dass er Eindruck auf ein weiteres ehemaliges Mitglied der New Orleans Rhythm Kings machte, nämlich auf den in Chicago geborenen Schlagzeuger Ben Pollack. Der stellte gerade eine neue Band für ein Sommer-Engagement in Venice, Kalifornien, zusammen und schickte seinen Altsaxophonisten und musikalischen Leiter Gil Rodin los, sich den Jungen einmal anzusehen. Rodin gefiel das, was er zu hören bekam, so gut, dass er Goodman während einer Pause beiseite nahm und fragte, ob er nicht Lust habe, mit nach Westen zu kommen und sich der Band anzuschließen. »Na klar, ich würde total gerne mitkommen!«, erwiderte der Junge – vorausgesetzt, seine Eltern gäben grünes Licht.

David und Dora Goodman waren jüdische Flüchtlinge der russischen Pogrome. Dora Goodman hatte sich schon mit acht Jahren ihren Lebensunterhalt selbst verdienen müssen, konnte weder lesen noch schreiben und verließ ihre Wohnung nur selten. David Goodman war gelernter Schneider, musste sich aber oft zwölf Stunden pro Tag und sechs Tage pro Woche in den Chicagoer Schlachthöfen placken, um seine Familie zu ernähren. Beide Goodmans hatten große Opfer gebracht, um dafür zu sorgen, dass alle ihre Kinder – Benny war das neunte von zwölf – ein bequemeres und erfüllteres Leben führen konnten als sie selbst. Allerdings machten sie ihren Sprösslingen auch deutlich, dass es ihre Pflicht war, so schnell wie möglich selbst für sich aufzukommen.

Sobald Benny das feste Angebot von Ben Pollack bekam, in Kalifornien zu spielen, gab er seinen Job im Midway Gardens auf, damit seine Eltern nicht allzu energisch dagegen protestieren konnten, dass er so weit von zu Hause entfernt spielte. »Passt auf«, erklärte er ihnen, »ich habe meinen Job im Midway Gardens verloren. Dieser andere [mit Pollacks Band] ist der einzige, den ich kriegen kann.« Widerstrebend ließen die Goodmans ihn ziehen – und leisteten damit ihren Beitrag zu einer der herausragendsten Karrieren der amerikanischen Musikgeschichte.

Benny Goodman war einer der ersten echten Jazzvirtuosen – ein Meister seines Instruments, der selbst bei halsbrecherischem Tempo elegant und melodisch improvisieren konnte.

Midway Gardens an der South Side von Chicago. Das Foto entstand wenige Jahre, bevor die Midway Gardens in ein riesiges Freiluft-Tanzlokal umgebaut wurde, in dem dann Benny Goodman erste Erfolge feiern würde.

Benny Goodman als Zehnjähriger. Unten: Das Viertel rund um die Maxwell Street, in der er aufwuchs.

Daneben war er ein schwieriger, getriebener Mensch, ein zurückhaltender Perfektionist, dessen unnachgiebige Entschlossenheit, nicht nur selbst der Beste sein zu wollen, sondern auch die Besten um sich zu scharen, dazu beitrug, dass er zum bekanntesten Bandleader Amerikas aufstieg. Dieselbe Entschlossenheit machte ihn später zu einer Art Pionier wider Willen, der bereit war, mit rassischen Konventionen zu brechen, solange dies sein ohnehin großartiges Orchester nur noch besser machen würde.

Louis Armstrong schwelgte gern in Kindheitserinnerungen im »Battlefield« von New Orleans; Benny Goodman dagegen bemühte sich stets, sich von seiner Jugend zu distanzieren. »Ich glaube, da gibt es Dinge, die ich schlichtweg unter den Teppich kehren möchte«, gestand er einmal einem Interviewer. »Wahrscheinlich, weil ich sie nie so besonders erfreulich fand. Arm aufgewachsen. In gewissen Vierteln von Chicago gelebt. Ich hab's nicht so mit dem Erinnern.«

Das eine Quadratmeile große Ghetto der Maxwell Street, in dem Goodman am 30. Mai 1909 zur Welt kam, war noch dichter bevölkert, fast genau so arm und beinahe so gewalttätig wie Armstrongs Battlefield. Goodman selbst bezeichnete es in seinen Erinnerungen als »ziemlich miserabel«. Ein Soziologe der Jahrhundertwende stellte fest, dass die gesamte Bevölkerung der westlichen Hemisphäre in Chicago Platz fände, wenn der Rest der Stadt genau so dicht bevölkert wäre wie die Maxwell Street. »Die Straßen sind unbeschreiblich schmutzig«, schrieb die Sozialreformerin Jane Addams, die in der Nähe des Ghettos das Hull House gründete, um den leidgeprüften Bewohnern der Gegend wenigstens gelegentlich das Leben zu erleichtern, »die Zahl der Schulen ist unzureichend, gesetzlich vorgeschriebene sanitäre Einrichtungen fehlen, die Straßenbeleuchtung ist schlecht, das Pflaster miserabel und in den Gassen und kleineren Straßen gar nicht vorhanden, und der Gestank der Ställe spottet jeder Beschreibung. Hunderte von Häusern haben keinen Anschluss an die Kanalisation.« Das Viertel war auch als »Bloody Maxwell« bekannt, denn hier lag laut der *Chicago Tribune* »der Verbrechensschwerpunkt des ganzen Landes ... [wo] Morde, Schießereien, Messerstechereien, Überfälle, Einbrüche und Tausende von Diebstählen ... von Leuten begangen werden, die in dieser Gegend oft eher wie Tiere denn als Menschen leben«. Jüdische Banden befanden sich mehr oder weniger ständig im Krieg miteinander oder mit den irischen, italienischen, polnischen und litauischen Banden, die über die angrenzenden Stadtviertel herrschten. Die Ecke Sangamon und 14th Place, nur wenige Straßenzüge von Goodmans Geburtshaus entfernt, trug den Namen »dead man's corner«, weil hier mehr Menschen ums Leben gekommen waren – Kriminelle wie auch Polizisten – als an jedem anderen Ort der Stadt. »Dem Viertel nach zu urteilen, in dem ich aufwuchs«, meinte Goodman, »hätte ich eigentlich Gangster werden müssen – wäre da nicht die Klarinette gewesen.«

So etwas wie Privatleben gab es in den beengten Mietwohnungen ohne warmes Wasser nicht, in denen die Goodmans um ihr Überleben kämpften. Immer wieder musste die Familie umziehen, weil kein Geld für die Miete da war, und mindestens einen Winter lang verbrachte man in einer ungeheizten Kellerwohnung, zusammengedrängt gegen die Kälte. Das Frühstück bestand für alle aus Brot und schwarzem Kaffee – Geld für Milch gab es nicht –, und nach

Die Hull House Band, in der Benny Goodman und seine Brüder spielten, übt vor einem Auftritt für eine Picknickgesellschaft in einer Vorstadt von Chicago. »Als das Konzert vorüber war, stopften wir uns mit Hotdogs, Kartoffelsalat und ... Kuchen voll – mit allem, was wir essen konnten«, schrieb Goodman. »Dann gingen sechs oder sieben von uns in den Wald und improvisierten einfach drauflos.«

Goodmans Worten gab es Tage, »an denen gar nichts zu essen da war. Damit meine ich nicht etwa, nicht viel zu essen – sondern wirklich gar nichts.« Die Entbehrungen und die Enge seiner Kindheit waren wohl die Hauptgründe dafür, dass er sich in späteren Jahren stets von anderen absonderte und immer darum bemüht blieb, sich zu verbessern. Sein Leben lang beschlich ihn die Angst, was er erreicht hatte, könnte ihm wieder entrissen werden.

In den ersten Jahren seines Lebens war David Goodman für seinen Sohn die zentrale Figur, und Benny vergaß nie, wie der Vater abends erschöpft nach Hause kam und dabei immer noch die Schuhe trug, in denen er den ganzen Tag im Schlachthof Innereien geschaufelt hatte. »Der Gestank war bestialisch. Es wurde einem schlecht dabei – so übel roch es.« David Goodman war es auch, der seine Kinder mit aller Macht dazu antrieb, es besser zu machen als er. »Pop wollte uns immer dazu bringen zu lernen«, erinnerte sich sein Sohn, »damit wir vorankämen in der Welt. Er beneidete immer Leute mit Kenntnissen aus Büchern und einer Ausbildung. Nahezu alles, was wir je erreicht haben, ist ihm zu verdanken.«

Er war es auch, der seinem Sohn die Musik näher brachte. Als David Goodman erfuhr, dass Nachbarjungen für ihre Familien etwas dazu verdienten, indem sie im Viertel Musik machten, brachte er Benny und zwei seiner älteren Brüder zur »Kehelah Jakob«-Synagoge und schrieb sie unverzüglich in eine Jungenband ein. Für einen Vierteldollar Leihgebühr pro Woche bekamen sie Instrumente, die streng nach Größe verteilt wurden: Der größte Junge der Goodmans, der zwölfjährige Harry, erhielt eine Tuba, der elfjährige Freddy spielte Trompete, und Benny, mit zehn der kleinste, bekam die Klarinette. Als sich die Jungenband ein Jahr später auflöste – die unter Geldnot leidende Gemeinde konnte sich ihren Unterhalt nicht länger leisten –, nahm David Goodman seine Jungen mit zum Hull House. Wie das Colored Waif's Home, das Louis Armstrong den Start ermöglicht hatte, besaß auch diese Einrichtung eine eigene Marching Band, die in schicken Uniformen Konzerte gab, bei Feiertagsumzügen mitmarschierte und manchmal für kirchliche Picknickgesellschaften aufspielte. Der aus David Goodmans ausgesprochen pragmatischer Sicht größte Vorteil aber bestand darin, dass hier eine ernsthafte Berufsausbildung geboten wurde: Im Hull House war Musik mehr als nur eine Freizeitbeschäftigung, und die Schüler kamen aus armen Haushalten der ganzen Stadt. Zu Goodmans Mitschülern gehörte auch der spätere Bassist Milt Hinton, der mit seinen Eltern im Zuge der »Great Migration« – der Abwanderungsbewegung der Schwarzen aus dem Süden in die Städte des Nordens – aus Vicksburg, Mississippi, nach Chicago gekommen war.

Die beiden älteren Goodman-Jungen schlugen sich recht wacker, doch Benny scheint von Anfang an etwas Besonderes gewesen zu sein. Im Allgemeinen schüchtern und zurückhaltend, war er nach Aussage seines Bruders Freddy »nie nervös«, wenn es darum ging, vor Publikum zu spielen. Wenn die Goodman-Jungen Jazz durch die Türen eines Tanzlokals dringen hörten, »war das echt spannend, und wir schlichen uns rein ... Einmal sprang Benny einfach auf die Bühne, schnappte sich die Klarinette von jemandem und fing an zu spielen. Er war ein Naturtalent, das ist alles. Er konnte spielen, was er wollte, wonach ihm gerade zumute war, sogar damals schon.« Nicht überall wurde seine Frühreife geschätzt. Der Pianist Art Hodes, vier Jahre älter als Goodman und gelegentlich im Hull House zu Gast, erinnerte sich daran, dass Goodman mit elf Jahren »einen überdimensional großen Kopf hatte – [und] ein Ego, das dazu passte«.

David Goodman erkannte das bemerkenswerte Talent seines Sohnes und schaffte es, ihm zusätzliche 50 Cent die Woche zuzustecken, damit er Privatstunden bei Franz Schoepp nehmen konnte. Schoepp war ein klassisch ausgebildeter, deutschstämmiger Klarinettist, dessen einziges Kriterium bei der Auswahl von Schülern in deren Begabung bestand. »Ich glaube, das hat Eindruck auf mich gemacht«, erinnerte sich Goodman, »denn es gab diesbezüglich jede Menge Vorurteile, sogar in Chicago.« Unter seinen Mitschülern befanden sich zwei erwachsene schwarze Jazzmusiker: der großartige Jimmie Noone aus New Orleans und Buster Bailey, mit dem Benny manchmal unter Schoepps kritischen Augen klassische Duette spielte. Vor allem Noone sollte starken Einfluss auf Goodmans Spiel ausüben.

Schoepp war nicht nur ein teutonisch-strenger Lehrmeister – als Goodman ihn einmal fragte, warum denn alle Lehrbücher in Deutsch seien, erwiderte sein Lehrer: »Dummkopf, bald wird hier jeder Deutsch sprechen!« –, sondern auch ein ausgezeichneter Lehrer, der großen Anteil daran hatte, dass sein Schüler sein ganzes Leben lang seinem Handwerk mit großer Ernsthaftigkeit nachging. »Manche, mit denen ich spielte ... machten sich nicht die Mühe, von einem intellektuellen Standpunkt aus mehr über ihr Instrument zu lernen«, erinnerte sich Goodman. »Sie wollten einfach bloß ›heißen‹ Jazz spielen, und das Instrument war dabei nur ein Mittel zum Zweck ... Viele von ihnen kritisierten mich – sie meinten, meine Technik sei zu gut ... Aber ich wollte immer wissen, was gute Musik ausmacht. Wie man sie macht und warum sie sich gut anhört. Ich habe immerzu geübt, habe geschuftet wie der Teufel.« Und es gab auch noch einen anderen Grund für seine Hingabe: »Es war eine Art Verteidigung ... eine Möglichkeit zur Flucht ... Wenn man übte, konnte einen ja niemand ansprechen.«

Wie vor ihm Sidney Bechet verdiente auch Goodman praktisch von Anfang an Geld mit seiner Musik. Als Elfjähriger gewann er einen Amateurwettbewerb im Central Park Theater, bei dem er mit Fliege, Buster-Brown-Kragen und kurzen Hosen das charakteristische Wackeln des Novelty-Klarinettisten Ted Lewis nachahmte. Das gelang ihm so gut, dass er mit einem Wochen-Engagement belohnt wurde, als einer der Vaudeville-Darsteller des Theaters ausfiel. »Der Applaus tat gut«, erinnerte sich Goodman, »aber die fünf Dollar, die ich bekam, waren sogar noch besser ... Niemand brauchte uns Kinder daran zu erinnern, dass wir eines Tages auf uns allein gestellt sein würden. Dieses Wissen trugen wir schon in uns, seit wir sprechen konnten.«

Und diesem Wissen sollte er auch sein Leben lang verpflichtet bleiben. Mit 13 trat er der Musikergewerkschaft bei, mit 14 spielte er in der Austin High Gang, deren Mitglieder ausnahmslos einige Jahre älter waren als er, und tat sein Bestes, so zu klingen wie Leon Roppolo von den New Orleans Rhythm Kings. Schließlich buchte ihn Jimmy McPartland für Tanzveranstaltungen der Studentenverbindungen an der Universität von Chicago. »Wenn man damals improvisieren konnte, war das eine ziemliche Leistung«, meinte McPartland. »Die meisten Musiker setzten sich einfach hinter ihren Notenständer und lasen vom Blatt ab. Konnte man also improvisieren und ein bisschen Jazz spielen, dann war man wirklich

Der 16-jährige Benny Goodman vor seiner Reise nach Kalifornien, wo er sich dem Ben Pollack Orchestra anschloss. »Er war ein magerer Junge in kurzen Hosen«, erinnerte sich Pollack, »mit einer Klarinette und sonst kaum Gepäck.«

wer, und die Jungs vom College buchten einen. [Frank] Teschemacher war unser fester Klarinettist, und er hatte was drauf – aber Benny war ihm weit voraus.«

Goodman ging nach dem ersten Jahr von der Highschool ab. Er verdiente mittlerweile 15 Dollar pro Abend – mehr, als sein Vater in der ganzen Woche bekam, und so viel, dass er seine Mutter nur schwer davon überzeugen konnte, nicht heimlich die Laufbahn eines Kriminellen eingeschlagen zu haben. Zusammen mit dem 19-jährigen Bix Beiderbecke spielte er an Bord eines Ausflugsschiffs auf dem Michigansee und war überwältigt von der Schönheit von Johnny Dodds' Klarinettenton, als sie gemeinsam im gleichen Tanzsaal eines Vergnügungsparks auftraten. Zweimal wurde er aus Tanzorchestern geworfen, weil er zu »heiß« spielte. »Ich war ziemlich rastlos«, erinnerte er sich, »und blieb nie lange bei einem Job, wenn es einen anderen gab, bei dem ich ein bisschen mehr verdienen oder mit besseren Musikern spielen konnte.« Dann bekam er den Job im Midway Gardens, der Ben Pollack auf ihn aufmerksam werden ließ.

Als Gil Rodin Goodman überreden wollte, sich Pollacks Band anzuschließen, hatte Kalifornien sich angehört wie das Paradies auf Erden. Doch als der Junge dort eintraf, erlebte er eine Enttäuschung. Zwar waren die Sonne und der blaue Pazifik mehr oder weniger wie angepriesen, doch der Venice Ballroom befand sich auf einem schäbigen Pier und wurde von einem zwielichtigen Vergnügungspark am Strand flankiert. »Das war ein absolut schäbiges Loch«, sagte Goodman. »Karussells, Achterbahnen ... ich schaute mich um und dachte: ›Warum zum Teufel bin ich eigentlich hierher gekommen?‹«

Doch als er erst einmal mit der Band spielte, hob sich seine Stimmung rasch. Ben Pollack, Sohn eines Kürschners aus Chicago, war ein guter Schlagzeuger mit einem außergewöhnlichen Auge für Talente. Zwar dürfte seine Truppe nicht, wie Goodman einmal behauptete, »die erste große weiße Band [gewesen sein], die echten Jazz spielte«, aber sie zählte mit Sicherheit zu den Pionieren auf diesem Gebiet. Die Arrangements des Tenorsaxophonisten Fud Livingston und des jungen Posaunisten Glenn Miller »ließen Raum für Jazzimprovisationen«, erinnerte sich Goodman, »und das war genau mein Fall.« Die Band gefiel ihm sehr. Und ebenso sehr gefiel ihm seine Unabhängigkeit: »In diesen ersten Monaten habe ich viel über Musik – und andere Dinge – gelernt.« Doch als Pollack mit seinen Leuten im Januar 1926 wieder nach Chicago ging und dort anfänglich Schwierigkeiten hatte, an Auftritte zu kommen, verließ ihn Goodman wegen eines »heißen Jobs« in einem anderen Tanzorchester.

Seine ganze Kindheit lang hatte er gelernt, dass der Gehaltsscheck immer an erster Stelle kam, und als Pollack schließlich mit seiner Band für den Venetian Room im eleganten Southmoor Hotel engagiert wurde, schloss sich ihm Goodman erst einige Wochen später an – aus Angst, die Sache könnte schief gehen. Pollack war darüber dermaßen verärgert, dass man ihn überreden musste, Goodman wieder aufzunehmen. »Ben fand, ich hätte von Anfang an mitmachen sollen«, gab Goodman zu, »und danach herrschte zwischen uns nicht mehr das gleiche Vertrauen wie zuvor.« Auf der Bühne aber war Goodman der Star. Während seiner Soli lehnte er sich so weit auf seinem Stuhl zurück, dass er manchmal mit den Füßen keinen Bodenkontakt mehr hatte. Pollack und er – »die beiden Bennys«, wie die anderen sie nannten – erarbeiteten bald einige Duetteinlagen zu Stücken wie »I Want to Be Happy«, die bei den Zuschauern glänzend ankamen. »Pollack hatte eine Fliegenklatsche, beugte sich vor, schlug damit auf die Basstrommel ein und rief: ›Noch einen, noch einen‹, und so machten wir weiter, brachten eine Menge Schwung rein. Es muss mir gut gefallen haben, denn wir haben es oft so gebracht. Damals machte das niemand sonst.«

Für Goodmans Vater bestand nun keine Notwendigkeit mehr zu arbeiten – Benny und sein Bruder Harry (mittlerweile Bassist und ebenfalls in Pollacks Band) verdienten genug, um die Familie zu ernähren. Doch David Goodman war ein stolzer Mann und konnte die Vorstellung nicht ertragen, von seinen Söhnen ausgehalten zu werden. Als sein Sohn vorschlug, er solle sich zur Ruhe setzen und seine Kinder für ihn sorgen lassen, erwiderte er: »Benny, du bist ein guter Junge. Und das ist sehr nett von dir. Aber kümmere du dich um dein Leben, ich kümmere mich um meins.« Die Jungen halfen ihrem Vater dabei, einen Zeitungsstand an der Ecke California und Madison Street zu eröffnen – einfach deshalb, damit er etwas hatte, wohin er tagsüber gehen konnte.

Am 9. Dezember 1926 stand Benny Goodman mit dem Rest von Pollacks Band im Chicagoer Victor-Studio, um dort die Nummern »Deed I Do« und »He's the Last Word« aufzunehmen, auf dem er ein Solo über 16 Takte zu spielen hatte. Obwohl Victor sich weigerte, die Aufnahmen zu veröffentlichen – die Musiker hatten zu wenig Zeit gehabt, die anspruchsvollen Arrangements genau einzustudieren – und man die Band bat, eine Woche später wiederzukommen, um die Nummern erneut aufzunehmen, war der 19-jährige Benny Goodman nun zu einem Schallplatten-Musiker geworden.

David Goodman sollte seinen Sohn nie auf Platten hören. Als er am gleichen Abend von seinem Zeitungsstand nach Hause ging, wurde er an der Ecke Madison und Kostner Street von einem zu schnell fahrenden Auto erfasst und tödlich verletzt. Er starb am nächsten Tag, ohne seine Jungs jemals im Southmoor spielen gesehen zu haben. Er wollte warten, hatte er Benny erklärt, bis er sich einen anständigen Anzug leisten könne, damit er unter den gut gekleideten Tänzern nicht allzu sehr auffiele. Immer wenn Benny Goodman in späteren Jahren vom Tod seines Vaters sprach, standen ihm Tränen in den Augen.

AUF PUNKT UND KOMMA GENAU

Im Herbst 1926 bot sich den Passanten auf der Chicagoer South State Street ein ungewöhnlicher Anblick: Ein großer, grauer Maulesel lavierte sich durch den dichten Verkehr. Er war mit einem Schild behängt, auf dem Reklame für die neueste Jazzplatte der Firma Victor gemacht wurde, den »Sidewalk Blues«. Auf dem Rücken des Maulesels saß, elegant gekleidet und der einigermaßen verblüfften Menge zuwinkend, der Mann, der die Aufnahme gemacht hatte: Jelly Roll Morton persönlich. Das Ganze war ein typisch Mortonscher Auftritt, phantasievoll, bunt, ein wenig altmodisch und eher in seine Heimatstadt New Orleans passend – wo Straßenwerbung zum Alltag gehörte – als in das rege, moderne Straßenbild von Chicago.

Morton hatte Victor mithilfe seiner Verleger – der Gebrüder Melrose – einen Vertrag aufgeschwatzt und begann mit einer handverlesenen Gruppe von Musikern aus der Crescent City, die er die Red Hot Peppers nannte, Aufnahmen einzuspielen. Ausgelassen und freigeistig, entspannt, aber unablässig swingend, klingen Aufnahmen wie »Black Bottom Stomp«, »The Chant«, Sidewalk Blues«, »Dead Man Blues«, »Grandpa's Spells«, »Doctor Jazz«, »Wild Man Blues«, »The Pearls«, »Georgia Swing« und »Shoe Shiner's Drag« beim ersten Hören wie beste New Orleanser Kollektivimprovisationen. Tatsächlich handelt es sich aber um minutiös arrangierte dreiminütige Kompositionen, bei denen bis auf Breaks und kurze Solo-Chorusse alles niedergeschrieben und einstudiert wurde.

»Heutzutage ist überall die Rede von diesen Jam-Sessions«, erzählte Morton Jahre später. »Tja, so was habe ich nie zugelassen. Die meisten Jungs improvisieren und verhauen sich dann ... Meine Theorie lautet: Gib nie die Melodie auf. Du musst immer auf die eine oder andere Art die Melodie weiter laufenlassen.« Morton fand Tausende von Möglichkeiten, die Melodie weiter laufen zu lassen, und produzierte in der Folge einige der anspruchsvollsten und mitreißendsten Aufnahmen der Jazzgeschichte. Sein Ziel war es offensichtlich, ein ideales Gleichgewicht zwischen arrangierter und improvisierter Musik zu finden, zwischen Solisten und Gruppe, zwischen den Teilen und dem Ganzen – alles im Rahmen der Tradition von New Orleans, die er mitbegründet hatte. Auf der mittlerweile traditionellen Besetzung aufbauend – Kornett, Klarinette, Posaune, Klavier, Banjo/Gitarre, Bass und Schlagzeug – erfüllte er seine Beschwörung des Lebens in seiner Geburtsstadt mit einem erstaunlichen Spektrum an Farben und Strukturen, Stimmungen und Gefühlen. Wie Duke Ellington, den er als Plagiator verachtete und der ihn seinerseits für einen Aufschneider hielt, konnte Morton alles, was er um sich herum sah und hörte, in seine Musik integrieren: Ragtime und opernhafte Klänge ebenso wie Blues, spanische Rhythmen, Begräbniszüge und Marching Bands, die Klänge des großstädtischen Amerika wie Kirchenglocken, Straßenbahnen und Autohupen und sogar Bruchstücke des Vaudeville-Jargons. Seine Aufnahmen zeigten der Welt den Weg, den der Jazz hätte einschlagen können – wenn mit Louis Armstrong nicht schon ein anderer Sohn seiner Heimatstadt in Chicago tätig gewesen wäre, der Mortons Kompositionen voll ansteckendem Kollektivgefühl sofort wieder altmodisch erscheinen ließ.

Bei all seiner cleveren Aufschneiderei verliefen Mortons Aufnahmesessions streng geschäftsmäßig. Seine Leute erhielten für die Proben fünf Dollar pro Tag – so etwas hatte es bis dahin noch nie gegeben, wie sich Johnny St. Cyr erinnerte –, und Morton zeigte sich überraschenderweise bereit, seinen Musikern zuzuhören. »Jelly war ein sehr, sehr angenehmer Mensch … Er war kleinlich, was das Intro und das Ende anging und wollte, dass das Ensemble immer nach seinen Vorgaben spielte, aber bei den Soli mischte er sich nie ein … Er sagte uns, wo er das Solo oder den Break haben wollte, und der Rest blieb dann uns überlassen.« Doch bestanden nie Zweifel, wer letztendlich das Heft in der Hand hielt: Als sich der Posaunist Zue Robertson wiederholt weigerte, eine Melodie genau so zu spielen, wie sie notiert war, zog Morton einen Revolver aus der Jacke und legte ihm auf das Klavier – bei der nächsten Wiederholung ließ Robertson keine einzige Note aus. »Man machte, was Jelly Roll von einem wollte«, erinnerte sich Baby Dodds, »nicht mehr und nicht weniger.«

Die Schallplatten der Red Hot Peppers waren ein durchschlagender Erfolg. Der spätere Schriftsteller Albert Murray, damals ein kleiner Junge in Magazine Point, Alabama, erinnerte sich daran, wie er zum ersten Mal den reichen, anspruchsvollen Großstadtsound von Mortons »Kansas City Stomps« hörte. »Durch die Musik fühlten wir uns modern, wie Typen, die sich auskannten«, meinte er. »Wir gingen zu dieser Musik … es gab so einen modischen Hinkegang, den man dazu draufhaben musste.«

Jelly Roll Morton erläutert den Mitgliedern seiner Red Hot Peppers seine Wünsche, 1926. Zu den Musikern dieser neu zusammengestellten Band gehörten der Klarinettist Omer Simeon (links), Johnny St. Cyr am Banjo (vierter von links) und der Posaunist Kid Ory (zweiter von rechts). Unten: »Original Jelly-Roll-Blues« – eine der zwölf Aufnahmen, die Morton in diesem Jahr machte.

Mortons wachsende Popularität ließ sein Ego nur noch mehr anschwellen. Der New Orleanser Kornettist Lee Collins, der Louis Armstrong in der Band von King Oliver ersetzte, erinnerte sich daran, wie er einmal in Mortons Chicagoer Wohnung zitiert wurde und den berühmten Mann dort »mit zwei Frauen im Bett fand, eine an jeder Seite ... Jelly erkundigte sich, ob ich in Chicago bleiben oder, wie viele andere Musiker aus New Orleans, sofort wieder nach Hause wollte. Dann fragte er mich, ob ich bei ihm einsteigen wolle. ›Du weißt, dass du dann mit dem größten Jazzpianisten der Welt zusammenarbeitest.‹ Ich erwiderte, ich wüsste, dass er einer der besten Jazzpianisten sei, doch er unterbrach mich: ›Nicht einer der Besten – der Beste!‹«

Morton war nun nicht nur wohlhabend, sondern auch berühmt. Aus dem ganzen Mittelwesten kamen Auftrittsangebote herein. In einem glänzenden schwarzen Lincoln reiste er von einem Engagement zum anderen, in seinem Kielwasser ein speziell dafür umgebauter Bandbus, bemalt mit der Aufschrift: »Jelly Roll Morton and His Red Hot Peppers«. Dabei hatten nur die wenigsten Männer im Bus auf einer seiner Aufnahmen mitgespielt. (Diese hochbezahlten Musiker dauerhaft einzustellen, hätte nach Mortons Geschmack die Erträge zu sehr geschmälert.) Morton festigte auch seinen Ruf als Stutzer. Er nannte sich »the suit man from suit land«, besaß 150 Anzüge und »so viele Hemden, Socken und Krawatten, dass man sie nicht mehr zählen kann«. Dazu trug er Diamanten an den Fingern, Hosenträgern und Gürtelschnallen und ließ sich einen goldenen Schneidezahn mit einem besonders großen Brillanten darin einsetzen. (Das sei doch gar nichts, meinte Willie »the Lion« Smith, der Morton nie besonders hatte leiden können; er habe einen Pianisten gekannt, der seiner Bulldogge einen Goldzahn mit Diamanten spendiert hätte.)

Morton heiratete schließlich die Revue- und Stepptänzerin Mabel Bertrand, eine bildhübsche Kreolin aus New Orleans, die seine exaltierte Art offenbar teilte. Sie erzählte einem Reporter, Morton sei so berühmt und »bei den Weißen so beliebt, dass er nie ein Engagement bei Farbigen hat annehmen müssen. Die Farbigen können ihn sich gar nicht leisten. Sie haben ihn nur ein einziges Mal zu sehen bekommen – nämlich als er auf einen Drink in einem Cabaret vorbeigeschaut hat, worauf es eine Ankündigung gab und alle aufstanden, um einen Blick auf ihn werfen zu können. Jelly Roll mag einfach keine Neger. Er meint immer, sie vermasseln einem nur das Geschäft. Und die Neger mögen ihn auch nicht. Ich glaube, sie sind neidisch.«

Morton beschloss, aufs Ganze zu gehen, und verließ Chicago in Richtung New York – voller Zuversicht, im Herzen der Musikindustrie an seine Erfolge anknüpfen zu können. Sein erstes Engagement war ein wenig enttäuschend: Er leitete eine eilig zusammengestellte Pick-up-Band in einem billigen Harlemer Tanzlokal namens Rose Danceland. Doch er ging weiterhin auf Tournee und machte denkwürdige Aufnahmen für Victor: »Shoe Shiners Drag«, »Mournful Serenade«, »Deep Creek«, »Burnin' the Iceberg«, »New Orleans Bump« und »Blue Blood Blues«.

Zwischen seinen Engagements verbrachte Morton die Nachmittage meist im Rhythm Club, einem Musikertreff an der West 132nd Street, um dort, wie sich Danny Barker erinnerte, »lautstark zu verkünden, keine der berühmten New Yorker Bands habe einen Beat«.

> »Jelly fuhr vor ..., und wenn die Musiker ihn sahen, begannen sie zu lachen, denn sie wussten, dass ihnen eine Show bevorstand ... Kaum hatte Jelly in seinem großen Lincoln angehalten und war auf den Bürgersteig getreten, fragte ihn einer aus der Gruppe fröhlich: ›Jelly, was hast du da gestern über die New Yorker Musiker erzählt?‹ Dann schob Jelly die Lippen vor und rief forsch: ›Was ich gestern gesagt habe, heute sage, am Tag des Jüngsten Gerichts und am Tage meines Todes sagen werde, ist, dass 100 lebende New Yorker Musiker nicht an einen einzigen toten Polizeihund herankommen.‹«

Ob zu Hause oder auf Tour – Morton war im Herzen immer bei seiner Arbeit und suchte nach neuen Wegen für seine Melodien. »Er wachte um zwei, drei Uhr morgens auf«, erinnerte sich seine Frau, »hatte eine Idee und setzte sich gleich an den Flügel ... Dann begann er zu pfeifen, und schließlich brachte er alles auf Punkt und Komma genau zu Papier.«

BIX UND TRAM

Am Abend des 20. September 1926 – es war ein Montag, nur fünf Tage, nachdem Jelly Roll Morton die ersten Aufnahmen mit seinen Red Hot Peppers gemacht hatte – verließ ein 18-jähriger Bostoner namens Max Kaminsky seine Wohnung in Dorchester und fuhr zu einem Tanzlokal namens Nuttings-on-the-Charles im benachbarten Vorort Waltham. Er saß in einen brandneuen Ford Modell T, dessen Anzahlung er sich durch seine Arbeit als Kornettist in einem Tanzorchester verdient hatte. Kaminsky fuhr umgerechnet mehr als 30 km/h zu schnell, womit er eine Verhaftung riskierte, aber für 20 Uhr war ein Bandwettbewerb angesetzt, zu dem er nicht zu spät kommen wollte. Als Jüngstes von sieben Kindern russischer Einwanderer hatte Kaminsky Jahre zuvor auf einem Detektorempfänger Marke Eigenbau erstmals so etwas wie Jazz gehört – »Tiger Rag«, gespielt von Ted Lewis. Obwohl er mittlerweile schon seit Jahren in ortsansässigen Bands spielte, bestand Kaminskys Vorstellung von gutem Jazz noch immer aus Nummern eines Bandleaders namens Pearly Breed, der in einer Radiosendung aus Shepherd's Colonial Tea Room in Boston einigermaßen anständige Ver-

Max Kaminsky (links) 1935, neun Jahre, nachdem er sich aufgemacht hatte, Bix Beiderbecke im Jean Goldkette Orchestra zu hören. Hier mit Kollegen aus der Tommy Dorsey Band, zu denen Dave Tough (im Vordergrund) und Bud Freeman (rechts) gehörten.

Das Jean Goldkette Orchestra auf seiner Tournee durch Neuengland, 1926. Arrangeur Bill Challis thront ganz hinten auf dem Dach, Bix Beiderbecke sitzt an vierter Stelle von links. Frank Trumbauer hockt direkt über der Windschutzscheibe, und der Bassist Steve Brown beansprucht die Motorhaube.

sionen dessen spielte, was er durch wiederholtes Anhören der Aufnahmen von Bix Beiderbecke und den Wolverines hatte nachahmen können. Nun aber kam Bix persönlich nach Waltham, als Mitglied des brandneuen Jean Goldkette Orchestra, und Kaminsky wollte ihn auf keinen Fall verpassen.

Nuttings-on-the-Charles war eine große, ein wenig runtergekommene Tanzhalle aus Holz, so nachlässig gebaut, dass ihre Wände sichtbar bebten, wenn die Tänzer loslegten. Doch sie ging auf den Charles River hinaus, und an Sommerabenden, wenn ihre Lichter auf dem Wasser spielten und die Musik zu den langsam in ihren Kanus vorbeipaddelnden Pärchen hinausdrang, wirkte sie herrlich romantisch. Sie gehörte zu einer Kette von Tanzlokalen in Neuengland, die von Charlie und Sy Shribman betrieben wurden, zwei in Boston ansässigen Brüdern, die Jazzmusik liebten und diese in ihrem Teil des Landes fördern wollten. Im Sommer war Duke Ellington zweimal im Nuttings-on-the-Charles aufgetreten, und die Shribmans hatten beschlossen, das Goldkette Orchestra aus ihrer Heimatstadt Detroit nach Osten zu holen. Um dafür zu sorgen, dass sie in Waltham einen guten Start hatten, kündigten sie Goldkette als »Paul Whiteman des Westens« an und präsentierten seine Band zusammen mit zwei bekannten ortsansässigen Orchestern, nämlich Mal Halletts New England's Finest sowie Barney Rapps Victor Recording Orchestra. Hallett und Rapp spielten zuerst, schrieb Kaminsky später, und mischten dabei Novelty-Nummern mit Tanzmusik. Dann war das Goldkette Orchestra an der Reihe:

»Charlie Shribman hätte sich eine Menge Sorgen und Kosten sparen können. Sie eröffneten mit ›Pretty Girl Stomp‹, machten mit ›Ostrich Walk‹, ›A Sunny Disposish‹ und ›Clap Yo' Hands‹ weiter und endeten mit ›Tiger Rag‹. Sie kamen derart sensationell an, dass weder Mal Hallets Band – die eigentlich nach ihnen wieder an der Reihe gewesen wäre – noch die Leute von Barney Rapp ihre Instrumente in die Hand nehmen wollten, nachdem sich der Begeisterungstaumel endlich gelegt hatte. »Was kann man danach noch bringen?«, klagte Mal Hallett, und das Publikum scheute sich nicht, ihn spüren zu lassen, dass es der gleichen Meinung war. Niemand hatte je so eine Musik gehört.

Mir ging es ganz genauso ... Ich saß einfach nur da und ließ den verblüffend schönen Ton von Bix nachhallen wie eine Harfe. Er hörte sich an wie ein Engelschor. Als ich endlich den Mut aufbrachte, während einer der Pausen auf Beiderbecke zuzugehen, war ich immer noch so überwältigt, dass ich kaum ein Wort herausbekam. Nach ein paar Minuten bemerkte ich dann aber, dass Bix und ich uns in Sachen Schüchternheit in nichts nachstanden. Er hielt den Blick auf seine glänzenden schwarzen Schuhe gerichtet und nickte jedes Mal, wenn ich stockend vorbrachte, wie toll seine Band sich anhörte. Es war, als redete man auf ein mechanisches Spielzeug ein.«

Schließlich brach Kaminsky das Eis, indem er Bix fragte, ob er nicht Lust hätte, ihn zu einem Baseballspiel der Braves zu begleiten. »Hört sich gut an«, meinte Bix, und sie verbrachten die nächsten Tage miteinander.

Kaminsky machte für sein Idol eine Quelle für schwarz gebrannten Schnaps ausfindig und fuhr ihn von einem Engagement in Massachusetts zum nächsten. »Wenn ich kein Auto gehabt hätte, hätte ich eins gebaut«, erzählte er im Rückblick. Dabei fragte er Beiderbecke so oft wie möglich über Musik aus. Bix war »freundlich und still«, erinnerte sich Kaminsky, »und hatte eine verträumte, geistesabwesende Art an sich ... Das Einzige, was ihm etwas zu bedeuten schien, waren Musik und Whisky.« Doch weil ihn seine Musik nun einmal in ihren Bann geschlagen hatte, fühlte sich Kaminsky unwiderstehlich zu Bix hingezogen. Gewissenhaft brachte Beiderbecke für den jungen Mann eines seiner Soli zu Papier, damit er es lernen konnte, erklärte ihm, was für ihn »Antizipation« bedeutete – nämlich die Noten einer Melodie um Haaresbreite vor dem exakten Metrum zu spielen –, und ließ ihn zuhören, wenn er auf dem Klavier seiner Pension spielte und dabei Passagen der französischen Komponisten Claude Debussy und Maurice Ravel austüftelte, deren luftige Klänge er so gern in den Jazz einbringen wollte. »Wo liegt der Unterschied?«, fragte er. »Musik muss doch nicht etwas sein, das man wie mit einer Klammer einschließt.«

Um einen festen Platz in der Goldkette Band zu bekommen, hatte selbst Bix Beiderbecke Unterstützung gebraucht. Jean Goldkette war ein französischer Immigrant, ein ausgebildeter Konzertpianist, der mittlerweile kurz davor stand, zum König der Tanzlokale des Mittelwestens aufzusteigen – letztendlich brachte er es zu einer Kette von Tanzsälen sowie zur Leitung von 20 verschiedenen Orchestern, darunter eine der führenden schwarzen Bands der damaligen Zeit, McKinney's Cotton Pickers, sowie eine weiße Gruppe namens Orange Blossoms, aus der später das Casa Loma Orchestra hervorgehen sollte, ein weiterer Vorläufer des Bigband Swing. Ursprünglich hatte Goldkette nicht viel für Jazz übrig gehabt – er war einer der Musiker gewesen, die 1915 Lamb's Café in Chicago lieber verlassen hatten, als sich die Bühne mit Tom Brown's Band from Dixieland zu teilen. Aber er erkannte die »unbegrenzten Möglichkeiten«, die in dieser Musik lagen, und war inzwischen ständig auf der Suche nach »heißen« Solisten. Im Frühjahr 1924 hatte er Bix von den Wolverines abgeworben, nur um ihn wenige Wochen später wieder zu feuern, als sich herausstellte, dass Beiderbecke nicht notenfest genug war, um die von ihm bevorzugten komplizierten Arrangements zu bewältigen.

Diese Kündigung hatte Beiderbecke tief getroffen. Um mehr über Musik zu lernen – und vielleicht auch, um seine enttäuschten Eltern versöhnlich zu stimmen –, schrieb sich Bix an der Universität von Iowa ein. Aber nur 18 Tage später wurde er exmatrikuliert, weil er sich alkoholisiert an einer Schlägerei beteiligt hatte. Dann engagierte ihn im Sommer 1925 der Tenorsaxophonist Frank Trumbauer für eine neue neunköpfige Band, die ein Engagement im Arcadia Ballroom in St. Louis antreten sollte.

Wie die Musik, die er liebte, war Trumbauer – »Tram« für seine Freunde und die ihn bewundernden jungen Musiker, die seinen schwebenden, grazilen Ton zu imitieren versuchten – eine

Das Frank Trumbauer Orchestra in St. Louis, Missouri, 1925. Trumbauer sitzt hinter dem Basssaxophon; rechts daneben steht Bix Beiderbecke. »Hier lernten Bix und ich uns kennen«, erinnerte er sich.

typisch amerikanische Mischung: Sein Urgroßonkel mütterlicherseits war Charles Dickens, sein Vater, der die Familie verließ, als der Sohn zehn war, stammte zur Hälfte von den Cherokee-Indianern ab. Der in Carbondale, Illinois geborene Trumbauer kam durch seine Mutter zur Musik, eine Pianistin, die Stummfilme begleitete und seine ersten Saxophonstunden zwischen die Vorführungen zwängte. Mit 14 hatte er sein erstes Schülertanzorchester, die Egyptian Jazzadores.

1921 hielt er sich in Chicago auf und arbeitete dort kurzzeitig mit Isham Jones im College Inn. Dabei war er »klug genug, die farbigen Kellner zu beobachten. Wenn sie lächelten, während ich spielte, war ich glücklich. Diese Jungs wussten, was Sache war«, erinnerte er sich. Eine Zeit lang spielte er beim Edgar Benson Orchestra, einem effekthascherischen reisenden Tanzorchester, wo er ein Heftpflaster auf dem Nasenrücken tragen musste: Wenn ihn die Tänzer darauf ansprachen, musste er antworten, die Band sei so »heiß«, dass ihnen ohne die Pflaster die Blutgefäße platzen würden. Danach fuhr er mit dem Ray Miller Orchestra nach New York, wo er zum ersten Mal Bix mit den Wolverines spielen hörte. Wo immer Trumbauer auftrat, fiel sein Ton auf. »In jener frühen Zeit hörten sich die Saxophonisten mehr oder weniger an wie eine Kreissäge, die sich durch einen Kiefernstamm arbeitet«, erinnerte sich ein Kollege. »Aber Tram war anders, mit seiner leichten, fließenden Art ... voller interessanter kleiner Wendungen, die aber das Stück nicht zerstörten ... Er hatte einfach einen wunderschönen Ton!«

Freunde hatten Trumbauer davon abgeraten, Bix Beiderbecke zu engagieren. »Sei vorsichtig – das gibt nur Ärger!«, warnten sie ihn. »Der trinkt, und dann lässt er sich von dir nichts mehr sagen.« Doch Trumbauer war so begeistert von Beiderbeckes Spiel, das sein eigenes perfekt zu ergänzen schien, dass er das Risiko einging. Die beiden Männer waren in mehr als nur einer Hinsicht gegensätzlich – Trumbauer groß, charmant und geschäftstüchtig, Bix dagegen klein, ungepflegt und chronisch desorganisiert. Dennoch wurden sie rasch Freunde und Geschäftspartner, und während der gemeinsamen acht Monate in St. Louis entwickelte sich Tram zu einer Art älterem Ersatzbruder für Bix, der ihm vom Trinken abriet und ihn stattdessen dazu ermutigte, genauso gut Noten lesen wie spielen zu lernen.

»Als ich ihn einstellte, sagte er mir, er könne nur schlecht Noten lesen und habe Bedenken, den Job anzunehmen ... Wir besorgten uns ein Buch mit Trompetenmelodien, und dann übte ich stundenlang mit Bix. Ich brachte ihm ein Stück bei, Ton für Ton; dann zeigte ich ihm die Noten, und wir spielten sie nach. Bix hatte eine wirklich schnelle Auffassungsgabe, und es dauerte nicht lange, bis er die ersten Noten lesen konnte ... [Schnell] waren Bix und ich auf gleicher Wellenlänge. Ich konnte bei irgendeiner Note aufhören, und Bix machte dort weiter und beendete die Phrase perfekt, und er konnte bei mir das Gleiche machen. Wir spielten ganze Chorusse simultan, ohne einander in die Quere zu kommen ... Das war die glücklichste und beste Zeit unseres Lebens. Ich machte ihn zum stellvertretenden Leiter der Band. Wir spielten Golf, ritten aus, und er rührte monatelang keinen Tropfen an.«

Beiderbecke war begeistert von der Zusammenarbeit mit Trumbauer. »Wir haben die absolut ›heißeste‹ Band im ganzen Land«, prahlte er gegenüber Hoagy Carmichael. »Wir spielen jeden Abend im Arcadia [Ballroom] und versetzen die ganze Stadt in Angst und Schrecken.« Seine Zuneigung beruhte auf Gegenseitigkeit. Als das Tanzlokal im Frühjahr 1926 schloss, Trumbauers Leute arbeitslos wurden und Jean Goldkette Tram die musikalische Leitung des Victor Recording Orchestra im Graystone Hotel in Detroit anbot, willigte Tram nur unter der Bedingung ein, dass er auch Bix mitbringen konnte.

Das Goldkette Orchestra war ein hoch bezahltes Starensemble. Neben Bix und Tram spielten hier zu verschiedenen Zeiten die Posaunisten Bill Rank und Tommy Dorsey, der Altsaxophonist Jimmy Dorsey, der Geiger Joe Venuti, der Gitarrist Eddie Lang sowie der in New Orleans geborene Schlagbass-Spezialist Steve Brown, auf den laut Milt Hinton »alle anderen hörten« und dessen unwiderstehlicher Drive andere Bandleader davon überzeugte, die Tuba aufzugeben. Für das Repertoire der Band schrieben diverse Arrangeure, die gewagtesten und schwungvollsten Nummern kamen vom Saxophonisten Bill Challis. Im Rückblick bezeichnete der Klarinettist Artie Shaw – seinerseits ein Perfektionist, der nicht zu übermäßigem Lob neigte – das Goldkette Orchestra als »erste wirklich großartige weiße Bigband ... unglaublich. Sie swingten wie die Wahnsinnigen.«

Die Tournee durch die Neuenglandstaaten, die Max Kaminsky so begeistert hatte, brachte der Goldkette Band auch ein Engagement in Manhattans prestigeträchtigstem Tanzlokal ein, dem Roseland Ballroom. Am Abend des 13. Oktober 1926 waren sie bereits eine Woche lang dort aufgetreten – lange genug, um unter den Musikern der Stadt Aufsehen zu erregen. Doch dieser Abend schien anders zu verlaufen. Fletcher Henderson kehrte nach einem dreiwöchigen Engagement in der Heimat des Goldkette Orchestra, dem Graystone Hotel in Detroit, zurück ins Roseland, um sich dort einem musikalischen Wettbewerb zwischen »zwei der Besten – zweifellos der besten Tanzorchester der Welt« zu stellen, wie es die *New York Times* ankündigte.

»Das Publikum bestand aus einem Meer weißer Frackhemden«, erinnerte sich der Architekt und Gelegenheitsgitarrist Bill Priestley, »alles Musiker anderer Bands auf dem Weg zu ihren Jobs, in der Hoffnung, wenigstens die erste Nummer mitzubekommen. Solch einen Ruf hatten diese Bands.« Es war zwar schon über ein Jahr vergangen, seit Louis Armstrong Henderson verlassen hatte, doch noch immer zählten die besten Musiker des Landes zu Hendersons Band: Coleman Hawkins, Buster Bailey, Rex Stewart, der Kornettist Tommy Ladnier und ein junger Altsaxophonist namens Benny Carter. »Wir alle waren uns unserer Sache völlig sicher, weil wir gegen einen Haufen Hinterwäldler antraten«, erzählte Stewart. »Immerhin hatten wir diese Don Redman-Arrangements, und wir legten, glaube ich, mit ›Stampede‹ los. Wir stellten den Laden auf den Kopf. Das konnten sie auf keinen Fall übertreffen.«

Trumbauer war klug genug, »Stampede« nicht etwas Vergleichbares folgen zu lassen. Stattdessen begann er – laut Bill Priestley – mit einem nagelneuen Arrangement von Bill Challis, einer im Sechsachtel-Marschtakt gehaltenen, pseudospanischen Nummer namens »Valencia«. »Die Henderson Band begann zu lachen, als sie das sentimentale alte Stück hörte«, erinnerte sich Priestley, »aber das Lachen verging ihnen, als sie das folgende Unisono hörten, das verteufelt schwer war. Mein Gott, diese Blechbläser spielten wie ein Maschinengewehr! Sie schossen die Töne

»Ich habe das Tenorsaxophon gemacht«, sagte Coleman Hawkins einmal. »Niemand spielt es so wie ich, und ich spiele anders als jeder andere.« Mehr als jeder andere war Hawkins verantwortlich dafür, das aus dem rauen Novelty-Instrument eines der bedeutendsten Soloinstrumente im Jazz wurde, abwechselnd aufbrausend und verführerisch, aggressiv und unendlich sensibel.
Hawkins wurde 1904 in St. Joseph, Missouri, geboren, machte sich jedoch in späteren Jahren gern jünger, um jüngere Frauen beeindrucken zu können. Er war ausgebildeter Musiker: Seine Mutter war Kirchenorganistin und brachte ihm Notenlesen bei, noch bevor er richtig sprechen konnte. Er studierte Cello, was sein Vater, ein Fabrikarbeiter, mit zwei Jobs finanzierte, – und blieb sein Leben lang ein Bewunderer von Pablo Casals. Zu seinem neunten Geburtstag schenkten ihm seine Eltern ein Altsaxophon, wie es damals häufig in Vaudeville-Shows und Marching Bands benutzt wurde. Er fand sofort Gefallen daran und spielte mit zwölf für Tanzgesellschaften. 1921 schloss er sich den Mamie Smith's Jazz Hounds an, die mit einer reisenden Zeltshow unterwegs waren, und wechselte wenig später zum Tenorsaxophon. Mittlerweile war er überaus selbstbewusst. »Wenn so ein junger Bursche daherkam«, erinnerte sich Hawkins, »musste ich ihn ausstechen. Auf diese Weise wurde Fletcher Henderson ... auf mich aufmerksam.« 1924 bot Henderson Hawkins einen Platz in seiner Band an. Hawkins blieb über zehn Jahre und veränderte die Spielweise des Saxophons völlig – inspiriert durch Louis Armstrong und Art Tatum. Seinen Spitznamen »Bean« (Grips) erhielt er wegen der Fülle seiner musikalischen Ideen. Sein Ton war wogend, kräftig, leidenschaftlich, voller Vibrato – und laut. Bean war von bescheidener Statur, doch wegen seines gewaltigen Tons und seiner selbstsicheren Art wirkte er wesentlich größer. Der Altsaxophonist Julian »Cannonball« Adderley behielt Hawkins in Erinnerung als »den eindrucksvollsten Jazzmusiker, den ich in meinem ganzen Leben gesehen habe. Er wirkte einfach gebieterisch. Ich schaute ihn ständig an, während ich kein einziges Mal zu Fletcher hinübersah. Dann sagte ich mir: ›Also, so möchte ich auch mal sein, wenn ich groß bin.‹«
Hawkins war zeit seines Lebens ein Einzelgänger, ein »Gelegenheitsmensch«, wie sich der Bassist Pops Foster ausdrückte. »Bei Gelegenheit schaute er einen direkt an und kannte einen nicht, bei Gelegenheit aber doch.«
Hawkins liebte erstklassige Kleidung, guten Cognac und schnelle Autos. Während seiner Jahre bei Henderson raste er in seinem Chrysler Imperial mit über 150 km/h von einem Engagement zum nächsten. Er misstraute Banken und hatte daher gelegentlich Tausende von Dollar in bar bei sich. Und er war ein gewaltiger Esser.
Seine erste Frau verließ ihn, als er schier gar nicht mehr nach Hause kam, und nahm fast das gesamte Mobiliar aus seiner New Yorker Wohnung mit. Bean machte sich gar nicht erst die Mühe, es zu ersetzen – er hatte ohnehin nicht vor, viel Zeit zu Hause zu verbringen. Er lebte für den musikalischen Wettstreit. »Wenn wir mit der Band aufgehört hatten zu spielen, ging ich noch in die Klubs«, erinnerte er sich. »Überall spielten damals kleine Combos. Also hörte ich Sachen, die gut klangen, kehrte nach New York zurück und hatte ein paar neue Riffs.«
Bei den wöchentlichen Jam-Sessions im Harlemer Hoofer's Club, bei denen immer Musiker eines bestimmten Instruments gegeneinander antraten, war Coleman Hawkins immer dabei, ganz gleich, um welches Instrument es ging. »Ich schaute dann einfach mal mit dem Horn in der Hand vorbei«, pflegte er zu sagen. »Dann wusste man, dass er jemand fertig machen würde«, meinte ein Teilnehmer.
Generationen von Saxophonisten lernten seine Soli auswendig; er selbst jedoch war nie zufrieden und versuchte immer herauszufinden, was jüngere Musiker im Sinn hatten, um sie dann auf ihrem eigenen Feld zu schlagen. Für die meisten seiner frühen Aufnahmen »schäme er sich«, verriet er einmal einem Freund. Man dürfe nie zurückblicken, meinte er – Musik sollte »ein Abenteuer« bleiben.

Coleman Hawkins

Das Jean Goldkette Orchestra verkündet seine Bereitschaft, es mit jedem aufzunehmen. Neuengland, 1926.

nur so heraus und machten jeden Widerstand nieder. Dann wandte sich [der Holzbläser] Don Murray Tram zu und meinte: »Lass uns mal aus beiden Läufen auf sie feuern«, worauf sie mit »Tiger Rag« loslegten und den Laden endgültig auseinander nahmen.«

»Sie vernaschten uns«, gab Rex Stewart zu. »Diese kleinen sturen weißen Jungs vernaschten uns. Don Redman meinte, die Arrangements von Challis hätten uns in Stücke gerissen ... ihre Rhythmusgruppe sei zu stark gewesen, Steve Brown hätte alles aus seinem Bass herausgeholt ... und dann Frankie Trumbauer, der erst seine Band anfeuerte, sich dann vorn hinstellte und sein Tenorsax richtig zum Jammern brachte.« Was Bix betraf, mit dem sich Stewart passenderweise während ihres gemeinsamen Auftritts im Roseland einen Spind teilte, war er in Stewarts Augen »ein Künstler, wie es ihn nur einmal unter einer Million gibt«. Viele Jahre später fragte man Benny Carter, ob die Goldkette Band wirklich so gut gewesen sei, wie es manche behaupteten. »Gut? Teufel noch mal, sie war Furcht erregend!«, erwiderte er. Die beiden Bands begegneten sich im folgenden Januar noch einmal im Roseland und rangen sich dort Buster Bailey zufolge ein hart erkämpftes Unentschieden ab. »Wir wollten uns nicht zweimal fertig machen lassen ... Keine Frage: An diesem Abend gab es jede Menge tolle Musik.«

Aufgrund des ersten Auftritts der Goldkette Band im Roseland sagte ein Reporter von *Billboard* voraus, die Band werde bald Aufnahmen machen, die »die Tapeten an den Studiowänden versengten«. Als die Männer dann jedoch tatsächlich in die Victor-Studios kamen, hatte Edward King, der Geschäftsführer der Plattenfirma, andere Pläne. King war wenig begeistert vom Jazz im Allgemeinen und Blechbläsern im Besonderen und bestand darauf, dass die Band streng kommerzielle Arrangements einspielte. »Die hatten wirklich die allerlausigsten Stücke für uns ausgesucht!«, erinnerte sich Bill Challis. »Sie ließen uns einfach keine guten Nummern aufnehmen. Sie wollten keinerlei Improvisationen, sondern unbedingt einen Hit, und darum durften wir nur die Melodie spielen ... Bix schmuggelte in die letzten acht Takte mancher Stücke noch etwas hinein – obwohl sie echt schmalzig waren ... er stand einfach auf und improvisierte über der Band.« Die Aufnahmen verkauften sich gut, konnten aber nicht die Begeisterung einfangen, die die Band live beim Publikum erzeugte. »Ich weiß wirklich nicht, warum King die Band überhaupt ins Studio geholt hat«, erinnerte sich der Altsaxophonist Stanley »Doc« Ryker. »Die Sachen, die er nicht wollte ... das war unser Stil.«

Daran hatte die notorische Idiotie der Rassenfrage einen beträchtlichen Anteil. Die Verantwortlichen in der Schallplattenindustrie waren fast ausnahmslos der Ansicht, »süße« und sentimentale Stücke sollten das exklusive Tätigkeitsfeld weißer Bands bleiben, während schwarze Orchester sich an Bluesnummern und »Stomps« zu halten hatten, die ihnen angeblich »von Natur aus« lagen und nach Meinung der Produzenten genau das darstellten, was sich die Käufer von Race Records wünschten. Daher durften weiße Bands wie die von Goldkette oder Ben Pollack nur selten demonstrieren, wie sehr sie swingen konnten, während schwarze Bands wie die von Fletcher Henderson daran gehindert wurden, die volle Bandbreite ihrer Fähigkeiten zu demonstrieren. »Obwohl die Henderson Band auf Tourneen eine Vielfalt von Stücken spielte«, klagte Rex Stewart, »stempelten uns die Leute der Schallplattenfirmen als Stomp-Band ab. Sie wollten nicht akzeptieren, dass eine Negerband ›sweet‹ sein konnte – dabei ernteten wir im Roseland und anderswo gewaltigen Applaus dafür, dass wir wunderbare Walzer spielten.«

Zur gleichen Zeit überredete ein Sänger namens Red McKenzie Tommy Rockwell – denselben Geschäftsführer von Okeh Records in Chicago, der schon die Aufnahmen mit Louis Armstrongs Hot Five gemacht hatte – dazu, Bix und Tram zusammen mit einer kleinen Besetzung ins Studio zu holen. Bei diesen Aufnahmen entstanden »Clarinet Marmalade«, »Ostrich Walk«, »Riverboat Shuffle«, »I'm Coming Virginia« und schließlich »Singin' the Blues«, das Stück, das einem echten Hit noch am nächsten kam.

»Singin' the Blues« war seit langem eine Lieblingsnummer beider Musiker, und beide hatten das, was sie spielten, praktisch schon perfektioniert, bevor sie ins Studio gingen. Trumbauers geschmeidiger, entspannter Eröffnungschorus inspirierte eine ganze Generation junger Epigonen – Weiße wie Schwarze. »Jeder versuchte es zu lernen«, meinte der Tenorsaxophonist Budd Johnson; Trumbauer war nun »der tollste Hecht weit und breit, und alle versuchten, seine Sachen nachzuspielen«. Die Blechbläser dagegen prägten sich Bix' Solo ein – strahlend und silberhell, dabei gelassen und behutsam aufgebaut. Fletcher Henderson bewunderte »Singin' the Blues« so sehr, dass er später Bill Challis dafür bezahlte, ein Arrangement des Stücks für seine Band zu schreiben, in der die Saxophone unisono Trumbauers Solo spielten, während Rex Stewart das Solo von Beiderbecke übernahm – Note für Note.

Auf den jungen Klarinettisten Artie Shaw wirkte »Singin' the Blues« wie ein Fingerzeig des Herrn. Shaw spielte damals in einem Tanzorchester und war unzufrieden.

»Ich spielte Dinge, die ich nicht spielen wollte, wusste aber nicht, wo es langgehen sollte. Ich hatte einfach keine Ahnung, wen ich kopieren sollte. Aber dann hörte ich Bix und Trumbauer und ... das waren die Richtigen. Als Weißer war ich an der weißen Musik orientiert, und als ich Bix und Trumbauer hörte, wurden sie meine Vorbilder ... Sie spielten, als wüssten sie, wo es langgeht, sie hatten eine Richtung eingeschlagen, es gab eine Definition, eine Art Disziplin ... Mir wurde klar, dass das der Weg war, den ich auch einschlagen wollte.«

Doch selbst »Singin' the Blues« stellte Bix nicht zufrieden. Jahrelang hatte er nach Feierabend an einem eigenen, verträumten Klavierstück gearbeitet – eher eine Aneinanderreihung improvisierter Phrasen als eine ausgereifte Komposition, doch voll pastellfarbener Töne wie jene, die die von ihm so bewunderten französischen Impressionisten verwendeten. Rockwell ermutigte ihn, auch dieses Stück aufzunehmen. Bei der ersten Aufnahme spielte er zu lange, doch Tram kam ihm beim zweiten Take mit einer Warnung 15 Sekunden vor Schluss zu Hilfe, so dass er problemlos ein Ende finden konnte. Bezeichnenderweise hatte er sich nie Gedanken über einen Titel für das Stück gemacht, und so fiel es letztendlich Trumbauer zu, sich etwas auszudenken. »Tja, ich sagte mir, dass Bix auf einer Wolke geschwebt sein musste, als er es komponierte. Und dann kam mir die Idee: Wolke, weiß, Nebel. Das war es: ›In a Mist.‹«

Jean Goldkette liebte sein großes Vorzeigeorchester – aber er war auch Geschäftsmann. Die Gehälter, die er seinen Stars zahlte, überstiegen seine Einkünfte, und er sah keine Möglichkeit, daran etwas zu ändern. So hatte das Goldkette Orchestra am 18. September 1927 – nur neun Tage, nachdem Beiderbecke »In a Mist« aufgenommen hatte – seinen letzten Auftritt im Roseland Ballroom. Der Pianist Irving Riskin erinnerte sich, dass an jenem Abend allen Musikern Tränen in den Augen standen, während sie sich systematisch durch das Repertoire der Band spielten, um den Arrangeuren Tribut zu zollen, die zum guten Gesamtsound beigetragen hatten. In allen Nummern übernahm jeder ein Solo, erzählte Riskin, und als sie schließlich fertig waren und die Bühne verlassen wollten, ließ die begeisterte Menge dies nicht zu. »Wir legten erneut los und spielten, während das Publikum geradezu verzweifelt schrie. Nun liefen vielen von ihnen die Tränen in Strömen herab. Niemand wollte, dass der Abend ein Ende nahm.« Schließlich rief der Geschäftsführer des Roseland die Polizei, und »wenig später drängten sich Dutzende Beamte durch die Menge ... und machten eine Gasse für uns frei ... Selbst während wir durch die Reihen der Polizeibeamten liefen, versuchten einige Gäste, die Absperrung zu überwinden und uns zumindest noch einmal zu berühren.«

Auf der Suche nach Arbeit zerstreuten sich Goldkettes Leute. Bix und Tram sollten wenig später eine Anstellung beim bekanntesten und am besten bezahlenden Bandleader Amerikas finden: Paul Whiteman.

DSCHUNGELMUSIK

Im Herbst desselben Jahres verbreitete sich in New York das Gerücht, dass die Gangster, die den berühmtesten Nachtklub von Harlem, den Cotton Club, besaßen und führten, eine neue Band suchten. Der Klub konnte auf eine bewegte Geschichte zurückblicken: Er war 1918 an der nordöstlichen Ecke der 142nd Street nahe der Lenox Avenue über dem Douglas Theater als Kasino erbaut worden, wurde danach von Jack Johnson, dem früheren Schwergewichtsweltmeister im Boxen, als Club Deluxe geführt und schließlich von einem Gangstersyndikat übernommen, an dessen Spitze Owney Madden stand, ein in Großbritannien geborener Gangster mit hoher, mädchenhafter Stimme und ellenlangem Strafregister.

Harlem hatte sich zu einem Anziehungspunkt für wohlhabende Weiße entwickelt, die geradezu darauf brannten, einen Teil dieses angeblich »primitiven« Nachtlebens kennen zu lernen. Viele Bewohner Harlems stellte das vor ein wirkliches Rätsel. »Was ist der Anlass dafür, die Aufmerksamkeit auf ... den Neger zu richten?«, fragte der Autor Rudolf Fisher im *American Mercury*.

»Geht man davon aus, dass Weiße schon seit langem das Freizeitvergnügen der Neger als Abwechslung genießen, ist es dann nicht etwas anderes, darüber Hinausgehendes,

Eine hellhäutige Künstlerin tanzt für schwarze wie weiße Gäste im Small's Paradise in Harlem – während ein Besucher sein Bestes tut, um in einer solchen Umgebung nicht fotografiert zu werden. Das Foto entstand 1929. »Die besten der schwarzen Varietés von Harlem sind weiß geworden«, schrieb Rudolf Fisher.

wenn sie sich nun in Fleisch und Blut in dieses Freizeitvergnügen, in die Cabarets der Neger stürzen? Jetzt gehen also Neger in ihre eigenen Cabarets, nur um zu sehen, wie sich die Weißen verhalten ... Und was sehen wir dort? Nanu, wir sehen, wie sie Negerspiele spielen. Ich beobachte sie bei diesem um sich greifenden Negroismus, dem Charleston. Ich schaue sie mir an – und beneide sie. Sie tanzen Camel, Fish-tail und Turkey, sie tanzen Geech und Black-Bottom und Scrontch, sie gleiten übers Parkett zum Buzzard und zum Mess-around – und sie tanzen all diese Tänze besser als ich!
Dieses Interesse am Neger ist ein aktives, partizipierendes Interesse. Es scheint fast so, als betrachte ein Reisender aus dem Norden einen afrikanischen Stammestanz, um dann plötzlich wie wild von ihm aufgesogen zu werden, gefangen vom Stammesrhythmus ... Vielleicht haben die nordischen Menschen sich ja nun endlich auf unsere Wellenlänge eingestellt. Vielleicht lernen sie ja jetzt endlich, unsere Sprache zu sprechen.«

»Das Nachtleben von Harlem übertrifft mittlerweile sogar das am Broadway«, schrieb *Variety*. »Ab Mitternacht bis nach Sonnenaufgang findet man hier einen brodelnden Kessel nubischen Frohsinns und Übermuts.« »Damals war Harlem ebenso weiß wie schwarz«, erinnerte sich der Stepptänzer Honey Coles. »Nachts kamen sie alle von Downtown herüber, wenn dort alles dicht gemacht hatte – die Diamanten und die Nerze und die Pelze.« Niemand weiß, wie viele Flüsterkneipen, Kellerlokale und sonstige Etablissements damals in Harlem florierten – die

Die Kreuzung Seventh Avenue und 135th Street, 1928. Rechts der Eingang von Small's Paradise – dem zweiten Klub gleichen Namens, geleitet von dem ehemaligen Fahrstuhlführer Ed Smalls und bei weißen wie schwarzen Gästen gleichermaßen beliebt. Die Teilnehmer am Elks-Kongress, die vom über der Straße hängenden Spruchband begrüßt wurden, könnten hier Willie »the Lion« Smith oder Fletcher Henderson gehört haben und wären dort mit Sicherheit von Kellnerinnen bedient worden, die auf Rollschuhen Charleston tanzten.

Schätzungen reichen von 500 bis hin zu mehreren Tausend. Jedenfalls lebte gegen Ende der 20er Jahre eine beträchtliche Zahl von Menschen gut davon, dass sie die Bedürfnisse abenteuerlustiger Weißer befriedigte. Eine Karte, die Touristen an Straßenecken in Manhattan überreicht wurde, wies dezent auf die Reize hin, die etwas weiter nördlich auf sie warteten – man musste nur eine der inserierenden »Slumming-Hostessen« engagieren und mit ihr die Schwarzenviertel erkunden.

> »Hier, in der größten Stadt der Welt, wird es Sie amüsieren und interessieren, einen echten Einblick in die Welt der Neger von Harlem zu bekommen. Gehört haben Sie sicher davon, aber nur wenige wissen wirklich Bescheid ... Ich bin in der Lage, Sie genauso durch Harlem zu schleusen, wie Sie es anderswo auch in Chinatown erleben können. Meine Führer sind ehrlich und dazu angehalten, Ihnen nur den besten Service zu bieten ... Wenn Sie Harlem nicht besucht haben, fehlt Ihrem Urlaub der krönende Abschluss.«

Und nirgendwo konnte man seinen Urlaub krönender abschließen als im Cotton Club. Hier dominierte auf bizarre Weise die sehnsüchtige Erinnerung an den alten amerikanischen Süden vor dem Bürgerkrieg. Die große Bühne war so angelegt, dass sie der Veranda einer Pflanzervilla ähnelte – samt hohen weißen Säulen, einem gemalten Hintergrund mit Sklavenhütten und echten, mit Moos drapierten Eichen. Die Hauptattraktion war eine aufwändige Revue in der Tradition von Florenz Ziegfeld, zu der Songs, Tänze und jede Menge hellhäutiger, leicht bekleideter Tänzerinnen gehörten, die als »Tall, Tan and Terrific« ankündigt wurden. Prominente wie Ethel Waters und Bill »Bojangles« Robinson ließen sich gelegentlich einen Tisch im Klub reservieren, während schwarze Gäste grundsätzlich ausgeschlossen waren. Einmal wurde sogar W. C. Handy abgewiesen – der »Vater des Blues« persönlich. »Sofern Ihnen nicht danach zumute ist, müssen Sie sich nicht mit Farbigen einlassen«, versicherte der Autor eines Reiseführers über das Manhattaner Nachtleben seiner Leserschaft. Im Cotton Club »feiert man seine eigene Party und bleibt unter sich. Aber es lohnt sich zu sehen, wie sie stepptanzen.«

Ein anzüglicher Kritiker fasste in *Variety* lebendig in Worte, was die meisten weißen Gäste des Klubs Richtung Norden zog: »Die fast an Weiße erinnernden, sehr hellhäutigen Mädchen sehen fabelhaft aus und zeigen die verruchtesten Hüftschwünge, die jemals einem bunt gemischten Publikum geboten wurden«, schrieb er. »Hauptattraktion sind natürlich die Mädchen, zehn an der Zahl, von denen die meisten in Gesellschaft Weißer als Weiße durchgehen könnten. Sie besitzen ein angeborenes Gefühl für Jazz, und ihr lässiger Auftritt legt den Gedanken nahe, dass kein weißes Mädchen jemals dieser hüllenlosen Tätigkeit gewachsen sei. Aber allein schon die Katzenmusik der Braunhäutigen ist den Eintritt von zwei Dollar wert.«

Ungeachtet der allgegenwärtigen Gangster, der auf Weiße beschränkten Platzvergabe und der Verherrlichung von Minstrel-Stereotypen präsentierte der Cotton Club erstmals auch schwarze Entertainer als gut aussehende und glamouröse Stars. »An Sonntagabenden«, erinnerte sich Duke Ellington, »wenn es im Klub vor Prominenz nur so wimmelte, rannten [die Tänzerinnen] nach der Show in ihrem ganzen Putz aus der Garderobe. Und jedes Mal, wenn sie vorbeikamen, fragten die Stars und die Reichen: ›Mein Gott, wer war denn das?‹ Als Repräsentantinnen des Klubs waren sie umwerfend.« Musik und Choreographie, Kostüme und Bühnenbilder konnten es mit den besten Broadwayshows aufnehmen. Jedenfalls war das Engagement im Cotton Club etwas, von dem jeder ehrgeizige schwarze Bandleader der Stadt träumte – auch Duke Ellington.

Ellingtons Stern war bereits aufgegangen – und dazu beigetragen hatten ein vier Jahre währendes Engagement in einem Kellerklub nahe des Times Square, der zuerst Hollywood Inn und dann Kentucky Club hieß, drei triumphale Sommertourneen durch die Tanzlokale Neuenglands, eine erfolgreiche Saison bei einer rein schwarzen Revue namens Jazzmania im Harlemer Lafayette Theater sowie eine Reihe von Schallplattenaufnahmen, auf denen die Aufsehen erregenden, gefühlvollen »Growls« von Bubber Miley zu hören waren, die dieser seinem Kornett mithilfe eines Dämpfers entlockte.

Doch nun bekam er auch noch die Unterstützung eines trickreichen, umtriebigen Managers. Irving Mills war ein untersetzter, stumpenkauender Broadway-Agent, ehemaliger Reklamesänger und Vaudeville-Mann, der gern von sich im pluralis majestatis sprach: »Wir waren sehr aggressiv und vielseitig«, erzählte er in einem Interview gegen Ende seines langen Lebens, »und immer auf der Höhe der Zeit mit unseren Vorstellungen und neuen Ideen.« Geboren wurde Mills 1894 als Sohn jüdischer Einwanderer an der Lower East Side. Mit einem »Stall« von Komponisten und Arrangeuren, darunter Harold Arlen, Hoagy Carmichael, Dorothy Fields, James P. Johnson, Jimmy McHugh, Will Vodery und Spencer Williams, stieg er zu einem der erfolgreichsten Musikproduzenten der Branche auf. Als der Blues zum ganz großen Geschäft wurde, kaufte er auch davon eine ganze Sammlung von Titeln ein, manche Stücke für gerade mal 15 Dollar.

Ab einem gewissen Punkt – wann der war, darüber gehen die Meinungen von Ellington und Mills auseinander – stellte Mills fest, dass Ellington sich von anderen Bandleadern unterschied und dass sich aus ihm im beiderseitigen Interesse mehr machen ließ. »Er kam oft in den Kentucky Club«, erinnerte sich Ellington, »und eines Abends sagte er, er wisse zwar nicht, was wir mit unserer Musik machten, doch sie würde ihm gefallen und er wolle ein paar Nummern mit

Oben: Der Eingang des Cotton Club an der Ecke 142nd Street und Lenox Avenue in Harlem. Unten: Ein Programmheft und Souvenir, das ein schauerliches Treiben im Innern verspricht.

unserer Band aufnehmen. Wir ergriffen die Gelegenheit beim Schopfe, und das war der Beginn einer langen und wunderbaren Zusammenarbeit ... Er hatte die Verbindungen ... Wir machten Aufnahmen für fast alle bestehenden Label, aber immer unter anderen Namen: als Duke Ellington für Victor, als Jungle Band für Brunswick, Washingtonians für Harmony, Whoopee Makers für Perfect, als Sonny Greer and his Memphis Men für Columbia und als Harlem Footwarmers für Okeh.«

Ellington und Mills gingen schließlich eine Partnerschaft ein, die vorsah, dass Mills und sein Anwalt 55 Prozent sämtlicher Einnahmen des Orchesters erhielten. Dagegen erhoben einige Mitglieder der Band Einwände – vor allem, als Mills' Name als Mitkomponist von Stücken auftauchte, die Ellington allein geschrieben hatte. Doch Ellington beschwerte sich nie öffentlich über den Handel, den er eingegangen war, denn er wusste, dass Mills es im Gegenzug als seine Mission betrachtete, ihn so zu vermarkten, wie noch nie ein schwarzer Künstler vor ihm vermarktet worden war – nämlich »als großer Musiker, der einen dauerhaften Beitrag zur amerikanischen Musik geleistet hat«. Und auch wenn sich die Wege der beiden Männer später wieder trennten, so weigerte Ellington sich, denjenigen Gehör zu schenken, die schlecht über Mills sprachen. »Ganz gleich, wie viel Geld er mit mir verdiente«, schrieb er, »[Mills] war der Erste, der unsere Möglichkeiten erkannte.« Und wie kompliziert ihre Beziehung auch gewesen sein mag – Ellington »respektierte die Art und Weise, in der er vorging. Er ... bewahrte meinem Namen immer die Würde ... und mehr kann niemand für jemand anderen tun.«

Am 29. November 1926 – zehn Wochen, nachdem Jelly Roll Morton mit seinen Red Hot Peppers ins Studio gegangen war, und elf Tage vor Benny Goodmans Plattendebüt und dem Tod seines Vaters – nahm Duke Ellington seine erste bedeutende Eigenkomposition auf, »East St. Louis Toodle-o.« Im Laufe der letzten Sommertournee durch Neuengland war die Band im Gebiet um Boston an derart vielen Reklametafeln von »Lewando Cleaners« vorbeigekommen, dass sie »Oh, Lee-wand-do« anstimmten, sobald sie das nächste Plakat sahen. Bubber Miley nahm die Phrase auf seinem Horn auf, und Ellington schliff die Idee zu einem Ohrwurm, stellte dem Thema eine zweite Melodie gegenüber und erarbeitete mit seiner Band ein sorgfältig strukturiertes Arrangement – mitsamt dazupassender Begleitgeschichte.

Schallplattenproduzent Irving Mills.

»Damals ... sollte praktisch alles, was wir schrieben, ein Bild von etwas hervorrufen«, sagte er. »Eines Abends gingen wir nach dem Auftritt im Kentucky Club den Broadway entlang und unterhielten uns über einen alten Mann, der nach einem harten Arbeitstag auf dem Feld zerschlagen nach Hause geht. Doch obwohl er müde ist, fühlt er sich stark und unerschütterlich, weil er sein Zuhause ansteuert, wo er die Füße unter den Tisch legen kann und eine warme Mahlzeit auf ihn wartet. Und daraus wurde dann ›East St. Louis Toodle-o‹.« (Ellington hatte die Nummer eigentlich »East St. Louis Todalo« nennen wollen, wobei Todalo eine Art holprigen Tanz bezeichnete, aber derjenige, der für die Plattenfirma den Text abtippte, schrieb den Namen offenbar verkehrt, und so ist es dann dabei geblieben.) Die Nummer sollte für die nächsten 15 Jahre unerschütterlich die Erkennungsmelodie der Band sein. »Das Publikum hörte den Song und wusste sofort, wer jetzt kam«, erinnerte sich Sonny Greer.

Diesem Muster folgte Ellington während seiner langen Karriere immer wieder: Eine von ihm oder von einem seiner Musiker improvisierte Melodie wurde unter seiner Leitung in ein vollwertiges Arrangement umgewandelt, das zugleich eine Szene aus dem amerikanischen Alltagsleben plastisch schilderte. Nach den Worten Ellingtons bestand der Unterschied zwischen seiner Band und der von Fletcher Henderson darin, dass diese »im Grunde eine Ensemblegruppe war ... In unserer Band [dominierten] die Soli ... der verschiedenen Stars, die wir hatten ..., immer alles.« Ellingtons grenzenloses Selbstvertrauen wurde im Allgemeinen durch eine vorteilhafte öffentliche Bescheidenheit gemildert. Natürlich spielten in seiner Band immer außergewöhnliche Solisten, die er sorgsam auswählte, doch letztendlich waren es seine eigene Schöpferkraft, sein rastloser Abenteuergeist und sein untrüglicher Sinn für die Form, die seine Musik – und sein Orchester – so einzigartig machten.

Im Herbst 1927 nahm Ellington zwei weitere bedeutende Stücke mit Bubber Miley auf: »Creole Love Call«, in dem Miley sich den Raum für ein Solo mit dem gespenstischen, wortlosen Gesang der Sängerin Adelaide Hall teilt, sowie »Black and Tan Fantasy«, ein reizvolles, bluesorientiertes Stück, das die erotische Atmosphäre eines Lokals wie dem Cotton Club heraufbeschwört, um dann in einem klagenden und zugleich verschmitzten Ende – das Zitate aus Chopins Trauermarsch enthält – anzudeuten, dass jeder letztendlich den Preis für ein zu gutes Leben bezahlen muss. Die Komposition steckt voller disparater Elemente – Blues und Spirituals, Chopin und King Oliver und mehr als nur ein Anflug eines Trauermarschs aus New Orleans –, trägt aber unverkennbar die Handschrift Ellingtons.

Kurz nach der Aufnahme von »Black and Tan Fantasy« erfuhren Ellington und Mills, dass der Cotton Club eine neue Band suchte. Mills drängte die Leitung des Klubs, Ellington einzustellen – ebenso wie der Komponist Jimmy McHugh, der gerade die Musik für die kommende Revue des Klubs schrieb. Der Manager bestand auf einem Vorspielen und wollte eine mindestens zehn Musiker starke Band, während Ellington, der damals im Gibson Standard Theater in Philadelphia auftrat, nur ein Oktett beschäftigte. Am vereinbarten Tag sollten noch sechs weitere Bands vorspielen. »Das Vorspielen war für mittags

Auf diesem Standfoto aus dem Film Black and Tan (1929) spielen Duke Ellington und sein Orchester zu einer Bühnenshow im Cotton Club.

angesetzt«, erzählte Ellington, »doch bis ich elf Leute zusammengekratzt hatte, war es zwei oder drei Uhr. Wir spielten vor und bekamen den Job – und zwar deshalb, weil der Boss, Harry Block, auch zu spät kam und die anderen gar nicht hörte! Das ist ein klassisches Beispiel dafür, wie man zur rechten Zeit am rechten Ort sein kann, mit der richtigen Sache vor den richtigen Leuten.« Es galt aber noch eine weitere Hürde zu überwinden: Ellington stand noch bis zum Ende der Spielzeit in Philadelphia unter Vertrag. Daraufhin schickte Owney Madden einen Unterhändler namens Yankee Schwartz zum dortigen Theatermanager, mit der Botschaft, dass er Ellington für seinen Klub wolle – und zwar sofort. »Sie können großzügig sein – oder tot«, soll Maddens »Agent« gesagt haben. Klugerweise entschied sich der Manager für die Großzügigkeit.

Am 4. Dezember 1927 begannen Duke Ellington und sein Orchester ihr Engagement im Cotton Club und blieben dort fast vier Jahre. »Als ich meine Arbeit aufnahm«, erinnerte sich Ellington, »war Jazz eine Masche, etwas Neues. Nicht jeder machte sich etwas daraus – und diejenigen, denen es gefiel, waren der Ansicht, sie bekämen erst dann echten Jazz zu hören, wenn neben der Musik auch noch schockierende Lautstärke und irgendetwas Unvorhersehbares geboten würde.« Die amerikanische populäre Musik hatte sich seit jeher »exotischer« Elemente bedient – orientalisch klingender Tänze, Songs mit hawaiischen, indianischen oder afroamerikanischen Themen –, die den Reiz des Neuen und eine gewisse Würze boten. Ellingtons neue Musik, mit ihrer Vielfalt an Growls, klagenden oder aufschreienden Moans und Shouts, ihren ungewöhnlichen Voicings und ihrer alles durchdringenden Sinnlichkeit, erschien dem Publikum wie ein Echo aus dem fernen Afrika – also genau das, weswegen es nach Harlem gekommen war.

Ellington war sich über die Absurdität dessen, was sich im Cotton Club abspielte, voll und ganz im Klaren. »Dieser Teil des Ganzen war sowohl für Schwarze als auch für Weiße erniedrigend und entwürdigend«, meinte er. »Aber es gab auch einen wunderschönen Teil.« Der Klub »hatte wirklich Klasse«, erinnerte er sich; ungebärdige Gäste wurden freundlich gebeten, sich ruhig zu verhalten, und wenn sie der Bitte nicht nachkamen, setzte man sie freundlich, aber bestimmt vor die Tür. (Im Kentucky Club hatte man in solchen Fällen Betäubungsdrinks benutzt.) Ellington liebte die Eleganz; er genoss es, Prominenten vorgestellt zu werden und die Tänzerinnen kennen zu lernen, und nach Feierabend spielte er sogar noch Karten mit den Gangstern, die das Lokal führten. Der Klub bot ihm ideale Bedingungen für musikalische Experimente; hier lernte er, wie man unter Termindruck arbeitete, talentierte Künstler förderte und die begrenzten Fähigkeiten der weniger Talentierten erfolgreich kaschierte. »Um die Shows auf die Beine zu stellen, leisteten eine Menge Leute Schwerstarbeit«, erinnerte er sich. »Das war der Geist des Cotton Club. Arbeit, Arbeit und noch mal Arbeit. Proben, Proben und noch mal Proben. Alles gut über die Bühne bringen ... Wir wussten, dass wir jeden Abend einem hohen Anspruch genügen mussten. Wir wussten, dass wir uns keinen Patzer erlauben durften. Und das taten wir auch nur selten.« Jedenfalls gab es nichts mehr, was Duke Ellington erniedrigen konnte – weil er sich weigerte, sich jemals wieder erniedrigen zu lassen. Selbst in dem nervösen alten Film über ihn und

Zeitungsanzeige für die zweite der beiden Revuen im Cotton Club, für die das Duke Ellington Orchestra 1928 die Musik lieferte.

seinen Erfolg im Cotton Club – in dem er von Tänzern umgeben ist, die so gekleidet sind, wie es der grotesken Vorstellung weißer Choreographen von afrikanischen Kostümen entsprach – wirkt er in seinem weißen Frack am Klavier seltsam isoliert, als sei ihm unsichtbar Würde verliehen, als hätte man ihn in den Streich eingeweiht, der den anderen gespielt wird. Bei seinem Auftritt 1929 in einem Kurzfilm namens »Black and Tan«, in dem zwei schwarze Komiker Klischeerollen übernehmen – stolpernd, unbeholfen, ungebildet, treu dem Alkohol ergeben – wurde er genau als das porträtiert, das er war: ein gut aussehender, eleganter, hart arbeitender Komponist.

Aber auch wenn Ellington das Etikett »Dschungelmusik« noch eine ganze Weile anhaftete, so dienten ihm doch weder das ferne Afrika noch dessen pervertierte Version, die die Weißen nach Harlem lockte, als Inspiration. Stattdessen kam er immer auf »das Alltagsleben und die Gewohnheiten des Negers« zurück, wie er es nannte und wie es die Titel der Stücke auch bescheinigen, die ihm während seiner Jahre im Cotton Club mühelos aus der Feder zu fließen schienen: »Black Beauty«, »Jubilee Stomp«, »New Orleans Low Down«, »Swampy River«, »Stevedore Stomp«, »Dicty Glide«, »Parlor Social Stomp«, »Harlem River Quiver«, »Harlem Flat Blues«, »Memphis Wail«, »Mississippi Moan«, »The Breakfast Dance«, »Rent Party Blues« und »Saturday Night Function«. Wie seine Eltern, wie seine Lehrer an der William Lloyd Garrison High School im nach Rassen getrennten Washington bewies Duke Ellington weiterhin das, was er den »Stolz ... den größten Rassenstolz« nannte – ganz gleich, was um ihn herum vorging. Sein Ziel sei es, »Negermusik« zu schreiben, meinte er, »Negergefühle in Rhythmus und Melodie« auszudrücken. »Ich spiele keinen ›Jazz‹«, sagte er einmal in einem seiner ersten Interviews. »Ich versuche, die natürlichen Gefühle eines Volkes auszudrücken.« Im Sprachgebrauch seiner Zeit nannte man ihn bewundernd einen »Race Man«.

Ellingtons langjähriges Engagement im Cotton Club machte ihn zum bekanntesten schwarzen Bandleader New Yorks – doch erst mithilfe des Rundfunks gelang es ihm, im ganzen Land populär zu werden. Zunächst sendete nur der Lokalsender WHW regelmäßig abends aus dem Cotton Club, doch auf Drängen eines der glühendsten Verehrer von Ellington, des populären Radiosprechers Ted Husing, brachte ihn schließlich auch die neue Rundfunkgesellschaft Columbia Broadcasting System mehrmals wöchentlich landesweit – zuweilen mitternachts, manchmal am frühen Abend. »Das ganze Land wartete darauf, von Küste zu Küste«, erinnerte sich Sonny Greer. »Die Leute bekamen nichts zu essen, bis wir auf Sendung gingen. Typen, die den ganzen Tag geschuftet hatten, mussten hungern, bis wir loslegten.«

»Wir hatten viel, viel Glück«, meinte Ellington, »denn ... genau zu dieser Zeit versuchten alle Bands im Land Paul Whiteman zu imitieren, begleitet von allen möglichen grandiosen Werbekampagnen und dergleichen. Wir dagegen hatten einen sehr, sehr wehmütigen Stil, und schon aus diesem Gegensatz heraus hoben wir uns von den anderen ab und schlugen ein.«

In Wirklichkeit hörte so mancher Hörer weit mehr als einen schlichten »Gegensatz« aus Ellingtons Musik heraus. Der Schriftsteller Ralph Ellison, damals noch Schüler an einer Highschool in Oklahoma City, erinnerte sich bei Ellington

> »... zunächst an vertraute und doch merkwürdige Orchesterklänge, die von den Schallplatten oder aus dem Radio stammten. Vertraut, weil unter den stilisierten Dschungelgeräuschen (der Art, wie man sie in keinem afrikanischen Dschungel zu hören bekommt) der Blues zu hören war, und merkwürdig, weil hier die Dämpfer, Saugglocken und Melonen, die ich als Musiker zu nutzen gelernt hatte, eine stilisierte Eleganz und zusätzliche Wirkung besaßen, wie ich sie selbst aus der Musik Louis Armstrongs nicht kannte. Es war, als hätte Ellington die traditionellen Instrumente der amerikanischen Negermusik genommen und modifiziert, ihr Spektrum erweitert, ihre tonalen Möglichkeiten bereichert. Wir lernten damals alles über klassische Musik, beschäftigten uns mit Harmonien und den Formen symphonischer Musik. Zwar standen wir trotz aller Kritik seitens unserer Lehrer den Stimmen des Jazz und des Blues positiv gegenüber, weil diese größtenteils die Gefühle äußerten, die wir selbst in unserem eigenen Leben ebenfalls empfanden. Doch erst durch die Entdeckung Ellingtons wurde uns bewusst, dass der Jazz

Duke Ellington während seiner Zeit im Cotton Club.

Ausdrucksmöglichkeiten besaß, die mit denen der klassischen europäischen Musik vergleichbar waren.«

Etwa zur gleichen Zeit gab R. D. Darell, ein New Yorker Kritiker der Klassikzeitschrift *disques*, unumwunden zu, Ellingtons Musik anfänglich falsch beurteilt zu haben. »Black and Tan Fantasy« hatte diesen Bekehrungsprozess ausgelöst:

»Wie die meisten anderen erkannte auch ich es zunächst nicht, als es mir in Form der ›heißesten, witzigsten Platte, die man je gehört hat‹ zu Ohren kam ... Ich lachte wie alle anderen über ihr instrumentales Wah-Wah, das Durcheinanderbringen und Verschlucken, das jämmerliche Wiehern eines uralten Gauls, die kümmerlichen Anklänge an den Trauermarsch von Chopin. Doch als ich die Platte zur Belustigung meiner Freunde noch einmal abspielte, lachte ich weniger herzhaft, mit weniger Schwung. In meinen Ohren setzten sich das Gewiehere und die Wah-Wahs zu neuen Klangfarben zusammen, verzerrt und entstellt, aber quälend ausdrucksstark. Das Stück nahm jetzt eine überraschende Individualität und Geschlossenheit an, einen hohen Grad an Gefühl, der absolut nicht zur populären Tanzmusik passte. Unter seinem seltsamen, wunderlichen Wesen lag eine eigenartige Schönheit, die mehr und mehr auf mich einwirkte und sich nicht mehr abschütteln ließ.

Ein solches Werk war meinen Vorstellungen von Jazz völlig fremd. Es hatte nichts von der munteren Begeisterung eines Gershwin ... nichts vom Schliff im Stile eines Whiteman-Orchesters, nichts von dem rauen Überschwang des Negerjazz, den ich bis dahin kannte. Und es stand auch nicht in der häufig bearbeiteten Tradition der »Spirituals«, außer dass es die gleiche Tiefe und den gleichen Schwermut aufwies. Bei all seinem Fluss und seiner rhapsodischen Freiheit handelte es sich nicht um eine Improvisation, aus dem Ärmel geschüttelt von einer Gruppe talentierter Virtuosen, die diese so kein zweites Mal spielen können würde. Diese Musik trug das untilgbare Zeichen eines einzelnen Geistes, erfinderisch einfallsreich, doch in erster Linie nicht von der Projektion auf Effekte oder synkopierte Rhythmen geprägt, sondern von der Sorge um große Musik – sich die innere Welt von Gefühl und Erfahrung erschließend ... und das menschliche Herz erobernd.«

NIE ZUFRIEDEN

Am Nachmittag des 27. Oktober 1927, einen Tag, nachdem Ellington »Black and Tan Fantasy« in New York aufgenommen hatte und etwas mehr als ein Monat, bevor er mit seiner Band im Cotton Club anfing, stiegen Bix Beiderbecke und Frankie Trumbauer vor dem Indiana Theater in Minneapolis aus dem Taxi und eilten hinein. Das Paul Whiteman Orchestra sollte dort auftreten, als Teil ihrer 40-wöchigen USA-Tournee. »Die Band von Whiteman war für die Musikwelt das, was die New York Yankees 1927 für den Baseball waren«, erinnerte sich ihr erster Trompeter Charles Margulis. »Wir waren Giganten.«

Bix und Tram teilten seine Meinung. »Wir fanden die Tür zur Bühne und blieben stehen«, erinnerte sich Tram. »Die Show hatte gerade begonnen – und so eine Musik war uns im ganzen Leben noch nicht zu Ohren gekommen. Wir blieben einfach stocksteif stehen, wie zwei Kinder. Sicher, wir hatten mit ein paar guten Bands gespielt, aber wenn man den King hörte, erschien einem alles andere klein ... ›Was für eine Musik!‹, rief Bix. ›Mann, Tram, was tun wir hier überhaupt?‹«

In der Pause schloss der große Whiteman die beiden in seiner Garderobe in die Arme – er war schweißüberströmt, erinnerte sich Trumbauer – und drängte sie in ihren geliehenen karminroten Jacketts und ohne Notenblätter gleich auf die Bühne. Als sie das erste Stück zur Hälfte hinter sich hatten, stieß Jimmy Dorsey Trumbauer mit seiner Klarinette an, um ihm zu bedeuten, dass Whiteman ihm den nächsten Chorus überlassen wollte.

»Ich? Oh, nein! Wie bin ich denn hier reingeraten? Was für ein Stück ist das überhaupt? Welche Tonart? Wo zum Teufel ist überhaupt mein Sax? Ach ja, ich hab's in der Hand ... Ein großes, gleißendes Licht von irgendwo weit oben schien mir ins Gesicht, und ich stand auf und spielte ... Die Band feuerte mich lautstark an! Auch Paul ging richtig mit. Jetzt fühlte ich mich schon ein bisschen besser und schaute mich zu Bix um. Der lachte zwar aber ich glaube kaum, dass ihm auch so zumute war, denn er wusste ja, dass er als Nächster dran sein würde. Ich legte ihm zum Ende eine vertraute Einleitung hin, und er nahm meine Phrase auf und machte mit einem wunderschönen Chorus weiter. Unter dem Applaus des Publikums ließ ich mich auf meinen Stuhl sinken.«

Danach lud Whiteman die beiden zum Essen ein, erzählte ihnen, wie sehr er sich freute, sie nun im Orchester zu haben, und drängte sie sogar, eigene Aufnahmen zu machen. »Wenn eure Platten gut laufen, haben wir alle was davon«, meinte er. Die beiden konnten ihr Glück kaum fassen.

Wahrscheinlich war Bix' Vater immer noch unzufrieden mit der Berufswahl seines Sohns, doch als das Whiteman-Orchester im Herbst im Chicago Theater spielte, erfuhr Bix, dass seine Mutter vorbeikommen wollte, um ihn spielen zu sehen. »Er hatte zwar den Abend vorher auf den Putz gehauen und war in einer ziemlich schlechten Verfassung«, erinnerte sich Margulis, »doch als seine Mutter dann kam ... sah er aus wie ein Musterknabe, blitzsauber und in Schale geworfen. Seine Mutter freute sich sehr, dass er es (nach ihren Worten) ganz nach oben geschafft hatte! Sie wusste, dass ihr Sohn auf dem Gipfel seiner Karriere stand.«

Zweifellos wird Bix der gleichen Meinung gewesen sein – zumindest zu Anfang seiner Zeit bei Whiteman. Er genoss die herrlichen Arrangements, die eleganten Versionen der klassischen Stücke, die fröhlichen Mätzchen eines Gesangtrios namens Rhythm Boys – Harry Barris, Al Rinker und Harry Lillis Crosby, den die Männer der Band »Bing« nannten –, und Whiteman ermutigte ihn sogar dazu, weitere impressionistische Klavierstücke zu komponieren und zu spielen. Doch der Druck, Abend für Abend spielen zu müssen, forderte seinen Tribut. Dazu kamen seine vielen Bewunderer, die ihm auflauerten, wo immer Whitemans Tourneen ihn hinführten. »In seinem Zimmer hingen ständig irgendwelche Leute rum«, erinnerte sich sein Freund, der Klarinettist Pee Wee Russell.

> »Manchmal klopften sie schon um sechs Uhr früh an die Tür ... Ich weiß noch, dass er einmal im Hotel ausrichten ließ, er sei nicht da. Darauf checkten einige der Typen im Hotel ein und bekamen ein Zimmer auf der Etage unter dem Zimmer von Bix; nach einer Weile gingen sie einfach hoch und ... hämmerten an die Tür ... Man stellte ihm sogar ein Klavier ins Zimmer, und wenn er ein bisschen Zeit hatte, versuchte er zu komponieren, aber mit den ganzen Leuten um ihn herum hatte er keine Chance. In gewisser Weise wurde Bix von seinen Freunden umgebracht. Aber eigentlich ist ›Freunde‹ der falsche Begriff. Das war nämlich die Art von Leuten, die hinterher nur erzählen wollten: ›Gestern abend war ich oben bei Bix, und Junge! war der betrunken ...‹ Bix konnte nicht Nein sagen; er konnte einfach zu niemandem Nein sagen.«

Beiderbecke begann Züge zu verpassen, versteckte Flaschen hinter der Bühne, verpasste seine Einsätze. Viele Jahre später entdeckte ein Kornettist beim Studium von Whitemans Notenblättern eine Notiz in der Handschrift eines Sektionskollegen: »Bix aufwecken.« Er konnte es nun nicht mehr ertragen, seine eigenen Aufnahmen zu hören. Als sich ein Musiker, der ihn bewunderte, sein Kornett auslieh und Bix' Solo der Wolverines-Aufnahme von »Riverboat Shuffle« von 1924 spielte, im Glauben, das werde ihn freuen, war Bix nur irritiert. »Warum zum Teufel hast du das denn jetzt gespielt?«, wollte er wissen. Er sei bloß »musikalisch degeneriert«, versicherte er einem Freund – immer noch zu unwissend in Sachen Musik, als dass er sich jemals so würde ausdrücken können wie er es wollte, und nicht imstande, in dem von ihm gespielten Musikstil die ersehnte Erfüllung zu finden.

Als das Whiteman-Orchester im folgenden Juli wieder ins Chicago Theater zurückkehrte, kaufte sich Louis Armstrong eine Eintrittskarte für die allererste Show und nahm auf dem Balkon Platz. Er erinnerte sich an Bix als flachsköpfigen Teenager in Davenport und als häufigen Besucher in den Chicagoer Klubs, in denen er aufgetreten war. Armstrong hatte Beiderbeckes »Singin' the Blues« bewundert, und nun wollte er ihn mit der bekanntesten Band des Landes spielen hören.

Mittlerweile war das Whiteman-Orchester zu einer Art Heereszug angewachsen. Bei der zweiten Nummer, »1812 Overture«, standen 33 Musiker und an die 125 Instrumente auf der Bühne, erinnerte sich Armstrong.

> »[Whiteman] ließ die Trompeten hoch in die Luft ragen und wie wahnsinnig blasen, und mein Kumpel Bix ... spielte wunderschön. Kurz vor dem Ende fingen sie an, Kanonen abzufeuern und Glocken zu läuten, Sirenen heulten wie wild, aber Bix konnte man immer noch hören. Der Grund, warum ich über all diese Effekte hinwegsah, die gegen Ende stattfanden? Tja, du brauchst nur einen Mann mit einem reinen Ton wie Bix, und ganz gleich, wie laut alle anderen blasen, dieser reine ... Ton setzt sich immer durch.«

Nach dem Konzert ging Armstrong hinter die Bühne, um Bix zu treffen, und »wir umarmten uns und küssten uns«. An diesem Abend und noch mehrmals in dieser Woche eilte Beiderbecke nach dem Ende der Whiteman-Show in das Café an der South Side, in dem Armstrong spielte, und blieb dort als schweigsamer Zuhörer sitzen, bis um vier Uhr morgens die letzten Gäste gegangen waren. »Wir schlossen die Türen ab«, erinnerte sich Armstrong, »und dann gab's mal eine richtige Jam-Session – da war vielleicht was los! Jeder fühlte genau, welche Töne oder Akkorde der andere spielen wollte, und jeder verschmolz sein Spiel mit dem des anderen, anstatt ihn auszustechen. Wir wollten einfach nur wissen, wie gut man Musik klingen lassen kann.«

Niemand vermag genau zu sagen, was Bix Beiderbeckes raschen und stetigen Absturz in den Alkoholismus und die Depression verursachte. Die Gründe müssen tief in seiner Kindheit begraben sein. Ein Auslöser für seine chronische Unzufriedenheit mit seinem Spiel und der Musik, die man ihn zu spielen bat, kann in der widersinnigen Tatsache wurzeln, dass das Amerika seiner Zeit ihm so wenig Gelegenheit bot, mit den »echten Jazzniggern« zusammenzuspielen, den Idolen seiner Kindheit – Musikern wie Louis Armstrong, deren Stärken ihm vielleicht geholfen hätten, seine eigenen weiterzuentwickeln. Viele Jahre später fragte man Armstrong, wie er Beiderbecke in Erinnerung behalten habe. »Ruhig«, erwiderte er. »Nie mit seinen Soli zufrieden, während die Leute tobten. Er glaubte immer, er könne es noch besser.«

Am 30. November traf Bix mit dem Rest des Whiteman-Orchesters für ein Wochenengagement in der neuen Music Hall im Palace Hotel von Cleveland ein. Mittlerweile fiel es Bix immer schwerer, sein Trinken unter Kontrolle zu halten – und die Depressionen, die sich durch den Alkohol nur noch verschlimmerten. Am gleichen Abend verlor er mitten in einer Nummer auf der Bühne das Bewusstsein. Sein Bandkollege

Vom Paul Whiteman Orchestra benutztes Notenblatt mit dem Vermerk »Bix aufwecken« in der Handschrift eines leidgeprüften Sektionskollegen Beiderbeckes.

Diese Glückwunschkarte von Paul Whiteman für die Leser von *Variety* erschien 1928 auf der Titelseite des Wochenmagazins.

Charles Margulis bewahrte ihn davor, vom Stuhl zu rutschen, doch Bix »wusste nicht mehr, wo er war, versetzte mir einen Stoß und fiel wieder in seinen Tran zurück.« Whiteman hatte alles mit angesehen. In der Pause ließ er Bix auf sein Hotelzimmer bringen, wo dieser ins Delirium tremens fiel und das Mobiliar zerschlug. Whiteman blieb keine andere Wahl, als ihn der Obhut eines Pflegers zu übergeben und mit der Band zum nächsten Engagement zu fahren.

»Bix immer noch weggetreten«, schrieb Frankie Trumbauer am nächsten Tag in sein Tagebuch. »Mit DT in Cleveland geblieben. Ich habe vier Jahre mit ihm verbracht, alles vergebens.« Beiderbecke wurde in das Rivercrest Sanatorium auf Long Island eingeliefert, wo man eine Lungenentzündung und Alkoholismus diagnostizierte. Sechs Wochen später verließ er das Hospital und mietete sich in einem Hotel an der 44th Street in New York ein. Er wollte sich der Band wieder anschließen, sobald diese am nächsten Tag in die Stadt kam. Doch noch am selben Abend besuchte er in Begleitung eines Freundes eine Flüsterkneipe, wo jemand die beiden in einem nie ganz geklärten Zwischenfall zusammenschlug und dabei Beiderbeckes Oberschenkel mit einer zerbrochenen Flasche so übel aufschlitzte, dass er den Rest seines Lebens humpelte.

Diesmal stellte Whiteman sicher, dass Bix nach Hause, also nach Davenport fuhr, um sich zu erholen. Der Besuch stand unter keinem guten Stern. Ein Freund erinnerte sich, dass Bix ihm kurz nach seiner Ankunft erzählte, er habe in einem Schrank in der Diele sämtliche Paul Whiteman-Platten entdeckt, die er seinen Eltern stolz nach Hause geschickt hatte – sein Vater hätte sie gar nicht erst ausgepackt. Falls die Geschichte stimmte – die Familie bestritt es später –, kann Bismarck Beiderbeckes offensichtliches Desinteresse an der Arbeit seines Sohnes dessen Selbstzweifel nur verstärkt haben. Er war zu gutmütig, um andere Jazzmusiker öffentlich zu kritisieren, doch Frankie Trumbauer zufolge zeigte er danach nur noch für Louis Armstrong wirkliches Interesse.

Als ein Reporter des *Davenport Sunday Democrat* ihn besuchte, um ihn als örtliche Berühmtheit zu interviewen, verhielt sich Beiderbecke zurückhaltend und merkwürdig ambivalent gegenüber der Musik, die er spielte. Ihm mache es Spaß, mit dem Whiteman-Orchester »durch die Gegend zu fahren«, meinte er, doch Jazz selbst sei »musikalischer Humor«, mehr nicht. Und »auch in der Hand weißer Komponisten verströme er unfreiwillig das halb vergessene Leiden der Neger«, fuhr er fort. »Jazz hat weiße wie schwarze Elemente, und beide haben sich in mancher Hinsicht gegenseitig beeinflusst. In seiner gegenwärtigen Phase scheint das Licht der Kultiviertheit der weißen Rasse auf den Schmerz der Schwarzen zu fallen.« Außer einem kurzen Artikel, in dem die gleiche Zeitung ihn einst im Alter von sieben Jahren als viel versprechenden Pianisten beschrieben hatte, war dies der einzige Beitrag, der zu seinen Lebzeiten je über Bix Beiderbecke veröffentlicht wurde.

MEHR HUND

Sidney Bechet blieb Louis Armstrongs einziger ernsthafter Rivale um den Titel des kühnsten Solisten im Jazz. Doch während Armstrongs Ruhm sich immer weiter verbreitete, wurde Bechets Karriere in regelmäßigen Abständen durch seine ungestüme Persönlichkeit untergraben, die ihren besten Ausdruck noch in seiner Musik fand. Im Sommer 1925 eröffnete Bechet an der Seventh Avenue in Harlem ein eigenes Lokal, den Club Basha – so genannt, weil die meisten New Yorker Musiker Bechets Namen fälschlicherweise so aussprachen. Finanziell war er ohne Sorgen; er leitete die Hausband, in der einer seiner glühendsten Bewunderer spielte, der 19-jährige Altsaxophonist Johnny Hodges – bis er sich mit seinem Partner wegen einer Bauchtänzerin überwarf und sich abrupt aus dem Geschäft zurückzog.

Im September 1925 schiffte er sich mit der rein schwarzen Besetzung eines neuen Musicals,

Dank der La Revue Nègre lernte 1925 ganz Paris Josephine Baker (oben) und den Sound von Sidney Bechet kennen. Bechet zog später mit dem Orchester von Frank Withers nach Moskau, wo das Foto auf der gegenüberliegenden Seite entstand. Bechet in der Bildmitte hat den Arm um die Schulter einer Frau gelegt. Er und andere Mitglieder der Bands von Withers und Sam Wooding verbrachten in jenem Winter viel Zeit im Moskauer Künstlerklub, erinnerte sich Garvin Bushell, weil »dort die Mädchen waren«.

La Revue Nègre, nach Frankreich ein und trat in Paris, Brüssel und Berlin auf. Bechet hatte nur eine kleine Rolle: In einem langen Hauskittel als Hausierer verkleidet, schob er einen bunt bemalten Karren, auf dem sich künstliche Früchte türmten, über die Bühne, um dort einen langen, improvisierten Blues zu spielen. Doch die Show machte aus dem amerikanischen Tanz, den die Franzosen »le Charleston« nannten, eine internationale Sensation – und aus der Solotänzerin, einem langbeinigen Revuegirl im Teenageralter namens Josephine Baker, einen Weltstar. Die Franzosen fanden die schwarzen Darsteller allesamt wunderbar exotisch. Kritiker nannten Baker »die schwarze Venus, die Baudelaire verfolgte« und verglichen sie mit einer Schlange, einer Giraffe und einem Känguru. Als sie mit einem lebenden Geparden die Boulevards entlangstolzierte, spekulierten ihre Verehrer darüber, welches »Tier« nun wilder sei – das am Ende der Leine oder das, welches die Leine hielt. »Die Phantasie der Weißen«, gab Baker im privaten Kreis zu, »ist wirklich unglaublich, wenn es um Schwarze geht.«

Als sie die Show verließ, brach die Revue Nègre zusammen, und Bechet fand sich mit dem Posaunisten Frank Withers, einem alten Freund aus den Tagen von Will Marion Cooks Southern Syncopators, auf Tournee durch die Sowjetunion wieder. Dann schloss er sich einer stark reduzierten Version der ursprünglichen Revue Nègre an und trat unter anderem in Berlin, Athen, Istanbul, Kairo, Oslo, Madrid, Prag und Rom auf. Gegen Ende bestand die Band zum Großteil aus »Franzosen, Deutschen und Kubanern«, gab er zu, aber ihm wurde nach wie vor als »Sprechendem Saxophon« Starstatus eingeräumt, und er brachte den Jazz in Regionen, die so abgelegen waren, dass sich die Leute dort zuweilen die Finger befeuchteten und Bechet damit über die Hand oder die Wange rieben, um zu prüfen, ob die Farbe abging.

Ganz gleich, wo er sich aufhielt – sein Konkurrenzdenken und sein hitziges Temperament reisten immer mit ihm. Irgendwo unterwegs las er einen Hund auf, eine Kreuzung aus Dobermann und Bulldogge, dessen Kampfeslust seiner eigenen fast ebenbürtig war. Als er 1926 nach

Berlin kam und hörte, dass der amerikanische Holzbläser Garvin Bushell sich ebenfalls in der Stadt aufhielt, in Sam Woodings Orchester spielte und stolzer Besitzer einer dänischen Dogge namens Caesar war, verlor er keine Zeit, ihn herauszufordern. Gegen vier Uhr morgens hörte Bushell es an seiner Tür klopfen. Es war Bechet.

»Sidney, was willst du? Es ist vier Uhr morgens.«

»Mach die Tür auf, ich will dir was sagen.« Ich machte die Tür auf, und sah, dass er seinen bulligen Hund mitgebracht hatte.

»Ich hab meinen Hund dabei«, sagte Sidney, »damit du mal sehen kannst, wie viel Hund du nicht hast, und wie viel Hund ich habe. Also komm raus auf den Flur und lass die beiden kämpfen.«

Mittlerweile spürte ich Caesars Pfoten im Kreuz – er wollte mich beiseite schieben und diesen Dobermann anfallen. Ich sagte: »Nimmst du jetzt bitte deinen Hund und gehst wieder?«

»Nein, wir lassen sie kämpfen, hier auf dem Flur, jetzt gleich.«

Bushell schloss die Tür und legte sich wieder ins Bett.

Wenig später war Bechet wieder in Paris und trat dort in einem Nachtklub an der Rive Gauche auf, wo er mit ebenfalls im Ausland lebenden Landsleuten trank und spielte – und prompt wieder in Schwierigkeiten geriet. »Es ist so, als wäre jemand in einem«, gestand Bechet einmal, »jemand, der nicht wirklich man selbst ist, und wenn etwas passiert, wenn Wut aufkommt ..., dann übernimmt dieser andere das Kommando. Ich will es damit nicht entschuldigen. Ich weiß ganz genau, dass immer ich es bin ... Ich kann schon bösartig sein. Es bedarf dazu einer ganzen Menge, jemand muss mir schon übel mitspielen. Aber wenn ich bösartig werde, dann kann ich es durch und durch werden ...«

Eines frühen Morgens geriet er in einem Café gleich an der Rue Fontaine in eine heftige Auseinandersetzung mit einem Banjospieler namens Gilbert Michael »Little Mike« McKendrick. Ein Augenzeuge berichtete, der Streit sei ausgebrochen, weil McKendrick es anzuzweifeln wagte, dass Bechet die Akkorde eines Stücks kannte, das sie soeben gespielt hatten. Ein Pianist aus Chicago namens Glover Compton ergriff Partei für McKendrick – behauptete allerdings später, Gegenstand des Streits sei in Wirklichkeit Bechets chronischer Widerwillen gewesen, eine Runde auszugeben – und goss noch Öl aufs Feuer, als er Bechet höhnisch als »Dixie-Boy« bezeichnete.

Bechet ging nach Hause, holte seinen Revolver und kehrte damit wieder zurück. Mittlerweile hatte der morgendliche Berufsverkehr eingesetzt, und auf den Straßen wimmelte es vor Pariser Bürgern auf dem Weg zur Arbeit. »Mike hatte [eine Pistole] in der Tasche, aber das wusste kein Mensch«, erinnerte sich Compton. »Mike ging auf den Bürgersteig hinaus, und ich trat gleich hinter ihn. Da fing die Schießerei auch schon an.« Die Fußgänger drängten sich beiseite, um aus dem Schussfeld zu kommen. McKendrick verfehlte Bechet, dessen Schüsse ebenfalls ihr Ziel verpassten; eine Kugel traf Compton ins Bein, andere fügten zwei Frauen leichte Verletzungen zu.

Bechet und McKendrick wurden verhaftet, vor Gericht gestellt und zu Gefängnisstrafen verurteilt. Bechet erhielt 15 Monate, wurde aber bereits nach elf Monaten unter der Bedingung entlassen, dass er Frankreich auf schnellstem Weg verließ. Die beiden Männer freundeten sich schließlich wieder an. Doch verzieh Bechet es Compton nie, dass dieser Partei gegen ihn ergriffen hatte. Als er davon erfuhr, dass der Pianist sich mit dem Gedanken trug, ihn wegen seines zerschmetterten Beins auf Schadensersatz zu verklagen, ließ er Compton wissen, wenn er das wage, sollte er gut auf die Gesundheit seines anderen Beins Acht geben. Compton ließ die Klage fallen.

IM ZENTRUM DER SONNE

Louis Armstrong, der Mann, den Bechet für seinen größten Rivalen hielt, war mittlerweile an der South Side von Chicago ein Held. »Ich wurde eine ziemliche Nummer«, sagte er, »vor allem bei den Mädchen«, die in Scharen kamen, um ihn im Vendome zu sehen. Eine von ihnen war Alpha Smith, ein hübsches, 19-jähriges Kindermädchen. Sie kam zweimal die Woche ins Theater und saß immer in der ersten Reihe, »so dass ich einen guten Blick auf ihre Beine werfen konnte«. Armstrong war zu Hause nicht mehr glücklich: Es gefiel ihm nicht besonders, in der Band seiner Frau eine Nebenrolle zu spielen, und er war peinlich berührt, wenn seine Musikerkollegen ihn »Henny« nannten – ein Kürzel für »henpecked«, also unter dem Pantoffel stehend. Lils Mutter, die mittlerweile ebenfalls bei den Armstrongs wohnte und nie etwas vom Jazz gehalten hatte, befand Armstrong ihrer gebildeten Tochter für unwürdig und ließ keine Gelegenheit aus, das zu betonen. »Wir waren nicht mehr glücklich«, erzählte er. »Wir hatten immer Ärger und drohten uns gegenseitig damit, Schluss zu machen. Wenn ich mich auf das frisch gemachte Bett setzte, bekam Lil beinah Anfälle, Krämpfe und dergleichen, und der arme Clarence, mein Adoptivsohn, fuhr immer erschreckt hoch, wenn Lil oder Lils Mutter ihn anbrüllten.« Außerdem war Armstrong zu Ohren gekommen, seine Frau hätte sich mit einem anderen getroffen, während er in New York auftrat. »Schon als ich noch ein kleiner Junge war und mich bei den Gaunern und Zuhältern in New Orleans herumtrieb«, schrieb er, »hieß es immer: ›Zerbrich dir nie den Kopf wegen einer Frau, ganz gleich, wie hübsch oder süß sie sein mag ... Und wenn sie sich nicht wie eine Ehefrau verhalten will, besorg dir eine andere. Und hol dir immer eine bessere als die vorher.‹ Dann lud mich Alpha öfters zu sich nach Hause ein.« Bald trennte er sich von Lil, nahm Clarence mit und zog zu Alpha und ihrer Mutter in deren kleine Wohnung an der Ecke 33rd Street und Cottage Grove. Sowohl ihm als auch Clarence gefiel es dort besser, weil niemand auf ihnen herumhackte, erzählte er. Man »musste nicht vornehm tun, mit einem besonderen Löffel für dies und einer besonderen Gabel für das. Alpha hatte sich mittlerweile sehr in mich verliebt, und ich war verrückt nach ihr«.

Im Frühjahr 1926 verließ Armstrong das Dreamland, um sich einer von dem Geiger Carroll Dickerson geleiteten Band im Sunset Café anzuschließen, dem erfolgreichsten Black and Tan-Klub der Stadt. Das auf Plakaten als »Chicago's Brightest Pleasure Spot« angepriesene

Alpha Smith, Louis Armstrong und eine unbekannte Freundin posieren für den Fotografen eines Rummelplatzes.

Lokal befand sich an der Ecke 35th und Calumet Street, unweit der Glitzerwelt des South Side Stroll. Laut dem Pianisten Earl Hines waren die meisten Gäste Weiße, die hier im Schwarzenviertel den besonderen Kitzel suchten. »Sogar die Verbindung zwischen weißen Mädchen und farbigen Zuhältern schien eine Attraktion zu sein.« Es war ein raues Lokal in einer rauen Gegend. Auf dem Papier gehörte der Klub der Mutter von Joe Glaser, einem groben jungen Kerl, der dort als Geschäftsführer arbeitete (und eines Tages Louis Armstrong managen sollte). In Wirklichkeit war das Lokal in Gangsterhand und wurde nach Hines' Worten so oft von der Polizei durchsucht, dass er schon in Richtung Grüne Minna rannte, sobald sie vor der Tür stand, um sich einen guten Platz zu sichern. Al Capone – den Armstrong als »netten, kleinen, cleveren, dicken Jungen« in Erinnerung behielt – gehörte zu den regelmäßigen Besuchern.

Armstrong liebte den Laden. »Ich war jung und stark, voll auf der Höhe, und mein Gott, ich blies die Leute nur so um ... Das Sunset war jeden Abend rappelvoll. Die ganzen weißen Nachtschwärmer, die Reichen von der Sheridan Road und den großen Hotels – alle kamen sie an die South Side ... Ich sang Lieder durch ein Megaphon, und zu viert beendeten wir die Show mit einem Charleston.«

Wenig später bootete Joe Glaser Carroll Dickerson aus, so dass die Band in »Louis Armstrong and his Stompers« umbenannt werden konnte, und machte den Pianisten Earl Hines zu ihrem musikalischen Leiter. Hines war seinerseits ein Innovator: Er entwickelte am Klavier den später so genannten »Trumpet Piano Style«, bei dem er mit der rechten Hand komplexe, an Bläserlinien orientierte Melodien spielte, während er mit der linken einen lockereren Rhythmus vorgab, der die Musik weit über den strengen Beat des Ragtime hinaustrieb. Er und Armstrong waren sowohl Rivalen als auch Freunde und spornten sich gegenseitig zu Höchstleistungen an. Gemeinsam nahmen sie eine verblüffende Serie von Stücken auf: »Muggles«, »Fireworks«, »A Monday Date«, »Skip the Gutter«, »St. James Infirmary«, »Basin Street Blues«, »Save it Pretty Mama«, »Beau Koo Jack«, »Tight Like That« sowie ein beispielloses Trompeten-Piano-Duett namens »Weather Bird«. »Wir machten gerne Schallplatten«, erinnerte sich Hines, »und die Ideen kamen uns gewöhnlich im Studio ... Ich glaube, alle Welt hat gespürt, dass wir wirklich mit dem Herzen bei der Sache waren.«

Unter »alle Welt« fielen auch die jungen weißen Musiker, die nach wie vor Abend für Abend kamen, um zu spielen und zu lernen. Louis Armstrong nannte sie »meine Jungs«. »Keine Ahnung, wie viele Musiker kamen, um einzusteigen und mit uns zu jammen«, meinte Hines. »Ganz gleich, in welcher Sektion sie mitmachen wollten – dann machte eben einer unserer Leute seinen Stuhl frei. Wir holten uns unseren Kick durch gegenseitiges Zuhören, und wir alle versuchten, voneinander zu lernen. Also setzten wir uns daneben und warteten ab, ob diesen Jungs nicht vielleicht etwas Neues oder anderes einfiel.«

Armstrong war nicht der einzige großartige Lehrer, bei dem man an der Ecke 35th und

Die Carrol Dickerson Band begleitet die Varieté-Vorstellung im für Weiße wie Schwarze zugänglichen Sunset Café in Chicago, 1922. In der Bildmitte, Geige am Kinn, steht der Bandleader. Als Louis Armstrong sich vier Jahre später dem Orchester anschloss, wurde Dickerson zugunsten des Startrompeters ausgebootet.

Calumet Street Unterricht nehmen konnte. Auf der gegenüberliegenden Straßenseite spielte Joe Oliver im Plantation Café, und Jimmie Noone trat in einem Klub namens The Nest auf, der nebenan im oberen Stockwerk lag. Wenn das Sunset und das Plantation Café schlossen, gingen Eddie Condon und seine Freunde so oft wie möglich frühmorgens ins »Nest«. »Wir ließen unsere Golfschläger dort, unsere Instrumente, unsere Überschuhe«, schrieb er. »Wir hörten uns Jimmie Noone an, der mit einer Klarinette Sachen anstellte, die keiner für möglich gehalten hätte. Jimmie war ein rundlicher, angenehmer, freundlicher Schwarzer. Er hatte goldene Klappen auf seiner Klarinette, und fast jede Nacht nach ein Uhr zeigte ihr Becher hinunter auf [Frank] Teschemacher, der gegen die Bühne gelehnt dasaß und zu Jimmie hochstarrte. Auch Benny Goodman war oft da.« Eines Abends brachte ein Flötist des Chicagoer Symphonieorchesters Maurice Ravel mit, damit dieser hören

Das Plantation Café, in dem 1926 King Oliver mit seinen Dixie Syncopators auftrat.

konnte, wie Noone einen Chorus nach dem anderen über »Four or Five Times« spielte. »Unglaublich!«, murmelte Ravel. »Dann wollte er ein paar von den Läufen mitschreiben, die Jimmie spielte«, erzählte Condon, »aber er gab es schnell wieder auf. Schließlich lehnte er sich einfach zurück, wie alle anderen auch, hörte zu und starrte auf die goldenen Klappen.«

Als Joe Oliver zum ersten Mal das Schild vor dem Sunset sah, auf dem zu lesen war: »Der beste Trompeter der Welt«, soll er angeblich Armstrong ausgerichtet haben: »Mach bloß die Fenster zu, oder ich blase dich von der 35th Street.« Die Fenster blieben offen, erinnerte sich Condon, und »weil Louis und Oliver und Jimmie nur wenige hundert Meter voneinander entfernt spielten ... glaube ich nicht, dass man jemals, außer in New Orleans, so viel guten Jazz auf so engem Raum gehört hat«.

Eines Nachmittags im Frühjahr 1928 ging Louis Armstrong mit Bud Freeman durch sein Viertel an der South Side. Nach einer Weile blieben sie stehen, um sich anzuhören, wie einige Straßenmusikanten »Struttin' with Some Barbecue« spielten, eines der Stücke, die die Hot Five aufgenommen hatten. Der Trompeter mühte sich durch Armstrongs Solo, Note für Note.

Als der Mann fertig war, applaudierte Armstrong höflich, ging dann einen Schritt näher heran und raunte ihm zu: »Mann, du spielst das zu langsam.«

»Woher willst du das wissen?«, fragte der Trompeter entrüstet.

»Ich bin Louis Armstrong. Das ist mein Chorus, den du da spielst.«

Als er am nächsten Tag an derselben Stelle vorbeikam, hatten die Straßenmusiker neben ihren Blechbechern ein handgeschriebenes Schild aufgestellt: »Schüler von Louis Armstrong.«

In gewisser Hinsicht betrachteten sich nun alle Musiker als Armstrongs Schüler – sogar diejenigen, die die »süße«, melodische Tanzmusik von Guy Lombardo spielten. Als Lombardo im gleichen Jahr im Granada Café an der North Side auftrat, sorgte er dafür, dass Armstrong in den – normalerweise für ein weißes Publikum reservierten – Klub eingelassen wurde und sogar einen Ehrenplatz bekam. »Louis erzählte, er sei noch nie im Leben so gut behandelt worden wie von dieser berühmten Orchestergruppe«, berichtete eine schwarze Zeitung, nachdem er und sein Freund Zutty Singleton Lombardo einen Besuch abgestattet hatten. »Das Granada ist einer der schicksten Nachtklubs im Land und von Küste zu Küste bekannt. Als der Kornettkönig den Saal betrat, spielte das Orchester einen Akkord als Erkennungssignal ... Die Jungs bekamen einen Tisch neben der Bühne und wurden bis in die frühen Morgenstunden fürstlich bewirtet.«

Armstrong blieb sein Leben lang ein Verehrer von Lombardos Orchester. »Ich habe nie eine Band gehört, die perfekter spielt«, meinte er. Niemand sonst könne »einen so sauberen Lead spielen und ihn so gut klingen lassen«.

Mittlerweile wurde jede neue Armstrong-Aufnahme in Musikerkreisen mit Spannung erwartet. Eine Nummer jedoch, aufgenommen am 28. Juni 1928, hob sich von allen anderen ab: »West End Blues« war zwar von King Oliver geschrieben und nach einem Erholungsort am Lake Pontchartrain benannt worden, wo viele Bands aus New Orleans auftraten – darunter die, in der er und sein Protegé gespielt hatten. Doch Armstrongs Behandlung des Stücks unterschied sich von allem, was man dort oder sonstwo auf der Welt jemals gehört hatte.

Es beginnt mit einer Solotrompetenkadenz – zwölf Sekunden derart verblüffend bravourösen Spiels, dass es keinem anderen Trompeter jemals gelang, es wiederzugeben, und so begeisternd, dass der Dirigent und Komponist Gunther Schuller schrieb, es »mache erstmals bewusst, dass im Jazz ein Potenzial liegt, welches es mit dem höchsten Grad bis dahin bekannter Ausdrucksformen aufnehmen kann«. Darauf folgt ein besinnlicher Ensemblechorus, in dem der Posaunist Fred Robinson seine klagende Stimme erhebt. Dann nimmt der Klarinettist Jimmy Strong in seiner tiefen Tonlage die Melodie wieder auf, während Armstrong eine leise, innige,

Jazzpianist Earl Hines, 1928.

Louis Armstrongs »West End Blues«.

wehmütige und wortlose Gesangsstimme hinzufügt, die auf ihre Art mindestens so bewegend ist wie alles, was er je zuvor auf der Trompete gespielt hatte. Earl Hines trägt einen anmutig fließenden Klavierchorus bei, bis Armstrong wieder zur Trompete greift und plötzlich eines seiner gebieterischsten Soli beginnt – zunächst aus einer einzelnen Note bestehend, die er ohne erkennbare Mühe vier Takte anhält, als habe die Zeit für ihn keinerlei Bedeutung, um dann ins Herz des Blues zu stoßen. »West End Blues« stellt eine der grandiosesten Aufnahmen der Musikgeschichte dar.

Dabei wäre sie beinahe gar nicht entstanden. Als Hines mit Armstrong und den anderen Musikern ins Studio ging, wussten die anderen Hines zufolge nur, dass Armstrong mit seinem verblüffenden Intro eröffnen wollte und dann eine Pause brauchte, um wieder Luft zu holen. Indem sie ihn einen Scat-Chorus singen ließen, war dieses Problem gelöst, doch einen befriedigenden Schluss hatte die Band immer noch nicht ausgeknobelt. »Während wir uns dem Ende näherten, schaute Louis mich an, und ich dachte an das, was mir als Erstes in den Sinn kam, ein bisschen was Klassisches ..., und als ich damit fertig war, hielt ich den Akkord, und er signalisierte mir mit dem Kopf den Downbeat, und alle trafen den Akkord am Ende.« Doch dann verpatzte Zutty Singleton den letzten Beckenschlag, und die Aufnahme war ruiniert. Die Toningenieure mussten eine neue Wachsscheibe erhitzen, die den Eindruck der Nadel aufnehmen konnte, und von vorne anfangen. Singleton verspielte sich ein zweites Mal. Beim dritten Take stieß er das Becken um, das daraufhin zu Boden krachte. »So verbrachten wir Stunden da drinnen mit dem heißen Wachs«, fuhr Hines fort, »und dann, als das heiße Wachs soweit war ... funktionierte die Nadel nicht. Aber wir hatten jede Menge Spaß – hinterher. ... Louis und ich hielten uns praktisch ... zwei Stunden lang mit dem Aufnehmen auf, und nachher haute es uns förmlich um, weil wir keine Ahnung gehabt hatten, dass es so gut werden würde.«

Der »West End Blues« veränderte im wahrsten Sinne des Wortes das Leben mancher Menschen. Artie Shaw, der damals in einem unbedeutenden Tanzorchester in Cleveland spielte, hörte die Aufnahme und war davon so beeindruckt, dass er im Sommer 1928 beschloss, Armstrong endlich einmal persönlich zu hören. Der hatte es mittlerweile zum Star eines eleganten neuen Tanzlokals an der South Side gebracht, des Savoy Ballroom. »Ich ging auf Wallfahrt«, erinnerte Shaw sich knapp 70 Jahre danach. »Ich nahm mir eine Woche frei, fuhr nach Chicago ... und fragte mich zum Savoy durch. Dort setzte ich mich auf die etwa 50 Zentimeter hohe Bühne ... und wartete, bis er herein kam. Und das Erste, was er spielte, war »West End Blues«. Ich hörte diese kaskadenartig aus der Trompete fließenden Noten, die nie zuvor jemand so gespielt hatte. Ich war total besessen von der Vorstellung, dass man es genau so machen musste. Etwas, das nur einem selbst gehörte, das nichts mit anderen zu tun hatte ... Ich ließ mich von ihm beeinflussen, nicht durch seine Töne, sondern durch die Idee, das zu spielen, was man war, wer man war.«

Aus mehr oder weniger dem gleichen Grund fuhr der junge Max Kaminsky im selben Sommer von Boston nach Chicago. Er hatte die Highschool verlassen, weil er seinen Worten zufolge nach einem Auftritt am Vorabend meist zu müde war, als dass er seinen Lehrern hätte Aufmerksamkeit schenken können, und weil keiner seiner Schulkameraden – mit Ausnahme seines Freundes Harry Carney, der mittlerweile von der Schule abgegangen war, um sich der Band von Ellington anzuschließen – »Ahnung von oder Interesse an der einzigen Sache hatte, aus der ich mir etwas machte«. Kaminsky wusste nicht, ob er in Chicago Arbeit finden würde, kannte jedoch die Aufnahmen von Armstrongs Hot Five und Hot Seven – die sich in den Ohren der meisten Tanzmusiker, mit denen er in Neuengland gespielt hatte, wie »bloßes Geklappere« anhörten. Aber Kaminsky hatte beschlossen: »Wenn dies die Art Jazz ist, die in Chicago gespielt wird, dann ist Chicago der richtige Ort für mich.«

Eine zufällige Begegnung mit Bud Freeman brachte ihn in Kontakt mit dem bunt zusammengewürfelten Haufen jazzverrückter junger Weißer, deren Version der New Orleanser Musik die Kritiker später als »Chicago-Stil« bezeichnen sollten. Seit 1922, als die alte Austin High Gang erst das Friar's Inn und dann die Lincoln Gardens heimgesucht hatte, war ihre Zahl ständig angewachsen. Der Schlagzeuger Gene Krupa und der Kornettist Muggsy Spanier kamen beide aus Chicago, doch George Wettling, ebenfalls Schlagzeuger, stammte aus Topeka in Kansas, während der Pianist Jess Stacy in Bird's Point in Missouri geboren wurde und auf jenen Streckfus-Schiffen gespielt hatte, für die schon Armstrong und Beiderbecke gearbeitet hatten. Der Kornettist Wingy Manone, der als Kind bei einem Straßenbahnunfall den rechten Arm verloren hatte, kam aus New Orleans und erinnerte sich daran, Jazz zum ersten Mal »an seiner Quelle« gehört zu haben – »dort, wo es die Farbigenbands auf den Lastwagen miteinander ausfochten, die Reklame für Tanzveranstaltungen machten«.

»Obwohl selbst kaum 20 Jahre alt«, schrieb Kaminsky, »waren diese Männer seit sechs, sieben Jahren eng mit der Musik verbunden, übernahmen sie aus erster Hand von den Jazzmusikern aus New Orleans und entwickelten ihren eigenen Stil und ihr eigenes Gefühl dafür. Ich dagegen hatte sie nur in kleinen, verlockenden Fetzen und Bruchstücken zu hören bekommen.« Irgendwie bekam er einen Job, bei dem er in einem chinesischen Restaurant mit Frank Teschemacher und George Wettling spielte. Zu ihnen passte er nach eigener Aussage »so gut wie ein Baseball in die Hände von Babe Ruth ... Mir erschien jeder Tag wie ein Feiertag.«

Arthur Arshawsky 1914 als kleiner Patriot, und auf dem rechten Foto ganz links als Artie Shaw, Klarinettist des Joe Cantor Orchestra, einer der Bands, in denen er spielte, bevor er sich selbstständig machte.

Arthur Jacob Arshawsky wurde 1910 an der Lower East Side von Manhattan geboren, als einziges Kind eines eingewanderten Schneiderpaars, das sich später scheiden ließ. Als Arthur sieben Jahre alt war, zog die Familie nach New Haven, Connecticut. Dort wurde der Junge von seinen Schulkameraden gequält, die ihn wegen seiner jüdischen Herkunft beschimpften. »Mein Vater war von zu Hause weg«, erinnerte er sich, »und mir gefiel überhaupt nichts. Also hatte ich die Wahl, mir entweder ein Maschinengewehr oder ein Instrument zu besorgen. Glücklicherweise bekam ich ein Instrument in die Hand.«
Beim Besuch eines Vaudeville-Theaters sah er, wie sich ein Musiker in einem schicken Blazer mit weißen Streifen ins Scheinwerferlicht kniete und auf einem golden schimmernden Saxophon »Dreamy Melody« spielte. »Das war es«, erinnerte er sich. Musik sollte sein Weg zu Ruhm und Glück werden. Er arbeitete in einem Lebensmittelgeschäft, um sich das Geld für ein Saxophon zu verdienen. Damit übte er so verbissen, dass er sich die Unterlippe blutig spielte. Er gründete das Peter Pan Novelty Orchestra, das ihm bei Tanzgesellschaften zwei Dollar pro Abend einbrachte. Die Schule störte nur noch. »Ich hatte beschlossen, dieses Instrument zu spielen, und so legte ich es darauf an, überall durchzurasseln. Das tat ich zwei Monate lang, dann warfen sie mich raus. Und obwohl meine Mutter den Rektor der Hillhouse High School in New Haven anflehte, nahmen sie mich nicht wieder auf. Ich war endlich frei.«
Wie sein späterer Erzrivale Benny Goodman verschrieb Arshawsky sich der Klarinette und schloss sich einem reisenden Tanzorchester an. So oft wie möglich fuhr er nach Harlem, um dort bei Duke Ellingtons Mentor Willie »the Lion« Smith Stunden zu nehmen, der ihm liebevoll den Spitznamen »Snow White« (Schneewittchen) gab. Seine ersten musikalischen Vorbilder waren Beiderbecke und Trumbauer. Weil er beim Publikum ankommen wollte, änderte er den jüdischen Namen in Artie Shaw und wurde einer der bekanntesten Bandleader der Swing-Ära. Die Herausforderung der Improvisation faszinierte ihn sein Leben lang: »Man legt es auf etwas an, das gar nicht möglich, körperlich gar nicht zu machen ist. Man will das Instrument spielen, und da ist nun diese Reihe schwerfälliger Klappen auf einem Stück Holz, und man versucht, sie mit einem Rohrblatt, der Rachenmuskulatur und dem so genannten Ansatz zu manipulieren und etwas hervorzubringen, das es noch nie gegeben hat. Man will einen Ton spielen, den noch nie jemand hinbekommen hat, oder eine Tonfolge, die Gefühle hervorruft. Man versucht, Noten auf eine Art und Weise hervorzubringen, die einen berührt. Wenn man selbst davon berührt wird, berührt es auch andere. Das geschieht aber nur äußerst selten, und wenn doch, dann erinnert man sich sein ganzes Leben lang daran. Was soll ich sagen? Es ist die fruchtbarste Erfahrung, die man überhaupt machen kann. Es ist besser als Sex. Besser als gutes Essen, besser als alles andere.«

Eines Abends nahmen ihn Wettling und Wingy Manone mit ins Savoy, um sich Armstrong anzuhören. Kaum waren sie eingetreten, kam Armstrong auch schon auf sie zu, um Wettling und Manone zu begrüßen. Sie stellten ihm ihren neuen Freund vor, und Kaminsky und Armstrong reichten sich die Hand. »Vom Anhören seiner Platten hatte ich bereits eine dunkle Ahnung von der Wärme und der Energie dieses Mannes«, schrieb Kaminsky, »doch ich war vollkommen unvorbereitet auf das bemerkenswerte, durch und durch wache Gespür unter seinem liebenswerten, unkomplizierten Wesen. Er scheint mit allen Sinnen Eindrücke von einem aufzunehmen, doch man hat nicht so sehr das Gefühl, als würde man taxiert, sondern als würde er sich einem gegenüber öffnen, so wie ein Empfangsgerät. Louis kann man nichts vormachen. Der kriegt alles mit.«

Genauso wenig vorbereitet war Kaminsky auf die Energie von Armstrongs Spiel. Die erste Nummer war »West End Blues«, und als Armstrong mit seiner berühmten Einleitung begann, erlebte Kaminsky im wahrsten Sinne des Wortes einen Schock. »Ich warf Wingy und George einen aufgeregten Blick zu und machte mich davon. Die vollkommene Schönheit von Bix' Ton und sein Gefühl hatten mich in ihren Bann gezogen, doch die Kombination von Louis' blendender Virtuosität und die einzigartige Brillanz seines Tons überwältigte mich derart, dass ich mich fühlte, als ob ich direkt ins Zentrum der Sonne geschaut hätte. Ich konnte nur noch weglaufen und mich verstecken, bis die Blindheit wieder von mir abfiel.«

MÖGE ES IHNEN GEFALLEN

Am 7. Februar 1928 morgens um halb zwei führten FBI-Agenten Razzien in einem Dutzend führender Nachtklubs an der Chicagoer North Side durch. Dabei nahmen sie die Personalien Hunderter entsetzter Gäste auf, die man mit alkoholischen Getränken auf den Tischen erwischt hatte, und brachten anschließend neue Vorhängeschlösser an den Türen an. Ein neues, so genanntes »Flachmann«-Gesetz sah jetzt vor, dass sich sogar derjenige strafbar machte, der seinen Gästen Eis und Ginger Ale zum Mischen des mitgebrachten Alkohols zur Verfügung stellte. Die von William Dever, dem republikanischen Nachfolger von Bürgermeister Big Bill Thompson initiierten Razzien hatten bereits zur Schließung einer ganzen Reihe von Black and Tan-Klubs an der South Side geführt. »Chicago war einmal die heißeste Café-Stadt in den Vereinigten Staaten«, berichtete *Variety*, »berühmt für brodelnde Musik, ein brandheißes Nachtleben und ein großartiges Fleckchen für großartige Typen. Aber das ist mittlerweile vorbei, und für die Varietés wird es mit jedem Tag härter.«

Für die Chicagoer Musiker brachen ebenfalls härtere Zeiten an. Bis Mai verloren an die 200 von ihnen ihren Job. Weitere 150 wurden arbeitslos – oder standen kurz davor, es zu werden –, weil die allgemeine Begeisterung für The Jazz Singer die Theaterbesitzer dazu veranlasste, Apparaturen für Tonfilme aufstellen zu lassen und auf die teuren Orchester zu verzichten, die die Begleitmusik für die Stummfilme spielten. Andere Musiker mussten mittlerweile um Leib und Leben fürchten. Zwar hatte im Nachtleben von Chicago schon immer ein gewisses persönliches Risiko bestanden – Bud Freeman beispielsweise war nicht gerade beruhigt, als ihn sein Klubbesitzer, ein Gangster, einmal beiseite nahm und sagte: »Buddy, mach dir wegen niemand hier Sorgen. Hier tut dir keiner was – es sei denn, er wird dafür bezahlt.« Nun aber, da es der Branche zunehmend schlechter ging, führten Al Capone und seine Rivalen einen offenen Krieg um ihre schrumpfenden Gewinne. Bomben ließen das Café de Paris und den Plantation Club, in dem Joe Oliver gespielt hatte, in Flammen aufgehen. Ein Exodus der Musiker setzte ein, und die meisten – darunter auch Joe Oliver, Eddie Condon, Dave Tough, Gene Krupa und Max Kaminsky – machten sich auf den Weg nach New York.

Den Anfang hatte im Februar das Ben Pollack Orchestra gemacht. Es kündigte sich mittlerweile als »The Big Band with the Little Leader« an und spielte zunächst in einem Lokal namens Little Club, dann auf dem Million Dollar Pier in Atlanta City und schließlich im eleganten Park Central Hotel. Die Flüchtigen aus dem von Gangstern beherrschten Chicago dürften sich hier mehr zu Hause gefühlt haben als ihnen lieb war – als nämlich Arnold Rothstein, eine große Nummer im Glücksspiel, von Unbekannten angeschossen wurde, die Treppen hinabtaumelte und flugs

Jack Teagarden, 1924.

unter dem Balkon starb, auf dem sie gerade spielten.

Noch immer war Benny Goodman in der Band; er spielte jetzt neben seinen alten Freunden Jimmy McPartland und Bud Freeman sowie seinem Bruder Harry. An die Stelle des Posaunisten Glenn Miller war ein Bär von einem Mann getreten, ein starker Trinker und harter Bursche namens Jack Teagarden, der großen Einfluss auf die Art und Weise ausüben sollte, in der dieses Instrument in späteren Jahren gespielt wurde.

Teagarden war im Rinderstaat Texas geboren und erzogen worden und spielte bereits seit seinem achten Lebensjahr Posaune. Damals waren seine Arme noch zu kurz, als dass er den Zug nennenswert über das Schallstück hinaus hätte bedienen können; aus diesem Grund suchte und fand er einen Weg, tiefe Noten durch die Entwicklung eines flexiblen Ansatzes zu treffen, der jeden Blechbläser, der ihn auf der Bühne spielen sah, neidisch werden ließ. Als ein Pianist ihn einmal fragte, wieso er nicht an den tiefen Noten in den schnellen Nummern »kaputtgehe«, erwiderte Teagarden: »Mann, ich schufte nicht gerne schwer – ich benutze einfach meine Lip-

Die Mitglieder der Ben Pollack Band – und ein Hotelpage – genießen einen sonnigen Nachmittag 1928 in Atlantic City, New Jersey. Ganz links neben dem Pagen liegt Jack Teagarden, Ben Pollack drückt unten an der Fahnenstange die Knie an sich. Vierter von rechts ist Benny Goodman, sein Bruder Harry gleich neben ihm.

pen.« Schon als Junge hatte er die bluesigen Shouts und Moans und die gezogenen Noten lieben gelernt: Er hörte sie Abend für Abend auf den religiösen Erweckungsveranstaltungen der Schwarzen, die in einem Zelt auf einem unbebauten Grundstück gleich gegenüber seinem Elternhaus stattfanden. »Diese Musik war für mich die natürlichste Sache der Welt. Ich konnte problemlos mitsummen.« Teagarden verehrte Louis Armstrong so sehr, dass er und sein Freund Wingy Manone nach ein oder zwei Drinks eine Schallplatte mit Armstrongs »Oriental Strut« mitten in der Wüste von New Mexiko vergruben, auf dass sie dort für die Ewigkeit erhalten bliebe.

In den Kneipen und Tanzlokalen des Südwestens entwickelte Teagarden sein Spiel zur Perfektion. Es wirkte so entspannt, swingte so stark und war so sehr vom Blues durchdrungen, dass ihn bei einem Auftritt im Roseland – mit einer ansonsten durchschnittlichen weißen Band, den Scranton Sirens – Fletcher Henderson höchstpersönlich beiseite nahm und sagte: »Ich habe dich gehört. Ich verstehe nicht, wie ein Weißer so spielen kann wie du. Sag mir, und das bleibt streng unter uns: Bist du Farbiger?« Teagarden, geschmeichelt und verlegen zugleich, schüttelte den Kopf. Henderson war nicht überzeugt. »Du kannst es mir ruhig sagen«, meinte er im Weggehen. »Ich verrate kein Wort.« Den Rest seines Engagements über riefen die Musiker aus Hendersons Band Teagarden immer wieder zu: »Junge, was hast du denn da verloren? Komm rüber zu uns, wo du hingehörst.«

Am Morgen des 5. März 1929 befand sich Teagarden genau in der musikalischen Gesellschaft, in die er gehörte. Louis Armstrong war in New York und trat für einen Abend in Harlem auf. Dort veranstaltete man ihm zu Ehren ein Bankett, an dem auch viele seiner alten Fans aus Chicago teilnahmen. »So viele gute Musiker auf einem Fleck und zur gleichen Zeit hatte ich noch nie gesehen – ob weiß oder farbig«, erinnerte sich Eddie Condon. Er schlug Tommy Rockwell vor – Produzent von Armstrongs Hot Five und Hot Seven für die nun in New York ansässige Schallplattenfirma Okeh Records –, die Gelegenheit zu nutzen und eine Aufnahmesession zu veranstalten, bevor Armstrong wieder nach Chicago zurückkehrte. Rockwell war anfänglich nicht überzeugt. »Mit einer gemischten Band ... ich weiß nicht so recht«, meinte er. Doch er wurde trotzdem aktiv, und kurz nach Tagesanbruch trafen sich Teagarden, Joe Sullivan und Eddie Lang mit Armstrong, Kaiser Marshall und dem Tenorsaxophonisten Happy Cauldwell in den Okeh-Studios, um dort einen relaxten Impromptu-Blues aufzunehmen. Zwar waren sich Teagarden und Armstrong bereits acht Jahre zuvor in New Orleans schon einmal begegnet, doch hörte Armstrong den Posaunisten nun zum ersten Mal spielen. »Es berührt mich«, sagte er und legte die Hand aufs Herz. »Es berührt mich genau hier.« Es war ein kalter Morgen in Manhattan gewesen, und die Musiker hatten sich eine Flasche Whiskey genehmigt, bevor sie begannen. Als man einen Titel für das Stück suchte, schlug jemand »Knockin' a Jug« vor, den damals gängigen Ausdruck, wenn jemand eine Flasche leer machte. Das Stück ist und bleibt ein Meisterwerk.

Auch Benny Goodman gefiel Teagardens Spiel sehr; doch Teagarden blieb anfänglich Goodman gegenüber ziemlich reserviert. Der Klarinettist saß vor ihm auf Pollacks Bühne, und immer wenn Teagarden spielte, drehte er sich um und starrte ihn unentwegt an. Schließlich wollte Teagarden von ihm wissen, was los sei. Ob er Goodman auf irgendeine Art beleidigt hätte? Nein, erwiderte der, er höre ihm bloß zu. Das war das erste überlieferte Mal, das man von Goodmans intensivem ausdruckslosen Starren hörte, mit dem er im Laufe seiner Karriere zwei Generationen von Musikerkollegen verunsichern sollte – die Kenner nannten es »den Röntgenblick«.

Ben Pollack hatte zwar erstklassige Musiker eingestellt, erwies sich aber als unfähiger Bandleader. »Im Grunde war Ben ein anständiger Kerl«, sagte einer von ihnen, »aber wenn er sich eine Zigarre in den Mund steckte, war das das Zeichen, dass eine Persönlichkeitsveränderung kurz bevorstand.« Seine Leute nahmen es ihm übel, dass er sich in einer Limousine mit Chauffeur herumkutschieren ließ, während sie in einem gemieteten Bus von einem Engagement zum nächsten hetzten. Sie waren wie vor den Kopf gestoßen, als er das Schlagzeug aufgab, um als Dirigent und Schnulzensänger ständig im Rampenlicht zu stehen. Und sie begriffen nicht, warum er so häufig »süße« Arrangements statt der von ihnen so geliebten »heißen« Nummern aufnahm und darauf bestand, jede Aufnahme mit dem gleichen, zuckersüßen Schlusssatz zu beenden – »Möge es Ihnen gefallen, Ben Pollack.« Es schauderte sie, als er den neuen Schlagzeuger Ray Bauduc anwies, einen Tigerkopf zu tragen, wenn die Band »Tiger Rag« spielte, und sie hassten die Nummer, in der sie in Baströckchen auf der Bühne herumtänzeln mussten. »Es war total dämlich«, erinnerte sich Jimmy McPartland. »Wir wollten alle aussteigen. Aber so war New York: Hier ging es wesentlich mehr ums Geschäft als in Chicago. In Chicago war man frei und ungebunden. In New York ging es darum, Geld zu machen.«

Eine Meuterei braute sich zusammen. Teagarden und McPartland waren oft zu verkatert, um zu proben. Eines Abends rieb Harry Goodman Pollacks Mikrophon mit Limburger Käse ein, um ihn am Singen zu hindern. Pollack seinerseits war verärgert, weil Benny Goodman es sich zur Gewohnheit machte, mehr Raum für seine Soli zu beanspruchen als ihm zustand. Vollends in Rage geriet er, als herauskam, dass sein Klarinettist sich ohne Begründung einen Tag freigenommen, heimlich eine eigene Band zusammengestellt und 700 Dollar Honorar kassiert hatte – nachdem Pollack dasselbe Angebot wegen eines anderen, vorher stattfindenden Engagements der Band abgelehnt hatte. Goodman zeigte keine Reue: »Das war richtig gut«, meinte er, »viel besser, als für jemand anderen nach Noten zu spielen.« Er war mittlerweile ein heiß begehrter Studiomusiker, gewöhnlich als Mitglied einer namenlosen Phantomgruppe oder einer von Schallplattenproduzenten wie Irving Mills zusammengestellten Band – wie etwa den Dixie Daisies, Kentucky Grashoppers, Ten Blackberries, Whoopee Makers oder den Mills Musical Clowns.

Schließlich entluden sich die Spannungen innerhalb der Band während eines Theaterengagements in Brooklyn. Zwischen den Shows pflegten Goodman und McPartland auf das Dach zu steigen, um dort Handball zu spielen. Im Verlauf eines dieser Spiele wetzten sie sich ihre weißen Schuhe arg ab, trugen diese dann aber auf der Bühne. Nachdem der Vorhang gefallen war, entbrannte ein Streit mit Pollack, wie sich McPartland erinnerte. »›Du bist gefeuert, McPartland!‹, sagte er zu mir. ›Sieh dir bloß deine Schuhe an!‹ Benny schaute zu uns herüber und meinte: ›Hast du da gerade Jimmy gefeuert?‹ ›Ja, habe ich!‹, erwiderte er. ›Tja, dann schau dir mal meine Schuhe an‹, meinte Benny zu ihm. ›Ich kündige!‹«

»Es war hart, Gil [Rodin], Jack [Teagarden], meinen Bruder Harry und die anderen zu verlassen«, erinnerte sich Goodman, »doch ich fühlte mich damals recht zuversichtlich ... Pollack hatte eine Menge für mich getan ... aber ich spürte, dass die Zeit reif war, auf eigenen Beinen zu stehen.«

MEIN LIEBER MANN

Im Mai 1929 schloss sich auch Louis Armstrong dem Strom der Musiker an, die es von Chicago nach New York zog. An der South Side war Armstrong nach wie vor ein Held: Aufgrund der Leichtigkeit, mit der er »alle in letzter Zeit im Savoy aufgetretenen weißen Jazzdämonen abgeschlachtet« hatte, verpasste ihm ein Kolumnist des *Chicago Defender* den Spitznamen »King Menilek«, nach dem Herrscher des 19. Jahrhunderts, der die Italiener aus Äthiopien vertrieb. Doch sogar für das Savoy waren harte Zeiten angebrochen. »Jede Woche kam Mr. Fagan [der Manager] mit einer neuen Katastrophenmeldung zu uns«, erinnerte sich Armstrong, »und er tischte uns diese Geschichten in einer Art auf, dass wir ihn einfach nicht im Stich lassen konnten ... Nach einer Weile jedoch kam es uns jedoch so vor, als hätten wir dieselbe Geschichte ein wenig zu oft gehört.« Dann ergatterte Tommy Rockwell, mittlerweile Armstrongs Agent, einen Job in New York für ihn: Armstrong sollte für ein neues Musical namens »Great Day« spielen, das Vincent Youmans rund um das Leben auf den Plantagen des Südens geschrieben hatte.

Armstrong fuhr selbst in seinem Hupmobile Richtung Osten – ein Wagen, den er mit den Erlösen aus einem neuen Buch bezahlt hatte, das sich an angehende Kornett- und Saxophonspieler richtete und 125 transkribierte Breaks enthielt. Er fuhr an der Spitze eines Konvois von vier ramponierten Autos, in denen die zehn Mitglieder der Carroll Dickerson Band saßen, mit denen er im Savoy gespielt hatte. Für seine Freunde gab es keinerlei Arbeitsgarantie, und Rockwell ahnte auch gar nicht, dass sie mitkamen, doch »wir wollten uns nicht trennen, und so nahm ich gleich die ganze Band mit«, erklärte Armstrong. »Das war vielleicht eine Fahrt«, meinte Zutty Singleton. »Wir hatten ein paar Vibraphone dabei, die wir an den Autos festschnürten – und die alle Rost ansetzten.« Einer der Wagen wurde in einen Unfall verwickelt und kurzerhand aufgegeben, da niemand Geld für eine Reparatur besaß. Der Konvoi ließ sich Zeit, legte Zwischenstationen in Detroit, Toledo, Cleveland sowie Buffalo ein, wo man einen Abstecher an die Niagarafälle machte, und Armstrong stellte verblüfft fest, dass sein Ruhm ihm in jedes Schwarzenviertel vorausgeeilt war – dank seiner Schallplatten und der Radioübertragungen aus dem Savoy. »Wir hatten damals keine Ahnung vom Radio«, meinte Armstrong, »oder von dessen Reichweite. Von daher war die Fahrt ein Riesenspaß. Die Leute freuten sich dermaßen, uns zu sehen, dass wir gar kein Geld auszugeben brauchten.«

Für dieses von den Brüdern Melrose herausgegebene Buch mit 125 sorgfältig ausnotierten Kornettbreaks spielte Louis Armstrong in ein Diktaphon. Später gingen die Aufnahmen jedoch verloren.

Bei ihrer Ankunft in New York sah alles anders aus. Das Bargeld war ausgegeben, und Tommy Rockwell zeigte sich nicht gerade begeistert, gleich eine ganze Band am Hals zu haben. Dann wurden Armstrong und alle anderen schwarzen Musiker, die Youman für seine Show angeheuert hatte, ohne viel Federlesens vom Produzenten durch Weiße ersetzt. Florenz Ziegfeld ließ Armstrong und seine Band für Showgirl vorspielen, eine neue, für den Broadway bestimmte Hochglanzrevue, entschied sich dann aber für das Duke Ellington Orchestra.

Schließlich beschaffte Rockwell Armstrong und seinen Leuten Arbeit im Lafayette Theater und dann im Connie's Inn an der Ecke Seventh Avenue und 131st Street, dem Erzrivalen des Cotton Club um die Gunst betuchter, abenteuerlustiger Weißer. Dort spielten sie für eine Revue namens Connie's Hot Chocolates Songs von Andy Razaff und dem Harlemer Stride-Pianisten Fats Waller. Dem Namen nach leiteten zwei ehemalige Besitzer eines Feinkostgeschäfts, George und Connie Immerman, den Klub; tatsächlicher Besitzer war jedoch der mordlüsterne New Yorker Gangsterkönig Arthur Flegenheimer, besser bekannt unter seinem Spitznamen Dutch Schultz – den er sich zulegte, weil er fand, er mache sich in den Schlagzeilen besser.

Die Revue Hot Chocolates erfreute sich solcher Beliebtheit, dass sie bald nach Downtown ins Hudson Theater am Broadway umzog und dort 219-mal aufgeführt wurde. Wenn Armstrong den größten Hit der Show vortrug, »Ain't Misbehavin'« – bei dem er nicht nur spielte, sondern auch sang und tanzte, und zwar auf der Bühne, nicht im Orchestergraben – versetzte er das Publikum immer wieder in einen Begeisterungstaumel. Selbst am Broadway hatte man so jemanden noch nie gesehen.

Irving Kolodin, Musikkritiker der *New York Times*, beschrieb die Show, die Armstrong während dieser Jahre seinem Publikum bot,so:

»Er geht nach links zum Bühnenvordergrund, beugt sich halb vor wie ein Viertelmeilenläufer, beginnt zu zählen (und wiegt sich dabei hin und her). ›Eins, Zwei, Drei‹ ... ist er bereits auf den hinteren Bereich losgelaufen, wo das Orchester sitzt, und rutscht bei Vier in eine Pirouette hinein, wendet sich zu guter Letzt dem Publikum zu und bläst die erste Note,

Pause während der Proben für Vincent Youmans Musical Great Day in Atlantic City. Die Aufnahme entstand im Sommer 1929: Zweiter von links ist der Komponist Harold Arlen. Am Steuer Fletcher Henderson, der große Mann in Weiß ist Will Marion Cook, ganz rechts sitzt Rex Stewart. Wenige Tage später ersetzten die Produzenten sämtliche schwarzen Künstler durch weiße, so dass Louis Armstrong, der gehofft hatte, sich dem Musical anschließen zu können, sich anderweitig nach Arbeit umsehen musste.

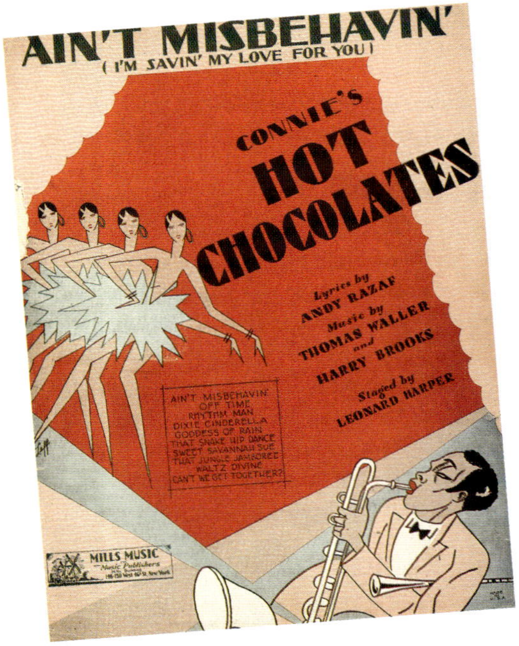

Das Notenblatt für Fats Wallers Hit »Ain't Misbehavin'«.

während das Orchester in das Stück swingt. Es ist verrückt, sinnlos, Mumpitz erster Güte, aber die Wirkung ist elektrisierend. Der Bursche hat nichts schäbig Anmaßendes an sich! Er weiß, was seinem Publikum zu Herzen geht, und wie er ihm das geben kann. Die Virtuosität seiner Trompete kennt keine Grenzen – Triolen, chromatisch betonte, unheimliche Kontrapunkte, die das Stück auf den Kopf stellen, wilde Ausfälle in Schwindel erregende Höhen ... all das ausgeführt in tadellosem Stil und Finish, Leistungen, die seine Zeitgenossen wie x-beliebige Kornettisten von der Heilsarmee klingen lassen. Im Wechsel dazu singt er Chorusse und wischt sich mit dem Taschentuch über die Kehle, das Gesicht, die Stirn (er schwitzt wie ein im Sterben liegender Gladiator), während ein Diamantarmband an seinem Handgelenk glitzert, bevor er schließlich die Bühne verlässt, um sich auszuruhen.«

Wenn Armstrong auch den Broadway im Sturm eroberte, eilte er unverändert nach jeder Vorstellung die Straße hoch zum Connie's Inn, um die gleiche Show hier noch einmal aufzuführen. Zuweilen trat er auch noch gleich nebenan im Lafayette Theater als Hauptattraktion auf. »Meinen Schlaf musste ich mir holen, wenn ich im Taxi durch den Park fuhr«, erinnerte er sich. »Ich war erst 27. Ich nahm zwar nicht an, die Welt läge mir zu Füßen, aber es war toll, dass alle das aufgriffen, was ich machte, und dass alle Bandleader mich haben wollten. Ich musste bald zusehen, dass ich eine eigene Band gründete – da blieb mir gar nichts anderes übrig.«

Weil Armstrong sie trug, schrieb Mezz Mezzrow, begannen die jungen Männer in Harlem, breitkrempige Barrymore-Kragen und Krawatten mit überdimensionierten Knoten zu tragen. »Louis hatte überall, wo er ging und stand, ein Taschentuch in der Hand, weil er so stark schwitzte, und das löste eine echte Modewelle aus – bald liefen die Kids auf der Straße mit Taschentüchern in der Hand auf ihn zu, um ihm zu zeigen, dass er ihr Vorbild war. Louis stand immer in einer krummen, nachlässigen Haltung, die Hände vor sich gefaltet. Wenig später lümmelten sich alle möglichen Kinder um ihn herum ... mit verschränkten Armen und einem weißen Taschentuch, das zwischen ihren Fingern herausragte.« Buck O'Neil, ein späterer Baseballprofi bei den Kansas City Monarchs, erinnerte sich, dass er und seine Freunde im weit entfernten Missouri bei Regen den Kopf aus dem Wagenfenster hielten, »damit man heiser wurde [und] sich so anhörte wie Louis Armstrong«. Fans und Musikerkollegen ahmten nun auch sein typisches Vokabular nach. Er war der Erste, der die Fähigkeiten eines Musikers als »Chops« bezeichnete, und der Erste, der andere Leute »Cats« nannte. Wenn ihm der Name von jemandem nicht einfiel, nannte er ihn »Gate« oder »Pops« – was wiederum zu seinem liebevollen Spitznamen wurde, mit denen ihn seine Freunde in aller Welt bis an sein Lebensende anredeten.

Bei allem neu gewonnenen Ruhm war er nach wie vor bereit, sich jedem Herausforderer zu stellen, der es wagte, seine Überlegenheit anzuzweifeln. Das nannte er »sich verteidigen«. Jabbo Smith, in Chicago bereits einmal bezwungen, traf im Rockland Palace, einem der größten Tanzlokale Harlems, erneut auf Armstrong. Mehr als 2000 Zuschauer wohnten im ausverkauften Haus dem Duell bei. Rex Stewart erinnerte sich:

»Es war ein herrlicher Anblick – kein Blumengarten hätte es mit der Schönheit der Damenhüte aufnehmen können. Darüber hinaus lag ein ausgeprägter Parteigeist in der Luft, denn niemand aus Charleston, South Carolina war gewillt, Louis Armstrongs Überlegenheit über ihren Lokalmatadoren Jabbo anzuerkennen. Wir Musiker wollten den Leuten aus Charleston vermitteln, dass Jabbo zwar großartig, Louis aber eben der King war. Die Mühe hätten wir uns sparen können. Schon Wochen vorher gab es Streit, und man schloss Wetten ab, bis endlich der große Moment heranrückte.«

Smith spielte sensationell, fuhr Stewart fort, »traf die hohen Fs und Gs, und jedes Mal, wenn er dieses Blech-Duell mit einem hohen F oder G anheizte, feuerten ihn seine Freunde an: »Spiel, Jabbo! Weiter so, Rice!« (Die Bewohner von Charleston nannten sich häufig »Rice« – es war ein gängiger Spitzname in South Carolina.) Dann stürmte Armstrong auf die Bühne, »makellos in einem weißen Anzug«:

»Das Stück habe ich vergessen, aber seine erste Note vergesse ich nie. Er blies eine glühende, erhabene, phantastisch hohe Altissimo-Note und hielt sie so lange, dass wir Musiker nach Atem rangen. Benny Carter, der das absolute Gehör hat, meinte: ›Verdammt, das ist ja das hohe F!‹ An jenem Abend ließ Louis nicht nach ... Immer, wenn er eine Pause machte, erntete er donnernden Applaus, und die Frauen kamen scharenweise zur Bühne, um ihn um ein Autogramm zu bitten. Sie überreichten ihm alles Mögliche, vom Programmheft bis zur Whiskeyflasche, damit er seine Unterschrift darauf setzte. Eine Frau zog sich sogar das Höschen aus und bat ihn, darauf zu unterschreiben.«

Louis Armstrong war jetzt der größte Star einer Musikrichtung, in der es vor ihm keinen wirklichen Star gegeben hatte. Zwar hatten Bandleader eine gewisse Berühmtheit erlangt, einzelne Solisten im Allgemeinen jedoch nicht. Nun aber zahlte das Publikum dafür, ihn zu hören, nicht seine Band, und die Musiker verehrten ihn. »Ich bin tief religiös. Ich bete Louis Armstrong an«, sagte Max Kaminsky einmal.

Eines Sonntagabends im Jahr 1929 marschierte im Connie's Inn eine Delegation weißer Musiker an, die downtown in Hotels, Theatern und Nachtklubs spielten, um ihr Idol mit einem festlichen Dinner zu ehren. Jeder von ihnen hatte einen Teil seines Verdienstes für eine goldene Uhr mit Gravur beigesteuert, die Ben Pollack offiziell überreichte. Auf ihr stand: »Auf immer alles Gute für Louis Armstrong von den Musikern am

Louis Armstrong, 1929.

INTERVIEWER:
Was ist Jazz?
LOUIS ARMSTRONG:
Jazz ist das, womit ich mir meinen Lebensunterhalt erspiele.

Broadway.« In keinem anderen Bereich des amerikanischen Lebens wäre eine solche Feier für einen Schwarzen denkbar gewesen, nirgendwo sonst wäre die Huldigung so von Herzen gekommen, wären Liebe und Respekt so greifbar gewesen, die Anerkennung für die Überlegenheit eines schwarzen Künstlers so unbestritten. Armstrong war hoch erfreut – und schlug vor, nach dem Essen gemeinsam zu spielen. »Und wir haben uns vielleicht amüsiert!«, schrieb er Jahre später, »Mein lieber Mann ...«

SO KANN ES NICHT WEITER GEHEN

»Ich bin wohl eine negative Größe«, schrieb Bix Beiderbecke im Februar 1929 Frankie Trumbauer aus seinem Elternhaus in Davenport. »Ich habe mir schon so lange keinen Drink mehr genehmigt, dass ich für einen sterben würde.« Er klagte über heftige Schmerzen in den Knien, die er seiner Lungenentzündung zuschrieb, und bat um eine kleine Leihgabe und ein neues Kornett, damit er üben könnte. »Ich bin wieder bei euch, sobald meine Knie es zulassen«, versprach er, »falls Paul [Whiteman] mich haben will.«

Whiteman begrüßte ihn im März wieder in der Band, obwohl sein Spiel nun seltsam teilnahmslos wirkte. Das Orchester verbrachte einen ausgelassenen Sommer in den Universal Studios in Hollywood, wo Whiteman dafür sorgte, dass alle 35 Mitglieder seiner Band Gelegenheit bekamen, sich einen nagelneuen Ford zu kaufen. Abgesehen von Auftritten in der wöchentlichen Radiosendung Old Gold, dem Besuch von Hollywood-Partys und Streichen, die man sich gegenseitig spielte, hatten die Musiker nichts zu tun. Eigentlich sollten sie an der Verfilmung der Lebensgeschichte ihres Bandleaders mitwirken, die den Titel »The King of Jazz« trug, doch das Drehbuch dafür war noch nicht fertig.

»Mit so viel Freizeit und ohne jede Verpflichtung blieb nur der Weg des geringsten Widerstands – das Trinken«, erinnerte sich ein Freund, dem Beiderbecke von dieser Zeit erzählte. »Voller Entsetzen berichtete er von seinen Visionen von Schlangen und sonstigen Tieren [die das Delirium tremens bei ihm verursacht hatte]. Er war verwirrt und wollte so etwas nie wieder durchmachen.«

Kurz nachdem die Band im September schließlich wieder nach New York zurückgekehrt

LEON BIX BEIDERBECKE

Davenport Youth, Famed As Master of Trumpet Succumbs to Pneumonia

Der *Democrat and Leader* aus Davenport, Iowa, gibt am 7. August 1931 den Tod des Lokalhelden Bix Beiderbecke bekannt.

war, kamen die Männer in den Studios von Columbia Records zusammen, um zwei neue Stücke aufzunehmen. Bix kämpfte sich durch sein achttaktiges Solo im ersten Stück, einer Ballade namens »Waiting at the End of the Road«. Das zweite Arrangement, »When You're Counting the Stars Alone«, sah ebenfalls acht Takte für ihn vor. Doch obwohl man ihm drei Klappstühle so aufstellte, dass er sich hinlegen und ausruhen konnte, bis die Toningenieure alles vorbereitet hatten, war er zu erschöpft, um auch nur einen Versuch zu wagen. Am nächsten Morgen kam Whiteman in Beiderbeckes Hotelzimmer. »Bix lag im Bett«, erinnerte sich ein Freund, »und erzählte Paul, er sei am Vortag krank gewesen, es ginge ihm aber in ein, zwei Tagen wieder besser. Paul machte einen Schritt auf Bix zu und trat nach einer leeren Schnapsflasche, die unter dem Bett stand. Dann setzte er sich aufs Bett, nahm den Kopf in die Hände und sagte: ›Bix, wir müssen dich wieder auf die richtige Bahn bringen. So kann es nicht weitergehen.‹« Schließlich schickte Whiteman ihn wieder nach Hause; sein Platz in der Band würde auf ihn warten, bis er alles wieder unter Kontrolle hätte. Aber mit dem Trinken müsse er aufhören.

Am 14. Oktober begab sich Bix Beiderbecke in die bekannteste Entzugsanstalt Amerikas, das Keely-Institut in Dwight, Illinois. Zehn Tage später, am »Schwarzen Donnerstag«, dem 24. Oktober 1929, brach der Aktienmarkt völlig in sich zusammen. Dies war der Beginn der Great Depression, der großen Wirtschaftskrise, die dem hektischen, leichtsinnigen Zeitalter des Jazz ein Ende setzte, das Bix bis zu einem gewissen Grad personifiziert hatte. »Dem Übermut wurde der Boden unter den Füßen weggezogen«, formulierte es *Variety*. Beiderbecke starb keine zwei Jahre später während eines weiteren Anfalls von Delirium tremens. Zu diesem Zeitpunkt schien auch die Musik, die er so gerne gespielt hatte, unterzugehen – überflutet von süßlicher Tanzmusik und gefühlsduseligen Schnulzensängern.

F. Scott Fitzgerald, der dem untergegangenen »Jazz Age« seinen Namen gegeben hatte, schrieb auch dessen beeindruckendsten Nachruf:

> »Irgendjemand hatte einen Fehler gemacht, und die kostspieligste Orgie der Geschichte war vorüber …
> Nun sitzt der Gürtel wieder eng, und wir bemühen uns beim Blick zurück auf unsere verschwendete Jugend um einen angemessen entsetzten Gesichtsausdruck. Manchmal allerdings ist ein geisterhaftes Grollen zwischen den Trommeln zu vernehmen, ein asthmatisches Flüstern in den Posaunen, das mich zurück in die frühen Zwanziger swingt, als wir Holzgeist tranken, jeder Tag in jeder Hinsicht immer besser wurde und sich die Röcke vorzeitig verkürzten … und Leute, die man besser nicht kennen wollte, sagten: ›Ausgerechnet Bananen‹ … und es kommt uns, die wir damals jung waren, alles rosig und romantisch vor, weil wir unsere Umgebung nie wieder so intensiv erleben werden.«

Standfoto aus der Sequenz »Rhapsody in Blue« aus dem 1930 entstandenen Kinofilm über Paul Whiteman, The King of Jazz. Viele Jahre später schrieb Whiteman, die 20er Jahre waren »das Zeitalter des unbekümmerten Nonsens ... und ich selbst ein Produkt dieser Zeit«.

KAPITEL FÜNF 1929–1935

HARTE ZEITEN

1928, ein Jahr vor der großen Weltwirtschaftskrise, nahm Bessie Smith den »Poor Man's Blues« auf:

Mister rich man, rich man, open up your heart and mind
Mister rich man, rich man, open up your heart and mind
Give the poor man a chance, help stop these hard, hard times.
Please listen to my pleadin', 'cause I can't stand these hard times long.
Aw listen to my pleadin', 'cause I can't stand these hard times long.
They'll make an honest man do things that you know is wrong ...

In diesem Lied sang sie von der Not der Menschen, die vom Wohlstand der 20er Jahre nichts abbekommen hatten. Mittlerweile lag das ganze Land in Agonie, und selbst der Blues schien all das Leid nicht lindern zu können. »Keiner will mehr Blues hören«, sagte Bessie Smith. »Harte Zeiten sind das.«

Andy Kirks Clouds of Joy 1929 bei einer kleinen Rast an der Straße nach Fort Smith, Arkansas. Der Geiger Claude Williams kniet links außen; Andy Kirk, der zweite von rechts, spielte damals noch Tuba und war gerade erst Bandleader geworden. Keine andere Gruppe reiste in den mageren Jahren der Depression so viel wie sie.

Seit dem Bürgerkrieg hatte keine Krise die Amerikaner grundlegender erschüttert als die Große Depression. Zu Beginn der 30er Jahre war jeder vierte Werktätige arbeitslos, insgesamt mehr als 15 Millionen Männer und Frauen. In Mississippi kam 1932 an einem einzigen Tag fast ein Viertel der Vermögenswerte unter den Hammer des Auktionators. Tausende durchstreiften auf der Suche nach Arbeit das Land. Die Staubstürme, die aus Texas und den Dakotas kamen, verdunkelten bald den Himmel bis hin nach Washington. Die Preise für Getreide, Mais und Baumwolle fielen so stark, dass die Farmer ihre Ernte auf den Feldern verrotten ließen. In Boston gingen Kinder, die ihre Schuhe mit Pappe ausstopfen mussten, an totenstillen geschlossenen Schuhfabriken vorbei. In New York lebte ein arbeitsloses Pärchen über ein Jahr lang in einer Erdhöhle im Central Park.

Die Musikindustrie stand kurz vor dem Zusammenbruch. Die Mitgliederzahl der Musikergewerkschaft verringerte sich um ein Drittel – obwohl man die Beiträge um die Hälfte gesenkt hatte; aber selbst die konnten sich viele Musiker einfach nicht mehr leisten. In New York machten über 100 Tanzlokale dicht, die Hälfte der Theater auf dem Broadway wurde geschlossen oder zu Kinos umfunktioniert. In Chicago steckten frierende Arbeitslose Schellackplatten in Brand, um sich an dem Feuer zu wärmen. Hatte die Schallplattenindustrie in den 20er Jahren etwa 100 Millionen Platten pro Jahr verkauft, waren es jetzt nur noch sechs Millionen. Okeh, Gennett und Paramount gingen Pleite. Die RCA Victor Talking Machine Company stellte sogar eine Zeit lang die Produktion von Abspielgeräten ein und produzierte stattdessen Radios. Selbst Paul Whiteman musste zehn Musikern seines 30-köpfigen Orchesters kündigen. Wer bleiben durfte, verdiente 15 Prozent weniger.

»Wir hatten ja keine Ahnung, wie schwer es in New York sein würde«, schrieb Eddie Condon. »Der einzige Auftrittsort, den wir hatten, war unser Hotelzimmer, wo wir zu unserem eigenen Vergnügen spielten.« Aus diesem Hotel flogen er und Max Kaminsky schließlich auch noch im tiefsten Winter hinaus, weil sie die Miete nicht mehr zahlen konnten. »Wir knabberten einander die Pulsadern an«, erzählte Condon. »In diesen Jahren sind wir ausgeblutet.« Als Kaminsky dennoch einen Job finden konnte, half er seinen Musikerkollegen, indem er 50-Cent-Münzen an diejenigen verteilte, die weniger Glück gehabt hatten als er.

Die schwarzen Amerikaner traf es am härtesten. In einigen Städten im Norden verloren sechs von zehn Afroamerikanern ihre Arbeit. Arbeitslose aus dem Süden strömten in den Norden und landeten in Stadtvierteln, die bereits aus allen Nähten platzten, und prügelten sich mit den anderen um die wenigen Jobs, die es noch gab. Von Schwarzen geführte Geschäfte und Firmen mussten schließen; der Unternehmungsgeist, der die »Negro Renaissance« ausgezeichnet hatte, ging verloren. Beim Zusammenbruch einer von Schwarzen geführten Bank in Chicago verlor die örtliche schwarze Musikergewerkschaft ihre sämtlichen Einlagen.

Harlem sollte sich nie wieder völlig erholen, aber die Flüsterkneipen und Tanzlokale, die Nachtklubs und die Ballrooms florierten noch eine ganze Weile. Schwarze Anwohner und weiße Besucher wollten hier ihren Kummer vergessen, und sei es nur für einen Abend. Der Cotton Club blieb das glamouröseste Lokal in ganz Harlem. Das schönste und größte Tanzlokal des Viertels war jedoch der Savoy Ballroom, der zwischen 140th und 141st Street einen ganzen Häuserblock auf der Lenox Avenue einnahm. Dort wechselten sich stets zwei Tanzkapellen ab, so dass die Musik nie aufhörte. Das Savoy war so gut besucht, dass die Tanzfläche, ein Parkett aus Ahorn- und Mahagoniholz, alle drei Jahre erneuert werden musste. Der Eintritt kostete nur 50 Cents – an Sonntagen einen Dreivierteldollar –, und dank der vielen Gäste konnte sich das Savoy zu Recht als »Home of the Happy Feet« (Heimat der Fröhlichen Füße) preisen. Hier traten die besten Bands auf, und hier sah man die besten Tänzer Harlems. George »Shorty« Snowden war einer von ihnen, und fast jeden Abend konnte man ihn auf dem Parkett bewundern. Er hatte 1928 einen neuen Tanzstil kreiert, bei dem man die Tanzpartnerin von sich fortschleuderte und ein paar rasche Soloschritte improvisierte, bevor man sie wieder zu sich heranzog. Diese so genannten Breakaways wurden schließlich Lindy Hop genannt, eine Anspielung auf den damals populären Flieger Charles Lindbergh. Snowdens Rivale, George »Twist Mouth« Ganaway, war ebenfalls Stammgast. Seine langen, schlanken Beine, sein spektakulärer Tanzstil und seine makellose Kleidung – strahlend weiß von den Schuhen bis zu dem breitkrempigen Hut, den er nie abnahm –, lenkten jeden Zuschauer von dem Makel ab, dem er seinen Spitznamen verdankte. Snowden und Ganaway besetzten die Nordostecke des Savoy, zusammen mit einer Hand voll anderer, die sie für würdig hielten, mit ihnen das Tanzbein zu schwingen. Cat's Corner hieß dieser Teil des Hauses, und wenn sich

Musik machte das Leben von Kleinfarmern im ländlichen Louisiana in den schweren Zeiten etwas leichter.

Chick Webb auf der Bühne. »Dieser Mann«, sagte der große Drummer Jo Jones, »hat mich an etwas erinnert, das ich fast vergessen hatte. Er hat mich daran erinnert, wie wichtig das Schlagzeug ist.«

Neuankömmlinge in Harlem: Norma und Dorothy Miller.

einmal ein plumper Amateur unter diese Profis verirrte, dann konnte es passieren, dass ihm einer der Auserwählten im Vorbeitanzen einen derben Tritt gegen den Knöchel verpasste – die Tänzer im Savoy waren schließlich nicht zum Vergnügen dort.

Zalama Miller, eine Witwe aus Barbados, musste im kalten Winter 1929 zusammen mit ihren beiden Töchtern Norma und Dot ihr Apartment verlassen, das gegenüber dem Cotton Club auf der 142nd Street lag. Als kleines Mädchen hatte Norma zur Musik von Duke Ellington getanzt, die durch die Fenster auf den Bürgersteig tönte – zu Charleston und Black Bottom, zu Shimmy und Shim Sham. Nun konnte ihre Mutter die Miete nicht mehr bezahlen.

Sie zogen in eine andere Wohnung im dritten Stock eines Hauses auf der 140th Street. Sie war kleiner als die alte, lag aber direkt hinter dem Savoy. Norma Miller hat nie vergessen, wie es war, in Hörweite der besten Musik der Stadt zu leben.

»Die Fenster standen immer weit auf, und die Musik drang direkt in unser Wohnzimmer. Jeden Abend hörten wir diese großartige Musik. Damals saß man im Sommer draußen auf der Feuerleiter, um ein bisschen Abkühlung zu kriegen. Es hatte ja keiner eine Klimaanlage. Und unsere Feuerleiter lag gegenüber den hinteren Fenstern des Savoy Ballroom. Man sah die Schatten der Menschen, die zu den Klängen der Musik an den Fenstern vorbeitanzten. Meine Schwester und ich machten das nach, was wir in den Fenstern des Savoy sahen – wir gingen ins Wohnzimmer und tanzten zur Musik der besten Bands der Welt.«

Monatelang hörte Norma diese Musik und träumte davon, das Savoy zu betreten. Am Ostersonntag 1931 war es so weit. Sie war zwölf.

»Damals trug man immer etwas Hübsches, wenn man in die Kirche ging. Und nachmittags um vier gab's eine Matinee im Savoy. Nach der Kirche lief ich zur Lenox Avenue. Die Leute, die ins Savoy gingen, waren absolut schick, und wir standen einfach nur davor und sahen sie uns an. Auch an jenem Tag. Wir tanzten ein bisschen auf dem Bürgersteig vor dem Eingang. Plötzlich rief jemand: ›Hey, Kleine!‹ Ich drehte mich um und der Mann sagte: ›Ja, dich meine ich.‹ Ich erkannte ihn sofort. Es war der berühmte Twist Mouth George. Er trug seinen weißen Hut, einen weißen Anzug, er leuchtete fast. Er fragte: ›Hast du Lust zu tanzen?‹, und ich sagte: ›Was, ich?‹ Dann nahm er mich an der Hand, und wir liefen die Stufen hinauf, und ich hatte das Gefühl, als würde ich fliegen, weil er so lange Beine hatte. Ich flog also an seiner Seite die Treppe hinauf, und wir kamen durch eine Tür, und es war der schönste Ort, den ich je in meinem Leben gesehen habe, all die Farben Rot, Grün, Blau. Und als ich zur Seite schaute, da sah ich die Band. Es war das erste Mal, dass ich eine Band auf einer Bühne sah. Ich hatte ja immer nur die Schatten gesehen. Ich war total aufgeregt, und er setzte mich in eine Nische und brachte mir eine Coke und sagte: ›Du bleibst hier sitzen. Ich komme gleich und hole dich.‹ Es dauerte ein Weilchen, doch dann kam er tatsächlich und forderte mich auf, und ich werde das nie vergessen, er sagte: ›Let's go‹, und als dann die Musik einsetzte und er mit mir tanzte, haute es mich einfach um. Meine Füße schwebten über dem Boden. Die Leute feuerten uns an und schließlich setzte er mich auf seine Schultern und ging mit mir durch den ganzen Saal und die Leuten lachten und sagten: ›Mann, Twist Mouth‹, und dann brachte er mich wieder raus und setzte mich draußen wieder ab. Das war der tollste Augenblick in meinem Leben! Und ich bin völlig aus dem Häuschen, ich laufe nach Hause und denke, das erzähle ich meiner Mutter und meiner Schwester, aber dann sage ich mir ... nein, das behältst du mal schön für dich.«

Ungefähr zur gleichen Zeit ging ein junger Mann mit fünf Freunden ebenso aufgeregt die Stufen zum Savoy hinauf. Er hieß Frankie Manning, war in Florida geboren und als kleiner Junge mit seiner Mutter nach New York gekommen. Auch er brannte darauf, das Savoy zu besuchen.

»Wir gingen die Treppe hinauf, und von oben tönte uns die Musik entgegen. Ich sagte: ›Oh Mann, hört ihr das? Wow!‹ Und wir gingen hinein. Wenn man reinkommt, steht man zunächst mit dem Rücken zur Bühne, und man dreht sich natürlich sofort um. Auf der Tanzfläche wimmelte es nur so von Leuten. Alle tanzten den Lindy Hop, sie hüpften wie verrückt herum, und die Musik tobte und stampfte. Wir sahen einander an und sagten: ›Mann, hört euch diese Musik an. Und seht euch die Leute an. Unglaublich.‹ Und irgendwie schien das Parkett mitzutanzen, denn durch die ganzen Leute, die da herumhüpften, vibrierte der Boden wie im Takt. Chick Webb war auf der Bühne und stieß Kriegsschreie aus. Was für ein Glück für uns, dass wir als junge Leute die Gelegenheit hatten, diese Musik zu hören. Mann o Mann!«

Chick Webb, der Mann, der diese Musik so oft im Savoy spielte, war mit einem Buckel auf die Welt gekommen, kaum ein Meter fünfzig groß und litt sein Leben lang unter Schmerzen. *Down Beat* beschrieb ihn mitleidlos als »missgestaltet, zwergenhaft und zierlich«, aber, wie sich seine Freundin, die Publizistin Helen Oakley erinnerte, »war ihm Selbstmitleid völlig fremd«. Obwohl er keine Noten lesen konnte, wurde er zu einem der innovativsten Schlagzeuger seiner Zeit. Er konnte förmlich explodieren. »Wenn er richtig loslegte«, sagte Gene Krupa, »hatte man das Gefühl, als würde sich um einen herum die Konsistenz der Luft verändern.« Außerdem fügte

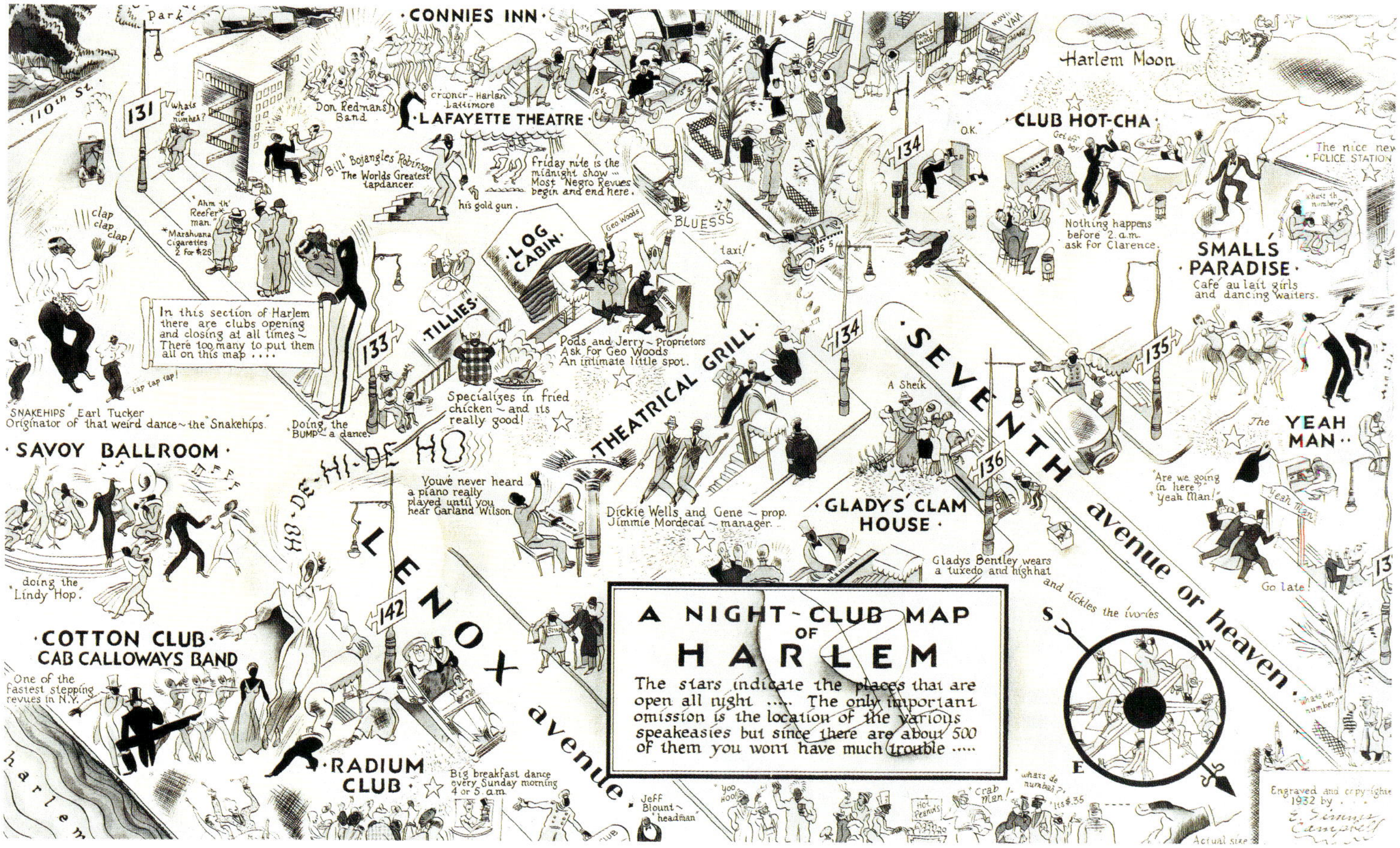

Eine von E. Simms Campbell gezeichnete Straßenkarte der Nachtklubs von Harlem. Sie wurde 1932 in allen afroamerikanischen Zeitungen abgedruckt und zeigt die ganze Vielfalt und Dichte der Szene. Unten rechts: Die Mitgliedskarte des Sunday Matinee Club. Mit ihr bekamen die jungen Tanzfans ermäßigten Eintritt im Savoy Ballroom.

er dem Schlagzeugspiel eine neue, melodische Komponente hinzu. Seine Breaks und Soli waren nicht nur aufregend, sondern auch musikalisch interessant. Manchmal, wenn Webb im Stehen spielte, sah man hinter der großen Basstrommel nur seinen Oberkörper, aber er hatte sehr lange Arme und ungewöhnlich große Hände und Füße. Seine Hand- und Fußgelenke waren wie aus Eisen. Und er liebte die Show. Niemand, der miterlebte, wie er mit seinen schmalen Trommelstöcken die Band antrieb oder nur mit den Füßen die Basstrommel bearbeitete – wobei er grinsend die Hände ausstreckte –, sollte es je vergessen. »Bis Chick kam«, sagte Doc Cheatham, »waren die Drummer nur dazu da, den Takt zu halten.«

Privat war Chick eher schüchtern und zurückhaltend, aber wenn der »kleine Riese« seinen Platz hinter dem Schlagzeug auf der größeren der beiden Bühnen des Savoy eingenommen hatte, dann wurde es für jeden anderen Bandleader schwer. »Bands, die nach ihm auf die Bühne kamen, hatten es nicht leicht und brauchten eine Menge Mut«, erinnerte sich der Posaunist Dicky Wells. »Mir und meiner Band«, sagte Webb seinen Musikern immer wieder, »kann keiner das Wasser reichen.«

EINE EIGENSTÄNDIGE KUNSTFORM

Während die Depression alle Bereiche des Lebens überschattete und immer mehr Menschen ohne Arbeit und selbst ohne die Hoffnung auf Arbeit dastanden, ging die Karriere Duke Ellingtons ohne Unterbrechung weiter. »Wir spielten die

ganze Zeit«, sagte ein Bandmitglied. »Wir merkten nicht mal, dass es eine Wirtschaftskrise gab.« Dank seiner Schallplattenaufnahmen und der Live-Übertragungen von Konzerten aus dem Cotton Club wurde Duke Ellington schon bald einer der berühmtesten Bandleader Amerikas. Dazu kamen die unaufhörlichen Bemühungen Irving Mills', ihn als ernst zu nehmenden Künstler zu etablieren, der mehr war als ein bloßer Entertainer. So fand Ellington Zutritt in eine Welt, die schwarzen Musikern im Allgemeinen verschlossen blieb. Die Band spielte weiterhin zweimal am Abend im Cotton Club, trat aber auch downtown im Rahmen von Florenz Ziegfelds Revue Showgirl auf. Als Ellingtons Klavierlehrerin aus Washington, Miss Marietta Clinkscales erfuhr, dass ihr Schüler am Broadway spielte, fuhr sie nach New York, um ihm zuzuhören und winkte ihm vom Balkon aus stolz mit ihrem Taschentuch zu. Später fragte der französische Chansonier Maurice Chevalier an, ob Duke Ellington ihn bei seinem ersten Auftritt in New York begleiten würde. Die erste Hälfte der Show bestand aus einem einstündigen Konzert des Ellington-Orchesters, und Drummer Sonny Greer berichtete, dass die Zuhörer am ersten Abend derart begeistert reagierten, dass Chevalier darauf drang, früher auf die Bühne zu gehen – aus Angst, in den Schatten gestellt zu werden. Es folgten zwei Wochen im Palace. Noch nie zuvor hatte ein schwarzes Orchester im führenden Vaudeville-Theater des Landes gespielt, und laut *Variety* war es der »Hit der ganzen Show«. »[Ellingtons] Stellung innerhalb der schwarzen Musikszene ist nur mit der des verstorbenen Jim Europe vergleichbar.«

»Von all unseren Bandleadern gelingt es Ellington am ehesten, Jazz nicht nur als Tanzmusik, sondern als eigenständige Kunstform auszuüben«, schrieb der Kritiker der New Yorker *Herald Tribune*.

Langsam zahlten sich die Bemühungen Mills' und Ellingtons aus, die Seriosität und Autonomie der Musik des Orchesters zu betonen. Aber sie hatten noch größere Pläne. Im Sommer des Jahres 1930 organisierte Mills einen Auftritt in der Hollywood-Komödie Check and Double Check. Die Stars waren Freeman Gosden und Charles Correll, altgediente Komiker und die Sprecher der Figuren Amos 'n' Andy, der populärsten Comedy Show, die je im Radio übertragen worden war. Die beiden waren Weiße, stellten jedoch schwarze Charaktere dar und traten schwarz geschminkt auf. Die Titelhelden sind zwei etwas trottelige, aber liebenswerte Afroamerikaner aus Georgia, die auf der South Side von Chicago ein Taxiunternehmen gründen – mit nur einem Fahrzeug. Mochte die Story auch aktuell sein, der Humor der Serie ließ sich auf die frühesten Zeiten der Minstrel Shows zurückführen. Fünf Abende in der Woche waren die Straßen um sieben Uhr abends wie leer gefegt, weil das ganze Land vor dem Radio saß und Amos 'n' Andy lauschte. US-Präsident Hoover gab die Anweisung, dass er nicht gestört werden wolle, wenn die Sendung lief. In den Fabriken wurden die Schichten so gelegt, dass kein Arbeiter die Show verpassen musste. Es gab Schallplatten und Comics mit Amos 'n' Andy. Nun wollte das Duo ins Filmgeschäft einsteigen und dabei mit »echten« Schwarzen arbeiten, um eine »authentische« Atmosphäre auf die Leinwand zu bringen. »Was für eine Ironie!«, seufzte einige Jahre später Ellingtons alter Freund Otto Hardwick. »Zwei Weißbrote schminken sich schwarz, verbessern das Image der Schwarzen und verschaffen ihnen auch noch Jobs. Was für eine Ironie!«

Duke Ellington entging diese Ironie keineswegs. Aber er hatte keine Angst vor der stereotypen Welt von Amos 'n' Andy – schließlich kannte er bereits die seltsame Erwartungshaltung, mit der weiße Gäste in den Cotton Club kamen – und betrachtete dieses Angebot aus Hollywood als seine große Chance. In einer Welt, in der Schwarzen zumeist nur die Rolle des Dienstboten oder Hanswurst zuteil wurde, brauchten er und seine Männer auf der Leinwand sich nur selbst darzustellen.

Duke Ellington in Hollywood, 1930.

Im Sommer reiste eine zwölfköpfige Band nach Westen, allesamt großartige Selbstdarsteller. Dies war die zutiefst amerikanische Prämisse, die der Musik Ellingtons zugrunde lag: »Die Musik«, sagte er, »wird von den Männern geformt, die sie spielen.« Von der Band, mit der er zum ersten Mal im Cotton Club aufgetreten

Der Duke und sein Orchester, 1930. Erste Reihe (v.l.n.r.): Freddie Jenkins, Charles »Cootie« Williams, Arthur Whetsel (Trompeten); Harry Carney, Johnny Hodges, Barney Bigard (Holzblasinstrumente). Zweite Reihe: Joe »Tricky Sam« Nanton und Juan Tizol (Posaunen); Sonny Greer (Schlagzeug); Fred Guy (Gitarre); Wellman Braud (Bass).

war, waren nur noch sechs Musiker dabei. Der Kern blieb unverändert: Ellington am Klavier; Fred Guy an der Gitarre; Sonny Greer hinter dem eindrucksvollsten Schlagzeug im ganzen Land, eine Burg aus Trommeln, Becken und Glocken, die 3000 Dollar gekostet hatte, wie er gerne betonte; und Bassist Wellman Braud, der die Band mit dem gleichen, mächtigen, aber klar akzentuierten New Orleans-Swing antrieb, den schon Steve Brown für Jean Goldkette geliefert hatte. »Wenn es an den Bläsersatz ging«, erinnerte sich Ellington, »hatte Mr. Braud bereits einen so mitreißenden Beat aufgebaut, dass man seinen Einsatz einfach nicht verpassen konnte.«

Bereits vor Ellingtons Debüt im Cotton Club hatte Joe »Tricky Sam« Nanton Charlie Irvis an der Posaune ersetzt. Der aus der Karibik stammende New Yorker mit der leisen Stimme hatte den Growl und die Dämpfer-Techniken Bubber Mileys gemeistert und eine emotionale Tiefe hinzugefügt, die Mileys eigene fast noch übertraf. »Nanton tat Folgendes«, erinnerte sich Ellington, »er spielte auf eine höchst individuelle Weise seine karibische Herkunft aus. Wenn ein Bursche aus der Karibik Jazz spielt, dann spielt er das, was er darunter versteht oder das, was entsteht, wenn sich jemand mit seinem Background und mit dem Genre beschäftigt.« Nanton blieb bis zu seinem Tod im Jahre 1946 bei Ellington. Sein Sektionskollege Juan Tizol sollte sogar noch länger bei Ellington bleiben – mit einer Unterbrechung insgesamt über 20 Jahre. Tizol war ein disziplinierter, klassisch ausgebildeter Musiker aus Puerto Rico, groß, bebrillt, und wurde nicht nur wegen seiner improvisatorischen Fähigkeiten geschätzt – die er stets herunterspielte –, sondern auch wegen der scheinbaren Mühelosigkeit seines Spiels, der Schönheit seines Tons und der emotionalen Tiefe, die er ins Melodiespiel einbrachte.

Harry Carney, ehemaliger Schulkamerad von Max Kaminsky in Boston, war gerade 17 Jahre alt, als er seine 46 Jahre währende Karriere in Ellingtons Band begann. Ursprünglich als Klarinettist und Altsaxophonist ins Orchester gekommen, wechselte er schon bald zum Baritonsaxophon. Mit seinem lyrischen und doch so voluminösen Ton hatte er großen Anteil daran, dass das Baritonsaxophon Soloinstrument wurde – und ein unverzichtbarer Bestandteil der Musik Ellingtons. Mittlerweile spielte er in der Bläsergruppe mit zwei glühenden Verehrern Sidney Bechets zusammen: dem kreolischen Klarinettisten Barney Bigard, der den warmen, samtigen New Orleans-Sound spielte, den Ellington so schätzte; und einem schüchternen, jungen Mann aus Boston namens Johnny Hodges, aus dem sehr bald einer der größten Altsaxophonisten der Jazzgeschichte werden sollte. Hodges' Spiel war so melodisch, der Klang seines Instruments so warm und voller Seele, ja so verführerisch, dass die Frau eines Musikers ihren Mann warnte, er solle sie nie mit Hodges allein lassen. Jedes Mal, wenn sie Johnny spielen hörte, so gestand sie, »möchte ich die Tür zum Schlafzimmer aufmachen«.

Es gab jetzt insgesamt drei Trompeter in der Band; Bubber Miley, der dem Orchester zum ersten Mal eine eigene, unverwechselbare Stimme hinzugefügt hatte, war nicht mehr dabei. Während der Nächte im Cotton Club hatte er immer mehr getrunken, und man konnte sich nicht mehr darauf verlassen, dass er pünktlich erschien oder in der Lage war, vernünftig zu spielen. Kurz bevor Konzerte der Band landesweit im Radio übertragen wurden, ließ Ellington ihn schweren Herzens gehen. Er wurde durch den 18-jährigen Charles »Cootie« Williams aus Mobile in Alabama ersetzt. Auch er meisterte den »Dschungel«-Stil in kürzester Zeit und brachte der Band etwas von dem Flair und der Leidenschaft eines Louis Armstrong. Freddie Jenkins, Absolvent der Wilberforce University, wurde nicht nur wegen seiner musikalischen Fähigkeiten engagiert. Seine Showeinlagen brachten ihm den Spitznamen »Little Posey« ein. »Er brachte einen neuen Glanz in unsere Truppe«,

Harry Carney, hier auf einem Foto aus dem Jahr 1935, fast ein halbes Jahrhundert Mitglied des Duke Ellington Orchestra.

sagte Ellington. »In seinen Soli hatte selbst ein Klischee noch einzigartigen Flair, etwas Persönliches.« Arthur Whetsel, der Sohn eines Predigers aus Washington D. C., ein ehemaliger Medizinstudent, war ein alter Freund Ellingtons. Er war gebildet und strahlte eine gewisse Würde aus. »Er kannte jeden Schwarzen, der unserer Sache diente und er nötigte den Leuten Respekt ab«, sagte Ellington über ihn. Whetsels Spiel hatte eine solche Wärme und Raffinesse, dass manchen Zuhörern »die Tränen über die Wangen liefen«.

Wie in Frank Hollidays Billardsaal in Washington, wo der junge Ellington erfahren hatte, dass »sich alle Schichten vermischen konnten und auch sollten«, versammelten sich in seiner Band die unterschiedlichsten Charaktere und Lebensläufe. Auf der Bühne standen Collegeabsolventen neben Schulabbrechern, Männer aus dem Süden und dem Norden, Musiker aus New Orleans und solche aus dem Norden, die den New Orleans-Sound verehrten. Sie waren ausgewählt worden, weil sie ihren eigenen Stil einbrachten, mit dem sie wiederum Ellingtons Musik bereicherten.

»Es hat viel Spaß gemacht in Hollywood«, erinnerte sich Sonny Greer. In den Aufnahmepausen kamen Schauspieler von anderen Sets und baten die Band, ihre Lieblingssongs zu spielen. Abends blieb genügend Zeit, durch die Nachtklubs von Los Angeles zu ziehen. In Check and Double Check waren Ausschnitte aus drei Songs und eine fast ungekürzte Fassung von »Old Man Blues« zu hören – und das Stück wurde zum Hit. Ellington machte alles mit, was ihm die PR-Leute des Studios vorschlugen. Er ließ Fotos machen, die ihn und seine Band auf einem Parkplatz zeigen. Auf diesen Bildern steht Ellington, warum auch immer, auf einem Stuhl, während er mit seinen Männern probt. Ein anderes zeigt ihn grinsend auf der Flucht vor einer Horde hübscher Tänzerinnen, und er setzte sich sogar an das Steuer eines zerbeulten offenen Taxis, das den Namen des fiktionalen Taxiunternehmens von Amos 'n' Andy zierte – »Fresh Air Taxicab Co. Of America Incorpulated«. Ellington ließ sich seine gute Laune nicht einmal durch die Feigheit der Studiobosse verderben, die darauf bestanden, dass sich der Kreole Barney Bigard und der Puertoricaner Juan Tizol schwarz nachschminkten, um weiße Kinobesucher im Süden nicht zu verunsichern.

Der Film selbst wurde ein Misserfolg. Das Publikum hatte Amos 'n' Andy zwar gerne gehört, wollte sie aber nicht sehen. Die Illusion der Radioshows war dahin, auf der Leinwand sah man lediglich zwei weiße Männer mittleren Alters mit Theaterschminke. Aber Ellington wusste, dass noch kein schwarzer Bandleader eine solche Publicity bekommen hatte. Jeder hatte ihn so sehen können, wie er war – gut aussehend, elegant, distinguiert und swingend.

Duke Ellington (rechte Seite):
»Ich versuche, in meiner Musik die natürliche Identität eines Volkes auszudrücken ... Manche Musik wird immer wunderbar und unsterblich sein. Beethoven, Wagner und Bach sind allesamt Genies; niemand kann ihr Werk mehr herabwürdigen, aber diese Männer haben nicht die Menschen porträtiert, die heute leben. Die Interpretation des heutigen Lebensgefühls ist unsere zukünftige Musik.«

Albert Murray, der damals noch ein kleiner Schuljunge in Alabama war, erinnerte sich im Gespräch mit einem Journalisten daran, welch großen Eindruck Ellington bereits damals bei ihm hinterlassen hatte.

»Auf den ersten Fotos, die es von ihm gab, sah Ellington sehr gut aus – er war hip und äußerst schick gekleidet. Man fand die Bilder nicht nur auf den Entertainment-Seiten des *Chicago Defender*, *Pittsburgh Courier*, des *Afro-American* oder *Kansas City Call*, sondern auch in seriösen Zeitschriften wie *Crisis*, dem Fachorgan der NAACP oder *Opportunity*, dem Fachblatt der Urban League ... später sah man Ellington dann in Frack und Zylinder auf der Leinwand ... und er machte stets einen seriösen Eindruck. Er sah aus wie ein Glamourstar, aber seine Musik hatte einfach alles. Sie war sehr erdverbunden. Niemand konnte bessere Blues-Stücke spielen. Johnny Hodges spielte den Blues fast ebenso gut wie Bessie Smith ihn sang. Er verwob einfach alles miteinander, und schon bald sagten die Leute: ›Ah, das hat was Klassisches.‹ Das war wirklich interessant und fast schon ironisch – wenn Ellington mit seiner Band irgendwo auftrat, dann zog es mindestens die Hälfte des Publikums vor, nicht zu tanzen. So gerne die Leute auch tanzten und so offensichtlich Ellingtons Musik Tanzmusik war – sie waren so beeindruckt von dem, was dort gespielt wurde, dass sie sich fein anzogen und einfach nur zuhörten. Duke wäre es lieber gewesen, wenn sie getanzt hätten. Aber die Leute meinten: ›Wir kaufen die Platten und tanzen zu Hause dazu, aber hier wollen wir alles mitbekommen.‹ Sie fieberten seinen Auftritten förmlich entgegen. Es hatte etwas von einer religiösen Veranstaltung.«

Je berühmter Ellington wurde, desto beliebter wurde er auch bei den Frauen. Er sah in ihnen »Blumen«, wie sich seine Schwester Ruth erinnerte, und »sie warfen sich ihm zu Füßen«. Seine Gattin Edna war davon alles andere als angetan, und als sie erfuhr, dass er eine Affäre mit einer Tänzerin aus dem Cotton Club hatte, schlitzte sie ihm die Wange auf. Die Narbe behielt er für den Rest seines Lebens. Wenn man ihn darauf ansprach, wich er stets aus, wie in einem Interview, das er viele Jahre später gab. »Die Narbe? Da habe ich drei Versionen. Unfall mit dem Taxi. Wie war noch mal die andere? Ach ja, Heidelberg, Sie wissen schon, das alte Heidelberg. Hat was mit Säbeln zu tun. Man steht sich gegenüber, und wer zuerst zurückweicht, hat verloren. Wenn man nicht zurückweicht, behält man eben eine Narbe zurück ... Und dann gibt's da noch die dritte Fassung, aber an die kann ich mich gerade nicht erinnern. Was Persönliches.«

Ellington und seine Frau ließen sich zwar nie scheiden, aber sie lebten getrennt. 1931 schlug er seinen Eltern und seiner Schwester vor, in seine neue große Wohnung auf der Edgecombe Avenue 381 zu ziehen, mitten in Harlems bester Wohngegend, dem Sugar Hill, wo er mit seinem Sohn und seiner neuen Freundin, der Cotton Club-Tänzerin Mildred Dixon wohnte. Sein Vater zögerte zunächst – wie Benny Goodmans Vater gefiel auch ihm die Vorstellung nicht, sich von seinem Sohn unterstützen zu lassen –, aber seine Mutter zog sofort bei ihm ein. Daisy Ellington verehrte ihren Sohn: Sie war glücklich, wieder für ihn putzen und kochen zu dürfen, und sie freute sich jeden Abend auf den Augenblick, wenn die Tür aufging und er hereinkam und sagte: »Mutter, wann gibt es Abendessen?« Ellington überschüttete sie mit Geschenken und weigerte sich, ihrem Protest Gehör zu schenken, wenn die Präsente zu extravagant ausfielen. »Mutter«, sagte er, »wenn du diese Dinge nicht annimmst, höre ich auf zu arbeiten.« Er schenkte ihr Perlenketten, einen Pelzmantel und einen Pierce-Arrow samt Chauffeur, der sie zu sämtlichen Auftritten ihres Sohnes fuhr. »Wenn der letzte Zuhörer im Saal aufgehört hatte zu applaudieren«, erinnerte sich seine Schwester, »applaudierte unsere Mutter noch immer.«

IST DAS NICHTS?

»Der Sohn Chicagos, Louis Armstrong, und sein Orchester sind der heiße Tipp in New York«, schrieb Dave Peyton Anfang 1929 im *Chicago Defender*. »Sie haben die Stadt im Sturm erobert.« Armstrong war mittlerweile die Attraktion in Harlem und am Broadway, und seine Schallplatten brachten ihm ein immer breiteres Publikum. Den Durchbruch hatte er mit seiner Version von »I Can't Give You Anything But Love« geschafft, einem Liebeslied von Jimmy McHugh und Dorothy Fields. Er spielte Songs wie diese schon seit Jahren – Art Hodes erinnerte sich an eine 30-minütige Improvisation über Noel Cowards »Poor Little Rich Girl« im Savoy –, aber noch war es ungewöhnlich, dass schwarze Musiker Schallplatten mit bekannten Popsongs aufnehmen durften. Mit Louis Armstrong wurde das anders. »Ain't Misbehavin'«, »Stardust«, »Some of These Days«, »When You're Smiling«, »Rockin' Chair«, »Body and Soul« – all diese Lieder machte er zu seinen eigenen und verwandelte sie in etwas Neues. Dabei revolutionierte er den populären amerikanischen Gesang ebenso, wie er den Instrumentaljazz revolutioniert hatte. Er machte den Scat-Gesang populär, änderte Melodien und verschob Rhythmen, bis sie ihm zusagten. Es gelang ihm, auch triviale Texte mit echtem Gefühl zu erfüllen, und er sang mit dem gleichen unwiderstehlichen Swing, mit dem er bereits das Verhältnis der Instrumentalisten zur Musik verändert hatte. »Louis Armstrong«, sagte Bing Crosby, »ist der Anfang – und das Ende – der amerikanischen Musik.«

Mittlerweile ging er als Solokünstler auf Tournee: Nachdem seine Musiker wieder einmal nicht pünktlich zu ihrem Auftritt in Connie's Inn erschienen waren, hatte die gesamte Band den Job verloren. Danach entschloss sich Armstrong auf Anraten von Tommy Rockwell, die Band aufzulösen und es auf eigene Faust zu versuchen.

Eines der ersten Broadway-Stücke, das er aufnahm, war Fats Wallers »Black and Blue«, ein ursprünglich für die Revue Hot Chocolates geschriebener Song, in dem sich eine dunkelhäutige Frau darüber beklagt, dass sich ihr Mann für hellhäutigere Rivalinnen interessiert. Armstrong verbannte jedes Selbstmitleid aus dem Lied und interpretierte es als die Geschichte des Schwarzen, der in einer von Weißen regierten Welt lebt. »Wenn damals ein Farbiger einen anderen Farbigen ›Schwarzer‹ nannte, dann war das ein Grund für eine Schlägerei«, erinnerte sich Arvell Shaw, der in späteren Jahren Bass für Armstrong spielte. »Aus Louis' Mund hörte ich zum ersten Mal, dass jemand sagte: ›Du bist schwarz, sei stolz darauf. Du bist schwarz, du bist nicht weiß, du bist nicht braun, du bist schwarz – sei stolz darauf.‹ Und das sagte er zu einer Zeit, zu der das noch sehr unpopulär war.«

Armstrong war stolz auf seine Hautfarbe, aber er machte sich nichts vor, was die Verhältnisse zwischen Weiß und Schwarz in Amerika betraf. Als ein Freund in Kalifornien vorschlug, er solle

Vor der Festnahme: Louis Armstrong in Culver City, 1930. Armstrong steht neben dem Besitzer des New Cotton Club, Frank Sebastian, und dem Bandleader seiner Begleitmusiker, Les Hite. Lionel Hampton, damals noch Hites Schlagzeuger, ist Dritter von links.

sein Glück in Los Angeles versuchen, zögerte er zunächst. »Wenn man damals als Schwarzer irgendwo im Süden oder Westen aus dem Zug stieg«, schrieb er viele Jahre später, »musste man damit rechnen, dass Kerle kamen und einem auf dem Schädel rumschlugen wie auf einer Kesselpauke.« Armstrong reiste dennoch nach Westen und wurde in Los Angeles ebenso schnell berühmt wie zuvor in Chicago und New York. Er verbrachte fast ein Jahr in der Stadt, als Frontmann von Les Hites Band, die in Frank Sebastians New Cotton Club in Culver City auftrat. Schnell machte er die Bekanntschaft der Filmstars, die jeden Abend vorbeischauten – die Filmstudios von MGM lagen gleich nebenan. Die Musiker der Westküste beeindruckte er ebenso wie ihre Kollegen von der Ostküste. »Jeden Abend sitzen die Anwärter auf den Titel ›König der Trompete‹, den Louis innehat, im Cotton Club«, schrieb ein Korrespondent des *Pittsburgh Courier*, »und versuchen herauszukriegen, wie die schwarzen Jungs es machen. Ein paar von ihnen sind ziemlich gut geworden, aber jedes Mal, wenn sie glauben, sie könnten ihm endlich die Show stehlen, zeigt Louis ihnen aufs Neue, wo es lang geht.« Der Posaunist Lawrence Brown erinnerte sich, dass »die Leute sogar aus Seattle kamen, um ihn zu hören. Damals versuchte jeder Trompeter, wenigstens eines seiner Soli nachzuspielen.« Weitere erfolgreiche Aufnahmen

In der Lobby des Royal Theatre in Baltimore schenkt Louis Armstrong 1931 einer unbekannten Frau einen Sack Kohlen. Sein Manager Johnny Collins, rechts, sorgte dafür, dass die Großzügigkeit seines Stars auch stets publik wurde, aber Armstrongs Freigiebigkeit war ehrlich gemeint. »Ich bin auch den harten Weg durchs Leben gegangen, genau wie diese Leute«, sagte er. »Und sie machen sich die Mühe, am Bühnenausgang zu warten und sich bei mir zu bedanken – das ist etwas, worauf ich wirklich stolz bin.« Die Widmung gilt dem Klarinettisten Milton »Mezz« Mezzrow, der Armstrong und eine ganze Menge anderer Musiker mit Marihuana versorgte.

folgten, darunter »Sweethearts on Parade«, »I'm a Ding-Dong Daddy«, »I'm Confessin'«, »If I Could Be with You«, »Shine«, »Memories of You«, »Just a Gigolo« und »Blue Yodel No. 9«. Auf Letzterer flocht er die Trompetenstimme um den Gesang des »Singing Brakeman« Jimmie Rodgers – ein Beleg dafür, wie eng die Blues- und die Country-Tradition miteinander verknüpft sind. (Fans beider Lager ignorierten diese Tatsache weitgehend, bis Ray Charles mehr als drei Jahrzehnte später den erneuten Beweis antrat.)

Doch dann braute sich Unheil zusammen. Im März 1931 konnte man in *Variety* die dürren Fakten nachlesen:

> »Vic Berton, Schlagzeuger in der Abe Lyman Band, und Louis Armstrong, der farbige Trompeter, der in Sebastians New Cotton Club in Culver City gastiert, wurden vor dem Klub von Drogenfahndern festgenommen. Sie werden des Besitzes von Marihuana beschuldigt, eines Rauschmittels, das man in einer Zigarette raucht ... Sollten sie verurteilt werden, sehen sie einer Haftstrafe von nicht weniger als sechs Monaten und nicht länger als sechs Jahren entgegen.«

Seit seiner Rückkehr nach Chicago aus New York 1925 war Armstrong ein begeisterter »Kiffer«. Für ihn war Haschisch »ein Helfer, ein Freund, ein netter, freundlicher Rausch«, ungefährlicher als Alkohol und verwandt mit den Natur- und Heilkräutern, mit denen seine Mutter ihn als kleines Kind genährt und gepflegt hatte.

Vic Berton war an jenem Abend im New Cotton Club bei Armstrongs Band eingestiegen – und der ehemalige Drummer von Bix Beiderbeckes Wolverines spielte so gut, dass Les Hites damaliger junger Schlagzeuger, ein gewisser Lionel Hampton, ihm seine Trommelstöcke übergab, kaum, dass er ihn gehört hatte. In einer Pause gingen die beiden alten Freunde raus auf den Parkplatz und gönnten sich gemeinsam einen Joint. In diesem Augenblick tauchten zwei Polizisten auf, konfiszierten die Beweisstücke und nahmen die beiden mit aufs Revier. Armstrong, der sich noch lebhaft an seine Begegnungen mit der Polizei von New Orleans erinnerte, fürchtete, auf dem Weg dorthin verprügelt zu werden, und bat die Beamten vorsorglich darum, ihm »nicht die Zähne auszuschlagen«. Doch die beiden Polizisten erwiesen sich als Fans, und einer von ihnen verriet Armstrong, dass die Festnahme nur erfolgt war, weil ein eifersüchtiger Bandleader, der in der Nähe spielte, der Polizei einen Tipp gegeben hatte.

Armstrong musste mit einer sechsmonatigen Gefängnisstrafe und einer Geldbuße in Höhe von 1000 Dollar rechnen. Kaum hatte Tommy Rockwell von der Verhaftung seines Stars erfahren, schickte er einen kleinen Ganoven namens Johnny Collins los, der Armstrong irgendwie aus dem Gefängnis holen sollte. Was dann geschah, ist unklar. Es wurde behauptet, dass Collins durch Kontakte zur Unterwelt Druck auf den Richter ausübte. Vic Bertons Bruder Ralph vermutete, dass es Vics Boss Abe Lyman war, der seine Beziehungen spielen ließ. Wie auch immer – Armstrong und Bertons Strafen wurden zur Bewährung ausgesetzt und beide kamen auf freien Fuß. »Abends bin ich zur Arbeit gegangen«, erinnerte sich Armstrong, »als wäre nichts gewesen ... Während unseres Auftritts kamen ein paar Schauspieler an den Bühnenrand. Einer sagte zu mir, er hätte gedacht, ›Marihuana‹ sei der Name eines Mädels. Ich musste wirklich lachen.«

Ein paar Tage später machte sich Armstrong auf den Weg nach Chicago. Collins begleitete ihn und deutete irgendwann an, dass Tommy Rockwell nicht mehr daran interessiert sei, als sein Manager zu arbeiten. Also unterschrieb Armstrong bei Collins. Nichts schien sich seit den Tagen des Waisenheims und des Bezirksgefängnisses von New Orleans geändert zu haben. »Wenn man damals, in den alten Zeiten, keinen weißen Förderer hatte – jemand, der einem die Hand auf die Schulter legte –, dann war man nichts als ein verdammter armer Nigger«, erklärte er viele Jahre später. »Wenn man als Schwarzer einen Weißen an seiner Seite hatte, der zur Polizei sagen konnte, ›Was zum Teufel denkt ihr euch dabei, MEINEN Nigger einzulochen?‹, ließen sie einen tatsächlich laufen. Aber kommst du in den Knast und hast keinen weißen Boss, endest du als Kettensträfling.«

Armstrongs Konzerte im Regal Theater nach seiner Rückkehr wurden zu einem Triumph. Danach trat er mit einer zehnköpfigen Band, die hauptsächlich aus Musikern aus New Orleans bestand, in einer West-Side-Revue namens Showboat auf. Aber schon bald gab es neuen Ärger: Collins hatte Armstrong belogen. Rockwell dachte nicht im Traum daran, Armstrong fallen zu lassen; er betrachtete sich immer noch als Armstrongs Manager und hatte bereits einen Vertrag für ein Engagement im Connie's Inn in Harlem unterschrieben. Armstrong zeigte kein Interesse. Er hatte nicht vergessen, dass Connie Immerman ihn und seine Band kaum ein Jahr zuvor gefeuert hatte. »Ich wollte mit diesen Leuten nichts mehr zu tun haben«, schrieb er. »So bin ich nun mal. Wenn man mich einmal rumschubst, dann werde ich nicht den Fehler machen, mich ein zweites Mal rumschubsen zu lassen … Connie's Inn war auf dem absteigenden Ast, und ich war der Liebling der Nation.«

Doch weder Rockwell noch Connie Immermans stiller Teilhaber, Dutch Schulz, gehörten zu den Männern, die man ungestraft enttäuschte. Zunächst bedrohten zwei Gauner Armstrong. »Wir wollten ihn nur davon überzeugen, den Manager zu wechseln«, sagte einer der beiden aus, nachdem er verhaftet worden war. An einem anderen Abend provozierte jemand eine Schlägerei vor der Bühne. Eine Frau wurde mit einem Stuhl bewusstlos geschlagen. Armstrong spielte einfach weiter. »So etwas kann mir keine Angst einjagen«, sagte er. »Seit ich Musik mache, habe ich diese Art von Mist schon viel zu oft gesehen.« Schließlich tauchte ein Mann mit einem Revolver in seiner Garderobe auf. Der Mann bestand darauf, dass Armstrong im Connie's Inn auftreten sollte; er sollte schon am nächsten Tag nach New York reisen. Dann zwang er den Musiker, ihn zu einer Telefonzelle zu begleiten, wo ihn ein Anrufer aus New York – Armstrong sagte später, er habe die Stimme erkannt, verriet aber nie, um wen es sich handelte – nahe legte, auf keinen Fall den Morgenzug zu verpassen.

Um den Anrufer zu beruhigen – und den Revolverhelden loszuwerden –, versprach Armstrong, den Zug zu nehmen. Aber er hatte keineswegs die Absicht. »Ich fahre nicht nach New York«, sagte er zu Collins. »Aber damit wir uns richtig verstehen – ich bleibe auch nicht in Chicago. Lieber gehe ich um Mitternacht auf dem Friedhof spazieren.« Stattdessen bestiegen er und seine Band am nächsten Morgen einen Bus in den Süden. Eine solche Reaktion – dem Druck der Unterwelt zu trotzen – schien gar nicht zu dem jovialen, stets freundlich wirkenden Louis Armstrong zu passen, wie ihn sein Publikum seit so vielen Jahren zu kennen glaubte. Doch Max Kaminsky sah tiefer in ihn hinein – und kannte das stählerne Herz.

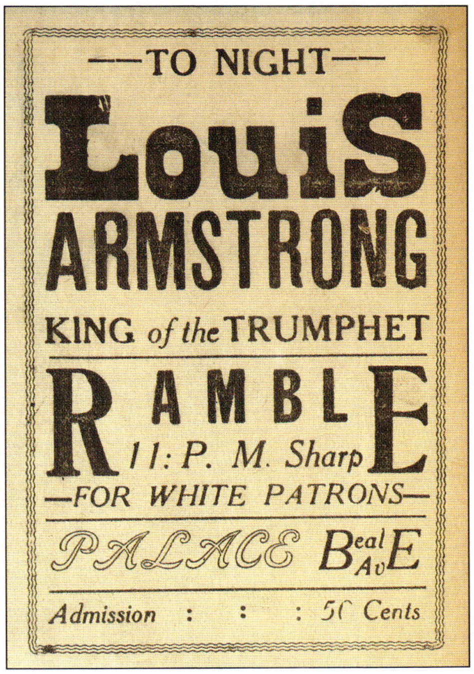

Ganz oben: Als Armstrong 1931 durch den Süden tourte, wurde für einen Tanzabend geworben, zu dem weiße und schwarze Gäste kommen durften – wobei die Weißen Sitzplätze hatten.
Oben: Das Konzert in Memphis, Tennessee, war ausschließlich für weiße Gäste.

»Dieser stämmige, dunkelhäutige Mann mit dem runden Kopf, diesem herrlich ausdrucksvollen Gesicht, der so beruhigend breiten Stupsnase, den Lippen, die von den Jahren des Trompetespielens ganz vernarbt sind, und den zugleich weisen und unschuldigen Augen, strahlt die Wärme und Energie eines gemütlichen Kaminfeuers aus. Aber so unprätentiös und natürlich er auch sein mag – Louis war immer ein König. Die Weißen bekamen es erst später mit, aber unter den Schwarzen hatte er von Anfang an eine enorme Anhängerschaft. Er besaß Noblesse, und schon immer kamen die Musiker zu ihm, seien es schwarze oder weiße, und er hielt Hof, egal, wo er sich befand, hinter der Bühne in einem Theater oder einem Nachtklub, während der Pausen im Aufnahmestudio, ja selbst in der dampfenden Wanne im Bad eines Hotelzimmers … Louis weiß, wer er ist. Nicht nur das – er weiß auch, wer du bist, und auch wenn er der umgänglichste, freundlichste Mensch der Welt ist und er sich auf rührende Weise um andere kümmert, sollte man sich nicht mit ihm anlegen. Die Trompete steht an erster Stelle – das ist Louis' Credo. Er betrachtet sein Talent als Geschenk, und bevor er spielt, sitzt er oft da und denkt über sein Trompetenspiel nach – das Geschenk annehmen, nennt er es … Louis hat nie vergessen, was er wirklich will – diese Musik machen – und indem er das tat, hat er alles erreicht.«

Im Juni 1931 buchte Collins Armstrong für einige Konzerte in New Orleans. Louis war seit neun Jahren nicht mehr in seiner Heimatstadt gewesen und machte sich Sorgen, wie man ihn empfangen würde. Doch als der Zug in denselben Bahnhof einfuhr, in dem er damals den Zug nach New York bestiegen hatte, um für Joe Oliver zu spielen, erwartete ihn eine jubelnde Menge und ganze acht Marching Bands, die von seinen alten Freunden vom Zulu Social Aid and Pleasure Club angeführt wurden. »Alles in allem«, erinnerte sich Armstrong viele Jahre später, »war das vielleicht der glücklichste Tag in meinem Leben.«

DIE RÜCKKEHR

»Die letzten Magnolienblüten hingen noch an den Zweigen, die Luft war von ihrem Duft erfüllt«, erinnerte sich Louis Armstrong an seine Rückkehr nach New Orleans im Frühjahr 1931. Neun Jahre zuvor war er nach Norden gegangen, um sich King Oliver anzuschließen, und er fragte sich, ob die Leute »mich in den vielen Jahren nicht vergessen hatten. Aber ich merkte bald, dass dem nicht so war ... Kaum war ich aus dem Zug gestiegen, drehte die Menge völlig durch. Sie nahmen mich auf ihre Schultern und marschierten mit mir über die Canal Street ... Meine Güte, es ist wirklich ein unglaubliches Gefühl, wenn du in deine Heimatstadt zurückkehrst und feststellst, dass du während deiner Abwesenheit ein großer Mann geworden bist.«

Oben links: Louis Armstrong wird vor dem Astoria Hotel an der Ecke Rampart und Gravier Street – im Herzen des Viertels, in dem er seine Kindheit verbrachte – von Freunden und Fans gefeiert. Armstrong ist links die etwas unscharfe Gestalt mit dem offenen Hemdkragen. Unten links: Peter Jones, der Leiter des Colored Waif's Home, begrüßt den berühmtesten Zögling seiner Einrichtung. Unten: Zur Ankunft wurde in New Orleans die Zigarrenmarke Louis Armstrong Special auf den Markt gebracht.

Gegenüberliegende Seite, links: Armstrong und der Pianist seiner Band, Charlie Alexander, albern bei einem ihrer Auftritte in den Suburban Gardens vor dem WSMB-Mikrofon herum. Rechts: Armstrongs Secret Nine und ihr stolzer Sponsor. Die meisten Spieler waren Mitglieder des Zulu Social Aid and Pleasure Club. Ihre Siegesbilanz soll deshalb etwas mager ausgefallen sein, weil sie sich ihre schicken Uniformen nicht schmutzig machen wollten. Unten: Armstrong und seine Musiker inmitten der aktuellen Besetzung der Band, in der seine Karriere begonnen hatte und die mittlerweile Municipal Boys Home Band hieß. Rechts außen steht Peter Davis, der Louis einst für ungeeignet hielt, bei ihnen zu spielen.

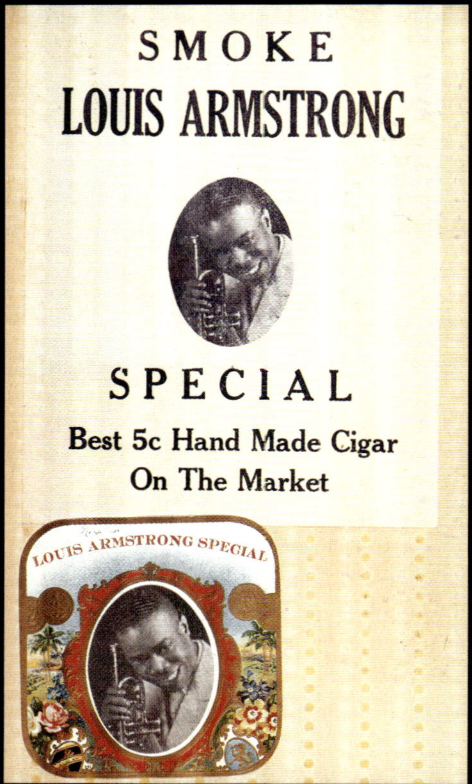

WSMB

Armstrong's Secret "9"
Base Ball Team
of New Orleans, La.
1931

Municipal Boys Home
New Orleans La
This is where
Louis" started out.
"Louis Armstrong's"
"Teacher"
"Mr Peter Davis"
Brass Band
Charles Alexander
Piano
Leader

Er besuchte das Colored Waif's Home, wo er als Junge gelernt hatte, das Kornett zu spielen, erfreute sich an einer »Louis Armstrong Special«, einer Zigarre, die ihm zu Ehren produziert worden war, und rüstete eine nach ihm benannte Baseballmannschaft aus, die Louis Armstrong's Secret Nine.

Er hatte einen Dreimonatsvertrag für die Suburban Gardens, ein großes Restaurant am Stadtrand. Die dort stattfindenden Konzerte wurden live im Radio übertragen. Hier durften nur Weiße hinein, und viele, mit denen Armstrong als Junge gespielt hatte, begrüßten ihn herzlich. Draußen jedoch hatten sich an die 10 000 Schwarze am Flussufer versammelt, um ihren Helden zu hören, dessen Musik durch die geöffneten Fenster drang. Und als der Moderator des Radioprogramms ins Mikrofon murmelte: »Ich bringe es einfach nicht über mich, für diesen Nigger die Ansage zu machen«, stellte Armstrong unter dem Applaus der Menge die Band persönlich vor. »Dann habe ich für den Rest des Abends einfach die Ansagen übernommen«, erinnerte er sich. »Das war das erste Mal, dass dort ein Neger im Radio sprach. Dieser andere Ansager? Sie haben ihn noch am selben Abend rausgeschmissen ... ist das nichts?«

In jenem Sommer tourte Armstrong mit dem Bus durch den Süden. Johnny Collins und seine Frau reisten mit, um wenn möglich zu vermitteln, falls es Spannungen aufgrund der Rassentrennung gab, die einfach allgegenwärtig war. In Memphis, Tennessee, weigerte sich der Fahrer, den Collins engagiert hatte, die Musiker zu befördern, nachdem er gesehen hatte, dass sie schwarz waren. Die Polizei wurde herbeigerufen. »Einer der Musiker«, erinnerte sich Armstrong, »rauchte eine Zigarette, die in einem langen, sehr femininen Halter steckte, und irgendwie gefiel das einem der Polizisten nicht. Sie starrten auch dauernd meinen Trompeter Zilner Randolph an, weil der eine Art Baskenmütze trug. Zilner machte rasch klar, dass er sich nichts gefallen lassen würde.« Dann bemerkten die Polizisten, dass sich Collins' Frau mit Armstrong unterhielt – und das brachte für sie das Fass zum überlaufen. »Warum schießt du ihm nicht ins Bein?«, fragte ein Beamter einen anderen. Weitere Polizisten erschienen und verhafteten fast alle Musiker. »Wir brauchen hier unten noch ein paar Baumwollpflücker«, scherzten sie.

Der wachhabende Sergeant, der sie in die Zellen sperrte, gab sich noch weit aggressiver. »Glaubt ja nicht, ihr könnt hier nach Memphis kommen und so tun, als gehöre euch die Stadt«, sagte er. »Wir bringen euch Nigger alle um.« Als Armstrongs Zellengenosse, sein Hausdiener »Professor« Sherman Cook, ihm zuflüsterte, er trage »einen großen, schön gedrehten Joint in der Tasche«, meinte sein Boss nur: »Wir können gar nicht mehr Ärger kriegen, als wir jetzt schon haben«, und rauchte das Beweisstück kurzerhand auf – zumindest stellte er es später immer so dar.

Am gleichen Abend holte der Manager des Palace Theater, wo sie gebucht waren, die Musiker auf Kaution aus dem Gefängnis – allerdings unter der Bedingung, dass ihr Konzert umsonst im Radio übertragen werden durfte, als Werbung für seinen Klub. Als die Übertragung begann, verkündete Armstrong, er wolle den ersten Song der Polizei von Memphis widmen und stimmte einen seiner neuesten Hits an: »I'll Be Glad When You're Dead You Rascal You.« Plötzlich näherten sich Polizisten der Bühne, und Armstrong bereitete sich schon auf einen Angriff vor. Aber die Beamten wollten sich nur bei ihm bedanken. »Sie sind die erste Band, die [uns] je einen Song gewidmet hat«, meinte einer der Männer. Und Louis Armstrong sang weiter.

OUT OF STYLE

Am 4. November 1931 – Louis Armstrong tourte noch immer durch den Süden – starb Buddy Bolden hinter den Mauern des Louisiana State Insane Asylum bei Jackson an Herzversagen. Er war 54 Jahre alt geworden. Ein Vierteljahrhundert zuvor galt er als der berühmteste Kornettist von ganz New Orleans – King Bolden – der Mann, der jeden Musikstil meisterte, sei es Ragtime, Walzer, Polka oder Blues. Er war einer der Ersten, die jene seelenvolle Mischung spielten, die man Jazz nannte. Aber seit seinem Nervenzusammenbruch im Jahre 1907 hatte er in psychiatrischen Anstalten gelebt. Seine Mutter war tot, und seine Schwester konnte die fünf Dollar, die ein normales Begräbnis kostete, nicht aufbringen. Als Boldens Leiche auf dem Armenfriedhof von New Orleans zu Grabe getragen wurde, spielte keine einzige Kapelle zu seinen Ehren, so wie er in seiner Jugend es so viele Male für andere getan hatte.

Die meisten der Musiker aus New Orleans, die damals mit ihm marschiert waren, waren entweder ebenfalls tot oder fortgezogen. Wie alle anderen im Land litten auch sie unter der Depression. Der Posaunist Kid Ory züchtete in Kalifornien Hühner; Johnny Dodds fuhr in Chicago Taxi und sein Bruder Baby arbeitete manchmal für

Jelly Roll Morton erklärt vor dem Manhattan Rhythm Club einigen Musikern, wo es lang geht (Foto Danny Barker).

eine Tüte Gemüse statt für Bargeld. Als Joe Oliver von Chicago nach New York ging, musste er feststellen, dass, wie Louis Armstrong sagte, »schon alle seinen Stil spielten«. Er bekam wenig Jobs, weil er sich weigerte, die niedrigen Gagen zu akzeptieren, die die Klubbesitzer mittlerweile zahlten. Schließlich musste er sich mit Gelegenheitsauftritten im Süden durchschlagen, und die Leute kannten ihn nur noch als Musiker, bei dem Louis Armstrong einmal gespielt hatte.

Victor kündigte die Zusammenarbeit mit Jelly Roll Morton auf. Armstrong und sein Talent hatten den Publikumsgeschmack verändert – fort von der überschwänglichen, kollektiven Polyphonie, mit der er zusammen mit Morton in New Orleans groß geworden war, hin zum individuellen Solisten. Morton musste seinen Bus verkaufen, seine Kleiderkoffer, fast all seine Diamanten. Er nannte New York »die grausame Stadt« und machte einen westindischen Voodoo-Fluch für seinen Niedergang verantwortlich. Wenn er im Rhythm Club in Manhattan auftauchte, konnte es sogar geschehen, dass sich jüngere Musiker über ihn lustig machten, aber er bestand darauf, er wäre noch immer der »Größte. Was immer ihr auf euren Hörnern spielt, ihr spielt Jelly Roll.« »Manche Leute hielten ihn für altmodisch«, erinnerte sich der Gitarrist Lawrence Lucie. »Aber er war größer, als wir alle glaubten. Er war seiner Zeit lange voraus gewesen, bis sie ihn schließlich eingeholt hatte.«

Sidney Bechet hatte Paris bei Beginn der Depression verlassen, nachdem er seine Gefängnisstrafe abgesessen hatte. Eine Zeit lang arbeitete er in Berlin, dann kehrte er nach Amerika zurück und schloss sich der Bigband von Noble Sissle an. Aber Bechet hasste das Ensemblespiel, und er hasste die knallroten Sakkos, die die Musiker manchmal tragen mussten. Weil er sich darüber hinaus unterbezahlt fühlte, kündigte er bald, musste aber erkennen, wie schwer es geworden war, als Musiker Arbeit zu finden. Es gab kaum Engagements, und die meisten Bandleader bestanden mittlerweile darauf, dass die Musiker auch Noten lesen konnten – etwas, wogegen Bechet sich nach wie vor standhaft wehrte. Schließlich bekam er einen Job im The Nest in Harlem – den er aber auch bald wieder verlor, weil er betrunken randalierte. Die jungen Musiker, mit denen er nach den Auftritten spielte, hatten kaum noch Respekt vor ihm. »Es war nicht so, dass Bechet nicht gut spielte«, erinnerte sich der Trompeter Roy Eldridge. »Er war gut. Aber die jungen Hipster hörten Saxophonspieler wie Coleman Hawkins und Benny Carter und interessierten sich nicht sehr dafür, was früher mal gewesen war.«

Mit einem alten Freund, dem Trompeter Tommy Ladnier, gründete Bechet ein eigenes Sextett, um die Musik zu machen, die sie liebten. Aber als sie im Savoy ihr erstes Konzert gaben – sie firmierten unter dem Namen »Ladnier and Bechet's New Orleans Feetwarmers – Dixies heißeste Band – Der neueste, funkelnde Jazz-Sound« – kamen nur wenige Zuschauer. Die Lindy Hopper konnten zu ihrer Musik kaum tanzen. Jazz reifte langsam zur Kunstform heran. Es lag nicht daran, dass Sidney Bechet altmodisch geworden war – er war einfach, wie auch Jelly Roll Morton, »out of style«.

Im Frühjahr 1933 verabschiedeten sich Bechet und Ladnier zumindest für eine Weile von dem Gedanken, von ihrer Musik leben zu können und eröffneten an der Ecke 128th und Nicholas Avenue in Harlem den Southern Tailor Shop. Ladnier putzte Schuhe, während Bechet bügelte und auslieferte. Aber abends fanden Jam-Sessions mit alten Freunden statt. »Bechet hatte jedes Mal eine andere Frau dabei«, erinnerte sich einer der regelmäßigen Besucher, aber es traute ihm keiner zu, für seine Gäste zu kochen. Wenn es jemand wagte, den Gumbo, den er oft kochte, zu kritisieren, fuhr er fast aus der Haut. Er hatte nicht nur den Ehrgeiz, der beste Musiker aus New Orleans zu sein, er wollte auch »als der beste Koch der kreolischen Küche gelten«.

DER DISSIDENT

Auf »Makin' Friends«, einer Aufnahme von Jack Teagarden zusammen mit Eddie Condon, hatte er einen alten Bluestext adaptiert, der ausdrückte, wie es vielen Jazzmusikern ging, die nach New York kamen und dann ohne Arbeit dastanden:

> I'd rather drink muddy water, sleep in a hollow log
> Rather drink muddy water, Lord, sleep in a hollow log
> Than be up here in New York, treated like a dirty dog.

John Hammond in seinem Büro bei Columbia Records, 1939.

1933 waren 12 000 der 15 000 Mitglieder der Musikergewerkschaft von Manhattan arbeitslos. Es gab immer noch ein paar Jobs beim Rundfunk, allerdings fast nur für Weiße, die kommerzielle Musik spielten. Benny Carter erinnerte sich:

> »Schwarze bekamen keine Möglichkeit, fürs Radio zu arbeiten, weder beim Personal noch bei den Studioorchestern. Die Jobs dort waren sicher, und man bekam Hunderte Dollar die Woche, während die von der Gewerkschaft ausgehandelte Mindestgage in Läden wie dem Savoy 33 Dollar betrug ... Natürlich kamen viele weiße Musiker, die viel mehr verdienten als wir, zu uns, um uns zuzuhören und mit uns zu spielen. Wir hießen sie willkommen, und das Jammen machte uns auch Spaß. Aber wir konnten nicht dorthin, wo sie ihr Geld verdienten. Wir lernten voneinander, und wir nahmen es den weißen Musikern auch nicht weiter übel – aber neidisch waren wir schon. Was uns im Weg stand, waren ja keine persönlichen Makel, sondern ein ganzes System der Diskriminierung und der Rassentrennung, das die Musiker, die Zuhörer, die Auftritts- und die Aufnahmemöglichkeiten einbezog.«

»Die Tatsache, dass die besten Jazzmusiker kaum über die Runden kamen und ihnen die gut bezahlten Jobs beim Rundfunk und in den meisten der Nachtklubs verwehrt wurden, machte mich wütend«, schrieb John Henry Hammond Jr. in seiner Autobiographie. »Es gab keinen weißen Pianisten, der Fats Waller das Wasser reichen konnte, keine weiße Band, die so gut gewesen wäre wie die von Fletcher Henderson, und es gab keine Bluessängerin, die so gut war wie Bessie Smith – egal, ob weiß oder schwarz. Der schwarzen Vorherrschaft im Jazz die ihr entsprechende Würdigung zu verschaffen, war die effektivste und konstruktivste Form sozialen Protests, die ich mir vorstellen konnte.«

John Hammond war weder Musiker noch Boss einer Plattenfirma; er führte auch keinen Nachtklub und wollte auch keinen Profit daraus schlagen, dass er die Musiker – sei es durch Besprechungen in der Presse oder persönlich – so unermüdlich förderte. Aber es hat nur wenige Personen gegeben, die eine wichtigere – und vielleicht auch erstaunlichere – Rolle in der Geschichte dieser Musik gespielt haben als Hammond. Ohne ihn wären Benny Goodman, Billie Holiday, Count Basie und viele andere vielleicht nie so weit gekommen. Alle waren ihm dankbar – aber die meisten machten auch unangenehme Erfahrungen mit ihm, weil er dazu neigte, die Künstler zu bevormunden.

Dieses Selbstbewusstsein kam nicht von ungefähr. Hammond wurde 1910 als Urgroßenkel Cornelius Vanderbilts geboren und wuchs auf der 91st Street auf, die von der Fifth Avenue abgeht – in einem herrschaftlichen Haus mit 16 Bediensteten und einem Ballsaal für 250 Gäste. Hammonds Vater war ein distanzierter und wortkarger Mann, der viel Zeit in seinen Klubs verbrachte, und so wurde Hammond hauptsächlich von seiner Mutter großgezogen, einer glühenden Anhängerin der Christian Science mit strengen Ansichten, was Alkohol, Tabak und die soziale Förderung der Menschen betraf. Er sagte von ihr, sie habe ihn zu einem »Reformer gemacht, voller Energie, aus dem Bewusstsein heraus, das Richtige zu tun ... ich hatte die Schuld und damit auch die Verpflichtungen des Reichtums geerbt«.

Beide Eltern planten für ihren Sohn ein geruhsames, konventionelles Leben, so wie sie selbst es führten. Aber als er mit zwölf Jahren mit seiner Familie in London weilte, hörte er sein erstes Jazzkonzert – es war ein weißes Orchester, Paul Specht's Georgians –, und er war verzaubert. Er begann, Schallplatten zu sammeln und korrespondierte schon in seiner Schulzeit mit Jazzkennern. Mit 17 schlich er sich manchmal in die Flüsterkneipen von Harlem, wo er Limonade trank und den schwarzen Bands zuhörte. Schließlich brach er sein Studium in Yale ab und tat etwas, das vor ihm nur eine Hand voll Leute getan hatten – er versuchte sich als ernsthafter Jazzkritiker. Mit 20 war er Korrespondent für zwei britische Magazine, *Grammophone* und *Melody Maker*.

Es war keineswegs das wilde Leben jener Szene, von dem Hammond sich angezogen fühlte – er rauchte nicht, trank in seiner Jugend keinen Alkohol und benahm sich in Gegenwart von Frauen schüchtern und ungeschickt. Ihn faszinierte die Möglichkeit, diese großartige Musik zu propagieren und damit gleichzeitig etwas gutzumachen. Als er im Alter von 21 sein Erbe antrat, zog er aus der elterlichen Villa aus und nahm sich ein Apartment in Greenwich Village. Er ließ sich aus dem Sozialregister streichen, weil er es für antisemitisch hielt, und suchte nach Möglichkeiten, die Musiker und die Musik, die er liebte, bekannter zu machen. »Am ehesten könnte man mich wahrscheinlich als New Yorker Sozialdissidenten beschreiben«, sagte er einmal. »Endlich besaß ich die Freiheit, meine Unzufriedenheit mit dem gesellschaftlichen System auszudrücken, in das ich hineingeboren worden war und das die meisten meiner Zeitgenossen als gegeben akzeptierten.«

Hammond setzte sich viel für andere ein – unter anderem für die Bergarbeiter in Kentucky, für die Republikaner im Spanischen Bürgerkrieg und für die »Scottsboro Boys«, neun schwarze Jugendliche, die man in Alabama wegen angeblicher Vergewaltigung verhaftet hatte. Mit 25 Jahren war er Mitglied des nationalen Ausschusses des NAACP (National Association for the Advancement of Colored People) – aber an erster Stelle stand für ihn stets die Entdeckung und Förderung talentierter schwarzer Künstler. Für ihn, so schrieb er, »verkörperten die Jazzmusiker ... soziales Unrecht«. Er stellte hohe Ansprüche an sich selbst, aber auch an die, mit denen er es zu tun hatte. So half er dabei, das Public Theater auf der Lower East Side zu mieten, damit Jazzmusiker einen seriösen Auftrittsort bekamen. Doch als der schwarze Manager des Theaters dort Vaudeville-Künstler auftreten lassen wollte, die Hammond zu kommerziell waren, blies er die ganze Sache kurzerhand wieder ab.

Später organisierte er Jam-Sessions, die live vom Sender WEVD übertragen wurden – die letzten drei Buchstaben standen für den sozialistischen Dauerkandidaten für die Präsidentschaft, Eugene V. Debs. Benny Carter, Chu Berry und Chick Webb spielten dort für zehn Dollar pro Session; Hammond steuerte aus eigener Tasche das Benzingeld bei, damit sich die Anreise überhaupt lohnte. Aber nach zehn Wochen ging auch das zu Ende, weil der Manager des Hauses, in dem der Sender beherbergt war, plötzlich darauf bestand, dass die Musiker den Lastenaufzug benutzen sollten. Hammond fühlte sich verpflichtet, alle zu einem spontanen Boykott aufzurufen, was letzten Endes dazu führte, dass der Sender kurzerhand alle Jazzsendungen aus dem Programm strich. »Wo John Hammond auch auftaucht«, schrieb der Redakteur der *New Republic*, Otis Ferguson, »er wittert augenblicklich den Hauch von Kommerzialisierung der Kunst oder die eiserne Faust des Kapitalismus, die den Arbeiter packt. Er lodert vor Zorn. Er erhebt die Stimme. Und dann geht er.«

»Es gab in jenen Zeiten unüberwindliche Hindernisse«, erzählte Hammond. »Besonders Schwarze hatten es schwer, ohne fremde Hilfe anerkannt zu werden. Ich sah meine Möglichkeiten sehr deutlich.« Er besuchte weiterhin die Nachtklubs in Harlem, stets auf der Suche nach neuen Talenten, und kaufte sich einen Hudson Convertible, damit er auch die ländliche Umgebung abgrasen konnte. Auf diese Weise legte er Tausende von Meilen zurück, von Stadt zu Stadt, und ging in Varietés und Vaudeville-Theater, Flüsterkneipen und Spelunken – überall dorthin, wo ihm vielleicht ein bislang unentdecktes Talent über den Weg laufen konnte, dem es zu helfen galt. (Auf diese Weise verschliss Hammond in zehn Jahren ebenso viele Hudsons. Manchmal fuhr er barfuß, um nachts nicht am Steuer einzuschlafen.)

1932 erhielt er zum ersten Mal die Gelegenheit, die Musik, die er so sehr liebte, auf Schallplatte aufzunehmen. Damals lag Columbia Records in Amerika in den letzten Zügen, aber die Dachgesellschaft in London wollte neue Jazzaufnahmen haben. Ob Hammond nicht irgendeine Idee hätte? Aber ja. Er hatte seinen englischen Lesern oft genug von seiner Lieblingsband

Das Fletcher Henderson Orchestra im Sommer 1932 in Atlantic City. Der Banjospieler und Gitarrist Clarence Holiday, der Vater von Billie Holiday, steht links außen, J. C. Higginbotham links neben dem Pfosten in der Mitte, Fletcher Henderson rechts neben ihm, daneben Edgar Sampson, Altsaxophonist und Arrangeur, Drummer Walter Johnson, Kornettist Rex Stewart, Russell Procope, Klarinettist und Altsaxophonist, Coleman Hawkins und Bassist John Kirby.

vorgeschwärmt; nun schlug er vor, Fletcher Henderson ins Studio zu holen.

Fletcher Hendersons Orchester war lange Zeit die unumstrittene Nummer eins gewesen. Die Arrangements, die zunächst von Don Redman und später von Henderson selbst stammten, zählten zu den wagemutigsten, die es im Jazz bis dahin gegeben hatte, und sie ebneten den Weg für die Bigbands des Swing, der bald das Land erobern sollte. Duke Ellington selbst gab einmal zu, dass er in den Anfangszeiten seiner Karriere verzweifelt versucht hatte, wie Fletcher Henderson zu klingen. Kaum ein Orchester konnte mithalten, wenn Henderson seinen Männern erst einmal zurief: »Los geht's – Attacke!«

Coleman Hawkins, über ein Jahrzehnt der Starsaxophonist in Hendersons Band, beschrieb sie folgendermaßen: »Die stürmischste, wildeste Band, die es je gab ... sie hätte alle anderen Bands in Grund und Boden spielen können.« Viele der Musiker, die hier Station machten, gelang später die Solokarriere – darunter Hawkins, Rex Stewart, Red Allen, Jimmy Harrison, J. C. Higginbotham, Dicky Wells, Buster Bailey, Roy Eldridge, Chu Berry, Ben Webster und Benny Carter.

»Wenn Henderson einen in seine Band holte«, erinnerte sich Carter, »war das eine Art Ritterschlag. Denn jedes Mitglied des Orchesters galt als äußerst guter Musiker, nicht nur im Jazzbereich ... Und als ich zum ersten Mal zwischen Buster Bailey und Coleman Hawkins saß, da wusste ich, das war etwas ganz Besonderes.«

Leider war Henderson stets ein schwacher, auf seltsame Weise desinteressierter Bandleader, und nach einem Autounfall im Jahre 1928, bei dem er sich eine Kopfverletzung zuzog, schien sich diese Tendenz noch zu verstärken. »Ihm kam alles irgendwie lächerlich vor«, sagte seine Frau Leora. »Er entwickelte keinen Ehrgeiz mehr. Ein Geschäftsmann war er nie, aber nach dem Unfall wurde es noch schlimmer. Und schließlich schien ihm alles egal zu sein.« Die Depression hatte die Situation natürlich noch schwieriger gemacht. Im Gegensatz zu Duke Ellington hatte Henderson niemanden, der seine Engagements für ihn buchte. Oft ging die Band auf Tour, ohne genügend Gigs zu haben, die das Unternehmen profitabel gemacht hätten. »Einmal fuhren wir von Memphis aus nach Westen«, erinnerte sich Posaunist Dicky Wells:

> »Wir waren wohl zwei Tage unterwegs, als wir an diesem kleinen Laden hielten, wo wir um neun oder zehn zum Tanz aufspielen sollten. Es war acht. Aber nirgendwo brannten Lichter, und wir kriegten schon dieses komische Gefühl. Drinnen fegte ein Mann den Tanzboden aus. ›Wann fängt der Tanz an?‹, fragten wir.
>
> ›Tanz?‹, sagte er. ›O ja, vorigen Monat war hier einer.‹
>
> ›Nein‹, sagten wir. ›Wann ist der nächste?‹
>
> ›Oh, etwa in einem Monat.‹
>
> Junge, was für ein furchtbarer Tag. Wir waren bestimmt 600 Meilen gefahren. Die Jungs sagten zu Fletcher: ›Und du schleppst uns hierher ...‹
>
> ›Trinken wir noch einen‹, meinte Sandy Williams (der andere Posaunist der Band) zu den Jungs ... Dann fuhren wir weiter.«

Hendersons Schallplattenaufnahmen erreichten nie die Intensität der Konzerte, und schließlich verlor er auch noch seine regelmäßigen Termine im Roseland, weil er seine Männer nicht mehr dazu brachte, pünktlich zu den Auftritten zu erscheinen. »Fletcher war einfach nicht zum Bandleader geboren«, erinnerte sich einer seiner Musiker. »Wenn einer zu spät kam, ließ er einfach nur den Kopf hängen.« »Wie können sie diesem Mann so etwas antun?«, fragte sich der Trompeter Johnny Collins, wenn einer seiner Kollegen wieder einmal auf sich warten ließ oder nicht im Smoking erschien, dem Markenzeichen der Band.

Auch bei Hammonds Aufnahmen trudelten Hendersons Männer so gemächlich im Studio ein, dass ihnen für die geplanten drei Stücke weniger als eine Dreiviertelstunde blieb. Sie erhielten für ihre Arbeit nur den gesetzlichen Mindestlohn, aber die Schallplatten verkauften sich in England recht gut und gaben dem demoralisierten Orchester wenigstens etwas Auftrieb. Vor allem aber war der 22-jährige Hammond nun eines – ein richtiger Schallplattenproduzent.

DIE BLUE DEVILS

Im ganzen Land kämpften Bands ums Überleben. Die Original Blue Devils, die der Bassist Walter Page 1925 gegründet hatte, waren eine der erfolgreichsten »Territory Bands« im Südwesten. Sie absolvierten so viele Auftritte im Jahr, dass sie insgesamt nur auf acht freie Tage kamen. In ihren Reihen spielten viele ausgezeichnete Musiker, darunter Page selbst, »Big-un« genannt – nicht nur aufgrund seines Körperumfangs, sondern auch wegen der gewaltigen Lautstärke der Töne, mit denen er seine Kapelle antrieb –, der Pianist Bill Basie, der Trompeter Oran »Hot Lips« Page und der großartige Sänger Jimmy Rushing. Andere Bands wagten es kaum, zum musikalischen Duell gegen sie anzutreten.

Die Blue Devils spielten auch im Norden, bis hinauf nach Minnesota, und im Süden bis nach Galveston in Texas – überall dort, wo es Tänzer gab –, aber ihr Hauptquartier blieb Oklahoma City. Der Schriftsteller Ralph Ellison, damals noch ein Schuljunge, erinnerte sich daran, wie stolz die schwarze Bevölkerung schon immer auf diese Band gewesen war.

> »Wir hatten eine schwarze Kirche und aufgrund der Rassentrennung eine schwarze Schule, wir hatten ein paar Logen und einige Vereine, aber dahinter lag die große Welt der Weißen. Es schien, als habe man uns an den hässlichsten Rand der Stadt gedrängt ... Wir unterstanden texanischem Recht. Dennoch herrschte ein gewisser Optimismus in der schwarzen Gemeinde und der Glaube, das man Möglichkeiten hatte, auch wenn wir uns unserer Grenzen bewusst waren. Es war die Stimme Jimmy Rushings, die uns diesen Glauben an ein Weiterkommen vermittelte und zugleich auch einen ganz bodenständigen Sinn für das Machbare.«

Ellison wohnte vier Straßen von der Slaughter's Hall entfernt, wo die Blue Devils samstags aufspielten, wenn sie in der Stadt waren. Nachts im Bett konnte er jedes Wort hören, das Rushing sang.

> »Ich hörte seine Stimme durch die dunklen, von Robinien gesäumten Straßen hallen, hörte sie durch die Nacht hindurch, in der die Hörbilder des Blues auftauchten, das Geräusch der fahrenden Züge, der Abfahrtsglocken, die Klänge einer Gitarre, die aus einer Hütte in einer kleinen Straße drang. Es fiel mir nicht schwer, mir diese Stimme als das Leitmotiv vorzustellen, nach dem sich die Instrumente des Blue Devils Orchestra und alle anderen Geräusche der Nacht ausrichteten und das der Zeit und dem Land wahre Identität verlieh. Als wir noch zu jung waren, um zu den Tanzabenden zu gehen, aber schon alt genug, uns an Sommerabenden unter Straßenlaternen zu treffen, gab es immer einen Augenblick, wo jemand das Gespräch unterbrach und sagte: ›Hört mal, in der Slaughter's Hall ist wieder richtig was los‹, und wir drehten uns nach Westen und hörten Jimmys Stimme, die über den Hügel zu uns hinabdrang, so rein und auf so wundersame Weise Zeit und Raum überwindend, wie ein Traum vom Fliegen.
>
> ›O ja, heute predigt er wieder, der Ehrenwerte Reverend Jimmy Rushing‹, sagte ein anderer. Und ein dritter reagierte auf das Stichwort: ›Ja, und das ist der Gemeindeälteste Hot Lips, der da für ihn Zeugnis ablegt ...‹ Und so ging es weiter. ›Ja, und auch wenn man ihn nicht bis hierhin hören kann, aber Pastor Big-un ist auch dabei, stampft mit dem Fuß und zupft seinen Bass, damit die anderen Dummköpfe nicht aus dem Takt kommen.‹ Wir zählten die Namen aller Bandmitglieder auf, als seien es die 24 Ältesten aus der Bibel, und amüsierten uns köstlich darüber, dass wir die Musik auf so unfromme Weise mit der Kirche verbanden, deren Prediger uns doch dauernd erzählten, diese Musik sei ein Werkzeug des Teufels.«

Aber nach 1929 begannen selbst die Blue Devils die Auswirkungen der Wirtschaftskrise zu spüren. Die Auftrittstermine lagen immer weiter auseinander. Es gelang dem erfolgreicheren Benny Moten Orchestra aus Kansas City, Bill

Bassist Walter Page mit seinen Blue Devils im Rite Ballroom in Oklahoma City, 1931. Links außen der Trompeter Oran »Hot Lips« Page; ganz rechts sitzt Buster Smith, Altsaxophonist und Arrangeur.

Basie, Jimmy Rushing, Lips Page und schließlich sogar Walter Page selbst mit der Aussicht auf bessere Bezahlung und ein leichteres Leben abzuwerben.

Die Band kämpfte weiter, aber die Anzahl der Musiker schwankte, wie sich Altsaxophonist Buster Smith erinnerte, zwischen 14 und »drei oder vier«. »Keiner hatte genug Geld, um über die Runden zu kommen ... aber wir hatten noch immer Spaß an unserer Musik. Also hielten wir die Band zusammen.« Sie waren eine so genannte Commonwealth Band – eine Kooperative. Man entschied gemeinsam, welche Musiker eingestellt oder entlassen werden sollten, und man teilte sich das Benzingeld, denn Autos waren unbedingt nötig, um an Auftritte zu kommen. Das Repertoire umfasste auch Walzer und sogar Square Dances, um die Cowboy-Kundschaft zu erfreuen, aber neun von zehn Stücken waren »Jumps« – mittelschnelle, auf einem Riff basierende Bluesnummern, in denen viel Platz für Soli blieb.

Da sie kein Geld für Plakate und dergleichen hatten und ohne die Hilfe größerer Agenturen auskommen mussten, entwickelten die Blue Devils ihre eigene Methode, Zuhörer anzulocken. Sobald sie in eine Stadt kamen, erinnerte sich Smith, schwärmten die Musiker aus, um durch Mundpropaganda für sich zu werben. Einige Musiker waren dabei besser für die »oberen Schichten«, wie Buster Smith sie nannte, geeignet – »Jungs, die immer schick gekleidet waren. Andere zogen sich Overalls über und gingen in die Stadt, hingen in Billardhallen herum und spielten mit den Arbeitern Pool, und am Schluss sagten sie: ›Also bis heute Abend beim Tanz‹, und die Leute kamen auch.« Sie spielten auf Landwirtschaftsmessen, in Rasthäusern und auf texanischen Tanzveranstaltungen im Freien, wo die Scheinwerfer der Autos als Beleuchtung dienten und wo die Zuhörer die Band bezahlten, indem sie Dollarnoten auf den Boden warfen.

Buster Smith und Walter Page gingen eines Tages im Jahr 1930 an einem kleinen, im ersten Stock gelegenen Klub in Minneapolis vorbei, als sie den Klang eines Tenorsaxophons hörten, der die Treppe hinunterwehte. Sie kannten das Lied – »After You've Gone« – aber der luftige, lässige Sound, ein starker Swing, der scheinbar mühelos gespielt wurde, war anders als alles, was sie bis dahin gehört hatten. »Wer spielt denn dieses scharfe Saxophon?«, wollte Page wissen. »Der muss in meiner Band spielen.«

Der geheimnisvolle Saxophonist war Lester Young. Er war 1909 in Mississippi auf die Welt gekommen, hatte aber seine früheste Kindheit in Algiers verbracht, gegenüber von New Orleans auf der anderen Seite des Flusses. Schon damals hatte er gerne Werbezettel für Tanzveranstaltungen verteilt, damit er mit den Lastwagen mitgehen konnte, auf denen die Kapellen spielten. Als er zehn war, zog sein Vater, ein Schuldirektor und Musiklehrer, mit der Familie nach Minneapolis und heiratete dort ein zweites Mal. Danach heuerte er bei einer Zirkuskapelle an und nahm Lester, seinen Bruder und seine Schwester mit auf Tournee. Lesters Mutter und die Frauen zweier Cousins spielten Saxophon. Sein jüngerer Bruder Lee erinnerte sich, dass ihr Vater »nicht wollte, dass seine Kinder Eisenbahnschaffner, Hotelpagen oder Kindermädchen werden. In unserer Familie musste jeder ein Instrument lernen.« Lester spielte anfangs Geige und Trompete, bevor er zum Schlagzeug wechselte, das er mit 14 zugunsten des Altsaxophons aufgab – denn wenn er endlich sein Schlagzeug abgebaut hatte, waren die Mädchen, auf die er bei Konzerten ein Auge geworfen hatte, immer schon nach Hause gegangen. Irgendwann wechselte er dann zum Tenorsaxophon.

Von Anfang an trieb ihn ein ganz besonderer Ehrgeiz: Er konnte stundenlang spielen, wenn er sich vorher mit Büchsenfleisch und Bohnen gestärkt hatte, die er mit Orangenlimonade herunterspülte. »Ich kann hundert Chorusse spielen«, sagte er oft, »und jeden Chorus anders.« Er war aber auch ein äußerst sensibler Mensch, der die Schläge, die ihm sein Vater mit dem Abziehriemen verpasste (den er und seine Geschwister so oft zu spüren bekamen, dass sie ihn »Greasy Jim« tauften), nicht ertragen konnte. Als Teenager lief er ein Dutzend Mal von zu Hause fort. Besonders tief traf ihn ein Erlebnis bei einem »Camp Meeting«: Der Prediger warnte die Zuhörer, jeder, der nicht nach vorne käme, sei in alle Ewigkeit verdammt – und hielt dann ihn und alle anderen Afroamerikaner von der Büßerbank fern. Und als in Kentucky ein hasserfüllter Mob einen seiner Cousins lynchen wollte, der sich mit

Die Saxophonsektion der Blue Devils 1932. Die Altsaxophonisten Theo Ross und Buster Smith flankieren den Neuzugang, Tenorsaxophonist Lester Young, der manchmal auch das Baritonsaxophon übernahm.

einem Weißen geprügelt hatte, musste Lester ihm eine Pistole für die Flucht besorgen. Mit 19 ging er endgültig von zu Hause fort: Er hatte keine Lust mehr, mit seiner Familie durch den Süden zu reisen.

Schon damals spielte er anders als alle anderen. Coleman Hawkins hatte den Sound der meisten Tenorsaxophonisten geprägt – vital, mitreißend, voluminös. »Die Jazzwelt lag Hawk zu Füßen«, erinnerte sich Young. »Aber ich wollte weder Hawk imitieren noch sonst jemanden.« Doch auch er hatte ein stilistisches Vorbild: Frankie Trumbauer, dessen Platten mit Bix Beiderbecke er in einem Koffer mit sich herumtrug. Er mochte die sparsame Weise, auf die Trumbauer »eine kleine Geschichte« erzählte, und er bewunderte dessen leichten, luftigen Sound. »Er spielte das [dem Altsaxophon verwandte] C-Melody-Sax. Ich versuchte, dessen Klang auf dem Tenorsaxophon hinzubekommen. Deshalb klinge ich anders ... mir gefiel, wie er die Töne band.« (Young mochte auch Bix. »Manchmal klang er genau wie ein schwarzer Typ. Er war okay.«)

Coleman Hawkins füllte jede Sekunde mit Klängen aus. »Wenn ich mal nur einen Ton spiele«, erklärte er, »dann deshalb, weil es nicht anders geht ... Wenn ich zwei spielen kann, spiele ich zwei.« Lester gehörte zu den Ersten, die zeigten, wie beeindruckend Stille sein kann. Er hatte einen sehr »verträumten Sound«, sagte der Bassist Gene Ramey. Er spielte eine Phrase und ließ dann vielleicht drei Takte aus, bevor er wieder einsetzte. Young zeigte, dass ein gewisses Understatement sehr gut zum Swing passte, dass »cool« und »hot« nebeneinander existieren konnten und dass auch eine langsamere Gangart einen durchaus ans Ziel brachte.

»Originalität«, meinte Young einmal, »das ist der ganze Trick.« Er war auch ansonsten ein Original. In einer Kunstform, deren Vertretern Individualismus über alles ging, war er der individuellste von allen. Seine Augenlider hingen träge herab; er bewegte sich langsam, hatte einen seltsamen, trippelnden Gang, war stets exzentrisch gekleidet – er hüllte sich in einen langen, schwarzen Mantel und trug in späteren Jahren stets einen schwarzen Filzhut –, und aus Gründen, die niemals jemand ganz verstand, hielt er das Saxophon beim Spielen in einem 45-Grad-Winkel. Darüber hinaus entwickelte er fast so etwas wie eine eigene Sprache. Andere Musiker nannte er »Lady«. »Kann deine Frau kochen?«, hieß bei ihm »Can Madam burn?« Weiße nannte er »graue Jungs« (grey boys), Schwarze »Oxford greys«. Frauen nannte er »hat«, manchmal auch »homburg« oder »Mexican hat«. Eine hübsche junge Frau war für ihn ein »pound cake«. Wenn er spürte, dass Ärger nahte, sagte er: »Ich glaube, es zieht.«

Es war nicht leicht, ihn davon zu überzeugen, sich den Blue Devils anzuschließen. In Minneapolis war er ein gefragter Mann, der fünf Dollar am Abend verdiente – und das zu einer Zeit, in der die Lebenshaltungskosten so niedrig waren, dass er, wie ein Freund meinte, »von den fünf Dollar drei zur Seite hätte legen können«. Zum Glück hatten sich Buster Smith und ein

Die Smiling Billy Stewarts Celery City Serenaders (oben) stammten aus Florida, reisten und spielten aber hinauf bis nach Nebraska, wo dieses Foto entstand. Zack Whyte (darunter) und seine Chocolate Beau Brummels spielten meist in Cincinnati und hatten 1931 zwei künftige Jazzgrößen dabei: Den Arrangeur und Trompeter Sy Oliver und den Posaunisten Vic Dickenson (fünfter bzw. zweiter von rechts). Als die Blue Devils ein paar Jahre später in West Virginia in Schwierigkeiten gerieten, versuchte Whyte, die besten Musiker abzuwerben.

anderes Bandmitglied gerade nagelneue Autos gekauft. Smith erinnerte sich, wie beeindruckt Young davon war: »Er dachte, wir wären die Größten und würden das große Geld machen ... als wir uns umschauten, kam er schon an ... mit seinem Koffer und seinem Horn und stieg gleich bei uns ein.«

Ralph Ellison hörte ihn zum ersten Mal in einem Schuhputzsalon in Oklahoma City. Er »saß auf einem Stuhl und jammte, schon damals hielt er sein Instrument so hoch, und er wippte mit den Schuhen auf der Fußstütze, während er mit, und manchmal auch gegen ... Ben Webster ... und andere Mitglieder der ... Blue Devils spielte. Oft trug er einen dicken weißen Pullover und eine blaue Kappe. Mit dem hochgereckten silbernen Saxophon ließ er keinen kalt, der ein Blasinstrument spielte. Die jungen Musiker begeisterte er alle mit seinem wilden, aufregend originellen Spiel ... Lester Young ... versetzte mit seinem zerbeulten Horn die gesamte schwarze Gemeinde in Aufruhr.«

Klubs, Theater und Tanzhallen machten dicht, die Uniformen der Musiker wurden fadenscheinig, manch eine Territory Band warf das Handtuch, aber die Blue Devils hielten noch zwei Jahre durch. Als sie im Herbst 1933 durch Kentucky und West Virginia tourten, holte die Depression sie schließlich doch noch ein. »Die Band hatte einiges einzustecken«, erinnerte sich Lester Young. »Wirklich. Manchmal spielten wir vor drei Leuten.« Als ihre Autos zusammenbrachen, fehlte das Geld für die Reparaturen, und die Musiker saßen in Martinsville in Virginia fest. Dort spielten sie in einem kleinen Tanzschuppen über einem Drugstore, verdienten aber nicht genug, um die Stadt verlassen zu können. Dann tauchte ein junger Mann aus Beckley in West Virginia auf und versprach ihnen ein festes Gehalt, wenn sie dort in einer Raststätte namens The Black Knight auftreten würden. Die 13 Blue Devils setzten sich in zwei Taxen und versprachen den Chauffeuren, die 70 Dollar Fahrgeld zu bezahlen, sobald sie das Lokal erreicht hatten. Aber der Besitzer des Black Knight dachte nicht im Traum daran, ihnen eine Festgage zu zahlen: Die Männer sollten ein paar Prozent von den Eintrittsgeldern bekommen. Vielleicht hätten ein paar arbeitslose Bergarbeiter das Eintrittsgeld auch irgendwie zusammengekratzt, aber ein Schneesturm hielt potenzielle Gäste zu Hause fest.

Es gab keine Zuhörer. Tage vergingen. Zack Whyte, Chef einer konkurrierenden Band, erfuhr von ihrer misslichen Lage und schickte einen Bus aus Cincinnati, zusammen mit dem Angebot, neun Musikern einen Job zu geben. Aber noch hielt das Commonwealth zusammen. »Niemals, Mann«, beschied Buster Smith als Sprecher der Band Whytes Abgesandten. »Entweder nimmst du uns alle, oder wir bleiben hier.«

Doch dann, erinnerte sich Smith, »wollten sich zwei oder drei Jungs heimlich davonstehlen, und die Taxifahrer kriegten es irgendwie mit«. Sie gingen zur Polizei »und ließen unsere Instrumente beschlagnahmen«. Der Sheriff holte alles ab, sogar das Schlagzeug, gab es abends heraus, damit die Band spielen konnte und schloss danach alles wieder bis zum nächsten Abend ein. Zu allem Überfluss setzte sie der Manager der Pension, in der sie wohnten, auf die Straße.

Das war das Ende der Blue Devils. »Wir kamen zu dem Entschluss, dass es keinen Sinn mehr hatte«, erinnerte sich Young. »Von nun an hieß es: Jeder für sich, Gott für uns alle.« Landstreicher zeigten ihnen, wie man auf einen Güterzug springt, und als Young es zusammen mit einigen anderen Bandmitgliedern schaffte, in einen fahrenden Zug zu klettern – wobei der Posaunist fast unter die Räder gekommen wäre – sahen sie sich 19 arbeitslosen weißen Jugendlichen gegenüber, die auf dem Boden des Abteils ein Feuer entzündet hatten, um sich zu wärmen. Sie machten sich auf das Schlimmste gefasst, aber die jungen Männer rückten zusammen, und während der Zug durch die Nacht ratterte, saßen alle beisammen. Draußen wüteten der Sturm und die Depression.

Lester Young beschloss, sich ein neues Instrument zu besorgen und sein Glück in der Stadt zu versuchen, in der alles schon immer besser war – Kansas City.

K.C.

Kansas City, Missouri, war eine wirtschaftliche Oase im Herzen des Landes, ein Mekka für Wanderarbeiter aus dem Süden und für Musiker auf Arbeitssuche. Der Vorsitzende der Demokraten im Jackson County, Tom Pendergast, beherrschte die Stadt – ein abstinenter Kirchgänger und Familienmensch, der jeden Abend um neun Uhr zu Bett ging. Seine politische Macht und sein immenser Reichtum fußten auf drei Säulen: absolute Kontrolle über die Partei; Besitz der Ready-Mixed-Zementfabrik, die das Material für die umfangreichen Bauvorhaben lieferte, die Pendergast unermüdlich förderte; und vertrauliche Beziehungen zum organisierten Verbrechen, was dazu führte, dass die Stadt, die er seit 1926 regierte, zu einer der wildesten Metropolen der USA geworden war. Es gab unzählige Bars, Bordelle und Spielhöllen, in denen, wie ein Journalist schrieb, »die Croupiers die Würfel so geschickt zinkten, dass man nur dann gewinnen konnte, wenn man die Gesetze der Schwerkraft überwand«.

»Wenn Sie einen wahren Sündenpfuhl erleben wollen, vergessen Sie Paris«, schrieb der *Omaha Herald*, »und fahren Sie nach Kansas City.« Solche Schlagzeilen zogen natürlich jeden Handelsvertreter und Spieler zwischen Chicago und Denver, Galveston und Minneapolis an. Die Prohibition war in Kansas City praktisch außer Kraft gesetzt – kein einziger Bürger der Stadt wurde jemals verurteilt, weil er gegen das Volstead-Gesetz verstoßen hatte. Berüchtigte Gangster wie Pretty Boy Floyd und Baby Face Nelson tanzten unbehelligt in den Nachtklubs. Der stille Partner Pendergasts, Johnny Lanzia – »der Al Capone von Kansas City« – durchleuchtete jeden, der in den Polizeidienst eintreten wollte, um die Übereifrigen sofort auszusieben. Tag und Nacht sah man Polizisten in den Spielhallen entlang der Twelfth Street, wo sie zusammen mit den Gästen dem Würfelspiel frönten.

»Alles war möglich«, erinnerte sich Buck O'Neil von den Kansas City Monarchs. »Es gab keine Grenzen – man konnte alles tun, was man wollte. In Kansas City ging das. Hier ging alles!« Seit den Zeiten Storyvilles hatte Amerika so etwas nicht mehr gesehen.

Niemand weiß genau, wie viele Klubs, Cabarets und Tanzhallen es in Kansas City gab – den Paseo Boulevard Room, den Pla-Mor Ballroom und den Reno Club; das Amos 'n' Andy und die Boulevard Lounge; das Cherry Blossom und die Chocolate Bar; den Lone Star, das Elk's Rest und das Old Kentucky Bar-B-Que; das Sunset und das Subway, das Spinning Wheel und die Hawaiian Gardens; den Street's Blue Room, das Hell's Kitchen, das Hi Hat und das Hey-Hay (wo die Gäste auf Strohballen saßen), Dante's Inferno (wo die Kellnerinnen Teufelskostüme trugen) und den

Einige der unzähligen Klubs in Kansas City. Der Bandleader Andy Kirk sagte, den Börsencrash habe man in dieser Stadt »nicht lauter wahrgenommen als das Fallen einer Stecknadel. Er ging im Dröhnen von Jazz und Blues unter.«

Die Bandleader von Kansas City suchten das musikalische Duell. George E. Lee's Singing Novelty Orchestra (links), bei denen der Bandleader selbst und seine Schwester den Gesang übernahmen, fürchteten keine Band, weder schwarz noch weiß. Das Gleiche galt für Bennie Moten, zu dessen Band einige der besten Musiker der Stadt gehörten. »Moten«, sagte der Gitarrist und Arrangeur Eddie Durham, »war der größte von allen ... der König.«

Chesterfield Club (wo die Kellnerinnen überhaupt nichts trugen).

Musiker wie Lester Young, die im ganzen Land kaum Arbeit gefunden hatten, konnten in Kansas City sofort anfangen. Für gesetzestreue Bürger mag die Stadt ein Albtraum gewesen sein, aber für die Pianistin Mary Lou Williams war sie »himmlisch – überall Musiker«. Wie die Männer, die den »Chicago Style« geprägt hatten, kamen auch die Musiker, die den Kansas City Jazz spielten, aus allen Teilen des Landes. Bill Basie kam aus Red Bank, New Jersey; Lips Page aus Dallas; der Drummer Jo Jones war aus Illinois über Birmingham, Alabama, gekommen; Tenorsaxophonist Herschel Evans kam aus Denton, Texas; Mary Lou Williams war in Georgia geboren und in Pittsburgh aufgewachsen; der Sänger Jimmy Rushing stammte aus Oklahoma City und Jay McShann kam aus Muskogee.

Ihnen allen war eines gemeinsam, das Albert Murray so beschrieb: Sie alle spielten den Blues auf eine typisch südwestliche Art und Weise.

»Der besondere Drive der Kansas-City-Musik ... liegt darin, dass sie den Blues wie eine Viehherde zusammentreiben und wieder losgaloppieren lassen ... Ein Kansas-City-Drummer spielt nicht nur in dem gleichmäßigen und doch flexiblen Rhythmus einer fahrenden Dampflok, er tut auch so, als sei er ein peitschenschwingender Cowboy, der die Herde führt. Und auch die Bläsersektionen der Kansas-City-Bands führen sich manchmal so auf, als jagten sie einer unsichtbaren Beute hinterher – sie bellen und jaulen und schnappen, während der Pianist sie weiter hetzt.«

Die Musiker in Kansas City stampften den Blues mehr als sie ihn spielten, schrieb Murray. Und die Sänger in Kansas City sangen den Blues nicht, sie schrien ihn.

»Keine Frage: Jimmy Rushing oder Big Joe Turner treiben die Blue Devils an wie eine Herde, sie peitschen die Musiker an, als säßen sie im Sattel eines Pferdes. Manchmal scheint es so, als gingen die Musiker mit dem Blues um wie mit einem Wildpferd, das eingeritten werden muss. Und hatten die Jam-Sessions in Kansas City nicht von Anfang an etwas von einem Rodeo? Dass es dabei um den Wettbewerb zwischen den einzelnen Bands ging, spielte keine Rolle, es war die Herausforderung der Musik, die zählte – so wie es bei einem Rodeo nur nebensächlich um das Preisgeld geht, in der Hauptsache aber um die elementare Herausforderung, die das wilde Tier für den Reiter darstellt.«

Die Konkurrenz unter den Musikern von Kansas City war besonders stark ausgeprägt. »Aus irgendeinem Grund«, erinnerte sich Claude »Fiddler« Williams, »war es in Kansas City anders als sonstwo. Wir jammten die ganze Nacht hindurch. Und wer hierher kam ... und nicht das Richtige spielte, den stutzten wir zurecht.« »Egal, wie lange jemand schon spielte oder wo er gespielt hatte«, erzählte Mary Lou Williams, »wenn er nach Kansas City kam, wurde ihm klar, wie wenig er konnte.« Der Trompeter Buck Clayton verglich die Musiker von Kansas City mit Revolverhelden, die einander zum Duell forderten. Lips Page schob angereisten Trompetern Zettel unter die Tür ihres Hotelzimmers, auf denen stand: »Wir sehen uns heute Abend im So-und-So-Klub.«

Der Pianist Sammy Price erinnerte sich, dass er eines Abends um zehn nach Hause ging, um sich umzuziehen, nachdem er bei einer Session mitgespielt hatte. Als er um eins in den Klub zurückkehrte, spielte die Band noch immer das gleiche Stück. Es gab Talentwettbewerbe für Schüler, Jam-Sessions für Profimusiker und die Fights der Champions im Schwergewicht, der besten Musiker der Stadt, die oft im Sunset oder dem Subway, dem Reno oder dem Cherry Blossom stattfanden. Der Kansas-City-Jazz verlangte den Musikern sowohl Individualismus als auch Teamgeist ab. Wer im Hintergrund spielte, während die Solisten sich abwechselten, musste in der Lage sein, komplex harmonisierte Riffs zu spielen. »Die jungen Typen lernten schnell«, erinnerte sich der Bassist Gene Ramey, »dass es nicht nur darauf ankam, ein gutes Solo zu spielen, sondern sich ins Team einzufügen ... im gleichen Takt zu atmen wie die anderen.« Die Jam-Sessions in Kansas City waren mit »Camp Meetings« vergleichbar, fuhr Ramsey fort: »Sie hatten etwas von diesen Erweckungsfeiern, wo der Prediger und die Leute gemeinsam singen – das pralle Leben und ein großes Glücksgefühl.«

An einem Abend des Jahres 1933 war der große Coleman Hawkins mit der Fletcher Henderson Band in der Stadt. Es war der letzte Abend eines einwöchigen Engagements auf einer der letzten Tourneen einer Band, die um ihr Überleben kämpfte. Nach seinem Auftritt ging er mit seinem Horn ins Cherry Blossom an der Ecke Twelfth Street und Vine, auf der Suche nach Herausforderern, so wie er es überall machte. Drei der besten Tenorsaxophonisten der Stadt erwarteten ihn bereits. Zwei davon hatte er maßgeblich beeinflusst, Herschel Evans und Ben Webster – und der dritte war der 24-jährige Lester Young.

Gegen vier Uhr morgens konnte der Mann am Piano nicht mehr – ein frischer Musiker musste her. Mary Lou Williams lag zu Hause im Bett und schlief.

»Gegen vier Uhr morgens wachte ich auf, weil jemand gegen meine Tür hämmerte. Ben Webster stand draußen. »Steh auf, Pussycat, wir jammen und uns gehen die Pianisten aus. Hawkins hat schon sein Hemd ausgezogen, aber er spielt immer noch.« Und tatsächlich, als wir ankamen, stand Hawkins in seinem Unterhemd da und wechselte sich mit den Jungs aus K.C. ab. Es schien, als sei er in etwas hineingeraten, aus dem er keinen Ausweg mehr wusste. Lester hatte diesen luftigen Sound ... er brauchte etwa vier, fünf Stücke, um warm zu werden, aber dann legte er richtig los. Und Hawkins kam nicht mehr weg. Die Henderson Band spielte am nächsten Abend in St. Louis, und Bean wusste, dass er eigentlich schon längst unterwegs sein sollte. Aber er spielte weiter – er wollte sich von Ben, Herschel und Young nicht besiegen lassen. Als er dann doch irgendwann aufgab, setzte er sich in sein Auto und raste nach St. Louis. Ich hörte, dass er sich gerade einen neuen Cadillac gekauft hatte, den er in Grund und Boden fuhr, um rechtzeitig zum Auftritt zu kommen. Ja, Hawkins war der König, bis er auf die verrückten Tenorsaxophonisten von Kansas City traf.«

DIE FLAGGENTRÄGER

Am 2. Juni machte sich John Hammond auf den Weg zum Pier am Hudson River, von wo die S.S. Olympic nach England ablegen sollte. Er trug ein sperriges Paket, ein Geschenk für Duke Ellington, der zum ersten Mal mit seinem Orchester in Übersee auftreten würde. Ellington begrüßte Hammond zwar höflich, aber als er das Paket auspackte und sah, dass es ein Koffergrammophon enthielt, gab er es ihm mit bestem Dank und der Bemerkung, dass er so etwas bereits besitze, wieder zurück. Die beiden Männer gingen zwar stets zuvorkommend miteinander um, aber ihr Verhältnis nahm nie freundschaftliche Züge an. Ellington gefiel es nicht, dass Hammond immer wieder einen unverlangten Ratschlag parat hatte: Er hatte bereits darauf gedrängt, Sonny Greer solle die Band verlassen, hatte gemeint, die Musik solle tanzbarer werden (obwohl er selbst nie tanzte) und sogar erklärt, dass der seidenweiche Sound des neuesten Bandmitglieds, des Posaunisten Lawrence Brown, nicht »negroid« genug sei. Und auch dieses Reisegeschenk muss auf Ellington reichlich herablassend gewirkt haben.

Doch selbst Hammond musste zugeben, dass Ellington auch ohne seine Hilfe sehr gut zurechtkam: Während andere Bands scheiterten, eilte er von Erfolg zu Erfolg. Die Leser des *Pittsburgh Courier* wählten seine Band zum beliebtesten schwarzen Orchester im ganzen Land. Dabei war er mit einer Musik populär geworden, die keiner anderen ähnelte.

»Wir verletzen mehr musikalische Gesetze als sonst jemand«, sagte Ellington zu einem Journalisten. »Und dann machen wir einfach weiter damit.« Obwohl er stets mit dem Vokabular des amerikanischen Jazz arbeitete, das in New Orleans entstanden war – Riffs, Breaks, Call and Response – und sich nie sehr weit vom Blues entfernte, der immer im Zentrum seiner Musik stand, stellte er das Konzept orchestraler Musik auf den Kopf. Manchmal verblüffte er damit sogar seine eigenen Musiker. »Zuerst«, erinnerte sich Barney Bigard, »dachte ich, es sei alles falsch, weil er so seltsame Sachen schrieb. Es dauerte eine Weile, bis ich alles herausgehört hatte. Er schrieb die Akkorde irgendwie falsch und gab dann den Part, den der Klarinettist hätte bekommen müssen, einem anderen.«

Ein Stück aus dem Jahre 1931, das ursprünglich »Dreamy Blues« hieß – und von dem Ellington behauptete, er habe es in einer Viertelstunde geschrieben, während er darauf wartete, dass seine Mutter das Essen kochte – veranschaulicht, was Bigard meinte. Die Melodie wird von einem Trio gespielt – gedämpfte Trompete, gedämpfte Posaune und Klarinette –, aber Ellington vertauschte ganz bewusst die traditionellen Rollen von Posaune und Klarinette, so dass Sam Nanton mit seiner Posaune den höchsten Teil spielte und Bigard den tiefsten. Das unheimliche Resultat – »ein Ton, der nicht existiert«, beschrieb Ellington es, »die Illusion eines Tones« – war so traumhaft, wie es der Titel suggerierte und sorgte für heftige Reaktionen, als es erstmals im Radio gespielt wurde. Unter seinem neuen Titel »Mood Indigo« wurde es der erste große Hit Ellingtons und blieb 40 Jahre lang das am meisten gewünschte Stück der Band. Als Ellington einmal gefragt wurde, warum er so häufig Dissonanzen in seine Musik einfüge, antwortete er gelassen: »Das ist das Leben des Schwarzen. Das sind wir! Dissonanz prägt unser Leben in Amerika. Wir stehen am Rand und sind doch integraler Bestandteil des Ganzen.«

Als Irving Mills den Vorschlag machte, Ellington solle aus Prestigegründen nicht nur dreiminütige Tanznummern schreiben, komponierte dieser in einer Nacht die »Creole Rhapsody«. Das über sechs Minuten lange Stück mit zahlreichen Tempo- und Stimmungswechseln wurde auf zwei Plattenseiten verteilt und brachte Ellington den ersten von Hunderten von Preisen ein, die er im Lauf seiner Karriere erhalten sollte – den New York School of Music Award für die beste Komposition des Jahres 1933. In der Würdigung hieß es, dass »Creole Rhapsody« das Leben der Schwarzen auf eine Weise porträtiere, wie es kein anderer Song zuvor getan habe.

Auch der junge Albert Murray hörte in Ellingtons Musik das Echo eines Lebens, das er kannte.

»Der erste Eindruck, den man von Duke Ellington hatte, war der eines Mannes, der die Musik transzendierte. In seinen frühen Stücken gibt es vieles, das man kennt. Als ich zum Beispiel das erste Mal Mood Indigo hörte, klang es so, als wisse da jemand genau, wie ein Gospel- oder ein Barbershopquartett klingt, das sich an der Straßenecke trifft und populäre Songs oder Gospels singt. Jeder konnte sich damit identifizieren. Es war, als wüssten wir genau, woher seine Musik kam – von irgendeiner Straßenecke in Washington, so wie wir sie von einer Ecke in Mobile kannten. Und die Leute sagten, es sei, als habe er den Blues genommen und klassische Musik daraus gemacht.«

Ellington brannte darauf, in Übersee zu spielen – allerdings war ihm bei dem Gedanken an die Schiffsreise nicht ganz wohl. Als Junge hatte er in der Zeitung die Berichte vom Untergang der Titanic gelesen, und er hatte sich eingeredet, dass das Schiff, mit dem er den Ozean überqueren wollte, ebenfalls einen Eisberg rammen und sinken würde. Es gab aber auch noch andere Bedenken: Niemand wusste genau, ob die Band in London Erfolg haben würde.

Ein Jahr zuvor hatte Louis Armstrong eine vierwöchige Tournee durch England und Frankreich unternommen und außer bei den englischen Musikern keine allzu guten Kritiken bekommen. Die Tour war schlecht vorbereitet gewesen – in London hatte niemand genau gewusst, wann er eintreffen würde, und es dauerte einen ganzen Tag, bis man ein Hotel fand, das einem schwarzen Gast ein Zimmer gab. Die Konzertveranstalter vor Ort hatten Probleme, Musiker zu finden, die Armstrong auf der Bühne adäquat begleiten konnten. Der Chefredakteur des *Melody Maker* verhörte sich, als jemand Armstrongs Spitznamen »Satchelmouth« benutzte und machte »Satchmo« daraus – ein Name, der haften blieb. Im Londoner Palladium wurde Armstrong als »das farbige Phänomen« angekündigt. Seine Show, genauso rau und schnell wie die, die ihn in seiner Heimat berühmt gemacht hatte, ließ die Engländer fast ratlos zurück. Der temperamentvolle, schwitzende Armstrong auf der Bühne schien, wie ein britischer Bewunderer schrieb, »nur wenig mit dem Komponisten solch bewegender Stücke wie dem ›West End Blues‹ zu tun zu haben«.

Der belgische Dichter und Plattensammler Robert Goffin pilgerte nach London, um seinen Helden spielen zu sehen. Er hatte sein Buch »Aux frontières du jazz« Armstrong gewidmet – dem

Duke Ellington 1939 an Bord der S.S. Olympic auf dem Weg nach England.

Oben: Eine Anzeige für Ellingtons Konzert im Palladium. Unten: Ellington, gerührt vom Applaus der Engländer. »Wir waren vollkommen verblüfft«, schrieb er, »wie viel die Leute in England über uns und unsere Aufnahmen wussten.«

»wahren König des Jazz« –, aber auch er war verblüfft, als er ihn das erste Mal live erlebte. »Der Sturm namens ›Rocking Chair‹ bricht los und Louis spielt, er dirigiert mit den Augen und schnellen Zuckungen seiner Hände, ja seines ganzen Körpers, als wolle er den drei Saxophonisten, die ihn begleiten und sich plötzlich gefordert sehen, Angst und Schrecken einjagen.«

Wie viele andere begeisterte Jazzfans, die über Jazz schrieben, hatte auch Goffin das Problem, dass er zwar die Musik liebte, aber keine Ahnung hatte, wie sie gemacht wurde. Jazz, so glaubte er fest, entwachse aus einer »Ursprünglichkeit und Spontaneität«, die mit Armstrongs Rasse zu tun habe. »Louis Armstrong ist durch und durch Schwarzer«, belehrte er die Leser in einem späteren Buch, und von daher in der Lage, »fast wie von selbst in eine Trance zu fallen und ... seine Sensibilität durch sein Instrument auszudrücken ... Ich kenne keinen weißen Musiker, der in der Lage wäre, sich selbst zu vergessen, seine eigene Atmosphäre zu schaffen und sich in einen puren Rausch hineinzusteigern.«

Die seltsame Vorstellung, dass schwarze Musiker »primitiver« seien als weiße und daher ihre Emotionen noch besser ausdrücken könnten, tauchte in abgewandelter Form immer wieder mehr oder weniger betont in der Jazzgeschichte auf. Dadurch wurden die Leistungen von Musikern beider Rassen in ein falsches Licht gerückt: Fast 30 Jahre nach Armstrongs Tod bezeichnete man seine Musik gelegentlich immer noch milde herablassend als »instinktiv«.

Einige Londoner Konzertbesucher verließen den Saal. »Der Mann ist verrückt!«, rief einer. Ein klassischer Musiker beschrieb seine Bühnenshow als »abstoßende, widerwärtige Farce, die jeden anständigen Menschen entsetzen muss«. Ein anderer bezeichnete Armstrong als »Abnormität«. Von den Balkonen drang oftmals der Ruf »Dreckiger Nigger!« nach unten, und in einem Konzertsaal in der Provinz warfen Zuschauer Tomaten auf die Bühne. Überall, wo Armstrong spielte, machte sich sein zwielichtiger Manager Johnny Collins Feinde. Er war ständig betrunken, fluchte herum und belästigte die Frauen. Collins ließ Armstrong erst auf die Bühne, wenn er die Tageskasse in den Händen hielt. Er war der »typische Yankee, wie man ihn in diesen Gangsterfilmen sieht«, erinnerte sich ein englischer Musiker angewidert, »mit einer dicken Zigarre im Mundwinkel«. Armstrong kehrte im November 1932 nach Amerika zurück – nur wenige Tage nach der Wahl Franklin D. Roosevelts zum US-Präsidenten, der dem »amerikanischen Volk einen New Deal« und das Ende der Depression versprach.

Es ist Irving Mills zu verdanken, dass man Duke Ellington in England einen ganz anderen Empfang bereitete wie zuvor Armstrong. Mills und der britische Bandleader Jack Hylton sorgten dafür, dass 37 Fotografen und eine große Menschenmenge in der Waterloo Station warteten, als der Zug von Southampton einfuhr. Barney Bigard und die anderen Musiker stellten erstaunt fest, dass die britischen Fans »unsere Namen riefen. ›Da ist Barney, da ist Hodges, das ist Cootie, da ist Tricky Sam.‹ Sie kannten uns, jeden von uns!« Als sich am Eröffnungsabend der Vorhang des Palladium hob, gab es »nicht enden wollenden Applaus«, noch bevor die Band einen einzigen Ton gespielt hatte, staunte Ellington. Ein Rezensent des ersten Konzertes bescheinigte Ellingtons Musik »die Universalität eines Shakespeare ... Mädchen weinten, junge Männer sanken auf die Knie«. Und S. R. Nelson, Kritiker der Londoner Zeitschrift *Era*, konnte kaum fassen, was er an diesem Abend hörte und sah:

> »Ellington der Unglaubliche. Ellington der Musiker. Ellington der Showman. Ellington der Künstler. Wie soll man ... das unbeschreibliche Spektakel, das sich im Palladium bot, würdigen? Mit welchen Worten will man die lebendigste, die aufwühlendste Erfahrung beschreiben, die England im Bereich des Vaudeville je erlebt hat? ... Wo sind sie geblieben, jene vermeintlichen britischen Schwächen, die Hochnäsigkeit, die Kälte, der Mangel an Emotionen, die Zurückhaltung? Ich schäme mich nicht für die Tränen, die ich bei ›Mood Indigo‹ vergossen habe ... Es war eine Musik, die weit entfernt ist vom Abrakadabra des Symphonischen. Eine zarte Melodie, die aus dem Leid der ganzen Menschheit herausdestilliert worden ist, einem Leid, das tief in jedem von uns steckt ...
>
> Ellingtons Einzigartigkeit liegt auch darin begründet, dass er seine Kompositionen von seinem eigenen Orchester spielen lassen kann. Wahrscheinlich könnte kein anderes Orchester auf der Welt seine Musik auf diese Weise interpretieren.«

Die Londoner Gesellschaft liebte die Band. Auf einer Party setzte sich Edward, Prince of Wales, sogar an Sonny Greers Schlagzeug – und Seine Hoheit geruhten es sogar witzig zu finden, dass Greer ihn »Wales« nannte. Die Band spielte eine 45-minütige Radiosendung für die BBC, hatte 13

Das Ellington Orchestra in London. »Nachdem wir hören konnten, was Ellington mit 14 Musikern zu leisten vermag«, schrieb der britische Komponist Constance Lambert, »dürfte sich der durchschnittliche moderne Komponist, der in Respighi-Manier mit 80 Musikern herumexperimentiert, ein wenig schämen. All dies ist den Besuchern im Palladium völlig klar. Weniger klar ist ihnen, dass es sich bei Ellington nicht nur um einen Bandleader und Arrangeur handelt, sondern um einen ganz bemerkenswerten Komponisten, wahrscheinlich den ersten Komponisten wahrer Größe, den Amerika hervorgebracht hat.«

Vorhänge und musste im Empire Theatre in Liverpool vier Zugaben spielen, wo erneut der Prince of Wales unter den Zuschauern war. Die Nachfrage für das Konzert im Salle Playel in Paris war so groß, dass zwei zusätzliche Auftritte anberaumt wurden. Mills sorgte außerdem dafür – so erinnerte sich Greer besonders positiv berührt –, dass auf jedem Hotel, in dem die Band abstieg, die amerikanische Flagge gehisst wurde:

»Uns zu Ehren. Als sei ein Diplomat gekommen und im Hotel abgestiegen ... Wir trugen die Flagge und wir repräsentierten mein Volk. Ich bin ein amerikanischer Neger. Die Jungs sagen lieber Schwarzer, aber ich sage, ich bin ein amerikanischer Neger, mein Freund. Wir trugen die Flagge für den amerikanischen Neger ... überall. Wir trugen die Flagge für seine Würde in die ganze Welt hinaus. Wir wurden mit größtem Respekt behandelt.«

»Das Wichtigste, was Europa mir gegeben hat, war Selbstbewusstsein«, teilte Ellington den Reportern mit, als er und seine Band im Herbst wieder zu Hause waren. »So etwas gibt dir den Mut, weiterzumachen. Wenn die dort glauben, ich sei so wichtig ... dann bedeutet unsere Musik ja vielleicht doch etwas.« Die Amerikaner sahen in ihm noch immer an erster Stelle den Bandleader, aber einige Europäer hielten ihn für einen wichtigen Komponisten. »Ein Musiker«, sagte er, »sollte Europa und Amerika kennen.«

Nach der Rückkehr brach die Band zu einer zwölfwöchigen Tournee durch den Süden auf. Die Musiker waren das Reisen in dieser Gegend zwar gewohnt, mussten den Kontrast jedoch erst einmal verdauen. »Natürlich freuten sich die Leute, die Band zu hören«, sagte Harry Carney. »Das Schwierige war nur, nach all dem Applaus und dem Jubel wieder im alten Trott weiterzumachen ... In Europa hatte man uns wie Adlige behandelt, in Texas hieß es dagegen, ab ins Abteil für die Farbigen. Man musste sich erst wieder dran gewöhnen, aber wir waren jung und hielten es aus.« Der Musikkritiker der *Dallas News* nannte Ellington »eine Art afrikanischen Strawinsky«, der die »Farbgrenze« zwischen Jazz und Klassik »verwischt« habe. Aber die schwarzen Fans im Süden durften ihm nur von der Galerie aus zuhören. Hotels und Restaurants für Weiße verweigerten ihm und seinen Musikern den Zutritt. Daisy Ellington hatte ihrem Sohn von frühester Kindheit an beigebracht, sich über alle Widrigkeiten hinwegzusetzen. Nach dieser Tournee durch den Süden wollte er die Erniedrigung, in Hotels und Restaurants abgewiesen zu werden, nicht mehr erleben. Mills und er mieteten Pullman-Wagen für die Band, so dass die Musiker im Zug essen und schlafen konnten, und sie sorgten dafür, dass überall genug Taxen zur Verfügung standen, um sie von den Bahnhöfen zu ihren Auftrittsorten und wieder zurück zu fahren.

»So etwas wie uns hatten sie noch nie gesehen«, sagte Sonny Greer.

»Sie kannten ein paar kleinere farbige Bands, die mit ihrem eigenen abgewrackten Bus durch die Gegend fuhren, aber wir hatten unseren eigenen Pullman, mit eigenem Gepäck- und Speisewagen. Niemand kam rein, die Türen blieben verschlossen, auch die Autogrammjäger konnten uns nicht stören ... Wir hatten unser eigenes Beleuchtungssystem, sogar eine eigene Bühne, wir waren eine der ersten Bands, die eine Rollbühne hatten ... eine der ersten Bands mit farbigen Scheinwerfern und einem Techniker. So was hatten sie noch nicht gesehen. Irving Mills sorgte dafür, dass wir so reisen konnten ... Wir mussten diesen ganzen Mist nicht mehr durchmachen – Farbige auf dieser Seite, Weiße auf der anderen.«

»Die Leute kamen und sagten: ›Was um alles in der Welt ist das?‹«, erinnerte sich Ellington. »Und wir antworteten: ›So reist der Präsident.‹ Man muss das Beste aus seinen Möglichkeiten machen.« Ellington und sein Orchester standen immer nur für das Beste, wie sich der junge Ralph Ellison erinnerte, der die Band in jenem Jahr in Oklahoma City sah:

»Dann kam Ellington mit seinem großartigen Orchester in die Stadt – mitsamt ihren Uniformen, ihrem weltmännischen Auftreten, ihrem Können, ihren goldenen Trompeten, ihren kontrollierten und disziplinierten Phantasiereisen. Mit ihrer Kunst und ihrem ganz besonderen Sound. Ivy Anderson und Ethel Waters sangen und bezauberten mit ihrer hellbraunen Schönheit und mit ihrer Ausstrahlung und dem femininen Flair ihrer Kostüme und ihres Auftretens. Es war wie eine Nachricht aus der großen weiten Welt, ein Beispiel und ein Vorbild, und ich wünschte mir, dass alle, die behaupteten, schwarze Jungs hätten keine männlichen Vorbilder, mit denen sie sich identifizieren können, einen Blick auf Ellingtons lange nationale und internationale Karriere werfen würden. Sie haben Tausende von Konzerten für schwarze Zuhörer gegeben. Hätte man unter den Weißen solche Vorbilder finden können? Männer, die so weltgewandt, so elegant, auf so lässige Weise kreativ waren? Die ihr Metier mit solchem Können ausübten und die sich so sehr gegen die sozialen Barrieren stemmten, die ihnen im Weg standen?«

ES MUSS ETWAS GESCHEHEN

Im Juli des Jahres 1933, einen Monat, nachdem Ellingtons Übersee-Tournee begonnen hatte, machte sich auch John Hammond an Bord des Dampfers Homeric auf den Weg nach England. Als er erfuhr, dass sich unter den Passagieren Louis Armstrong und seine Begleiterin Alpha Smith befanden, die zum zweiten Mal ins Ausland reisten, nahm er sofort Kontakt mit ihnen auf. Eines Abends wurde er in Armstrongs Kabine Zeuge einer gewalttätigen Auseinandersetzung zwischen dem Musiker und seinem betrunkenen Manager Johnny Collins, der seinem Star vorschreiben wollte, was er auf der Bühne zu spielen hatte und was nicht. Armstrong widersetzte sich.

Collins wurde ausfallend. »Da nennt er mich mitten auf dem Ozean einen Nigger«, erinnerte sich Armstrong. »Er ist mein Manager, und so etwas hat er noch nie gesagt. Aber mit dem Wort Nigger hat er mir seine beschissene Haltung offenbart. Ich sagte: ›Wissen Sie was, Mr. Collins, ich bin schon ziemlich lange im Showgeschäft. Ich komme aus New Orleans, mir kann man nichts vormachen, und ich kenne mein Instrument besser als meine Frau.‹«

Collins hörte ihm nicht zu. Er habe das Sagen, meinte er; Armstrong müsse tun, was er ihm vorschrieb.

»Ich sagte: ›Hören Sie zu ... Sie mögen mein Manager und die heißeste Nummer sein und die besten Deals an Land ziehen. Aber wenn ich mit meinem Horn auf der beschissenen Bühne stehe und in Schwierigkeiten komme, können Sie mich da nicht rausholen!‹«

Thomas »Fats« Waller aß viel, trank viel, spielte viel Klavier – und schien sich dabei besser zu amüsieren als irgendein anderer Musiker seiner Zeit. Er war groß, etwa ein Meter achtzig, wog zu seinen besten Zeiten über 150 Kilo und hatte Schuhgröße 48. Für gewöhnlich verschlang er mittags drei Steaks und trank bei jeder Aufnahmesession einen knappen Liter Whiskey oder Gin. Der große Stridepianist James P. Johnson war sein Lehrer, und zeit seines Lebens spielte Waller mit der linken Hand die mächtige, rollende Rhythmik des Meisters. Aber Wallers rechte Hand wirkte leichter, melodischer, einfach unbezähmbar. »Die Konzentration gehört der Melodie«, erklärte er einmal. »Man muss darauf achten, dass sie nie langweilig wird.« Und Wallers Musik war nie langweilig. Über 400 Songs verkaufte er an Verleger, manchmal für den Spottpreis von 50 Dollar. Dafür manche Stücke allerdings gleich mehrfach. »Man musste sie einfach kaufen«, sagte Irving Mills, »auch wenn man wusste, dass er den gleichen Song jemandem an der nächsten Straßenecke oder sogar im gleichen Lokal schon einmal verkauft hatte.«
Zu Wallers bekanntesten Stücken zählen »Ain't Misbehavin'«, »Honeysuckle Rose«, »Squeeze Me«, »I'm Gonna Sit Right Down and Write Myself a Letter«, »Blue Turning Grey Over You« und »The Joint Is Jumping«. Waller nahm fast 700 Schallplatten auf und wirkte in unzähligen Radiosendungen mit, in denen er seine eigene Musik und die aller anderen mit schöner Regelmäßigkeit veralberte. Kein Lied konnte so schwach sein, dass er nicht etwas Besonderes daraus gemacht hätte.

Aber es gab auch einen anderen Fats Waller, den die Fans nicht kannten. Er überwand nie den frühen Tod seiner über alles geliebten Mutter, und sein Vater war ein strenger Geistlicher, von dem er sich völlig entfremdete, als er zu spielen begann, was dieser »die Musik des Teufels« nannte. Ein weißer Halbstarker attackierte ihn im Alter von neun Jahren mit einem Messer, ein anderer schoss auf seinen direkt neben ihm stehenden Bruder und verletzte diesen schwer. Als er mit seiner Familie in den New Yorker Stadtteil Queens zog – er war damals bereits ein Schallplattenstar – wurde ein Kreuz in den Rasen vor dem Haus gebrannt. Seine erste Ehe scheiterte, und er musste Gefängnisstrafen wegen nicht geleisteter Unterhaltszahlungen absitzen. Eine zweite Beziehung verlief glücklicher, aber es verbitterte Waller, dass er seine Songs so billig hergegeben hatte.

1942 trat er in der Carnegie Hall auf, aber der Alkohol hemmte sein Spiel, und die Kritiker waren ungnädig. 1943 bekam er die Quittung für den ausschweifenden Lebensstil: Bei einer Auftrittsreihe in Kalifornien erkrankte er an Lungenentzündung und starb auf der Zugreise nach New York im Schlaf. Armstrong weinte eine ganze Nacht lang um Waller. »Es gab kleinere Menschen, die auch Musik im Blut hatten«, erinnerte sich James P. Johnson. »Aber Fats war Musik – und ihr wisst, wie viel Platz dafür da war.«

Fats Waller hatte eine symbiotische Beziehung zu Kameras. Ganz oben links: In London posiert er für ein Werbefoto mit seiner Bulldogge. Oben: Vierundvierzig Grimassen für den Fotografen.

Eines Abends spielte Fats Waller in einem Klub in New York, als plötzlich Unruhe im Publikum aufkam. Ein großer, schwerer Mann schob sich zwischen den Tischen hindurch. Waller hörte auf zu spielen. »Ladies and gentlemen«, sagte er, »ich bin nur ein Pianist, aber gerade ist Gott hereingekommen.«
Tatum war der berühmteste Pianist seiner Zeit, derjenige, dem alle anderen nacheiferten und schon zu Lebzeiten umgab ihn eine geheimnisvolle Aura.
1909 in Toledo, Ohio, geboren, war er auf einem Auge blind und fast blind auf dem anderen. Mit drei Jahren konnte er Lieder auf dem Klavier spielen, mit fünf spielte er in der Kirche Choräle und übte, indem er die Klavierrollen nachspielte, die ihm seine Mutter mitbrachte. Sein Nachbar, der Sänger Jon Hendricks, erzählte, dass es ihm sogar gelungen war, ein atemberaubend schnelles Stück nachzuspielen, ohne zu wissen, dass es sich um eine Komposition für vier Hände handelte. Er brauchte ein Stück nur ein einziges Mal zu hören und konnte schon beim ersten Nachspiel seine eigenen Nuancen einbringen. Mit 17 spielte er in kleineren Klubs in Ohio – und verblüffte durchreisende Musiker mit seiner Virtuosität. Aber wenn sie ihn überreden wollten, nach New York zu gehen, wehrte er ab und sagte, er sei noch nicht gut genug. 1931, als der Arrangeur Don Redman in Toledo spielte, war Tatum so weit.
»Sag den Typen in New York, sie sollen sich in Acht nehmen«, teilte er Redman mit. »Jetzt kommt Tatum!«
Im Jahr darauf kam er als Begleitpianist für die Sängerin Adelaide Hall und arbeitete dann als Solist weiter. Die Legende besagt, dass er sich schon bald von den drei bekanntesten Pianisten New Yorks herausgefordert sah – James P. Johnson, Willie »The Lion« Smith und Fats Waller. Sie trafen sich im Morgan's Club in Harlem, und jeder spielte eines seiner Lieblingsstücke. Immer wieder spielte Tatum die anderen an die Wand. »Er war einfach zu gut«, erinnerte sich Waller. »Wenn der Mann in Fahrt kam, konnte ihn keiner schlagen.«
Seitdem galt er als der technisch versierteste aller Jazzpianisten. Man erkannte seinen leichten, intelligenten Stil vom ersten Ton an. Er spielte mit der Rechten ebenso dynamisch wie mit der Linken, und behielt stets den Überblick, egal wie schnell er spielte. Immer wieder überraschte er die Zuhörer mit unerwarteten musikalischen Zitaten. Wie Earl Hines, sein großes Vorbild, war Tatum als Solist am besten.
»Als ich Art Tatum das erste Mal hörte, dachte ich, da spielen vier Typen«, sagte der Pianist Jimmy Rowles. »Es klang zumindest so – man sah überhaupt nicht, was er da machte. Es war absolut unglaublich.«

Der Trompeter Roy Eldridge meinte: »Den meisten ist es vielleicht nie bewusst geworden, aber wer Tatum einmal gehört hatte, der wurde von ihm beeinflusst, was die Einstellung zum Improvisieren betraf.«
Tatums Leben bestand zum größten Teil aus Musik. Er war zweimal verheiratet und hatte einen Sohn. Er trank Unmengen Pabst Blue Ribbon Beer und war ein Anhänger der Cleveland Indians. Ansonsten saß er in irgendeinem Klub am Klavier und spielte die ganze Nacht hindurch. Ein paar Stunden Schlaf reichten ihm völlig.
Er soll niemals einem musikalischen Duell aus dem Weg gegangen sein. Der Trompeter Harry »Sweets« Edison erinnerte sich, wie der kanadische Pianist Oscar Peterson mit seiner sensationellen Technik ganz New York begeisterte und sich die besten Pianisten New Yorks in einer Wohnung trafen, um ihm zuzuhören. Alle zeigten sich vom Spiel des jungen Mannes begeistert. Nach ihm setzte sich Tatum ans Instrument. »Oscar, das war wirklich sehr hübsch«, sagte er. »Ich möchte das nächste Lied für dich spielen.« Und er spielte »Little Man You've Had a Busy Day«.
Der Gitarrist Les Paul erinnerte sich, wie sehr Tatum stets darauf aus war, sich mit anderen zu messen: »Wir fuhren durch Manhattan, und er fragte: ›Wo sind wir jetzt?‹ Ich antwortete: ›Am Madison Square Garden – Joe Louis boxt gerade‹, und wir redeten über den Kampf. Irgendwann meinte er: ›Weißt du, ich würde dieses Stadion gerne mieten, und alle Klavierspieler müssten gegen mich antreten, damit ich die Sache ein für alle Mal klären könnte. Ich müsste nicht mehr durch die Nachtklubs ziehen und diese Typen einzeln besiegen.‹«

Art Tatum in Aktion, auf der 52nd Street in New York.

Collins herrschte ihn an, er würde die Konzerte abblasen, wenn Armstrong seinen Anordnungen nicht folgen würde. Armstrong wiederum fühlte sich provoziert, besann sich jedoch eines Besseren. »Ich hätte ihm seinen verdammten Schädel einschlagen können ... aber so läuft die Sache nicht. Er ist ein Weißer. Also lass ich Johnny in Ruhe.«

John Hammond hatte sich nicht mehr zurückhalten können. Er machte Collins Vorwürfe wegen des Wortes »Nigger« und hielt ihm eine Standpauke, weil er den Mann, der sein »Brötchengeber« war, so »schäbig behandelte«. Collins verlor völlig die Beherrschung und holte mit hochrotem Kopf zu einem Schlag gegen Hammond aus. Hammond wich aus und schlug seinerseits zu. Collins schwankte, und Armstrong hätte den Sturz seines Managers leicht aufhalten können – aber er trat einen Schritt zur Seite und ließ Collins auf die Planken krachen.

Hammond glaubte, Armstrong würde ihm ewig dankbar sein. »Es war wahrscheinlich das erste Mal, dass ein Weißer für ihn kämpfte, weil er beleidigt worden war«, schrieb er. Aber Armstrong sah die Sache anders. Er war eher mit sich selbst zufrieden, weil er seine Wut bezähmt, weiteren Ärger vermieden und trotzdem das gewünschte Ergebnis erzielt hatte. »Es war«, schrieb er, »als hätte ich ihn selbst geschlagen.« Der schlaue Fuchs hätte es nicht besser machen können. (Armstrong und Hammond wurden nie gute Freunde, und Hammonds Enttäuschung über das, was er für Armstrongs Undankbarkeit hielt, äußerte sich später darin, dass er dessen Genie anzweifelte: In seiner viel später erschienenen Biografie sucht er dem Leser weiszumachen, dass Joe Smith, Armstrongs durchaus fähiger Vorgänger in Fletcher Hendersons Band, stets der bessere Trompeter gewesen sei.)

Es gelang Hammond, in England einen Vertrag abzuschließen, der es ihm ermöglichte, etwa 60 Aufnahmen für British Columbia zu machen – mit den Musikern, die er am meisten verehrte: Fletcher Henderson, Coleman Hawkins, Red Allen, Benny Carter.

Die Engländer interessierten sich auch für Benny Goodman, der damals nicht zu den Favoriten Hammonds zählte: »Benny schien mir ein guter Klarinettist zu sein, aber sicherlich nicht besser als Jimmy Dorsey«, schrieb er, »und nicht so gut wie eine Reihe schwarzer Klarinettisten, die ich kannte.« Er hatte Goodman in einem Zeitungsartikel bereits heftig kritisiert, als dieser einmal allzu hastig eine Band zusammengestellt hatte, um den Sänger Russ Columbo zu begleiten. Hammond schrieb: »Mr. Goodman hat offenbar vergessen, dass eine Band aus Menschen bestehen muss. Das Ergebnis tut weh, denn diese Band ist nichts als eine weitere glatte, einschläfernde Tanzkapelle.«

Aber die Engländer wollten Goodman, und so machte sich Hammond auf die Suche nach ihm. Er wusste, dass er ihn irgendwo auf der West 52nd Street finden würde, und er kannte die Gegend gut – seine Großmutter hatte eine Zeit lang direkt um die Ecke in einem Haus auf der Fifth Avenue gelebt. Hammond wusste auch, in welcher der 38 Flüsterkneipen, die es allein im Karree zwischen der Fifth und der Sixth Avenue gab, er Goodman finden konnte. Haus Nr. 35 beherbergte das Onyx, das in der ganzen Stadt als Musikertreff bekannt war. Die Parole lautete »802«, die Nummer der New Yorker Musikergewerkschaft. Hier kamen jeden Abend Jazzer zusammen und jammten. »Es hat mich immer wieder verblüfft«, erzählte der Besitzer des Onyx. »Da kam ein Musiker herein und beschwerte sich, weil irgendein Bandleader ihn bei den Proben zehn Minuten zu lange festgehalten hatte, und dann spielte er die ganze Nacht bei mir – umsonst.« Bix Beiderbecke hatte das Onyx geradezu geliebt, Art Tatum war oft zu Gast, ebenso wie Willie »The Lion« Smith, Jack Teagarden und Tommy Dorsey, der eine Zeit lang fast jede Nacht vorbeikam, wenn er seinen Auftritt im Westchester Ballroom beendet hatte. Er parkte seinen alten Buick vor dem Klub und wartete, bis er eine Melodie hörte, die er besonders mochte. Dann marschierte er Posaune spielend zur Tür herein.

Als Hammond die Bar betrat, war Goodman tatsächlich dort, und er freute sich nicht allzu sehr, den Mann zu treffen, der sich so kritisch über ihn geäußert hatte. Als Hammond ihm mitteilte, dass Columbia Aufnahmen mit ihm machen wollte, nannte Goodman ihn einen »verdammten Lügner«. Columbia sei pleite, sagte er, das wisse jeder.

Goodman zählte mittlerweile zu den erfolgreichsten Solokünstlern von New York. Nachdem er 1929 bei Ben Pollacks Band ausgestiegen war, hatte er – trotz der Auswirkungen der Depression – auf Hunderten von Studioaufnahmen mitgespielt und war ebenso häufig im Radio zu hören gewesen. Aber zu Beginn des Jahres 1933 fiel es selbst ihm schwerer, Arbeit zu finden, und mittlerweile galt er nicht nur als begabt und vielseitig, sondern auch als mürrisch und schwierig. Das einstige Wunderkind, das sich nun mit mittelmäßigen Aufnahmen über Wasser halten musste, machte sich nicht mehr die Mühe, sein Unbehagen vor seinen Arbeitgebern zu verbergen – und verlor deswegen einige Jobs. »Keiner von uns mochte diese ... ›kommerzielle‹ Musik«, erinnerte er sich. »Das Traurigste war, wenn einer der guten, anerkannten Männer sich mit dieser Art Musik abgeben musste. Ich glaube, ich tat Dinge, die mich nicht richtig befriedigten, und damit fing der ganze Ärger an.«

Nachdem Hammond klargestellt hatte, dass sein Angebot ernst gemeint war und es sich bei der Plattenfirma um die British Columbia handelte und nicht um deren amerikanische Tochter, musste Goodman das Angebot wie ein Geschenk des Himmels vorgekommen sein. Es war seine erste Chance, die Musik, die er liebte, unter seinem eigenen Namen aufzunehmen. Aber es gab ein Problem: Hammond wollte, dass er zusammen mit Coleman Hawkins und Benny Carter spielte. Die meisten der musikalischen Lehrmeister Goodmans waren Schwarze gewesen. Er stieg gerne bei schwarzen Bands ein und jammte in Klubs wie dem Onyx mit allen Musikern, ganz egal ob weiß oder schwarz. Er hatte sich sogar einen hippen Pseudo-Slang angeeignet, um sich seinen schwarzen Helden näher zu fühlen. Aber der Broterwerb kam für ihn wie immer an erster Stelle. »Wenn es sich herumspricht, dass ich mit farbigen Musikern Aufnahmen mache«, sagte er zu Hammond, »kriege ich in dieser Stadt nie wieder einen Job.«

»So schlimm kann es doch nicht sein«, entgegnete Hammond. »John, du hast ja keine Ahnung«, sagte Goodman. »Es ist so schlimm.« Später musste Hammond zugeben, dass Goodman Recht hatte: Die während der Depression um Jobs ringenden weißen Musiker wollten keine neue Konkurrenz.

Hammond stellte also eine Band zusammen, die ausschließlich aus weißen Musikern bestand, darunter Jack Teagarden, Gene Krupa und Joe Sullivan. Vom Ergebnis der Aufnahme-Session – »Ain'tcha Glad« und »I've Got a Right to Sing the Blues« – wurden 5000 Platten verkauft, was

1933 für eine Jazzplatte eine respektable Menge war. Zum ersten Mal hatte sich Goodman einen Namen als Bandleader machen können. Nie mehr sollte er den Augenblick vergessen, als er den Commodore Music Shop auf der East 42nd Street betrat und seine Platte dort sah, darüber ein handgeschriebenes Plakat: »Benny Goodman and his Orchestra«.

Hammond verschaffte den schwarzen Künstlern, die er verehrte, auch weiterhin Arbeit. Am Vormittag des 27. November 1933 nahm er zwei Stücke mit dem Broadwaystar Ethel Waters auf, einer früheren Blues-Sängerin. Danach brachte er seine neueste Entdeckung ins Studio, eine 18-jährige Sängerin, von der er jedermann vorschwärmte. Er hatte sie zum ersten Mal im Monette's gehört, einem Nachtklub in Harlem. Die leicht obszönen Lieder, die sie dort sang, waren ihm eher peinlich gewesen, aber ihr Aussehen und ihre Stimme berührten ihn tief. »Ich hörte einen erfrischend neuen Gesangstil«, erinnerte er sich. »Sie benutzte ihre Stimme wie ein Instrument.« »In diesem Monat ist ein ganz besonderes Talent aufgetaucht, die Sängerin Billie Holiday«, schrieb er in Down Beat. »Sie ist erst 18, singt aber bereits wie die Besten, die wir haben. Und sie ist wunderschön. Es wird Zeit, dass man eine Schallplatte mit ihr aufnimmt.«

Solche Lobeshymnen stießen bei Ethel Waters kaum auf Gegenliebe. Ihre Begeisterung für eine attraktive Konkurrentin, die halb so alt war wie sie, hielt sich verständlicherweise in Grenzen. Als Holiday das Studio betrat, setzte sich Waters im Hintergrund auf einen Stuhl, um sich anzuhören, wovon Hammond so schwärmte.

Billie Holiday hatte eigentlich eine dünne Stimme, die kaum eine Oktave umfasste. »Sie geht nur ein bisschen hoch und ein bisschen runter«, erklärte sie einem Musiker. »Meine Stimme ist eine einzige Katastrophe – wer mich begleitet, muss wirklich wissen, was er tut.« Leider führte sie ein so selbstzerstörerisches Leben, dass es ihre Freunde eher verwunderte, dass sie nicht schon vor dem 44. Lebensjahr an ihren Exzessen zugrunde ging. Die traurigen Details ihres Lebens, die in reißerischen Büchern und sentimentalen Filmen ausgebreitet worden sind, drängen manchmal die Tatsache in den Hintergrund, dass Billie Holiday trotz allem unvergessene Meisterwerke schaffen konnte und die größte Sängerin in der Geschichte des Jazz war.

Sie wurde 1915 als Eleanora Fagan in Philadelphia geboren und wuchs in Baltimore auf, als uneheliches Kind einer ebenfalls unehelich geborenen Mutter. Ihre ganze Kindheit über sehnte sie sich nach ihrem Vater, dem Gitarristen und Banjo-Spieler Clarence Holiday, dessen Charisma sie in die Welt der Musik lockte, der aber auch jene zwielichtigen Züge in sich trug, die sich später in den Männern wiederfanden, welche sie »Daddy« nannte und die sie für ihre Zwecke missbrauchten. Als Mädchen wurde sie zwischen Verwandten hin- und hergeschoben, die zwar für sie sorgten, ihr aber keine Liebe geben konnten. Sie schwänzte häufig die Schule und wurde mit zehn in das House of the Good Shepherd for Colored Girls gesteckt, ein Erziehungsheim viktorianischen Zuschnitts, das von Nonnen geführt wurde. Möglicherweise ist sie dort von älteren Heimbewohnerinnen missbraucht worden. Nachdem sie mit elf entlassen worden war, fiel sie einem Nachbarn in die Hände, der sie vergewaltigte. Daraufhin wurde sie wieder in das House of the Good Shepherd geschickt, um vor dem Verbrecher sicher zu sein und gegen ihn aussagen zu können. Mit zwölf arbeitete sie als Prostituierte in Alice Deans Bordell im Hafen und verdiente sich dort ein paar Dollar dazu, indem sie im Salon zu den Klängen der Victrola sang. Am liebsten hörte sie Bessie Smith und Louis Armstrong, deren Stile sie nachhaltig prägten. »Mir gefielen Bessies Klangvolumen und ihre Kraft«, erzählte sie in einem Interview. »Später ... hörte ich eine Platte von Louis Armstrong, den ›West End Blues‹, er singt gar keine richtigen Worte ... aber man hört, wie traurig er sich fühlt. Das, was ich da spürte, gefiel mir. Von da an wollte ich wie Louis Armstrong fühlen.«

Im Alter von 13 oder 14 zog sie mit ihrer Mutter nach New York, wo sie wieder in einem Bordell arbeitete, bis sie wegen Prostitution verhaftet wurde und eine Strafe im Arbeitshaus auf Blackwell's Island verbüßen musste. Danach begann sie, gegen Trinkgeld auf Privatpartys und in kleinen Klubs zu singen – dem Yeah Man, dem Hot-Cha, Pod's und Jerry's Log Cabin, dem Alhambra Grill und vielen anderen. Die meisten dieser Lokale waren winzige Kellerklubs. Meistens nur von einem Pianisten begleitet, trat sie ohne Mikrofon auf und ging von Tisch zu Tisch, um eine oder zwei Strophen zu singen und auf ein Trinkgeld zu hoffen. So lernte sie, welche Art des Vortrags die Höhe ihrer Einnahmen vergrößerte. Für jemanden, der sich zunächst weniger als Sängerin denn als improvisierende Jazzmusikerin sah, konnte es kaum ein besseres Training geben. »Ich bin nicht einmal der Meinung, dass ich singe«, sagte sie in einem frühen Interview. »Ich habe das Gefühl, ich würde ein Horn spielen.« Sie konnte es einfach nicht ertragen, ein Lied zweimal auf die gleiche Weise zu singen. »Ich kann es einfach nicht. Ich kann nicht einmal mich selbst imitieren.« Langsam wuchs ihr Ruf in Musikerkreisen – Hammond lud Goodman ein, sie sich anzuhören, und eine Zeit lang gingen die beiden miteinander aus, zum Entsetzen seiner Geschwister und ihrer Mutter –, und sie begann neue Namen auszuprobieren. Zuerst nannte sie sich Billie Halliday, nach dem Filmstar Billie Dove, und schließlich Billie Holiday, nach dem so sehr vermissten Vater.

Eleanora Fagan als Dreijährige.

Benny Goodman begleitete sie auch in das Aufnahmestudio, das Hammond gebucht hatte – dass er endlich Platten unter seinem eigenem Namen veröffentlichen konnte, hatte sein Selbstvertrauen offensichtlich derart gestärkt, dass er nun auch mit schwarzen Musikern arbeiten wollte. Billie war allerdings sehr nervös: Sie hatte noch nie zuvor in ein Mikrofon gesungen, von Ethel Waters wurde sie mit einem wütenden Blick empfangen, und in der neunköpfigen Studioband gab es nur einen schwarzen Musiker. Joe Sullivan, der Pianist, riet ihr, einfach die Augen zu schließen und zu singen. »Du willst doch diesen Leuten nicht den Eindruck vermitteln, du wärst wie alle anderen, oder?« Der unbedeutende Novelty-Song, den sie aufnahm, trug den Titel »My Mother's Son in Law«. »Mir wird immer noch ganz anders, wenn ich das Lied höre«, sagte sie in einem Interview kurz vor ihrem Tod. »Es klingt so, als würde ich mich lustig machen. Meine Stimme klingt so komisch, so hoch, als würde da eine Dreijährige singen. Aber um ehrlich zu sein, mir gefällt keine einzige meiner Platten. Weil es da immer etwas gibt, das man anders hätte machen sollen. Hier hätte eine kleine Pause hin gehört, da hätte man anders phrasieren sollen ... na ja, wie das eben so ist.«

Sie bekam 35 Dollar für die Aufnahme. Die Platte wurde ein Flopp, und Ethel Waters hatte nicht das Gefühl, sich wegen irgendetwas Sorgen machen zu müssen. Hammonds Entdeckung, erzählte sie später, habe gesungen, als säßen ihre Schuhe zu eng. Holiday arbeitete weiterhin in Harlem, überall dort, wo sie einen Job bekam, aber John Hammond glaubte weiterhin an sie und war gewillt, sie bekannt zu machen.

LET'S DANCE

Am 5. Dezember 1933, acht Tage nach Billie Holidays erster Aufnahmesession, wurde im 21. Amendment zur amerikanischen Verfassung die Prohibition aufgehoben. »Die Flüsterkneipen«, erinnerte sich Eddie Condon, »öffneten ihre Türen weit, und die Gäste atmeten zum ersten Mal seit 13 Jahren frische Luft.« Doch nun blieben die Gäste zum großen Teil fern, denn sie konnten sich wieder billiger in den Schnapsläden versorgen und zu Hause trinken. »Die Preise gingen runter«, fuhr Condon fort, »viele Musiker waren arbeitslos. Das Klima wurde frostiger.« *Variety* schrieb: »Die Nachtklubs trauern den guten alten Zeiten der Prohibition nach. Plötzlich trinkt keiner mehr.« Um die Gäste zurückzuholen, mussten die Klubs ihnen neue Attraktionen bieten. Billy Rose, der rührige Besitzer des glamourösen Casino de Paree, verkündete die Eröffnung eines neuen Klubs am Broadway, der das Casino noch übertreffen sollte – er versprach Liliputaner, Feuerschlucker, einen Wasserfall, einen Seehund, der Kunststücke vollführte, nackte Tänzerinnen und Platz für 1000 Gäste. Rose wollte auch eine Tanzkapelle, und Benny Goodman sollte der Leiter dieser Kapelle werden.

Billie Holiday, fotografiert 1935 zwischen zwei Auftritten hinter dem Apollo Theater in Harlem. Von links im Uhrzeigersinn: Ben Webster, »Shoebrush« (wahrscheinlich ein Bühnenarbeiter), Saxophonist Johnny Russell und Pianist Ram Ramirez.

Es gab bereits eine Reihe schwarzer Bands, die eine ähnliche Musik spielten, wie sie Goodman vorschwebte, aber Rose wollte eine weiße Band, und in dieser Liga gab es nur zwei: Eine davon wurde von den talentierten, aber schwierigen Dorsey-Brüdern Jimmy und Tommy geleitet, die andere war das glatte, disziplinierte Casa Loma Orchester, dessen wöchentliche Konzerte aus dem Glen Island Casino in Westchester von CBS im Rundfunk übertragen wurden. Beide Orchester standen bei der einflussreichen Agentur Rockwell-O'Keefe unter Vertrag, die Louis Armstrongs ehemaligem Manager Tommy Rockwell und seinem Partner Francis »Cork« O'Keefe gehörte, einem Veteranen unter den Musikagenten.

Goodman war erst 23 und hatte keinen Manager, aber seit er unter eigenem Namen aufgenommen hatte, sah er sich auch als potenziellen Bandleader. Er glaubte daran, sowohl die Dorseys als auch das Casa Loma Orchester überflügeln zu können, und er wusste auch, was für eine Band er haben wollte:

> »Ich interessierte mich nur für Jazz, und ich wollte Tanzmusik auf eine freie, musikalisch interessante Weise spielen – mit anderen Worten, so wie gute Musiker sie spielen würden, wenn man sie ließe ... Ich hatte das Gefühl, dass meine Art Musik zu machen – wozu ich

Die vollständige Besetzung der Let's Dance-Show im höhlenartigen NBC-Studio 8 H. Der riesige Raum bot Platz für drei Orchester, eine Truppe professioneller Tänzer und 1000 Zuhörer. Benny Goodman und seine Band sind links außen, Xavier Cugat hält den Taktstock genau über dem Mikrofon, inmitten seines Latin Orchestra. Dahinter sieht man Kel Murray (auch mit einem Taktstock in der Hand) und sein Orchester, das sich auf süßliche, kommerzielle Tanzmusik spezialisiert hatte.

auch nicht immer die Gelegenheit hatte – ehrlich und echt war, und ich wusste, dass sie beim Publikum ankommen würde. Wenn Musiker, die bereits sechs oder acht Stunden gespielt hatten, sich noch die Mühe machten, zum Auftritt einer Band zu kommen, der die Arbeit wirklich Freude zu machen schien (wie die Bands von Duke und Fletcher), dann sollte so etwas auch dem Publikum gefallen. Bis jetzt hat es noch keine weiße Band mit einer wirklich guten Rhythmusgruppe gegeben ... eine, die wirklich swingt ... die Arrangements müssen zu diesem Stil passen, die Musiker müssen die Gelegenheit für ein Solo haben und sich selbst ausdrücken können.«

Mit der Hilfe John Hammonds suchte er nach jungen Musikern, die seine Vorstellung von dem, was er »echten« Jazz nannte, teilten und unterzog sie rigorosen Proben. »Außer Perfektion ließ ich nichts gelten«, sagte er. »Ich lebte für diese Musik, und das erwartete ich auch von allen anderen.« Beim ersten Vorspielen zeigte sich Billy Rose nicht besonders beeindruckt, aber er willigte ein, sich die Band etwas später noch einmal anzuhören. Inzwischen hatte Goodman eine 17-jährige Sängerin namens Helen Ward entdeckt, und dank ihrer attraktiven Erscheinung ließ Rose sich beim nächsten Vorspielen überreden, der Band eine Chance zu geben. Der Klub wurde im im Juni 1934 eröffnet. Goodman erinnerte sich, »dass die Band die ein oder andere positive Kritik bekam«, obwohl die meisten Gäste nicht sicher schienen, wie man zu dieser Musik tanzen sollte. Doch dann fanden die Unterweltbosse, die Rose zum Teil finanzierten, dass Goodman und seine Männer zu viel verdienten. Sie wurden vor die Tür gesetzt.

Goodman war niedergeschmettert. »Das war wohl die größte Enttäuschung meines Lebens«, sagte er. Ein weiterer Schlag folgte auf dem Fuße. Dabei hatte John Hammonds Vorschlag zunächst phantastisch geklungen: Er stellte gerade eine »wirkliche All Star-Band« zusammen, die auf England-Tournee gehen sollte. »Er wollte die besten Musiker zusammenführen, egal welcher Hautfarbe«, sagte Goodman. »Die erste gemischtrassige Band in der Jazzgeschichte.« Den Drummer Gene Krupa und den Pianisten Teddy Wilson hatte er bereits unter Vertrag, dazu die Saxophonisten Benny Carter und Chu Berry, die Posaunisten Jack Teagarden und J. C. Higginbotham sowie die Trompeter Charlie Teagarden, Doc Cheatham und Henry »Red« Allen. So etwas hatte bislang noch niemand versucht. Ob er, Goodman, diese Band nicht leiten wolle? Goodman sagte begeistert zu und besorgte sich umgehend einen Reisepass. Hammond schürte das Interesse der Engländer, indem er unter einem Pseudonym einen Artikel im *Melody Maker* veröffentlichte. »Eine solche Zusammenstellung von Musikern hat es noch nicht gegeben«, versicherte er den Lesern. »Es dürfte besonders für die englischen Musiker ein lehrreiches Erlebnis werden.« Aber bei all seinem Enthusiasmus hatte Hammond vergessen, sich die Tourdaten von den englischen Agenturen bestätigen zu lassen. Vor allem aber hatte er versäumt, sich mit der englischen Musikergewerkschaft in Verbindung zu setzen, die amerikanische Orchester, egal welcher Hautfarbe, zunächst einmal als Konkurrenz für die einheimischen Musiker sah. Auch in England waren die Zeiten schwer. »Als alle schon die Koffer gepackt hatten«, erinnerte sich Goodman, »scheiterte der ganze Plan in letzter Minute. 14 Männer waren zutiefst enttäuscht.« Das britische Arbeitsministerium hatte den Musikern die Arbeitserlaubnis verweigert. Hammond war dieser Misserfolg offenbar so peinlich, dass er ihn in seiner Autobiographie mit keinem Wort erwähnte.

Goodman, der noch immer Arbeit suchte, wandte sich an Tommy Rockwell. Er könne nichts für ihn tun, beschied Rockwell ihm: Er und O'Keefe managten bereits Jimmy Dorsey (der sich mittlerweile von seinem Bruder Tommy getrennt hatte) und konnten keine weitere Band mit einem Klarinettisten als Leader gebrauchen.

Dann erfuhr Goodman, dass die National Broadcasting Company unter dem Titel Let's Dance eine dreistündige Radioshow für den Samstagabend plante. Drei Bands wurden gesucht – eine für Rumbas und Tangos, eine für romantische Tanzmusik und eine dritte, die jenen heißen Sound spielen sollte, den das Casa Loma Orchestra bereits via CBS in den Äther sandte. Musik für die jüngere Tanzgeneration – Musik, wie sie Benny Goodman spielen wollte. Auch in diesem Fall gab es bereits schwarze Bands, die ins Programm gepasst hätten – wie etwa die von Chick Webb, Fletcher Henderson oder Benny Carter –, aber die Radiostationen blieben ihnen verschlossen.

Goodman stellte seine Band um, probte, spielte vor – und bekam den Job, nachdem die jüngeren Angestellten der Werbeagentur, von der die Show betreut wurde, einen Strohhalm gezogen hatten.

Mittlerweile befanden sich einige erstklassige Musiker in Goodmans Orchester, darunter der Schlagzeuger Gene Krupa, die Klarinettisten Toots Mondello und Art Rollini, und manchmal auch der brillante, aber alkoholkranke Trompeter Bunny Berigan, von dem Louis Armstrong einmal sagte, er könne, »was die Musik betrifft, nichts falsch machen«. (Die Wertschätzung war gegenseitig: »Alles was ein Musiker auf Tour braucht«, sagte Berigan einmal, »ist eine Zahnbürste und ein Foto von Louis Armstrong.«) Aber Goodman machte sich noch immer Sorgen. Als er seine Freunde besuchte, die Sängerin Mildred Bailey und ihren Mann, den Xylophon-Spieler Red Norvo, klagte er, die Band klinge noch immer zu sehr wie die der Dorsey-Brüder. Außerdem mangele es an Material, um die Sendezeit zu füllen. Bailey stimmte ihm zu: Goodman brauche ein »Harlem Book«. Sie riet ihm, zu Fletcher Henderson zu gehen.

Als John Hammond ihn im Namen der Band kontaktierte, war Henderson, wie sich Goodman erinnerte, »ziemlich am Boden«. Er war pleite und hatte sein Orchester zwischenzeitlich sogar auflösen müssen. Deshalb versorgte er Goodman nur allzu gern mit einigen seiner Arrangements und schrieb auch neue für ihn. »Die ersten beiden, die wir von Fletcher bekamen«, erinnerte sich Goodman, »hatte er schon in seiner eigenen Band verwendet – [Jelly Roll Mortons] ›King Porter Stomp‹ und ›Big John Special‹ von seinem Bruder Horace. Soweit ich weiß, war es das erste Mal, dass ein weißes Orchester diese Nummern spielte, und für mich war es einer der größten musikalischen Kicks meines Lebens – schon bei den Proben hatten wir richtig Spaß an der Musik.«

Es sollte sich als ebenso wichtig für Goodmans Zukunft erweisen, dass Henderson ein genialisches Geschick dafür besaß, die Pop-Songs der Zeit in Bigband-Standards zu verwandeln. Darunter waren Nummern wie »Can't We Be Friends«, »Blue Skies«, »I Can't Give You Anything But Love« und »Sometimes I'm Happy«. »Der Song ist das Glockenspiel der Erinnerung, und diese Songs gehörten uns«, meinte der Schriftsteller James T. Maher. »Sie waren Bestandteil des Alltags, und Benny verdankte es ihnen, dass er in allen amerikanischen Wohnzimmern gehört wurde. Er brachte uns ›Blue Skies‹. Wir alle kannten ›Blue Skies‹, denn natürlich kannte jeder Irving Berlin. ›Das ist unser Mann‹, sagten wir.«

Diese Anzeige für Let's Dance stammt aus einer Broschüre des Sponsors, Nabiscos Uneeda Biscuits.

»Diese Dinge waren es«, sagte Goodman, »dieser wunderbar leichte Stil und die großartigen Läufe im Hintergrund, die den Stil der Band ausmachten.«

»Bis dahin hatte das Publikum dem Arrangement eines Stücks eigentlich keine Beachtung geschenkt – es kannte höchstens solch aufwändige Bearbeitungen wie die von Ferde Grofé für Whiteman. Aber ein Stück so zu arrangieren, dass die Musiker darin swingen können ... und dem Solisten wirklich geholfen wird, in Schwung zu kommen und ihn mit der nötigen Unterstützung versorgt – das können nur sehr wenige Musiker. Das Geheimnis besteht darin, dass die Ensemblepassagen, in denen die ganze Band zusammenspielt oder eine bestimmte Gruppe die Führung übernimmt, in mehr oder weniger dem Stil geschrieben sein müssen, den ein Solospieler bei seinen Improvisationen verwendet. Und Fletcher konnte genau das auf ganz wundervolle Weise ... so dass alles wirklich einen Zusammenhang hatte und einheitlich klang.«

Auch andere Arrangeure schrieben für Goodman, darunter Benny Carter, Jimmy Mundy, Gordon Jenkins, Edgar Sampson, Fletcher Hendersons Bruder Horace und ein mormonischer Saxophonist namens Spud Murphy. Aber »Fletcher übertraf sie alle«, erzählte Goodman später. »Ohne Fletcher hätte ich wahrscheinlich auch eine ziemlich gute Band gehabt ... allerdings eine ganz andere.«

Die Show wurde durch eine gewaltige Werbekampagne gefördert. Der Sponsor, der Kekshersteller Nabisco, forderte die Zuhörer auf, die samstägliche Radiosendung zur Tanzparty im Wohnzimmer zu machen. Let's Dance wurde ein Hit – und die Jugend Amerikas begann, die Show in ihre Samstagabende einzuplanen. Die erste Staffel hatte eine Laufzeit von 13 Wochen und wurde sofort um weitere 13 Wochen verlängert. Die Goodman Band nahm eine Reihe von Schallplatten für Victor auf, die sich gut verkauften, und der Name und der Ruhm Goodmans verbreiteten sich im ganzen Land.

Der Tenorsaxophonist Jerry Jerome studierte damals in New York Medizin. »So hatte ich noch nie jemanden Klarinette spielen hören«, erinnerte er sich. »Wie Benny spielte keiner. Und die Band! Fletcher Hendersons Musik mit diesem gewaltigen Beat. Ich ließ jeden Samstag zur selben Zeit meine Pathologiebücher fallen und schaltete das Radio ein. Ich vergaß alles andere und trainierte meine Gehirnzellen, indem ich dieser Musik zuhörte. Es war großartig, einfach wunderbar.«

WAS ICH SPIELEN WOLLTE

Kurz nach seinem Duell mit Lester Young in Kansas City war Coleman Hawkins mit dem Schiff nach Europa gereist. Er hatte über zehn Jahre in Fletcher Hendersons Band gespielt und war es Leid, mit ansehen zu müssen, wie Henderson Chancen und Auftritte verpasste. Als er davon hörte, wie begeistert Duke Ellington und andere im Ausland gefeiert worden waren, beschloss er, sein Glück ebenfalls in Übersee zu suchen. Er schickte ein Telegramm an Jack Hylton, den englischen Bandleader und Konzertagenten: BIN DARAN INTERESSIERT NACH ENGLAND ZU KOMMEN. COLEMAN HAWKINS. Als Hylton ihm 50 Pfund in der Woche anbot, bat Hawkins Henderson, ihm zwei Monate freizugeben und reiste nach England. Erst fünf Jahre später sollte er wieder nach Amerika zurückkehren.

Lester Young sollte Hawkins ersetzen, aber er passte nicht zur Band. Die anderen Musiker hatten immer noch Hawkins' gewaltigen Ton im Ohr. »Die ganze Band schien sauer auf mich zu sein, weil ich Hawkins' Platz eingenommen hatte«, erinnerte sich Young. »Ich hatte einfach einen anderen Sound als er. Ich wohnte im Haus der Hendersons, und Leora Henderson spielte mir jeden Tag Hawkins-Platten vor, damit ich lernte, wie er zu spielen ... Ich hörte immerhin zu. Ich wollte ihre Gefühle nicht verletzen.« Die feindselige Haltung seiner Kollegen tat ihm weh. »Ich hatte eine Vorstellung davon, was ich spielen wollte«, sagte er. »Das war das einzige Mal, das mir jemand vorschreiben wollte, wie ich zu spielen hätte.«

Youngs Leben wurde etwas erträglicher, als er bei einer Jam-Session in Harlem Billie Holiday kennen lernte. Sie verliebte sich in den leichten, entspannten Klang seines Instruments, der dem ihrer Stimme so ähnelte, und eine Zeit lang wohnte Young bei ihr und ihrer Mutter. Aber die Situation in der Band verbesserte sich nicht: Young weigerte sich, seinen Stil zu ändern. Schließlich musste sich Henderson widerwillig eingestehen, dass Young ein Fremdkörper blieb. Die anderen Musiker lehnten ihn noch immer ab. »Ich muss diesen Jungen gehen lassen«, sagte er zu seinen Bläsern, »weil es hier sonst keinen Frieden gibt. Aber bevor er geht, sage ich euch eins: Er kann euch alle in Grund und Boden spielen, dich – und dich – und dich!« Young fuhr mit dem Zug nach Kansas City zurück, aber als er zurückkam, versetzte er die Welt des Jazz in helle Aufregung, so wie damals im Schwarzenviertel von Oklahoma City.

HEIMATLOS

Anfang 1934 wurde bei Duke Ellingtons Mutter Daisy ein Krebsleiden festgestellt. Sie hatte stets im Mittelpunkt des Lebens ihres Sohnes gestanden, und er brachte sie zu den besten Ärzten, die es gab. Aber auch sie konnten nichts mehr tun. Ellington war bei ihr, als sie am 27. Mai des folgenden Jahres starb, seinen Kopf neben dem ihren auf ein Kissen gebettet.

Als sie in Washington D. C. beerdigt wurde, ließ ihr Sohn die Kirche mit 3000 Blumen füllen und bat Irving Mills, den schönsten Sarg zu kaufen, den dieser finden konnte. Danach brach er vor Trauer zusammen. »Nachdem meine Mutter gestorben war«, erinnerte er sich, »sah ich mich dem vollkommenen Nichts gegenüber, und jeder Glanz war aus meinem Leben ... gewichen.« Eine Zeit lang trank er viel, zog sich vollkommen zurück und weigerte sich, die Wohnung zu verlassen, in der sie zusammen gewohnt hatten. »Seine Mutter war für ihn der Mittelpunkt des Daseins gewesen«, erinnerte sich Mercer Ellington, »und die Tage nach ihrem Tod waren die traurigsten und morbidesten seines ganzen Lebens.« Als er wieder auf Tournee ging, fiel es ihm schwer, zu komponieren wie bisher. »Ich habe den Boden unter den Füßen verloren«, klagte er. »Ich habe keinen Ehrgeiz mehr. Als meine Mutter noch lebte, konnte ich es mit jedem aufnehmen, mich gegen alles und jeden zur Wehr setzen ... und was nun? Alles ist leer.«

Schließlich begann er wieder zu komponieren – ein Lied für seine Mutter. Während er es im Zugabteil immer wieder umschrieb, fielen seine Tränen auf die Notenblätter. Er nannte das Stück »Reminiscing in Tempo«. »Es ist eine Art Selbstgespräch«, erklärte er einmal. »Der Tod meiner Mutter war ein furchtbarer Schock für mich. Die Musik drückt das aus. Es beginnt mit angenehmen Gedanken, aber dann zieht einen etwas herab. Am Ende reißt man sich wieder zusammen.« Es war die ambitionierteste Musik, die er je komponiert hatte, ein 13-minütiges dreiteiliges Werk, das auf vier Plattenseiten verteilt wurde und fast doppelt so lang war wie »Creole Rhapsody«.

Die meisten Kritiker wussten nicht so recht, was sie davon halten sollten. Nur John Hammond hatte keinerlei Zweifel – er verabscheute das Stück. Anscheinend konnte er nicht vergessen, mit welch eisiger Höflichkeit Ellington sein Abschiedsgeschenk zurückgewiesen hatte. Hammond tat sich immer äußerst schwer mit Musikern, die auch ohne ihn sehr gut zurechtkamen, und er maß sich allzu gerne die Entscheidung darüber an, was Künstler aus ihrem Talent zu machen hatten und was nicht. In einem Artikel für den *Brooklyn Eagle* mit der Überschrift: »Die Tragödie des Duke Ellington, des ›Schwarzen Prinzen‹ des Jazz: Ein hochtalentierter Musiker auf prätentiösen Pfaden«, nannte er Ellingtons Tribut an seine Mutter »hohl ... ohne das kleinste bisschen Mumm ... formlos und seicht.« Die Ursache, fuhr er fort, läge im Charakter des Künstlers.

> »Er nimmt Beleidigungen und Ausbeutung mit wahrhaft göttlicher Ruhe und Gelassenheit hin und lässt sich nie dazu herab, zu kämpfen oder für seine Rechte einzustehen. Er flüchtet vor allem, was unangenehm sein könnte und zieht es vor, die schäbigen Seiten des Lebens nicht wahrzunehmen. In den letzten Jahren hat er sich alle Mühe gegeben, der rauen Wirklichkeit zu entkommen, die selbst die etabliertesten Schwarzen bedroht ... Das wahre Problem der Musik Ellingtons besteht darin, dass er sich bewusst jeder Berührung mit den Nöten seines Volkes oder

Daisy Ellington (links), ihr Ehemann J. E. und ihre Tochter Ruth, wahrscheinlich 1932.

> der Menschheit allgemein entzogen hat. Nur ein Langston Hughes könnte wohl hinreichend beschreiben, mit welchem Gleichmut er die Schmähungen hinnimmt, die über seine Rasse und die gesellschaftliche Klasse, aus der er kommt, ausgeschüttet werden. Er will sich einfach keine Gedanken über die Probleme der Baumwollpflücker im Süden machen, er befasst sich nicht mit den Scottsboro Boys ... obwohl er zu intelligent ist, um nicht zu bemerken, was um ihn herum geschieht.«

Ellington reagierte kaum einmal direkt auf Kritik. »Ich habe immer an das musikalische Experiment geglaubt«, war alles, was er sich entlocken ließ. »Musikalischer Stillstand heißt Rückschritt.« Aber Hammonds Artikel ließ in ihm eine dauerhafte Abneigung gegen Musikkritiker erwachsen.

»Es gab zwei Welten im Jazz«, erinnerte sich James T. Maher viele Jahre später, »die Welt der Musiker und die Welt der Journalisten, der Kritiker. Der Kritiker versucht ständig, den Jazz zu definieren und erklärt dem Musiker, was er zu spielen hat und was nicht. Diese Leute haben den Jazz-Kanon eingeführt: Sie wissen genau, was Jazz ist und was nicht. Wer gut ist, wer schlecht, wer ein Held ist oder ein Verlierer ... ich hatte oft das Gefühl, dass sich die Musiker, die dieses Zeug all die Jahre lasen, absolut heimatlos gefühlt haben müssen.«

DER BESTE FREUND, DEN ICH JE HATTE

Louis Armstrongs zweite Reise nach Europa, die im Juli 1933 begann, verlief mindestens so aufregend wie die erste. Die Konfrontation mit Johnny Collins mitten auf dem Ozean war nur der Anfang gewesen: Armstrong fand heraus, dass Collins ihn systematisch betrogen hatte, dass er es versäumt hatte, nach der ersten Tournee in England Steuern zu bezahlen und dass er sogar Geld eingestrichen hatte, das für Armstrongs von ihm getrennt lebende Frau Lil bestimmt war. Zudem war Collins' Benehmen eine ständige Beleidigung für die britischen Fans. Schließlich feuerte Armstrong ihn, und Collins fuhr wieder nach Hause, allerdings mit Armstrongs Reisepass im Gepäck. Als Collins klar wurde, dass er seinen großen Star verloren hatte, schickte er ihm ein Telegramm: »BIN IMMER NOCH FÜR DICH DA.« Armstrong warf es in den Papierkorb. »Von wegen«, sagte er nur.

Er spielte in London im Holborne Empire Theatre. Das Publikum liebte ihn, aber die Kritiker warfen ihm vor, zu viele Showelemente und zu wenig echte Musik zu bieten. Danach gastierte er in anderen englischen Städten und ging auf eine triumphale Europatournee. Er bereiste die Niederlande, Schweden, Norwegen und Dänemark, wo ihn am Kopenhagener Hauptbahnhof zehntausend Menschen begrüßten. Zunächst glaubte Armstrong, die Massen würden auf jemand anderen warten. Er wurde als der »Messias des Jazz« angekündigt, der »Übermensch an der Trompete« und »The Real King of Jazz«.

Im Dezember kehrte er zusammen mit dem Bandleader Jack Hylton, der während dieser Zeit als sein Agent fungiert hatte, nach London zurück, wo er eine weitere Woche im Holborne Empire Theatre auftrat. Zum Schluss jeder Show spielte er eine atemberaubende Version von »Shine«, die mit 70 hintereinander gespielten hohen Cs endete, gefolgt von einem durchdringenden hohen F. Bei einem dieser Soli riss er sich die Lippe auf. »Mein Smokinghemd war voller Blut, aber keiner hat es gemerkt. Ich verbeugte mich rasch und ging von der Bühne ... und sollte erst wieder vier Monate später auf einer stehen.«

Er blieb in London, um sich zu erholen – nachdem er und Alpha ein Restaurant gefunden hatten, das relativ authentische Rote Bohnen mit Reis servierte, sein Lieblingsgericht aus New Orleans. Danach folgte ein Aufenthalt in Paris, wo ihm begeisterte Franzosen auf Schritt und Tritt folgten und er sich »so oft verbeugen musste, dass ich oft noch im Bademantel dastand, wenn es losging«. Anschließend begann er eine weitere Tournee, die ihn durch Belgien, die Schweiz und Italien führte, aber seine vernarbte Lippe, die unter dem jahrelangen harten Spiel gelitten hatte, entzündete sich immer wieder und bereitete ihm große Schwierigkeiten. »Seine Lippen waren hart wie Holz und fingen immer wieder an zu bluten«, erinnerte sich der Posaunist Arthur Briggs. »Wir dachten, er hätte eine ganz üble Krankheit.«

Im Januar des Jahres 1935 kehrte er wieder nach Hause zurück, wo ihn eine Menge Ärger erwartete. Seine beiden Ex-Agenten hatten ihn wegen Vertragsbruch verklagt; Collins bedrohte ihn sogar körperlich. Seine von ihm getrennt lebende Frau Lil wollte ihn wegen nicht geleisteter Unterhaltszahlungen vor Gericht zerren, während Alpha Smith ihn drängte, er solle sich endlich scheiden lassen und sie heiraten. Zunächst gelang es ihm nicht einmal, an regelmäßige Auftritte zu kommen, und er musste seinen 3200 Dollar teuren Wagen verkaufen, weil er dringend 300 Dollar brauchte, die er nicht besaß. Selbst Louis Armstrong machte nun harte Zeiten durch. »All die Winkeladvokaten zerrten an mir rum, und ich kam nicht vorwärts«, erinnerte er sich.

An diesem Punkt trat Joe Glaser wieder in sein Leben. Glaser war in den Jahren 1926 und 1927 Manager des Sunset Café gewesen und hatte Armstrong damals sehr beeindruckt. »Ich hatte schon immer die Art und Weise bewundert, wie er sein Personal behandelte«, sagte er. »Er schien Verständnis für die Schwarzen zu haben.« Gleichzeitig hielt Armstrong ihn auch für einen zähen »harten Hundesohn«, und er

Pressefoto Louis Armstrongs aus der Zeit, als er noch bei Johnny Collins unter Vertrag war.

Louis Armstrong allein in London.

Gipfeltreffen von Chicago: Am 14. Februar 1935 fand in Tony's Tavern auf der West 31st Street 52 eine Party zu Ehren Duke Ellingtons und Louis Armstrongs statt. Neben den Ehrengästen, nebeneinander an der linken Tischseite, waren auch dabei: Armstrongs Lebensgefährtin Alpha Smith (hinter ihm), Trompeter Punch Miller, der sein Instrument hoch hält und, Armstrong gegenüber, Wellman Braud, Ellingtons Bassist und ein guter Freund Armstrongs aus New Orleans.

wusste auch von Glasers Verbindungen zur Unterwelt – was für jemanden, der in seiner Jugend in den Kneipen von New Orleans gearbeitet hatte, kein Nachteil sein musste. Armstrong wusste auch, dass es noch keinem Schwarzen – egal wie talentiert oder berühmt – gelungen war, ohne die Hilfe von Weißen zurechtzukommen. Glaser, der Sohn eines wohlhabenden Arztes aus Chicago, hatte selbst den Beruf des Mediziners ergreifen wollen, war aber als kleine Nummer in der Gang von Al Capone gelandet. Er veranstaltete Boxkämpfe – und bestach die Boxer. Er führte ein Bordell und wurde zweimal wegen Unzucht mit Minderjährigen verklagt. Aber die Aufhebung der Prohibition hatte den Griff des organisierten Verbrechens um Chicago gelöst. Al Capone saß im Staatsgefängnis, und kleine Gauner wie Glaser mussten sehen, wo sie blieben.

Beide Männer sind sich einig, dass es Armstrong war, der Glaser im Frühjahr 1935 aufsuchte – aber darüber, wie ihre neue Verbindung begann, gehen die Darstellungen auseinander. Glaser behauptete, dass Armstrong völlig verzweifelt war, als er zu ihm kam – »pleite und sehr krank. Er sagte: ›Ich möchte bei niemand anderem sein, bitte Mr. Glaser, nur Sie und ich. Sie verstehen mich und ich verstehe Sie.‹ Und ich antwortete: ›Louis, ich bin du, und du bist ich.‹ Dann, so Glaser, gab er all seine anderen gut gehenden Geschäfte auf, um sich ausschließlich Armstrongs Karriere zu widmen.

Armstrong hingegen behauptet, Glaser sei »am Boden« und »fix und fertig« gewesen, als er ihn fragte, ob er sein Manager werden wolle. Zunächst habe Glaser abgelehnt, weil er völlig mittellos sei. »Das spielt keine Rolle«, meinte Armstrong, »Sie besorgen mir Jobs, Sie kassieren das Geld. Sie zahlen mir 1000 Dollar die Woche, bar auf die Hand. Sie bezahlen die Band, die Reise- und Hotelkosten, meine Steuern und behalten das, was übrig bleibt.«

Wie immer auch ihre erste Unterredung verlaufen sein mag: Es wird deutlich, dass beide Männer einander brauchten. Glaser brachte Armstrongs Angelegenheiten schnellstens in Ordnung. Er einigte sich mit dessen Ex-Agenten und dessen Frau, stellte für ihn eine Bigband zusammen, die vom Trompeter Zilner Randolph geführt wurde, und handelte für ihn einen lukrativen Vertrag mit Jack Kapp von Decca Records aus, einer ganz neuen Plattenfirma, die damals einen Bing Crosby-Hit nach dem anderen veröffentlichte. Glaser kümmerte sich auch um die Buchungen, organisierte Busse und Hotels, übernahm die Buchhaltung und begleitete die Band manchmal auf Reisen in den Süden, um dafür zu sorgen, dass sein Star und die Musiker anständig behandelt wurden. Angeblich hat es zwischen den beiden Männern nie einen schriftlichen Vertrag gegeben, und es ist durchaus denkbar, dass Glaser in den 30 Jahren ihrer Zusammenarbeit die Hälfte aller Einkünfte Louis Armstrongs kassiert hat. Später hatte Glaser eine Vielzahl schwarzer Stars unter Vertrag, aber, wie sich der Bassist der Russell Band, Johnny Williams, erinnerte: »Mr. Glaser sagte den Showstars in seinem Büro: ›Louis Armstrong ist die Nummer eins – und alle anderen kommen danach.‹«

Im Sommer 1935 war Armstrong dank Glasers Geschick wieder auf Tournee und wieder ganz oben. Der *Pittsburgh Courier* berichtete, der 18. August sei »im ganzen Monongahela Valley Louis Armstrong-Tag … Überall laufen Grammophone mit seinen Aufnahmen auf Victor … er singt seine Geschichten und trifft mit der Trompete Töne, von denen andere Trompeter kaum zu träumen wagen. In Rankin, East Pittsburgh, Homestead, Duquesne, Clairton, McKeesport, Mon City, Monessen, Donora und anderen benachbarten Orten sind Autokorsos geplant.« Zwei Wochen später berichtete ein Korrespondent der gleichen Zeitung, Armstrong breche im Howard Theater in Washington D. C. alle Rekorde. »Kein anderer ist jemals in Washington so begeistert gefeiert worden wie Louis Armstrong. Die Menschen laufen hinter ihm her, Autogrammjäger umlagern ihn. Der Mann, der schon vor … gekrönten Häuptern gespielt hat …

Louis Armstrong und Joe Glaser.

in die USA zurückkehrte und sich zunächst nach Chicago zurückzog, steht dank seines Freundes und Beraters Joe Glaser wieder im Rampenlicht ... Er präsentierte dem amerikanischen Publikum, das sich so sehr nach etwas Neuem sehnt ... eine höchst originelle musikalische Show.«

Glaser setzte bei seiner Arbeit oft die rauen Umgangsformen ein, die er auf der South Side von Chicago gelernt hatte. »Sie kennen mich nicht«, pflegte er zu neuen Verhandlungspartnern zu sagen. »Aber Sie sollten zwei Dinge über mich wissen: Ich bin schrecklich jähzornig – und ich halte stets mein Wort.« Er war »der unverschämteste, der unhöflichste und der härteste Agent, mit dem ich je verhandelt habe«, sagte ein New Yorker Klubbesitzer, und der Impresario George Wein, der in späteren Jahren mit ihm zu tun hatte, bewunderte, wenn auch zähneknirschend, »seine wunderbare Fähigkeit, völlig ungerührt lügen zu können«.

Manchem Beobachter, der nicht wusste, aus welcher Welt Armstrong stammte, kam es so vor, als dominiere Glaser rücksichtslos seinen Künstler, der in seiner Gegenwart oft seltsam zurückhaltend wirkte. Die Wirklichkeit sah anders aus. Armstrong machte stets deutlich, welche Grenzen auch der Mann, den er nur »Mr. Glaser« nannte, nicht überschreiten durfte. So ließ er sich nicht vom Marihuana-Rauchen abbringen, obwohl sein Manager es ihm verbieten wollte. Und wenn Glaser sich mit dem Bezahlen von Rechnungen zu viel Zeit nahm, dann ließ Armstrong ihn wissen, dass die nächsten Termine wohl platzen würden, wenn er sich nicht bald darum kümmerte. Wenn es notwendig schien, konnte Armstrong auch ruppig werden. So soll er Glaser einmal gedroht haben, ihm die Kehle durchzuschneiden, falls er je dahinter käme, dass der Manager ihn betrügen würde.

Aber letzten Endes, sagte er in einem Interview, war er Glaser dankbar dafür, dass er es ihm ermöglicht hatte, sich auf das zu konzentrieren, was er am meisten liebte – seine Musik.

> »All diese Probleme, die man hat, wenn man eine Band leitet, die Musiker zusammenhält, sie bezahlt, auf die Einnahmen achtet, auf die Anteile, auf die Steuern oder welche Songs man aufnehmen sollte – damit brauchte ich mich nicht herumzuschlagen. Joe gab mir jeden Monat einen bestimmten Betrag und kümmerte sich um den Rest. Vielleicht wäre ich heute reich, wenn ich alles selbst gemacht hätte – aber ich wollte lieber das tun, wovon ich etwas verstand. Mir kam's immer so vor, als hätten all die, die eine Menge Geld gemacht haben, es am Ende nur ihren Erben hinterlassen. Die haben sich früh ins Grab gebracht ... aber ich werde allen Blumen schicken. Ich bin halt ein Spieler. Wie der alte kreolische Hornspieler [Buddy] Petit jedes Mal zu mir sagte, wenn wir uns bei einer Parade oder einem Begräbnis trafen: »Ich lass mich von meinem Horn nicht umbringen. Eher bring ich es um.«

In seinen Memoiren »Music Is My Mistress« beschrieb Duke Ellington das komplizierte Verhältnis der beiden Männer.

> »Louis Armstrong und Joe Glaser; Joe Glaser und Louis Armstrong. Manchmal hatte man den Eindruck, Louis habe sich allzu leicht vor Glasers Karren spannen lassen. Louis war das Pferd, das alles zog, während Glaser auf dem Karren saß und die Zügel in der Hand hielt. Ein Karren ist ja auch gut geeignet, einen Goldschatz zu befördern. Aber ganz egal, wie sehr sich Joe Glaser bereichert hat, man sollte nicht vergessen, dass auch Louis ein sehr rei-

ls eine Musik, deren wichtigstes Element der freie usdruck ist, war der Jazz Diktatoren schon immer erdächtig. Die sowjetische Regierung hatte zunächst in gespaltenes Verhältnis zu dieser Musik. Unter dem etzten Zaren war der Ragtime populär geworden, und uch in den ersten Jahren nach der Machtübernahme er Bolschewisten wurden amerikanische Musiker vie Sidney Bechet herzlich empfangen. Unter Stalin nderte sich dies jedoch. 1928 skizzierte Maxim Gorki n einem Artikel in der *Prawda* die neue Parteilinie. azz galt nun als ein kapitalistisches Gift, das man anz bewusst den schwarzen Amerikanern inträufelte, um sie daran zu hindern, sich gegen ihr asein als Sklaven des Systems aufzulehnen.

> »Man hört dumpfes Grollen, Schreie und Seufzer, die an das Grunzen eines metallenen Schweins, den Schrei eines Esels oder das verliebte Quaken eines riesigen Frosches erinnern. Das Chaos eines die Sinne beleidigenden Wahnsinns pulsiert zu einem zuckenden Rhythmus. Wenn man diesen Schreien einige Minuten zuhört, stellt man sich unwillkürlich ein Orchester von sexverrückten Wahnsinnigen vor, das von einem Zentaur dirigiert wird, der einen riesigen Phallus als Taktstock schwingt. Der monströse Bass rülpst englische Wörter, ein wildgewordenes Horn kreischt so durchdringend, dass es an die Schreie eines tobenden Kamels erinnert. Die Trommel schlägt einen monotonen Takt. Eine fiese kleine Flöte zerrt am Ohr; ein Saxophon stößt quakende nasale Laute aus. Fleischige Hüften wiegen sich und Tausende schwerer Füße trampeln und stampfen. Schließlich endet diese entartete Musik mit einem ohrenbetäubenden Donner, als habe jemand eine Kiste mit Porzellangeschirr vom Himmel auf die Erde geworfen.«

Jazz und Jazztanz galten von nun an als antisowjetisch. Schüler, die zugaben, Jazz zu mögen, mussten ihre Geschmacksverirrung vor der ganzen Klasse beichten. Wer beim Hören amerikanischer Schallplatten erwischt wurde, landete für sechs Monate im Gefängnis.
1933 kam Hitler an die Macht. Schon nach wenigen Wochen verbannten die Nazis die »jüdische Nigger-Musik« aus dem Radio. Braunhemden sabotierten Jazz-Konzerte. Bei nationalen Wettbewerben sollte ein geeigneter arischer Ersatz für Jazz gefunden werden – eine Neue Deutsche Tanzmusik. Die Ergebnisse waren plump und unschön, ohne den Hauch von Improvisation. Juden wurden nach und nach aus den Musikergewerkschaften ausgeschlossen. Einige deutsche Plattenfirmen strichen sämtliche Schallplatten von schwarzen oder jüdischen Künstlern aus ihrem Programm. So kamen auch Benny Goodmans Platten auf den Index, als die Nazis 1937 erfuhren, dass er Jude war. Artie Shaw hingegen wurde weiterhin geduldet, da das Propagandaministerium annahm, er sei der Sohn des irischen Schriftstellers George Bernard Shaw.
Während die Nazis gegen den »Jazz-Bazillus« wüteten, machte die Sowjetunion eine erneute Kehrtwende. Die Regierung ließ sogar ein recht schwerfälliges, 43-köpfiges Jazz-Orchester der Sowjetunion gründen. Die amerikanischen Kommunisten blieben linientreu. Sie forderten eine Zeit lang die Errichtung einer Schwarzen Republik des Südens, die sich von Virginia bis Texas erstrecken sollte. Afroamerikaner wurden nun als versklavtes Volk gesehen, und Jazz galt offiziell als bedeutende Volksmusik, die das Leid der Menschen ausdrückte. »Die Wurzeln des Jazz liegen in der Unterdrückung der schwarzen Massen durch die weißen Plantagenbesitzer«, schrieb Charles Edward Smith im *Daily Worker*. »Es ist in der Tat eine Volksmusik. Der Hot Jazz floriert, und dass zumindest einige der Musiker, die ihn hervorbringen, den politischen Gehalt erkennen, ist ein weiterer Hinweis auf das wachsende Klassenbewusstsein der Massen.«
(Dabei blieb die Tatsache außer Acht, das Jazz stets eine urbane, keine ländliche Musik war; dass die Musik eher Freude und Selbstbewusstsein ausdrückte als Tragik; und dass die meisten Musiker, ob schwarz oder weiß, in der Jazzmusik in erster Linie eine Möglichkeit sahen, ihren Lebensunterhalt zu verdienen.)

Das Titelbild der Broschüre mit der Eröffnungsrede zur Ausstellung Entartete Musik, die Hans Severus Ziegler vom Ministerium für Volksaufklärung und Propaganda 1937 in Düsseldorf organisierte.

cher Mann geworden ist ... Joe Glaser wusste, welchen Schatz er an Louis hatte, und er passte gut auf ihn auf.«

TYPISCH AMERIKANISCH

Am 19. März 1935 wurde gegen halb drei Uhr nachmittags ein 16-jähriger Puertoricaner erwischt, als er im Warenhaus S. H. Kress an der Ecke 125th und Lenox Avenue ein Taschenmesser im Wert von zehn Cent stehlen wollte. Bei dem folgenden Handgemenge biss er einem der Angestellten in die Hand. Die herbeigerufenen Polizisten brachten den Jungen in einen Kellerraum, um ihn dort zu verhören. Vor dem Laden versammelte sich eine Menschenmenge. Dann fuhr ein Krankenwagen vor, und kurz danach kam zufällig ein Leichenwagen vorbei. Zunächst verbreitete sich das Gerücht, der Puertoricaner sei verprügelt worden; dann hieß es, dass ihn die Angestellten getötet hätten. Einige Umstehende griffen die Polizisten an und wurden verhaftet. Jemand warf einen Ziegelstein in die Schaufensterscheibe des Ladens.

Es folgten zwei Tage der Gewalt. Harlem wurde zu einem »Tollhaus der Wurfgeschosse«, schrieb Alain Locke. »Glas klirrte, Polizisten schwangen ihre Knüppel, berittene Polizei erschien, Sirenen heulten, die Polizisten feuerten Schüsse ab.« Dutzende von Schaufensterscheiben gingen zu Bruch, es kam zu Plünderungen. Ein der Plünderung Verdächtigter wurde erschossen und 100 Menschen verletzt. Selbst der Savoy Ballroom wurde beschädigt und musste kurzzeitig geschlossen werden.

Während der Nachwehen der Unruhen versuchte die Redaktion der *New York Daily News* die Wogen zu glätten – und die Auflage zu steigern –, indem sie einen »Harvest Moon Ball« organisierten, bei dem Paare aller Rassen aus allen Stadtteilen zu einem Tanzwettbewerb antreten konnten, und zwar in den Kategorien Walzer, Tango, Rumba, Foxtrott – und Lindy Hop.

Herbert White – den Freunde wie Feinde nur »Whitey« nannten – arbeitete als Türsteher im Savoy. Der ehemalige Sergeant der Hellfighters und Gründer einer Gang namens Jolly Fellows, die nicht nur für ihre Fähigkeiten im Straßenkampf berühmt war, sondern auch für ihre guten Tänzer, war ein cleverer Geschäftsmann. Das Lindy Hop-Fieber hatte sich über die ganze Stadt ausgebreitet, und Shorty Snowden und »Twist Mouth« George Ganaway verdienten bereits eine Menge Geld mit Auftritten bei Partys. White wollte sich von diesem Kuchen auch ein Stück abschneiden, und als Snowden und Ganaway es ablehnten, sich von ihm managen zu lassen, suchte er sich sechs der besten jungen Tänzer im Savoy und begann mit ihnen für den Tanzwettbewerb der *Daily News* zu trainieren. Der Sieg einer Gruppe von Tänzern aus dem Savoy, die unter seiner Leitung stand, würde Aufsehen erregen und ihn vielleicht zum reichen Mann machen.

Unter den Auserwählten befanden sich auch Norma Miller und Frankie Manning, die im Savoy schon sehr bekannt waren. Das Halbfinale von Harlem, das im Savoy stattfand, war ein Kin-

Frankie Manning (rechts) feuert die Tänzer bei einem der halsbrecherischen Überwürfe an, die er selbst im Savoy kreiert hatte.

Die Menschen, für die der Blues in erster Linie geschaffen wurde ... sind tänzerische Menschen. Sie bewegen sich gerne nach einem Beat. Jede ihrer Bewegungen hat etwas Tänzerisch-Elegantes, bei der Arbeit, beim Spiel. Ja, alle Bewegungen, die sie tagtäglich ausführen, die Art, wie sie gehen, stehen, sich drehen, winken, einander die Hand schütteln, nach etwas greifen. Die besten schwarzen Musiker komponieren und spielen Tanzmusik. Darin drücken sich die existenziellen Werte und eine ganze Lebensweise aus.

ALBERT MURRAY

Der Lindy Hop soll 1928 im Manhattan Casino kreiert worden sein – zur Perfektion gebracht wurde er allerdings im Savoy Ballroom in Harlem, wo diese Fotos in den 30er Jahren entstanden.

Whitey's Lindy Hoppers. »Whitey« – Herbert White – ist der Mann in der Mitte. Norma Miller steht rechts neben ihm. 1937 trat die Tanztruppe im New Cotton Club in Culver City, Kalifornien auf, wo Aufnahmen für den Film »Die Marx Brothers: Ein Tag beim Rennen« entstanden.

derspiel für sie. »Chick Webbs Band spielte so gut wie nie«, erinnerte sich Norma Miller, und die Juroren waren von den Tänzern so begeistert, dass sie die drei ersten Paare allesamt zum Finale in den Madison Square Garden schickten.

Vorher stimmte Whitey die Tänzer noch ein: »Wir werden ihnen zeigen, was der Lindy Hop wirklich ist«, sagte er. »Wir sind die Champs. Ihr müsst einfach gewinnen. Ihr seid die Repräsentanten des Savoy, und ihr wisst, was wir von euch erwarten. In den *Daily News* soll stehen, dass wir alles gewonnen haben – den ersten Platz, den zweiten und den dritten! Wir nehmen nur am Lindy Hop-Wettbewerb teil, also sorgt dafür, dass wir abräumen. Geht das klar?«

»Geht klar!«, antworteten die Tänzer unisono.

Im Garden wechselten sich das Abe Lyman Orchestra und das wieder neu zusammengestellte Fletcher Henderson Orchestra auf der Bühne ab. Das Programm begann mit einem Defilee der Tänzer um das Tanzparkett herum, während die Zuschauer applaudierten. »Der Lärm nahm zu, als wir, die Lindy Hoppers, als Letzte in den Saal kamen«, erinnerte sich Norma Miller. »Wir konnten hören, dass die Zuschauer auf unserer Seite waren, und wir winkten ihnen zu. Harlem zeigte Flagge.«

Zuerst waren die traditionelleren Gesellschaftstänzer aufgerufen, und während Norma Miller sie ihre wunderbaren Schrittkombinationen vorführen sah, kam ihr der Gedanke, dass sie bei aller Eleganz »ihre Wurzeln in einer fremden Kultur hatten. Der Lindy Hop jedoch war in New York entstanden, in Harlem … es war ein amerikanischer Tanz, den Amerikaner kreiert hatten. Er hatte Soul, und er swingte.«

Weiße Lindy Hopper aus anderen Teilen der Stadt traten vor ihnen an. »Uns kamen sie ziemlich tölpelhaft vor«, sagte Norma. »Als wir sahen, was sie aus unserem Tanz gemacht hatten, wurden wir richtig wütend und wollten erst recht gewinnen. Dann begann die Henderson Band eine schnelle Nummer zu spielen, und die Tänzer aus dem Savoy bekamen endlich ihre Chance. Sie wirbelten einander in die Luft, drehten sich und vollführten ihre akrobatischen Schritte und Sprünge – und die Menge erhob sich mit einem Jubelschrei. Als alles vorbei war, hatten Norma Miller, Frankie Manning und ihre Freunde in der Tat die ersten drei Plätze belegt, so wie Whitey es erhofft hatte.

Whitey stellte mehrere Tanzgruppen zusammen, die auf Tournee gingen – Whitey's Hopping Maniacs, Whitey's Lindy Hoppers und die Jive-A-Dears – und Norma Miller und Frankie Manning wurden Profi-Tänzer. Sie begeisterten ihr Publikum, spielten in Filmen mit und verbreiteten die Botschaft des Tanzes, den sie im Savoy gelernt hatten. Viele Jahre später sprachen sie in einem Interview über ihre Zeit auf dem Tanzparkett.

NORMA MILLER: Damals galt noch überall im Land eine sehr strikte Rassentrennung. Und das war das Erstaunlichste am Savoy: Es war das erste Haus in Amerika, das seine Pforten jedermann öffnete, egal, ob schwarz oder weiß. Damals begriffen wir gar nicht, dass es so etwas Besonderes war. Wir hatten ja schon jahrelang im Ballroom getanzt. Wir hatten keine Ahnung, wie es wirklich aussah, zumindest ich hatte keine Ahnung, weil wir ja immer weiße Konkurrenten gehabt hatten. Wir konnten nicht ins Roseland [wo Schwarzen der Zutritt verwehrt war], aber die Gäste des Roseland konnten zu uns kommen. Also erschien es uns ganz normal – jeden Abend kamen weiße Stars in den Ballroom und alle möglichen weißen Musiker. Ich habe Leopold Stokowski im Savoy Ballroom gesehen! Wir tanzten in einer heilen Welt. Die andere bekam ich erst mit, wenn ich den Ballroom verließ. Was das Tanzen betrifft, gab es für mich zunächst keine Rassentrennung.

FRANKIE MANNING: Ich sag Ihnen was. Wenn ich ins Savoy ging, hab ich nie daran gedacht, dass da Schwarze und Weiße hingingen. Ich dachte einfach, das sind Tänzer, die gehen in den Ballroom. Und egal, ob man nun schwarz, grün oder gelb war, die einzige Frage, die sie dir im Savoy stellten, lautete: Kannst du tanzen? Und wenn ein Weißer reinkam, drehte sich auch keiner um und starrte ihn an. Wir sagten, »He, der Mann kann tanzen! Großartig!« So war's. Wir schauten keinem ins Gesicht, um zu sagen, der ist schwarz, grün oder gelb oder was auch immer.

NORMA MILLER: Und sie kamen alle. Der Swing bringt die Menschen zusammen.

FRANKIE MANNING: Du sagst es.

NORMA MILLER: Ja, wir hatten viele weiße Tänzer im Savoy Ballroom.

FRANKIE MANNING: Und ob.

NORMA MILLER: Und ich kann Ihnen sagen, sie waren gut.

FRANKIE MANNING: Und wie gut die waren.

NORMA MILLER: Sie waren so gut, dass man ihnen am liebsten eine gescheuert hätte. Aber das war eben das typisch Amerikanische. Wir hatten italienische Jungs aus der Bronx da, jüdische Jungs aus Brooklyn, und es war wirklich ein Schmelztiegel ...

FRANKIE MANNING: Oh Mann ...

NORMA MILLER: ... Und jeder wollte beim Tanzen der Beste sein. Damals wussten wir gar nicht, was für ein Privileg das war, aber wenn man 50 Jahre später zurückblickt, kann man nur sagen, dass dort etwas ganz Wundervolles stattgefunden hat. Keiner fragte, wo man herkam, und das machte das Savoy so einzigartig.

KÖNNT IHR JUNGS AUCH WALZER?

»Benny Goodman und seine Band sind ein wahres Allheilmittel«, schrieb *Metronome* im April 1935. »Ein großartiges Orchester – gute Arrangeure und Musiker. Die Phrasierung, der Swing, der Biss – alles zeugt von exzellenter Zusammenarbeit.« In jenem Frühjahr sah die Zukunft für Benny Goodman rosig aus. Dank der wöchentlichen Übertragungen im Radio und der Schallplatten, die er mit seiner Band aufnahm, machte er sich unter jungen Leuten, die Tanzmusik liebten, einen Namen. Eine Reihe unangekündigter Konzerte im Savoy, bei denen Goodman sich mit Chick Webb abwechselte, hatte seinen Musikern, so der Bandleader, »die wunderbare Gelegenheit geboten, unsere Musik mit seiner zu vergleichen und zu versuchen, etwas von dem Schwung zu entwickeln, mit dem er seine Musik anging«.

Doch dann traten die Arbeiter bei Nabisco in den Streik. Der Backbetrieb ruhte – und ohne Kekse gab es keine Show. Nabisco sagte die Konzertreihe ab.

Goodman hatte mittlerweile einen Agenten, Willard Alexander, der für die Agentur »Music Corporation of America« arbeitete. Alexander hatte gerade das College beendet und war überzeugt davon, dass die jungen Tanzwütigen lieber Goodmans Musik hören würden als die der anderen Tanzkapellen im MCA-Programm, das fast ausschließlich den süßlichen, langsamen Stil brachte. In aller Eile buchte Alexander einen Auftritt im Roosevelt Hotel in Manhattan, dem Hauptquartier Guy Lombardos. »Wir wollten einfach nur, dass die Band irgendwo spielte«, erinnerte sich Alexander. »Mein Gott, wir hätten sie auch im Holland Tunnel auftreten lassen.« Die Sache wurde ein Reinfall: Lombardos Fans verabscheuten Goodmans Musik. Die Kellner hielten sich die Ohren zu. Ein entrüsteter Gast ließ Goodman eine handgeschriebene Notiz zukommen. »Nur um der Abwechslung willen«, hieß es da, »könnt ihr nicht mal was Süßes, Langsames spielen?« Nach nur zwei Wochen wurde die Band entlassen.

Alexander war fest entschlossen, die Goodman Band nicht auseinander brechen zu lassen. Er stellte für den Sommer eine landesweite Tournee zusammen, die im alten Rainbow Gardens in Los Angeles enden sollte – der nach einem Umbau als Palomar Ballroom neu eröffnet worden war. Goodman blieb skeptisch. »Der Geschmack der Leute im Westen galt als ziemlich kitschig«, erinnerte er sich. »Ich sagte: ›Je weiter wir nach Westen kommen, umso schlimmer wird es werden. Ich sehe darin überhaupt keine Zukunft.‹«

Nichtsdestotrotz gingen er und seine Band im Juli auf Tournee quer durch das Land. Manchmal spielte die Band Einzelauftritte für nicht mehr als 250 Dollar. Es fehlte an Geld für einen Bus, die Musiker mussten in ihren eigenen Autos reisen. In Pittsburgh und Milwaukee wurden sie vom Publikum begeistert empfangen, aber in Denver, wo sie eigentlich zwei Wochen bleiben

Die Sängerin Helen Ward zusammen mit Benny Goodman und seinem Orchester vor einem Meer von Tänzern. Das Foto entstand im Steel Pier in Atlantic City im Sommer 1936, dem Jahr ihres großen Durchbruchs. Von links nach rechts: Chris Griffin und Ziggy Elman (Trompete), Gene Krupa (Drums), Red Ballard (Posaune), Hymie Schertzer (Altsaxophon), Bill de Pew (Holzblasinstrumente), Helen Ward, Benny Goodman, Murray McEachern (Posaune), Zeke Zarchey (Trompete), Vido Musso (Tenorsaxophon), Arthur Rollini (Baritonsaxophon), Harry Goodman (Bass) und Jess Stacy (Piano).

sollten, forderte der Manager des Elitch's Garden sie nach einer halben Stunde auf, etwas anderes zu spielen. »Ich habe eine Tanzband gebucht«, sagte er. »Was ist los mit euch – könnt ihr Jungs keinen Walzer spielen?« Goodman gelang es, das Engagement zu retten, indem er gängige Arrangements besorgen ließ und sie Ton für Ton nachspielte. Aber er war derartig beleidigt, dass er sein Hotelzimmer tagsüber nicht verließ. Doch es sollte noch schlimmer kommen: In Grand Junction, Colorado, musste die Band hinter einem Drahtzaun spielen, der als Schutz vor den Whiskeyflaschen diente, die enttäuschte Tänzer auf die Bühne schleuderten. Im MacFadden's Ballroom in Oakland wartete eine riesige Menge auf sie, die ihre heißen Nummern auch zu schätzen schien, aber Goodman traute dem Braten nicht, und Helen Ward erinnerte sich, dass sie in Pismo Beach »in einer Fischräucherei oder so was spielten. Ich meine das wörtlich. Die ganze Halle stank nach Fisch« – und kaum jemand tanzte.

Während der kleine Autokorso in Richtung Los Angeles rollte, wurde Goodman klar, dass er die Band nicht zusammenhalten konnte, wenn sich das Blatt nicht wendete. »Ich dachte, wir bringen die Tour noch zu Ende«, erinnerte er sich, »fahren nach New York zurück, und das war's dann. Ich würde einfach wieder Klarinettist sein.«

Am 21. August trafen sie im Palomar Ballroom ein – einer riesigen Halle, größer als jeder Tanzsaal, in dem Goodman jemals gespielt hatte. Hunderte junger Leute standen erwartungsvoll auf dem Tanzparkett. »Zu Beginn ließen wir es etwas vorsichtiger angehen«, erinnerte sich Goodman, »und hielten uns an die seichteren Arrangements.« Die Leute blieben sehr zurückhaltend, obwohl sie die Stücke zu kennen schienen. »Das ging etwa eine Stunde so.« Dann, so ein Bandmitglied, platzte dem Trompeter Bunny Berigan der Kragen. »Schluss mit der Scheiße, Benny!«, rief er Goodman zu. Goodman reagierte prompt. »Ich war an dem Punkt angelangt, an dem es um Alles oder Nichts ging. Wenn wir schon baden gehen würden, dann wenigstens mit unserer eigenen Musik, der Musik, die uns gefiel. Vielleicht war es ja unser letzter gemeinsamer Auftritt, und da wollten wir wenigstens unseren Spaß haben ... also wechselten wir zu den großen Arrangements von Fletcher.«

Goodman konnte es nicht wissen – aber das war genau das, worauf die jungen Kalifornier gewartet hatten. Die lokalen Radiosender hatten schon seit Tagen die heißesten Nummern der Band gespielt. »Zu unserer völligen Verblüffung hörte die Hälfte der Menge auf zu tanzen und strömte an den Bühnenrand. ... Nachdem wir 3000 Meilen hinter uns gebracht hatten, hatten wir endlich Zuhörer gefunden, die von unserem Stil begeistert waren. Die ersten Jubelschreie der Menge waren das Schönste, was ich je in meinem Leben gehört hatte – und die Rufe wurden mit jedem Abend lauter, während wir die besten Nummern aus unserem Repertoire spielten.«

Die Musik, die Benny Goodman und seine Männer spielten, war keineswegs neu. Fletcher Henderson und Duke Ellington, Benny Carter, Chick Webb, das Casa Loma Orchestra und andere hatten ihre Version dieses Sounds schon jahrelang dargeboten, aber dieses eingespielte, rasante neue Orchester sagte den jungen, weißen Tänzern ganz besonders zu. Die Ära des Swing konnte beginnen – und Jazz wurde für einige Zeit die populärste Musik Amerikas.

JAZZ

REMINISCING IN TEMPO

DAN MORGENSTERN

Auch wenn ich in Europa geboren bin – ich bin ein Kind der Swing-Ära. Selbst bis nach Wien, in die Walzerstadt, in der ich meine Kindheit verbrachte, klang die populäre amerikanische Musik hinüber. Ich lernte diese Musik nicht im Radio kennen – das war etwas, wo die Erwachsenen Nachrichten hörten. Stattdessen hatte ich ein Grammophon, und sobald ich alt genug war, den federgetriebenen Motor anzukurbeln und den Plattenteller zu starten und anzuhalten, begann eine Liebesaffäre, die bis heute andauern sollte.

Die Menschen sind verwöhnt durch das leicht zugängliche Angebot an aufgezeichneter Musik, aber ich musste seinerzeit einiges dafür tun, die magischen Klänge hören zu können. Das Koffergrammophon meiner Mutter wollte nach jedem Abspielen einer dreiminütigen Schellackplatte neu aufgezogen werden. Tat man das nicht, wurde die Musik immer langsamer – was recht lustig sein konnte, besonders wenn es sich um eine menschliche Stimme handelte. Außerdem waren die mit 78 Umdrehungen laufenden Platten für Kinderhand recht schwer – und dazu zerbrechlich. Bevor ich selbst begann, mir Platten zu kaufen, bestand meine »Sammlung« aus den Schallplatten, zu denen meine Mutter und ihre Geschwister als Teenager getanzt hatten. Sie stammten aus den frühen 20ern bis hin zur Mitte der 30er Jahre – der Zeit, in der ich mich für die Musik zu interessieren begann.

Aus heutiger Sicht gab es darunter nicht viel, was man wirklich als Jazz bezeichnen konnte, am ehesten vielleicht noch »Georgia on My Mind« in der Version des britischen Trompeters, Sängers und Louis Armstrong-Adepten Nat Gonella – mein erster, indirekter Kontakt mit dem Meister. Mir gefiel auch »Crazy People« von den Boswell Sisters; »St. Louis Blues« von Abe Lyman's Californians mochte ich dagegen nicht (und ich behielt Recht – diese Version ist kitschig und aufdringlich). Meine Favoriten waren »Singin' in the Rain« und »Nobody But You« vom Fred Rich's Orchestra. Erst viel später fand ich heraus, dass es sich dabei um eine Studioband handelte, in der auch die Dorsey-Brüder spielten. Sie waren für die guten, wenn auch kurzen Jazz-Soli nach den unvermeidlichen Gesangspassagen verantwortlich, die mich früh an Englisch mit amerikanischem Akzent gewöhnten.

Es gab auch ein paar Klassik-Platten, und ich wurde schon von Kindheit an zu den sonntäglichen Symphoniekonzerten für junge Leute mitgenommen. Aber erst, als einer der besten Freunde meines Vaters, der Komponist Alban Berg, mir zu meinem sechsten Geburtstag zwei wunderschöne, glänzende Schallplatten mit Mozarts »Eine kleine Nachtmusik« schenkte, drang diese Musik wirklich zu mir durch. Ich liebte das Stück, kannte es bald auswendig, und Bergs Tod am Heiligen Abend 1935 – nur zwei Monate, nachdem er mir die Platten geschenkt hatte – erschütterte mich tief.

Etwa ein Jahr später musste ich zu meinem großen Missvergnügen Geigenunterricht nehmen. Wie den meisten Kindern hatte es mir Spaß gemacht, auf dem Klavier herumzuklimpern, aber bei einem seiner Besuche hatte der Geigenvirtuose Nathan Milstein behauptet, ich hätte die Hände eines Violinisten. Schon bald blieb mir unser Flügel gänzlich verwehrt: Nach der Machtübernahme der Nazis verlor mein Vater seinen Job als Kulturkorrespondent einer der führenden deutschen Zeitungen, und wir mussten einen Untermieter aufnehmen – einen berühmten, aber jähzornigen Cellisten, der den Flügel zum Üben und Unterrichten brauchte. Vielleicht war es die Tatsache, dass dieser Mann ein Streichinstrument spielte, die mir die Geige verleidete, aber wir mussten Wien sowieso bald verlassen. Zu den hässlichsten Geräuschen, die ich je in meinem Leben gehört habe, gehören die Begrüßungsschreie der Massen, als Hitler in Wien einzog.

Jahrelang glaubte ich, meine ersten Jazz-Erlebnisse in Dänemark gehabt zu haben, wo meine Mutter und ich nach dem »Anschluss« Zuflucht fanden (meinen Vater verschlug es nach Frankreich). Aber als ich das Stück »Ellingtonia« von Jack Hylton hörte (Hylton war der Paul Whiteman Englands), erinnerte ich mich, dass ich seine Band aus Wien kannte, wo sie ein Medley aus »Black and Tan Fantasy«, »It Don't Mean a Thing«, »Mood Indigo« und »Bugle Call Rag« gespielt hatten. »Mood Indigo« löste diese Erinnerung bei mir aus: Bei diesem Stück waren die Lichter im Saal ausgegangen, und Scheinwerfer richteten sich auf die drei Instrumentalisten in der Mitte der Bühne: auf den Trompeter, den Posaunisten und den Klarinettisten. In den Schallstücken der beiden Blechblasinstrumente steckten funkelnde Dämpfer, und das Licht und die betörende Melodie verbanden sich zu etwas Magischem.

Die Jazzmusik, die ich in Kopenhagen live erlebte, war jedoch eine andere. Niemand anderes als Fats Waller gab im Herbst 1938 eine Reihe von Konzerten in der dänischen Hauptstadt. Meine Mutter nahm mich zu einem dieser Auftritte mit, und ich bin ihr ewig dankbar dafür. Dieser große, schwarze Mann faszinierte mich – die Art und Weise, wie er Klavier spielte, sang, sich bewegte und mit welch beeindruckender Energie und welchem Humor er sein Publikum unterhielt. Ich konnte einfach nicht ruhig sitzen bleiben (wenn ich auch kaum ein Wort seiner Texte und seiner Ansagen verstand).

Natürlich mussten es nun Platten von Fats Waller sein. Mittlerweile begeisterte ich mich auch für Ella Fitzgerald und die Chick Webb Band, vor allem für den Song »The Dipsy Doodle«, bei dem mir der kindliche Gesang besonders gut gefiel – wenn auch nicht so gut wie das Posaunensolo von Sandy Williams. Damals hörte man Platten anders als heute: Meistens kaufte man sich nur eine Platte auf einmal und legte die beiden Seiten immer und immer wieder auf – auf diese Weise lernte man auch, Nuancen zu unterscheiden.

Neben Waller sah ich auch die Mills Brothers, dieses einzigartige Gesangsquartett, in dessen Repertoire damals noch sehr viele Jazznummern waren. Besonders angetan hatte es mir der »Tiger Rag«. Und auch das Quintette du Hot Club de France, das ich ebenfalls auf der Bühne erlebte, hatte mit Django Reinhardt und Stephane Grappelli zwei Ausnahme-Jazzer in seinen Reihen, die dazu noch nicht einmal aus Amerika kamen. Ich bewun-

Der junge Dan Morgenstern hatte davon geträumt, die 52nd Street im Abendlicht zu sehen, als er 1947 in Amerika ankam. Dieses Bild zeigt die Straße ein Jahr später im gleißenden Licht des Tages.

derte Grappellis geschmeidiges Geigenspiel, aber der Gitarrist Reinhardt, dessen Vitalität mich an Waller erinnerte, gefiel mir ganz besonders gut.

Kurz darauf brach der Zweite Weltkrieg aus, und es kamen keine Musiker aus dem Ausland mehr. Zu dieser Zeit besuchte ich ein Internat außerhalb von Kopenhagen, das von einem sehr progressiven Pädagogen geleitet wurde – ein großartiger Mensch und Lehrer, der aber vom Geschäftlichen nicht das Geringste verstand. Schüler und Lehrer wechselten ständig, und das Essen war miserabel – eine Seltenheit in Dänemark –, dennoch fühlte ich mich dort wohl. Disziplin wurde klein geschrieben, und die älteren Schüler mochten mich, hauptsächlich wegen meiner kleinen Schallplattensammlung, die mittlerweile auch Benny Goodman und Artie Shaw umfasste. Ich lieh sie ihnen für ihre Tanzabende, unter der Bedingung, dass ich kiebitzen durfte. Es gab einen älteren Jungen, der eine Menge von Jazz verstand und viel mehr Platten besaß als ich; er hatte fast alle Aufnahmen von Benny Goodman mit kleinerer Besetzung, und er mochte auch den großartigen dänischen Geiger Svend Asmussen. Er war ein Einzelgänger, aber trotzdem durfte ich manchmal bei ihm im Zimmer Musik hören. Er tadelte mich, weil ich meine Platten den älteren Schülern lieh – es war meine erste Begegnung mit der seltsamen Spezies des Schallplattensammlers.

Im ersten Winter des Krieges, der eisige Temperaturen brachte, nahm es mit dem Internat ein plötzliches und dramatisches Ende. Es gab kein Geld für die Heizung, und der Unterricht für sämtliche Klassen musste im großen Speisesaal stattfinden, in dessen Kamin aufgrund des Holzmangels nach und nach das gesamte Mobiliar verbrannt wurde. Schließlich barst der Abwassertank, und nachdem ein riesiger Haufen gefrorenen Abwassers den Schulhof zierte, machten die Behörden die Schule kurzerhand dicht.

Anfang April war ich wieder in Kopenhagen, wo ich zum zweiten Mal in meinem jungen Leben von Lärm der Nazis geweckt wurde. Dieses Mal waren es keine hysterischen Schreie, sondern das Dröhnen von Flugzeugen am Himmel. Durch das Dachfenster meines Zimmers hatte ich einen guten Blick auf sie. Sie flogen so niedrig, dass ich die Hakenkreuze am Heck deutlich erkennen konnte. Zum Glück warfen sie keine Bomben ab, sondern nur Flugblätter, und allen Protesten meiner Mutter zum Trotz lief ich nach draußen, um die Botschaft zu lesen. In schlechtem Dänisch stand dort zu lesen, dass die Deutschen gekommen waren, um uns zu »beschützen«.

Als unbeabsichtigte Folge der Besetzung durch die Nazis wurde Jazz so populär wie nie zuvor – ein Phänomen, das man in vielen Ländern beobachten konnte, in denen Hitler einmarschiert war. In Frankreich feierte Django Reinhardt die größten Triumphe seiner Karriere, und selbst in Deutschland trafen sich heimlich Jazzfans, um ihre Musik zu hören. Die Nazis verabscheuten Jazz – für sie war es eine Beleidigung der »arischen Kultur«, das Ergebnis einer unheiligen Allianz von Afrikanern und Juden. Aber für die Feinde der Nazis stand Jazz für Freiheit, für Demokratie und für den Geist Amerikas, in dem sich besonders nach Pearl Harbor die Hoffnung auf eine bessere Zukunft zu manifestieren schien. Asmussen wurde in Dänemark so populär, dass die Polizei ihn verhaftete und zum Verhör nach Berlin brachte. Nach seiner Entlassung floh er nach Schweden, wohin es auch mich verschlug, nachdem die dänische Untergrundbewegung erfahren hatte, dass die Nazis planten, alle Juden im Lande zu deportieren. Die Geschichte unserer Rettung ist schon oft erzählt worden – wenn vielleicht

Der Club Downbeat auf der 52nd Street. Der Mann mit der Pfeife ist der Pianist und Arrangeur Phil Moore, der während seines Engagements die undankbare Aufgabe hatte, im gleichen Programm mit Art Tatum aufzutreten.

auch nicht oft genug: Das Erstaunlichste war die Selbstverständlichkeit, mit der die Dänen ihr Leben riskierten, um Fremde zu retten – ein Hoffnungsschimmer im Dunkel des 20. Jahrhunderts.

In Schweden waren im Gegensatz zu Dänemark die Funkstationen nicht gestört, und aus England kamen die neuesten amerikanischen Filme und Jazzplatten zu uns. Zusammen mit anderen Flüchtlingen besuchte ich ein Internat bei Stockholm, in dem Kinder aus besseren Kreisen untergebracht waren, deren Familien der Krieg auseinander gerissen hatte. Zum Glück war einer meiner Zimmerkameraden ein Jazzfan mit einer kleinen, aber erstklassigen Plattensammlung. Zu unseren Lieblingsstücken gehörte der »Bugle Call Rag« von den Rhythmmakers: Inmitten der Depression hatte der rührige Eddie Condon schwarze und weiße Musiker zu einer mitreißenden Session zusammengebracht, darunter Red Allen an der Trompete, Pee Wee Russell an der Klarinette, Joe Sullivan am Klavier und eine heiße Rhythmusgruppe, die durch Zutty Singleton am Schlagzeug zusammengehalten wurde. Wer als Erster aufwachte, warf das Grammophon an, und der Swing vertrieb die Sorgen. Ich hatte den Song noch im Ohr, als am 6. Juni 1944 der Unterricht in der ersten Stunde unterbrochen wurde und wir von der Invasion der Alliierten in der Normandie erfuhren.

Den Sommer verbrachte ich bei einer sehr gastfreundlichen schwedischen Familie. Ihr Sohn, ein paar Jahre jünger als ich, war ein so großer Jazzfan, dass er sein Zimmer mit Bildern von Jazzmusikern tapeziert hatte. Viele davon zeigten Benny Carter, dessen Konzerte von 1936 in Schweden unvergessen waren. Die Platten des Jungen waren meine Eintrittskarte in die Welt der wunderbaren Musik Carters. Im Herbst kam ich auf eine dänische Schule in Göteborg. Auch hier fand ich Jazzfreunde. Mittlerweile war ich brennend an allem interessiert, was mit Amerika zu tun hatte. Mein Vater hatte 1941 auf abenteuerlichen Wegen die Vereinigten Staaten erreicht, und ich wusste, dass ich ihm nach dem Krieg folgen würde. Ich war verrückt nach amerikanischen Filmen, die für mich weniger Unterhaltung als Unterricht bedeuteten, da ich mich zwang, nicht auf die Untertitel zu schauen. Ich vernachlässigte Mathematik und Latein und verschlang stattdessen amerikanische Literatur, von Hemingway und Faulkner über Erskine Caldwell bis hin zu Krimis mit viel Slang. Eine meiner Entdeckungen hieß Horace McCoy, der eigentlich Drehbuchautor war und in einem harten, abgehackten Stil schrieb. Natürlich versuchte ich auch, die Texte der Jazzsänger zu dechiffrieren – keine leichte Aufgabe. Den größten Teil unserer Freizeit verbrachten wir jedoch am Radio. Die BBC brachte die neuesten Kriegsberichte, aber es gab auch geheime Sender, die Anti-Nazi-Propaganda auf Deutsch sendeten, und wir konnten Radio Moskau in englischer und deutscher Sprache empfangen. Kurz nach der Kapitulation der Deutschen fuhren wir wieder zurück nach Dänemark. Unsere Nachbarn hatten sich während unserer Abwesenheit um unsere Wohnung gekümmert; es fehlte nicht eine Gabel, und sie hatten sogar die Pflanzen gegossen, als wäre es selbstverständlich.

So sehr ich mich freute, wieder in Kopenhagen zu sein – ich liebe die Stadt auch heute noch –, so sehr war ich in Gedanken bereits in Amerika. Doch bis dahin sollte noch etwas Zeit vergehen: Mein Vater musste erst amerikanischer Staatsbürger werden, bevor meine Mutter und ich eine Einreisegenehmigung erhielten. In der Zwischenzeit nahm meine Liebe zum Jazz systematischere Formen an. Ich las eine etwas oberflächliche Geschichte des Jazz von Hugues Panassié. Leider wies mich niemand auf ein sehr viel besseres dänisches Buch hin, Sven Møller Kristensens »Hvad Jazz Er« (Was Jazz ist). Außerdem entwickelte ich mich zu einem ernsthaften Plattensammler. Die Preise der Fachgeschäfte konnte ich mir nicht leisten, aber ich entdeckte in einem Souterrain einen Trödelladen, eine wahre Fundgrube, was gebrauchte Schallplatten, Bücher und Zeitschriften betraf. Da ich Charles Delaunays »Hot Discography« noch nicht kannte, war ich ziemlich auf mich selbst gestellt und hätte mir sicherlich auch keine Schallplatte von den Mound City Blue Blowers gekauft, hätte auf dem Label nicht auch der Name Coleman Hawkins gestanden. Diesen Namen kannte ich von einer Platte, die ich bereits besaß, dem wunderschönen »Heartbreak Blues«. Bei den Blue Blowers spielte nicht nur Hawkins mit, dessen Soli aus »Hello Lola« und »One Hour« Meilensteine seiner Karriere waren, sondern auch Pee Wee Russell, den ich schon vom »Bugle Call Rag« kannte.

Der erste Künstler, dessen Musik ich ernsthaft zu sammeln begann, war Duke Ellington. Es begann mit »Black and Tan Fantasy« auf Okeh. Jede Aufnahme Ellingtons schien anders zu sein als die nächste; nichts war vorhersagbar. Meine erste Louis Armstrong-Platte war ein richtig guter Fund: der »Basin Street Blues« der Hot Five. Dieses Stück ist natürlich nur dem Namen nach ein Blues, ganz im Gegensatz zu »Relaxin' at the Touro« von Muggsy Spanier, einem meiner ersten Helden. Eine ganze Menge von Platten – englische Importe – kaufte ich in einem sehr guten, großen Musikgeschäft, wo mich ein freundlicher, jazzbegeisterter Angestellter gern beriet. Eines Tages überredete er mich, ein in Amerika erschienenes Buch zu kaufen. Es war sehr teuer, aber die Investition lohnte sich. Das »Jazz Record Book« aus dem Jahre 1942 war nicht nur ein kommentierter Führer, der Hunderte von Schallplatten von Country Blues bis Swing umfasste, sondern es enthielt auch eine knappe, aber sehr fundierte Geschichte des Jazz. (Jahre später las ich im *Metronome*, einer der führenden Zeitschriften des modernen Jazz, einen Artikel von Barry Ulanov, der das Buch kritisierte, weil darin die Musik Jelly Roll Mortons und besonders die Sidney Bechets so gelobt worden war. Ich wusste zum Glück noch nichts von den journalistischen Grabenkämpfen in der Jazzwelt. Ich hatte Bechet durch einen Schulfreund schätzen gelernt, der das wundervolle »When the Sun Sets Down South« besaß.)

Es gab auch in Dänemark gute Jazzer – neben dem immer noch populären Asmussen den Posaunisten Peter Rasmussen, der es mit den besten Amerikanern aufnehmen konnte. Ich war noch zu jung, und mir fehlte das Geld, um Live-Jazz in Nachtklubs hören zu können, aber hin und wieder fanden Konzerte statt, und im Kino liefen einige gute Jazzfilme. Das größte Erlebnis meiner Zeit in Kopenhagen war jedoch der erste Auftritt einer amerikanischen Band nach dem Krieg. Er fand im Herbst 1946 statt, und es spielte die Don Redman Band – die letzte Bigband dieses Veteranen, der schon in den 20er Jahren als Hauptarrangeur für Fletcher Henderson Geschichte geschrieben hatte. Das Konzert fand vor allem für die in Europa stationierten Männer und Frauen der U.S. Army statt und war unter Mithilfe von Redmans Freund, dem dänischen Jazz-Baron Timme Rosenkrantz zustande gekommen.

Starsolist dieser Band war Don Byas, ein Meister des Tenorsaxophons, der die nächsten 26 Jahre in Europa verbringen sollte – und dem vielleicht deshalb die verdiente Anerkennung versagt blieb. Byas war einer der Ersten gewesen, die auf der 52nd Street Bebop gespielt hatten, aber stilistisch gehörte er gar nicht zu den Boppern. Auch die anderen Stars der Band gehörten nicht dazu – der Posaunist und Vibraharfinist Tyree Glenn, der Trompeter und Sänger Peanuts Holland und der 25-jährige Pianist Billy Taylor –, aber sie spielten definitiv einen äußerst modernen Swing. Die beiden echten Bebopmusiker in der Band waren interessanterweise Weiße – der Trompeter Allan Jeffreys und der Posaunist Jack Carmen. Die Gesangsparts übernahm Inez Cavanaugh, Rosenkrantz' Partnerin und eine ausgezeichnete Journalistin.

Ich besuchte zwei der vier Konzerte und war ganz hingerissen von Byas' voluminösem Ton und seinem grandiosen Balladenspiel (»Laura«), vom Drive und Swing der Band bei den Uptempo-Nummern und von Hollands Spiel und seinem Gesang, der beeinflusst war von Louis Armstrong und Hot Lips Page. Eines der interessantesten Stücke der Band war »For Europeans Only« von Tadd Dameron, der regelmäßig als Arrangeur für die Bands von Billy Eckstine und Dizzy Gillespie arbeitete und den Redman als einen »jungen Mann, von dem man noch viel hören wird,« lobte. Aber letztlich war es der Gesamteindruck dieses original amerikanischen Jazzorchesters – der rhythmische Schwung, das Können der einzelnen Musiker und die Show (»Stormy Weather« mit seinen Tempowechseln, mit Inez Cavanaugh und der Band als Begleitchor, brachte die Stimmung zum Kochen) –, der mir einen Vorgeschmack von dem gab, was mich in späteren Jahren erwartete.

Am 22. April 1947 trafen meine Mutter und ich in New York ein. Ich hatte meinen Vater seit dem Frühjahr 1939, bei einem kurzen Besuch in Paris, nicht mehr gesehen. Er besaß ein kleines Radio, und als ich in meiner ersten Nacht in New York nicht schlafen konnte, schaltete ich es ein, überzeugt davon, nur eine Musik zu hören – Jazz. Es dauerte aber eine Weile, bis ich etwas fand. Überall wurde geredet, nicht immer auf Englisch, es lief eine Menge Popmusik, aber kein Jazz. Schließlich stieß ich fast am Ende der Skala (damals gab es natürlich nur die Mittelwelle) auf etwas, das nach Jazz klang, gefolgt von der rauen, schwarz klingenden Stimme eines Discjockeys mit dem merkwürdigen Namen Symphony Sid. Ich konnte ihn nur schwer verstehen, doch noch schwerer zu verstehen war für mich das nächste Stück, das er spielte. Ich kannte den Song – »I Can't Get Started« – in der berühmten, so bravourös akzentuierten Version von Bunny Berigan. Auch hier hörte man eine Trompete, aber es ähnelte einem Klagelied, mit einem seltsam traurigen Hintergrund, und vor allem klang das Ganze in meinen naiven Ohren irgendwie schief. (Die Dissonanz war mir zwar aus der Klassik bekannt, aus dem Jazz jedoch noch nicht.) Es handelte sich natürlich um Dizzy Gillespies einzigartige Version – eine passende Einführung in den Jazz von New York.

Aber ich hatte nicht vor, mir in Manhattan Jazz nur im Radio oder auf Schallplatten anzuhören. Andere Neuankömmlinge wollten vielleicht die Freiheitsstatue sehen (ich hatte sie schon vom Dampfer aus gesehen) oder das Empire State Building, ich wollte nur zur 52nd Street, jener legendären

Straße voller Jazzklubs, über die ich so viel gelesen hatte. Von außen machte alles nicht viel her, aber die Namen, die auf den Markisen und Werbetafeln standen, versprachen einiges. Heute wissen wir, dass sich die »Street« 1947 bereits im Niedergang befand, und es gab auch schon die ersten Plakate, die Striptease und Comedy Shows anpriesen. Aber eine Straße, auf der Sidney Bechet, Charlie Parker und Billie Holiday auftraten, konnte nicht schäbig sein.

Schon bald fand ich heraus, dass man die Musik auch auf der Straße hören konnte, wenn der Verkehr nicht zu laut war und die Türsteher einen nicht davonjagten. Ich fand heraus, dass man, war man einmal drinnen, sein Bier besser aus der Flasche als aus dem Glas trank, weil der Barkeeper so nicht sehen konnte, ob man schon ausgetrunken hatte. Wollte man lange bleiben, gab man dem Barkeeper bei der ersten Bestellung ein großzügiges Trinkgeld, damit er einen mit der leeren Flasche in Ruhe ließ.

Ich lernte diese Tricks von meinem Jazzlehrer, dem wenig bekannten Trompeter Nat Lorber, den jeder nur »Face« nannte. Er sah in der Tat beeindruckend aus: ein großer Kopf mit breitem Gesicht, in dem sich die Züge seiner bäuerlichen russisch-jüdischen Vorfahren vermischt hatten. Seine Eltern waren in der alten Heimat geboren und sprachen zu Hause Jiddisch. Nat, der älteste von drei Geschwistern, war 1920 zur Welt gekommen – in Harlem, wie er stets betonte. Er wuchs in der Bronx auf (einer seiner Nachbarn war Milton Rajonsky, der später als Shorty Rogers ein bekannter Trompeter wurde) und später in Brooklyn, wo sein Vater, ein Schneider, nahe bei Coney Island ein bescheidenes Haus mietete. Nat kannte New York – ganz New York – wie seine Westentasche, und er wusste, wo man Jazz abseits der ausgetrampelten Pfade fand.

Ich lernte Nat im White Rose auf der 52nd Street kennen, einer Bar, in der die Getränke billig waren, wo man kostenlose Häppchen bekam – eingelegte Heringe, rote Bete, Zwiebeln, Käse, Essiggurken – und wo die Musiker zwischen ihren Sets und eigentlich auch sonst herumhingen. Wir wurden einander von einem hübschen Mädchen vorgestellt, mit dem ich mich auf einer linken politischen Versammlung im Greenwich Village angefreundet hatte. Sie nahm mich zum ersten Mal mit nach Harlem, wo wir im Apollo Theatre Dizzy Gillespies Big Band mit Chano Pozo sahen – ein unvergessliches Erlebnis. Besonders Pozo, der kurz darauf zu Tode kommen sollte, bot eine brillante Show. Sie nahm mich auch mit ins Royal Roost, dem Vorgänger des Birdland als Wiege des Bebop in New York. Dort hatte ich die Gelegenheit, Tadd Dameron, in dessen Band Fats Navarro Trompete spielte, zu erzählen, dass ich ihn schon bei einem Konzert in Dänemark gesehen hatte. Tadd war einer der wenigen Musiker, die sich für mich zu interessieren schienen und nett zu mir waren – die anderen waren nur an Frauen interessiert –, und wir blieben ein Leben lang befreundet.

Dasselbe Mädchen stellte mich auch Randy Weston vor, dem im wahrsten Sinne des Wortes größten und einem der besten Pianisten der Welt. Damals führte er noch den Süßwarenladen seines Vaters im Bedford-Stuyvesant-Viertel von Brooklyn. Ich erlebte dort eine fantastische Silvesterfeier, bei der Randys Band spielte, und hörte dabei seinen großartigen Gitarristen Rector Bailey, von dem es leider keine wirklich gelungenen Aufnahmen gibt. Er ist einer der vielen Musiker, die ich kennen lernte und die in den Jazzlexika kaum Erwähnung finden, obwohl sie besser spielten als viele bekanntere.

Nat Lorber war einer von ihnen. Er konnte keine Noten lesen, und auch seine Kenntnisse in Harmonielehre waren eher rudimentär. Lorber war mehr oder weniger Autodidakt, auch wenn er einige Stunden bei einem bekannten Trompetenlehrer namens Charles Colin genommen hatte. Er verfügte über einen außerordentlich voluminösen Ton, dessen Klang jedoch stets angenehm blieb. Er verehrte Louis Armstrong und wusste alles über seine Aufnahmen. Als ich Nat kennen lernte, wurde er von einem anderen seiner Idole gefördert, Hot Lips Page, der sich bemühte, Jobs für ihn zu finden, obwohl er selbst Probleme hatte, genug Auftritte zu bekommen.

Page war kein großer Mann, aber immer noch ein paar Zentimeter größer als Nat, den er scherzhaft »Shorty« nannte (was sich in seinem texanischen Akzent wie »Shauty« anhörte). Er war für mich die Verkörperung des Jazz, ein Meister des Blues, im Spiel wie im Gesang, und nach Ray Charles' Erfolgen hätte auch er die wohlverdiente Anerkennung finden sollen – aber es war zu spät. Page starb 1954 im Alter von 46 Jahren an einem Herzanfall. Obwohl er ein Showman vom Schlage Armstrongs war (Lips ähnelte ihm in vieler Hinsicht mehr als alle anderen Trompeter/Sänger) und wusste, wie man eine gute Swingband zusammenstellt, egal ob groß oder klein, blieb sein wahres Metier doch die Jam-Session. Er beherrschte es meisterhaft, Riffs zu kreieren – eine Kunst, die er zweifellos in den Klubs von Kansas City gelernt hatte –, und er hatte ein enormes Gefühl für das richtige Tempo. Wenn er wollte, konnte er jeden Konkurrenten an die Wand spielen. Dizzy Gillespie hat es so formuliert: »Leg dich nicht mit Lips an, wenn es um den Blues geht – da kommen selbst Louis, Roy (Eldridge) oder ich nicht mit.« Aber auch auf anderen Gebieten legte man sich mit Lips besser nicht an. Auf die Anstandsregeln bei Sessions achtete er besonders. Wer sich nicht benahm, dem wurde auf verschiedenste Arten gezeigt, wie lächerlich man sich machen konnte. Auf der anderen Seite konnte er auch sehr freundlich und geduldig sein.

Mit Lips und Nat um die Häuser zu ziehen, war für mich etwas ganz Besonderes. Die beiden wussten immer, wo etwas los war. Das ging vom Lotus – einem Arbeiterlokal, das mit einer Schranke ausgestattet war, damit niemand rauskonnte, ohne die Zeche zu bezahlen (Lips nannte die Kneipe stets »das Blutbad«, obwohl ich dort nie irgendwelche Schlägereien erlebt habe) – bis zur glamourösen Nachtbar des Braddock-Hotels neben dem berühmten Minton's. Besonders gerne erinnere ich mich an einen Klub, der sehr spät öffnete und wohl auch nicht ganz legal war. An der Tür musste man sich als Klubmitglied eintragen, bevor man eine Treppe tiefer in das eigentliche Lokal kam. Dort stieg einem der Geruch von gebratenem Huhn

Ein Blick ins Condon's, das dem Gitarristen Eddie Condon gehörte, den man durch den Zigarettenqualm am linken Bühnenrand erkennen kann.

in die Nase, und man sah Billie Holiday, die an einem Tisch saß und aß, während sie Art Tatum zuhörte. Charlie Shavers und Joe Bushkin saßen im Schneidersitz auf dem Boden und schauten zu Art hinauf, der in Richtung Charlie frotzelte: »Um jeden Ton, den du spielst, spiel ich Pirouetten.«

Wenn dort Schluss war, oft erst in den frühen Morgenstunden, gingen wir noch ins Jenny Lou's (das Louis Jordan in »Early in the Morning« unsterblich gemacht hat), ein blitzblankes, kleines Restaurant, wo es Eier mit Speck gab und das Brot wie Manna schmeckte. Der Kaffee dort war der beste der Welt. In Harlem gab es auch die besten Rippchen und den besten Kartoffelsalat, den ich je in meinem Leben gegessen habe.

Das Apollo war das Größte. Kein anderes Publikum reagierte so spontan auf die Künstler. Wenn B. B. King einen seiner langen Vorhalttöne auf der Gitarre spielte, konnte es passieren, dass jemand an genau der richtigen Stelle rief: »Lass dir Zeit – ich hab heut frei!« Unglaublich. Wenn Ellingtons Band dort spielte, wartete alles auf den Augenblick, wenn Duke Johnny Hodges vorstellte. Der stets stoisch wirkende Meister des Altsaxophons schlurfte zu seinem Solomikrofon (nicht dass er es gebraucht hätte). Wenn dann die ersten goldenen Glissandi ertönten, ging ein allgemeines Seufzen durch das weibliche Publikum. Einmal saß Dinah Washington mit ein paar Begleitern unter den Zuhörern, erste Reihe Mitte. Wir hatten Plätze direkt dahinter, weil wir früh gekommen waren, um Redd Foxx auf seinem ureigenen Terrain zu erleben. Was dort an Anzüglichkeiten ausgetauscht wurde, kann ich hier nicht wiedergeben, auch aus Gründen des Anstands, aber mir tat vor Lachen der Bauch weh.

Bis auf den ein oder anderen Stoß mit dem Ellbogen an der Bar habe ich in Harlem nie Ärger bekommen, auch nicht in späteren Jahren, als sich die Musikszene gewandelt hatte und auch das Apollo nicht mehr das war, das wir kannten. Gegen Ende der 50er Jahre schien sich Harlem eine Weile ins Zentrum von Manhattan zu verlagern. Das Metropole auf der Seventh Avenue, zwischen der 48th und der 49th Street, in dem es bis dahin Vaudeville-Shows im Stil der Jahrhundertwende gegeben hatte, stellte sein Programm auf Jazz um. Es begann mit Dixieland, aber mit Max Kaminsky und Sol Yaged bewegte man sich mehr in Richtung des späten Swing, der damals Mainstream genannt wurde. Bald konnte man Red Allen auf der seltsamsten Bühne der Welt bewundern, die sich über der fast einen ganzen Block langen Bar befand. Ich habe nie verstanden, wie das Klavier dort oben hingekommen war – das Schlagzeug schien mir schon schwierig genug. Hinter der Band und ihr gegenüber hingen Spiegel. Ab drei Uhr nachmittags gab es Live-Musik: Zunächst spielte ein Trio fünf Stunden lang, dann wechselten sich den Abend über zwei Bands ab, bis das Lokal schließlich gegen vier Uhr morgens geschlossen wurde.

Abgesehen von Allens Band, in der oft auch der Klarinettist Buster Bailey und der Posaunist J. C. Higginbotham spielten, traten hier auch Roy Eldridge und Coleman Hawkins auf, wenn sie nicht gerade mit dem »Jazz at the Philharmonic«-Programm auf Tour waren, sowie Charlie Shavers, Budd Johnson und eine ganze Reihe anderer, ausgezeichneter Musiker. Einmal ließ sich Shavers von Dizzy Gillespie vertreten, und man bekam die seltene Gelegenheit, Dizzy mit dem New Orleans-Veteranen Tony Parenti an der Klarinette zu hören – die beiden kamen prima miteinander klar. Jede Band spielte zwei Sets pro Abend. Bei diesen Jam-Sessions griff man meistens auf alte Favoriten wie »When the Saints Go Marching in« zurück, wobei eigentlich jeder, der ein Blasinstrument spielte, eine Strophe singen sollte – nur Hawkins weigerte sich standhaft. Manchmal flogen die Funken, zum Beispiel, als Red ehrgeizig wurde und Roy Eldridge herausforderte, der ihn jedoch abfertigte. Die denkwürdigste Jam-Session ereignete sich, als Dinah Washington im Lokal war. Roy und Charlie Shavers führten die Band und wählten natürlich »Dinah« als Ausgangspunkt der Session. Roy spielte an diesem Abend das Flügelhorn, und als er und Charlie sich bei den Soli abwechselten, brannte die Luft.

Auch wenn das Metropole etwas zwielichtig war, kamen doch recht häufig berühmte Besucher. Unter den Gästen sah man fast immer Musiker.

Miles Davis kam oft, um sich Roy und Hawk anzuhören, und Roy behauptete stets, dass sich Miles hier für das Flügelhorn hatte inspirieren lassen. Coltrane schaute vorbei, um Hawk zu hören und blieb die ganze Nacht. Benny Goodman besuchte hier seinen alten Freund Buster Bailey – die beiden hatten in Chicago den gleichen Klarinettenlehrer gehabt.

Zwischen den Sets wechselten wir auf die andere Straßenseite ins Copper Rail, eine Bar, in der die Getränke billiger waren als im Metropole. Dort konnte man an manchem Abend gleich mehrere bekannte Musiker finden, vor allem nachdem Soul Food in die Speisekarte aufgenommen worden war. Die Köchin hieß Della und nach Meinung derer, die das besser beurteilen konnten als ich, bot sie Unvergleichliches. Nachdem ich kurz nach meiner Ankunft in New York schon Innereien gekostet hatte – auf den Vorschlag eines Freundes hin, der mir schlauerweise erst verriet, was ich da gegessen hatte, als ich mich voll des Lobes darüber äußerte –, wagte ich das ein oder andere Experiment. Meistens hielt ich mich jedoch an Hühnchen mit Klößen oder marinierte Schweinekoteletts. Als ich einmal Schweinsfüße probierte, kam Ben Webster herein. Er schaute auf meinen Teller, zog mich hoch und verkündete allen Anwesenden laut, was ich da gerade aß. Ich erinnere mich auch noch daran, wie Ben – der selbst dafür bekannt war, in alkoholisiertem Zustand Streit anzufangen – Oscar Pettiford beruhigte, der nicht mehr gerade stehen konnte.

Der schönste Abend im Copper Rail war der, als Louis Armstrongs All Stars einen Auftritt im Metropole hatten und die Musiker auf der anderen Straßenseite eine Party für Pops gaben. Kurz vorher hatte er mit »Hello Dolly« einen Riesenhit gelandet, und auf einem Plakat stand: »You Beat the Beatles!«

Ich hatte King Louis 15 Jahre zuvor kennen gelernt, ebenfalls durch meine Freundschaft mit Nat, der mich einer ganz besonderen Lady namens Jeann Failows vorstellte. Jeann hatte im Krieg als Korrespondentin gearbeitet und war jetzt PR-Agentin. Damals promotete sie gerade ein heute äußerst seltenes und gesuchtes Taschenbuch mit dem Titel »To Be or Not to Bop«, eine saloppe Geschichte des Bebop von einem jungen Mann namens Nard Griffin. Jeann hatte für Musicraft Records gearbeitet und in verschiedenen Klubs Jam-Sessions organisiert, so auch im Harlem auf der 145th Street. Mittlerweile gehörte sie zu Armstrongs Kreis von Vertrauten. Als ich sie kennen lernte, kümmerte sie sich um die zahlreichen Briefe von Fans, die Louis aus aller Welt erhielt. Sie legte jedem Antwortschreiben von Pops signierte Diättipps bei und versuchte, auf jede noch so seltsame Frage einzugehen.

Louis und die All Stars traten im Roxy auf, einem längst vergessenen Wahrzeichen des Times Square. Abgesehen von der Radio City Hall gab es keinen größeren Musik- oder Kinosaal. Nat und ich trafen uns am Bühneneingang mit Jeann, und sie nahm uns mit in Louis' Garderobe, wo er in einem weißen Bademantel und dem berühmten Taschentuch auf dem Kopf saß und uns herzlich begrüßte. Jeann musste meinen Namen öfter wiederholen und fügte hinzu, dass ich erst kürzlich aus Dänemark gekommen sei. Louis wog »Morgenstern« gegen »Skandinavien« ab und landete schließlich bei »Smorgasbord«. So hieß ich von nun an für ihn. Aber als er ein Foto für mich signierte, schrieb er doch »Für Dan«. Es sollten noch viele weitere folgen. Er machte es einem auf erstaunliche Weise leicht, sich in seiner Gegenwart nicht gehemmt zu fühlen. Fast schien es mir, als sei ich bereits ein alter Freund. Kurz darauf kam Joe Bushkin herein, der Pops eine rote Rose überreichte, ein Gruß von Tallulah Bankhead. Sie sandte ihm liebe Grüße ... und noch etwas anderes. Pops roch an der Rose, lächelte und entnahm der geschlossenen Blüte einen kunstvoll gerollten Joint. Ein anderer Freund, June Clark, war ebenfalls anwesend. June war in Louis' Alter und hatte sich in den 20er Jahren in der Jazzszene New Yorks einen Ruf als Trompeter gemacht, bevor eine Lungenentzündung seiner Karriere ein Ende bereitete. Er sagte stets, dass es nach allem, was Louis Armstrong auf dem Instrument geleistet hatte, sowieso keinen Sinn gemacht hätte, weiter Trompete zu spielen. Eine Zeit lang arbeitete er als Louis' Tourmanager; später wurde er die rechte Hand des Boxers Sugar Ray Robinson.

Nach einer Weile entschuldigte sich Armstrong und sagte, er wolle vor dem nächsten Set noch ein Nickerchen machen. Daraufhin verschwand er mit June hinter einem Paravent und Jeann bedeutete uns, ruhig zu sein. Kurz darauf hörten wir, wie jemand auf ganz besonders schöne Weise Louis' Solo auf »Sweethearts on Parade« aus dem Jahre 1930 pfiff. Jeder Ton saß perfekt, jede Nuance. Dann trat June hinter dem Paravent hervor und sagte trocken: »Er schläft jetzt.« Es war ein ganz besonderes Schlummerlied, verriet mir Jeann. June konnte fast alle bekannten Soli Armstrongs pfeifen.

Eine halbe Stunde später war es an der Zeit, Louis zu wecken. Es war verblüffend, dass er innerhalb von Sekunden einschlafen konnte und wenig später wie neugeboren erwachte, egal wie kurz er geschlafen hatte. Während Pops sich anzog, kam der Posaunist Jack Teagarden herein und diskutierte eine musikalische Frage mit ihm. Das Gespräch der beiden war faszinierend, aber noch faszinierender waren Jacks Augen. Wie es in dem berühmten Blues heißt – sie wirkten wie Kirschen in einer Schüssel Buttermilch. Der Bühnenmanager erschien und gab das Startzeichen für den Auftritt, und Pops vertraute uns ihm an, nicht ohne besonders darauf hinzuweisen, dass er uns gute Plätze besorgen sollte. Als wir gingen, rief er uns »Viel Spaß!« hinterher. Den hatten wir. Wie Mezz Mezzrow es ausdrückte: »Die ersten Kicks sind Killer.« Ich habe Louis noch einige Male gehört und getroffen, und es war stets ein magisches Erlebnis.

Wie Coleridges Ancient Mariner könnte ich noch vieles erzählen. Als ich mit den Musikern »herumhing«, dachte ich nicht im Traum daran, Jazzkritiker zu werden. (Die meisten, die über Jazz schreiben, sind auch keine Kritiker, sondern bestenfalls Rezensenten, Reporter, Redakteure usw.) Da ich mich als Freund der Musiker sah, teilte ich ihre oft negative Einschätzung jener anderen Kaste, deren Mitglieder ich auf meinen nächtlichen

Nachts auf der 52nd Street.

Streifzügen durch die Welt der Musik nur sehr selten traf. Ich lernte jedoch einige der moderneren Jazzer kennen. So hatte ich einmal ein Gespräch mit Charlie Parker, und zwar im Magpie, der kleinen Bar neben dem Birdland. Es war später Nachmittag, das Lokal war leer, ich wartete auf einen Freund. Da kam plötzlich Bird herein. Er musste damals für kurze Zeit einen Gehstock benutzen, sah aber ansonsten gesund und zufrieden aus. Er setzte sich zu mir – eine nette Geste, da es ja ausreichend freie Plätze gab. »Mr. Parker«, sagte ich, »darf ich Sie zu einem Drink einladen?« »Wie wär's, wenn ich Sie einlade?«, entgegnete er, und wieder einmal fiel mir auf, wie sehr seine Stimme den Stimmen meiner Idole ähnelte, Männern aus der Generation vor ihm. Ich wusste nicht recht, was ich sagen sollte, und erwähnte schließlich Hot Lips Page, der Parkers Musik liebte und oft von ihm geschwärmt hatte. Ein Lächeln huschte über Parkers Gesicht, und er fragte mich, wann ich ihn zuletzt gesehen hatte, und bat mich, Lips von ihm zu grüßen. Kurz darauf erschien Birds Verabredung, und er verabschiedete sich. Ich hatte leider nie mehr die Gelegenheit, mich für den Drink zu revanchieren.

Das Leben geht manchmal seltsame Wege. Kurz nachdem ich die journalistische Laufbahn eingeschlagen hatte, drängte mich Stanley Dance – der sich damals in den USA aufhielt und dem ich im Copper Rail und bei einigen Aufnahmesessions begegnet war, zu denen mich Musiker eingeladen hatten –, eine monatliche Kolumne für das britische Magazin *Jazz Journal* zu schreiben. »Sie können dir nichts zahlen«, sagte er, »aber du bekommst Rezensionsexemplare von Schallplatten und Büchern und du kannst den Musikern einen Gefallen tun.«

Zuvor hatte ich lediglich in der College-Zeitung der Brandeis University ein paar Artikel über Jazz geschrieben, hauptsächlich als Werbung für Jazzkonzerte, die wir veranstalteten. Eines davon war ein Soloauftritt von Art Tatum, der uns auf der Rückfahrt nach Boston, wo er mit seinem Trio auftrat, erzählte, dies sei sein erstes Solokonzert gewesen. Er bedankte sich bei uns! Ich war entgeistert, sollte aber bald merken, dass es viele solcher Ungerechtigkeiten gab. Im Rahmen eines Praktikums hatte ich auch ein paar Rezensionen für die *New York Post* geschrieben, aber nun wartete eine wirkliche Herausforderung auf mich.

Die enthusiastischsten Leser, die ich zu Beginn hatte, waren die mit mir befreundeten Musiker, und von da führte eins zum anderen. Mein größter Vorteil, so hoffe ich, bestand darin, dass ich die Musik nicht durch Bücher kennen gelernt hatte, sondern durch direkten und indirekten Kontakt mit den Menschen, die sie schufen. Das größte Kompliment machte mir Louis Armstrong. Ich hatte ihm im Voraus die Sonderausgabe von *Down Beat* geschickt, die wir zu seinem 70. Geburtstag produzierten. Wir hatten die warmherzigsten Grüße von über 80 Musikern aus allen Bereichen des Jazz zusammengetragen. Wenige Tage später erhielt ich einen Brief in jener bekannten Handschrift. (Pops adressierte seine Post stets selbst). »Ich hab das Magazin erhalten«, schrieb er, »und es hat mich einfach umgehauen!« Eine schönere »Rezension« habe ich nie bekommen.

Erskine
WKINS

DIE PARTY KOMMT IN SCHWUNG

Helen Oakley, eine junge Journalistin aus Toronto, wohnte 1935 in Chicago. Enttäuscht hatte sie feststellen müssen, dass der Jazz hier wenig Anklang fand. Sie hatte in der Stadt, in der King Oliver und Louis Armstrong berühmt geworden waren, eine blühende Jazzszene erwartet. Stattdessen fand sie eine »musikalische Wüste« vor, in der man auf die Jazzmusiker »herabsah – sogar ihre Frauen taten das«. Mit einem Freund aus der Vorstadt, Edwin »Squirrel« Ashcraft III, gründete sie den Chicago Rhythm Club, um der Musik durch eine Reihe zwangloser Jam-Sessions wieder ein lebendiges Forum zu geben.

Die wöchentlichen Let's Dance-Sendungen im Jahr 1934 mit Benny Goodman hatten ihr und ihren Freunden viel bedeutet. »Uns ging dabei das Herz auf«, erinnerte sie sich. Sie hoffte, dass die Dominanz der süßlichen Tanzkapellen und ihrer schmalzigen Sänger dadurch gebrochen würde.

Ende der 30er Jahre spielte das Erskine Hawkins Orchestra im Savoy für Amerikaner jeder Hautfarbe. Hawkins, stets ein gern gesehener Gast in Harlem, nahm später Chick Webbs Stelle als Leader der Hausband ein. Das Geheimnis seines Erfolges beruhte darauf, dass er »es schlicht hielt«, wie einer seiner Musiker meinte, und sich nie weit von seinen Blueswurzeln entfernte.

Als sie und Ashcraft erfuhren, dass Goodman nach seinem Triumph im Palomar Ballroom einen Monat lang im Urban Room des Congress Hotel auftreten sollte – wo noch nie zuvor Jazz gespielt worden war –, wollten sie ihr Möglichstes tun, um Goodmans Rückkehr zu einem spektakulären Erfolg zu machen.

Zunächst überredeten sie so viele ihrer reichen, jungen Freunde, die Konzerte im Urban Room zu besuchen, dass aus Goodmans Musik so etwas wie ein Trend wurde. Oakley hatte eine weitere Idee, die der Band noch mehr Publicity bringen sollte: Sie traf Goodman hinter der Bühne und schlug ihm etwas vor, was noch niemand in den USA gewagt hatte – ein Wohltätigkeitskonzert am Sonntagnachmittag, jedoch nicht für Tänzer, sondern für wahre Jazzfans. Zunächst war Goodman entsetzt. »Um Gottes willen!«, entgegnete er. »Wir machen Tanzmusik. Warum sollte man etwas Formelles, Gestelztes daraus machen?« Ihm kam es nur wie zusätzliche Arbeit vor. Doch letztendlich ließ er sich überreden. Oakley und Ashcraft schickten ein Heer von jungen Leuten los, die Tickets verkauften, und am Abend des 8. Dezember fanden sich 800 begeisterte, zumeist gut betuchte Jazzliebhaber im Urban Room ein – nicht um zu tanzen, sondern um der Band zuzuhören. »Gene Krupa sagte, es sei für ihn das Größte gewesen, dass die Leute sie einfach nur hören wollten«, erinnerte sich Oakley. »Die High Society von Chicago war erschienen, und selbst Benny war ein wenig beeindruckt.«

In den Tageszeitungen erschienen begeisterte Kritiken, ebenso im *Down Beat*, für den auch Helen Oakley schrieb. Was aber wichtiger war – ein Reporter des *Time Magazine* hatte das Konzert besucht, und am 20. Januar 1936 erschien sein Artikel. »Der bebrillte Klarinettist Benny Goodman«, schrieb er, »ist für Tausende von Jazzfans der Mann der Stunde«, ein lebendiger Beweis, dass »Jazz zum zweiten Mal in der musikalischen Geschichte der Vereinigten Staaten einen Höhepunkt erlebt.«

Das einmonatige Engagement der Band im Urban Room wurde um fünf Monate verlängert, und man kündigte Goodman als »King of Swing« an. Zunächst hatte ihm diese Bezeichnung nicht gefallen: Er war sich darüber im Klaren, dass seine Musik nicht die war, die Chick Webb, Fletcher Henderson und andere spielten, und er sah sich auch nicht als »König« von irgendetwas. Außerdem hatte er Schwierigkeiten, das Wort »Swing« für seine Musik zu akzeptieren. »Ich wusste nicht, wie lange die ganze Sache dauern würde, und ich wollte keinen Stempel aufgedrückt bekommen. Irgendwann ist Swing altmodisch, und dann ist dein Name für immer damit verbunden.«

Aber die Zeit für eine neue Bezeichnung war reif. Für die meisten Amerikaner, die während der Depression gelitten hatten, war »Jazz« eine dunkle Erinnerung an Jahre, die alle vergessen wollten, an die Ära der wilden Exzesse, die der Börsensturz abrupt beendet hatte. Swing hieß das neue Modewort, auch wenn sogar die Musiker sich schwer taten, es zu definieren. »Das Tempo ist lebhafter«, sagte Wingy Manone, »nun ja, swingend eben.« Fats Waller nannte es »zwei Drittel Rhythmus und ein Drittel Soul«. Chick Webb sagte, es sei »wie ein ganz besonderes Mädchen zu lieben; wenn du sie ein Jahr nicht gesehen hast und wieder triffst – es berührt etwas in dir«. Für Duke Ellington war Swing »ein Rhythmus, der einen in eine lebhafte, tänzerische Stimmung versetzt«. Louis Armstrong, dessen rhythmische Innovationen dem Ganzen zugrunde lagen, konnte nichts Neues im Swing erkennen: »Früher hat man das Ragtime genannt. Später ... hieß es dann Jazzmusik, heiße Musik, ›Gutbucket‹, und jetzt hat man einfach ein neues Etikett draufgeklebt und bezeichnet es als Swing.«

Das Benny Goodman Orchestra blieb über ein Jahrzehnt die beliebteste Band Amerikas. 1936 waren Goodman und seine Musiker die Stars im Stanley Theatre von Pittsburgh (gegenüberliegende Seite), und zehn Jahre später kamen 6000 New Yorker Teenager (unten) ins 17th Regiment Armory, um zu Goodmans Musik zu tanzen und ein Autogramm zu erkämpfen.

Die Zuhörer waren verständlicherweise noch verwirrter. Im gleichen Artikel, in dem Goodmans Erfolg gefeiert wurde, nahm der Autor die enorme Popularität des Novelty-Songs »The Music Goes 'Round and Around« als weiteres Indiz für ein Jazz-Revival.

The music goes 'round and around
Whoa-ho-ho-ho-ho ...
And it comes out here ...

Der Song, den der Trompeter Eddie Farley und der Posaunist Mike Riley im Onyx Club auf der 52nd Street vorgestellt hatten – früher die beliebteste Flüsterkneipe der New Yorker Musiker, mittlerweile ein legaler Nachtklub –, verkaufte sich über 100 000-mal. Auf Zuhörerwunsch spielte ein New Yorker Radiosender das Stück an einem Abend 28-mal. Ein Konkurrenzsender nahm ihn in elf Sprachen und Dialekten auf – darunter Polnisch und Küchenlatein. Es war ein Nonsens-Lied, in der Tradition von überdrehten Songs wie »K-K-K-katy« oder »Yes, We Have No Bananas« und hatte nur im Entferntesten etwas mit Jazz oder der Musik Benny Goodmans zu tun. Das hinderte das *Time Magazine* jedoch nicht zu behaupten, dass es sich »im Grunde um eine Swingnummer« handelte.

Was immer Swing auch sein mochte: Im Laufe der Zeit diente das Wort als Bezeichnung für fast alles – vom simplen Novelty-Song für die Teenager bis hin zu den intelligenten, bildhaften Werken Ellingtons. Swing wurde so populär wie keine andere Musik zuvor. Eine ganze Generation von Amerikanern definierte sich über den Swing. Der Jazz, eine Musik, die im Konflikt entstanden war und in gewisser Weise das amerikanische Freiheitsideal symbolisierte, diente dazu, den Menschen wieder Mut zu machen und die Moral eines verängstigten Landes zu heben. Im Laufe dieses Prozesses sollten auch einige der Schranken niedergerissen werden, die die

STAGE-BENNY GOODMAN "THE KING OF SWING HIMSELF" AND HIS FAMOUS RADIO
H GENE KRUPA-TEDDY WILSON-LIONEL HAMPTON-PEG LACENTRA-NOVAK & FAY-DA
SCREEN-GENE RAYMOND AND ANN SOTHERN IN "THERE GOES MY GIRL" WITH GORD
Comfortably COOL
SCIENTIFICALLY AIR-CONDITIONED
Comfortably CO
FRIDAY ON STAGE - GEORGE CHOO PRESENTS "PARIS ON PARADE"
ON SCREEN-MIRIAM HOPKINS-JO L McCREA "WOMAN CHASES MAN"

Amerikaner seit über 300 Jahren voneinander getrennt hatten.

Goodmans Konzerte im Dezember waren so erfolgreich, dass Helen Oakley und Squirrel Ashcraft drei Monate später ein weiteres am gleichen Veranstaltungsort organisierten. Dieses Mal spielte Fletcher Henderson. Auch er zog eine Menge Zuschauer an und bat gegen Ende des Konzerts Goodman und Gene Krupa auf die Bühne, um mit ihnen und einer kleinen Besetzung zu spielen, zu der auch Chu Berry und der temperamentvolle junge Trompeter Roy Eldridge gehörten. Goodman behauptete später, dass dies »das erste Mal war, dass schwarze und weiße Musiker in Amerika gemeinsam vor zahlendem Publikum auftraten.« Dabei vergaß er, dass Weiße und Schwarze bereits auf den Streckfus-Schiffen in den frühen Bands von Fate Marable zusammen musiziert hatten und dass Bubber Miley in Leo Reismans Orchester gespielt hatte,

Teddy Wilson. »Amerika ist die ganze Welt«, schrieb er, und nachdem er mit Lionel Hampton in die Goodman Band gekommen war – die vom Sohn eines jüdischen Einwanderers geführt wurde und in der Weiße und Schwarze aus dem Norden und Süden spielten –, schien auch diese Band die ganze Welt zu umfassen.

nachdem er von Duke Ellington gefeuert worden war (auch wenn er sich dabei als Platzanweiser ausgeben musste, der zufällig sein Horn dabeihatte.) Benny Carter hatte eine Zeit lang für Charlie Barnet gespielt und arrangiert, und niemand wird jemals wissen, wie viele hellhäutige Kreolen mit Weißen auf einer Bühne gestanden haben. Aber im Rahmen der Veranstaltungen in Hoteltanzsälen mochte es wirklich das erste Mal gewesen sein, und die Begeisterung der Menge in Chicago bei der Session mit Goodman, Krupa und den Männern Hendersons brachte Oakley dazu, einen weiteren ungebetenen Vorschlag zu machen. Am Ostersonntag, dem 12. April, sollte ein drittes Goodman-Konzert stattfinden. Für diesen Termin, schlug sie Goodman vor, solle er den New Yorker Pianisten Teddy Wilson einladen, dessen energischer, ungemein selbstbewusster und doch lyrischer Stil schon den vier Aufnahmen zum Erfolg verholfen hatte, die das Benny Goodman Trio zuvor veröffentlicht hatte.

Theodore Shaw Wilson war der Sohn eines Englischprofessors und einer Bibliothekarin am Tuskegee College. Er hatte seinen Abschluss in Musiktheorie am Talladega College gemacht und später mit Jimmie Noone, Louis Armstrong und Benny Carter gespielt. Der höfliche und kultivierte Wilson bewunderte Art Tatum und Fats Waller, schien aber am meisten von Earl Hines beeinflusst worden zu sein. Hines hatte seinen »Trompetenstil« in den Jahren kreiert, als es noch keine Mikrofone gab, erklärte Wilson einmal, und um sich Gehör zu verschaffen, musste er die langen Melodielinien der rechten Hand in Oktaven statt als Einzelnoten spielen. »Aber zu meiner Zeit wurden die Pianos bereits durch Mikrofone verstärkt, und es war nicht mehr nötig, so energisch zu spielen wie Hines. Dadurch konnte ich mit der rechten Hand eine Menge Läufe spielen.« Wilsons Läufe mit der rechten Hand, ausgeglichen und doch ungemein erfinderisch, prägnant, aber swingend, waren die ideale Ergänzung für Goodmans Klarinette. Beide Musiker waren Perfektionisten. »Teddy ist ebenso versessen auf Genauigkeit wie ich«, sagte Goodman einmal. »Wenn es irgendwie geht, lässt er keinen Ton entwischen.«

Die beiden hatten zusammen in den kleinen Studiobands gespielt, die John Hammond 1934 zusammengestellt hatte, aber die Idee für Trioaufnahmen war mehr oder weniger zufällig entstanden. Kurz vor dem Start der Tournee, die im Palomar endete, war Goodman zum Dinner bei Mildred Bailey eingeladen, die in Forest Hills, New York, wohnte. Wie der Zufall es wollte, war Wilson ebenfalls anwesend, und nach dem Essen schlug Bailey vor, dass die beiden Männer zusammen spielen sollten, während ihr junger Cousin mit zwei Handfegern auf einem Küchenstuhl den Takt schlug. Es schien, als hätten Wilson und er schon seit Jahren zusammengearbeitet, erinnerte sich Goodman später. »Ich weiß nicht mehr, wie lange wir gespielt haben, aber als wir aufhörten, sagten alle, es sei eine Schande, dass es von dieser Session keine Aufnahme geben würde.«

John Hammond korrigierte das umgehend. Kurz bevor Goodman New York verließ, nahm Wilson vier Stücke mit dem Benny Goodman Trio auf – »After You've Gone«, »Body and Soul«, »Who?« und »Someday Sweetheart«. Gene Krupa saß am Schlagzeug. Goodman liebte diese Aufnahmen – sie klängen »wie Kammermusik«, sagte er. Aber als Helen Oakley ihm vorschlug, Wilson zu den Konzerten in Chicago einzuladen, sperrte er sich. »So dumm bin ich nicht«, erklärte er ihr. »Ich habe Erfolg, und es ist meine Karriere. Ich werde mir nicht alles kaputtmachen, indem ich auf der Höhe meines Ruhms ein schwarzes Talent auf die Bühne bringe.« Wie beim ersten Mal gelang es Oakley doch noch, ihn zu überreden, und wie beim ersten Mal lief alles wunderbar. »Wir drei spielten zusammen, als wären wir dafür geboren worden«, erinnerte sich Goodman. »Aber am meisten überraschte uns die Reaktion des Publikums.«

Teddy Wilson wurde Bestandteil der Goodman-Entourage, wenn auch als nur als Mitglied des Trios und nicht als fester Pianist – dieser Job blieb weiterhin Jess Stacy vorbehalten. (Neben dem Lob für Goodman, der »ein schwarzes Talent auf die Bühne« gebracht hatte, vergaß *Down Beat* nicht, Stacys »noble Geste« zu würdigen, sich jeden Abend, wenn auch nur für ein paar Nummern, »in den Schatten des farbigen Mannes« zu stellen.)

Goodman und Wilson kamen sich nie näher – ihr Verhältnis war »von gegenseitigem Respekt geprägt«, wie Wilson sagte. »Sie hätten niemals Kumpel werden können«, meinte Helen Oakley, nicht wegen der Hautfarbe, sondern wegen ihrer Herkunft und ihrer Persönlichkeit. Wilsons

Das Benny Goodman Quartett 1937 im Paramount Theater in New York. Von links nach rechts: Teddy Wilson, Lionel Hampton, Gene Krupa und Goodman. »Dieses Quartett ist eine durch und durch wunderbare Sache«, schrieb Otis Ferguson im *New Republic.* »Das Ergebnis kreativer Liebesmüh.«

Eltern waren Akademiker, Goodmans Mutter hatte nicht einmal Lesen und Schreiben gelernt. »Ich bin sicher, dass Teddy einiges an Benny auszusetzen hatte«, sagte sie. »Benny hatte eine Menge Ecken und Kanten ... er war sehr direkt, manchmal sogar grob ... Teddy kam aus einer ganz anderen Welt.«

Goodman interessierte sich nicht sonderlich für Politik und Bürgerrechte; er lebte nur für die Musik. Deshalb wollte er die besten Musiker in seiner Band haben, die es gab – und die fanden sich nun mal unter den Schwarzen. »Sie waren die Einzigen, die besser spielen konnten als er«, erinnerte sich Helen Oakley. »Sonst keiner. Sie waren die Einzigen, die Benny ernst nahm.«

CAPITOL
HOTEL

Erinnert ihr euch daran, wie es war? Vielleicht. Vielleicht wart ihr da. Vielleicht wart ihr in New York, ab der Mitte der 30er Jahre, als so viele großartige Bands dort spielten – und viele davon an einem Abend. Man wusste kaum, wo man hingehen sollte – es gab so viele Orte.

George T. Simon

Manhattan während der Swingära.

Er sah auch keinen Grund, warum ihn festgefahrene Meinungen und Vorurteile daran hindern sollten, sie in seine Band aufzunehmen.

Im Sommer 1937 verpflichtete er in Los Angeles den 28-jährigen Lionel Hampton, ein Virtuose auf einem Instrument, das noch nicht lange Einzug in die Jazzwelt gehalten hatte, dem Vibraphon. Mit 14 hatte der in Louisville geborene und in Chicago aufgewachsene Hampton bereits seine ersten Engagements als professioneller Schlagzeuger bekommen. Wie Teddy Wilson hatte auch er mit Louis Armstrong gespielt – Armstrong war es, der ihm zum Vibraphon riet – und wie Louis war auch er ein Showman, der sang und tanzte und mit einem solchen Drive und solcher Vitalität spielte wie kaum ein anderer Musiker des Jazz.

Aus dem Goodman Trio wurde ein Quartett. »Sie boten ein beeindruckendes Bild«, erinnerte sich John Hammond. »Teddy, stets cool, korrekt, mit makellosem Spiel; Gene, der mit den Kiefern mahlte, den Kopf schüttelte und dem immer eine Locke ins Gesicht fiel, über sein Schlagzeug gebeugt. Genes Basstrommel war ein bisschen schwerfällig – aber was für ein pulsierender Drive; Benny, die Klarinette dicht vor dem Mund, ein Lächeln auf den Lippen, wenn Lionel eines seiner viertaktigen Riffs spielte, um mit einem seiner perfekt kontrollierten, rasiermesserscharfen Läufe zu antworten. Das waren herrliche Zeiten!«

Die erste Platte des Quartetts, »Moonglow«, fegte wie ein Sturm durchs Land. Einige Veranstalter hatten noch Zweifel, ob eine gemischte Besetzung nicht auf Dauer dem Geschäft schaden könnte, und selbst Goodman verzichtete beim ersten Auftritt in Dallas auf Hampton und Wilson. Aber nachdem einige Gäste den Saal verließen und ihr Geld zurückverlangten, weil das Quartett nicht aufgetreten war, spielten sie danach in jedem Konzert mit. Die Frage, ob ein weißes Publikum geneigt war, weiße und schwarze Musiker gemeinsam auf der Bühne zu sehen, schien beantwortet – zumindest was die bekannteste Band des Landes betraf.

Unter dem Titel »Aufstehen?« schrieb Otis Ferguson in der *New Republic*:

> »Die Menschen erheben sich von ihren Stühlen, um besser sehen zu können. Die Band spielt jeden Abend – Klarinette, Piano, Vibraphon, Schlagzeug – und sie machen eine Musik, die man kaum für möglich hält ... kein einziger falscher Ton. Hat einer sein Solo beendet, lässt er sich in den Hintergrund fallen und unterstützt den nächsten Solisten, jeder inspiriert den anderen, bis sie gar nicht mehr aufhören können ... Hier wird wirklich improvisiert, der Geist des Jazz ist präsent, aber die eisernen Regeln von Harmonie und Rhythmus werden nie außer Acht gelassen. Wir erleben Männer, die wirklich zusammenarbeiten – vielleicht das beste Kollektiv, das es derzeit auf der Bühne zu sehen gibt.«

Goodman konnte sehr unangenehm werden, wenn sich jemand zwischen ihn und sein erklärtes Ziel – das Streben nach Perfektion – stellen wollte. Lionel Hampton erinnerte sich an einen Abend, den er mit Wilson und Goodman in einem Klub verbrachte, als ein Betrunkener an ihren Tisch wankte und fragte: »Benny, was soll das mit diesen Niggern in deiner Band?«

»Wenn du das noch einmal sagst«, entgegnete Goodman, »zieh ich dir mit dieser Klarinette hier eins über den Schädel.« Der Betrunkene verzog sich.

Goodman war immer wieder überrascht über die Aufregung, die sein Entschluss, Wilson und Hampton aufzunehmen, verursachte. »Ich fand nie, dass es besonders mutig war ... wir haben es einfach getan ... So war es eben. Wie kann man spielen, wenn man sich Gedanken über die Hautfarbe eines anderen macht? Es ist doch schon schwer genug, überhaupt nur zu spielen.«

DAS KÖNIGREICH DES SWING

Menschen, die nie zuvor Jazz gehört hatten, strömten jetzt überall im Land in die Tanzlokale – in das Aragon in Chicago, das Arcadia in Detroit, das Alcazar in Baltimore oder das Ali Baba in Oakland; das Cinderella in Appleton, Wisconsin, und das Million Dollar Pier in Atlantic City; das Twilight in Fort Dodge, Iowa, und das Moonlight in Canton, Ohio. Es gab Hunderte solcher Säle, vielleicht Tausende. Bigband-Swing wurde zu einem Millionengeschäft. Nach 1935 fanden bis zu 40 000 Musiker Beschäftigung in der Swingindustrie. Weitere 8000 Arbeitsplätze gab es im Management, in den Agenturen und an den Kassen. Der Swing rettete die Plattenindustrie. 1933 waren in den USA lediglich sechs Millionen Schallplatten verkauft worden; 1939 waren es bereits 50 Millionen, von denen weit über die Hälfte in etwa 300 000 Musikboxen liefen und die Begleitmusik für die neuen Tänze lieferten – den Big Apple und den Little Peach, den Shag und den Susy Q. und natürlich den Tanz, mit dem alles begonnen hatte – den Lindy Hop.

Es dauerte eine Weile, bis sich die Jazzmusiker, die es gewohnt waren, in kleineren Besetzungen zu spielen, den Erfordernissen der Swing Bands angepasst hatten. Max Kaminsky, der 1935 bei Tommy Dorsey einstieg, erinnerte sich:

> »All die Jahre davor hatten wir die Songs einfach so gespielt, wie uns zumute war, aber nun begann eine ganz neue Ära mit festen, ausgefeilten Arrangements; und Noten zu lesen und den Takt zu zählen, war etwas ganz anderes als zu improvisieren. Es fiel mir nicht so leicht, in einer großen Band herumzusitzen, mein Solo zu spielen, mich wieder zu setzen und auf den nächsten Einsatz zu warten. Es waren natürlich ganz andere Arrangements, die es den Bigbands ermöglichten zu swingen – Fletcher Henderson, Don Redman, Duke Ellington und all die anderen schwarzen Bandleader hatten das ja schon Jahre vorher herausgehabt. Früher spielte bei den großen Tanzorchestern immer nur eine Gruppe gleichzeitig, so dass die Arrangements eigentlich nur aus aufeinander folgenden Soli der einzelnen Sektionen bestanden, die nie so richtig swingten. Aber nun, da eine Gruppe gegen eine andere spielte, mit den ganzen Riffs und Phrasierungen und vor allem natürlich mit den Jazzmusikern, die der Musik einen heißen, treibenden Sound verpassten, swingte die ganze Band.«

Hunderte von Bands tourten durch das Land, und die jungen Amerikaner verfolgten die Karrieren der Musiker, wie sie zuvor die der Sportler und Filmstars verfolgt hatten. Die Schriftstellerin Elizabeth Hardwick ging in jenen Jahren in Kentucky auf die Highschool und erinnerte sich, wie selbstverständlich es für sie und ihre Freunde war, sich die größten Bands und die beste Musik anzuhören.

> »Bei Lexington gab es einen Tanzsaal namens Joyland Park. Im Sommer kamen die großen Bands, Duke Ellington, Louis Armstrong, Chick Webb – manchmal spielten sie Freitag

und Samstag, manchmal nur einen Abend. Wenn ich sage, große Bands, bedeutet das nicht, dass wir das damals schon so sahen. Nein, sie gehörten einfach zu den warmen Sommerabenden und den Hotdogständen, zu den Swimmingpools, die nach Chlor stanken, der kreischenden Achterbahn, den vom Regen aufgequollenen, alten Picknicktischen, den kaputten Eisenschaukeln. Und die Bands gehörten auch zur Trinkkultur des Südens, Männer und Frauen, die Cola mit Whiskey tranken, denen schlecht wurde, die einander betrogen, die einsam oder verrückt vor Liebeskummer waren. Die schwarzen Musiker mit ihren klobigen Instrumenten, in ihren Smokings, sie waren ein Teil der Zeit, die wir damit verbrachten, betrunken herumzustolpern oder uns beim Foxtrott ganz eng aneinander zu schmiegen.

Die Bandbusse parkten in den Feldern, die Musiker hockten zwischen Zigarettenkippen und leeren Flaschen, sie fuhren die ganze Nacht über heiße, gleißende Highways oder ruhten sich ein paar Stunden in den Schwarzenvierteln aus: die via dolorosa des Showgeschäfts. Wenn sie dann ankamen, im Nirgendwo, und vor einem großen oder kleinen Publikum standen, mussten wir sie oft über die Gegebenheiten und Örtlichkeiten im Park informieren, von denen aus sich wahre Menschenmassen in die Tanzsäle ergossen. Ellingtons Band: Was dachten wir damals, wenn wir ganz weit vorne standen und die Texte mitmurmelten? Und dann die Highschool-Partys im Winter, billige, kleine Veranstaltungen. Wir hatten Locken, trugen rote Taftkleider,

Jimmie Lunceford (Mitte) sagte einmal: »Zu einer Band, die gut aussieht, die eine gute Show bietet und ihre Arbeit zu genießen scheint, kommen die Leute immer wieder gerne.« Luncefords Orchester lieferte über 20 Jahre lang Abend für Abend den Beweis für diese These. Die Solisten der Band hatten Klasse, aber es waren die Show, die erstaunliche Präzision im Zusammenspiel und vor allem die unwiderstehlichen Arrangements Sy Olivers, die jedes Publikum zum Tanzen brachten.

Charlie Barnet, hier als Frontmann seiner Band in dem RKO-Film »Music in Manhattan«, brach sein Studium in Yale ab, um wie sein Idol Coleman Hawkins Tenorsaxophonist zu werden. Lena Horne sang eine Weile in seiner Band, und er setzte sich vehement für die Rassenintegration im Musikgeschäft ein. Als 1939 seine Arrangements bei einem Brand vernichtet wurden, schickten ihm Benny Carter und Duke Ellington Ersatz, damit die Band weitermachen konnte.

Unten: Das Casa Loma Orchestra am Steel Pier in Atlantic City, 1931. Dieser Ableger des Jean Goldkette Orchestra, der sich nach einem Tanzlokal in Toronto benannt hatte, war eine Kooperative, die ein gewählter »Präsident«, der Altsaxophonist Glen Gray (siebter von links), leitete. Es war die erste Swing Band, die ein eigenes kommerziell gesponsortes Radioprogramm bestritt – Camel Caravan –, zwei Jahre vor Benny Goodman.

Schwarze Bands hatten für gewöhnlich keine Langzeitverträge, wie sie die meisten beliebten weißen Orchester bekamen – aber es gab Ausnahmen. Das Earl Hines Orchestra residierte zehn Jahre im Grand Terrace Ballroom in Chicago, während der singende Showstar Cab Calloway (unten, mit Taktstock) in den 30er Jahren den Cotton Club in New York zu seinem Hauptquartier machte. Der Trompeter im Vordergrund ist Doc Cheatham.

Links: Ein Tanzabend im Knights of Columbus Annex in Gary, Indiana, 1934. Die Musik lieferte Rupert Harris and His Black Diamond Orchestra, eine örtliche Band.

Der Klarinettist, Saxophonist und Sänger Woody Herman und seine »Band That Plays the Blues«, 1937 (oben), die erste von vielen Swing Bands, die er in den nächsten drei Jahrzehnten gründen und führen sollte. Der Musikgeschmack änderte sich in dieser Zeit einige Male, und Hunderte von Musikern durchliefen seine Bands, ohne dass es der Spielfreude des Orchesters geschadet hätte. »Mein Geschäft«, sagte er, »ist aufregende Unterhaltung.«

Tommy Dorsey, im hellen Anzug (unten), wurde als der »Sentimental Gentleman of Swing« angekündigt. Der singende Klang seiner Posaune passte hervorragend zu den Balladen der Band, Dorsey selbst aber war alles andere als sentimental: Er war streitlustig, geizig und ein trinkfester, aber strenger Vorgesetzter, der seine Musiker in aller Öffentlichkeit kritisierte und sich später wunderte, warum sie ihn nicht mochten. Trotzdem: die Band war populär und brachte viele Stars hervor wie Bunny Berigan, Dave Tough, Bud Freeman, Buddy Rich und einen hageren Sänger aus Hoboken, New Jersey, namens Frank Sinatra.

Artie Shaw (links) war Benny Goodmans größter Rivale – und stand sich selbst am meisten im Weg. Er war begabt und redegewandt, und seine Musik und sein Aussehen bescherten ihm eine Menge Fans. Abe er war »vom Fluch der Ernsthaftigkeit« getroffen, wie er von sich sagte Er mochte weder Autogrammjäger noch den Jitterbug, und der eigene Erfolg verunsicherte ihn so sehr, dass er mehrmals aus dem Geschäft ausstieg. »Die Wahrheit ist«, erkannte er, »dass populäre Musik wenig oder nichts mit echter musikalischer Qualität zu tun hat.«

Das Glenn Miller Orchestra (unten) im Meadowbrook Ballroom in Cedar Grove, New Jersey, 1939. Miller, hier im hellen Anzug an der Posaune, machte sich keine Illusionen über die Kunst. Er konnte gar nicht verstehen, warum man ihn als Musiker kritisierte. »Ich will nur Geld verdienen«, verriet er John Hammond. Er hatte eine Reihe von Hits, darunter »String of Pearls«, »Little Brown Jug«, »Moonlight Serenade« und »In the Mood«, das zu einer der größten Hymnen des Swing wurde.

Duke Ellington am Mikrofon. »Ellington ... ist noch immer der Größte«, schrieb Aaron Copland 1938. »Verglichen mit ihm sind die anderen bestenfalls Arrangeure.«

Satinschuhe, deren Farbe ausblich, wenn man damit in den Regen kam. Vor allem aber wollten wir eines sein – beliebt. Diese Sehnsucht umgab uns wie eine Decke, unter der wir erstickten, wie ein Zelt ohne Sauerstoff. Nach Luft schnappend, grinsend und mit ängstlich aufgerissenen Augen standen wir neben dem Piano, neben Fats Waller, der aus Cincinnati gekommen war. Wünsche, perfide Blicke, betrunkene Teenager, verständnisvoll nickende Lehrer, all das und die Musik. Sie schien uns etwas Selbstverständliches zu sein, etwas, das wie eine Blume aus der Erde spross, mühelos.«

DIE ENERGIE, DIE MAN BRAUCHT

Benny Goodmans Lieblingsorchester war das von Duke Ellington – einerseits, weil »der Charakter ihrer Musik sich von allem unterscheidet, was es im Jazz gibt«, andererseits, weil seine Solisten alles, was sie spielten, mit persönlicher Überzeugung zu füllen schienen.

Ellington selbst beklagte sich kaum einmal darüber, dass die Presse Goodman zum »King of Swing« gekrönt hatte, und auch die enorme Popularität der neuen, weißen Bands, die Goodman nacheiferten, schien ihn kaum zu stören. Immerhin hatte Ellington den Song geschrieben, der dem neuen Genre den Namen gegeben hatte – »It Don't Mean a Thing If It Ain't Got That Swing« –, drei Jahre, bevor Goodman im Palomar groß herauskam. Er mochte den Begriff allerdings nicht besonders. »Jazz ist Musik«, sagte er, »Swing ist Kommerz.«

Ellington verfolgte weiterhin seine eigenen Ziele und weigerte sich nach wie vor, in eine Schublade gesteckt zu werden. Dadurch »stand er über seinen Zeitgenossen«, erinnerte sich Rex Stewart, »wie ein Gott, der vom Olymp herabsteigt. Und warum auch nicht? Er hatte sich abgesetzt. Sollten die anderen ihn doch einholen.« Als die Hits für das große Orchester seltener wurden, formierte er kleinere Gruppierungen innerhalb seiner Band und schrieb oder arrangierte über 140 Stücke, in denen er seine Stars herausstellte. Andere Bands taten es ihm nach: Tommy Dorsey's Clambake Seven, Bob Crosby's Bob Cats, Woody Herman's Four Chips, Artie Shaw and his Gramercy Five, Chick Webb and His Little Chicks. Ellington experimentierte auch eine Zeit lang mit zwei Bassisten, um seiner Band einen besonderen Schub zu geben, und er versuchte sich immer wieder an längeren Kompositionen, besonders bei einem zweiteiligen Stück namens »Diminuendo and Crescendo in Blue«, das sich über beide Seiten einer 78er erstreckte. »Wie bei all unseren Kompositionen«, sagte er, »versuchen wir auch hier, den emotionalen Charakter unserer Rasse zu erfassen und auszudrücken.«

Doch dann gab es neue Hits – Juan Tizols »Caravan«, »I Let a Song Go Out of My Heart«, »Prelude to a Kiss« und »Jeep's Blues« –, und plötzlich öffneten in Dallas, Chicago, Memphis und einem halben Dutzend anderer Städte Veranstaltungsorte ihre Pforten für das Ellington Orchestra, die schwarzen Bands bis dahin verschlossen geblieben waren. Als ein etwas zu aufdringlicher Reporter ihm die Frage stellte, wie er sich fühle, wenn er in einigen Hotels, in denen er mit seiner Band auftrat, weder essen noch übernachten dürfe, spielte Ellington die Frage auf für ihn typische Weise herunter. »Ich benutze die Energie, die man braucht, um das Gesicht zu verziehen«, sagte er, »und schreibe einen Blues.«

Benny Goodman war nicht der einzige weiße Bandleader, der Ellington verehrte. Sein größter Bewunderer war Charlie Barnet, und als dessen Band in einem Klub auf der 52nd Street in New York spielte, lud er Ellington ein, sich anzuhören, wie er und seine Männer die Musik des Duke spielten. Schwarze Gäste waren in diesem Klub normalerweise nicht willkommen, und Ellington bat Helen Oakley, die mittlerweile in Manhattan für Irving Mills arbeitete, vorher das Terrain zu erkunden. »Duke mochte es nicht gerne, überhaupt nicht gerne, in etwas zu geraten, was er ›Schwierigkeiten‹ nannte«, erinnerte sie sich. »Duke kam nie in Schwierigkeiten. Die 52nd Street verdiente mit den schwarzen Musikern viel Geld, hielt aber schwarze Gäste fern. Aber mir wurde gesagt, dass man sich sehr freuen würde, wenn Duke Ellington käme. Man würde einen Tisch für ihn reservieren.« Ellington fragte nach. »›Geht das wirklich klar?‹ fragte er, und ich antwortete: ›Aber ja.‹ Und es ging tatsächlich klar. Er wurde am Eingang empfangen, an einen besonders guten Tisch gebracht, und Charlie war im siebten Himmel.« Ellington saß ruhig da, nippte an seinem Drink und lächelte anerkennend, während Barnet und die Band ihr Bestes gaben, seine Musik zu spielen. Irgendwann beugte er sich jedoch zu Oakley und murmelte: »Hm, sie patzen sogar an den gleichen Stellen wie wir.«

WIE EIN MESSER DURCH BUTTER

John Hammond, der seinen Teil dazu beigetragen hatte, dass die Benny Goodman Band das neue Zeitalter des Swing einläuten konnte, suchte weiterhin nach neuen Talenten. Im Winter 1936 hielt er sich in Chicago auf, wo er Aufnahmen mit Boogie-Woogie-Pianisten machte. Abends hörte er sich Goodman im Congress Hotel an. An einem dieser Abende, so schrieb er später,

> »verließ ich das Goodman-Konzert für eine Weile und ging zu meinem Wagen ... ohne recht zu wissen, wohin ich wollte. Es war Januar und bitterkalt in Chicago. Ich setzte mich in meinen Wagen und schaltete das Autoradio ein. Ich hatte ein Zwölf-Röhren-Motorola mit einem großen Lautsprecher ... Ich war so viel unterwegs, dass ich ein gutes Gerät brauchte, um in Sachen Musik auf dem Laufenden zu bleiben. Es war ein Uhr nachts ... Ganz am Ende der Skala fand ich W9XBY, einen Sender in Kansas City, der ziemlich neue Sachen spielte. Gerade fing die Übertragung eines Konzerts der Count Basie Band aus dem Reno Club an. Ich traute meinen Ohren nicht.«
>
> Hammond hatte Basie schon einige Jahre zuvor in New York gehört, wo er mit der Band von Bennie Moten auftrat. Damals hatte er einen schwungvollen, wenn auch etwas nervösen Stil gespielt, ein echter Stride-Pianist, mit großen Sprüngen in der linken Hand. Mittlerweile hatte er jedoch, wie Hammond es nannte, »eine außerordentlich ökonomische Spielweise entwickelt. Mit weniger Tönen sagte er mehr, als Waller und Hines gesagt hatten. Mit seiner perfekten Betonung – das konnte ein Akkord oder sogar nur ein einziger Ton sein – konnte er einen Bläser zu nie geahnten Leistungen inspirieren.«

Trotz der Kälte verließ Hammond nun jeden Abend in dieser Woche Goodmans Konzerte und hörte in seinem Wagen Count Basie und seine

Band. Eines Abends zwang er Goodman förmlich, sich zwischen zwei Sets die Musik im Autoradio anzuhören. Goodman war nicht sonderlich beeindruckt. »Na und?,« fragte er, vor Kälte zitternd.

»Ich schätze, ich habe Benny überfordert. Da erzähle ich ihm auf einem Parkplatz vor dem Congress, dass die neunköpfige Band aus Kansas City die beste war, die ich bis dahin gehört hatte, während er gegenüber mit der bekanntesten Band des Landes Triumphe feierte.« Aber Hammond ließ sich nicht beirren. Er wollte Count Basie nach New York holen.

William James Basie hatte sich seinen Titel selbst verliehen. »Ich kannte ›King‹ Oliver, und ich wusste, dass Paul Whiteman der ›King of Jazz‹ genannt wurde«, erinnerte er sich. »Und Duke Ellington war einer der größten Namen Harlems ... also ließ ich mir ein paar hübsche Visitenkarten drucken, auf denen mein neuer Name stand: ›Count Basie‹. Und darunter schrieb ich: ›Achtung – hier kommt der Count.‹«. Es war eine seiner seltenen Anwandlungen von Unbescheidenheit. Seine Karriere entwickelte sich fast ohne sein eigenes Zutun – jedenfalls vermittelte er diesen Eindruck.

Basie wurde 1904 in Red Bank, New Jersey, als Sohn eines Kutschers geboren. Seine Mutter arbeitete als Wäscherin, um seinen Klavierunterricht bezahlen zu können. Als Junge hatte er den Traum, beim Zirkus zu arbeiten und sich die Welt anzusehen. Mit 14 brach er die Schule ab, um Schlagzeuger zu werden. Aber nachdem Sonny Greer, der bald darauf die Ellington Band mitbegründen sollte, ihm bei einem musikalischen Duell seine Grenzen aufgezeigt hatte, wandte er sich wieder dem Piano zu. 1924 zog er nach Manhattan, wo er sich von den großen Harlem Stride-Pianisten inspirieren ließ – James P. Johnson, Willie »The Lion« Smith und Fats Waller –, und verdiente seinen Lebensunterhalt als Stummfilmpianist.

Später reiste er mit Burlesque- und Vaudeville-Shows durch das Land – mit Katie Krippen and Her Kiddies, Liza and Her Shufflin' Six und mit Gonzelle White's Big Jazz Jamboree. Letztere gingen Pleite, als sie 1927 in Kansas City gastierten. »Da saßen wir dann«, erinnerte sich Basie, »ohne Show, ohne Kohle und ohne Job.« Eine Zeit lang spielte er im Eblon-Kino Orgel; aber in Kansas City hörte er zum ersten Mal in seinem Leben an jeder Ecke Blues. »18th Street boomte damals«, erinnerte er sich. »Ich meine, dort spielte sich alles ab, es war herrlich ... aus jedem Fenster und aus jeder Tür erklang der Blues. Ich wusste sofort, das ist mein Ding.«

Für den Rest seines Lebens blieb der Blues in musikalischer Hinsicht maßgeblich für ihn – besonders der unwiderstehliche »Kansas City Stomp«, eine Bluesform, die sein Freund, der Schriftsteller Albert Murray, in Anlehnung an Duke Ellington »das Tempo der Freude« nannte. »Ich weiß wirklich nicht, wie man den Stomp rein musikalisch definieren könnte«, sagte Basie. »Aber es war das einzig Wahre. Wenn man unter dem Tanzboden stand, hörte man dieses gleichförmige bumm, bumm, bumm, bumm, in diesem verhaltenen Tempo, niemals schnell.«

Basie tourte mehrere Monate mit Walter Pages Original Blue Devils, aber als sie kaum noch Auftritte bekamen, kehrte er nach Kansas City zurück und arbeitete wieder im Eblon. Nach der Vorstellung zog er durch die Klubs, hörte den Bands zu und stieg manchmal mit ein. Es war gegen fünf Uhr früh an einem Morgen im Jahr 1929, als ihm eine große Menschenmenge auf der 18th Street auffiel. »Als ich nachfragte, erklärte mir jemand, dass es sich um Verwandte, Freunde und Fans der Bennie Moten Band handelte, die gleich von einer ausgedehnten Tournee durch die Region zurückkehren würde ... Es sah so aus, als würden die Leute auf ein Football-Team warten.« Wenig später fuhren die Musiker in zwei blitzenden Chryslers vor. Aus dem ersten winkten Bennie Moten und sein Bruder Bus. »Sie hatten Klasse«, sagte Basie. »Und sie machten den Eindruck, als hätten sie es geschafft, während die Blue Devils sich noch immer da draußen abstrampelten.«

Die Könige von Kansas City: Die Bennie Moten Band im Pearl Theatre in Philadelphia, 1931. An den Pianos sitzen Count Basie, links, und Bennie Moten. Der Sänger Jimmy Rushing steht ganz links.

Die Count Basie Band 1937, nachdem sie von neun auf 13 Musiker vergrößert wurde, bei einem Auftritt in der Meadowbrook Lounge in Meadowbrook, New Jersey. Der stets zuverlässige Gitarrist Freddie Green sitzt hinter Basies Piano, zwischen dem Schlagzeuger Jo Jones und dem Bassisten Walter Page.

Basie hatte nur noch einen Wunsch – er wollte in Motens Band. Es gab jedoch ein Problem. Die Band hatte bereits einen Pianisten, und zwar Moten persönlich. Es schien zwecklos, erinnerte sich Basie. »Aber ich bin schon immer ein Trickser gewesen, und ich nahm mir vor, mich in diese Band hineinzutricksen.« Basie konnte kaum Noten lesen, aber er hatte ein Gespür für Arrangements und überredete den Posaunisten, Gitarristen und Arrangeur Motens, Eddie Durham, ihm bei der Niederschrift einiger Arrangements zu helfen und sie an Moten weiterzuleiten. Basies Ideen gefielen dem Bandleader, und als er geschäftlich einige Tage fortmusste, durfte Basie ihn am Piano vertreten. Die Tänzer liebten ihn. Nachdem Moten davon erfuhr, spielte er nur noch ein oder zwei Eröffnungsnummern selbst und überließ danach Basie den Platz am Piano. Die Moten Band hatte schon Aufnahmen für das Victor-Label gemacht, und als sie sich auf den langen Weg nach Osten machten und nach New York kamen, schlugen sie sich bei einer »Battle of the Bands« mit Chick Webb im Savoy recht beachtlich. Basie spielte fünf Jahre lang jeden Abend mit Motens Band. Danach, sagte er, sei ihm klar gewesen, dass Musik wichtiger war als Show.

1935 starb Bennie Moten während einer verpfuschten Mandeloperation, und die Band löste sich auf. Basie stellte eine eigene, neunköpfige Truppe zusammen, »Count Basie and the Barons of Rhythm«. Der Reno Club an der Ecke Twelfth und Cherry Street wurde ihr Hauptquartier – ein ziemlich schäbiges Lokal mit einer winzigen Bühne. Ein Glas Import-Scotch kostete 15 Cent, der einheimische Whiskey nur zehn. Der Hotdogstand neben dem Klub lieferte das Essen. Über dem Balkon, wo die weißen Gäste saßen, waberten ständig blaue Marihuanawolken, und auf einer separaten Treppe, die in den zweiten Stock führte, liefen ständig Tanzmädchen mit ihren Kunden hinauf und hinunter. Dieser etwas andere Tanz kostete zwei Dollar. »Die Atmosphäre im Klub gefiel mir«, sagte Basie. »Da war immer was los.«

Fünf Kollegen von den Blue Devils und aus Bennie Motens Band waren bei Basie gelandet – Walter Page, Jo Jones, Buster Smith, Lips Page und Herschel Evans. Dazu kam Lester Young. Aber Basie blieb der Boss. »Ich ... wusste ziemlich genau, wie die Band klingen sollte«, erinnerte er sich. »Ich hatte den Sound jeder Sektion im Kopf ... Ich machte ihnen für eine Weile die Tür auf und ließ sie auf die Bühne. Danach führte ich sie wieder hinaus.«

»Eine Band kann wirklich swingen, wenn sie locker swingt«, sagte Basie. »Wenn sie so spielen kann, dass die Musik wie ein Messer durch Butter gleitet.« Die Rhythmusgruppe bildete den Kern des Konzepts, und Basie hatte die vielleicht beste im Jazz. Walter Page lieferte den kraftvollen »Walking«-Bass im Vierviertel-Puls, der es dem Schlagzeuger Jo Jones, einem ehemaligen Stepptänzer, erlaubte, auf der Hi-Hat und dem Ride-Becken einen Takt zu schlagen, der ohne die schwere, pochende Basstrommel auskam, die das Schlagzeugspiel im Jazz so lange bestimmt hatte. Das Ergebnis klang entspannt und leicht, fließend und schimmernd, weniger wie das Ticken einer Rhythmus-Uhr, sondern wie eine Perkussionswelle, auf der die Solisten scheinbar mühelos treiben konnten. »Als Jo Jones in der

Die Swingmusiker verbrachten einen großen Teil ihres Lebens auf Tournee, und selbst für die Großverdiener wie Benny Goodman und Duke Ellington war es anstrengend. Einige Agenten verlangten, dass man bis zu 500 Meilen zwischen zwei Auftrittsorten zurücklegte und sieben Abende in der Woche spielte – bis es der Gewerkschaft gelang, diese Ochsentour auf 400 Meilen und sechs Abende zu verringern. »Nachdem ich bei Duke ausgestiegen war«, meinte ein langjähriger Trompeter Ellingtons, »schlief ich fast ein Jahr lang.« Als Max Kaminsky für Tommy Dorsey Trompete spielte, musste er wochenlang Einzelauftritte erdulden, bei denen die Band im eisigen Winter in einem unbeheizten Bus von Stadt zu Stadt fuhr. »Gegen eins ... war man mit dem Spielen fertig, dann aß man schnell etwas, bevor man sich wieder in diese kalte Folterkammer setzte und die Nacht durchfuhr, bis man irgendwann zwischen acht und elf Uhr morgens ... vor irgendeinem schäbigen Hotel hielt, wo man wie ein Toter ins Bett fiel ... bis es Zeit für die Probe war, dann aß man etwas, rasierte sich, nahm ein Bad, zog die Banduniform an und spielte wieder bis eins. Das Ganze wiederholte sich, Woche für Woche, Monat für Monat ... Irgendwann fragte man sich, wer man eigentlich war und warum, um alles in der Welt, man das alles mitmachte.«

Für die weniger bekannten Bands war das Tourneeleben noch um einiges härter. Manche Gruppen verdienten so wenig, dass sie sich nicht einmal einen Bus leisten konnten: Also zwängten sich bis zu zehn Musiker in ein Auto, die Instrumente beförderten sie in einem Anhänger. Manchmal suchten sie sich eine Raststätte, begannen zu spielen und hofften, genug Geld für ein Essen zusammenzubekommen.

Natürlich gab es auch andere Seiten. »Es war so«, erinnerte sich Rex Stewart, »dass alle Jungs kleine Notizbücher mit Telefonnummern und Adressen von jungen Mädchen von der Ost- bis zur Westküste dabeihatten«, und jeden Abend standen Frauen am Bühnenrand, die, wie er sagte, »bereit und willig« waren. »Die Mädchen liefen den Männern hinterher«, erinnerte sich Myra Taylor, Sängerin bei Harlan Leonard's Rockets, einer Territory Band aus Kansas City. »Ich nannte sie ›Chili-Banditen‹, denn das Beste, was sie kriegten, war ein Fick und ein Teller Chili.«

Schwarze Musiker sahen sich zudem mit Schwierigkeiten konfrontiert, die ihre weißen Kollegen nicht kannten. Ihnen wurde der Besuch von Toiletten, Hotels und Restaurants verwehrt, und sie waren teilweise auf die Hilfe der schwarzen Bevölkerung angewiesen. Die gab es jedoch nicht immer umsonst. »Wir kamen in Städte«, erinnerte sich Doc Cheatham, »in denen von Schwarzen geführte Restaurants die Speisekarte wechselten und die Preise erhöhten, kaum dass sie uns kommen sahen.« Meistens wurden sie jedoch herzlich empfangen. »Sie kochten für dich wie für ihre eigene Familie«, erinnerte sich ein Bandmitglied. »Und sie gaben dir gerne einen Nachschlag.« Eine Pensionswirtin in Atlanta, Mom Sutton, bewirtete die Musiker an einem Tisch, der »eine Meile lang war«. »Es gab alles – Würstchen, Schinken, Eier, Kekse, Maisbrot, selbst gebackene Kuchen – alles für nur 50 Cents.« In den meisten großen Städten fand man auch Hotels und Pensionen für Schwarze, aber manchmal erschien es ihnen besser, im Bus zu schlafen. Wer sich im einzigen »schwarzen« Hotel in Macon, Georgia, einschrieb, bekam vom Manager einen Baseballschläger. »Kann sein, dass Sie ein paar Ratten im Zimmer haben«, sagte er. »Manchmal sind sie ziemlich groß. Legen Sie den besser neben das Bett.«

Wie Duke Ellingtons Band reisten auch die Männer Cab Calloways mit einem eigenen Pullman-Wagen von Stadt zu Stadt, aber in die kleineren Städte des Südens gelangten sie nur mit dem Bus. »Meist kamen wir gerade noch rechtzeitig, um unsere Instrumente auszuladen, aufzubauen und sofort loszulegen«, erinnerte sich Milt Hinton.

»Wir hatten nichts zu essen, keinen Platz zum Übernachten, nichts. Wir standen auf der Bühne und spielten, und die Leute drängten sich um uns. Meine Frau Mona war das einzige weibliche Wesen, das mit uns reiste. Sie suchte die Schwarzenviertel auf und sprach die Frauen an. ›Einer der Musiker ist mein Mann. Wir haben noch nichts gegessen, und wir wissen nicht, wo

Das Don Albert Orchestra bereiste den Südwesten und den mittleren Westen in diesem bunt bemalten Bus. Als »America's Greatest Swing Band« gehörte es zu den ersten Bands, die den Begriff »Swing« im Titel führte.

wir übernachten sollen.‹ Die Frauen reagierten immer sehr nett; sie riefen einander an und sagten: ›Also, Miss Jones kann zwei aus der Band aufnehmen. Und Miss Smith hat auch Platz für zwei.‹ Wir spielten auf der Bühne wie die Verrückten, und Mona sagte: ›Die Armen sind ganz hungrig. Wenn ich fünf oder sechs Hühnchen besorge, würden Sie mir helfen, sie zuzubereiten? Ich bezahle auch dafür.‹ In der Pause kam sie dann mit einem großen Korb mit gebratenem Huhn und Kartoffelsalat hinter die Bühne und brachte eine Liste mit. ›Dizzy und du, ihr könnt bei Mrs. Jones übernachten, Charlie und du bei Mrs. Smith.‹ Nur so haben wir überlebt.«

In der Rückschau hatte Andy Kirk, dessen Twelve Clouds of Joy 20 Jahre lang durch das Land tourten, wenig Verständnis für diejenigen, die sich nur an die dunklen Seiten der Rassentrennung erinnerten.

»Ich hätte niemals Mrs. Mary McLeod Bethune und Dr. George Washington Carver kennen gelernt. In die von Weißen geführten Hotels kamen wir nicht rein ... heute bin ich froh darüber. Wir hätten all die Leute im ganzen Land verpasst, die uns bei sich zu Hause aufnahmen, die uns Abendessen und Frühstück machten, die uns Tipps gaben, wie man in Alabama und Mississippi zurechtkam, die uns halfen, wenn es Ärger gab, und die ein Leben lang unsere Freunde blieben ... Wenn es die One-Nighters nicht gegeben hätte, hätte ich nie erfahren, dass es im Süden auch Weiße gab, mit denen man von Mensch zu Mensch verkehren konnte.«

Schwarze Musiker wie die Mitglieder der Cab Calloway Band, hier auf einem Foto von Milt Hinton aus dem Jahr 1940, waren die Schikanen der Rassentrennung gewohnt – ob sie nun wie in Atlanta den Bahnhof nur durch den »Eingang für Farbige« (ganz oben) betreten durften oder beleidigende Restaurantreklame (rechts) erdulden mussten. Oben (v.l.n.r.): Cab Calloway, Tenorsaxophonist Chu Berry und Posaunist Tyree Glenn beeindrucken zwei schüchterne Jungen in Durham, North Carolina.

Basie Band auf sich aufmerksam machte«, erinnerte sich der Drummer Louis Bellson, »schien es, als hätten wir alle auf ihn gewartet.« Basies Pianospiel bildete die perfekte Ergänzung. Getragen von Page und Jones hatte er den Stil des Harlem Stride-Pianos mit seinen regelmäßigen vier Schlägen auf jeden Takt zugunsten knapper, intelligenter Einwürfe und Akkorde aufgegeben. Es waren eher Kommentare zur Musik, die seine Männer zu noch größeren Leistungen antrieben. Selbst ein einzelner Ton, sagte Count Basie einmal, kann swingen.

Seine Band hatte rasch Erfolg. Bald kamen die Techniker des Senders W9XBY mehrere Male in der Woche in den Reno Club, um die Konzerte bis nach Chicago zu übertragen. Wie die meisten Gruppen in Kansas City hatte sich auch Basies Band auf so genannte »head arrangements« spezialisiert, die die Band ohne Notenblätter erarbeitete. Buster Smith erinnerte sich, wie eines der beliebtesten dieser Arrangements zustande kam: »Wir alberten auf der Bühne herum, und Basie spielte irgendwas in F. Das war seine Lieblingstonart. Er rief mir zu, dass er nach Dis wechseln würde und dass ich was [aus dem Song ›Six or Seven Times‹] auf dem Altsaxophon hinzufügen sollte. Lips Page stieg ohne Probleme mit seinem Trompetenpart ein, und Dan Minor improvisierte dazu auf der Posaune. So funktionierte es – das ›head arrangement‹.«

Basie und seine Männer nannten das auf diese Weise entstandene Arrangement »Blue Balls«. Ein paar Minuten vor einer Radiosendung fragte der Ansager Basie nach dem Titel des nächsten Stücks. Der Arbeitstitel taugte nicht fürs Radio. Basies Blick fiel auf die Studiouhr, und er sagte: »Nennen Sie's einfach ›One O'Clock Jump‹.« Die nächsten 50 Jahre spielte er dieses Stück bei jedem Auftritt.

Basie behauptete später, dass es ihm nichts ausgemacht hätte, für immer in Kansas City zu bleiben. Aber durch die unermüdliche PR-Arbeit John Hammonds blieb der Band fast nichts anderes übrig, als an die Ostküste zu ziehen. Hammond fand in Basies Band alles, was den großen, kommerziellen Bands seiner Meinung nach fehlte – die Wurzeln des Blues, der lockere, aber bestimmte Swing, ausreichend Platz für die Solisten. »Ich behaupte ohne Angst, mich lächerlich zu machen, dass Count Bill Basie das bei weitem beste Tanzorchester im ganzen Land hat«, schrieb er in *Down Beat.* »Und das trotz eines Benny Goodman, eines Fletcher Henderson und eines Chick Webb ... Er hat ausgezeichnete Solisten ... und eine dynamische Rhythmusgruppe, die aufregender ist als alle anderen in der Bandgeschichte Amerikas.«

Solch enthusiastisches Lob erregte natürlich Aufsehen. Noch bevor Hammond Basie für Columbia gewinnen konnte, tauchte Dave Kapp, der Bruder Jack Kapps und Präsident von Decca Records, in Kansas City auf. Er behauptete, ein Freund Hammonds zu sein und überredete Basie, 24 Aufnahmen pro Jahr zu machen – für eine Summe von 750 Dollar, was weniger war, als der Tariflohn und ohne ihm auch nur einen Cent an Tantiemen in Aussicht zu stellen. Auch Joe Glaser schaute in Kansas City vorbei und verpflichtete Lips Page – nur um ihn eine Weile aus dem Verkehr zu ziehen, damit er nicht an Louis Armstrongs Thron rütteln konnte. Page wurde in Basies Band durch Buck Clayton ersetzt, einen unvergleichlichen Melodiker, der in Kansas City aufgewachsen war, sein Können jedoch in Kalifornien und in einer Tanzkapelle in einem Hotel in Shanghai perfektioniert hatte. Hammond überzeugte Willard Alexander davon, die Band zu buchen, der seinerseits darauf bestand, zu den neun Musikern vier weitere anzuheuern, um mit den großen Swing Bands der Ostküste konkurrieren zu können.

Am Abend des 31. Oktober 1936 bestiegen Basie und seine Männer ihren gebrauchten Greyhound-Bus, der sie nach Osten bringen sollte. Zufällig war Duke Ellington in der Stadt. »Richtig so«, ermunterte er Basie. »Ihr könnt es schaffen.« Basie selbst war sich nicht so sicher. Er wusste, dass aus seiner kleinen, eingespielten Band ein unfertiges, unbeholfenes Orchester geworden war, das zu wenig geprobt hatte.

Das erste Engagement im Grand Terrace in Chicago schien seine Befürchtungen zu bestätigen. Er und seine Männer spielten den Blues besser als sonst jemand, aber das Management bestand darauf, dass sie sich an komplizierte Arrangements wagten, die zu einer aufwändigen Bühnenshow passten. (Bei dem Arrangement für »The Poet and Peasant Overture« kapitulierte er allerdings gleich, erinnerte er sich; eine Pianistin musste seinen Part übernehmen.) Nur die Tänzerinnen schienen die Band zu mögen. »Nun entspannen Sie sich doch mal«, sagte eine von ihnen zu ihrem Boss, als der die Musik kritisierte. »Nur die Ruhe. Das sind ganz nette Jungs ... Mein Gott, eines Tages werden Sie Himmel und Hölle in Bewegung setzen, um sie wieder hierher zu kriegen. Warten Sie nur ab.« Basie erinnerte sich, dass sie auf dem Weg nach New York ein Konzert in Buffalo gaben und Mal Hallett's Orchestra – das 1926 in Massachusetts von der Jean Goldkettes Band so vorgeführt worden war – »uns aus dem Saal fegte«.

»Basie, der beim Erscheinen dieses Artikels in einem Tanzlokal in New York spielen wird, konnte bislang kaum beeindrucken«, schrieb der Kritiker George T. Simon in jenem Herbst in *Metronome.* »Die Band swingt zwar, aber die Saxophone spielen furchtbar schief. Und wenn man das Gefühl hat, dass die Saxophonspieler schief liegen, sollte man sich erst mal die Blechbläser anhören! Und schließlich sollte man darauf achten, wie die Band insgesamt klingt! Swing ist Swing, aber Musik ist Musik. Bleibt nur die Hoffnung, dass die Band besser wird.«

Aber der erste Auftritt der Band im Roseland in Manhattan war kaum besser. Basies Männer konnten keine Walzer, keine Tangos und nur wenige Standards. Der junge Klarinettist und Bandleader Woody Herman, der in der gleichen Woche im Roseland sein Debüt gab, lieh Basie einige seiner Arrangements. »Basie war noch so grün hinter den Ohren«, erinnerte sich Helen Oakley. »Lesters Saxophon klang wie zugeschnürt, und Basie saß mit dem Rücken zum Publikum ... Er hatte Angst vor den Leuten.«

Beschämt zog Basie die Notbremse. Er ließ Arrangements von aktuellen Songs schreiben, wechselte einige seiner Musiker aus, sorgte bei den restlichen für mehr Disziplin und verbrachte den größten Teil der nächsten anderthalb Jahre auf Tournee, um aus seiner Band eine Einheit zu machen.

In der Zwischenzeit hatte sich die Depression, deren Ende schon in Sicht schien, wieder ausgebreitet. Der Aktienmarkt brach erneut zusammen. In weniger als sechs Monaten wurden weitere vier Millionen Männer und Frauen arbeitslos. Ein Drittel der Einwohner von Akron, Ohio, lebte von Sozialhilfe. Als die Hilfsfonds in Cleveland, Ohio, erschöpft waren, standen 65 000 Männer, Frauen und Kinder ohne Geld für Nahrung und Kleidung da. In Chicago durchwühlten Kinder die Mülltonnen nach Essbarem.

Ein Sicherheitsbeamter hält 1939 einen allzu enthusiastischen Fan davon ab, Benny Goodman um den Hals zu fallen. Der Trompeter Harry James, über dem Kopf des Störenfrieds, schaut skeptisch zu.

Erntearbeiter und ihre Familien hausten in selbst gebauten Zelten an den Straßen Missouris. Die Landbesitzer hatten sie aus ihren Häusern geworfen, als sie mit Arbeitskampf gedroht hatten. Es war die Zeit der »Roosevelt-Rezession«, des steilsten wirtschaftlichen Niedergangs in der Geschichte Amerikas. In Basies Heimatstaat New Jersey verschlimmerte sich die Lage derart, dass der Staat Bettellizenzen ausgab. Wenn das Land die Heilkräfte des Blues, wie ihn Basie und seine Männer spielten, je gebraucht hatte, dann jetzt – ein Blues, der in den Tanzhallen, den Raststätten und den Kneipen von Texas, Oklahoma, Kansas und Missouri geboren worden war, eine pulsierende, stampfende Musik, die von Männern gespielt wurde, welche ihr Können nächtelang bei musikalischen Wettbewerben geschult hatten.

UNHEIMLICH

Am Vormittag des 3. März 1937 begann für die Goodman Band ein zweiwöchiges Engagement im Paramount Theater auf dem Times Square. Zuerst lief ein Film, ein düsteres Drama, das zur Zeit der Pilgerväter spielte, mit dem Titel Maid of Salem. Als Goodman und seine Musiker ihre Plätze auf der Hebebühne einnahmen und langsam aufstiegen, war das Haus bis auf den letzten Sitz gefüllt. Während die Band langsam zum Vorschein kam und ihre Erkennungsmelodie »Let's Dance« spielte, wurde sie von einem frenetischen Beifall begrüßt, der so laut und so lang anhaltend war, dass Goodman später sagte, es sei ihm vorgekommen »wie Silvester auf dem Times Square ... aufregend, aber auch ein bisschen erschreckend – unheimlich.« Der Applaus dauerte vier oder fünf Minuten, erinnerte sich Goodman. »Wir sahen die Leute an ... als seien sie die Attraktion und wir das Publikum.« Und schon bald war das Publikum tatsächlich die Attraktion, oder zumindest ein großer Teil des Publikums. Als die Band weiterspielte, konnten zahlreiche uniformierte Platzanweiser die jungen Leute nicht daran hindern, von ihren Sitzen zu springen, in den Gängen zu tanzen oder sogar auf die Bühne zu klettern. (Jahre später räumte ein Agent Goodmans ein, dass die ersten beiden Tanzpaare bestellt gewesen waren, aber die Reaktion des restlichen Publikums erfolgte absolut spontan. Viele hatten schon seit sieben Uhr morgens Schlange gestanden.)

Bis zu diesem Tag hatten sich Goodmans Highschool-Fans damit zufrieden geben müssen, die Musik ihres Idols auf Schallplatten zu hören. Seine Band hatte fast nur in Hotels und Tanzlokalen gespielt, wo Alkohol ausgeschenkt wurde, die Preise hoch waren und ein fast ausschließlich erwachsenes Publikum verkehrte. Aber vormittags konnte jeder für einen Vierteldollar ins Paramount gehen. Gegen drei Uhr nachmittags hatten bereits 11 500 Teenager eine Eintrittskarte gekauft. Bis zum Abend stieg die Besucherzahl auf 21 000, und den ganzen Tag lang hatten die Leute in den Gängen getanzt.

Dieses Konzert im Paramount legte die Messlatte für Goodman und seine Konkurrenten sehr hoch. Von nun an mussten sie ihr Publikum immer und überall zum Tanzen bringen. »Wenn wir danach in Philadelphia oder Detroit auftraten«, sagte Goodman, »kam oft der Manager und meinte: ›Aber die jungen Leute tanzen ja gar nicht in den Gängen!‹ Jetzt mussten auf einmal alle tanzen, sonst war es eine Enttäuschung ... dabei hatten wir eigentlich gar kein großes Interesse daran und versuchten sogar, es zu verhindern, weil dadurch der Ablauf der ganzen Show gestört wurde.«

Swing war im Laufe der Jahre immer beliebter geworden, aber erst durch die Jugendlichen, die zumeist aus der Arbeiterschicht stammten, entwickelte sich daraus ein Swingfieber, das das ganze Land erfasste. Trotz der Depression wurden plötzlich doppelt so viele Trompeten und dreimal so viele Klarinetten verkauft – die Instrumente, die Artie Shaw und Benny Goodman spielten. Es gab eine inoffizielle Swing-»Uniform«: Die jungen Männer trugen Sportsakkos und Baumwollhosen, so wie ihre Helden auf der Bühne. Die Mädchen trugen kurze Söckchen, Halbschuhe, Blusen und Pullis und ausgestellte Faltenröcke, die beim Tanzen nicht störten.

Diese jungen Fans hatten auch ihre eigene Sprache. Eine heiße Tanznummer hieß »Killer-Diller«, »Armstrongs« waren Noten im hohen Register. Die »Swingeroos« oder »Hep-Cats«, die auf Swing standen, wurden in »Jitterbugs« (Tänzer) und »Ickies« aufgeteilt, die nur am Rand standen, die Musiker anfeuerten und klatschten, meist etwas neben dem Takt. Junge Frauen überschütteten die attraktivsten Musiker mit Briefen und Zetteln mit ihren Telefonnummern, und manche warteten auch am Bühnenausgang. Ein Saxophonist Goodmans erinnerte sich gerne daran, dass sie »alles taten«, um ihre Helden kennen zu lernen.

Der Swing rief unweigerlich Kritiker auf den Plan. Als die Bandleader begannen, bekannte Werke von Bach bis Stephen Foster im Swingsound umzuarrangieren – »Swinging the Classics« hieß das Motto –, weigerten sich viele Radiosender, diese in ihren Augen Beleidigungen großer Künstler zu bringen. Nachdem ein Sender in Detroit die traditionelle irische Ballade »Loch Lomond« in der Swingversion der Sängerin Maxine Sullivan aus dem Programm strich, schickte diese Eleanor Roosevelt eine Liste mit Liedern, die sie in diesem Stil aufnehmen wolle. Ob sich die First Lady in irgendeiner Weise dadurch beleidigt fühle? »Meine liebe Miss Sullivan«, antwortete Mrs. Roosevelt aus dem Weißen Haus, »ich kann mir zwar nicht vorstellen, wie die von Ihnen erwähnten Lieder im Swingtempo klingen würden, aber warum sollte man sie nicht so spielen dürfen? Wenn es den Leuten gefällt und Sie Erfolg haben, werden Sie auch andere Dinge tun. Man kann es einfach nicht allen recht machen.«

Der Bandleader Blue Barron ereiferte sich, Swing sei »nichts als orchestrierter Sex ... ein musikalisches Phallussymbol«. Der katholische Erzbischof von Dubuque sprach von einer »kommunistischen Verschwörung«, einer Vorstufe zu »Orgien im Kannibalenrhythmus«. Anderen schien es eine »Vergiftung der Massen« zu sein, »musikalischer Hitlerismus«. Dr. A. A. Brill, ein Psychologe aus Manhattan, trat vor die Kameras

Bei einem Goodman-Konzert im Paramount tanzten 1938 die Gäste in den Gängen.

der Wochenschau und erklärte: »Swing repräsentiert unsere Regression zum primitiven Klang der Trommel, einem rhythmischen Klang, der vor allem Wilden und kleinen Kindern zusagt ... Er wirkt wie ein Beruhigungsmittel und lässt einen die Realität vergessen. Sie vergessen die Depression, den Verlust ihres Arbeitsplatzes ... es ist, als nähme man eine Droge.« Diese Kritik war nicht neu: Wenn sich weiße Jugendliche begeistert auf eine Musik stürzten, die in der schwarzen Kultur entstanden war, hatte das noch stets die Erwachsenen auf den Plan gerufen. »Wenn man ihnen gesagt hätte, es handele sich um einen Volkstanz vom Balkan«, sagte Duke Ellington, »hätten sie es wunderbar gefunden.«

Aber selbst die Musiker zeigten sich vom grenzenlosen Enthusiasmus der Fans verunsichert. Jerry Jerome, der eine Zeit lang bei Benny Goodman Tenorsaxophon spielte, erinnerte sich: »Sie waren außer Rand und Band, sie schrien und johlten und tanzten. Ich war völlig geschockt, als ich mich für mein Tenorsolo erhob und das Schreien anschwoll und mir klar wurde, dass sie keinen einzigen Ton von mir hören konnten und nur deshalb schrien, weil ich aufgestanden war. ›Ah, das ist der Solist. Muss toll sein, in so einer Band zu spielen.‹ Aber was ich spielte? Da hörten sie überhaupt nicht hin.«

Im Savoy dagegen hörte das Publikum noch immer ganz genau hin. Es war nach wie vor das beliebteste Tanzlokal in Harlem, und noch immer kamen die anspruchsvollsten Tänzer hierher. »Bei den Lindy Hoppers musste man wirklich aufpassen«, erinnerte sich Dicky Wells. »Die Tänzer kamen zu einem und beschwerten sich, wenn man nicht richtig spielte. Sie blieben vor den Musikern stehen und klatschten mit, bis man im richtigen Tempo war.« Frankie Manning und seine Tanzpartnerin Frieda Washington hatten ihrem Repertoire mittlerweile atemberaubende »Air Steps« hinzugefügt, bei denen man den Partner über die Schulter gleiten ließ, ihn zwischen den Beinen hindurchzog oder ihn in die Luft schleuderte. Und Chick Webb hatte bewundernswerterweise noch immer alles unter Kontrolle. Am Abend des 11. Mai 1937 stellte sich Goodman persönlich zu einem Duell, das als »musikalische Jahrhundertschlacht« angekündigt wurde.

Webb betrachtete das Savoy als sein ureigenes Territorium, das er gegen jeden Eindringling verteidigen musste. Aber er träumte von Höherem. »Weißt du was?«, sagte einmal zu Artie Shaw. »Eines Tages werden wir uns mal auf der Straße begegnen, und ich werde sagen: ›Hallo, bester weißer Bandleader der Welt‹, und du wirst antworten: ›Hallo, bester schwarzer Bandleader der Welt.‹« Webb hatte große Opfer gebracht, um seine Männer zusammenzuhalten. Manchmal hatte er sogar das Geld für die Miete für Arrangements ausgegeben, aber er konnte seinen Musikern nie genug bezahlen, um sicherzugehen, dass andere, erfolgreichere Bandleader sie nicht abwarben. (Jedes Mal, wenn er Fletcher Henderson im Savoy entdeckte, rief er ihm zu, »Und, welchen willst du heute?«)

Showdown im Savoy.

Es war Webb natürlich nicht entgangen, dass Goodman mit einer Musik erfolgreich war, die seiner eigenen auf frappierende Weise ähnelte. (»Stompin' at the Savoy« und »Don't Be That Way«, beides große Hits für Goodman, waren Songs, die Webbs Altsaxophonist Edgar Sampson für die eigene Band geschrieben und arrangiert hatte.) Er hatte auch nicht vergessen, dass Goodman 1934 mit seiner damals gerade neu gegründeten Band oft im Savoy aufgetaucht war, damit sich seine Männer etwas von Webbs Band abgucken sollten – etwas, das Goodman »Mumm« nannte. Jetzt ließ Webb Nachmittagsproben abhalten. Jede Sektion musste ihre Einsätze in einem getrennten Raum üben. »Jungs, [das] ist meine Stunde«, sagte Webb zu seinen Männern, als sie die Bühne betraten. »Wer sich verspielt, braucht gar nicht erst wiederzukommen.«

An diesem Abend im Mai hatten sich 4000 Fans ins Savoy gezwängt, und berittene Polizisten mussten weitere 5000 Zuschauer unter Kontrolle halten, die keinen Einlass gefunden hatten und sich schlicht weigerten, nach Hause zu gehen. Unter denjenigen, denen es gelungen war, sich durch die Tür zu quetschen, befanden sich auch Norma Miller und Frankie Manning, inzwischen Lindy Hop-Profis, die ihren Helden beim Duell gegen die bekannteste Band des Landes sehen wollten.

FRANKIE MANNING: Das war ein aufregender Abend. Ich meine, hier steht Benny Goodman, der King of Swing, dort steht ...

Eine Woche, nachdem sie 1937 von Count Basie verpflichtet worden war, singt Billie Holiday mit der Band im Apollo. »Hier legte Billie richtig los«, erinnerte sich Basie. »Sie wollte gar nicht mehr von der Bühne runter.«

NORMA MILLER: ... Chick Webb, der King of Swing.

FRANKIE MANNING: Der King of Swing, was uns betraf. Wir kannten Benny Goodman. Die meisten Leute wissen's vielleicht nicht, aber die Arrangements von Goodman und Chick Webb waren zum Teil die gleichen, und so konnte man sich natürlich ein Urteil bilden, als sie auf der gleichen Bühne standen. Wer swingte besser, wenn beide Bands das gleiche Arrangement spielten? Also für mich persönlich swingte Chick Webb an diesem Abend besser.

NORMA MILLER: Das würde ich auch so sehen.

FRANKIE MANNING: Das ist meine Meinung, ich sage das nicht, weil ich ...

NORMA MILLER: Nein, voreingenommen waren wir nicht.

FRANKIE MANNING: Ich weiß, dass Chick Webb an diesem Abend besser geswingt hat als Benny Goodman, weil ich die Musiker von Benny beobachtet habe, wenn Chick spielte. Die standen da und schüttelten nur den Kopf.

Die Goodman Band gab auf. Gene Krupa verneigte sich vor dem Mann, der ihn besiegt hatte. Chick Webb, sagte er später, habe ihn »in Stücke gerissen«. »An diesem Abend«, erinnerte sich einer von Webbs Männern, »hätte niemand Chick die Krone entreißen können.«

UNBESONNEN

Im März 1937, dem Monat, in dem Benny Goodman im Paramount spielte und zwei Monate, bevor Chick Webb ihn von der Bühne fegte, engagierte Count Basie eine neue Sängerin – Billie Holiday. Sie nannte ihn »Daddy Basie«, er nannte sie »William«. Basie erkannte ihr Talent und ihre Persönlichkeit. »Sie war einer von den Menschen, die sagen: ›Ich krieg sowieso immer eins drüber, also was soll's? Ich scher mich 'nen Teufel drum.‹ Also hat sie ihr ganzes Leben gemacht, wonach ihr zumute war. Sie war einfach völlig unbesonnen«, erzählte eine Frau, die Holiday seit ihrem zwölften Lebensjahr kannte. Diese Unbesonnenheit zog sich durch ihr ganzes Leben – sie trank, sie fluchte, sie zankte sich, sie schlief mit Männern und Frauen. Sie kümmerte sich weder um den Geschmack des Publikums, noch ging sie wie andere Künstler irgendwelche Kompromisse ein, um schneller auf der Karriereleiter nach oben zu steigen.

Nichtsdestotrotz ließ John Hammond sich nicht davon abbringen, sie zu einem Star zu machen. Im Sommer 1935 organisierte er eine Reihe von Aufnahme-Sessions, bei denen sie mit kleinen Besetzungen unter der Leitung von Teddy Wilson sang. Viele der Songs – »What a Little Moonlight Can Do«, »A Sunbonnet Blue« oder »Miss Brown to You« – hatten keine besondere Tiefe, aber mit ihrer hellen, etwas spöttischen Stimme und der Fähigkeit, eine winzige Nuance hinter dem Beat herzusingen, machte sie etwas Besonderes daraus. »Sie sang so unglaublich gern«, erinnerte sich Wilson. »Bei diesen Aufnahmen sprühte sie vor guter Laune ... Damals spürte man noch nichts von der Verzweiflung – der Blues kam erst später.« Sie trat in besseren Klubs auf und bekam die ersten positiven Kritiken. »Billie Holiday«, schrieb Ted Yates in den *Amsterdam News*, »die Balladensängerin ... tritt in den gut besuchten ›In-Klubs‹ von Harlem auf. Man sollte einmal gehört haben, wie dieses üppige Mädchen ihre Interpretation von ›Miss Brown to You‹ auf der Bühne singt.«

Aber Billie schien den Ärger förmlich anzuziehen. Im Famous Door auf der 52nd Street blieb sie nur vier Tage: Sie ärgerte sich so sehr darüber, dass sie nicht mit den weißen Gästen zusammensitzen durfte, dass sie den Job einfach schmiss. »Wenn sie in den Klub kam«, erinnerte sich die Frau des Geschäftsführers, »hielt sie den Kopf hoch erhoben ... Wenn man sie bat, ein bestimmtes Lied zu singen, dann tat sie das vielleicht, wenn ihr danach zumute war. So war sie. Sie sang, was sie singen wollte.« Mit Fletcher Henderson trat sie im Grand Terrace in Chicago auf, wurde aber entlassen, nachdem sie einen Stuhl nach dem Manager geworfen hatte, der es wagte, ihr zu sagen, sie singe »zu langsam«. Selbst Joe Glaser hatte bei ihr nichts zu melden. Als auch er einmal bemerkte, sie könne etwas schneller singen, fuhr sie ihn an: »Hör mir gut zu, du Hurensohn. Du kannst von mir aus schneller singen. Ich singe, wie ich will, und du singst, wie du willst.«

Auf der Tournee mit Count Basie reiste Billie im Bandbus mit, und sie trank und spielte und fluchte mit den Musikern, als sei sie einer von ihnen. Dabei knöpfte sie ihnen beim Würfelspiel so viel ab, dass sich die Verlierer kurz vor Weihnachten Geld bei ihr leihen mussten, damit sie Geschenke für ihre Familien zu Hause kaufen konnten. »Sie war wie ein Mann«, sagte Harry »Sweets« Edison. »In Gestalt einer Frau.« Sie hatte eine Affäre mit dem Gitarristen Freddie Green, von dem sie später behauptete, er sei der einzige Mann, den sie je geliebt habe. Am nächsten stand ihr jedoch Lester Young, mit dem sie sich bereits in New York angefreundet hatte, als er für kurze Zeit Coleman Hawkins' Platz bei Fletcher Henderson eingenommen hatte. Sie verpassten einander Spitznamen. Für ihn war sie »Lady Day«, er war für sie »Prez« (nach Präsident Franklin Roosevelt, den sie die »Nummer Eins in diesem Land« nannte). Sie blieben fast ein Leben lang Freunde, wurden jedoch nie ein Paar.

John Hammond brachte die beiden mit anderen Mitgliedern der Basie Band und Teddy Wilson im Studio zusammen, wo sie einige der bemerkenswertesten Sessions der Jazzgeschichte aufnahmen: »This Year's Kisses«, »Why Was I Born?«, »I Must Have That Man«, »I'll Get By«, »Mean to Me«, »Foolin' Myself«, »Me, Myself, and I«, »A Sailboat in the Moonlight«, »The Very Thought of You«, »Without Your Love« und andere. Die beste Jazzmusik entsteht, wenn Musiker miteinander kommunizieren. Wenn sie einander zuhören und aufeinander eingehen, entsteht ein Prozess, in dessen Verlauf sie etwas erschaffen, das mehr ist als die Summe der Einzelteile. Es gibt kein besseres Beispiel dafür als diese Songs, bei denen die kühle, erotische Stimme Billie Holidays und das unterkühlt erotische Saxophon Lester Youngs miteinander zu verschmelzen scheinen. Instrument und Stimme winden sich umeinander, als würde einer die Gedanken des anderen zu Ende denken, als würden sie die Seele des anderen genau erkunden und dabei tiefes Glück empfinden.

EINE HURE IN DER KIRCHE

Am Abend des 16. Januar 1938 sollte Benny Goodman erneut Jazzgeschichte schreiben. Knapp 14 Jahre zuvor hatte Paul Whiteman in der Aeolian Hall eine symphonische Version seiner Musik vorgestellt; nun wollte auch Goodman etwas Ähnliches liefern. Es galt, 20 Jahre authentischen Jazz zu feiern. Wie immer hatte

Werbeplakate für das Benny Goodman-Konzert in der Carnegie Hall am 16. Januar 1938. Dort aufzutreten, erinnerte sich Goodman, »war das Größte«.

er gezögert, neues Terrain zu erkunden, und auch dieses Mal mussten ihn Helen Oakley und John Hammond erst überreden. Er machte sich solche Sorgen, ob die Leute kommen würden, um sich anzuhören, was er immer noch für reine Tanzmusik hielt, dass er die britische Komikerin Beatrice Lillie bat, im gleichen Programm aufzutreten. Vernünftigerweise lehnte sie ab.

Seine Sorgen erwiesen sich jedoch als unbegründet: Bereits Wochen vorher war die Carnegie Hall ausverkauft. Für 100 Zuschauer, die keinen Platz mehr gefunden hatten, stellte man Stühle auf die Bühne, und selbst Goodman musste Tickets auf dem Schwarzmarkt besorgen, als einige Familienmitglieder kurzfristig beschlossen, aus Chicago anzureisen.

Am Abend des Konzerts protestierte eine Gruppe von Katholiken vor dem Eingang auf der 57th Street gegen Goodman, weil er auf einem Benefizkonzert für die spanischen Republikaner gespielt hatte. Es war so kalt, dass sie eng nebeneinander auf und ab marschierten. Derweil standen Goodmans Musiker nervös hinter der Bühne. Harry James linste durch den Vorhang und murmelte: »Ich komm mir vor wie eine Hure in der Kirche.« Aber als sie auf der Bühne standen und Goodman mit der Klarinette in der Hand erschien, »ging ein Aufschrei wie bei Toscanini durch die Menge«, schrieb Olin Downes von der *New York Times*. »Man konnte die Aufregung fast mit Händen greifen – die Luft schien elektrisch aufgeladen.«

Die erste Nummer war Edgar Sampsons Arrangement von »Don't Be That Way«. Die Musiker, denen die fremde Umgebung noch zu schaffen machte, spielten ungewöhnlich verhalten, bis Gene Krupa die Initiative ergriff und sie mit einem donnernden Schlagzeugbreak aus der Lethargie riss. Goodman hatte keine neuen Stücke für den Abend in Auftrag gegeben. »Zwanzig Jahre Jazz« lautete stattdessen das Motto. »Ich wollte keine Botschaft oder dergleichen rüberbringen«, schrieb er. »Es machte mich einfach glücklich, diese Jungs in der Band zu haben, die spielten, wie sie es immer getan hatten, und an diesem Abend machten sie es besonders gut ... Wir spielten für Bix, wir spielten für die Jungs auf den Dampfern, in den Spelunken und den Kneipen.«

Die Würdigung begann mit einer extrem werktreuen Version des »Sensation Rag« der Original Dixieland Jazz Band. Der 23-jährige Kornettist Bobby Hackett spielte »I'm Coming, Virginia« zu Ehren von Bix Beiderbecke. Goodman parodierte auf liebevolle Weise sein erstes Idol, Ted Lewis. Harry James zollte Louis Armstrong mitreißend Tribut. Und da nur Ellingtons Männer den ganz besonderen Ellington-Sound spielen konnten, kamen für eines seiner schönsten Stücke, »Blue Reverie«, Johnny Hodges, Harry Carney und Cootie Williams auf die Bühne. Es folgte eine Jam-Session, an der außer Ellingtons Musikern auch Count Basie mit einigen seiner Männer sowie Lester Young teilnahmen. Goodman spielte hervorragend mit seinem Trio und seinem Quartett, und die Menge hielt entzückt den Atem an, als Gene Krupa versehentlich eines seiner Becken umstieß und Lionel Hampton es in der Luft auffing und mit seinem Schlegel darauf weiterspielte, ohne aus dem Takt zu kommen. Während sie spielten, erhoben sich Alt und Jung und tanzten in den Gängen der altehrwürdigen Halle.

Die Kritiker waren sich nicht ganz sicher, was sie davon halten sollten. Olin Downes nahm erstaunt zur Kenntnis, dass es seine neben ihm sitzende Tochter, damals ein Teenager, nicht auf dem Sitz hielt, während ihn das Ganze unbeeindruckt ließ. Das Konzert in der Carnegie Hall hat Goodman letzten Endes zwar Geld gekostet – die Probezeit und die Gaststars hatten die Gewinne aufgezehrt –, aber die neue Musik hatte nun ihren Weg auf die Bühnen der New Yorker Konzerthallen gefunden. Im Laufe des Jahres sollten noch vier weitere Jazzabende in der Carnegie Hall stattfinden. Die Liveaufnahmen vom ersten Konzert wurden erst zwölf Jahre später veröffentlicht, aber sie zeigen das Goodman Orchestra auf dem Zenit seines Könnens. »Ich glaube, die Band in der Carnegie Hall ... war die beste ... die ich je hatte«, erinnerte sich Benny Goodman.

WER SWINGT AM BESTEN?

Count Basie und seine Männer hatten den Schluss des Goodman-Konzerts nicht abgewartet. Stattdessen machten sie sich ins Savoy auf, wo das Chick Webb Orchestra auf sie wartete. Nach Konzertende kamen auch Goodman und die meisten seiner Musiker. Sie wollten sehen, ob die neue Band aus Kansas City besser swingen konnte als die Band, die sie vor einem Jahr vernichtend geschlagen hatte.

Ein Redakteur der New Yorker Zeitung *Amsterdam News* lieferte einen minutiösen »Kampfbericht«:

> »Während des ganzen Fights, der in seiner Intensität niemals nachließ, spielte Chick den aggressiven Part, während Basie das spielerische Element bevorzugte ... und dabei musikalischer wirkte. Der Count ließ sich von Chicks kraftvollem Schlagzeugspiel nicht beeindrucken, auch wenn die Menge den Drummer anfeuerte, dessen Schweißperlen auf die Becken tropften. Basie blieb gelassen und zeigte sich unbeeindruckt. Er ... parierte

Die Basie Band während des triumphalen Engagements im Famous Door, 1938. V.l.n.r.: Walter Page, Jo Jones, Freddie Green, Benny Morton, Basie, Herschel Evans, Buck Clayton (dahinter verdeckt Dan Minor), Dicky Wells, Earle Warren (dahinter verdeckt Ed Lewis), Harry »Sweets« Edison, Jack Washington und Lester Young.

> Chicks donnernde Ausfälle mit zermürbenden Läufen und Arpeggios, die seinen Kontrahenten zu immer wilderen Anstrengungen zwangen.«

Auch wenn ein »Kampfrichter« Webb zum offiziellen Sieger erklärte, ging die Diskussion um den wahren Champion unter den damaligen Bandmitgliedern noch 60 Jahre weiter. »Zumindest haben wir unsere Haut teuer verkauft«, erinnerte sich Basie. »Außerdem brauchten wir uns danach nicht mehr mit den ganzen Babys zu messen.« Seine Männer hatten sich im Kampf gegen die härteste Swing Band von ganz New York wacker geschlagen, aber Basie war noch immer davon überzeugt, seine Band müsse unbedingt besser werden. Er brauchte einen neuen Stützpunkt, einen Klub, in dem er über einen längeren Zeitraum auftreten und in Ruhe mit seinen Männern arbeiten konnte, so, wie im Reno Club in Kansas City.

Im Frühjahr 1938 wandten sich Willard Alexander und John Hammond an die Besitzer eines kleinen Klubs auf der West 52nd Street und fragten sie, ob sie die Basie Band nicht für den ganzen Sommer buchen wollten. Das Lokal war kaum größer als ein Schuhkarton: Es bot Platz für gerade einmal 60 Gäste, und die Bühne war

Oben: Lester Young bei einem Solo mit der Count Basie Band. Unten links: Gäste auf den teuren Plätzen. Fast 25 000 Swingfans waren aus New York, Connecticut und New Jersey gekommen. Unten rechts: Ivie Anderson singt mit dem Duke Ellington Orchestra den »St. Louis Blues«.

m Januar 1938 fand ein junger deutscher Jude namens Henry Ries nach zwei vergeblichen Anläufen in den USA Schutz vor den Nazis. In Deutschland war ihm das Musikstudium verwehrt worden, nun hoffte er auf eine Karriere als Fotograf. Am 29. Mai kam er mit seiner Kamera nach Randalls Island im East River. Dort veranstaltete Martin Block, ein Discjockey des Senders WNEW, ein eintägiges »Festival of Swing«, bei dem 25 Bands auftraten.
So etwas hatte Ries zuvor weder gesehen noch gehört. Noch 62 Jahre später erinnerte er sich daran, wie mitreißend die Musik war. Am meisten überraschte ihn jedoch das Publikum. »Schwarz und weiß waren zusammengekommen. Ich hatte in meinem ganzen Leben erst einen Schwarzen gesehen, und das war Jesse Owens bei den Olympischen Spielen in Berlin. Ich war dabei, als Hitler ihm den Handschlag verweigerte.« Und er sollte aus dem Staunen nicht mehr herauskommen: Als die Duke Ellington Band »Diminuendo and Crescendo in Blue« spielten, fingen zunächst schwarze Paare an zu tanzen, zu denen sich bald weiße gesellten. Die Polizei stand daneben und sah ihnen zu. »Ich war ja gerade erst aus Nazi-Deutschland gekommen«, sagte Ries. »Dort brauchte man eine Erlaubnis, wenn man die Toilette benutzen wollte. Diese Art von Freiheit war einfach unglaublich. Ich werde das nie vergessen.« Während des Krieges diente Ries in der U.S. Army und wurde später ein bekannter New Yorker Fotograf. Diese Fotos, die er an jenem Sonntag auf Randalls Island machte, werden hier zum ersten Mal veröffentlicht.

Bei Ellingtons »Diminuendo and Crescendo in Blue« hält es die Zuschauer nicht mehr auf ihren Plätzen. Unten links: Ellington hat alles unter Kontrolle. Unten rechts: Woody Herman und seine Band.

noch kleiner als die im Reno Club. Die Besitzer hielten das Ganze für eine Schnapsidee. Noch nie hatte eine Bigband dort gespielt, und da der Klub keine Klimaanlage besaß, kamen in der Sommerzeit kaum Gäste. Doch Basies Förderer blieben hartnäckig. Die 52nd Street – »Swing Street« – war die wichtigste Straße der Jazzszene, und CBS hatte angeboten, an jedem Wochentag eine halbe Stunde lange live aus dem Klub zu senden. Schließlich willigten die Besitzer ein, nachdem Alexander und Hammond ihnen das Geld für die Installation einer Klimaanlage vorstreckten.

Basie rief jeden Nachmittag zur Probe. Die Band klang noch immer »ziemlich ungeschliffen«, erzählte Dicky Wells, und die Arrangements existierten immer noch nur in den Köpfen der Musiker. Wells erinnerte sich an seinen ersten Tag in der Band.

> »›Na los‹, sagte Basie, ›hol deine Tröte raus, setz dich und spiel mit den Jungs. Schau, ob's dir gefällt.‹
> ›Wo sind meine Noten?‹, fragte ich.
> ›Setz dich und wart's ab ... schnapp dir einen Dämpfer und fang an zu pusten.‹
> Seit Fletcher hatte ich keine Band gesehen, die so swingen konnte. Basie fing an und improvisierte ein bisschen, gab ein Tempo vor und rief irgendwann: ›Das ist es.‹ Zuerst gab er das Tempo für die Saxophone vor, und Earle Warren stieg darauf ein und führte die Saxophone an. Dann gab er eins für die Posaunen vor und wir nahmen es auf. Jetzt stand unser Rhythmus gegen ihren. Der dritte Rhythmus war für die Trompeten, und sie fingen an, mit ihren Dämpfern zu fächeln ... Die Soli wurden dann von den einzelnen Sektionen übernommen, aber so fing das Stück an, und so erarbeitete sich Basie seine Nummern. Er hatte eine Bigband, ging mit ihr aber um, als habe er nur sechs Musiker.«

Die Band blieb ein rauer Haufen, der viel trank, ausschweifend lebte und viel Spaß hatte. Die Titel einiger früher Aufnahmen reflektieren einiges von dem Kansas City-Feeling, das Basies Männer mit an die Ostküste gebracht hatten. »Taxi War-Dance« bezog sich sowohl auf einen aktuellen Streit unter den New Yorker Taxifahrern als auch auf die harte Konkurrenz der Männer um die »taxi dancer«, die Tanzmädchen aus den Klubs, in denen die Band gespielt hatte. »Shorty

Jimmy Rushing swingt 1937 mit der Count Basie Band im Apollo.

George« hieß in Bandkreisen »der andere Mann«, der einem Musiker die Frau oder Freundin ausspannte, wenn dieser zu lange auf Tournee war. (So wie in »Hey Mann – ob Shorty George grad bei dir zu Hause ist?«) »Swingin' at the Daisy Chain« war eine Hymne an ein berüchtigtes Bordell, das den Gästen jeden erdenklichen sexuellen Wunsch erfüllte, manchmal auch mehrere gleichzeitig. Auch der Umgang innerhalb der Band konnte recht grob sein. Lester Young hatte eine kleine Glocke auf der Bühne, die er läutete, wenn jemand einen falschen Ton spielte, und Jo Jones imitierte dieses Warnzeichen durch drei kurze Schläge auf die Schraube seines Beckens.

In diesem Sommer schien alles zusammenzupassen. Das Kernstück der Band bildete noch immer die »All-American Rhythm Section«, zu der nun auch der treue Gitarrist Freddie Green gehörte, der 46 Jahre bei Basie bleiben sollte und praktisch niemals aus dem Takt kam – und der niemals ein Solo spielte. Basies Spiel war der Schlüssel zu allem, wie sich Sweets Edison erinnerte. »Es gab keinen, der das Tempo besser forcieren konnte. Er scheint auf dem Piano herumzuklimpern, aber dann passt es plötzlich. Es ist wie beim Mischen von Maische und Hefe, wenn man Whiskey herstellt: Man probiert so lange, bis die Zutaten das richtige Verhältnis haben ... und irgendwann weiß man, so muss es sein. [Walter Page,] Freddie Green und Jo Jones folgten ihm, bis das Tempo stimmte, und sie hielten es auch.«

Genau wie der Rest der Band. Es gab drei Trompeter – Ed Lewis, Buck Clayton und Sweets Edison –, drei Posaunisten – Benny Morton, Dan Minor und Dicky Wells – und die vier Saxophonisten Earle Warren, Jack Washington, Herschel Evans und den unvergleichlichen Lester Young. Ihn in der Band zu haben war, mit den Worten eines Musikers, »als hätte man einen Kobold mit einer Lötlampe« dabei, und die musikalischen Sträuße, die er auf der Bühne mit seinem Freund und Rivalen Evans ausfocht, erinnerten an die großen Jam-Sessions von Kansas City. Am Mikrofon stand Jimmy Rushing, dessen gewaltige, fröhliche Stimme Ralph Ellison als Junge immer in seinem Zimmer in Oklahoma City gehört hatte und dessen ständig wachsender Körperumfang ihm den Spitznamen »Mr. Five-by-Five« einbrachte.

»In dieser Band zu spielen war ein solcher Kick«, erinnerte sich Sweets Edison. »Wir konnten es gar nicht erwarten, abends auf die Bühne zu gehen. Wie Rennpferde, die es auf die Rennbahn drängt.« Einer der Stammgäste in jenem Sommer erinnerte sich, dass die Musiker so gut zusammenspielten, dass Basie manchmal die Finger von den Tasten nahm »und selbst einfach nur zuhörte, mit einem leicht ungläubigen Lächeln auf den Lippen«. »Diese Jungs haben nicht nur zusammen gespielt«, sagte Willard Alexander, »sie haben zusammen geatmet ... auf engstem Raum spielten 14 Musiker wie ein Mann! Man spürte, wie es pulsierte.«

Dieses Pulsieren konnte durchaus schmerzhaft sein. Um bei den Rundfunkübertragungen den besten Sound zu haben, bliesen Basies Männern in den 30 Minuten mit voller Kraft in ihre Instrumente, und das in einem winzigen Raum mit niedriger Decke. Während dieser halben Stunde wurden die Gäste gebeten, ihre Drinks mit nach draußen zu nehmen und von der Straße aus zuzuhören, bis die Übertragung vorüber war. Es schien niemandem etwas auszumachen. Nun hörte man den Kansas City Stomp überall im gebeutelten Land.

COMMODORE

Am Tag nach Benny Goodmans Triumph in der Carnegie Hall und dem engen Match zwischen Count Basie und Chick Webb im Savoy wurde in einem bescheidenen Aufnahmestudio in Manhattan, 1780 Broadway, erneut Jazzgeschichte geschrieben. Goodmans Pianist Jess Stacy war dabei, obwohl ihm vom Auftritt am Abend zuvor noch die Finger schmerzten. Die anderen Musiker waren Veteranen der frühen Tage des Jazz in Chicago – der Gitarrist Eddie Condon, Schlagzeuger George Wettling, Posaunist George Brunies, Saxophonist Bud Freeman und Klarinettist Pee Wee Russell. Zu ihnen gesellten sich zwei Männer, die den Jazz in der kleineren Besetzung – wie sie ihn in ihrer Jugend kennen gelernt hatten – ebenso schätzten: Bassist Artie Shapiro und der Kornettist Bobby Hackett, in dessen Spiel man den Nachhall seiner beiden Jugendhelden Louis Armstrong und Bix Beiderbecke hören konnte. Unter dem Namen Eddie Condon's Windy City Seven nahmen sie an diesem Tag fünf Stücke auf – »Love Is Just Around the Corner«, »Beat to the Socks«, »Carnegie Jump« und »Carnegie Drag« (mit diesen beiden Titeln bedankte man sich bei Benny Goodman, der Stacy für die Aufnahmen freigestellt hatte) sowie »Jada«. Die Aufnahmen gerieten locker und lebendig, dem Geist der 20er Jahre verbunden, aber mit einem entspannten, vom Swing beeinflussten Beat. Außerdem waren sie ausgezeichnet produziert. Der Produzent, ein Schallplattenhändler namens Milt Gabler, hatte sich außerordentliche Mühe gegeben, die richtige Balance zu finden. Da die Musik, die er aufnahm, im Kollektiv improvisiert wurde, wollte er, dass jedes Instrument jederzeit klar und deutlich zu hören war. Es handelte sich um die erste Aufnahmesession für sein brandneues Label Commodore Records, und er wollte alles richtig machen. New Orleans mochte »die Wiege des Jazz« sein, meinte Gabler, aber Commodore sollte die »eiserne Lunge« werden.

Er setzte seine Hoffnungen darauf, dass nicht alle Jazzfans vom Swingfieber ergriffen waren. Einige fanden die Musik zu schematisch oder zu kommerziell, wie auch Sidney Bechet, der meinte, »die Bigbands des Swing ... lassen einem Musiker keine Möglichkeit, etwas auszudrücken ... Wenn man schon im Voraus jede Note kennt, die man spielen wird, und weiß, wie man sie spielen wird, dann braucht man überhaupt kein Gefühl mehr ... eine solche Musik könnte man fast von einer Maschine spielen lassen.« Andere hegten schlichtweg eine Nostalgie für die kleineren Besetzungen, die sie in ihrer Jugend gehört hatten. Und wieder andere waren zu der Überzeugung gelangt, dass es sich beim Jazz im Grunde um eine proletarische »Volksmusik« handelte, die es sich nur anzuhören lohnte, wenn sie von schwarzen Musikern gespielt wurde, deren »angeborene« Begabung noch nicht durch musikalische Intellektualität erstickt war. In einem der Magazine, die diese Richtung vertraten, wurde Art Tatum des Ausverkaufs bezichtigt und Benny Goodman als »der schlechteste Musiker Amerikas« bezeichnet, als »unkreativer Riff-Drescher«.

Weniger als 20 Jahre nach den ersten Aufnahmen galt Jazz als etwas, über das diskutiert werden konnte, als eine historische Kunstform. Aus den verschiedensten Motiven heraus hatten Schallplattensammler begonnen, Trödelläden zu durchforsten und die Schwarzenviertel nach seltenen Aufnahmen auf Gennet, Okeh, Perfect,

Milt Gabler, rechts, und sein Personal im Commodore Music Shop.

Harmony, Crown, Melotone, Silvertone oder Vocalion abzugrasen.

Gabler gehörte der Commodore Music Shop auf der East 42nd Street, und sein winziger Laden war ein Mekka für Sammler aus dem ganzen Land. »Es ist ein Paradies«, sagte Eddie Condon, »das kleinste Paradies der Welt.« In den Regalen, die vom Boden bis zur Decke reichten, standen Tausende von Platten, und aus einem Lautsprecher über der Tür dröhnten unablässig die Jazzklassiker von Bix Beiderbeckes Wolverines und Louis Armstrongs Hot Five und Hot Seven. Gabler hatte jede Spielart des Jazz im Angebot, doch er selbst schätzte die kleineren Gruppen. Am liebsten hörte er, wie er es ausdrückte, »wenn sich Jazzmusiker, die vom Temperament zusammenpassen, locker zusammenfinden und improvisierte Musik ohne Noten spielen, nur zu ihrem eigenen Vergnügen«. 1935 tat sich Gabler mit einem jungen Jazzenthusiasten aus Yale zusammen, Marshall Stearns, und gründete den United Hot Club of America (UHCA), der es sich zum Ziel setzte, Schallplatten wieder zu veröffentlichen, die andere Labels schon lange aus ihren Katalogen gestrichen hatten. Sie wurden per Post versandt, wobei auf dem Cover alle wichtigen Informationen über die jeweilige Aufnahme zu finden waren.

Um die Verkäufe anzukurbeln und das Interesse an den kleineren Besetzungen neu zu entfachen, brachten Gabler und sein Freund John Hammond eine Reihe bekannter Musiker dazu, am Sonntagnachmittag für die Kunden zu spielen. Benny Goodman und Gene Krupa traten umsonst auf, genau wie Artie Shaw und Chick Webb und Mitglieder der Count Basie Band. Gabler hatte leer stehende Aufnahmestudios für diese Sessions angemietet, aber schließlich strömten so viele Fans herbei, dass die Feuerwehr diese Auftritte verbot. Danach zog er mit den Musikern auf die 52nd Street, zunächst ins Famous Door, später in einen etwas größeren Klub namens Jimmy Ryan's. Max Kaminsky, der regelmäßig dabei war, zeigte sich etwas irritiert von den Zuhörern, die in Scharen kamen. »Plötzlich sahen wir uns von einer neuen Art von Fans umlagert«, schrieb er, »den Schallplattensammlern. Blasse, ernsthafte, junge Männer kreisten uns ein ... und quälten uns mit Fragen, wie etwa, wer vor 20 Jahren welches Instrument in irgendeiner obskuren Band gespielt hatte.«

1937 war Gablers UHCA-Programm derart erfolgreich geworden, dass die großen Plattenfirmen selbst damit begannen, ihre alten Aufnahmen wieder zu veröffentlichen. Gabler entschloss sich, ein neues Label zu gründen, auf dem er eigene Sessions herausbringen wollte. Schließlich war die Musik lebendig, und er widmete sich ihr ganz und gar – er lebte für den »Kick«, den man bekam, »wenn man nicht wusste, was als Nächstes im Studio geschehen würde«. Letzten Endes wäre er allerdings ohne die Hilfe Eddie Condons gescheitert.

Condon war ein guter Rhythmusgitarrist, der sich strikt weigerte, Soli zu spielen, und dafür bekannt war, Unmengen von Scotch zu trinken. »Ich kann die betrunkenen Gäste nicht ertragen, wenn ich selbst nüchtern bin«, erklärte er einmal. »Also trinke ich auch was. Das erzeugt dann gegenseitige Toleranz.« Sein Rezept gegen einen Kater begann mit den Worten »Man nehme den Saft von anderthalb Litern Whiskey ...« Er konnte aber auch Musiker zusammenbringen und war ein genialer PR-Mann. Condon hatte Witz, konnte gut reden, und zu einer Zeit, da alle glaubten, dass sich nur Swing verkaufen ließe, verschaffte er sich und ihm gleich gesinnten Musikern regelmäßig Auftritte auf der 52nd Street. Er überredete Freunde vom *Life Magazine*, über eine Commodore-Session zu berichten und einen reich bebilderten Artikel über die Wiedergeburt des traditionellen Jazz nachzuschieben. Durch eine monatliche Serie von Rundfunksendungen aus der Town Hall propagierte er die Musik noch mehr, auch wenn am ersten Abend so wenig Gäste kamen, dass er sie mit »Good evening, lady and gentleman« begrüßte. Condon steigerte sich

Im August 1939, ein Jahr, nachdem Eddie Condon (vierter von links, mit dem unvermeidlichen Drink in der Hand) eine Jam-Session für das *Life Magazine* organisiert hatte, die das so genannte »Traditional Jazz Revival« auslöste, brachte er erneut einige Musiker zusammen. Auf diesem Foto sieht man Bud Freeman und Posaunist J. C. Higginbotham, links, Billie Holiday und Trompeter Max Kaminsky, der hier Schlagzeug spielt, weil sich ein Besucher aus Frankreich an seinem Instrument versucht. Die Bilder dieser Session, die der ehemalige Gitarrist Charles Peterson machte, sollten in der wöchentlichen »Life Goes to a Party«-Rubrik erscheinen, wurden jedoch nie abgedruckt.

in seine Ablehnung von Bigbands regelrecht hinein. So sagte er, jede Gruppe, in der mehr als acht Musiker spielten, sei nur ein »Business-Meeting«. Späteren musikalischen Entwicklungen stand er genauso kritisch gegenüber. Als er Ende der 40er Jahre in seinem Klub im Greenwich Village spielte und ein Kellner ein mit Gläsern gefülltes Tablett fallen ließ, soll er gerufen haben: »Jungs, Schluss mit diesem ›progressiven‹ Jazz.« Die Kritiker machten Condon zu einem Bestandteil des so genannten »Dixieland Revival«, aber er und seine Freunde hassten den Ausdruck, und in der Tat ging es ihnen nicht darum, etwas wieder zu beleben. Sie spielten einfach nur die charmante Kollektivmusik, die sie schon immer gespielt hatten. Condon spielte einen entspannten Viervierteltakt auf seiner Gitarre, weniger den straffen, Ragtime-orientierten Beat seiner Zeit in Chicago. Eine aktuelle Gershwin-Melodie war ihm genauso wichtig wie eine alte Nummer von Jelly Roll Morton. Wie jener selbst einmal erklärt hatte, wussten auch Condon und seine Freunde genau: »Es kommt nicht darauf an, was man spielt, sondern wie man es spielt.«

Helen Oakley, im hellen Kleid, arbeitete für Irving Mills, als sie 1937 diese Jam-Session in den Brunswick-Studios in New York organisierte. Anlass war die Gründung der Schallplattenlabel Master und Variety. Chick Webb, Artie Shaw und Duke Ellington fanden sich ein. Milt Gabler kniet hinter Ellington; links an der Wand lehnt Oakleys zukünftiger Ehemann, der englische Jazzhistoriker Stanley Dance.

Commodore wurde stark mit Eddie Condon und seiner Musik identifiziert. Dabei war Milt Gablers einziges Kriterium für die Musik auf seinem Label, dass ihm die Art und Weise, wie sie gespielt wurde, gefiel. In der Tat machten Musiker wie Jelly Roll Morton, Sidney Bechet, Willie »The Lion« Smith oder der Posaunist Tom Brown, der den New Orleans-Sound 1915 nach Chicago gebracht hatte, Aufnahmen für ihn, aber auch Billie Holiday und Lionel Hampton, Chu Berry, Roy Eldridge und Coleman Hawkins.

Am 27. September 1938 nahm Gabler vier Nummern mit den Kansas City Six auf – Count Basies Rhythmusgruppe ohne den Count, mit Eddie Durham an der elektrischen Gitarre, dem Trompeter Buck Clayton und Lester Young, der bei »I Want a Little Girl« und »Pagin' the Devil« Klarinette statt Tenorsaxophon spielte, einfach weil Milt Gabler der Meinung war, es würde großartig klingen. Es klang in der Tat großartig, und die vier Stücke jenes Nachmittags zählen zu den besten, die kleinere Besetzungen je aufgenommen haben.

Bald bekam Commodore Konkurrenz, unter anderem von Steve Smiths H.R.S. (Hot Record Society), Bob Thieles Signature und Blue Note, dem bekanntesten und beständigsten der unabhängigen Labels. Alfred Lion und Frances Wolff, zwei Flüchtlinge aus Deutschland, hatten es gegründet. Der Combo-Jazz, den Milt Gabler und seine Rivalen im Schatten der Bigbands aufnahmen, war die aufregendste Musik einer aufregenden Ära.

Jelly Roll Morton genoss das wieder erwachte Interesse an ihm und seiner Musik, das die Commodore-Aufnahmen ausgelöst hatten. Seit Victor sich 1930 von ihm getrennt hatte, stand er weit weniger im Rampenlicht, als er es sich gewünscht hätte. Er war nach Washington D. C. gezogen, hatte sich erfolglos als Boxpromoter versucht, sich mit einer anderen Frau eingelassen, ohne seiner eigenen etwas davon zu erzählen, er war Pleite gegangen und hatte all seine Diamanten verkaufen müssen, bis auf den, der an seinem Schneidezahn blitzte. Irgendwann eröffnete er einen kleinen Klub, der abwechselnd The Music Box, The Blue Moon Inn und The Jungle Club hieß. Nur sein Ego war noch intakt. Als er hörte, wie ein Radiomoderator W. C. Handy als »Vater des Blues und Jazz« bezeichnete, schrieb er einen wütenden Brief an Down Beat, in dem er für sich selbst in Anspruch nahm, den Jazz erfunden zu haben. Um keine Missverständnisse aufkommen zu lassen, unterschrieb er mit »Hochachtungsvoll, Jelly Roll Morton, Erfinder des Jazz und Stomps, Victor-Schallplattenkünstler, weltbester Komponist heißer Jazznummern«. In diesem Frühjahr trat der Völkerkundler Alan Lomax an ihn heran und machte Aufnahmen mit ihm für die Library of Congress, auf denen er spielte und aus seinem Leben erzählte. Das heftig bearbeitete Resultat, ein Buch mit dem Titel Mr. Jelly Roll, ist ein recht grelles, aber unschätzbares Dokument der frühen Tage der Musik von New Orleans.

Als sowohl Commodore wie auch Blue Note und Victor wieder mit ihm aufnehmen wollte, war Morton nicht mehr in bester Verfassung, aber er stellte die gleichen hohen Ansprüche an andere Musiker wie zu früheren Zeiten. Bald war er wieder auf Tour, drohte der Verwertungsgesellschaft ASCAP und früheren Managern mit Klagen, weil sie sich seiner Ansicht nach die Rechte an seinen Songs widerrechtlich angeeignet hätten und schimpfte auf die jüngeren Musiker, die ihn ignorierten. Als er 1941 in Los Angeles starb, spielten zufällig vier bekannte schwarze Bandleader in der Stadt, darunter Duke Ellington und Jimmie Lunceford. Keiner von ihnen kam zu seiner Beerdigung. Einer der wenigen Freunde, die ihm noch geblieben waren, behauptete, in der Nacht vor dem Begräbnis habe sich jemand in die Leichenhalle geschlichen und Morton noch den letzten Diamanten vom Zahn gemeißelt.

DER RÖNTGENBLICK

Nach dem Konzert in der Carnegie Hall änderte sich einiges für die Goodman Band. Gene Krupa gründete bald darauf sein eigenes Orchester, und einige andere der Stars taten es ihm nach – Teddy Wilson, Harry James und Lionel Hampton.

Goodman sah sich gezwungen, das beliebteste Orchester Amerikas umzuformieren.

Goodman konnte nie besonders gut mit seinen Musikern umgehen. Die Sängerin Helen Ward galt als eine der Hauptattraktionen der Band – und sie war in den Bandleader verliebt. Als ein Verehrer sie drängte, die Band zu verlassen, sorgte Goodman mit einem Heiratsversprechen dafür, dass sie blieb. Kurz nachdem sie den Verehrer abgewiesen hatte, erklärte Goodman ihr jedoch, dass er sich die Sache noch mal überlegt habe. Er sei einfach zu jung zum Heiraten. Als sie ihn dann beim Essen mit der Nachricht überraschte, dass sie die Band so oder so verlassen würde, warf er ihr seinen Nachtisch ins Gesicht.

Goodmans Musiker fanden ihn distanziert und zerstreut. Er war so von seiner Musik besessen, dass er sich manchmal nicht einmal ihre Namen merken konnte. Es gibt unzählige Geschichten über sein merkwürdiges Benehmen. Wenn er nicht auf der Bühne stand, war er völlig abwesend. Helen Ward erinnerte sich, wie sie an einem kalten Wintertag in seiner Wohnung mit ihm probte. Als sie sich darüber beklagte, dass die Heizung zu niedrig eingestellt sei, sagte Goodman: »Stimmt, jetzt merke ich es auch«, und zog sich einen Pullover über. Die Sängerin Peggy Lee erinnerte sich, wie sie an einer Ampel in Manhattan zu Goodman in ein Taxi stieg. Goodman saß schweigend und gedankenverloren neben ihr. Die Ampel schaltete um. Schließlich fragte der Fahrer: »Wo soll's den hingehen?« Goodman schreckte auf, zog seine Brieftasche hervor und fragte: »Was bin ich schuldig?«

Der Tenorsaxophonist Zoot Sims spielte Ende der 40er Jahre für Goodman. Eines Tages holte er während der Probe einen glänzenden Apfel aus der Tasche und legte ihn auf seinen Notenständer, um ihn in der Pause zu essen. »Benny hatte die Gewohnheit zu schnorren, seien es Zigaretten oder sonst was«, erinnerte er sich. »Und ich sah, wie sein Blick auf meinen Apfel fiel, und dachte: ›Tja, das war's dann wohl.‹ Kurz darauf war ich mit meinem Solo dran. Ich stehe also auf, und sofort schnappt Benny sich meinen Apfel. Das war wohl das längste Solo, das ich je für ihn spielte. Er deutete mir an weiterzuspielen, so lange, bis er den Apfel aufgegessen hatte. Dann sagte er: ›So, das reicht jetzt.‹«

Auf der Bühne »verlangte Benny Perfektion«, erinnerte sich Helen Ward. »Und seine Leute waren perfekt.« Jeden, der diesen Anforderungen nicht genügte, traf ein strafender Blick durch die Brillengläser, den seine Musiker den »Röntgenblick« nannten.

Helen Oakley war der Meinung, dass Goodman im Grunde nichts dafür konnte.

> »Benny hatte einen schlechten Ruf. Aber die Leute begriffen nicht, dass er ein begnadetes Talent war, und er begriff sein ganzes Leben lang nie, dass es den anderen an solchem Talent mangelte. Er wusste es einfach nicht. Er bedachte die Jungs in der Band mit dem ›Röntgenblick‹, aber er wusste nicht, was er da tat. Oder er sah sie an, als wolle er fragen: ›War das dein Ernst?‹ ›Hast du das wirklich gerade gespielt?‹ oder ›Ging es denn nicht besser?‹ Und die Jungs wurden so klein. Sie waren eingeschüchtert. Aber bis er darüber aus der Zeitung erfuhr, hatte er keinen Schimmer, welchen Eindruck er machte.«

Einer seiner Musiker, der mehrere unglückliche Monate in der Band verbrachte, ohne zu wissen, was sein Bandleader von ihm wollte, aber dabei stets das Gefühl hatte, etwas falsch zu machen, stürmte frustriert in Goodmans Garderobe. »Mir reicht's, Benny!«, sagte er. »Ich halte das nicht mehr aus. Ich kündige!«

Beim Hinausgehen knallte er die Tür zu.

»Wer war das?«, fragte Goodman seinen Manager.

Charlie Christian (mit dunkler Sonnenbrille) verabschiedet sich im August 1939 in Oklahoma City von Freunden und Verwandten, bevor er sich auf den Weg nach Los Angeles macht, um mit Benny Goodman zu spielen.

Bei den Bemühungen, die Band neu zu formieren, bekam Goodman mehr Unterstützung von John Hammond als ihm lieb war. 1939 erzählte Mary Lou Williams Hammond von einem 23-jährigen Musiker aus Oklahoma, der es geschafft hatte, etwas von dem leichten, luftigen, rhythmisch überraschenden Stil Lester Youngs auf die elektrische Gitarre zu übertragen. Er hieß Charlie Christian und war der Sohn eines blinden, umherreisenden Bluessängers. Schon zu Schulzeiten war Charlie eine lokale Berühmtheit, da er auf einem selbst gebastelten Instrument spielte. »Niemals hat eine Zigarrenkiste so gut geklungen«, schrieb Ralph Ellison.

Ohne sich Christian anzuhören und ohne Goodman zu fragen, lud Hammond den jungen Gitarristen nach Los Angeles ein, wo Goodman gerade auftrat. Als Goodman am nächsten Abend das Victor Hugo Restaurant betrat, wo die Konzerte stattfanden, sah er einen Verstärker auf der Bühne und Christian, der bereits in den Kulis-

DANN SCHAFFST DU ES AUCH

»Warum«, fragte *Down Beat* einmal, »gibt es bis auf wenige Ausnahmen im Jazz eigentlich nur Musikerinnen, bei deren Spiel man nur noch zum nächsten Ausgang flüchten möchte? ... Man könnte ihnen ja verzeihen, dass sie nicht mit dem nötigen Biss spielen, aber man sollte erwarten dürfen, dass sie Gefühl und Ausdruckskraft zeigen, doch auch das tun sie nicht.« Dieser herablassende Chauvinismus ist leider seit jeher charakteristisch für den Jazz gewesen.
Die Trompeterin und Sängerin Valaida Snow, die sich abwechselnd in den USA und Europa aufhielt, wohin sie 1936 übersiedelte, war in den 30er Jahren die bekannteste Jazzsolistin. Sie wurde »Königin der Trompete« oder auch »Little Louis« genannt und genoss besonders in Paris und Skandinavien Anerkennung. Aber sie gehörte zu den wenigen Ausnahmen. Ansonsten blieb es den Pianistinnen und Sängerinnen vorbehalten, einen nachhaltigen Eindruck in der Jazzwelt zu hinterlassen. Allerdings gab es während der Swingära auch einige Frauenbands. Die bekannteste war wahrscheinlich Ina Ray Hutton and her Melodears. »Wir spielten in der Provinz«, erinnerte sich die Bandleaderin. »Ich schätze, ich habe alle Männer Amerikas vor der Bühne gesehen. Manche versuchten auch, hinter die Bühne zu kommen – manche steckten uns Zettel zu. Aber der Sex blieb im Saxophon.«
Der Erfolg der Melodears veranlasste Laurence C. Jones, den Leiter einer finanzschwachen Schule für arme und verwaiste schwarze Kinder in Mississippi, zur Gründung der International Sweethearts of Rhythm – einer Band, mit der er zusätzliche Gelder einnehmen wollte. »Die Band nannte sich International«, erklärte eine damalige Musikerin, »weil wir außer schwarzen auch chinesische und mexikanische Mädchen dabeihatten.« Ihr Ruhm breitete sich rasch über die Grenzen Piney Woods hinaus aus. Professionelle Musikerinnen, schwarze und weiße, heuerten an, und die Band spielte in den besten Tanzlokalen im ganzen Land. »Man hätte die Mädchen hinter einen Vorhang stellen können«, sagte ein Bandleader bei dem missglückten Versuch eines Kompliments, »und die Leute hätten gewettet, dass dort Männer spielen.«
Diese Einstellung war der Pianistin, Komponistin und Arrangeurin Mary Lou Williams nur allzu vertraut. »Ich habe eigentlich nie viele Gedanken daran verschwendet, dass ich eine Frau bin«, sagte sie im Rückblick. »Ich habe nur an meine Musik gedacht.« Jeder Mann, mit dem sie spielte, zollte ihr Respekt. Sie wurde als Mary Scruggs 1910 in Atlanta geboren und wuchs in Pittsburgh auf. »Jazz ist eine autodidaktische Kunst«, erinnerte sie sich. »Und ich war eine Einzelgängerin.« Schon mit sechs unterstützte das Wunderkind seine zehn Halbgeschwister, indem es auf Partys Klavier spielte; und als das erste Angebot für eine Vaudeville-Tournee kam, spielte sie gerade im Hinterhof »Himmel und Hölle«. »Es war eine schreckliche Zeit«, erinnerte sie sich, aber sie hielt durch und heiratete mit 17 den Saxophonisten John Williams. Später bekam sie einen Job als Pianistin und Chauffeurin einer der bekanntesten Territory Bands, Andy Kirk's Twelve Clouds of Joy. In der auftrittsfreien Zeit chauffierte sie einen Leichenwagen. Als sich Kirks Band 1928 in Kansas City niederließ, zog das Ehepaar Williams auch dorthin und bald war Mary Lou ein vollwertiges Bandmitglied. Sie hatte ein Gespür für den Blues wie kaum einer ihrer Kollegen.
»Wenn die Leute mich auf der Bühne sahen, mit meinen 45 Kilo, dann waren sie völlig baff, weil ich so hart spielte wie ein Mann«, erinnerte sie sich. Bald wurde sie, völlig zu Recht, als »The Lady Who Swings the Band« angekündigt. Außerdem war sie eine ausgezeichnete Arrangeurin und arbeitete etwa ab 1935 auch für andere Bigbands – Louis Armstrong, Earl Hines, Benny Goodman, ja sogar für Duke Ellington. Oft schrieb sie im Licht einer Taschenlampe, während der Bandbus über den Highway brauste. Später wurde sie musikalische Mentorin vieler junger Musiker, darunter Genies der Moderne wie Dizzy Gillespie, Bud Powell und Thelonius Monk. »Man muss spielen, das ist alles«, sagte sie. »Einmal kam eine Frau zu mir und sagte: ›Die wollen mein Arrangement nicht spielen, weil ich eine Frau bin‹, und ich antwortete ihr: ›Mach deine Arbeit so gut du kannst, dann schaffst du es auch.‹«

Mary Lou Williams

sen wartete. Seine selbst entworfene Kleidung bestand unter anderem aus einem lila Hemd und gelben Schuhen. »Benny sah, wie Charlie auf die Bühne zuging«, erinnerte sich Hammond. »Sein Blick wanderte umher, bis er mich entdeckt hatte, und er bedachte mich mit dem berüchtigten Goodman-›Röntgenblick‹.«

Goodmans Quintett stand auf der Bühne. Er kündigte »Rose Room« an. Christian spielte sofort mit, als habe er tagelang mit der Band geprobt. »Er brauchte nur die Melodie und die Akkorde zu hören und war sofort in der Lage, 25 Chorusse zu spielen, von denen einer origineller klang als der andere«, schrieb Hammond. »Benny spielte einen Chorus oder zwei, Lionel antwortete, und ihr Beispiel stachelte Charlie zu immer besseren Improvisationen an. Das Publikum raste vor Begeisterung. ›Rose Room‹ dauerte an diesem Abend länger als eine Dreiviertelstunde.«

Goodman verpflichtete Christian auf der Stelle, und aus dem Benny Goodman Quintett wurde ein Sextett. Die Tuberkulose und der Alkohol beendeten Christians Karriere bereits zwei Jahre später, aber während dieser Zeit verlieh er der Band einen neuen, experimentellen Geist – wie auch dem Gitarrenspiel. Er war es, der die Gitarre zum Soloinstrument machte, das den Trompeten und Saxophonen ebenbürtig war. »Nachdem ich ihn gehört hatte, brauchte ich keinen anderen mehr zu hören«, erinnerte sich ein jüngerer Gitarrist. »Charlie Christian, der war's.«

Kurz nachdem Hammond Goodman mit Christian überrascht hatte, drehte Goodman den Spieß um, indem er Hammonds Schwester Alice Hammond Duckworth heiratete, die sich kurz zuvor von ihrem Mann, einem britischen Parlamentsabgeordneten, hatte scheiden lassen. Schon bald wurde der pseudoschwarze Akzent, den sich Goodman während seiner Zeit als ein um Anerkennung ringender Musiker in Chicago zugelegt hatte, durch einen anderen ersetzt. »Jetzt kriegt er die Zähne nicht mehr auseinander«, meinte sein alter Freund James T. Maher. Das Long Island-Genuschel passte besser zum neuen Lebensstil des Jungen aus der Maxwell Street, der sich plötzlich im Kreis der führenden New Yorker Patrizier wiederfand. Auch wenn er jetzt zur Familie gehörte – es schützte Goodman nicht vor Hammonds strenger Kritik. »Benny ist immer noch ein großartiger Musiker«, schrieb der neue Schwager kurz nach der Hochzeit. »Aber man kann ihn nicht mehr als innovativen oder wagemutigen Musiker bezeichnen ... Wir haben es mit dem wachsenden Konservatismus eines Mannes zu tun, der es geschafft hat und keine Lust mehr verspürt, gegen gesellschaftliche Vorurteile anzukämpfen.«

DER DUFT VON MAGNOLIEN

Count Basie hatte Billie Holiday 1938 gefeuert. Später sagte er, es habe einen finanziellen Streit gegeben. Sie behauptete, Hammond habe darauf gedrungen, dass sie den Blues wie zehn Jahre zuvor im Stil Bessie Smiths singen sollte, was sie wutentbrannt ablehnte. Basie habe sich daraufhin feige auf Hammonds Seite geschlagen.

Artie Shaw fragte an, ob sie in seiner Band singen wolle. Schwarze Sänger in einer weißen Band – das hatte es bis dahin kaum gegeben; lediglich Jimmy Dorsey hatte eine Zeit lang eine farbige Sängerin namens June Richmond beschäftigt. Shaws Musiker waren Feuer und Flamme. Max Kaminsky, der inzwischen die erste Trompete spielte, erinnerte sich, wie Holiday »vor dem Mikrofon stand, leicht verträumt zuhörte und in den Song hineinglitt, gerade noch rechtzeitig, wie ein Baseballspieler, der scheinbar träge um das Feld herumtrabt, weil er weiß, dass der Ball, den er gerade getroffen hat, nie mehr runterkommen wird«.

Die Reaktionen des Publikums und der Hotelbesitzer stellten ein größeres Problem dar. In Toronto, erinnerte sich die Frau eines Musikers, fand sich völlig problemlos ein Hotelzimmer für Holiday. »Sie bekam eins, so, wie es sein sollte, ohne Aufhebens.« Aber in ihrem eigenen Land wurde sie oft von den Hotels abgewiesen, in denen ihre Kollegen übernachteten, und in manchen Städten musste sie sogar die Bühne verlassen, wenn sie nicht sang.

Sie zweifelte, ob es klug sei, die Band auf eine Tournee durch den Süden zu begleiten, erinnerte sich Artie Shaw.

> »Auf dem Weg zur Mason-Dixon-Grenze, jener magischen Grenze zwischen den alten Nord- und Südstaaten, fragte sie: ›Glaubst du, ich sollte mitkommen?‹ Ich antwortete: ›Ja, Billie, ich finde, du solltest es tun. Es wäre wichtig.‹ Ich dachte dabei gar nicht an schwarz und weiß, ich fand, sie war wichtig für die Band. Zunächst lief alles gut, die Leute liebten sie, bis eines Abends nach einem Song ein Redneck aus dem Publikum rief: ›Die Niggerhure soll noch einen singen!‹ Sie war ziemlich aufbrausend, und ich sah, wie sie unter ihrer dunklen Haut rot wurde, als sie den Störenfried ›Motherfucker‹ nannte. Daraufhin gab es etwas Ärger, aber ich war darauf vorbereitet. Am Bühnenrand warteten zwei Polizisten, für alle Fälle, und sie brachten sie zum Bus und fuhren mit ihr fort.«

In New York – der Stadt, die Billie Holiday als ihre Heimat betrachtete – war es fast genauso schlimm. Als Konzerte der Band im Radio übertragen wurden, bestand der Sponsor der Sendung, die Zigarettenmarke Old Gold darauf, dass nur die weiße Sängerin der Band, Helen Forrest, zu hören sein dürfe. Und als die Band im Hotel Lincoln spielte, musste Holiday den Lastenaufzug benutzen, damit die Hotelgäste nicht etwa auf die Idee kamen, das Haus beherberge Schwarze. Sie verbrachte den größten Teil des Engagements auf ihrem Zimmer.

Kurz darauf verließ Holiday die Band. Sowohl Basie als auch Shaw, sagte sie im *Down Beat*, seien »Gefangene zu vieler Manager, zu vieler Typen im Hintergrund, die ihnen sagen, was sie machen sollen«. Sie kehrte in die Klubs zurück, die sie so gut kannte, und schwor sich, nie mehr mit einer Tanzkapelle auf Tour zu gehen. »Sie tat, was ihr gefiel«, erinnerte sich ein Klubbesitzer. »Wenn sie ein Mann ansprach, den sie mochte, ging sie mit ihm; aber es konnte auch eine Frau sein. Wenn ihr jemand einen Drink reichte, trank sie ihn aus. Wenn jemand ihr einen Joint gab, setzte sie sich in der Pause in ein Taxi und rauchte ihn. Wenn jemand was Stärkeres dabeihatte, nahm sie eben das ... Und wenn sie jemanden zusammenstauchte, dann richtig – egal ob schwarz oder weiß, reich oder arm.«

Am 30. Dezember 1938 öffnete ein höchst ungewöhnlicher Nachtklub seine Pforten: Das Café Society lag am Washington Square im Greenwich Village und war das Projekt des ehemaligen Schuhverkäufers Barney Josephson. Mit der Unterstützung John Hammonds wollte er beweisen, dass die New Yorker gewillt waren, sich Jazz in einer Atmosphäre »des Anstands und Respekts« anzuhören, was vor allem hieß, dass es keine Rassenschranken geben sollte. Er nannte

Am 20. April 1939 nimmt Billie Holiday »Strange Fruit« für Commodore Records auf. Der Gitarrist ist Jimmy McLin.

seinen Klub »The Wrong Place for the Right People«, und das Konzept setzte sich durch. Es kamen nicht nur diejenigen, die seine liberalen Ansichten teilten, sondern auch die Spitzen der Gesellschaft, über die er sich mit seinem Slogan eigentlich lustig gemacht hatte.

Billie Holiday trat als eine der ersten Künstlerinnen dort auf – Hammond hatte Josephson überredet, sie zu verpflichten – und sie blieb fast neun Monate. Jeden Abend spielte sie drei Sets, bei denen sie von der Band des Trompeters Frankie Newton begleitet wurde. Im April 1939 betrat ein junger, links angehauchter Highschool-Lehrer namens Abel Meeropol den Klub, um mit ihr zu sprechen. Er habe ein Gedicht geschrieben und es vertont, erzählte er ihr. Ob sie es nicht singen wolle? Das Lied handelte vom Lynchmord, und die Bilder, die es wachrief – die unschuldigen Gewaltopfer des Mobs des Südens, die an den Ästen der Pappeln hängen, die Gesichter im Todeskampf verzerrt, ihr Blut auf dem Baumstamm –, waren von brutaler Direktheit:

Scent of magnolias, sweet and fresh
Then the sudden smell of burning flesh

Selbst Holiday, die sich als »Race Woman« bezeichnete, zögerte zunächst, das Lied anzugehen. Er war anders als alles, was sie je zuvor gesungen hatte, und es war äußerst bedrückend. »Ich hatte Angst, dass die Leute es nicht aushalten würden«, sagte sie. »Als ich es das erste Mal sang, glaubte ich zunächst, einen schweren Fehler gemacht zu haben ... Als ich geendet hatte, rührte sich keine Hand zum Applaus. Plötzlich begann ein einziger Gast nervös zu applaudieren, und dann klatschten alle.«

Schon bald, erinnerte sich Barney Josephson, sang sie es am Ende jedes Sets.

»Ich riet ihr, dieses Lied als letztes zu singen und danach – egal, wie donnernd der Applaus sein mochte – nicht mehr auf die Bühne zu kommen, nicht einmal, um sich zu verneigen. Ich wollte, dass der Song seine Wirkung entfaltete ... Ich ließ alle Lichter löschen, die Kellner durften weder Gläser an einen Tisch bringen, noch Bestellungen entgegennehmen. Alles war still und alles war dunkel, bis auf den kleinen Spot, der auf ihr Gesicht gerichtet war. Mehr nicht. Wenn sie »Strange

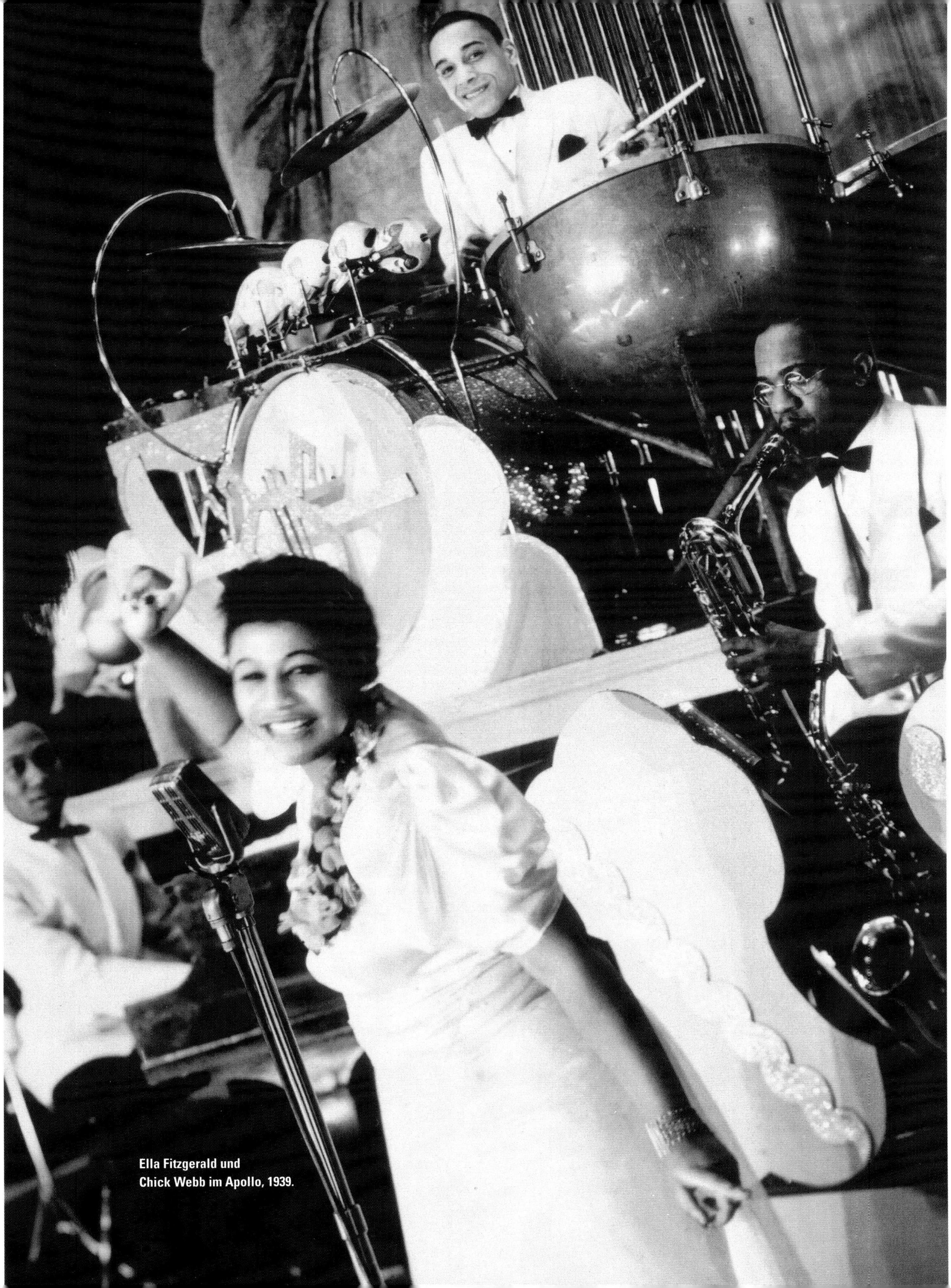

Ella Fitzgerald und
Chick Webb im Apollo, 1939.

Fruit« sang, bewegte sie sich keinen Zentimeter. Sie ließ die Arme hängen. Sie berührte nicht einmal das Mikrofon. Während sie sang, liefen ihr Tränen übers Gesicht, sie traf jeden Ton. Diese Tränen haben alle erschüttert.«

Das Lied und Holidays verstörende Interpretation sorgten für großes Aufsehen. Einige wenige Gäste verließen das Lokal. Eine Frau, die Holiday zurief »Wag es ja nicht, dieses Lied noch einmal zu singen. Wag es ja nicht!«, war, wie sich herausstellte, als kleines Mädchen Zeugin eines Lynchmords gewesen und fand es unerträglich, in einem Nachtklub daran erinnert zu werden. Selbst John Hammond, der mittlerweile bei Vocalion Records arbeitete, war der Song zu kontrovers für sein Programm. Er erlaubte Holiday jedoch, ihn für Milt Gablers Commodore-Label aufzunehmen. Mit »Fine and Mellow« auf der Rückseite, einem Blues, den Holiday und Gabler geschrieben hatten, erreichte »Strange Fruit« im April 1939 Platz 16 der Hitparade und veränderte Holidays Karriere völlig. Von nun an war sie keine bloße Sängerin mehr, sondern der musikalische und emotionale Mittelpunkt jeder Aufnahme, die sie machte. Sie sang nie wieder einen solch explizit politischen Text, aber allmählich wandelte sich ihr Repertoire – die Anzahl der munteren Upbeat-Nummern, mit denen sie ihre ersten Fans gewonnen hatte, verringerte sich zugunsten dunklerer und schmerzhafter Lieder wie »Lover Man«, »I Cover the Waterfront«, ihr eigenes, bitteres »God Bless the Child« und »Gloomy Sunday«, mit dem Untertitel »The Hungarian Suicide Song«.

Holiday machte »Strange Fruit« zu ihrem ureigenen Lied. »Es gehört mir«, sagte sie. »Es trennt die guten von den schlechten Menschen.« Manchmal behauptete sie sogar, es selbst geschrieben zu haben. Als der Folksänger Josh White es wagte, den Song im Café Society zu singen, drohte sie damit, ihm die Kehle durchzuschneiden, wenn er das noch einmal tun würde.

KÜMMER DICH UM ELLA

Während der »Battle of the Bands«, die sich Count Basie und Chick Webb im Savoy geliefert hatten, waren die Meinungen unter den Tänzern über den Sieger des Abends geteilt. Der Streit, welche Band an diesem Abend die bessere Sängerin hatte, war jedoch schnell beigelegt. Billie Holiday, die damals noch bei Basie sang, unterlag klar im Wettkampf gegen Webbs 21-jährige Sängerin Ella Fitzgerald. Sie war bereits die Lieblingssängerin der Lindy Hoppers; bald sollte sie die »First Lady of Swing« werden, später gar die »First Lady of Song«.

Fitzgeralds Kindheit verlief fast ebenso düster und schwierig wie die Holidays. Ihre Eltern hatten nie geheiratet. Ihr Stiefvater missbrauchte sie, und ihre Mutter starb 1931, als sie 14 war. Sie schwänzte die Schule und floh aus dem Colored Orphan Asylum in Riverdale, in das ein Richter sie wegen des unerlaubten Fernbleibens eingewiesen hatte. Fast zwei Jahre lang lebte sie obdachlos auf den Straßen von Harlem, wo sie für ein Trinkgeld sang und tanzte. Manchmal nahm sie Wetten für Buchmacher entgegen oder arbeitete als Aufpasserin in einem Bordell. Sie träumte von einer Karriere als Tänzerin.

Am Abend des 21. November 1934, einem Mittwoch, sollte sie bei einem Amateurwettbewerb im Apollo tanzen. Als sie jedoch erfuhr, dass ein bereits bekanntes tanzendes Schwesternpaar die Show beenden würde, beschloss sie, sich als Sängerin zu versuchen.

Sie war füllig und unbeholfen und sie trug ein altes Kleid und Männerstiefel, als sie ins Rampenlicht trat. Außerdem war sie schrecklich nervös, weil sie wusste, wie grausam das Publikum im Apollo sein konnte. Prompt begann sie in der falschen Tonlage zu singen. Die Zuschauer reagierten sofort ungehalten. Der Conférencier unterbrach Ella. »Liebe Leute«, sagte er, »diese junge Dame hat uns heute Abend ein Geschenk mitgebracht – sie hat nur ein wenig Schwierigkeiten beim Auspacken. Geben wir ihr eine zweite Chance.«

Das war es, was sie gebraucht hatte. Sie sang zwei Songs, begleitet vom Benny Carter Orchestra – »Judy« und »The Object of My Affection«, wie sich beide später erinnerten –, wobei Ella den Stil ihrer Lieblingssängerin imitierte, Connie Boswell von den Boswell Sisters. Boswell »tat Dinge, die damals niemand sonst tat«, sagte Fitzgerald viele Jahre später, sie phrasierte wie ein Trompeter, verlagerte den Rhythmus und arrangierte Melodien um. Fitzgerald begeisterte das Publikum und gewann den ersten Preis in Höhe von zehn Dollar. Eigentlich war damit ein einwöchiges bezahltes Engagement verbunden, aber der Manager des Apollo machte einen Rückzieher. Er glaubte, Ella sei für das Showgeschäft nicht attraktiv genug. Sie landete wieder auf der Straße, nahm an weiteren Talentwettbewerben teil und sang manchmal ohne Bezahlung mit lokalen Bands.

Chick Webb suchte unterdessen noch immer nach einem Weg, das weiße Publikum zu erobern, das Benny Goodman, Artie Shaw und andere Bandleader bereits für sich gewonnen hatten. Er brauchte unbedingt eine Sängerin, einen »Kanarienvogel«, wie es hieß – jemanden, der singen konnte und der ein attraktiver Blickfang auf der Bühne war. Sein Sänger Charles Linton bekam den Auftrag, nach einem solchen Mädchen Ausschau zu halten. Er brachte Ella Fitzgerald an.

Webb verzog das Gesicht. »Die bringst du nicht auf meine Bühne«, flüsterte er. »Vergiss es. Nie!« Aber als Linton mit der Kündigung drohte, wenn er ihr keine Chance gäbe, lenkte Webb ein. Es sollte die beste Entscheidung sein, die er je getroffen hatte. Fitzgeralds makelloses musikalisches Gehör und ihre perfekte Stimmlage verblüfften die Musiker; ihre mädchenhafte Stimme und ihr mitreißendes Gefühl für den Swing entzückten das Publikum. Mit einer ihrer ersten gemeinsamen Schallplatten, »Sing Me a Swing Song (and Let Me Dance)«, kam das Chick Webb Orchestra zum ersten Mal in die Hitparade. Schon bald trat das Orchester mit Ella Fitzgerald in Tanzlokalen überall im Land auf; ihre Konzerte wurden im Radio übertragen und ihre Hits liefen in sämtlichen Musikboxen.

1937, Ella war gerade 20 Jahre alt geworden, gewann sie den ersten Platz bei der Wahl der besten Jazzsängerin in beiden führenden Jazzmagazinen, *Down Beat* und *Metronome*. Im Frühjahr nahm sie mit Chick Webb eine Version des Kinderlieds »A-Tisket, A-Tasket« auf und machte eine Swinghymne daraus. Die Platte war 17 Wochen lang die Nummer eins der Charts. Im Herbst hatten Webb und Fitzgerald drei weitere Hits, die gleichzeitig in den Charts standen.

Down Beat bezeichnete das Chick Webb Orchestra als »eine der bekanntesten und beliebtesten Swing Bands des Landes«. Doch Webb zahlte einen hohen Preis für diesen Erfolg: Nun stand nur noch seine junge Sängerin im Rampenlicht. Seine Band nahm sich immer mehr zurück, der Jazz wich mehr und mehr den knalligen, kommerziellen Swingarrangements populärer Songs. »Chick ging völlig in der Band auf, und seine Musiker standen absolut hinter ihm«, erinnerte sich Helen Oakley. »Aber nachdem Ella in die Band einstieg, veränderte sich alles.« In den nächsten Monaten veröffentlichte Webb nur 14 Instrumentalstücke, aber mehr als 60 Titel mit Gesang, der fast immer von Ella Fitzgerald stammte. Billie Holiday, die zu Beginn ihrer Karriere die Abneigung Ethel Waters' zu spüren bekommen hatte, ließ sich nun ihrerseits ausgiebig über die neue Konkurrentin aus. Ein Mitglied des Orchesters erinnerte sich, dass sie des Öfteren im Savoy auftauchte, in einen Pelz gehüllt. »So eine tolle Band, und dann mit Ella – dieser Schlampe«, zischte sie und rauschte wieder hinaus.

Doch dann vergrößerten sich Webbs gesundheitliche Probleme. Ein Nierenleiden erschwerte ihm den Kampf gegen die Rückenmarkstuberkulose, unter der er sein ganzes Leben lang gelitten hatte. Nachdem er mehrere Male nach Konzerten zusammengebrochen war, wurde er in ein Krankenhaus in Baltimore gebracht. »Wenn mir irgendwas zustößt«, sagte er zu einem Freund, »kümmer dich um Ella.« Er starb am 16. Juni 1939, nicht einmal 30-jährig. Tausende von Trauergästen nahmen am Sarg in der Familienkirche von ihm Abschied. Gene Krupa saß den ganzen Tag weinend daneben. Viele andere weinten, als Ella während der Trauerfeier »My Buddy« sang. Webbs Band blieb zusammen und änderte ihren Namen in »Ella Fitzgerald and Her Famous Orchestra«. Sie brauchte niemanden, der sich um sie kümmerte.

So stellten sich weiße Bühnenbildner eine Straße in Harlem vor. Szene aus dem Film Artists and Models (Künstlerball, 1937). Louis Armstrong spielt einer mit Kork schwarz geschminkten Martha Raye den Song »Public Melody Number One« vor.

BROWN SUGAR

»Als ich klein war«, schrieb Louis Armstrong einem Freund, »sagte meine Großmutter immer zu mir, der Einzige, der Geld verdient und dabei auf seinem Hintern sitzt, ist der Schuhmacher.« Joe Glaser sorgte während der Swingära dafür, dass Armstrong ständig auf Achse war. Der Manager war davon überzeugt, dass Louis noch berühmter werden könne, wenn er seine Fähigkeiten als Showman stärker als bisher betonen würde.

Dazu musste er Armstrong nicht erst drängen. Er hatte sich schon immer als Allroundkünstler gesehen – in seinem Pass stand als Berufsangabe »Schauspieler und Musiker« – und sein Vorbild war Bill »Bojangles« Robinson, ein Tänzer, Sänger und Komiker, der auf allen drei Gebieten überaus talentiert war und der sich auch nicht schwarz überschminken musste. »Die Menschen lieben mich und meine Musik«, sagte Armstrong einmal. »Wenn ich auf die Bühne komme, wissen sie, dass sie etwas geboten kriegen. Dafür sorge ich schon.«

Er spielte mittlerweile anders – weniger hohe Töne –, aber sein Instrument klang noch wärmer als zuvor, und indem er sich enger an die Melodie hielt, mehr paraphrasierte als neu komponierte, wirkte er noch souveräner. Er nahm jeden Song auf, den man ihm vorschlug. »Es gibt keine schlechten Lieder«, sagte er einmal und ging jedes Material so an, als könne er ein Meisterwerk daraus machen. Auch das Bigband-Fieber machte ihm keine Angst. Die ersten Schallplatten, die seinen Ruhm begründet hatten, waren zwar mit kleineren Besetzungen entstanden, aber seit er 1924 bei Henderson eingestiegen war, hatte er immer wieder mit großen Orchestern gespielt. Nicht zuletzt er war es gewesen, der das Konzept des »Swing« nach New York gebracht hatte. Armstrong nahm spektakuläre Bigband-Versionen alter Favoriten wie »Struttin' with Some Barbecue« auf, hatte aber mit »I'm in the Mood for Love«, »You Are My Lucky Star«, »Jubilee« und der Eigenkomposition »Swing That Music« auch Hits mit neuen Stücken. Unter dem Pseudonym »Elder Eatmore« nahm er zwei

Comedy-Platten auf, auf denen er den etwas schmierigen Prediger parodierte, den er schon seinem South Side-Publikum in Chicago präsentiert hatte. Er machte Aufnahmen mit den Mills Brothers und achtete darauf, sein Spiel so zu reduzieren, dass die Gesangstechnik des Trios voll zur Geltung kam. Mit einem weißen Chor spielt er Spirituals ein. Bei »Going to Shout All Over God's Heaven« unterlief er in einer für ihn typischen Weise die stereotypen Vorstellungen der Produzenten. Während der Chor im Hintergrund im Pseudoakzent »hebbin, hebbin, hebbin« summt, singt Armstrong deutlich »Heaven, Heaven, Heaven.«

Glaser verschaffte ihm Rollen in großen Hollywoodproduktionen, so in Pennies from Heaven (dt. Tanz in den Wolken) mit Bing Crosby, Every Day's a Holiday (dt. Jeder Tag ein Urlaubstag) mit Mae West, Going Places (in dem er den Stallburschen Gabriel spielt, der einem Pferd das Lied »Jeepers Creepers« vorsingt) und Artists and Models (dt. Künstlerball), in dem sein Trompetenspiel die schwarz geschminkte Komikerin Martha Raye zu solch fieberhaftem Tanz treibt, dass *Variety* sich bereits Sorgen machte: »Auch wenn Miss Raye korkschwarz geschminkt ist, bekommt ihr diese Mischung der Hautfarben nicht gut, besonders wenn sie versucht, die extremen Verrenkungen und Drehungen der Harlem-Tänzer nachzuahmen. Hoffentlich schadet es ihr nicht.« Jede Rolle, die Armstrong spielte, war ein Klischee – andere Möglichkeiten gab es in den 30er Jahren für schwarze Performer in Hollywood kaum. Aber was er auch spielte, Armstrong blieb stets er selbst: witzig, schelmisch, ausgesprochen begabt und scheinbar unbeeindruckt von allem, was um ihn herum vorging. Armstrong wurde im *Esquire* und in *Vanity Fair* ausführlich porträtiert, und 1936 veröffentlichte er ein Buch mit dem Titel »Swing That Music«. Auch wenn es eine geschönte Version seines Lebens enthielt, so gilt es doch als die erste je erschienene Jazz-Autobiographie. Im selben Jahr bekam er als erster schwarzer Künstler eine eigene Radioshow, als er Rudy Vallee in The Fleishmann's Yeast Hour (benannt nach dem Sponsor) vertrat. Wenn er nicht gerade Filme drehte, Schallplatten aufnahm oder im Radio zu hören war, befand sich Armstrong auf Tournee, als Frontmann der Luis Russell Band, in der einige alte Freunde aus New Orleans spielten.

Seine strapazierten Lippen bereiteten ihm immer wieder Probleme. 1937 engagierte Glaser Henry »Red« Allen, der die Band bei Konzerten führte, bis der große Star seinen Auftritt hatte. Mittlerweile gab es auch neue Herausforderer. Der junge Roy Eldridge konnte noch schneller und höher spielen als Armstrong, und viele weiße Jazzfans bevorzugten Harry James, dem es jedoch fast peinlich war, in einem Atemzug mit dem Mann genannt zu werden, den er gleichsam verehrte. (Als James 1944 von den Lesern des *Down Beat* zum besten Trompeter gewählt wurde, sagte er: »Das ist lächerlich. Louis Armstrong ist die Nummer eins.« Sein Leben lang bewahrte er ein Stückchen Packpapier auf, auf das Armstrong ein paar ermunternde Worte für ihn geschrieben hatte.)

Die Tourneen kosteten viel Kraft. Pops Foster erinnerte sich, dass es ziemlich hart war, damals durch den Süden zu touren.

> »Wir hatten zwei Weiße dabei – den Busfahrer und Joe Glaser. Wenn man einen farbigen Fahrer hatte, konnte man davon ausgehen, dass er in jedem kleinen Kaff wegen Überschreiten der Höchstgeschwindigkeit eingelocht wurde. Wir fanden nur schwer Plätze zum Übernachten dort im Süden. In die Hotels für Weiße kamen wir nicht rein, und die Schwarzen hatten keine Hotels. Man mietete Betten in Privathäusern, in Pensionen oder Bordellen. Das Essen war furchtbar, und wir sahen immer zu, dass wir selbst was kochen konnten. Hatten immer ein paar Töpfe und Pfannen dabei.«

Aber trotz der Probleme mit seiner Lippe, trotz der konkurrierenden Trompeter, die nun sämtliche Aufmerksamkeit auf sich zogen, und trotz der Mühen, die das Tourneeleben mit sich brachte, blieb Armstrong der Held der schwarzen Gemeinden im ganzen Land. Der Bassist Johnny Williams erinnerte sich an die Menschen, die herbeiströmten, um Armstrong jeden Morgen nach der Vorstellung zu verabschieden. Fast immer und überall fanden sich 50 bis 60 Leute ein und unter ihnen waren sowohl alte Freunde als auch völlig Fremde. »Ein Typ in einem Rollstuhl, einer auf Krücken, eine Frau – alles.« Louis ließ den Busfahrer warten und ging die Reihen ab, schüttelte Hände, klopfte Bekannten auf den Rücken und steckte dem einen oder anderen, der ihm sein Leid klagte, etwas Geld zu. »Er tat es

Louis Armstrong beherrscht die Bühne des Apollo, 1939. »Für mich«, sagte Duke Ellington, »verkörpert den Amerikaner, der alle Regeln bricht.«

nicht mit großer Geste, in dem Sinne ›Seht her, was ich hier tue‹, sondern er schob ihnen die Scheine ganz unauffällig in die Hand und sagte: ›Pass gut auf dich auf.‹«

Im September 1937 traten Armstrong und seine Band in Savannah, Georgia, auf, als sie plötzlich Joe Oliver entdeckten, der am Straßenrand Tomaten und Kartoffeln verkaufte. Während Armstrong von Erfolg zu Erfolg geeilt war, hatte es seinen alten Mentor immer tiefer hinabgezogen. Seine Musik galt schon lange als altmodisch. Ein betrügerischer Manager hatte sich Vorschüsse für alle Konzerte einer langen Tournee geben lassen und war dann mit dem Geld verschwunden. Unterwegs gab es noch zusätzlichen Ärger, wie Olivers Saxophonist Paul Barnes in seinem Tagebuch schrieb:

1. November – Buspanne. Mussten die ganze Nacht auf der Straße verbringen. Ziemlich kalt. Wir haben einen Reifen angezündet, um uns am Feuer zu wärmen. Morgen kommt Hilfe.

7. November – Bus wurde von Textilgeschäft als Pfand genommen, als wir ihn wieder auslösen konnten, war es zu spät für das Konzert in Cumberland, Kentucky. Die Besitzerin eines Hotels im Süden nimmt King Olivers Trompete als Pfand für die Miete.

Auch Olivers Essgewohnheiten forderten ihren Tribut. Nachdem er sich jahrelang fast nur von weißem Brot ernährt hatte, das er dick mit Zucker bestreute, fielen ihm sämtliche Zähne aus. Mit dem neuen Gebiss konnte er nur noch wenige Minuten an einem Stück spielen. Er musste Gemüse verkaufen, um überhaupt über die Runden zu kommen.

»Da stand er in seinem kurzärmeligen Hemd«, sagte Armstrong. »Keine Tränen. Er freute sich einfach uns zu sehen. Es kommt, wie es kommt, das war seine Einstellung.« Louis schenkte ihm sein ganzes Bargeld – etwa 150 Dollar – und sammelte unter den Bandmitgliedern aus New Orleans. »An diesem Abend spielten wir in einem Tanzlokal, und als ich mich umsehe, steht Joe neben der Bühne«, schrieb Armstrong. »Er sah so schick aus wie der Joe Oliver, den ich von 1915 kannte. Er war zur Pfandleihe gegangen und hatte seinen Anzug und alles ausgelöst – er trug seinen Stetson, heruntergezogen wie immer, Schnürschuhe und seinen langen Mantel. Er sah großartig aus und er hatte viel Spaß an dem Abend.«

Armstrong und seine Männer zogen am nächsten Morgen weiter. Oliver musste in Savannah bleiben. Drei Wochen später schrieb er seiner Schwester: »Ich habe noch immer keinen Job. Seit dem Auftritt in der Raststätte habe ich keinen Ton gespielt. Aber ich danke Gott, solange ich noch essen und schlafen kann. Sobald das Wetter zu meiner Kleidung passt, werde ich es in New York versuchen.« Schließlich erbarmte sich ein alter Bewunderer und verschaffte ihm einen Job.

Liebe Schwester,
ich schließe die Billardhalle um neun Uhr morgens auf und mache sie um Mitternacht dicht. Wenn die Bezahlung der Arbeitszeit entspräche, ginge es mir richtig gut. Aber ich muss Gott für das, was ich habe, danken, und das tue ich jeden Abend ...
Hör zu, Vick, ich muss dir was sagen, aber mach dir keine Sorgen. Mein Blutdruck ist etwas hoch. Ich hatte eine Behandlung angefangen, die ich aber abbrechen musste, weil

Louis Armstrong in voller Fahrt im Connie's Inn, 1936. »Als ich die Musik mit ein bisschen Show verband«, sagte er, »kam ich bei den Leuten noch besser an.«

Lucille Wilson als Revuetänzerin im Cotton. Louis Armstrong erinnerte sich: »Ich musste sie dauernd ansehen … sie wurde mit jedem Abend schöner und schöner.«

es jedes Mal drei Dollar kostet. Langsam wirkt sich das auf mein Herz aus …
Würdest du dich um meinen Leichnam kümmern, wenn es einmal vorbei ist? Lass es mich wissen, denn ich glaube, ich habe nicht mehr viel Zeit …
Glaub nicht, dass ich mich nun fürchte. Ich versuche, noch näher bei Gott zu sein, und ich glaube, der gütige Gott wird sich bald um mich kümmern. Gute Nacht, Liebes.
Joe

Joe Oliver starb am 10. April 1938. Die Schlagzeile der Savannah Tribune lautete:

»DADDY JAZZ« VERSTORBEN
KING OLIVER, DER BEKANNTE BANDLEADER, WURDE TOT IN SEINEM BETT GEFUNDEN. ER GALT ALS DER ENTDECKER LOUIS ARMSTRONGS.

Das von der schwarzen Schauspielergewerkschaft finanzierte Begräbnis fand in Harlem statt. Louis Armstrong nahm daran teil, zusammen mit vielen alten Freunden Olivers, aber er ärgerte sich ungemein über den Geistlichen Adam Clayton Powell Jr., der sich genötigt fühlte, Olivers finanziellen Ruin zu einer moralischen Belehrung zu nutzen. »Es war nicht nötig, das zu betonen, nur weil ihn die Gewerkschaft beerdigt hat«, sagte Armstrong.

Im Spätsommer 1938 willigte Armstrongs Frau Lil Hardin in die Scheidung ein. Die beiden hatten den größten Teil ihrer 14-jährigen Ehe getrennt verbracht. Ein paar Tage später heiratete er während einer Tournee durch Texas Alpha Smith, mit der er seit fast zehn Jahren mehr oder weniger zusammengelebt hatte. Lil behauptete, er habe sie gebeten, sich nicht scheiden zu lassen. Nur um ihn zu ärgern habe sie es doch getan, weil sie wusste, dass Alpha auf Louis' Heiratsversprechen pochen würde, ja ihn sogar verklagen würde, wenn er es nicht einhielte. Aber die beiden wurden kein glückliches Paar. »Alpha hatte nur Pelze, Diamanten und andere luxuriöse Dinge im Kopf. An mich und mein Glück dachte sie weniger«, sagte Armstrong später von seiner dritten Frau. »Ich schenkte ihr so viel Schmuck, wie ich konnte, aber sie wollte immer noch mehr. Sie hat mein ganzes Geld durchgebracht.«

Im Herbst trat er zusammen mit seinem alten Idol Bill Robinson im neuen Cotton Club auf dem Broadway, Ecke 48th Street, auf. Dort sah er Lucille Wilson, eine wunderschöne, 24-jährige Tänzerin. »Vielleicht hatte ihre Hautfarbe damit zu tun, dass ich mich in sie verliebte«, schrieb er später. »Seit ich Interesse an Frauen habe, hat es mich immer zu denen mit dunklerer Haut hingezogen. Lucille war die Erste, die die Einstellungspolitik des Cotton Club durchbrochen hatte … eigentlich stellten sie nur sehr hellhäutige Mädchen ein.«

Wilson verkaufte hinter der Bühne Kekse, um ihr Einkommen aufzubessern und ihre Familie zu unterstützen. Ihr Vater, ein Taxiunternehmer, war Pleite gegangen. Armstrong warb um sie, indem er ihr sämtliche Kekse abkaufte und sie in Harlem an Kinder verteilte. Sie ging ihm zunächst aus dem Weg, bis er sie eines Tages direkt ansprach: »Hör zu, Kleine. Ich weiß, dass alle Jungs hinter dir her sind. Ich möchte nur, dass du weißt, dass ich auch einer von diesen Jungs bin.« Er fing an, sie »Brown Sugar« zu nennen, ließ sie von seinem Chauffeur in dem Packard herumkutschieren, den Joe Glaser ihm gekauft hatte, und fragte sie schließlich, ob sie nicht Lust hätte, Rote Bohnen und Reis für ihn zu kochen.

Sie sagte ja. »Lucille schien die ideale Frau für mich zu sein«, erinnerte er sich. »Sie hatte einen gesunden Menschenverstand … und machte sich nichts aus Angebern.« Trotzdem sah die Zukunft nicht rosig aus. Solange er genug Geld nach Hause brachte, machte Alpha keine Anstalten, ihn zu verlassen, und Lucille hatte kein Interesse an einer Affäre mit einem verheirateten Mann.

EINE GANZ ANDERE WELT

Im März 1939 machten sich Duke Ellington und sein Orchester zum zweiten Mal nach Europa auf, dieses Mal an Bord der Île de France. Dort bereitete man sich bereits auf den Krieg vor, und das Schiff transportierte Teile für französische Kampfflugzeuge. In Ellingtons Leben hatte sich einiges geändert. Nach seiner Mutter war 1937 auch sein Vater an Tuberkulose gestorben. Er selbst hatte sich mit 39 Jahren in eine attraktive Tänzerin aus dem Cotton Club verliebt, Evie Ellis. Er verließ Mildred Dixon und zog mit Evie zusammen. Sie sollte ihm sein ganzes Leben treu bleiben und nannte sich sogar manchmal Mrs. Ellington, auch wenn er es stets ablehnte, sich von seiner Frau scheiden zu lassen, um sie zu heiraten. Kurz darauf beendete er abrupt seine langjährige Partnerschaft mit Irving Mills. Ellington sprach nie über die Gründe für die Trennung. Ein Gerücht besagte, dass er in seinen Unterlagen entdeckte, dass Mills versäumt hatte, nach dem Tod von Ellingtons Mutter den besten und teuersten Sarg zu kaufen, wie er es ihm aufgetragen hatte. Möglicherweise hatte Ellington aber auch auf die harsche Kritik in der schwarzen Presse reagiert: Ein Mitarbeiter des *Pittsburgh Courier* warf Ellington vor, einen weißen Texter zu beschäftigen, obwohl genügend gute schwarze Texter arbeitslos waren. Reverend Adam Clayton Powell Jr. nannte ihn »einen musikalischen Baumwollpflücker«, der von seinem »Massa Mills« abhängig sei. Ellingtons Sohn Mercer glaubte eher, dass der Status seines Vaters 1939 so gefestigt schien, dass er Mills nicht länger brauchte. Warum auch immer – die beiden Männer gingen von nun an getrennte Wege.

Die Europatournee war noch Mills' Idee gewesen, aber selbst er hätte nicht voraussehen können, welche Auswirkungen sie haben würde – was die europäischen Fans wie auch Ellington

Duke Ellington 1939 in der Gesellschaft von zwei der besten Jazzsängerinnen – Ivie Anderson (links), die in seinem Orchester sang, und Ella Fitzgerald.

selbst betraf. In den Vereinigten Staaten mochte er zeitweise im Schatten anderer Bandleader gestanden haben, aber für die Europäer blieb er ein Held. In Le Havre wurde die Band von einer Menschenmenge »mit solcher Bewunderung und ehrlicher Freude [begrüßt]«, erinnerte sich Rex Stewart, »dass ich zum ersten Mal in meinem Leben das Gefühl hatte, als Künstler akzeptiert zu sein, als Gentleman, als Mitglied der menschlichen Rasse.« Die Leute kamen in die Konzerte, um dem Orchester zuzuhören, nicht um zu tanzen. Ein Pariser Kritiker sah Ellingtons Musik »mit dem Rhythmus des Atoms verwandt«, der das »Geheimnis des Kosmos« enthülle. In Brüssel, Antwerpen, Den Haag, Utrecht, Amsterdam, Kopenhagen, Oslo und 15 schwedischen Städten strömten die Menschen zu den Auftritten. »Das distinguierte Auftreten des Orchesters hinterließ einen nachhaltigen Eindruck«, schrieb ein Kritiker des Stockholmer *Dagens Nyheter* am 17. April 1939. »Was für ein Gegensatz zu den schlampigen, gleichgültigen, herumalbernden Orchestern, die in billige Cabarets gehören und die keine musikalische Qualität bieten.«

Am 29. April, seinem 40. Geburtstag, hielt Ellington sich in Stockholm auf. Eine 16-köpfige lokale Band weckte ihn mit einem Ständchen, und sein Hotelzimmer quoll über von den Blumensträußen seiner Bewunderer. Am Abend erhob sich das Konzertpublikum geschlossen und sang »Happy Birthday«.

Aber selbst Ellington – bei all seinem Talent, die unangenehmen Seiten des Lebens zu ignorieren – konnte nicht umhin, die sich zuspitzende Situation um ihn herum wahrzunehmen. Die Nazis hatten Jazzmusik verboten und zeigten auch nicht viel Verständnis für farbige Ausländer, und als der Zug mit der Band durch Norddeutschland fuhr und in Hamburg sechs Stunden feststeckte, patrouillierten Soldaten auf dem Bahnsteig. Barney Bigard sah, wie sie ein älteres jüdisches Ehepaar, das in den Speisewagen einsteigen wollte, herumschubsten »wie Hunde«. In Paris spielte die Band in einem unterirdischen Theatersaal, der schon im Hinblick auf die deutschen Bomben gebaut worden war, die, so die Befürchtung der Franzosen, bald fallen würden.

Als ihr Zug durch die Niederlande fuhr, sah Bigard, »wie sie in den Heuhaufen und den Gräben Maschinengewehre aufbauten. Es war irgendwie unheimlich.«

Als die Île de France im Mai wieder in den Hafen von New York einlief, sagte Bigard, er sei »noch nie so glücklich gewesen, die gute alte Freiheitsstatue zu sehen«. Ellington war ebenfalls froh, wieder zu Hause zu sein, aber der Respekt und die Bewunderung seiner europäischen Fans hatten in ihm neue Energien freigesetzt. »Europa ist eine ganz andere Welt«, sagte er zu einem Freund. »Man kann gehen, wohin man will, man kann reden, mit wem man will, man kann tun, was man will. Es ist kaum zu glauben. Wenn man sein ganzes Leben lang nur Hotdogs essen musste und bekommt plötzlich Kaviar angeboten, dann ist das kaum zu glauben.« Er stand vor einer der kreativsten Phasen seiner Karriere.

IMMER NOCH DER BOSS

Zwei Monate später, wenige Wochen vor Ausbruch des Krieges, kehrte auch Coleman Hawkins aus Europa nach Amerika zurück. Während andere amerikanische Musiker durch Europa getourt waren, hatte Hawkins mehr als fünf Jahre dort gelebt. In England, Frankreich, Skandinavien und in den Niederlanden hatte das Publikum ihn als großen Künstler verehrt. Er war mit Symphonieorchestern aufgetreten, hatte mit ihnen einen ekstatischen Chorus nach dem anderen gespielt. Auch abseits der Bühne amüsierte er sich. Er genoss gutes Essen und gute Getränke, aber »sein Hobby waren Mädchen«, wie sich ein niederländischer Fan erinnerte. »Er hat sie mit seinem Saxophon bezaubert.«

Als er nach Amerika zurückkehrte, war es, »als sei Gott wieder erschienen«, wie sich Milt Hinton erinnerte. Hawkins machte sich sofort daran herauszufinden, ob während seiner Abwesenheit Konkurrenten aufgetaucht waren, die es an die Wand zu spielen galt. Nachdem er sich in der ganzen Stadt umgehört hatte, lautete sein Resümee: »Ich war ja so lange fort ... ich dachte, die Musiker hätten sich weiterentwickelt ... aber es war genauso wie damals, als ich ging ... wenn sie so spielen, können sie mir nichts anhaben.«

Einen wollte er aber auf alle Fälle herausfordern – Lester Young. Gegen drei Uhr morgens betrat er Puss Johnsons Kellerklub in Harlem. Lester Young und Billie Holiday beteiligten sich dort an einer Jam-Session. Schnell machte die Nachricht die Runde, und schon bald, erinnerte sich Rex Stewart, strömten andere Musiker herbei. Niemand wollte sich entgehen lassen, wenn die beiden Könige des Tenorsaxophons sechs Jahre nach ihrem ersten Duell in Kansas City wieder aufeinander trafen.

Coleman Hawkins bei einer Tasse Tee in London. »Er hatte etwas Aristokratisches«, erinnerte sich eine junge Bewunderin. »Ich konnte meinen Blick gar nicht abwenden.«

»Hawkins schlenderte zur Bühne, packte sein Saxophon aus und mischte mit ... als Billie Holiday ihren Song beendet hatte, sagte sie, es sei ein Vergnügen gewesen, sich vom besten Tenorsaxophonisten der Welt begleiten zu lassen – von Lester Young!
Nach dieser Bemerkung hätte man eine Stecknadel fallen hören können, aber Hawk ignorierte sie einfach ... Das Tempo, das er anschlug, war unglaublich schnell. Er beherrschte die Nummer vollkommen. Dann ging er zur Bar, bestellte sich einen Drink und wartete ab, wie die anderen Jungs auf diese Demonstration seiner Virtuosität reagieren würden. Keinem schien nach Spielen zumute zu sein. Also spielte Coleman einfach weiter, eine Ballade, die er mit einer unglaublichen Kadenz beendete. Tosender Beifall. Lester hielt sich am Rand und trank mit Lady Day, und ich muss sagen, er blieb ganz cool. Ich hörte, wie ein Musiker sagte: »Nun, das war's wohl. Coleman ist noch immer der Boss.«

Aber als Down Beat schrieb, dass Hawkins in jener Nacht als Sieger vom Platz gegangen sei, rief eine entrüstete Holiday den Chefredakteur an. »Young hat den Hawk fertig gemacht«, sagte sie. »Fast jeder, der dabei war, sagt das.«

Ein paar Monate später ging Hawkins mit einer neunköpfigen Gruppe ins Studio und nahm vier Stücke auf, darunter auch »Body and Soul«, eine Ballade, die er seit Jahren »als Zugabe« spielte, »nur weil irgendwann Schluss sein muss«. Wie Louis Armstrongs »West End Blues« elf Jahre zuvor, erschütterte auch »Body and Soul« die musikalische Welt. Die Nummer bestand aus drei Teilen: einer sanften, verschlungenen zweitaktigen Melodielinie; zwei wirbelnden Chorussen, die sich zu einem atemberaubenden Crescendo hoch schraubten; und einer unbegleitet fallenden Kadenz. Bis auf eine kurze Einleitung des Pianos und einige Akkorden vom Rest der Band füllte allein Hawkins voluminöser, warmer Ton das Stück aus.

»Body and Soul« verkaufte sich erstaunlich gut für die Platte eines Jazzsolisten, bei der die Melodie nur eine untergeordnete Rolle spielte. Hawkins tat, als überraschte ihn das nicht. »Mein Gott«, sagte er, »so spiele ich immer.« Er hatte sich »Body and Soul« auf die gleiche Weise genähert, wie er sich jeder Ballade näherte, erklärte er der jungen Sängerin Thelma Carpenter. »Zunächst muss man die Geschichte erzählen«, womit die Einführung der Melodie gemeint war. »Dann ist es wie in der Liebe ... du musst verführen.« Auf dem Höhepunkt des Solos »hat man den Orgasmus«, sagte er. Und die Kadenz – »nun, das ist die Zufriedenheit danach.« Musiker hörten in »Body and Soul« jedoch weitaus mehr als Erotik. Hawkins verblüffende Improvisation inspirierte eine ganze Generation junger Musiker. Sie wurden sich, wie es ein Saxophonist formulierte, »des Akkords bewusst« und sollten den Jazz in eine ganz neue Richtung lenken.

KAPITEL SIEBEN 1940–1945

DEM CHAOS VERPFLICHTET

Um 1940 war die Great Depression endlich vorüber. Die Wirtschaft befand sich wieder im Aufschwung, als das Land sich auf das vorbereitete, was immer mehr Amerikaner für unvermeidlich hielten – den Eintritt der USA in den Zweiten Weltkrieg. Aber der Swing, der die Menschen in den mageren Jahren bei Laune gehalten hatte, war immer noch überall präsent. Bandleader wie Benny Goodman, Artie Shaw und Glenn Miller verdienten bis zu 20 000 Dollar pro Woche. Auch Cab Calloway, Duke Ellington und Count Basie ging es nicht schlecht. Für die meisten schwarzen Bands waren die guten Zeiten jedoch vorbei. »Bleibt den farbigen Bands das große Geld versagt?«, fragte Down Beat *und beantwortete die Frage selbst: »Schwarze Bandleader könnten mehr Geld mit einer Würstchenbude verdienen.« Die alten Rassenklischees, die es Leuten wie Fletcher Henderson fast unmöglich gemacht hatten, ihr Können auf Platten zu demonstrieren, sorgten zumindest dafür, dass schwarze Musiker – von denen man glaubte, sie hätten eine natürliche Affinität dazu – als Fachleute für*

Frankreich 1945: Der Swing schweißt die GIs zusammen. Mit freundlicher Genehmigung einer Sängerin der USO.

jene Art von hartem Swing galten, den Goodman und seine Rivalen inzwischen regelmäßig spielten. Sein Erfolg – und darauf wies Goodman immer wieder hin – war zum Teil auf die Beiträge schwarzer Arrangeure hinter den Kulissen zurückzuführen. Selbst viele der flotten Bühnennummern, die Fans von Bands wie der von Glenn Miller am besten gefielen – choreographierte Wettbewerbe der Trompeter; Posaunen, die in perfektem Gleichklang nach links und rechts, oben und unten schmetterten, oder Holzbläser, die bei ihren Soli auf und ab sprangen –, waren von schwarzen Bands eingeführt worden, die sie ihrerseits von Veteranen wie Eddie Durham und seiner Band erlernten.

Zumindest anfänglich änderten die Bürgerrechtsgesetze nichts an der Situation – stattdessen schränkten neue Hotelverordnungen in den Nordstaaten die Möglichkeiten für schwarze Musiker zunächst sogar noch weiter ein. Viele rein schwarze Theater schlossen, und viele weiße Klub- und Hotelbesitzer diskriminierten schwarze Gäste jetzt ganz offen oder hielten sie fern, indem sie einfach keine schwarzen Bands mehr engagierten. Während die führenden weißen Bands in New York, Chicago und anderen Großstädten überwinterten, in den besten Hotels spielten und für sich selbst im Radio warben, war eine Hand voll schwarzer Orchester gezwungen, weiterhin das ganze Jahr über durchs Land zu touren, um zu überleben. Nur wenige beschwerten sich: »Auch wenn ihr Löcher in den Schuhen habt«, sagte Earl Hines (dem es gelang, ein langfristiges Engagement im Grand Terrace in Chicago zu bekommen) oft zu seinen Männern, »lasst es das Publikum am Bühnenrand nicht sehen. Poliert lieber die Spitzen.«

Weiße Bands wie die von Tommy Dorsey, die ein breites Spektrum an Musik spielen konnten, wurden wegen ihrer Vielseitigkeit bejubelt. Wenn ein schwarzes Orchester dagegen versuchte, es ihnen gleichzutun, warf man ihm Größenwahn vor. Schwarze Bandleader, die ihre Musik mit Showeinlagen spickten – wie Louis Armstrong, Cab Calloway oder Lionel Hampton –, hatten weiterhin Erfolg, während andere, wie Teddy Wilson und Benny Carter, die sich hauptsächlich auf die Musik konzentrierten und sie immer mehr verfeinerten, scheiterten. Ihre Musik, so erinnerte sich Thelma Carpenter auf der 52nd Street gehört zu haben, sei »zu weiß«.

Der Texter Andy Razaf hatte dies alles bereits 1932 vorausgesehen und warnte seine Kollegen mit Knittelversen in den *Amsterdam News*:

You're a novelty no longer,
They have copied all your tricks;
'Till white bands can pass for colored
With »gut-bucket« blues and »licks«.

Once they marveled at your ragtime
And you gladly showed them how,
So they've mastered all your rhythms;
They don't really need you now.

If you want to hold your places
You had better do your stuff;
Keep rehearsing and rehearsing,
You can never learn enough.

For the »ad lib« days are over,
Noise and faking are passé;
If you feel that you are rusty
Get that music book today.

[Ihr seid nichts Neues mehr
Kopiert sind all eure Tricks
Weiße Bands gehen jetzt als schwarze durch
Mit »Gut-Bucket«-Blues und »Licks«.

Einst haben sie euren Ragtime bestaunt;
Gern habt ihr's ihnen beigebracht
Bis sie all eure Rhythmen beherrschten;
Jetzt sind sie an der Macht.

Und wollt ihr euch behaupten,
Dann bleibt bei eurem Spiel
Und hört nicht auf zu üben,
Denn lernen kann man nie zu viel.

Vorbei die Zeit des Improvisierens,
Krach und Schwindel sind verbannt;
Wenn ihr aus der Übung seid,
Nehmt das Notenbuch zur Hand.]

Aber gründliches Üben allein genügte natürlich nicht. »Die Wahrheit ist«, schrieb *Down Beat* im Frühjahr 1940, »dass das Publikum nur sehr wenige schwarze Bands akzeptieren wird«. Eine neue Art von Swing sei jetzt beliebt, behauptete gar *Variety*. Er sei »sweet hot« oder »swing sweet«, sozusagen eine »weiße Spielart des Swing, die zwar noch immer den schwarzen Schwung hat, ihn aber mit mehr Respekt für die Melodie verbindet«.

Inzwischen sahen sich einige schwarze Bandleader einer weiteren Bedrohung gegenüber. Im Oktober 1940 warb Benny Goodman Duke Ellingtons Startrompeter Cootie Williams für zusätzliche 25 Dollar die Woche ab. Ellington blieb gelassen. Er half Williams sogar dabei, seinen Vertrag mit Goodman auszuhandeln – und ersetzte ihn am Abend nach seinem Weggang

Nach dem Kriegseintritt der USA in den Zweiten Weltkrieg 1941 ließen die Besucherzahlen in Lokalen wie dem hier abgebildeten Forest Park Ballroom in Marshalltown, Iowa, immer stärker nach.

Cootie Williams probt mit Harry James und Benny Goodman, 1941.

durch einen anderen ausgezeichneten Trompeter, Ray Nance, der laut Ellington »in seinem ganzen Leben keine falsche Note spielte« und außerdem tanzte, sang und Geige spielte. Williams selbst sah den Wechsel als seine große Chance. Für ihn war Goodmans Orchester die beste Swing Band, die er je gehört hatte. Und Goodman seinerseits tat sein Bestes, um seinen neuen Star so gut wie möglich vor den Auswirkungen der Rassendiskriminierung zu schützen. Williams' Freund und Sektionskollege Jimmy Maxwell bekam den Auftrag, sie beide einzuchecken, wenn sie in ein unbekanntes Hotel kamen. »Es kostete mich ein Vermögen, mit Cootie [zusammen zu wohnen]«, erinnerte sich Maxwell, »weil ich nicht im Speisesaal essen wollte, wenn er es nicht konnte, so dass wir beide letztendlich auf den Zimmerservice angewiesen waren. Aber wenn wir ein Steak bestellten und schwarze Kellner bedienten, bekamen wir drei.«

Williams' Ausstieg bei Ellington wurde in der Musikbranche mit einem süßsauren Lächeln gesehen. Der Bandleader Raymond Scott schrieb darüber ein trauriges Lied mit dem Titel »When Cootie Left the Duke«, und Dan Burley von den *Amsterdam News* lobte zwar Goodmans »Gerechtigkeitssinn, weil er schwarzen Musikern die verdiente Chance gibt, die Musik zu spielen, die sie hervorgebracht haben«, hielt es aber auch für ein schlechtes Vorbild, das die bereits unsichere Position schwarzer Bands weiter schwächen würde.

> »Solch verlockende Köder wie fette Gehaltsschecks und die Aussicht, in der Oberliga des Swing zu spielen, sind für einen schwarzen Musiker das Gleiche, wie für einen schwarzen Baseballpieler der N.Y. Black Yankees das Angebot, zu den Brooklyn Dodgers in die Major League zu wechseln. In einem solchen Fall würde der Athlet seine Verbindungen zur farbigen Liga so schnell hinter sich lassen, dass es nicht mehr lustig wäre. Der schwarze Musiker scheint das Gleiche zu tun. ... Die Zukunft ist für den durchschnittlichen Musiker in einer schwarzen Band nicht so rosig, wie wir sie uns vorstellen. ... Der Schwarze hat eine feste Rolle im Swing – er soll etwas schaffen, aber nicht davon profitieren. ... Und der andere wird ihn nur so lange tolerieren, wie er etwas Neues von ihm lernen kann.«

Andere weiße Bandleader engagierten jetzt ebenfalls schwarze Stars und versuchten so gut wie möglich mit den Problemen fertig zu werden, denen ihre neuen Musiker auf den Tourneen häufig ausgesetzt waren. Artie Shaw sagte lieber 31 Einzelauftritte im Süden ab, als einen Vertrag zu unterschreiben, der verlangte, dass Lips Page mindestens fünf Meter vom Rest der Band entfernt sitzen sollte. Er hatte es nicht der »Bürgerrechte« wegen getan, wie er später sagte: »Es war eine Frage des gesunden Menschenverstands.« Und Gene Krupa saß für einige Tage im Gefängnis, weil er einen Restaurantbesitzer in Pennsylvania schlug, der alle seine Männer hineinließ, aber Eldridge den Zutritt verweigerte.

Mit Ausnahme von Sidney Bechet und Coleman Hawkins war Eldridge wahrscheinlich der ehrgeizigste Musiker in der Geschichte des Jazz. »Als ich jung war, ging ich zu jeder Jam-Session, die ich finden konnte«, erzählte er. »Ich stand auf dem Bürgersteig, rauchte, hörte der Band drinnen zu und schätzte meine Gegner ab. Dann ging ich hinein und versuchte, sie zu schlagen. Mein ganzes Leben lang hab ich diesen Wettkampf geliebt. Und wenn sie mich nicht mochten oder nicht auf die Bühne lassen wollten, nahm ich an der Seite der Bühne meine Trompete heraus und blies von dort aus.« Und selbst noch als alter Mann kniff er argwöhnisch die Augen zusammen, als man ihm den jungen Lester Bowie vorstellte und ihm sagte, er sei ebenfalls Trompeter: »Halt dich bereit«, sagte er. »Er wollte besser spielen als alle anderen«, erinnerte sich einer seiner größten Bewunderer, »Dizzy« Gillespie, »nur, um sie alle auszulöschen«. Der 1911 in Pittsburgh geborene und von Otto Hardwick »Little Jazz« genannte Eldridge war ein kleiner, arroganter Mann, ein Veteran der Bands von Teddy Hill und Fletcher Henderson und der Held zahlloser frühmorgendlicher »Cutting Contests« – Jam-Sessions, bei denen sich die Musiker gegenseitig auszustechen versuchten. Eldridge spielte in einem erstaunlichen Tempo – nach eigenen Aussagen ein Nebenprodukt seines intensiven Studiums des Spiels von Coleman Hawkins und anderen Saxophonisten – und mit unglaublich viel Gefühl lange, komplizierte Läufe, die manchmal ins Chaos zu taumeln schienen, nur um von ihm gerade rechtzeitig wieder aufgefangen zu werden.

Aber bei all seiner Energie und seinem Wetteifer war Eldridge auch ein stolzer und sensibler Mann, und schließlich ertrug auch er die täglichen Demütigungen nicht mehr, die er als einziger schwarzer Musiker in einer weißen Band erfuhr:

> »Ich wusste, dass ich unglaublich cool sein musste; ich wusste, dass alle Augen auf mich gerichtet waren. ... Alle Jungs in der Band waren okay und Gene [Krupa] war wundervoll, [aber als] wir für ein paar Auftritte nach Westen fuhren und schließlich in Kalifornien landeten, begann der Ärger. Wir kommen in einer Stadt an, und der Rest der Band checkt ein. Ich kann nicht in ihrem Hotel wohnen, also nehme ich meine Koffer und mache mich auf die Suche nach einer anderen Unterkunft, wo angeblich jemand ein Zimmer für mich reserviert hat. Ich komme hin und bringe alle meine Koffer rein. Da wir für mehrere Monate an der Westküste bleiben wollen, habe ich natürlich eine ganze Menge Gepäck – mindestens ein Dutzend Koffer. Als der Typ an der Rezeption sieht, dass ich der »Mr. Eldridge« bin, für den ein Zimmer reserviert wurde, stellt er plötzlich fest, dass einer ihrer Stammgäste gerade angekommen ist und das letzte freie Zimmer bekommen hat. Ich schleppe die Koffer wieder auf die Straße und mache mich wieder auf die Suche. Wenn dir so etwas Abend für Abend passiert, bringt es dich langsam um den Verstand – du kannst nicht mehr richtig denken und nicht mehr richtig spielen.
>
> Als wir schließlich im Palladium in Hollywood ankamen, musste ich darauf achten, mit wem ich mich an den Tisch setzte. Wenn es Filmstars waren, die wollten, dass ich zu ihnen herüberkam, war es in Ordnung; wenn es nur irgendwelche Tänzer waren, keine Chance. Und die ganze Zeit behielt mich der Rausschmeißer im Auge und wartete nur auf eine Gelegenheit. Außerdem musste ich weit draußen in Los Angeles wohnen, während die anderen Jungs in Hollywood blieben. Es war ein einsames Leben; ich war noch nie weit von zu Hause fort gewesen und kannte keine Menschenseele. Ich fing an zu grübeln.
>
> Dann passierte es. Eines Nachts war die Anspannung so groß, dass ich ausflippte. Ich fühlte, wie es meinen Nacken hoch kroch, während ich gerade ›Rockin' Chair‹ spielte. Ich fing an zu zittern, rannte von der Bühne und musste mich übergeben. Sie brachten

Roy Eldridge in voller Fahrt im Arcadia, New York 1939, vor seiner Band; zwei Jahre später schloss er sich Gene Krupa an. Wenn er selbst nicht auf der Bühne stand, so erinnerte sich ein Trompeter, suchte Eldridge nach jungen Kollegen in anderen Klubs, »nahm [dann] an der Tür sein Instrument heraus ... stimmte ein hohes Bb an und marschierte hinein«.

mich zum Arzt. Ich hatte über 40°C Fieber und war mit den Nerven am Ende.«

Im Süden verschlimmerte sich die Lage. In Norfolk, Virginia, mussten Eldridge und die weiße Sängerin Anita O'Day bei ihrem Duett »Let Me Off Uptown« an entgegengesetzten Enden der Bühne stehen. Ihm wurde die Benutzung der Herrentoilette verweigert; stattdessen sollte er mit einem Eimer auskommen. Als er zu den anderen Bandmitgliedern auf das Deck einer Fähre wollte, befahl ihn der Kapitän nach unten, und als Krupa protestierte und darauf bestand, dass sein Star oben blieb, erwiderte der Kapitän: »Gut, wenn Sie ihn ertragen können, soll's mir egal sein.« »Als hätte ich Lepra«, erinnerte sich Eldridge.

Er blieb die ganze Zeit bei Krupa, bis sich dessen Band auflöste. 1944 nahm er ein Angebot von Artie Shaw an und bekam in Kalifornien prompt erneut Ärger.

»Wir fuhren nach Del Mar. Ich kam ohne Probleme in das Hotel, durfte aber nicht im Speisesaal essen. Ein paar der Jungs, die wussten, dass ich mexikanisches Essen mag, schlugen vor, in ein mexikanisches Restaurant zu gehen. Als die sich weigerten, mich zu bedienen, gingen alle Jungs wieder mit mir raus, aber trotzdem versetzte es mich wieder in diese Stimmung. [Dann] kam ich zu dem Laden, wo wir zum Tanz spielen sollten, und sie wollten mich noch nicht mal reinlassen. ... ›Das ist ein Tanz für Weiße‹, sagten sie. Draußen stand mein Name auf dem Plakat, ›Roy 'Little Jazz' Eldridge‹, und ich sagte ihnen, wer ich war. Als ich schließlich reindurfte, spielte ich das erste Set und versuchte nicht zu heulen. Aber kurz vor Schluss liefen mir die Tränen herunter – ich weiß nicht, wie ich es geschafft habe, zu Ende zu spielen. Ich ging hinauf in die Garderobe, stand heulend in einer Ecke und fragte mich: ›Warum zum Teufel bin ich wieder hergekommen, wo ich doch genau wusste, was passieren wird?‹ Artie kam herein und er war phantastisch. Er bestand darauf, dass der Typ, der mich nicht reinlassen wollte, sich bei mir entschuldigte, und sorgte dafür, dass er gefeuert wurde. Aber in San Francisco verließ ich die Band. ... Wenn du auf der Bühne stehst, bis du toll, aber sobald du runterkommst, ist alles vergessen. Es ist den Ruhm nicht wert, nicht das Geld, gar nichts. Nie wieder!«

Knapp fünf Jahre später spielte Eldridge wieder bei Gene Krupa. Inzwischen waren gemischte Bands keine so große Seltenheit mehr – was nicht zuletzt seiner mutigen Pionierarbeit zu verdanken war –, und allmählich änderten sich die Zustände im Land.

PUZZLE

»Das Wichtigste, was man heute über Swing sagen kann«, so hatte Duke Ellington 1939 geschrieben, »ist, dass er stagniert.« Sicher, »die unzähligen Bands im Land, ... denen ein Benny Goodman als Vorbild dient ... und die nicht so sein wollen wie die typischen populären Tanzbands, kultivieren einen höheren musikalischen Standard, als bisher erforderlich war.« Aber unglücklicherweise werde künstlerische Zurückhaltung sofort durch wirtschaftlichen Erfolg belohnt. »Dadurch wurde die Verbesserung vieler guter Bands verhindert, die aus kommerziellen Gründen weiterhin denselben uninspirierten Groove spielen und es nicht wagen, sich über den herrschenden Publikumsgeschmack hinwegzusetzen.«

Ellington konnte es sich leisten, kritisch zu sein: Seine Popularität war nie größer und seine Musik nie reicher und kühner gewesen – was er zum Teil einigen neuen Bandmitgliedern zu verdanken hatte. Kurz bevor er im Frühjahr vor Kriegsausbruch mit dem Schiff nach Europa reiste, hatte er ein Engagement im Stanley Theater in Pittsburgh gespielt. Das schwarze Pittsburgh war das Reich von Gus Greenlee, dem Wettkönig. Greenlee gehörten Boxer, Nachtklubs, Wohnhäuser und das Meisterteam der schwarzen Baseball-Liga, die Pittsburgh Crawfords – sowie das Greenlee Stadium, in dem sie spielten. Als Greenlees Neffe in Gegenwart seines Onkels vorschlug, Ellington solle sich ein paar Minuten Zeit nehmen, um einen Pianisten anzuhören, mit dem er befreundet war, konnte er sicher sein, dass der Maestro nicht wagen würde, nein zu sagen.

Duke Ellington und Billy Strayhorn, 1960. »Musik. Das war's«, versuchte ein Freund die Beziehung der beiden zu erklären. »Duke lebte, atmete, aß und trank Musik. Sie war das Einzige, was ihm wirklich wichtig war – sonst nichts. Er liebte Musik. Und er liebte Billy Strayhorn, weil sie zusammen Musik machten.«

Der Klavierspieler machte keinen besonders viel versprechenden Eindruck. Billy Strayhorn war 23 Jahre alt, knapp 1,60 Meter groß, trug eine Brille und schlug sich als Angestellter in einem Drugstore durch, obwohl er als Arrangeur und Pianist für lokale Bands in der Stadt einigen Erfolg hatte. Aber er spielte Ellingtons »Sophisticated Lady« mit so viel Talent und Originalität und hatte bereits so interessante Balladen wie »Lush Life« und »Something to Live For« geschrieben, dass Ellington Strayhorn vorschlug, er solle ihn nach seiner Rückkehr aus Europa besuchen. »Ich hätte dich gerne in meiner Band«, sagte er. »Ich lasse mir was einfallen, wie ich dich da hineinbringe. Ich werde mich darum kümmern, sobald ich wieder in New York bin.«

Ellington schrieb ihm eine Wegbeschreibung auf, wie er mit der U-Bahn zu seiner Wohnung nach Harlem kam, und als die beiden sich dann wiedersahen, hatte Strayhorn darüber ein Stück geschrieben und arrangiert. »Es war, als würde ich einen Brief an einen Freund schreiben«, erinnerte sich Strayhorn. »Take the 'A' Train« entwickelte sich zu Ellingtons Erkennungsmelodie und war der Beginn einer lebenslangen Zusammenarbeit zwischen ihm und Strayhorn – der »Strays« und manchmal auch »Swee'pea« genannt wurde, weil er angeblich dem alterslosen Baby mit nur einem Zahn aus dem »Popeye«-Comic glich.

Auf den ersten Blick schienen die beiden ungleiche Partner abzugeben. Strayhorn war warmherzig, gesellig und offen homosexuell zu einer Zeit, als die meisten Homosexuellen ihre Veranlagung mit allen Mitteln zu verbergen suchten. Ellington hingegen war zurückhaltend, rätselhaft und ein ausgewiesener Frauenheld. Aber er war auch äußerst weltlich: »Pop kümmerte es nicht im Geringsten, dass Strayhorn schwul war«, erinnerte sich Ellingtons Sohn Mercer. »Er war niemals voreingenommen gegen jemanden, den er für wirklich ehrenwert hielt. ... Es war nichts Neues für ihn. ... Pop kannte sich aus. Er hat Strayhorn immer unterstützt.«

Was zählte, war Strayhorns Talent. Ellington sagte, er sei »mein rechter Arm, mein linker Arm, alle Augen in meinem Hinterkopf; meine Gehirnströme sind in seinem Kopf, und seine sind in meinem.« Einmal versuchte er, einem Interviewer das Wesen ihrer Zusammenarbeit zu erklären:

> »Oh, Billy Strayhorn ist mein Kamerad beim Schreiben und Arrangieren. Ich sitze irgendwo, vielleicht in Los Angeles, und er ist in New York; ich komme zum 17. Takt eines Stückes und denke, statt hier zu sitzen und damit zu kämpfen, frage ich lieber Strays. Also rufe ich ihn an und sage: ›Hör mal, ich bin irgendwo in Es-Dur und die Stimmung ist so und so; da ist ein Mann, der die Straße entlanggeht und an eine Kreuzung kommt, und ich kann mich nicht entscheiden, ob er rechts, links, geradeaus gehen oder umkehren soll.‹ Und er sagt: ›Ja klar, ich weiß, was du meinst.‹ Seine erste Reaktion ist: ›Ich glaube, du kannst das besser als ich.‹ Aber er denkt die ganze Zeit darüber nach, wie er es besser machen kann als ich. Und dann – und zwar sehr oft ohne viele weitere Worte – kommen wir praktisch zu dem gleichen Ergebnis.«

Fast drei Jahrzehnte sollten sich Ellington und Strayhorn demselben, alles beherrschenden Ziel widmen – der Größe des Duke Ellington Orchestra, der Musik Duke Ellingtons und der Größe des Duke selbst.

Ellingtons Musik war stets eine Mischung aus persönlichen Stimmen und regionalen Stilen gewesen – der Ragtime des Ostens, den seine ersten Lehrmeister spielten, die Musik aus New Orleans, die er zuerst bei Sidney Bechet und Louis Armstrong hörte, und die sanften, geschmeidigen Sounds, die er im Cotton Club und am Broadway perfektionierte. Doch jetzt brachten zwei neue Männer etwas von dem Stomp-Blues in seine Band, den Count Basie im ganzen Land bekannt gemacht hatte. Der erste war der Bassist Jimmy Blanton. Er war gerade 21 Jahre alt, als Sonny Greer Ellington und Strayhorn in einen Klub in St. Louis mitnahm, um ihn zu hören.

»Noch nie hatte ich jemanden wie diesen Jungen gehört«, sagte Greer. Ellington war der gleichen Ansicht und engagierte ihn sofort. Blanton starb drei Jahre später an Tuberkulose, aber diese Zeit genügte ihm, um das Bassspiel zu revolutionieren. Er hatte einen satten, warmen Ton, eine lebhafte Rhythmik und ein Talent dafür, »genau die richtigen Noten an die richtigen Stellen« zu setzen, schrieb Ellington, »so dass wir uns mit seinem Rhythmus und Fundament im Rücken auf das große, abenteuerliche Meer der Erwartung hinaustreiben lassen konnten«. Aber darüber hinaus war Blanton auch harmonisch anspruchsvoller als alle seine Vorgänger und wie kein anderer Bassist vor ihm zu wahrhaft melodischen Höhenflügen in der Lage – sowohl gezupft als auch gestrichen. Ellington hatte bereits einen sehr guten Bassisten namens Billy Taylor und war glücklich, dass beide Männer in seiner Band für das sorgten, was er »Foundation-and-Beat« nannte, bis Taylor eines Abends in Boston kündigte und sagte: »Ich will nicht mehr da oben neben diesem Jungen stehen und zusehen, wie er so einen Bass spielt, und verlegen sein.« Erst nach Blantons Auftauchen – und dank der Möglichkeiten, die ihm Ellington in Aufnahmen von Piano-Bass-Duetten wie »Pitter Panther Patter« und »Sophisticated Lady« oder in Band-Arrangements wie »Jack the Bear« und »Sepia Panorama« bot – wurde der Bass als Soloinstrument ernst genommen.

Im Januar 1940 stieß Ben Webster als fünfter Holzbläser und Ellingtons erster Tenorsaxo-

Ben Webster hinter der Bühne, 1949. Zu dieser Zeit war er schon seit sechs Jahren nicht mehr bei Ellington – aber wo immer er bis zu seinem Tod 1973 spielte, hängte er ein Foto von ihm auf mit der Aufschrift »The Governor« (Der Chef).

phon-Star zur Band. Niemand hat in Ellingtons Orchester je schöner gespielt – und für mehr Ärger gesorgt als er. Der ehemalige Pianist, der seine ersten Erfahrungen als Saxophonist neben Lester Young in der Young Family gesammelt hatte, stammte aus Kansas City und war ein trinkfester Veteran der allabendlichen Tenor-Wettbewerbe, die das musikalische Leben der Stadt kennzeichneten. Einer seiner Spitznamen war »The Brute«. »Wenn er ein paar Drinks intus hatte«, erinnerte sich sein Freund Milt Hinton, »war er wie ein Tier. Ich besuchte ihn bei sich zu Hause in Kansas City. Seine Mutter war Lehrerin, und bei ihr im Haus benahm er sich wie der Kleine Lord. Dann gingen wir um die Ecke in eine Kneipe, tranken ein Bier, und er schlug vier Leute zu Boden, bevor wir durch die Tür waren.« In Websters Saxophonspiel kamen beide Seiten seiner ungestümen Persönlichkeit zum Ausdruck: Bei schnellen Stücken wie »Cotton Tail« und »Conga Brava« drehte er mächtig auf und ließ sein Horn aufbrüllen wie kaum ein Saxophonist vor oder nach ihm, »schwirrte und brummte durch die Harmonien wie ein prähistorisches Monster, das einen Feind herausfordert«, wie Rex Stewart schrieb. Aber Balladen wie »All Too Soon« oder Billy Strayhorns »Chelsea Bridge« spielte er mit einer sanften Wärme und einer zarten, rauchigen Intimität, an die selbst sein Bandkollege Johnny Hodges kaum heranreichte.

Fans von Ellingtons Musik streiten sich gerne darüber, welche seiner Bands die beste war. Aber niemand leugnet, dass das Orchester, das er zwischen 1940 und 1943 leitete (als Ben Webster ging, um eine Solokarriere zu starten), ein erstaunliches Oeuvre produzierte: »Jack the Bear«, »Ko-Ko«, »Chelsea Bridge«, »Conga Brava«, »Concerto for Cootie«, »Cotton Tail«, »Never No Lament« (später umbenannt in »Don't Get Around Much Anymore«), »Harlem Air Shaft«, »All Too Soon«, »Sepia Panorama«, »In a Mellotone«, »Warm Valley«, »Take the 'A' Train«, »Jumpin Punkins«, »Rain-Check«, »Just a-Sittin' and a-Rockin'«. Diese und andere Stücke werden häufig als »dreiminütige Meisterwerke« gepriesen. Und es sind zweifellos Meisterwerke – aber sie dauerten nur deshalb drei Minuten, weil auf eine Seite einer Schallplatte mit 78 U/m nicht mehr Musik passte. Live-Aufnahmen aus diesen Jahren zeigen, dass dieselben Arrangements oft mehr als doppelt so lang werden konnten, wenn die Solisten mehr Zeit hatten.

Während Ellingtons halbem Jahrhundert auf Tournee traten zahllose Musiker mit seinem Orchester auf, von denen einige fast die ganze Zeit über bei ihm blieben. Aber niemand durfte ihm persönlich je zu nahe kommen. Er »war wie ein geheimnisvolles Puzzle, von dem nur selten jemand mehr als ein paar Teile auf einmal zu sehen bekam«, sagte einer seiner Freunde. Er wirkte wie das Selbstvertrauen in Person, aber er war auch sein Leben lang ein Hypochonder, der immer eine Arzttasche mit einem Vorrat an Vitaminpillen dabeihatte. Sein engster Freund war sein Arzt, Dr. Arthur Logan, und wo immer er sich gerade aufhielt, rief er ihn an, um »zu sehen, wie ich mich heute fühle«. Jahrelang weigerte er sich zu fliegen, aber nachdem die internationale Nachfrage nach seiner Musik ihn dazu zwang, bestieg er nie ein Flugzeug, ohne zuvor das goldene Kreuz um seinen Hals an sich zu drücken, das ihm seine Schwester nach dem Tod ihrer Mutter geschenkt hatte. Er trug keine Uhr, weil er nicht »durch das Leben hetzen« wollte; er bestand darauf, dass bei einem Gewitter alle Fenster geschlossen blieben, aus Angst, der Blitz könne im Zimmer einschlagen; er erlaubte keine Erdnüsse, Zeitungen und kein Pfeifen hinter der Bühne; eine Jacke, von der ein Knopf abgefallen war, trug er nie mehr; er weigerte sich, Braun zu tragen, weil er es am Todestag seiner Mutter getragen hatte; und er hasste die Farbe Grün, weil sie ihn seit seinem achten Lebensjahr an Gras erinnerte – und an Friedhöfe.

Er war ein Mann von enormem Appetit auf die verschiedensten Dinge – der dann sofort gestillt zu werden verlangte. Ein französischer Reporter fragte einmal Tricky Sam Nanton, ob sein Chef ein Genie sei. »Auf jeden Fall ist er ein Genie«, antwortete Nanton, »aber, Jesus, wie er isst!« Er schüttete ein Zuckertütchen nach dem anderen in seine Cola, die er inzwischen anstelle von Schnaps trank, verschlang einmal angeblich 32 Sandwiches in der Pause eines Auftritts in Brunswick, Maine, und aß oft drei Liter Eiscreme auf einmal – einen mit Schokoladen-, einen mit Vanille- und einen mit Erdbeergeschmack.

Außerdem interessierte er sich sehr für Frauen. »Ich bin selten allein«, sagte er einmal in einem Rundfunkinterview. »Ich habe eine Schwäche für schöne Menschen.« Er lebte zwar

Duke Ellington und sein Orchester im Oriental Theater in Chicago im Herbst 1940. Von links nach rechts: Juan Tizol, Tricky Sam Nanton, Lawrence Brown, Fred Guy, Johnny Hodges, Barney Bigard, Ellington, Ben Webster, Sonny Greer, Otto Hardwick, Jimmy Blanton, Harry Carney, Wallace Jones, Rex Stewart, Ray Nance.

noch immer mit Evie Ellis zusammen, aber sie war nie die einzige Frau in seinem Leben. »Ich glaube, Evie gab ihm Sicherheit«, sagte die Journalistin Phoebe Jacobs. »Mit anderen Worten, jedes Mal, wenn er sich zu sehr auf eine andere Frau eingelassen hatte, sagte er: ›Ich muss zurück zu Evie.‹« »Es war schockierend, wie die Frauen sich ihm an den Hals warfen«, erinnerte sich seine Schwester, aber er war nie ein unbeteiligter Zuschauer und benutzte Sprüche, für die ein weniger anziehender Mann ausgelacht worden wäre. So sagte er etwa zu einer Frau, die er noch nie zuvor gesehen hatte: »Ich bin so eifersüchtig auf Ihr Kleid«, und wenn sie fragte warum, antwortete er: »Weil es Ihnen näher ist, als ich es jemals sein werde.« Und bevor er seinem Sohn Mercer (dessen Haare vorzeitig ergraut waren) erlaubte, als Roadmanager der Band mit auf Tournee zu gehen, bestand Ellington darauf, dass er ihn in der Öffentlichkeit nie Pop nannte, weil er befürchtete, dies könnte die Frauen abschrecken.

Am stärksten war jedoch sein Hunger nach Musik – sie zu schreiben, zu orchestrieren und dann von den Männern gespielt zu hören, auf deren einzigartige Stärken und Schwächen sie sorgfältig abgestimmt war. Er schrieb überall, jeden Tag und zu jeder Zeit, in Zügen, Bussen, in Autos auf dem Highway, auf Servietten in Restaurants und auf Streichholzbriefchen und sogar im Bett. »Wenn du den Tag hinter dir gelassen und alles erledigt hast, bist du ruhig und bereit, schlafen zu gehen«, erzählte er. »Du machst das Licht aus, legst den Kopf auf das Kissen und nimmst deine Schlafhaltung ein, und dann hast du plötzlich die Idee, nach der du den ganzen Tag gesucht hast. Also stehst du auf, machst das Licht an, nimmst Papier und Stift und schreibst es auf. Meistens hast du den nächsten Teil, bevor du wieder schlafen gehst.«

Da jede Note, die er aufschrieb, von einem bestimmten Musiker gespielt werden sollte, wird oft behauptet, Ellington habe seine Kompositionen »besetzt«, wie ein Regisseur ein Stück besetzt. Ein besserer Vergleich ist jedoch vielleicht der mit einem Dramatiker, der ein Ausdrucksmittel für ein bestimmtes Mitglied eines festen Ensembles von Stars ersinnt. Ellington hatte seine Band sorgfältig aus verschiedenen Individuen zusammengesetzt – »18 Wahnsinnige«, wie er einmal sagte. Über die Jahre waren

Duke Ellington versucht Johnny Hodges, den Tenorsaxophonisten Al Sears und den Holzbläser Jimmy Hamilton bei einer Aufnahme-Session für RCA 1944 von seinen Ideen zu überzeugen.

Alkoholiker und Drogensüchtige und mindestens ein Kleptomane unter Ellingtons Männern, der fast jeden Abend die Sachen seiner Kollegen im Bus oder in der Garderobe plünderte. Einige kamen regelmäßig zu spät und mussten gelegentlich gegen Kaution aus dem Gefängnis geholt werden. Rex Stewart sprach in seiner Zeit bei der Band nur selten mit Cootie Williams; Barney Bigard weigerte sich, ein Wort mit Lawrence Brown zu wechseln, und Brown redete nicht mit Ellington.

Der schien dies alles zu ignorieren. »Warum soll ich mich mit Unannehmlichkeiten abgeben?«, fragte er. Die Disziplin innerhalb der Band stellte sich indirekt ein. Ellington sagte nur selten etwas, wenn ein Musiker zu spät kam oder getrunken hatte, aber man konnte sicher sein, dass er beim Auftritt an diesem Abend ein halsbrecherisches Tempo vorgeben würde und dann den Schuldigen einen Solochorus nach dem anderen spielen ließ. Im Allgemeinen feuerte er auch niemanden, aber, so Rex Stewart, »wenn er sich einmal für einen Wechsel entschieden hatte, kam es auch dazu«. »Selbst seine treuesten Anhänger konnten nicht verstehen, wie die Band so phantastisch klingen und gleichzeitig scheinbar so undiszipliniert sein konnte«, so Stewart weiter. »Sie fragten sich, wie all dieser Einfallsreichtum und die wunderbare Musik zustande kamen, wenn die Bandmitglieder die Bühne betraten und verließen, wie es ihnen gefiel, gähnten, gelangweilt taten und scheinbar das Publikum, die Musik und die gesamte Szene verachteten.«

Das alles kümmerte Ellington wenig – vorausgesetzt, seine Männer konnten spielen, wenn es von ihnen verlangt wurde. Und wenn es Zeit war, ein neues Arrangement auszuarbeiten, gelang es ihm immer, alle ungleichen Elemente für das Gesamtwohl unter einen Hut zu bringen. Auch die Umgebung schien keine Rolle zu spielen, wie sich ein Freund von Ellington erinnerte, der ihn vor dem Krieg einmal in seinem Hotelzimmer in Los Angeles besuchte:

> »Duke lag in der Badewanne, neben sich einen Stapel Manuskriptpapier, einen großen Becher Schokoladeneis, ein Glas Scotch mit Milch und Jonesy [Richard B. Jones], ... sein Kammerdiener, der die Aufgabe hatte, warmes Wasser ein- und kühles Wasser ablaufen zu lassen, damit der Maestro stets eine konstante Temperatur in der Wanne hatte. Duke kritzelte seelenruhig Noten aufs Papier und rief dann Billy Strayhorn zu sich. Billy nahm die Noten und spielte sie auf dem alten Klavier in Dukes Zimmer. Duke hörte zu und schrieb dann weiter Noten auf, die er wieder Strayhorn gab. Die Band schien sich komplett auf derselben Etage des Hotels aufzuhalten – wie in einem langen Zugabteil – und Strays Klavierspiel wirkte wie eine Art Signal. Kurz darauf hörte man Ben Webster die gleiche Melodie spielen, und dann tutete Ray Nance irgendwo ein Stück den Gang hinunter, Sonny Greer fiel mit seinen Sticks ein, und die Musik begann, Form anzunehmen. ... Duke schrieb immer mehr Blätter für Swee'pea voll ... und Jonesy sorgte für die richtige Wassertemperatur.«

SWING IM WANDEL

Ende 1940, als Hitlers Armeen ihren Vormarsch durch Europa unaufhaltsam fortsetzten und die Bomben der Nazis auf London fielen, trafen sich in Minton's Playhouse, einem neuen Klub auf der 118th Street in Harlem, einige der außergewöhnlichsten Musiker des Jazz. Es war ein enger, schäbiger Laden, der ehemalige Speisesaal des Hotel Cecil. Der Besitzer war Henry Minton, der erste schwarze Vertreter der New Yorker Musikergewerkschaft. Niemand, der zu einer Jam-Session kam, sollte eine Strafe bezahlen müssen, weil er ohne Gage spielte, und der ehemalige Bandleader Teddy Hill hatte die Idee, den Montagabend (traditionell der freie Abend der Musiker) zur »Celebrity Night« zu erklären, mit freiem Essen und Trinken für jeden, der kommen und spielen wollte.

Im Minton's ging es um Musik und nicht um Tanz oder Unterhaltung. »Es herrschte vollkommene Stille«, erinnerte sich der Gitarrist Danny Barker, »kaum jemand sprach, keine Gläser klirrten, keine Geräusche.« Schon bald zogen die Nacht-Sessions im Minton's einige der besten Musiker im Jazz an – bis zu 30 auf einmal: Chu Berry, Don Byas, Coleman Hawkins, Milt Hinton, Billy Strayhorn, Art Tatum und sogar Benny Goodman. Ben Webster und Lester Young »bekämpften sich [hier] wie Hunde auf der Straße«, erinnerte sich der Barkeeper. »Sie kämpften an ihren Saxophonen bis zur Erschöpfung; dann riefen sie in Kansas City an, um denen davon zu erzählen.« Und »manchmal kam man vor lauter Musikern und Instrumenten überhaupt nicht ins Minton's rein«, erinnerte sich Mary Lou Williams.

Viele der etablierten Stars der Musikszene traten auf der Bühne des Minton's miteinander in Wettstreit, aber zugleich ereignete sich hier auch noch etwas anderes: In Minton's Playhouse und in einem anderen Harlemer Nachtklub, dem Clark Monroes's Uptown House, sowie hinter den Bühnen unter den jungen Musikern der Bigbands, die überall im Land spielten – entwickelte sich aus dem Swing ein neuer Stil voller Leidenschaft, der jedoch gleichzeitig durchgeistigt, anspruchsvoll und von unerbittlicher Intensität war. Seine Schöpfer waren meist junge Schwarze Anfang 20 (einige waren sogar noch jünger). Es handelte sich um gut geschulte Musiker, die mit dem Swing aufgewachsen waren, aber, so erinnerte sich einer von ihnen, »Benny Goodman wurde der ›King of Swing‹ genannt. ... Wir dachten, zum Teufel, wir können damit nicht mehr machen, als schon damit gemacht worden ist, wir müssen etwas Neues finden ... etwas ganz Neues.« Sie suchten nach neuen Rhythmen und ungewöhnlichen Harmonien und waren sowohl mit der Tanzmusik unzufrieden, die sie Abend für Abend spielen sollten, als auch mit der Art und Weise, wie ihre Musik in Amerika präsentiert wurde. Das Publikum betrachtete sie noch immer als Unterhalter – aber sie wollten als Künstler angesehen werden.

Wie die meisten neuen Entwicklungen im Jazz ging auch diese von den Rhythmusinstrumenten aus. Zwei besonders mutige junge Musiker – der Schlagzeuger Kenny Clarke und der Pianist Thelonious Monk – bildeten das Herzstück der Hausband im Minton's.

Kenny Clarke, der von Sidney Bechet und Louis Armstrong bis Billie Holiday mit allen Stars spielte, hatte Jo Jones' Innovationen am Schlagzeug weiter geführt – er gab den Takt meist mit dem Ridebecken an, während er die Solisten mit seinen so genannten »Bomben« auf Bass- und Snaredrum anfeuerte. Dies trug ihm den Spitznamen »Klook-mop« ein, woraus irgendwann einfach »Klook« wurde. Sein Stil verblüffte einige Musiker – »er unterbricht den Takt zu oft«, beschwerte sich einer – und brachte ihn um mindestens ein Engagement in einer Bigband, aber Clarke war davon überzeugt, dass er auf dem richtigen Weg war. »Wenn ihr spielt, muss das Tempo in eurem Kopf sein«, sagte er den Musikern. »Ihr seid nicht von mir abhängig.« Er hatte eine Möglichkeit gefunden, das alte, vom Gospel stammende Call-and-Response, das ursprünglich in New Orleans die Beziehung zwischen den einzelnen Instrumenten gekennzeichnet hatte und danach von den Blech- und Holzbläsern der Swing Bands aufgegriffen worden war, in einen kontinuierlichen Dialog zwischen Schlagzeug und Bläsern zu verwandeln. Charlie Christian fand, dass Clarkes Schlagzeugstil so ideal zu den langen, geschmeidigen, unberechenbaren, aus acht Noten bestehenden Läufen passte, die er auf seiner Gitarre spielte, dass er im Minton's einen zusätzlichen Gitarrenverstärker auf die Bühne stellte.

Thelonious Monk fiel ebenfalls durch seine unkonventionelle Rhythmik aus dem Rahmen – aber sein bedeutendster Beitrag zu der neuen Musik war harmonischer Natur. Geboren in North Carolina, aber aufgewachsen auf der New Yorker West Side, war er 1940 erst 23 Jahre alt, hatte aber bereits einige der abenteuerlichen Melodien voller ungewöhnlicher Akkorde und Voicings geschrieben, die zu Hauptthemen des Nachkriegsjazz werden sollten – »Round Midnight«, »Epistrophy«, »Ruby, My Dear« und »Well, You Needn't«. Monks Musik war fest in

Visionäre: Kenny Clarke (ganz oben) und Thelonious Monk.

der seiner Vorgänger verwurzelt. Seine Idole waren James P. Johnson, Fats Waller und Duke Ellington gewesen; schon als Jugendlicher war er durch das Land gereist und hatte Gospelmusik für eine Wanderpredigerin gespielt, die »The Texas Warhorse« genannt wurde, und in allem, was er je gespielt hat, erkennt man eindeutig Anklänge an Stride, Gospel und Blues. Aber einige Musiker fanden sein charakteristisches perkussives Klavierspiel mit den plötzlichen Einsätzen und Stopps, den Pausen, abgehackten Rhythmen und »verminderten Quinten« bestenfalls »eigenartig« und schlimmstenfalls wirklich unheimlich.

Andere aber waren wie verzaubert. Danny Barker erinnerte sich, wie beeindruckt er war, als er zum ersten Mal Monk und Clarke zusammen spielen hörte. »Monk fing an und Klook fiel ein, sprang hinein, tauchte ein, schlich sich ein; er kam immer rein, auf Biegen und Brechen. ... Man schaute, hörte die Explosion der Synkopen und dachte, ›ein Feuerwerk‹, und dann bildeten sich in deinem Geist oben am Himmel die Farbmuster.«

Die neue Musik hatte bislang noch keinen Namen; die Musiker nannten es einfach »modern spielen«. Unter denen, die sie bereits zu diesem frühen Zeitpunkt hörten, war auch Ralph Ellison, der damals in New York lebte und arbeitete und häufig Gast im Minton's war. Aufgewachsen mit dem einfachen Vierviertel-Stomp von Walter Pages Original Blue Devils, deren Heimat, Slaughter's Hall, nur einen Steinwurf von seinem Elternhaus in Oklahoma City entfernt lag, fand er die neue Musik, die er im Minton's hörte, ebenso beunruhigend wie aufregend.

»Es ist schon sehr lange her, und nicht viele erinnern sich daran, wie es damals in den alten Zeiten war – jedenfalls nicht wirklich. Nicht einmal die, die es damals selbst gesehen und gehört haben, die in der dicht gedrängten Menge unter den schummrigen rosa Lampen der Bar in dem rauchverhangenen Raum standen und Abend für Abend den mysteriösen Zauber erlebten, der durch Gerede, Lachen, Schminke, Puder, Parfüm, Schweiß, Alkohol und Essen entstand – alles vermischt und brodelnd wie ein Eintopf auf dem Herd des Restaurants, und alles zu einem anhaltenden Augenblick schwer fassbarer Bedeutung verbunden durch die Timbres und Akzente der zu einem leidenschaftlichen Rezitativ verwobenen Instrumente ... in Minton's Playhouse. ... Es war ein außergewöhnlicher Augenblick, in dem die Welt swingte und sich veränderte ... Meist weckt Musik Erinnerungen ... aber nicht diese Musik, die damals entstand. ... Ihre Rhythmen waren scheinbar willkürlich, ihre Schlagzeuger dem Chaos verpflichtete Introvertierte mit steinernen Gesichtern. In ihr schien der ständige Strom von Erinnerung, Verlangen und bewussten Erfahrungen, zusammengefasst durch den traditionellen Beat des Jazz und die Stimmungen des Blues, wie ein großer Fluss aus seinem alten, tiefen Bett über die Ufer zu treten. Jetzt wissen wir es besser und erkennen die alten Stimmungen in den neuen Klängen, aber was wir wissen, ist das, was damals entstand.«

Immer, wenn er in der Stadt war, musste Roy Eldridge sich unbedingt im Minton's blicken lassen. Das mörderische Tempo, das Clarke und Monk vorlegten, schüchterte ihn nicht ein, denn er war stets auf neue Herausforderer aus. Dort geschah es auch, dass ein junger Trompeter aus dem Süden, der Eldridge als seinen Helden betrachtete, ihn nach wochenlangen Versuchen schließlich übertraf. »Ich erinnere mich an diesen Typ, der auf die Bühne kam und spielte – und als er spielte, blickte ich auf«, so der Gitarrist Johnny Collins. »Er war anders. Es war Dizzy Gillespie.«

John Birks Gillespie wurde 1917 in Cheraw, South Carolina als jüngstes von neun Kindern eines Maurers und Gelegenheitsmusikers geboren, der all seine Sprösslinge jeden Sonntagmorgen verprügelte, egal ob sie etwas angestellt hatten oder nicht. »Papa glaubte, ein harter Kopf mache einen weichen Hintern«, erinnerte sich Gillespie. »Er machte mich zu einem zähen kleinen Rebellen.« Und Gillespie blieb ein Rebell bis ins Erwachsenenalter, der sich gegen jede Art von Autorität auflehnte und nicht bereit war, seine Vorstellungen von Musik zu ändern, um irgendjemand anderem zu gefallen – der aber sehr bereitwillig, geradezu eifrig alles, was er wusste, mit anderen teilte. Wie Jelly Roll Morton war Dizzy Gillespie sowohl Theoretiker und Lehrer als auch Pionier. Er kämpfte sein ganzes Leben lang darum, die Verbindung zwischen dem Jazz und den einfachen Menschen aufrecht-

John Birks Gillespie, fotografiert vor seiner Reise nach New York. »Ich kam mit meinem Horn besser zurecht als der Durchschnitt«, schrieb er über sich selbst in jenen Tagen, »und ich hatte ziemlich viel Feuer.«

zuerhalten, die seine Helden aus einer älteren Generation gewesen waren – eine Verbindung, zu deren Zerstörung seine eigenen Innovationen unweigerlich beitragen sollten.

Sein Vater starb, als Dizzy zehn Jahre alt war. Dieser Tragödie folgte eine weitere kurz nach dem Börsenkrach 1929, als der Direktor der einzigen Bank der Stadt mit fast allen Geldbeständen floh, darunter auch die Ersparnissen der Gillespies. Seine Mutter musste für andere Leute waschen, um die Familie durchzubringen; ihr Sohn wurde auf die Baumwollfelder geschickt – und beschloss sofort, dass er nicht fürs Baumwollpflücken geschaffen war. Er war ein kämpferischer, hyperaktiver Jugendlicher, »zappelig und verspielt«, wie sich eine Frau aus Cheraw erinnerte. Er stahl bei einem Farmer am Ort Wassermelonen (und musste dabei Schrotflintenschüssen entfliehen), schlug sich regelmäßig mit Jungs, die größer waren als er (und besiegte sie), und weigerte sich, Weiße anders zu behandeln als Schwarze. Als eine weiße Frau darauf bestand, dass er sie »Ma'am« nannte, hörte er sofort auf, ihren Rasen zu mähen, obwohl er damit das Familieneinkommen um 15 Cent die Woche reduzierte.

»Ich wusste immer, dass ich etwas Besonderes war«, sagte er, aber welchen besonderen Weg er einschlagen würde, war nicht klar, bis er in die dritte Klasse der Robert Smalls School kam und dort auf Alice V. Wilson traf, eine jener außergewöhnlichen Lehrerinnen, die ein unterfinanziertes, nach Rassen getrenntes Schulsystem nur zu noch größeren Anstrengungen anspornte. Sie konnte keine Noten lesen – ihre Schüler sangen alles in Bb, weil das die einzige Tonart war, die sie beherrschte –, aber sie gründete für ihre Jungen und Mädchen eine Band, die jeden Morgen vor dem Unterricht mit einem Sammelsurium verbeulter alter Instrumente spielte, welche der Schule vom Staat gespendet worden waren. »[John] war völlig aus dem Häuschen!«, erinnerte sich Miss Wilson. »Zuerst wollten sie ihm kein Blasinstrument geben, weil er so klein war. Aber er gab nicht nach. ›Ich kann spielen! Ich kann spielen!‹« Gillespie versuchte es zuerst mit der Posaune, obwohl seine Arme zu kurz waren, um sie richtig spielen zu können, und wechselte dann zur Trompete. Danach war er nicht mehr aufzuhalten. »Er interessierte sich nur noch für Musik. Wenn er morgens in die

Schule kam, hatte er keine Bücher, sondern seine Trompete unter dem Arm«, und er spielte so unermüdlich Tonleitern, dass Miss Wilson ihm das Instrument wegnehmen musste, damit seine Mitschüler dem Unterricht folgen konnten. Gillespie dankte Miss Wilson später dafür, dass sie »einen störrischen Burschen, ... der keinen Pfifferling wert war«, in jemanden verwandelt hatte, der entschlossen war, etwas aus sich zu machen.

Seine Entschlossenheit wurde im Sommer 1933 noch bestärkt, als er kurze Zeit für das landesweite Arbeitsbeschaffungsprogramm Works Progress Administration (WPA) Gräben aushob. »Damals fiel mir auf, wie unwissend unsere Leute waren«, schrieb er. »Es tat mir wirklich weh zu sehen, wie meine Kameraden aus dem WPA-Trupp an den Tisch kamen, um ihren Lohn abzuholen, und ein X machen mussten, weil sie ihren Namen nicht schreiben konnten. Das beeindruckte mich tief. Davor hatte ich nie ernsthaft in Erwägung gezogen, ein professioneller Musiker zu werden.« Nach dieser Zeit scheint er nie mehr etwas anderes in Erwägung gezogen zu haben. Mit 15 gewann er ein Musikstipendium am Laurinburg Institute, einer Handelsschule für Schwarze in North Carolina. Dort stieg er bei jeder Band ein, die durch die Stadt kam, verpasste nie eine Radiosendung mit Duke Ellington oder Cab Calloway und verbrachte die meiste Zeit am Klavier statt an der Trompete. Das Klavier »hat all die verschiedenen Kombinationen von Tönen und Akkorden ... direkt vor dir wie kein anderes Instrument«, sagte er, und in Laurinburg entstand seine lebenslange Liebe zur Musiktheorie und Komposition.

Mit 16 spielte er bereits so gut Trompete, dass King Oliver ihm einen Job in einer seiner letzten altmodischen Bands anbot. Gillespie lehnte ab, weil er, wie er sagte, nie von dem alten Mann gehört hatte. Er selbst versuchte noch immer wie Louis Armstrong zu spielen, so ein Mitstudent, aber als er 1935 mit seiner Familie nach Philadelphia zog, hatte er in Roy Eldridge einen neuen Helden gefunden, den er »den Messias unserer Generation« nannte. Seine ersten Profijobs als Erwachsener hatte er bei Bands in Philadelphia, wo er Soli im Stil von Eldridge spielte – aber noch schneller, so ein Musikerkollege, »wie ein Hase, der über einen Hügel rennt. In jeder Tonart, es machte keinen Unterschied.« Er stand immer unter Druck – wenn die anderen ihr Solo spielten, stand er auf und tanzte, und manchmal schob er den Pianisten mitten in einem seiner eigenen Soli beiseite, um mit einer Hand Akkorde zu spielen, während er mit der anderen die Ventile seiner Trompete drückte. Und schon damals experimentierte er bereits mit der Musik. »Akkorde spielen, sie umkehren und verschiedene Noten ersetzen, um zu sehen, wie bestimmte Klänge natürlich, manchmal überraschend, zu anderen führen«, sagte er. Seine Musikerkollegen »wussten nicht, ob ich noch ganz richtig im Kopf war«. Sie nannten ihn zuerst »Cheraw Flash« und später »Dizzy« – der Verrückte –, und diesen Namen sollte er behalten.

Gillespie – der inzwischen den Spitznamen »Dizzy« erhalten hatte – als Mitglied des Cab Calloway Orchestra, fotografiert von seinem Bandkollegen Milt Hinton. »Schon damals«, so Hinton, »war er seiner Zeit weit voraus.«

Gillespie ging nach New York, machte eine Tour durch England und trat mit Teddy Hills Band in Paris auf, bevor er sich 1939 für zwei Jahre Cab Calloways Orchester anschloss. Dessen Arrangements waren überwiegend konventionell und lieferten den passenden Hintergrund für den manischen Gesang und Tanz des Bandleaders – aber Calloway legte sehr großen Wert auf ausgefeilte Auftritte, und die Männer, die im Laufe der Jahre für ihn spielten, waren einige der besten Musiker der Zeit: Chu Berry, Danny Barker, Milt Hinton, die Trompeter Jonah Jones und Mario Bauza sowie der Schlagzeuger Cozy Cole.

Gillespie machte sich sehr schnell bemerkbar. »Von Zeit zu Zeit«, erzählte der Pianist Bennie Payne, »legte Dizzy einfach doppelt so schnell los. Mann, das war vielleicht wild ... Cab nahm die Arrangements sehr genau und wurde wahnsinnig wütend. ›Was zum Teufel hast du mit meiner Band vor?‹, brüllte er Dizzy an. Aber der lächelte ihn nur an, und alles, was Cab darauf sagte war: ›Spiel's einfach so, wie's da steht.‹« Calloway tat Gillespies abenteuerliche Ausflüge als »chinesische Musik« ab und übertrug dessen Soli immer häufiger seinem fähigen, aber berechenbareren Trompeterkollegen Jonah Jones. Gillespie langweilten die Arrangements, die er spielen musste, und die Disziplin, auf der Calloway bestand, machte ihn unruhig. »Er trieb Cab in den Wahnsinn«, erinnerte sich Milt Hinton. »Wir kamen auf die Bühne, und Cab sang eine Ballade – ›I love you my dear ...‹ –, aber Dizzy tat so, als habe er einen Bekannten im Publikum gesehen, und winkte ihm zu. Die Leute fingen an zu lachen, und als Cab sich umdrehte, um zu sehen, was vor sich ging, stellt er fest, dass wir alle die Augen geschlossen hatten, als seien wir in der Kirche.«

Gillespie lebte für die Jam-Sessions im Minton's und Monroe's, wo er mit schnellen Tempi, neuen Harmonien und ungewöhnlichen Tonarten experimentieren konnte. »Wir spielten immer ausgefallenere stellvertretende Akkorde und Erweiterungen von Akkorden, um einige der anderen Musiker loszuwerden, die auf die Bühne kamen und mitspielen wollten«, sagte er. »Ich erinnere mich, dass niemand außer uns die Akkordfolge von a7 über D7 nach Des spielte.« Milt Hinton arbeitete manchmal mit Gillespie auf der Suche nach neuen Akkorden zusammen, welche die Musiker im Minton's verblüfften.

»Wir hatten viel Spaß zusammen, und er brachte mir so viel bei. In der Pause gingen wir hinauf auf das Dach des Cotton Club. Ich wuchtete meinen Bass die Feuertreppe hinauf, und er zeigte mir die verschiedenen neuen, modernen Harmonien, von denen er gesprochen hatte. Dann spielten wir sie und er sagte: ›Heute abend nach der Show gehen wir zu Minton's; die Jungs dort brennen darauf, mit uns zu spielen, aber mit diesen neuen Wechseln werden wir sie alt aussehen lassen. Wir hängen sie ab.‹ Als wir dann um vier Uhr morgens fertig waren, hielten wir an einer Bäckerei an, kauften einen Liter Milch und sechs Donuts und aßen sie auf dem Weg zum Minton's; draußen warteten schon all die jungen Burschen auf uns. Sie fragten: ›Was wollt ihr spielen?‹, und wir antworteten: ›I Got Rhythm‹. Sie legten los, und wir gaben ihnen diese verrückten Wechsel vor, die sie nicht spielen konnten. Und dann sahen sie ein, dass sie besser gingen, damit wir unseren Spaß haben konnten.«

Gillespies Ruf, überall seinen Spaß haben zu wollen, kostete ihn schließlich seinen Job. Am Sonntag, dem 21. September 1941, spielte die Band im State Theater in Hartford, als Calloway sah, wie Spucke durch den Lichtstrahl eines Scheinwerfers flog. Sie kam eindeutig von einem der Musiker in der Band. Jonah Jones war der wahre Schuldige, aber als die Show vorbei war, stürmte Calloway hinter die Bühne, schrie Gillespie an, er habe das letzte Mal einen Auftritt gestört, und hob die Hand, als wolle er den Unruhestifter schlagen. Gillespie zog das Teppichmesser, das er immer bei sich trug. Es kam zu einem Handgemenge, und als Calloway wieder in seiner Garderobe saß, tropfte Blut auf seinen vanillefarbenen Anzug. »Dieser Bursche hat mich aufgeschlitzt!«, rief Calloway, und er sagte Gillespie, er solle seine Trompete nehmen und verschwinden.«

Gillespie verlor nie seine Überschwänglichkeit, seinen Humor und seine Energie, aber als für ihn die Zeit kam, seine eigenen Bands zu leiten, erwies er sich als ein disziplinierter Profi. Seine 1940 geschlossene Ehe mit der Tänzerin Lorraine Willis hatte ihn ruhiger gemacht, aber im Rückblick sagte er, die Zeit mit Calloway habe ihn die wichtigste Lektion gelehrt. »Disziplin! Darauf kommt es an – ohne Abweichung. ... Die Arbeit in [Calloways] Band lehrte mich, das zu tun, was ich tun musste.«

In den nächsten 15 Monaten nahm er jeden Gig an, den er finden konnte. Er arbeitete mit Charlie Barnet und Ella Fitzgerald, verkaufte Arrangements an Jimmy Dorsey und Woody Herman und spielte in Benny Carters Sextett in Kelly's Stable und im Famous Door auf der 52nd Street. »Man riet mir, ihn loszuwerden«, erzählte Carter, »weil er übermäßige Nonen spielte. Sie dachten, er spiele falsch. ... [Aber] ich sah, dass er nach etwas suchte. Und er beherrschte seine Stücke. ... Also verteidigte ich ihn.« Es war eine unschätzbare Erfahrung für Gillespie. Er bekam mehr Raum für Soli als je zuvor und spielte Abend für Abend neben Carter, einem Meister musikalischer Logik. Aber als Carter mit Billie Holiday auf Tournee ging, war Gillespie wieder allein. Noch immer suchte er nach genialen Musikern, mit denen er jene gewagte Musik machen konnte, die er nach eigener Überzeugung spielen musste.

SOLDATEN DER MUSIK

Im gleichen Sommer, in dem Gillespie seinen Job bei Cab Calloway verlor, hielten sich Duke Ellington und sein Orchester einige Zeit in Hollywood auf. Sie arbeiteten an etwas völlig Neuem, einem rein schwarzen Musical – »ein sonnengebräuntes Revue-sical« mit dem Titel Jump for Joy. Darin sollte es keinen Shuffle, keinen Dialekt und keine typisch schwarze Komik geben. Diese Mischung aus Revue und Musical war gedacht als Homage an die Leistungen der Schwarzen – ein Versuch, so Ellington, »einem amerikanischen Publikum Unterhaltung [zu bieten], ohne die Würde der Schwarzen zu opfern. ... Das ist das Problem, mit dem jeder schwarze Künstler konfrontiert ist. ... Man hat dem amerikanischen Publikum beigebracht, einen Neger auf der Bühne zu erwarten, der den Clown, den ›Onkel Tom‹ spielt, also die Rolle des servilen, aber liebenswerten Untergebenen.«

Die Premiere erhielt begeisterte Kritiken: »In Jump for Joy«, schrieb die *Los Angeles Tribune*,

Plakat für Jump for Joy.

»ist Onkel Tom tot. Friede seiner Asche.« Die Darsteller – darunter Dorothy Dandridge und Herb Jeffries, Ivie Anderson und der großartige Blues-Shouter Joe Turner aus Kansas City – vergaßen nie ihre befreiende Kraft. »Alles«, erinnerte sich einer der Tänzer, »jedes Arrangement, jede Note, jede Textzeile hatte eine Bedeutung.« Und Ellington, der darauf bestand, dass die Komiker ohne schwarz gemalte Gesichter auf die Bühne gingen, sagte, sie seien »lächelnd von der Bühne gekommen, während ihnen die Tränen über die Wangen liefen.«

»Es war gut gemacht«, so Ellington weiter, »weil wir alles brachten, was wir sagen wollten, ohne es zu sagen. So sollten Dinge von gesellschaftlicher Bedeutung meiner Meinung nach gehandhabt werden ... Einfach hinaus auf die Bühne zu kommen, sich auf einer Seifenkiste ins Scheinwerferlicht zu stellen und hässliche Dinge zu sagen, ist keine Unterhaltung.« Aber Jump for Joy lief nur elf Wochen und schaffte es nie bis nach New York. Der Broadway war noch nicht reif für das, was Ellington eine »Show von besonderer Bedeutung« nannte. Außerdem wandte sich die Aufmerksamkeit des ganzen Landes nun anderen Dingen zu.

Am 7. Dezember 1941 trat Amerika in den Zweiten Weltkrieg ein. Auch der Jazz zog in den Krieg, und in Übersee sollte der Swing – noch immer Amerikas populärste Musik – die Männer und Frauen der Streitkräfte an die Heimat erinnern. »Heute sind Bandmitglieder nicht einfach nur Jazzmusiker«, schrieb *Down Beat*, »sondern Soldaten der Musik.«

Daheim in Amerika kämpfte die Musikindustrie wieder einmal ums Überleben. Aufgrund von Verdunkelung und Ausgangssperren blieben in vielen Nachtklubs und Tanzlokalen die Lichter aus. Eine Unterhaltungssteuer von 20 Prozent führte überall im Land zur Schließung von Tanzsälen. Wegen der Rationierung von Gummi und Benzin hatten die Bands nicht mehr genügend Sprit für ihre Fahrzeuge, und mit den Pullman-Zügen durchs Land zu touren war kaum mehr möglich, weil sie für Truppentransporte gebraucht wurden. Eine Verknappung von Schellack zur Herstellung von Schallplatten führte zu einem Rückgang bei den Plattenaufnahmen, und die Herstellung von Musikboxen und Musikinstrumenten wurde eine Zeit lang komplett eingestellt, weil man sie als für die Kriegsanstrengungen überflüssig erachtete.

Unter den Soldaten waren auch viele gute Musiker – Jack Teagarden verlor in nur vier Monaten 17 Männer an die U.S. Army –, und die Bandleader waren gezwungen, dem weniger talentierten Ersatz mehr zu zahlen. »Ich gebe einem jungen Trompeter, der noch fast ein Kind ist, 500 Dollar die Woche«, beschwerte sich Tommy Dorsey. »Dabei kann er sich noch nicht mal selbst die Nase putzen.« Es entstanden mehr als 100 so genannte All-Girl-Bands – Damenorchester, die zum Tanz spielten und Kriegsanleihen verkauften.

Ab Oktober 1942 erschien im *Down Beat* eine regelmäßige Kolumne mit dem Titel »Im Feld gefallen«. Zu einem Zeitpunkt waren 39 Bandleader beim Heer, 17 bei der Marine, drei in der Handelsmarine und zwei weitere bei der Küstenwache. Glenn Miller, dessen Hits wie »In the Mood« zum Inbegriff der Kriegsjahre wurden, löste sein äußerst erfolgreiches Orchester auf, meldete sich freiwillig und stellte für die US-Airforce eine Allstar-Band zusammen, die manche für das beste Orchester hielten, das er je hatte – er starb 1944, als sein Flugzeug über dem Kanal spurlos verschwand.

Benny Goodman musste wegen eines chronischen Rückenleidens nicht in den Krieg, aber er und viele andere Musiker arbeiteten freiwillig für die Truppenbetreuung USO (United Service Organizations) und spielten besondere »V[ictory] Discs« für die Streitkräfte ein. Artie Shaw leitete eine Band der Navy, die im Südpazifik tourte und in so heißen und feuchten Dschungeln spielte, dass der Filz der Saxophonklappen schimmelte und die Blasinstrumente mit Gummibändern zusammengehalten werden mussten. Er und seine Männer wurden 17-mal von japanischen Flugzeugen unter Beschuss genommen. »Es gab Zeiten, wo es wirklich sehr bewegend war«, erinnerte er sich.

»Du hattest kaum drei Noten gespielt, und sofort johlte das ganze Publikum mit. Sie kannten die Platte, und man hatte das Gefühl, ein Stück dauerhafter Erinnerung an Amerika geschaffen zu haben, das zu diesen Menschen sprach. Ich erinnere mich an ein Engagement auf der USS Saratoga, diesem riesigen Flugzeugträger. Wir standen auf dem Flugdeck und fuhren herunter in diesen höhlenartigen Raum, wo 3000 Männer in Uniform auf uns warteten – das genaue Gegenteil zum Paramount [Theater], wo man auf die Bühne gefahren wurde. Also fuhren wir hinunter, spielten meine Erkennungsmelodie, und sie brüllten. Wirklich, es haute mich um. Ich konnte nicht glauben, was ich da sah und hörte. Es war außergewöhnlich. Ich war an Erfolg und Applaus und all das gewöhnt; irgendwann nimmt man es als selbstverständlich hin. ... Aber das hier war etwas ganz anderes. Diese Männer hungerten nach etwas, das sie irgendwie an zu Hause erinnerte – ›Mom und Apfelkuchen‹. Und unsere Musik hatte wohl diese Wirkung. Ich weiß nur, wie bewegend es war, als wir danach ›Star-Spangled Banner‹ spielten. Und das ist nun wirklich kein besonders guter Song.«

Wie bereits 24 Jahre zuvor strömten auch jetzt Afroamerikaner zu den Fahnen. Eine Million schwarzer Amerikaner diente bis zum Ende des Krieges in den Streitkräften – fast eine halbe Million in Übersee. Aber im schwarzen Amerika herrschte immer größere Unzufriedenheit und die Entschlossenheit, nicht zu dulden, dass seine Opfer mit derselben Missachtung vergolten würden wie nach dem Ersten Weltkrieg. »Obwohl ich keinen Schwarzen begegnet bin, die wollen, dass die Vereinigten Staaten diesen Krieg verlieren«, sagte der Präsident der Brotherhood of Sleeping Car Porters (Vereinigung der Schlafwagenschaffner), A. Philip Randolph, »habe ich viele gesprochen, die die weiße Vorherrschaft noch vor Ende des Krieges abgeschafft sehen wollen. ... Die Schwarzen Amerikas ... stehen nicht vor einer Wahl, sondern vor der Herausforderung, nicht nur den Sieg der Demokratie im eigenen Land durchzusetzen, sondern auch weltweit den Krieg für die Demokratie zu gewinnen.« Randolph hatte noch vor Kriegsausbruch Präsident Roosevelt dazu gebracht, eine Rechtsverordnung über die Zuteilung von Jobs in der Verteidigungsindustrie zu erlassen: Er drohte mit einem Protestmarsch von 100 000 Menschen nach Washington, falls Roosevelt nicht handeln würde.

Niemand, der hinsehen wollte, konnte übersehen, wie heuchlerisch es war, die Bigotterie im Ausland zu bekämpfen, während man sie im eigenen Land ständig erlebte – »Die Nation kann von der farbigen Bevölkerung nicht erwarten, dass sie die Vereinigten Staaten für wert erachten, verteidigt zu werden«, schrieb Eleanor Roosevelt zu Beginn des Krieges, »wenn die Schwarzen weiterhin so behandelt werden.« Aber auch Randolph konnte den US-Präsidenten nicht davon überzeugen, die Rassentrennung innerhalb der Streitkräfte aufzuheben. Schwarze Amerikaner dienten während des Krieges streng von den Weißen getrennt. Blutkonserven für die Verwundeten wurden strengstens nach Rassen unterschieden. In einem amerikanischen Stützpunkt gab es getrennte Dienstpläne für »Katholiken, Juden, Protestanten und Schwarze«. Einige Kommandanten verboten schwarzen Soldaten, schwarze Zeitungen zu lesen. Innerhalb der Militäreinrichtungen kam es zu gewaltsamen Auseinandersetzungen zwischen schwarzen und weißen Truppen, und außerhalb wurden amerikanische Soldaten, die keine weiße Haut hatten, belästigt, geschlagen und in Restaurants nicht bedient, in denen selbst Kriegsgefangene essen durften. Der *Pittsburgh Courier* startete eine »Double-V«-Kampagne und forderte den Sieg über die Feinde der Nation in Übersee sowie über die Diskriminierung im eigenen Land. Boxchampion Joe Louis bekam Ärger mit seinen schwarzen Fans, als er nach dem Sieg über Buddy Baer seine Kampfbörse der Navy spendete, die

Post- und Plattenappell im Südpazifik, 1944. Die Soldaten, so erinnerte sich einer von ihnen, wollten Musik, die sie an Zuhause erinnerte und etwas von der Zeit zurückbrachte, als sie noch frei und glücklich waren.

MENSCHEN SIND FÜR DIESE MUSIK GESTORBEN

Was die Nazis im besetzten Europa auch immer versuchten – nichts konnte die Musik unterdrücken, die Propagandaminister Joseph Goebbels »die Kunst des Untermenschen« nannte. Der Jazz lebte weiter als Symbol des Widerstands. Als die deutschen Besatzer sogar den Gebrauch des Wortes »Jazz« verboten, nannte sich der Hot Jazz Club in Belgien fortan »Rhythmic Club« – und swingte weiter. Und als die Deutschen die Darbietung amerikanischer Musik in Paris verboten, änderten die örtlichen Musiker einfach die Titel der Songs, die sie liebten: Aus »In the Mood« wurde »Ambience«, aus »Holy Smoke« »Joyeuse fumée« und Count Basies »Jumpin' at the Woodside« wurde zu »Dansant dans la Clairière«. »Swing! Dieses magische Wort wurde überall zur Parole für junge Menschen. Swing war in aller Munde – man schwor auf dieses Wort. Alles, was irgendwie mit Amerika zu tun hatte oder daran erinnerte, wurde ›Swing!‹ genannt«, schrieb der französische Jazzfan Charles Delaunay.

1942 änderte Goebbels seine Taktik. Da er erkannt hatte, dass er den Jazz nicht verbieten konnte, beschloss er, ihn zum Wohl des Dritten Reichs zu nutzen. Er befahl seinem Ministerium, eine eigene Radio-Swing-Band zusammenzustellen und die Ausstrahlung vertrauter amerikanischer Melodien wie »Makin' Whoopee« für die Alliierten mit neuen, giftigen antisemitischen Hetzparolen zu durchsetzen.

Another war, another profit, another Jewish business trick,
Another season, another reason, for makin' whoopee!
We throw our German names away,
We are the kikes of USA.
You are the goys, folks,
we are the boys, folks –
We're makin' whoopee!

[Ein neuer Krieg, neuer Profit, ein neuer jüdischer Geschäftstrick
Eine neue Saison, ein neuer Grund, um Rabatz zu machen!
Wir werfen unsere deutschen Namen weg,
Wir sind die Juden der USA.
Ihr seid die Goys, Leute,
Wir sind die Boys, Leute –
Wir machen Rabatz!]

In Deutschland widersetzten sich junge Jazzfans, die sich »Swing Kids« nannten, und trafen sich heimlich, um Platten zu spielen, alliierte Radiosender zu hören und zu tanzen. Die in Deutschland geborene Jazzpianistin Jutta Hipp versuchte später, einem amerikanischen Reporter in einem Interview zu erklären, wie wichtig diese Musik für sie und ihre Freunde während der massiven Bombardierung Deutschlands durch die Alliierten gewesen war. »Sie werden das nicht verstehen können, weil Sie [in Amerika] geboren sind, aber für uns ist der Jazz eine Art Religion. Wir mussten wirklich darum kämpfen, und es gab Nächte, in denen wir nicht in den Luftschutzkeller gingen, um [Jazz-]Platten hören zu können. Wir hatten einfach das Gefühl, dass ihr nicht unsere Feinde wart, und obwohl um uns herum die Bomben niedergingen ... fühlten wir uns sicher.«

Um die langsam durchsickernde Wahrheit über die Konzentrationslager als »feindliche Propaganda« zu »entlarven«, drehten die Nazis schließlich einen Propagandafilm, mit dem sie der Welt ihre »Freundlichkeit« gegenüber den Juden demonstrieren wollten. Das Durchgangslager Theresienstadt vor Prag wurde zur »Modellstadt« hergerichtet und seine Insassen wurden vorbildlich in neue Kleidung gesteckt. Man filmte sie, während sie von inhaftierten Musikern, darunter eine Jazzband mit dem Namen Ghetto Swingers, »unterhalten« wurden. Nach den Dreharbeiten wurden die Musiker zusammen mit Hunderttausenden anderer Menschen nach Auschwitz deportiert.

Lange nach dem Krieg fragte ein Reporter Dizzy Gillespie, ob Jazz als »ernsthafte« Musik betrachtet werden solle. »Menschen sind für diese Musik gestorben«, antwortete er. »Ernsthafter geht es nicht.«

Auf diesem seltenen Einzelbild aus einem verloren gegangenen Propagandafilm der Nazis spielen die Ghetto Swingers im KZ Theresienstadt 1944 für ihre Mitgefangenen. Der Bandleader rechts ist der Klarinettist Fricek Weiss, der im Stil von Benny Goodman spielte. Er und seine Eltern wurden später in Auschwitz vergast.

Django Reinhardt

Der Held der französischen Jazzliebhaber zur Zeit der Nazibesatzung, die Personifizierung jenes sturen Individualismus, der stets das Wesen der Musik verkörpert hatte, war ein aufsässiger Zigeuner, der sich nicht im Mindesten um Politik und Patriotismus scherte. Der Gitarrist Django Reinhardt kam 1910 als unehelicher Sohn eines Zirkusclowns in einem Pferdewagen in Belgien zur Welt. Seine Mutter, die eine so dunkle Haut hatte, dass man ihr den Spitznamen Négros gab, reiste mit Django und seinem jüngeren Bruder während des Ersten Weltkriegs quer durch Westeuropa und versuchte, nicht zwischen die Fronten zu geraten. 1918 hielten sie kurz vor Paris, wo ihr Sohn mit Musette Geld für die Familie verdiente. 1928 verbrannte Django sich die linke Hand so schwer, dass er die oberen Glieder der ersten beiden Finger verlor und den Daumen nicht mehr bewegen konnte. Es kostete ihn 18 Monate, um eine neue und äußerst unorthodoxe Fingertechnik zu entwickeln. In dieser Zeit spielte ihm ein Freund eine Aufnahme von Louis Armstrongs »Dallas Blues« vor – die erste Jazznummer, die er je hörte. Die Schönheit der Musik faszinierte Reinhardt, und er beschloss, sie selbst zu erlernen.
1934 leiteten Reinhardt und der französische Geiger Stéphane Grappelli ein Quintett, das von einer Gruppe vermögender Jazzfans unterstützt wurde, die sich selbst »Hot Club de France« nannten. Ihr von Armstrong und den Platten des Duos Joe Venuti (Geige) und Eddie Lang (Gitarre) beeinflusster Swing wurde in Europa schnell populär. Reinhardts Kaskaden einzelner Noten perlten mit solcher Kraft und Fantasie hervor, dass der große klassische Gitarrist Andrés Segovia den Zigeuner einmal gefragt haben soll, wo er eine Aufnahme der Musik bekommen könne, die er spielte. »Es gibt keine«, antwortete Reinhardt. »Ich habe sie einfach erfunden.«
Bei Kriegsausbruch hielten Reinhardt und Grappelli sich in England auf. Grappelli beschloss zu bleiben, aber Reinhardt kehrte nach Paris zurück, wo er während der deutschen Besatzung zum Star aufstieg; er war der beste Jazzmusiker in einer Stadt, die nach Jazz hungerte. Trotz seiner Popularität – und er war sowohl bei Franzosen als auch bei Deutschen äußerst populär – blieb Reinhardt im Herzen immer ein Zigeuner, der Billard spielen ging, während das Publikum bereits im Saal wartete, der ungeheure Summen für einen Auftritt verlangte, dann aber ein paar Meter die Straße hinab umsonst spielte, der darauf bestand, dass die Wirte ihm Zigeunergerichte wie gegrillten Igel servierten, und der manchmal für ein paar Wochen überhaupt nicht mehr auftauchte. Jahrelang vermied er es erfolgreich, unter einer Naziflagge spielen zu müssen, und als er im Sommer 1943 erfuhr, dass die Deutschen planten, ihn auf eine Tournee durch die Kasernen zu schicken, beschloss er zu fliehen. Er schlug sich bis zur Grenze der neutralen Schweiz durch, wo er beim Versuch, die Alpen zu überqueren, von einer deutschen Patrouille gestellt wurde. Der befehlshabende Offizier erwies sich jedoch als Fan, bat ihn um ein Autogramm und schickte ihn zurück nach Paris.
Nach der Befreiung Frankreichs und dem Ende des Krieges tourte Reinhardt kurze Zeit mit Duke Ellington durch die Vereinigten Staaten. Reinhardts Spiel war wunderbar, so Ellington, aber er konnte nie sicher sein, ob sein Gaststar auch wirklich anwesend sein würde, wenn sich der Vorhang hob. »Man musste ihn jede Minute im Auge behalten. Wenn er aus dem Fahrstuhl kam und eine hübsche Frau sah – sprang er einfach zu ihr ins Taxi! Django war wirklich unglaublich!«

Hinter der Bühne zwischen den Sets in New York: Reinhardt sieht den Kollegen von der Duke Ellington Band – Al Sears, Shelton Hemphill und Lawrence Brown – beim Kartenspiel über die Schulter. Weitere Zuschauer sind Junior Raglin, Harry Carney und Johnny Hodges.

Musik im Krieg: Das letzte bekannte, in London aufgenommene Foto von Glenn Miller (oben links), bevor sein Flugzeug über dem Ärmelkanal verschwand, und das Cover der erfolgreichsten Platte seiner Army Air Force Band, die danach veröffentlicht wurde. Oben: Mitglieder der Count Basie Band, umgeben von Offizieren und Männern auf dem Tuskegee Army Air Field in Tuskegee, Alabama, 1943. Die Musiker (v.l.n.r.): Tenorsaxophonist Don Byas, Sweets Edison, Basie, Jimmy Rushing, Trompeter Al Killian (teilweise verdeckt) und Altsaxophonist Jimmy Powell. Unten: Von der USO für die Soldaten veranstaltete Tanzparty im New Yorker Central Park. Gegenüberliegende Seite: Artie Shaw und Orchester spielen an Bord eines Kriegsschiffes im Südpazifik, 1943.

Mitglieder einer U.S. Navy Band. US-Präsident Franklin D. Roosevelt scheute sich, die Rassentrennung innerhalb der Streitkräfte aufzuheben, aber in privater Runde sagte er: »Es gibt keinen Grund ... warum wir auf einigen [unserer] Schiffe keine farbige Band haben sollten, denn sie sind verdammt gut.«

den meisten afroamerikanischen Seeleuten noch immer die niedrigsten Aufgaben zuteilte.

Niemand war von den Kriegsanstrengungen mehr betroffen als die jungen schwarzen Musiker. Ihnen war klar, dass man sie sofort nach ihrer Einziehung zur Grundausbildung in den Süden schicken würde, wo es mit der relativen Freiheit, die sie im Norden erlebt hatten, vorbei war; und wenn sie diese Qual hinter sich gebracht hatten, war es ihnen im Gegensatz zu ihren weißen Kollegen kaum möglich, einen Job in einer Militärband zu ergattern. Trotzdem dienten viele Musiker in den Streitkräften. Aber einige von ihnen reisten auch quer durchs Land in der Hoffnung, ihr Einberufungsbefehl würde sie niemals erreichen. Manche gaben vor, homosexuell, psychisch krank oder drogensüchtig zu sein, um nicht eingezogen zu werden. Der Trompeter Howard McGhee behauptete, man habe ihn vom Militärdienst befreit, weil er einen Psychiater davon überzeugen konnte, er werde bei seiner Einbe-

SO ETWAS DARF ES NICHT GEBEN

Der Swing war die gesamten 30er Jahre hindurch die beliebteste Musik Amerikas, und es gab keinen Ort im Land, den er mit Hilfe des Radios nicht erreichen konnte. Der 1920 geborene Pianist Dave Brubeck war der Sohn eines kalifornischen Ranchers. Seine Mutter wollte, dass er klassisches Klavier spielte, aber sein Vater hoffte, er würde in seine Fußstapfen treten, so dass Brubeck als Junge Stunden im Sattel verbrachte, Zäune reparierte und Vieh trieb. Doch selbst im Sattel träumte er davon, in einer Swing Band zu spielen. »Ich stellte mir vor, dass der Bandbus von Benny Goodman zwischen unserem Vieh hindurch wollte, aber ich ihn nicht durchließ, solange sie mich nicht einsteigen und mit ihnen spielen lassen wollten. In meiner Vorstellung wollte ich eines Tages in einer solchen Band zu hören sein.«
Benny Goodman kam nie vorbei, aber Brubecks Vater gab schließlich nach, und als Amerika in den Krieg eintrat, studierte Brubeck am College Musik. Nach seinem Abschluss 1942 ging er als Schütze zur Army, heiratete während eines dreitägigen Urlaubs eine Kommilitonin und schiffte sich im Sommer 1944 nach Europa ein in der Erwartung, sofort mit General George Pattons Dritter Armee in den Kampf zu ziehen. Stattdessen kommandierte man ihn dazu ab, eine Band zur Unterhaltung der kämpfenden Truppe zu leiten. Die U.S. Army war zwar nach Rassen getrennt, doch das galt nicht für Dave Brubecks Wolf Pack Band. Der Conferencier Gil White war ebenso Afroamerikaner wie der Posaunist Jonathan Richard Flowers. Die Männer aßen, schliefen und lebten zusammen. Einmal spielten sie so nahe an der Front, dass sie von anfliegenden deutschen Flugzeugen beschossen wurden – das gesamte Publikum eilte zu den Waffen, um zurückzufeuern.
Die Wolf Pack Band blieb bis zum Kriegsende in Europa am 8. Mai 1945 bei Pattons Dritter Armee; während der ganzen Zeit war die Band gemischt geblieben. Aber als die Männer im Jahr darauf endlich nach Hause kamen, schien sich dort nichts geändert zu haben. »Als wir in Texas ankamen, gingen wir alle zum Essen in den Speisesaal, aber sie wollten die schwarzen Musiker nicht bedienen«, erinnerte sich Brubeck.
Mit seinem eigenen Quartett wurde Brubeck zu einem der bekanntesten Musiker des Jazz. Er weigerte sich aufzutreten, wenn das Publikum nach Rassen getrennt war, und verließ einmal eine Fernsehshow, als er bemerkte, dass der Regisseur die Kameras so ausrichtete, dass sein schwarzer Bassist Gene Wright nicht auf dem Bildschirm zu sehen gewesen wäre. Für Brubeck war Jazz immer »die Musik der Freiheit« – eine Einstellung, die auf seine Kriegserfahrungen und ein Erlebnis in seiner Kindheit zurückging: »Den ersten schwarzen Mann sah ich«, erinnerte er sich, »als mein Dad mich zu einem Freund mitnahm und ihn bat: ›Mach mal dein Hemd auf, für Dave.‹« Über ein halbes Jahrhundert später füllten sich Brubecks Augen bei dieser Erinnerung noch immer mit Tränen. »Er hatte ein Brandzeichen auf seiner Brust. Und mein Dad sagte: ›So etwas darf es nicht geben.‹ Deshalb kämpfte ich für das, wofür ich gekämpft habe.«

Der junge Dave Brubeck hoch zu Ross (oben) und bei einem Konzert für die Truppen mit seiner Wolf Pack Band (unten).

Zur Mittagszeit an einem Sommertag am New Yorker Times Square, 1944: Eine Blaskapelle der Navy wartet auf ihren Auftritt, während ein Swingorchester auf der Bühne in Form einer riesigen Kasse spielt, die das bisher gesammelte Geld der fünften Kriegsanleihen-Kampagne anzeigt.

rufung darum bitten, in den Süden geschickt zu werden, um dort schwarze Soldaten zu organisieren, Weiße zu erschießen. »Egal ob er Franzose, Deutscher oder sonst was ist ... woher soll ich den Unterschied kennen?« Eine solche Haltung war bei schwarzen Musikern immer häufiger zu beobachten, je mehr sie zur Zielscheibe für weiße Polizisten und Soldaten wurden, die etwas gegen ihre gute Kleidung, ihre Hipster-Sprache und ihr neues Selbstbewusstsein hatten. »Der Feind waren zu dieser Zeit nicht die Deutschen«, so Dizzy Gillespie. »Es waren vor allem weiße Amerikaner, die uns jeden Tag körperlich und moralisch in den Hintern traten ... Wenn Amerika seine Verfassung nicht einhalten und uns nicht als Menschen respektieren wollte, war uns Amerika scheißegal. Und sie machten es fast zu etwas Unamerikanischem, unsere Musik zu mögen.«

WEITER!

Am 9. Januar 1942, gut einen Monat nach dem japanischen Angriff auf Pearl Harbor, hatte Lucky Millinders Orchester seinen festen Platz auf der Bühne des Savoy Ballroom erobert, die einst von Chick Webb beherrscht wurde. Millinders Band – angetrieben von Bill Doggett am Piano, dem Bassisten George Duvivier und dem Schlagzeuger Panama Francis – war bei den Tänzern in Harlem besonders beliebt, und als eine neue Band aus Kansas City unter der Leitung von Jay McShann eintraf, um an diesem Abend in einem Bandwettstreit gegen sie anzutreten, machten sich Millinders Männer keine Sorgen. Der Anblick dieser Typen von außerhalb – junge Männer in billigen Anzügen von Sears and Roebuck, die nach der langen Autofahrt völlig verknittert waren – entsetzte den Manager des Ballroom.

Es war »die abgerissenste Band«, die er je gesehen hatte, sagte er McShann. »Das hier ist New York City, mein Junge, und nicht Kansas!« Und kurz bevor der Wettstreit begann, ließ einer von Millinders elegant gekleideten Musikern McShann eine Nachricht zukommen, die ihn noch mehr aufbringen sollte: »Wir werden euch Hinterwäldler wieder zurück in die Provinz schicken.«

Für die Dauer von drei halbstündigen Sets spielten die beiden Bands zurückhaltender als üblich und hörten der Konkurrenz jeweils aufmerksam zu, um ihre Stärken und Schwächen auszumachen. »Wir lehnten uns einfach zurück«, sagte einer von McShanns Männern. Dann begann Millinder mit einer Reihe anspruchsvoller Arrangements, mit denen er die Auswärtigen vorführen wollte. »Schwere Kost«, meinte McShann, aber »Lucky swingte nicht«. McShann hatte nur auf diese Gelegenheit gewartet. »Sobald er die letzte Note spielte, fielen wir ein«, sagte er. »Als Jay seine Jungs losließ, waren sie außer Rand und Band, wie brüllende Wilde«, erinnerte sich ein New Yorker Saxophonist. Ebenso wie Count Basies Band spielte auch McShanns Orchester Stomp-Blues und war auf locker abgesprochene »Head-Arrangements« spezialisiert, die fast unendlich ausgedehnt werden konnten, solange die Tänzer darauf reagierten. »Wir spielten eine Nummer von dreißig Minuten«, sagte McShann, »und die Leute schrien und brüllten noch weitere dreißig Minuten.« Millinder und seine Männer standen hilflos daneben und kochten vor Wut, als die Tänzer im Savoy eine Zugabe nach der anderen von der Band verlangten, die ihr Bandleader als »diese Hunde aus dem Westen« abgetan hatte.

Die McShann Band war hervorragend aufeinander eingespielt, und der Blues, den sie spielte, zog die Tänzer unwiderstehlich an. Aber vor allem ihr hagerer, 23-jähriger Altsaxophonist Charlie Parker war eine Klasse für sich. Er hatte den Stil, der ihn zum einflussreichsten Solisten seit Louis Armstrong machen sollte, noch nicht vollständig entwickelt, aber er klang bereits ganz anders als Benny Carter und Johnny Hodges, die besten und berühmtesten Altsaxophonisten der damaligen Zeit. Parkers Ton war härter, fast ohne Vibrato, und er hatte neue Wege gefunden, die unerschöpflichen musikalischen Ideen zu phrasieren, die scheinbar mühelos aus seinem Saxophon zu strömen schienen. Der Pianist und Komponist John Lewis war in der Armee und stand kurz vor seiner Abreise nach Übersee, als er über das Radio im Camp in einer Liveübertragung aus dem Savoy Charlie Parker hörte. »Keiner kannte ihn. ... Es verblüffte alle. ... Er spielte perfekt. Es gab keinen Patzer, keine überflüssige Note. Nur komplette Ideen. Er lieferte ohne Unterbrechung vollkommen wunderbare Ideen.«

Musiker gingen in Scharen ins Savoy, um ihn zu hören. Wenn »Charlie aufstand und spielte«, erinnerte sich Howard McGhee, damals ein jugendlicher Spezialist für hohe Töne in Charlie Barnets Band, »standen wir alle mit offenem Mund da, weil wir noch nie jemanden so Saxophon spielen gehört hatten.« Er »spielte Zeug, das wir noch nie gehört hatten«, berichtete Kenny Clarke. »[Er] verfolgte dieselbe Richtung wie wir, aber er war uns meilenweit voraus.«

»Er hatte zu allen Dingen einen vollkommen anderen Zugang«, sagte Jay McShann – einer der Ersten, die Parkers Talent erkannten. »Alles war vollkommen anders, [so als] würde man die Möbel auswechseln und seine eigene Wohnung nicht mehr erkennen, wenn man nach Hause kommt.«

Nach Charlie Parkers Erscheinen auf der Szene sollte die Jazzgemeinde nicht mehr dieselbe sein. Kenny Clarke hatte eine neue Art des Schlagzeugspiels erarbeitet. Dizzy Gillespie, Thelonious Monk und ihre jungen Kollegen suchten bereits nach Möglichkeiten im Umgang mit Melodien und Harmonien, und Parker sollte sehr viel zu ihrer Suche beitragen. Aber seine größte Innovation bezog sich auf das, was der verstorbene Jazzhistoriker Martin Williams den »melodischen Rhythmus« nannte – womit nicht der zugrunde liegende Takt gemeint war, sondern »der Rhythmus, den die Akzente der Musiker vorgeben, wenn sie ihre Melodielinien spielen«. Indem er hauptsächlich Viertelnoten spielte, hatte Louis Armstrong der Welt gezeigt, wie man swingt. Aber Charlie Parker basierte seine Improvisationen vorwiegend auf Achtelnoten, entwickelte dadurch vollkommen neue Methoden, Phrasen zu modulieren, zu akzentuieren und zu betonen – und bewies damit, dass man Jazz auch anders spielen konnte. In seinem Spiel finden sich die Dichte und harmonische Ausgefeiltheit von Coleman Hawkins ebenso wie die flexible melodische Sensibilität Lester Youngs und sogar etwas von der äußerst selbstbewussten Phrasierung eines Louis Armstrong. Niemand erkannte Parkers Bedeutung für den Jazz besser als Dizzy Gillespie, der Parker schon einmal in Kansas City in der Band von Cab Calloway gehört hatte. »Er hatte genau das, was wir brauchten«, sagte er. »Er hatte die Linie und er hatte den Rhythmus. Die Art, wie er von einem Ton zum anderen fand, und die Art, wie er den Rhythmus spielte, passte perfekt zu dem, was wir anstrebten. Wir hörten ihn und wussten, dass die Musik in diese

Richtung gehen musste. ... Er war die andere Hälfte meines Herzschlags.«

Parkers Genie war unbestritten – ebenso wie seine zuweilen unerträgliche und komplexe Persönlichkeit. Ein Musiker, der ihn gut kannte, schlug vor, man solle ihm den Spitznamen »Chamäleon« geben. Sogar auf Fotos scheint er mehrere Personen gleichzeitig zu sein: einmal schlank und jungenhaft, dann aufgedunsen und gealtert, dann wieder jugendlich und lebhaft; manchmal mit großen Augen und scheinbar unschuldig, manchmal verschlagen und mit einem wissenden, stumpfen Blick, der bereits die Tragödie anzudeuten scheint, die ihm schließlich widerfahren sollte. Die konfusen Interviews, die er gab, sind ebenfalls sehr widersprüchlich. Einmal sagte er, seine Musik sei direkt aus dem Swing entstanden, während er ein anderes Mal behauptete, sie sei »etwas vollkommen anderes, das nichts mit Jazz zu tun hat«. Parker »weitete die Grenzen menschlicher Widersprüchlichkeit unvorstellbar weit aus«, schrieb Ralph Ellison. »Er war liebenswert und unausstehlich, rücksichtsvoll und gefühllos; er bestahl seine Freunde und Gönner und lieh sich unentwegt Geld, ohne es jemals zurückzuzahlen, und war doch bis zur Absurdität großzügig. Er konnte sehr nett zu jüngeren Musikern sein, aber auch voller Verachtung für deren Begriffsstutzigkeit. Er wirkte passiv, zückte aber schnell ein Messer und brach einen Streit vom Zaun. Er neigte zu extremer Traurigkeit und zum Masochismus, war zu den unglaublichsten Exzessen, aber auch zur härtesten körperlichen Disziplin und Willensanstrengung fähig.«

Charlie Parker in Kansas City, 1940.

Bestenfalls Louis Armstrong und Duke Ellington haben Bedeutenderes für den Jazz geleistet als Charlie Parker, und niemand vermag zu sagen, welche weiteren Höhen er erreicht hätte, wäre er nicht Opfer seines unstillbaren Verlangens geworden.

Charles Parker Jr. wurde 1920 in Kansas City, Kansas, geboren und wuchs auf der anderen Seite des Kaw River in Kansas City, Missouri, auf. Sein Vater, ein ehemaliger Stepptänzer und späterer Schlafwagenschaffner, trank zu viel und verließ seine Frau, bevor der Junge zehn Jahre alt war. Seine Mutter verwöhnte ihr einziges Kind, verlangte aber auch viel von ihm und bestand darauf, dass er in der Schule Anzug und Krawatte trug und immer ihre Hand hielt, wenn die beiden zusammen aus dem Haus gingen. Von seinem Vater verlassen und von seiner Mutter erdrückt, »wirkte Charlie immer schon alt«, wie sich seine Highschool-Liebe und erste Frau Rebecca Ruffin erinnerte. Sie bestreite nicht die große Hingabe seiner Mutter an ihren Sohn, sagte Ruffin dem Autor Stanley Crouch, glaube aber, sie sei eher pflichtbewusst als liebevoll gewesen. »Er wurde nicht geliebt, sondern nur verwöhnt. ... Mir schien er sehr bedürftig zu sein. Er hatte dieses Verlangen. Es berührte mich tief in meiner Seele.« »Er fand sich in der Gesellschaft nicht zurecht«, wie sich ein alter Freund erinnerte, weil »seine Mutter ihn so sehr verhätschelt hatte, dass er ... das von allen anderen Menschen auch erwartete.«

Der Junge hatte nur wenige Freunde; er war sehr zurückhaltend, spielte Bariton- und Altsaxophon in der Schulband, fehlte aber so häufig ohne Entschuldigung, dass er sein erstes Jahr in der Highschool wiederholen musste. Nachdem er als Elfjähriger Rudy Vallee im Radio gehört hatte, brachte er seine Mutter dazu, ihm ein Saxophon zu kaufen, wie Vallee es spielte – allerdings verlor er bald das Interesse an diesem Instrument und verlieh es für zwei Jahre an einen Freund, bevor er die Musik wieder aufnahm.

Dann schien alles viel zu schnell zu gehen. Kaum in der Pubertät, hing er an den Eingängen der Bars und Nachtklubs herum, die nur ein paar Straßen von seinem Zuhause entfernt lagen, und tauchte ganz in den Blues ein. Mit 15 begann seine lebenslange Besessenheit für alles, was high machte. Zuerst nahm er Muskatnuss, dann löste er Benzedrin in Wein oder schwarzem Kaffee auf, wonach er nächtelang spielen konnte, ohne schlafen zu müssen, später folgte Marihuana und schließlich Heroin. Mit 16 heiratete er Rebecca Ruffin und wurde bald Vater seines ersten Sohnes. Außerdem spielte er mit einer Gruppe etwas älterer Musiker in einer lokalen Tanzband, den »The Deans of Swing«. Deren Posaunist Robert Simpson wurde sein engster Freund, und als Simpson völlig unerwartet im Alter von 21 starb, war Parker am Boden zerstört. Jahre später erklärte er einem befreundeten Musiker, dass er sich nie gestatte, jemanden zu nahe an sich heranzulassen, denn »damals in Kansas City hatte ich einen Freund, den ich sehr mochte, und es geschah etwas Furchtbares. ... Er starb.«

Etwa zur gleichen Zeit – noch bevor er wirklich dazu in der Lage war – stürzte er sich kopfüber in die harten Wettbewerbe, die für jeden aufstrebenden Musiker aus Kansas City als Bewährungsprobe galten. Er »kam regelmäßig zu unseren Jam-Sessions«, erinnerte sich Fiddler Williams. »Er trug sein Saxophon und sein Lehrbuch in einem Sack. Und aus diesem Buch konnte er alles spielen, vorwärts und rückwärts. Aber mehr hatte er noch nicht drauf – konnte nicht von Dur nach Moll oder von einem verminderten zu einem übermäßigen Akkord wechseln.« Als er eines Abends im Reno Club mit Mitgliedern der Band von Count Basie jammen wollte, war der 16-Jährige völlig überfordert und nicht in der Lage, bei dem halsbrecherischen Tempo, das die älteren Männer vorlegten, die richtigen Akkordwechsel zu spielen. Der Schlagzeuger Jo Jones warf ihm ein Becken vor die Füße, um ihn von der Bühne zu jagen. Wütend und gedemütigt – und entschlossen, so etwas nie wieder geschehen zu lassen – nahm Parker ein Engagement bei einer Tanzband in den Ozark Mountains an, übte jede freie Minute und hörte

Die Jay McShann Band (McShann am Klavier) bei einer Live-Übertragung in den Studios von KFBI in Wichita, Kansas, 1940. Fünfter von links ist Charlie Parker.

sich immer und immer wieder die Platten seiner Helden an – Chu Berry und später Lester Young. Wie Sidney Bechet und Bix Beiderbecke vor ihm war auch Parker weitgehend Autodidakt, aber anders als diese versuchte er, alles über die Musik zu lernen, die sein Leben geworden war. Wenn er ein neues Stück beherrschte, erlernte er diese Nummer in allen zwölf Tonarten, damit niemand mehr sein Spiel kritisieren konnte, und er wandte sich an ältere Musiker, die alle Fragen beantworten konnten, auf die er selbst keine Antwort fand.

Am Thanksgiving Day 1936 geriet der Wagen, in dem Parker und zwei weitere junge Musikerkollegen zu einem Auftritt unterwegs waren, auf vereister Fahrbahn ins Schleudern und überschlug sich. Einer der Insassen wurde getötet; Parker brach sich die Rippen und das Rückgrat. Er musste zwei Monate im Bett liegen und linderte seine Schmerzen mit Morphium. Als er wieder auf den Beinen war, erhöhte sich sein Drogenkonsum merklich. Er kam wochenlang nicht nach Hause, verkaufte die Sachen seiner Frau, um Drogen zu kaufen, und drängte sie, in die Scheidung einzuwilligen. »Ich glaube, wenn ich frei wäre«, sagte er ihr, »könnte ich ein großer Musiker werden.« Charlie Parker sollte den Rest seines Lebens heroinabhängig bleiben.

1937 arbeitete er für eines seiner Idole, den Altsaxophonisten Buster Smith, einen Veteranen von Walter Pages Original Blue Devils und Meister des so genannten »Doubling Up«, bei dem Soli doppelt so schnell gespielt wurden, wie sie notiert waren. »Er wollte immer, dass ich das erste Solo spiele«, erzählte Smith. »Anscheinend glaubte er, so könne er etwas lernen. ... Aber nach einer Weile beherrschte er alles, was ich auf dem Horn draufhatte – und er machte etwas Besseres daraus.«

Ganz egal wie kompliziert und schnell Parkers Musik auch wurde – der typische, stampfende Kansas City-Blues blieb immer ihre Grundlage. »Wenn man Charlie Parker hört«, schrieb Albert Murray, »hört man keinen Theoretiker, der unbedingt Tanzmusik in konzertante Musik verwandeln will. Man hört einen brillanten Protegé von Buster Smith und Bewunderer Lester Youngs, der dem Kansas City Drive, mit anderen Worten dem Tempo der Freude, eine neue Dimension der Eleganz erschließt. Der Lehrling aus Kansas City wurde zum Meister und wollte mehr Swing und nicht weniger. Manchmal verhedderte er dabei die Füße des Publikums, aber immer dann tanzte man innerlich wie nie zuvor. In seinen besten Momenten ließ er dein Inneres all die Schritte machen, die deine Füße nicht hinbekamen.«

Parkers Auftritt mit Jay McShann im Savoy war nicht sein erster Besuch in New York gewesen. Als Buster Smith im Sommer 1938 in den Osten ging, um Count Basie zu helfen, seine Band für das Famous Door in Form zu bringen, folgte Parker ihm nach Harlem. Sein alter Mentor ließ ihn bei sich wohnen, bis es seiner Frau zu viel wurde. Er zog durch die Straßen von Harlem, schaute hinauf zur Anzeigetafel des Savoy Ballroom und träumte davon, eines Tages dort zu spielen. Er arbeitete für neun Dollar die Woche in einem kleinen Klub als Tellerwäscher, nur um ein weiteres seiner Idole, Art Tatum, allabendlich Klavier spielen zu hören. Manchmal wagte er sich in Monroe's Uptown House, aber sein heruntergekommenes Äußeres und das frenetische Tempo, in dem er inzwischen am liebsten spielte, stießen viele Musiker ab. Einige hielten ihn damals für einen Drogendealer, der sich als Musiker tarnte. Aber eines Abends im Dezember, so sagte er später einem Reporter, als er mit einem mittelmäßigen Gitarristen namens Biddy Fleet in Dan Walls Chili House auf der Seventh Avenue zwischen der 139th und 140th Street jammte, machte er eine persönliche musikalische Entdeckung. Fasziniert von den komplizierten Harmonien von Ray Nobles »Cherokee«, einem Hit für das Charlie Barnet Orchestra, dachte er, »es muss noch etwas anderes geben. Ich konnte es manchmal hören, aber ich konnte es nicht spielen.« Dann entdeckte er, dass er die oberen Akkordintervalle zur Entwicklung einer neuen Melodielinie benutzen konnte, wenn Fleet sie mit den entsprechenden verwandten Harmonien begleitete. Einige Tage später erhielt er ein Telegramm von seiner Mutter, in dem sie ihm mitteilte, dass sein Vater erstochen worden sei. Er musste nach Kansas City fahren, bevor er sein Geheimnis irgendjemandem mitteilen konnte, und es dauerte über zwei Jahre, bis die Band von Jay McShann ihn wieder nach Harlem brachte.

In seiner Zeit bei McShann erhielt er den Spitznamen »Bird«. Als der Wagen, in dem er und McShann saßen, ein Yardbird, also ein frei laufendes Huhn, überfuhr, wollte Parker unbedingt anhalten und den Vogel mitnehmen, um ihn sich von seiner Pensionswirtin braten zu lassen. Die Geschichte machte die Runde, und der Name blieb haften. »Er war ein aufgeweckter Bursche damals«, sagte McShann, der eifrig neue Riffs für die Saxophonisten mit erarbeitete und für jede Chance auf ein Solo dankbar war. Manchmal spielte er hinter der Bühne stundenlang ein und dasselbe Stück und sagte allen, die mit ihm spielten, sie sollten ihn darauf aufmerksam machen, wenn er sich wiederholte. »Wenn einer von uns vorn auf der Bühne stand und blies, brüllten die Kollegen immer ›Weiter! Weiter!‹«, so McShann. »Wir wussten, dass er sein Potenzial kannte und wusste, was er kann. Aber wenn wir Bird so anfeuerten, tat er einfach das Unmögliche. Er war so ein Typ. Er tat das Unmögliche ... denn er hatte so viel in petto, dass ihm immer etwas einfiel.«

Er war das Baby der Band, und am Anfang liebten ihn alle älteren Kollegen wegen seines musikalischen Könnens und seiner Energie. Der Bassist Gene Ramey erinnerte sich, dass McShanns Band »die einzige Band war, die ihre ganze Freizeit damit verbrachte, zu jammen und zu proben. Wir jammten im Zug und im Bus, und sobald wir in der Stadt waren, besuchten wir einen, den wir kannten und veranstalteten in seiner Wohnung eine Session. All das hatten wir Bird zu verdanken. ... Von daher verwöhnten und verhätschelten wir ihn, aber er nutzte unsere Liebe und Achtung aus und entwickelte sich zum größten Schwindler der Welt.« Er lieh sich Geld und zahlte es nicht zurück, schlief auf der Bühne ein und blieb manchmal mehrere Tage lang verschwunden.

Jay McShann war ein nachsichtiger Arbeitgeber. Ebenso wie Duke Ellington war er bereit, bei seinen Musikern recht viel zu dulden, vorausgesetzt, sie kamen rechtzeitig zu den Auftritten und Proben. Aber Parker stellte seine Geduld regelmäßig auf die Probe. In einem Versuch, Dealer von seinem Saxophon-Star fernzuhalten, ordnete McShann an, zwischen den Sets keine Fremden hinter die Bühne zu lassen. Aber sie fanden ihn trotzdem, und als Parker bei einem Auftritt in Detroit wegen einer Überdosis zusammenbrach, entließ ihn McShann schließlich schweren Herzens. Der Bandleader Andy Kirk, der an diesem Abend ebenfalls in Detroit war, nahm Parker mit nach New York, wo dieser sich nach einem anderen Engagement umsah. (Jay McShanns Band löste sich kurze Zeit später auf, als Jay von der Bühne weg zur Armee eingezogen wurde.)

Ende 1942 oder Anfang 1943, als amerikanische GIs in Nordafrika erstmals gegen deutsche Truppen kämpften, traf Charlie Parker in einer neuen Bigband unter der Leitung von Earl Hines auf Dizzy Gillespie. Seit er Ende der 20er Jahre »West End Blues« und andere historische Aufnahmen mit Louis Armstrong gemacht hatte, hatte Hines die meiste Zeit als Leiter eines Orchesters im Grand Terrace Ballroom in Chicago verbracht, der zuerst von Al Capone und später von dessen Bruder Ralph geführt wurde. 1940 hatte er sich aus diesem langjährigen Vertrag freikaufen können und mit den Tourneen begonnen.

1943 spielten eine ganze Reihe junger »Modernisten« in Hines' Band. Neben Gillespie und Parker (der sich einverstanden erklärte, Tenorsaxophon zu spielen, weil Hines bereits zwei Altsaxophone hatte) gehörten dazu der Trompeter Benny Harris, der Posaunist Benny Green und die sehr junge Sarah Vaughan, die sang und sich mit Hines am Klavier abwechselte – sie wurde »Sailor« genannt wegen ihres vielseitigen Wortschatzes und ihrer Freude am Feiern. Der größte Star der Band war ein gut aussehender Bariton namens Billy Eckstine, genannt

Die Earl Hines Band im Apollo, 1943. Billy Eckstine steht am Mikrofon, hinter ihm Hines. Dizzy Gillespie spielt ganz links, während Charlie Parker (ganz rechts) lächelnd zuhört. Sarah Vaughan spielt Klavier.

der »Sepia Sinatra«, der kurz zuvor mit dem gefühlvollen Bluessong »Jelly, Jelly« einen großen Hit gehabt hatte.

Hines bat Gillespie, einige seiner eigenen Nummern für die Band zu arrangieren, darunter »Night in Tunisia« und »Salt Peanuts«, obwohl er persönlich die neuen Klänge seiner jungen Männer nicht besonders mochte. »Sie entfernten sich sehr weit von der Melodie«, sagte er. Aber er wusste aus eigener Erfahrung, wie es war, Innovationen in die Musik zu bringen, und er wusste auch, dass »diese Jungs ehrgeizig waren und [deshalb] keine Gelegenheit zu einer Verbesserung ausließen«. Darüber hinaus ließen sie auch keinen Zweifel daran, dass sie nicht bereit waren, widerspruchslos eine Behandlung zu ertragen, mit der sich ihr Leader nach über zwei Jahrzehnten als schwarzer Entertainer für ein weißes Publikum abgefunden hatte. Als ein Mann, den Billy Eckstine als einen »alten, verkommenen Südstaatler« beschrieb, sich einen Spaß daraus machte, Hühnerknochen in das für Schwarze vorgesehene Abteil zu werfen, in dem die Mitglieder der Band durch Virginia nach Norden reisten, wartete Eckstine, bis der Zug Washington D. C. erreicht hatte, hielt den Mann auf dem Bahnsteig an und fragte ihn, warum er das getan habe. Als der Mann nicht antwortete, verpasste Eckstine ihm eine so kräftige Ohrfeige, dass dieser sich unter dem Zug versteckte und um Gnade bettelte. »Die Pianos waren auch so eine Sache, die mich wahnsinnig machte«, erinnerte sich Eckstine. »Wir fahren zu irgendeiner Tanzveranstaltung – die Band von Earl Hines, dem besten Jazzpianisten des Landes –, und die Hälfte der Tasten des verdammten Klaviers funktioniert nicht. Kurz vor unserer Abreise sagte ich einigen der Jungs, sie sollten sich ums Klavier stellen und so tun, als ob sie sich unterhalten; dann griff ich ins Klavier und riss alle Saiten und Hämmer heraus und sagte: ›Ich wette, wenn wir das nächste Mal hierher kommen, hat der Hundesohn ein Klavier für ihn, auf dem er spielen kann.‹« »[Eckstine] machte mich immer so nervös!«, sagte Hines. »Ich wollte nie etwas sagen, weil ich immer dachte, dass ich vielleicht irgendwann in eines dieser Lokale zurückkommen würde und die Besitzer dann glauben würden, ich hätte es getan. Aber meine Jungs ... machten sich keine Gedanken.«

Sie machten sich nur Gedanken um ihre Musik. Gillespie und Parker spielten jetzt jeden Tag zusammen. »Wir waren jetzt so oft zusammen, wie es die Umstände erlaubten«, erinnerte sich Gillespie. »Seine Clique – die Leute, mit denen er seine Zeit verbrachte – waren nicht die Leute, mit denen ich zu tun haben wollte. Die Typen, die mit Drogen dealten, waren auch dabei. Aber wenn er nicht mit denen herumhing, waren wir beide zusammen.« Parker hatte nicht nur seine künstlerischen Fähigkeiten, sondern auch all seine alten Gewohnheiten mit in die Band gebracht. Er lieh sich ständig Geld, hielt Verabredungen nicht ein und lernte, auf der Bühne zu schlafen – er trug dann einfach eine Sonnenbrille und blies die Backen auf, als würde er spielen. Laut Stanley Crouch gab Parker einem seiner Kollegen eine Stecknadel, mit der er ihn in den Oberschenkel stechen sollte, wenn er mit seinem Solo an die Reihe kam. Parker war ständig gefräßig und in Eile – »immer in Panik«, wie er selbst sagte –, und sein gewaltiger Appetit erstreckte sich auf alle Bereiche seines Lebens. Derselbe Hunger, der ihn dazu trieb, Drogen, Alkohol und Essen zu verschlingen und in einem Tempo hinter Frauen her zu sein, das selbst seine gewieften Kollegen verblüffte, führte auch dazu, dass er Wissen auf allen möglichen Gebieten ansammelte – von der Autoreparatur bis zur Atomphysik – und nach nur einmaligem Lesen die kompliziertesten Arrangements behalten konnte.

Am Valentinstag 1943 trat die Band von Earl Hines im Savoy Ballrom in Chicago auf, demselben höhlenartigen Nachtklub auf der South Side, in dem Artie Shaw 15 Jahre zuvor zum ersten Mal Louis Armstrong gehört hatte. Der Auftritt war aus zwei Gründen denkwürdig: Drei Gäste wurden an diesem Abend auf der Tanzfläche erschossen, und am nächsten Tag schloss Bob Redcross, der Tourmanager der Band, im Zimmer 305 des Savoy Hotels ein tragbares Aufnahmegerät an, um zum ersten Mal das gemeinsame Spiel von Parker und Gillespie aufzunehmen. Der Bassist Oscar Pettiford hatte sein Instrument drei Meilen durch die Stadt getragen, nur um an diesem Tag mit ihnen zu spielen, aber auf der achtminütigen Version von »Sweet Georgia Brown«, durch die beide hindurchjagen, ist er kaum zu hören. Gillespie baut sein Solo mit fast hörbarer Sorgfalt auf; jeder Chorus entfaltet sich einzeln und löst sich logisch wieder auf. Parker, der noch immer Tenor- statt Altsaxophon spielte, rast nahtlos durch einen Chorus nach dem anderen und lässt endlose Folgen von Achtelnoten aus seinem Instrument fließen, als seien sie unerschöpflich vorhanden. »Ich glaube, ich war harmonisch ein wenig versierter als [Parker]«, schrieb Gillespie später. »Aber rhythmisch war er weiter – vor allem, wenn es darum ging, Phrasen aufzubauen und Übergänge von einer Note zur anderen zu spielen. ... Charlie Parker hörte Rhythmen und rhythmische Muster anders, und nachdem wir angefangen hatten, zusammen zu spielen, begann ich ebenfalls, rhythmischer zu spielen, mehr wie er. In dieser Hinsicht hat er mich und uns alle beeinflusst, denn nicht was man spielt, macht den Stil aus, sondern wie man es spielt.« Ihr vereintes Talent setzte so viel musikalische Energie frei – »Feuer«, wie ein Musiker es nannte –, dass die anderen Männer in der Band gestanden, dass sie sich manchmal überflüssig vorkamen.

Doch außer auf den von Bob Redcross gemachten Aufnahmen (die jahrzehntelang nur in seinem Freundeskreis gespielt wurden), waren Parkers und Gillespies früheste Innovationen nicht auf Platte zu hören. Earl Hines ging in der Zeit, in der die beiden bei ihm spielten, mit seiner Band nie in ein Plattenstudio. Am 1. August 1942 hatte die amerikanische Musikergewerkschaft verfügt, dass ihre Mitglieder außer den nur für die Soldaten bestimmten »V Discs« keine Platten mehr aufnehmen sollten, bis die Plattenfirmen sich einverstanden erklärten, für das Abspielen ihrer Musik in Musikboxen oder im Radio Abgaben zu zahlen. Capitol und Decca willigten nach einem Jahr ein, aber Victor und Columbia weigerten sich bis zum November 1944. Und so kam es, dass die neue Musik, die Parker, Gillespie und ihre Mitstreiter entwickelten, außer für ein paar interessierte Kollegen und eine Hand voll treuer Fans weitgehend unbekannt blieb.

Das Aufnahmeverbot hatte noch eine weitere, indirekte Auswirkung auf die amerikanische populäre Musik, die vielleicht für die Geschichte des Jazz noch wichtiger war – Sänger gehörten nicht zur Musikergewerkschaft und waren daher von dem Verbot ausgenommen. Um im Geschäft zu bleiben, produzierten die Plattenfirmen

Frank Sinatra in seiner Zeit bei Tommy Dorsey.

massenweise A-Capella-Platten von Gesangsquartetten oder Solisten, die von einem Chor begleitet wurden. Bei den Stücken handelte es sich meist um schwungvolle Novelty-Songs zur Stärkung der Moral im Land oder um sentimentale Nummern, gedacht für Männer und Frauen, die der Krieg auseinandergerissen hatte. Die jungen Leute liebten sie – und die Sänger, die sie sangen.

Am 30. Dezember 1942 kehrte Benny Goodman ins Paramount Theater am Broadway zurück, dasselbe Theater, in dem er fünf Jahre zuvor seine Fans in den Gängen zum Tanzen gebracht hatte, und der Ort, an dem er zum ersten Mal erkannte, wie viel seine Band – und der Swing, den sie spielte – jungen Menschen bedeutete. Wie üblich stand der Name des Films, der im Paramount gezeigt wurde (ein Musical mit dem Titel Star-Spangled Rhythm) ganz oben auf der Anzeigetafel, aber Goodmans Orchester mit der Sängerin Peggy Lee und dem Goodman Sextett kam direkt darunter, gefolgt von zwei Komikern. Am Ende der Liste erschien als zusätzliche Attraktion der Name von Tommy Dorseys ehemaligem Sänger Frank Sinatra. Er hatte Bing Crosby in den Umfragen von *Billboard* und *Down Beat* bereits als beliebtester Sänger des Landes überholt, aber Goodman, dessen Welt sich weitgehend auf sein eigenes Orchester und dessen Musik beschränkte, kannte ihn kaum. Als der dünne, schlaksige und sichtlich nervöse Sinatra ans Mikrofon trat, fingen Hunderte weiblicher Teenager an wie wild zu kreischen, die viel Geld bezahlt hatten, um ihn zu sehen. Diese Geräuschkulisse verwirrte Goodman für einen Augenblick. »Was zum Teufel war das?«, fragte er über das Mikrofon.

Das Schreien und Kreischen ging noch fast fünf Minuten weiter. Es war der Klang der Zukunft. »Vorher«, so der erfahrene Tenorsaxophonist Ted Nash, »kamen die Leute, um die Band zu sehen, und hörten ab und zu einem Solo oder hier und da einem Sänger zu. Die Sänger waren immer zweitrangig gewesen. Aber als Frank dieser schreienden Menge von Kindern gegenüberstand, traten die Bigbands sofort in den Hintergrund.« Sinatras Erfolg sorgte dafür, dass auch andere Sänger von Bands zu Solisten wurden: Perry Como, Doris Day, Helen Forrest, Dick Haymes, Peggy Lee und Jo Stafford. Jetzt beherrschten die Sänger die populäre Musik Amerikas. Die Tage der Instrumentalisten als Matinee-Idole gingen ihrem Ende zu.

KEIN MASSSTAB, IHN ZU MESSEN

Am Abend des 23. Januar 1943 trat Duke Ellington zum ersten Mal in der Carnegie Hall auf. Das Ereignis wurde als sein »20-jähriges Bühnenjubiläum« angekündigt – zwei Jahrzehnte zuvor hatte er seine Bühnenlaufbahn im Hollywood Club begonnen –, und das Programm enthielt sowohl alte als auch neue Hits. Aber Ellington stellte auch drei große schwarze Entertainer in musikalischen Porträts vor – den Komiker Bert Williams, den Tänzer Bill Robinson und die Sängerin Florence Mills, die jeder auf seine Art eine neue Form der Würde auf die Bühne gebracht hatten. Und er präsentierte sein bis dahin ambitioniertestes musikalisches Projekt – die ausgedehnte, 44 Minuten lange Komposition »Black, Brown and Beige«, die den Untertitel »A Tone Parallel to the History of the Negro in America« trug.

Ellington hatte über zehn Jahre an diesem Werk gearbeitet. Es war eine musikalische Manifestation des »Rassenstolzes«, den er als Junge in Washington erfahren und der ihn in seinen Jahren im Cotton Club aufrecht gehalten hatte. Bei einer Versammlung von Schwarzen in Los Angeles kurz vor Kriegsausbruch sagte er:

»Der Schwarze ist die schöpferische Stimme Amerikas, er ist das schöpferische Amerika, und es war ein glücklicher Tag für Amerika, als der erste unglückliche Sklave an seiner Küste landete. Wir zerrten und zogen an unseren Ketten, und unsere Unzufriedenheit weckte das Gefühl für Gerechtigkeit in den Herzen einiger weniger Mutiger; wir brachten Amerika wieder den Wunsch nach einer wirklichen Demokratie, nach Freiheit für alle und der Gemeinschaft aller Menschen – Prinzipien, auf die sich dieses Land gründet.

Wir wurden befreit, und wie zuvor kämpften wir in Amerikas Kriegen, stellten Arbeitskräfte, gaben dem Land Musik, hielten seine Hoffnung aufrecht, spornten es an auf dem Weg zu dem noch unerreichten Ziel, der Demokratie – bis wir mehr als nur ein Teil Amerikas wurden! Wir – diese lebendige, empfindliche, sensible, rücksichtslos anstrengende Minderheit – sind die Verkörperung des Ideals, das vor fast 350 Jahren mit den Pilgervätern begann …

Wir sind mehr als nur einige vereinzelte Beispiele des Muts, der Tapferkeit und der Errungenschaften. Wir sind die Injektion, die Spritze in den Arm, welche Amerika und seine vergessenen Prinzipien in den fetten und korrupten Jahren am Leben erhalten hat, die zwischen unserer göttlichen Empfängnis und unserer fast tragischen Gegenwart liegen.«

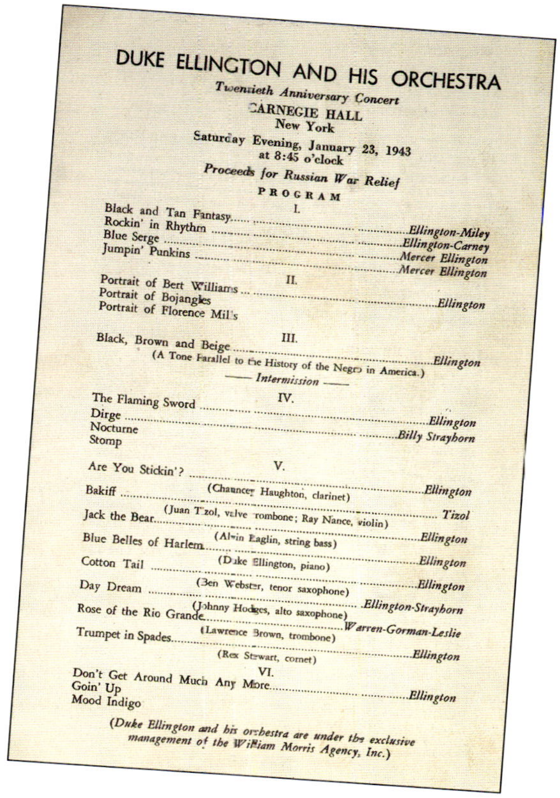
DUKE ELLINGTON AND HIS ORCHESTRA

Twentieth Anniversary Concert

CARNEGIE HALL

New York

Saturday Evening, January 23, 1943

at 8:45 o'clock

Proceeds for Russian War Relief

PROGRAM

I.

Black and Tan Fantasy .... *Ellington-Miley*

Rockin' in Rhythm .... *Ellington-Carney*

Blue Serge .... *Mercer Ellington*

Jumpin' Punkins .... *Mercer Ellington*

II.

Portrait of Bert Williams

Portrait of Bojangles .... *Ellington*

Portrait of Florence Mills

III.

Black, Brown and Beige .... *Ellington*

(A Tone Parallel to the History of the Negro in America.)

— *Intermission* —

IV.

The Flaming Sword

Dirge .... *Ellington*

Nocturne .... *Billy Strayhorn*

Stomp

V.

Are You Stickin'? .... *Ellington*

(Chauncey Haughton, clarinet)

Bakiff .... *Tizol*

(Juan Tizol, valve trombone; Ray Nance, violin)

Jack the Bear .... *Ellington*

(Alvin Raglin, string bass)

Blue Belles of Harlem .... *Ellington*

(Duke Ellington, piano)

Cotton Tail .... *Ellington*

(Ben Webster, tenor saxophone)

Day Dream .... *Ellington-Strayhorn*

(Johnny Hodges, alto saxophone)

Rose of the Rio Grande .... *Warren-Gorman-Leslie*

(Lawrence Brown, trombone)

Trumpet in Spades .... *Ellington*

(Rex Stewart, cornet)

VI.

Don't Get Around Much Any More

Goin' Up .... *Ellington*

Mood Indigo

(Duke Ellington and his orchestra are under the exclusive management of the William Morris Agency, Inc.)

Das Programm für Duke Ellingtons ersten Auftritt in der Carnegie Hall, 1943.

Ellingtons Komposition besteht aus drei Teilen. »Black« ist eine Darstellung der Zeit der Sklaverei. In »Brown« geht es um die Schwarzen, die während der Revolution für die Befreiung Amerikas und später im Bürgerkrieg für ihre eigene Befreiung gekämpft hatten und die komplizierte Mischung aus Hoffnung und Verrat überlebten, die auf die Befreiung folgte. Der letzte Teil, »Beige«, ist ein komplexes Porträt des Lebens der amerikanischen Schwarzen im 20. Jahrhundert. »Ich habe [den schwarzen Amerikaner] gezeigt, wie er gesehen wird – und wie er wirklich ist«, sagte Ellington. »Die Eröffnungsthemen des dritten Teils zeigen den Neger, wie er angeblich ist – das ungezügelte, laute Durcheinander des Harlemer Varietés, das viel ›Atmosphäre‹ haben muss, damit es den Erwartungen der Touristen entspricht. Aber in Harlem gibt es mehr Kirchen als Varietés, mehr gebildete und ehrgeizige Schwarze als schwarze Nichtstuer. Dann verändert sich meine Komposition allmählich und zeigt den Schwarzen, wie er ist – ein Teil Amerikas, mit den gleichen Hoffnungen und Träumen und der gleichen Freiheitsliebe, die Amerika für uns alle ausmacht.« Das Stück endet mit der Wiederholung des Themas von Black, Brown and Beige, das, wie Ellington erklärte, »noch immer ›Rot, Weiß und Traurig‹« bedeutete.

Das Publikum in der Carnegie Hall – darunter auch Eleanor Roosevelt – liebte Ellingtons neues Werk, und das Konzert brachte über 5000 Dollar für die russische Kriegshilfe ein. Aber einige Jazzkritiker verrissen es und warfen Ellington erneut vor, er habe die Musik aufgegeben, die ihn berühmt gemacht hatte. »Leider hielt der Duke es für angebracht, an der ursprünglichen Bluesform herumzupfuschen, um Musik von größerer ›Bedeutung‹ zu schaffen«, schrieb John Hammond. »Ich hoffe, dass er sich eines Tages wieder findet und seine Beiträge zur Musik des ›Volkes‹.« Auch die meisten klassischen Kritiker lehnten das Werk ab. »Mr. Ellington sagte musikalisch dieselben Dinge, die er zu Beginn des Abends ausgesprochen hatte«, schrieb John Briggs von der *New York Post*, »mit dem Unterschied, dass er diesmal 45 Minuten dafür brauchte.« Paul Bowles, der für die *Herald Tribune* schrieb, war noch vernichtender. »›Black, Brown and Beige‹ dauerte fast eine Stunde und enthielt genug gute Ideen für verschiedene kurze Stücke. Aber als eine einzige Nummer präsentiert, wirkte es formlos und bedeutungslos. Es stellte nichts weiter dar als ein grellbuntes Potpourri aus tutti-Tanzpassagen und virtuosen Soli ... grundlosen Modulationen ...[und] ständig wiederkehrenden Klischees. Der Versuch, Jazz als eine musikalische Kunstform zu sehen, sollte aufgegeben werden.«

Sie hatten ihn nicht verstanden. Zwar bewunderte Ellington die europäischen Komponisten,

Duke Ellington, fotografiert von Gordon Parks während seiner sechsmonatigen »Herrschaft« im Hurricane Ballroom in New York City, 1943. Die Band wurde jeden Sonntagabend live aus dem Hurricane übertragen – was zur Folge hatte, dass sich Ellingtons Gage nach diesem Engagement fast verdoppelte und ihn zu einem der bestbezahlten Bandleader des Landes machte.

aber er war nicht daran interessiert, sie nachzuahmen, denn die Komposition von Musik bedeutete für ihn eine Auseinandersetzung mit dem Leben in der Neuen Welt des 20. Jahrhunderts – wobei er Formen verwendete, die im 17. und 18. Jahrhundert in der Alten Welt entwickelt worden waren. Wie immer suchte er nach neuen Wegen, Elemente zu integrieren, die in seinen Augen zum von ihm so genannten »amerikanischen Idiom« gehörten – Work Songs, Blues und Spirituals, karibische Tänze, Call-and-Response, Stegreif, Arrangements, Breaks, Riffs, improvisierte Soli –, um neue Welten zu entdecken, immer komplexere Emotionen zu vermitteln und immer kompliziertere Geschichten zu erzählen. »Mit dem Jazz ist es wie mit dem Auto und dem Flugzeug«, erzählte er einem Reporter der New Yorker Zeitschrift *PM*. »Er ist modern und er ist amerikanisch. ... Das schwarze Element ist noch immer wichtig. Aber der Jazz ist zu einem Teil Amerikas geworden. Es gibt genauso viele weiße wie schwarze Musiker, die ihn spielen. ... Wir alle arbeiten mehr oder weniger mit den gleichen Grundprinzipien. Wir lernen voneinander. Jazz ist jetzt amerikanisch. Amerikanisch ist das entscheidende Wort.«

Kritiker wurden ihm mit der Zeit so gut wie egal. »Ich respektiere die Kritik nicht«, sagte er einem Reporter, »weil ... die Jazzkritiker anders sind als die Kritiker im Bereich der Klassik. Wenn ein Kritiker Jazz hört, hört er ihn zum ersten Mal ... und er hat keinen Maßstab, ihn zu messen.« Über einhelliges Lob dachte er genau wie über kritische Angriffe. Nachdem ihm ein Freund einmal eine Besprechung vorgelesen hatte, die ihn in den höchsten Tönen dafür lobte, Dinge in seiner Musik zu tun, die ihm in Wahrheit nie in den Sinn gekommen waren, sagte er: »Dieses Gerede verpestet die Luft.«

Ellington führte »Black, Brown and Beige« nie mehr als in sich geschlossene Komposition auf, präsentierte aber in den nächsten fünf Jahren fünf andere umfangreiche Werke in der Carnegie Hall: »New World A-Coming«, »Perfume Suite« (zusammen mit Billy Strayhorn komponiert), »Deep South Suite«, »Liberian Suite« und »The Tattooed Bride«. Weder wohlwollende Kritiken noch kommerzielle Überlegungen oder die ständigen Ablenkungen des Tourlebens konnten seine Feder bremsen. »Immer wenn Ellington einen Zug besteigt, hat er das Gefühl, eine

Zuflucht gefunden zu haben«, schrieb Richard Boyer, der die Band 1944 mehrere Monate lang begleitete, um ein dreiteiliges Ellington-Porträt für *The New Yorker* zu schreiben.

»Er sagt, dann kehre Frieden ein und der metallische Rhythmus des Zuges beruhige ihn. Er höre gerne das Pfeifen der Lok, vor allem bei Nacht, wenn es durch die Dunkelheit schrillt und der Zug Fahrt aufnimmt. ›Besonders im Süden. Da spielen die Heizer Blues auf der Dampfpfeife – dicke, triefende Sachen, wie eine verdammte Frau, die in der Nacht singt.‹ ... Die Stirn gerunzelt, den Hut zurückgeschoben, mit den Bewegungen des Zuges hin und her schaukelnd, kaut er von Zeit zu Zeit an seinem Stift, versucht trotz des Schaukelns ordentlich zu schreiben und summt vor sich hin. Amerikas moderner Bach wird die Nacht durcharbeiten.«

THAT'S MY HOME

Louis Armstrong war 40 Jahre alt, als der Krieg begann und damit ebenso wie Duke Ellington zu alt für die Army. Aber er tat, was er konnte, spielte in Lagern der Army und in Ausbildungscamps der Navy – wobei er darauf bestand, sowohl vor schwarzen als auch vor weißen Einheiten aufzutreten – und er besuchte Militärkrankenhäuser, wo ihn Schwarze wie Weiße immer wieder baten, auf ihren Gipsverbänden mit »Satchmo« zu unterschreiben.

Er konnte nicht um Lucille Wilson werben, solange er noch mit seiner dritten Frau Alpha verheiratet war. Aber dann brannte Alpha mit Cliff Leeman durch, dem Schlagzeuger der Charlie Barnet Band. »Gott sei Dank«, schrieb Armstrong einem Zeitungskolumnisten. »Wenn ich ihn nur treffen und ihm sagen könnte, wie dankbar ich ihm dafür bin, dass er diese Braut mitgenommen hat.« Am 2. Oktober 1942 sprach ein Chicagoer Richter die Scheidung aus, und zehn Tage später heiratete er Lucille. Es gab keine Flitterwochen: Armstrong brach noch am selben Abend zu einer sechsmonatigen Tournee auf. Lucille hütete sich, sich zu beschweren – von allen Frauen, die er kannte, so Armstrong, verstand nur sie, dass »meine Trompete an erster Stelle steht«.

Als Weihnachten nahte, waren sie noch immer auf Tour, und Lucille kaufte und schmückte einen kleinen Weihnachtsbaum für ihr Hotelzimmer. »Ich gab ihm sein Weihnachtsgeschenk«, erinnerte sie sich, »und schließlich gingen wir zu Bett. Und Louis lag da und schaute wie ein Kind mit großen Augen den Baum an.« Als sie die Lichter ausmachen wollte, hielt er sie davon ab. »Nein, mach sie nicht aus. Ich muss ihn einfach anschauen. Weißt du, das ist der erste Baum, den ich je hatte.« Und als sie am nächsten Tag packten, um weiterzufahren, bestand er darauf, den Baum mitzunehmen. »Ich behielt diesen Baum bis lange nach Neujahr«, erzählte sie, »stellte ihn in einem Dutzend Hotelzimmern jeden Abend auf und baute ihn jeden Morgen wieder ab. Und als ich ihn zum letzten Mal abbaute, wollte Louis, dass ich ihn nach Hause schickte.«

Aber es gab kein Zuhause, wohin sie ihn hätte schicken können. Lucille war es bald müde, ständig unterwegs zu sein, und sie beschloss, ein Haus zu suchen, in dem sie beide leben konnten. Schließlich fand sie in einer Arbeitergegend in Queens ein schmales dreistöckiges Haus.

Als Armstrongs Tournee im März 1943 endete und sein Taxi mitten in der Nacht vor seinem neuen Haus hielt, konnte er nicht glauben, dass das sein Haus war. »Ich warf einen Blick auf dieses große, schöne Haus und sagte zum Fahrer, ›Mann, hören Sie auf, mich zu veralbern und bringen Sie mich zu der Adresse, die ich suche.‹« Der Taxifahrer versicherte ihm, er sei zu Hause. »Ich brachte den Mut auf, aus dem Taxi zu steigen und zu klingeln. Dann ging die Tür auf, und wer stand da in einem Nachthemd aus echter Seide und mit Lockenwicklern im Haar? Für mich sah [Lucille] aus wie meine Lieblingsblume, eine rote Rose.«

Den Rest seines Lebens bot ihm Lucille Wilson das Zuhause, nach dem er sich seit seiner Kindheit in den Straßen von New Orleans gesehnt hatte. Arvell Shaw, der viele Jahre mit Armstrong spielte, glaubte immer, etwas Besonderes zu hören, wenn sein Boss einen seiner am meisten verlangten Songs sang, »That's my Home«. »Ich achtete nicht so sehr auf das Timbre der Stimme, sondern auf das Gefühl, denn

Louis Armstrong und Freunde irgendwo auf Tournee, kurz vor seiner Heirat mit Lucille Wilson 1942. Rechts steht Velma Middleton, die fast drei Jahrzehnte in Armstrongs Bands sang.

Armstrong im Apollo.

irgendetwas berührte mich ganz tief drinnen. Wenn er ein Lied wie ›That's My Home‹ und die Zeilen ›I'm always welcome back not matter where I roam/We call it home sweet home‹ sang, hatte ich Mühe, die Tränen zurückzuhalten. Und wir spielten dieses Lied jeden Abend!«

THE STREET

Am 21. April 1943 verschlossen Polizisten die Türen des Savoy Ballroom mit einem Vorhängeschloss. Sowohl die Stadt- als auch die Militärverwaltung behauptete, Angehörige der Streitkräfte hätten sich Geschlechtskrankheiten von Frauen zugezogen, die sie in diesem Lokal kennen gelernt hatten. Aufgebrachte Bewohner Harlems klagten jedoch, der wahre Grund sei, dass Schwarze und Weiße im Savoy nicht nur zusammen getanzt hätten, sondern anschließend auch zusammen nach Hause gegangen seien. »Hitler hat in New York einen Sieg für die Rassendiskriminierung erzielt«, klagte Reverend Adam Clayton Powell Jr. vor seiner Gemeinde. Die Schließung des Savoy war für ihn »der erste Schritt zur Trennung der Rassen« in der Stadt.

Im gleichen Sommer kam es wegen Jobs und Wohnungen im ganzen Norden zu Rassenunruhen, und im August erreichte die Gewalt wieder einmal Harlem. Sechs Menschen wurden getötet, 700 verletzt und fast 1500 meist von Weißen geführte Geschäfte beschädigt oder zerstört. Die alten Träume der Harlem-Renaissance waren wieder einmal zerstoben. Das Viertel hatte unter Weißen inzwischen den Ruf als gefährliches Pflaster – so gefährlich, dass viele Jazzfans sich einen Besuch zweimal überlegten. Und die Männer mit Verbindungen zur Mafia, die einige der größten Klubs geführt hatten, waren schon vor langer Zeit nach Downtown umgezogen, um dort noch einmal von vorne anzufangen.

Seit Mitte der 30er Jahre schlug das Herz der New Yorker Jazzszene in zwei alten Backsteinblocks auf der West Side – auf der 52nd Street, zwischen Fifth und Seventh Avenue. Noch nie, nicht einmal in New Orleans zur Zeit der Jahrhundertwende oder auf dem hell erleuchteten Chicago Stroll der 20er Jahre, hatte sich so viel phantastischer Jazz auf eine so kleine Fläche konzentriert. Anfang der 40er Jahre florierten dort sieben Jazzklubs: Das Spotlite, der Yacht Club und das Three Deuces lagen auf der Südseite des

Blocks zwischen Fifth und Sixth Avenue; das Jimmy Ryan's, das Onyx und das Tondelayo's befanden sich direkt gegenüber. Und es gab zwei weitere Klubs einen Straßenzug weiter westlich – Kelly's Stable und das Hickory House.

Die ungekrönte Königin der »Street« war Billie Holiday. Die 52nd Street war ihr wie »eine Plantage« vorgekommen, als sie und Teddy Wilson Mitte der 30er Jahre dort arbeiteten, aber mittlerweile sah man überall schwarze Musiker, schwarzes und weißes Publikum war bunt gemischt, und das hohe Maß an musikalischem Können um sie herum erstaunte sie sehr. Bei ihrem allerersten Engagement im Kelly's Stable traten dort auch ein Quartett unter der Leitung von Coleman Hawkins auf sowie der schnellste Swinggeiger in der Geschichte des Jazz, Stuff Smith (der manchmal den Mitgliedern seines Quintetts zehn Dollar Strafe aufbrummte, wenn sie nicht high zur Arbeit kamen), und in den Pausen der Pianist Nat »King« Cole mit seinem Trio. Die konkurrierenden Klubs in der Straße boten kaum weniger berühmte Attraktionen.

Jazzfans wie den zukünftigen Impresario George Wein – damals ein Teenager aus Boston – zog die 52nd Street magisch an. »Ich war damals noch ein Junge von 13 oder 14 Jahren, und mein Bruder war drei oder vier Jahre älter«, erinnerte er sich. »Wir kamen über den West Side Highway und fuhren an der 52nd Street ab. ... Bevor wir uns ein Zimmer in einem Hotel nahmen, fuhren wir die ganze Straße hinunter Richtung Downtown. ... Es war wie in einem Himmel aus Schokolade, und die Schokolade

Links: Eine regnerische Nacht auf der 52nd Street in New York, dem Mekka von Jazzfans wie diesen beiden gebannten jungen Männern (unten). Auf der linken Straßenseite sind Jimmy Ryan's, Leon & Eddie's und das Orchid zu erkennen; direkt gegenüber das Famous Door. »Es war das letzte Mal, dass eine amerikanische Straße einem das Gefühl von Sicherheit, Wärme und die Freuden musikalischer Freundschaft vermittelte«, erinnerte sich der Komponist Alec Wilder.

Eine Session im Ryan's. Am Sonntagnachmittag des 1. Februar 1942 konnte ein New Yorker Jazzfan hier diese Allstar-Besetzung sehen und hören (v.r.n.l.): Al Morgan, Earl Hines, Marty Marsala, Pete Brown, Lips Page, Kenny Hollon, Jack Bland (teilweise verdeckt), Red Allen, Zutty Singleton und Max Kaminsky (der Trompeter ganz links ist unbekannt). Es kostete nur einen Dollar Eintritt, und wenn man diese Session verpasste, gab es eine weitere, wahrscheinlich ebenso gute am nächsten Sonntag. Milt Gabler, der dies alles ermöglichte, steht am linken Bildrand und hält den Finger an die Lippen.

war der Jazz, den man sich hier einfach greifen konnte. An diesem Abend nahmen wir unsere zehn oder 15 Dollar, die unser Vater uns gegeben hatte, damit wir uns amüsieren konnten, und gingen in diese Bars, wo ich nichts trinken durfte und einen Dollar für ein Ginger Ale ausgab. Wir gingen in fünf Klubs. Es war einfach das tollste Gefühl, das ich je gehabt hatte – besonders gegen drei Uhr morgens. Ich war halb eingeschlafen, aber ich schlief nicht. Wir waren allein, bis auf vielleicht drei oder vier Paare, und wir hatten das Gefühl, die Musiker würden nur für uns spielen.«

Aber die Musiker spielten auch für einander. »Wir waren wie Brüder«, erinnerte sich einer von ihnen. Sie zogen von Klub zu Klub, um bei den Bands einzusteigen, und drängten sich bei Milt Gablers Jam-Sessions am Sonntagnachmittag auf die Bühne im Ryan's. Sidney Bechet, James P. Johnson, Hot Lips Page, Roy Eldridge und Coleman Hawkins waren Stammgäste. »Manchmal hast du acht Tenorsaxophonisten auf einmal getroffen«, erinnerte sich ein Gelegenheits-Saxophonist namens Art Engler.

»Die Höflichkeit, mit der man dir als Bläser begegnete, war unglaublich. Wenn du einen Groove gespielt hast, ermutigten sie dich: ›Noch einen Chorus! Mach weiter, Mann!‹ Ich erinnere mich an eine Session im Ryan's, wo die großen Tenorsaxophonisten der Stadt versammelt zu sein schienen – Ben Webster, Chu Berry, einfach alle. Ich war auch da und ich war starr vor Angst. Aber ich musste spielen. Ich vergaß die Melodie, aber plötzlich verdoppelte jemand das Tempo. Und mit all diesen großen Musikern um mich herum konnte ich mich nicht zurückhalten. Ich war so aufgeregt, dass ich einfach anfing zu blasen, und ich spielte besser, als ich es normalerweise tat. Ich konnte Chu, Ben und die anderen hören, wie sie mich anfeuerten. Bald spielten drei Tenorsaxophonisten wie die Wahnsinnigen, ich in der Mitte. Meine Güte – nach so einer Session schwebte man drei Meter über dem Boden.«

Als ein Klubbesitzer sich bei Jack Teagarden beschwerte, seine Angewohnheit, zwischen den Sets mit seiner Posaune die 52nd Street hinauf- und hinunterzuspazieren, um irgendwo anders zu spielen, sei schlecht fürs Geschäft, antwortete Teagarden, er »sorge nur für gute nachbarschaftliche Beziehungen« und machte weiter. »Es war großartig, weil man alle Arten von Musik spielen konnte«, sagte der Schlagzeuger Shelly Manne. »Es war wie die Geschichte des Jazz auf einer Straße ... und eine wirkliche Bereicherung für uns Musiker. ... Ich glaube, es war die kreativste Zeit im Jazz. Ein Jazzhistoriker hätte hierhin und dorthin gehen und die Entwicklung der Musik sehen und hören können, alles auf dieser einen Straße, und alles ergab einen Sinn.«

Im Dezember 1943 kam etwas Neues zu der reichhaltigen musikalischen Mischung auf der 52nd Street hinzu. Dizzy Gillespie und Oscar Pettiford brachten ein völlig neues Quintett ins Onyx. (Gillespie, Billy Eckstine, Charlie Parker und vier weitere Musiker hatten kurz zuvor Earl Hines' Band verlassen, weil sie keine weitere Tournee im von der Rassentrennung beherrschten Süden mehr mitmachen wollten. Gillespie hatte gehofft, zusammen mit Parker auf der 52nd Street spielen zu können, aber das Telegramm, in dem er ihn einlud, zu diesem Quintett zu stoßen, erreichte Parker offenbar nie.) Der 19-jährige Max Roach spielte im Onyx Schlagzeug; Don Byas spielte eine Zeit lang Tenorsaxophon und wurde später von Budd Johnson abgelöst; George Wallington saß am Klavier.

Die Band erstaunte alle, und das Tempo, in dem sie spielten, war oft mörderisch. Max Roachs Schlagzeugspiel – kraftvoll, aber mit subtilen Ver-

Mitglieder der Band von Billy Eckstine in Pittsburgh, 1944: Lucky Thompson, Dizzy Gillespie, Charlie Parker und Eckstine. »Ich kann wirklich ohne Übertreibung sagen«, so erinnerte sich Eckstine, »dass es keine Band gab, die je so swingte ... aber wir hatten keinen Erfolg, weil [kaum jemand] uns zu hören bekam.«

änderungen in Tonhöhe und Timbre und unerwarteten Wechseln zwischen Klang und Stille – war verblüffend. Selbst das Repertoire unterschied sich von dem anderer Bands. »Wir nahmen die Akkordstruktur verschiedener Standards und Popsongs und machten daraus neue Akkorde, Melodien und Lieder«, schrieb Gillespie. »Wir ... fügten andere Akkorde in Songs wie ›Night and Day‹, ›How High the Moon?‹, ›Lover‹ oder ›What Is This Thing Called Love?‹ ein. ... Wir ersetzten und ergänzten so viele Akkorde, dass die meisten Leute im Publikum gar nicht wussten, welchen Song wir überhaupt spielten. Aus ›How High the Moon?‹ wurde ›Ornithology‹ und ›What Is This Thing Called Love?‹ wurde zu ›Hothouse‹.« (Nicht nur das Publikum war manchmal verwirrt, sondern auch die Verwertungsgesellschaft ASCAP, die die Tantiemen für die Rechte der Komponisten eintrieb und die normalerweise für die Verwendung der Originalsongs hätte bezahlt werden müssen, wenn sie irgendwann aufgenommen wurden.)

Doch über allem stand der Sound des jungen Dizzy Gillespie, den Whitney Balliett vom New Yorker so denkwürdig in Erinnerung rief: »[Er] begann ein Solo nicht einfach nur – er brach in ein Solo aus. Viele ... Soli begannen mit vier- oder achttaktigen Breaks, und Gillespie ... stürzte sich nach einer Pause, die nur einen Bruchteil einer Sekunde dauerte, mitten hinein, mit ein paar Hundert Noten, die sich wie ein Korkenzieher manchmal in dreifachem Tempo durch mehrere Oktaven direkt in das eigentliche Solo hineinbohrten. ... Gillespies damaliger Stil – mit seinem scharfen, leicht beißenden Ton, den abgehackten Phrasenenden, dem Aufblühen von Tönen und den Kapriolen in den oberen Registern – vermittelte den Eindruck, dass er jeden Augenblick explodieren könnte. Aber sein Spiel wurde von seinem außergewöhnlichen Rhythmusgefühl zusammengehalten.«

Mit dem Engagement im Onyx »machten wir uns einen Namen«, schrieb Gillespie. In dieser Zeit, so sagte er, habe auch der neue Stil seinen Namen bekommen. Für die meisten Stücke »schrieben wir einfach ein Intro und einen ersten Chorus. Ich sagte ›Dee-da-pa-da-n-de-bop‹, und das spielten wir. Und wenn die Leute nach einer dieser Nummern fragten und den Namen nicht kannten, fragten sie einfach nach ›Bebop‹.«

Die Kriegsjahre hatten die 52nd Street nicht nur in musikalischer Hinsicht verändert. New York war der Sammelplatz Tausender von Soldaten und Matrosen auf dem Weg nach Übersee, und die 52nd Street stellte einen gewaltigen Anziehungspunkt dar. Irgendwann waren die Musikliebhaber gegenüber den Soldaten und den Menschen, die deren Bedürfnisse befriedigten – Stripperinnen, leichte Mädchen und Zuhälter – in der Minderzahl.

Billie Holidays schläfriger, melancholischer Gesang passte genau zu der Stimmung der Soldaten kurz vor ihrer Überfahrt nach Europa. »Ich weiß nicht mehr, bei wie vielen Abschiedspartys im Famous Door ich gesungen habe«, sagte sie. »Es war immer das Gleiche: Drei oder vier junge Burschen verbrachten die ganze Nacht in dem Lokal; wir schlossen ab, nahmen einen letzten Drink, und sie gingen. Ein paar Wochen später bekam ich einen Brief von irgendeiner gottverdammten Insel. ... Einige der Briefe brachen mir das Herz.«

Die meisten weißen Soldaten und Matrosen, die während des Krieges die 52nd Street bevölkerten, wollten einfach nur ihren Spaß haben, aber wie Gillespie bemerkte, gab es auch einige unter ihnen, die »in die Street kamen, um Ärger zu machen«, und der Anblick gut gekleideter schwarzer Musiker in unmittelbarer Nähe weißer Frauen schien sie besonders aufzuregen. Gillespie und Oscar Pettiford wurden einmal belästigt, weil sie mit der hellhäutigen, rothaarigen Sängerin Bricktop über die Straße gingen. Es kam zu einem Wortwechsel; ein Matrose schlug Pettiford, der zurückschlug. Plötzlich waren die Musiker von noch mehr Matrosen umringt. Fast wäre eine Schlägerei ausgebrochen, doch es gelang Gillespie, Pettiford die Flucht zu ermöglichen, indem er mit der einen Hand sein Teppichmesser und mit der anderen seine Trompete schwang – wobei er darauf achtete, die Angreifer mit den Ventilen und nicht mit der empfindlichen Glocke zu treffen. Dann rannte er selbst in Richtung U-Bahn und hielt sich die Hand vor den Mund, um seine Lippen zu schützen. Er stürmte die Treppen hinunter, verfolgt von den Matrosen, sprang über das Drehkreuz, kletterte auf einen schmalen Gang neben den Gleisen und versteckte sich dort, bis seine betrunkenen Verfolger das Interesse verloren und davontorkelten.

Im Frühjahr 1944 waren Charlie Parker und Dizzy Gillespie wieder vereint und spielten eine Reihe von Gigs in einer neuen Band unter der Leitung von Billy Eckstine. Es war eine Bigband mit einer ausgesprochen modernen Einstellung. Gillespie erinnerte sich, dass der Manager des Plantation Club in St. Louis von den Musikern verlangt habe, den Klub durch die Hintertür zu betreten, aber »wir gingen mit unseren Instrumenten einfach vorne rein« – und wurden gefeuert. Die Musik der Band – zum großen Teil von Gillespie arrangiert – erschien damals ähnlich kühn. Es war eine »phantastische« Band, so ihr Schlagzeuger Art Blakey, ein Nährboden für den Bebop. Zu Eckstines Band gehörten zu verschiedenen Zeiten auch Sarah Vaughan, der Trompeter Fats Navarro, der Altsaxophonist Sonny Stitt, die Tenorsaxophonisten Budd Johnson, Gene Ammons und Dexter Gordon sowie Leo Parker am Baritonsax. Aber sie nahm nur einige wenige Instrumentalstücke auf Platte auf, die laut Blakey »trauriger [waren] als McKinleys Beerdigung« und nur ein schwacher Abglanz dessen, wozu die Musiker auf der Bühne imstande waren.

Im Winter jenes Jahres verließen Parker und Gillespie die Band und traten häufig zusammen als Teil eines Quintetts im Three Deuces in der 52nd Street auf. »Sie spielten sehr, sehr schnell«, sagte der Schlagzeuger Stan Levey. »Sie hatten eine tolle Technik, tolle Ideen. Sie spielten ihre Linien über die Harmonien anders als alle anderen. Vor ihnen hatte es Leute wie Roy Eldridge und Coleman Hawkins gegeben, so einen Stil. Das hier war eine vollkommene Kehrtwendung in der Musik. Es war wundervoll. Als ich das hörte, dachte ich: ›Das ist genau das Richtige für dich.‹ Sie hatten mich angesteckt.«

»Es war der Gipfel der Perfektion unserer Musik«, erinnerte sich Dizzy Gillespie, »es brannte die ganze Zeit. Manchmal wusste ich nicht, ob ich spielte oder nicht, weil die Noten so dicht aufeinander folgten. Er [Parker] verfolgte immer dieselbe Richtung wie ich.« Etwas Ähnliches hatte man nicht mehr gehört und gesehen, seit Louis Armstrong und King Oliver vor über 20 Jahren im Lincoln Gardens auf fast unheimliche Art die musikalischen Ideen des anderen zu ergänzen schienen. In musikalischer Hinsicht war es eine perfekte Partnerschaft – aber persönlich lagen die Dinge komplizierter. Parker

Fans stehen 1945 Schlange vor dem Classic Theater in Dayton, Ohio, um Louis Jordan zu sehen. Schwarze wie weiße Teenager bevorzugten bereits Rhythm and Blues statt Jazz.

kam oft zu spät und manchmal gar nicht. Als Gillespie ihn darauf ansprach, stritt Parker ab, dass er Drogen nahm. Aber Gillespie wusste, dass er log. Zwischen den beiden gab es immer Spannungen.

Auch zu ein paar älteren Musikern war das Verhältnis gespannt. Der Schlagzeuger Dave Tough, der in den 20er Jahren in Chicago gelernt hatte, Jazz zu spielen, den Übergang zum Bigband-Swing aber mühelos geschafft hatte und sich immer für das interessierte, was jüngere Musiker spielten, war von Parker und Gillespie zuerst eingeschüchtert. »Als wir hereinkamen ... schnappten sich diese Burschen ihre Hörner und bliesen verrücktes Zeug. Einer hörte plötzlich auf, und der andere fing ohne Grund an. Wir wussten nie, wann ein Solo begann oder endete. Dann hörten sie plötzlich alle auf und gingen von der Bühne. Das Ganze machte uns Angst.«

Im nächsten Sommer ging Gillespie mit einer 18-köpfigen Bebop-Bigband als Teil von »Hepsations '45« – einer Varieté-Show, zu der Komiker, Akrobaten, Sänger und die steppenden Nicholas Brothers gehörten – im Süden auf Tournee. Er hatte geglaubt, sie würden in Theatern auftreten, wo seine Musik – »bestimmt für Leute, die sitzen und zuhören« – vielleicht eine Chance haben würde, ein Publikum zu finden. Stattdessen »spielten wir nur zum Tanz«, aber die Leute im Süden sprangen nicht auf »Salt Peanuts«, »Shaw 'Nuff«, »Bebop« oder »Night in Tunisia« an. Sie wollten Blues hören, und die meisten jungen Männer in Gillespies Band hielten Blues für eine Erinnerung an die schlechten alten Tage – ein Vermächtnis von Jim Crow und Onkel Tom. »Die Bebop-Musiker wollten ihre Virtuosität zeigen«, schrieb Gillespie. »Sie hielten sich an das Zwölftakt-Schema des Blues, spielten dann aber keinen Blues darüber wie die älteren Jungs, die sie für ungebildet hielten. Stattdessen suchten und spielten sie andere Harmoniewechsel – Hunderte davon in einem Takt.«

Wechsel interessierten die Tänzer im Süden jedoch nicht. »Sie behaupteten, wir spielten keine Tanzmusik«, erinnerte sich Gillespie 1979. »Aber ich konnte bis zum Umfallen darauf tanzen. Sie hätten es auch gekonnt, wenn sie es versucht hätten. Jazz sollte tanzbar sein. Das ist die ursprüngliche Idee, und selbst wenn er zu schnell ist ... sollte er immer rhythmisch genug sein, um sich dazu bewegen zu wollen. Wenn man sich von dieser Bewegung entfernt, entfernt man sich von der ganzen Idee. ... Aber die eingefleischten Bluesliebhaber im Süden konnten nichts anderes als Blues hören. Sie wollten uns nicht einmal zuhören. Nach all den Jahren könnte ich noch immer verrückt werden, wenn ich nur darüber spreche.«

In der Tat hatte der Jazz seinen Platz als bevorzugte Musik junger schwarzer Tänzer verloren – was für den Norden der USA genauso galt wie für den Süden. Durch die Jobs in der Verteidigungsindustrie waren viele junge schwarze Männer und Frauen vom Land in die Großstädte gelockt worden. Ihre Lebensumstände hatten sich verändert, aber nicht ihr Geschmack. Sie waren mit dem Blues aufgewachsen, besaßen mehr Geld zum Ausgeben als jemals zuvor und bildeten einen wachsenden Markt, der nach heimatlichen Klängen verlangte – nach der Musik, die der Sänger und Altsaxophonist Louis Jordan jetzt machte.

Jordan hatte bei Chick Webb gespielt, als Ella Fitzgerald in der Band sang. Er spielte für sein Leben gern Jazz in einer Bigband und sang auch gerne den Blues; aber er war im Showbusiness aufgewachsen – sein Vater hatte die Band einer berühmten Vaudeville-Truppe mit dem Namen Rabbit Foot Minstrels geleitet – und liebte es, Menschen zu unterhalten. Außerdem besaß er einen ausgeprägten Geschäftssinn, und als die Popularität der Bigbands allmählich nachließ, »spielten Jazzmusiker überwiegend für sich selbst«, so erinnerte er sich. »Ich wollte noch immer für die Leute spielen, für Millionen, nicht nur für die Hipster.« Genau das tat er ab 1942, wobei er sich auf die Elemente des Jazz verließ, die beim Publikum am besten ankamen – ein ansteckender Beat, suggestive, aber gut gelaunte Novelty-Texte sowie seine eigenen bluesigen Saxophonsoli. Mit seinen Tympany Five produzierte Jordan einen Hit nach dem anderen: »I'm Gonna Move to the Outskirts of Town«, »That Chick's Too Young to Fry«, »Choo Choo Ch' Boogie«, »Ain't Nobody Here but Us Chickens«,

»Saturday Night Fish Fry« und »Caldonia (What Makes Your Big Head So Hard?)«. »Mit meiner kleinen Band«, so Jordan, »hab ich alles gemacht, was die anderen mit ihren Bigbands gemacht haben. Ich hab Schwung in den Blues gebracht.« Andere Jazzmusiker, darunter Lionel Hampton und Cootie Williams, Lucky Millinder und Erskine Hawkins versuchten jetzt ebenfalls, Schwung in den Blues zu bringen. Das Ergebnis wurde schließlich als Rhythm and Blues bekannt.

EIN VERRÜCKTER ALPTRAUM

Für Lester Young war die Welt jenseits seines Saxophons immer mehr oder weniger unwichtig, ja unwirklich gewesen, und als sein Einberufungsbescheid eintraf, ignorierte er ihn einfach. Im August 1944, als er sich darauf vorbereitete, in einem Kurzfilm des Fotografen Gjon Mili mitzuwirken, stellte ihn das FBI. Youngs »Tränen in diesem Film waren echt«, so Jo Jones, »weil er nicht in die Army wollte«.

Young tat, was er konnte, um nicht eingezogen zu werden, und wies auf seinem Einberufungsformular ausdrücklich darauf hin, dass er regelmäßig Marihuana rauche. Aber die Army nahm ihn trotzdem. Seit er als Junge einem weißen Mob gegenüber gestanden hatte, hatte er nicht mehr freiwillig in den amerikanischen Süden zurückkehren wollen. Jetzt wurde er nach Fort McClellan in Alabama geschickt. Der schwarze Stabsunteroffizier, der die Regimentsband leitete, war ein ehemaliger Collegeprofessor, der Jazz hasste und ihm das Spielen verbot. Stattdessen musste er endlose Stunden Küchendienst unter einem weißen Sergeant aus dem ländlichen Georgia leisten. Dieser hatte wenig Geduld mit einem schwarzen Soldaten, der im Norden lebte und darauf bestand, eine seltsame eigene Sprache zu sprechen. Und als der Sergeant in seinem Koffer ein Foto von Youngs erster Frau, einer Weißen, fand, sorgte er dafür, dass Young wegen des Besitzes von Marihuana vor ein Kriegsgericht gestellt wurde. Ein Armeepsychologe diagnostizierte bei ihm einen »körperlich bedingten psychopathischen Zustand, verursacht durch Drogenmissbrauch, chronischen Alkoholismus und Verwahrlosung«. Young wurde unehrenhaft entlassen und zu einem Jahr Militärgefängnis verurteilt. Einmal versuchte er zu fliehen, kehrte aber wieder um, als er »all diese Typen mit Gewehren« sah. Man erlaubte ihm, in der Kasernenband zu spielen, und später erzählte er Zoot Sims, er habe »diese traurigen Arschlöcher zum Swingen gebracht«.

Lester Young und Jo Jones posieren nach ihrer Einberufung 1944 für einen Fotografen der Army in Fort Ord, Kalifornien.

Ansonsten sprach er nur selten über seine Zeit in der Armee. »Es war ein Alptraum, Mann, ein verrückter Alptraum«, war alles, was ihm dazu einfiel. Als er schließlich in die Musikwelt zurückkehrte, war er noch immer ein Meister seines Instruments, der einen ebenso großen Einfluss auf die nächste Generation von Saxophonisten hatte wie sein älterer Rivale Coleman Hawkins auf die Generation vor ihm. Und sein eigenartiger Humor war ebenfalls noch ganz der alte. »Er ging an dir vorbei, wenn du in einer Nische gesessen und mit jemandem gesprochen hast«, erinnerte sich der Pianist Jimmy Rowles, »und im Vorbeigehen streifte er dich irgendwie mit dem Finger und sagte, ›Bob Crosby ist im Laden‹. Dann war er wieder weg. Das bedeutete, dass die Bullen da waren und man aufpassen sollte, wenn man Marihuana bei sich hatte. Er war viel zu gewieft für diese Typen. Er erkannte einen Bob Crosby sofort. Er nannte ihn Bob Crosby – manchmal waren zwei in einem Klub, und er sagte, ›Bing ist auch da.‹ –, weil er einmal in Kansas City oder Minneapolis oder irgendwo von einem Polizisten verhaftet worden war, der genauso ausgesehen hatte wie Bob Crosby.«

Doch schon vor seiner Einberufung hatte seine Musik begonnen, sich allmählich zu verändern, und nach seinem Militärdienst wurden die berühmten Pausen in seinem Spiel länger, die Wechsel vom Flüstern zum Schreien verblüffender, der Sound düsterer und schmerzvoller. Außerdem spielte er weniger nervöse und schnelle Melodien, sondern mehr introvertierte Balladen, die seltsam weltverdrossen wirkten und oft außerordentlich bewegend waren. Youngs Persönlichkeit veränderte sich ebenfalls. Schon immer scheu und distanziert, wurde er nach dem Krieg argwöhnisch und verschlossen, zog sich noch weiter hinter seine Hipster-Fassade zurück und wehrte ungebetene Fragen von Fremden mit undurchsichtigen Antworten wie »Bells« oder »Ding-Dong« ab. Er trank zu viel und wurde im Lauf der Jahre immer verbitterter über die Tatsache, dass jüngere Musiker, deren Stil eindeutig auf seinen zurückzuführen war – »die anderen Ladies«, wie er sie nannte –, oft mehr Erfolg zu haben schienen als er selbst. »Es war bemitleidenswert«, erinnerte sich ein Freund, »ihn zu sehen ... all diese jungen Typen die Ideen spielen zu hören, die er verworfen hatte. ... Man sah ihm an, dass er nicht mehr wusste, welchen Weg er gehen sollte.«

NOW'S THE TIME

Am 26. November 1945 sollte Charlie Parker in den Savoy-Studios im Zentrum Manhattans endlich seine ersten Aufnahmen unter seinem eigenen Namen machen. Er und Gillespie waren in diesem Januar zusammen auf der 52nd Street aufgetreten, und in Musikerkreisen kannte und bewunderte man ihn inzwischen. »In New York war eine Revolution im Gang«, erinnerte sich ein Saxophonist, »eine Rebellion gegen diese blauen Anzüge, die wir in den Swing-Bigbands tragen mussten.« »Es war ein Kult«, so ein anderer Musiker, »eine Bruderschaft.« »Auf der einen Seite stand Charlie Parker«, erinnerte sich ein dritter, »und auf der anderen Seite alle anderen.«

Doch außerhalb der Musikwelt war er immer noch weitgehend unbekannt. Zuerst schien die Session in einem Debakel zu enden. Bud Powell, der Pianist, den Parker gewollt hatte, tauchte nicht auf. Powells Ersatz, Sadik Hakim, war bei Akkordfolgen so unsicher, dass Dizzy Gillespie auf den ersten drei Stücken Klavier spielte – »Billie's Bounce«, »Now's the Time« und »Thriving on a Riff«. Curley Russell spielte Bass, Max Roach saß am Schlagzeug und der 19 Jahre alte Miles Davies spielte bei allen drei Stücken Trompete. Das vierte Stück hieß »Ko Ko« – nicht Duke Ellingtons Stück, sondern eine Originalkomposition von Parker, basierend auf den Harmonien von »Cherokee« – und begann mit einer komplexen, mörderisch schnellen Einleitung, die Davis so sehr einschüchterte, dass Gillespie für ihn einsprang und dann wieder zurück zum Klavier eilte, während Parker sein Solo spielte.

»Ko Ko« verblüffte alle, die es zum ersten Mal hörten – ebenso wie 20 Jahre zuvor die ersten Platten, die Louis Armstrong unter seinem eigenen Namen gemacht hatte. Max Roach wirbelte im Hintergrund, während Parker und Gillespie sich unisono in einen wütenden, achttaktigen Chorus stürzten. Dann spielte jeder von ihnen eine verblüffende, achttaktige Arabeske, bevor Parker in zwei wilde, halsbrecherische Chorusse überging, randvoll mit Noten und anders als alles, was man bis dahin je auf Platte gehört hatte. »›Ko Ko‹ mag zuerst vielleicht nur wie eine schnelle Shownummer klingen«, schrieb Martin Williams, »aber das ist es nicht. Es ist eine präzise, lineare Improvisation von außergewöhnlichem melodischen Gehalt. Es ist auch ein fast perfektes Beispiel für Virtuosität und Ökonomie. Nach einer Pause fallen Noten über und zwischen diesen und jenen Beat; sie brechen sie auseinander, berauben sie jeder Spur von Monotonie; die restlichen landen dort, wo einst schwere Beats kamen; jetzt kommen ›schwere‹ Beats zwischen Beats und auf schwache Beats. ... [Das Stück] zeigt, wie elementar und brillant Parkers rhythmische Innovationen sind – und zwar nicht nur in ihrer Komplexität, sondern auch in ihrer Ökonomie.«

Andere Plattenaufnahmen hatten bereits einen Vorgeschmack auf die zukünftigen Entwicklungen enthalten, und Bigbands wie die von Woody Herman, Boyd Raeburn und Stan Kenton waren bereits dabei, Elemente dieser neuen Musik in ihre Arrangements zu integrieren (was größtenteils Gillespies Bereitschaft zu verdanken war, seine Entdeckungen mit jedem zu teilen, der ihn danach fragte). Aber die Sessions in den Savoy-Studios waren unverfälschter Bebop – komplizierte, unisono gespielte Themen, dissonante Akkorde und anspruchsvollstes virtuoses Solospiel, angetrieben von einem kühnen, entschlossenen Schlagzeug, welches nicht nur das mörderische Tempo vorgab, sondern auch eine Art fortlaufenden Kommentar zu allem darstellte, was die Solisten spielten. Charlie Parkers Geheimnis war gelüftet.

»Ko Ko« von Charlie Parkers Ri Bop Boys – die Platte, die der Welt zeigte, was Parker, Dizzy Gillespie und ihre Mitstreiter während des Aufnahmeverbots im Krieg entwickelt hatten.

WEISSES RAUSCHEN UND RETTER IN DER NOT – GEDANKEN ZUM THEMA RASSEN, JAZZ UND WEISSE JAZZMUSIKER

GERALD EARLY

REBELLEN UND RASSE

Jazz ist das Produkt der Weißen ... Er ist die Saat der Schwarzen.
Tenorsaxophonist Archie Shepp, *Down Beat*, 16. Dezember 1965

Als *Life* 1938 eine Ausgabe dem Jazz widmete und damit einer Musik zu breitem Ansehen verhalf, die 15 Jahre zuvor von den meisten Zeitschriften des Mainstream als degeneriert betrachtet worden war, dominierten Weiße die Szene. Sie waren zwar nicht immer die originellsten Denker dieser Musik (was man in keinem Genre von der Mehrheit seiner Vertreter erwarten würde), aber mit Sicherheit ihre in der Öffentlichkeit bekanntesten Persönlichkeiten.

1938 gab es keinen besonderen Grund anzunehmen, dass Weiße nicht auch weiterhin den Jazz dominieren würden, aber es kam ein wenig anders. Nach dem Zweiten Weltkrieg gingen immer mehr kritische und historische Betrachtungen dazu über, Schwarze als die wichtigsten Neuerer dieser Kunst und die Musik als einen Ausdruck bestimmter schwarzer ästhetischer Prinzipien zu sehen, die Elemente des Swing und des Blues enthielten. Einer der Gründe für diesen Wandel war zweifellos die Bürgerrechtsbewegung, die dafür sorgte, dass die Afroamerikaner sich zu einer selbstbewussten politischen und moralischen Kraft innerhalb der amerikanischen Gesellschaft entwickelten und dass rassistische Einstellungen in der Gesellschaft, zumal bei den Intellektuellen, keine Zustimmung mehr fanden. Aber auch wenn es einigen Weißen natürlich weiterhin finanziell sehr gut ging und sie als Musiker zuweilen beträchtliche öffentliche Anerkennung genossen, so steht doch fest, dass die seit dem Zweiten Weltkrieg entstandenen Jazzrichtungen, die am stärksten von Weißen dominiert oder mit ihnen gleichgesetzt wurden, von Jazzkritikern abgelehnt und von den meisten Jazzliebhabern sehr argwöhnisch betrachtet wurden: Cool Jazz, Progressive Jazz, West Coast Jazz oder Third-Stream sowie Fusion oder Jazz-Rock. All diese Genres werden im Allgemeinen weniger geschätzt als der einst kontroverse Avantgarde Jazz der 60er Jahre. Sicherlich wirkt ein Großteil der Musik, die innerhalb dieser Strömungen gespielt wurde, mittlerweile überholt – aber das gilt zum Teil auch für Hard Bop und Soul Jazz.

Unterdessen behaupteten Kritiker, Jazz sei immer schon hip, führend und von einer Aura der Rebellion umgeben gewesen. Diese Auffassung war unter Jazzliebhabern nach dem Zweiten Weltkrieg so verbreitet, dass die Musikindustrie sie gerne als Marketinginstrument nutzte. Aber auch wenn die Jazzkritiker das Ausmaß dieser »Rebellion« in gewisser Weise übertrieben, so ist der Jazz doch meist dem Weg jener Kunstformen gefolgt, in denen Rebellion und Verehrung, das Verlangen nach Einfluss und das Bedürfnis nach Tradition ebenfalls in einem ständigen Spannungszustand existieren. Tradition ist sowohl Inspiration als auch eine Form der Unterdrückung und Verdrängung. Rebellion ist die Freisetzung neuer Energien und Ideen und gleichzeitig ein Impuls, durch Zügellosigkeit und die Schaffung von Neuem um des Neuen willen eine Täuschung zu begehen. Der Traditionalist wirft dem Rebellen vor, dass es ihm an Handwerk und Disziplin mangelt, während der Rebell den Traditionalisten beschuldigt, er sei ein reaktionärer Formalist.

Noch immer spielen mehr Weiße als Schwarze Jazz, und das schwarze Publikum zeigt heute wenig Interesse an dieser Musik, sieht man einmal von dem sehr kommerzialisierten, grooveorientierten »Smooth Jazz« ab, den schwarze und weiße Musiker wie Kenny G, George Benson, George Duke, Joe Sample, Marcus Miller und Larry Carlton spielen. Jazz ist zu einer globalen Musik geworden, einem Handwerk, das von hoch begabten Musikern auf der ganzen Welt praktiziert wird. Aber selbst in der heutigen Zeit der multikulturellen Vielfalt scheinen uns noch immer Fragen wie die zu verfolgen, ob Weiße Jazz spielen können, ob Schwarze die talentierteren Jazzmusiker sind und ob Weiße jemals etwas wirklich Neues im Jazz geschaffen haben. Der legendäre Bix Beiderbecke – der einzige Weiße, der als Persönlichkeit im Jazz dem Format eines Louis Armstrong, Charlie Parker oder Miles Davis nahe gekommen sein könnte – existiert letztendlich nicht als ein Paradigma, sondern als eine Art Anomalie. Der weiße Musiker ist in einer seltsamen Falle gefangen. Er wird verurteilt – wenn er etwas spielt, was man »weißen« Jazz nennt –, weil er nicht swingen kann (das sine qua non der Musik) und daher nicht authentisch ist. Und er ist ebenso wenig authentisch (und dazu noch ein Dieb), wenn er etwas spielt, was man »schwarzen« Jazz nennt. Weiß zu sein und Jazz zu spielen scheint daher innerhalb dieser Strukturen so oder so unmöglich.

Richard Sudhalter hat mit seinem Buch »Lost Chords: White Musicians and Their Contribution to Jazz, 1915–1945« eine Rettung des weißen Musikers versucht. Die Veröffentlichung dieses langatmigen, für den Leser wenig brauchbaren Werks hat erwartungsgemäß für einige Empörung gesorgt. Manche glauben, der weiße Jazzmusiker habe im Laufe der Jahre mehr als das ihm Zustehende an Geld, Publicity und Legitimität in der populären Kultur erhalten, weil ihm mehr und lukrativere Jobs und Auftrittsmöglichkeiten offen standen als dem schwarzen Musiker (einige werden zynisch, aber mit Recht einwenden, »Crow Jim« oder die Bevorzugung schwarzer Musiker sei erst dann spürbar geworden, als der Jazz am Ende zu sein schien und es keinen Ort mehr gab, wo er gespielt werden konnte). Für viele ist ein Buch wie das von Sudhalter, mit dem eine Verteidigung der weißen Hautfarbe versucht wird (auch wenn er es angeblich im Namen des wahren multikulturellen Charakters des Jazz geschrieben hat) nichts anderes als Rassismus, getarnt als Untersuchung der Vielfalt.

Dennoch wirft Sudhalter in seinem Buch einige sehr wichtige Fragen auf. Niemand würde behaupten, Saxophonisten wie Lee Konitz, Art Pepper, Paul Desmond und Bud Shank seien für die Geschichte des Jazz so wichtig wie Charlie Parker, John Coltrane, Coleman Hawkins oder Lester Young – aber sind sie nicht ebenso wichtig wie Eric Dolphy, Sonny Rollins, Sonny Stitt, Pharoah Sanders, Cannonball Adderley, Dexter Gordon oder Jackie

McLean? Wenn der musikalische Beweis für die obige These erbracht wird, sollten weiße und schwarze Saxophonisten in jeder seriösen Musikanthologie gleichberechtigt besprochen werden. Sollten wir etwas über Papa Jack Laine erfahren, einen Schlagzeuger, der als der Vater des weißen New Orleans Jazz galt und der weißen Musikern der ersten Jahre wie Nick LaRocca, Paul Mares, Raymond Lopez und Leon Roppolo zu Berühmtheit verhalf? Ist Laine so bedeutend wie ein Art Blakey, der im Laufe von drei Jahrzehnten sehr viele schwarze »Hard Bop«-Musiker förderte? Sudhalter stellt auch die problematischere Frage, wie Jazz zu definieren sei. Sind Swing und Blues die wesentlichen Elemente? Wurden diese Elemente von Schwarzen in die Musik eingebracht? Wird weißer Jazz weitgehend als Jazz verstanden, der nicht swingt und nicht auf den Blues gegründet ist? (Ich glaube, ja.) Sind diese Unterscheidungen überhaupt exakt, wenn es um die Charakterisierung der Beziehung der Rassen zu dieser Musik geht?

Vielleicht kann ein Blick auf die Karrieren zweier der einflussreichsten und erfolgreichsten weißen Jazzmusiker nach 1940, die des Bandleaders Stan Kenton und die des Pianisten Keith Jarrett, zu einem besseren Verständnis dessen führen, wie der weiße Musiker sich selbst wahrnimmt und wie er von anderen wahrgenommen wird. Die beiden Männer haben nicht viel gemeinsam: Sie wuchsen an verschiedenen Küsten des Landes auf (Jarrett an der Ost- und Kenton an der Westküste); sie begannen ihre Karriere in sehr unterschiedlichen Perioden des Jazz und der amerikanischen Sozialgeschichte (Kenton während der Depression und Jarrett zur Zeit des Vietnamkriegs und Watergate); und sie zeichnen sich durch völlig unterschiedliche Musikstile und eine ganz besondere Art im Umgang mit dem Klavier aus. Selbst in ihrer körperlichen Erscheinung sind sie äußerst verschieden: Kenton war sehr groß und hatte lange Arme, während Jarrett sehnig und klein ist und sehr kräftige Hände besitzt. Dennoch gibt es eine Reihe von Gemeinsamkeiten: Beiden wurde Arroganz, musikalische Maßlosigkeit, zu viele Aufnahmen, Angeberei und Mangel an Originalität vorgeworfen. Beide haben eine überzeugte, kultartige Anhängerschaft, die sie als fast übermenschlich und bezwingend originell betrachtet. Aber unter »normalen« Jazzfans und Musikliebhabern bleibt ihre Musik meist unbeachtet und wird kaum gehört. Beide hatten großen Erfolg mit einer komplexen instrumentalen Musik, ohne sich um die wechselhaften Launen des Marktes zu kümmern. Und beide artikulierten entschlossen ihre eigenen Prinzipien des Jazz.

BALBOA UND DIE ZEIT DANACH

Wir waren völlig weggetreten in diesem ersten Sommer in Balboa. Wir waren wie gebannt. ... Die Musik hatte mich so gepackt, dass ich nicht mehr wusste, ob ich verheiratet war! Wir folgten Stan überallhin. Für uns war er ein Gott!

Der Bassist Howard Rumsey in: Carol Easton, *Straight Ahead: The Story of Stan Kenton*

Der Jazz ist erledigt.

Stan Kenton, *Down Beat*, 23. April 1964

1964 stimmte Kenton für den republikanischen Präsidentschaftskandidaten Barry Goldwater, 1968 unterstützte er George Wallace von der äußerst rechten American Independent Party. Man kann annehmen, dass seine politischen Ansichten nicht nur konservativ, sondern schon ziemlich reaktionär waren. Man kann auch annehmen, dass Kenton nicht viel von der Bürgerrechtsbewegung hielt; der Produzent eines Jazzlabels sagte mir, Kentons Platten seien bei den Mitgliedern der National Rifle Association noch immer sehr gefragt. Es ist interessant, dass er gegen Ende seines Lebens – er starb 1979 – zwei sehr unterschiedliche Arten von Publikum anzog: Alte Fans, die sich an die glorreichen Tage des progressiven Jazz erinnerten und das Andenken einer Band in Ehren hielten, die laut und aggressiv spielte, und junge Anhänger, die mit Hardrock aufgewachsen waren, Kentons Band aber wegen der gleichen Qualitäten schätzten.

Als Kenton 1956 die Ergebnisse der Kritikerumfrage in *Down Beat* las, bei der der Gitarrist Tal Farlow und der Klarinettist Benny Goodman die einzigen weißen Musiker waren, die in einer der Kategorien gewannen, schickte er folgendes erbostes Telegramm an den Herausgeber:

Las gerade Ihre vierte Kritikerumfrage. Es ist offensichtlich, dass es eine neue Minderheitengruppe gibt, »Weisse Jazzmusiker«. Das Einzige, was das Studium der Meinungen Ihrer literarischen Jazzgenies bei mir ausgelöst hat, ist völlige und absolute Empörung.

In einem offenen, im darauf folgenden Monat veröffentlichten Brief an Kenton antwortete der Jazzkritiker Leonard Feather:

> »Praktischerweise ignorieren Sie die von den meisten Musikern und Jazzautoritäten seit langem vertretene Theorie ... dass fast jede bedeutende Entwicklung in der Geschichte des Jazz das Werk schwarzer Musiker gewesen ist und dass selbst die wenigen Ausnahmen wie Bix, Benny Goodman und [Lenny] Tristano zugeben, sich stark auf die Inspiration schwarzer Vorläufer gestützt zu haben.«

Für Stan Kenton war es zweifellos eine Neuigkeit, dass er die vergangenen 20 Jahre eine Kunstform der Schwarzen praktiziert haben sollte. Für ihn war Jazz einfach amerikanisch – was er im Laufe der Jahre in vielen Interviews immer wieder betonte. Es fällt auf, dass Feather das Wort »Theorie« und nicht »Tatsache« verwendet, wenn er über die Bedeutung der Schwarzen in der Entwicklungsgeschichte des Jazz spricht. Aber es scheint ihm gar nicht in den Sinn gekommen zu sein, dass er die Ergebnisse der Umfrage aus politischen und moralischen und nicht aus musikalischen Gründen verteidigte, als er Kenton des Rassismus anklagte. »Wieso kam keine Beschwerde von Ihnen, als Sie gewonnen haben?«, schrieb er an Kenton, der nur zehn Stimmen gegenüber den 223 des Siegers Count Basie erhalten hatte. Aber trotz seiner Verbitterung war Kentons Forderung nach einer musikalischen Rechtfertigung der Ergebnisse berechtigt. Wenn »ein Mensch ein Mensch ist«, wie er selbst stets geglaubt hatte, und allein das Individuum zählte, wenn mindestens so viele Weiße so professionell Jazz spielten wie Schwarze, warum sollten dann gerade Schwarze die Umfragen dominieren?

»Die Tatsache, dass die meisten Gewinner in dieser Kritikerumfrage zufällig schwarz waren«, schrieb Feather, »hatte nicht das Geringste mit einer bewussten oder unbewussten rassistischen Einstellung seitens der Stimmberechtigten zu tun.« Aber Feather konnte dies unmöglich wissen. Wenn Weiße in früheren Umfragen gut abgeschnitten hatten – und sie hatten sie während der 30er Jahre vollständig dominiert –, warum sollten sie plötzlich schlechter bewertet werden als schwarze Musiker? Wann kam diese »Theorie« der Schwarzen als wichtigste Neuerer der Musik auf, und warum hatte sie die meisten Kritiker überzeugt?

Als Folge dieser Kontroverse wurde Kenton von einigen als der letzte große Verteidiger des weißen Jazz betrachtet, als der ultimative weiße Jazzmusiker. Seine Musik wurde noch mehr als zuvor zur Verkörperung des Jazz als große verlorene Sache der Weißen in der amerikanischen Kultur. Sein bester Biograph, Carol Easton, beschreibt die Wurzeln von Kentons rassistischen Ansichten:

> »Stan wurde immer wieder vorgeworfen ... schwarze Musiker zu diskriminieren – was auch zutrifft. Aber in ihrer Eile, ihn als Rassisten abzustempeln, enthüllen seine Kritiker ihre eigene Unkenntnis der Gestalt des Stan Kenton.
>
> Man kann von niemandem erwarten, mehr oder weniger zu sein als die Umgebung, die ihn formt. Stanley ist der Sohn seiner Mutter. Seit frühester Kindheit wurde er durch Stellas kategorische Philosophie indoktriniert: Richtig und Falsch, Gut und Böse, Schwarz und Weiß, Demokratie und Kommunismus. Entfernt man den oberflächlichen Anstrich von Kultiviertheit, so findet man im Kern dieses Mannes die provinziellen, chauvinistischen, kurzsichtigen, unerschütterlichen Werte des typischen weißen angelsächsischen Protestanten. ... Moralisch fehlt ihm jedes periphere Sehvermögen; ein soziales Gewissen bezeichnet er als »diesen liberalen Scheiß«.

Ebenso wie andere Kenton-Fans hat der Komiker Mort Sahl darauf hingewiesen, dass Kenton auch schwarze Musiker engagierte, darunter Ernie Royal, Karl George, Jesse Price, Jimmy Crawford, Curtis Counce, Kevin Jordan, Jean Turner, Julius Watkins und Don Byas. Doch schwarze Musiker hatten nie eine wirkliche Präsenz in Kentons Band und auch keinen Einfluss auf die Art der Musik. Der Charakter der Band war stets überwältigend weiß – sofern es legitim ist, den Charakter einer Band mit rassischen Begriffen zu beschreiben. Kenton stimmte seine Musik konzeptuell nach Rassen ab, zumindest dachte das sein Publikum, und viele sahen darin wahrscheinlich einen reizvollen Aspekt – was vermutlich der Grund ist, warum seine Verteidiger gerne jene Schwarzen anführen, die gelegentlich mit ihm spielten. (In einem Interview vom März 1958 in *Down Beat* sagte Kenton über die Beziehung einer bedeutenden, nichtweißen Musik zum Jazz: »In Zukunft werden afrokubanische Rhythmen eine große Rolle spielen. Eines Tages wird die amerikanische Musik kubanische Rhythmen vollkommen absorbiert haben.« Linke entdeckten in dieser Bemerkung weißen Imperialismus, während Rechte darin gute alte amerikanische Initiativkraft und eine künstlerische Form des »Manifest Destiny« sehen.) Gelegentlich findet man Artikel über Auftritte seiner Band in der schwarzen Presse der 40er und 50er Jahre, aber es ist unwahrscheinlich, dass sich in diesen Tagen viele Schwarze dem Stan Kenton Fan Klub anschlossen, dessen Briefe immer ein »KKK« trugen – was für »Keep Kenton Kicking« stand.

Anders als das Wunderkind Keith Jarrett war Kenton ein großer, unbeholfener Jugendlicher ohne besondere Begabung auf irgendeinem Gebiet. Aber als Heranwachsender brannte er vor Geltungsbedürfnis und war davon überzeugt, dass er ein besseres Leben verdiene und der Welt etwas zu bieten habe. Als Teenager entdeckte er die Musik und machte sie zu seiner Mission, seiner Berufung. Er klammerte sich daran fest, als ginge es um sein Leben, seine Identität, und hämmerte stundenlang auf dem Klavier herum. Er glaubte, wenn er mit der Musik keinen Erfolg habe, würde es nichts anderes mehr für ihn geben – und nichts mehr von ihm übrig bleiben. Über seine Jugend erzählte er:

> »Es war sehr schwer für mich, ein Teil von irgendetwas zu werden. Ich fühlte mich, als ob ich nicht das Recht hätte, überhaupt zu existieren. Ich hatte Angst vor Menschen. Ich war sehr unbeholfen und ungeschickt, unkoordiniert. Ich konnte nicht rennen oder Basketball spielen. Ich war nicht gut im Baseball. Meine Leistungen in der Schule waren auch nicht besonders. Aber ich wollte unbedingt jemand sein, etwas Wichtiges tun. Dann begegnete mir die Musik, und ich folgte ihr verzweifelt, wurde regelrecht hineingetrieben, weil ich so sehr danach verlangte, mich mit irgendetwas zu identifizieren ... Zu dieser Zeit hätte es alles sein können. Zufällig war es die Musik.«

Kentons große Chance kam 1933, als Everett Hoaglund, ein bekannter Musiker in Südkalifornien, ihn engagierte, mit seiner Band im Rendezvous Club in einer Stadt namens Balboa zu spielen – ein Name, der für Kenton nahezu mystische Bedeutung erlangte. Egal wie weit oder wie viel er reiste, Balboa wurde zum Synonym für Kenton; es war seine professionelle und spirituelle Heimat.

1938 übernahm Kenton das Orchester des Saxophonisten Vido Musso; zwei Jahre später gründete er seine eigene Band, mit der er im Sommer 1941 ein Engagement im Rendezvous bekam. Dort wurde der unerträglich laute, rhythmisch überwältigende und aus schweren Klangblöcken bestehende Kenton-Sound geboren. Die jungen Leute, die diese Musik hörten, flippten völlig aus. Es war wie eine Neuauflage von Benny Goodman im Palomar.

Mitte der 40er Jahre spielte Kenton eine Musik, die er Progressive Jazz nannte – voller Dissonanzen, Atonalität und anderen, bei europäischen Komponisten wie Milhaud, Strawinsky und Schostakowitsch entlehnten

Techniken. Als weißer Komponist oder Arrangeur mit einem Faible für die europäische Musik des 20. Jahrhunderts und für Bigbands ging man mit dem Notenpapier in der Hand zu Stan Kenton. Seine Band spielte an Orten wie der Philadelphia Academy of Music und der Symphony Hall in Boston, wo nicht klassische Künstler so gut wie niemals zugelassen wurden. Trotz der Diskussionen, die seine Musik hervorrief – niemand war neutral, was Kenton betraf: Man liebte ihn oder man hasste ihn –, wurde ihm von vielen jungen weißen Musikern, seinen zahlreichen ekstatischen Fans und einigen Kritikern großer Respekt als Komponist und Bandleader entgegengebracht. *Down Beat* und *Metronome* schrieben überwiegend positiv über ihn. Außerdem machte er tatsächlich eine Menge Geld mit Hits wie »Eager Beaver«, »Peanut Vendor«, »Intermission Riff« und einer Reihe von Songs, deren Titel mit »Artistry« begannen.

Stan Kenton und seine Fans im Collegealter.

Ende der 40er Jahre stellte Kenton eine neue Band zusammen, das Innovations Orchestra – 40 Musiker, darunter 16 Streicher – und spielte äußerst experimentelle Stücke wie Bob Graettingers »City of Glass«, die das Publikum zu verwirren und zu verblüffen schienen. Seine Musik wurde immer bombastischer. (Der Bassist Howard Rumsey nannte Kenton »den Wagner des amerikanischen Jazz«, aber er hatte auch etwas von Paul Whiteman.) Das Innovations Orchestra wurde schließlich von dem 27-köpfigen Mellophonium Orchestra abgelöst (benannt nach den vier darin präsentierten, seltsam geformten französischen Blasinstrumenten, denen die anderen Bläser vorwarfen, sie hätten einen schlechten Ton und würden sie aus der Tonlage bringen). Diese Band wiederum wurde durch das Neophonic Orchestra ersetzt (Kenton selbst erfand den Namen). Seine Anhängerschaft blieb ihm die ganze Zeit über treu, aber die breite Öffentlichkeit verlor schließlich das Interesse. In dem 1955 gedrehten Film Saat der Gewalt zerschlagen die revoltierenden Schüler die Stan Kenton-Platten ihres Lehrers. Die Dinge hatten sich seit 1941 geändert.

Kentons Musik war weißer Jazz – in gewisser Hinsicht die Apotheose des weißen Jazz. Swing war nicht relevant. Um es krass auszudrücken: Nach Kentons Weltsicht hatten Schwarze Rhythmus, aber Weiße hatten die theoretischen Kenntnisse. Glenn Miller formulierte dies 1940 folgendermaßen: »Ich habe keine tolle Jazzband und ich will auch keine. Einige der Kritiker, darunter die von *Down Beat*, zeigen mit dem Finger auf uns und werfen uns vor, wir hätten den wahren Jazz aufgegeben. ... Es kommt darauf an, was man unter »wahrem Jazz« versteht. Für unsere Ohren kommt der Klang zuerst. Ein Dutzend farbiger Bands haben einen besseren Beat als meine. Aber unsere Band legt Wert auf den Klang.« Kenton wiederholte diese Auffassung 1965: »Es wird Zeit, dass wir uns von diesem abgedroschenen Bereich der Jazzmusik frei machen. Ich habe immer behauptet, dass etwas nicht unbedingt die ganze Zeit swingen muss, um Jazz zu sein, denn es gibt eine bestimmte, aus den Anfängen des Jazz stammende Spielweise, die auf die Rubato-Bewegung in der Musik und jede Art von Tempo, jede Auffassung von Tempo angewendet werden kann. Es muss nicht immer etwas mit Swing zu tun haben.«

Kenton besaß eine leidenschaftliche Persönlichkeit – er war dreimal verheiratet, sprach voller Überzeugung davon, er wolle Psychiater werden, verkündete, Jazz sei »neurotisch«, dann »tot« und schließlich wieder geboren. 1975 konnte er aus Gesundheitsgründen nicht mehr auf Tournee gehen, leitete aber weiterhin Hunderte von Seminaren an Highschools und Colleges. Er vermachte seine gesamte Musik der North Texas State University. Wie so viele Amerikaner der modernen Zeit glaubte auch er an die wirksame Kraft von Erziehung und Ausbildung und war überzeugt davon, das Jazz eine Art von Kredo sei, welches weitergegeben werden müsse.

Auch wenn Kentons Musik heute nicht mehr oft gehört wird, so erstreckt sich sein Einfluss weit über die Menschen hinaus, die noch immer seine Platten kaufen. Die Liste weißer Jazzmusiker, die mit Kenton spielten, ist beeindruckend: Maynard Ferguson, Art Pepper, Laurindo Almeida, Mel Lewis, Charlie Mariano, Anita O'Day, June Christy, Bob Cooper, Shelly

Stan Kenton und sein Orchester, 1946; am Schlagzeug Shelley Manne.

Manne, Howard Rumsey, Kai Winding, Shorty Rogers, Lee Konitz, Frank Rossolino, Bud Shank, Stan Getz, Zoot Sims, Pepper Adams und Sal Salvatore. Unter den Arrangeuren, die für Kenton arbeiteten, waren Bill Holman, Gerry Mulligan, Bill Russo, Johnny Richards und Pete Rugolo – Namen, die zu den berühmtesten der Nachkriegszeit gehören. Denkt man an all die Seminare, die Kenton hielt und all die Highschool- und Collegebands im Land, die heute Kentons Arrangements spielen, kann man leicht erkennen, wie groß sein Einfluss auf die amerikanische Musik war. In dieser Hinsicht bleibt er eine Institution. Anders als Keith Jarrett, der Jazz für etwas Intuitives hält, glaubte Kenton immer, man könne Jazz »lernen«, obwohl er auch stets befürchtete, er könne »zu sehr intellektualisiert« werden und sein »Herz« und seine »Gültigkeit« verlieren.

1972 besuchte ich ein Konzert seiner Band im Glassboro State College in New Jersey. Meine Ohren klingelten danach noch zwei Tage lang, und schon während des Konzerts spürte ich ein Pochen in der Brust – ich bin nicht sicher, ob vor Aufregung oder Angst. Stan Kenton war der letzte große weiße Ritter der amerikanischen Musik, aber es fällt mir schwer, aus dieser Distanz zu sagen, ob er Drachen tötete oder einfach nur gegen Windmühlen kämpfte.

KUNDALINI

Jazz ist eine der am wenigsten erlernbaren Kunstformen.

Keith Jarrett, *Jazztimes*, Mai 1999

Man hat Keith Jarrett häufig vorgeworfen, seine Musik sei kein Jazz und swinge nicht, zumindest nicht im konventionellen Sinn. Jarrett veröffentlichte Solo-Improvisationen an der Pfeifenorgel, am Klavier und am Clavichord, dazu ein frühes Album mit Popsongs – ein Werk, das man am besten vergisst – und ein weiteres mit dem Titel Spirits, das wie die Musik amerikanischer Indianer klingt und auf dem Keith Jarrett alle Instrumente selbst spielt, darunter auch eine Vielzahl von Flöten und Trommeln. Aber von den vielen Platten, die er gemacht hat – und er war erstaunlich produktiv – ist wohl keine eigenartiger als sein 1980 erschienenes Album Sacred Hymns mit Kompositionen des Spiritisten G. I. Gurdjieff. Jarretts Entscheidung für dieses Material erscheint deshalb so bizarr, weil die harmonisch uninteressante, betont einfache und leblose Musik nicht zum Zuhören, sondern als Begleitung für rituelle Tänze bestimmt ist. Da auch Jarrett selbst die Langatmigkeit dieser Musik aufgefallen sein muss, ist dieses Album wohl eher aus philosophischen Gründen entstanden, die jenseits der Musik zu suchen sind. Es existiert nur als eine Art Untermalung für eine Reihe von Ideen, die wenig mit Musik, sondern ausschließlich mit Bewusstsein zu tun haben. Aber für einen Musiker, der so sehr von der mythologischen und romantischen Bedeutung des Musikschaffens besessen ist, reichen solche Beweggründe für eine Aufnahme natürlich aus.

Dieses Album bestärkt erneut einige zentrale Selbstkonzepte und Überzeugungen, die dem Mythos Jarrett zugrunde liegen: Das Primat des Prozesshaften beim Musikschaffen; die Weigerung, in irgendeiner Form Rücksicht auf den Geschmack des Marktes oder die Erwartungen der Fans zu nehmen – wodurch Jarrett seine Integrität bestärkt sieht; die in den 60er Jahren, als seine Karriere als Berufsmusiker begann, weit verbreitete Auffassung, Musik sei die Verkörperung von etwas Spirituellem und Philosophischem. Wie John Coltrane, der spirituelle und musikalische Held vieler Musiker seiner Generation, sah auch Jarrett Musik zunehmend als eine alles durchdringende Kraft, die nicht nur gewisse Stimmungen begleitete oder hervorrief, sondern sowohl weit reichende gesellschaftliche Veränderungen als auch eine bewusstseinsverändernde persönliche Wahrnehmung herbeizuführen vermochte. Jarrett wuchs mit diesen Ideen auf und erweiterte sie für sich dergestalt, dass er Musik machen konnte, bei der es sich zwar eindeutig nicht um Jazz handelte, die aber seinem Ruf als Jazzmusiker bei den Zuhörern seiner eigenen Generation nicht schadete.

Tausende von Plattenkäufern, von denen sich viele gar nicht für Jazz interessierten, wurden auf Jarrett durch eine Reihe von Solo-Konzerten aufmerksam, in denen er lange Blöcke improvisierter Musik – keine erkennbaren Melodien oder Songs – auf einem Flügel spielte. Weder Kritiker und Publikum noch Jarrett selbst betrachteten diese Musik als Jazz im traditionellen Sinn. Bei diesen Konzerten, die zwischen 60 und 90 Minuten dauerten, kombinierte Jarrett Teile keltischer, indianischer und Gospel-Musik sowie Blues und Jazz mit Augenblicken eines eindringlichen Lyrismus. Irgendwie schien es sich bei den Ergebnissen nie nur um ein bloßes Pastiche von Effekten, Einflüssen und Launen zu handeln, sondern um äußerst konzeptuelle Präsentationen wahren Musikschaffens.

Drei Dinge halfen Jarrett dabei, ein scheinbar so wenig viel versprechendes Projekt zu einem großen kommerziellen Erfolg zu machen, das auch von Kritikern anerkannt wurde. Er war ohne Zweifel ein Virtuose auf seinem Instrument; die meisten seiner Konzerte boten genügend interessante und anspruchsvolle Musik, um die langweiligen, monotonen und allzu inständigen Passagen wettzumachen; und er spielte auf eine energetische Art Klavier – seine Kritiker würden sie als theatralisch und großtuerisch bezeichnen – und vermittelte seinem Publikum damit, dass er auf Aufsehen erregende Art und Weise vom Musikschaffen ergriffen, ja förmlich besessen war und dass seine Art des Spiels nicht nur große Inspiration, sondern auch große körperliche Ausdauer erforderte. (Diese Akrobatik wirkte auf seine eher mystisch orientierten Fans wie die körperliche Darstellung der Kundalini – der Energie, die nach dem Glauben bestimmter Yogis schlafend am Ende des Rückgrats liegt, bis sie aktiviert und durch die sieben Chakren oder spirituellen Zentren des Körpers aufsteigt.) Jarretts Performances bei seinen Solokonzerten hatten immer den Anstrich einer Yogaübung und versinnbildlichten damit die Bedeutung des Wortes Kundalini – der Name, unter dem er seine Musik einige Jahre veröffentlichte.

Natürlich waren diese Verrenkungen auch gutes Entertainment, und einige sahen Jarrett als den Gene Krupa des Klaviers. Seine Interpretationen klassischer Musik (mit denen er nach 1980 immer häufiger auftrat) schienen dies jedoch nicht zu erfordern. Daher waren die Solokonzerte für seine Bewunderer nicht nur musikalische Darbietungen, sondern spirituelle Ereignisse, und Jarrett erschien ihnen wie ein Schamane, der die Geister anruft – so eindringlich forderte er die Gunst seiner Muse. In Interviews sagte er so aufgeblasene Dinge über die Bedeutung dieser Konzerte – er müsse sich von Musik entleeren, bevor er zu spielen beginne; der Tod begleite seine Auftritte, weil er am Klavier so verletzlich und offen sei –, dass sie auch als Demonstrationen einer philosophischen Proposition über Musik Relevanz erlangten. In dieser Hinsicht mag Jarretts Denken von Karlheinz Stockhausen beeinflusst gewesen sein, dem Komponisten und Visionär, der sich 1971 in einem Vortrag für »intuitive Musik« aussprach:

> »Es sind gewisse Fähigkeiten erforderlich … um diese Art von Musik zu spielen … die der traditionelle Musiker nie gelernt hat. Die intensivsten Momente in der musikalischen Interpretation und Komposition sind nicht das Ergebnis geistiger Prozesse, sie stammen nicht von dem, was wir bereits wissen, sondern lassen sich einfach von dem ableiten, was in der Vergangenheit passiert ist. Musiker müssen lernen, das Gegenteil von egozentrisch zu werden; andernfalls spielt man nur sich selbst, und das Selbst ist nichts weiter als ein großer Sack gespeicherter Informationen. Solche Menschen sind geschlossene Systeme. Aber wenn man zu einer Art Radioempfänger wird, ist man nicht mehr damit zufrieden, sich selbst auszudrücken. … Man wird zum Medium.«

Jarretts Solokonzerte scheinen also tiefgründige, intensive Musik gewesen zu sein – aber sie blieben für ein großes Publikum interessant und zugänglich, weil ihm der Mainstream-Jazz weitgehend egal war. Da Jarretts überaus rhythmische Musik nicht »swingte«, könnte man sagen, dass er weißen Jazz oder das verherrlichte, was für die meisten Menschen weißen Jazz ausmacht. Die Ironie besteht jedoch darin, dass viele Hörer Anfang der 70er Jahre glaubten, Jarrett sei schwarz oder gemischtrassig; so wurde dem weißen Jazz eine Art erotische Anziehungskraft verliehen, die ihm niemand je zugetraut hätte.

Diese vielen, komplexen Merkmale und der geringe Kostenfaktor der Aufnahmen – ein Musiker, ein Instrument – trugen ebenso zum kommerziellen Erfolg bei wie die Tatsache, dass Jarrett mit seinen Meditationen auf dem Flügel begann, als die meisten jungen Jazzmusiker noch immer von elektronischer oder rockorientierter Musik fasziniert waren, die Jarrett selbst in einer frühen Formation von Miles Davis' elektrischer Band gespielt hatte. Die Plattenfirma ECM (Editions of Contemporary Music) brachte zuerst eine Dreifach-LP mit Aufnahmen von zwei Solo-Klavierkonzerten in Bremen und Lausanne heraus, die sich gut verkauften, und anschließend eine Doppel-LP von einem Konzert in Köln. »The Köln Concert« entwickelte sich nicht nur zu Jarretts bekanntester Platte, sondern auch zur populärsten Klavierplatte in der Geschichte der amerikanischen Musik; es ist die lyrischste und schönste seiner Solo-Aufnahmen. Mitte der 70er Jahre folgte schließlich eine Box mit zehn LPs von Konzerten in Japan unter dem Titel Sun Bear Concerts. Kein Jazzmusiker und kein Musiker irgendeines Genres hatte je eine so umfangreiche Serie eigenständiger und ganz und gar improvisierter Musik herausgebracht. Selbst diese Aufnahmen verkauften sich gut und standen eine Zeit lang in den Top Ten der Billboard-Jazzcharts.

In dem Maße, wie Jarretts Ruhm durch die Solokonzerte wuchs, nahm auch die Skepsis unter den Kritikern zu. Whitney Balliett vom *New Yorker* war wenig begeistert, und Gary Giddins von der *Village Voice* zeigte sich irritiert von dem, was er Jarretts »heimwehkranken Lyrismus« nannte. Es ist schwer zu sagen, wie gut die Solokonzerte die Jahre überdauern werden, doch wahrscheinlich werden sie – ähnlich wie die Romane von Thomas Wolfe – am besten bei jungen Leuten ankommen. Dennoch glaube ich, dass Jarretts Ruf letztlich nicht nur auf diesen Konzerten beruhen wird. Wenn er nur die Soloaufnahmen gemacht hätte, wäre er vom Jazz-Establishment vermutlich abgelehnt worden, zumal sie zur Entstehung eines neuen Genres der populären Musik beitrugen – des New Age-Klaviersolo, sentimental, einfach und naturverbunden, das fast ausschließlich von

Weißen gekauft und gespielt wurde und scheinbar nur dazu dienen sollte, bei einem Espresso Stress abzubauen. (Der New Age-Pianist George Winston löste Jarrett schließlich als erfolgreichster Solopianist in den Vereinigten Staaten ab.)

Aber Jarrett ist auch ein äußerst fähiger Jazz-Komponist, der in den 70er Jahren Musik für zwei Quartette schrieb, von denen sich eines aus amerikanischen und eines aus europäischen Musikern zusammensetzte. Mit diesen Gruppen produzierte Jarrett erstaunliche Musik, eine Mischung aus Einflüssen von Ornette Coleman, John Coltrane, Dave Brubeck, Bill Evans, George Gershwin, den Beatles und Miles Davis, die durch die Alchimie seiner Fantasie etwas äußerst Originelles erhielt. Mindestens acht der Alben, die er mit diesen Quartetten machte – Birth, Death and the Flower, Backhand, Shades, Belonging, My Song, The Suvivor's Suite und Personal Mountains – gehören zu den besten Jazzalben der 70er Jahre, und einige darunter zu den besten Platten kleiner Jazzbesetzungen seit dem Zweiten Weltkrieg. (Für mich ist »Blossom« vom Album Belonging die vielleicht ergreifendste instrumentale Jazz-Ballade, die je aufgenommen wurde.)

Seit Anfang der 80er Jahre hat Jarrett mit einem Trio Konzerte gegeben und Aufnahmen gemacht, das ausschließlich Standards aus dem Great American Songbook spielt. Auch daraus sind einige sehr gute Jazz-Platten entstanden – besonders The Cure, At the Deer Head Inn und Standards, Vol. 2 –, die sich mit den besten ihrer Zeit messen können. Darüber hinaus nahm Jarrett Werke klassischer Komponisten von Bach bis Schostakowitsch auf. Selbst wenn man der Meinung ist, dass die Solo-Konzerte absolut nichts mit Jazz zu tun haben, so machen sie doch nur einen kleinen Teil seines Œuvres aus. Jarrett kann mit Recht als einer der größten amerikanischen Musiker der vergangenen 30 Jahre betrachtet werden und verdient auch Anerkennung dafür, jüngere Jazzmusiker wieder zur akustischen Musik gebracht zu haben, indem er ihnen zeigte, dass es dafür ein Publikum gibt.

Es ist schwer zu sagen, inwiefern die Rassenfrage Auswirkungen auf Jarretts Ruf hat. Wäre er angesehener, wenn er schwarz wäre? Genießt er seinen im Allgemeinen guten Ruf zum Teil deshalb, weil er weiß ist? Hätte er die Möglichkeit bekommen, die gleiche Art von Projekten bei ECM oder einer anderen Plattenfirma aufzunehmen, wenn er schwarz gewesen wäre? Wie sehr half ihm die Verwirrung über seine Rassenzugehörigkeit zu Beginn seiner Karriere, bevor bekannt wurde, dass er französisch-ungarischer Abstammung ist? Wie sehr schlug er aus der Tatsache Kapital, dass er krause, an einen Afrolook erinnernde Haare hat? Jarrett wusste mit Sicherheit, dass sein rassischer Hintergrund von einigem Interesse war, denn 1972 sagte er in einem Interview in *Down Beat*: »Alle bedeutende und wertvolle Musik stammt aus exakt derselben Quelle. Es ist nur eine Frage der Vererbung oder der Abstammung der Menschen. Daher haben die Menschen Schwierigkeiten mit mir und versuchen herauszufinden, was ich bin, denn wenn man zur Quelle all dieser Musik gelangen kann, kann man all diese Musik spielen.«

Keith Jarrett, 1968.

Die Frage der Rassenproblematik wurde vor kurzem in einem Interview im *New York Times Magazine* aufgeworfen. Darin kritisiert Jarrett Wynton Marsalis, der fraglos der berühmteste Jazzmusiker unserer Zeit ist und beim breiten Publikum ein weitaus größeres Ansehen genießt als Jarrett:

> »Dafür, dass er ein großer schwarzer Musiker ist, der über Blues spricht, habe ich Wynton nie überzeugend Blues spielen gehört, und ich würde ihn jederzeit zu einem Blues-Wettstreit herausfordern.
> In den 60er Jahren waren die Weißen die Einzigen, die Schwierigkeiten damit hatten, dass ich weiß bin. Natürlich gibt es einige Spielstile, die, wenn sie bis zu ihrem logischen Extrem getrieben werden, schwarzen bzw. weißen Musikern vorbehalten bleiben, aber damals war die Situation nicht so – nun, so schwarzweiß. Ich spielte mit Miles, und er sagte mir immer, an manchen Stellen müsse ich schwarz sein. Ich war so frei. Es lag an uns, was wir machten und wer wir waren, und vieles davon geschah im Privaten.«

Als unmittelbare Reaktion auf Jarretts Bemerkungen warf man ihm vor, er sei eifersüchtig, weil Marsalis den Ruhm erreicht hatte, von dem Jarrett glaubte, er stehe ihm selbst zu, und offenbar sogar der Meinung war, Marsalis habe diese Anerkennung weitgehend deshalb erlangt, weil er schwarz sei und sowohl das schwarze als auch das weiße Publikum schwarze Musiker als die wahren Begründer des Jazz ansehe. Damit ist Jarrett nichts anderes als ein verärgerter Weißer, der glaubt, ein prominenter Schwarzer habe diesen Status nur aufgrund seines affirmativen Verhaltens und nicht wegen seiner Verdienste erlangt. Ich nehme seine Äußerungen in einem späteren Interview wörtlich: »Ich bin nicht neidisch auf Wynton Marsalis. Er tut mir Leid. Er war zu jung um zu wissen, wie er mit dem, was passierte, umgehen sollte.« Meiner Ansicht nach bringen seine Bemerkungen eindeutig eine Frustration darüber zum Ausdruck, dass er sich als weißer

Musiker in einem Bereich bewegt, der in mancher Hinsicht noch stärker von Fragen der Rasse bestimmt wird, als es in den 20er und 30er Jahren der Fall war. Jarrett befindet sich in einer Art Sackgasse und verfügt nicht über den Einfluss, den eine Person von solchen Leistungen auf ihrem Gebiet haben sollte.

Jarretts Bemerkungen über Marsalis erklären sich aus seiner allgemeinen Enttäuschung über die aktuelle Jazz-Szene, die Marsalis wie kein anderer verkörpert, und die in Jarretts Augen kaum vitale Musik hervorbringt. Man darf nicht vergessen, dass Jarrett in den 70er Jahren, als er auf dem Höhepunkt seiner schöpferischen Kraft stand, keine Musik schrieb, mit der er einen älteren Jazzstil wieder aufnehmen oder wieder beleben wollte, sondern mit seinen eigenen Mitteln sein eigenes Territorium eroberte. In den frühen Jahren seines Erfolgs gab es wenig bei Jarrett, das irgendwie einer Verehrung der Jazztradition gleichkam; er wollte nicht einmal als Jazzmusiker bezeichnet werden – und stand mit dieser Haltung ironischerweise mehr in der Tradition des Jazz als der Verkörperung von Freiheit und Individualität, Rebellion und Kampf gegen Vaterfiguren, als man von ihm erwartet hätte. Für Jarrett ist Jazz nicht einfach ein Komplex von Musik oder eine Reihe von Techniken, sondern eine psychologische Haltung gegenüber dem Akt des Musikschaffens. Daher muss Jazz ergriffen, konfrontiert, angezweifelt, geschmäht, erzwungen, akzeptiert werden. Aber man kann ihn nicht lernen wie ein Regelwerk, eine Doktrin oder den Ablauf eines vorherbestimmten historischen Prozesses. Für Jarrett bedeutet das »Erlernen« von Jazz, die Kritiker auf die Bühne zu stellen und die Belange der Musiker mit den ihren gleichzusetzen, also einen bestimmten Kanon zu interpretieren und zu schützen.

Der britische Schriftsteller T. E. Hulme sagte einmal: »Es gibt bestimmte Schlagwörter, die zwar die Wahrheit verkörpern, sie aber gleichzeitig vernichten.« Vielleicht ist Jarrett der Ansicht, der zeitgenössische Jazz sei wie dieses Schlagwort – er vernichtet die Wahrheit, die er verkörpert.

Was Jarrett über Marsalis sagt, ist in gewisser Hinsicht nicht schlimmer als das, was viele berühmte Jazzmusiker im Laufe der Jahre in Interviews über ihre Kollegen gesagt haben. Jarrett ist nicht härter als beispielsweise Miles Davis es war, wenn er über das ihm so verhasste Spiel von Oscar Peterson sprach.

Doch beunruhigend an Jarretts Bemerkungen bleibt die Tatsache, dass er seine und Marsalis' Hautfarbe zum Thema macht. Marsalis wird verurteilt, weil er ein schwarzer Musiker ist, der nicht authentisch spielt. Marsalis ist so »jazzig«, so Jarrett weiter, »wie jemand sportlich ist, der BMW fährt«. Mit anderen Worten, er ist ein bourgeoiser Schwarzer, der bourgeoisen Jazz macht. Jarrett behauptet, er als Weißer könne Wynton in einem Blues-Wettstreit übertreffen. Es geht nicht darum, dass er diese kindische Bemerkung gemacht hat, sondern dass er seine weiße Hautfarbe als Beweis dafür anführt, dass eine schwarze Hautfarbe kein Garant dafür ist, Jazz spielen zu können. Es ist klar, was er damit meint; die implizite Verteidigung seiner weißen Hautfarbe ist ebenso überflüssig wie irrelevant. Damit schwankt Jarrett zwischen einer Kritik und einer rassistischen Beleidigung, bei der es nicht um Marsalis' Fähigkeiten, sondern um Jarretts Selbstbewusstsein als Weißer geht. Selbst in der heutigen Zeit der Vielfalt und des Multikulturalismus bleibt die Kluft zwischen Schwarz und Weiß im Jazz groß, wenn das Werk des fähigsten schwarzen Musikers seiner Generation so rundheraus abgelehnt wird, weil er nicht »wirklich« schwarz ist, und wenn das Werk eines der fähigsten weißen Musiker in der Geschichte des Jazz nicht den ihm gebührenden Platz erhält, weil er weiß ist.

KAPITEL ACHT 1945–1950

RISIKO

Der Sänger Jon Hendricks hatte während des Krieges in der Army gedient und befand sich auf einem Truppentransporter auf dem Rückweg von Europa, als er zum ersten Mal die neue Musik hörte, die während seiner Zeit in Übersee entstanden war. »Plötzlich hörte ich diesen Song über das Schiffsradio«, sagte er. »Er war wild und aufregend und schnell und rasend und genial und wunderschön, und ich stieß mir fast den Kopf, als ich von meiner Koje hochfederte. Ich rannte hinauf in den Kontrollraum und fragte den Typ: ›Was war das?‹ Er fragte: ›Was?‹ Ich sagte: ›Der letzte Song, den du gespielt hast, der, den du gerade gespielt hast!‹ Er sagte: ›Der liegt da unten auf dem Boden.‹ Ich schaute auf den Boden, der mit Platten übersät war, und fragte: ›Sag schon, welche Farbe hatte das Label?‹ Er antwortete: ›Es war ein rotes Label.‹ Also suchte ich die Platten durch, fand aber viele rote Labels und fragte ihn jedes Mal: ›War es die hier?‹ Und er antwortete: ›Nein.‹ Endlich hielt ich es in der Hand. Es war das Label Musicraft, und die Platte hieß ›Salt Peanuts‹.

Tommy Potter, Charlie Parker, Dizzy Gillespie und ein sehr junger John Coltrane im Birdland, dem nach Parker benannten New Yorker Klub. »Das erste Mal, als ich Bird spielen hörte«, so Coltrane, »traf es mich wie ein Blitz.«

Es waren Charlie Parker und Dizzy Gillespie. Ich gab ihm dreißig Dollar und sagte: ›Spiel das die nächste Stunde!‹«

Der Krieg hatte das Leben von Millionen Afroamerikanern verändert und ihre Erwartungen erhöht. »Ich habe vier Jahre in der Army verbracht, um einen Haufen Holländer und Franzosen zu befreien«, meinte ein anderer schwarzer Veteran, »und eher hänge ich mich auf, als dass ich mich von der Alabama-Version der Deutschen rumschubsen lasse, wenn ich nach Hause komme. … Ich bin als ›Nigger‹ in die Army gegangen, aber ich komme als Mensch wieder raus.« Der Bebop war eine musikalische Entwicklung, keine politische Aussage. Seine Botschaft hatte etwas mit Selbstverwirklichung, nicht mit Wut zu tun. Und dennoch spiegelte sich etwas von der Einstellung dieses ehemaligen Soldaten – selbstsicher, ungeduldig, kompromisslos – in der neuen Musik wider.

»Deine Musik reflektiert die Zeit, in der du lebst«, schrieb Dizzy Gillespie. »Meine Musik ging aus den Kriegsjahren hervor … und sie war ein Spiegel dieser Zeiten. … Schnell und wild, und die Akkorde wechselten so unberechenbar, dass es auf den ersten Blick wie Chaos aussah und sich vielleicht auch so anhörte – aber davon konnte wirklich nicht die Rede sein.« Gillespie hatte Recht: Amerika und seine Musik traten 1945 in ein neues Zeitalter ein. Jazz hatte schon immer Risiken auf sich genommen. An Ort und Stelle Kunst zu schaffen – nach vorne zu treten und sich selbst auszudrücken – bedeutete immer auch, sich auf ein Abenteuer einzulassen. Aber jetzt setzten Gillespie und Charlie Parker und ihre jungen Mitstreiter noch viel mehr aufs Spiel. Entschlossen, ihre Musik nicht nur von dem zu befreien, was sie als Tyrannei des populären Geschmacks empfanden, sondern auch jede Spur der Minstrel-Vergangenheit hinter sich zu lassen, versuchten sie, eine schöne neue Musikwelt zu schaffen, in der nur Talent zählte – und sonst nichts.

WÜTENDE BLICKE

In der ersten Dezemberwoche 1945, wenige Tage nach der Aufnahmesession, in der »Ko Ko« entstanden war, bestiegen Gillespie und Parker den Zug nach Los Angeles. Billy Berg, der Besitzer von Billy Berg's Swing Club, einem neuen Nachtklub in Hollywood, hatte Gillespie eingeladen, mit einer Band in den Westen zu kommen, um in Kalifornien die Musik vorzustellen, die auf der 52nd Street in New York so sensationell eingeschlagen hatte. Berg hatte ein Quintett engagiert, bekam aber eine sechsköpfige Band: Gillespie und Parker, Ray Brown am Bass, Al Haig am Piano, den Schlagzeuger Stan Levey und den Vibraphonisten Milt Jackson. Gillespie, der Parkers Gewohnheiten nur allzu gut kannte, hatte Jackson mitgenommen für den Fall, dass Parker vielleicht nicht auftauchen würde – damit trotzdem fünf Musiker auf der Bühne standen, wie es der Vertrag vorsah.

Stan Levey war von Parker fasziniert, seit er etwa ein Jahr zuvor das erste Mal mit ihm zusammen gespielt hatte. »Charlie Parker … war der Rattenfänger von Hameln. Ich arbeitete auf der 52nd Street mit verschiedenen Leuten – Ben Webster, Coleman Hawkins. Und dann taucht dieser Typ auf, hat einen blauen und einen grünen Schuh an. Völlig zerknittert. Er trägt sein Horn in eine Papiertüte gewickelt, mit Gummibändern und Zellophan darum, und das ist er nun: Charlie Parker. Seine Haare stehen zu Berge. Er trug schon damals einen Haarschnitt wie Don King. Ich sagte: ›Der Kerl sieht schrecklich aus. Kann er spielen?‹ Und er steigt ein, und nach vier Takten hatte ich mich einfach in ihn verliebt, in seine Musik. Und er sah mich mit diesem breiten Grinsen an, mit diesem Goldzahn, und wir verstanden uns. Von dem Augenblick an waren wir zusammen. Ich wäre ihm überallhin gefolgt, auch über den Jordan – das war mir ganz egal.«

»Salt Peanuts« von Dizzy Gillespie and His Orchestra.

Irgendwo in der Wüste von Arizona hielt der Zug an, um Wasser aufzunehmen, erinnerte sich Levey. »Ich schaue aus dem Fenster und sehe diesen Punkt da draußen mit einer … kleinen Reisetasche und sage: ›Was zum Teufel ist das?‹ Ich schaue genauer hin, und da erkenne ich Charlie Parker. Er war auf Entzug, brauchte dringend Stoff und wanderte hinaus in die menschenleere Wüste, auf der Suche nach einem Schuss. Dizzy drehte sich zu mir um und fragte: ›Wer ist das?‹ Und ich antwortete: ›Ich glaube, das ist dein Saxophonist.‹ Darauf Dizzy: ›Hol ihn zurück.‹ Also rannte ich los, so schnell ich konnte, packte ihn und sagte: ›Wo willst du hin?‹«

Parker sagte: »Ich muss mir hier irgendwo was besorgen.«

Levey konnte Parker überreden, wieder in den Zug zu steigen. Sie hatten noch 20 Stunden Zugfahrt vor sich. Als sie schließlich ihr Ziel erreichten, wartete ein Fan am Bahnhof auf sie, der Parker warnte, Heroin sei in Los Angeles teuer und schwer zu bekommen. Und das war erst der Anfang der Probleme, die Parker, Gillespie und ihre Begleiter erwarteten, als sie den Bebop an die Westküste brachten.

Jazz hatte in Kalifornien Erfolge gefeiert, seit Freddie Keppard, Jelly Roll Morton, Kid Ory und andere Musiker aus New Orleans vor dem Ersten Weltkrieg dort gelandet waren. Wie in der 52nd Street in New York fand man auch in Los Angeles die meisten Klubs im Herzen des Schwarzenviertels, auf der Central Avenue zwischen 42nd und Vernon Street: Down Beat und Club Alabam, Last Word und Lovejoy's, Memo und Ivies's Chicken Shack, ein von der ehmaligen Ellington-Sängerin Ivie Anderson geführtes Restaurant.

Aber Billy Berg's Swing Club war anders. Er lag auf der North Vine Street in Hollywood und sollte eine Art kalifornische Version des Café Society in Manhattan sein, in dem Jazz geboten wurde und sowohl schwarze als auch weiße Gäste willkommen waren – etwas noch nie

Dizzy Gillespie an der Ecke Sixth Avenue und West 52nd Street.

Dagewesenes in Hollywood, wo schwarze Bürger mit Polizeikontrollen und Durchsuchungen rechnen mussten, wenn sie nur im Auto durch das Viertel fuhren.

Junge Musiker, die in der Stadt bereits mit der Art von Musik experimentiert hatten, wie Gillespie und Parker sie spielten, kamen in den Klub. Howard McGhee war am Eröffnungsabend da, ebenso wie der Bassist Charles Mingus, der Tenorsaxophonist Dexter Gordon und der Pianist Hampton Hawes. Der Holzbläser Buddy Collette erinnerte sich, welchen Eindruck Gillespie und Parker auf ihn und seine Freunde machten: »Das war echt. Das Zeug, das man auf den Platten hörte und das man nicht glauben konnte ... man musste es glauben, weil man Leute vor sich stehen sah, die es spielten ... Es war irgendwie unheimlich, denn sie spielten so schnell, dass wir gar nicht kapierten, was sie eigentlich spielten. ... Sie spielten Töne, die wir uns nie zu spielen gewagt hätten, weil sie als falsch galten. Und dieses Hin und Her zwischen Dizzy und Bird. ... Wir sahen uns an und sagten: ›Haben wir das gerade wirklich gehört?‹«

Viele andere Gäste stellten sich die gleiche Frage. Aber sie schienen eher »wie vor den Kopf gestoßen« als begeistert, erinnerte sich Gillespie. Die Musik, die die jungen Musiker liebten, wirkte auf viele Besucher des Klubs hektisch, nervös und chaotisch. Einige baten die Männer, einfach nur zu singen.

Nichts hätte beleidigender für Musiker sein können, die als seriöse Künstler angesehen werden wollten und entschlossen waren, einfach ihre Musik zu spielen und keine Show abzuziehen. Aus ihrer Sicht war es schon schlimm genug, dass sie jeden Abend die Bühne mit Slim Gaillard und Harry »the Hipster« Gibson teilen mussten – beides Musik-Komiker, die sich wie Cab Calloway auf Novelty-Songs spezialisiert hatten und zur Belustigung eines weißen Mainstream-Publikums aus dem neuesten Großstadtslang Kapital schlugen. Gaillard bediente sich eines ganzen Wörterbuchs voll cooler Nonsens-Silben, die er »vout« nannte, um Hits wie »Flat Foot Floogie« und »Cement Mixer (Put-Ti-Put-Ti)« zu produzieren, während Gibsons bekannteste Nummer »Who Put the Benzedrine in Mrs. Murphy's Ovaltine?« hieß. Das war genau die Art von Unterhaltung, die Gillespie und Parker am meisten verabscheuten, und beide schäumten vor Wut, als Gaillard sich selbst als die »Bebop-Bombe« bezeichnete, da sie fürchteten, das Publikum könne ihre Musik mit Gaillards Nonsens-Nummern verwechseln – eine Befürchtung, die sich als berechtigt herausstellte. Als *Time* in diesem Frühjahr auf den Bebop aufmerksam wurde, definierte das Magazin die neue Musik als »heißen Jazz, überhitzt mit übertriebenen Texten voller Derbheit, Anspielungen auf Drogen und Doppeldeutigkeiten«.

Martin Williams, der einer der scharfsinnigsten Jazzhistoriker seiner Zeit werden sollte, war noch in der Navy – und stand noch immer unter dem Einfluss seiner Kindheit in Virginia –, als er Parker und Gillespie in Billy Bergs Klub hörte. Ihre Musik, so erinnerte er sich, erschien ihm damals nicht nur neuartig, sondern »arrogant« und »anmaßend«. »Was mich noch mehr verblüffte als die Musik«, so Williams, »war die Ausstrahlung, die von der Bühne ausging – selbstbewusst und aggressiv. Etwas Derartiges hatte ich bei schwarzen Musikern noch nie zuvor erlebt.«

»Niemand an der Westküste verstand unsere Musik«, sagte Parker, womit er nicht Musiker, sondern Musikfans meinte. »Sie hassten sie.« Gillespie sah es genauso: »Sie dachten, wir würden absichtlich schief spielen. Sie waren sehr, sehr, sehr feindselig. ... Mann, die starrten uns vielleicht wütend an!«

Als Dizzy Gillespie und der Rest des Sextetts am 9. Februar 1946 ein Flugzeug bestiegen, um zurück nach New York zu fliegen, kam Charlie Parker nicht mit ihnen. Er hatte sein Ticket verkauft, um sich für das Geld Drogen zu besorgen. Parker hatte Wochen gebraucht, um eine regelmäßige Bezugsquelle für Heroin zu finden – den körperbehinderten Besitzer eines Schuhputzstands, Emery Byrd, den seine Kunden nur »Moose the Mooch« nannten. Parker war so froh, ihn gefunden zu haben, dass er ihm als Gegenleistung für eine garantierte Belieferung die Hälfte seiner zukünftigen Tantiemen überschrieb und ihm einen Song widmete.

Anschließend arbeitete er mit Howard McGhee im Club Finale auf der Central Avenue; daneben spielte er bei einem »Jazz at the Philharmonic«-Konzert, wo er neben Lester Young auftrat, ein Solo über »Lady Be Good« ein, das sich zu einem Standard im Repertoire aufstrebender Saxophonisten im ganzen Land entwickelte. Darüber hinaus machte Parker für eine neue Plattenfirma namens Dial Aufnahmen von einigen seiner Eigenkompositionen, darunter »Yardbird Suite« und »Ornithology«.

Im April wurde Moose the Mooch verhaftet. Er kam nach San Quentin, und Parker war wieder einmal ohne Heroin. Um dies zu kompensieren, trank er einen ganzen Liter Whisky pro Tag. Bald lebte er in einer umgebauten, ungeheizten Garage und hatte nur noch seinen Mantel, um sich zuzudecken.

Howard McGhee fand ihn dort und arrangierte für den 29. Juli eine weitere Aufnahmesession für Dial. Aber Parker kam so betrunken ins Studio, dass der Produzent ihn stützen musste, damit er sich aufrecht vor dem Mikrofon halten konnte. Ein Psychiater gab Parker sechs Tabletten Phenobarbital, um ihn spielfähig zu machen, und es gelang ihm, eine holprige Version von »Lover Man« aufzunehmen. (Obwohl Parker selbst später sagte, die Aufnahme solle »eingestampft« werden, veröffentlichte der Produzent sie, und einige von Parkers Anhängern prägten sich jede einzelne unsichere Note ehrfurchtsvoll ein.) In dieser Nacht torkelte Parker, nur mit Socken bekleidet, zweimal in die Lobby seines Hotels; dann schlief er mit einer brennenden Zigarette ein und steckte sein Bett in Brand. Die Feuerwehrmänner mussten ihn heftig schütteln, um ihn aufzuwecken, und als er protestierte, schlug ihn ein Polizist mit einem Gummiknüppel und legte ihm Handschellen an. Parker saß zehn Tage im Gefängnis wegen Erregung öffentlichen Ärgernisses, Widerstands gegen die Staatsgewalt und Verdacht auf Brandstiftung und wurde anschließend in das Camarillo State Hospital verlegt. Dort verbrachte er sechs Monate, pflegte ein Salatbeet, nahm zu und spielte an Samstagabenden Saxophon in der Krankenhausband. Seine dritte Frau, Doris Sydnor, die ihn im Famous Door kennen gelernt hatte, wo sie als Garderobenfrau arbeitete, reiste nach Kalifornien und nahm einen Job als Kellnerin an, um ihn dreimal in der Woche besuchen zu können. Irgendwann schrieb er ein Stück über sein neues Heim: »Relaxin' at Camarillo«.

DAFÜR IST MUSIK DA

Das Ende des Zweiten Weltkriegs markierte auch den Anfang vom Ende der großen Swingbands. Die Geschmäcker änderten sich – sentimentale

Sänger verkauften sich inzwischen besser als Instrumentalisten, und junge Leute kamen in Scharen, um sie zu sehen und zu hören. Die Gagen der Musiker waren während des Kriegs dramatisch angestiegen, und es wurde zunehmend unmöglich, entsprechende Publikumsmengen anzuziehen. Auch die während des Krieges erhobene Vergnügungssteuer blieb in Kraft, was die hohen Preise in den Nachtklubs stabil hielt und dazu führte, dass die Leute lieber zu Hause blieben; Tanzlokale mussten schließen. Duke Ellington und Count Basie schafften es, weiterhin auf Tournee zu gehen, aber an Weihnachten 1946 verkündeten acht ihrer bekanntesten Konkurrenten, dass sie zumindest vorläufig aussteigen würden: Les Brown, Benny Carter, Tommy Dorsey, Woody Herman, Ina Ray Hutton, Harry James, Jack Teagarden und sogar Benny Goodman. Große Jazzsolisten wie Coleman Hawkins verabschiedeten sich von dem Traum, ihre eigene Bigband zu leiten, und zogen sich in die Nachtklubs zurück – Lokale, die zum Tanzen zu klein waren. Bei Kriegsende konnte man noch immer und überall Jazz aller Schattierungen hören, aber quer durch alle Stilrichtungen kam immer mehr die Form der Jam-Session in Mode: Jene Art von Jazz, die Musiker schon immer zum eigenen Vergnügen gespielt hatten, wenn die »Spießer« nach Hause gegangen waren.

Louis Armstrong ging immer noch mit einer großen, 16-köpfigen Band auf Tour, obwohl die Gagen, die er bekam – manchmal nur 750 Dollar pro Abend – weniger als die Hälfte dessen betrugen, was er ein paar Jahre zuvor bekommen hatte und kaum die Fahrtkosten deckten. In einem Brief an einen Freund, den er in seinem Hotelzimmer in Tulsa, Oklahoma, schrieb, berichtete Armstrong über seine letzten Reisen:

»Im November verlassen wir San Francisco und gehen auf Tour.
Sacramento (26.). Militärlager. Konzert und Tanz.

Louis Armstrong war Anfang der 40er Jahre noch immer mit seiner Bigband auf Tour.

Los Angeles ... (28.). Elks Ballroom. War wirklich irre.
Phoenix ... (29.). Gemischter Tanz.
El Paso ... (30.). Weißer Tanz. Farbige Zuschauer. Nach dem Tanz fuhren wir über die Grenze nach Juarez, Mexiko. War richtig high vom Tequila und versuchte, alles mexikanische Essen zu essen, das ich fand. Hmmm!
Denver ... (2. Dezember). Gemischter Tanz, und was für einer.
Tulsa ... (4. Dezember). Rein farbiger Tanz. ... Wir fahren um zehn Uhr morgens weiter nach Tampa. Das sind über 1300 Meilen.

Mein Gott, wir müssen ganz schön zäh sein, um diese langen Fahrten auszuhalten. ... Aber glaub mir, es macht großen Spaß.«

Armstrong liebte seine Männer, aber auch er hatte erkannt, dass sich etwas ändern musste. »Es war ein netter Haufen, und ich wollte nicht, dass sie alle ohne Arbeit dastanden. Aber der Trend änderte sich.«

Während die Popularität der Bigbands nachließ und die neue Musik von Charlie Parker und Dizzy Gillespie immer mehr Anhänger gewann, nahm auch das Interesse am frühen Jazz wieder zu. In New York spielten Eddie Condon und seine trinkfeste Truppe weiterhin ihre zeitgenössische Version der Musik, die sie schon in den 20er Jahren gemacht hatten. An der Westküste ging die Band des Trompeters Lu Watters, bei der auch der Posaunist Turk Murphy mitspielte, sogar noch weiter in die Jazzgeschichte zurück: Die Musiker waren Bigband-Veteranen, aber ihre Vorbilder fanden sie in den ersten Jazzbands von New Orleans, und sie spielten keine moderneren Stücke als die Kompositionen von Jelly Roll Morton. Condon tat sie als »Archäologen« ab. Der Schlagzeuger Dave Tough, der wie Condon zum ersten Mal Anfang der 20er Jahre im Mittleren Westen Jazz gespielt und später sein Geld in den Bigbands verdient hatte, kritisierte jetzt sowohl seine alten Freunde als auch die viel jüngeren Puristen der Westküste. »Dixieland-Jazz war einmal revolutionär«, sagte er. »Aber heute ist es nur noch eine konservative Musik ... und nichts weiter als eine schlechte Kopie der Musik, die weiße Musiker aus Chicago spielten – die wiederum schlechte Imitationen der Musik machten, die sie bei den Musikern aus New Orleans gehört hatten.« Aber das so genannte Dixieland Revival sollte im Lauf der Jahre nicht nur in Amerika, sondern auch im Ausland eine beträchtliche Anhängerschaft gewinnen.

Diejenigen, die der Meinung waren, Jazz sei seit seinen Anfangstagen immer schlechter geworden, konnten sich zu Beginn der 40er Jahre über das Erscheinen eines »Retters« freuen – der dazu noch aus der Wiege des Jazz stammte. Bunk Johnson war zu Anfang des Jahrhunderts in New Orleans ein angesehener Kornettist gewesen und hatte zusammen mit Sidney Bechet in der Eagle Band gespielt. Aber nach einer Schlägerei im Jahr 1931 – bei der ein Freund neben ihm auf der Bühne erstochen wurde und Johnson selbst mehrere Zähne verlor – gab er sein Instrument auf, arbeitete als Tagelöhner in den Reisfeldern und verdiente sich manchmal etwas hinzu, indem er bei örtlichen Volksfesten pfiff.

Zwei junge Jazzenthusiasten – Fred Ramsey Jr. und Charles Edward Smith, die damals an einer Geschichte des Jazz arbeiteten, die den Titel Jazzmen tragen sollte – spürten Johnson auf, ließen ihm durch den Zahnarzt Leonard Bechet, Sidney Bechets Bruder, ein Gebiss verpassen und kauften ihm mit Unterstützung von Louis Armstrong eine Trompete. Daraufhin nahm Johnson zwei Platten in New Orleans auf, wo er mit einer Band von Veteranen spielte, zu der auch der Klarinettist George Lewis gehörte. Anschließend holte man ihn in den Norden, und seine Verehrer waren sicher, dass er »unverfälschten Jazz« spielen würde, der nicht vom Kommerz oder dem verdorben war, was sie für den schädlichen Einfluss ausgebildeter Musiker hielten.

Doch die Dinge entwickelten sich nicht so, wie sie gehofft hatten. Johnsohn erwies sich als wahrer Lügenbaron, der sich zehn Jahre älter machte, als er wirklich war, und sich als Louis Armstrongs Lehrer ausgab. Aber wie es seine Art war, ging Armstrong großzügig mit ihm um und sagte in einem Interview, Johnson habe in den alten Tagen in New Orleans »einen besseren Klang als jeder andere« gehabt. (Er wartete bis nach Johnsons Tod, um zu verraten, dass dieser in Wirklichkeit niemandem irgendwas beigebracht hatte). »Bunk hatte nie Zeit für uns Kinder – er war immer auf dem Weg vom oder zum Eagle Saloon, wo er eine ganze Menge Portwein trank. Man konnte ihn aus seiner Trompete riechen.«) Johnsons lange Untätigkeit hatte sich negativ auf sein Spiel ausgewirkt, aber nichts an seinen alten Gewohnheiten geändert. 1945 trat er in Boston mit der Gruppe seines alten Freundes Sidney Bechet auf, der inzwischen ebenfalls vom wieder erwachten Interesse an der traditionellen New Orleans-Musik profitierte. Aber das Ganze stand unter keinem guten Stern. Johnson trank und beschwerte sich ständig. Die Tempi seien zu schnell, sagte er, und er sei nicht den ganzen Weg von Louisiana gekommen, um das zu spielen, was er »Rennpferd-Dixieland« nannte. Bechet sei zu laut und mache zu viele Bögen. Und Johnson ließ sogar wissen, er habe es satt, die alten Songs zu spielen. Er bevorzuge die aktuellen populären Stücke – und er wolle sie mit ausgebildeten Swing-Musikern spielen. Das war nicht das, was die Fans des unverfälschten Jazz sich vorgestellt hatten – Bunk Johnson entsprach nicht ihrem Stereotyp, und Bechet ließ ihn ziehen. Johnson machte weitere Aufnahmen, aber das gute Leben forderte seinen Tribut: Er bekam Probleme mit seinem Ansatz, erschien zweieinhalb Stunden zu spät zu einem Konzert in Chicago und konnte dann kaum spielen. »Der Anblick des alten Trompeters war bemitleidenswert und tragisch«, schrieb ein Kritiker. »Für alle Anwesenden ... verlor dieser Bunk Johnson seine Magie und seine Bedeutung.« Schließlich ging Johnson in seine Heimat Louisiana zurück.

Bunk Johnsons zweite Karriere währte nicht lange, aber 1946 versuchte Hollywood, mit einem schrecklichen Film namens New Orleans aus dem wieder neu erwachten Interesse am frühen Jazz – zu dem Johnson seinen Teil beigetragen hatte – Kapital zu schlagen. Angekündigt mit dem Slogan: »Alles über die verruchte Old Basin Street! ... und die Musik, die sie so verrucht machte!«, war der Film nichts weiter als eine Liebesgeschichte mit Jazz als Hintergrundmusik. Billie Holiday spielte ein Zimmermädchen. Auch Louis Armstrong wirkte mit und sah sich mit ein

Bunk Johnson vor seinem Haus in New Iberia, Louisiana, kurz bevor er nach Norden ging, um seine Karriere wieder aufzunehmen.

Pops Foster, Bunk Johnson und Sidney Bechet während ihres turbulenten Aufenthalts in Boston 1945. »Die Leute bezahlten, um bestimmte Sachen zu hören«, erinnerte sich Bechet, »und mein lieber Mann, sie wollten auch nichts anderes haben. Aber was wir auch spielten ... es war nichts verglichen mit dem, was es hätte sein können.«

paar alten Freunden aus New Orleans auf der Leinwand wieder die Musik spielen, mit der er aufgewachsen war. Der Film verhalf ihm zu einem Hit, »Do You Know What It Means to Miss New Orleans?«, dessen Popularität zwei seiner Freunde – den Jazzfan und Publizisten Ernie Anderson und den Kornettisten Bobby Hackett – zu der Vermutung veranlasste, ihr Held sichere seine Zukunft, indem er das Publikum an seine Vergangenheit erinnerte. Sie konnten Joe Glaser überreden, Armstrong ein Konzert mit einer kleinen Gruppe statt mit seiner Bigband spielen zu lassen.

Am Abend des 17. Mai 1947 – etwas mehr als einen Monat, nachdem Jackie Robinson als erster schwarzer Baseballspieler im Trikot der Brooklyn Dodgers ein Spiel der Major League bestritten hatte – trat Armstrong in der New Yorker Town Hall mit einer eigenen kleinen Combo aus schwarzen und weißen Musikern auf, zu der Hackett, der Schlagzeuger Sid Catlett und Jack Teagarden an der Posaune gehörten. »Darauf habe ich ungefähr 20 Jahre gewartet«, sagte er auf der Bühne. »Ich bin wirklich im Himmel heute Abend.« Das Konzert war ausverkauft, die

Das Konzert in der Town Hall 1947, das die Richtung von Louis Armstrongs Karriere änderte. V.l.n.r.: Jack Teagarden, Dick Carey, Armstrong, Bobby Hackett, Peanuts Hucko, Bob Haggart und Sid Catlett. »Es gibt keinen Trompeter, der nicht ein bisschen von dem gespielt hätte, was ich immer spielte«, sagte Armstrong einmal. »Das ist in Ordnung. Gibt mir ein gutes Gefühl.«

Kritiker begeistert, und Armstrong formierte aufgrund dieses Erfolgs die erste Besetzung seiner All Stars. Dazu gehörten Catlett, Barney Bigard, der Pianist Dick Cary, Bassist Arvell Shaw und Teagarden. Als Armstrong Teagarden warnte, er könne auf der Tournee vielleicht Schwierigkeiten bekommen, weil er als Weißer mit schwarzen Musikern unterwegs sei, soll sein alter Freund ihm versichert haben: »Du bist ein Nigger und ich bin ein weißer Arsch. Wir haben die gleiche Seele. Lass uns einfach spielen.«

Louis Armstrong und seine All Stars traten zum ersten Mal am 10. August 1947 in Billy Berg's Swing Cub in Hollywood auf, wo Charlie Parker und Dizzy Gillespie zwei Jahre zuvor ihr schwieriges Debüt gehabt hatten. Sie schlugen ein wie eine Bombe. Die Besetzung wechselte im Laufe der kommenden 24 Jahre. Earl Hines war eine Zeit lang Mitglied des Ensembles, ebenso der Pianist Billy Kyle und der in Louisiana geborene Posaunist Trummy Young, der sich von der modernen Richtung abwandte und zwölf Jahre bei Armstrong verbrachte, weil dieser in seinen Augen »der beste Lehrer [ist], den man finden kann«.

Das Schubladendenken, das die Jazzgemeinde schließlich in feindliche Lager spalten sollte, war 1947 bereits in vollem Gang. Man erwartete von den Bands, dass sie entweder Dixieland oder Bebop oder Swing spielten. Aber Louis Armstrong blieb ebenso wie Duke Ellington außerhalb der Kategorien. Die Instrumentierung seiner All Stars entsprach den New Orleans-Bands seiner Jugend, aber der Rhythmus basierte auf jener Art des Vierviertel-Swing, den er fast ein Vierteljahrhundert vorher in Flechter Hendersons Orchester eingebracht hatte. Und während er stets unverändert mit »Indiana« begann und mit seiner Erkennungsmelodie »Sleepy-Time Down South« endete, spielten er und seine Männer dazwischen alles, von den »guten alten guten Stücken«, wie er es nannte, bis hin zu den aktuellen Hits, zu denen bald alles von »C'est Si Bon« und »La Vie en Rose« bis »Blueberry Hill« und Kurt Weills »Mackie Messer« gehören sollte. »Es muss immer weitergehen«, pflegte er zu sagen, und seine sorgfältig durchdachten Auftritte beinhalteten eine Menge an genialem Mumpitz: Witze, Fratzen, rollende Augen und breites Grinsen – alles war Teil des Armstrong-Rundum-Unterhaltungspakets. Er hatte schon lange die akrobatischen hohen Töne aufgegeben, von denen er jetzt zugeben konnte, er habe damit in erster Linie »die Musiker im Haus« beeindrucken wollen, und folgte stattdessen dem Rat seines Mentors King Oliver: »Hohe Töne sind in Ordnung. Du triffst sie, und sie klingen irgendwie. Aber die Töne zwischen den Notenlinien sind wertvoller.« Doch Armstrong verlor nie seine Fähigkeit, jeden Ton, den er sang oder spielte, mit Freude und Leben zu erfüllen, und er war verständlicherweise ausnehmend stolz auf den bleibenden Eindruck, den seine All Stars überall beim Publikum hinterließen. »Dieselben Leute können an der nächsten Ecke einen Neger lynchen«, schrieb er einmal an einen Freund. »Aber während sie unsere Musik hören, denken sie nicht an Streit. Sie sehen sogar, wie schwarze und weiße Musiker Seite an Seite spielen. Und wir bringen Zufriedenheit und Freude. Ich sage immer: ›Seht euch den guten Geschmack an, den wir zurücklassen.‹ Es muss etwas bedeuten. Dafür ist Musik da.«

SICH LÄCHERLICH MACHEN

Die meisten Kritiker standen der neuen Musik, die Charlie Parker und Dizzy Gillespie machten, noch immer misstrauisch gegenüber, und die strengen Traditionalisten unter ihnen, die bereits den Swing für nicht authentisch erklärt hatten, taten sich mit dem Bebop noch schwerer. Die Zeitschrift *Jazz Record* warf Gillespie vor, er versuche, »den Jazz zu pervertieren, zu unterdrücken und zu entkräften«. Die zahlenmäßig unterlegenen jugendlichen Verfechter des

Louis Armstrong und Billie Holiday bei den Aufnahmen für den Film New Orleans, 1946. Der Mann ganz links mit Strohhut ist der Bassist Red Callendar; Charlie Bear spielt Klavier; Kid Ory sitzt in der Mitte mit seiner Posaune auf dem Schoß; der Gitarrist ist Bud Scott und der Mann rechts mit Klarinette ist Barney Bigard.

DIE VERKÖRPERUNG DER AMERIKANISCHEN ERFAHRUNG
Ein Interview mit Albert Murray

Seit seiner Kindheit in Alabama, wo er 1916 geboren wurde, hat der Essayist, Schriftsteller und Lehrer Albert Murray sich mit der Musik Amerikas beschäftigt. Er besuchte das Tuskegee Institute (an dem er später Englisch lehrte), war Major in der U.S. Air Force und ist Autor von mehreren Büchern, darunter »Good Morning Blues: The Autobiography of Count Basie (as told to Albert Murray)« [dt. Count Basie: Good morning Blues: eine Autobiographie] und »Stomping the Blues«, ein wegweisendes Werk über die Geschichte der Jazzmusik, die Murray als »blues music« bezeichnet.

Was ist Jazz?
Jazz ist Musik, die Amerikaner spielen, um den Blues zu überwinden. Sobald sich auf diesem Kontinent eine Gruppe von Leuten zusammenfand, die sich selbst als Amerikaner definierten, begann sich eine amerikanische Kultur zu bilden. Und aus der musikalischen Synthese sämtlicher importierten Klänge plus der einheimischen entstand der Jazz.
Ironischerweise wurde diese Synthese durch die Leute ermöglicht, die als Gefangene aus Afrika hierher kamen. Sie waren Sklaven, aber zugleich auch die freiesten Menschen in Amerika, wenn es darum ging, all die verschiedenen Elemente anderer Kulturen zu absorbieren. Sie brachten keine Musik als solche mit, aber eine Betonung perkussiver musikalischer Aussagen, denn sie waren am Tanzrhythmus orientiert. Es schien, als werde aus jedem Instrument eine Trommel. Sie waren offen für all die hiesigen Einflüsse – gregorianische Choräle, Weihnachtslieder, Lieder des schottischen Hochlands, deutsche und italienische Musik, Marschmusik. Was daraus entstand, war die Erweiterung und Verfeinerung einer echten einheimischen Kultur – beginnend auf einer volkstümlichen Ebene über eine populäre Ära bis hin zu einer Kunstform.
Ein Kunstwerk ist eine Aussage, welche die grundlegende Einstellung des Künstlers gegenüber bestimmten Erfahrungen enthält. Wenn also die definitive Natur der amerikanischen Kultur mit Freiheit zu tun hat, dann wäre eine Stilisierung amerikanischer Einstellungen eine Stilisierung der Freiheit. Nichts verkörpert dies so umfassend und mit größerer Anziehungskraft, Tiefe und Präzision als der Jazz.

Was ist Ihre erste Erinnerung an diese Musik?
Blues music ist so sehr Teil meiner Erfahrung, dass ich unmöglich sagen kann, wann ich sie zum ersten Mal gehört habe. Es scheint mir, als hätte ich den Blues bereits von Geburt an gekannt. Ich erinnere mich, dass ich ihn aus der Victrola von irgendwem in der Nachbarschaft hörte, Songs von Ma Rainey und Bessie Smith. Ich wusste, dass das lebendige Menschen waren. Dann gab es einen Gitarrenspieler, der in der Abenddämmerung immer von der Eisenbahn heraufkam. Dieser Mr. Chaucer – natürlich sagten die Leute in unserer Nachbarschaft immer »Da kommt der alte Mr. Choicy« – schlenderte langsam die Straße hinauf, an unserem Haus vorbei, und spielte auf dem Weg zu irgendeinem Tanzschuppen seine Gitarre schon mal warm. Nicht weit entfernt lag eine Kneipe namens Soda Waters, und am Stadtrand von Mobile, beim Sägewerk an der Eisenbahn, gab es eine ganze Reihe von Spelunken.
Wenn man sich klarmacht, dass blues music im Grunde reine Unterhaltungsmusik war, erkennt man genau, worum es dabei geht. Jedes Kirchenmitglied in der Nachbarschaft, in der ich aufwuchs, hörte am Sonntagmorgen Predigten, in denen diese Musik verurteilt wurde. Eine Spelunke war etwas Sündiges. Daher sprachen die Leute von der Sonntagmorgen-Messe und der Samstagabend-Veranstaltung. Bei der Sonntagmorgen-Messe musste man niederknien, Gott versöhnlich stimmen, seine eigene Unwürdigkeit eingestehen und sich auf ein Leben nach diesem Tal der Tränen vorbereiten, ein Leben in der nächsten Welt. Bei der blues music hingegen ging es darum, mit den Problemen des Alltags fertig zu werden und eine kontinuierliche Basis zu schaffen.

Wann hörten Sie zum ersten Mal die Musik, die Jazz genannt wird?
Als ich älter wurde, interessierte ich mich mehr und mehr für Instrumentalmusik. Es gab Bands, die in den Tanzlokalen und beim Mardi Gras spielten, daneben lokale Bands, Bands aus New Orleans und Bands für Baseballspiele. Anfang der 30er Jahre konnte man Jazz nicht nur auf Platten, sondern auch im Radio hören. Die Platten, die jedermanns Denken beherrschten, waren die von Louis Armstrong. Wir kannten diese Aufnahmen Note für Note, jeden Part der einzelnen Musiker auf jeder Platte, alle Soli und den ganzen Jargon. In der Highschool hörten wir die großen Bands – Fletcher Henderson, Duke Ellington, Jimmie Lunceford und Earl Hines.
Wir hörten die Musik nicht nur ständig von Platten, die Bands waren für uns auch sehr real. Alle großen Bands gingen regelmäßig auf Tour, so dass man Gelegenheit hatte, diese Leute wirklich zu sehen. Cootie Williams, der aus Mobile stammte, spielte in Ellingtons Band. Und Louis Armstrong war der kleine, dicke alte Louis aus New Orleans, den man kannte.

Welche Auswirkung hatte es, diese großen Musiker zu sehen und zu hören?
Sogar die Gitarristen und die Musiker der lokalen Schuppen symbolisierten Stil, Kultiviertheit und Schick. Und wenn die Bigbands kamen, gab es, wie Count Basie zu sagen pflegte, »keinen Kette-um-den-Hals-Kram«. Diese Männer mussten immer schick sein. Sie waren Trendsetter.

Was war mit Duke Ellington?
Die Musik von Duke Ellington war das musikalische Äquivalent zum amerikanischen Geist der Affirmation im Angesicht der Not. Sie war konstant kreativ und schuf so eine Stabilität, die eine experimentelle Einstellung ermöglichte, und Ellington erreichte dies alles, indem er sich der idiomatischen Elemente bediente, die er am besten kannte – Blues und Populärmusik. Er schuf eine amerikanische Synthese, eine Interaktion zwischen gelehrter und volkstümlicher Tradition, die eine amerikanische Form ergibt, welche wiederum als Kunst angesehen werden kann. Das Gleiche lässt sich auch über Louis Armstrong sagen. Ellington stand für eine reichere Orchestrierung, aber die Grundlage war bereits durch Armstrong gelegt worden. Ellington war Armstrong mal 15. Ihm standen mehr Instrumente zur Verfügung als Armstrong, aber die Bedeutung war die Gleiche.

Was meinte Count Basie, als er sagte: »Nichts ist zu schnell oder zu langsam, um zu swingen.«?
Nichts ist zu schnell, um zu swingen, zu groß oder zu klein, um kultiviert zu sein. Swing ist die kultivierte Antwort auf das Chaos. Wenn in dieser Musik etwas swingt, ist es immer auch ästhetisch. Basies Repertoire war ein fester Bestandteil meiner Collegejahre. Als ich meinen Abschluss machte, entsprach das Tempo, der Beat, der Puls der Vereinigten Staaten, dem ich folgen wollte, »Doggin' Around«. Kann man zu »Doggin' Around« ein Solo spielen? Kann man diesen Zustand der Stabilität, den Zustand der Flexibilität, die Position erreichen, die so stilvoll sein lässt, wie du es laut dieser Musik sein solltest?

Sie haben eine besondere Beziehung zu Lester Young.
Lester ist die Verkörperung des Blues-Idioms, wie ich es definiere. Er besitzt ein Element der Melancholie, das aber durch Kultiviertheit überwunden wird. Er ist cool, aber gleichzeitig erkennt man, dass er auch verletzt wurde. Er hat einen flotten hinkenden Gang wie ein Kriegsveteran, weil er irgendetwas durchmachen musste, und umgeben von diesen ganzen Trompeten, die ihn von allen Seiten anbrüllen, zeigt

er diesen stolzen, an einen Exerzierplatz erinnernden Gang eines Mannes, der verwundet wurde. Ich bin in diesem Kontext aufgewachsen. Wenn du Footballspieler werden willst, gibt es kaum eine größere Auszeichnung, als hinkend in den Speisesaal zu kommen. Die Leute wissen, dass du einen Preis dafür zahlen musstest. Lester Youngs Musik gibt mir das Gefühl, dass er diesen Preis bezahlt, dafür aber an Kultiviertheit gewonnen hat. Das halte ich für den höchsten menschlichen Triumph.

Was ist mit Charlie Parker?

Um Parker wirklich schätzen zu lernen, muss man sich daran erinnern, dass er ein Musiker aus Kansas City und daher ein Blues-Musiker war. Die journalistische Herangehensweise an Musik wurde zu dieser Zeit sehr abstrakt – man sprach von verminderten Quinten und Nonen und verlor dann den Faden. Dabei brauchte man nur in einen Tanzschuppen oder zu einer Jam-Session zu gehen, diese Musik zu spielen und festzustellen, wo sie einen hinführte, und man wusste, um was es ging. Parkers Musik gründete sich auf diese Einfachheit, diese schnörkellose Effizienz, die Count Basie geprägt hatte. Wenn man sich Charlie Parker auf eine sehr pragmatische Art nähern will, sollte man die reine Melodielinie nehmen und sich anhören, wie Basie sie spielt – was so klingt, als würde Basie subtrahieren. Legt man danach Charlie Parker auf, kommt es einem so vor, als höre man eine Rokoko-Multiplikation dieser Subtraktion.

Wie ist Ihre Meinung zur Jazzkritik?

Historisch betrachtet wurde Jazz von verschiedenen politischen Gruppen für deren eigene Zwecke vereinnahmt, und leider hatte ein großer Teil der Jazzkritik anfänglich weniger mit der Musik als mit dem zu tun, wofür sich die Kritiker interessierten. Sie waren davon begeistert, aber sie zeigten sich auch herablassend. Nur wenige Redakteure schienen sie als etwas anzusehen, das kluge Köpfe erforderte. Wenn sie an dunkelhäutige Amerikaner dachten, schrieben sie über Probleme und Opfer, Protest und Leid, und obwohl sie selbst Spaß hatten, wenn sie die Musik hörten, war ihnen nicht klar, dass die Jazzmusiker und ihr Publikum sich schick machten und spielten oder ausgingen, um sich zu amüsieren – was nicht mit der seltsamen Selbstvergessenheit übertrieben begeisterter Besucher verwechselt werden sollte, die sich die Schuhe ausziehen, die Haare zerwühlen und die Sau rauslassen.

Amerikanische Kunstkritik im 20. Jahrhundert hatte sehr viel mit der Idee der Avantgarde zu tun, mit der

Samstagabend-Veranstaltung. Wanderarbeiter tanzen zum Blues in einem Zelt in der Nähe von Bridgetown, New Jersey, 1942.

bereitwilligen Annahme von Innovationen, der Suche nach etwas Neuem, etwas Rebellischem.

Kunst hat aber etwas mit Sicherheit angesichts des Chaos zu tun. Wir wollen dauerhafte Formen, Dinge, die fortbestehen, die über eine lokale Situation, eine bestimmte Zeit und bestimmte Bedingungen hinausgehen, einen Ansatz, der sich der Menschlichkeit widmet, dem gesamten menschlichen Anliegen. Für mich gibt es nichts Langweiligeres als die ständige Suche nach dem Neuen.

Ornette Coleman erscheint auf der Szene und sagt: »So klingt Freejazz.« Aber was ist freier als Jazz? Sobald man Jazz sagt, spricht man über die Freiheit der Improvisation. Die ganze Sache dreht sich um Freiheit, um amerikanische Freiheit. Warum sollte also irgendjemand den Jazz von seinen Formen befreien? Die ganze Idee der Kunst besteht darin, eine Form zu schaffen, die ein Bollwerk gegen Entropie und Chaos darstellt. Jazz soll nicht formlos und absolut zügellos sein. Das ist, als wolle man die Wellen im Meer umarmen. Man kann die Entropie nicht umarmen. Man kann das Chaos nicht umarmen. An diesen Punkt sind wir in der amerikanischen Jazzkritik gelangt. Leute werden dafür gelobt, dass sie innovativ sind, aber nicht dafür, dass sie einen tiefen Eindruck hinterlassen. Aber echte Künstler lassen sich davon nicht täuschen, denn jeder wirklich seriöse Künstler weiß, dass der kreative Akt an sich Avantgardismus einschließt – was bedeutet, dass man von den uns umgebenden Dinge seine eigene Version abliefert. Und wenn dir gelingt, dass andere Menschen etwas von dem übernehmen wollen, was du etabliert hast, dann ist das echte Avantgarde.

Was bereitet Ihnen nach fast 85 Jahren das meiste Vergnügen daran, Jazz zu hören?

Jazz ist die Verkörperung der Erfahrung Amerikas, seines Geistes, seines Ideals. Daher bedeutet es mir als Schriftsteller so viel, wenn ich erlebe, dass Menschen darauf reagieren. Sie wollen sich bewegen, sie wollen etwas auf bestimmte Art tun, und der beste Jazz bewegt sich immer in Richtung Kultiviertheit. Der Gipfel der menschlichen Entwicklung ist Kultiviertheit, die ultimative Erweiterung und Verfeinerung des Bemühens, bei dem das Vergnügen darin besteht, etwas einfach zu tun. Das ist in etwa das Beste, was wir im Leben erreichen können – das, was Hemingway die Tropfen auf einer kühlen Flasche Wein nannte. Wenn man nicht genießt, wie diese Tropfen glitzern, während man den Wein eingießt, ihn kostet, und nicht bemerkt, wie der Partner schaut und wie das Sonnenlicht sich in den Tropfen bricht – tja, dann hat man es verpasst!

Modernismus hingegen bezeichneten die Opposition als »Moldy Figs«, als schimmelige Feigen. Doch diese Diskussionen wurden überwiegend am Rande der Szene geführt. Ben Webster, Don Byas und andere Größen der Swingära wandten sich an Bebop-Musiker, um mit ihnen zu spielen. Coleman Hawkins machte Aufnahmen mit Gillespie und Parker, arbeitete zusammen mit Howard McGhee und engagierte Thelonious Monk für eine seiner Bands, selbst als die Klubbesitzer verlangten, er müsse ausgetauscht werden. Bebop, so sagte Hawkins viele Jahre später, war das, was die Musiker »hätten spielen sollen, als ich '39 [nach Amerika] zurückkam«.

Aber es gab auch Musiker, für die Bebop wirklich nicht mehr zu sein schien als Krach. Als McGhee zusammen mit Kid Ory in Los Angeles auftrat, stürmte Ory nach einem Set von der Bühne und sagte: »Ich werde diese Art von Musik nicht spielen.« »Wir vermindern unsere Quinten nicht«, sagte Eddie Condon, »lieber trinken wir ein übermäßiges Viertel.« Tommy Dorsey verspottete Parker und Gillespie als »musikalische Kommunisten«, und Fletcher Henderson sagte: »Von allen Grausamkeiten dieser Welt ist Bebop die unglaublichste.«

Die kampfbereiten Bopper wehrten sich nach Kräften. Verglichen mit dem, was vorher mit der Musik geschehen sei – so Gil Fuller, der für Gillespies Bigband arrangiert hatte –, sei das, was er und seine Kollegen produzierten, als würde man »einen Pferdewagen und ein Düsenflugzeug« auf die gleiche Stufe stellen. Gillespie selbst verglich einmal den früheren Jazz mit »Kinderliedern. Es war in Ordnung für seine Zeit, aber es war eine kindische Zeit.« Und der

Die Dizzy Gillespie All-Stars am 16. Mai 1945 in der New Yorker Town Hall. Gillespie hört zu, während Charlie Parker sein Solo spielt. Harold »Doc« West sitzt am Schlagzeug. Slam Stewart spielt Bass. Al Haig (hier nicht zu sehen) spielte an diesem Abend Klavier, und Curley Russell übernahm während des Konzerts die meiste Zeit den Bass von Stewart.

»progressive« Bandleader Stan Kenton behauptete, das Problem mit Armstrong und den anderen Angehörigen seiner Generation sei, dass sie ohne »Technik« spielen würden.

Niemand war von solchen Bemerkungen mehr gekränkt als Armstrong selbst. »Diese jungen Typen heute«, sagte er, »wollen jeden fertig machen, weil sie voller Bosheit sind; sie wollen dich nur blamieren, und dazu ist ihnen jede Art zu spielen recht, solange sie anders ist als die, in der du vorher gespielt hast. So entstehen all die seltsamen Akkorde, die überhaupt nichts zu bedeuten haben, und zuerst werden die Leute neugierig, nur weil es neu ist, aber bald werden sie es leid, weil ... es keine Melodie gibt, an die man sich erinnern oder zu der man tanzen kann. ... Sie kommen zu uns zurück, wenn all das Geschrei über Bop und Technik vorbei ist, weil sie keine eigenen Melodien schreiben können, sie können nur alles so weit ausschmücken, bis man das Muster nicht mehr erkennt. ... Dann sind sie alle wieder arm, und keiner arbeitet, und das hat man dann von der modernen Bosheit.«

Auch Dizzy Gillespie wollte seinem Publikum geben, was Louis Armstrong »Zufriedenheit und Vergnügen« nannte. Er hatte zum Teil deshalb dazu beigetragen, die moderne Musik zu schaffen, die man Bebop nannte, weil er gegen die Pflicht zu unterhalten protestieren wollte, der schwarze Musiker immer entsprechen mussten. Aber er hatte inzwischen auch ein Publikum kennen gelernt, das dieser Musik nicht nur gleichgültig, sondern offen feindselig gegenüber stand. »Von Küste zu Küste«, so schrieb er später, »war Amerika 1945 musikalisch ebenso rückständig wie in Bezug auf seine Rassen. Diejenigen von uns, die versuchten, es voranzutreiben, mussten leiden.« Trotz all seiner Ernsthaftigkeit in Hinblick auf die Musik war er ein geborener Entertainer und mit Leib und Seele Musiker – ein Produkt der Swingära – der nie seine Liebe für die Kraft und Dynamik der Bigbands verloren hatte und für den anspruchsvolle Musik kein Widerspruch dazu war, dass alle ihren Spaß hatten. Und er war, wie Stan Levey sagte, »besessen in seinem Drang, Erfolg zu haben«.

Sobald Gillespie an die Ostküste zurückgekehrt war, begann er, mit Hilfe von Billy Shaw von der William Morris-Agentur, ein neues Orchester aufzubauen. »Wir wollten, dass es so klang wie die Musik von Dizzy und Bird«, sagte Gil Fuller, »aber ... übertragen auf einen Bigband-Sound.« Mit Arrangements von Fuller, Tadd Dameron, George Russell, John Lewis und Gillespie selbst und Stücken wie »Ow!«, »Oop Bop Sh'bam«, »One Bass Hit«, und »Things to Come« gelang ihnen genau das. Im Laufe der nächsten Jahre gehörten außergewöhnlich viele junge Musiker zur Gillespies Band, die sich bereits einen Namen gemacht hatten: Ray Brown, Kenny Clarke, John Coltrane, Kenny Dorham, Paul Gonsalves, Jimmy Heath, Milt Jackson, Yusef Lateef, James Moody, Cecil Payne und Sonny Stitt.

Nur wenige Bands in der Geschichte stießen auf so viel Begeisterung wie die von Gillespie. »Die Kraft, der Rhythmus, die Harmonien«, erinnerte sich Kenny Clarke, »waren etwas, was ich noch nie zuvor gehört hatte. Man kann sich nicht vorstellen, wie es war, da mitzuspielen.« »Von der ersten bis zur letzten Note«, so auch Milt Jackson«, konnte man diese Freude, diese Zusammengehörigkeit hören; all das in dieser Musik.« Die Holzbläser rasten durch lange, komplizierte Läufe ohne die Spur eines Vibratos. »Die Blechbläser hatten jede Menge hoher Töne«, sagte Ray Brown. »Es waren kreischende Phrasen ... Und nach etwa einer halben Stunde davon schaute man rüber zu den Trompetern, und jedem hingen die Lippen herunter; sie sahen aus wie Hackfleisch.« Um den Blechbläsern Gelegenheit zu geben, sich zu erholen, spielten Jackson und die Rhythmusgruppe in der Mitte des Auftritts einen Soloblock von etwa einer Viertelstunde. (Dieses Quartett bildete später die erste Besetzung der langlebigsten Combo in der Geschichte des Jazz, des Modern Jazz Quartet.)

Zudem baute Gillespie für seine Band etwas Neues in seine Musik ein. Seit den Tagen, als er neben dem in Kuba geborenen Mario Bauzá in der Trompetensektion von Cab Calloways Band gespielt hatte, suchte Gillespie nach Möglichkeiten, die ansteckenden, aber komplexen Rhythmen der Karibik in den Jazz zurückzubringen, die nach Meinung von Jelly Roll Morton als »Würze« für diese Musik unerlässlich waren. Aber Gillespie hatte mehr als Gewürze im Sinn. Er wollte die beiden Formen im wahrsten Sinne miteinander kombinieren und Jazz über die unverfälschten – und damit unverfälscht komplizierten – afrokubanischen Polyrhythmen spielen. Um dies tun zu können, brauchte er jemand,

Chano Pozo.

der von diesen Rhythmen durchdrungen war. Bauzá erzählte Gillespie 1947 von einem außergewöhnlichen Congaspieler namens Chano Pozo, der vor kurzem aus Kuba in Amerika eingetroffen war. Pozo sprach so gut wie kein Englisch. »Dizzy no peaky pani (Dizzy spricht kein Spanisch)«, sagte er laut Gillespie immer. »I no peaky engly, but boff peak African.« (Ich spreche kein Englisch, aber beide sprechen Afrikanisch.) Und Pozo war ein harter Bursche – ein Raufbold, der eine Kugel so dicht neben der Wirbelsäule stecken hatte, dass sie nicht entfernt werden konnte, und der bald darauf im Streit von einem Kokaindealer ermordet wurde. Aber mit ihm produzierte Gillespie eine Reihe so genannter Cubop-Aufnahmen. Die bekanntesten Titel waren »Cubana Be-Cubana Bop« und »Manteca« – Spanisch für »fettig« –, die Gillespie, Pozo und George Russell im Dezember 1947 komponierten. Beide Stücke boten leidenschaftliches Schlagzeugspiel, Gesang im afrikanischen Stil und Trompetensoli von Gillespie, die nicht auf Akkorden, sondern auf Grundtonleitern, so genannten Skalen oder Modi basierten – eine Neuerung, die zuerst in Duke Ellingtons »Tattooed Bride« zu hören war und der man im Jazz erst über ein Jahrzehnt später wieder begegnen sollte.

Die Aufnahmen, so schrieb Gillespie, »schlugen ein wie eine Atombombe. Noch nie zuvor hatte es eine solche Vermählung von kubanischer und amerikanischer Musik gegeben«. »Manteca« blieb bis zum Schluss Gillespies Erkennungsmelodie. Der Erfolg dieses Stückes inspirierte andere Bandleader wie Stan Kenton dazu, kubanische Elemente in ihr Repertoire aufzunehmen, und brachte Gillespie und seinem Orchester eine Tournee durch Skandinavien, Belgien und Frankreich ein. Überall, wo er in Europa spielte, wurde Gillespie als Held gefeiert. Als er sich eine verbeulte Trompete für ein Konzert in Paris borgte, begannen junge französische Musiker prompt, ihre Instrumente zu demolieren. »Sie dachten, sie würden meinen Sound erreichen, wenn sie ihre Trompeten verbeulten«, sagte er und schüttelte verwundert und erfreut den Kopf. »Bebop, die neueste Entwicklung in der Geschichte des Jazz, hat Paris erobert«, schrieb der Schriftsteller Boris Vian, selbst Jazzmusiker. »Dank Dizzy Gillespie.«

Duke Ellington war der Ansicht, der Erfolg seiner Arbeit sei dadurch geschmälert worden, dass man sie als »Jazz« bezeichnet hatte, und er warnte Gillespie davor, seine Musik durch eine Kategorisierung einengen zu lassen. Aber in seinem Bemühen um ein möglichst breites Publikum schenkte der jüngere Mann diesen Worten keine Beachtung. »Wenn man genug Geld hat, um für sich selbst zu spielen«, sagte er, »kann man alles spielen, was man will. Aber wenn man von der Musik leben will, muss man sie verkaufen.« Und niemand verkaufte seine Musik mit mehr Einsatz als Gillespie. Er war ein Derwisch auf der Bühne, raste im höchsten Register durch halsbrecherische Soli, tanzte dann Jitterbug, sang, riss Witze mit Komikern und trug lustige Hüte. »Komik ist wichtig«, erklärte er viele Jahre später. »Ein Künstler, der versucht, das Publikum zu kontrollieren, muss es zum Lachen bringen, wenn er kann. ... Wenn die Leute entspannt sind, sind sie empfänglicher für das, wohin du sie bringen willst. Wenn du ihnen da oben etwas bietest und sie entspannt sind, werden sie mitmachen.« Gillespie ließ sich bei einem Konzert in der Carnegie Hall so viel einfallen, um das Publikum zum Lachen zu bringen, dass Louis Armstrong danach hinter die Bühne kam

Dizzy Gillespie und seine Bigband im Orpheum Theater in Los Angeles, 1949. Trotz des Erfolgs seines Orchesters schrieb Gillespie: »Wir waren im alten Bebop-Dilemma gefangen – der Frage, ob Jazz in erster Linie eine Musik zum Tanzen oder zum Zuhören ist.«

TEDDY
STEWART

Bebop als Big Business. Oben: Die erste Doppelseite des Life-Artikels, der Dizzy Gillespie zur Berühmtheit machte – und seine Musik zur Modeerscheinung. Unten: Ein Auftritt in Los Angeles, bei dem wie Doppelgänger verkleidete Fans sich um ihren Helden scharen.

und ihm sagte, er würde es übertreiben. »Du machst dich zum Idioten da oben, Junge. Du machst dich lächerlich.«

Wie dem auch sei – Gillespie hatte nichts dagegen, das öffentliche Gesicht des Bebop zu sein. Die William Morris-Agentur bot ihn als »Das verrückte Musikgenie« an und ermutigte die Presse zu schillernden Geschichten über seine Brillen mit dunklem Rand, seinen Ziegenbart, seine Baskenmützen, die Leopardenfelljacken, die er manchmal auf der Bühne trug, seine beim Spielen alarmierend aufgeblasenen Backen, und später über den charakteristisch nach oben gebogenen Trichter seiner Trompete, der ihm angeblich half, sich selbst besser zu hören – die Zeitungen schrieben über alles, nur nicht über seine Musik. Als *Life* für den Herbst 1958 eine große Fotostory über die neue Musik plante, zeigte sich Gillespie nur allzu gern zur Mitarbeit bereit und überredete sogar den stets würdevollen Benny Carter dazu, für die Kamera zu posieren.

> »Sie ließen uns einen Bebop-Gruß für sie vorführen. ›Hi-ya, man!‹ ›Bells, man where yo been?‹ Dazu das Zeichen der verminderten Quinte, eine erhobene, geöffnete Hand. ›Eel-ya-da!‹ Wir machten das Zeichen, mit dem wir Triolen andeuteten, was in einem komplizierten Händeschütteln endete. Das sollte der Bebopper-Gruß sein, aber in Wirklichkeit existierte so was gar nicht. Es war alles nur ein Haufen Unfug, den wir da abzogen, damit sie behaupten konnten, wir seien ein bisschen verrückt.«

Gillespie behauptete sogar, er sei zum Islam übergetreten und ließ sich in seinem Schlafzimmer fotografieren, wie er sich gen Mekka verbeugte – denn eine kleine, aber stetig wachsende Zahl seiner Zeitgenossen waren Moslems geworden. Er verstand die Beweggründe, aus denen einige junge schwarze Musiker sich dem Osten zugewandt hatten – »Sie sind verletzt«, sagte er einem Schriftsteller mit Tränen in den Augen –, und bereute es später bitter, sich an einer derartigen »Blasphemie«, wie er es nannte, beteiligt zu haben.

Aber 1948 schien sich Gillespies Geschäftstüchtigkeit auszuzahlen. Richard Boyer vom *New Yorker* schrieb:

> »Dizzys männliche Fans, von denen die meisten Teens und Twens sind, drücken ihre

> Bewunderung für Gillespie aus, indem sie ihn imitieren. Sie versuchen, seinen seltsam schlaksigen, o-beinigen Gang nachzuahmen und in hohen Sopran-Kieksern zu lachen; sie tragen blaue Baskenmützen und Hornbrillen, rauchen Meerschaumpfeifen und züchten an ihrer Unterlippe eifrig Kopien des Haarbüschels, wie Dizzy es trägt. ... Er ist sich der Tatsache bewusst, dass die geringste Eigenheit seines Verhaltens oder seiner Kleidung international Nachahmer findet. ... In St. Louis wurde er fotografiert, als er die obersten Knöpfe seines Anzugs zufällig nicht geschlossen hatte. Nachdem das Bild in einem Jazzmagazin erschienen war, ließen die Bebopper ... ebenfalls die obersten Knöpfe ihrer Hemden offen.«

Als Gillespies Band in einem New Yorker Klub spielte, machte der Besitzer ein gutes Geschäft, indem er Bärte zum Ankleben an weibliche Fans verkaufte – und natürlich auch an männliche Bebopper, die noch zu jung für einen Bart waren.

Wie der Swing ein Jahrzehnt zuvor schien auch der Bebop zu einer gut verkäuflichen Ware zu werden. »Stimmt genau, Mann!«, lautete die Zeitungsanzeige eines Chicagoer Schneiders, »Bop King Dizzy Gillespie und seine großartige Band gehören jetzt ebenfalls zu der ständig wachsenden Zahl von Spitzenmusikern, die die phantastischen Anzüge und Accessoires von FOX BROS. tragen. Kapiert?« Die »Swing Street«, die 52nd Street in New York, war seit dem Krieg immer mehr heruntergekommen – in den meisten ehemaligen Jazzklubs hatten Stripteaselokale oder chinesische Restaurants eröffnet. Jetzt sah man neue Nachtklubs, vorwiegend für Bebop-Fans, in der Nähe des Broadway: Royal Roost, Bop City und Clique.

Auch die Leader anderer Bigbands, die nach einer Möglichkeit suchten, in einer zunehmend von Schnulzensängern beherrschten Welt zu überleben, suchten in der Musik im Stile Dizzy Gillespies ihr Heil. Woody Herman gründete eine neue Band mit eifrigen jungen Musikern – die so genannte Second Herd –, der es laut Herman um »die Bebop-Revolution« ging. Ihre denkwürdigste Aufnahme war Jimmy Giuffres mörderisch schnelles »Four Brothers«, eingespielt von einigen der fähigsten Holzbläser in der Geschichte des Jazz: Stan Getz, Zoot Sims und Herbie Steward am Tenorsaxophon und Serge Chaloff am Baritonsaxophon. »Hermans Band«, erinnerte sich der Bassist Chubby Jackson, »spielte, als ob die Marines kommen würden.«

Auch Benny Goodman präsentierte im gleichen Jahr eine neue, am Bebop orientierte Band mit Wardell Gray am Tenorsaxophon und Arrangements von Chico O'Farrill. »Bebop muss unbedingt gefördert werden«, sagte Goodman. »Sie versuchen etwas anderes, statt zu kopieren.« Besonders gut gefielen ihm Gillespie und Parker. Aber »es ist eher nervöse als aufregende Musik. Wenn einige [der Bopper] einfach versuchen würden, ihre Arrangements und Soli zu vereinfachen, würden sie viel besser ankommen. Es scheint, als versuchten sie alle, sich gegenseitig zu übertreffen und auszustechen.« Aber er sagte auch: »Ich glaube, aus alldem wird etwas Gutes entstehen.«

SAUBER SPIELEN

Als Charlie Parker sich nach seinem langen Aufenthalt in Camarillo wieder der Musik zuwandte, war er nicht erfreut über die Art von Aufmerksamkeit, die Dizzy Gillespie erteilt wurde – oder von dem Eifer, mit dem Gillespie sie gesucht

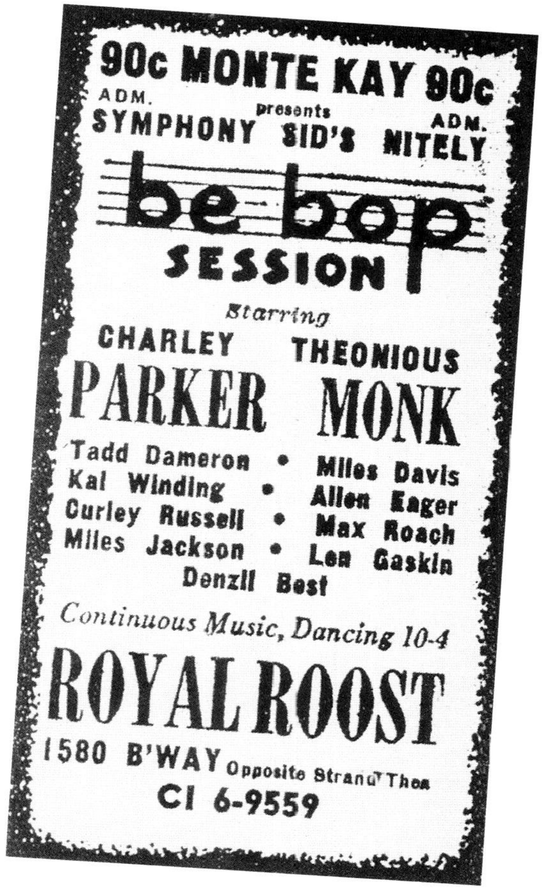

Oben: Anzeige für eine Jam-Session, die der Jazz-Diskjockey Symphony Sid Torin organisierte.
Unten: Die Fassade des kurzlebigen Klubs Bop City am Broadway.

Ella Fitzgerald verzaubert ihr Publikum in Manhattan, darunter auch Duke Ellington und Benny Goodman, 1948.

hatte. Parker hatte 1942 den Bebop aus Kansas City mitgebracht, wie er in einem Interview verriet – und damit andeutete, dass niemand sonst an seiner Entstehung beteiligt gewesen war. Gillespies Bigband sei keine gute Idee gewesen, sagte er in einem anderen Interview, da sie seinen alten Partner zur Stagnation gebracht hatte: »Er wiederholt zwar noch keine Noten, aber er wiederholt Patterns.« Noch unglücklicher war Parker über die kultische Aura, von der die Musik jetzt umgeben wurde. »Einige Jungs sagten: ›Hier ist der Bop.‹ Zack!«, beschwerte er sich kopfschüttelnd. »Sie sagten: ›Das ist etwas, womit wir Geld machen können.‹ Zack! ›Hier ist ein Komiker.‹ Zack! ›Hier ist ein Typ, der lustig daherredet.‹« Das Wort »Bebop« ärgerte ihn mindestens genauso, wie das Wort »Jazz« Duke Ellington geärgert hatte. »Es ist einfach nur Musik«, meinte er. »Es geht darum, sauber zu spielen und die schönen Töne zu treffen.«

Parker stellte sein später so genanntes klassisches Quintett zusammen, mit Max Roach am Schlagzeug, Tommy Potter am Bass, Duke Jordan am Klavier und einem noch jugendlichen Miles Davis an der Trompete. (Davis wurde im Lauf der Zeit durch Kenny Dorham ersetzt, Al Haig kam für Jordan und Roy Haynes für Roach.) Parker spielte selbstbewusster und klarer als je zuvor, aber nach wie vor war er ständig unzufrieden. Außerdem ärgerte er sich über die Fans, die ihm von Konzert zu Konzert mit ihren Aufnahmegeräten folgten; sie schalteten sie ein, sobald er an den Bühnenrand trat, um ein Solo zu spielen, und sofort wieder aus, wenn er fertig war. Als ihn jemand fragte, welche drei seiner Schallplatten ein Sammler zuerst kaufen sollte, antwortete Parker ihm, er könne sich sein Geld sparen.

Inzwischen hingen die jungen Bewunderer weiterhin an jedem Ton, den er spielte. »Als Charlie Parker auf der Szene auftauchte«, erzählte Sweets Edison, »machte er einen solchen Eindruck auf die Musiker, dass dich manche seiner Anhänger k.o. geschlagen hätten, wenn du nach einer falsch gespielten Melodie von ihm gesagt hättest, dass sie falsch war.«

Als ein Freund dem Altsaxophonisten Art Pepper eine Aufnahme von Parker vorspielte, war Pepper ebenso fasziniert und beeindruckt wie Jahrzehnte zuvor Max Kaminsky, als er zum ersten Mal Louis Armstrongs »West End Blues« gehört hatte. »Mir wurde einfach furchtbar schlecht«, sagte Pepper. »Ich konnte nicht mehr stehen, und als [mein Freund] noch etwas anderes [von Parker] auflegen wollte, sagte ich: ›Nein, nein, ich halte das nicht aus. Ich kann nicht noch mehr davon hören.‹«

Niemand war mehr darum bemüht, dem Beispiel Charlie Parkers zu folgen, als ein Oberschüler aus Harlem und Möchtegernsaxophonist namens Jackie McLean. Zuerst verehrte er Lester Young und kaufte sich sogar eine Kopfbedeckung, die so ähnlich aussah wie Youngs typischer flacher Filzhut. Aber dann hörte er Charlie Parker. »Als sehr junger Musiker«, erinnerte er sich,

> »wollte ich genauso spielen wie er. Es war mir egal, wenn mir jemand sagte, ich würde so klingen wie er. Genau das wollte ich ja. Und es war alles, wovon ich träumte. Ich wollte nicht ich selbst sein; ich wollte wie Charlie Parker spielen. Als er im Apollo spielte, hatte ich nur die Möglichkeit, ihn zu sehen, wenn ich die Schule schwänzte. Ein paar meiner Freunde und ich gingen also morgens von zu Hause aus zur U-Bahn, aber anstatt in die Bronx zu unserer Schule zu fahren, fuhren wir weiter bis zur 125nd Street und deponierten unsere Bücher in einem der Schließfächer im Bahnhof. Aber vor dem Theater war dann niemand, weil es noch so früh war, erst neun oder viertel nach neun. ... Wir setzten uns rein, sahen uns den Film an und warteten, bis es Zeit für seinen Auftritt war; dann ging der Vorhang auf, und da war er. Und wir hörten all die phantastische Musik, die wir auch auf seinen Platten gehört hatten, und wir genossen die Show. Wenn danach wieder der Film anfing, sprangen wir auf und schlichen uns durch den Seitenausgang hinaus, so dass wir Bird sehen konnten, wenn er rauskam, um frische Luft zu schnappen. Als er uns sah, sagte er zu uns: ›Na, Jungs, wie geht's? Solltet ihr nicht in der Schule sein?‹ Und wir antworteten: ›Klar, Bird, aber wir sind extra gekommen, um dich zu sehen.‹«

McLean blieb hartnäckig, spielte Parkers Platten immer wieder und folgte ihm durch die ganze Stadt. Er versuchte stets, dem großen Mann so nah wie möglich zu sein, und eines Tages zahlte es sich aus:

> »Ich kam aus der Schule nach Hause, und meine Mutter sagte zu mir: ›Du wirst es nicht glauben, aber ich habe heute einen Anruf von Charlie Parker bekommen.‹ Und ich sagte: ›Was?‹ Ich war sehr aufgeregt. ›Was hat er gesagt?‹ Sie meinte: ›Nun, er möchte, dass du heute Abend in dieses Lokal kommst, ins Chateau Gardens, einen blauen Anzug, Hemd und Krawatte trägst und für ihn spielst, bis er kommt.‹
> Oh Mann, ich ging sofort in mein Zimmer und übte für den großen Abend, der mich erwartete. Aber ich muss sagen, als der Vorhang aufging, waren die Leute sehr enttäuscht. Ich begann mit den Stücken, die ich kannte, »Confirmation« und »Now's the Time« und »A Night in Tunisia« und »Don't Blame Me« und die Sachen, die Bird spielte. Dann blickte ich auf und sah, wie die Menge nach hinten drängte, weil Bird hereinkam. Ich sah einen Saxophonkoffer in der Luft. Die Leute bedrängten ihn so sehr, dass er ihn über dem Kopf tragen musste. Und dann folgten sie ihm bis zur Bühne. Er nahm sein Instrument, kam zu mir rüber und meinte: ›Lass uns was spielen‹, und wir spielten eine Nummer zusammen. Dann meinte er zu mir, ich solle mich hinsetzen.«

Der jugendliche Jackie McLean.

AUS GANZEM HERZEN

Im Februar 1949 war Louis Armstrong pünktlich zum Mardi Gras wieder zu Hause in New Orleans. Der Zulu Social Aid and Pleasure Club hatte ihn eingeladen, als Zulu King im jährlichen Karnevalsumzug mitzuwirken, und er hatte begeistert zugesagt. Für Armstrong war es die Erfüllung eines »Lebenstraums« – der deutlichste Beweis für die Liebe und den Respekt, den die Männer und Frauen, unter denen er in den Straßen Storyvilles aufgewachsen war, ihm noch immer entgegenbrachten. Er blieb den ganzen Tag und die halbe Nacht auf dem von Maultieren gezogenen Zulu-Festwagen, trank Champagner, begrüßte alte Freunde und warf etwa 2000 bemalte Kokosnüsse in die Menge, die die engen Straßen säumte. Als es zu einem Faustkampf zwischen einem Zuschauer und dem »Bürgermeister« von Zululand kam, lächelte er nur und sagte: »Ja, ja, genau wie früher.« Die All Stars fuhren mit ihm auf dem Wagen, und Arvell Shaw erinnerte sich: »Menschen aus der ganzen Welt – seine Fans – waren gekommen, um ihn zu sehen. Noch nie in meinem Leben habe ich etwas so Schönes erlebt.«

Der Zulu-Festwagen hatte sich überhaupt nicht verändert – er war und blieb eine knallig bunte Parodie auf die Weißen, die sowohl in der Stadt als auch bei den übrigen Feierlichkeiten das Sagen hatten. Aber für junge Afroamerikaner – besonders für jene, die anderswo im Land lebten und nichts von den komplexen Doppelbedeutungen des Ereignisses wussten – bot der pechschwarz geschminkte Louis Armstrong mit seinen schwarzen Strumpfhosen, purpurroten Federn und dem grünen Plastik-Bastrock einen bizarren Anblick, der einem entwürdigenden Rückfall in die Zeiten der Minstrel-Sänger gleichkam. Dizzy Gillespie beispielsweise sah es genauso. Einem Reporter sagte er: »Louis ist das Plantagen-Stereotyp, über das sich so viele von uns ... jüngeren Männern ... ärgern.« Selbst einige seiner alten Freunde taten sich schwer, ihn zu verteidigen. »Ich liebe Pops«, meinte Billie Holiday. »Aber er spielt aus ganzem Herzen den Onkel Tom.« Max Kaminsky dagegen geriet darüber in Rage, dass jemand es wagte, Armstrong als Onkel Tom anzuprangern, weil »er nicht ›würdevoll‹ genug handelte«. »Würde war ihr neues Losungswort, ihr Gott, während viele weiterhin

Charlie Parker und die Rhythmusgruppe einer All-Star Band, die 1949 von den Lesern von *Metronome* zusammengestellt wurde. V.l.n.r.: Gitarrist Billy Bauer, Bassist Eddie Safranski, Parker und Pianist Lennie Tristano.

auf eine Art und Weise ihr Leben führten, die nichts mit Würde zu tun hatte.«

Armstrong war noch immer der Liebling der weißen Fans – die Nachricht, dass er regierender Zulu King werden sollte, brachte ihn als ersten Jazzmusiker mitsamt seiner Krone auf das Titelblatt von *Time* –, aber die schwarzen Massen, die einst jeden Laden gefüllt hatten, blieben allmählich aus. Armstrong fühlte sich verlassen. Er hatte die ärmsten Verhältnisse hinter sich gelassen, in die man – ungeachtet der Hautfarbe – in den USA überhaupt hineingeboren werden konnte, aber sich darauf niemals etwas eingebildet. Er blieb, wie er war – »immer derselbe, ob auf der Bühne oder dahinter«, so Barney Bigard –, und es muss ihn hart getroffen haben, dass die eigenen Leute ihn kritisierten, weil er seine Herkunft nicht verleugnete.

Besonders verbittert äußerte sich Armstrong über einen Auftritt in Dallas, wo sein Publikum im ausverkauften Saal fast ausschließlich aus Weißen bestand, während Louis Jordan – laut Armstrong »einer dieser Saxophonisten mit wattiertem Jackett, die dieses Dschungelzeugs spielen« – in derselben Straße ein anderes Theater mit jungen schwarzen Fans füllte. Als Armstrong meinte, er wolle im Apollo Theater in Harlem spielen, wo er einst eine Top-Attraktion gewesen war, sagte ihm Joe Glaser, das könne er sich sparen, denn es sei nur eines dieser kleinen Theater, und er habe es nicht mehr nötig, dort zu spielen. Aber Armstrong bestand darauf: »Das sind meine Leute.« Als er jedoch schließlich dort auftrat, »füllte er das Theater nicht«, wie sich eine enge Freundin seiner Frau erinnerte. »Und Lucille sagte mir, er hätte nächtelang geweint, weil es ihn so verletzte.«

Louis Armstrong war inzwischen einer der bekanntesten Amerikaner der Welt und mit Sicherheit der bekannteste Afroamerikaner, aber die Menschen, die er immer als sein Volk betrachtet hatte, kehrten ihm den Rücken. Diese Wunde sollte niemals ganz verheilen.

BEDROHLICHES ZEUGS

Im Mai 1949 landete eine Abordnung amerikanischer Musiker in Paris, um bei einem der ersten internationalen Jazzfestivals der Welt aufzutreten. Sidney Bechet war den französi-

Oben: Louis Armstrong (Mitte) als Zulu King bei der Mardi Gras-Parade in New Orleans 1949. Unten: Eine Collage von Armstrong zur Erinnerung an seine Regentschaft, samt einer Liste all seiner Vorgänger als König sowie seiner Mitgliedskarte des Zulu Social Aid and Pleasure Club.

schen Fans wohl am besten bekannt, aber man hatte auch Charlie Parker eingeladen. In der Jazz-Presse hielten sich Gerüchte, dass traditionelle und Bebop-Musiker Todfeinde seien. Bechet hatte in einem Interview behauptet, Bebop sei bereits »so tot wie Abraham Lincoln«, und er und Parker wären erst vor kurzem in einem im Rundfunk ausgestrahlten musikalischen Wettstreit gegeneinander angetreten, den der Organisator, der Schriftsteller Rudi Blesh, als »Showdown« angekündigt hatte. Aber beide kamen gut miteinander aus – sobald Bechet herausgefunden hatte, wie man das Fenster der Garderobe öffnete, um Parkers Marihuanaqualm abziehen zu lassen. Es war zwar nicht seine Art, Komplimente zu machen, aber trotzdem sagte er Parker, wie sehr er »diese Phrasen von dir« bewunderte. Und in den Jam-Sessions am letzten Tag des Festivals fanden die beiden Meister – der weißhaarige Pionier aus New Orleans und der 29-jährige Architekt des Bebop – sofort eine gemeinsame Basis im Blues, der Musik, die den Kern all dessen bildete, was beide spielten.

Bechets Auftritt auf dem Festival war eine triumphale Rückkehr in das Land, aus dem er 20 Jahre zuvor ausgewiesen worden war, und man empfing ihn so freundlich, dass er beschloss, sich ganz in Paris niederzulassen. Dort entwickelte er sich zum verehrten großen alten Mann des Jazz, der von seinen zahlreichen Fans nur »Sidney Nationale« genannt wurde.

Zu seiner Überraschung und Freude stellte auch Charlie Parker fest, dass er für die Franzosen ein Held war, ein würdiger Nachfolger von Bechet, Armstrong und Ellington, für den sich Jean-Paul Sartre und andere Intellektuelle interessierten und der zum ersten Mal in seinem Leben nicht nur als Musiker, sondern als Künstler angesehen wurde. Er hatte bereits davon gesprochen, die Grenzen seiner Musik zu erweitern, aber als er nach New York zurückkam und versuchte, den Produzenten Norman Granz dafür zu gewinnen, neue Kompositionen für ihn in Auftrag zu geben, die er mit einem 40-köpfigen Orchester einspielen wollte, ließ Granz stattdessen von Tanzband-Arrangeuren schwülstige Sätze populärer Standards produzieren. Das Ergebnis, ein Album mit dem Titel Charlie Parker with Strings, wurde von den meisten Kritikern abgelehnt; sie hielten die Arrangements für nichtssagend und einfallslos und warfen

Parker vor, er verkaufe sich – genau wie sie einst Louis Armstrong beschimpft hatten, er habe sein New Orleans-Repertoire zugunsten von Schlagern aufgegeben. Sie erkannten nicht, wie Parker selbst sagte, dass eine Darbietung »nicht wegen der Art der Musik, sondern wegen der Qualität des Musikers als gut oder schlecht« beurteilt werden sollte. Parkers lange, kantige, bluesige Läufe legten sich sehr schön über die Streicher, und auf »Just Friends« – der meist verkauften all seiner Aufnahmen – lieferte er eine der eindringlichsten Improvisationen seiner Kariere. Von all seinen Platten, so sagte er, sei diese die Einzige, die ihm wirklich gefiel.

Im Dezember 1949, zwei Wochen nachdem Parker seine ersten Aufnahmen mit Streichern gemacht hatte, öffnete der renovierte Clique Club am Broadway, der ihm zu Ehren in Birdland umbenannt worden war, zum ersten Mal seine leuchtend roten Türen. Zur Eröffnung kam ein bunter Strauß an Solisten: Max Kaminsky und Hot Lips Page sowie Lester Young, Charlie Parker und ein kaum bekannter Sänger namens Harry Belafonte. »Das Verhältnis zwischen den Boppern und den traditionellen Jazzern war, gelinde gesagt, angespannt«, schrieb Kaminsky. Einige der jüngeren Musiker verhielten sich Page gegenüber offen respektlos, und ihre Verachtung traf ihn tief. »Aber Charlie Parker«, so Kaminsky, »der als das größte Genie dieser ganzen [modernen] Musik galt, gefiel meine Band besser als alles, was er dort hörte. Ich konnte nicht so trinken wie er, ich kannte seine Freunde nicht und ich ging auch nie mit ihm zu irgendwelchen Partys, aber musikalisch wurden wir gute Freunde.«

Was die Musik betraf, so hatte Charlie Parker niemals irgendwelche Berührungsängste. Er trank oft in einer Bar im Zentrum, wo die Jukebox zum Teil mit Countrymusik bestückt war. Als einer seiner Anhänger ihn fragte, warum er gerne Songs höre, die alle für kitschig hielten, antwortete er: »Hör zu. Hör einfach den Geschichten zu.« Ein Freund erinnerte sich, wie er ihn einmal spät in der Nacht in einem Schneesturm zurückließ, weil Parker wie gebannt dem Stampfen und Schmettern einer Heilsarmee-Kapelle lauschte – unfähig, sich loszureißen. Ein anderer erzählte davon, dass er mit Parker über Land gefahren sei, als jemand behauptete, Kühe würden Musik mögen. Parker bat den Fahrer anzuhalten, nahm sein Saxophon, ging auf eine

Charlie Parker und Sidney Bechet reisen 1949 zusammen nach Frankreich. Unten: Bechet acht Jahre später, an der Ecke Rue Bechet und Rue Armstrong in Paris.

Eröffnungsabend im Birdland, 15. Dezember 1949. Das spektakulär eklektische Programm umfasste auch einen Auftritt von Max Kaminsky, Lester Young, Lips Page, Charlie Parker und Lennie Tristano (v.l.n.r.).

Wiese und spielte mit großem Ernst einer verblüfften Kuh ein paar Chorusse vor.

»Jazz muss von hier aus weiter gehen«, hatte er dem Trompeter Red Rodney erklärt. »Wir können damit nicht einfach aufhören.« Und als Rodney ihn fragte, wer den Weg weisen sollte, antwortete Parker: »Ich würde gern derjenige sein.« Wie Bix Beiderbecke vor ihm suchte auch Parker seine Inspiration nicht in Amerika, sondern bei europäischen Komponisten. Die Zukunft, so sagte er in einem Interview, liege darin, eine Möglichkeit zu finden, die komplexen Harmonien der modernen europäischen Musik mit der emotionalen Färbung und Dynamik des Jazz zu verbinden. Aber wie Beiderbecke wusste auch er, dass ihm die musiktheoretischen Grundlagen fehlten, die es ihm ermöglicht hätten, jene Verbindung der musikalischen Traditionen herzustellen, die er sich vorstellte. So sprach er manchmal davon, nach Frankreich zurückzukehren, um dort bei Nadia Boulanger Komposition zu studieren, sich am Conservatoire Nationale de Musique einzuschreiben oder bei Edgard Varèse Unterricht in Orchestrierung zu nehmen. Varèse berichtete, Parker habe ihm gesagt: »Ich schreibe nur in einer Stimme. Ich möchte Struktur. Ich möchte Partituren schreiben.«

Parker schien endlich ein wenig häuslichen Frieden gefunden zu haben. Seine Ehe mit Doris Sydnor war zwar gescheitert, aber er zog mit einer Frau namens Chan Richardson zusammen und adoptierte deren Tochter. »Er war unwiderstehlich«, erinnerte sich Richardson. »Er besaß eine unglaubliche Lebenskraft. Bird war ein Gigant. ... Seine Reife entsprach nicht seinem Alter. Und irgendwann sagte er zu mir: ›Ich bin nicht einer dieser Jungs, die du sonst kennst.‹ Und ich sagte nur ›Ach sooo ...‹« Das Paar bekam zwei Kinder, Pree und Baird, und wohnte eine Zeit lang auf der Lower East Side in Manhattan, wo Parker ein Leben führte, das auf den ersten Blick dem seiner Nachbarn sehr ähnlich war: Frühstück mit den Kindern, Spaziergang zum Laden an der Ecke, um die Morgenzeitung zu kaufen, Westernfilme im Fernsehen anschauen.

Aber bei Charlie Parker war nie etwas so, wie es auf den ersten Blick schien. Auf der Bühne gelang es ihm meist, seine Unbeherrschtheit zu zügeln. Aber wenn er nicht auf der Bühne stand, verlor er nur allzu oft die Kontrolle. »Das ist mein Zuhause«, sagte er einem Freund, als er sich den Ärmel hochkrempelte, um sich einen Schuss zu setzen. Der Pianist Hampton Hawes erinnerte sich, dass er Parker eines Abends entsetzt dabei zusah, wie dieser eine Marihuanazigarette nach der anderen rauchte, daneben elf Whiskys kippte, eine Hand voll Benzedrin-Kapseln schluckte und sich dann einen Schuss setzte: »Er schwitzte fünf Minuten lang wie ein Pferd, stand auf, zog sich seinen Anzug an, und eine halbe Stunde später stand er auf der Bühne und spielte überzeugend und wunderbar.«

Es sollte immer wieder Abende geben, an denen er sich zusammenriss, um überzeugend und wunderbar zu spielen, aber im Laufe der Jahre wurden sie weniger und die Abstände zwischen ihnen immer größer. Das Verlangen, das ständig an ihm nagte, hinderte ihn daran, ernsthaft einen der neuen musikalischen Pfade zu verfolgen, von denen er gesprochen hatte – ebenso wie ein ähnlicher Hunger Beiderbecke an der Verwirklichung seiner Träume gehindert hatte. »Bird versuchte oft, es sich abzugewöhnen, wenn er bei mir war«, erinnerte sich Chan Parker, »manchmal mit großem Erfolg. Aber einmal sagte er zu mir: ›Weißt du, du kannst es aus deinem Körper kriegen, aber nicht aus deinem Kopf.‹«

»Der Jazz wurde in einem Whiskyfass geboren«, sagte Artie Shaw, »wuchs mit Marihuana auf und wird mit Heroin seinen Geist aushauchen.« Alkohol war immer ein Teil der Jazzwelt gewesen, mit dem sich der Stress des Tourlebens und der allabendlichen Auftritte lindern ließ, und auch Marihuana hatte seit den 20er Jahren dazugehört. Louis Armstrong rauchte es weiterhin fast jeden Tag. Doch Heroin war etwas anderes.

Das »bedrohliche Zeugs«, wie Armstrong es nannte, schien bald überall zu sein – verbreitet vom organisierten Verbrechen in den Schwarzenvierteln der großen Städte, wo es bei den jugendlichen Neuankömmlingen aus dem Süden regen Absatz fand, die damit ihr Heimweh und ihre Enttäuschung vorübergehend vergessen konnten. »Heroin erfasste die Szene wie eine Flutwelle«, sagte Jackie McLean. »Das heißt, es tauchte einfach nach dem Zweiten Weltkrieg auf. Und mir fielen immer mehr Typen in meinem Viertel auf, die an den Straßenecken herumstanden und abwesend mit dem Kopf nickten, und wir fanden heraus, dass sie nickten, weil sie dieses Zeug nahmen, das [wir] ›horse‹ nannten.« McLean selbst wurde ebenfalls von dieser Welle erfasst und war 18 Jahre lang abhängig.

Einer nach dem anderen verfielen viele der talentiertesten Jazzmusiker eine Zeit lang den Drogen, darunter Art Blakey, Chet Baker, John Coltrane, Tadd Dameron, Dexter Gordon, Stan Levey, Gerry Mulligan, Fats Navarro, Art Pepper, Max Roach, Sonny Rollins, Sonny Stitt und die Hälfte der 16-köpfigen Band von Woody Herman. Der Tenorsaxophonist Stan Getz versuchte sogar, seine Sucht zu finanzieren, indem er einen Drugstore überfiel; er verbrachte sechs Monate im Gefängnis und machte sofort nach seiner Entlassung mit Alkohol und Drogen weiter.

Jeder Mensch hat seine eigenen Dämonen, und es gab keine zwei Musiker, die aus denselben Gründen drogensüchtig wurden. Dennoch gab es Gemeinsamkeiten. Zum einen, so Blakey, »sorgt es dafür, dass du dich gut fühlst. ... Ich habe damit angefangen, weil es mir gefiel. Einen anderen Grund gibt es nicht.« Heroin verstärkte das natürliche Hochgefühl beim Spielen und verlängerte die Entspannungsphase nach dem Auftritt. Es machte die harte Welt erträglicher, in der Musiker ihren Lebensunterhalt verdienen mussten. Und manche sagten, dass es die Dinge zu verlangsamen scheine und es leichter mache, mit dem verschärften Tempo mitzuhalten, das die neue Musik häufig verlangte. Es half zwar keinem, besser zu spielen, so Blakey, aber »man konnte besser hören«.

Aber vielleicht lag es auch am Beispiel Parkers, dessen Genie jeder aufstrebende Musiker bewunderte. In dem Versuch, an seine verblüffende Technik, sein frenetisches Tempo und seine schier unerschöpflichen Ideen heranzu-

Billie Holiday beim Auftritt, 1949.

reichen, begannen Musiker, die Charlie Parker verehrten, bewusst sowohl seine Sucht als auch seine Musik nachzuahmen – zum Teil auch in der Hoffnung, dadurch an seinem Genie teilhaben zu können. »Bird war wie Feuer«, erinnerte sich John Lewis. »Man durfte nicht zu nah herangehen.«

Drogen untergruben die Professionalität und teilten die Jazzgemeinde in Musiker, die sie nahmen und Musiker, die sie nicht nahmen. »Heroin war unser Erkennungszeichen«, erinnerte sich Red Rodney, »das, wodurch wir uns vom Rest der Welt unterschieden. Es bedeutete: ›Wir wissen Bescheid, ihr nicht.‹ Es machte uns zu Mitgliedern in einem einzigartigen Klub, und für diese Mitgliedschaft gaben wir alles andere auf. Jeden Ehrgeiz. Jeden Wunsch. Alles. Es ruinierte fast jeden von uns.«

Es ruinierte auch Billie Holiday. 1941 heiratete sie einen Marihuanadealer namens Jimmy Monroe und begann, Opium zu rauchen. Dann zog sie mit Joe Guy zusammen, einem gut aussehenden Trompeter, der einmal in der Hausband im Minton's gespielt hatte. Er war heroinabhängig, und bald hing auch Billie an der Nadel. Als ihre Mutter Sadie unerwartet im Alter von 49 Jahren an einem Schlaganfall starb, war Holiday zutiefst erschüttert. Sie hatte zwar häufig mit ihrer Mutter gestritten, aber immer auf ihre Unterstützung vertraut. Jetzt fühlte sie sich verlassen und hatte schreckliche Angst vor dem Alleinsein. Aus ihrem gelegentlichen Drogenkonsum wurde totale Abhängigkeit. Sie ließ Termine platzen, stritt mit Begleitmusikern und Klubbesitzern und gab fast alle ihre Einkünfte für Drogen für sich und Joe Guy aus. Schließlich bestand ihr Manager Joe Glaser darauf, sie solle für sechs Wochen ins Krankenhaus gehen, um einen Entzug zu machen. Es blieb bei dem Versuch.

Am 19. Mai 1947 wurden Billy Holiday und Joe Guy in ihrem New Yorker Hotelzimmer von Rauschgiftfahndern verhaftet und wegen Drogenbesitzes angeklagt. Sie bekannte sich schuldig, wurde zu einem Jahr und einem Tag verurteilt und kam in die Besserungsanstalt für Frauen in Alderson, West Virginia. Bei Guys Verhandlung weigerte sie sich zu sagen, ob er das Heroin gekauft hatte, das die Fahnder bei ihm fanden. Er wurde freigesprochen. Während sie einsaß, entzog man ihr die Lizenz für New Yorker Nachtklubs; nach ihrer Entlassung konnte sie zwar weiterhin in New York Konzerte geben, durfte aber nicht mehr in Klubs auftreten. Alte Freunde brachen den Kontakt zu ihr ab. Sogar Lester Young ließ sie im Stich.

Die Droge richtete nicht nur im Leben der einzelnen Musiker, die ihr zum Opfer fielen, ungeheuren Schaden an, sondern zerstörte auch die Welt des Jazz fast völlig. Immer auf der Suche nach Sensationsgeschichten, übertrieb die Presse ohnehin schon schmutzige Details, bis sogar Musiker, die überhaupt nichts mit Drogen zu tun hatten – die überwiegende Mehrheit – in Verdacht gerieten. Die alte Verbindung zwischen den Musikern und der schwarzen Gemeinschaft wurde ebenfalls weiter geschwächt. Bevor sich die Drogenplage ausbreitete, so erinnerte sich Dicky Wells, »flogen die Türen auf, wenn sich herumsprach, dass eine Band in die Stadt kam«. Aber danach »[flogen] sie zu. – Bamm, bamm, zweimal, so dass sie auch geschlossen blieben.«

ES BRACH MIR DAS HERZ

»BOP IST EIN FlOP – IN KOMMERZIELLER HINSICHT«, berichtete *Variety* Ende 1949. »Dieser Musikstil stirbt fast genauso schnell, wie er an Popularität gewonnen hat – wenn man den Maestros glaubt, die sich damit beschäftigen, den Agenten, die ihn buchen und den Plattenfirmen, die vor ein paar Monaten schnell zugriffen, um sich die Stars zu sichern.« Ihr kurzer Ausflug in den Bebop konnte die Bigbands nicht retten. Charlie Barnet löste sein Orchester auf; er musste zugeben, dass die wenigen Besucher seiner Konzerte in den letzten Monaten »zu Recht meckerten«, da die neuen, am Bop orientierten Arrangements nicht »besonders gut tanzbar« waren. Woody Herman löste seine Second Herd auf – er hatte zu dem Zeitpunkt 175 000 Dollar Schulden. Count Basie gab sein Orchester vorübergehend auf und machte notgedrungen mit einem Oktett weiter. Auch Benny Goodman kapitulierte; er sollte danach nie wieder eine eigene Band haben und gab später der neuen Musik die Schuld an seinem Scheitern. »Die verdammte Monotonie hat mich geärgert«, so Goodman. »Beim Bop ging es hauptsächlich um Publicity und Leute, die sich eine Chance ausrechneten.«

Dizzy Gillespies Band musste ebenfalls harte Zeiten durchstehen. Trotz seine Erfolgs überstiegen die Gagen, die er den Musikern zahlen musste, seine Einnahmen. Musikliebhaber drängten sich um die Bühne, wo immer er auftrat, aber die großen Massen von Tänzern, die die Band benötigte, um sich über Wasser zu halten, blieben aus. Während einer Tour durch den Süden konnte nicht einmal der Anblick von Gillespie und Gaststar Ella Fitzgerald, die zusammen auf der Bühne Lindy tanzten, das Publikum zum Mitmachen animieren. »Es war ihnen egal, ob wir eine verminderte Fünf oder eine gerissene 129 spielten«, schrieb Gillespie. »Sie standen nur um die Bühne herum und gafften.« Frankie Manning, einst einer der bekanntesten professionellen Jitterbug-Tänzer im Savoy Ballroom, gab zu, auch er sei bei Gillespies Musik ratlos gewesen. Nach fünf Jahren in der Army, fort von der Tanzfläche, gründete er die Tanztruppe Conjurors und versuchte, wieder das zu tun, was er am besten konnte.

> »Ich arbeitete mit Dizzys Band in Washington D.C. ... Wir gingen auf die Bühne. Ich gab ihm meine Noten, ›Jumping at the Woodside‹ – Count Basie – und sein Schlagzeuger da oben spielt dann dieses ganze ›Chuck-a-bong pim chick-a-pim‹, wo ich doch normalerweise immer ›Chick-a-chu, chick-a-chu, chick-a-chu‹ brauche. Als die Nummer zu Ende ist, sage ich zu Dizzy: ›Was zum Henker spielt ihr da?‹ Es war anders als zu der Zeit, als ich die Kids auf der Tanzfläche swingen sah. Irgendwann begriff ich die Musik, aber es war keine Musik zum Tanzen. Dabei war ich genau daran gewöhnt – an Musik zum Tanzen.«

Im März 1950 stellte Lorraine Gillespie ihrem Mann ein Ultimatum: »Du kannst entweder 100 Musiker haben oder mich! Entscheide dich.« Widerwillig ließ Gillespie alle seine Männer ziehen. »Allen tat es Leid«, sagte er viele Jahre später. »Die Jungs weinten ... und ich auch. Es war vorbei.«

Auch wenn die Musiker der Duke Ellington Band ihren privaten Pullman-Waggon schließlich gegen einen Bus eintauschen mussten, blieb das Orchester konstant auf Tour. Auf diesem Bild aus dem Jahr 1961 – mehr als zehn Jahre, nachdem sich die meisten Bigbands aufgelöst hatten – vertreiben sich der Startrompeter William »Cat« Anderson, ein unbekannter Freund und Johnny Hodges mit Kartenspielen die Zeit auf ihrer Fahrt quer durch Amerika.

EXTREMER JAZZ: DIE AVANTGARDE

GARRY GIDDINS

Für viele Jazzliebhaber ist die Avantgarde ein Inferno, das die musikalisch Schicklichen verurteilt und die Orthodoxie des Mainstream verächtlich macht. Trotz ihres internationalen Publikums, ihrer enormen Leistungen, ihres weit reichenden Einflusses, ihrer Geschichte, die halb so lang ist wie die des Jazz selbst, wird sie häufig als eine Klasse für sich betrachtet – etwas Gesondertes, sanktioniert von jenen Avantgarde-Begeisterten, die keine andere Musik hören. Wie vieles in der Geschichte des Jazz hat auch dieses Schisma einen Vorläufer in der europäischen klassischen Musik: Die polarisierende Reaktion auf die Zwölftonmusik, die Konvertierte und Antagonisten, aber nur wenige Neutrale hervorbrachte.

Die Avantgarde wird von Befürwortern wie von Gegnern nicht wie ein Musikstil, sondern eher wie eine Metapher behandelt. Erstere haben sie übernommen, um so verschiedenen sozialen und politischen Bewegungen wie Marxismus, Mystizismus, Pazifismus, Internationalismus, schwarzem Nationalismus und Integration gerecht zu werden, was zuweilen auf eine revolutionäre Grundhaltung schließen ließ. Folglich wird die Avantgarde nicht selten als eine Musik der Linken bezeichnet. Aber das trifft auch für den Jazz selbst zu – »eine Musik des Volkes«, um Sidney Finkelsteins Ausdruck aus den 40er Jahren zu gebrauchen. Die Kritiker der Avantgarde verunglimpften die Avantgardisten gleichzeitig als elitär und barbarisch – einerseits als isolierte Akademiker, die den Jazz für sich beanspruchten und ihn zu etwas fast Okkultem machten, das nur sie selbst verstanden; andererseits als Scharlatane, die ihre Unfähigkeit in Rhetorik und Krach kleideten. Wie auch immer – die Neinsager machen keinen Unterschied und bestehen darauf, die Avantgarde habe ebenjenes »Volk« befremdet, das sie zu befreien hoffte.

Ich möchte hier zwei Anekdoten anführen, um die Vorurteile der verschiedenen Lager zu bestätigen und durcheinander zu bringen. Bei einem Jazzfestival in Finnland Anfang der 80er Jahre sprachen zwei Ostberliner Saxophonisten, die zum ersten Mal jenseits der Mauer spielten, leidenschaftlich über die befreiende Kraft des Jazz und begannen dann mit einer Salve kreischender Explosionen hoher Töne. Nach einigen Minuten drehte sich ein angesehener amerikanischer Avantgardist zu mir um und sagte: »Lass uns gehen. Es macht wesentlich mehr Spaß, dieses Zeug zu spielen, als es sich anzuhören.« Und vor ein paar Jahren waren die Musiker eines New Yorker Jazzorchesters bei der Probe äußerst verstimmt, als sie erfuhren, dass der berühmte Avantgardist, dessen Musik sie spielen würden, sie auch dirigieren sollte. »Er kann nicht spielen«, hieß es, oder »Das ist eine Farce« usw. Als der Gastdirigent eintraf und die Musiker seine Noten lasen, staunten sie über sein Können und akzeptierten die Strenge seiner Musik, nachdem sie sich von seinem Talent überzeugt hatten. Nach dem Konzert gab einer der anfänglich größten Skeptiker mir gegenüber zu: »Er ist brillant. Ich wünschte, wir würden häufiger solche Musik spielen.«

Wenn wir den Avantgarde-Jazz vor jeder Form von Engstirnigkeit bewahren wollen, müssen wir zunächst diesen Begriff definieren. Beginnen wir damit, was das Lexikon sagt: »1. Eine Gruppe von beispielsweise Künstlern oder Schriftstellern, die als herausragend in der Erfindung und Anwendung neuer Techniken in einem bestimmten Bereich angesehen wird. 2. Die Verehrer einer solchen Gruppe und die Kritiker, die als ihre Sprecher fungieren. avantgardistisch (Adj.): 1. Zu den Vorkämpfern gehörend, etwa in der Kunst. 2. Der Zeit voraus.« All diese Definitionen sind zwar nützlich, aber offensichtlich zu allgemein. Es muss unterschieden werden zwischen einem universellen Avantgardismus und einer Schule des Jazz, die als die Avantgarde bekannt ist. Ich betone »bekannt«, weil die meisten Neuerer sich nicht in diese Kategorie einordnen lassen wollen; sie wehren sich vehement gegen eine Charakterisierung ihrer Musik, die Komplexität und Chaos unterstellt, und warnen ihre potenziellen Zuhörer förmlich, Vorsicht walten zu lassen.

Jazz hatte immer seine Vorkämpfer – Künstler, welche die Musik in neue Richtungen trieben und Generationen von Fans bestürzten, die mit dem zufrieden waren, was sie bereits kannten. Louis Armstrong, Jelly Roll Morton, Duke Ellington, Bix Beiderbecke, Earl Hines und Coleman Hawkins gehörten zu den Jazzpionieren der 20er Jahre; sie waren jeder auf seine Art avantgardistisch, jeder trug dazu bei, die altbekannten Jazz-, Ragtime- und Bluesstile in die Vergangenheit zu verbannen. Ihre Innovationen wurden nicht als Angriffe auf die Konvention betrachtet, sondern als jene Art von Genialität, die Traditionen verbessert, ohne sie zu untergraben. Aber indem sie den Jazz auf eine neue Ebene des emotionalen und technischen Ausdrucks hoben, beschleunigten sie das größte Schisma aller Zeiten, befreiten künstlerische Musik von volkstümlicher Musik und trennten Künstler von Musikanten. Da wir sie weit mehr verehren als ihre fast vergessenen Vorläufer, belasten wir sie nicht mit dem Stigma der Andersartigkeit, das häufig mit der Avantgarde assoziiert wird, sondern achten sie als Ahnen.

Auch die Swingära betrachten wir nicht als Avantgarde. Die Basies, Goodmans, Shaws und Luncefords waren zweifellos »herausragend in der Erfindung und Anwendung neuer Techniken«, und konservative Kritiker warfen ihnen natürlich vor, den klassischen Jazz geschwächt und kommerzialisiert zu haben, aber man kann schwerlich behaupten, sie seien »ihrer Zeit voraus« gewesen; sie waren die Zeit. Lester Young mag 1934 für New York als viel zu abgedreht gegolten haben, aber zwei Jahre später versuchten zahllose Musiker (und nicht nur Tenorsaxophonisten), so wie er zu spielen. Streitbare Anomalien wie Red Norvos »Dance of the Octopus«, Coleman Hawkins' »Queer Notions« oder Duke Ellingtons »Reminiscing in Tempo« galten zwar damals als avantgardistisch, waren aber zu einzigartig, um eine Bewegung oder gar einen Stil zu begründen.

Bebop schuf eine größere Kluft, spaltete die Jazzwelt in zwei Teile und sorgte für so viel Schmähungen, Spott und gegenseitige Beschuldigungen wie die in seinem Gefolge entstandene avantgardistische Schule. Die Methoden von Charlie Parker, Dizzy Gillespie, Bud Powell, Thelonious Monk und Dutzenden anderer – eine von einer neuen Musik und einer neuen Art des

Ein Abend in Cecil Taylors Loft in Manhattan, irgendwann in den 80er Jahren. Am Tenorsaxophon Henry Threadgill; Jerome Cooper spielt Schlagzeug.

Denkens über Musik faszinierte Peergroup – waren durch und durch avantgardistisch, bis auf einen Unterschied: Auch wenn herablassende Experten sich über angebliche Bebop-Manieren lustig machten, lösten die Musiker ihre Vorgänger fast ebenso vollständig ab, wie Armstrongs Generation die holprigen Beats und die Polyphonie des Dixieland verdrängt hatte. Armstrong und der Swing verschwanden zwar nicht mit dem Aufkommen des Bebop, aber sie wurden in einen historischen Rahmen gepresst. Wie Bach von Mozart und dieser von Beethoven abgelöst wurde, hatte auch der Jazz inzwischen eine Geschichte ständiger Revisionen etabliert; es war eine expandierende und sich entwickelnde Kunst, welche die musikalisch Genügsamen aufbrachte, während sie die Abenteuerlustigen ständig – wenn auch nicht auf der Tanzfläche – in Bewegung hielt.

Aspekte der Avantgarde-Jazzbewegung lassen sich in die Vergangenheit zurückverfolgen wie jede andere Form des Jazz. Man denke beispielsweise an die Wiedereinführung der Polyphonie – eine der größten Stärken der Avantgarde. Bebop entwickelte sich aus einer Haltung des entschlossenen Modernismus und suchte bewusst die Opposition zu den Klischees und Stilen der Vergangenheit; die Avantgarde widersetzte sich ebenfalls Klischees, nicht aber Stilen, und akzeptierte den gesamten Hintergrund der Jazzgeschichte als ihre Basis. Dennoch liegen ihre direkten Wurzeln im Bebop – der Fragen über Harmonie, Melodie, Rhythmus und Instrumentierung aufwarf, denen nachfolgende Generationen zwangsläufig nachgehen mussten. Charlie Parker sagte, er sei aufgewacht, als er erkannt habe, dass er zu den oberen Akkordintervallen improvisieren konnte. Seine Nachfolger weiteten diese Suche aus, erforschten die Grenzen von Akkorden und verzichteten schließlich ganz darauf. Selbst als der Bop einen kategorischen, straffen und virtuosen Stil einführte, ermutigte er zu Innovationen, die seine eigenen Grundsätze in Frage stellten. War Bop ein Hindernisparcours raffinierter Akkordwechsel? George Russell komponierte ein Stück für Dizzy Gillespies Orchester (»Cubana Be/Cubana Bop«), in dem er Akkorde zu Gunsten von Skalen oder Modi vermied. Waren die Rhythmen des Bop so schnell, dass nur Becken den Beat anzeigen konnten? Gillespie und Parker führten afrokubanische Rhythmen und lateinamerikanische Perkussionsinstrumente ein. War Bop hot? Miles Davis gebar die Coolness. Waren die Bop-Variationen so clever, dass sie die Themen verdeckten? Monk betonte bewusst thematische Variationen.

Monk musste sich wegen seines unkonventionellen Stils als Pianist und Komponist vorwerfen lassen, er sei ein Scharlatan. George Russells »A Bird in Igor's Yard«, das Jazz und klassische Techniken mischte, und Lennie Tristanos »Digression«, eine »freie« Gruppenimprovisation (ohne vorgegebene Melodie, harmonische Struktur oder Tempo) wurden 1949 als derart avantgardistisch betrachtet, dass Capitol Records sich weigerte, sie herauszubringen. Aber auch in diesen beiden Fällen handelte es sich erneut um isolierte Kompositionen, und obwohl sie Vorboten späterer Jazzschulen waren (Third Stream bzw. der Tristano-Kult), lösten sie keine Bewegung aus. Dies geschah erst später – durch Musiker, die in die Bop-Ära hineinwuchsen, aber von ihren Zeitgenossen als Außenseiter angesehen wurden. Bedenkt man die vielen Richtungen, die der Jazz in den 50er Jahren einschlug – Cool Jazz, Hard Bop, Third Stream, Soul Jazz, Modal – und die zahlreichen Persönlichkeiten, die er hervorbrachte, hätte ein Musiker wirklich schrecklich sein müssen, um auf fast einmütige Ablehnung zu stoßen. Zum Glück war dies nur bei wenigen der Fall.

Nach drei Jahren am New England Conservatory ging Cecil Taylor nach New York und wurde teilweise auf der Bühne ausgelacht, bis es ihm gelang, gleichgesinnte Musiker, ja Jünger anzuziehen. Sein erstes Album, Jazz Advance, nahm er 1956 im Alter von 27 Jahren auf. Es war keine leichte Kost, führte aber die verblüffend neue Stimme eines Pianisten ein, der zu Akkorden und um sie herumspielte, während er jener Art von linearen Melodien auswich, welche die Grundlage fast jeder modernen Jazzimprovisation bildeten. Sein Anschlag war so kurz und perkussiv, dass er Schlagzeugpatterns in die Tasten zu hauen schien. Die Nummer »Rick Kick Shaw« bot ein Beispiel für einen Klavierstil, der stark an diverse Jazz- und klassische Einflüsse erinnerte, ohne sich ihnen wirklich zu fügen. Doch Taylors Album wurde weit gehend ignoriert oder herablassend kommentiert.

Zur gleichen Zeit erlebte John Coltrane, ein offenbar unbedeutender Tenorsaxophonist, der mit Gillespie und Johnny Hodges gearbeitet hatte, sich aber auch für zweitklassige Gigs in Bars nicht zu schade war, eine musikalische und persönliche Wiedergeburt und widmete sich wie besessen dem Studium von Skalen. Mit 30 wurde er von Miles Davis angeheuert und wartete mit einem durchdringenden Sound in den hohen Tonlagen und einem weitschweifigen Stil auf, der so viele Noten in einen Akkord packte, dass er seinen Begleitern nichts zu spielen übrig ließ. Coltrane gelang es, eine Ausnahme-Rhythmusgruppe zusammenzustellen – McCoy Tyner, Jimmy Garrison, Elvin Jones –, und er entwickelte seine Musik mit erstaunlicher Leidenschaft, wodurch er im Laufe der Zeit immer wieder neue Zuhörer gewann und verlor. Ein Kritiker, der ihn anfänglich bewunderte, beschrieb seine Musik als »Sheets of Sound« (Klangflächen), tat »Chasin' the Trane« aber ein paar Jahre später als »heiße Luft« ab.

Zur gleichen Zeit scharte Ornette Coleman – der nach eigenen Aussagen aus seiner Heimatstadt Fort Worth vertrieben worden war, weil er das Altsaxophon auf eine Weise spielte, die ansonsten friedliche Musiker gewalttätig werden ließ – in Los Angeles eine Gefolgschaft um sich, die bereit war, ihre vorgefassten Meinungen zu überwinden, darunter Don Cherry, Charlie Haden und Billy Higgins. Da er dringend Arbeit brauchte, bot er seine Kompositionen – einzigartige melodische Erfindungen, die äußerst eindringlich, aber auch voller Witz und stürmisch sein konnten – Contemporary Records an. Zu seiner Überraschung nahm ihn das Label unter Vertrag. Sein erstes Album, das er im Alter von 30 Jahren aufnahm, trug den marktschreierischen, aber zutreffenden Titel Something Else!!! Die nachfolgenden Alben waren noch rebellischer: Tomorrow Is the Question, The Shape of Jazz to Come, Change of the Century. Colemans überschwängliche, wenn auch grobe Vierteltöne vermittelten den Primitivismus des ländlichen Blues und gleichzeitig einen schockierenden modernistischen Spott.

Wenn Taylor, Coltrane und Coleman die Anfänge einer neuen Bewegung im Jazz repräsentierten, dann war diese in verschiedener Hinsicht beispiellos. Zum einen konnten diese Musiker erst in einem relativ fortgeschrittenen Alter Erfolge verbuchen – wogegen Louis Armstrong bzw. Charlie Parker schon als 25-Jährige eine Revolution auslösten; zum anderen beobachteten sie einander mit großer Vorsicht und aus der Entfernung. Anders als die Vorläufer des Swing oder des Bebop, die häufig zusammen auftraten oder Platten aufnahmen, verfolgten diese drei Musiker völlig unter-

Pharoah Sanders.

schiedliche Ansätze einer neuen Form des Jazz. Coltrane machte je eine Aufnahme mit Taylor und mit Colemans Band, aber nie mit Coleman selbst, der seinerseits nie mit Taylor im Studio war. Jeder der Männer repräsentierte eine eigene Schule. Ihre divergente Musik lässt sich auch aus ihrer ungewöhnlich unterschiedlichen Herkunft erklären. Parker, Gillespie und Powell kamen aus verschiedenen Städten Amerikas, waren jedoch durch den Jazz miteinander verbunden. Taylor dagegen besaß eine klassische Ausbildung, Coleman spielte ursprünglich Rhythm and Blues und war Autodidakt, und nur Coltrane kam direkt vom Jazz.

Dass diese Musiker den Beginn einer musikalischen Bewegung signalisierten, wurde erst Anfang der 60er Jahre deutlich, als die Aufmerksamkeit, die sie auf sich zogen, zahlreiche andere Kollegen dazu ermutigte, sich ebenfalls dem Jazz zuzuwenden. Anders als bei den musikalischen Aufständen der Vergangenheit ließ sich diesmal kein Generationenkonflikt erkennen. Eric Dolphy, ein Spätentwickler aus Kalifornien und in jeder Hinsicht ein vollendeter Techniker, zog nach New York, um mit dem Charles Mingus Quartett zu spielen und schloss sich sofort Coltrane und Coleman an. Mingus selbst, der großartige Bop-Bassist, der mittlerweile öffentlich die Musiker seiner eigenen Band kritisierte, weil sie sich auf die Klischees des Bop verließen, hatte ein wachsames Auge auf die Neulinge, ließ sich aber selbst vom Geist des radikalen Abenteuertums begeistern. Jimmy Giuffre, der Tenorsaxophonist und Komponist von Woody Hermans »Four Brothers«, gründete ein Trio mit dem Bassisten Steve Swallow und dem einflussreichen Pianisten Paul Bley, der mit Coleman gespielt und seine eigene Form der freien und spontanen Improvisation entwickelt hatte. Der 1914 geborene Sun Ra, der seine Lehrjahre im ersten großen Jazzorchester unter Fletcher Henderson absolvierte, ging mit seinem häufig aufgenommenen, aber wenig geschätzten Arkestra 1960 nach New York und entwickelte sich zum dynamischen Motor der neuen Musik.

1960 nahm Coleman mit seinem Quartett das Album Free Jazz auf und gab der Bewegung damit einen Namen – der letztlich jedoch nur von begrenztem Nutzen war. Zweifellos machten freie Improvisationen einen großen Teil des neuen Stils aus; sie waren eine unvermeidbare Antwort auf die hochgradig strukturierten Schemata des Bop. Im Jahr zuvor hatte Miles Davis ungeheuren Erfolg mit Kind of Blue gehabt – einer Jazz-LP, die zur Ikone wurde und einen modalen Improvisationsansatz populär machte. »So What« ist von der Form her banal (AABA, 32 Takte), aber statt aus einem System von Akkordsequenzen besteht die Harmonie aus einer Skala (d-Moll) über 24 Takte und einer weiteren, einen Halbton höheren Skala für die letzten acht Takte. Ein paar Wochen später nahm Coltrane, der auf Davis' Platte mitspielte, sein Album Giant Steps auf und schlug im Titelsong eine entgegengesetzte Richtung ein – hier kommen zwei Akkorde auf jeden Takt. Davis reduzierte die Harmonien des Bop, um ursprüngliche Improvisationen anzuregen, und Coltrane maximierte sie aus dem gleichen Grund. Coleman ging einen Schritt weiter – vollkommene Freiheit von festgelegten harmonischen und rhythmischen Mustern. Er konzentrierte sich auf die Melodie und ließ die Harmonien auf gut Glück entstehen. Seine Musik hatte einen heiteren, swingenden rhythmischen Puls, setzte aber die gleichmäßigen Demarkationen eines Viervierteltakts außer Kraft. Man konnte nicht mit halbem Ohr zuhören, weil es keine vertrauten Lösungen gab; man musste sich auf die Eskapaden von Colemans Solo konzentrieren und auf die Art, wie das Ensemble es begleitete.

Die neue Musik machte 1962 einen weiteren großen Sprung vorwärts, als Cecil Taylors Trio – mit Altsaxophonist Jimmy Lyons und Schlagzeuger Sunny Murray – im Club Montmartre in Kopenhagen auftrat und dort Aufnahmen machte. Taylor hatte nicht nur festgelegte Harmonien ein für alle Mal aufgegeben, sondern ging auch in der Befreiung des Rhythmus noch weiter als Coleman. Dessen Beat war wurzellos, besaß aber einen relativ regelmäßigen Puls. Mit Murrays Unterstützung ließ Taylor den Takt nach und nach als Folge dessen permutieren, was er gerade spielte; die Energie seines Anschlags beherrschte den Takt. Swing war nicht mehr die betonte Eins in jedem Takt, zu der man mit dem Fuß wippen konnte, sondern eine perkussive Klage, der man so genau folgen musste wie einer melodischen Variation. Taylor teilte die Bühne des Club Montmartre auch mit Albert Ayler, einem jungen Tenor- und Sopransaxophonisten, der kurz zuvor aus der Armee entlassen worden war und dessen ballistische Harmonien, Singsang-Themen und außerirdischen Soli die Zuhörer so verblüfften, dass einige annahmen, er wolle sich nur einen Scherz erlauben.

Inzwischen stieg Coltrane weiter in die Stratosphäre des musikalischen Expressionismus auf. Zyniker konnten Ayler und Coleman als Schwindler und Taylor und Dolphy als virtuose Ästheten verspotten – aber mit Coltrane wurden sie nicht so leicht fertig. Obwohl ein Kritiker seine Musik als »Anti-Jazz« brandmarkte, stellte niemand seine technische Beherrschung der Harmonien und Rhythmik, die glasklare Schönheit seines Sounds oder die emotionale Kraft seiner Balladen und Bluesstücke infrage. Wenn Coltrane beschloss, frei zu spielen und sich einer neuen Musik zu widmen, die so viele befremdete, musste man ihn ernst nehmen.

1963 hatte die Avantgardebewegung den Elan und die Kraft eines echten Kreuzzugs angenommen. Ein Jahr später erklärte der 39-jährige Trompeter, Komponist und Pädagoge Bill Dixon in einer Reihe von sechs Konzerten im New Yorker Cellar Café die neue Ordnung zur »Oktoberrevolution des Jazz«. Und eine ganze Generation von Musikern war bereit zum Sturm auf die Paläste, darunter Archie Shepp, Milford Graves, Roswell Rudd, John Tchicai, Marion Brown und Pharoah Sanders. Zwei Plattenfirmen verkündeten ihr Engagement für die neue Musik: Das unabhängige Label ESP-Disk – ursprünglich zur Verbreitung von Esperanto gegründet – erwischte mit Albert Aylers Ghosts einen glänzenden Start und stellte fast monatlich neue Musiker vor, darunter auch einige, welche die Avantgarde für eine musikalische Option hielten und nicht für eine Religion: Der Pianist Don Pullen, der eines der bedeutendsten Ensembles der 80er Jahre gründete

Lester Bowie.

und avantgardistische und Mainstream-Techniken miteinander verzahnte; der Bassist Eddie Gomez, der lange mit Bill Evans zusammen arbeitete, und Bob James, der Pate des »Jazz lite«. Das am weitesten verbreitete Avantgarde-Label war Impulse, eine Tochtergesellschaft von ABC-Paramount, das Coltrane unter Vertrag nahm und seine aufklappbaren Plattencover mit dem Slogan »The new wave of jazz is on Impulse!« versah.

Innerhalb der Bewegung gab es zahllose miteinander konkurrierende Namen – Free Jazz, New Wave, New Music, The New Thing, Black Music, Revolutionary Music, Fire Music oder Out Music. Die Tatsache, dass der Begriff »Avantgarde« bestehen blieb, nachdem der Rest im Rausch der Rhetorik der 60er Jahre verschwand, kann teilweise auf seine allgemeine, harmlose Bedeutung zurückgeführt werden. Aber er kam auch wegen der eigenartigen Umstände ins Spiel, die auf die vermeintliche Akzeptanz der Musik folgten, als die Avantgarde trotz ihres zunehmenden Einflusses Zeichen der Korruption und einer allgemeinen Trägheit zeigte.

Avantgarde-Jazz reflektierte das Chaos der 60er Jahre. Er war eine Musik für Minderheiten, die Euphorie und Trauer, Wagemut, Ärger, Zorn und andere Gefühle durch Stile ausdrückte, die so extrem waren, dass sie die meisten Anhänger des traditionellen Jazz befremdete – die im Zeitalter des Rock ihrerseits wieder eine schrumpfende Minderheit darstellten. Die Diskussion rund um diese Musik wurde oft mit hässlichen Worten geführt – ebenso wie schon zu Bebop-Zeiten, obwohl man jetzt auch Vorwürfe des Rassismus, der Anbiederung Schwarzer und Schlimmeres hörte. Das meiste davon ging schnell vorüber – zurück blieb allerdings ein anhaltendes Misstrauen, das das Jazzpublikum spaltete. Einige altgediente Musiker hatten das Gefühl, ihre Musik sei unwiderruflich unterwandert worden, und manche versuchten, mit dem Rock gemeinsame Sache zu machen, während andere Privatschüler annahmen, sich schulischen Einrichtungen anschlossen oder als Studio- oder Orchestermusiker abwarteten, bis der Sturm sich gelegt hatte. Die Vertreter der Avantgarde hatten es dagegen – wie immer – schwerer. Als der Reiz des Neuen nachließ, verkauften selbst die Innovatoren nicht genügend Platten, um auf der Szene wirklich präsent zu bleiben. Viele der von der Kritik am meisten bewunderten avantgardistischen Werke fanden bestenfalls einige tausend Abnehmer.

Und dennoch war der Einfluss der Avantgarde überall spürbar: Etablierte Musiker reagierten auf die musikalische Herausforderung und emotionale Unmittelbarkeit dieser Musik. Jeder übernahm auf seine Art das, was er für brauchbar hielt – selbst wenn es nur die Erlaubnis war, zu weit zu gehen. Ich erinnere mich an Musiker, die Mitte der 60er Jahre ihre Verwunderung darüber äußerten, wie »inside« Coltranes Musik klinge, während er nur ein paar Jahre zuvor undurchschaubar »outside« erschienen war. Kein Wunder – denn in der Zwischenzeit hatte die Avantgarde ihre Spuren bei jedem hinterlassen, der vor dem Jazz nicht völlig Reißaus nahm. Ein neues Genre entstand, das ultramoderne Album moderner Mainstream-Musiker rechts von der Avantgarde, die nicht widerstehen konnten, sich auf deren Terrain vorzuwagen. Man denke nur an Sonny Rollins' Our Man in Jazz, Jackie McLeans Destination Out, Charles Mingus' Black Saint and the Sinner Lady, Andrew Hills Point of Departure, Stan Getz' Sweet Rain, Tony Williams' Lifetime, Sam Rivers' Fuscia Swing Song, Wayne Shorters The All-Seeing Eye, Roland Kirks Rip, Rig and Panic oder Space vom Modern Jazz Quartet, Sunshine of My Soul von Jaki Byard, Miles in the Sky von Miles Davis und Blues in Orbit von Gil Evans, die alle an der weiten Verbreitung der Avantgarde in den 60er Jahren teilhatten. Auch Rockbands machten Anleihen beim neuen Jazz; Mitte der 70er Jahre waren die Studios mit Coltrane-Imitatoren überfüllt – man hörte sie auf Pop-Platten, in Fernsehorchestern und im Film.

Trotz allem schien sich die Avantgarde in einen Winterschlaf zurückzuziehen. Als Colemans Plattenfirma Atlantic ihm 1961 keinen neuen Vertrag mehr gab, machte er in den darauf folgenden Jahren nur unregelmäßig Aufnahmen und bewegte sich häufig in die entgegengesetzte Richtung des Free Jazz – mit notierten Werken für Streichquartette, Symphonieorchester, Rockbands und andere Ensembles. Sein einzigartiger Ton und Anstoß blieben jedoch unverwechselbar. Unerklärlicherweise begann Ayler, dessen schönste Werke im besten Sinne überschwänglich extravagant waren, vor seinem tragischen Tod 1970 Fusion-Hippiehymnen aufzunehmen. Von den Hauptfiguren der Avantgarde musste Taylor – wie vor ihm Monk im Bebop – am längsten auf Anerkennung warten. Zwischen 1962, als er Aufnahmen im Montmarte machte, und 1973 brachte er nur drei Platten heraus:

zwei phantastische Blue Note-Alben, Unit Structures (1966) und Conquistador! – ein concerto, das der 24-jährige Mike Mantler 1968 für ihn geschrieben hatte und das Taylor mit dessen Jazz Composer's Orchestra aufnahm – sowie den Mitschnitt eines Konzerts, das er 1969 in Europa gegeben hatte. Einen Teil dieser Jahre verbrachte Taylor als Dozent an Universitäten und Colleges des Mittleren Westens.

Coltranes Tod im Sommer 1967 übte einen unheilvollen Einfluss auf die gesamte Jazzszene aus, aber er markierte auch den Beginn der Coltrane-Legende. Eine Kirche in San Francisco wurde in seinem Namen geweiht, und die Verkäufe seiner Platten – zu seinen Lebzeiten eher bescheiden – stiegen sprunghaft an. Sein Tod symbolisierte die Kapitulation des Jazz vor dem Rock Ende der 60er Jahre, obwohl daran wirklich nichts Symbolisches war. Wie Impulse widmete sich auch ESP-Disk ganz den Neuauflagen alter Sessions, trotz einer Reihe ambitionierter Aufnahmen von Archie Shepp und Sam Rivers. Plattenfirmen machten dicht, und in vielen Klubs gingen die Lichter aus. Die nächsten Jahre markierten einen dunklen Fleck in der Geschichte des Jazz.

Doch Mitte der 70er Jahre erlebte der Jazz ein glänzendes Comeback. Es war eine Zeit, in der viele nicht sehr alte Meister – darunter Rollins, Mingus, Dexter Gordon, Sarah Vaughan, Gerry Mulligan, das Modern Jazz Quartet, James Moody, Hank Jones, Red Rodney und Phil Woods – ihres akademischen Urlaubs und ihrer Extratouren müde waren und mit neuer Energie ins Rampenlicht zurückkehrten, um das Mainstream-Publikum wieder für sich zu gewinnen. Es war auch eine Zeit, in der ein neuer Zirkel avantgardistischer Musiker große Teile der Jazzwelt überraschte, indem er einige der von seinen Vorläufern geschaffenen Voraussetzungen komplett über den Haufen warf. Diese Musiker zeigten ein breiter gefächertes Interesse und interpretierten die Idee der Freiheit als Fähigkeit,

Auftritte von Mitgliedern der Association for the Advancement of Creative Music waren oft von Showeinlagen begleitet.
Rechts: Der Gründer der Gruppe, Muhal Richard Abrams.

zwischen allen Bereichen des Jazz zu wählen und sie nicht nur miteinander, sondern auch mit altem und neuem Pop, R&B und Rock, klassischer Musik und Weltmusik zu vermischen. Lester Bowie nahm eine Trompeten-Phantasie ohne Begleitung auf, die den Titel »Jazz Death?« trug und in der er das brillante Mosaik seines Solos unterbricht, um zu fragen, ob der Jazz wirklich tot sei; am Schluss antwortet er unbekümmert: »Nun, ich glaube, das hängt davon ab, was man kennt.«

Diese Musiker überfielen die nationale Presse aus dem Hinterhalt, weil sie ihre Musik nicht in New York vervollkommnet hatten, wo ein großer Teil der Presse und der Plattenindustrie ansässig ist, sondern weiter westlich – vor allem in Chicago, St. Louis und Los Angeles. Einige hatten eine Tournee durch Europa gemacht, andere dagegen Aufnahmen für kleine Labels, von denen die meisten schnell wieder eingingen, mit Ausnahme von Delmark Records in Chicago. Auf diesem Label erfuhr man von einer Kooperative mit dem Namen AACM (Association for the Advancement of Creative Music) und hörte die Musik ihres Gurus Muhal Richard Abrams, eines ehemaligen Bop-Pianisten, und ihrer jüngeren Mitglieder, darunter Bowie, Roscoe Mitchell, Joseph Jarman, Leroy Jenkins, Henry Threadgill, Anthony Braxton, Chico Freeman, Steve McCall, George Lewis und Leo Smith. Es dauerte nicht lange, bis viele von ihnen nach New York gingen, wo scheinbar über Nacht neue Auftrittsorte entstanden – in vielen Fällen Apartments oder Lofts (daher der Name »Loft-Jazz«) –, in denen sie ihre Musik vorstellen konnten.

Diese Entwicklung war sowohl in soziologischer als auch in musikalischer Hinsicht sehr erstaunlich. Anstelle einzelner fahrender Ritter, die aus verschiedenen Städten kamen und hofften, Anschluss und Anerkennung zu finden und sich einen Namen zu machen, kamen ganze Banden fähiger Musiker, von denen einige am Anfang ihrer Karriere standen, andere dagegen schon über 40 waren. Neben den AACM-Musikern gab es die Black Artists Group aus St. Louis, zu der Julius Hemphill, Oliver Lake, Hamiet Bluiett und Bakaida Carroll gehörten. Eine Art Ableger von AACM entwickelte sich in New Haven, wo Yalies Anthony Davies und George Lewis mit Leo Smith und Fred Anderson arbeiteten. Aus Los Angeles kam ein Netz von Musikern ohne Akronym, aber mit einer langjährigen Zusammenarbeit, das Leute wie John Carter und Bobby Bradford – beide waren um die 40 und hatten schon mit Coleman gespielt, bevor dieser nach New York ging –, Arthur Blythe, einen Veteran von Horace Tapscotts Band in Los Angeles, oder College-Studenten wie James Newton, Mark Dresser und David Murray umfasste.

Man kann gar nicht überschätzen, in welchem Maß all diese Musiker den trivialsten Effekten der Fusion entgegenwirkten und ein neues Verlangen nach kreativem Jazz auslösten, um die Bühne für die Rückkehr vieler der zuvor erwähnten Stars des Mainstream-Jazz zu bereiten. Es war eine neue Art von Musikern, die häufig auch als Maler, Dichter oder Unternehmer ihr Geld verdienten. Sie bildeten kleine Bands, die über Jahre, sogar Jahrzehnte Bestand hatten, darunter die Trios Revolutionary Ensemble und Air oder das heute noch existierende Art Ensemble aus Chicago. Sie widersetzten sich den Erwartungen; Threadgills Air spielte frei und benutzte Radkappen als Perkussionsinstrumente, interpretierte aber auch raffiniert Tangos und Scott Joplin. Viele Musiker hegten den Ehrgeiz, eine eigene Bigband zu gründen und setzten diesen Wunsch schließlich auch in die Tat um, womit sie dem orchestralen Jazz zum ersten Mal seit einem Jahrzehnt wieder neuen Schwung verliehen. Dennoch nahmen sie auch alle Auftritte wahr, die wirtschaftlich machbar waren, und führten erstmals Solokonzerte mit Blasinstrumenten und Duette auf. Sie machten es zu einer Frage der Ehre, ihre eigene Musik zu schreiben, zeigten sich aber auch Standards gegenüber nicht abgeneigt. Obwohl man zuweilen eine kontroverse Rhetorik hören konnte, handelte es sich meist um einen harmlosen Ausdruck schwarzen Stolzes – diese Musik war eher satirisch als zornig. Arthur Blythe traf in New York mit einem Spitznamen ein, den ihm seine Freunde als junger Mann gegeben hatten, »Black Arthur«. Ein Kritiker griff ihn allein wegen dieses Namens an, weil er ihn für durchgedreht und militant hielt. Als Blythe jedoch sein Altsaxophon spielte, erzeugte er einen dynamischen, schrillen, süßsauren, birnenförmigen Sound, den man im Jazz seit Benny Carter nicht mehr gehört hatte und der diesen Mann perfekt widerspiegelte.

Free Jazz war für diese Musiker keine spezifische, disharmonische Art, sich der Improvisation anzunähern, sondern nur ein Stil unter vielen. Selbst wenn sie freie Soli spielten, formulierten sie sie häufig in einem Kontext, der sorgfältig notiert war. Aber vor allem waren sie nicht auf die künstlichen Grenzen des Idioms beschränkt. Sun Ra, lange Zeit ein Bewohner des Mittleren Westens, begriff dies von Anfang an und kombinierte bei seinen Konzerten in den 80er Jahren stürmische Ausbrüche mit komplexen Arrangements, visuellem Spektakel, Blues- und Stepptanzrhythmen, einer Predigt, einem Fletcher Henderson-Arrangement und »Hello Dolly!«. Es war nicht untypisch für einen Pianisten wie Anthony Davis, in einer Saison Ellington zu spielen und in der nächsten eine Oper zu komponieren; für Muhal Richard Abrams, ein Klavierstück von Ellington zu orchestrieren und beim nächsten Konzert zerrissene Zeitungen als Untermalung zu verwenden, oder für Julius Hemphill, ein Jahr lang aggressive Saxophonsoli ohne Begleitung zu spielen und sich im nächsten ein Historienspiel auszudenken.

Der vielleicht einfallsreichste der jüngeren Musiker war der Tenorsaxophonist, Bassklarinettist, Komponist und Bandleader David Murray, der mit 20 Jahren Albert Ayler seine Ehrerbietung erwies, da er sich mit der avantgardistischen Tradition identifizierte, aber noch vor seinem 30. Geburtstag auch Hawkins, Young und Paul Gonsalves Anerkennung zollte. Murray hatte nie nur eine Band, wenn er mehrere haben konnte, so dass man ihn mit einem Quartett, seinem viel gefeierten Oktett, seiner Bigband, als Solist sowie in Duos und Trios hören konnte. Mit Hemphill, Bluiett und Lake gründete er das World Saxophone Quartet. Sie spielten zunächst frei, weil

Das World Saxophone Quartet: David Murray, Julius Hemphill, Oliver Lake, Hamiet Bluiett.

sie keine Noten besaßen, stellten aber bald ein Repertoire mit ausgezeichneten Originalkompositionen zusammen. Ende der 90er Jahre spielte Murray mit Jazzmusikern jeder Generation und mit Rock-, Hip Hop- und Gospelmusikern ebenso wie mit europäischen und afrikanischen Musikern.

Jede Welle von Avantgarde-Musikern zieht eine weitere nach sich, mit Musikern, die Einflüsse aller Musik einbringen, die sie kennen, und sie auf den breitest möglichen Jazz-Kontext anwenden. In New York erscheinen sie inzwischen regelmäßig an Orten wie der Knitting Factory und Tonic. Dutzende von Labels bringen ihre Platten heraus – zu den bekanntesten gehören die Pioniere Black Saint und Soul Note in Italien, DIW in Japan und die expandierenden Knitting Factory Records in New York. Die Namen und Gesichter ändern sich, aber sie erforschen weiterhin die Traditionen der Avantgarde. Joe Morris spielt Ornette Coleman auf der Gitarre, und John Zorns Masada untersucht jüdische Themen in einem Kontext, der direkt mit Colemans Quartett der 60er Jahre verwandt ist. Es gibt kaum einen Pianisten, egal wie gut er ausgebildet sein mag, dessen Anschlag nicht von den glasklaren Kaskaden Cecil Taylors beeinflusst wäre. David S. Wares Quartett, eines der angesehensten Ensembles des Jahrzehnts, besteht aus zwei Taylor-Schülern (Ware selbst und dem allgegenwärtigen Bassisten William Parker) und dem Pianisten Matthew Shipp, der Taylors Methoden in eine vollkommen persönliche Richtung ausweitet. Das Royal Saxophone Quartet transkribierte Coltranes Ascension Note für Note und nahm es auf – ein Album, das vor 30 Jahren als der aufregendste und erschreckendste Angriff auf musikalische Konventionen galt, der je gespielt worden war. Mehrere Avantgarde-Musiker treffen sich regelmäßig mit Mainstream-Musikern; Kompetenz ist nur selten ein Thema.

Die Avantgarde ist keine Jazzschule mehr wie Swing oder Bop und kann daher nicht verdrängt werden. Es handelt sich eher um eine Art Para-Jazz, der sich im Laufe der vergangenen 40 Jahre in verschiedene Richtungen entwickelt und mit jeder anderen Art von Jazz und jeder anderen Art von Musik vermischt hat – darunter R&B, Klezmer, elektronische Musik, Country, bulgarische Volkslieder, Koto, Gamelan, Mahler und allem, was man sich nur vorstellen kann. Obwohl die Avantgarde eine beschränkte Anhängerschaft besitzt, bleiben die Publikumszahlen in den Vereinigten Staaten und vor allem in Europa, wo Fusionen zwischen Jazz und Klassik bereitwilliger akzeptiert werden, berechenbar konstant. Der größte Teil des Avantgarde-Jazz ist eindeutig im Jazz verankert – und manche Teile sind eindeutig direkt daneben verankert. Er ist zwar kein exklusives Territorium von Neuerern, hartnäckigen Fans und Propheten mehr, bleibt aber ein loser Bund von Individualisten, die nichts – nicht einmal Swing oder Blues – für selbstverständlich halten. Wie der Jazz bietet auch der Para-Jazz für jeden etwas.

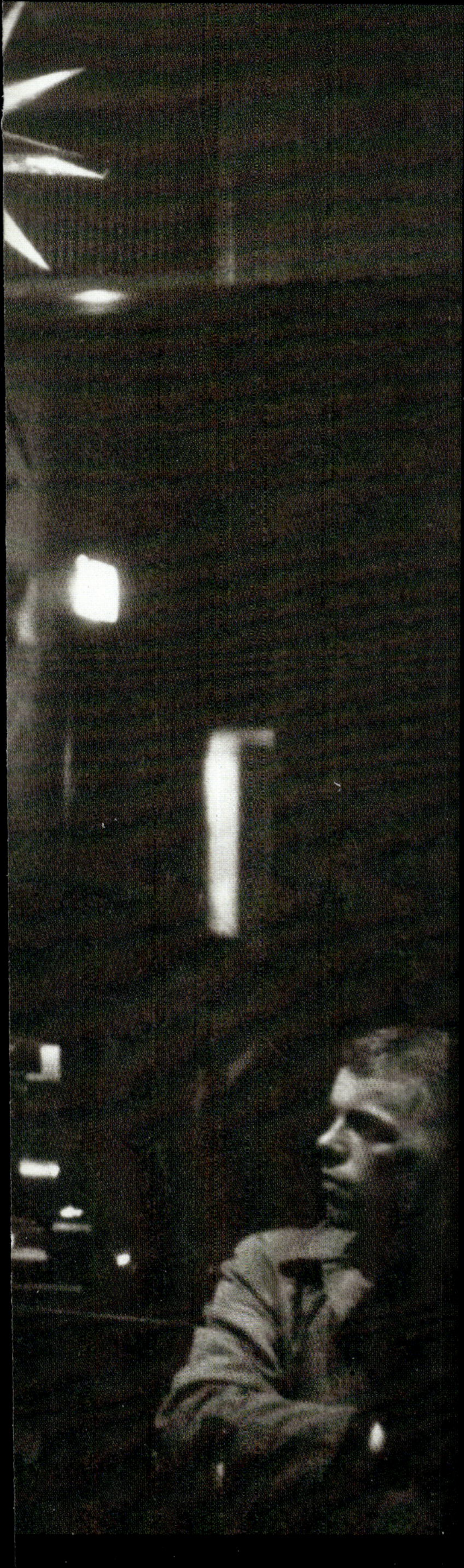

KAPITEL NEUN 1950–1960

JAZZ DAS ABENTEUER

Am 24. Februar 1952 traten Dizzy Gillespie und Charlie Parker gemeinsam in einer Fernsehshow namens Stage Entrance auf. Die Aufzeichnung dieser Sendung ist die einzig existente Dokumentation eines öffentlichen Auftritts von Parker, und die diesem Auftritt vorausgehende Preisverleihung der Zeitschrift Down Beat *liefert ein unschönes Beispiel für die Herablassung, mit der dem Jazz und seinen Musikern in dieser Zeit begegnet wurde – selbst seitens derer, die sich als seine Förderer verstanden. Der Kritiker und Komponist Leonard Feather hält einen kurzen spröden Vortrag über Brüderlichkeit und drückt dann dem Moderator Earl Wilson, einem New Yorker Klatschkolumnisten, zwei Ehrentafeln aus Holz in die Hand, die er Parker und Gillespie überreichen soll. Wilson begrüßt die Musiker, reicht ihnen die Tafeln – nicht, ohne sich über Gillespies Spitznamen lustig zu machen – und fragt dann: »Wollt ihr Jungs vielleicht auch noch was dazu sagen?« Gillespie ist ausnahmsweise sprachlos. Parker jedoch verzieht keine Miene, sondern erwidert mit eisiger Höflichkeit:*

Don Cherry (links) und Ornette Coleman im Five Spot in New York.

»Es heißt, dass Musik mehr sagen kann als 1000 Worte; daher möchten wir unsere Meinung lieber auf diese Weise zum Ausdruck bringen.« Und das tun sie dann auch – mit einer Kurzfassung der Bebop-Hymne »Hot House«. Parkers Gesicht bleibt während des Auftritts vollkommen ausdruckslos, nur sein glühender Blick und die Geschwindigkeit, mit der seine großen Hände über die Klappen seines Instruments fliegen, lassen erahnen, welche Anstrengung hinter diesen brillanten, zerrissenen Klang-Kaskaden steckt – eines Klangs, der tatsächlich eine wesentlich viel sagendere Antwort auf die Bevormundung gibt, als alle Worte es vermögen.

Das Ende seiner Bigband bedeutete für Gillespie mehr als nur eine persönliche Enttäuschung. Es markierte gleichzeitig auch das Ende seines ehrenhaften, aber zum Scheitern verurteilten Versuchs, eine Brücke zwischen der neuen Musik und dem alten Jazzpublikum zu schlagen. Auch andere Musiker unternahmen immer wieder ähnliche Versuche, meist mit ebenso geringem Erfolg. Die Entwicklung des Jazz zu einer Kunstmusik, die nicht länger in Tanzlokalen, sondern in Konzerthallen und Nachtklubs gespielt wurde, schien unaufhaltsam. In seiner Kühnheit und Komplexität war er nicht länger für das breite Publikum bestimmt, sondern nur noch für ausgesprochene Liebhaber und Kenner. Der Geist der Jam-Session, bei der das Solo im Vordergrund steht, führte dazu, dass der Jazz sich immer mehr vom amerikanischen Mainstream entfernte und stattdessen von einer wachsenden Gegenkultur vereinnahmt wurde, in deren Augen kommerzielle Erfolge gleichbedeutend waren mit Korrumpierung und »Ausverkauf«. »Unsere Abneigungen folgten einem ganz bestimmten Muster«, bekannte einmal der Jazzkritiker Barry Ulanov. »Es bestand darin, unbekannte Bands, Musiker oder Sänger so lange zu feiern, bis sie berühmt geworden waren, um sie dann aus genau diesem Grund wieder fallen zu lassen.«

Pee Wee Ellis und Ron Carter spielen »nur für Zuhörer« im Pythod Club in Rochester, New York, 1958.

Keiner der Gründerväter des Jazz in New Orleans hätte all das vorausahnen können. Andererseits war die Entwicklung der bedeutendsten Kunstform Amerikas von Anfang an unberechenbar gewesen: So war sie ausgerechnet von Afroamerikanern geschaffen worden – einem Volk, dem von der weißen Mehrheit des Landes nichts oder nur wenig zugetraut wurde – und hatte sich darüber hinaus auch noch in der breiten Öffentlichkeit durchsetzen können, die doch, modernistischen Theorien zufolge, den Künsten eher ablehnend gegenüber steht. In der ersten Hälfte des 20. Jahrhunderts war es vielen herausragenden Gestalten des Jazz – Buddy Bolden, Jelly Roll Morton und King Oliver, Louis Armstrong und Duke Ellington, Bix Beiderbecke, Coleman Hawkins, Lester Young, Benny Goodman und Count Basie – möglich gewesen, nicht nur unvergessliche Musik zu machen, sondern mit dieser Musik – einer Tanzmusik – auch ihren Lebensunterhalt zu verdienen. »Wenn ich auf der Tanzfläche einen glücklichen Seufzer höre«, soll Ellington einmal gesagt haben, »wird er sofort Teil unserer Musik.«

»Die Art von Jazz, die wir damals [alle] spielten, hatte eine funktionale Basis«, erinnerte sich auch Max Kaminsky. »Wir ... spielten, damit die Leute tanzen konnten. Vor unserer Zeit war Jazz von Marschkapellen gespielt worden, bei Straßenparaden, Picknickgesellschaften, Beerdigungen und Hochzeiten. Und noch früher war der Jazz aus dem Blues, den Worksongs [und den Spirituals] hervorgegangen. All das fand sich in der Musik wieder. Sie war aus dem Rohmaterial des Lebens entstanden.« Jetzt aber, so Kaminsky, schien sich alles zu verändern.

»Wie Dr. Frankenstein hatte der Jazz, ohne es zu ahnen, ein Monster nach seinem eigenen Bild geschaffen: den Jazzsüchtigen, der sich am Jazz als Kunstform derartig berauschte, dass er ihm damit beinahe alles Leben aussaugte. ... Der Jazz gehörte nicht länger den Musikern und Tänzern, sondern wurde mit Haut und Haaren von den Fans, den Süchtigen, den Plattensammlern, den Amateurkritikern, den Schallplattenfirmen, den Impresarios, den Nachtklubbesitzern, den Talentsuchern, den Dozenten und den Kritikern vereinnahmt. Sie entschieden jetzt darüber, was Jazz war und was nicht, sie bestimmten, wie und auf welchem Instrument er gespielt werden sollte, und sie legten fest, wer ›echten‹ Jazz machte und wer nicht.« Doch es steckte noch mehr dahinter. Von seinen Ursprüngen her ist der Jazz eine Ensemblekunst, die vor allem vom Zusammenspiel der Musiker lebte, von ihrer Fähigkeit, gleichzeitig zu spielen und einander zuzuhören. Der Ruf eines Musikers beruhte damals auf seiner individuellen Tonbildung, seinem Ideenreichtum und Rhythmusgefühl. Beides konnte er in den zwei- und viertaktigen Breaks unter Beweis stellen, die nach Ansicht von Jelly Roll Morton das Wesen des Jazz ausmachten. Erst Louis Armstrongs Ausnahmetalent führte in den frühen 20er Jahren dazu, dass der Solist weiter in den Vordergrund rückte, wodurch sich auch das Bild des improvisierenden Jazzmusikers als romantischen Helden ein für alle Mal in den Köpfen des Publikums festsetzen konnte. Dennoch wurde bis in die frühen 40er Jahre hinein auch von den renommiertesten Solisten erwartet, dass sie ihre Kunst in einem genau festgelegten Rahmen ausübten. Die Soli blieben vergleichsweise kurz, da es als höchste Kunst galt, seine Geschichte nicht nur mit Gefühl und Phantasie, sondern auch mit wenigen Worten erzählen zu können. Das Thema, das der Improvisation zugrunde lag, war den Zuhörern dabei oftmals ebenso vertraut wie den Musikern.

Die Musik, zu deren Wegbereitern Parker und Gillespie zählten, stellte jedoch eine bewusste Abkehr von diesen Prinzipien dar. Die verwendeten Melodien waren entweder vollkommen

Sonny Stitt, 1953. Niemand hatte so schwer am Erbe Charlie Parkers zu tragen wie dieser hervorragende Musiker, dessen Ton und Improvisationsweise auf dem Altsaxophon denen von Bird so ähnlich waren, dass er schließlich zum Tenorsaxophon wechselte, um als eigenständiger Musiker wahrgenommen zu werden.

neu oder absichtlich verschleiert. Ensemblepassagen wurden zur Nebensache. Alles hing von der Kraft und der Phantasie des Improvisierenden ab. Er allein war mit seinem schöpferischen Potenzial, seinem Einfallsreichtum – der bei den Begründern des Bebop oftmals unerschöpflich schien – dafür verantwortlich, die Aufmerksamkeit des Publikums zu fesseln. Gleichzeitig bestand aber auch die Gefahr, selbst bei Musikern wie Parker und Gillespie, dass die Zuhörer in diesem unablässigen Strom musikalischer Komplexität irgendwann ertranken, und Parker war sich dieser Gefahr durchaus bewusst: »Mehr als vier Chorusse«, soll er Milt Jackson einmal gewarnt haben, »und alle denken, du übst noch.« Außerdem war das typische Bebop-Schema – gemeinsames Thema, Abfolge der Soli, gemeinsames Thema –, noch dazu, wenn weniger talentierte Künstler am Werk waren, auch für das engagierteste Publikum nur schwer zu ertragen.

»COOL«

»Bird und Diz waren große Klasse«, erinnerte sich Miles Davis, »aber wenn man nicht sehr aufmerksam zuhörte, bekam man die Stimmung, das Feeling ihrer Musik gar nicht mit. Ihre Musik war nicht gefällig, und es gab auch keine eingängigen Melodien, die man leise summen konnte, wenn man sein Mädchen zu einem Kuss herumkriegen wollte.« Davis war einer der ersten Musiker, die nach neuen Wegen suchten, um das Gleichgewicht zwischen Solist und Ensemble wieder herzustellen und den Jazz damit wieder ansprechender zu machen.

So gehörte Davis auch zu jenem stetigen Strom von Musikern, die im Winter 1947/48 zu jeder Tages- und Nachtzeit in dem Apartmenthaus an der 55th Street in East Manhattan ein und aus gingen. Auch der Pianist John Lewis schaute ab und zu vorbei, wenn er nicht gerade mit Gillespies Band unterwegs war, ebenso wie die Schlagzeuger Max Roach und Kenny Clarke, der Trompeter und Arrangeur Johnny Carisi, der Komponist George Russell, der Posaunist J. J. Johnson, der Altsaxophonist Lee Konitz und der schlaksige, rothaarige Baritonsaxophonist und Arrangeur Gerry Mulligan.

Ziel dieser ganzen Schar von Musikern war die Einzimmer-Erdgeschosswohnung von Gil Evans. Evans wurde 1912 als Sohn australischer Eltern in Kanada geboren und wuchs im amerikanischen Westen auf. Seine Liebe zum Jazz hatte er entdeckt, als er Louis Armstrong und Duke Ellington im Radio hörte. Mehrere Jahre arbeitete er als Arrangeur für das Claude Thornhill Orchestra, eine unkonventionelle Tanzkapelle, die durch ihre langsamen, stimmungsvollen Arrangements in einer für den damaligen Jazz ungewöhnlichen Instrumentierung – mit Waldhorn, Tuba, Flöte und Pikkoloflöte – auffiel. Die New Yorker Musikszene zeigte sich sehr beeindruckt von der unbekümmerten Art, mit der Thornhill diesen neuen Sound auch auf Bebop-Standards wie »Thriving on a Riff«, »Yardbird Suite« und »Donna Lee« von Miles Davis übertrug. Nach Ansicht von Davis war Thornhills Orchester neben der Billy Eckstine Band, der auch Charlie Parker angehörte, die beste Band »in diesen modernen Zeiten«.

Aber Evans schrieb nicht länger für Thornhill. Die Band, so erzählte er, trieb ihre Langsamkeit schließlich derart auf die Spitze, dass sogar er dabei einschlief – eine Karikatur ihrer selbst. Stattdessen ließ er sich eine Weile einfach treiben, wie die meisten Musiker, die bei ihm herumlungerten, und beteiligte sich an den inoffiziellen Musikseminaren, die quasi rund um die Uhr in seiner Wohnung stattfanden.

Irgendwann in diesem Winter begannen dann Evans, Davis und Mulligan, zusammen mit einigen Freunden, über die Gründung einer neunköpfigen Probenband nachzudenken, mit Trompete, Altsaxophon, Waldhorn, Tuba, Posaune, Baritonsaxophon, Klavier, Bass und Schlagzeug – also der kleinstmöglichen Besetzung, mit der man den Klang und die Harmonien des Thornhill Orchestra zu seinen besten Zeiten einfangen konnte. Wie Evans später erzählte, hatte er gehofft, auch Charlie Parker für diese Band gewinnen zu können, aber Parker war nicht bereit, »sich als eine der Stimmen, als Teil des Ganzen in ein Gesamtbild einzufügen, statt als Solist im Vordergrund zu stehen«.

Miles Davis hingegen war Feuer und Flamme. Ohne ihn wäre das Projekt vermutlich im Sande verlaufen. »Er war es, der die Initiative ergriff und die Theorien in die Praxis umsetzte«, erinnerte sich Mulligan. »Er berief die Proben ein, mietete die Räume an, telefonierte den Musikern hinterher und trieb uns zur Arbeit an.« Er war es auch, der dem Miles Davis Nonet im Sommer 1948 ein zweiwöchiges Engagement im Royal Roost verschaffte und darüber hinaus veranlasste, dass nicht nur die Musiker, sondern auch die Arrangeure auf der Ankündigung namentlich erwähnt wurden – etwas, das bis dahin noch nie vorgekommen war.

Die Musik des Nonetts war sorgfältig aufgebaut, und, unabhängig vom Tempo, immer glatt und geschmeidig. Fast unmerklich blendeten sich die Solisten in die Ensemblepassagen ein und wieder aus. Count Basie war zu dieser Zeit der Star des Programms im Royal Roost. Es klang »seltsam und gut«, erinnerte er sich. »Ich wusste nicht immer, was sie gerade machten, aber das, was ich hörte, gefiel mir.« Auch Walter Rivers von Capitol Records gefiel, was er hörte, und so holte er die Band ins Studio und ließ sie zwölf Stücke aufnehmen. Fünf der Arrangements stammten von Gerry Mulligan (die übrigen hatten John Lewis, Gil Evans, Miles Davis und Johnny Carisi geschrieben), aber ohne Miles Davis wären weder die Band noch die Aufnahmen entstanden.

Davis hielt immer gern die Zügel in der Hand. Weder die modernistischen Kritiker, die alles Neue schon per se für gut befanden, noch die Schallplattenfirmen, die sich von jeder Neuheit kommerzielle Vorteile versprachen, ließen sich davon abbringen, Davis als den großen Erneuerer des Jazz darzustellen – als den »beständigsten innovativen Musiker der 50er und 60er Jahre«, wie das »New Grove Dictionary of Jazz« ihn bezeichnete – und auch er selbst sah sich gern in dieser Rolle. Tatsächlich aber war seine Funktion wesentlich interessanter und vielschichtiger. Seine größte Fähigkeit bestand im Grunde darin, scheinbar mühelos die musikalischen Entwicklungen in sich aufzunehmen, sie nach seinem eigenen kompromisslosen Verständnis zu verändern und zu arrangieren und sie dann in einer Art und Weise miteinander zu verbinden, die sie unverwechselbar zu seinen eigenen machte. Das Ergebnis fand nicht nur die Bewunderung anderer Musiker, sondern sprach auch eine Vielzahl jener Leute an, die sich im Übrigen nicht für Jazz interessierten.

Davis entwickelte seinen eigenen, unverwechselbaren Ton, in dem er die Komplexität von Dizzy Gillespies Spielweise mit dem schlichteren, lyrischen Sound der Trompeter früherer Zeiten verband. Gleichzeitig war er, wie auch Duke

Der junge Miles. Oben: Davis (links außen) im Alter von 13 Jahren, mit seiner Schwester Dorothy, seinem Bruder Vernon und seiner Mutter Cleota Davis.
Unten: Als 17-jähriger Trompeter (hinten) bei Eddie Randle's Rhumboogie Orchestra in St. Louis.

Ellington, zeit seines Lebens als Talentsucher unterwegs, immer auf der Suche nach Musikern, die »anders klangen als alle anderen«, wie er sagte, und aus deren individuellen Unterschieden er – auch hier wie Ellington – einen vollkommen neuen Zusammenklang zu schaffen verstand. Nicht nur sein verführerischer Trompetenton, sein attraktives, schwermütiges Gesicht und seine persönlichen Eigenheiten – »der Unterschied zwischen mir und anderen Musikern besteht darin, dass ich Charisma habe«, sagte er einmal in einem Interview –, sondern auch die einzigartigen Chancen, die sich ihm in diesen wechselvollen Zeiten boten, verhalfen ihm dazu, tatsächlich eine Art Superstar des Jazz zu werden – etwas, von dem Parker und Gillespie nur träumen konnten. Den Fortbestand dieses Erfolgs musste er letztlich jedoch mit der Abkehr vom Jazz bezahlen – von der Musik, die ihn groß gemacht hatte.

Miles Davis wurde am 26. Mai 1926 in Alton, Illinois, geboren und wuchs in East St. Louis auf. Sein vollständiger Name lautete Miles Dewey Davis III., aber als Sohn eines stadtbekannten Zahnarztes und Gutsbesitzers gleichen Namens wurde er von allen nur »Junior« genannt. Klein, dunkel und gut aussehend – weshalb ihn seine Schulkameraden, wenn sie ihn ärgern wollten, wahlweise »Inky« oder »Pretty« riefen –, verbrachte Davis seine Kindheit und Jugend in einem gesicherten Wohlstand, wie ihn nur wenige seiner Musikerkollegen kannten. Der Familie gehörte nicht nur ein großzügiges Stadthaus, sondern auch eine fast 80 Hektar große Farm, mit Köchin, Dienstmädchen und einem Stall voller Pferde. Als Kind arbeitete Davis als Zeitungsbote – allerdings nicht, weil er das Geld brauchte, sondern weil seine Eltern der Meinung waren, es könne ihm nicht schaden, auch selbst ein bisschen Geld zu verdienen. Sein schmächtiger Körperbau und sein wohlhabendes Elternhaus sollten Davis noch oft in Verlegenheit bringen, denn die meisten Musiker, die zur Bruderschaft des Jazz gehörten und um deren Anerkennung er kämpfte, waren auf der Straße aufgewachsen. Zum Ausgleich für dieses Manko gewöhnte er sich ein betont hartes Auftreten an, das er zeitlebens beibehalten sollte.

Seine Eltern stritten sich ununterbrochen – 1944 wurde die Ehe schließlich geschieden –, und mit 13 Jahren bekam er von seinem Vater seine erste Trompete geschenkt, nach eigener Aussage vor allem deshalb, weil seine Mutter gern gesehen hätte, dass er ein eleganteres Instrument wie die Geige spielen lernte. Sein erstes Idol war Harry James, dessen vollen, romantischen und vibratoreichen Ton er sich zum Vorbild nahm. Sein Trompetenlehrer, Elwood Buchanan, hatte alle Hände voll zu tun, ihm »dieses Gezitter«, wie er es nannte, wieder abzugewöhnen: »Zittern kann er noch lange genug, wenn er alt ist.« »Auf der Highschool«, erzählte Davis viele Jahre später in einem Interview, »war ich der beste Trompeter im Musikunterricht, und das wusste ich auch, aber die Auszeichnungen bekamen trotzdem immer nur die Jungs mit den blauen Augen. Das machte mich so wütend, dass ich mir vornahm, jeden Weißen mit meiner Trompete an die Wand spielen zu können. ... Diesen Vorurteilen und meiner Neugier habe ich zu verdanken, was ich in der Musik erreicht habe.«

Jazzmusiker wurden seine Helden. »Ich war von diesen Musikern fasziniert, besonders von denen, die von New Orleans für eine Jam-Session raufkamen und die ganze Nacht lang spielten. Ich hab einfach nur dagesessen und sie beobachtet, hab mir angesehen, wie sie sich bewegten und sprachen, was für einen Haarschnitt sie hatten, wie sie tranken, und vor allem natürlich, wie sie spielten.« Eines seiner Idole war Clark Terry, der sich bis dahin nur in St. Louis einen Namen gemacht hatte, später aber bei Duke Ellington und Count Basie spielen sollte. Davis gelang es, zwei Engagements bei ortsansässigen Bands zu ergattern, bei Eddie Randles Rhumboogie Orchestra und bei den Six Brown Cats von Adam Lambert. Beide Combos hatten sich auf Tanzmusik, auf Swing in kleiner Besetzung spezialisiert, mit besonderem Schwerpunkt auf dem Blues. Als im Sommer 1944 die Billy Eckstine Band nach St. Louis kam und der dritte Trompeter wegen Krankheit ausfiel, erhielt Davis die Chance, ihn eine Woche lang zu vertreten. Er konnte gut vom Blatt spielen und auch die Arrangements machten ihm keine Schwierigkeiten – trotzdem hatte er Mühe, einen Ton herauszubringen, weil er »die ganze Zeit damit beschäftigt war, den anderen zuzuhören«, wie er sagte. »Vor allem Bird war unglaublich ... Die Band [von Eckstine] veränderte mein Leben von Grund auf. Mir war sofort klar, dass ich St. Louis hinter mir lassen und nach New York gehen musste, dorthin, wo all diese verrückten Musiker lebten.«

Der junge Miles Davis in äußerst schneller Gesellschaft (v.l.n.r.): Charlie Parker, Miles, Allen Eager und Kai Winding im New Yorker Royal Roost, 1948.

Davis war früh erwachsen geworden – mit 18 Jahren hatte er schon Frau und Tochter zu versorgen –, aber seine Mutter widersetzte sich erbittert seinen Plänen, nach New York zu ziehen und seine Vorbilder aufzusuchen – eine Entscheidung, die er wenige Wochen nach seinem Aushilfsjob in der Eckstine Band getroffen hatte. Wie schon die Eltern von Bix Beiderbecke, Fletcher Henderson und Teddy Wilson hatte sie sich für ihren Sohn eine gesicherte Zukunft erhofft, mit einem Studium an der Fisk University in Nashville als Grundlage. Sie ließ sich daher ihr Einverständnis nur unter der Bedingung abringen, dass Davis sich an der Juilliard School of Music in New York einschreiben würde.

Obwohl das Studium bei Davis ein lebenslanges Interesse an Musiktheorie wecken sollte, hielt er nur ein Semester lang durch. Das endlose Studieren klassischer Musik langweilte ihn, und der Ton, den seine Musiklehrer auf der Trompete von ihm hören wollten, gefiel ihm nicht. Hinzu kam, dass er sich unter seinen fast ausnahmslos weißen Kommilitonen nicht besonders wohl fühlte und auch nicht so naiv war zu glauben, dass er als Schwarzer jemals ein Engagement in einem Symphonieorchester bekommen würde – egal, wie gut er spielte. Statt also Seminare zu besuchen, verwandte er einen Großteil seiner Zeit und den gesamten ersten monatlichen Unterhalt seiner Eltern darauf, Charlie Parker zu finden. Es gelang ihm, seinen Helden zum Einzug in seine Wohnung zu überreden. Doch obwohl ihn Parkers Musik zeitlebens faszinieren sollte, fühlte er sich schon bald von den persönlichen Eigenheiten des Älteren abgestoßen – vor allem von dem, was er seine »Gier« nannte. Als Davis eines Abends nach Hause kam, musste er feststellen, dass ein Großteil seiner Sachen verschwunden war: Parker hatte sie verpfändet, um sich Geld für Drogen zu beschaffen.

Juliette Greco und Miles Davis in Paris. »Die Musik war mein ganzes Leben, bis ich [ihr] begegnet bin«, erinnerte sich Davis. »Sie lehrte mich, was es heißt, jemanden zu lieben.«

Davis wurde, wie er selbst erzählte, so wütend, dass er sein Messer nahm und sich auf die Suche nach seinem Untermieter machte. Als er Parker fand, stand der gerade auf der Bühne, in Davis' bestem Anzug. Die Hose reichte ihm kaum bis zu den Knöcheln und die Ärmel waren gut zehn Zentimeter zu kurz. Davis drängte sich nach vorn, blieb aber plötzlich wie gebannt stehen. »Es war einfach unglaublich, was er da spielte«, erinnerte er sich. »Was da aus seinem Horn herauskam. Man musste ihn einfach lieben.«

Davis blieb Parker eng verbunden und war weiterhin bei jedem Auftritt in der Nähe der Bühne zu finden. »Miles Davis war ziemlich großspurig«, erinnerte sich Stan Levey. »Er trug ausschließlich Anzüge von Brooks Brothers und lungerte immer mit einem Notizbuch im Three Deuces herum, wenn wir dort spielten, um sich die Harmonien aufzuschreiben.« Bald trat Davis regelmäßig mit Parker zusammen in den Nachtklubs und Tonstudios auf und bemühte sich nach Kräften, jenen leichtfüßigen Stil nachzuahmen, der für Dizzy Gillespie und seinen virtuosesten Schüler Fats Navarro kennzeichnend war.

Im Frühjahr 1949 reiste Davis mit einer Gruppe von Musikern, darunter auch Parker und Sidney Bechet, nach Paris. Davis war nicht darauf gefasst gewesen, dass ihn die Alte Welt so beeindrucken würde, und er versuchte – jung und wenig selbstbewusst, wie er damals noch war – diese Unsicherheit mit einem besonders überheblichen Auftreten zu kompensieren. Trotzdem sollte diese Reise, wie er selbst einmal sagte, seine »Sichtweise für immer verändern. In Paris begriff ich, dass nicht alle Weißen gleich sind.« Er lernte Picasso, Sartre und Camus kennen und durchlebte eine kurze, aber heftige Romanze mit der Schauspielerin und Sängerin Juliette Greco. »So hatte ich mich noch nie zuvor gefühlt«, sagte er. »Das war Freiheit ... wie ein Mensch behandelt zu werden, wie jemand, der wichtig ist.«

»Auf dem Rückflug in dieses Land war ich so deprimiert, dass ich die ganze Zeit über kein Wort herausbrachte«, erinnert er sich in seiner Autobiographie. An gleicher Stelle behauptet er auch, die ernüchternde Erfahrung, in Frankreich gefeiert zu werden und zu Hause trotzdem wieder um Jobs betteln zu müssen, sei Auslöser seiner späteren Drogensucht gewesen. »In Paris«, so sagte er, »konnten wir spielen, was wir wollten ... egal, ob richtig oder falsch, alles wurde beklatscht ... und als wir wieder zurückkamen, konnten wir nicht einmal ... Arbeit finden – im Ausland waren wir Stars, und hier ...« In einem früheren Interview stellte Davis diesen Sachverhalt jedoch etwas realistischer dar und erklärte, er sei süchtig geworden, »weil ich Langeweile hatte und dauernd mit Typen zusammen war, die schon längst an der Nadel hingen«.

Wo auch immer die Wahrheit liegen mag – fest steht jedenfalls, dass Miles Davis heroinabhängig wurde. Zu Anfang schnupfte er den Stoff, später spritzte er ihn direkt in die Venen. Seine Ehe zerbrach. Um seine Sucht zu finanzieren – »die Bestie zu füttern«, wie er selbst es nannte –, bestahl er seine Freunde, verpfändete seine Trompete und wurde sogar Zuhälter. In Los Angeles wanderte er wegen Heroinbesitzes für kurze Zeit ins Gefängnis, wurde jedoch freigesprochen. Kurz darauf ließ sein Vater ihn erneut verhaften, in der verzweifelten Hoffnung, ihn auf diese Weise zu einer Entziehungskur zu zwingen, aber Davis lehnte einen Klinikaufenthalt ab. Er verfluchte seinen Vater und fing erneut an, sich Heroin zu spritzen. Mit der Zeit handelte er sich den Ruf ein, schwierig und unzuverlässig zu sein, und fand immer seltener einen Job. »Es war schon schlimm genug, diese Art von Musik zu machen«, erinnerte er sich, »aber als Drogenabhängiger wurde es noch viel schlimmer. Die Leute sahen mich auf einmal mit anderen Augen an, als wäre ich irgendwie dreckig oder so was. Sie betrachteten mich voller Abscheu und Mitleid, und das hatten sie vorher noch nie getan.« Miles Davis schien auf dem besten Weg, einer der vielen talentierten jungen Musiker zu werden, die dem Heroin zum Opfer fielen.

JAZZ GOES TO COLLEGE

Die zwölf Stücke, die das Miles Davis Nonet für Capitol Records eingespielt hatte, waren als Singles nicht gerade ein Verkaufshit gewesen. 1957 wurden sie schließlich alle zusammen auf einer LP unter dem Titel Birth of the Cool veröffentlicht. Mit diesem Titel hoffte Capitol Records, von der damals aufkommenden Faszination des Publikums für eine von der Kritik wahlweise als »Cool Jazz« oder »West Coast Jazz« bezeichneten Stilrichtung zu profitieren. Streng genommen wurde bei diesen Aufnahmen jedoch überhaupt nichts Neues geboren. »Cool players« gab es schließlich schon seit den Tagen Frankie Trumbauers. Außerdem betrachtete sich keiner der an den Aufnahmen beteiligten Musiker als irgendeiner »Schule« zugehörig. Was sie verband, und sie in erster Linie in Gil Evans' Wohnung zusammengeführt hatte, war jedoch eine gemeinsame Fragestellung, eine Frage, die auch Davis schon lange beschäftigt hatte: Wie konnte man das, was Evans die »rhythmische und harmonische Revolution« des Bebop nannte, einem breiten und interessierten Publikum nahe bringen, und wie ließ sich eine größere Ausgewogenheit zwischen Solist und Ensemble erreichen?

Gerry Mulligan war einer der ersten, der darauf eine Antwort fand. Er war nicht nur ein ausgezeichneter Musiker, bekannt vor allem für seine brillanten Improvisationen in den selten gehörten oberen Tonlagen des Baritonsaxophons, sondern auch ein erfahrener Arrangeur. Nach der Zusammenarbeit mit Davis und Evans ging er nach Kalifornien, wo er den Beweis antrat, dass man sogar das arrogante Orchester von Stan Kenton beinahe zum Swingen bringen konnte, wenn

Gerry Mulligan im Studio.

man ihm nur die richtigen Arrangements in die Hand gab. Anfang 1952 gründete er ein eigenes Quartett im Haig, einem kleinen Klub am Wilshire Boulevard in Los Angeles. Die Trompete blies Chet Baker, mit einem schwermütigen Ton, ähnlich dem, der sich auch bei Davis allmählich herausbildete. Chico Hamilton saß am Schlagzeug, Bob Whitlock oder Carson Smith spielten Bass. Ein Klavier gab es nicht, aber Mulligan schien auch keines zu brauchen. Die Bläser übernahmen den Kontrapunkt. Schlagzeug und Bass spielten sowohl Melodielinien als auch den Rhythmus, der scheinbar mühelos zwischen dem Two Beat des Dixieland, dem Viervierteltakt des Swing und der Polyrhythmik des Bebop hin und her wechselte. Die Musik des Quartetts war ausgelassen, unbeschwert und munter und sprach vor allem diejenigen an, die Bebop nicht ausstehen konnten. Schon bald hatte die Band in der näheren Umgebung eine kleine, aber begeisterte Fangemeinde um sich geschart. Eines Tages kam dann zufällig ein Kritiker der *Time* in den Klub und besprach die Band in seinem Magazin – genau wie es Benny Goodman 1936 zu seinem Glück passiert war (und Parker und Gillespie 1945 mit weniger Erfolg). Ihr Sound, so schrieb er, sei »beinahe einzigartig im Bereich des Jazz. ... Im Vergleich zu den hektischen Extremen des Bop wirkt [Mulligans] Jazz üppig und geradezu wohl geordnet ... von einem Kontrapunkt geprägt, der stark an Bach erinnert. Und genau wie Bach ist jeder von Mulligans Leuten eifrig bemüht, eine Pause, ein Loch in der Musik zu finden, das er mit einer Antwortphrase füllen kann.« Bald standen die Leute vor dem Haig Schlange, und die Plattenaufnahmen des Quartetts – »Line for Lyons«, »Bernie's Tune«, »My Funny Valentine« – die für ein Label in Los Angeles namens Pacific entstanden waren, liefen ständig im Radio. Über Nacht waren Gerry Mulligan und Chet Baker zu Stars geworden.

Andere Musiker in Kalifornien – viele davon ehemalige Mitglieder der Orchester von Kenton und Herman, wie zum Beispiel der Klarinettist und Saxophonist Jimmy Giuffre, der Flötist und Altsaxophonist Bud Shank und der Trompeter Shorty Rogers – starteten ähnliche Versuche, und die Presse begann, von der neuen »West Coast Cool School« zu sprechen. »Wir wollten«, so der Schlagzeuger Shelly Manne, »den Jazzmusikern etwas ganz Neuartiges an die Hand geben, etwas, bei dem Solo und Improvisation sich als Teile in ein Ganzes einfügten, und bei dem man nicht genau sagen konnte, wo die Komposition aufhörte und die Improvisation anfing. Die Verteilung war genau richtig, die Musik wirkte leichter, ein bisschen lässiger.«

Die Mehrzahl der Jazzkritiker im Osten – im Westen gab es praktisch keine – hielten den West Coast Jazz jedoch nur für billigen Abklatsch, bestenfalls als Hintergrundmusik für das Leben in dieser sonnenverwöhnten Gegend geeignet. Dennoch waren viele der meist weißen Plattenkäufer und Konzertbesucher begeistert. Mitte der 50er Jahren wählten die Leser des *Down Beat* Chet Baker zum besten Trompeter des Landes, noch vor Miles Davis, Louis Armstrong und Dizzy Gillespie, genau wie die Generation ihrer Eltern in den späten 30er Jahren Benny Goodman Count Basie und Duke Ellington vorgezogen hatte. Shelly Manne stellte später die Behauptung auf, Birth of the Cool habe »entscheidenden Einfluss« auf die Entwicklung des West Coast Jazz gehabt. Gillespie war jedoch anderer Meinung: »Miles war nicht ›cool‹ ... oder so ... Miles stammt aus dem Teil von St. Louis, wo der Blues herkommt. Nur ein Teil seiner Musik wird wirklich ›cool‹ gespielt. Den Teil haben sie mitgekriegt – aber den Rest, den Blues, den haben sie weggelassen oder einfach übersehen.«

Die Musik des Modern Jazz Quartet konnte, was Komplexität und subtile Dynamik anging, auch der anspruchsvollsten Kammermusik das Wasser reichen, ohne dass der Blues dabei außer Hörweite geriet. John Lewis, der musikalische

Obwohl die Anhänger des so genannten »Cool Jazz« in den 50er Jahren vermehrt ins Kreuzfeuer der Kritik gerieten, standen sie an der Westküste jedoch zu keinem Zeitpunkt allein da, wie dieses Erinnerungsfoto einer All Star-Jam-Session im Jimbo's Bop City in San Francisco aus dem Jahr 1952 beweist. Links im Vordergrund die beiden Tenorsaxophonisten Dexter Gordon und Jimmy Heath, am Bass sein Bruder Percy Heath, links daneben Milt Jackson. Roy Porter am Schlagzeug, Hampton Hawes am Klavier und Sonny Criss (zweiter von rechts) am Altsaxophon. Rechts vorne: »Jimbo« Edwards, der Besitzer des Klubs.

Kopf der Band und ebenfalls einer der Veteranen der Birth of the Cool-Sessions, hielt zwar große Stücke auf Parkers musikalisches Genie, verabscheute aber die korrumpierenden Auswirkungen seines Drogenkonsums, mit dem er dem Ansehen des Jazz und der Musiker großen Schaden zugefügt hatte. Außerdem sah Lewis, ähnlich wie Davis und Mulligan, nicht ein, warum das Chaos einer Jam-Session unbedingt das Paradigma für Jazz in kleiner Besetzung bleiben sollte. »Ich glaube, dass wir unser Publikum ... vergrößern können«, sagte er in einem Interview, »wenn wir unserer Musik eine Struktur geben.«

Das Modern Jazz Quartet war direkt aus Dizzy Gillespies Bigband hervorgegangen. Irgendwann hatten Lewis, der Vibraphonspieler Milt Jackson, der Bassist Ray Brown und der Schlagzeuger Kenny Clarke damit begonnen, bei den Auftritten der Bigband gemeinsam kleinere Einlagen zu spielen – hauptsächlich, um Gillespies atemlosen Bläsern Gelegenheit zu geben, sich von den Kraft raubenden spielerischen Exzessen zu erholen, für die die Band berühmt war. Als das Orchester 1950 auseinander brach, schlossen die vier sich zum Milt Jackson Quartet – dem »MJQ« – zusammen. Wenig später ging Brown mit seiner Frau Ella Fitzgerald auf Tournee und wurde von Percy Heath, einem ebenfalls herausragenden Bassisten, ersetzt. Die Gruppe nahm einige Platten auf und konnte allmählich größere Aufmerksamkeit auf sich ziehen. Da keines der vier Mitglieder bereit war, einen der anderen als Bandleader anzuerkennen, schlossen sie sich zu einer Art Kooperative zusammen, die sie in Modern Jazz Quartet umbenannten, um die Initialen, mit denen sie sich einen Namen gemacht hatten, beibehalten zu können. Als Kenny Clarke 1955 nach Europa auswanderte, kam Connie Kay für ihn in die Band.

Eine Zeit lang war Lewis als Vorsitzender der Summer Music School in Lenox, Massachusetts, tätig, dem Hauptquartier des »third stream movement«, das sich zum Ziel gesetzt hatte, Jazz und klassische Musik miteinander zu verschmelzen und so etwas vollkommen Neues zu schaffen. In dieser Zeit komponierte er eine Reihe von Stücken mit so fremdklingenden Namen wie »Vendome«, »Django«, »La Ronde Suite« und »Jazz Ostinato«, die vom Kontrapunkt und einer Vielzahl fugenartiger Passagen geprägt waren. Währenddessen konnte das Modern Jazz Quartett auch in den Konzertsälen Europas erste Erfolge verbuchen. Doch die Musik von Duke Ellington und Count Basie stand auch weiterhin im Zentrum von Lewis' Musik. Ellington war sein großes Vorbild – Ellingtons »Fugue-a-ditty«, das er 1946 in der Carnegie Hall hörte, hatte erstmals sein Interesse an der Fuge geweckt – und er wünschte sich für sein Quartett die gleiche Durchschlagkraft, wie Count Basies erste Band sie gehabt hatte. Basie war es seines Erachtens gelungen, »Ensemblepassagen einzubauen, die so wirkten – und auch so klangen –, als brächte jedes Bandmitglied ganz spontan seine persönlichen Einfälle zum Ausdruck.«

Seit Jelly Roll Mortons Red Hot Peppers 30 Jahre zuvor war es keiner kleinen Jazz-Combo mehr gelungen, eine derart vollkommene Ausgewogenheit zwischen komponierten und improvisierten Passagen, zwischen Band und Solist, zwischen den Teilen und ihrem Ganzen herzustellen. Die Zusammensetzung der Gruppe war allerdings auch ideal: Lewis spielte klar und prägnant, während Milt Jackson, der seine musikalische Laufbahn als Sänger in einem Gospel-Quartett begonnen hatte, ein unvergleichliches Feeling für den Blues im Jazz besaß. Percy Heath und Connie Kay wiederum harmonierten miteinander, als wären sie siamesische Zwillinge. Und Kay war ein überaus subtiler Schlagzeuger, bei dem es schon heftig zu swingen begann, wenn er nur ein paar kleine Glocken in die Hand nahm. »In dieser Konstellation hat die Band einfach nicht ihresgleichen, weder in der Vergangenheit noch heute«, schrieb Whitney Balliett. »Sie strahlt Feingefühl, Einvernehmen, Sympathie und eine Loyalität untereinander aus, die alle inneren Spannungen überdeckt, falls es überhaupt welche gibt. Die Musiker haben einen solch utopischen Grad der Selbstlosigkeit erreicht, dass sie tatsächlich mehr auf ihre Mitspieler hören als auf sich selbst.«

Die Musiker des MJQ traten im Smoking auf, rissen auf der Bühne keine dummen Witze und verkündeten freimütig, dass sie das respektvolle Publikum in den Konzertsälen dem der verrauchten Nachtklubs vorzogen – was Journalisten mit einem kurzen Gedächtnis dazu veranlasste, der Band Arroganz und übertriebenen Ernst vorzuwerfen. Tatsächlich aber, wie Milt Jackson geduldig erklärte, knüpfte das Auftreten der Gruppe direkt an die afroamerikanische Jazztradition der Vorkriegszeit an: »Wir wollten der Musik eine gewisse Würde zurückgeben, eine Würde, die wir alle noch aus den Zeiten der großartigen Bands der Swing-Ära kannten. Sie war ein wichtiger Bestandteil des Jazz, der uns, wie ich glaube, irgendwann unterwegs verloren gegangen ist.« »Ich bin ein schwarzer Amerikaner«, hat John Lewis einmal gesagt. »Ich bin stolz darauf, und ich will diese Position stärken.« Und genau das sollte er mit dem Modern Jazz Quartet über 40 Jahre lang tun.

Am Abend des 2. März 1953 bedeckte der Schnee wie ein Laken den Tappan Square im Zentrum von Oberlin, Ohio, und die Studenten, die auf die große, im romanischen Stil errichtete Kapelle zueilten, hatten sich zum Schutz vor dem eisigen Wind in warme Mäntel gehüllt. In dieser Kapelle, die nach dem abolitionistisch gesinnten [sich gegen die Sklaverei einsetzenden] Präsidenten des Oberlin College Charles Grandison Finney benannt war, sollte an diesem Abend das Dave Brubeck Quartet auftreten. Weder die Konzertbesucher, die sich durch die Türen schoben, stampfend den Schnee von ihren Schuhen traten, Mantel und Schal ablegten und auf den Kirchenbänken aus Eichenholz Platz nahmen, noch die Mitglieder der Band, die mit Lampenfieber hinter der Bühne stand, konnten voraussehen, wie dieser Abend verlaufen würde. Im Osten waren Jazzkonzerte an Universitäten immer noch eine Seltenheit, und man hatte Brubeck gewarnt, das Publikum in der Finney Chapel könne sich womöglich als besonders reserviert erweisen, weil mit Sicherheit auch Musik-

Das Modern Jazz Quartet: Percy Heath, Connie Kay, John Lewis und Milt Jackson. Ihre Musik klang »wie zartes Glockengeläut«, schrieb Withney Balliett. »Sie schimmert, sie singt und summt, ganz leicht und klar. Wie bei jedem gut funktionierenden Mechanismus sind die Teile dabei genauso wichtig wie ihre Summe.«

Das Dave Brubeck Quartet in seiner klassischen Besetzung – Joe Morello am Schlagzeug, Gene Wright am Bass, Brubeck selbst und Paul Desmond – bei einem Auftritt anlässlich der Weltausstellung 1964 in New York.

studenten des Oberlin Conservatory anwesend wären – ernsthafte Musiker, die »mit Jazz nichts anfangen können«.

Niemand hätte die Musik allerdings ernster nehmen können als der Pianist und Bandleader selbst, und niemand wusste besser als er, wie tief die Kluft zwischen Jazz und klassischer Musik traditionsgemäß immer noch war. Schließlich waren ihm während seines Studiums am College of the Pacific, noch vor dem Krieg, einige der Fakultätsmitglieder mit offener Geringschätzung begegnet, nur weil er Jazzmusik machen wollte. Später studierte er dann am Mills College in Oakland bei dem französischen Komponisten Darius Milhaud, der schon 1923 begonnen hatte, Elemente des Jazz in seine eigene Musik zu integrieren und daher eine völlig andere Haltung zum Jazz vertrat. So fragte Milhaud gleich in der ersten Seminarsitzung, ob sich unter den Teilnehmern auch Jazzmusiker befänden. Brubeck zögerte zunächst, die Hand zu heben. »Ich war einfach zu sehr daran gewöhnt, als Jazzmusiker schief angesehen zu werden«, erinnerte er sich. »An den meisten Konservatorien der Vereinigten Staaten war Jazzmusik damals immer noch verboten, selbst in den Übungsräumen.« Schließlich meldete er sich trotzdem, ebenso wie einige andere. Daraufhin erklärte Milhaud, er halte George Gershwin und Duke Ellington für die beiden bedeutendsten Komponisten Amerikas. »Wenn ihr Amerika aus eurer Musik sprechen lassen wollt«, sagte er, »dann müsst ihr die Sprache des Jazz verwenden.« Wer also seine Seminararbeit über Fuge und Kontrapunkt des Jazz schreiben wolle, könne dies gerne tun.

Auf diese Ermutigung hatten Brubeck und seine Freunde nur gewartet. 1946 gründeten sie ein Oktett, das modernistische Elemente verwendete, die der europäischen Musik entliehen waren, zum Beispiel auch die ungewöhnlichen Taktvorzeichen, die ein halbes Jahrhundert lang Brubecks Markenzeichen bleiben sollten. Nach dem College gründete Brubeck zunächst ein Trio, später ein Quartett, und machte sich vor allem unter kalifornischen Studenten einen Namen. Schon immer hatten Tanzkapellen die Universitäten besucht, aber diejenigen Studenten, die nicht tanzen, sondern lieber zuhören wollten, mussten dafür oft sehr weit fahren. Erst zu Beginn der 50er Jahre begannen Musiker wie Brubeck, ihnen den Jazz ins Haus zu liefern.

Von der Presse wurde Brubeck manchmal dem West Coast Jazz zugeordnet, weil er aus Kalifornien stammte und sich musikalisch gern auf die Klassiker bezog – aber im Grunde war nichts an seiner Musik auch nur im Entferntesten »cool«. Seine Improvisationen waren kompromisslos und leidenschaftlich, dissonant, unsentimental und rhythmisch gewagt. Einige Kritiker empfanden seinen Stil als plump und schwerfällig. »Ständig taucht dieses Wort ›bombastisch‹ auf«, beklagte sich Brubeck einmal bei einem Freund. »Als ob das eine Falle wäre, in die ich immer wieder hineintappen würde. Aber verdammt noch mal, wenn ich bombastisch bin, dann hab ich meine Gründe dafür. Dann will ich eben bombastisch sein, ob es ihnen gefällt oder nicht.« Wie auch immer man Brubecks Stil bezeichnen will, die Spielweise des Altsaxophonisten Paul Desmond bildete jedenfalls die perfekte Ergänzung dazu: leicht, lyrisch und schwebend, eher an Lester Young als an Charlie Parker erinnernd – ebenso wie der Ton, den Desmond selbst in einem viel zitierten Ausspruch mit einem trockenen Martini verglich. »Die Dinge, nach denen ich musikalisch suche«, erklärte er einmal in einem Interview, »sind Klarheit, die Kommunikation von Gefühlen auf einem nicht allzu offensichtlichen Level, eine Chorus-Struktur, die nicht gleich ins Auge springt, aber trotzdem vorhanden ist, wenn man danach sucht, dazu noch Humor und ein Aufbau, der logisch klingt und dennoch überrascht. Das und ein zuverlässiges hohes Fis – mehr brauche ich nicht zum Glücklichsein.«

Die Musiker spornten sich gegenseitig zu Höchstleistungen an, und an jenem Abend 1953 in der Finney Chapel in Oberlin übertrafen sie sich selbst. Das Publikum – auch die Musikstudenten – belohnte sie mit wahren Beifallsstürmen. Das Konzert wurde aufgezeichnet, und das dabei entstandene Album – Jazz at Oberlin – legte den Grundstein für Brubecks weitere Erfolge. Er unterschrieb einen Vertrag bei Columbia, der größten Plattenfirma in den USA, brachte ein weiteres Livealbum unter dem Titel Jazz Goes to College heraus, und binnen kurzem hatte sein Quartett den Aufstieg zur populärsten Jazzformation Amerikas geschafft, gleichermaßen beliebt bei schwarzen wie weißen Fans. Die Leser des *Pittsburgh Courier* wählten das Quartett zu ihrer Lieblingsband, und niemals sollte Brubeck vergessen, was Willie »The Lion« Smith gesagt hatte, als er in einem Blindtest eine von Brubecks Platten hörte: »Der spielt ... wie die Menschen, wo der Blues herkommt. ... Er hat schwere Hände, aber er spielt wunderschöne Akkorde mit ihnen. ... Diese Platte könnte man überall auflegen, und die Leute würden die ganze Nacht lang tanzen.«

Und tatsächlich sollte das Dave Brubeck Quartet in den kommenden Jahren noch Hunderttausende von jungen Leuten in die Welt des Jazz einführen.

52 WOCHEN IM JAHR

Die Studenten des Oberlin Conservatory waren von Brubecks Konzert begeistert gewesen, doch das Konservatorium selbst, wie auch viele andere Musikhochschulen im Land, konnte sich immer noch nicht so recht für den Jazz erwärmen. Als Duke Ellington drei Jahre später mit seinem Orchester anreiste, um in der Finney Chapel zu spielen, war der auf Hochglanz polierte Konzertflügel, der Gastmusikern üblicherweise zur Verfügung stand, plötzlich verschwunden und durch ein kleineres, ziemlich ramponiertes Instrument ersetzt worden. Als der peinlich berührte Vorsitzende des Oberlin-Jazzklubs wissen wollte, wo der Flügel geblieben war, erklärte der Hausmeister, er stünde hinten im Lager. Im Konservatorium galt nämlich die eiserne Regel, dass es Jazzmusikern nicht erlaubt war, auf den guten Instrumenten zu spielen – sie könnten sie womöglich beschädigen. Ellington marschierte jedoch, ohne mit der Wimper zu zucken, auf die Bühne, setzte sich an das ziemlich mitgenommene Klavier und stürzte sich mit einem Elan in das Vorspiel zu »Take the 'A' Train«, als säße er an dem besten Instrument der Welt.

Anfang November 1954 hielt Dave Brubeck sich in San Francisco auf, eine der letzten Stationen auf einer Tournee im Rahmen des »Modern Jazz Concert«-Programms von Norman Granz, zu dem auch Gerry Mulligan, Stan Getz und das Duke Ellington Orchestra gehörten. Brubeck war sich völlig im Klaren darüber, wie viel er den früheren Generationen schwarzer Jazzmusiker zu verdanken hatte. Für ihn war Ellington nicht nur ein guter Freund, sondern auch der größte Komponist Amerikas. Am 4. November, einem Donnerstag, erzählte Brubeck, »klopfte es morgens um sieben an die Tür meines Hotelzimmers, und Duke stand vor mir und sagte: ›Dave, du bist auf dem Cover vom *Time Magazine*.‹ Aber ich konnte mich gar nicht freuen. ... Natürlich wollte ich gern auf dem Cover erscheinen, aber erst nach Duke. Das war das Schlimmste, was passieren konnte, dass ich noch vor ihm auf der Titelseite stand und er mir dann die Zeitschrift brachte und sagte: ›Hier!‹«

Aber Ellington war schon lange daran gewöhnt, andere Musiker im Rampenlicht zu sehen, und er nahm Brubecks Erfolg mit der für ihn charakteristischen Großmut auf und blieb ihm aufrichtig zugetan. Als die Yale University ihm kurz vor seinem Tod einen Ehrentitel verlieh und eine Stiftung seines Namens ins Leben rief, bat Ellington seinen Sohn Mercer, dafür zu sorgen, dass sowohl Brubeck als auch sein ehemaliger Schlagzeuger Louis Bellson ein Stipendium des Ellington Fellowship bekamen. »Die Leute sollen nicht glauben, ich hätte nur schwarze Freunde gehabt«, sagte er.

Ellingtons Kreativität blieb zeitlebens ungebrochen. Die Revolution des Bebop hatte sein Orchester weitgehend unberührt gelassen, zum Teil deshalb, weil Ellingtons Musik immer schon einen mindestens ebenso großen harmonischen Reichtum aufgewiesen hatte wie der Bebop. In früheren Aufnahmen, wie zum Beispiel »Cotton Tail« und »Main Stem«, hatte Ellington viele Ein-

Dave Brubeck auf dem Titelblatt des *Time Magazine*.

flüsse der Bopper schon vorweggenommen – aber nur wenige von Ellingtons neuen Leuten, darunter der Trompeter Clark Terry und der Tenorsaxophonist Paul Gonsalves, waren mit dieser Stilrichtung vollkommen vertraut. Die Langspielplatte, die Columbia erstmals 1948 auf den Markt brachte, schien wie gemacht für Ellingtons Musik, die sich nun endlich über den enggesteckten Drei-Minuten-Rahmen der 78er Platten hinausbewegen konnte. 1950 spielte er die Masterpieces by Ellington ein, auf denen vier seiner Lieblingsstücke, darunter auch »Mood Indigo«, in ihrer langen Konzertfassung zu hören sind. Zwei Jahre später nahm er die LP Ellington Uptown in Hi-Fi auf, inklusive einer sage und schreibe dreizehnminütigen Version seines »Tone Parallel to Harlem«, eines schillernden und wunderbar vielfältigen Porträts seines bevorzugten Stadtteils, das viele für die beste seiner längeren Kompositionen halten.

Da die Amerikaner sich jedoch in stetig wachsender Zahl dem Fernsehen als Abendunterhaltung zuwandten, mussten landesweit immer mehr Tanzlokale geschlossen werden. Im Februar 1950 zeichnete der *Down Beat* Duke Ellington daher mit einem Sonderpreis aus – weil er mit seinem Orchester immer noch im Geschäft war. Jede andere Bigband, die noch 1949 bei der Leserumfrage des *Down Beat* genannt worden war, hatte innerhalb des vergangenen Jahres aufgeben müssen. Selbst Count Basie sah sich gezwungen, sein Orchester in ein achtköpfiges Ensemble umzuwandeln, bevor er zwei Jahre später wieder ganz von vorn anfing und jenes Orchester gründete, das Albert Murray als seine »New Testament«-Band bezeichnete.

Der Sound des Ellington Orchestra hatte sich verändert. Der Schlagzeuger Sonny Greer hatte die Band verlassen und war zunächst durch Louis Bellson, später dann durch Sam Woodyard ersetzt worden. Zwei der bekanntesten »Stimmen« Ellingtons, Lawrence Brown und Johnny Hodges, gingen ebenfalls eine Zeit lang ihre eigenen Wege. Ellington konnte es sich nicht länger leisten, seine Leute in einem schicken privaten Pullman-Wagen herumreisen zu lassen – oftmals musste er inzwischen für die gleiche Gage arbeiten, die er schon 20 Jahre zuvor bekommen hatte – und fuhr deshalb mit Harry Carney in dessen Cadillac durchs Land, während der Rest der Band in einem Bus hinterher reiste. Um die hartnäckigen Gerüchte aus der Welt zu schaffen, auch er müsse sein Orchester bald aufgeben, erklärte Ellington, er bezahle seine Rechnungen aus dem Gewinn, den er mit seinen Musikstücken mache. »Der Grund, warum wir immer noch weitermachen ... ist rein künstlerischer Natur. Wir gehören nicht zu den Leuten, die nur so lange im Geschäft bleiben, wie das Geschäft sich lohnt. Wir sind 52 Wochen im Jahr bei der Sache. ... Die Freude am Musikmachen ist der Motor, der uns in Gang hält.«

Doch auch er musste jetzt kämpfen wie seit seinen Anfängen in diesem Geschäft nicht mehr. Frank Schiffman, der Besitzer des Apollo Theater in Harlem, führte Kartei über jeden einzelnen Künstler, der jemals bei ihm auf der Bühne stand, und notierte nicht nur eine kurze Beur-

Das Charlie Parker Quartet im Open Door in Greenwich Village, 1953 (v.l.n.r.): Charles Mingus, Roy Haynes, Thelonious Monk und Charlie Parker.

Er kleidete sich eigenwillig und hatte ein Faible für auffällige Kopfbedeckungen. Er konnte tagelang herumlaufen, ohne mit jemandem ein Wort zu wechseln, und manchmal stand er während eines Auftritts einfach auf und begann ekstatisch zu tanzen. Es hat wohl kaum einen Jazzmusiker gegeben, der geheimnisvoller war wie Thelonious Sphere Monk. Und nur wenige haben so unvergessliche Musik geschrieben. Monk spielte nur selten Kompositionen anderer Musiker, weil er, wie er einmal erklärte, beschlossen hatte, die Nachfrage nach seinen eigenen Stücken zu steigern. Obwohl er es nicht mochte, irgendeiner »Bebop-Bewegung« zugeordnet zu werden, versuchte sein erstes Label Blue Note, aus seinen Eigenheiten Kapital zu schlagen: Er wurde als »geheimnisvolle Persönlichkeit ... seltsamer Mensch ... als Hohepriester des Bebop« bezeichnet.

Auch sein unverwechselbarer, spreizfingriger und perkussiver »Stride Piano«-Stil sorgte für Aufsehen. »Thelonious wartete manchmal eine ganze Minute, bis er eine Taste anschlug«, erinnerte sich Loraine Gordon, deren Mann Max Gordon das Village Vanguard gehörte, in dem Monk häufig auftrat. »Aber er lag jedes Mal genau richtig.«

1951 entdeckte die New Yorker Polizei Rauschgift in einem parkenden Auto, in dem Monk mit seinem Freund, dem Pianisten Bud Powell, saß. Die Drogen gehörten tatsächlich Powell, aber Monk wollte nicht gegen seinen Freund aussagen. Daraufhin entzog man ihm die Auftrittslizenz. Aber Monk wollte weder die Stadt verlassen noch einen anderen Job annehmen. Sechs Jahre lang verbrachte er in seiner engen Wohnung, nahm gelegentlich ein Engagement in den Vororten an und machte hin und wieder Aufnahmen für Prestige. Den Rest der Zeit saß er über die Tastatur seines Klaviers gebeugt und arbeitete wie ein Besessener an seiner Musik. Seine Frau Nellie sorgte währenddessen für den Lebensunterhalt.

1957 erschien bei Riverside Records ein Album mit dem Titel Brilliant Corners, auf dem er in kleiner Besetzung, unter anderem mit Sonny Rollins und Art Blakey, seine eigenen Kompositionen spielt. Der Jazzkritiker Nat Hentoff widmete dem Album eine begeisterte Besprechung. Mithilfe seines Managers, der (fälschlicherweise) beschwor, Monk nehme keine Drogen, erhielt er schließlich eine neue Auftrittslizenz – gerade rechtzeitig, um mit einem Quartett im Five Spot aufzutreten, das sich damals noch am Cooper Square in Greenwich Village befand. Plötzlich waren alle ganz erpicht darauf, diesen Mann zu hören. Dabei hatte Monk sich nicht verändert: Es kam immer noch vor, dass er minutenlang keinen einzigen Ton spielte oder plötzlich anfing, auf der Bühne herumzutanzen, und der Aufbau seiner Kompositionen war immer noch derart kompliziert, dass seine Begleitmusiker, wenn sie den Anschluss verloren, das Gefühl hatten, »in einen tiefen Aufzugschacht zu fallen«, wie John Coltrane es formulierte. Aber nun begann auch das Jazzpublikum zu begreifen, was die Musiker längst wussten: Monks angebliche Verrücktheit hatte Methode, sie basierte auf einer machtvollen musikalischen Logik, in die sich all die unvermittelten Pausen, eckigen Rhythmen, dissonanten Passagen und unerwarteten Intervalle, die seine Zuhörerschaft früher so verstört hatten, geradezu perfekt einfügten. »Ich spürte, dass ich in jeder Hinsicht etwas von ihm lernen konnte«, erzählte John Coltrane. »Die Arbeit mit Monk brachte mich mit einem Musikarchitekten höchsten Ranges in Berührung.«

Thelonious Monk während einer Probe mit den Saxophonisten Phil Woods und Charlie Rouse in einem Loft in New York, 1959.

MASSGEBLICH

Bud Powell

Während Erroll Garner als der populärste Pianist jener Zeit gilt, wird Bud Powell (*1924) allgemein als der einflussreichste angesehen. Beide waren musikalische Wunderkinder, aber damit hören die Parallelen auch schon auf. Powells Vater war ein New Yorker Jazzpianist des Stride Piano-Stils, und verschaffte seinem Sohn zunächst eine fundierte klassische Ausbildung. Buds Stil war stark von Art Tatums schneller, fließender Spielweise geprägt; als er jedoch als Teenager in den New Yorker Nachtklubs debütierte, nahm Thelonious Monk ihn unter seine Fittiche. Schon zu dieser Zeit zeichneten sich zwei seiner markantesten Eigenschaften ab: Seine beeindruckend schnellen Läufe mit der rechten Hand und sein manchmal sehr streitlustiges Verhalten, wenn er auch nur einen Schluck Alkohol getrunken hatte, was nicht zuletzt psychisch bedingt war. Bei einem bis heute ungeklärten Zusammentreffen mit der Polizei von Philadelphia im Frühjahr 1945 wurde Powell wiederholt auf den Kopf geschlagen und die Verletzungen führten offenbar zu einer Verschlimmerung seiner psychischen Probleme. Zehn Monate verbrachte er in einer Einrichtung auf Long Island, kehrte dann in die Nachtklubs zurück, erlitt aber einen zweiten Zusammenbruch, woraufhin er für weitere elf Monate eingewiesen wurde. Die Behandlung konnte seine Ausbrüche zwar mildern, zerstörte aber auch Powells Gedächtnis. Mehrere Jahre lebte er in Frankreich und trat dort auch auf, war aber nie wieder bei klarem Verstand. Er starb 1966 im Alter von 41 Jahren. Trotzdem war Powell, wie Gillespie sagte, »der maßgeblichste Pianist der Bebop-Ära«, und seine treibende, akrobatische, mal elegante, mal gequälte Spielweise beeinflusste eine ganze Generation von Musikern.

teilung des Auftritts, sondern auch die Zahl der verkauften Karten. Sein Eintrag aus dem Jahr 1954 bringt Ellingtons Situation in dieser Zeit kurz und knapp auf den Punkt: »Alles wie immer. Feiner Kerl. Gute Band. Mittelmäßige Zugkraft.«

MY NAME IS BIRD

Am Abend des 30. Oktober 1954, wenige Tage, bevor Brubecks eulenhaftes Porträt auf dem Cover von *Time* an jedem Zeitungsstand in New York zu sehen war, trat Charlie Parker in der Town Hall auf. Auch Thelonious Monk stand an diesem Abend auf dem Programm, ebenso wie einige von Parkers viel versprechenden jungen Protegés: der Tenorsaxophonist Sonny Rollins, der Trompeter Art Farmer sowie der Pianist Horace Silver. Allerdings hatte man für dieses Ereignis so wenig Werbung gemacht, dass mehr als die Hälfte der Sitze leer blieben und die Musikergewerkschaft sich gezwungen sah, in der Pause die Hälfte von Parkers Gage als Bußgeld für dessen Regelverstöße einzuziehen. Einige Wochen später besuchte der Plattenproduzent Ross Russel eine Bar namens Le Club Downbeat an der Eighth Avenue, um Parker spielen zu sehen. Parkers Anzug war schmutzig und ungebügelt, berichtete Russell, und anstelle von Straßenschuhen trug er Pantoffeln. »Sein Gesicht wirkte aufgedunsen, und seine Lider waren so schwer, dass sie die Pupillen halb verdeckten. Die ersten fünf Minuten des Auftritts verbrachte er damit, sein Saxophon zusammenzusetzen, während die anderen Musiker, alle noch weit gehend unbekannt, nervös auf der Bühne herumstanden. Als Charlie dann endlich anfing zu spielen, hatte er offensichtlich kaum die Kraft, genügend Luft in sein Horn zu blasen.«

Mit Parker ging es unübersehbar immer weiter bergab. Im März, als er sich gerade in Hollywood aufhielt, erhielt er von Chan aus New York die Nachricht, dass seine zweijährige Tochter Pree an einer Lungenentzündung gestorben war. Noch in der gleichen Nacht sandte Parker vier Telegramme nach New York, eines unzusammenhängender als das andere.

MEIN LIEBLING, DER TOD MEINER TOCHTER KAM FÜR MICH ÜBERRASCHENDER ALS FÜR DICH. WARTE MIT DEN VORBEREITUNGEN FÜR DIE BEISETZUNG, BIS ICH DA BIN. ICH WILL ALS ERSTER UNSERE KAPELLE BETRETEN. VERZEIH MIR, DASS ICH NICHT DA WAR, WÄHREND DU IM KRANKENHAUS WARST. IN AUFRICHTIGER LIEBE, DEIN EHEMANN, CHARLIE PARKER

MEIN LIEBLING, UM GOTTES WILLEN HALTE DURCH. CHARLES PARKER

CHAN, HILF MIR.
CHARLIE PARKER

MEINE TOCHTER IST TOT. ICH WEISS ES. ICH KOMME SO SCHNELL ICH KANN. MEIN NAME IST BIRD. ES IST SCHÖN, HIER ZU SEIN. DIE LEUTE HIER WAREN SEHR NETT ZU MIR. ICH KOMME SOFORT NACH HAUSE. NIMM'S NICHT SO SCHWER. LASS MICH DER ERSTE SEIN, DER SICH DIR NÄHERT. ICH BIN DEIN MANN. IN LIEBE, CHARLIE PARKER

Für die Beerdigung nahm er sich noch einmal zusammen, doch danach verlor er jeglichen Halt. Ein Engagement im Birdland endete in einer Katastrophe, weil er sich betrank und daraufhin die ganze Band feuern wollte. Stattdessen wurde er vom Manager gefeuert. Er ging nach Hause, stritt sich mit Chan – und schluckte Jod, um sich das Leben zu nehmen. Die Sanitäter konnten ihn gerade noch retten. Zweimal ließ er sich zur psychiatrischen Betreuung ins Bellevue Hospital einweisen. Er fuhr nächtelang in der U-Bahn herum und wirkte oft völlig verängstigt, voller Misstrauen, selbst seinen Fans gegenüber. »Die kommen doch bloß ... um sich den berühmtesten Junkie der Welt anzusehen«, sagte er.

Auf diese Weise wurde ausgerechnet der Mann, der den Beweis antreten wollte, dass Jazz nicht zwangsläufig etwas mit Showbusiness zu tun haben muss, selbst zu einem Medienereignis. »Kein anderer Jazzmusiker«, schrieb Ralph Ellison, »wehrte sich so erbittert gegen die Rolle des Entertainers wie Charlie Parker. Gerade darin liegt ja die Tragik seines Lebens, dass all seine Anstrengungen, der Clownsrolle von Armstrong zu entgehen – die letzten Endes nur aufgesetzt ist, was angesichts der respektlosen Poesie und des triumphierenden Klangs seiner Trompete auch dem spießigsten Spießer nicht entgehen kann – dass also all seine Bemühungen ironischerweise nur dazu geführt haben, dass er etwas noch viel ›Primitiveres‹ wurde: eine Märtyrergestalt, deren zäher Kampf gegen den persönlichen Zusammenbruch, sowohl vor als auch hinter der Bühne, einem gierigen, sensationshungrigen und kulturell desorientierten Publikum zur Unterhaltung diente, einem Publikum, das die wahre Bedeutung dieses Kampfes nicht einmal erahnte.«

Eines Abends traf Parker in einer Bar auf Gillespie, der sich dort eine Band anhören wollte. Parker war völlig durcheinander: »Warum hilfst du mir nicht, Diz?«, fragte er immer und immer wieder. »Warum hilfst du mir nicht?« »Ich wusste nicht, was ich tun sollte«, erinnerte sich Gillespie. »Ich wusste einfach nicht, was ich sagen sollte.« Dann stolperte Parker wieder auf die Straße hinaus.

»Einmal ist er mir morgens um drei über den Weg gelaufen«, berichtete der Jazzkritiker Nat Hentoff. »Ich lief gerade die Stufen zum Birdland hinunter, da kam mir Bird entgegen. Wir kannten uns [im Grunde] kaum, ich hatte ihn nur ein paarmal fürs Radio interviewt. Sein Gesicht war tränenüberströmt. Er sagte: ›Ich muss mit dir reden.‹ Ich habe gesagt: ›Kein Problem, an der Ecke gibt's ein Café, das die ganze Nacht geöffnet hat.‹ ›Nein, nein. Ich ruf dich morgen an.‹ Natürlich hat er nicht angerufen. Ich glaube, ich hätte sonstwer sein können.«

Am Samstag, den 5. März 1955, hatte Parker wieder einen Auftritt im Birdland, diesmal als Leiter eines Quintetts mit Art Blakey am Schlagzeug, Kenny Dorham an der Trompete, Charles Mingus am Bass und dem schwierigen Bud Powell am Klavier. Parker kam zu spät, verließ aber sowieso gleich wieder die Bühne, als er sah, dass Powell so betrunken war, dass er sich kaum noch auf dem Klavierhocker halten konnte. Als Parker für den zweiten Teil zurückkam und das erste Stück ansagen wollte, beharrte Powell darauf, etwas anderes spielen zu wollen. Schließlich warf er mit einem Knall den Klavierdeckel zu und rannte von der Bühne, während Parker am Mikrofon stand und immer wieder hilflos »Bud Powell«, »Bud Powell« hinter ihm herrief. Irgendwann schob Mingus ihn beiseite und wandte sich ans Publikum. »Sehr geehrte Damen und Herren«, sagte er, »bitte glauben Sie nicht, ich hätte irgendwas mit dem zu tun, was hier passiert. Das hier ist kein Jazz. Das sind nur kranke Leute.«

Der Broadway 1957. Links das Alvin Hotel, in dem Lester Young seine letzten Jahre verbringen sollte, direkt gegenüber vom Birdland.

Am Abend nach dem Debakel im Birdland kam Parker mit einer Gruppe von Freunden ins Open Door, um den jungen Jackie McLean zu hören. Normalerweise wäre McLean über das Interesse seines Idols begeistert gewesen. Doch diesmal war es anders. »Das Saxophon, auf dem ich spielte, hatte ich geliehen«, erzählte er, »und eines Abends, als ich in ein Taxi steigen wollte und ziemlich viel getrunken hatte, so dass Bird und ein paar andere Leute mir helfen mussten, sagte er: ›Gib mal her, ich nehme das so lange.‹ Und nahm mein Horn mit. Als ich ihn ein paar Tage später wieder traf, war das Horn natürlich weg. Er hatte es ins Pfandhaus gebracht. Ich war ziemlich sauer darüber, und als er mir anbot, mich nach dem Gig nach Hause zu bringen, habe ich gesagt: ›Nein, lass mal. Ich nehm ein Taxi.‹«

Am Abend des 9. März erwartete George Wein, inzwischen Eigentümer eines Klubs namens Storyville in Boston, Charlie Parker anlässlich eines Engagements, das am nächsten Tag beginnen sollte. »Ich kam ungefähr gegen acht in den Klub«, erzählte er, »aber Bird war nicht da. Irgendjemand sagte, ›Bird hat angerufen‹, und ich nahm den Hörer ab und wählte die Nummer und eine Stimme vom Band sagte, heute Morgen sei eine Gelbschwanzschwalbe in den Sümpfen von Ipswich gesichtet worden. Die Nummer war die der Audubon Society. Jemand hatte mich auf den Arm genommen, verstehen Sie, und gesagt, ich solle ›Bird‹, den Vogel anrufen. ... Ich habe aufgelegt und gelacht. Aber Bird ist nicht mehr gekommen. Wir haben natürlich alle gedacht, was soll's – Bird hat wieder irgendeinen Blödsinn gemacht. Aber es sollte das letzte Mal gewesen sein.«

Parker hatte an diesem Abend tatsächlich in New York seine Sachen gepackt, um nach Boston zu reisen. Auf dem Weg zur Grand Central Station schaute er jedoch noch im Stanhope Hotel an der Fifth Avenue vorbei, um eine Freundin, die Baroness Pannonica de Koenigswarter, zu besuchen, ein Mitglied der Familie Rothschild und großzügige Förderin des Jazz und der Jazzmusiker. Als er dort eintraf, ging es ihm offenbar schon ziemlich schlecht, und wenig später fing er an, Blut zu spucken.

Die besorgte Baroness ließ einen Arzt rufen. Dieser fragte Parker, ob er trinke. »Manchmal«, sagte Parker, »ein Gläschen Sherry vor dem Abendessen.« Der Arzt drängte auf Parkers

LIVE!

Viele Kritiker, die Ende der 50er Jahre eifrig nach einem Nachfolger für Charlie Parker Ausschau hielten, glaubten, ihn in Sonny Rollins gefunden zu haben. Rollins wuchs an der West Side Manhattans auf, in direkter Nachbarschaft zu Thelonious Monk, Bud Powell und dem großen Coleman Hawkins, dessen vollen, aggressiven Ton er später in seinen eigenen integrieren sollte. Rollins Einfallsreichtum schien geradezu unerschöpflich zu sein. Sein Spiel war immer voller Witz und Heiterkeit, und er besaß eine so übermenschliche Ausdauer, dass sie den Schlagzeuger Art Blakey zu der Feststellung veranlasste, Rollins sei der unermüdlichste Mensch, dem er je begegnet wäre. Sein bekanntestes Album aus dieser Zeit hieß Saxophone Collossus, und Rollins schien die lebende Verkörperung dieses Titels zu sein. »Überall hieß es, ›Sonny Rollins ... den muss man gesehen haben‹«, erinnerte er sich, »nur war ich selbst leider nicht dieser Meinung. ... Ich hatte immer das Gefühl, die Leute zu enttäuschen.« 1959 zog er sich von der Bühne zurück. Nachts lief er zur Williamsburg Bridge und spielte dort in den Wind. »Wir müssen danach streben, so perfekt wie möglich zu werden«, sagte er. »Es hat mir Spaß gemacht, da draußen zu üben, weil ich einfach alles ausprobieren konnte.«
Bei seinem Comeback 1962 fanden viele ihn noch kraftvoller als früher, und während seiner manchmal mehr als einstündigen Improvisationen strömten die Einfälle nur so aus ihm heraus. Rollins verabscheute stets Studioaufnahmen und liebt den Auftritt vor Publikum. Wenn er einmal spielt, ist er nicht mehr zu bremsen. So sprang er bei einem Open-air-Konzert in Saugerties, New York, im Sommer 1985 mitten in einem 15-minütigen Solo von der Bühne, weil er »den Leuten näher sein« wollte. Er brach sich dabei die Ferse und konnte nicht mehr aufstehen, aber er spielte auf dem Boden weiter. »Ich konnte schließlich immer noch spielen«, erklärte er später.

Sonny Rollins

Einlieferung in ein Krankenhaus, aber Parker weigerte sich. Er hatte die Nase voll von Krankenhäusern. Die Baroness und ihre Tochter erklärten sich bereit, sich um ihn zu kümmern.

Am Samstag, den 12. März 1955, befand Parker sich immer noch im Stanhope Hotel. Abends schaltete er den Fernseher ein, um sich die Stage Show anzusehen, eine wöchentliche Unterhaltungssendung der Dorsey-Brüder. Jimmy Dorseys Saxophon hatte er schon immer gern gehört. Die erste Darbietung war ein jonglierender Clown. Parker begann zu lachen, dann zu husten und brach schließlich zusammen. Beim Eintreffen des Arztes war er bereits tot. Als offizielle Todesursache wurde Lungenentzündung angegeben, erschwert durch Leberzirrhose. Aber Parker hatte sich einfach zugrunde gerichtet.

»Ich hatte mir die *New York Post* gekauft«, erzählte Jackie McLean, »mich damit in den Bus gesetzt und war schon ein paar Stationen gefahren, als ich die Zeitung aufschlug. Und dann habe ich gelesen, dass Bird nicht mehr lebte, dass er in den Räumen der Baroness gestorben war. Ich bin in Tränen ausgebrochen. Zu allem Überfluss hatte ich auch noch ein schlechtes Gewissen – schließlich hatte ich ihn vor kurzem im Open Door getroffen –, aber weil ich wegen der Sache mit dem Horn immer noch wütend war, habe ich die Chance verpasst, noch einmal mit ihm zusammen zu sein, verstehen Sie, bloß weil ich so heftig reagiert hatte. Alle waren von seinem Tod erschüttert. Zur Beerdigung bin ich nicht hingegangen, ich konnte nicht, ich konnte einfach nicht hingehen und daran teilnehmen.«

Der Gerichtsmediziner schätzte Parkers Alter auf 55 bis 60 Jahre. Tatsächlich war er erst 34, als er starb. Mit 34 hatte Louis Armstrong noch 37 Jahre Jazzmusik vor sich. Und Duke Ellington hatte in diesem Alter überhaupt erst mit der Komposition jener umfangreichen Musikstücke begonnen, die ihm schließlich einen Platz in der Riege der größten Komponisten Amerikas sichern sollten. Parkers Innovationsgeist hatte den Jazz enorm beeinflusst, aber seine Schwächen sorgten dafür, dass sein Traum, den Jazz in noch ganz andere neue Richtungen zu bewegen, letztlich von anderen in die Tat umgesetzt werden musste.

Schon zum Zeitpunkt seiner Beisetzung in Kansas City hatten die trauernden Fans damit begonnen, die Hauswände von Greenwich Village flächendeckend mit dem Slogan »Bird Lives« zu bemalen. Charlie Parker war zum Apostel der »Hipness« geworden, und sein früher Tod schien dieses Missverständnis endgültig zu besiegeln. Abgesehen von seinem Einfluss auf die Musik, so schrieb Ralph Ellison, war Parker »für die Jugend der gebildeten weißen Mittelschicht von herausragender Bedeutung, deren Reaktion auf die Widersprüche der amerikanischen Gesellschaft hauptsächlich in der rigorosen Ablehnung ihrer Erziehung, Sprache, Kleidung, Konventionen und Werte bestand: eine im Grunde apolitische Revolte, die ihre extremste Ausprägung in Gestalt des so genannten weißen ›Hipster‹ findet.«

CLIFFORD

In der harten Welt des Jazz bildete Clifford Brown die Ausnahme von der Regel. Drogen und Alkohol ließen ihn kalt, und Launen waren ihm fremd. Zu den Studioterminen erschien er eine Stunde zu früh, um seine Trompete zu reinigen und sich innerlich vorzubereiten. Außerdem hatte er immer Zeit für ratsuchende Talente und sein einziges Laster war Schachspielen.»Clifford hatte großen Einfluss auf mein Privatleben«, erinnerte sich Sonny Rollins. »Er zeigte mir, dass es möglich ist, ein normales Leben ohne Drogen zu leben und trotzdem ein guter Jazzmusiker zu sein.« Auch andere Musiker waren von Cliffords Charakterstärke beeindruckt, noch mehr aber bewunderten sie die Fülle und Wärme seines Tons und die langen, melodischen, tanzenden Linien, die scheinbar mühelos aus seiner Trompete strömten. Dizzy Gillespie hatte den 19-jährigen Brown gehört und lobte ihn in New York in den höchsten Tönen. 1954 tat sich Brown in Kalifornien mit Max Roach zusammen, und mehr als zwei Jahre lang gehörte ihr Quintett zu den anerkanntesten Jazzcombos dieser Zeit. Viele waren überzeugt, dass Clifford Brown eines Tages seinen Platz neben Louis Armstrong, Roy Eldridge, Dizzy Gillespie und Miles Davis in der Riege der größten Trompeter einnehmen würde.

Am Abend des 25. Juni nahm Brown an einer Jam-Session in Philadelphia teil. Erst nach Mitternacht hörten er und der Pianist Richie Powell auf zu spielen, und machten sich in Powells neuem Wagen noch auf den Weg nach Chicago, mit Powells Frau Nancy am Steuer. Kurz darauf begann es zu regnen, der Wagen geriet plötzlich außer Kontrolle, kam ins Schleudern und überschlug sich. Alle drei Insassen waren sofort tot.

Dizzy Gillespie wollte gerade im Apollo Theater in Harlem auf die Bühne gehen, als ihn die Nachricht von Browns Tod erreichte. Als der Vorhang sich hob, liefen seinen Leuten die Tränen über die Wangen. »Für seine Kunst«, sagte Gillespie, »gibt es keinen Ersatz.«

Clifford Brown

Kaum jemand fühlte sich so stark vom Bebop angezogen wie die Poeten der Beat-Generation – aber auch kaum jemand hat ihn so gründlich missverstanden. »Jazz«, behauptete Allen Ginsberg noch 1998, kurz vor seinem Tod, »gibt uns die Möglichkeit, uns auszudrücken. Er geht aus den spontanen Regungen des Herzens hervor. Aus der Verehrung, die wir empfinden. Aus der Ekstase, die wir erleben. Aus der Transzendierung der grundlegenden Absurdität des automatisierten Lebens, in dem wir alle gefangen sind. Jazz ist eine Quelle unmittelbarer Inspiration, die allen zugänglich ist. Man muss einfach nur das Radio einschalten oder eine Platte auflegen oder sich ein Instrument schnappen und selber spielen.«

Die Musik von Parker, Gillespie und ihresgleichen war jedoch sehr komplex, anspruchsvoll und von großer Genauigkeit – nur technisch ausgereifte Musiker waren überhaupt in der Lage, sie zu spielen. Trotzdem hielten die Beatniks daran fest, den Jazz als etwas Simples und Impulsives zu betrachten – etwas, das jeder kann. Als gesellschaftliche Außenseiter betrachteten sie sich als die natürlichen Verbündeten der Jazzmusiker – Seelenverwandte auf der Suche nach spontanen Ausdrucksmöglichkeiten. Damit bestärkten sie jedoch im Grunde nur wieder das uralte Vorurteil – nämlich das Gleiche, das Jim Europes Band dazu bewogen hatte, ihre Notenblätter zu verstecken, um die Erwartungen des weißen Publikums nicht zu enttäuschen, das sie als »geborene« Musiker betrachtete, die einfach nur ihre Gefühle durch ihre Instrumente herausströmen ließen. Das gleiche Vorurteil, demzufolge Louis Armstrongs Musik vom Instinkt, die von Bix Beiderbecke hingegen vom Intellekt bestimmt sein soll. Das gleiche Vorurteil, das die Besucher des Cotton Club dazu verleitete, Ellingtons anspruchsvolle, weltliche Kompositionen als primitive »Dschungelmusik« zu bezeichnen. Und das gleiche Vorurteil, das dafür verantwortlich war, dass man schwarze Bands oft nur schnelle Stücke einspielen ließ, weil sie dafür angeblich ein angeborenes Talent besaßen. Leider konnte sich dieses Vorurteil fortpflanzen, so dass sich der Jazz vom Ruf der Fremdartigkeit und »Verschrobenheit«, der ihm seit der Ära des Bebop und der Beatniks anhaftet, nie mehr ganz befreite.

»ROUND MIDNIGHT«

»Ich halte nicht viel von dieser Idee, ›dem Jazz wieder mehr Würde zu verleihen‹«, sagte Miles Davis einmal in einem Interview. »Wenn [das Modern Jazz Quartet] versucht, dem Jazz wieder mehr Würde zu verleihen, indem es sich formeller kleidet und auf andere Weise verbiegt ... dann ist das genauso, als würde [Sugar] Ray Robinson versuchen, dem Boxen dadurch mehr Würde zu verleihen, dass er ab jetzt im Smoking boxt.« Miles Davis war ein Fan des damals überragenden Mittelgewichts-Champion. Er bewunderte Robinsons Eleganz, sein Aussehen, seine Art, sich zu kleiden, und natürlich die Scharen von schönen Frauen, die ihm auf Schritt und Tritt folgten. »Doch wenn er sich auf einen Kampf vorbereitete, waren die Frauen verschwunden«, erinnerte sich Davis, »und wenn er in den Ring stieg ... lächelte er nie ... dann war er hundertprozentig bei der Sache.«

Tief beeindruckt von Robinsons Professionalität und seines eigenen, von der Drogensucht beherrschten Lebens überdrüssig, fasste Davis endlich den Entschluss, sich von seinem Laster zu befreien – natürlich im Alleingang, wie es für ihn charakteristisch war. Sein Engagement mit Max Roach in Hollywood ging gerade zu Ende, und so durchquerte er mit dem Bus den halben Kontinent und fuhr zur Farm seines Vaters in der Nähe von East St. Louis. Sein Vater erklärte, das Einzige, was er ihm als Unterstützung anbieten könne, sei seine Liebe: »Alles andere musst du allein schaffen.« Und das tat Davis. Er richtete sich in einer Zweizimmerwohnung im Gästehaus der Familie ein und verriegelte die Tür. Sieben Tage lang wütete die Sucht in seinem Körper, sieben Tage, in denen er nichts zu sich nahm, weder Wasser noch Nahrung. Er zitterte vor Kälte und hätte vor Schmerzen am liebsten geschrien. Aber dann »war es auf einmal vorbei«, erzählte er, »einfach so. ... Ich ging hinaus in die milde, klare Luft und lief zum Haus meines Vaters hinüber. Und als er mich sah, hatte er dieses breite Lächeln auf dem Gesicht, und wir fielen uns in die Arme und haben geweint.«

Genau genommen war es allerdings längst noch nicht vorbei. Im Laufe der Jahre sollte es noch eine Vielzahl von Rückfällen geben – sowohl mit Heroin als auch mit anderen verbotenen Substanzen –, aber als Davis im Februar 1954 nach New York zurückkehrte, war er tatsächlich clean. »Ich hatte die ganze Zeit nur eins im Kopf: wieder Musik zu machen, Platten aufzunehmen und all die verlorene Zeit aufzuholen«, erzählte er. Noch im gleichen Jahr nahm er ein Album für Blue Note auf sowie fünf weitere für Prestige, immer als Bandleader, mit einer wechselnden Besetzung begabter junger Musiker. Aus einer All Star-Session, an der unter anderem auch Kenny Clarke, J. J. Johnson, Horace Silver und der Tenorsaxophonist Lucky Thompson teilnahmen, gingen zwei der besten längeren Blueskompositionen in der Geschichte des Jazz hervor: »Walking« und »Blue 'n' Boogie«. Für den Pianisten Dick Katz war diese Session »ein wunderbares Lehrstück ... eine Art Zusammenfassung all dessen, was mit den beteiligten Musikern in den letzten zehn Jahren musikalisch passiert war. Es schien, als wären sie alle zusammengekommen, um sich mithilfe ihrer Instrumente gegenseitig zu erzählen, was sie im Laufe der Jahre gelernt und wieder verlernt hatten, welche Elemente des Bop sie beibehalten oder verworfen hatten.« Während die Aufnahmen des Miles Davis-Nonetts nahe gelegt hatten, den Blues lieber zugunsten einer größeren Attraktivität des Jazz zu opfern, trugen diese Sessions im Gegenzug viel dazu bei, ihm wieder zu seinem angestammten Recht zu verhelfen.

Davis' Trompetenton war inzwischen unverwechselbar geworden. Er besaß weder die Technik noch das Temperament für Gillespies aggressiven Stil. Stattdessen hatte er einen eigenen kargen, introvertierten Ton entwickelt und benutzte häufig einen zapfenlosen Harmon-Dämpfer, um die Intensität noch zu steigern. Er bewahrte sich zwar die harmonische Komplexität des älteren Mannes, im Übrigen aber lag sein Schwerpunkt eher auf Verdichtung – auf dem Spielen »der wichtigsten Töne«, wie Davis selbst es ausdrückte – als auf Schnelligkeit oder langen Linien. »Ich versuche immer auf das zu hören, was ich weglassen kann«, erklärte er einmal. Er gab der Musik etwas von der raffinierten, entspannten Phrasierung Billie Holidays und Lester Youngs zurück, und auch etwas von der emotionalen Dynamik früherer Trompeter, die im explodierenden Feuerwerk des frühen Bebop untergegangen war. Davis brachte auch eine fast androgyn anmutende Zärtlichkeit in seine Musik, die – ähnlich wie der heiser-intime Ton Ben Websters – im Widerspruch zu seinem eher aggressiven Auftreten stand. Schon 1955, so schrieb Martin Williams, »konnte ein einziger leidenschaftlicher Ton von Miles Davis ein ganzes Bündel ausdrucksvoller Klänge enthalten, und drei Töne eine hinreißende Melodie«.

Unter den Kritikern war es mittlerweile Brauch geworden, Jazz als eine Art musikalischen Staffellauf zu betrachten, bei dem ein »großer Musiker« den Stab der Erneuerung an den nächsten weitergab. Das Jazzfestival, das seit dem Sommer 1954 alljährlich in Newport, Rhode Island, stattfand, sollte mit dieser irrigen Vorstellung inzwischen jedoch gründlich aufgeräumt haben.

Workin', eines der vier großartigen Alben, die Miles Davis 1956 innerhalb von zwei Tagen für Prestige einspielte. Erst vier Jahre später wurde es veröffentlicht.

Newport war ein alter Badeort mit großzügigen Villen und grünen, sanft geschwungenen Rasenflächen, der einigen der reichsten alteingesessenen Familien der Ostküste als Sommerfrische diente und räumlich gesehen so weit von den Ursprüngen des Jazz entfernt lag wie überhaupt möglich. Zwei ortsansässige Jazzliebhaber, Elaine und Louis Lorillard, hatten die Idee eines solchen Festivals entwickelt, aber George Wein war es, der diese Pläne schließlich in die Tat umsetzte.

»Ich hatte das Gefühl, dass der Jazz eine solche Zusammenkunft brauchen konnte«, erinnerte sich Wein. »Wirtschaftlich betrachtet, konnten einzelne Jazzmusiker schon seit den Tagen der Bigbands keine großen Massen mehr mobilisieren. Jazz war zu einer Musik der kleinen Klubs geworden. Deshalb brauchten die Jazzer ein Festival. Wenn wir viele unterschiedliche Bands zusammenbrachten, konnten wir auch viele unterschiedliche Jazzfans anlocken. Das Festival war eine Möglichkeit, Öffentlichkeitsarbeit für die Musik zu betreiben. Über Festivals wurde in sämtlichen Zeitungen berichtet, weil es sich um wahre Happenings handelte. Festivals waren wichtige Ereignisse, und unseres von Anfang an ein Erfolg.«

Wein bestand darauf, dass Musiker jeder Stilrichtung eingeladen wurden. Jazz sollte eine Familienangelegenheit sein, meinte er. Jeder, der guten Jazz mache, müsse willkommen sein. So wurden die Chicagoans von Eddie Condon ebenso eingeladen wie Dizzy Gillespie, Count Basie, Stan Kenton, Dave Brubeck, Louis Armstrong, Pee Wee Russell und Stan Getz. Roy Eldridge und Coleman Hawkins sagten ebenfalls zu – obwohl Eldridge es nicht lassen konnte, seinen Freund damit aufzuziehen, dass er jetzt wieder unter einem Zeltdach spielen würde, nachdem er bald 40 Jahre lang auf Tour gewesen war.

1955, im zweiten Jahr des Festivals, drängte auch Miles Davis auf eine Einladung. »Ich hatte Miles bisher außen vor gelassen«, erklärte Wein rückblickend, »weil er so schwierig war. Wenn ich ihn gefragt hätte, hätte er garantiert gesagt: ›Ach, ich weiß nicht, ob ich dazu Lust habe.‹ Ich kannte ihn. Er hatte des Öfteren bei mir im Klub gespielt, und wir haben uns nicht besonders gut verstanden. Er behandelte mich eben, wie er jeden anderen auch behandelte.« Als Wein und Davis sich jedoch im Frühjahr 1955 in New York begegneten, fragte Davis: »Macht ihr wieder dieses Jazzfestival oben in Newport?« »Ja«, antwortete Wein. Darauf sagte Davis: »Ihr könnt doch ein Jazzfestival nicht ohne mich machen.«

Wein erklärte sich schließlich einverstanden. Davis würde am letzten Abend gemeinsam mit einem All Star-Ensemble von Modernisten auftreten: Thelonious Monk, Gerry Mulligan, Zoot Sims, Percy Heath und Connie Kay. »Bei diesem Festival hatten wir das Problem, dass unsere Lautsprecheranlage nicht besonders gut war«, erinnerte sich Wein. »Aber Miles hielt seine [gestopfte] Trompete einfach direkt ans Mikro und das Einzige, was auf dem ganzen Festival gut zu hören war, war sein Solo über ›Round Midnight‹. Es war so schön, dass in allen Zeitungen darüber berichtet wurde. Das hat sein ganzes Leben verändert. Aber alles, was er zu mir sagte, als er von der Bühne kam, war: ›Sag Monk, dass er bei ›Round Midnight‹ die falschen Harmoniewechsel spielt.‹ ›Meine Güte‹, habe ich geantwortet. ›Miles, er hat das Stück geschrieben, was willst du von ihm?‹«

Davis' zartes, zerbrechlich klingendes Solo war der Höhepunkt des Festivals, und die Menge jubelte ihm zu. Aufgrund dieses bahnbrechenden Auftritts in Newport und der Vielzahl hervorragender Platten, die er in jüngster Zeit herausgebracht hatte, wurde er bei der Kritikerumfrage des *Down Beat* zum Trompeter des Jahres gewählt, eine Nasenlänge vor Dizzy Gillespie. Davis zeigte sich von dem ganzen Wirbel eher

Zusammen mit Percy Heath (links) und Gerry Mulligan schreibt Miles Davis auf dem Newport Jazz Festival 1955 Musikgeschichte.

Miles Davis bei einer Zigarettenpause vor dem Café Bohemia in Manhattan im Herbst 1955, kurz nach seinem erfolgreichen Comeback.

überrascht: »Man könnte meinen, ich hätte auf dem Mond gelebt. Wovon reden die denn bloß alle? Ich habe einfach genauso gespielt, wie ich immer spiele.«

Aber an jenem Abend hatte auch George Avakian von Columbia Records im Publikum gesessen, auf der Suche nach neuen Talenten, die das gleiche akademisch gebildete Publikum ansprechen würden, bei dem auch Dave Brubeck im Moment so großen Erfolg hatte. Ihm war nicht nur Davis' bemerkenswert lyrisches Spiel aufgefallen, sondern auch, dass die Menge offenbar nicht einmal dann die Augen von ihm abwenden konnte, wenn er gar nicht spielte. Columbia bot ihm einen Vertrag an, und Davis griff sofort zu. »Richtig Geld verdienen«, sagte er, »kann man nur im amerikanischen Mainstream.« Da wollte er jetzt hin, und Columbia verfügte über alle notwendigen Mittel und Möglichkeiten, ihn zu einem Star zu machen, wie ihn der Jazz seit dem Ende der Swing-Ära nicht mehr gesehen hatte. Offiziell konnte er jedoch erst zu Columbia wechseln, wenn er noch vier weitere Alben für Prestige produziert hatte. Er war jedoch so erpicht auf den Wechsel, dass er alle vier Alben innerhalb von zwei Tagen aufnahm. Und alle vier – Cookin', Relaxin', Workin' und Steamin' with the Miles Davis Quintet – wurden Meisterwerke.

Sie sorgten unter anderem auch dafür, dass das Miles Davis Quintet – die zweite Band, mit der Davis Jazzgeschichte schreiben sollte – einem größeren Publikum ein Begriff wurde. Keines der Bandmitglieder hatte sich bis dahin einen Namen gemacht, obwohl sie alle später herausragende Persönlichkeiten des Jazz werden sollten. Der Bassist Paul Laurence Dunbar Chambers (seinen mittleren Namen erhielt er zu Ehren des um die Jahrhundertwende lebenden Dichters) war gerade erst 20 geworden, besaß aber schon einen vollen, warmen Ton und großes melodisches Einfühlungsvermögen. Der Schlagzeuger Philly Joe Jones war bis dahin noch so unbedeutend, dass er zu Anfang häufig mit Jo Jones, dem berühmten Schlagzeuger von Count Basie, verwechselt wurde. Doch sein Spiel war von einer seltenen Kombination aus Schlichtheit und Swing geprägt, und er besaß darüber hinaus die fast schon unheimliche Fähigkeit, zu wissen, worauf ein Solist hinauswollte, so dass er ihn mit der perfekten Unterstützung in Empfang nehmen konnte, sobald dieser dort ankam. Wie

John Coltrane hört sich eine Studioaufnahme an, 1957.

alle Mitglieder der Band – mit Ausnahme ihres Leaders – war Jones drogenabhängig und zeitweise nicht besonders zuverlässig. Aber Davis schien das nicht zu stören. »Ach, wissen Sie«, erklärte er einem Journalisten, »von mir aus kann er auch in Unterhosen oder einarmig auf die Bühne kommen – Hauptsache, er kommt überhaupt. Er hat das Feuer, das ich haben will. Es gibt nichts Schlimmeres als eine träge Rhythmusgruppe. Jazz braucht dieses gewisse Etwas.«

Der Pianist Red Garland war ein ehemaliger Boxer, der sogar schon einmal gegen Davis' Helden Sugar Ray Robinson im Ring gestanden, aber verloren hatte. Er verfügte über einen tadellosen Anschlag, einen charakteristischen Blockakkord-Stil sowie die Bereitschaft, die Führung zu übernehmen. Durch seine ältere Schwester Dorothy war Davis auch mit der Musik Ahmad Jamals in Berührung gekommen, eines in Pittsburgh geborenen Pianisten, der sich beim Publikum großer Beliebtheit erfreute. Unter Jazzkritikern war er jedoch (zum Teil aus ebendiesem Grund) eher unbeliebt: die meisten sahen in ihm nur einen affektierten Cocktail-Pianisten, keinen ernst zu nehmenden Musiker. Davis hörte aus dem Klang seines Trios jedoch etwas anderes heraus: die Kraft des Understatements und eine selbstbewusste Bereitschaft, die Stille sprechen zu lassen – »Raum, der durch die Musik atmet«, wie Davis es nannte – beides Eigenschaften, die er auch für seine eigene Band anstrebte und die Red Garland mühelos in sein Spiel zu integrieren wusste.

Das umstrittenste Mitglied des Quintetts war der Tenorsaxophonist John Coltrane. Als Sohn eines Schneiders und Nachkomme einer Familie von Geistlichen wurde er 1926 in Hamlet, North Carolina, geboren. Bevor er in den Bann Charlie Parkers geriet und mit Johnny Hodges und der Bigband von Dizzy Gillespie auftrat, hatte er seinen Lebensunterhalt mit Bluesmusik verdient. Sowohl der mahnende Tonfall eines Predigers als auch die Intensität des Blues waren in allem spürbar, was er spielte. Auch wenn er nicht auf der Bühne stand, konnte er nicht aufhören, an Musik zu denken. Es kam häufig vor, dass er und Sonny Rollins, sein Freund und manchmal auch Rivale, einander mitten in der Nacht anriefen, sich ein oder zwei Phrasen am Telefon vorspielten und dann auflegten, um darauf zu warten, dass der andere zurückrief und seine Antwortphrase spielte. Coltrane war so fest entschlossen, jede einzelne Note zu spielen, die ihm in den Kopf kam, dass er manchmal nicht wusste, wann es genug war. Einmal soll er im Apollo ein so unendlich langes Solo gespielt haben, dass der Bühneninspizient schließlich den Vorhang herunterließ. Einige Jazzkritiker fühlten sich von dieser Hartnäckigkeit abgestoßen, und einer von ihnen verglich diesen Ansturm musikalischer Einfälle bei Coltrane mit »epileptischen Anfällen der Leidenschaft«. Auch Davis selbst gingen Coltranes endlose Soli manchmal auf die Nerven, und er bat einen Freund herauszufinden, warum Coltrane häufig so lange weiterspielte. Der Saxophonist erklärte verlegen, manchmal wüsste er einfach nicht, wie er aufhören sollte. »Sag ihm«, antwortete Davis, »er soll es mal damit versuchen, das Horn aus dem Mund zu nehmen.«

Wenn jedoch andere Musiker ihm dazu rieten, sich einen Saxophonspieler zu suchen, der sich kurz fassen konnte, blieb er immer loyal: »Ich habe nie verstanden, warum Coltrane so schwer zu verstehen sein soll. Er spielt doch einfach nur fünf Töne eines Akkords und setzt sie dann immer wieder neu zusammen, um auszuprobieren, auf wie viel verschiedene Arten sie klingen können – als ob man etwas auf fünf verschiedene Arten erklärt.«

Davis war sich bewusst, dass Coltranes ausufernder Stil den perfekten Hintergrund für seinen eigenen schlanken, lakonischen Stil abgab. Das Miles Davis Quintet bot ein breit gefächertes Repertoire und spielte auch Standards, die sehr geläufig waren, wie »If I were a Bell«, »Surrey with the Fringe on Top«, »Bye Bye Blackbird«, »Some Day My Prince Will Come« und »My Funny Valentine«. Garland, Chambers und Jones harmonierten so perfekt miteinander, dass sie unabhängig von der Band als »The Rhythm Section« bekannt wurden. Jeder Auftritt des Quintetts kam einem Gespräch zwischen fünf Musikern gleich, wobei jeder sowohl den anderen zuhörte als auch selbst eine Aussage machte, während der andauernde freundschaftliche Wettstreit zwischen Coltrane und Davis den Zuhörern Gelegenheit bot, Zeuge des Duells zwischen einem Wand- und einem Miniaturenmaler, zwischen einem Breitschwert und einem Degen, einem epischen Gedicht und einem Haiku zu werden. »Alle Prinzipien des Bebop fanden in dieser Band quasi ihr Gleichgewicht, ihren Ruhepunkt«, schrieb der Kritiker und Pianist Tom Piazza, »so etwas wie eine winzige Blütezeit des Bebop, bevor die Voraussetzungen der Musik wieder infrage gestellt wurden.«

OOFTAH

Am Abend des 3. April 1956, ungefähr einen Monat, bevor die ersten Aufnahmen des Miles Davis Quintet entstanden, stand der 21-jährige Elvis Presley in der Milton Berle Fernsehshow auf dem Programm. Es war nicht sein erster Fernsehauftritt: Sein Debüt hatte er in der Stage Show der Dorsey-Brüder gegeben (der Show, die sich Charlie Parker angesehen hatte, als er starb), und zwar mit seiner eigenen Version zweier Rhythm and Blues-Hits, die ursprünglich vom stimmgewaltigen Blues-Shouter Joe Turner aus Kansas City aufgenommen worden waren: »Shake, Rattle and Roll« und »Flip, Flop and Fly«. Trotzdem war diese Show für Presley natürlich eine einmalige Gelegenheit: Milton Berle erfreute sich zwar nicht mehr ganz der Popularität wie zu den Zeiten, als man ihm wegen der Unmengen von Fernsehapparaten, die nur wegen seiner Show angeschafft worden waren, den Beinamen »Mr. Television« verliehen hatte, aber es waren doch immer noch jede Woche Millionen von Zuschauern. Die Sendung sollte live vom Deck der U.S.S. Hancock übertragen werden, die im Hafen von San Diego vor Anker lag. Ein Septett unter Leitung von Harry James stand ebenfalls auf dem Programm und empfing Presley mit unverhohlener Ablehnung, als er nur mit seiner Gitarre und ohne Arrangements zur Probe erschien. Der Drummer Buddy Rich machte hinter dem Rücken des Sängers das Zeichen für »square« – »Spießer« – und murmelte: »Das ist der Schlimmste von allen.« James nickte zustimmend. Und obwohl die Frauen und Mädchen der Matrosen, die einen Großteil des Publikums ausmachten, bei Presleys »Heartbreak Hotel« wie verrückt zu kreischen begannen und gar nicht mehr aufhören wollten, behauptete James auch nach der Show einem Freund gegenüber, dieser Hinterwäldler habe weder Talent noch Zukunft. Aber da war wohl eher der Wunsch der Vater des Gedankens. Presleys »Heartbreak Hotel« stand in der Musikzeitschrift *Billboard* schon längst an der Spitze – nicht nur in den Pop-, sondern auch in den Country- und Rhythm and Blues-Charts –, während seine Version von »Blue Suede Shoes« gerade rasend schnell dieselben Hitlisten nach oben kletterte. Sein erstes Album war auf dem besten Weg, der erste Millionenseller der Plattenfirma RCA Victor zu werden, und er hatte soeben einen Vertrag mit Hollywood unterschrieben. Millionen von Jugendlichen, denen als Nutznießern der beispiellos florierenden amerikanischen Wirtschaft Abermillionen Dollar zur Verfügung standen, hatten innerhalb weniger Jahre dafür gesorgt, dass sich das Musikgeschäft von Grund auf veränderte: Zwischen 1956 und 1959 stieg der Plattenverkauf in Amerika jährlich um 36 Prozent. Das Jazzpublikum hingegen wurde immer kleiner. Das Zeitalter des Rock 'n' Roll hatte begonnen.

Ähnliches galt auch für die Bürgerrechtsbewegung. Während die 20er Jahre vielfach als die Epoche eines zügellosen Hedonismus karikiert worden sind, gelten die 50er Jahre als das Jahrzehnt der selbstzufriedenen Beschaulichkeit. In jedem Fall aber waren es Jahre eines enormen wirtschaftlichen Aufschwungs. Das Bruttosozialprodukt wuchs zwischen 1950 und 1960 um mehr als ein Drittel. Die Amerikaner erreichten einen Lebensstandard, wie es ihn in der Weltgeschichte noch nie gegeben hatte.

Die schwarzen Amerikaner hatten nach den Kriegsjahren größere Hoffnungen als je zuvor. Rassengleichheit stand Anfang der 50er Jahre nicht gerade ganz oben auf der nationalen Tagesordnung. Da weder die Exekutive noch die Legislative gewillt schien, sich mit diesem Thema zu beschäftigen, trugen die schwarzen Bürger – mit Unterstützung des NAACP (National Association for the Advancement of Colored People – die Nationale Vereinigung zur Förderung der Schwarzen) – ihren Kampf gegen die Rassentrennung schließlich vor die Gerichtshöfe der Bundesstaaten von Texas, Oklahoma, Virginia, Delaware, South Carolina, Kansas sowie des District of Columbia. So hatte in Kansas der aus Topeka stammende Schweißer und Teilzeit-Prediger Oliver Brown gemeinsam mit den Eltern von zwölf afroamerikanischen Kindern eine Klage gegen das Bildungsministerium angestrengt, weil es die Kinder dazu zwang, weite Schulwege in Kauf zu nehmen, denn die öffentlichen Schulen ganz in der Nähe waren weißen Kindern vorbehalten. Am 17. Mai 1954 entschied der Oberste Gerichtshof der Vereinigten Staaten im Fall »Brown gegen Bildungsministerium«, dass die »Doktrin des ›Seperate but Equal‹ [Getrennt, aber gleichberechtigt] im Bildungswesen nicht zulässig ist. Nach Rassen getrennte Bildungseinrichtungen sind dem Wesen nach unweigerlich diskriminierend.« Als die Gesetzgeber der Südstaaten daraufhin zum Widerstand aufriefen und die dortigen Schulbehörden den Gerichtsbeschluss nur sehr zögerlich in die Tat umsetzten, erließ der Gerichtshof eine Verfügung, in der dessen umfassende und »unverzügliche« Umsetzung gefordert wurde.

Die weißen Südstaatler reagierten darauf mit wütenden Protesten. 19 von 22 Südstaaten-Senatoren und 82 der 106 Kongressmitglieder aus den Südstaaten unterzeichneten das »Southern Manifesto«, das den Obersten Gerichtshof des »klaren Missbrauchs seiner richterlichen Gewalt« beschuldigte und ankündigte, die Umsetzung des Gerichtsbeschlusses zur Aufhebung der Rassentrennung »mit allen rechtmäßigen Mitteln« zu bekämpfen. 1955 wurden acht schwarze Männer gelyncht – mindestens zwei von ihnen nur deshalb, weil sie auf der Ausübung ihres Wahlrechts bestanden hatten. Eine junge schwarze Frau, die sich an der University of Alabama einschreiben wollte, wurde erst von einem Mob

DA SIND WIR

Ab 1944 ging der in Kalifornien geborene Jazz-Impresario Norman Granz fast zwei Jahrzehnte lang mit gemischten All Star-Ensembles unter dem Titel »Jazz at the Philharmonic« auf Tournee, quer durch die USA bis nach Übersee. Einige der größten Namen standen zeitweise bei ihm unter Vertrag: Dizzy Gillespie, Roy Eldridge, Charlie Parker, Benny Carter, Coleman Hawkins und Lester Young. Laut Gillespie stellte sich Granz unter einer guten Show vor, dass die Musiker »sich auf der Bühne einen musikalischen Wettstreit liefern«. Diese nächtelangen Jam-Sessions – die manchmal sagenhaft schön, manchmal äußerst kakophon ausfielen – hatten in seinen Augen vor allem die Aufgabe, das Publikum aufzurütteln. Die Musiker murrten manchmal darüber, aber Granz blieb unerbittlich. »Mag sein, dass ich dem Publikum manchmal nur Getöse biete«, sagte er, »aber dann ist es das beste Getöse, das es gibt. ... «

Granz ließ nie einen Zweifel daran, dass er zu den überzeugten Gegnern der Rassendiskriminierung gehörte. »Der Jazz gehört Amerika«, war seine Meinung. Egal, wo Granz' Leute auch spielten – in dem Moment, in dem irgendwelche Fluggesellschaften oder Hotels oder Restaurants es wagten, ein Bandmitglied zu diskriminieren, zog Granz sofort die Buchung zurück. »Einmal hatte er uns im Hilton einquartiert«, erzählte Stan Levey. »Wir standen alle in der Lobby herum und räusperten uns verlegen, aber er sagte bloß: ›Das hier ist die Band. Bitte zeigen Sie uns jetzt unsere Zimmer.‹ Norman war wirklich klasse. Er hat viele Mauern eingerissen. Wir tauchten einfach überall auf, nach dem Motto: ›Da sind wir.‹«
Im Oktober 1955 schlüpften fünf Leute des Sittendezernats von Dallas in Texas bei einem Konzert hinter die Bühne – angeblich, um nach Drogen zu fahnden, aber der wahre Grund war wohl eher, dass sie Norman Granz klarmachen wollten, was sie von ihm und seiner Haltung zur Rassentrennung hielten. Sie trafen Dizzy Gillespie und den Tenorsaxophonisten Illinois Jacquet zusammen mit Ella Fitzgerald in ihrer Garderobe beim Würfelspiel an und verhafteten alle drei. Als einer der Beamten Gillespie nach seinem Namen fragte, antwortete der: »Louis Armstrong«. Ein anderer Beamter ging direkt ins Badezimmer. Granz lief ihm hinterher, weil er überzeugt war, dass man ihnen Rauschmittel unterschieben wollte. Der Polizist zog seinen Revolver. »Ich sollte Sie umbringen«, sagte er zu Granz.
»Sie nahmen uns mit in die Stadt«, erzählte Ella Fitzgerald, »und als wir dort waren, hatten sie tatsächlich die Stirn, uns um Autogramme zu bitten.«

Die Jazz at the Philharmonic-Band bei ihrer Ankunft am Flughafen von Honolulu, 1952. Hintere Reihe (v.l.n.r.): Ray Brown, Pianist Oscar Peterson, Gitarrist Barney Kessel, Norman Granz, ein hawaiischer Veranstalter, Roy Eldridge, Pianist Hank Jones, Lester Young. Vordere Reihe (v.l.n.r.): Altsaxophonist Willie Smith, Tenorsaxophonist Flip Phillips, der seine Girlande mit dem Trompeter Charley Shavers teilt, Ella Fitzgerald, die Schlagzeuger Buddy Rich und Gene Krupa sowie der Klarinettist Buddy De Franco.

tätlich angegriffen und dann offiziell »exmatrikuliert«. Der Ku-Klux-Klan erlebte eine wahre Renaissance. Mehr als eine halbe Million Männer und Frauen traten in die White Citizen's Councils of America, die Komitees weißer Bürger in Amerika ein, deren Ziel es war, die Rassentrennung um jeden Preis aufrechtzuerhalten.

Wie der Vorsitzende des White Citizen's Council von North Alabama seinen Anhängern versicherte, waren die modernen Musikrichtungen des Bebop, Rhythm and Blues und Rock 'n' Roll allesamt Teil einer Verschwörung des NAACP mit dem Ziel, die weiße Jugend einer »Gehirnwäsche« zu unterziehen. »Negermusik appelliert an das Niedere im Menschen«, sagte er, »[und] führt zu Kannibalismus und Sittenverfall.«

Am 10. April 1956, eine Woche nach Elvis Presleys Auftritt in der Milton Berle Show, sollte Nat King Cole – der Jazzpianist, der sich in einen der populärsten Schnulzensänger des Landes verwandelt hatte – gemeinsam mit dem Ted Heath Orchestra in der Konzerthalle von Birmingham auftreten. Für diesen Abend waren zwei Vorstellungen geplant: eine um acht Uhr für die weißen Fans, eine um zehn für die schwarzen.

Als Cole bei der ersten Show ins Rampenlicht trat und seinen neuesten Hit »Little Girl« anstimmte, sprangen plötzlich fünf weiße Männer auf die Bühne, alle fünf Mitglieder des White Citizen's Council. Einer von ihnen versetzte Cole einen solchen Fausthieb ins Gesicht, dass er rücklings vom Klavierschemel stürzte. Ein anderer griff nach seinem Fuß und verdrehte ihn. Acht Polizeibeamte, die für den Fall, dass es Schwierigkeiten gab, hinter den Kulissen bereitstanden, stürmten auf die Bühne und schlugen mit ihren Gummiknüppeln auf Coles Angreifer ein. Lee Young, der Schlagzeuger von Cole, rief Ted Heath zu, er solle die Nationalhymne spielen lassen, damit die Schlägerei nicht um sich griffe, aber Heath war Brite und stimmte in der Eile statt des »Star-Spangled Banner« ein »God save the Queen« an. Die Angreifer konnten schließlich in Handschellen gelegt und in Haft genommen werden. Der Bürgermeister suchte den Sänger in seiner Garderobe auf, um sich bei ihm zu entschuldigen. Auch weiße Fans bekundeten ihr Bedauern über den Vorfall, und als Cole schließlich auf die Bühne zurückhumpelte, erhielt er lang anhaltenden Beifall. Trotzdem weigerte er sich zu singen, bis schließlich um zehn Uhr die Menge der schwarzen Zuschauer, die unruhig vor der Tür wartete, eingelassen wurde. »Mann, ich liebe das Showbusiness«, sagte er an diesem Abend einem Freund, »aber sterben möchte ich dafür nicht.«

Solche Ereignisse wirkten nicht nur auf die gutwilligen Menschen innerhalb des Landes verstörend, sondern fügten auch dem Ansehen Amerikas im Ausland erheblichen Schaden zu. Der Kalte Krieg war inzwischen ein fester Bestandteil des Lebens geworden. Die Vereinigten Staaten betrachteten sich als die Anführer der »freien Welt«, während die Propaganda der Sowjetunion mit Begeisterung die neuesten Informationen über amerikanische Unzulänglichkeiten in Umlauf brachte. Auf Initiative von Adam Clayton Powell Jr., Kongressmitglied der Demokraten, begann das amerikanische Außenministerium mit der Entsendung von Jazzmusikern nach Übersee in der Hoffnung, mit dem Besuch von gemeinsam musizierenden schwarzen und weißen Musikern der schlechten Presse entgegenzuwirken.

Dizzy Gillespie sollte als Erster reisen, und so wurde er Anfang 1956 nach Jahren wieder Leiter einer – allerdings vom Außenministerium subventionierten – Bigband, die vor einem jazzhungrigen Publikum in Südostasien und dem Nahen Osten auftreten sollte. Gillespie wurde ein Botschafter, wie es noch keinen zuvor gab. Anlässlich einer Party im Garten einer Botschaft in Ankara wollte er nur unter der Bedingung spielen, dass man die Straßenkinder, die über die Begrenzungsmauer spähten, ebenfalls hereinließ. »Mann«, entgegnete er auf die Proteste des Botschafters, »wir sind doch nicht gekommen, um für irgendeine Elite zu spielen!« Überall, wo er hinkam, so erinnerte er sich später, »stellten uns [die Reporter] eine Menge Fragen über den Rassismus in den Vereinigten Staaten. Aber sie konnten ja sehen, dass es nicht so schlimm war, [wie berichtet wurde], weil wir schließlich auch weiße Jungs in der Band hatten und ich der Bandleader war. Das überraschte sie, weil sie gehört hatten, dass Schwarze gelyncht und verbrannt worden waren, und jetzt kam ich hier an mit einer Band, die halb weiß und halb schwarz war und zu der auch noch ein Mädchen [die Posaunistin Melba Liston] gehörte. Und alle schienen sich prächtig zu verstehen. ... Ich habe nicht versucht, irgendwas zu vertuschen, ich habe gesagt: ›Klar, das stimmt. Wir haben unsere Probleme, aber wir arbeiten daran. Ich bin der Leiter dieser Band, und diese weißen Jungs da arbeiten für mich. Das ist doch schon eine ganze Menge. Vor 100 Jahren waren unsere Vorfahren noch Sklaven, und heute schlagen wir uns mit diesem Problem herum, aber ich bin sicher, dass wir das eines Tages in den Griff kriegen.‹«

Im Dezember startete Benny Goodman als Dizzys Nachfolger mit einer neuen Band zu einer Tournee durch acht südostasiatische Länder. In Bangkok wurde er vom Flughafen direkt zum königlichen Palast gebracht, wo ihn der Saxophon spielende König von Thailand zum Duett erwartete. (»Er spielt nicht schlecht«, sagte der taktvolle Goodman hinterher, »für einen König.«) 25 000 Kambodschaner machten sich auf, um seine Band »Blue Skies« spielen zu sehen. Auch er wurde über den Stand der Bürgerrechte in seinem Heimatland befragt. »Ich habe nicht viel dazu gesagt«, berichtete er später, »nur, dass wir schon seit 25 Jahren schwarze Musiker in der Band haben.«

Im Frühjahr 1956 wandte sich das Außenministerium schließlich an Louis Armstrong, der sich auf dem Höhepunkt seiner Karriere befand. Erst kurz zuvor hatte er unter dem Titel »Satchmo: My Life in New Orleans« (dt. Mein Leben in New Orleans) eine zweite Autobiographie veröffentlicht, einen lebendigen Bericht über seine frühen Jahre. Seine Einspielungen der Musik von W. C. Handy und Fats Waller waren Hits, und seine dynamische Version von »Mack the Knife« (dem musikalischen Porträt eines Zuhälters und Mörders aus Brechts Dreigroschenoper, der, wäre er statt in London in Storyville geboren, durchaus eine reale Figur aus Armstrongs eigener Kindheit hätte sein können) landete in den Top 40. Darüber hinaus hatte er, allein schon durch seine physische Präsenz, den eigentlichen Stars des Kinofilms High Society (dt. Die oberen Zehntausend), Grace Kelly und Bing Crosby, die Show gestohlen. Wie der Gitarrist Danny Barker dem Jazzhistoriker Jason Berry berichtete, war seine Garderobe – egal, wo er auftrat – immer voller Menschen aus allen Bereichen seines außergewöhnlichen Lebens.

»Oft saß er nur in Unterwäsche da, ein Handtuch um die Hüften, eins um die Schultern, so ein weißes Taschentuch auf dem Kopf, und schmierte sich Fett auf die Lippen. Er sah aus wie einer von diesen Minstrel-Sängern, wissen Sie ... und die ganze Zeit über lachte er, ganz natürlich, wie er so ist. Und in der Garderobe sitzen dann vielleicht zwei Nonnen. Und daneben eine Prostituierte, ziemlich aufgedonnert und in knalligen Klamotten. Und ein Typ, der gerade aus dem Knast gekommen ist. Oder vielleicht auch ein Blinder. Und ein Rabbi, und ein Priester, verstehen Sie? Mit Sicherheit stehen auch irgendwo zwei Polizisten oder Kriminalbeamte herum. Und ein Richter. Alle aus ganz verschiedenen Schichten, alle in seiner Garderobe versammelt, und er spricht mit jedem von ihnen. ›Schwester Soundso, hab ich Ihnen schon mal Slick Sam hier vorgestellt? Das ist Slick Sam, ein alter Kumpel von mir.« Und die Nonne gibt Slick Sam die Hand. Ein Krimineller, hat schon neunmal im Knast gesessen. »Komm mal her, Slick Sam, darf ich dir Rabbi Goldstein vorstellen, er ist ein Freund von mir, der Rabbi, ein guter Mensch, sehr gläubig. Schwester Margaret, kennen Sie Rabbi Goldstein? Amelia, das hier ist Rosie, ›Goodtime Rosie‹, hab vor Jahren bei einer Show mit ihr zusammengearbeitet. Nettes Mädchen, große

Trummy Young, Louis Armstrong und Edmond Hall bringen Amerikas Musik nach Westafrika, 1956.

Louis Armstrong vor einem Auftritt in Las Vegas, 1960.

Künstlerin. Immer gut drauf.‹ Er hatte immer ein freundliches Wort für jeden, verstehen Sie. Außerdem liefen auch ständig ein paar Kinder herum, weiße und farbige. All diese verschiedenen Menschen aus den unterschiedlichen Gesellschaftsschichten ... und alle starren ihn an. Lassen ihn nicht aus den Augen, als hätten sie einen kostbaren Diamanten vor sich.«

Das Außenministerium bat Armstrong, mit seinen berühmten Jazzmusikern an die Goldküste zu reisen, in die erste afrikanische Kolonie, die ihre Unabhängigkeit erlangt hatte und gerade dabei war, sich in die Republik Ghana zu verwandeln. Ungefähr 20 Möchtegern-Trompeter nahmen ihn am Flughafen von Accra in Empfang und schmetterten, jeder wie er wollte, ein Heimatlied mit dem Titel »All For You«. 70 Stammesoberhäupter hießen ihn in der University of the Gold Coast willkommen, jeder in Begleitung einer eigenen Gruppe von Trommlern und Tänzern. Später fanden sich mehr als 100 000 Menschen ein, um den Mann zu hören, der inzwischen weltweit als das lebende Symbol des Jazz galt. Und überall begegnete er Menschen, die große Ähnlichkeit mit ihm und anderen Mitgliedern seiner Familie hatten, so dass er schließlich überzeugt war, seine eigenen Vorfahren müssten von der Goldküste stammen. Er schien »ganz wehmütig« zu werden, erinnerte sich Arvell Shaw: »›Ich hab eine Frau getroffen, die genauso aussah wie [meine Schwester] Mama Lucy, und eine andere, die meiner Mutter ähnelte‹, sagte er. ›Das hier ist meine wahre Heimat.‹« Aber ein Filmteam von CBS, das Armstrong auf seiner Tournee begleitete, hielt auch eine andere Situation fest. Als seine All Stars vor einem großen Publikum spielten und Armstrong die Menge zum Tanzen aufforderte, rührte sich niemand, bis schließlich seine Frau Lucille aufstand und allen zeigte, wie das ging. Die Menschen waren von seinem Auftritt begeistert und ließen sich auch von der festlichen Atmosphäre unverfälschter Freude anstecken, die er immer und überall zu schaffen wusste, aber es wurde trotzdem unmissverständlich klar, dass sie seine Musik als amerikanische Musik betrachteten, nicht als ihre eigene.

Armstrong wurde der Ehrentitel »Botschafter Satch« verliehen, und so erschien es im Jahr darauf, als sogar die Sowjetunion sich bereit erklärte, eine Jazzband zu empfangen, nur konsequent, dass er der Erste sein würde, der Amerikas Musik hinter den Eisernen Vorhang brachte. Aber es sollte anders kommen. Als im September das neue Schuljahr begann, sandte der Gouverneur von Arkansas, Orville Faubus, in offenem Widerspruch zu einer Verfügung des amerikanischen Bundesgerichtshofes, Truppen der Nationalgarde aus, um acht schwarze Schüler daran zu hindern, die Central High School von Little Rock zu betreten. In Clinton, Tennessee, und in Charlotte, North Carolina, wurden afroamerikanische Kinder auf ihrem Weg zur Schule von einem weißen Mob beschimpft und bespuckt, und in Birmingham, Alabama, schlug man einen Geistlichen nieder, weil er seine Tochter in der Schule anmelden wollte. Über all diese Ereignisse wurde auch im Fernsehen berichtet, aber Washington hatte sich bislang geweigert, Maßnahmen zu ergreifen.

Am 18. September 1957, als Armstrong sich im Rahmen einer Tournee in Grand Forks, North Dakota, aufhielt, suchte ein Lokalreporter ihn in seinem Hotelzimmer auf. Armstrong war gerade beim Rasieren – und völlig außer sich über das, was er soeben in den Nachrichten gesehen hatte. US-Präsident Dwight D. Eisenhower hätte »keinen Mumm«, erklärte er seinem Besucher, und Faubus sei ein »ungebildeter Bauerntölpel«. »So wie die im Süden meine Leuten behandeln, kann die Regierung von mir aus zum Teufel gehen«, schimpfte er. »Es wird allmählich so schlimm, dass man als Schwarzer keine Heimat mehr hat.« Er würde nicht im Auftrag des Außenministeriums nach Russland fahren. Der Reporter fragte, ob er das zitieren dürfe. Er durfte.

Sein Tourmanager war entsetzt, und da er um Armstrongs Karriere fürchtete, ließ er eilends der Presse verkünden, Armstrong »bedaure seinen Ausbruch«. Als Armstrong jedoch am nächsten Morgen kurz vor seinem Abflug von einem Fernsehreporter mit Kamerateam abgefangen wurde, machte er in aller Deutlichkeit klar, dass er überhaupt nichts bedauerte. »Was werden Sie den Russen antworten, wenn man Sie nach dem Vorfall in Little Rock fragt?«, wollte der Reporter wissen. »Das hängt ganz davon ab, zu welchem Zeitpunkt man mich rüberschickt«, antwortete Armstrong, die Augen hinter dunklen Brillengläsern versteckt und ohne eine Spur seines üblichen Lächelns auf dem Gesicht. »Ich glaube nicht, dass sie mich hinschicken sollten, solange diese Geschichte unten im Süden nicht geklärt ist. Und zwar ein für alle Mal. Und damit meine ich nicht, abwarten, bis der Sturm sich gelegt hat – sondern wirklich zu einem Ende bringen. ... Schließlich haben sie die Verfassung missachtet. ... In der Schule bringt man sie ihnen bei, aber wenn sie dann nach Hause kommen, erzählen ihre Eltern ihnen was anderes. Sie sagen: ›Du brauchst dich nicht daran zu halten, damit kommen wir schließlich schon seit 100 Jahren durch. Hier verpfeift keiner den anderen. Also kümmere dich einfach nicht drum.‹ Wenn ich jetzt also rüberfahre, und die mich fragen, was hier los ist, dann kann ich ihnen keine Lügen erzählen. ... [So] denke ich darüber.«

Für diese Aussage wurde er von den Kritikern, schwarzen wie weißen, heftig attackiert. Ein alter Freund aus New Orleans nahm ihn beiseite. »He, Nigger«, sagte er, »du solltest lieber aufhören, in dieser Art über die Weißen zu reden!« Adam Clayton Powell Jr. warf Armstrong öffentlich vor, die Regierung in Verlegenheit zu bringen. Sammy Davis Jr. erklärte, angesichts der Tatsache, dass Armstrong immer noch bereit sei, vor nach Rassen getrenntem Publikum zu spielen, habe er »nicht für die Schwarzen gesprochen«. Der Sender WBKH in Hattiesburg, Mississippi, verbannte Armstrongs Musik ganz aus seinem Programm, während Jim Bishop, ein Kolumnist der Hearst-Presse, zum Boykott von Armstrongs Konzerten aufrief. Und nicht ein einziger der jüngeren Musiker, die ihm in der Vergangenheit vorgeworfen hatten, immer nur »den netten Onkel Tom« zu spielen, kam ihm in der Öffentlichkeit zur Hilfe.

Aber Armstrong gab nicht klein bei und verlor letzten Endes nur einen einzigen Auftritt. Als Eisenhower schließlich die 101st Airborne Division aussandte, um dafür zu sorgen, dass die schwarzen Kinder auf ihrem Schulweg unbehelligt blieben, sandte Armstrong dem Präsidenten ein Glückwunschtelegramm: WENN SIE BESCHLIESSEN, MIT DEN SCHWARZEN KINDERN IN DIE SCHULEN ZU GEHEN, DANN BIN ICH DABEI, DADDY. GOTT SEGNE SIE.

Am 7. Januar 1959 traten Armstrong und Gillespie Seite an Seite in der Timex All Star Show des Fernsehsenders CBS auf und spielten und sangen eine fröhliche Version des »Umbrella Man«, eines von Gillespies Lieblingsstücken. Beide Musiker wohnten mittlerweile in Queens, in unmittelbarer Nachbarschaft. Ihre Frauen waren eng befreundet und der Spaß, den sie bei diesem gemeinsamen Auftritt hatten, machte deutlich, dass Streitigkeiten aus früheren Tagen längst vergessen waren. Als Armstrong im Verlauf dieses Jahres einen Herzanfall erlitt, war das Ehepaar Gillespie unter den ersten, die wieder von ihm hörten. »Der alte Sidney Bechet und Big Sid Catlett [die beide unlängst gestorben waren]«, schrieb er, »wollten mich überreden, mitzukommen und die erste Trompete zu blasen. Vielleicht hätten sie mehr Glück gehabt, wenn sie nicht so verdammt knickerig gewesen wären. Mann, die wollten mir doch tatsächlich nur den Gewerkschaftstarif zahlen. ... Da hab ich ja schon mehr verdient, als ich das erste Mal von Galilee in den Norden raufkam.«

In seiner Autobiographie »To Be or Not to Bop« erklärte Gillespie Jahre später diesen Sinneswandel wie folgt: »Wenn mich jemand nach seinem offiziellen Image fragte – das Taschentuch auf dem Kopf, trotz des weißen Rassismus ein breites Grinsen auf dem Gesicht –, habe ich nie einen Hehl daraus gemacht, dass ich dieses Image nicht mochte. Die Weißen sollten nicht glauben, dass ich die gleichen Sachen mitmachen würde wie Louis. Aber zum Teufel auch, ich hatte meine eigene Art, den ›netten Onkel Tom‹ zu spielen. ... Später wurde mir dann allmählich klar, dass Pops' breites Grinsen einfach nur für seine konsequente Weigerung stand, sich von irgendetwas, auch nicht von der Wut über den Rassismus, die Freude am Leben nehmen zu lassen .... Ich gehörte einer jüngeren Generation an und hatte ihn vorschnell verurteilt.«

Der Schauspieler Ossie Davis erfuhr einen ähnlichen Sinneswandel, als er Armstrong bei den Dreharbeiten zu dem ansonsten nicht weiter bemerkenswerten Film A Man Called Adam kennen lernte.

»Einmal waren alle zum Mittagessen gegangen. Am Set war es ganz ruhig. Als ich zurückkam, sah ich Louis Armstrong, wie er auf einem Stuhl saß, das Taschentuch auf dem Kopf, und vor sich hinstarrte, mit dem traurigsten Gesichtsausdruck, den ich je bei einem Menschen gesehen habe. Ich sah ihn an und war total überrascht; dann zog ich mich schnell wieder zurück, es schien ein so privater Moment zu sein, aber er hörte mich und war sofort wie ausgewechselt. ›He, Pops, sieht aus, als wollten diese Kerle den alten Louis einfach verhungern lassen, Mann, also so was ...‹ Und so weiter, Sie wissen schon, und ich stieg darauf ein, aber diesen Blick habe ich nie mehr vergessen, und seitdem sah ich ihn mit anderen Augen. Denn als Junge hatte mich vieles von dem gestört, was Louis tat. Ich dachte an all diese Zähne und dieses Taschentuch – wir nannten das damals ›ooftah‹, was bedeutete, dass man etwas nur tat, um den Weißen zu gefallen. Sie wissen schon, sich zum Narren machen, damit sie sich freuen und so. Aber in dem Moment habe ich verstanden, wie das bei Louis war. Er konnte diese Show abziehen, mit allem, was dazugehört, weil er mit seiner Trompete die Macht hatte zu töten. Mit seiner Trompete konnte er einen Menschen umbringen. Also musste dort die Wahrheit über Louis Armstrong zu finden sein. Was auch immer er war – in dem Moment, wo er die Trompete an die Lippen setzte, kam eine neue Wahrheit zum Vorschein, ein neuer Mann, eine neue Macht, und seitdem betrachtete ich Louis als das, was er wirklich war. Verstehen Sie, nach diesem Erlebnis hatte er fast schon etwas Heiliges für mich.«

FEUER!

Dizzy Gillespie war kein Freund des West Coast Jazz. »Diese Musik hat keinen Mumm«, sagte er, »und viel Rhythmus hat sie auch nicht. ... Jazz, das ist Mumm. ... Ich schätze, die Idee dahinter war, den Jazz nicht zu wild und barbarisch wer-

Art Blakey bei der Arbeit. »Für mich ist die Bühne ein geweihter Ort«, sagte er. »Wenn man hier raufkommt, dann erwarten die Leute, dass man spielt. Ein Musiker muss spielen, und wenn er gerade von seinem Totenbett aufsteht – er muss spielen.«

den zu lassen, nicht so bissig, wie wir es waren. Aber genau das macht Jazz für mich aus. Für mich ist Jazz was Dynamisches.«

Auch für Art Blakey war der Jazz eher ein Knaller. Und auch er wollte mit hartem Swing ein Gegengift zum populären Cool Jazz herstellen. Die Kritiker, wie immer auf der Suche nach einem Etikett, bezeichneten seine Musik als »Hard Bop«. »Feuer! Das ist es, was die Leute wollen«, meinte Blakey. Er begann seine Karriere als Pianist und gründete bereits mit 15 seine eigene Bigband. Als er feststellen musste, dass der junge Erroll Garner ihm am Klavier überlegen war, wechselte er zum Schlagzeug, an dem er bald seinen charakteristisch donnernden, wirbelnden Stil entwickelte. Er spielte in den Bands von Fletcher Henderson, Mary Lou Williams und Billy Eckstine. »Das war wie eine Schule für mich«, sagte er über seine Zeit bei Eckstine, »und damals begriff ich auch, dass wir Bands für junge schwarze Musiker brauchen – große Bands, kleine Bands, alle möglichen Bands –, weil diese Musik eine Sache der Erfahrung ist.«

Er selbst hatte sich bereits allen möglichen Situationen ausgesetzt und zahlreiche Schwierigkeiten überlebt. Er war so klein – nur knapp ein Meter fünfzig –, dass eine Kritikerin ihn einmal verächtlich als Pygmäe bezeichnete. (»Wenigstens hat sie meinen Namen richtig geschrieben«, meinte Blakey dazu.) In Georgia wurde er von einem Polizisten so brutal zusammengeschlagen, dass er am Schädel operiert werden musste. Seine erste Frau starb früh. Heroin war sein ständiger Begleiter, aber er lehnte es ab, sich dafür zu rechtfertigen. Er trat zum Islam über, nannte sich von da an Abdullah Ibn Buhaina und reiste nach Westafrika, um dort mehr über das traditionelle Trommeln zu lernen. Doch der Jazz war und blieb für ihn amerikanische Musik: »So etwas gibt es sonst nirgendwo auf diesem Planeten. Die Leute versuchen dauernd, ihn mit irgendwas anderem in Verbindung zu bringen, mit afrikanischer oder lateinamerikanischer Musik. Aber das stimmt nicht. Jazz ist amerikanische Musik. ... Viele sagen ja auch ›Art Blakey, der ist schwarz. Der ist Afrikaner.‹ Aber das stimmt nicht. Ich bin Amerikaner, und das hier ist amerikanische Musik.«

1955 gründeten Art Blakey und der Pianist und Komponist Horace Silver gemeinsam ein Quintett, das sie die »Jazz Messengers« nann-

Am Abend des 7. Juli 1956 stimmte Ellington, in dem Bestreben, die Aufmerksamkeit der Besucher des Newport Jazz Festivals zurückzugewinnen, »Diminuendo and Crescendo in Blue« an, die gleiche zweiteilige, temporeiche Komposition, die schon 18 Jahre zuvor beim Randalls Island Festival of Swing die Zuhörer von ihren Plätzen gerissen hatte. In Newport wurde er dabei von zwei Leuten unterstützt: von seinem Saxophonstar Paul Gonsalves (linke Seite oben), der 27 mitreißende Chorusse spielte, und von einer Frau aus New Bedford (linke Seite, unten), die durch ihr Tanzen dazu beitrug, das sonst eher zurückhaltende Publikum in Begeisterung zu versetzen. Unten: Duke Ellington fordert die Band übermütig zu einer Verbeugung auf.

Duke Ellington beim Monterey Jazz Festival, 1960.

ten, und machten ihre ersten Aufnahmen für Blue Note. »Sie verwendeten feststehende Arrangements und brachten auch Elemente aus der Gospelmusik und dem Blues mit ein«, erinnerte sich der Plattenproduzent Michael Cuscuna, »alles Dinge, mit denen auch solche Leute etwas anfangen konnten, die sonst nicht viel mit modernem Jazz zu tun hatten. Und der Erfolg ließ auch nicht lange auf sich warten. Die Botschaft der Jazz Messengers hieß: ›Wir haben Swing, wir sind bodenständig, wir spielen Blues. Man kann die Stücke mitsummen, aber nicht auf Kosten der Qualität oder Kreativität unserer Musik.‹ Und sie haben auch einen Weg gefunden, das alles umzusetzen.«

»Wenn Leute im Publikum zu unserer Musik nicht mit dem Fuß wippen oder mit dem Kopf nicken«, sagte Blakey, »dann wissen wir, dass wir was falsch machen. Denn auf jeden Fall müssten diese Köpfe und Füße sich bewegen.«

Als Horace Silver ausstieg, um eine eigene Band zu gründen, behielt Blakey den Namen der Messengers bei und reiste 45 Jahre lang fröhlich durch die Welt, um seine Botschaft zu verbreiten. Zwei Generationen künftiger Stars erhielten bei ihm die Chance, einzusteigen oder ihre Fähigkeiten zu vervollkommnen, wie die Pianisten Joanne Brackeen, John Hicks, Keith Jarrett, Geoff Keezer, Bobby Timmons und Cedar Walton, die Saxophonisten Benny Golson, Branford

Marsalis, Jackie McLean, Hank Mobley und Wayne Shorter sowie die Trompeter Donald Byrd, Kenny Dorham, Freddie Hubbard, Brian Lynch, Wynton Marsalis, Lee Morgan und Woody Shaw.

»Die Messengers boten vielen großen Musikern ein Übungsfeld«, erzählte Wynton Marsalis rückblickend, »denn [Blakey] breitete seinen Swing unter einem aus, so dass man lernen konnte, wie man spielt, und er sagte einem auch, wenn man schlecht war. Als ich das erste Mal mit ihm spielte, da wusste ich, dass es ziemlich furchtbar war. Und er meinte: ›Mann, das war echt erbärmlich, aber das macht nichts.‹ Wenn man in seiner Nähe war, dann kam man mit dem Wesen des Jazz in Berührung. Und er gab es an uns weiter. ›Wenn du diese Musik spielen willst, dann musst du mit der Seele spielen, mit Leidenschaft, und jedes Mal, wenn du dein Horn berührst, dann spielst du es auch. Verstehst du, das hier ist kein Spaß.‹«

Blakey war kein sentimentaler Mensch. »Ich trete sie immer ordentlich in den Hintern«, sagte er. »Jeder muss sein Bestes geben, um mit mir mitzuhalten. ... Wir sind hier schließlich nicht bei der Post.« »Jeder musste seinen Job erledigen, sonst wurde er eben ersetzt«, erinnerte sich Jackie McLean. »Und wenn es irgendwo in der Stadt, in der wir gerade spielten, einen erstklassigen Altsaxophonisten gab, dann lud Art ihn garantiert ein, mit uns zu spielen, damit ich begriff, dass es immer jemand gab, der nur darauf wartete, meinen Platz zu übernehmen.« Während der Tourneen war Blakey geradezu unermüdlich, die lebende und lachende Verkörperung der außergewöhnlichen Spannkraft seiner Musik. Selbst als er wegen seiner zunehmenden Schwerhörigkeit seine Solisten kaum noch hören konnte, hatte er immer noch mehr Swing als viele der Musiker, die halb so alt waren wie er. »Musik«, so erzählte er seinem Publikum fast jeden Abend, »ist dazu da, euch den Alltagsstaub von den Füßen zu waschen.«

DIMINUENDO AND CRESCENDO

Im Sommer 1955 hatte sich Ellingtons Situation so sehr verschlechtert, dass seine Band auf einer Eisbahn auf Long Island für die Schlittschuhläufer spielen musste. Als jedoch im nächsten Sommer sein Bild auf dem Cover des *Time Magazine* erschien, ging es mit seiner Karriere wieder bergauf. Im Jahr zuvor hatte das Newport-Festival Miles Davis zu einem Comeback verholfen, nun bewirkte es dasselbe für Ellington.

Es war der erste Auftritt seines Orchesters unter dem gestreiften Himmel des Festivalzelts – im Jahr davor hatte man Ellington nur die Rolle des Conférenciers übertragen –, und er war natürlich bestrebt, seine Sache gut zu machen. Sein Orchester sollte den Abschlussabend des Festivals mit der amerikanischen Nationalhymne eröffnen, und seine Laune war nicht die beste, als vier seiner Leute es nicht schafften, pünktlich auf der Bühne zu erscheinen. Nach nur zwei Titeln winkte man Ellington dann von der Bühne, um anderen Musikern Platz zu machen, und er musste mehr als drei Stunden warten, bevor er mit seiner Band wieder auf die Bühne durfte. »Was sind wir hier eigentlich, die Löwennummer? Oder die Akrobaten?«, fragte Ellington. Der Tenorsaxophonist Paul Gonsalves erzählte, dass auch die übrigen Bandmitglieder ziemlich »verärgert« waren, als sie kurz nach Mitternacht endlich wieder auftreten durfte.

George Wein hatte Ellington gedrängt, etwas Neues zu komponieren, um die Kritiker, die jetzt behaupteten, seine Musik sei schal geworden, eines Besseren zu belehren. Daraufhin hatte Ellington ein neues dreiteiliges Werk mit dem Titel »The Newport Festival Suite« geschrieben. Die Komposition wurde vom Publikum wohlwollend aufgenommen, aber es begann zu nieseln, und nach zwei weiteren Stücken – »Sophisticated Lady« und »Day In, Day Out« – machten viele Leute sich auf den Weg zum Parkplatz.

Um sie zurückzuholen, stimmte Ellington einen seiner alten Standardtitel an, das »Diminuendo and Crescendo in Blue«, das er 1937 geschrieben hatte. Die Band ging so hart zur Sache, und die Rhythmusgruppe rockte mit so viel Schwung, dass die Leute stehen blieben, lauschten und dann hastig auf ihre Plätze zurückkehrten. In der Regel spielte Ellington selbst das Solo zwischen den beiden Teilen des Stücks, aber an diesem Abend übertrug er diese Aufgabe an Gonsalves, dessen voller, samtiger Ton und ausgeprägtes Bluesfeeling an sein großes Vorbild Ben Webster erinnerten. Nach dem vierten Chorus begann die Menge zu toben. »Die meisten Leute hatten reservierte Plätze«, erinnerte sich George Wein, »und da saßen sie dann und hörten sich das Konzert an, und ab und zu standen sie vielleicht auf, um begeistert zu applaudieren. Aber dann fing eine Frau auf einmal an zu tanzen. Eine blonde Frau aus New Bedford.«

»Sie war ziemlich attraktiv«, erzählte Clark Terry mit einem Grinsen, »und Ellington fühlte sich wohl irgendwie geschmeichelt, es inspirierte ihn, und damit inspirierte er wiederum die Band. [Der Schlagzeuger] Sam Woodyard schlug etwas fester zu, und langsam schaukelte sich das alles zu einer richtigen Ekstase auf.« Gonsalves ließ sich darauf ein und spielte einen mitreißenden Chorus nach dem anderen. »Ellington spürte diese Stimmung«, erinnerte sich George Wein. »Er hörte gar nicht mehr auf zu spielen, er hämmerte auf die Tasten ein und hielt die Sache in Schwung, und die Freude und Erregung standen ihm ins Gesicht geschrieben.«

Das Publikum war so aus dem Häuschen, dass Wein schon fürchtete, es könnte zu Krawallen kommen. Mit hektischen Zeichen bedeutete er Ellington, die Nummer zu Ende zu bringen. Aber Ellington weigerte sich. »Sei nicht so unhöflich zu den Künstlern«, rief er und drohte ihm mit dem Zeigefinger. Erst nach 27 Chorussen hörte Gonsalves schließlich auf.

Das Publikum verlangte vier Zugaben. Wenige Wochen danach erschien dann auch endlich Ellingtons Porträt auf dem Cover von *Time*. Die LP mit dem Mitschnitt seines Auftritts in Newport verkaufte sich mehrere hunderttausend Mal, besser als jede andere Platte, die Ellington bis dahin gemacht hatte. »Jedes Mal, wenn ich dem Duke danach begegnete«, erzählte George Wein, »sagte er: ›Ich bin 1956 in Newport geboren worden.‹ Na klar – vor 1956 hatte er ja auch nur die gesamte Geschichte der amerikanischen Musik geprägt. Aber die Band hatte jetzt wieder mehr zu tun. Sie verdienten mehr Geld. Die Leute wollten sie sehen, und für den Duke bedeutete das einen neuen Antrieb.«

In den nächsten Jahren war Ellington wieder erstaunlich produktiv und schuf ein umfangreiches Werk, darunter auch »Such Sweet Thunder«, eine längere Suite, die auf Texten von Shakespeare basiert, »The Queen's Suite«, die von einem Empfang bei Königin Elizabeth II. im Jahre 1958 inspiriert worden war (ein Ereignis, dass ihn so sehr beeindruckt hatte, dass er sich weigerte, die Schuhe wegzuwerfen, die er an jenem Abend getragen hatte), »Night Creature«, ein Stück für Jazz- und Symphonieorchester sowie eine fantastische Komposition fürs Fernsehen mit dem Titel »A Drum Is a Woman«, eine Geschichte des Jazz in Musik und Tanz, bei der es Ellington dank seiner legendären Manipulationsfähigkeit gelang, Clark Terry in Buddy Bolden zu verwandeln. Terry erinnerte sich:

> »Er wusste genau, wie er jeden psychologisch behandeln musste, er wusste genau, wie er einen dazu kriegen konnte, das zu tun, was er wollte. Er sagte zu mir: ›Sweetie, du übernimmst die Rolle von Buddy Bolden.‹ Und ich antwortete: ›He, Maestro, nicht mal du weißt besonders viel über Buddy Bolden, woher soll ich dann irgendwas über ihn wissen?‹ Und er sagte: ›Natürlich weißt du was über Buddy Bolden. ... Er war ein Mann von Welt. Er war charmant und er war elegant und immer von bezaubernden Frauen umgeben. ... Und dann hatte er natürlich diesen unglaublich vollen, satten Ton: Wenn er in New Orleans ordentlich aufdrehte, dann zersprangen drüben in Algiers, auf der anderen Seite des Flusses, die Gläser. Er konnte phantastisch gut Verminderungen und gezogene Töne spielen. Mann, was konnte der Töne ziehen!‹ Und dann sagte er: ›Spiel mal ein paar gezogene Töne.‹ Also spielte ich ein paar gezogene Töne ... wenn man die Tonhöhe ein bißchen variiert, von der Mitte nach oben oder unten abweicht. Und er sagte: ›Genau richtig. Und jetzt spiel mal ein paar Verminderungen.‹ Und ich [versuchte es und] er sagte: ›Genau richtig! Du bist Buddy Bolden!‹ Und einen Moment lang dachte ich damals wirklich, ich wäre Buddy Bolden. Alles, was Sie auf der Platte von ›A Drum Is a Woman‹ gehört haben, hat er mit seiner Psychologie aus mir herausgekitzelt.«

Am 29. April 1959 feierte Duke Ellington seinen 60. Geburtstag. Seine Freunde kamen in New York zusammen und überreichten ihm 24 speziell angefertigte, ledergebundene Bände mit den liebevoll transkribierten Partituren von über 700 seiner Musikstücke. Ellington bedankte sich überschwänglich bei allen Anwesenden, wie sein Freund Dr. Arthur Logan berichtete, »aber dieser Mistkerl hat sich nicht mal die Mühe gemacht, sie mit nach Hause zu nehmen«. Die Noten erinnerten ihn an seine Vergangenheit, er hingegen wollte nur in die Zukunft blicken.

Billie Holiday in der New Yorker Town Hall, gegen Ende ihrer Karriere. »Manche behaupten, dass man das, was Billie macht, kaum noch als Singen bezeichnen kann«, schrieb Dan Morgenstern 1958 in *Down Beat*. »Aber was es auch sein mag, es kommt verdammt gut rüber.«

Schon am nächsten Morgen war er wieder auf dem Weg nach Ishpeming in Michigan, wo der Regisseur Otto Preminger einen Gerichtsfilm mit dem Titel Anatomy of a Murder (dt. Anatomie eines Mordes) drehte. Ellington hatte den Auftrag, die Filmmusik zu schreiben. Noch am Abend desselben Tages setzte er sich mit Billy Strayhorn in der Lounge ihres Hotels ans Klavier und machte sich daran, ein weiteres Gebiet der Musik zu erobern. »Das hat nichts mit Geld zu tun«, erklärte Ellington einmal auf die Frage, warum er es nicht lassen konnte, auch in guten Zeiten immer wieder neue Projekte anzunehmen. »Ich löse einfach gern Probleme.«

Als ein französischer Journalist ihm im gleichen Frühjahr vorwarf, eines seiner früheren

Meisterwerke durch eine Neuaufnahme in neuer Orchestrierung »verhunzt« zu haben, verteidigte sich Ellington – wie immer indirekt – mit folgender Aussage:

»Ich will nicht modern sein ... futuristisch ... und ebenso wenig will ich auf etwas festgenagelt werden, das wir vor Jahren vielleicht mal gemacht haben, selbst wenn es erfolgreich war. Ich will mich nicht verpflichtet fühlen, ein Stück immer in demselben Stil spielen zu müssen, mit dem man uns irgendwann einmal identifiziert hat. Ich habe überhaupt kein Interesse daran, von irgendeiner intellektuellen Ebene aus auf andere Leute herabzublicken. Und deshalb will ich umgekehrt auch nicht, dass irgendjemand mein Recht in Frage stellt, mich völlig verrückt anzuhören, oder wie ein Wilder zu kreischen ... oder ein Lied zum Lobe Gottes zu schreiben, wenn mir danach ist. Ich möchte einfach nur das zugestanden bekommen, was auch jeder andere amerikanische Künstler sich wünscht: die Freiheit, sich auszudrücken und mit seinem Publikum zu kommunizieren.«

GETRENNTE WEGE

1948 war Billie Holiday aus der staatlichen Besserungsanstalt für Frauen entlassen worden, aber da man sie wegen Drogenbesitzes verurteilt hatte, war es ihr aufgrund der bizarren New Yorker Gesetzgebung auch weiterhin verboten, in den Klubs der Innenstadt aufzutreten. »In der Carnegie Hall darf ich singen«, klagte sie, »aber nicht in der lausigsten Spelunke von New York.« Weitere Verhaftungen, weitere Schlagzeilen, weitere gut aussehende, aber gewalttätige Männer sollten folgen. In den seltenen Phasen der Ruhe dachte sie mit Wehmut an die verpassten Chancen. »Meine damalige Frau war schwanger«, erinnerte sich der Kritiker Nat Hentoff. »Und wir trafen Billie ... auf der Straße, und sie strich ihr die ganze Zeit mit der Hand über den Bauch, um zu fühlen, was darunter war. Sie hatte nie ein Kind bekommen, obwohl sie gern eins wollte.« Die Karteikarten, die Frank Schiffman vom Apollo Theater führte, dokumentieren ihren Abstieg.

25.5.50
Wenn nicht ein Wunder geschieht, ist Billies Können für uns verloren. Sie hat die Gunst des Publikums verloren. ... Kann anscheinend nicht die Finger von den Drogen lassen.

14.8.53
Schrecklich! Sie war krank, aber sie hatte auch Drogen genommen. Nur ein Wunder kann dieses Mädchen noch retten und dafür sorgen, dass es sich wieder lohnt, sie hier auftreten zu lassen.

16.9.55
Ziemlich gleichgültiger, lustloser Auftritt. Sie hat zwar keine Schwierigkeiten gemacht, weil sie nicht unter Drogen stand, war aber trotzdem ein Flopp für die Kasse.

Schon seit längerer Zeit bestand Billie Holidays Fangemeinde (wie bei ihren Leidensgenossinnen Judy Garland und Edith Piaf) zunehmend aus Leuten, die sich mehr für ihre persönlichen Probleme interessierten als für ihre Musik. 1956, von Alkohol und Heroin gezeichnet und ständig in Geldnot, erklärte sie sich bereit, dem Journalisten William Dufty, der mit einer ihrer Freundinnen verheiratet war, ihre Lebensgeschichte zu erzählen. Dufty war offenbar der Ansicht, jede Überprüfung der schillernden Märchen, die Billie Holiday ihm erzählte, käme einem Verrat gleich. Das Ergebnis war ein düsteres Buch mit dem Titel »Lady Sings the Blues«, das vom Ver-

Lester Young (links) und Billie Holiday im Gespräch mit einem anderen Musiker im Fernsehstudio der CBS in New York, am 6. Dezember 1957.

Lester Young in Paris.

lag stolz als »die schockierendste Autobiographie unserer Zeit« angepriesen wurde, und in dem Billie Holiday meist als hilfloses Opfer grausamer Männer, eines verbreiteten Rassismus, abstruser Gesetze und einer gleichgültigen Öffentlichkeit dargestellt wird. Nach dieser Vorlage entstand später auch ein völlig überzogener Hollywood-Film mit Diana Ross in der Hauptrolle, der die Fakten noch weiter verzerrte.

Die Tatsache, dass Billie Holiday bis zuletzt eine Künstlerin blieb, die sich der Wirkung jeder besonders betonten Silbe, jeder rhythmischen Verzögerung und jeder raffiniert undeutlichen Phrase auf ihr Publikum genauestens bewusst war (es sei denn, die Sucht vernebelte ihr gerade vorübergehend die Sinne), ist während ihrer letzten Jahre häufig übersehen worden. Zweifellos war ihre Stimme im Laufe der Zeit stumpf und brüchig geworden, und beim Newport Jazz Festival 1957 schien sie nur noch ein Schatten ihrer selbst zu sein: Ihr Vortrag war undeutlich, und sie stolperte über Liedzeilen, die sie schon 1000-fach gesungen hatte. Selbst ihr fast schon unheimlich anmutendes Rhythmusgefühl, das sie noch nie im Stich gelassen hatte, war offenbar verloren gegangen. Dennoch belegen Aufzeichnungen von Gesprächen, die sie in dieser Zeit während der Proben mit ihren Begleitmusikern führte, dass hier noch immer eine Perfektionistin am Werk war, die unablässig alte Arrangements korrigierte, Tempo, Tonart oder Instrumentierung änderte, immer mit dem Ziel vor Augen, einen guten Song noch besser zu machen. Und bis zuletzt bewies sie immer wieder (zumindest in guten Phasen und zusammen mit Musikern, die ihr künstlerisch ebenbürtig waren – Ben Webster, Sweets Edison, Jimmy Rowles), dass sie mehr denn je in der Lage war, das Publikum in ihren Bann zu ziehen – nicht, weil sie so viel gelitten hatte, sondern weil sie gelernt hatte, wenn nicht im Leben, so doch auf der Bühne und im Tonstudio, ihr Leid zu transzendieren und in Kunst zu verwandeln.

Am 6. Dezember 1957 kam in den Fernsehstudios der CBS – auf Initiative der beiden Jazzkritiker Whitney Balliett und Nat Hentoff – anlässlich einer einmaligen Live-Sendung mit dem Titel The Sound of Jazz eine außergewöhnliche Gruppe von Musikern zusammen. Etwas Vergleichbares hatte es im amerikanischen Fernsehen noch nicht gegeben. Viele der größten und berühmtesten Jazzmusiker hatten sich hier versammelt: Jo Jones und Count Basie, Thelonious Monk und Coleman Hawkins, Gerry Mulligan und Ben Webster. Auch Lester Young und Billie Holiday durften nicht fehlen. 20 Jahre zuvor hatten die beiden ihre ersten gemeinsamen, unvergesslichen Platten aufgenommen, sich später aber zerstritten, vermutlich wegen Holidays Drogensucht. »Sie hatten sich auseinander gelebt«, erinnerte sich Hentoff, »und als wir alle für den Soundcheck und die Aufstellung im Studio herumstanden, gingen die beiden sich sorgfältig aus dem Weg.« Young war zu hinfällig, um in dem der Bigband vorbehaltenen Teil der Show mitzuspielen; deshalb sagte Hentoff, er solle seine Kraft für eine Session im kleineren Rahmen, zusammen mit Billie Holiday, aufsparen. »Außerdem kannst du dich dann hinsetzen. Du musst nicht die ganze Zeit stehen.«

Sie sollten »Fine and Mellow« spielen, einen Song, den Holiday selbst geschrieben hatte, eines der wenigen von ihr aufgenommenen Blues-Stücke. Gerry Mulligan übernahm das erste Solo, im doppelten Tempo. Ben Webster war als Nächster dran und blies einen einzigen heiseren, herzzerreißenden Chorus. »Dann stand Lester auf«, erinnerte sich Hentoff, »und er spielte den reinsten Blues, den ich jemals gehört habe, und [er und Holiday] sahen sich an, ihre Blicke waren sozusagen ineinander verschlungen, und sie nickte mit dem Kopf dazu, ein leises Lächeln auf dem Gesicht. Es war, als dächten beide daran zurück, was einmal gewesen war – was auch immer das war. Und wir im Regieraum hatten alle Tränen in den Augen. Nach der Show gingen sie aber trotzdem wieder getrennte Wege.«

Lester Young war inzwischen von Long Island ins Alvin Hotel in der 52nd Street gezogen, weil er es, wie er seiner zweiten Frau erklärte, nicht länger ertragen konnte, so weit von der Welt des Jazz entfernt zu sein, die immer sein wahres Zuhause gewesen war. Der Alkohol hatte seine Gesundheit ruiniert. Die jüngeren Musiker unterstützten »Prez« so gut sie konnten. »Ich bin öfter mal vorbeigegangen und habe im Zim-

Miles Davis spielt und Gil Evans dirigiert – ein Schnappschuss während der Aufnahmen für das Bestseller-Album Porgy and Bess für Columbia Records, 1958.

mer von Prez angerufen«, erzählte Jackie McLean, »um zu fragen, ob ich ihm irgendwas besorgen sollte oder so. Ich mochte Lester Young sehr gern. ... Manchmal sagte er dann: ›Okay, komm rauf‹, und dann bin ich rauf in sein Zimmer und habe ihm Zigaretten gekauft oder so was. Es war ziemlich traurig. Meist saß er am Fenster und sah zum Birdland rüber, beobachtete die Leute, die dort ein- und ausgingen.« Young konnte immer noch auftreten, wenn er ein Angebot bekam, aber die Zeit zwischen seinen Engagements verbrachte er damit, an der 42nd Street von einem Kino ins nächste zu ziehen oder sich im Hotel seine Schallplatten anzuhören – aber niemals seine eigenen, immer nur die von anderen. Am 15. März 1959 starb er in seinem Zimmer im Alvin Hotel, nur wenige Stunden nach seiner Rückkehr von einem Engagement in Paris. Zu diesem Zeitpunkt war sein Einfluss aus der Jazzmusik nicht mehr wegzudenken. Allen Eager, einer seiner treuesten Protegés, sagte einmal ganz schlicht: »Jeder, der nicht so spielt wie Lester, macht was falsch.«

1958 verließ Bill Evans die Band von Miles, um ein eigenes Trio zu gründen. Mit seinem lyrischen, introvertierten Spiel, das von dem gleichen europäischen Impressionismus geprägt war, der auch Bix Beiderbecke 30 Jahre zuvor fasziniert hatte, wurde Evans einer der einflussreichsten Pianisten der modernen Jazz-Ära.

Billie Holiday nahm an Youngs Beerdigung teil und fragte, ob sie singen dürfe. Seine Witwe lehnte jedoch ab, woraufhin sie zu weinen und zu fluchen begann und schließlich aus der Kapelle gebracht werden musste. Auch sie selbst hatte nur noch drei Monate zu leben. Sie war kaum mehr wieder zu erkennen, mager, abgespannt und gezeichnet. Sie hatte sogar ihren Nerzmantel verkauft, um ihre Sucht zu finanzieren – und Futter für den Chihuahua zu kaufen, ihren einzigen Trost. Am 30. Mai brach sie zusammen und wurde ins Krankenhaus gebracht. Dennoch muss es irgendjemandem gelungen sein, Heroin in ihr Zimmer zu schmuggeln, wo es schließlich eine Krankenschwester entdeckte. Holiday wurde unter Arrest gestellt, ihre Zimmertür von der Polizei bewacht. Sie starb am 17. Juli 1959 um 4 Uhr 40. Als offizielle Todesursache wurde Herzversagen angegeben. Doch der wahre Grund, so Joe Glaser – der zuvor schon das Begräbnis für Charlie Parker bezahlt hatte und nun auch für das ihre aufkam –, war »eine Mischung aus allem, was sie in den vorangegangenen 20 Jahren gemacht hatte.«

»Ich höre mir immer noch ihre Platten an«, erklärte der ehemalige Baseball-Star Buck O'Neil fast 50 Jahre später. »Wenn man sie auf der Bühne erlebte, dann war das ganz anders als bei jeder anderen Sängerin. Die Art, wie sie einen Song rüberbrachte – jeder andere konnte diesen Song auch singen, aber wenn Lady Day ihn sang, dann war es ein ganz anderer Song. Man fühlte sich einfach rundherum gut, oder man hätte am liebsten geheult. Sie konnte einem die schönsten Momente des Lebens zurückholen, aber auch die traurigsten. Das war Billie Holiday.«

MILES AHEAD

»Diese Band [das Miles Davis Quintet] machte Coltrane und mich zu einer Legende«, sagte Miles Davis einmal rückblickend. Das mag vielleicht großspurig klingen, war aber keineswegs eine Übertreibung – genau genommen bildete das Miles Davis Quintet sogar nur den Anfang dieser Legende. Zwischen 1957 und 1960 sollte Davis nicht weniger als acht Alben für Columbia herausbringen. Drei von ihnen – Miles Ahead, Porgy and Bess und Sketches of Spain – entstanden in Zusammenarbeit mit seinem alten Freund Gil Evans: üppige, stimmungsvolle, dicht gewebte Orchester-Arrangements, die Davis' dunklen, lyrischen Ton auf dem Flügelhorn herausstellten. Alle drei waren besonders beliebt bei jungen Plattenkäufern, die nach etwas Romantischem suchten: Wenn Miles Davis sanft im Hintergrund spielte, konnte man fast jede oder jeden »zu einem Kuss herumkriegen«. (Als Louis Armstrong, Gil Evans' erstes Vorbild, Porgy and Bess hörte, war er so beeindruckt, dass er Evans bat, ihm ein ähnliches Arrangement zu schreiben. Voller Begeisterung suchte Evans daraufhin so schnell wie möglich Joe Glaser auf. »Wer zum Teufel sind Sie?«, fragte der jedoch nur und beendete damit die Diskussion.)

Black Power. Miles Davis war entsetzt, als Columbia Records 1957 ein hübsches weißes Model auf dem Plattencover von Miles Ahead abbilden ließ. Vier Jahre später hatte er dann genügend Einfluss, um durchzusetzen, dass seine damalige Frau, Frances Davis, diesen Platz einnahm.

Im März 1959 ging Davis mit seiner Combo in die Columbia Studios, um ein weiteres Album aufzunehmen. Es hatte inzwischen einige personelle Veränderungen gegeben: Philly Joe Jones war von Jimmy Cobb ersetzt worden, und auch Red Garland war nicht länger dabei. Für ihn saß nun Bill Evans am Klavier, außer bei einem Stück, bei dem Wynton Kelly ihn vertrat. Der Altsaxophonist Cannonball Adderley war hinzugekommen und erweiterte das Quintett zu einem Sextett. Davis forderte seine Musiker auf, fünf ihnen unbekannte Melodien zu spielen und dabei nicht, wie im Bebop üblich, über das komplexe Akkordschema des Themas zu improvisieren, sondern über die ihm zugrunde liegenden »Skalen« beziehungsweise »Modi«.

Davis hatte sich zum Ziel gesetzt, die Musik noch weiter zu vereinfachen – sie sollte sich wieder »mehr dem Gesang« annähern, wie er sagte: »Die Musik ist zu fett geworden. Manche Jungs geben mir Sachen, wo es vor Akkorden nur so wimmelt. Die kann ich einfach nicht spielen. ... Ich glaube, dass sich im Jazz eine allmähliche Abkehr von den konventionellen Akkordfolgen vollzieht, eine Verlagerung des Akzents von der harmonischen zur melodischen Variation. Es wird weniger Akkorde geben, dafür aber unendlich viele Möglichkeiten, was man mit ihnen alles anstellen kann.« Dieser Ansatz stammte jedoch im Grunde nicht von Davis. Schon Duke Ellington und Charles Mingus hatten einen Teil ihrer Kompositionen »modal« aufgebaut; das Gleiche galt für George Russell und Dizzy Gillespie bei ihren Arrangements für Gillespies Bigband, und auch Gil Evans hatte bei Miles Ahead und Porgy and Bess bereits Skalen verwendet. Dennoch setzten Davis und seine Musiker diese modale Improvisationsweise bei Kind of Blue derart eindrucksvoll ein, dass »Miles« und »modal« von nun unauflöslich miteinander verknüpft waren.

Nicht lange nach diesen Aufnahmen gingen die Mitglieder der Band auseinander, um sich ihren Solo-Karrieren zu widmen. Kind of Blue jedoch hatte Bestand. Das Album war eine Seltenheit im Bereich des Modern Jazz – 45 Minuten außergewöhnlicher Musik, die bei Laien, die nicht einmal den Begriff »Modi« kannten, ebenso beliebt war wie bei Musikern, für die es einen Meilenstein auf dem Weg zu einer neuen, frischeren Spielweise darstellte. Kind of Blue hat sich inzwischen zu einer der langlebigsten Jazzplatten überhaupt entwickelt: Mehr als 40 Jahre nach ihrem Erscheinen werden immer noch

Miles Davis. »Die Leute halten mich manchmal für schwierig«, äußerte er 1959, »weil ich immer sage, was ich denke, und sie nicht immer sehen können, was ich sehe.«

Für die musikalische Entwicklung eines Menschen gelten im Jazz die gleichen Regeln wie in jedem anderen Bereich: Man sammelt Erfahrungen, lernt dazu. ... Man nimmt zum Beispiel ein Riff von Roy Eldridge und spielt es nach ... und dann überlegt man, welche anderen Möglichkeiten es gibt. Man denkt vielleicht: »Ach, dann könnte ich hier also auch in diese Richtung weitergehen, statt in die andere.« Und wenn man so weit gekommen ist, dann entsteht dabei schließlich etwas ganz Neues. Aber es ist immer noch die gleiche Musik. Sie entwickelt sich bloß ständig weiter.

DIZZY GILLESPIE

Donald Byrd nutzt die U-Bahn-Fahrt zu einem Gig in Manhattan, um noch ein bisschen an seiner Technik zu feilen, Mitte der 50er Jahre.

mehrere Tausend Exemplare pro Monat verkauft. »Die muss im Himmel gemacht worden sein«, meinte Jimmy Cobb.

Kind of Blue setzte Miles Davis' Karriere ein weiteres Glanzlicht auf. Charlie Parker und Dizzy Gillespie hatten nur davon träumen können, nicht als Entertainer, sondern als Künstler wahrgenommen zu werden – doch erst für Davis wurde dieser Traum Realität. »Wofür ich ihn wirklich respektiere«, sagte Gillespie viele Jahre später, »ist die Tatsache, dass er als Erster in unserer Branche begriffen hatte, dass es gar nicht nötig ist, jeden freundlich anzulächeln, dass man nicht ständig Witze erzählen und Ansagen machen muss, ja, dass man sich nicht einmal bedanken oder auch nur verbeugen muss. Er hatte begriffen, dass er einfach die Musik sprechen lassen konnte, für ihn und für sich selbst.«

Miles Davis hat sein Publikum tatsächlich niemals begrüßt oder ihm für sein Kommen gedankt. Er sagte auch nie den nächsten Titel an, spielte zeitweise mit dem Rücken zum Publikum und ging von der Bühne, wenn die anderen Bandmitglieder spielten. Für jede dieser Verhaltensweisen gab es natürlich eine Erklärung. Man sagte ihm eine angeborene Schüchternheit nach, und da seine Stimme in Folge einer Halsoperation nur noch ein heiseres Flüstern war, wären seine Ansagen vermutlich sowieso kaum verständlich gewesen. Und dass er von der Bühne ging, sobald er nicht selbst spielte, begründete er damit, dass sich das Publikum auf die anderen Musiker konzentrieren sollte. »Ich bin Musiker, kein Alleinunterhalter«, soll er einmal dem Besitzer eines Klubs gegenüber geäußert haben. »Ich lächle nicht, und ich verbeuge mich nicht. ... Die Weißen wollen ständig, dass man sich vor ihnen verbeugt. Aber ich lächle nicht, und ich verbeuge mich nicht, klar? Ich bin hier, um Musik zu machen. Ich bin Musiker.« Es kam vor, dass er seine Fans lauthals beschimpfte, wenn sie ihm Drinks spendierten oder ihn um ihr Lieblingsstück baten, und er war sehr geschmeichelt, als man ihm den ehrfurchtsvollen Beinamen »Prince of Darkness« verlieh.

Die Zeiten hatten sich offensichtlich geändert. Zehn Jahre zuvor hätten Davis' Allüren seiner Karriere vermutlich eher geschadet, in den 50er Jahren jedoch schienen sie seine Popularität sogar noch zu erhöhen – und zwar nicht nur beim schwarzen, sondern auch beim weißen Publikum. Der Jazz, so schrieb Ralph Ellison, war zu »einem bitterbösen Sittenstück geworden, bei dem die Musiker ihrem Publikum mit geradezu kalkulierter Unverschämtheit gegenübertraten und es ungefähr so behandelten, wie ein weißer Kaufmann seine ärmliche, schwarze Kundschaft behandelt. Das weiße Publikum war zunächst schockiert, lernte dann aber schnell, dieses Verhalten als Ausdruck des ›künstlerischen Temperaments‹ zu betrachten und zu dulden, was schließlich zu einer absurden Umkehrung führte: Ohne diese Unverschämtheiten fühlt sich das weiße Publikum heute nicht mehr gut unterhalten.«

»Miles ist ein Schwarzer, der lebt wie ein Weißer«, bemerkte einmal ein anderer Musiker neidvoll. Davis besaß ein Stadthaus an der West Side, fuhr eine ganze Reihe kostspieliger Sportwagen und kleidete sich mit so ausgesuchter Eleganz, dass in Modemagazinen über ihn berichtet wurde. Die Werbung, die Columbia für ihn betrieb, wäre eines Kinostars würdig gewesen – das hatte es bisher noch bei keinem schwarzen Jazzmusiker gegeben. Und als der Herausgeber des *Playboy* beschloss, seiner Zeitschrift einen Hauch intellektueller Seriösität zu verleihen, indem er jeden Monat ein Interview mit einer für die überwiegend jugendliche Leserschaft interessanten Persönlichkeit brachte, war Miles Davis seine erste Wahl. Der Essayist Gerald Early erläutert, welche besondere Bedeutung Davis für die jungen Leute unter der schwarzen Bevölkerung von Philadelphia hatte.

»Eigentlich wurde er immer nur bei seinem Vornamen genannt – Miles. Miles hier und Miles da. Miles und seine Anzüge. Miles und seine Frauen. Für meine Generation war er der Held des Jazz. Er tauchte genau in dem Moment auf, als meine Generation anfing, sich gegen das Klischee des schwarzen Entertainers aufzulehnen. Das war enorm wichtig für uns. Seine Coolness. Die Art und Weise, wie er seine Geschäfte machte. Seine Eigenart, gleichzeitig ›inside‹ und ›outside‹ zu sein. Denn in gewisser Hinsicht war Miles ein Außenseiter – mit seinen Ansichten zur Rassentrennung, zur Musik, mit seiner ›Du kannst mich mal‹-Einstellung zum Leben. Aber gleichzeitig gehörte er auch dazu. Er war beliebt. Er war geachtet. Weiße und Schwarze mochten seine Musik.«

DER KLEINE MANN

Als der große Art Tatum im Sterben lag, so behauptet die Legende, soll er einen jungen Pianisten gewarnt haben: »Nimm dich vor dem kleinen Mann in Acht.« Erroll Garner war so klein, dass er immer das Telefonbuch von Manhattan dabei hatte, damit er überhaupt an die Tastatur des Klaviers herankam. Und obwohl er – auf dem Papier – kaum eine Note von der anderen unterscheiden konnte, war er der produktivste und populärste Jazzpianist seiner Zeit. Garner wurde 1921 geboren und wuchs in Pittsburgh auf. Mit 23 spielte er schon in New York, wo er sogar für Art Tatum auf der 52nd Street einsprang. Sein Spiel war voller Esprit, und er brachte es zu wahrer Meisterschaft darin, bekannte Stücke mit einem raffinierten Vorspiel einzuleiten, so dass es beim Publikum bald ein Sport wurde, anhand dieses Vorspiels das Stück zu erraten. Er holte eine solche Klangfülle aus dem Klavier heraus, dass ein Kollege ihm den Spitznamen »Ork« für »Orchester« verpasste. »Ich liebe den vollen Klang des Klaviers«, sagte Garner. »Ich möchte, dass es wie eine ganze Bigband klingt.« Nie war er irgendeiner »Schule« des Jazz zuzuordnen; er spielte selten in Bands, die größer waren als sein eigenes Trio und nahm insgesamt mehr als 1000 Stücke für beinahe 70 Plattenfirmen auf. Auf die Frage eines Reporters, wie er es fertig brächte, so gut zu spielen, ohne eine Note lesen zu können, antwortete Garner: »So ein Quatsch, Mann, es kann doch kein Mensch hören, wie du liest.«

Erroll Garner im Bop City in Manhattan, 1953.

Ella Fitzgerald Sings the Gershwin Song Book, ihr fünftes Album der Classic Songbook-Serie für Verve Records.

Trotz seiner Berühmtheit und seines arroganten Auftretens ist es Davis jedoch niemals gelungen, seine Unsicherheit vollkommen zu verstecken. »Er hatte Hemmungen, allein zur Hotelrezeption zu gehen und nach unseren Reservierungen zu fragen«, erinnerte sich seine zweite Frau Frances. »Er dachte, wenn sie sehen, dass er ein Schwarzer ist, dann sagen sie womöglich: ›Nein, hier liegt keine Reservierung vor.‹ Deshalb hat er meistens mich hingeschickt, damit ich mich darum kümmerte. Er hatte wirklich Angst vor den Übergriffen, die damals in diesem Land durchaus vorkamen.«

Eine Angst, die durchaus nicht unberechtigt war. An einem schwülen Abend im August 1959 trat Davis für eine Rundfunkübertragung des Senders »The Voice of America« im Birdland auf. Nach dem Konzert begleitete er eine junge weiße Frau vor die Tür und zu einem Taxi, sah zu, wie sie davonfuhr und blieb dann noch stehen, um einen Moment allein zu sein und außerhalb des stickigen Klubs eine Zigarette zu rauchen. Ein weißer Polizist, der Davis und seine weiße Freundin beobachtet hatte, forderte ihn auf, weiterzugehen. »Wieso weitergehen?«, fragte Davis und wies auf das Plakat, auf dem in großen Buchstaben sein Name stand. »Ich arbeite da unten.« Doch der Beamte erwiderte nur, er solle sich in Bewegung setzen, sonst würde er ihn verhaften. Als Davis sich immer noch weigerte, schlug ein zweiter Polizist ihn von hinten mit dem Schlagstock nieder. Blut tropfte auf seinen Anzug (die Wunde musste mit zehn Stichen genäht werden). Man legte ihm Handschellen an, brachte ihn ins Gefängnis und entzog ihm seine Auftrittsgenehmigung, die er erst zurückerhielt, als er sich bereit erklärte, die Schadensersatzklage fallen zu lassen, die er gegen die Stadt New York angestrengt hatte. »Ungefähr zu dieser Zeit«, erzählte er, »behaupteten die Leute – meist Weiße – auf einmal, ich wäre immer so ›zornig‹ und ›rassistisch‹. ... Ich habe mich noch nie irgendjemandem gegenüber rassistisch verhalten, aber das heißt noch lange nicht, dass ich mir von einigen Leuten, bloß weil sie weiß sind, jeden Mist gefallen lassen muss. ... Ich lebte schließlich auch in Amerika, und ich war fest entschlossen, alles zu kriegen, was mir zustand.«

WIE NEUGEBOREN

Im November des Jahres 1959 übertrafen die Verkaufszahlen des Rock 'n' Roll die jeder anderen Musikrichtung in Amerika bei weitem. Trotzdem gab es auch in diesem Monat in den Plattenläden wieder eine Menge neuer und aufregender Jazzplatten aller Stilrichtungen zu kaufen. Etwa zur gleichen Zeit, als Miles Davis seine Platte Kind of Blue herausbrachte und damit demonstrierte, was für mitreißende Melodien man über eine gleichbleibende harmonische Basis improvisieren konnte, produzierte John Coltrane unter eigenem Namen ein Album mit dem Titel Giant Steps, auf dem er in einem so irrsinnigen Tempo durch derart viele Harmoniewechsel hindurchjagt, dass Ira Gitler für diese Spielweise den Begriff »Sheets of sound« (Klangflächen) prägte, und noch vier Jahrzehnte später viele Musiker ungläubig den Kopf schütteln.

Der Titel Thelonious Monk's Orchestra at Town Hall dokumentiert den ersten Versuch des Meisters der Logik, seine kompakten, eckigen Kompositionen in Bigband-Musik zu verwandeln. Auch der Bassist Charles Mingus brachte zwei außergewöhnliche neue Platten heraus, Blues and Roots und Mingus Ah Um, zwei vor musikalischen Einfällen nur so sprühende Werke für eine neunköpfige Besetzung, die neben Anklängen an Kirchenmusik und kraftvollen Hommagen an seine Vorbilder – Jelly Roll Morton, Lester Young und Duke Ellington – auch einen massiven Angriff auf den die Rassentrennung befürwortenden Gouverneur von Arkansas, »Fables of Faubus«, umfassen. Das Modern Jazz Quartet hatte soeben John Lewis' hervorragende Filmmusik für den Thriller Odds Against Tomorrow (dt. Wenig Chancen für morgen) aufgenommen, das Album Ahmad Jamal at the Pershing konnte nun schon im zweiten Jahr seinen Platz auf den *Billboard* Charts behaupten, und Erroll Garners Concert by the Sea war gerade erst von dieser Liste verschwunden. Dave Brubeck brachte mit seinem Quartett – in seiner Lieblingsbesetzung mit Paul Desmond, dem Bassisten Gene Wright und dem brillanten Schlagzeuger Joe Morello – die Platte Time Out heraus, eine Sammlung von Kompositionen in für den Jazz eher ungewöhnlichen Taktmaßen (3/4, 6/4 und 9/8). Eine Auskopplung aus dieser LP, Paul Desmonds »Take Five« im Fünfvierteltakt, wurde ein Top 40-Hit. »Als wir dieses Stück zum ersten Mal spielten, musste ich noch für alle den Takt schlagen, damit wir nicht rauskamen«, erinnerte sich Brubeck viele Jahre später, »aber inzwischen ist das eine Selbstverständlichkeit – es gibt Jugendliche, die schon problemlos in 3/2-Rhythmen improvisieren.« Das Album Time Out sollte sich mehr als eine Million Mal verkaufen – eine Zahl, die bis dahin noch keine andere Jazz-LP erreicht hatte.

Altmeister wie Ben Webster, Art Tatum und Roy Eldridge hatten ebenfalls neue Platten auf dem Markt, und auch John Hammond nahm gerade eine Reihe seiner Lieblingsstücke aus den 30er Jahren auf, in kleiner Besetzung (mit Jo Jones, Jimmy Rushing und Count Basie) und für ein neues Label namens Vanguard. Ella Fitzgerald – die ihre Karriere damit begonnen hatte, in der Swingband von Chick Webb Novelty-Songs zu trällern, um in späteren Jahren den Beweis anzutreten, dass man Bebop nicht nur spielen, sondern auch singen kann – hatte inzwischen den Titel der »First Lady of American Song« erhalten, und zwar für ihre maßgeblichen Interpretationen der schönsten amerikanischen Jazz-Standards von Harold Arlen, Duke Ellington, George und Ira Gershwin, Cole Porter, Jerome Kern und Johnny Mercer, die sie für Norman Granz aufnahm. Kurz zuvor veröffentlichte Louis Armstrong seine musikalische Autobiographie bei Decca sowie eine Anzahl von Neubearbeitungen seiner früheren Meisterwerke, von denen einige – »King of the Zulus«, »I Can't Give You

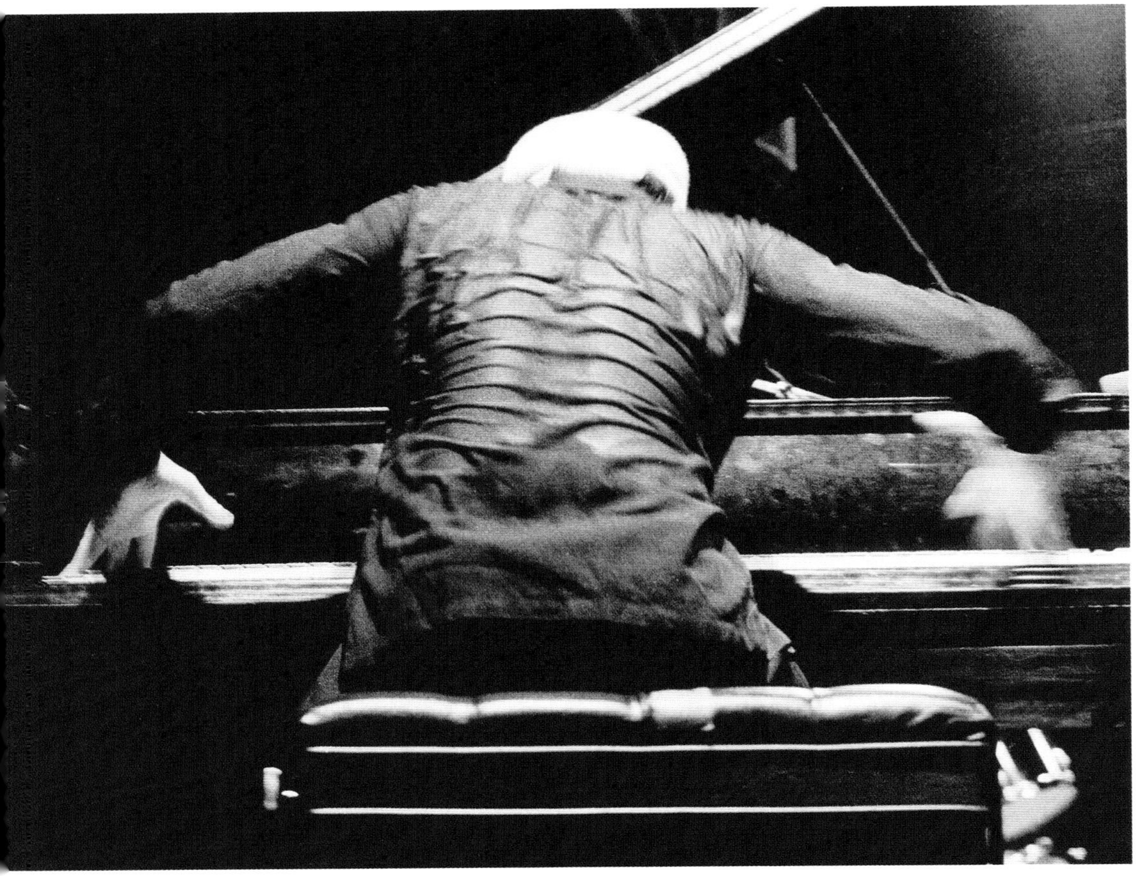

Cecil Taylor. »Das Interessante am Jazz ist«, so meinte er, »dass jeder Musiker im Grunde seine eigene Schule begründet. ... Wenn er wirklich überzeugend sein will, dann beschäftigt er sich natürlich auch mit anderen Schulen, aber entscheidend ist, dass er dieses gewisse Etwas hat. Und manchmal weiß man nicht einmal genau, was das ist.«

Anything But Love« und »Wild Man Blues« – den Versionen aus seiner Jugendzeit mindestens ebenbürtig waren. Duke Ellingtons jüngstes Album Jazz Party enthielt unter anderem auch zwei beeindruckende Gastauftritte von Dizzy Gillespie: Ein brillantes, furioses Solo auf der gestopften Trompete in dem Stück »U.M.M.G.« und eine Stegreif-Version von »Hello, Little Girl« im stampfenden Kansas City-Stil, die damit beginnt, dass der Bluessänger Jimmy Rushing mit einer Hingabe die altbekannten Verse hinausschreit, als hätte er sie sich gerade erst ausgedacht, wonach dann Gillespie übernimmt und den Beweis antritt, dass er, entgegen seiner eigenen Behauptung, niemals das Feeling für den heimatlichen »Downhome«-Blues verloren hat. Einige Monate nach Erscheinen des Albums erinnerte Gillespie Ellington freundlich daran, dass er für den Gastauftritt noch kein Geld bekommen hatte. »Ach, Diz«, erwiderte Ellington in seiner typischen Geschäftstüchtigkeit, »ich kann dir doch gar nicht so viel bezahlen, wie du wert bist.« »Das lass mal meine Sorge sein«, erwiderte Gillespie, »Hauptsache, du zahlst überhaupt!«

Im gleichen Monat tauchte in New York ein Musiker auf, der die Prinzipien, auf denen die Musik dieser Meister basierte, von Grund auf infrage zu stellen schien. Sein Erscheinen kann nachgerade als Symbol dafür gelten, dass die Transformation des Jazz zu einer Kunstform, die schon Anfang der 50er Jahre begonnen hatte, unmittelbar vor ihrer Vollendung stand. Die Musik dieses Neuankömmlings sollte im Laufe der Jahre die verschiedensten Etiketten erhalten, darunter auch »Free Jazz« und »New Thing«, aber es war klar, dass nun auch der Jazz über eine Avantgarde im europäisch-modernistischen Sinne verfügte, für die der Aspekt der Zugänglichkeit weit hinter dem des individuellen Ausdrucks rangierte.

Die alten Meister des Jazz, ob Armstrong, Ellington, Parker, Gillespie, Monk, Davis, Mulligan, John Lewis oder Brubeck, hatten zwar durchaus ihre eigenen, individuellen Beiträge zur Jazzmusik geleistet, waren aber in Bezug auf Rhythmus, Harmonie und Akkordfolgen immer in einem fest vereinbarten Rahmen geblieben. Ornette Coleman wollte diesen Rahmen sprengen. Jazz, so meinte er, müsse »frei« sein.

Coleman war jedoch nicht der erste, der in dieser Weise seine Unabhängigkeit erklärte. Bereits zehn Jahre zuvor hatten der Pianist und Musiktheoretiker Lennie Tristano und die Alt- und Tenorsaxophonisten Lee Konitz und Warne Marsh in einer Sextett-Formation einige von jeder Form befreite und kollektiv improvisierte Stücke aufgenommen – von denen eines passenderweise »Intuition« heißt –, in denen keine thematische Linie mehr erkennbar war. Damals hatte auch der Pianist Cecil Taylor, dessen Musik sich sowohl an einer bunt gemischten Reihe von Jazzgrößen – Brubeck, Powell, Monk und Ellington – als auch an Debussy und Webern orientierte, bereits einen dissonanten und perkussiven Stil entwickelt, dem nur ein einziges ordnendes Prinzip zugrunde lag, das er selbst gern als »Rhythm-Sound-Energy« bezeichnete. Aber Tristano war ein Eigenbrödler, der öffentliche Auftritte scheute, und Taylor konnte mit seiner hochgradig anspruchsvollen Musik nie ein breiteres Publikum erreichen.

Erst Ornette Coleman gelang es, mit seinen entfesselten, üppigen, melodischen Improvisationen auf dem Altsaxophon in Jazzkreisen für Aufruhr zu sorgen. Was bedeutete, dass angesichts seiner auf seltsamen Skalen basierenden, mit gesangsartigen Verschleifungen und Schreien gespickten Soli, die weder zum eigentlichen Thema noch zu dem, was um ihn herum geschah, irgendeinen erkennbaren Bezug aufwiesen, bei einigen Zuhörern die Stimmung stieg, sich bei anderen jedoch nur die Nackenhaare aufstellten. Als Dizzy Gillespie Coleman zum ersten Mal hörte, brach er in Gelächter aus. »Ich habe mich zu Anfang oft über ihn lustig gemacht«, erzählte er, »so nach dem Motto ›Ladies und Gentlemen, als Nächstes spielen wir Hot House, während Ornette parallel dazu Night in Tunisia spielt.‹« Später kam jedoch auch Gillespie, wie viele der älteren Musiker, nicht umhin, Coleman widerwillig Bewunderung zu zollen.

»Das Thema, das man am Anfang einer Nummer spielt, ist das vertraute Gelände«, erklärte Coleman seine Musik, »aber was danach kommt – und was manchmal nur noch sehr wenig damit zu tun hat –, das ist das Abenteuer.« Sein eigenes Abenteuer hatte 1930 in Fort Worth, Texas, begonnen, auf dem Höhepunkt der Wirtschaftskrise. Sein Vater starb, als er sieben Jahre alt war. Seine Mutter, die in einem Bestattungsunternehmen und zeitweise auch als Näherin arbeitete, konnte im Laufe der Jahre genügend Geld zusammensparen, um ihrem Sohn schließlich im Alter von 14 Jahren sein erstes Saxophon zu kaufen. Auf der Highschool wurde er gemeinsam mit einem ebenfalls jazzbegeisterten Freund aus der Schulband geworfen, weil sie den »Washington Post March« verjazzt hatten. In Fort Worth arbeitete Coleman als Tenorsaxophonist in verschiedenen Nachtklubs für Schwarze und eignete sich den bravourösen, volltönenden, dröhnenden »Texas Tenor«-Stil anderer Lokalgrößen wie Arnett Cobb an, dessen »Gutbucket«-Sound auch in späteren Jahren jede noch so esoterische Improvisation Colemans immer auch im Blues verankerte. Seinen charakteristischen Ton hatte er offenbar schon früh entwickelt – wie er selbst sagte, versuchte er immer, mit seinem Horn »an die menschliche Stimme heranzureichen« –, und er hielt hartnäckig daran fest, selbst dann noch, als eine Schlägerbande, der sein Spiel nicht gefiel, ihn vor die Tür rief, zusammenschlug und sein Saxophon zertrümmerte, ja selbst dann noch, als Tenor-Star Dexter Gordon ihn in Kalifornien von der Bühne schickte, anstatt ihn einsteigen zu lassen. Für die meisten Musiker klang es so, als könne er einfach keinen richtigen Ton blasen. Auch seine äußere Erscheinung war ein einziger Misston – mit seinem Bart, dem wuchernden Haar und den auffälligen Anzügen, die seine Frau selbst entworfen und genäht hatte. Er sah aus »wie ein schwarzer Christus«, erinnerte sich sein späterer Bandkollege, der Trompeter Don Cherry, »aber ein Christus, wie man ihn zuvor noch nie gesehen hatte«. Zwischen den Gigs hielt Coleman sich mit Gelegenheitsjobs über Wasser – als Lagerarbeiter, Fahrstuhlführer und Babysitter – und suchte unermüdlich nach Gelegenheiten, um zu spielen.

Zur gleichen Zeit in der gleichen Stadt begann auch die Karriere eines bemerkenswerten jungen Bassisten namens Charlie Haden. Seine Lebensgeschichte ist einmalig unter den Jazzmusikern: Aus den Ozark Mountains stammend, erlernte er schon als Kind die Harmonielehre, weil er von klein auf Country- und Westernmusik sang – »die einzige andere Musikrichtung neben Jazz und Blues, die in diesem Land ihren Ursprung hat«, so Haden – und zwar als Teil der Haden Family Band, die oft in der Live-Radiosendung Grand Ole Opry oder in ihrem eigenen Radioprogramm auftrat. Nachdem er aufgrund einer durch Kinderlähmung ausgelösten Bulbärparalyse seine Singstimme verloren hatte, wandte er sich als 15-Jähriger dem Bass zu. Er studierte am Westlake College of Modern Music und spielte eine Zeit lang mit dem in Los Angeles ansässigen Altsaxophonisten Art Pepper.

»Ich besuchte eine Menge Jam-Sessions und ging in viele verschiedene Klubs, wo ich bei vielen verschiedenen Leuten einstieg oder mitspielte, und manchmal, wenn ich auf der Bühne stand und es Zeit war für mein Basssolo, dann hätte ich viel lieber über die Inspiration dieses Stücks improvisiert als über das Akkordschema.

Charlie Haden im Studio, 1959. »Die Musik lehrt uns Bescheidenheit«, sagte er einmal. »Wenn man beim Spielen wirklich mit der Musik in Berührung kommt, dann führt sie einem als Erstes die eigene Unwichtigkeit und Bedeutungslosigkeit für den Rest des Universums vor Augen. Und erst dann ist man in der Lage, zu erkennen, worin die eigene Wichtigkeit und Bedeutung tatsächlich liegt. Ich sage [meinen Studenten] immer, wenn sie große Musiker werden wollen, müssen sie als Erstes danach streben, eine große Persönlichkeit zu werden.«

Ornette Coleman, 1959. »Auch Mitte der 50er Jahre gab es schon eine Menge Leute, die Jazzmusik mit einem offenen Konzept machten«, erklärte Jackie McLean in einem Interview, »ein Konzept, das ich immer als den ›weiten Raum‹ bezeichne, in dem es keine Begrenzungen mehr gibt, sobald man die Schwelle überschreitet, keine Vorzeichen, keine Akkordfolgen, keine vorgegebene Form. [Aber es war] Ornette, [der] nach New York kam und sich dort behauptete, der dafür sorgte, dass diese Musik wirklich gespielt wurde und sich durchsetzen konnte. Das bewundere ich am meisten an Ornette – nicht nur seine Kompositionen und seine Spielweise, sondern die Tatsache, dass er durchgehalten hat, dass er zu seiner Musik gestanden hat, trotz all der Spitzen und Pfeile, die die Kritiker auf ihn abfeuerten.«

Mit anderen Worten: die meisten Jazzmusiker improvisieren über das Akkordschema eines Stücks. Das ist ihre Inspiration. Das Stück ist schön und die Harmonien sind schön, und jetzt wollen sie eine neue Melodie zu diesen Harmonien finden. Und das ist großartig, um nichts anderes geht es schließlich im Jazz. Aber manchmal kam in mir dieses Gefühl auf, dass ich über die Inspiration des Akkordschemas improvisieren und dabei ein neues Akkordschema schaffen wollte. Damals habe ich allerdings nie darüber gesprochen, ich wusste nicht, wie ich das in Worte fassen sollte. Ich hatte einfach nur dieses Gefühl, aber jedes Mal, wenn ich es ausprobieren wollte, regten sich die anderen Musiker immer furchtbar auf. Sie wussten nicht mehr, an welcher Stelle in dem Stück ich gerade war. Deshalb musste ich wieder die Melodie spielen, um ihnen zu zeigen, wo ich war, damit sie am Ende des Solos an der richtigen Stelle wieder einsetzen konnten. Dabei musste ich allerdings immer ziemlich aufpassen, deshalb habe ich es meist lieber gelassen.«

Anfang des Jahres 1959 war Haden abends im Haig in Los Angeles, um Gerry Mulligan zu hören, als er plötzlich sah, wie Ornette Coleman auf die Bühne zuging.

»... der Klub war brechend voll. Man konnte sich kaum noch rühren. Ich war auch da, allein, und stand mitten in der Menge. Und da ging dieser Typ mit einem Saxophonkoffer in der Hand zur Bühne und fragte, ob er spielen könne. Die Band sagte ja, also holte er dieses weiße Plastiksaxophon raus und fing an zu spielen. Und plötzlich hatte ich das Gefühl, der Raum würde heller, als ob er in einem himmlischen Licht erstrahlte. Und ich dachte: ›Was ist das – das hört sich an wie eine menschliche Stimme auf einem Instrument, so frei wie er spielt.‹ Er blieb innerhalb der Notenlinien ... brachte die ganze Melodie in ungefähr drei oder vier Tönen. Er spielte das musikalische Feeling des Ganzen. Aber er hatte kaum angefangen zu spielen, da sagte jemand auf der Bühne zu ihm, er solle aufhören. Also hörte er auf, legte das Horn in den Koffer, klappte ihn zu und ging weg. Ich wollte ihm nach, ich rannte durch die Menge, trat allen auf die Füße, verstehen Sie, um mir einen Weg zu bahnen. Aber als ich endlich hinter der Bühne ankam, an der Tür, die auf die Straße führt, da war er schon weg.«

Etwas später konnte er Coleman aber doch noch einholen, und dieser lud ihn in seine Wohnung ein, um dort zu spielen.

»Überall lagen Noten herum. Auf dem Teppich, auf dem Bett, auf dem Tisch. Ich packte meinen Bass aus, und er hob irgendein handgeschriebenes Blatt vom Boden auf und meinte: ›Lass uns mal das hier spielen.‹ Und ich sagte ›In Ordnung.‹ Aber ich hatte ganz schön Angst, verstehen Sie. Er sagte: ›Also, hier oben steht die Melodie. Und unten drunter sind die Akkordwechsel. Das sind die Akkordwechsel, die ich gehört habe, als ich die Melodie notiert habe. Aber wenn wir jetzt anfangen zu spielen, dann spiel ich erst die Melodie, und dann fang ich an zu improvisieren, und du spielst die Akkordwechsel, aber du kannst dir auch andere ausdenken, die dir zu der Melodie oder zu dem, was ich spiele, einfallen.‹ Und ich dachte sofort: ›Endlich gibt mir jemand die Möglichkeit, etwas auszuprobieren, etwas zu spielen, dass ich die ganze Zeit schon gehört habe.‹ Und wir fingen an zu spielen, und eine völlig neue Welt öffnete sich mir. Ich fühlte mich wie neugeboren. Und ich empfand diese Musik viel tiefer in mir als je zuvor. Es ist fast schon ein verzweifelter Drang, beim Improvisieren etwas völlig Neues zu schaffen. Wir haben darüber gesprochen, als hätten wir noch nie zuvor Musik gehört. Und wir haben die ganze Nacht gespielt und den ganzen Tag, und die Nacht darauf und den Tag darauf. Ich glaube, wir haben zwischendurch mal eine Pause gemacht, um was zu essen, aber wir haben ungefähr zwei Tage lang am Stück gespielt. Das war meine erste Session-Erfahrung mit Ornette.«

In einer Garage in Los Angeles gründete Coleman ein neues Quartett, das sich aus gleich gesinnten, aber wesentlich jüngeren Musikern zusammensetzte, nämlich Haden, Cherry und dem Schlagzeuger Billy Higgins. Coleman nahm zwei Platten für Contemporary Records auf, die sich nur schlecht verkauften, aber gleichzeitig bekam er zum ersten Mal auch ernsthafte Unterstützung – und zwar von John Lewis, der ihm nicht nur einen Vertrag mit Atlantic Records verschaffte, sondern auch dafür sorgte, dass Coleman und Cherry für den Sommer ein Stipendium an der Lenox School of Jazz erhielten. »Sie spielen zusammen, wie ich niemals zuvor irgendjemanden zusammenspielen gehört habe«, sagte Lewis einmal in einem Interview. »Ornette ist in gewisser Weise der erste, wirkliche Nachfolger von Charlie Parker, jedenfalls der erste, den ich je gehört habe.« Die Kunde verbreitete sich schnell, und im November 1959 schlossen die Besitzer des Five Spot auf der Bowery in Manhattan einen Vertrag über ein zweiwöchiges Engagement mit dem Coleman Quartet ab. Das Five Spot war ein beliebter Treffpunkt von Malern wie Franz Kline, Willem de Kooning und Jackson Pollock, und seit einiger Zeit konnte man dort auch die experimentierfreudigsten Musiker der Stadt hören.

Charlie Haden erzählte, was ihm am ersten Abend im Five Spot widerfuhr:

»Ich war gerade dabei, meinen Bass auszupacken, während Billy sein Schlagzeug aufbaute und Cherry und Ornette ihre Hörner rausholten, als ich einen kurzen Blick zur Bar rüberwarf, die sich direkt gegenüber der Bühne befand. Und da standen sie dann alle: Wilbur Ware, Charlie Mingus, Paul Chambers und Percy Heath – alle Klassebassisten New Yorks standen dort einer neben dem anderen und starrten mir direkt ins Gesicht. Und von diesem Moment an habe ich die Augen zugemacht. Ich glaube, wir haben dort vier Monate lang sechs Abende in der Woche gespielt, und jeden Abend war die Bude brechend voll. Eines Abend habe ich wieder mit geschlossenen Augen gespielt, und als ich sie einmal kurz öffnete, da sah ich, dass jemand auf die Bühne gekommen war und sein Ohr an das F-Loch von meinem Bass hielt. Ich habe Ornette angesehen und gesagt: ›He, Coleman, was ist das für ein Typ? Sag ihm, er soll von der Bühne runtergehen.‹ Und er meinte: ›Das ist Leonard Bernstein.‹«

Bernstein erklärte Ornette Coleman offiziell zum Genie. John Coltrane kam des Öfteren vorbei, um zwischen den Sets mit ihm zu spielen. Lionel Hampton fragte an, ob er als Gast mitspielen dürfe. Roy Eldridge sagte, er hätte sich Coleman ein Mal nüchtern und ein Mal betrunken angehört, und ihn beide Male nicht verstanden. Thelonious Monk fand das, was Coleman machte, »schlecht ... Jazz muss vor allem anderen eine Geschichte erzählen, die jeder verstehen kann«. Charles Mingus hingegen war zwiegespalten: »Er spielt das Richtige falsch«, sagte er. Miles Davis äußerte sich ähnlich: Einerseits war ihm die Tatsache sehr sympathisch, dass Coleman keine »Klischees« spielte, aber andererseits war er der Meinung, dass »dieser Mann psychologisch gesehen in seinem Innern völlig verdreht ist«. Während der Wochen im Five Spot steckte eines Tages jemand ein Auto vor dem Klub in Brand, ein anderes Mal kam jemand in der Pause in die Küche und versetzte Coleman einen Fausthieb. Die meisten Jazzkritiker standen ihm ebenfalls ablehnend gegenüber, wie Haden sich erinnerte:

»Wir machten uns nicht die Mühe, die Kritiken zu lesen, wir waren viel zu sehr damit beschäftigt, uns neue Stücke auszudenken und zu improvisieren und uns über neue Möglichkeiten der Musik zu unterhalten. Das war es, was uns faszinierte. Wir nahmen uns nicht einmal die Zeit, uns grundsätzlich mit dieser Kontroverse auseinander zu setzen. Natürlich waren wir enttäuscht. Und wir wollten das, was wir machten, den Leuten gerne näher bringen, denn wenn die Leute heute auf das zurückblicken, was wir damals gemacht haben, und sich unsere frühen Aufnahmen anhören, dann sind die sehr zugänglich. Sie gingen alle aus dem Blues hervor, und der einzige Trick bei unserer Band war – die Kritiker bezeichneten sie als Avantgarde, wissen Sie, was soll das bitte schön sein? –, dass wir einfach Swing hatten. Und dass wir voll und ganz hinter unserer Musik standen.«

Coleman selbst betrachtete sich als fest in der Jazztradition verwurzelt. »Bird hätte uns verstanden«, meinte er. »Er hätte uns bestärkt in unserem Streben nach dem, was jenseits unseres Erbes liegt.«

»Wir wollten, dass die Leute unsere Musik mögen«, sagte Charlie Haden, »wirklich. Aber ich glaube, im Grunde sind die meisten großen Musiker freie Musiker. Wenn man Coleman Hawkins' Improvisationen hört oder die von Thelonious Monk oder von Bud Powell, dann haben sie auf einem Niveau improvisiert, das ich als ›jenseits aller Kategorien‹ bezeichnen würde. Sie spielten auf so hohem Niveau – weit über allen anderen. Und obwohl sie über einer Akkordstruktur improvisierten, haben sie trotzdem mit einer Freiheit und auf einem solchen Niveau gespielt ... für mich heißt das, mit Leib und Seele dabei zu sein. ... Die Bereitschaft, sein Leben zu geben ... sein Leben zu riskieren, fast so, als stünde man in einer Schlacht an vorderster Front. In der Lage sein – und auch willens – sein Leben für das hinzugeben, was man tut.«

AUF DIE PRÄSENZ KOMMT ES AN

JAZZ

STANLEY CROUCH

In den fünf Jahren nach meiner Ankunft in New York im September 1975 hatte ich das Glück, mich der Jazzszene in Manhattan aus drei verschiedenen Blickwinkeln nähern zu können – als Schlagzeuger, als Booker eines Jazzklubs, dem Tin Palace auf der Bowery, und als Jazzkritiker für die *Village Voice*. Als ich Kalifornien hinter mir ließ und nach New York ging, lag Duke Ellingtons Tod schon mehr als ein Jahr zurück, Louis Armstrong war bereits vor über fünf Jahren von uns gegangen, und überall hörte man, auch der Jazz sei im Aussterben begriffen. Doch die Musik, die sich zu Lebzeiten dieser beiden größten Jazzmusiker in so viele verschiedene Richtungen entwickelt hatte, besaß immer noch eine derartige Vitalität und Präsenz, dass es einem aus heutiger Sicht fast wie ein Traum erscheint.

Damals gab es immer noch so viele gute Musiker, die so viele verschiedene Instrumente beherrschten, dass aus ihrem Zusammenklang eine gewaltige Fuge der Persönlichkeiten, Interpretationen, Techniken und Klangfarben entstand. Die Position, in die der Jazz geraten war – sowohl durch eine weitgehend desinteressierte Medienlandschaft als auch durch die verbreitete Ansicht, aktive Jazzmusik gehöre der Vergangenheit an –, wirkte zwar auf viele dieser Künstler frustrierend, aber nach wie vor präsentierten sie ihren Zeitgenossen ihre Musik mit einer fast übersinnlichen Geschlossenheit, die nicht nur der Qualität der Musik zugute kam, sondern auch dazu beitrug, durch das, was sie anderen Menschen gab und in ihnen weckte, die Welt zu verbessern. Sie waren, wie McCoy Tyner sagte, »ganz besondere Menschen«.

Inzwischen sind jedoch so viele von ihnen von uns gegangen, dass man sich fragen könnte, ob das alles nur ein Traum war? Wohl kaum. Diese Männer und Frauen haben tatsächlich gelebt, sind auf die Bühne gegangen, haben an Theken gestanden, in der Garderobe Witze erzählt, haben telefoniert und geprobt und sind um die ganze Welt gereist, um den Jazz mit menschlicher Präsenz zu beseelen. Wenn Sie in New York gelebt und den Jazz mit eigenen Augen und Ohren erlebt hätten, wären Sie an Ort und Stelle Zeuge seiner Geburt, seines Aufstiegs, seines erneuten Aufstiegs, seines Niedergangs und seines Todes geworden – eine Erfahrung, die Sie nie wieder vergessen hätten. Hätten Sie zum Beispiel in der East Second Street Nr. 2 gewohnt und Lust auf einen kleinen Spaziergang Richtung Westen gehabt, wären Sie ein paar Blocks weiter auf das Studio Rivbea gestoßen, die Hochburg der Avantgarde, wo es sich vielleicht gerade an jenem Abend so anhörte, als ginge die Welt unter, und wo niemand besser klang als der Besitzer selbst – der Tenorsaxophonist Sam Rivers, ein schlanker, dunkelbrauner Mann, dem immer die Knie schlotterten, wenn die Musik direkte Verbindung mit seinem Nervensystem aufnahm. Sie hätten aber auch ins Cookery an der Ecke Eighth Street und University Place hinüberschlendern können, wo vielleicht die wiederentdeckte Alberta Hunter, die in den 20er Jahren ein Star gewesen war und sich tagsüber wie ein Holzfäller kleidete, in einem wunderschönen Abendkleid auf der Bühne gestanden hätte, während Barney Josephson, der in den 30er Jahren dafür gesorgt hatte, dass die Klubs in der Innenstadt auch für Schwarze zugänglich wurden, wahrscheinlich irgendwo im Publikum saß und zuhörte – mager, mit schlohweißem Haar und einer Brille, die von einem dicken schwarzen Gestell auf seiner Nase festgehalten wurde. Und wenn Jo Jones zufällig im Lokal gewesen wäre, um ihnen ein bisschen die Gegend zu zeigen, hätte sich auch ein Besuch bei Gregory's gelohnt, wo der Schlagzeuger Sonny Greer, der Altsaxophonist Russell Procope – beide schon über 65 – und der Pianist Brooks Kerr, fast schon erblindet, aber immer noch jugendlich und voller Elan, gemeinsam auftraten. Greer und Procope hätten für Sie den Sound der gesamten Ellington Band heraufbeschworen – oder zumindest die Erinnerung daran –, während Kerr die ganze Klaviermusik des Jazz von der Jahrhundertwende bis in die 40er Jahre in den Fingerspitzen hatte.

Nach dem Besuch bei Gregory's hätte Jones sie noch ins Ryan's nach Midtown mitgenommen, um dort Roy Eldridge zu hören. Eldridge, ein kleiner Mann wie so viele der Jazzgrößen, mit weißem Haar und Schnurrbart, brauner Haut und dem dynamischen Gang eines ehemaligen Boxers, war fast immer für mindestens einen furiosen Marsch durch die Harmonien gut, bei dem er, Note für Note, ein Feuerwerk der Intensität entzündete und ein herausforderndes Grollen aus dem Schalltrichter seines Horns ertönen ließ – wie das Brüllen eines Löwen, der der Welt verkündet, dass er nicht vorhat, seine Herrschaft über den Dschungel der Konzertbühnen aufzugeben. Auch Jo Jones selber hatte in seiner Kahlheit immer etwas Königliches an sich – ganz egal, ob er in seiner abgehackten Sprechweise mit seinen Kumpels über die guten alten Zeiten sprach oder einen Vortrag über das Wesen der Welt hielt. Scheinbar unbeugsam hätte er da gestanden, seine Zeitung in der Tasche, im Winter in langen Unterhosen, die Brandyflasche im Mantel und irgendwo am Körper ein Messer versteckt, zum Zeichen, dass er das Nachtleben kannte und, wie er selbst gern verkündete, »ein harter Typ« war. Aber wäre man ihm überraschend in dem ästhetischen Schlachthaus begegnet, das sich West End nannte – ein kleiner Klub schräg gegenüber der Columbia University oben am Broadway –, hätte er über seinen Rang in der Hierarchie der Schlagzeuger keinen Zweifel aufkommen lassen – der Touch, die Kraft, dieser Überschwang, dieser Schmerz, diese Gewandtheit. Es war alles noch da.

Wenn Sie zu einem Konzert in der New Yorker Universität gegangen wären, im Rahmen von Jack Kleinsingers »Highlights in Jazz«-Reihe, hätten Sie Zeuge einer wundersamen Zusammenkunft werden können. Einer nach dem anderen – und das in der Show eines anderen – setzten sich Eubie Blake, Sam Wooding, Earl Hines und Claude Hopkins allein ans Klavier und spielten. Blake, damals der Älteste aller Jazzer, erzählte, wie er als kleiner Junge von einem Koch einen bestimmten Septakkord gezeigt bekam, und illustrierte die Geschichte dann mit einer Nummer aus dieser Zeit. Earl Hines (den Jo Jones immer »Toupet Willie« nannte) wiederum berichtete, wie er in einer Nacht in Pittsburgh fast das Elfenbein von den Tasten heruntergespielt hatte, bis auf einmal Blake – mit Smoking und Melone,

Das V.S.O.P. bei einem Auftritt im Greek Theater in Berkeley, Kalifornien, 1977: Herbie Hancock (Leader und Klavier), Ron Carter, Tony Williams, Wayne Shorter und Freddie Hubbard. Die Besetzung dieses Quintetts, das 1976 auf dem Höhepunkt der Fusion-Ära gegründet wurde, war identisch mit der des Miles Davis Quintet Mitte der 60er Jahre – bis auf den Bandleader natürlich.

Zigarre und Spazierstock, um seinem Gang etwas Aristokratisches zu verleihen – erschien und sagte, Hines könne so viel Musik machen wie er wolle, aber »wenn ich hier noch mal vorbeikomme und dich in dieser Stadt finde, dann hau ich dir den Stock um die Ohren«. Hopkins seinerseits, der in den 30er Jahren eine Bigband geleitet hatte, spielte ein zartes und wunderschönes kleines Stück, in dem alle Töne und alle Akkorde klangen, als wären sie aus Federn und Seide.

Die Mutlosigkeit, die so viele Jazzmusiker zu jener Zeit empfanden, ist zum Teil auch darin begründet, dass der Kampf um die Zukunft der Musik gegen eine Bedrohung stattfand, die aus heutiger Sicht anscheinend gar nicht existent war. Diese Bedrohung kam aus einer so unerwarteten Richtung, dass sie zu Anfang – so um 1970 herum – gar nicht recht ernst genommen wurde. Führende Musiker dankten plötzlich ab und kehrten dem Jazz zugunsten eines Phänomens namens Fusion-Jazz den Rücken. Und der Mann, der dabei die Richtung wies, war ausgerechnet Miles Davis selbst.

Für einige – auch für den Verfasser, der sich noch daran erinnern kann, wie die Miles Davis Band, mit George Coleman, Herbie Hancock, Ron Carter und Tony Williams, 1964 bei einer Spät-Show im Adams West Theater in Los Angeles aussah – war das Ganze schier unbegreiflich. Damals kamen vier erwachsene Männer in dunklen Anzügen auf die Bühne, gefolgt von jemandem, der aussah wie ein kleiner Junge, einen gelben Anzug und braune Schuhe trug und sich ans Schlagzeug setzte. Es war der gleiche Junge, der vor dem Auftritt mit einem Glas Sodawasser neben Ron Carter gestanden hatte, mit dieser für Jugendliche so typischen Unrast. Währenddessen stand Davis hinter der Bühne und hatte seinen Spaß an dem Trio, das gerade spielte und viel Swing entwickelte. Er tat so, als dirigierte er die Band, tänzelte dabei herum wie im Boxring und ließ begeistert seine Fäuste nach vorne schnellen. Den Männern auf der Bühne bedeutete das sicher mehr als irgendeine Zeitungskritik oder irgendein gut bezahlter Vertrag – diesem kleinen schwarzen Riesen gefiel ihre Musik. Einer der Meister hatte sie akzeptiert. Sein von ihm nicht gern gehörter Spitzname lautete »Inky«, und zu seinem Publikum zählten viele finstere Gestalten, in der Regel irgendwelche Kleinkriminellen mit ihren Frauen – Zuhälter, Spieler, Buchmacher, Drogendealer, Hehler und Damen, die Dinge über Männer wussten, von denen die meisten ihres Geschlechts lieber gar nichts wissen wollten. Es war ein raues Volk, das gern laut redete und schallend lachte, zu viel Rasierwasser und Parfum benutzte und aufgrund seiner verqueren Vorstellungen von Vornehmheit meist eine gewisse Distanz untereinander wahrte, die jedoch urplötzlich in große Vertrautheit umschlagen konnte, wenn ein falsches Wort eine Schlägerei auslöste oder ein lang gehegter Groll sich in einer Bluttat Luft machte. Doch wenn Miles Davis auf die Bühne kam, wurden all diese Bewohner der Schattenwelt auf einmal ganz still, weil sie wussten, dass dieser kleine, exquisit gekleidete Prinz sich beim geringsten Zwischenfall einfach umdrehen und zur Tür gehen würde, und dann wäre alles Bitten und Betteln vergebens. Sobald er die Bühne betrat, war der leutselige Inky, als der er sich hinter den Kulissen gab, verschwunden. Das düstere Gesicht des Mr. Davis, eine Mischung aus Wut und Qual, rückte an seine Stelle, und dann stimmte der Trompeter eine Ballade an und schuf mit seinem Ton eine Atmosphäre im Raum, die selbst den Damen des horizontalen Gewerbes zärtliche Erinnerungen oder wenigstens Träume entlocken konnte. Ein romantischer Nebel breitete sich aus, und wie ein Ring legten sich die Gefühle des Publikums um die Bühne dieses voll besetzten Filmtheaters. Tony Williams, der kleine Junge am Schlagzeug, berührte die Trommeln und strich über die Becken, und ein Klang, wie wir ihn noch nie gehört hatten, schwebte durch den Saal. Als die Band dann vom Balladen-Tempo in einen leicht dahingleitenden Viervierteltakt wechselte, stieg jedes Mal andächtiger Jubel auf, wenn das Publikum zu applaudieren wagte. In dieser Zeit befand sich Miles Davis auf dem Gipfel seines Könnens, rasiermesserscharf und rein wie ein Engel, nach außen hin so überlegen und selbstbewusst wie ein Mann, dem Gott persönlich einen Platz im Himmel versprochen hat. Sein musikalisches Können und sein Auftreten ließen ihn damals unbesiegbar erscheinen.

Gemessen an seiner Beliebtheit und seiner Bedeutung für den Jazz ist es durchaus verständlich, dass viele Musiker Davis Glauben schenkten, als er verkündete, sein abenteuerlustiger Dämon treibe ihn »vorwärts« in Richtung des Fusion-Jazz. Wie der Bassist Jaymie Merritt einmal treffend bemerkte: »Wenn Genie im Spiel ist, muss man ganz genau hinhören.« So wurde Davis mit seinem neuen Outfit und seinen elektronischen Tricks zum Mitbegründer eines neuen Trends. Wayne Shorter, einer der begabtesten Musiker und Komponisten seiner Generation, schloss sich der Band Weather Report an, die zu Anfang als Kollektiv bei vielen Musikern Interesse wecken konnte, später aber in zunehmendem Maße von Joe Zawinul beherrscht wurde und immer mehr Jazzelemente verlor. Tony Williams formierte eine stark von der Rockmusik beeinflusste Band namens Lifetime, zu der auch der britische Gitarrist John McLaughlin gehörte, der offenbar vor allem im Hinblick auf die Lautstärke neue Maßstäbe setzen wollte.

Zumindest eine Zeit lang schien Herbie Hancock einer der wenigen zu sein, die dem sich selbst erneuernden Jazz wirklich die Treue hielten. Der aus dem Suaheli entliehene Name seiner Band, Mwandishi, spiegelte zwar die ethnische Überspanntheit jener Zeiten wider, dennoch gehörte diese Combo – bestehend aus Buster Williams, Billy Hart, Eddie Henderson, Benny Maupin und Julian Priester – zu den ganz großen dieser Ära und vielleicht auch jeder anderen Ära. Niemand hatte je etwas Ähnliches gehört, und es gab Zeiten, da schien das ganze Publikum von der ersten bis zur letzten Note die Luft anzuhalten. Die Harmonien und das Zusammenspiel der Frontlinie, die eleganten Wechsel zwischen verschiedenen Tempi und Rhythmen sowie seine ausgeprägte Abenteuerlust verlieh den Auftritten des Hancock Sextet einen Glanz, wie ihn nur die faszinierendsten Ensembles besitzen. Wäre das Ganze von Dauer gewesen, hätte es vielleicht ein bedeutendes Gegengewicht zu dem bilden können, was später den Namen Fusion-Jazz erhielt – und sicher auch viele Musiker dazu veranlasst, der Jazzmusik treu zu bleiben. Aber auch Hancock ließ sich schließlich vom Klang der klingelnden Kassen verführen, kam an den Scheideweg und begann seinen Abstieg.

Der Jazz stand im Begriff, nur noch als Teil der instrumentalen Popmusik wahrgenommen zu werden. Obwohl bei der Vermischung von Jazz und Rock tatsächlich etwas Neues entstand, wurden gleichzeitig Instrumente und Rhythmen in den Jazz eingeführt, die nichts mehr mit dem Swing – der treibenden Kraft der Jazzphrasierung – zu tun hatten. Hinzu kam, dass der Jazz eine Musik der reiferen Gefühle ist, während der Rock sich mehr auf die jugendlichen Leidenschaften konzentriert. Das bereitete vielen Jazzmusikern, die sich im Fusion-Bereich versuchten, zusätzliche Schwierigkeiten, weil es ihnen einfach nicht gelingen wollte, dieses für Teenager kennzeichnende Gefühl der quälenden Unbeholfenheit und ihre Ablehnung komplexer Strukturen nachzuempfinden – denn sie waren nun einmal nicht unbeholfen, und ihre Musik besaß die gleiche Komplexität wie jede andere darstellende Kunst.

Allen Widerständen zum Trotz häuften sich im Laufe der Zeit aber die Beweise, dass die Musik sich sogar in diesen frustrierenden Jahren treu bleiben und gedeihen konnte. An einem verregneten Abend im Oktober 1976 meldete sich der Bebop-Meister Dexter Gordon in New York zurück, in einem Nachtklub namens Storyville, der dem Pianisten und Jazzimpresario George Wein gehörte. Seit 1962 hatte er jenseits des großen Wassers gelebt. Es war längst in Vergessenheit geraten, dass er als einer der Gründerväter jener Stilrichtung gelten konnte, die Musiker wie Sonny Rollins und John Coltrane in ihren Anfängen geprägt hatte – so schien es jedenfalls bis zu diesem Abend zu sein. Er machte von der ersten Sekunde an klar, dass das Warten sich gelohnt hatte. Eingehüllt von seinem Charme wie von einer dichten Wolke, stand »Long Tall Dexter« am Mikrofon, sagte mit einer Stimme, die gleichermaßen von Männlichkeit wie von Witz und subtiler Ironie geprägt war, die Stücke an und rezitierte hin und wieder auch Ausschnitte aus dem Text der Ballade, die er und seine Leute als Nächstes spielen wollten. Er berührte sein Saxophon mit einer Leichtigkeit, als streiche er sich nur sanft übers Kinn, und machte sich mit jenem gebieterischen Selbstvertrauen, das für viele Bebop-Größen typisch war, die Luft des Raumes untertan. Gleichzeitig schien Gordon aber eigentlich gar keinen Bebop zu spielen. Wie bei allen großen Künstlern machte die Kraft seines individuellen Ausdrucks die Stilrichtung zur reinen Nebensache. Dieser Aufsehen erregende Abend kennzeichnete also den Beginn einer Entwicklung, die nicht nur Gordons Karriere wiederbeleben, sondern auch die Kraft und ästhetische Bandbreite seiner Kunst enthüllen sollte.

Schon wenige Wochen später fand sich Gordon mit seiner Band im Village Vanguard ein, um eine Live-Aufnahme einzuspielen. Das Vanguard war Abend für Abend bis auf den letzten Platz besetzt, sowohl mit Musikern als auch mit Laienpublikum, und Gordon erlangte in so kurzer Zeit einen Starstatus, das diese Entwicklung die gesamte Situation des Jazz beeinflussen sollte. Gordon hatte einen erstklassigen Trumpf im Ärmel, und zwar in der Person von Bruce Lundvall, Jazzfan und Präsident von Columbia Records. Wäre Lundvalls Vorgänger Clive Davis – der innerhalb eines Tages Ornette Coleman, Keith Jarrett, Bill Evans und Charles Mingus bei Columbia gefeuert hatte – noch am Ruder gewesen, die Entwicklung des Jazz wäre sicherlich anders verlaufen. Aber Lundvall liebte diese Musik, und damit war er auch der einzige Präsident einer großen Plattenfirma, der bereit war, sein Geld in Jazzmusiker zu investieren. Großgewachsen und immer exklusiv gekleidet, war Lundvall darüber hinaus der einzige Präsident einer Plattenfirma, der häufig in Klubs oder Konzerthallen auftauchte, um seine Künstler spielen zu hören. Wenn er sie für seine Firma verpflichtet hatte, dann deshalb, weil sie ihm gefielen. Und wenn er sie gut fand, dann kam er auch, um sie zu hören.

Gordons Comeback und die landesweite Aufmerksamkeit, die ihm die Marketing-Kampagne von Columbia verschaffte, sorgte schon bald für ein neu erwachtes Interesse des Publikums an geradlinigem, swingenden Jazz und veranlasste damit auch andere, im Ausland lebende Musiker zur Rückkehr. Johnny Griffin, der kleine Riese, der einen so voluminösen Ton und eine solche Virtuosität besaß, dass er während des Spielens tatsächlich zu wachsen schien, kehrte ebenfalls nach Amerika zurück. Während der Pausen erzählte er hinten in der Küche oder an der Bar bei einem Glas Rotwein gern davon, wie er, Thelonious Monk, Elmo Hope und Bud Powell früher manchmal meilenweit durch die Nacht gelaufen waren, auf dem Weg zu Hopes Wohnung in der Bronx. Unterwegs konnte es vorkommen, dass Powell sich unvermittelt auf irgendeinen muskulösen Typen stürzte und ihm eine Ohrfeige verpasste, und Monk, Hope und Griffin hatten dann jedes Mal die dankbare Aufgabe, den Kerl davon abzuhalten, das große Genie zu Brei zu schlagen.

Auch Art Farmer, der Mann mit dem Schnauzbart und dem stoischen Blick, der inzwischen in Wien lebte, stattete Amerika einen Besuch ab. Sein Spiel galt als Inbegriff der schwebenden und sehnsuchtsvollen Poesie. Wenn er auf der Bühne stand, schien er immer ganz woanders zu sein, irgendwo mitten in einem Traum, der vielleicht seine Fortsetzung fand, wenn Clifford Jordan, ein großer Schwarzer aus Chicago, der oft an seiner Seite Tenorsaxophon spielte, seine schwermütigen Klanggewebe ausbreitete. Eine seiner besten Vorstellungen gab Jordan bei einem Auftritt mit Harry Edison im Condon's, ausgerechnet am Abend des Tages, an dem die Ärzte bei ihm Krebs im Endstadium diagnostiziert hatten. Bei seinem Solo über »I Should Care« missbrauchte er die Musik jedoch nicht dazu, sein Herz auszuschütten oder in Selbstmitleid zu versinken, sondern spielte in seinem eigenen Stil – wie Ben Webster vielleicht gespielt hätte –, und tat damit kund, dass die Melodie seines Lebens, mit all ihren süßen und bitteren Harmonien, einen lyrischen Gesamtklang ergab und ein Geschenk war, das ihm erlaubte, so lange den Mond anzusummen, anzuheulen oder anzuknurren, wie er noch die Kraft dazu besaß.

Auch jene Musiker, die ins innere Exil gegangen waren – einige von ihnen hatten zeitweise in der akademischen Welt Zuflucht gesucht –, kehrten allmählich nach Hause zurück. Sämtliche Schlagzeuger der Stadt hatten sich im New Yorker Village Vanguard eingefunden, als Max Roach wieder die Bühne betrat und einmal mehr bewies, dass er der Meister war. Er beherrschte sein Instrument mit einer geradezu unvergleichlichen Poesie, und das trotz der freien, an keinen Rhythmus gebundene Spielweise, die er sich zu Eigen gemacht hatte und die den Avantgardisten Rashied Ali zu der ebenso frustrierten wie bewundernden Bemerkung veranlasste: »Tja, jetzt spielt Max also Free Jazz. Dann geh ich wohl besser nach Hause, hol meine Gummi-Übungsplatte raus und warte, bis er noch einmal zehn Jahre älter geworden ist.«

Roach spielte danach in einem Duo mit Cecil Taylor zusammen, trat mit seinem Percussion-Ensemble M'Boom und mit dem World Saxophone Quartet in der Saint John the Divine-Kathedrale auf, veranstaltete multimediale Solokonzerte, gründete ein Doppel-Quartett – bestehend aus seiner eigenen, klavierlosen Combo und einem Streichquartett – und tat auch sonst alles, um seine Krone wieder aufzupolieren. Aber an einem der trostlosesten Abende seines Lebens saß er wie ein Kind in der Seventh Avenue South, in einem Lokal, das es heute nicht mehr gibt, und wurde Zeuge, wie Jo Jones – der schon soweit abgebaut hatte, dass er kaum mehr als ein Selbstgespräche führender, abgemagerter Alkoholiker war – auf die Bühne ging und dort ein Routineprogramm abspulte, das nach Worten von Michael James, einem Mitglied der Ellington-Familie, zur »King Lear-Periode« zu gehören schien.

Art Farmer.

Der Aufstieg Woody Shaws zum Bandleader und einem der bedeutendsten Trompeter der Zeit gab in jenen Tagen vielen Musikern moralischen Auftrieb. Nachdem sowohl Miles Davis als auch Freddie Hubbard in den Fusion-Jazz-Bereich abgewandert waren, gab es kaum noch jemanden, der an die Entwicklungen vom Anfang der 60er Jahre anknüpfen konnte. Shaw jedoch spielte an zahlreichen Abenden und mit ungebrochener Kraft, als wäre jede seiner Noten ein Teil des Deiches gegen die Flutwelle der Kommerzialisierung.

Er hatte sich vor seinen Auftritten ein bestimmtes Ritual angewöhnt. Wenn er in der nicht mehr funktionstüchtigen Küche des Vanguard saß, die gleichzeitig als Garderobe diente, schimpfte er über jemanden oder sprach über die Harmonien, die Charlie Parker bei »Bird at St. Nick's« gespielt hatte, oder er erzählte eine Anekdote aus der Zeit, als er in der Band von Horace Silver oder Max Roach oder Art Blakey in die Lehre gegangen war. Wenn es jedoch Zeit wurde, auf die Bühne zu gehen, verließ Shaw – der offiziell als blind galt, den Weg zur Bühne aber auswendig kannte – die Küche, lief den schmalen Gang entlang, der in den Saal führte, ging rechts

Betty Carter.

an der Eingangstür vorbei, bog noch einmal hinter den Stühlen rechts ab, stieg lässig die Stufen zur Galerie hinauf, schob sich zwischen den Tischen hindurch und trat dann auf die Bühne hinaus, wo er vorab noch ein paar Tai-Chi-Bewegungen machte, bevor er die Trompete in die Hand nahm. Das Ganze dauerte ungefähr eine Minute, dann begann Shaw zu spielen, zur Eröffnung fast immer irgendein intensives, schnelles Stück. Wenn man dicht genug an der Bühne stand, konnte man sehen, dass er den entschlossenen Blick einer Schlange hatte, die jeden Moment zuschnappen wird – ein Blick, der durch seine ungeheure Intelligenz und das Feuer, das er der Musik verlieh, noch an Intensität gewann.

Doch dann kam das schreckliche Ende. Shaw war schon seit Jahren drogensüchtig. Er sah nicht gut aus und war mit Sicherheit inzwischen vollkommen erblindet, denn ich bin ein paar Mal an ihm vorübergegangen, ohne etwas zu sagen, weil der Anblick dieses großartigen Mannes, der schon fast wie ein Obdachloser aussah, mich so deprimierte. Einmal jedoch sprach ich ihn an, und er wandte sich mir zu, und hinter diesem nervösen, verbitterten und ängstlichen Blick des Drogenabhängigen gab es immer noch diese Augen und diese Intelligenz. In diesem Moment fiel mir wieder auf, dass er mit Leib und Seele Jazzmusiker war, und ein, dass er – selbst zu Zeiten seiner größten Erfolge, als er sogar Jazzumfragen gewann, von denen man allerdings munkelte, sein Manager habe sie manipuliert – nach einem Gig im Vanguard häufig noch irgendwo nach Harlem oder Brooklyn oder in die Bronx fuhr, um dort mit irgendwelchen unbekannten Typen zu spielen, von denen er gehört hatte, dass sie gute Musik machen wollten.

Eines Abends, als Max Roach im Vanguard auftreten sollte, schickte der Schlagzeuger einen Privatwagen zu Shaw, der ihn zum Klub bringen sollte, damit er sich die Band von Roach anhören könne. Aber während Roach schon auf der Bühne stand, überredete Shaw den Fahrer dazu, ihn stattdessen nach Brooklyn zu bringen. Der Fahrer hatte zwar Anweisung erhalten, Shaw auf keinen Fall irgendwo anders hinzufahren, aber der Trompeter, der sehr aggressiv werden konnte, hatte ihn offenbar davon überzeugt, dass Roach seine Meinung geändert hätte. Am darauf folgenden Morgen kam Shaw auf der Treppe zur U-Bahn ins Stolpern, stürzte die Stufen hinab und landete so dicht neben den Gleisen, dass der einfahrende Zug seinen rechten Arm abtrennte. Max rief mich an, nachdem er ihn im Krankenhaus besucht hatte. Shaw habe dort gelegen, erzählte er, mit rasiertem Schädel und quer darüber einer lange dunkle Reihe von Stichen, ganz still habe er gelegen, mit seinem verstümmelten rechten Arm, in einem Koma, aus dem er nie wieder erwachen sollte. In Max' Stimme schwang jene Trauer mit, die er schon oft für diese ganz besonderen Menschen empfunden hatte, die viel zu früh von uns gehen mussten.

Im Juni 1975 kehrte auch Cecil Taylor nach New York zurück und trat im Five Spot auf. Taylor hatte nie ein großes Publikum besessen, noch war seine Musik jemals besonders einflussreich gewesen, aber in diesem Sommer wurde seine Rückkehr von Gary Giddins in der *Village Voice* und Robert Palmer in der *New York Times* als ein großes Ereignis gefeiert, und der Klub platzte Abend für Abend aus allen Nähten. Das Publikum ließ mehr oder weniger genussvoll den ungebremsten Zorn in Taylors Musik über sich ergehen – eine Musik, die sich quasi ihre eigene Kategorie geschaffen hatte und deren Vokabular vor allem von der europäischen Musik des 20. Jahrhunderts beeinflusst war. Für diesen kleinen, dunkelhäutigen Mann mit der Strickmütze, der die Brille abnahm, bevor er zu spielen begann, um dann oft für mehr als eine Stunde nicht mehr aufzuhören, schien das Klavier eher ein Feind zu sein, den er immer wieder gewaltsam unterwerfen musste. Seine Virtuosität, die Fülle seines Klangs und seine Besessenheit, etwas Erhabenes zu schaffen, riefen allerdings weniger das typische Jazzfeeling hervor, sondern ließen eher an einen jeder Lyrik entkleideten Beethoven denken. Die unvergleichliche physische Kraft, die bei seinen ausschweifenden Auftritten und seinem triumphalen Gehämmer zutage trat, ließ häufig den Eindruck entstehen, es könnte ewig so weitergehen. Doch irgendwann, ohne das Publikum auch nur eines Blickes zu würdigen, setzte Taylor wieder seine Brille auf, verließ die Bühne und ging in seine Garderobe. Dort gab er sich dann oft sehr aufgeschlossen und witzig und bewies mit seiner beeindruckenden geistigen Beweglichkeit, dass er weitaus gebildeter und intellektuell geschulter war als 99 Prozent seiner Kollegen. An manchen Tagen wirkte er dagegen eher niedergeschlagen. Und wieder an anderen Tagen ließ er wütende Schimpftiraden über die Bigotterie und Inkompetenz der Kritiker los, erläuterte die Abneigung der europäischen Konzertszene gegen schwarze Musiker, die Ähnlichkeiten und Unterschiede zwischen afrikanischem Tanz und klassischem Ballett, welche er beide gleichermaßen liebte, oder die historisch verankerte, rassistische Politik der Sportvereine, die der Grund dafür war, warum er die New York Yankees und die Boston Celtics hasste. Taylor wusste sehr viel über sehr viele Dinge, und deshalb wussten auch diejenigen, die ihn spielen hörten, dass er selbst – ganz egal, wer er letztendlich war und was er spielte – der einzige Musiker der Welt war, der die von ihm selbst gesteckten Ziele erreichen konnte oder zumindest ernsthaft erreichen wollte. Seine überragende Intelligenz, fast schon Genialität, ließ diesen Mann in jedem Licht eine ganz eigene Farbe annehmen, vor allem deshalb, weil es ihm gelungen war, intellektuellen Ausdruck mit athletischem Können zu verbinden. Wenn auch das, was er spielte, wenig mit Jazz zu tun hatte, so war es doch auf menschlicher Ebene eine enorme Leistung.

In September des gleichen Jahres trat das Art Ensemble of Chicago zwei Wochen lang ebenfalls im Five Spot auf und löste damit in Manhattan eine wachsende Zuwanderung von Musikern aus dem Mittleren Westen aus, die der Association for the Advancement of Creative Music (AACM) angehörten. Ihre Musik hatte nicht viel mit dem eindimensionalen Kreischen und Hupen zu tun, das für John Coltranes letzte Jahre charakteristisch geworden war. Wie Muhal Richard Abrams, einer der Begründer des AACM, mehrfach betonte, waren diese Musiker nicht daran interessiert, eine bestimmte Stilrichtung zu vertreten, sondern wollten einfach Musik machen.

Das wurde im Five Spot dann auch unmissverständlich klar. Zu den Auftritten des Ensembles erschien der Saxophonist Roscoe Mitchell in Straßenkleidung, der Trompeter Lester Bowie in einem weißen Laborkittel, der Saxophonist Joseph Jarman, der Bassist Malachi Favors und der Schlagzeuger Don Moye mit bemalten Gesichtern und in afrikanischer Aufmachung. Mitchell und Jarman waren offenbar stark von Ornette Coleman beeinflusst, aber Bowies Stil ließ eher an Don Ellis denken. Ellis hatte sich die gesamte Bandbreite der Jazztrompete zu Eigen gemacht – und nicht nur die Entwicklungen seit 1945. Mit seinen Aufnahmen, wie zum Beispiel »New Ideas« oder »Essence«, mit seiner Bearbeitung von George Russells »The Outer View« und mit seinem Artikel im *Down Beat*, in dem er den New Orleans-Veteranen Red Allen zum avantgardistischsten Trompeter in ganz New York kürte, machte Ellis immer wieder klar, dass er selbst ein ganzes Jahrzehnt früher als alle anderen auf der Szene gewesen war. Don Cherry, der intelligenteste und großherzigste unter den Trompetern der Avantgarde, hätte das, was Ellis auf der Trompete produzierte, niemals nachmachen können, selbst wenn er es gewollt hätte – seine Technik reichte dafür einfach nicht aus. Auch Bowie konnte es als Trompeter nicht im Entferntesten mit Ellis aufnehmen, aber zumindest beherrschte er sein Instrument, und das allein genügte schon, ihn umgehend aus der Masse angeblicher Avantgarde-Trompeter herauszuheben, die im Grunde nur blöken und quietschen konnten. Auf jemanden wie ihn und sein Art Ensemble schien New York nur gewartet zu haben.

Die Band war im Herbst in einem großen (und alten) Schulbus in New York eingetroffen. Der Bus hatte zwar immer wieder den Geist aufgegeben, bot aber genügend Platz für die ganze Band, die vielen verschiedenen Saxophone, auf denen Mitchell und Jarman spielten, für die ganze Perkussion – jene Vielzahl »kleiner Instrumente«, die jedes Bandmitglied während eines Auftritts nach Belieben einsetzen durfte – und schließlich auch das überwältigende Arsenal afrikanischer Instrumente, für die Don Moye zuständig war. Er hatte es an dieser Batterie afrikanischer Instrumente als Autodidakt zu der gleichen Virtuosität gebracht wie ein ausgebildeter symphonischer Schlagzeuger an seinen Kesselpauken, Glocken und Xylophonen. Mit Favors und Moye im Hintergrund konnte das Art Ensemble jede Art von ethnischem schwarzen Groove oder afroamerikanischen Beat erzeugen, und zu ihrem Repertoire gehörten sowohl schlichte, einfache Stücke als auch straffe, viel geprobte und schnelle Kompositionen für das ganze Ensemble.

Irgendwann in dieser Zeit kam auch die Gruppe Air – mit Henry Threadgill am Saxophon und an der Flöte, Fred Hopkins am Bass und dem Schlagzeuger Steve McCall, alle drei Mitglieder der AACM – von Chicago nach New York. Ich wohnte damals in einem Loft über dem Tin Palace und spielte gemeinsam mit meinem Wohnungsgenossen David Murray Schlagzeug. Einmal veranstalteten wir dort oben ein Konzert der Hamiet Bluiett Bigband, das so viele Leute anzog und so laut war, dass die Polizei kam und uns erklärte, wir machten zu viel Lärm. Dadurch angeregt, fing ich an, Bands für den Sonntagnachmittag zu engagieren, die auf Eintritt spielen wollten. Bei diesen Terminen traten häufig Musiker auf, die erst kürzlich nach Manhattan gekommen waren und von denen viele zu den progressivsten der damaligen Zeit gehörten.

An dem Sonntagnachmittag, als Air zum ersten Mal in New York auftrat, war allen bekannt, dass dies eine ganz besondere Band war. Ein Großteil ihrer Musik stammte aus Threadgills Feder, der später ein Septett formieren sollte, welches die Fensterscheiben des Tin Palace beinahe zum Zerspringen gebracht hätte.

Auch Musiker, die schon länger nicht mehr in New York gespielt hatten, traten damals im Tin Palace auf – zum Beispiel der Alt- und Sopransaxophonist Gary Bartz, der lange Zeit im Fusion-Jazz mitgemischt hatte, trotzdem aber keinen Zweifel daran ließ, dass er zu den Großen auf seinem Instrument gehörte. Einige Musiker hatten so viel Spaß an der Arbeit in diesem Klub, dass sie nachts um zwei noch einen vierten Set dranhängten – was bedeutete, dass der Klub sich von neuem füllte und man die Chance hatte, Leute wie Dexter Gordon, Art Blakey, Cecil Taylor, Ornette Coleman oder Max Roach dort zu sehen, während Clifford Jordan, Barry Harris, Walter Booker und Vernell Fournier zusammen mit Dewey Redman, Freddie Simmons, Mark Helias und Eddie Moore auftraten.

Manchmal braucht nur ein einziger Funke überzuspringen, und plötzlich werden auf allen Ebenen Leute aktiv. So auch in den 80er Jahren, als ein junger Musiker nach dem anderen nach New York kam, alle offenbar nur mit dem Ziel, guten Jazz zu machen – trotz der Tatsache, dass der Jazz nicht zu den Künsten gehörte, in denen einträgliche Gewinne garantiert waren. Leute wie Wynton Marsalis, Wallace Roney, Geri Allen, Greg Osby, Rene Rosnes, Cyrus Chestnutt, Lewis Nash, Peter Washington, Kenny Washington, Bob Hurst, Reginald Veal, Herlin Riley, Russell Malone, James Williams, Mulgrew Miller, Benny Green, Cassandra Wilson, Vanessa Rubin, Cindy Blackman, Teri Lynne Carrington, Jackie Terrason, Leon Parker, Javon Jackson, Kenny Garrett, Tony Reedus, Jeff Watts, Marvin Smitty Smith und sogar noch jüngere Musiker verließen ihre Heimat und tauchten auf einmal wie aus dem Nichts in der New Yorker Szene auf, als hätte die Musik einen eigenen Überlebenswillen.

Auch Art Blakey spielte bei der Jazz-Renaissance der 80er Jahren eine nicht zu unterschätzende Rolle. An einem Sonntag in der Mitte des Jahrzehnts fand im Apollo eine Vatertagsfeier für Blakey statt. Der Saal war gut gefüllt, und hinter der Bühne sah es nach den Worten des Schlagzeugers Roy Haynes fast so aus »wie bei irgendeinem afrikanischen König«. Dort hatten sich nämlich Blakeys zahlreiche Kinder versammelt, vom Säugling bis zum Erwachsenen, dazu noch jede Menge Freundinnen, Ehefrauen und zahlreiche Musiker, die zu der einen oder anderen Zeit aus seiner Talentschmiede, den Jazz Messengers, hervorgegangen waren. Er war der aufopferungsvolle Held, der unermüdlich Abend für Abend spielte, bis seine Jungvögel, die zu Anfang noch ständig über ihre eigenen Füße stolperten, schließlich so viel Swing bei ihm gelernt hatten, dass sie flügge werden und ihre eigenen Bands gründen konnten. Auch die Sängerin Betty Carter saß an diesem Nachmittag im Publikum, die inzwischen genau das Gleiche machte, was Blakey seit so vielen Jahren praktizierte: Auch sie holte junge Talente in ihre Band und brachte ihnen mit unbarmherziger Strenge bei, wie man swingt und in den verschiedensten Tempi spielt.

Unterstützung erhielten die beiden durch einen wahren Boom von Neuauflagen, den Orrin Keepnews von Fantasy Records ausgelöst hatte. Mit diesen hübsch verpackten und mit guten Covertexten versehenen Zusammenstellungen klassischen Materials wurden den jüngeren Musikern plötzlich Aufnahmen höchsten musikalischen Ranges zugänglich, die man jahrelang nirgends hatte bekommen können. Und auch die älteren Jazzmusiker waren erstmals in der Lage, sämtliche Stilrichtungen der Musik bis zu ihren Anfängen zurückzuverfolgen und spielen zu lernen.

Weitere Ermutigung kam auch vom Podium der Cooper Union School of Art, auf dem schon Abraham Lincoln einst gesprochen hatte. Dort fanden nämlich – auf Anregung von Gary Giddins und unter der Leitung von John Lewis – Konzerte des American Jazz Orchestra statt, bei denen ausgezeichneter klassischer Jazz zu hören war. Wie Loren Schoenberg, der nach Lewis die Orchesterleitung übernahm, einmal im Anschluss an ein besonders mitreißendes Konzert mit der Musik von Duke Ellington erklärte, bot auch die Repertoire-Bewegung den Musikern eine ganze Reihe von Möglichkeiten. Sie konnten die Musik zum Beispiel möglichst originalgetreu nachspielen, neue Improvisationen im Stil der Zeit einbauen oder verschiedene Arrangements ein und desselben Stückes miteinander verbinden – eine weitere Möglichkeit, die Vielfalt der Variationen über ein Thema zu vergrößern. Entscheidend aber war, dass der Jazz nicht länger weite Teile seines großen Kanons verloren geben musste, nur weil diejenigen, die die Musik einst eingespielt hatten, nicht mehr am Leben waren.

Als der Geist des Jazz sich immer mehr auszubreiten begann, fanden sich auch immer mehr gute Bands zusammen. Eine der Besten war Old and New Dreams, bestehend aus Don Cherry, Dewey Redman, Charlie Haden und Ed Blackwell, deren Repertoire von der Musik Ornette Colemans dominiert wurde und die jeden Abend deutlich machte, wie wenig Colemans Beitrag zum Jazz mit dem zu tun hatte, was ein Großteil der so genannten Jazzelite spielte. Diese Band jedoch hatte Swing, sie schuf neue Melodien, und die gesamte Tradition des Jazz hallte in ihrer Musik wider, genau wie bei all den anderen hervorragenden Musikern, die seit der Bebop-Bewegung in den 40er Jahren auf sich aufmerksam gemacht hatten.

Auch einige verlorene Söhne kehrten jetzt überraschend in den Schoß der Familie zurück. Tony Williams gründete eine wunderbare Band mit Wallace Roney an der Trompete, Billy Pierce am Saxophon, Mulgrew Miller am Klavier und – aufeinander folgend – Charnette Moffett, Bob Hurst und Ira Coleman am Bass. Im Vanguard konnte man eines Abends, einige Wochen nach Art Blakeys Tod im Jahr 1990, hören, wie Williams auf einmal musikalische Elemente in sein Spiel einfügte, die ihn in seiner Kindheit berührt haben mussten. Ein bisschen Max Roach, ein bisschen Philly Joe Jones, dann Roy Haynes, Elvin Jones, Kenny Clarke – fast eine Autobiographie seiner eigenen Anfänge. Williams spielte auch wesentlich leiser als zu den Zeiten, in denen er versucht hatte, sich mit Lautstärke einen Platz in der Welt des Fusion-Jazz zu erkämpfen, und so konnte er die ganze Kraft seiner Phantasie hörbar machen, die auch Eigenkompositionen hervorgebracht hatte, denen er den Ruf des vielseitigsten Schlagzeugers und Bandleaders aller Zeiten verdankte. Alles, was auf der Bühne gespielt wurde, ging auf ihn zurück, jeder Ton, jeder Akkord, jedes Arrangement. Das Ergebnis knüpfte direkt an die Musik des Miles Davis Quintet in den 60er Jahren an, der glanzvollsten Phase in der Karriere dieses Drummers. Aber das bedeutete nicht, dass Williams sich zurückentwickelt hatte – eine Schlussfolgerung, die für die meisten intellektuellen Holzköpfe der Jazzkritik nur allzu nahe liegen würde. Indem er seine Träume von einer Karriere als Popstar endgültig begrub, gelang es Williams, trotz der vergangenen dunklen Zeitalter des Jazz eine Phase der Erleuchtung zu erreichen, ein Feuer zu entzünden und frische Holzscheite darauf zu schichten. Mit 46 Jahren war er an einem Punkt angelangt, den alle großen Meister schließlich erreichen, wenn sie den Reichtum ihrer eigenen Wahrnehmung akzeptieren: Irgendwann sind sie in der Lage, jedes Element, das sie anfangs an der Musik und an ihrem Instrument gereizt hat, auch zu verkörpern. Williams konnte sich manchmal Chorus für Chorus in eine Art des Swing hineinsteigern, wie sie kein jüngerer Schlagzeuger hätte hervorbringen können. Zum ersten Mal war in seinem Spiel eine Tiefe zu hören, die nur aus der Tiefe der Emotionen und der Erfahrungen herrühren konnte.

Von all den verlorenen Söhnen des Jazz war es jedoch vermutlich Freddie Hubbard, der nach seiner Rückkehr den höchsten Punkt des Ruhms erreichte. Dem Trompeter wurden auf geradezu biblische Weise die Augen geöffnet: Er erlitt beim Warmspielen hinter der Bühne beinahe einen tödlichen Schlag, weil das Kabel, mit dem seine Trompete an einen Verstärker angeschlossen war, plötzlich mit Wasser in Berührung kam. Nachdem er sich damit endgültig vom Fusion-Jazz verabschiedet hatte, bekam Hubbard einige Zeit später ein Engagement im Blue Note, das nicht nur der größte Klub der Stadt war, sondern auch die besten Gagen bot. Hier waren Musiker wie Sarah Vaughan, das Modern Jazz Quartet, Oscar Peterson, Billy Eckstine und Joe Williams erstmals wieder in einem Rahmen zu hören, wie ihn Jazzfreunde nicht mehr für möglich gehalten hatten.

Auf dieser Bühne schuf Hubbard die schönsten Trompetensoli seiner Zeit. Verschwunden war jede Erinnerung an die Plateauschuhe und karierten Hosen seiner Fusion-Ära. Stattdessen trug Hubbard – ein gut aussehender Mann, der Louis Armstrong immer ähnlicher wurde – jetzt erstklassig geschnittene Anzüge, elegante Hemden und Seidenkrawatten und spielte mit all der verfeinerten Brillanz eines Mannes, der seit 40 Jahren sein Instrument beherrscht. Sein Spiel, das von einem ebenso raffinierten wie spielerisch aggressiven Rhythmusgefühl, von seinen Melodielinien und

Freddie Hubbard.

seiner harmonischen Prägung durch Coltrane und Rollins gekennzeichnet war, besaß inzwischen eine geradezu traumwandlerische Sicherheit und Leichtigkeit. Darüber hinaus war er mit einer schier unerschöpflichen Kraft und Ausdauer gesegnet, ein wahrer Gigant auf seinem Instrument, dessen gebieterischer Fanfarenklang ebenso an Louis Armstrong erinnerte wie sein Äußeres. Eines Abends griff er zum Flügelhorn und spielte eine Version von »Blue Moon«, die mit einer ungewöhnlich langen Einführung begann, das Thema rhythmisch neu aufbaute, und Chorus für Chorus eine Improvisation von größter Reinheit entwickelte. Er schöpfte mit seinen Motiven den gesamten Tonumfang des Horns aus, verwandelte gezogene Töne in Melodien, schuf derart kühne Harmonien, das sie sich selbst betonten, und brachte in seinem Spiel eine Sehnsucht zum Ausdruck, die furchtlos das erste Wort des Titels unterstrich und die Zuhörer zu den Anfängen des Jazz zurückführte.

Letzten Endes scheint die Tatsache, dass die Musik sich immer wieder mit einer solchen Kraft Gehör verschaffen kann, doch wesentlich mehr Gewicht zu besitzen als das Bedauern der Jazzfreunde über ihre mangelnde Anerkennung. Egal, um welchen Stil es sich handelt und was jemand darüber sagen mag – entscheidend bleibt doch, was geschehen ist, als diese Musiker leibhaftig vor uns standen, im Schweiße ihres Angesichts ihre Melodien schufen und unser Gefühl berührten. Mit ihrem Können und ihren gemeinsam errungenen Siegen breiteten sie die Wunder einer einzigartigen Kunst vor uns aus. Wenn es überhaupt eine angemessene Lobrede auf das Wesen des Jazz gibt, dann muss sie von diesen Musikern handeln – von dem, wie sie waren und was sie taten.

KAPITEL ZEHN 1960 BIS HEUTE

MEISTERWERKE UM MITTERNACHT

»Wer glaubt, dass es ein Leichtes sei, jeden Abend auf der Bühne zu stehen, 300 Tage im Jahr, und etwas Neues zu schaffen, der wird niemals begreifen, welche Opfer es erfordert, ein Jazzmusiker zu sein« –, so der Plattenproduzent Michael Cuscuna.

»Es ist unglaublich anstrengend, jeden Tag wieder bei Null anzufangen und etwas hervorzubringen, das bis Mitternacht möglichst die Qualität eines Meisterwerks erreicht haben soll. In dem kreativen Prozess, den es erfordert, jeden Abend ganz von vorne anzufangen, seinem Kopf und seinem Herzen irgendetwas zu entlocken und die Finger dazu zu bringen, sich auf dem Instrument zu bewegen, muss man wirklich sein Innerstes nach außen kehren. Denn jeden Abend muss man jedes einzelne Molekül seines Körpers dazu bringen, etwas Neues zu schaffen. Im Gegensatz zu anderen Kunstformen hat man beim Jazz nicht die Zeit, im stillen Kämmerlein an seinen Entwürfen herumzubasteln. Man steht immer im Rampenlicht. Man steht vor den Leuten und

Dexter Gordon auf der Bühne, zusammen mit Stafford James am Bass und Louis Hayes am Schlagzeug, 1978.

muss genau in diesem Moment etwas Neues schaffen. Es gibt kein Netz und keinen doppelten Boden. Man steht da vorne, und alle können sehen, ob man scheitert oder Erfolg hat. Oder sich so durchwurstelt.«

Wohl kaum ein Jazzmusiker hat härter gearbeitet und mehr aufs Spiel gesetzt als Dexter Gordon – »Long Tall Dexter«. Und nur bei wenigen Musikern sollten sich die Spuren dieser Belastung so deutlich zeigen wie bei ihm. Als Sohn eines Arztes in Los Angeles geboren – zu dessen Patienten auch Duke Ellington zählte, wann immer er in der Stadt war –, war Gordon als junger Mann angeblich so groß und gut aussehend, dass es schon einen Menschenauflauf gab, wenn er nur sein Saxophon zusammenbaute. »Rund um die Central Avenue wurde er von allen Leuten vergöttert«, erinnerte sich Art Pepper. »Er trug einen breitkrempigen Hut, mit dem er aussah, als wäre er zwei Meter zehn. Er ging ein bisschen krumm, trug lange, schmal geschnittene Anzüge und transportierte sein Horn in einem Sack unter dem Arm.«

Er hatte einen unverwechselbaren Ton entwickelt – voll und warm und eigentümlich schleppend, selbst dann noch, wenn er förmlich durch die Harmonien raste – und war bei den Meistern des Fachs in die Lehre gegangen. Gordon verehrte Lester Young, hatte bei Lionel Hampton sowie in der Bigband von Louis Armstrong gespielt – die Arrangements waren zwar keine große Sache, erinnerte er sich, aber er fand es wunderbar, »Pops« jeden Abend spielen zu hören – und war mit dem bahnbrechenden Orchester von Billy Eckstine auf Tournee gegangen. Während seiner Besuche in New York nahm er häufig an den musikalischen Wettkämpfen teil, die wöchentlich im Minton's stattfanden und viel dazu beitrugen, den Bebop in größeren Kreisen bekannt zu machen. Sein erstes mörderisches Duell, das unter dem charakteristischen Namen »The Chase« bekannt geworden ist und auch aufgezeichnet wurde, lieferte er sich mit Wardell Gray; später folgten weitere berühmte Kraftproben mit anderen Star-Tenoristen, darunter Sonny Stitt, Teddy Edwards und Gene Ammons – immer mit beeindruckenden Ergebnissen. Gordon war der geborene Kämpfer: Der Wettstreit um die Spitze bestimmte, wie er sagte, »jeden Abend, mein ganzes Leben«.

Zu Beginn der 50er Jahre schien Gordon eine grandiose Karriere bevorzustehen, aber er war inzwischen heroinabhängig geworden. Die Sucht kostete ihn 200 Dollar am Tag und hatte ihn vollkommen im Griff. Während eines Aufenthalts in New York soll er nach einem Schuss einmal dermaßen in Ekstase geraten sein, dass er an der Ecke 11th Street und Fifth Avenue sein Horn auspackte und seinem Dealer aus lauter Dankbarkeit ein Ständchen brachte. Doch 1952 holte auch ihn schließlich der Arm des Gesetzes ein, und er verbrachte Teile der folgenden acht Jahre in den Staatsgefängnissen von Chino, Fort Worth, Lexington und Folsom.

Als Gordon aus der Haft entlassen wurde, bekam er zu spüren, dass es von Tag zu Tag schwieriger wurde, an Jobs heranzukommen. Auch anderen Jazzmusikern erging es ähnlich. Als der britische Historiker Eric Hobsbawm, der sich gelegentlich auch als Jazzkritiker betätigte, 1960 erstmals in die USA reiste, stellte er fest, dass »die Nächte zu kurz waren, um all das zu hören, was in den New Yorker Klubs – vom Half Note und Five Spot in Greenwich Village bis zu Small's Paradise und dem Apollo in Harlem – und weiter westlich in den Klubs von Chicago und San Francisco geboten wurde«. Als er jedoch zwei Jahre später ein weiteres Mal in die Staaten kam, berichtete er enttäuscht, »die Worte ›Bird Lives‹ [sind] zwar noch immer auf einigen einsamen Mauern zu lesen, aber das Birdland, jene berühmte, nach Charlie Parker benannte New Yorker Hochburg des Jazz, existiert nicht mehr«. Der Jazz sei »praktisch aus dem Ring geprügelt worden«.

Was war geschehen? Nach Ansicht des Tenorsaxophonisten Johnny Griffin waren in erster Linie diejenigen Musiker für diese Entwicklung verantwortlich, die den Jazz »aus Harlem herausgeholt und in die Carnegie Hall und die Klubs in der City verfrachtet haben, wo man gefälligst leise sein muss. Daraufhin hat sich das schwarze Publikum verabschiedet und ist nach Harlem zurückgegangen, zurück zum Rhythm and Blues, bei dem man seinen Spaß haben kann.« Hinzu kam, so schrieb der Pianist Hampton Hawes, dass »die weißen Jugendlichen verstärkt in die Rockkonzerte drängten, während die älteren Leute zu Hause vor dem Fernseher sitzen blieben. Vermutlich hatten sie gemerkt, dass sie zu unserer Musik nicht mehr mit dem Fuß wippen konnten.« Und nach 1963 sorgte schließlich der überraschende, weltweite Siegeszug der Beatles und anderer britischer Rockgruppen – deren Musik, ebenso wie der weiße, amerikanische Rock 'n' Roll ein Jahrzehnt zuvor, aus dem afroamerikanischen Blues hervorgegangen war – für einen spektakulären Anstieg

Das Village Gate in Greenwich Village, auch in den 60er Jahren noch eine Hochburg des Jazz.

Louis Armstrong. »Jeder Mensch hat eine ganz eigene Musik, die in ihm aufsteigt«, sagte er einmal in einem Interview, »und natürlich lässt jeder sie auch auf ganz verschiedene Weise heraus. Wenn ich Trompete spiele, dann denke ich an Zeiten und Ereignisse in der Vergangenheit, deren Bilder zu diesem Stück passen. … Eine Stadt, irgendein Mädchen, das ich mal gekannt habe, ein namenloser alter Mann, den ich irgendwo gesehen hab – all das kann dieses Bild in mir wachrufen. … Was aus dem Horn eines Musikers herauskommt, ist das, was er ist. Und ein Mensch kann viele verschiedene Dinge sein.«

Die 125th Street in Harlem. Im Herbst 1964, als dieses Foto entstand, zählten im Jazz verwurzelte Stars wie Billy Eckstine und Quincy Jones nur noch selten zu den Hauptattraktionen des Apollo Theater. Am besten lief das Geschäft mit Rhythm and Blues.

Dexter Gordon im New Yorker Royal Roost, 1948.

der Verkaufszahlen in der Rockmusik und für noch größere Verluste im Bereich des Jazz. Selbst John Hammond sah sich gezwungen, seiner Lieblingsmusik, was den Beruf betraf, den Rücken zu kehren und seine Fähigkeiten als Talentscout in der Rock- und Folkmusik zu nutzen, wo es ihm gelang, Aretha Franklin, Bob Dylan und später dann auch Bruce Springsteen für Columbia Records zu verpflichten.

Die Jazzmusiker waren mittlerweile so verzweifelt, dass sie jeden Job annahmen, den sie bekommen konnten – sie arbeiteten in Cocktailbars oder in Studio-Orchestern, spielten Hintergrundmusik für Kinofilme ein oder begleiteten Rock-Sänger ohne Band bei ihren Studioaufnahmen. »Man muss schließlich seine Brötchen verdienen«, meinte Bud Shank, einer von zahllosen West Coast-Musikern, die sich gezwungen sahen, in den Studios von Hollywood Zuflucht zu suchen. »Man muss von irgendetwas leben. Ich bin lange Zeit arbeitslos gewesen – seit 1962 oder 1963, als der Jazz uns im Stich gelassen hat – bis ich Vollzeit-Studiomusiker wurde. ... Ich habe einfach die Branche gewechselt. Mehr nicht ... ich habe meine Fähigkeiten, also Flöte und Saxophon spielen, eben anderweitig eingesetzt.«

Andere Musiker traten überhaupt nicht mehr auf. Der Tenorsaxophonist Eddie »Lockjaw« Davis, ein Veteran der Band von Count Basie, wurde Konzertagent für Rockgruppen. Dicky Wells, der für Basie Posaune gespielt hatte, nahm einen Job als Wächter in einer Bank an der Wall Street an, zum Teil deshalb, weil seines Wissens nach »schon mindestens 100« andere Musiker – darunter auch Fletcher Henderson, Benny Carter und Teddy Hill – in diesem Finanzbezirk arbeiteten, mit denen er seine Mittagspause verbringen konnte. Wieder andere gingen nach Europa, in der Hoffnung, dort ein neues Publikum zu finden, wie zum Beispiel Chet Baker, Donald Byrd, Don Cherry, Art Farmer, Bud Freeman, Stan Getz, Jimmy Heath, Philly Joe Jones, Oscar Pettiford, Bud Powell, Stuff Smith, Art Taylor, Lucky Thompson, Ben Webster, Randy Weston, Phil Woods und viele andere.

1962 schloss auch Dexter Gordon sich diesem Exodus an. 14 Jahre lang sollte er im Ausland bleiben, zunächst in Paris, später dann in Kopenhagen, und nur in die Heimat zurückkehren, wenn ihm dort ein Auftritt oder eine Plattenaufnahme angeboten wurden. Er genoss die Bewunderung der europäischen Fans, die ihn als Künstler, nicht als Drogenabhängigen behandelten – aber die europäischen Musiker, mit denen er manchmal gezwungen war zu spielen, strapazierten häufig seine Geduld. Die meisten von ihnen waren Amateure, berichtete er später, Ärzte, Zahnärzte, Architekten und Geschäftsleute. Sie liebten die Musik, aber »sie konnten nur das spielen, was sie von den Platten gelernt hatten. Und im Jazz kommt man vor allem dadurch weiter, dass man mit anderen Musikern zusammenspielt, mit älteren Musikern. ... Auf diese Weise ist jeder von uns in den Staaten groß geworden.« Doch auch die amerikanischen Nachwuchsmusiker lernten immer seltener auf diese Weise, und die Konsequenzen für den Jazz sollten nicht lange auf sich warten lassen.

Das Land, das Gordon hinter sich ließ, trat damals in eine Phase ein, wie es sie noch nie zuvor erlebt hatte – eine Zeit, die von selbstlosen Kämpfen, aber auch von einem schamlosen Hedonismus geprägt war, eine Zeit des beispiellosen Fortschritts in der Bürgerrechtsbewegung, aber auch der sich immer mehr vertiefenden Kluft zwischen den Rassen, eine Zeit der Aufrufe zum gemeinsamen Widerstand, aber auch der zunehmenden Fixierung auf das Individuum – und nicht zuletzt eine Zeit, in der eine Jugendkultur sich derart explosionsartig ausbreitete, dass sie schließlich den musikalischen Geschmack eines ganzen Landes diktierte. Der Jazz war krampfhaft bemüht, all diesen Entwicklungen gerecht zu werden, wodurch er im Laufe der Zeit in so viele Splittergruppen zerbrach, dass Duke Ellington einmal bemerkte, er könne nicht verstehen, wie sich »solche extremen Gegensätze noch unter einem einzigen Oberbegriff zusammenfassen lassen«. Die Debatte darüber, was nun Jazzmusik war und was nicht, tobte heftiger denn je, obwohl die eigentliche Frage hätte lauten müssen, ob der Jazz – als die ureigenste Kunstform Amerikas – in Amerika überhaupt überleben konnte.

Kein Buch, nicht einmal ein ganzes Regal voller Bücher, wäre in der Lage, die Entwicklung des Jazz nach 1960 in angemessener Weise nachzuzeichnen, geschweige denn den komplizierten Verlauf all seiner weit verzweigten Nebenadern zu verfolgen. Es gab in dieser Zeit keine Musiker wie Louis Armstrong und Charlie Parker, hinter denen alle anderen zurücktraten, auch wenn John Coltrane und Miles Davis sicherlich zu den einflussreichsten Musikern des Post-Bebop zählen, da ihre Laufbahn mit fast allen wichtigen Entwicklungen des Jazz eng verknüpft ist – den positiven wie den negativen. Während der allzu kurzen Karriere Coltranes, die 1955 mit dem Miles Davis Quintet begann und 1967 mit seinem vorzeitigen Tod im Alter von 40 Jahren endete, verkörperte seine Musik zunächst auf fast exemplarische Weise jenen Idealismus, der zu den herausragendsten Qualitäten der frühen 60er Jahre zählt. Erst in späteren Jahren eröffnete sie einen geradezu prophetischen Ausblick auf jenes Chaos, von dem das Ende dieses Jahrzehnts geprägt sein sollte und das Cecil Taylor einmal als die »Hysterie unserer Zeit« bezeichnet hat. Mit Coltranes frühem Tod wurde darüber hinaus eine romantische, aber gefährliche Vorstellung genährt – die bereits mit dem vorzeitigen Tod Bix Beiderbeckes entstanden war und mit Charlie Parkers Ableben weitere Nahrung erhalten hatte –, derzufolge die größten Musiker sich in ihrem Streben nach einer Erneuerung der Musik immer auch selbst zerstören müssen. Währenddessen fand Miles Davis, dessen Ruhm bis zu seinem Tod im Jahr 1991 ungebrochen bleiben sollte, immer wieder neue Wege, mit jungen Musikern zusammenzuarbeiten. Als er jedoch erkannte, dass der Stern der Jazzmusik – und damit auch sein eigener – im Sinken begriffen war, suchte er sein Heil darin, die Musik, die ihn so berühmt gemacht hatte, zunächst zu verfremden, um sich letztlich ganz von ihr abzuwenden.

SO ETWAS WIE GLÜCK

»Vor kurzem habe ich abends im Radio eine Sendung gehört, in der irgendein Typ über ›modernen‹ Jazz sprach«, erzählte Duke Ellington in einem Interview Anfang der 60er Jahre. »Er legte eine Platte auf, um seine Meinung zu illustrieren, und in dieser Musik entdeckte ich Techniken und Kunstgriffe, die ich schon Anfang der 20er Jahre bei einigen Jazzmusikern gehört hatte. Solche vollmundigen Worte wie ›modern‹ haben im Grunde nicht viel zu bedeuten. Jeder, der mit dieser Musik wirklich etwas zu sagen hatte, war ein Individualist. Ich denke dabei an Musiker wie Sidney Bechet, Louis Armstrong und Coleman Hawkins. Dann passiert es, dass Hunderte anderer Musiker von diesem einen Mann beeinflusst werden. Sie nehmen ihn zum Vorbild, und so entsteht plötzlich das, was man eine Kategorie nennt. Mich interessieren solche Begriffe wie ›moderner‹ Jazz nicht. Mich interessieren nur die Individualisten.«

1962 war Coltrane längst einer der einflussreichsten Individualisten des Jazz, und als Bob Thiele von Impulse Records Duke Ellington in diesem Jahr fragte, ob er bereit sei, mit Coltrane zusammen eine Platte aufzunehmen, stimmte der Ältere begeistert zu. Vor den Aufnahmen wurden von allen Seiten Befürchtungen laut, die individuellen Stile der beiden würden nicht gut miteinander harmonieren, und der Altersunterschied zwischen dem 36-jährigen Saxophonisten, der inzwischen von vielen als Vorreiter einer neuen musikalischen Revolution angesehen wurde, und dem 63-jährigen gestandenen Musiker, dessen erste Aufnahmen aus einer Zeit stammten, zu der Coltrane noch nicht einmal geboren war, würde sich als zu groß erweisen. Aber niemand hätte sich Sorgen machen müssen.

»Ellingtons Aufgabe in der Welt des Jazz ist es offenbar, die Männer von den Jungs zu trennen«, schrieb der britische Saxophonist Benny Green. »Kein anderer Musiker im Bereich des Jazz verfügt über eine derart ausgeprägte Sensibilität für Harmonie und instrumentalen Ausdruck wie er, und der Grund, warum er von so vielen modernen Fans nicht akzeptiert wird,

Eric Dolphy, rechts daneben John Coltrane am Sopransaxophon und der Bassist Reginald Workman als Reflexion in einem Spiegel des Village Gate, 1961. »Wenn es etwas gibt, von dem wir glauben, es könnte besser sein«, sagte Coltrane, »dann müssen wir uns darum bemühen, es besser zu machen. ... Ob nun in menschlicher, musikalischer oder politischer Hinsicht ... in allen Lebensbereichen.«

scheint mir weniger darin zu liegen, dass sie viel moderner sind als Duke, sondern dass er viel moderner ist als sie.« Die beiden Musiker verstanden sich jedenfalls blendend. Dass Coltrane in der Regel über Skalen improvisierte, konnte Ellington nicht schrecken – »Wir sind es schließlich gewöhnt ... uns dem Solisten im Vordergrund anzupassen«, sagte er unter Verwendung des Pluralis majestatis –, während Coltrane seinerseits allein schon aufgrund seiner gründlichen Jazzausbildung tiefsten Respekt für Ellington und seine Musik hegte. Die chronische Unzufriedenheit des Saxophonisten mit seiner eigenen Arbeit hätte die Aufnahmearbeiten leicht zu einer Qual werden lassen können, weil Coltrane kein Ende fand und immer noch einen weiteren, vielleicht besseren Take einspielen wollte. Aber Ellington gelang es auch dieses Problem unauffällig und diplomatisch aus dem Weg zu räumen. »Frag ihn einfach gar nicht erst, ob er noch eine Aufnahme machen will«, riet er Thiele, nachdem Coltrane den ersten Take des ersten Stücks eingespielt hatte. »Er wird sich irgendwann sowieso nur noch wiederholen.«

John Coltrane 1960 im neu eröffneten Solomon R. Guggenheim-Museum in Manhattan.

Eben dieser Vorwurf war Coltrane wegen seiner manchmal bis zu einstündigen Improvisationen schon des Öfteren gemacht worden. »Was den einen verzaubert, langweilt den anderen«, kommentierte Martin Williams. Doch Coltrane setzte diese Redundanzen nicht absichtlich ein. Kaum ein anderer Musiker arbeitete so hart daran, immer wieder neue Klänge zu entdecken. Und kaum ein anderer hatte ähnlich hochfliegende Vorstellungen von der Berufung eines Musikers. »Ich würde den Leuten gern so etwas wie Glück vermitteln«, erklärte Coltrane in einem Interview zu Anfang seiner Karriere. »Ich würde gern eine Methode entdecken, die dafür sorgt, dass es regnet, wenn ich will, dass es regnet. Und wenn einer meiner Freunde krank ist, dann will ich einfach nur eine bestimmte Melodie spielen müssen, damit er wieder gesund wird. ... Aber was sind das für Melodien, und welchen Weg muss man gehen, um Kenntnis darüber zu erlangen? Das weiß ich einfach noch nicht.« Bei einem weniger bescheidenen Mann wären solche Äußerungen sicher als Größenwahn gedeutet worden, und tatsächlich waren manche Leute der Ansicht, Coltranes Verhalten grenze an Wahnsinn. Zwanghaft muss er auf jeden Fall gewesen sein: So war er unter anderem offenbar derart versessen auf Süßigkeiten, dass er im Alter von 31 Jahren schon fast alle Zähne verloren hatte. Außerdem übte er auch tagsüber mit einer solchen Besessenheit auf dem Saxophon, dass er, wenn seine Frau nicht zu Hause war, weder ans Telefon noch zur Tür ging – wie seine ehemalige Nachbarin, die Organistin Shirley Scott, sich erinnerte. Und wenn er abends in einem Klub auftrat, wollte er am liebsten gar nicht mehr aufhören, weshalb er manchmal am Ende eines langen Solos mit seinem Horn auf die Herrentoilette ging und dort weiterblies, während die anderen ihre Soli spielten. Wenn er wieder dran war, kam er auf die Bühne zurück und wiederholte diesen Kreislauf manchmal den ganzen Abend lang, ohne eine einzige Unterbrechung, bis der Klub am frühen Morgen schloss.

In den ersten Jahren hatte Coltranes Zwanghaftigkeit allerdings zu einer schweren Heroin- und Alkoholabhängigkeit geführt, die sogar dazu führte, dass Miles Davis sich 1957 gezwungen sah, ihn für eine Zeit lang aus seiner Band auszuschließen. Doch dieser Rauswurf erwies sich im wahrsten Sinne des Wortes als Segen: Coltrane ging zurück nach Philadelphia, wo er, wie er später beschrieb, »durch die Gnade Gottes ein spirituelles Erwachen erlebte, das mich zu einem reicheren, erfüllteren und produktiveren Leben geführt hat. ... Voll Dankbarkeit und Demut bat ich um das Privileg, andere Menschen durch meine Musik glücklich zu machen.« Mit diesem Ziel vor Augen schwor er den Drogen und dem Alkohol ab und stürzte sich geradezu monomanisch in seine Kunst – mehr denn je entschlossen, seine Musik noch reicher zu machen, mit noch mehr Tönen, Energie und Inspiration zu füllen. Eine Zeit lang arbeitete er mit Thelonious Monk zusammen, dann wieder mit Miles Davis; ab 1960 ging er, bis auf gelegentliche Konzerte mit dem Avantgarde-Klarinettisten Eric Dolphy, eigene Wege.

Mit der gleichen Verbissenheit, mit der er früher versucht hatte, jeden einzelnen Ton einer Harmonie zu spielen, stürzte sich Coltrane während seiner spirituellen und musikalischen Suche auf fast jeden neuen Trend, den die 60er Jahre zu bieten hatten: Er beschäftigte sich mit Astrologie, Vegetarismus und Yoga, mit der Kabbala, Kahlil Gibran, dem tibetischen Buddhismus und dem hinduistischen Mystizismus, kämpfte sich durch ein Buch mit dem Titel »Philosophy Made Simple« (Philosophie leicht gemacht) und landete schließlich auch beim LSD. Außerdem interessierte er sich für nordafrikanische und fernöstliche Musik und experimentierte mit der monotonen und auf Skalen basierenden Spielweise der indischen Ragas. »Er war davon besessen herauszufinden, wie er das, was er hörte, zum Ausdruck bringen konnte«, sagte Charlie Haden einmal. »Er konnte an nichts anderes denken. Er entwickelte eine Energie ... fast wie die Energie der Sonne. Er konnte alles und jeden erheben, wenn er spielte.«

1961 gründete Coltrane dann sein eigenes, unvergleichliches Quartett. Jimmy Garrison spielte mit enormer Energie und Unerschütterlichkeit den Bass. McCoy Tyner saß am Klavier. Seine Vorliebe für den Blues, perkussive Blockakkorde, für Riffs und »Vamps« – kurze, ständig wiederholte Tonfolgen, die einen ähnlichen Effekt erzeugen wie die monotonen Wiederholungen der indischen Musik – ergänzte sich hervorragend mit Garrisons Spielweise und schuf damit den perfekten Hintergrund für Coltranes immer weiter ausufernde Träumereien. Elvin Jones wiederum saß am Schlagzeug – und schöpfte die Möglichkeiten aller seiner Trommeln tatsächlich bis ins Letzte aus. Wie schon Stanley Crouch erwähnte, war das Drumset für Jones ein »Ensemble«, auf dem der Rhythmus nicht nur gespielt, sondern »orchestriert« wurde. »Manchmal hört es sich vielleicht eher wie ein Duett oder ein Duell an«, kommentierte Jones einmal selbst sein aufwühlendes, wirbelndes, von reichlich Beckenbetonungen durchzogenes Schlagzeugspiel, das manchmal weniger einen Hintergrund für Coltranes Soli abgab, als vielmehr die gesamte Combo zu verschlingen schien, »aber trotzdem unterstütze ich ihn damit, indem ich ihn ergänze.«

Zusätzlich zum Tenorsaxophon, auf dem er sich zunächst einen Namen gemacht hatte, spielte Coltrane nun auch das Sopransaxophon, jenes höher gestimmte Instrument, das Sidney Bechet als Erster im Jazz eingeführt hatte. Coltrane entschied sich für dieses Saxophon, weil sein Klang ihn, wie er sagte, an die fernöstlichen und afrikanischen Instrumente erinnerte, die er so gerne hörte. Daher verwendete er es 1961 auch für seine erstaunliche Bearbeitung des ursprünglich ziemlich kitschigen Walzers »My Favorite Things« aus The Sound of Music. Seit Dave Brubecks »Take Five« war es das erste Jazz-Stück, das ein Radiohit wurde, und es machte Coltrane zum vielleicht bestbezahlten schwarzen Jazzmusiker des Landes nach Miles Davis.

Was er jedoch kaum zu bemerken schien. Wenn seine Aufnahmen auf den Markt kamen, war er längst schon wieder mit anderen Dingen beschäftigt, immer auf der Suche nach Antworten auf die Fragen, die ihn bedrängten. In der Zeit, als »My Favorite Things« immer noch ständig im Radio zu hören war, nahm Coltrane für Village Vanguard eine Live-LP namens Chasin' the Trane auf. Das Stück mit demselben Titel – ein mehr als 16-minütiges Tenorsolo, das eine Seite der Platte und gut achtzig Chorusse umfasst und damit etwa dreimal so lang ist wie Paul Gonsalves' Solo beim Newport Festival 1956 – baute zwar auf einem zwölftaktigen Bluesschema auf, besaß aber ansonsten keinerlei Ähnlichkeit mit irgendeinem anderen Blues, den man bis dahin gehört hatte. Tyner war bei dieser Aufnahme nicht dabei, aber Jones und Garrison sorgten dafür, dass die Nummer die ganze Zeit swingte. Für den Rest war ausschließlich Coltrane zuständig – er ließ die Töne herabstürzen, sich winden und brüllen, baute Glucksen und Hupen, Schreie und Seufzer in seine Musik mit ein, die er in den Rhythm and Blues-Bands gelernt hatte, und sein Ansturm ist von einer derartigen Intensität und Hartnäckigkeit, dass er die Schutzmauern seiner Zuhörer einfach niederreißt und sie fast ebenso begeistert und erschöpft zurücklässt, wie er selbst am Ende des Stückes gewesen sein muss. Auch wenn dies nicht in seiner Absicht lag – »Ich gehe in erster Linie bestimmte Klänge und Skalen durch«, sagte er einmal. »Ich bin mir

Elvin Jones, »Emperor Jones«, wie er vom großen Max Roach getauft wurde, betonte immer wieder, das Drumset müsse wie ein einziges Instrument gespielt werden, nicht wie mehrere. »Man kann die Teile des Sets nicht voneinander getrennt sehen«, sagte er, »genau so wenig, wie man sein linkes Bein vom übrigen Körper getrennt sehen kann. Wir leben in einer Welt, in der alles in Kategorien eingeteilt und in kleine Schubladen gesteckt wird. Aber ich muss darauf bestehen, dass das Drumset eine Einheit bildet.«

BESSER ALS DIE BEATLES

Im Februar 1964 landeten die Beatles in Amerika. Ihre Musik war ihnen vorausgeeilt – Beatles-Aufnahmen standen an der Spitze der Charts, und die jungen Mädchen in Amerika reagierten auf ihr Erscheinen mit der gleichen Hysterie wie ihre Altersgenossinnen in England. Dabei bildete die Band nur eine Vorhut dessen, was später als »die britische Invasion« bezeichnet werden sollte. Die Jazzmusiker gerieten ins Abseits – mit einer bemerkenswerten Ausnahme: Louis Armstrong und seine All Stars. »Wir spielten damals in einem Klub in Chicago«, erinnerte sich Arvell Shaw, »Da kam ein Anruf von Joe Glaser, der sagte: ›Ich möchte, dass ihr an eurem freien Tag nach New York kommt und eine Aufnahme macht.‹ Also flogen wir am Sonntag rüber nach New York, und im Studio wurde Louis ein Notenblatt in die Hand gedrückt. Er schaute es sich an und meinte dann: ›Soll das heißen, dass ihr mich extra hergeholt habt, nur um das hier zu spielen?‹ Er fand die Musik einfach scheußlich, verstehen Sie? Aber wir machten die Aufnahme und flogen wieder nach Chicago zurück, um dort bis zum Ende unseres Engagements zu bleiben. Ein paar Monate später waren wir auf Tournee und spielten in Nebraska und Iowa, jeden Abend woanders. Und jeden Abend hörten wir das Publikum rufen: ›Hello, Dolly! Hello, Dolly!‹ Während der ersten Abende reagierte Louis gar nicht, aber als die Rufe immer lauter wurden, fragte er mich schließlich: ›Was zum Teufel ist ‚Hello, Dolly'?‹ Und ich sagte: ›Erinnerst du dich noch an diesen Studiotermin in New York? Eins von den Stücken hieß ‚Hello, Dolly', aus irgendeiner Broadway Show.‹ Wir mussten uns also die Noten schicken lassen, und als wir das Stück zum ersten Mal bei einem Auftritt spielten, brach im Publikum wirklich die Hölle los.« Zwei Monate nach Ankunft der Beatles führte plötzlich Armstrongs »Hello, Dolly« die Hitlisten an. Als Armstrong nach New York zurückkam, wurde er von einem Plakat begrüßt, das über einem Stammlokal der Jazzer namens Copper Rail auf der 48th Street hing und die Aufschrift trug: »Du bist besser als die Beatles.« Drinnen wurde er von einer ganzen Schar von Musikern, denen er all die Jahre ein Vorbild gewesen war, gefeiert: Von Eddie Condon und Bud Freeman, Duke Ellington, Lionel Hampton, ebenso wie Ben Webster, Buck Clayton und vielen anderen. Armstrongs Triumph war Balsam für die Seele vieler Jazzmusiker, währte aber nur kurz. Wenige Wochen später hatte der Rock den Äther wieder zurückerobert.

Das Cover einer LP von Louis Armstrong, auf der auch sein Hit »Hello Dolly« zu hören ist.

Während der 60er Jahre sollte es allerdings noch weitere Hits geben, die aus dem Jazz oder zumindest aus dem Umfeld des Jazz hervorgingen. Der Tenorsaxophonist Stan Getz konnte mit seinem brasilianischen Bossa Nova vorübergehend Aufsehen erregen, und auch Cannonball Adderley landete mit seinem gefühlvollen »Mercy, Mercy, Mercy« einen Hit, ohne sich davon jedoch blenden zu lassen: »Der Jazz, den wir … kannten und liebten …, der ist verschwunden. Das Publikum schrumpft immer mehr zusammen …«

zwar nicht sicher, wonach ich suche, aber ich weiß, dass es etwas sein soll, das vorher noch nie gespielt wurde« –, so war die Wucht seiner Musik doch fast schon körperlich spürbar und für diejenigen, die bereit waren, ihm überallhin zu folgen, unwiderstehlich. Auch Michael Cuscuna ging häufig ins Birdland, um Coltrane zu hören. »Die Energie, die Kraft, die von dieser Combo ausging, war wirklich unfassbar. In der ›peanut gallery‹ [einem abgetrennten Bereich für das minderjährige Publikum, das noch keinen Alkohol konsumieren durfte] standen die Tische ziemlich weit auseinander, und wir standen häufig auf, um zu Coltranes Musik zu tanzen. Das war fast schon ein religiöses Ritual.« In einer Zeit, in der die Sensibilität für Rassenfragen immer größer wurde, meinten einige junge schwarze Musiker sogar noch mehr aus dieser Musik herauszuhören: Eine neue, durch und durch expressive Spielweise, die eher im afroamerikanischen Bereich verwurzelt schien und damit ein Gegengewicht zum europäisierten Cool Jazz bildete.

Die Mitglieder in Coltranes Band teilten seinen visionären Glauben an die Bedeutung ihrer Musik. »Viele Jahre später«, so erzählte der Tenorsaxophonist Branford Marsalis, »hingen eine Menge jüngerer Musiker mit Elvin Jones herum, und sie redeten so und sagten: ›Mann, da kam vielleicht eine Intensität rüber, als ihr damals mit Coltrane gespielt habt. Wie war das eigentlich? Wie spielt man mit so einer Intensität?‹ Und Elvin sah den Typen an, der gefragt hatte, und antwortete: ›Man muss bereit sein, für diesen Scheißkerl zu sterben.‹ Alle fingen an zu lachen, wie diese Jungs halt so sind, und warteten auf die Pointe, bis sie endlich begriffen, dass er es ernst gemeint hatte. Wie viele Menschen kennen Sie, die bereit wären zu sterben – einfach so? Für irgendjemanden zu sterben? Aber wenn man diese Platten auflegt, dann kann man genau das hören. Dass einer für den anderen sterben würde.«

Am 9. Dezember 1964 nahm das Coltrane-Quartett eines der beliebtesten und meistverkauften Alben der Jazzgeschichte auf, eine vierteilige, religiöse Suite mit dem Titel A Love Supreme. Für Coltrane waren Musik und Religion mittlerweile zu einer Einheit verschmolzen: »Meine Musik ist der spirituelle Ausdruck dessen, was ich bin – mein Glaube, mein Wissen, mein Sein. … Wenn man erkennt, wie viele Möglichkeiten die Musik bietet, dann hat man den Wunsch, damit etwas Gutes zu tun, der Menschheit zu helfen, sich von ihren Problemen zu befreien. … Ich will ihre Seele berühren.« Mit diesem Album, das in vier Abschnitte eingeteilt ist – »Acknowledgement«, »Resolution«, »Pursuance« und »Psalm« –, gab Coltrane sein persönliches Glaubensbekenntnis ab, und die besinnliche Heiterkeit seiner Musik berührte in den fieberhaften 60er Jahren Tausende von jungen Leuten in ihrem Innersten. Noch heute zählt dieses Album zu den Lieblingsaufnahmen vieler junger Musiker. »Für mich ist dieses Album so durch und durch vom Jazz geprägt wie nur wenige andere«, sagte der Tenorsaxophonist Joshua Redman. »Die Absicht ist ebenso ehrlich wie das Gefühl – man spürt sofort, dass John

Coltrane in dieser Musik seine Seele offenbart. Es ist eine der ersten Platten, die ich je gehört habe, und ich hoffe, es wird auch die letzte sein, die ich jemals höre.«

Branford Marsalis teilte diese Meinung. »Als ich A Love Supreme zum ersten Mal hörte, war ich noch auf dem College. Und es war eine von diesen Platten, die einen nicht in Ruhe lassen. Ein halbes Jahr lang habe ich sie ständig gehört. Ich musste sie einfach immer wieder hören. Ich habe sie morgens zum Frühstück aufgelegt, und dann beim Mittagessen und abends, wenn ich ins Bett ging. Ich habe sie beim Fernsehen gehört. Ich habe sie praktisch die ganze Zeit über gehört. Ich konnte diese überwältigende Intensität einfach nicht fassen. Alle Welt sprach von der physischen Anstrengung, die dahinter steckte, aber je älter ich wurde und je öfter ich die Platte hörte, desto mehr wurde mir klar, dass das Physische eigentlich kaum noch eine Rolle spielt, wenn man sich erst einmal einen bestimmten geistigen Rahmen geschaffen hat. Ich will damit sagen, dass er sich mental in einen solchen Zustand versetzen konnte, dass das Physische für ihn kaum noch Bedeutung hatte – so als würde er seinen Körper hinter sich lassen, sobald er anfing zu spielen.«

Die frühen 60er Jahre waren für Coltranes ehemaligen Arbeitgeber Miles Davis keine gute Zeit gewesen. Er war kokainsüchtig und häufig krank. Seine zweite Ehe ging in die Brüche. In der Regel arbeitete er mit einer ganzen Reihe von Begleitmusikern zusammen, nicht mit einer festen Band. Er war immer noch berühmt, aber viele der Musiker, die aus seiner Band hervorgegangen waren – darunter auch Art Blakey, Horace Silver, Sonny Rollins, John Coltrane und Cannonball Adderley – zogen nun immer mehr Aufmerksamkeit auf sich. Am meisten aber ärgerte ihn, dass seine eigene Musik offensichtlich nicht mehr »am Puls der Zeit« war, wie er selbst es nannte, und dass die Kritiker – vor allem weiße Kritiker, wie er meinte – »damit angefangen [hatten], diese freien Sachen zu unterstützen, und damit alles, was die anderen Musiker machten, einfach über den Haufen warfen.«

Anfangs hatte der Free Jazz Davis wenig beeindruckt. »Man braucht nicht viel nachzudenken, um seltsame Sachen zu spielen«, sagte

Miles Davis und Wayne Shorter, 1968. Davis, so erinnerte sich Shorter, »war der einzige Bandleader, der seine Leute dafür bezahlte, dass sie nicht zu Hause übten. Er wollte vermeiden, dass ihre Improvisationen diesen Schliff bekamen, der sie manchmal so langweilig klingen lässt. Er wollte, dass immer alles ganz frisch und neu war.«

er 1959 nach einer Jam-Session mit Ornette Coleman. Er sei zwar für »Freiheit«, wie er sagte, aber für »kontrollierte Freiheit«, und das neue Quintett, das er Ende 1964 zusammenstellen konnte, sollte das beste Beispiel für diese Aussage sein.

Wayne Shorter – der zwar mit seinen 30 Jahren zu den Veteranen bei Art Blakeys Jazz Messengers gehörte, trotzdem aber noch so viel Respekt vor seinem neuen Bandleader hatte, dass er ihn mit »Mr. Davis« ansprach – schrieb Komposi-

Mitglieder des Miles Davis Quintet auf der Bühne: Herbie Hancock, Ron Carter, Tony Williams und Davis.

tionen für das Quintett und spielte Tenor- und Sopransaxophon. Die Rhythmusgruppe bestand aus dem Bassisten Ron Carter, einem Absolventen der Eastman School of Music, dem Pianisten Herbie Hancock, dessen Karriere bereits im Alter von elf Jahren begann, als er zusammen mit dem Chicagoer Symphonieorchester das D-Dur-Konzert von Mozart aufführte, und dem Schlagzeuger Tony Williams, der mit 17 zwar schon ein erstklassiger Musiker war, in den meisten Klubs aber noch gar nicht auftreten durfte. Davis sah die Aufgaben in seiner Band so verteilt, dass er selbst zwar für »die Inspiration und Weisheit« verantwortlich war, das »Feuer, der kreative Funke« aber von Williams ausgehen sollte. Carter und Hancock hingegen seien die beiden »Anker« der Gruppe, und Wayne Shorter habe die Funktion des »Ideenlieferanten, der für die Konzeption eines Großteils unserer musikalischen Ideen zuständig war«. Wenn die musikalischen Regeln »nicht funktionierten«, so sagte Davis weiter, dann »brach [Shorter] sie eben, aber ... er wusste [auch], dass Freiheit in der Musik bedeutet, die Regeln zu kennen, um sie dann den eigenen Wünschen und Vorlieben entsprechend verändern zu können«.

Das erste der sechs Alben, die Davis mit dieser Band herausbrachte, trug passenderweise den Titel E.S.P. – eine Abkürzung für extrasensory perception –, und es drängte seinen Hörern tatsächlich den Eindruck auf, dass nur übersinnliche Wahrnehmungen diesen scheinbar vollkommen mühelosen Austausch musikalischer Ideen ermöglicht haben konnten. Die Musik war noch dichter und strömte noch freier als alles, was Miles Davis bis dahin gemacht hatte. Sie enthielt durchaus einige plötzliche, spontane Tempuswechsel und andere Elemente, die man aus der Musik wesentlich »freierer« Musiker kannte, verlor aber trotzdem nie den Kontakt zu der im Blues verwurzelten Musik, für die Davis schon immer gestanden hatte. »Es lässt sich wirklich nicht leicht beschreiben, was wir gemacht haben, weil wir eigentlich nie so genau darüber gesprochen haben«, sagte Herbie Hancock rückblickend. »Das meiste passierte eben einfach so, und man musste nur seine Augen, seine Ohren und sein Herz offen halten, um es wahrzunehmen.«

»Ich weiß nicht, ob es jemals eine Gruppe von Musikern gegeben hat, die so unmittelbar miteinander kommunizierten wie diese fünf«, sagte Joshua Redman. »Egal, welches Stück und welche Form – sie konnten damit machen, was sie wollten, einfach, weil sie sich als Musiker so genau kannten. Ihre Musik wird sich immer modern anhören, immer am Puls der Zeit sein, weil ich mir einfach kein besseres Zusammenspiel innerhalb einer Band vorstellen kann.« »Diese Band spielte mit der wahren Freiheit«, so der Plattenproduzent Michael Cuscuna. »Das war der echte ›Free Jazz‹.«

»WE INSIST«

»Alles, was Musiker spielen«, erklärte einmal Jackie McLean, »wird von ihrer Umwelt beeinflusst, von dem, was um sie herum geschieht, und in den 60er Jahren gab es vor allem eine Menge Gewalt. Es begann 1963 mit John F. Kennedy, dann Malcolm X, Medgar Evers, Martin Luther King und Robert Kennedy – und all diese Attentate innerhalb kurzer Zeit. Die Großstädte waren in Aufruhr. Die Bürgerrechtsbewegung. Die Leute schrien. Der Vietnamkrieg. Und die Musik schlug daraufhin die gleiche Richtung ein. In den 60er Jahren geschah so vieles, dass die Musik gar nicht anders konnte, als sich in einem hysterischen und wütenden Sound Luft zu machen. Einige von Tranes Soli hörten sich an wie ein Kind in der Großstadt, das geschlagen wird.«

Die Bewegung trifft auf die Musik: We insist!, 1960.

Bereits 1960 sorgten die Sit-ins der Studenten für solches Aufsehen, dass selbst Duke Ellington – obwohl immer noch der Meinung, »politischer Protest sollte wortlos geäußert werden« – sich veranlasst sah, ein Zeichen zu setzen. Am 22. Februar nach einem Konzert in der Johns Hopkins University in Baltimore ließ er sich zum Blue Jay Restaurant bringen, in dem einige schwarze Studenten am gleichen Tag nicht bedient worden waren. Auch Ellington wurde abgewiesen – und sorgte damit für landesweite Schlagzeilen. Im gleichen Jahr schrieben Max Roach und der Sänger Oscar Brown Jr., ebenfalls inspiriert durch die studentischen Sit-ins, ein längeres Werk mit dem Titel »We insist: The Freedom Now Suite«. Der junge Startrompeter Booker Little war mit von der Partie, ebenso wie Coleman Hawkins – dessen Mitwirkung in diesem eher ungewöhnlichen Rahmen einen weiteren Beweis liefert für die lebenslange Aufgeschlossenheit dieses Altmeisters allem Neuen gegenüber. In einem Satz des Stückes war die Sängerin Abbey Lincoln dazu aufgefordert, nicht nur zu singen, sondern auch zu schreien. »So etwas hätte ich mir nie träumen lassen«, erzählte sie rückblickend. »Ich hatte eigentlich ganz andere Gefühle meinen Mitmenschen gegenüber. Ich habe mich noch nie bei jemandem über mein Leben beklagt, außer bei Gott. Und für mich war Schreien auch keine richtige Musik. Ich fand das unmusikalisch. Aber es war dann doch musikalisch.« Ob man es nun für musikalisch hielt oder nicht – fest steht jedenfalls, dass es ungeheuer machtvoll und verstörend wirkte, ein reißender Strom des Zorns und der Qual, eine perfekte Begleitmusik für die ansteigenden Wogen des Protests.

Während die frühen 60er Jahre noch von dem unerschütterlichen Optimismus Martin Luther Kings gekennzeichnet waren – von der Überzeugung, die Amerikaner wären in der Lage, das amerikanische Versprechen der Gleichheit aller Menschen einzulösen, das der Jazz im besten Sinne verkörperte –, wurde das Ende des Jahrzehnts von den Black Panthers und dem immer weiter um sich greifenden Glauben beherrscht, die Kluft zwischen den Rassen sei unüberwindlich und schwarze und weiße Amerikaner wären für immer zu einem getrennten Leben verdammt. Das Jahr 1965 markierte den Wendepunkt in dieser Entwicklung. Unterstützt durch das politische Geschick des Präsidenten Lyndon B. Johnson hatte die gewaltfreie Bürgerrechtsbewegung im Jahr zuvor den Kongress dazu gebracht, das Bürgerrechtsgesetz zu verabschieden, mit dem der Justizminister dazu ermächtigt wurde, diskriminierende Praktiken in öffentlichen Bereichen strafrechtlich zu verfolgen. Dieser Sieg war jedoch teuer erkauft – Aktivisten der Bürgerrechtsbewegung wurden ermordet, Demonstranten zusammengeschlagen und getötet. Im Februar 1965 traf Malcolm X eine tödliche Kugel, und im März wurden mehr als 70 Bürger, die in der Stadt Selma ihr Wahlrecht einfordern wollten, von berittenen Truppen des Bundesstaates Alabama niedergeknüppelt. Als Martin Luther King im Juni eine Demonstration in Chicago für die Aufhebung der Rassentrennung in den Wohnbezirken anführte, sah er sich einem derart gewalttätigen weißen Mob gegenüber, wie er ihn bisher nur aus den Südstaaten kannte. Ende Juli entsandte Lyndon B. Johnson schließlich die ersten kämpfenden Truppen nach Vietnam. Im August brachen in Watts, einem Schwarzenviertel von Los Angeles, die ersten großen Unruhen aus. Viele junge schwarze Amerikaner verlangten ungeduldig Gerechtigkeit – die Politik der Bürgerrechtsbewegung war ihnen viel zu langwierig und unergiebig. Und obwohl Stokely Carmichael erst im Sommer darauf öffentlich »Black Power« einforden sollte, hatten Wut und Verzweiflung längst für die Ausbreitung eines in Notwehr sich selbst verteidigenden Nationalismus gesorgt und die Überzeugung geschürt, dass den Schwarzen, wenn die Weißen ihre Macht nicht teilen wollten, nicht anderes übrig blieb, als sie ihnen mit Gewalt zu entreißen.

Dieser Gedanke besaß auch für viele Musiker, die zu den Vertretern des »New Thing« gehörten, eine große Faszination. Der Groll der schwarzen Musiker war schon älter als der Jazz. »Was gibt's Neues?«, wurde Louis Armstrong einmal von einem Freund gefragt. »Nichts«, antwortete er. »Die Weißen haben immer noch die Macht.« Seit Anfang des Jahrhunderts, von der Minstrel-Ära bis zum Zeitalter des Rock, war ein Großteil der Musik, die von weißen Amerikanern gehört wurde, aus afroamerikanischen Formen hervorgegangen, aber bis auf wenige Ausnahmen hatten immer nur weiße Interpreten die großen Gewinne eingefahren. Auch die meisten Konzertsäle und Klubs, in denen Jazz gespielt

Archie Shepp, umgeben von den Porträts einiger seiner Vorbilder. »Ich habe den Eindruck, als ob Weiße ... ein bisschen überempfindlich reagieren, wenn man über das spricht, was einen Menschen geformt hat«, äußerte er einmal in einem Interview. »Denken Sie nur an einen Mann wie Strawinsky. ... Ich bin sicher, er könnte mit Ihnen stundenlang über russische Musik und russische Geschichte reden, ohne dass Sie sich angegriffen fühlen würden ... aber ich werde das Gefühl nicht los, dass die Weißen immer gleich ängstlich oder beleidigt sind, sobald ich auf meine Geschichte zu sprechen komme.«

wurde, befanden sich immer noch im Besitz von Weißen. Ihnen gehörten die Plattenfirmen, sie entschieden, wie viel Gage ein Musiker erhielt, sie diktierten die Bedingungen, und sie legten fest, wer von der Kritik wahrgenommen wurde und wer nicht.

Daher hatten einige junge Musiker es sich nunmehr zur Aufgabe gemacht, nicht nur die Musik zu revolutionieren, sondern sie für ihre

»Black Community« zurückzufordern. Sie wollten die afrikanischen Wurzeln – oder das, was sie dafür hielten – der Musik neu entdecken und sie von jedem Merkmal der europäischen Tradition befreien, die doch seit den Anfängen einen integralen Bestandteil des Jazz gebildet hatte. Ihre Musik sollte nicht mehr erfreuen, sondern provozieren, und ein glühender Anhänger dieser Sichtweise unter den Jazzkritikern bekannte einmal hämisch, er empfehle seinen Lesern am liebsten jene Platten, bei denen er sicher war, dass sie ihnen nicht gefallen würden. Und als ein anderer Kritiker zu bedenken gab, die Botschaft des Tenorsaxophonisten und zeitweiligen Bühnenautors Archie Shepp und seiner Kollegen würde allein schon dadurch unglaubwürdig, dass sie »viel zu zornig« waren, lautete die Antwort von Shepp: »Wir sind nicht zornig. Wir sind außer uns vor Zorn. Ihr könnt meinen Traum nicht länger beiseite schieben. Ich werde ihn singen, tanzen, herausschreien. Und wenn nötig, werde ich ihn eigenhändig dieser Erde entreißen.« Der Jazz, so behauptete Shepp in einem anderen Interview, sei immer schon eine revolutionäre Musik gewesen, eine Musik »gegen den Krieg«: »Jazz ist gegen Vietnam, ist für Kuba, ist für die Befreiung aller Menschen. ... Warum das so ist? Weil der Jazz selbst aus der Unterdrückung, aus der Versklavung meines Volkes hervorgegangen ist.«

Der Lyriker LeRoi behauptete einmal, die Musiker des »New Thing« seien »die Poeten der Schwarzen Nation«, sie seien »freie Gottessucher« und damit »frei von der populären Musik. Frei vom Cocktailgeklimper der weißen Amerikaner ... von der Zwangsjacke der ›nichtschwarzen‹ amerikanischen Ausdrucksmöglichkeiten.« Ihr Ziel sei es, »zu den afrikanischen Klängen zurückzukehren, zu den Ursprüngen unserer Gefühle. Die neue, die ›primitive‹ Bedeutung hat Vorrang ... Jene schwarzen Musiker, die mit der europäischen temperierten Tonleiter [sic!] vertraut sind, wollen sie nicht mehr. ... Und die anderen schwarzen Musiker wollten sie sowieso noch nie.« Ab jetzt, so der Tenorsaxophonist Albert Ayler, gehe es beim Jazz »nicht mehr um Noten. ... Jetzt geht es um Gefühle.«

Duke Ellington kannte solches Gerede nur zu gut. Die Vorstellung, der Jazz sei etwas durch und durch Spontanes, das unwillkürlich aus den Tiefen des afroamerikanischen Unbewussten aufsteige – ein Gedanke, der so alt ist wie die ersten europäischen Jazzkritiken und doch auch so neu wie die Verblüffung des weißen Hipsters angesichts der Ursprünge des Bebop – diese Vorstellung war ihm spätestens seit der Zeit verhasst, da man seine eigenen, sorgfältig erarbeiteten Werke als »Dschungelmusik« abgetan hatte. Und nun schienen einige Wortführer der Schwarzen mehr oder weniger das gleiche zu behaupten. »Reine Improvisation, ohne Vorbereitung oder Konzept«, wandte Ellington ein, sei musikalisch wertlos. »Ich bin fest davon überzeugt, dass kein Mensch jemals auch nur zwei Takte geblasen hat, die es wert waren, gehört zu werden, ohne vorher irgendeine Vorstellung davon gehabt zu haben, was er spielen wollte. Wenn man einfach nur durch die Skalen irrt oder ziellos über die Akkorde spielt, dann ist das nichts weiter als eine Fingerübung. ... Auch heute, wie in der Vergangenheit, beruht der Jazz auf einem bewussten Schöpfungsprozess und nicht nur auf bloßem Instinkt.«

John Coltranes Vision ging jedoch weit über die Konzeptionen von Rasse und Nationalität hinaus. Ärgerlich verwahrte er sich gegen jede Unterstellung, er sei nur ein »zorniger« Musiker. Zorn, erklärte er, sei nur eines von vielen Gefühlen, die er mit seiner Musik auszudrücken suche. Als ein voreingenommener Kritiker ihm einmal vorwarf, seine beiden Alben mit ruhigen, lyrischen Balladen (eine davon gemeinsam mit dem großen und unerklärlicherweise fast vergessenen Sänger Johnny Hartman) seien ausschließlich deshalb entstanden, um seine habgierigen Plattenproduzenten zufriedenzustellen, die nur an Geld, nicht an die Kunst dachten, reagierte Coltrane völlig gelassen: Er liebe diese Balladen, erklärte er, und es sei seine Idee gewesen, diese Aufnahmen mit Hartman zusammenzumachen. Auch in den Fällen, in denen seine Musik unmittelbar von äußeren Ereignissen inspiriert worden war – wie zum Beispiel 1963, als er »Alabama« schrieb, seine ergreifende Elegie für jene vier schwarzen Mädchen, die bei einem Bombenanschlag auf die Sixteenth Street Baptist Church in Birmingham getötet worden waren –, beschränkte sie sich nicht auf ein einzelnes Gefühl. Natürlich enthielt »Alabama« eine ungeheure Wut und Qual, aber wie alle großen Spirituals brachte es trotz allem auch Lebenskraft, Entschlossenheit und inbrünstige Hoffnung zum Ausdruck. Ebenso wenig teilte Coltrane die Überzeugung einiger Free Jazz-Musiker und ihrer Anhänger, weiße Musiker könnten nicht spielen. »Ich kenne keinerlei Kriterien, nach denen ein weißer Musiker von einem schwarzen zu unterscheiden wäre«, sagte er. »Im Grunde geht es doch nur darum, wie man [die Grundvoraussetzungen der Musik] versteht, und nicht darum, welche Hautfarbe man hat.«

Den musikalischen Ansätzen der Free Jazzer stand Coltrane jedoch durchaus positiv gegenüber, denn er hatte den Eindruck, dass auch sie unablässig auf der Suche waren. Er lud einige von ihnen ein, in seiner Band als Gast mitzuspielen und verschaffte mehreren, darunter auch Archie Shepp und Albert Ayler, ihre ersten Plattenverträge. 1965 holte er sieben von ihnen ins

»John Coltrane ist wie der Vater«, erinnerte sich der Trompeter Lester Bowie. »Er war es ... der den Leuten die Spiritualität des Jazz bewusst gemacht hat.«

Studio, um gemeinsam mit seinem Quartett Ascension aufzunehmen, eine dissonante, kollektive Improvisation von 38 Minuten Länge, bei der neben Coltrane vor allem der Tenorsaxophonist Pharoah Sanders zu hören ist, dessen gänzlich befreite Spielweise einen Biographen von Coltrane an »den Wutanfall eines Kindes« erinnerte, der sich von einem »anfänglichen Jammern und Quengeln bis zu einem völlig unkontrollierten Heulen und Kreischen steigert«. »Die Musik schwingt sich empor und singt«, schrieb Martin Williams. »Es ist gleichzeitig eine zeitgenössische Jazz-Performance und ein gemeinschaftlicher Ritus«, wobei das Beeindruckende eigentlich weniger die Musik selbst ist als vielmehr die Tatsache, dass der Zuhörer damit eine Kostprobe sämtlicher damaliger Problembereiche des Landes erhält.

Ascension markierte damit auch Coltranes endgültigen Eintritt in die Avantgarde. Sanders wurde ein mehr oder weniger ständiges Mitglied seiner Band, ebenso wie der Free Jazz-Schlagzeuger Rashied Ali, der eine Zeit lang jeden Abend Seite an Seite mit Elvin Jones spielen musste. Was dabei herauskam, war ein riesiges Durcheinander. »Wenn beide Schlagzeuger gleichzeitig spielten, hörte man einfach nichts anderes mehr als die Trommeln«, schrieb der Lyriker A. B. Spellman nach dem Besuch eines Konzerts in einem New Yorker Klub. »Ich hatte keine Ahnung, was die Solisten gerade machten, und ich kann mir auch nicht vorstellen, dass die Musiker sich untereinander hören konnten.« Wenig später verließ McCoy Tyner die Band. »Irgendwann habe ich nur noch Lärm gehört«, sagte er. Daraufhin nahm Coltranes zweite Frau Alice seinen Platz am Klavier ein. Auch Jones verabschiedete sich bald darauf, und selbst Ravi Shankar, der Sitar-Meister, dessen Musik Coltrane so viel bedeutete, dass er einen seiner Söhne nach ihm benannte, empfand diese neue Musik als beunruhigend: »Da war nun dieser kreative Mensch, ein Vegetarier, der Yoga machte und die Bhagavadgita las, aber in seiner Musik hörte ich trotz allem nur einen gewaltigen Aufruhr. Ich konnte es einfach nicht verstehen.«

Das konnten im Laufe der Zeit immer weniger Leute. 1966 wurde Coltrane aus einem Klub namens Front Room in Newark, New Jersey, hinausgeworfen, weil das überwiegend schwarze Publikum, das die Art von Musik hören wollte, die er mit seiner alten Band gespielt hatte, ihn mit seiner neuen Band so lange ausbuhte, bis er schließlich die Bühne verlassen musste. Im gleichen Jahr trat er im Rahmen eines mit Spannung erwarteten Konzerts unter dem Motto »Titans of the Tenor« im Lincoln Center auf. Sonny Rollins stand ebenfalls auf dem Programm, und es ging das Gerücht, er und Coltrane würden an diesem Abend zum ersten Mal seit zehn Jahren wieder gemeinsam auftreten. Rollins absolvierte mit seiner Band nur ein kurzes Set und ging dann mit einer Verbeugung und der Zusage von der Bühne, zum Abschluss des Abends wieder dabei zu sein. Aber als Coltrane an der Reihe war, erschien er zusammen mit vier anderen Bläsern auf der Bühne – Pharoah Sanders, dem Altsaxophonisten Carlos Ward, Albert Ayler und seinem Trompete spielenden Bruder Don. Die schrille Kakophonie, die nun losbrach, trieb über die Hälfte des Publikums aus dem Saal und wirkte so abstoßend auf Rollins, dass er lieber nach Hause ging, als dabei mitzumachen.

Bei einer Pressekonferenz in Japan im gleichen Jahr wurde Coltrane von einem Reporter gefragt, welche Pläne er für das nächste Jahrzehnt habe. »Ein Heiliger zu werden«, antwortete Coltrane ohne jede Spur von Ironie. Aber er hatte nur noch wenige Monate zu leben. Am 17. Juli 1967 starb er im Alter von 40 Jahren an Leberkrebs. »Manche Menschen sind wie Sternschnuppen«, sagte Michael Cuscuna im Rückblick, »und uns bleibt nichts anderes, als ihren Schmerz zu würdigen und dankbar zu sein, dass wir zur richtigen Zeit gelebt haben, um ihren wahren Wert zu erkennen.«

Coltranes Tod löste unter seinen Fans eine ebenso große Trauer aus, wie schon bei Charlie Parkers Ableben zwölf Jahre zuvor. »Sein Tod stiftete große Verwirrung im Bereich des Free Jazz«, erinnerte sich Miles Davis, »weil er der Anführer dieser Bewegung war … er war für sie wie ein

JUNE 1966

SUNDAY	MONDAY	TUESDAY	WEDNESDAY	THURSDAY	FRIDAY	SATURDAY
MAY	JULY		1 Santa Rosa, California	2 Golden West Ballroom, Norwalk, California	3	4 Santa Anita Turf Club, Arcadia, California
5 Lithia Park, Ashland, California	6	7	8	9	10 Fairmont Hotel, San Francisco California	11 D.E. to receive PhD in Fine Arts from Calif. Coll. of Fine Arts & Crafts, Oakland, California.
12 Ambassador Hotel, Los Angeles California	13	14	15 Carthay Circle Los Angeles California	16	17 ← Mather Air	18 Force Base, Sacramento, California →
19	20 ←	21	22 Basin Street West, San	23 Francisco, California	24	25 →
26 Los Angeles, California (D.E. & Trio –	27 Tape Dean Martin Show)	28	29 Elk Club North Platte Nebraska	30 Open	June 1966	

Duke Ellingtons Terminplan für den Juni 1966: Neben Auftritten in mehreren Großstädten, einer Ehrendoktorverleihung und dem Auftritt in der Dean Martin Show auch eine Tanzveranstaltung des Elks Club in North Platte, Nebraska.

Gott. Ornette Coleman war noch da, und einige wandten sich ihm zu. Aber für die meisten war Trane die Leitfigur gewesen, und nachdem er gestorben war, kamen sie mir vor wie Menschen, die in einem Boot ohne Ruder und Kompass auf dem Ozean treiben. Es schien, als sei vieles, für das er musikalisch gestanden hatte, mit ihm gestorben. Einige seiner Schüler versuchten seine Botschaft weiterzutragen, aber ihr Publikum wurde kleiner und kleiner.«

Es gab durchaus fähige Musiker unter Coltranes Schülern, aber kaum einer von ihnen brachte ein vergleichbares Talent oder eine ähnlich fundierte musikalische Ausbildung mit. Selbst LeRoi Jones musste einräumen, dass auch einige »Schwätzer und Scharlatane« unter ihnen waren. Das Quieken und Stottern, das als ein Novum erschien, als der Free Jazz noch wirklich neu war, wurde mit der Zeit genauso berechenbar wie der Dixieland, den einige Musiker mitsamt den Strohhüten und Ärmelhaltern wieder aufleben ließen. Und die Tatsache, dass Coltrane an einem guten Abend in der Lage gewesen war, ein 40-minütiges Solo hinzulegen, bei dem er eine frische Melodie nach der anderen, einen rhythmischen Einfall nach dem nächsten aneinander reihte, musste noch lange nicht bedeuten, dass seine weniger begabten Anhänger, von denen die meisten in ihrer Jugend nicht in den Genuss einer so gründlichen Ausbildung gekommen waren, irgendetwas Vergleichbares leisten konnten. »Es gab eine Menge Leute, die gleich nach Coltrane und seinen avantgardistischen Experimenten auftauchten und behaupteten, sie würden sein ›Vermächtnis‹ weitertragen«, sagte Branford Marsalis.

»Sie verschafften sich damit Arbeit, und deshalb nahm ich es ihnen auch nicht wirklich übel. Wenn man so einen Gig kriegen kann – na prima. Aber aus historischer Sicht ist das natürlich vollkommen lächerlich. Bis Coltrane an diesem Punkt angekommen war, hatte er jahrelang wie besessen studiert und geübt und gespielt. Und diese Jungs tauchten mit 20 oder so einfach auf, legten los und behaupteten, sie würden was spielen. Für mich war das alles nur fauler Zauber. Denn wenn man sich Coltrane gegriffen und gesagt hätte: ›Spiel mal einen Blues‹, dann hätte er Blues gespielt. Aber sag mal diesen Typen, sie sollen einen Blues spielen, oder was von Sidney Bechet oder irgendwas aus der frühen Zeit des Jazz – das kriegen sie nicht hin. Und ich kann niemanden als Jazzmusiker ernst nehmen, der nicht mit dem gesamten Vermächtnis dieser Musik vertraut ist. Das kann ich einfach nicht.«

MEINE LEUTE

Als Duke Ellington während der 60er Jahre einmal von einem jungen Reporter gefragt wurde, ob er mit dem neuen Slogan »Black Is Beautiful« einverstanden sei, erwiderte er nur schroff: »Ich habe ›Black Beauty‹ 1928 geschrieben«, und ging sofort zur nächsten Frage über. Er konnte sehr ungehalten werden, wenn ihm – wie es jetzt manchmal vorkam – unterstellt wurde, er habe sich im Hinblick auf die Menschenrechte allzu vorsichtig verhalten. »Wer das von mir denkt, der hat nie unsere Musik gehört«, sagte er. »Seit 25 Jahren steht bei allem, was wir gemacht haben, der soziale Protest und der Stolz auf die Geschichte der Schwarzen im Mittelpunkt.« Schon bei den Tourneen durch die Südstaaten Anfang der 30er Jahre – »auch ohne einen Gerichtsbeschluss im Rücken«, fügte er hinzu – »haben wir es nie soweit kommen lassen, dass man uns ohne den gebührenden Respekt behandelte.« Auch er hatte seine Karriere als »Race man« begonnen, aber zu dem Zeitpunkt, als einige junge schwarze Musiker plötzlich ihre Eigenständigkeit erklärten, hatte er dieses Stadium längst hinter sich gelassen – wie immer bestrebt, jede Einordnung zu vermeiden. »Sie haben einmal gesagt, dass Sie die Musik ›Ihrer Leute‹ machen«, wurde er während eines Fernsehinterviews gefragt. »Würden Sie das vielleicht etwas näher erläutern?«

»Mal sehen. Meine Leute. Tja, bloß welche von meinen Leuten? Ich gehöre ja zu ganz verschiedenen Gruppen, verstehen Sie? Ich gehöre zu ... mal sehen. Also, ich gehöre zur Gruppe der Klavierspieler. Ich gehöre zur Gruppe der Zuhörer. Ich gehöre zu der Gruppe von Leuten, die ein umfassendes Musikverständnis haben. Ich gehöre zu der Gruppe von Leuten, die Amateure bleiben wollen. Ich gehöre zu der Gruppe von Leuten, die etwas Bleibendes schaffen wollen. Ich gehöre zu der Gruppe von Leuten, die – ja was? ... ach ja – die gerne Beaujolais trinken. Tja, aber die Musik meines Volkes hat mich natürlich stark beeinflusst – meines Volkes. Das ist vielleicht ein besseres Wort – mein

Duke Ellington im Studio, 1961; rechts Jimmy Hamilton. »Die Frage ist, ob man Musik machen oder Geld verdienen will«, meinte Ellington. »Ich halte mir eine Band, damit ich etwas schreiben und die Musik schon am nächsten Tag hören kann. Um das machen zu können, muss ich eben die Band bezahlen und in Bereitschaft halten. ... Ein musikalischer Gewinn kann viel wichtiger sein als ein finanzieller Verlust.«

MINGUS

1922 in Nogales, Arizona, geboren und in Los Angeles aufgewachsen, lernte Charles Mingus zunächst Posaune und Cello, bevor er sich dem Bass zuwandte. Er spielte mit fast allen namhaften Musikern zusammen, und lernte von ihnen – von Louis Armstrong und Lionel Hampton bis hin zu Duke Ellington und Charlie Parker –, und in seinen komplexen, an Gospelmusik erinnernden Kompositionen finden sich zahllose witzige Anspielungen, wie bei seinem unvergesslichen Stück mit dem Titel: »If Charlie Parker Was a Gunslinger, There'd Be a Whole Lot of Dead Copycats.«
Mingus konnte es nicht leiden, wenn man ihm Vorschriften machte – deshalb gründete er selbst zwei, allerdings eher kurzlebige Labels.
1960 veranstalteten er und Max Roach ein »Anti-Festival« in Newport, um gegen die ihrer Ansicht nach wachsende Kommerzialisierung zu protestieren. Schließlich rief Mingus zusammen mit Roach und Jo Jones die Jazz Artists Guild ins Leben. Sie hatte nicht lange Bestand, schuf aber immerhin einen Präzedenzfall für viele andere Musiker, die in der Folge versuchten, den Geschäftsleuten die Kontrolle über ihre Musik zu entreißen.
Mingus war ebenso unbeherrscht wie kompromisslos, und angesichts der Anekdoten über seine Streitlust – die meist der Wahrheit entsprachen und in seiner Autobiographie »Beneath the Underdog« auch bekräftigt werden – rückte seine außerordentliche Musik leider nur allzu oft in den Hintergrund. Er veranstaltete zahlreiche »Workshops«, die von vielen namhaften Musikern – Jimmy Knepper, Booker Ervin, John Handy, Eric Dolphy – besucht wurden. Neben Mingus war es vielleicht überhaupt nur Duke Ellington gelungen, in seiner Musik eine größere Bandbreite von Emotionen zum Ausdruck zu bringen: Auch Mingus' Musik befand sich in einem ständigen Wechsel zwischen Schroffheit und Zärtlichkeit, zwischen stiller Intimität und prachtvoller Kakophonie.

Charles Mingus.

Volk, nicht meine Leute, denn mein Volk, das sind meine Leute.‹
Während der 60er Jahre war Ellington ständig auf Tournee, bereiste Europa, Asien, Afrika und Südamerika, und verarbeitete alles, was er sah, auch in seiner Musik, wie zum Beispiel in The Far East Suite, Latin American Suite und La Plus Belle Africaine. In dieser Zeit komponierte er über 230 Musikstücke, dazu ein musikalisches Festspiel mit dem Titel My People, zum Gedenken an die 100 Jahre zurückliegende Sklavenbefreiung, außerdem die Musik für Shakespeares Timon von Athen und T. S. Eliots Murder in the Cathedral (Mord im Dom) und – gemeinsam mit Billy Strayhorn – neue Jazzorchester-Arrangements für Tschaikowskys Nussknacker Suite und Griegs Peer Gynt Suite. Nebenbei fand er aber immer noch Zeit, bei verschiedenen Tanzveranstaltungen für Highschools, Colleges, Elks Clubs oder auch auf Landwirtschaftsmessen Musik zu machen.

1965 brachten die drei Mitglieder der Jury des Pulitzer-Preises für Musik den Vorschlag ein, Ellington für sein Lebenswerk einen Sonderpreis zu verleihen. Aber der Beirat lehnte diesen Vorschlag kategorisch ab, mit der Begründung, eine solche Auszeichnung sei noch nie verliehen worden. Zwei der drei Juroren legten daraufhin aus Protest ihr Amt nieder. Der 66-jährige Ellington nahm die Angelegenheit jedoch gelassen. »Das Schicksal meint es gut mit mir«, äußerte er einem Reporter gegenüber. »Das Schicksal will verhindern, dass ich in allzu jungen Jahren schon berühmt werde.« Privat reagierte er jedoch weniger zurückhaltend. »Ich bin nicht besonders überrascht«, gab er im gleichen Jahr einem Freund gegenüber zu verstehen, »dass meine Art von Musik hierzulande immer noch keine, sagen wir, offizielle Anerkennung erfahren hat. Für die meisten Amerikaner ist immer noch die europäische Musik – die klassische Musik, wenn du so willst – die einzig respektable. Was wir machen, und was andere schwarze Musiker machen, hatte schon immer etwas Anrüchiges – in etwa wie dieser bestimmte Typ von Mann, mit dem man seiner Tochter den Umgang verbietet.«

Als Ellington sich am 31. Mai 1967 im Rahmen einer Tournee in Reno, Nevada, aufhielt, kam ein Anruf aus New York mit der Nachricht, dass Billy Strayhorn, der beinahe 30 Jahre lang sein enger Freund, kreativer Partner und

Mitkomponist gewesen war, an Krebs gestorben sei. Strayhorns Tod kam nicht unerwartet – er galt schon seit mehreren Jahren als unheilbar krank –, aber Ellington wurde auf einmal ganz still. Als ihn jemand fragte, ob alles in Ordnung sei, erwiderte er barsch: »Nein, es ist nicht alles in Ordnung. Nichts ist im Moment in Ordnung.« Strayhorns Tod erschütterte ihn fast ebenso sehr wie der Tod seiner Mutter 32 Jahre zuvor, und genau wie damals überwand er seine Trauer, indem er sich auf die Musik konzentrierte und ein Album mit Kompositionen von Strayhorn aufnahm: And His Mother Called Him Bill.

Am 29. April 1969 feierte Ellington seinen 70. Geburtstag. Auf Initiative von Willis Conover, der als DJ bei dem Radiosender Voice of America tätig war, und Leonard Garment, einem Rechtsberater im Weißen Haus, der früher für Woody Herman Saxophon gespielt hatte, wurde Ellington von US-Präsident Richard Nixon öffentlich die »Presidential Medal of Freedom«, die höchste zivile Auszeichnung der Vereinigten Staaten, verliehen. »Unter dem Hochadel der amerikanischen Musik«, sagte der Präsident, »gibt es sicher keinen, der mehr Swing oder einen höheren Rang hat als der Duke.«

Ellington antwortete darauf mit gewohnter höflicher Gewandtheit. »Es gibt keinen Ort, an dem ich heute Abend lieber wäre als in den Armen meiner Mutter«, sagte er.

> »Ich danke Ihnen, Mr. President. Ich danke Ihnen, meine Damen und Herren. Das hier ist die ›Presidential Medal of Freedom‹. Das Wort ›Freiheit‹ taucht im Moment auch häufig in unserem Sacred Concert auf. Und natürlich wird viel von der Redefreiheit gesprochen. Freiheit gilt ganz allgemein als etwas Wundervolles und Herrliches ... aber wenn am Ende die Rechnung aufgemacht wird, würden wir uns gern die vier wichtigsten Freiheiten anrechnen lassen können, nach denen mein Freund, der Komponist und Arrangeur Billy Strayhorn gelebt hat – die Freiheit von jeder Art von Hass, die Freiheit von Selbstmitleid, die Freiheit von der Angst, etwas zu tun, von dem jemand anderes möglicherweise mehr profitiert als man selbst, und Freiheit von jener Art von Stolz, die einem Mann das Gefühl gibt, besser als sein Bruder zu sein.«

Der Präsident spielte »Happy Birthday« in G-Dur auf dem Klavier und machte es sich dann in seinem Sessel bequem, um sich die Jam-Session anzuhören, an der unter anderem auch Earl Hines, Gerry Mulligan, Billy Taylor, J. J. Johnson und Clark Terry teilnahmen. »Als wir ›Squeeze Me‹ spielen wollten«, erinnerte sich Terry, »holte ich meinen Cup-Dämpfer raus – den Freund des Klempners – und [Nixon] stieß seine Frau an und zeigte darauf und sagte: ›Sieh dir das an! Das ist ja eine Saugglocke für die Toilette. Sieh dir das an!‹ Ich schätze, er hatte noch nicht viele Jazzbands in seinem Leben gesehen.«

DER JAZZ IST TOT

1969 erreichte die Krise des Jazz sogar das Newport Jazz Festival, wie George Wein sich erinnerte: »Wir fanden in der Presse immer weniger Beachtung, denn wer damals über 40 war, der war so gut wie erledigt. Die Unternehmen heuerten plötzlich 22-jährige Kinder an, die ihnen sagen sollten, was bei der Jugend gerade ›in‹ war.« Die Rockmusik hatte sich derart in den Vordergrund gedrängt, dass Wein sich schließlich gezwungen sah, sie in sein Programm aufzunehmen. Er rief seine Freunde an und versuchte herauszufinden, welche Rockmusiker wirklich spielen konnten. »Tja«, meinten seine Freunde, »Jethro Tull spielt Flöte, und Frank Zappa kann Gitarre spielen, und Jimmy Page und Led Zeppelin machen ziemlich guten Blues.« »Also engagierte ich all diese Bands für das Festival«, fuhr Wein fort. »Damit wurde das Ganze zwar ein Rock-Festival, aber es gab schließlich auch guten Jazz zu hören. Am letzten Abend standen der arme Stephane Grappelli zusammen mit der World's Greatest Jazz Band und Yank Lawson auf dem Programm, und gleich danach kamen Sly and the Family Stone. Daran sehen Sie schon, was für eine verrückte Mischung das war.«

Das Miles Davis Quintet war auch mit von der Partie, wie Wein sich erinnerte:

> »Miles hatte mehr Publikum als je zuvor bei einem Konzert. Wir konnten in den vier Tagen insgesamt an die 80 000 Besucher mobilisieren, während es sonst nur um die 40 bis 50 000 waren. Die ganze Stadt war voll mit Jugendlichen. Normalerweise tauchte Miles erst auf, wenn er mit seinem Auftritt dran war und verschwand hinterher so schnell wie möglich wieder aus der Stadt. Aber diesmal blieb er die ganzen vier Tage. Er beobachtete die Reaktionen des Publikums, und er sah diese Jugendlichen. Das hat sein Leben verändert. Und als wir von Providence aus wieder zurückflogen, da fragte er mich: ›George, was soll ich machen? Ich weiß nicht, welchen Weg ich einschlagen soll.‹ Also sagte ich zu ihm in meiner unendlichen Weisheit: ›Halt dich an die Melodie‹, weil ich an diese großartigen Songs dachte, Sie wissen schon, ›Bye, bye, Blackbird‹ und so. Aber er hörte natürlich nicht auf mich; ihm war es viel wichtiger, diese Jugendlichen zu erreichen, und die scherten sich nicht um Melodien.«

Davis war in diesem Sommer 43 Jahre alt geworden – und wirkte beunruhigt, weil er nicht länger vor ausverkauften Sälen spielte, wie es früher die Regel gewesen war. Auch Columbia Records zeigte sich besorgt. Noch vor wenigen Jahren hatten sich seine Platten bis zu 150 000-mal verkauft, aber jetzt konnte man von Glück reden, wenn 50 000 Exemplare über den Ladentisch gingen. Darüber hinaus hatten sie Davis schon enorme Vorschüsse gewährt, und es war nicht abzusehen, ob er dieses Geld jemals wieder einspielen konnte. Anfang des Jahres führte Miles ein Telefonat mit dem neuen Vorsitzenden von Columbia, Clive Davis. »Er hatte die schlechten Verkaufszahlen satt und ärgerte sich darüber«, erzählte der Geschäftsführer. »Blood, Sweat & Tears und Chicago hatten eine Menge bei ihm

Bitches Brew, das Bestseller-Album von Miles Davis, das 1969 den Weg in Richtung Fusion-Jazz wies.

Oben: Der neue Miles präsentiert stolz seine Rockstar-Insignien. Rechts: Bei einem Auftritt mit seiner Band 1973 (v.l.n.r.): Michael Henderson (E-Bass), Cedric Lawson (E-Piano), Davie Liebman (Tenorsaxophon), Reggie Lucas (E-Gitarre), Badal Roy (Tabla) und James Mtume Foreman (Congas).

abgekupfert – und machten Millionen. Diese jungen, weißen Künstler ... fuhren die großen Gewinne ein, während er sich von Vorschuss zu Vorschuss hangeln musste. ›Sie müssen aufhören, mich einen Jazzmusiker zu nennen!‹, sagte er irgendwann in diesem Gespräch, ›und mich genauso vermarkten wie diese Typen, dann werde ich auch wieder mehr verkaufen.‹«

»Ich musste ihm teilweise Recht geben«, erzählte Clive Davis. Er habe Miles daraufhin vorgeschlagen, er solle doch an Veranstaltungsorten wie dem Fillmore Auditorium in San Francisco, dem berühmtesten Rockpalast des Landes,

In den 70er Jahren stellten Fusion-Alben wie diese den Mainstream-Jazz weitgehend in den Schatten.

auftreten, um ein größeres Publikum zu erreichen. Aber der Trompeter knallte nur wütend den Hörer auf die Gabel: Bevor er für »diese verdammten langhaarigen weißen Kinder« spielen würde, sagte er, würde er lieber den Vertrag mit Columbia kündigen. Aber er kündigte ihn nicht.

Der beeindruckende Erfolg der Rock- und Funkmusik ließ auch andere Jazzmusiker nicht kalt. Vor allem die jüngeren unter ihnen, die ohnehin schon eher mit Rock und R&B aufgewachsen waren als mit Swing und Bebop, wollten auf den fahrenden Zug aufspringen – allen voran der Saxophonist Charles Lloyd, der 1967 mit seinem Quartett, zu dem auch der Schlagzeuger Jack DeJohnette und der Pianist Keith Jarrett gehörten, im Fillmore Auditorium Furore machte. Das *Time Magazine* verkündete »die Ankunft der ersten psychedelischen Rockgruppe«, und Lloyd schien diesen Erwartungen gerecht zu werden. »Ich spiele die Schwingungen der Liebe«, sagte er. »Liebe, Ganzheit – als würde man alle Menschen in einem Freudentanz zusammenbringen.« Doch wenig später brach seine Band auseinander, und Lloyd wurde Lehrer für transzendentale Meditation. Aber andere Musiker hatten es ihm längst nachgemacht. »Ich wollte einfach ein breiteres Publikum«, erklärte der Altsaxophonist John Handy. »Ich war es leid, immer nur für diese Typen zu spielen, die den ganzen Abend lang rumsitzen und ›Yeah, yeah, yeah‹ machen – alle 35, die da sind. Ich wollte wissen, wie es ist, vor einem Stadion voller Menschen zu spielen. Ich wollte schwarze Frauen im Publikum sehen.«

Auch Miles Davis hatte aufmerksam zugeschaut. Er hörte viel Funk – James Brown, Jimi Hendrix und Sly Stone – mit seiner Dominanz des Backbeat und dem üppigen Einsatz von Vamps und elektronischen Instrumenten, und integrierte vieles davon in seine eigene Musik. Die beiden E-Gitarristen George Benson und Joe Beck spielten als Gastmusiker auf seinen Platten. Es gab weniger Harmoniewechsel in seiner Musik, und der Beat trat immer stärker in den Vordergrund. Herbie Hancock wechselte zum E-Piano, und viele Pianisten folgten seinem Beispiel, darunter auch Chick Corea, Keith Jarrett und Joe Zawinul; und zwei Briten, Dave Holland am Fender-Bass und John McLaughlin an der E-Gitarre, gingen ebenfalls diesen Weg. Davis war klar geworden, so erklärte er, »dass die meisten Rockmusiker keinen blassen Schimmer von Musik hatten. ... Aber sie hatten trotzdem Erfolg, weil sie dem Publikum den Sound lieferten, den es hören wollte. Also dachte ich, wenn die das können – so viele Leute erreichen und so viele Platten verkaufen, obwohl sie im Grunde kaum wissen, was sie da tun –, dann müsste ich das doch auch hinkriegen, nur noch besser als sie. ... Ich hatte nicht vor, jetzt schon in Vergessenheit zu geraten.«

Am 15. August 1969, etwas mehr als einen Monat nach dem Newport Festival, versammelten sich ungefähr 400 000 junge Leute auf einer Kuhweide in der Nähe von Woodstock, New York. Drei Tage lang nahmen sie den Regen, den Schlamm und andere Unannehmlichkeiten in Kauf, nur um gemeinsam ihre Rockidole live zu erleben. Nur wenige Tage später startete auch Miles Davis seinen Versuch, eines dieser Idole zu werden, und nahm jenes Album mit der seltsamen Mischung aus Jazz und Rock auf, das den Titel Bitches Brew erhalten sollte. Noch bevor die Platte herauskam, hatte Davis bereits ein Engagement im Fillmore East zugesagt, dem New Yorker Gegenstück zu der Konzerthalle in San Francisco, von der er noch wenige Monate zuvor behauptet hatte, es sei unter seiner Würde, dort aufzutreten. Er sollte dort als Vorgruppe für Laura Nyro erscheinen, eine Rocksängerin, die nicht einmal halb so alt war wie er.

Bitches Brew war kommerziell ein voller Erfolg. Schon im ersten Jahr wurden 400 000 Exemplare verkauft, mehr als von jedem anderen Miles Davis-Album. Während der kommenden sechs Jahre brachte er dreizehn weitere Platten heraus, jede von ihnen weniger jazzig als die vorige. »Wir spielen ab jetzt keinen Blues mehr«, sagte Davis zu Herbie Hancock, noch bevor er Bitches Brew aufgenommen hatte. »Wir überlassen ihn den Weißen. Sie haben ihn bekommen, also können sie ihn auch behalten. Spiel einfach was anderes.« Davis' Bereitschaft, seine Musik so radikal zu verändern – und natürlich das Geld, das er damit verdiente –, setzte in der Branche ein machtvolles Zeichen.

»Miles zeigte vielen Leuten den Weg«, meinte der Saxophonist Jimmy Heath, »weil er einer von denen war, die es geschafft hatten. Er hatte alles – schicke Klamotten, teure Autos, ein großes Haus, viele Interviews und noch mehr hübsche Mädchen. Es sah aus, als wäre er ganz oben angekommen. Aber dann bekam auf einmal der Rock die ganze Presse, und es war wieder alles wie damals bei Elvis Presley. Miles hat den Schritt gewagt und beschlossen, sich auch etwas von diesem Geld zu holen, und viele Musiker sind seinem Beispiel gefolgt. Vielleicht war Miles schon so lange der Anführer des ganzen Haufens, dass sie gar nicht mehr wussten, wie sie von ihm loskommen sollten, auch wenn die Musik eigentlich nicht viel wert war.«

DIE GÖTTLICHE

Sarah Vaughan im Studio, 1950.

In einer Zeit, in der die hellhäutige Lena Horne mit ihren fein geschnittenen Gesichtszügen den Maßstab setzte, galt Sarah Vaughan, ähnlich wie Ella Fitzgerald, zunächst als zu dunkelhäutig und unscheinbar für das Showbusiness. Trotzdem bot Earl Hines ihr 1942 ihr erstes Engagement als Sängerin an und schon bald hatte sie ihn und andere Musiker mit ihrer perfekten Intonation, ihrem Rhythmusgefühl, ihrem feinen Gespür für Harmoniewechsel und ihrer erstaunlichen Stimme – sie konnte vom Sopran bis zum Bariton jede Stimmlage singen – für sich eingenommen. Ihre unbekümmerte Art trug ihr den Spitznamen »Sassy« ein, den sie tragen sollte, bis sie in ihren letzten Jahren nur noch »die Göttliche« genannt wurde. 1924 in Newark, New Jersey, geboren, sammelte sie ihre ersten musikalischen Erfahrungen als Sängerin und Organistin der First Mount Zion Baptist Church. Bis zu ihrem Tod blieb sie eine fähige Pianistin und betrachtete sich in erster Linie als Musikerin und erst in zweiter Linie als Sängerin. »Sassy«, soll Dizzy Gillespie einmal gesagt haben, »kann Töne singen, die andere Leute nicht mal hören«, und wenn sie auf der Bühne die Augen schloss, konnte sie ihren eigenen Worten nach Melodien sehen – und singen –, wie sie auf dem Klavier hätten improvisiert werden können. Sie galt als die Einzige, die in der Lage gewesen wäre, Ella Fitzgerald den Rang streitig zu machen, aber Columbia setzte sie ausschließlich in der Unterhaltungsmusik ein. Ein Großteil der Musik, die sie singen sollte, war ihr verhasst, und als sie 1954 schließlich zu einer anderen Plattenfirma wechselte, schloss sie zwei Verträge ab: den einen für die kommerziellen Sachen, und den anderen für die Jazzmusik, die sie liebte. Sie besaß, wie Gary Giddins schrieb, die »alterslose Stimme des modernen Jazz – mit der Schwindel erregenden Virtuosität der Nachkriegszeit, dem beißenden Witz und dem unbekümmerten Temperament ... eine Stimme, wie es sie in jeder Generation nur einmal gibt, oder vielleicht auch nur einmal in mehreren Generationen.«

Als der Kritiker Leonard Feather einmal Davis' alten Freund und Mentor Clark Terry in einem Interview befragte, was die jungen Leute seiner Meinung nach in dieser Musik hören würden, da antwortete Terry: »Was sie darin hören, ist nicht so wichtig. Entscheidend ist, was sie nicht hören. Was sie nicht hören – weil es eben auch nicht da ist – ist das, was den Jazz im Grunde ausmacht, also die Akkordfolgen, die Strukturen. ... [Diese jungen Leute] sind musikalisch einfach nicht reif genug, um damit etwas anfangen zu können, und Miles ist clever genug, sie auf der Ebene abzuholen, auf der sie sich befinden. ... Wenn sie nicht fit genug sind, um zu verstehen, was passiert – wenn zum Beispiel Bird damals mit den Swing-Bands spielte –, dann halten sie sich eben an was Einfacheres, das sie gerade noch begreifen. Und die Sache, die sie gerade noch begreifen, das ist nun mal dieser ganze modale, auf einem Akkord aufbauende Kram, der gerade so angesagt ist ... Für mich muss Jazz aufregend sein, und das hier ist überhaupt nicht ... aufregend.«

Der Trompeter Lester Bowie äußerte sich etwas diplomatischer: »Ich mag Rock 'n' Roll. Ich mag jede Art von Musik. Mir fällt keine einzige Musikrichtung ein, die ich nicht mag, aber Rock 'n' Roll steht dabei auf der untersten Stufe. Ein Rock 'n' Roll-Gig ist der erste Gig, den man überhaupt kriegt. Aber man muss dieses Stadium auch irgendwann hinter sich lassen. Uns Hardcore-Musikern war der [Fusion-Jazz] immer schon ein bisschen zu seicht. Er war nett. Ich mochte die Gruppen. Sie hatten einen guten Sound, aber sie befanden sich sozusagen am seichten Ende der Musikskala.«

Der Fusion-Jazz – dieser musikalische Hybrid, dessen Mitbegründer Davis war – hatte anfangs auch zum Ziel gehabt, den Jazz wieder tanzbar zu machen und damit jenes Publikum zurückzugewinnen, das zur Rockmusik abgewandert war. In der frühen Phase des Fusion-Jazz ist vielfach unvergessliche Musik entstanden, wobei vor allem jene Gruppen zu nennen wären, deren Leiter über die Jahre aus der einen oder anderen Band von Davis hervorgegangen waren, wie Herbie Hancocks Band Headhunters, Lifetime von Tony Williams, Chick Coreas Return to Forever und John McLaughlins Mahavishnu Orchestra. Mit ihren durchaus noch vorhandenen Jazzelementen ermöglichte sie den jungen Leuten einen Einstieg in die Jazzmusik und vereinigte Musiker und Musik von allen Kontinenten. Zu den anerkanntesten Fusion-Jazzbands jener Zeit zählte wohl die Gruppe Weather Report, deren Gründer zwei Musiker waren, die ebenfalls auf dem Bitches Brew-Album mitgewirkt hatten: Wayne Shorter und Joe Zawinul. »Die Musik von Weather Report klingt immer ursprünglich, aktuell und real«, meinte der Tenorsaxophonist Joshua Redman. »Und ich denke, das kann man von einem Großteil des Fusion-Jazz leider nicht behaupten, vor allem nicht von den späteren Bands.«

»Das große Geld hielt Einzug in den Jazz«, kommentierte Michael Cuscuna die Entwicklung.

»Fusion-Jazz wurde zu einem Teil der Popmusik. Und brachte eine Menge Zwänge und Anforderungen mit sich, die in der Kunst eigentlich nichts zu suchen hatten. Art Blakey erzählte damals gern die Geschichte, wie [der Trompeter] Donald Byrd [der auch zum Fusion-Jazz gewechselt war] einmal bei einem Konzert hinter der Bühne auf ihn zukam und sagte: ›Mann, dieser Druck, immer wieder eine neue Platte rausbringen zu müssen, die sich genauso gut verkauft wie die letzte. Ich weiß wirklich nicht, für welche Richtung ich mich entscheiden soll.‹ Art war immer schon der Überzeugung gewesen, dass man an seinen ästhetischen Maßstäben festhalten und sich von dort aus weiterentwickeln muss. Er erzählte: ›Ich sah Donald an, und er hatte eine Menge Geld, aber er hatte auch einen Spitzbauch, und er sah gestresst aus und überhaupt nicht gesund, und deshalb sagte ich: ‚Donald, ich hab noch nie einen Geldtransporter gesehen, der einem Leichenwagen folgt'.‹«

1975 legte Miles Davis plötzlich von einem Tag auf den anderen die Trompete aus der Hand. Er sei damals »geistig erschöpft« gewesen, erklärte er später, und habe »musikalisch nichts mehr zu sagen« gehabt. Sechs Jahre lang betrat er kein Tonstudio mehr und hatte mit chronisch schlechter Gesundheit und fortdauernden Drogenproblemen zu kämpfen. Als er schließlich zurückkehrte, konnte nicht einmal er noch guten Gewissens behaupten, er mache Jazzmusik. Der Jazz »ist tot«, sagte er, »Musik fürs Museum«. »Als ich Miles Davis zuletzt gehört habe«, schrieb Martin Williams drei Jahre vor dem Tod des Trompeters im Jahre 1991, »da stakste er in etwas,

Mr. und Mrs. Armstrong. Die Aufnahme entstand irgendwann Ende der 60er Jahre an einem der wenigen freien Abende der Armstrongs. Wegen der Horden von Autogrammjägern, die ihn umlagerten, sobald er irgendwo auftauchte, verließ Armstrong in seinen letzten Jahren nur noch selten die Umgebung seines Hauses in Queens.

das aussah wie ein Gruselkostüm von Halloween, auf der Bühne herum und gab ein paar Klagelaute auf der Trompete von sich.«

Im Lauf der Jahre nutzten sich auch die verbleibenden Jazzelemente des Fusion-Jazz immer weiter ab. Nur noch wenige junge Musiker hatten Gelegenheit, mit älteren Jazzgrößen zusammenzuspielen und von ihnen zu lernen – obwohl dies, wie Dexter Gordon einmal sagte, die Grundlage für guten Jazz war. Ihre Musik näherte sich immer mehr dem Instrumental-Pop an: zur leichten Unterhaltung geeignet, aber mehr auch nicht.

»Jazzmusik«, so Jelly Roll Morton, »ist ein Stil, keine bestimmte Kompositionsart. Wenn man weiß, wie's geht, kann man jede Art von Musik als Jazz spielen.« Große Musiker wie Louis Armstrong und Benny Goodman konnten auf geradezu geniale Weise auch noch das banalste Material der Populärmusik in Jazz verwandeln, doch der Swing bildete immer das Kernstück dieser Konzeption. »Wenn dieser Swing dann aufkommt«, so Charlie Haden, »dann hat man das Gefühl, als würde man wie ein Surfer auf einem Wellenkamm dahingleiten. Oder als würde man einen Kieselstein nehmen und ihn achtmal über die vollkommen glatte Oberfläche eines Sees springen lassen. Das ist dieser Groove, der dann durchkommt. Mit einer Triebkraft wie eine 747 beim Start. Der Swing ist ein Impuls, der langsam immer stärker wird, bis man irgendwann aufhört zu denken. Denn der schöpferische, der gedankliche Prozess hört mitten in der Schöpfung auf. Dann gibt es nur noch diesen Moment, den man gerade erlebt, verstehen Sie. Kein Gestern, kein Morgen. Nur Hier und Jetzt.«

In der Rockmusik gibt es definitionsgemäß keinen Swing, die Beats sind immer gleich – was diese Musik vor allem für junge Tänzer so attraktiv machte. »Der Jazz war schon immer in der Lage, sich fast alles aus dem populären Bereich anzueignen, es zu absorbieren und für seine eigenen Zwecke zu verwenden«, schrieb Martin Williams in einem Rückblick. »Trotzdem bin ich der Meinung, dass dies im Hinblick auf den Fusion-Jazz nicht besonders gut funktioniert hat ... der Beat im Jazz drängt nach vorne, er dient dazu, den geradezu unwiderstehlichen Impuls der Musik noch zu verstärken. Der Jazz bewegt sich vorwärts. Der Beat in der Rockmusik dagegen hüpft und springt immer nur auf der gleichen Stelle herum ... Rock bleibt irgendwo stehen.«

DIE LIEBE ERWIDERN

Louis Armstrong hatte das alles mit eigenen Augen gesehen: New Orleans, bevor der Jazz im ganzen Land bekannt wurde, die ersten Plattenaufnahmen, mit denen er zunächst die Instrumentalmusik und dann den amerikanischen Gesang revolutionierte. Er war Zeuge der Swing-Ära gewesen und hatte die Bebop-Phase überstanden – und er war immer noch auf Tour und wurde überall gefeiert, zu Hause, im Ausland, ja sogar hinter dem Eisernen Vorhang. Arvell Shaw erinnerte sich an einen Besuch im geteilten Deutschland:

»In Westberlin war jeden Abend was los, aber wir waren in Ostberlin. Da meinte Louis eines Abends nach ein paar Gläsern Wein: ›Kommt, wir fahren rüber nach Westberlin.‹ Aber der Veranstalter sagte: ›Das geht nicht. Dazu braucht ihr eine Genehmigung.‹ Und Louis sagte: ›Zum Teufel damit. Los, steigt in den

Bus.‹ Also stiegen wir in den Bus. Wir fuhren zum Checkpoint Charlie, und die ostdeutschen Grenzpolizisten hielten uns an und kamen mit ihren Maschinengewehren auf uns zu. Sie fragten: ›Wo sind Ihre Pässe? Wo sind Ihre Pässe?‹ Und dann rief einer von ihnen: ›Louis Armstrong!‹ Und sie sagten: ›Oh, Mr. Armstrong! Sie können durchfahren.‹ Und dann kamen wir zur amerikanischen Seite, und da fragten sie auch: ›Wo sind Ihre Pässe?‹ Die Jungs gingen durch den Bus. ›Hey, Pops!‹, rief einer der Soldaten. ›Alles klar, das ist Pops!‹, und wir durften weiterfahren. Jeden Abend sind wir von Ostberlin nach Westberlin gefahren und haben da die ganze Nacht durchgemacht, und jeden Abend haben sie uns ohne Pässe durchgelassen, völlig stoned, verstehen Sie?«

Zwischen den Engagements kehrte Armstrong in sein kleines Haus in Queens zurück, das er mit seiner Frau Lucille kurz nach der Hochzeit bezogen hatte. Er verspürte offenbar kein Bedürfnis nach mehr Exklusivität. »Er liebte jedes Zimmer«, erinnerte sich Victoria Joseph, eine enge Freundin der Armstrongs. »Das hier war sein Zuhause.« Und wenn seine Frau von Zeit zu Zeit vorschlug, in ein größeres Haus in einer schickeren Wohngegend zu ziehen, wollte er nichts davon hören. »›Wozu?‹, sagte er. ›Wir kennen hier doch jeden, und in einem größeren

Louis Armstrong vor seinem Haus. »Man stelle sich vor«, schrieb er 1970, »in all den ... Jahren, die wir in diesem Haus leben, haben wir ungefähr [drei] Generationen aufwachsen sehen. ... Viele von ihnen haben inzwischen geheiratet und Kinder in die Welt gesetzt. Ihre Kinder kommen immer noch, um Tante Lucille und Onkel Louis zu besuchen. ... Jetzt, wo [Pops] wieder gesund ist, sich gut fühlt, und mit Erlaubnis seines Arztes jeden Abend vor dem Essen Trompete spielt, freut sich die ganze Nachbarschaft, jeden Tag sein Horn zu hören.«

Im Bereich der Musik war nur Louis Armstrongs Begräbnis in der Lage, Guy Lombardo und Dizzy Gillespie zusammenzubringen. In der Reihe hinter ihnen sitzen Gene Krupa und Arvell Shaw. Die trauernden Kinder unten auf dem Bild sind Little League-Spieler aus Armstrongs Nachbarschaft.

Haus würden wir uns bloß verlaufen. Ich würde die halbe Zeit nach dir suchen.‹« »Wenn Louis nach Hause kam«, erzählte Phoebe Jacobs, »hingen bei den Nachbarn immer Transparente vor der Tür, mit der Aufschrift ›Willkommen zu Hause, Pops‹. Und wenn das Wetter es erlaubte, dann saß er oft auf den Stufen vorm Haus und kaufte den Kindern ein Eis am Stiel. Und er fragte sie, ob sie ihre Hausaufgaben gemacht hätten und brav gewesen wären.«

Im Herbst 1968 forderten die Jahrzehnte des körperlichen Raubbaus schließlich ihren Tribut: Aufgrund eines akuten Herzversagens musste Armstrong insgesamt fast sieben Monate im Beth Israel Hospital in Manhattan verbringen. »Louis bezeichnete seine Krankheit gern als Unterbrechung«, erzählte Jacobs. »Er lag da im Krankenhaus, mehrere Schläuche im Körper, und wenn man irgendetwas sagte, dann antwortete er: ›Das ist nur eine Unterbrechung.‹« Während Armstrong im Krankenhaus war, erlitt auch Joe Glaser einen Herzinfarkt und fiel dann in ein Koma, aus dem er nicht wieder erwachen sollte. Armstrong war wie am Boden zerstört. Er brachte seine Gefühle in einem langen, ausschweifenden Nachruf zum Ausdruck, in dem er erneut seine Dankbarkeit gegenüber der Familie Karnofsky unterstrich, die sich seiner angenommen hatte, als er noch ein kleiner Junge war, und die – wie Glaser – jüdischen Glaubens gewesen war. Aber er ließ sich auch in bitterem Tonfall über jene Mitglieder seiner eigenen Bevölkerungsgruppe aus, von denen er sich im Stich gelassen fühlte: »Die anderen weißen Nationalitäten [in New Orleans] hielten die Juden ständig in Angst und Schrecken, aber ich werde nie vergessen, wie die Juden, die in den Vierteln der Schwarzen lebten, trotzdem ihren Weg machten und so viel tun konnten, direkt vor ihrer Nase. Mann, wenn die Schwarzen auch nur halb so gut zusammenhalten würden. Aber ich glaube nicht, dass das jemals geschehen wird. Stellt euch bloß vor, wo wir dann heute wären. Zwischen uns gibt es zu viel Hass und bösen Willen.«

Als er im Frühjahr 1969 aus dem Krankenhaus entlassen wurde, hatten ihm seine Ärzte untersagt, weiterhin Trompete zu spielen. Die Belastung, sagten sie, sei zu groß für sein Herz. »Es fiel ihm furchtbar schwer, aufs Spielen zu verzichten«, erzählte Victoria Joseph, »und wenn er von Zimmer zu Zimmer ging, hatte er seine Trompete immer unterm Arm oder in der Hand oder stellte sie auf dem Schreibtisch ab. Er trug sie überall mit sich herum. Und spielte sie mit den Fingern. Auch bei Interviews hatte er sie dabei, immer. Immer.«

Im Mai 1970 wurde Armstrong von Bob Thiele in sein New Yorker Studio geholt, um mit ihm ein Album mit dem Titel Louis Armstrong and His Friends aufzunehmen. Eine bunt gemischte Gruppe von Musikern hatte sich ihm zu Ehren dort versammelt. Alte Freunde und Bewunderer wie Eddie Condon und die Kornettisten Bobby Hackett und Ruby Braff waren gekommen, aber auch Ornette Coleman und Miles Davis, der sagte: »Man kann nichts auf der Trompete spielen, das Louis nicht schon mal gespielt hätte – sogar moderne Sachen.« Sie alle bildeten den Background-Chor, während Armstrong »We Shall Overcome« sang. Bei der gleichen dreitägigen Session nahm er auch ein Stück mit dem Titel »A Boy from New Orleans« auf, für das er die Melodie von »When the Saints Go Marching In« mit einem neuen Text versehen hatte – eine sentimentale Rückschau auf Armstrongs Karriere, angefangen bei seiner Geburt im schwarzen Storyville bis zu seiner Ernennung zum Botschafter des Jazz. Der Text war furchtbar rührselig, und ein schwerfälliges, überladenes Bigband-Arrangement machte die Sache nicht besser, doch Armstrong gelang es – wie schon so oft – dem Stück trotzdem Leben und Wärme einzuhauchen, und es wurde zu einem Standard seiner Bühnenshow.

Wenige Wochen später, am 11. Juli, veranstaltete George Wein im Rahmen des Newport Jazz-Festivals eine Feier zum mutmaßlich 70. Geburtstag von Armstrong. Viele Musiker, mit denen er im Laufe der Jahre zusammengespielt hatte, waren gekommen, um mit ihm zu feiern, darunter auch Dizzy Gillespie. »Ohne ihn«, sagte er, »gäbe es mich nicht.« Um das Publikum zu überraschen und Armstrong die zusätzliche Anstrengung zu ersparen, schlug George Wein vor, Armstrong solle einfach ohne vorherige Ankündigung auf die Bühne kommen, statt wie sonst seine Erkennungsmelodie »Sleepy Time Down South« zu singen. Aber Armstrong wollte nichts davon hören. Seine Fans erwarteten das von ihm, und er hatte sie noch nie enttäuscht. »Solange ich lebe«, sagte er, »wird ›Sleepy Time Down South‹ mein Lied sein, weil es mit mir lebt.«

»Er hatte sich für seinen Auftritt umgezogen«, erzählte George Wein, »und trug einen schönen braunen Anzug, und auf seinem Gesicht lag ein Leuchten, und seine Augen leuchteten auch. Seine ganze Haut schien zu leuchten.« Es regnete an diesem Abend, deshalb kam er früher als geplant auf die Bühne, weil er nicht wollte, dass seine Fans nass wurden. Normalerweise verließen die Leute während eines Regenschauers ihre Plätze, aber für Louis Armstrong blieben sie alle sitzen. »Und er sang so wunderschön«, erinnerte sich Wein, »als wollte er sagen: ›Hey, da bin ich wieder.‹ Verstehen Sie, als wollte er sagen: ›Ich bin immer noch Louis Armstrong, und bei mir bekommt ihr immer noch wunderbare Musik und Unterhaltung.‹« Und nicht lange danach spielte er auch wieder Trompete.

Im Frühjahr 1971 nahm Armstrong ein zweiwöchiges Engagement im Waldorf-Astoria in Manhattan an. Arvell Shaw war bei diesem letzten Engagement dabei, und noch 30 Jahre später konnte er nicht ohne Ergriffenheit davon erzählen: »Er hatte immer noch so viel Musik in sich, dass es ihm einfach unmöglich war, nicht zu spielen, so lange er lebte. Der Arzt hatte zu ihm gesagt: ›Louis, tu das nicht. Das ist zu viel für dich.‹ Aber Louis antwortete: ›Ich habe einen Vertrag unterschrieben, ich muss das machen, [für] meine Fans.‹ Und sie mussten ihm …«, hier brach Arvell Shaws Stimme, und seine Augen füllten sich mit Tränen, »sie mussten ihm auf die Bühne hinauf- und nachher wieder herunterhelfen.« Am letzten Abend des Engagements standen Victoria Joseph und ihr Mann in den Kulissen. »Als letztes Stück sang er ›The Boy from New Orleans‹«, erinnerte sie sich, »und er musste zwischendurch aufhören. Er weinte, die Tränen strömten ihm nur so übers Gesicht, und als er fertig war, hätte man eine Stecknadel fallen hören können. Ungefähr zehn Sekunden lang war alles still, und dann brach tosender Applaus los. Wirklich tosender Applaus. Und mein Mann und ich nahmen ihn zwischen uns, und als er die Stufen runterging, sagte er: ›Das war meine letzte Show, Vickie.‹ Er wusste es. Das war seine letzte Show. Ja, er wusste es.«

Armstrong wurde erneut ins Krankenhaus eingeliefert, überstand zwei weitere Herzanfälle und konnte schließlich durchsetzen, dass man ihn wieder nach Hause entließ. Am Abend des 5. Juli, einen Tag nach Armstrongs vermutlich 71. Geburtstag, waren die Josephs bei ihm zum Essen eingeladen. »Er war bester Dinge«, erzählte Victoria Joseph.

»Er sagte: ›Vickie, der Doktor hat mir erlaubt, wieder zu arbeiten. Ich darf wieder Trompete spielen. Als Erstes werden wir ans Schwarze Meer in Russland fahren.‹ Lucille war in der Küche und kochte für ihn, und er fand es schön, wenn sie das tat. Nur mein Mann und ich saßen mit ihm am Tisch. Auf einmal stand er auf und griff nach der Tischkante. Ich glaube, in dem Moment hat der Tod ihn berührt. Und er sagte kein Wort, hielt sich nur am Tisch fest. Mein Mann sprang auf, während ich sitzen blieb, aber alle beide ließen wir ihn nicht aus den Augen, und dann richtete er sich plötzlich wieder auf. Ich war zu Tode erschrocken, aber er zuckte nur die Schultern, setzte sich wieder hin und redete einfach weiter. Und ich fragte mich im Stillen, ob ich Lucille davon erzählen und sie beunruhigen sollte, oder nicht. Ich habe ihr bis heute nichts davon erzählt, ich hab's nicht getan. Aber am nächsten Tag hätte ich mich dafür ohrfeigen können. Vielleicht hätte man ihn retten können, vielleicht auch nicht. Er ging mit hinaus auf die Veranda, als wir uns so um halb zwölf, viertel vor zwölf verabschiedeten, und sagte, er käme am Mittwoch bei uns vorbei.«

Für den nächsten Tag war eine Probe mit den All Stars anberaumt, aber gegen vier Uhr dreißig an jenem Morgen ist Louis Armstrong im Schlaf gestorben. Einige Wochen zuvor hatte Victoria Joseph ihm noch bei der Erledigung seiner Post geholfen. Hunderte von Briefen aus aller Welt waren bei ihm eingetroffen, jeder von ihnen voller Herzlichkeit. »Pops«, hatte sie ihn gefragt, »was machst du bloß mit all dieser Liebe?«

»Es fällt mir immer schwerer«, antwortete er, »aber ich versuche sie zu erwidern, so gut es geht.«

SO VIEL ZU TUN

»Ich habe Louis Armstrong immer geliebt und respektiert«, sagte Duke Ellington, als er von seinem Tod erfuhr. »Er wurde arm geboren und ist reich gestorben, ohne auf seinem Weg irgendjemanden Schaden zuzufügen.« Im Frühjahr darauf stellte man bei Ellington Lungenkrebs fest. Es ist nicht bekannt, inwieweit er über seine Heilungschancen informiert war – sein Arzt und enger Freund, Dr. Arthur Logan, sollte noch vor ihm sterben. Aber er sprach nur selten über seinen sich rapide verschlechternden Gesundheitszustand, nicht einmal zu der Zeit, als er so schwach wurde, dass er das Dirigieren bei den Proben nicht mehr durchhielt, ohne sich zwischendurch hinzusetzen. »Die Musik half ihm dabei weiterzumachen«, erinnerte sich seine Enkelin Mercedes Ellington. »Sie half ihm, die Schmerzen und die Qualen während der Tourneen und der letzten Phase der Krankheit durchzustehen. Sie war die treibende Kraft für ihn. Sie war etwas, das er tun musste, jeden Tag.«

Schon lange vor seiner Erkrankung hatte Ellington begonnen, sich für religiöse Musik zu interessieren. Privat war er immer ein gläubiger Mensch gewesen – er trug ein goldenes Kreuz um den Hals, das er nach dem Tod seiner Mutter erhielt, und hatte die Bibel mindestens sieben Mal von vorne bis hinten durchgelesen –, doch jetzt fühlte er offenbar das Bedürfnis, seinem Glauben auch musikalisch Ausdruck zu verleihen. Er betrachtete sich als »ein Bote Gottes«, wie er selbst es nannte, und ein Bandmitglied sprach die Vermutung aus, er wolle sich »seinen Weg in den Himmel spielen«. »Weltliche Musik kann man swingen lassen«, antwortete Ellington einmal auf die Frage, warum er so ungewöhnlich genaue Vorgaben machte, wie seine religiösen Werke gespielt werden sollten, »aber den Allmächtigen nicht.«

Er hatte bereits zwei seiner Sacred Concerts, seiner heiligen Konzerte, geschrieben – ehrgeizige Werke, die er mit seinem Orchester in Kirchen und Kathedralen aufführte, ergänzt durch Chöre, Vokalsolisten und Tänzer. Jetzt stürzte er sich in ein drittes Werk, welches er am 24. Oktober 1973, dem Gründungstag der Vereinten Nationen, in der Westminster Abbey uraufführen wollte. »Er wusste, dass dies sein letzter großer Wurf sein würde«, erzählte Mercer Ellington, »und er wollte, dass er gut wird.« Am Tag des Konzerts wirkte Ellington dünn und gebrechlich und zeigte sich der Presse gegenüber ungewöhnlich abweisend. Er ließ nur wenige Fragen zu und lehnte auch die Anwesenheit von Fernsehkameras bei der Aufführung ab. Die Musik war das einzig Wichtige. »Jeder Mensch betet zu Gott in seiner eigenen Sprache«, erklärte er dem Publikum vor Beginn des Konzerts, »und es gibt keine Sprache, die Gott nicht versteht.«

Letztendlich ging das Konzert, The Third Sacred Concert, einigermaßen glatt über die Bühne, auch wenn Ellington mittendrin einmal fast zusammengebrochen wäre. George Wein, der am nächsten Tag mit ihm nach Dänemark flog, erzählte:

»Duke war völlig am Ende. ... Ich war bei ihm in der Kabine. Er brauchte einen Rollstuhl, um zum Flugzeug zu kommen. Und als wir in Dänemark landeten, nahm er wieder einen Rollstuhl. Ich hatte ihn noch nie vorher im Rollstuhl gesehen. Er war sehr erschöpft, und es ging ihm viel schlechter, als die meisten von uns ahnten. Wir nahmen die Fähre von Kopenhagen nach Malmö, und auf der Fähre, in der frischen Seeluft, setzte er sich an Deck und aß dänische Shrimps, diese kleinen Dinger, die er so gern mochte. Und während er da saß, konnte man förmlich sehen, wie er langsam wieder zu sich kam. Und bei dem Konzert an diesem Abend war er so in die Musik versunken, dass er am Ende gar nicht mehr aufhören wollte. Die Band war schon von der Bühne gegangen, aber Duke kam zurück, weil die Leute klatschten und jubelten, und er setzte sich ans Klavier und fing an zu spielen. Und der Bassist kam zurück, und der Schlagzeuger, und ein oder zwei von den Bläsern auch, aber sonst niemand. Die Band reagierte einfach nicht. Also machte er 20 oder 25 Minuten lang eine kleine Jam-Session, und man spürte, dass er einen Moment lang wieder jung war. Aber es war nur ein letztes Aufbäumen.«

Dessen ungeachtet trat Ellington weiterhin auf. Am 4. Dezember kehrte er von seiner Europatournee zurück und stand schon am nächsten Abend wieder in Pittsburgh auf der Bühne. Als die Band am 22. März 1974 in Sturgis, Michigan, auftreten sollte, war Ellington so schwach, dass seine Leute ihn anflehten, die Tour abzubrechen. Aber er gab trotzdem noch zwei weitere Konzerte, in einem Saal, den sein Sohn als »eine alte Feuerwache« beschrieb. Es war sein letzter öffentlicher Auftritt. Dann brach er endgültig zusammen. Am nächsten Morgen flog man ihn nach New York zurück und lieferte ihn ins Columbia Presbyterian Hospital ein, wo er sofort nach seinem E-Piano verlangte, um weiterarbeiten zu können. Er nahm einige Verbesserungen an seinem Third Sacred Concert vor, arbeitete an einer komischen Oper mit dem Titel Queenie Pie und vollendete The Three Black Kings, eine Partitur für Alvin Aileys Tanzensemble. Als sein Augenlicht nachließ, schrieb er einfach größer, wobei er oft die Rückseite der unzähligen Grußkarten benutzte, die sein Zimmer überfluteten. »Ich habe so viel zu tun«, sagte er, »so vieles, das ich noch tun muss.«

Er starb am Morgen des 24. Mai 1974 um drei Uhr zehn. 65 000 Menschen defilierten an seinem Sarg vorbei. 10 000 Trauergäste hatten sich zu seinem Begräbnis in der gewaltigen Kathedrale St. John the Divine versammelt, und weitere 2000 standen schweigend draußen vor der Tür. Viele begannen zu weinen, als Ella Fitzgerald »Solitude« und »Just a Closer Walk with Thee« anstimmte, eine Hymne, die auch in den frühen Tagen des Jazz in New Orleans häufig bei Beerdigungen gesungen wurde. Ellington wurde auf dem Woodlawn Cemetery neben seiner Mutter beigesetzt, die ihm als Erste gesagt hatte, er sei »gesegnet«.

Duke Ellington in Paris. »Musik ist ein ... sehr flüchtiges Medium, das einen von allen Seiten umgibt, von oben und von unten«, sagte er einmal. »Man begegnet ihr zum ersten Mal, wenn man sie hört, und man fühlt sich von ihr angezogen. Es ist eine wunderbare Freundschaft, und man verbringt den Rest seines Lebens damit, dieser Melodie hinterherzujagen. Und immer wieder denkt man, jetzt habe ich sie, und streckt die Hand aus ... und alles, was man erwischt, ist ein Stück von ihrem Schwanz. Andere Leute hören das und sagen: ›Ja, das ist ein Teil von ihr.‹ Tja, und du weißt, dass es auf eine Art nur ein Teil ist, nicht das Ganze. Also machst du weiter, weil du mehr davon haben willst. Du rennst weiter der Melodie hinterher. Du isst mit ihr, du schläfst mit ihr, mehr nicht. Du bleibst immer auf der Jagd.«

FASSUNGSLOS

Im Jahr 1964 wurde auf Veranlassung der Stadt New Orleans das Geburtshaus von Louis Armstrong abgerissen, um Platz für ein neues Polizeirevier zu schaffen. Und schon lange vorher waren die Lincoln Gardens an der South Side in Chicago, wo Armstrong mit King Oliver gespielt hatte, einem Wohnungsbauprojekt zum Opfer gefallen. Auch in Kansas City waren endlich Recht und Ordnung eingekehrt, so dass die Mehrzahl der freizügigen Klubs, in denen Lester Young, Count Basie und Charlie Parker aufgetreten waren, schließen musste. Den Cotton Club in Manhattan, in dem Duke Ellington erstmals seine »Dschungelmusik« präsentiert hatte, gab es ebenfalls nicht mehr, ebenso wenig den Savoy Ballroom in Harlem, wo Chick Webb einst mit jeder Band, die vorbeikam, in Wettstreit trat und wo Ella Fitzgeralds Karriere begann. Das Birdland, jener Klub, der nach Charlie Parker benannt worden war, hatte den Jazz zu Gunsten von Rhythm and Blues aufgegeben. 1968 schloss auch das Hickory House, der letzte Klub auf der 52nd Street, seine Pforten, und selbst das Five Spot, in dem Cecil Taylor, Ornette Coleman und John Coltrane ihre anspruchsvolle Musik präsentiert hatten, machte schließlich dicht.

In den späten 30er Jahren wurden schätzungsweise etwa 70 Prozent der Gewinne in der

Plattenindustrie von der Swing-Musik erwirtschaftet. Mitte der 70er Jahre lag ihr Anteil noch bei knapp drei Prozent. Die Lage wurde schließlich so verzweifelt, dass eine Gruppe schwarzer Musiker, die sich das Jazz and People's Movement nannten, regelmäßig überregionale Fernsehshows störte, um gegen ihren Arbeitsmangel zu protestieren. Am 13. Oktober 1970 war der britische Schauspieler Trevor Howard zu Gast in Dick Cavetts Fernseh-Talkshow, und als Cavett ihn fragte, was sich seiner Meinung nach in New York verändert hatte, erwiderte Howard unschuldsvoll, es gebe inzwischen kaum noch einen Ort, wo man Jazz hören könne. Bei diesen Worten sprangen einige Leute aus dem Publikum auf und bliesen in ihre mitgebrachten Pfeifen und Holzflöten. Zwei Monate zuvor hatte die gleiche Gruppe, angeführt von dem Multi-Instrumentalisten Rahsaan Roland Kirk und dem Trompeter Lee Morgan, bereits eine Merv Griffin-Show gestört, und als sie fünf Monate später Johnny Carson für seine Show die gleiche Aktion androhten, gewährte ihnen die Leitung des Senders eine halbstündige Audienz, in der sie ihre Klagen vorbringen konnten. Einmal gelang es Kirk sogar, gemeinsam mit Charles Mingus und Archie Shepp zur Ed Sullivan-Show des Senders CBS eingeladen zu werden. Vor der Sendung fragte Kirk den Showmaster, warum er den verstorbenen John Coltrane nie als Gaststar eingeladen habe, woraufhin Sullivan in aufrichtigem Erstaunen zurückfragte: »Hat Coltrane denn schon mal eine Platte rausgebracht?«

Während des Newport Jazz Festivals im darauf folgenden Sommer, als Dionne Warwick gerade auf der Bühne stand und »What the World Needs Now is Love, Sweet Love« sang, rissen mehrere Tausend junge Leute, die lautstark forderten, dass sämtliche Musik frei zugänglich sein sollte, den Maschendrahtzaun nieder und verursachten einen Aufruhr. Das Festival musste abgebrochen werden. »Die Leute waren völlig fassungslos«, berichtete George Wein, »weil eine Sache, die ihnen viel bedeutete, von einem Haufen dummer Blagen zerstört worden war, die es im Grunde überhaupt nicht interessierte, welche Musik da gespielt wurde.«

Die 60er Jahre waren eine Zeit, in der »alle sich im Aufbruch befanden und die Musik kochend heiß war«, wie der »New Thing«-Schlagzeuger Milford Graves sich erinnerte. »Aber in

HOME COOKIN'

Während der Bebop-Ära wollten viele schwarze Großstadtmusiker nur ungern an das Leben erinnert werden, zu dem die meisten Schwarzen in den Südstaaten damals verdammt waren, und so fiel selbst der Blues eine Zeit lang in Ungnade. Mit dem Erstarken der Bürgerrechtsbewegung setzte jedoch ein weit reichendes Umdenken ein, und immer mehr junge Leute betrachteten die schwarze Kultur nicht länger mit Verlegenheit, sondern mit Stolz. Diese Gefühle spiegelten sich auch bald in der Musik wider. Ray Charles übernahm dabei eine Vorreiterrolle, indem er den Blues mit orgelähnlichem Klavierspiel und dem liturgischen Call-and-Response-Schema verband. Schon bald entstand dafür der Begriff des »Soul«-Musikers. Diese Stilrichtung konnte sich auch im Jazzbereich durchsetzen, und niemand hatte größeren Anteil an ihrem Erfolg als der »unglaubliche« Jimmy Smith, der Meister der Hammond B-3-Orgel, der 1957 einen Plattenvertrag mit Blue Note abschloss. Frühere Organisten wie Wild Bill Davis und Milt Bruckner hatten im Grunde nur die Tastaturen vertauscht, ohne das Potenzial des neuen Instruments wirklich auszuschöpfen. Smith jedoch war anders. Schon mit den Titeln ihrer Musikstücke – »Home Cookin'«, »The Sermon«, »The Preacher«, – machten Smith und seine Mitstreiter deutlich, dass sie ihre afroamerikanische Herkunft feiern wollten.

Ihre Musik war durchgängig Unterhaltungsmusik, und für eine Weile hatten sie damit auch Erfolg. In den 60er Jahren erreichten fünf von Dave Brubecks Alben die Top 40; Jimmy Smith konnte immerhin zehn LPs dort platzieren. Andere Musiker wie Cannonball Adderley, Ramsey Lewis, Les McCann, Lee Morgan, Horace Silver und Bobby Timmons waren ähnlich erfolgreich. Immer mehr Bars nahmen Orgel-Tenorsaxophon-Trios in ihr Programm auf. Schließlich wurden sie jedoch von einem ganzen Arsenal elektronischer Instrumente abgelöst – E-Bass, E-Piano, Synthesizer und vieles mehr –, und Jimmy Smith mit seiner Hammond B-3 sah sich plötzlich überrollt von einer wahren Flut der Rock- und Funkmusik und jenem neuen Gemisch, das sich Fusion-Jazz nannte.

Jimmy Smith.

GREAT BLACK MUSIC

Die Mitglieder des Art Ensemble of Chicago bei einem Auftritt im New Yorker Bottom Line, 1977.

Mitte der 60er Jahre startete eine Reihe junger Musiker in allen Teilen des Landes den Versuch, durch die Gründung von Kooperativen die Kontrolle über ihre Musik zurückzugewinnen. Die bekannteste und langlebigste Kooperative war die Association for the Advancement of Creative Music (AACM) mit Sitz in Chicago. Hauptinitiator war der Komponist und Pianist Muhal Richard Abrams, aber der Trompeter Lester Bowie entwickelte sich bald zu einem ihrer wortgewandtesten Sprecher. »Die AACM wurde gegründet«, erinnerte sich Bowie, »um uns einen Treffpunkt, einen äußeren Rahmen und damit überhaupt erst die Möglichkeit zu bieten, die Musik, die wir damals in uns spürten, zum Ausdruck zu bringen. Die Klubbesitzer an der South Side wollten mit intellektueller Musik nichts zu tun haben – sie waren nur an Bands interessiert, die ihren Getränkeumsatz steigerten.«

Aus der AACM gingen eine ganze Reihe bedeutender Bands hervor, wie zum Beispiel Air, das Revolutionary Ensemble und das Art Ensemble of Chicago, das 1965 von Bowie, Roscoe Mitchell, Malachi Favors und Joseph Jarman gegründet (und später durch den Schlagzeuger Don Moye ergänzt) wurde. Die mitreißende Musik des AEC schöpfte aus den verschiedensten Bereichen, angefangen bei Walzern und Trauermärschen bis hin zum Free Jazz und Rhythm and Blues. Die Mitglieder bezeichneten ihre Musik jedoch ganz bewusst nicht als Jazz, sondern als »Great Black Music«, weil, wie Lester Bowie erläuterte, »der Begriff ›Jazz‹ eine ganze Reihe negativer Assoziationen hervorrief – Bordell-Musik, Nigger-Musik, Scheiß-Musik, Teufels-Musik.«

Zum ersten Mal seit den Tagen der Black Swan Records in den 20er Jahren waren die afroamerikanischen Musiker wirklich unabhängig. Aber keine der Bemühungen konnte das schwarze Publikum zurückgewinnen, das im Moment gerade für den Motown-Sound schwärmte. Bei einer Gelegenheit musste das Art Ensemble sogar in seiner Heimatstadt vor nur drei Zuschauern auftreten, und seine größte Anhängerschaft fand es ausgerechnet unter weißen Studenten – in Frankreich.

den 70-ern schien es, als würden alle wieder einschlafen. Jeder ging seiner eigenen Wege.« Graves erhielt einen Lehrauftrag am Bennington College, aber seine weniger glücklichen Kollegen mussten bald feststellen, dass sie eigentlich nur noch für eine kleine, zwar hartnäckige Fangemeinde in irgendwelchen Lofts und Privatwohnungen spielten. Immer mehr Klubs mussten schließen. Es gab viele Gründe für diesen Niedergang, aber Eddie »Lockjaw« Davis, der Tenorsax-Veteran der Basie-Band, machte in einem Gespräch mit dem Schlagzeuger Art Taylor Mitte der 70er Jahre vor allem die Avantgarde-Künstler dafür verantwortlich:

»Bis vor ein paar Jahren herrschte im Jazz noch eine ganz andere Atmosphäre. Die Musiker selbst waren viel unbeschwerter. Es schwang immer ein bisschen Humor bei den Auftritten mit, und die Atmosphäre war fröhlicher. Heute kommen die Jazzmusiker schon mit grimmiger Miene auf die Bühne, und alle sind furchtbar ernst. ... Der ganze Laden sieht aus wie ein Friedhof. ... So war Jazz nie gedacht. ... Es kann doch nicht sein, dass jemand mit Papier und Bleistift zu einem Konzert kommen muss, um überhaupt zu verstehen, was die da vorne spielen. ... Die Einzigen, die dir deine Gage zahlen können, sind die Leute, die in den Klub kommen. Aber die Leute kommen natürlich nur in den Klub, wenn ihnen gefällt, was sie hören. Wenn jemand in einen Klub geht und das, was die Musiker auf der Bühne spielen, weder verstehen noch schön finden kann, dann kommt er eben nicht wieder. Dann läuft der Laden nicht, und es gibt keine Gage und auch keine Auftritte mehr. Deshalb gibt es ja heute kaum noch Klubs ...«

HOMECOMING

Nach fast 15 Jahren im Ausland kehrte Dexter Gordon 1976 in die USA zurück, und vor seinen ersten Auftritten in New York – zunächst in George Weins Storyville, später dann im unverwüstlichen Village Vanguard – fragte er sich besorgt, wie man ihn hier wohl empfangen würde. Er spielte immer noch seinen gradlinigen Jazz, ohne die im Fusion-Bereich üblichen Synthesizer, E-Bässe und Rhythmusmaschinen, dafür aber mit all dem Swing, der Poesie und dem Blues-Feeling, die das Herzstück jener Musik bildeten, die er von Kindesbeinen an liebte, von der sich viele Avantgarde-Musiker jedoch bewusst abgewandt hatten. Doch nach jedem Stück spendete das Publikum ihm stürmischen Beifall. »Es war einfach unglaublich, was für einen Sound und was für eine Ausstrahlung er da vorne auf der Bühne hatte«, erzählte der Tenorsaxophonist Joe Lovano. »Allein der Gedanke, mit ihm in einem Raum zu sein, hätte mich damals – ich war 23 Jahre alt – fast umgehauen. Und dann dieser Sound, diese Kraft in seinem Ton.«

Columbia Records bot Gordon einen Vertrag an, und das Doppelalbum Homecoming, das bei Live-Auftritten im Vanguard aufgezeichnet worden war und im folgenden Jahr herauskam, verkaufte sich überraschend gut. Es schien trotz allem immer noch ein Publikum für diese Art von Musik zu geben, die zwar vor neuen Einfällen nur so sprühte, gleichzeitig aber unmittelbar an die Tradition von Louis Armstrong, Lester Young und Charlie Parker anknüpfte. »Dexter ist Jazz«, erklärte der junge Pianist George Cables, der nach Gordons Rückkehr drei Jahre lang mit ihm gemeinsam auftrat. »Die Arbeit mit ihm hat mich zum akustischen Piano bekehrt – [aber] was ich vor allem bei ihm gelernt habe, war die Geschichte der Musik. Die Wurzeln.«

Gordons Erfolg schien den erneuten Beweis dafür zu erbringen, dass die Wiederbelebung des Mainstream-Jazz doch noch möglich war. Natürlich war der Jazz niemals wirklich tot – schließlich hatte sich Pablo, das Label von Norman Granz, der auch Künstler wie Count Basie, Duke Ellington, Dizzy Gillespie sowie den aus Kanada stammenden Pianisten Oscar Peterson betreute, in den mageren Jahren problemlos über Wasser halten können, und auch andere Plattenfirmen begriffen im Laufe der Zeit, dass es sich lohnte, lang vergessene Katalogtitel wieder neu herauszubringen. Zum ersten Mal seit vielen Jahren war die Musik der früheren Jazzgiganten wieder überall erhältlich. Duke Ellingtons Tod im Jahre 1974 und der Gedanke, dass viele seiner Werke womöglich nie wieder live zu hören sein würden, hatte dazu geführt, dass die Smithsonian Institution und andere Organisationen so genannte Jazzrepertoire-Ensembles ins Leben riefen. 1976 veröffentlichte der Kritiker Albert Murray sein Buch »Stomping the Blues«, in dem er noch einmal die afroamerikanischen Ursprünge des Jazz und die zentrale Bedeutung des Blues für dessen Entwicklung unterstrich. Und 1977 – im selben Jahr, als Dexter Gordons Homecoming in den Charts auftauchte – machte ein junger Saxophonist namens Scott Hamilton von sich reden, weil er sich mit seinem Improvisationsstil weder an John Coltrane noch am Bebop orientierte, sondern vielmehr an Ben Webster und Coleman Hawkins, seinen größten Vorbildern.

Drei Jahre nach Gordons triumphalen Comeback war Art Blakey wieder einmal in New York, um nach jungen Nachwuchstalenten für seine Jazz Messengers Ausschau zu halten, wie er es schon seit drei Jahrzehnten tat. Zufällig befand sich auch Michael Cuscuna unter den Anwesenden:

> »Ein junger Trompeter stieg probehalber bei der Band ein, und er war erstaunlich gut. Seine Improvisationen klangen frisch und originell, sehr klar und präzise. Nach dem Set fragte ich Art: ›Wer zum Teufel ist das?‹, und er antwortete: ›Das ist der Sohn von Ellis Marsalis.‹ Ellis Marsalis ist ein wunderbarer Pianist aus New Orleans, den zwar außerhalb seiner Heimatstadt nur wenige kennen, der aber innerhalb der Musikerszene einen ausgezeichneten Ruf genießt. Art stellte mich dem Jungen vor, und später sagte er zu mir: ›Er studiert im ersten Jahr an der Juilliard School [of Music], und das kann ich Ellis natürlich nicht antun, verstehst du? Ich kann ihn nicht einfach von der Schule holen und ihm einen Job anbieten, also werde ich ihm das Engagement nicht geben.‹ Ungefähr zwei Sets später, so gegen vier Uhr morgens, hingen wir alle noch im Klub herum, und ich fragte Art: ›Und, hast du schon entschieden, wen du in deine Band aufnimmst?‹ Und er sagte: ›Ähm, nur einen – Wynton Marsalis.‹«

Es gibt wohl kaum einen Musiker in der Geschichte des Jazz, der in so kurzer Zeit so viel erreicht hat wie Wynton Marsalis: Mit 20 unterschrieb er einen Vertrag bei Columbia Records, mit 22 gewann er je einen »Grammy« für Jazz und für klassische Musik, mit 26 wurde er Mitbegründer des Jazz at Lincoln Center, mit 31 dessen künstlerischer Leiter und mit 35 erhielt für sein Oratorium Blood on the Fields den ersten Pulitzerpreis, der jemals einem Jazzmusiker verliehen wurde. Angesichts seines kometenhaften Aufstiegs, seiner Herkunft als Sohn eines Jazzmusikers aus New Orleans und Bruder dreier weiterer Musiker, und eingedenk der Tatsache, dass er für viele zu einem Symbol der Wiedergeburt des Mainstream-Jazz werden sollte, liegt der Gedanke nicht fern, sein Erfolg sei vorherbestimmt gewesen.

Dabei hatte die Welt, in die er 1961 hineingeboren wurde, der Musik seines Vaters nur wenig Interesse entgegengebracht: Selbst in seiner Geburtsstadt hatte der Jazz einen Großteil seines Publikums verloren. Keiner von Marsalis' Jugendfreunden hatte jemals Jazz gehört. »Jazz war etwas für alte Leute«, erinnerte er sich, und wenn überhaupt jemand die Namen Louis Armstrong und Duke Ellington kannte, »dann hielt man sie für zwei nette Onkel Toms.« Funk war damals die Musik der Zeit: James Brown, Stevie Wonder, Earth, Wind and Fire und Tower of Power. Wenn Wynton und sein älterer Bruder Branford zu Anfang der 70er Jahre, während ihrer Highschool-Zeit, mit ihrer Funk-Band The Creators auftraten, spielten sie manchmal vor über 2000 Menschen und brachten 100 Dollar pro Abend nach Hause. Das Publikum ihres Vaters hingegen war in der Regel nur ein Zehntel so groß, und oft verdiente er nur halb so viel.

Doch schon im Alter von zwölf Jahren hatte Wynton begonnen, Aufnahmen aus der Platten-

Dexter Gordons triumphaler Erfolg, 1977.

sammlung seines Vaters zu hören: John Coltranes My Favorite Things (anfangs nur, weil ihm das blau-rote Cover so gut gefiel) und auch Giant Steps. »Ich hörte mir die Musik an«, erzählte er, »aber ich wusste nicht, dass ich sie auch spielen konnte. Ich dachte, sie wäre nur etwas für meinen Vater und seine Generation, aber ich wusste genau, dass ich sie liebte. Und ich wusste, dass wir sie brauchten. Da war etwas in ihrem Klang. Wenn ich Trane spielen hörte, schien es, als würde er zu mir sprechen. Und er sagte mir, dass alles gut werden würde. In seiner Musik war so etwas wie Engagement zu spüren. Und dann dieses Gefühl und diese Tiefe in seinem Sound Seine Musik ist so ausdrucksvoll und warm.«

In frühen Jahren sammelte Marsalis Erfahrungen mit jeder Art von Musik – ob im Kinderorchester der Kirche unter Leitung des Gitarristen Danny Barker oder bei der Aufführung des Trompetenkonzerts von Haydn zusammen mit dem städtischen Orchester von New Orleans im Alter von 14 Jahren –, bevor er schließlich die Entscheidung fällte, Profimusiker zu werden. Als er sich an der Juilliard School einschrieb, war ihm jedoch immer noch nicht klar, ob er sich letztendlich der klassischen Musik oder dem Jazz zuwenden sollte. Und obwohl er lange Zeit zunächst mit Blakey, später mit Herbie Hancock und schließlich mit seiner eigenen Band auf Tournee ging und sich mit seinem vollen, warmen Ton, seiner erstaunlichen Leichtigkeit und rhythmischen Kreativität einen Namen machte, gestand er in späteren Jahren einmal reumütig ein, so gut wie nichts über den Jazz aus der Zeit vor Miles Davis zu wissen. Anfangs schien das auch keine Rolle zu spielen. Seine erste Platte verkaufte sich mehr als 100 000-mal – eine für die damalige Zeit geradezu unerhört hohe Zahl, erst recht im akustischen Jazz –, woraufhin auch andere Plattenfirmen sich förmlich darum rissen, junge Musiker unter Vertrag zu nehmen. »Wynton war der erste Musiker des ›neuen‹, akustischen Jazz, der wirklich etwas zu sagen hatte«, erinnerte sich Michael Cuscuna. »Und so öffneten sich – auch mithilfe seines Bruders Branford und anderer Musiker, die er kannte – endlich wieder die Schleusentore, so dass es in den 80er Jahren plötzlich wieder eine ganze Reihe junger Musiker gab, die den Jazz mit frischem Blut versorgten. Was einer Rettung in letzter Minute gleichkam.«

Wynton (rechts) und Branford Marsalis zu Hause in Kenner, Louisiana, um 1964.

Aber Marsalis war nicht zufrieden. Sein Vater hatte ihm ein Tonband geschickt, auf dem Armstrongs Solo zu einem Stück namens »Jubilee« zu hören war, und als Marsalis es nachspielen wollte, musste er feststellen, dass er nicht genügend Ausdauer hatte, um es von Anfang bis Ende durchzuhalten. In diesem Moment begriff er, dass Armstrong wohl nicht nur für sein breites Grinsen berühmt gewesen war, und schon bald machte er sich mit der Unterstützung von Albert Murray und Stanley Crouch daran, so viel Jazzgeschichte wie nur möglich in sich aufzusaugen.

George Wein hörte Marsalis zum ersten Mal beim Jazz Festival in Chicago spielen:

»Ich hörte ihn spielen und begann zu weinen. Ich konnte es nicht fassen, ich hätte nie gedacht, dass ich einen jungen schwarzen Musiker noch einmal in dieser Weise spielen hören würde, denn sie waren alle vom Bebop oder der Coltrane-Szene beeinflusst. Wynton konnte das auch alles spielen, aber ich konnte hören, dass er sich auch mit Louis Armstrong beschäftigt hatte. Und das bedeutete mir so viel, denn die einzigen Musiker, die einzigen jungen Musiker, die sich sonst für Armstrong interessierten, waren weiße Musiker. Junge afroamerikanische Musiker interessierten sich nicht für ihn.«

»Jazz«, zu dieser Überzeugung war Marsalis inzwischen gelangt, »ist immer modern. Er wird erst in dem Moment alt, wenn er nicht mehr gespielt wird.« Und schon bald fing er an, die alten Sachen auch selbst zu spielen und sich zu Eigen zu machen – von Thelonious Monk bis zu Jelly Roll Morton, von Louis Armstrong bis zu Miles Davis. Und er tat noch etwas anderes: Er nahm den Kampf mit den Kritikern auf. »In meiner Generation war es für mich wohl am leichtesten, diese Aufgabe zu übernehmen«, sagte er, »weil ich mich nicht mit dem gleichen Ausmaß an Rassismus und auch nicht mit solchen Existenzängsten herumschlagen musste wie viele ältere Musiker.« So vertrat er beharrlich die Überzeugung, ein Großteil des Fusion-Jazz und auch der Avantgarde hätten im Grunde nichts mit Jazz zu tun, da beiden Musikrichtungen der Swing und das Blues-Feeling fehlten. Er verurteilte auch den »Kult des Neuen« und machte sich über die landläufige Meinung lustig, Veränderung sei immer auch gleichbedeutend mit Fortschritt, und jede Form des Jazz sei eine »Verbesserung« der vorigen. »Ist Charlie Parker denn besser als Sidney Bechet?«, fragte er. »Nein – er ist einfach nur anders.« Einige Kritiker und Musiker widersprachen ihm und entfesselten damit einen Streit, der nunmehr seit fast 20 Jahren andauert. »Die Debatte um den Jazz ist immer schon heftig und emotional gewesen, weil es bei der Jazzmusik um die Seele unserer Nation geht«, meinte Marsalis. »Denn mit Hilfe dieser Musik können wir viel darüber lernen, was es bedeutet, Amerikaner zu sein. Jeder will sie besitzen. Aber man kann sie nicht besitzen. Auch ich kann sie nicht besitzen. Ich kann nur versuchen, möglichst genau zu beschreiben, wie ich diese Musik sehe. Aber das ist auch schon alles.«

Als der Kritiker Gary Giddins von dem Pianisten Cedar Walton wissen wollte, welchen Weg die Musik seiner Meinung nach gehen werde, antwortete dieser: »Sie wird genau den Weg gehen, auf den wir sie mitnehmen. Wir sind die Musiker.« Es liegt im Wesen dieser Musik begründet, dass niemals nur ein einzelner Künstler im Mittelpunkt des amerikanischen Jazz gestanden hat. Eine ganze Schar von Musikern, die die Fusion-Ära überstanden haben, macht unverdrossen weiter, und Dutzende talentierter junger Musiker, deren Aufzählung immer nur eine willkürliche Auswahl darstellen kann, versorgen auch die Nebenströmungen des Jazz mit Nachwuchs, wie zum Beispiel der Bassist Christian McBride, der Schlagzeuger Lewis Nash, die Pianisten Geri Allen, Bill Charlap, Eric Reed, Marcus Roberts, Jacky Terrasson und Gonzalo Rubalcaba, die Saxophonisten James Carter, Steve Coleman, Branford Marsalis, Chris Potter und Joshua Redman, der Posaunist Wycliffe Gordon, die Trompeter Nicholas Payton und Roy Hargrove, die Violinistin Regina Carter, die Sängerinnen Dianne Reeves und Cassandra Wilson. »Es gibt eine ganze Menge von uns«, sagte Wynton Marsalis. »Und wir swingen immer noch – und daran wird sich nichts ändern.«

Jeder Musiker verfügt über eine eigene, unverwechselbare Stimme, aber trotzdem gibt es, wie Stanley Crouch bereits erwähnte, eine Eigenschaft, die ihnen allen gemein ist, und das ist ihr Mut. »Mut ist etwas, das man nicht kaufen kann. Und wenn jemand ein solches Risiko auf sich nimmt – wie diese jungen Leute, die sich für den Jazz entscheiden, obwohl sie wissen, dass sie damit niemals ›Puff Daddy‹ Combs oder Madonna oder sonst so ein Star werden können – dann kann aus dieser Manifestation wahren Mutes und wahrer künstlerischer Überzeugung eigentlich nur Gutes entstehen.«

Die Anzahl der Amerikaner, die Jazzmusik hören und lieben, ist im Vergleich zu früher immer noch verschwindend gering. Vor allem die afroamerikanische Bevölkerung hat kaum noch Bezug zu dieser Musik, die doch aus ihr hervorgegangen ist. Es gibt viel zu wenig Orte, an denen junge Musiker spielen können. Und die Welt des Jazz bleibt auch weiterhin in zwei verfeindete Lager gespalten. Trotz allem dauert die musikalische Reise, die in den Tanzlokalen und Saloons und bei den Straßenparaden in New Orleans zu Anfang des 20. Jahrhunderts begonnen hat, nun schon bis ins 21. Jahrhundert fort – und das ohne jedes Zeichen von Ermüdung. Der Jazz ist immer noch bewundernswert integrativ, eine stolze Promenadenmischung amerikanischer Musik, in der die strahlenden Klänge der Vergangenheit widerhallen und die dennoch jeden Abend vollkommen neu entsteht.

Aber wie Wynton Marsalis bereits gesagt hat, bietet der Jazz den Amerikanern in erster Linie Hoffnung: »Genau diese Eigenschaft des Jazz hat Bix Beiderbecke dazu gebracht, um zwei Uhr nachts aus dem Bett zu steigen, sein Kornett zu nehmen und noch mal zwei, drei Stunden zu üben, mit einem Kissen als Dämpfer. Sie hat Louis Armstrong dazu gebracht, 50 Jahre lang ohne Unterbrechung um die Welt zu reisen und vom Krankenbett aufzustehen, nur um gleich wieder auf die Bühne zu kriechen und zu spielen. Sie hat Duke Ellington, Thelonious Monk, Miles Davis, Charlie Parker und all die anderen Musiker – diese wunderbaren Menschen, von denen wir gehört haben – dazu gebracht, ihr Leben zu geben. Und sie haben tatsächlich ihr Leben für diese Musik gegeben, denn sie lässt uns erahnen, was Amerika sein wird, wenn es zu sich selbst gefunden hat. Und sie sagt uns auch, dass der Tag wirklich kommen wird, an dem Amerika so weit ist. Und wenn man diesen Geschmack einmal gekostet hat, dann gibt es nichts anderes mehr, das besser schmeckt. Was für ein wunderbarer Geschmack.«

In einer Grundschule in Mississippi: Wynton Marsalis lernt ein paar eifrige »Nachwuchstalente« kennen.

Joe Lovano, der auf einem speziell angefertigten, geraden Tenorsaxophon spielt, und der Pianist Gonzalo Rubalcaba.

DANK

Dieses Buch ging aus einer zehnteiligen Film-Dokumentation über die Geschichte des Jazz hervor – ein Projekt, das 1995 seinen Anfang nahm und über fünf Jahre hinweg ohne Unterbrechung weiterlief. So viele Menschen haben mit ihrem außergewöhnlichen Können zu diesem Film und zu diesem Buch beigetragen, dass es nicht möglich sein wird, jedem Einzelnen von ihnen hier zu danken. Während der gesamten Zeit hat uns Wynton Marsalis mit seinem umfassenden Wissen und seiner Begeisterung zur Seite gestanden und uns vieles über den Jazz und über das, was er über Amerika aussagt, gelehrt: »Die wirkliche Kraft und Innovation des Jazz«, erklärt er zu Beginn des Films, »liegen darin, dass hier eine Gruppe von Menschen zusammenkommen kann und Kunst schafft – improvisierte Kunst –, indem sie ihre Interessen miteinander aushandelt. Und dieses gemeinsame Aushandeln ist die Kunst.«

Wir haben oft gedacht, dass auch unser Team, mit dem wir dieses gewaltige Vorhaben realisierten, in vielerlei Hinsicht Ähnlichkeiten mit einem Jazzorchester aufweist. Denn auch hier hat jeder Einzelne mit seiner speziellen Begabung seinen eigenen und einzigartigen Beitrag geleistet, immer jedoch mit dem gemeinsamen Ziel vor Augen, unseren Film und unser Buch so gut wie nur möglich zu machen.

Die Mitarbeit des Autors Geoffrey C. Ward war für dieses Projekt von unschätzbarem Wert. Er hat nicht nur mit gewohnter Eloquenz und Sensibilität das Drehbuch für die Dokumentationsreihe verfasst, sondern auch seine tief empfundene und unverbrüchliche Liebe zur Jazzmusik darin einfließen lassen. Außerdem hat er das schier unüberschaubare Ganze für uns strukturiert und einen informativen und gleichzeitig fesselnden Text verfasst. Wir sind ihm zu größtem Dank verpflichtet.

Die Arbeit des Produktionsteams, dessen Engagement weit über das übliche Maß hinausging, hat ebenfalls entscheidend zum Gelingen des Unternehmens beigetragen. Mit unglaublicher Energie haben die Koproduzenten Peter Miller und Victoria Gohl viele hundert Stunden Filmmaterial und Tausende von Fotografien gesichtet, geordnet und, wo nötig, die Rechte eingeholt. Sie erhielten dabei tatkräftige Unterstützung von Natalie Bullock Brown und Shola Lynch, unseren hervorragenden Produktionsassistentinnen, die sich voller Elan auf jede neue, scheinbar unlösbare Aufgabe stürzten und mit vereinten Kräften die Zusammenstellung und Verwaltung des gesamten Foto- und Filmmaterials bewältigt haben. Darüber hinaus waren sie für die Organisation der Filmaufnahmen und historischen Recherchen zuständig und halfen auch sonst überall aus, wo es Not tat. Produktionsassistentin Sarah Botstein stellte die Musik für diesen Film zusammen; sie schien überall gleichzeitig zu sein und unterstützte die gesamte Produktion mit ihrer unerschöpflichen Energie. Madison Davis Lacy, die Beratende Produzentin, war uns vor allem in den ersten Phasen des Projekts eine große Unterstützung und führte einige der besten Interviews.

Wie schon unsere vorigen Filme, so entstand auch diese Reihe eigentlich erst im Schneideraum. Ohne unser hervorragendes Team von Cuttern, Schnittassistenten, Auszubildenden und Praktikanten gäbe es die Film-Dokumentation Jazz nicht. Paul Barnes als Verantwortlicher Redakteur erwies sich als außerordentlich kompetenter Leiter des Teams, der nicht nur für die erste Folge verantwortlich war, sondern auch alle weiteren Folgen betreute und für ihre Stimmigkeit und Stringenz sorgte. Lewis Erskine brachte viel Feingefühl und eine große Liebe zum Jazz in das Projekt ein und zollte den Musik schaffenden Künstlern in seinen Folgen größten Respekt. Sandra Christie, die vor Beginn des Projekts so gut wie gar nichts über Jazz wusste, machte sich hoch motiviert und mit unermüdlichem Engagement an die Arbeit und verbrachte in ihrem Streben nach Perfektion ganze Nächte am Schnittpult. Die unvergleichliche Tricia Reidy prägte das Projekt mit ihrem Willen, die formalen Grenzen einer Dokumentationsreihe zu erweitern, und sorgte mit unerschöpflicher Begeisterung dafür, auch noch die anspruchsvollste Musik für jeden zugänglich zu machen. Gemeinsam mit den Redakteuren Sarah Hill und Shannon Robards verhalf sie unserem Film zu einer Qualität, wie wir sie niemals für möglich gehalten hätten. Erik Ewers, dessen Fähigkeiten uns immer wieder in Erstaunen versetzten, übernahm die Produktion zweier sehr komplexer Episoden und konnte damit Maßstäbe setzen. Aaron Vega, der zunächst als Schnittassistent an dem Projekt beteiligt war, betreute schließlich eine ganze Episode und verwandelte sie in eine unserer besten, während wir dem Redakteur Craig Mellish, der für den reibungslosen Ablauf dieses komplizierten Unternehmens zuständig war, einige der gelungensten Szenen der gesamten Reihe zu verdanken haben. Unser Stab kompetenter Redaktionsassistenten – Barnard Jaffier, Dave Faulker, Dave Mast, Matt McGrail, Davie McMahon, Kevin Mercier, Thor Neureiter und Meg Schindler – trug ebenfalls auf verschiedenste Weise zum Gelingen des Projektes bei, während es einer Armee von einsatzfreudigen Praktikanten irgendwie gelungen ist, viele hundert Stunden Filmmaterial zu ordnen und zu dokumentieren und unsere Aufzeichnungen und Datenbanken auf dem neuesten Stand zu halten. Tim Clark kam die schwierige Aufgabe zu, die vielen hundert Stunden Text zu bewältigen, und Kara Mickley betreute die Fotoabteilung.

Wir freuen uns jeden Tag aufs Neue, dass wir den wunderbaren Schauspieler Keith David als Erzähler für unsere Dokumentationsreihe gewinnen konnten. Seine Menschlichkeit, seine Intelligenz, seine einzigartige Stimme und seine Professionalität haben uns immer wieder in Erstaunen versetzt. Stunde um Stunde verbrachte er im Tonstudio, las klaglos einen Take nach dem anderen, blieb immer um Perfektion bemüht und bereicherte unseren Film mit seiner Wärme, seiner Eleganz und seinem ganzen Herzen. Darüber hinaus hatten wir das Glück, eine ganze Reihe herausragender Schauspieler für die Lesung der persönlichen Zitate verpflichten zu können: Philip Bosco, Matthew Broderick, Kevin Conway, Bruce Davison, Charles Durning, Samuel L. Jackson, Eriq La Salle, Delroy Lindo, Anthony LaPaglia, Courtney B. Vance und viele andere, die in unschätzbarer Weise dazu beitrugen, der Vergangenheit Leben einzuhauchen.

Zudem waren wir in der glücklichen Lage, über ein außergewöhnlich fähiges Team von Tontechnikern – Jennifer Dunnington, Marlena Grzaslewicz, Bruce Kitzmeyer, Dan Korintus, Jacob Ribicoff und Ira Spiegel – zu verfügen, und mit den beiden besten Toningenieuren Amerikas, Lee Dichter und Dominick Tavella, zusammenarbeiten zu können. Sie verliehen der Musik eine solche Dynamik, dass sie förmlich von der Leinwand springt und damit unseren Film erst wirklich lebendig werden lässt.

Unsere ausgezeichneten Kameraleute, allen voran Buddy Squires, der den Großteil des Films gedreht hat, aber auch Allen Moore und Stephen McCarthy, verliehen unserer Dokumentation ihre reine, unverfälschte Schönheit. Ed Joyce und Ed Searles vom Frame Shop hauchten den Standbildern in der Serie neues Leben ein, während das erstaunliche Können John Dowdells, der die Aufnahmen kolorierte, dem Film Leuchtkraft und Brillanz verlieh.

Während der gesamten Zeit konnten wir uns voll und ganz auf das Engagement von Pam Baucom, Susan Butler, Brenda Heath und Patty Lawlor verlassen, die sich um einen reibungslosen Büroablauf kümmerten, Hunderte von Details im Auge behielten sowie dafür sorgten, dass wir unser Budget nicht überzogen – und unsere Rechnungen bezahlten.

Während der Realisierung des Projekts war uns darüber hinaus der Erfahrungsschatz einer Gruppe exzellenter Ratgeber eine unschätzbare Hilfe. Unser größter Dank gilt Dan Morgenstern, der jede Frage beantwortet, jedes Skript gelesen und uns vom ersten bis zum letzten Tag des Projekts in allen Angelegenheiten, ob bedeutend oder unbedeutend, mit Rat und Tat zur Seite gestanden hat. Wertvolle Beiträge haben außerdem geleistet: Michael Chertok, James Lincoln Collier, Stanley Crouch, Michael Cuscuna, Dayton Duncan, Julie Dunfey, Gerald Early, Tom Evered, Gary Giddins, Matt Glaser, Joanna Groning, Eric Hobsbawm, Robin D. G. Kelley, Charlie Lourie, Allen Lowe, Albert Murray, Daniel Okrent, Bruce Boyd Raeburn, Loren Schoenberg, Gunther Schuller und Margaret Washington.

Folgende Organisationen und Einzelpersonen haben durch ihre Unterstützung dieses Projekt erst möglich gemacht: Institute for Jazz Studies, Hogan Jazz Archive, Louis Armstrong Archives, Blue Note Records und Mosaic Records, die Sammlungen von Charles Peterson und Bob Parent, die Abteilung für Druck und Fotografie der Library of Congress, das Louisiana State Museum, das Jazz Record Center, die Archivare Michael Cogswell, Jan Grenci und Ken Vail, der Fotograf Paul Christensen, der Historiker Richard Sudhalter und die Fotosammler Frank Driggs und Duncan Scheidt. Sie haben Hunderte von Fragen beantwortet und uns mit Informationen, Ratschlägen, Musikaufnahmen, Fotografien und Hinweisen von unschätzbarem Wert versorgt.

Viele der besten Jazzfotografen der USA haben uns großzügigerweise ihre Aufnahmen für den Film und das Buch zur Verfügung gestellt: Anthony Barboza, Bill Gottlieb, William Claxton, Enid Farber, Lee Friedlander, Milt Hinton, Paul Hoeffler, Don Hunstein, Jimmy Katz, Herman Leonard, Bruce Polansky, Herb Snitzer, Chuck Steward, Lee Tanner und Francis Wolf.

Ohne die überragenden Fähigkeiten von Wendy Byrne, unserer Herstellerin, würde dieses Buch nicht auf so wunderbare Weise den Geist des Jazz wiedergeben.

Ebenso großer Dank gebührt den großartigen Menschen vom Verlag Alfred A. Knopf, die uns ermöglicht haben, dieses Buch zu veröffentlichen: Sonny Mehta, Ashbel Green, Kathy Hourigan, Asya Muchnick, Carol Devine Carson, Pat Johnson, Andy Hughes, Kevin Bourke und Bette Graber.

Ebenfalls zu Dank verpflichtet sind wir unseren guten Freunden bei Columbia/Legacy und der Verve Music Group: Jeff Jones, Seth Rothstein, Adam Block, Steve Berkowitz, Don Iener, Kristin Kozusko, Ron Goldstein, Ben Young, Richard Seidel, Mike Charlash, Robert Silverberg, Nate Herr und Jeffrey Peisch.

Ohne die großzügige Unterstützung der General Motors Corporation wären weder dieses Buch noch unser Film entstanden – für ihren kontinuierlichen Einsatz danken wir insbesondere Phil Guarascio, Luanna Floccuzio, Peg Holmes, Denny Bolen, Judy Hu und nicht zuletzt Skip Roberts. Finanzielle Unterstützung erhielten wir außerdem vom Public Broadcasting Service, von der Corporation for Public Broadcasting, der Park Foundation, den PEW Charitable Trusts, dem Ministerium für Kultur, Freizeit und Tourismus des Staates Louisiana, der Doris Duke Charitable Foundation, der National Endowment for the Humanities, der Arthur Vining Davis Foundation, der National Endowment for the Arts, der John D. und Catherine T. MacArthur Foundation, der Reva und David Logan Foundation sowie Helen und Peter Bing.

Unsere Partner bei WETA-TV in Washington D. C. haben uns ebenfalls von Beginn an zur Seite gestanden, und wir möchten uns insbesondere bei Sharon Rockefeller, David Thompson, Craig Impink und Karen Kenton für ihre unermüdliche Unterstützung bedanken. Zu Dank verpflichtet sind wir auch Dan Klores und seinen kompetenten Kollegen – vor allem Joe DePlasco, Allyson Felix und Susan Makarichev – für ihre engagierte PR-Arbeit.

Wie bei jedem Projekt dieser Größenordnung gibt es eine Vielzahl von Menschen, die zu seiner Realisierung beigetragen haben – Archivare, Sammler, Historiker, Musikproduzenten, Dokumentare, Produktionsassistenten, Techniker und viele andere – und wir bedauern zutiefst, dass uns der Platz fehlt, ihnen allen persönlich für ihre Arbeit zu danken, mit der sie uns dabei unterstützt haben, Millionen von Menschen die Botschaft und die heilende Kraft des Jazz nahe zu bringen.

KEN BURNS
LYNN NOVICK

Als Verfasser des Buchtextes möchte ich einigen Menschen dafür danken, dass sie mir bei meiner Arbeit, die mir eine Herzensangelegenheit war, geholfen haben:

Meinem Freund Ken Burns, mit dem ich seit über 18 Jahren zusammenarbeite und der mich immer wieder durch seine Bereitschaft erstaunt, sich wichtiger Themen anzunehmen und wichtige Filme aus ihnen zu machen;

Victoria Gohl, die es dank ihrer erstaunlichen Energie und Intelligenz geschafft hat, all die Abbildungen des vorliegenden Bandes ausfindig zu machen und zu recherchieren;

Wendy Byrne, deren sicheres Auge und grenzenlose Geduld bei kurzfristigen Änderungswünschen mir für immer ein Rätsel bleiben wird;

Adrienne Sockwell, die überall in der Stadt unermüdlich nach Material für das Buch geforscht hat;

Dan Morgenstern, der das Manuskript Korrektur gelesen und mich mit seinem enzyklopädischen Wissen und seiner tief empfundenen Liebe für die Musik vor unzähligen Fehlern bewahrt hat;

und Wynton Marsalis, dessen Freundschaft, Kenntnisreichtum, Unterstützung und Offenheit mir während der Entstehung dieser Geschichte des Jazz mehr bedeutet hat, als ich in Worte zu fassen vermag.

GEOFFREY C. WARD

AUSWAHLBIBLIOGRAPHIE

Anmerkung des Autors: Da Bibliographien jeden Titel gleichwertig gewichten, sind sie naturgemäß nicht sehr aussagekräftig. Obwohl ich aus jedem der hier aufgeführten Titel Neues erfahren habe, waren einige davon eindeutig hilfreicher als andere. Niemand kann beispielsweise über Buddy Bolden schreiben, ohne sich ausführlich auf das Werk von Donald M. Marquis zu beziehen; James Reese Europe zu verstehen, ist unmöglich, ohne Reid Badgers umfassende Biographie zu kennen; die Werke des verstorbenen Philip Evans liefern den Großteil der Informationen, die man braucht, um über Bix Beiderbecke und Frank Trumbauer schreiben zu können; und es gibt vermutlich keine lohnendere Lektüre über den frühen Jazz und darüber hinaus keine stilistisch elegantere Studie des Bebop als die Bücher von William Howard Kennedy und Scott Deveaux. Ihnen und vielen anderen Autoren schulde ich großen Dank.

Außerdem möchte ich mich ganz persönlich bei Peter Pulman und Richard Sudhalter bedanken, die mir freundlicherweise wichtige Materialien zur Verfügung gestellt haben; darüber hinaus bei meinem alten Freund Richard Meryman der mir Zugang zu den Originalmitschriften gewährte, auf denen sein berühmtes Interview mit Louis Armstrong basiert; ich bedanke mich bei Bruce Raeburn, dessen grenzenloses Wissen über den Jazz in New Orleans sowie seine Geduld mit meinen dummen Fragen mich immer wieder in Erstaunen versetzten; zu guter Letzt danke ich auch Lawrence Gushee, von dessen unersetzlichen Artikeln über die Anfänge des Jazz aus unerklärlichen Gründen keine Sammlung existiert.

Albertson, Chris. *Bessie*. New York, 1972.

Alkyer, Frank. *Down Beat: 60 Years of Jazz*. Milwaukee, 1995.

Armstrong, Louis. *Louis Armstrong in His Own Words: Selected Writings*. New York, 1999.

–*Satchmo: My Life in New Orleans*. New York, 1986.

–*Swing That Music*. New York, 1993.

Arnaud, Gerald und Jacques Chesnel. *Masters of Jazz*. Edinburgh, 1991.

Asbury, Herbert. *The French Quarter*. New York, 1936.

Badger, Reid. *A Life in Ragtime: A Biography of James Reese Europe*. New York, 1995.

Baker, David N., Hrsg. *New Perspectives on Jazz*. Washington, D.C., 1986.

Balliett, Whitney. *American Musicians II: Seventy-one Portraits in Jazz*. New York, 1996.

–*American Singers*. New York, 1979.

–*Barney, Bradley and Max: Sixteen Portraits in Jazz*. New York, 1989.

–*Goodbyes and Other Messages: A Journal of Jazz 1981-1990*. New York, 1991.

–*Jelly Roll, Jabbo and Fats*. New York, 1983.

–*New York Notes*. New York, 1976.

–*The Sound of Surprise*. New York, 1961.

Barker, Danny. *Buddy Bolden and the Last Days of Storyville*. London, 1998.

–*A Life in Jazz*. New York, 1986.

Barnet, Charlie mit Stanley Dance. *Those Swing Years: The Autobiography of Charlie Barnet*. New York, 1992.

Bayles, Martha. *Hole in Our Soul: The Loss of Beauty and Meaning in American Popular Music*. Chicago, 1994.

Bechet, Sidney. *Treat It Gentle*. New York, 1960.

Behrendt, Joachim E. *Das Jazzbuch*. München, 1991.

–*Das Leben ein Klang*. München, 1996.

Berger, Morroe und James Patrick. *Benny Carter. A Life in American Music*. Newark, 1982.

Bergmeier, Horst J.P. und Rainer E. Lotz. *Hitler's Airwaves*. New Haven, 1997.

Bergreen, Laurence. *Louis Armstrong*. Zürich, 2000.

Berrett, Joshua. *The Louis Armstrong Companion: Eight Decades of Commentary*. New York, 1999.

Berton, Ralph, *Remembering Bix: A Memoir of the Jazz Age*. New York, 1974.

Bigard, Barney. *With Louis and the Duke: The Autobiography of a Jazz Clarinetist*. New York, 1980.

Blesh, Rudi. *Shining Trumpets*. New York, 1980.

Borchert, James. *Alley Life in Washington: Family, Community, Religion and Folklife in the City 1850-1970*. Chicago, 1980.

Brandt, Nat. *Harlem at War: The Black Experience in WWII*. Syracuse, N.Y. 1996.

Britt, Stan. *Dexter Gordon. A Musical Biography*. New York. 1989.

Brown, Claude. *Manchild in the Promised Land*. New York. 1965.

Brown, Letitia Woods. *Free Negroes in the District of Columbia 1790-1846*. New York. 1972.

Brown, Sanford. *Louis Armstrong: Swinging, Singing Satchmo*. New York. 1993.

Brunn, H. O. *The Story of the Original Dixieland Jazz Band*. Baton Rouge, 1960.

Bryant, Clora, u.a. *Central Avenue Sounds: Jazz in Los Angeles*. Berkeley, 1998.

Büchman-Møller, Frank. *You Just Fight for Your Life: The Story of Lester Young*. New York, 1990.

Buckner, Reginald T. und Steven Weiland. Hrsg. *Jazz in Mind*. Detroit, 1991.

Budds, Michael J. *Jazz in the Sixties: The Expansion of Musical Resources and Techniques*. Iowa City, 1990.

Bultman, Bethany Ewald. *New Orleans*. New York, 1996.

Bushell, Garvin und Mark Tucker. *Jazz from the Beginning*. New York, 1998.

Callahan, John F., Hrsg. *The Collected Essays of Ralph Ellison*. New York, 1995.

Carmichael, Hoagy. *The Stardust Road & Sometimes I Wonder: The Autobiographies of Hoagy Carmichael*. New York, 1999.

Carner, Gary. *The Miles Davis Companion:*

Cassandra Wilson

Four Decades of Commentary. New York, 1996.
Carr, Ian. Keith Jarrett: *The Man and His Music*. New York, 1992.
–*Miles Davis: The Definitive Biography*. New York, 1998.
Carr, Ian und Digby Fairweather. *Jazz: The Rough Guide*. Stuttgart, 1999.
Carruth, Hayden. *Sitting In: Selected Writings on Jazz, Blues und Related Topics*. Iowa City, 1993.
Carver, Reginald und Lenny Bernstein. *Jazz Profiles: The Spirit of the Nineties*. New York, 1998.
Chamberlain, Dorothy und Robert Wilson, Hrsg. *In the Spirit of Jazz: The Otis Ferguson Reader*. New York, 1997.
Chambers, Jack. *Milestones: The Music and Times of Miles Davis*. New York, 1998.
Charters, Samuel B. und Leonard Kunstadt. *Jazz: A History of the New York Scene*. New York 1984.
Cheatham, Adolphus. *I Guess I'll Get the Papers and Go Home: The Life of Doc Cheatham*. London, 1995.
Chilton, John. *Billie's Blues: The Billie Holiday Story 1933-1959*. New York, 1975.
–*Let the Good Times Roll: The Story of Louis Jordan and His Music*. Ann Arbor, 1997.
–*Ride, Red, Ride: The Life of Henry „Red" Allen*. London, 1999.
–*Sidney Bechet: The Wizard of Jazz*. New York, 1996.
–*The Song of the Hawk: The Life and Recordings of Coleman Hawkins*. Ann Arbor, 1990.
–*Stomp Off, Let's Go*. London, 1983.
–*Who's Who of Jazz: Storyville to Swing Street*. Philadelphia, 1978.
Clarke, Donald. *Wishing on the Moon: The Life and Times of Billie Holiday*. New York, 1994.
Cole, Bill. *Miles Davis: The Early Years*. New York, 1994.
Coleman, Bill. *Trumpet Story*. London, 1990.
Coleman, Janet und Al Young. *Mingus/Mingus: Two Memoirs*. New York, 1994.
Collier, James Lincoln. *Benny Goodman and the Swing Era*. New York, 1989.
–*Duke Ellington*. München, 1999.
–*Jazz: the American Theme Song*. New York, 1995.
–*Louis Armstrong*. *Bergisch Gladbach*, 1987.
–*The Making of Jazz*. Boston, 1978.
Collier-Thomas, Bettye und V. P. Franklin. *My Soul Is a Witness: A Chronology of the Civil Rights Era, 1954-1965*. New York, 1999.
Collins, R. *New Orleans Jazz: A Revised History: The Developement of American Music from the Origins to the Big Bands*. New York, 1996.
Condon, Eddie. *We Called it Music: A Generation of Jazz*. New York, 1992.
Condon, Eddie und Richard Gehman. Hrsg. *Eddie Condon's Treasury of Jazz*. New York, 1956.
Condon, Eddie und Hank O'Neal. *The Eddie Condon Scrapbook of Jazz*. New York, 1973.
Cook, Richard und Brian Norton. *The Penguin Guide to Jazz on Compact Disc*. London, 1996.
Cooke, Mervyn. *The Chronicle of Jazz*. New York, 1997.
–*Jazz*. New York, 1999.
Crouch, Stanley. *The All-American Skin Game, or, The Decoy of Race*. New York, 1995.
–*Always in Pursuit: Fresh American Perspectives. 1995-1997*. New York, 1998.
–*Notes of a Hanging Judge: Essays and Reviews 1979-1989*. New York, 1990.
Crow, Bill. *From Birdland to Broadway: Scenes from a Jazz Life*. New York, 1992.
–*Jazz Anecdotes*. New York, 1990.
Cusic, Don. *The Sound of Light: A History of Gospel Music*. Bowling Green, Ohio, 1990.
Dahl, Linda. *Stormy Weather: The Music and Lives of a Century of Jazz Women*. New York, 1992.
Dance, Stanley. *The World of Count Basie*. New York, 1980.
–*The World of Duke Ellington*. New York, 1970.
–*The World of Earl Hines*. New York, 1977.
–*The World of Swing*. New York, 1979.
Davis, Allen und Mary Lynn McCree. *Eighty Years at Hull House*. Chicago, 1969.
Davis Clive mit James Wilwerth. *Clive: Inside the Record Business*. New York, 1975.
Davis, Francis. *The History of the Blues: The Roots, the Music, the People: From Charley Patton to Robert Cray*. New York, 1995.
–*In The Moment: Jazz in the 1980s*. New York, 1996.
–*Outcats: Jazz Composers, Instrumentalists and Singers*. New York, 1990.
Davis, Miles mit Quincy Troupe. *Die Autobiographie*. München, 2000.
DeCarava, Roy. *The Sound I Saw: The Jazz Photographs of Roy DeCarava*. New York, 1983.
Deffaa, Chip. *Swing Legacy*. Newark, 1989.
–*Voices of the Jazz Age*. Champaign Ill. 1992.
Delannoy, Luc. Pres: *The Story of Lester Young*. Fayetteville, Ark., 1993.
Delaunay, Charles. *Django Reinhardt*. New York, 1961.
DeLong, Thomas A. *Pops: Paul Whiteman, King of Jazz*. Piscataway, N.J., 1983.
Deveaux, Scott. *The Birth of Bebop: A Social and Music History*. Berkeley, 1997.
–*Jazz in America: Who's Listening?* National Endowment for the Arts Research Report Nr. 31, Carson, Kalif., 1995.
Dupuis, Robert. *Bunny Berigan: Elusive Legend of Jazz*. Baton Rouge, 1993.
Dyer, Geoff. *But Beautiful. Berlin, 1998.*
Early, Gerald. The Culture of Bruising: Essays on Prizefighting, Literature and Modern American Culture. Hopewell, N.J., 1994.
–*One Nation Unter a Groove: Motown and American Culture*. Hopewell, N.J., 1995.
–*Tuxedo Junction: Essays on American Culture*. Hopewell, N.J., 1989.
Ellington, Edward Kennedy. *Music Is My Mistress*. New York, 1975.
Ellington, Mercer mit Stanley Dance. *Duke Ellington in Person: An Intimate Memoir*. New York, 1979.
Emerson, Ken. *Doo-dah! Stephen Foster and the Rise of American Popular Culture*. New York, 1997.
Epstein, Daniel Mark. *Nat King Cole*. New York, 1999.
Erenberg, Lewis. *Steppin' Out: New York Nightlife and the Transformation of American Culture 1890-1930*. Chicago, 1981.
–*Swingin'the Dream: Big Band Jazz and the Rebirth of American Culture*. Chicago, 1998.
Erlewine, Michael und Vladimir Bogdanov. *All Music Guide to Jazz*. San Francisco, 1996.
Evans, Philip R. und Larry F. Kiner. *Tram: The Frank Trumbauer Story*. Rutgers, N.Y., 1994.
Evans, Philip R. und Linda K. Evans. *Bix: The Leon Bix Beiderbecke Story*. Bakersfield, Kalif. 1998.
Feather, Leonard. *The Book of Jazz*. New York, 1959.
–*The Encyclopedia of Jazz*. New York, 1955.
–*The Encyclopedia of Jazz in the Sixties*. New York, 1966.
–*From Satchmo to Miles*. New York, 1984.
–*The Jazz Years: Earwitness to an Era*. New York, 1987.
Feather, Leonard und Ira Gitler. *The Biographical Encyclopedia of Jazz*. New York, 1999.
Feather, Leonard und Jack Tracy. *Laughter from the Hip: The Lighter Side of Jazz*. New York, 1979.
Finkelstein, Sidney. *Jazz: A People's Music*. New York, 1948.
Firestone, Ross. *Swing, Swing, Swing: The Life & Times of Benny Goodman*. New York, 1993.
Fitterling, Thomas. *Thelonious Monk: His Life and Music*. Berkeley, 1997.
Floyd, Samuel A., jun. *The Power of Black Music: Interpreting Its History from Africa to the United States*. New York, 1995.
Foster, Pops mit Tom Stoddard. *Pops Foster: The Autobiography of a New Orleans Jazzman*. Berkeley, 1971.
Fox, Ted. *Showtime at the Apollo*. New York, 1993.
Freeman, Bud. *Crazeology: The Autobiography of a Chicago Jazzman*. Urbana, Ill., 1989.
–*You Don't Look Like a Musician*. Detroit, 1974.
Friedlander, Paul. *A Social History of Rock and Roll*. Boulder, Colo., 1996.
Friedwald, Will. *Jazz Singing: America's Great Voices from Bessie Smith to Bebop and Beyond*. New York, 1996.
–*Sinatra! This Song Is You*. New York, 1995.
Gabbard, Krin. *Jammin' at the Margins: Jazz and the American Cinema*. Chicago, 1996.

–Hrsg. *Jazz Among the Discourses*. Durham, N.C., 1995.
–Hrsg. *Representing Jazz*. Durham, N.C., 1995.
Gammond Peter, Hrsg. *Duke Ellington: His Life and Music*. New York, 1977.
Gara, Larry. *The Baby Dodds Story*. Baton Rouge, 1992.
Gennari, John Remo. *The Politics of Culture and Identity in American Jazz Criticism*. Dissertation. Ann Arbor, 1993.
George, Don. *Sweet Man: The Real Duke Ellington*. New York, 1981.
Giddins, Gary. *Celebrating Bird: The Triumph of Charly Parker*. New York, 1987.
–*Faces in the Crowd: Players and Writers*. New York, 1992.
–*Rhythm-A-Ning: Jazz Tradition and Innovation in the 80s* New York, 1985.
–*Riding on a Blue Note*. New York, 1981.
–*Satchmo*. New York, 1988.
–*Visions of Jazz: The First Century*. New York, 1998.
Gill James. *Lords of Misrule: Mardi Gras and the Politics of Race in New Orleans*. Oxford, Miss., 1998.
Gillespie, Dizzy mit Al Fraser. To *Be or not to Bop. Memoirs of Dizzie Gillespie*. New York, 1979.
Gillet, Charlie. The Sound of the City: *The Rise of Rock and Roll*. New York, 1996.
Gillis, Frank J. und John Miner, Hrsg. *Oh, Didn't He Ramble: The Life Story of Lee Collins*. Chicago, 1989.
Gioia, Ted. *The History of Jazz*. New York, 1997.
–*The Imperfect Art: Reflections on Jazz and Modern Culture*. New York, 1988.
–*West Coast Jazz: Modern Jazz in California, 1945-1960*. New York, 1992.
Gitler, Ira. *Jazz Masters of the Forties*. New York, 1983.
–*Swing to Bop*. New York, 1985.
Godbolt, Jim. *A History of Jazz in Britain 1919-1950*. London, 1984.
Goldberg, Joe. *Jazz Masters of the Fifties*. New York, 1965.
Goodman, Benny und Irving Kolodin. *The Kingdom of Swing*. New York, 1939.
Gordon, Max. *Live at the Village Vanguard*. New York, 1980.
Gottlieb, Robert, Hrsg. Reading Jazz: *A Gathering of Autobiography, Reportage and Criticism from 1919 to Now*. New York, 1996.
Gottlieb, William, P. *The Golden Age of Jazz*. San Francisco, 1995.
Gourse Leslie. *The Billie Holiday Companion: Seven Decades of Commentary*. New York, 1997.
–*The Ella Fitzgerald Companion: Seven Decades of Commentary*. New York, 1998.
–*Every Day: The Story of Joe Williams*. New York, 1995.
–*Madame Jazz: Contemporary Women Instrumentalists*. New York, 1995.
–*Sassy: The Life of Sarah Vaughan*. New York, 1994.
–*Straight, No Chaser: The Life and Genius of Thelonious Monk*. New York, 1997.
–*Unforgettable: The Life and Mystique of Nat King Cole*. New York, 1991.
–*Wynton Marsalis: Skain's Domain: A Biography*. New York, 1999.
Graham, Charles. *The Great Jazz Day*. Emmerville, Kalif., 1999.
Green, Benny. *The Reluctant Art: Five Studies in the Growth of Jazz*. New York, 1991.
Green, Constance McLaughlin. *Secret City: A History of Race Relations in the Nation's Capital*. Princeton, N.J., 1967.
Gridley, Mark C. *Jazz Styles: History and Analysis*. Upper Saddle River, N.J., 2000.
Groves, Alan und Alyn Shipton. *The Glass Enclosure: The Life of Bud Powell*. Oxford, 1993.
Guralnick, Paul. *Last Train to Memphis: The Rise of Elvis Presley*. Boston, 1994.
Hadlock, Richard. *Jazz Masters of the Twenties*. New York, 1988.
Hair, William Ivy. *Carnival of Fury. Robert Charles and the New Orleans Race Riots of 1900*. Baton Rouge, 1976.
Hajdu, David. *Lush Life: A Biography of Billy Strayhorn*. New York, 1996.
Hall, Fred M. *It's About Time: The Dave Brubeck Story*. Fayetteville, Ark., 1996.
Hamill, Pete. *Why Sinatra Matters*. Boston, 1998.
Hammond, John. *John Hammond on Record: An Autobiography*. New York, 1981.
Hampton, Lionel mit James Haskins. *Hamp: An Autobiography*. New York, 1989.
Handy, D. Antoinette. *Jazz Man's Journey: A Biography of Ellis Louis Marsalis, Jr.* Landam, Md., 1999.
Handy, W. C. *Father of the Blues: An Autobiography*. New York 1969.
Harker, Brian Cameron. *The Early Musical Development of Louis Armstrong, 1901-1928*. Dissertation, Columbia University, 1997.
Harris, Michael W. *The Rise of Gospel and Blues*. New York, 1992.
Harrison Daphne Duval. *Black Pearls: Blues Queens of the 1920s*. New Brunswick, N.J., 1990.
Haskins, James und Kathleen Benson. *Nat King Cole*. Chelsea, Mich., 1984.
Haskins, Jim. *The Cotton Club*. New York, 1977.
Hasse, John Edward. *Beyond Category: The Life and Genius of Duke Ellington*. New York, 1993.
Hennessy, Mike. *Klook: The Story of Kenny Clarke*. Pittsburgh, 1994.
Hentoff, Nat und Albert J. McCarthy. *Jazz is*. New York, 1992.
–*The Jazz Life*. New York, 1975.
Hentoff, Nat. *Jazz*. New York, 1959.
–Hrsg. *Jazz. New Perspectives on the History of Jazz by Twelve of the World's Foremost Jazz Critics and Scholars*. New York, 1959.
Herman, Woody und Stuart Troop. *The Woodchopper's Ball: The Autobiography of Woody Herman*. New York, 1994.
Hilbert, Robert. *Pee Wee Russell: The Life of a Jazzman*. New York, 1993.
Hillman, Christopher. *Bunk Johnson: His Life and Times*. New York, 1988.
Hinton, Milt und David G. Berger. *Bass Line: The Stories and Photographs of Milt Hinton*. Temple University Press, 1988.
Hobsbawn, Eric. *Ungewöhnliche Menschen*. München, 2001.
Hodes, Art und Chadwick Hansen. *Hot Man: The Life of Art Hodes*. Urbana, Ill., 1992.
Holiday, Billie mit William Duffy. *Lady Sings the Blues*. Hamburg, 1999.
Holtje, Steve und Nancy Ann Lee. *Music Hound Jazz: The Essential Album Guide*. Detroit, 1998.
Horricks, Raymond. *Gerry Mulligan*. London, 1986.
Huggins, Nathan Irvin. *Harlem Renaissance*. New York, 1979.
Hutlin, Randi. *Born Under the Sign of Jazz*. New York, 1998.
Jasen, David A. und Gene Jones. *Spreadin' Rhythm Round: Black Popular Songwriters 1880-1930*. New York, 1998.
Jewell, Derek. *Duke: A Portrait of Duke Ellington*. New York, 1977.
Johnson, James Weldon. *The Autobiography of an Ex-Colored Man*. New York, 1990.
Johnston Allan. *Surviving Freedom: The Black Community of Washington D.C. 1860-1880*. New York. 1993.
Jones, Gene und Robert R. Darch. *The Original Dixieland Jass Band*. Alexandria Bay, N.Y., 1993.
Jones, Leroi. *Black Music*. New York, 1968.
–*Blues People: Negro Music in White America*. New York, 1963.
Jones, Max und John Chilton. *Louis: The Louis Armstrong Story 1900-1971*. New York, 1971.
Jonnes, Jill. *Hep-Cats, Narcs und Pipe Dreams*. Baltimore, 1999.
Jost, Ekkehard. *Free Jazz*. New York, 1994.
Kamin, Ira und Jimmy Lyons. *Dizzy, Duke, the Count and Me*. San Francisco, 1978.
Kaminsky, Max. *My Life in Jazz*. London, 1965.
Kater, Michael H. *Gewagtes Spiel*. München, 1998.
Keepnews, Orrin. *The View from Within*. New York, 1988.
Keepnews, Orrin und Bill Grauer Jr. *A Pictorial History of Jazz*. New York, 1955.
Kennedy, Rick. *Jelly Roll, Bix and Hoagy: Gennett Studios and the Birth of Recorded Jazz*. Bloomington, Ind., 1994.
Kennedy William Howard. *Chicago Jazz: A Cultural History 1904-1930*. New York, 1993.
Kernfeld, Barry. *What to Listen for in Jazz*. New Haven, 1995.
King, Johnny. *An Insider's Guide to Understanding and Listening to Jazz*. New York, 1997.
Kirchner, Bill, Hrsg., *A Miles Davis Reader*. Washington, D. C., 1997.
Kirk, Andy und Amy Lee. *Twenty Years on Wheels*. Ann Arbor, Mich., 1989.
Kliment, Bud. *Ella Fitzgerald*. New York, 1988.

Jackie Terrason

Klinker, Philip A. mit Rogers M. Smith. *The Unsteady March: The Rise and Decline of Racial Equality in America*. Chicago, 1999.

Kmen, Henry A. *Music in New Orleans*. Baton Rouge, 1966.

Korall, Burt. *Drummin' Men: The Heartbeat of Jazz, The Swing Years*. New York, 1990.

Lange, Art und Nathaniel Mackey, Hrsg. *Moment's Notice: Jazz in Poetry and Prose*. Minneapolis, 1993.

Larkin, Philip. *All What Jazz*. New York, 1985.

Lees, Gene. *Cats of Any Color: Jazz, Black and White*. New York, 1995.

–*Leader of the Band: The Life of Woody Herman*. New York, 1995.

–*Meet Me at Jim and Andy's: Jazz Musicians and Their World*. New York, 1988.

–*Oscar Peterson: The Will to Swing*. Rocklin, Kalif., 1990.

–*Singers and the Song II*. New York, 1998.

–*Waiting for Dizzy*. New York, 1991.

Leonard, Neil. *Jazz and the White Americans*. Chicago, 1962.

Lester, James. *Too Marvelous for Words: The Life and Genius of Art Tatum*. New York, 1994.

Levine, Lawrence W. *Black Culture and Black Consciousness*. New York 1977.

–*Highbrow/Lowbrow: The Emergence of Cultural Hierarchy in America*. Cambridge, 1988.

Lewis, David Levering. *When Harlem Was in Vogue*. New York, 1979.

Lichtenstein, Grace und Laura Danker. *Musical Gumbo: The Music of New Orleans*. New York, 1993.

Lindemeyer, Paul. *Celebrating the Saxophone*. New York, 1996.

Litweiler, John. *The Freedom Principle: Jazz After 1958*. New York, 1984.

–*Ornette Coleman: A Hamolodic Life*. New York, 1994.

Locke, Alain, Hrsg. *The New Negro*. New York, 1992.

Lomax, Allan. *Mister Jelly Roll*. New York, 1950.

Lowe, Allen. *American Pop: From Minstrel to Mojo: On Record 1883-1956*. New York, 1997.

Lyons, Len. *The Great Jazz Pianists: Speaking of Their Lives and Music*. New York, 1983.

Lyons, Len und Don Perlo. *Jazz Portraits: The Lives and Music of the Jazz Masters*. New York, 1989.

Magee, Jeffrey. *The Music of Fletcher Henderson and His Orchestra in the 1920s*. Dissertation. University of Michigan. 1992.

Maggin, Donald L. *Stan Getz: A Life in Jazz*. New York, 1996.

Mandel, Howard. *Future Jazz*. New York, 1999.

Marquis, Donald M. *In Search of Buddy Bolden: First Man of Jazz*. Baton Rouge, 1978.

Marsalis, Wynton. *Marsalis on Music*. New York, 1995.

Marsalis, Wynton und Frank Stewart. *Sweet Swinging Blues*. Hamburg, 1995.

Martin, Donna. *Kansas City ... And All That's Jazz*. Kansas City, Mo., 1999.

Mattingly, Rick. *The Drummer's Time: Conversations with the Great Drummers of Jazz*. Cedar Grove, N.J.. 1998.

Mayer, Harold, M. und Richard C. Wade. *Chicago: Growth of a Metropolis*. Chicago, 1969.

McCue, George. *Music in American Society 1776-1976*. New Brunswick, N.J., 1977.

McKee, Margaret und Fred Chisenhall. *Beale Black & Blue: Life and Music on Black America's Main Street*. Baton Rouge, 1981.

McRae, Barry. *The Jazz Cataclysm*. New York, 1985.

Megill, Donald D. und Richard S. Demory. *Introduction to Jazz History*. Upper Saddle River, N.J., 1996.

Meier, August. *Negro Thought in America 1880-1915*. Ann Arbor, Mich., 1966.

Melnick, Jeffrey. *A Right to Sing the Blues: African-Americans, Jews, and American Popular Song*. Cambridge, 1999.

Meltzer, David, Hrsg. *Reading Jazz*. San Francisco, 1993.

Mezzrow, Mezz und Barry Wolfe. *Really the Blues*. New York, 1990.

Miller, Marc H., Hrsg. *Louis Armstrong: A Cultural Legacy*. Seattle, 1994.

Miller, Norma und Evette Jensen. *Swingin'at the Savoy: The Memoir of a Jazz Dancer*. Philadelphia, 1996.

Mingus, Charles. *Beneath the Underdog*. New York, 1991.

Moody, Bill. *The Jazz Exiles: American Musicians Abroad*. Las Vegas, 1993.

Morgan, Thomas L. und William Barlow. *From Cakewalks to Concert Halls: An Illustrated History of African American Popular Music from 1895 to 1930*. Washington, D.C., 1992.

Morgenstern, Dan und Ole Brask. *Jazz People*. New York, 1993.

Murray, Albert. *The Blue Devils of Nada*. New York, 1996.

–*Good Morning Blues: The Autobiography of Count Basie*. New York, 1985.

–*The Hero and the Blues*. New York, 1995.

–*The Omni-Americans: Some Alternatives to the Folklore of White Supremacy*. New York, 1970.

–*Stomping the Blues*. New York, 1976.

Nicholson, Stuart. *Billie Holiday*. Boston, 1995.

–*Ella Fitzgerald: A Biography of the First Lady of Jazz*. New York, 1995.

–*Jazz: The 1980s Resurgence*. New York, 1995.

–*Reminiscing in Tempo: A Portrait of Duke Ellington*. Boston, 1999.

Nisenson, Eric. *Ascension: John Coltrane and His Quest*. New York, 1993.

–*Blue: The Murder of Jazz*. New York, 1997.

O'Day, Anita mit George Eels. *High Times Hard Times*. New York, 1989.

Ogren, Kathy J. *The Jazz Revolution: Twenties America and the Meaning of Jazz*. New York, 1989.

Oliphant, Dave. *Texan Jazz*. Austin, 1996.

Oliver, Paul und Max Harrison. *Gospel, Blues and Jazz*. London, 1980.

O'Mealy, Robert G., Hrsg. *The Jazz Cadence of American Culture*. New York, 1998.

Osofsky, Gilbert. *Harlem: The Making of a*

Ghetto 1890-1930. New York, 1966.
Owens, Thomas. *Bebop: The Music and Its Players*. New York, 1995.
Panassie, Hughes. *Louis Armstrong*. New York, 1971.
Patterson, James T. *Grand Expectations: The United States, 1945-1974*. New York, 1996.
Pearson, Nathan W., Jr. *Goin' to Kansas City*. Urbana, Ill., 1994.
Pepper, Art und Laurie Pepper. *Straight Life: The Story of Art Pepper*. New York, 1994.
Peretti, Burton W. *The Creation of Jazz: Music, Race, and Culture in Urban America*. Urbana, Ill., 1992.
–*Jazz in American Culture*. Chicago, 1997.
Perhonis, John Paul. *The Bix Beiderbecke Story: The Jazz Musician in Legend, Fiction, and Fact. A Study of the Images of Jazz in the National Culture 1930 – the Present*. Dissertation, University of Minnesota, 1978.
Perlo, Don und Len Lyons. *Jazz Portraits: The Lives and Music of the Jazz Masters*. New York, 1989.
Perry, David. *Jazz Greats*. London, 1996.
Pettinger, Peter. *Bill Evans: How My Heart Sings*. New Haven, 1998.
Piazza, Tom. *Blues and Trouble: Twelve Stories*. New York, 1996.
–*Blues Up and Down: Jazz in Our Time*. New York, 1997.
–*The Guide to Classic Recorded Jazz*. Iowa City, 1995.
–Hrsg. *Setting the Tempo: Fifty Years of Great Jazz Liner Notes*. New York, 1996.
Pinfold, Mike. *Louis Armstrong*. New York, 1987.
Placksin, Sally. *American Women in Jazz: 1900 to the Present, Their Words, Lives, and Music*. New York, 1982.
Plater, Alan. *The Beiderbecke Affair*. London, 1985.
Porter, Lewis. *John Coltrane: His Life And Music*. Ann Arbor, Mich., 1998.
–*Lester Young*. Boston, 1985.
–Hrsg. *A Lester Young Reader*. Washington, D.C., 1991.
Porter, Lewis und Michael Ullman. *Jazz: From Its Origins to the Present*. Englewood Cliffs, N.J., 1993.
Porter, Roy mit David Keller. *There and Back*. Oxford, 1991.
Priestly, Brian. *Mingus: A Critical Biography*. New York, 1983.
Raeburn, Bruce Boyd. *New Orleans Style: The Awakening of American Scholarship and Its Cultural Implications*. Dissertation, Tulane University, 1991.
Ramsey, Doug. *Jazz Matters*. Fayetteville, Ark., 1989.
Ramsey, Frederick Jr. und Charles Edward Smith. *Jazzmen: The Story of Hot Jazz Told in the Lives of the Men Who Created It*. New York, 1939.
Reisner, Robert, Hrsg. *Bird: The Legend of Charlie Parker*. New York, 1975.
Rich, Alan. *The Simon and Schuster Listener's Guide to Jazz*. New York, 1980.
Riis, Thomas. *Just Before Jazz: Black Musical Theater in New York 1890 to 1915*. Washington, D.C:, 1989.
Rivelli, Pauline und Robert Levin. *Giants of Black Music*. New York, 1979.
Roberts, John Storm. *Black Music of Two Worlds*. New York, 1972.
Rose, Al. *I Remember Jazz: Six Decades Among the Great Jazz Men*. Baton Rouge, 1987.
–*Storyville, New Orleans*. Tuscaloosa, Ala., 1974.
Rosenthal, David H. *Hard Bop: Jazz and Black Music, 1955-1965*. New York, 1992.
Rowland, Mark und Tony Sherman, Hrsg. *The Jazz Musician*. New York, 1994.
Royal, Marshal mit Claire P. Gordon. *Marshal Royal: Jazz Survivor*. London, 1996.
Russell, Ross. *Jazz Style in Kansas City and in the Southwest*. New York, 1997.
Sales, Grover. *Jazz: America's Classical Music*. New York, 1992.
Sanford, Herb. *Tommy and Jimmy: The Dorsey Years*. New York, 1972.
Schaefer, William John. *Brass Bands and New Orleans Jazz*. Baton Rouge, 1977.
Schuller, Gunther. *Early Jazz: Its Roots and Musical Development*. New York, 1986.
–*The Swing Era*. New York, 1989.
Shadwick, Keith. *Grammonphone Jazz Good CD Guide*. Middlesex, England, 1997.
Shapiro, Nat und Nat Hentoff. *Hear me Talkin' to Ya: The Story of Jazz as Told by the Men Who Made It*. New York, 1966.
–Hrsg. *The Jazz Makers*. New York, 1957.
Shaw, Arnold. *52nd Street: The Street of Jazz*. New York, 1971.
–*Honkers and Shouters*. New York, 1978.
–*The Jazz Age: Popular Music in the 1920s*. New York, 1987.
Shaw, Artie. *The Trouble with Cinderella: An Outline of Identity*. Santa Barbara, Kalif., 1992.
Shipton, Alyn. *Groovin'High: The Life of Dizzy Gillespie*. New York, 1999.
Short, Bobby mit Robert Mackintosh. *Bobby Short: The Life and Times of a Saloon Singer*. New York, 1995.
Sidran, Ben. *Talking Jazz: An Oral History*. New York, 1995.
Silvester, Peter J. *A Left Hand Like God: A History of Boogie-Woogie Piano*. New York, 1988.
Simon, George T. *The Big Bands*. New York, 1981.
Simone, Nina. I *Put a Spell on You: The Autobiography of Nina Simone*. New York, 1993.
Siskind, Aaron. *Harlem Documents: Photographs 1932-1940*. Providence, R.I., 1981.
Škvorecký, Josef. *The Bass Saxophone*. New York, 1994.
Smith, Jay D. und Len Guttridge. *Jack Teagarden: The Story of a Jazz Maverick*. New York, 1988.
Smith, Willie the Lion. *Music on My Mind: The Memoirs of an American Pianist*. London, 1966.
Southern, Eileen. *The Music of Black Americans: A History*. New York, 1983.
Spellman, A. B. *Four Lives in the Bebop Business*. New York, 1966.
Starr, S. Frederick. *Red and Hot. Jazz in Russland von 1917-1990*. o.O., 2000.
Stearns, Marshall. *The Story of Jazz*. London, 1982.
Stearns, Marshall und Jean Stearns. *Jazz Dance: The Story of American Vernacular Dance*. New York, 1994.
Steed, Janna Tull. *Duke Ellington: A Spiritual Biography*. New York, 1999.
Stewart, Rex. *Boy Meets Horn*. Ann Arbor, Mich., 1994.
–*Jazz Masters of the Thirties*. New York, 1972.
Stoddard, Tom. *Jazz on the Barbary Coast*. Berkeley, 1998.
Stokes, W. Royal. *The Jazz Scene: An Informal History from New Orleans to 1990*. New York, 1991.
–*Swing Era New York: The Photographs of Charles Preston*. Philadelphia, 1994.
Storb, Ilse. *Louis Armstrong*. Reinbek, o.J.
Stovall, Tyler. *Paris Noir: African Americans in the City of Light*. New York, 1996.
Stowe, David W. *Swing Changes: Big Band Jazz in New Deal America*. Cambridge, 1994.
Stroff, Stephen M. *Discovering Great Jazz*. New York, 1993.
Sudhalter, Richard M. *Lost Chords: White Musicians and Their Contribution to Jazz 1915-1945*. New York, 1999.
Sudhalter, Richard und Philip R. Evans. *Bix: Man and Legend*. New Rochelle, N.Y. 1974.
Swed, John F. *Space is the Place: The Lives and Times of Sun Ra*. New York, 1997.
Tanenhaus, Sam. *Louis Armstrong*. Los Angeles, 1988.
Taylor, Arthur. *Notes and Tones*. New York, 1982.
Taylor, Frank C. und Gerald Cook. *Alberta Hunter: A Celebration in Blues*. New York, 1987.
Taylor, Jeffrey. *Earl Hines and Black Jazz Piano in Chicago, 1923-1928*. Dissertation, City University of New York, 1997.
Tibbetts, John C, Hrsg. *Dvořák in America*. Portland, Ore., 1993.
Tinker, Edward Larocque. *Creole City. Its Past and Its People*. New York, 1953.
Tirro, Frank. *Jazz: A History*. New York, 1977.
Tucker, Mark. *Ellington: The Early Years*. Urbana, Ill., 1991.
–Hrsg. *The Duke Ellington Reader*. New York, 1993.
Turner, Frederick. *Remembering Song: Encounters with the New Orleans Jazz Tradition*. New York, 1982.
Ulanov, Barry. *Duke Ellington*. New York, 1975.
–*A History of Jazz in America*. New York, 1952.
Vail, Ken. *Bird's Diary: The Life of Charly Parker 1945-1955*. Surrey, Eng., 1996.
Van Rijn, Guido. *Roosevelt's Blues: African-American Blues and Gospel Songs on FDR*. Oxford, Miss., 1997.
Wade, Richard C., Hrsg. *Hull House Maps*

and Papers: Residents of Hull House - A Presentation of Nationalities and Wages in a Congested District of Chicago. New York, 1970.
Waldo, Terry. *This is Ragtime.* New York, 1991.
Walker, Leo. *The Wonderful Era of the Great Dance Bands.* New York, 1990.
Walser, Robert, Hrsg. *Keeping Time: Readings in Jazz History.* New York, 1999.
Watkins, Mel. *On the Real Side. Laughing, Lying and Signifying.* New York, 1994.
Weinstein, Norman C. *A Night in Tunisia: Imaginings of Afrika in Jazz.* New York, 1992.
Wells, Dicky und Stanley Dance. *The Night People: The Jazz Life of Dicky Wells.* Washington, D.C., 1991.
Whiteman, Paul und Mary Margaret McBride. *Jazz.* New York, 1926.
Williams, Martin. *Jazz Changes.* New York, 1992.
–*Jazz Heritage.* New York, 1985.
–*Jazz in Its Time.* New York, 1989.
–*Jazz Masters in Transition 1957-1969.* New York, 1970.
–*Jazz Masters of New Orleans.* New York, 1967.
–*The Jazz Tradition.* New York, 1993.
–Hrsg. *The Art of Jazz.* New York, 1980.
Wilmer, Valerie. *As Serious As Your Life: The Story of the New Jazz.* New York, 1992.
–*Jazz People.* New York, 1977.
Wilson, Samuel, Jr. *Benjamin Henry Latrobe: Impressions Respecting New Orleans - Diary and Sketches 1818-1820.* New York, 1951.
Wilson, Teddy mit Arie Ligthart und Humphrey van Loo. *Teddy Wilson Talks Jazz.* London, 1996.
Woideck, Carl. *The Charlie Parker Companion: Six Decades of Commentary.* New York, 1998.
–*Charlie Parker: His Music and Life.* Ann Arbor, Mich., 1996.
–*The John Coltrane Companion: Five Decades of Commentary.* New York, 1998.
Zenfell, Martha Ellen. *New Orleans.* Boston, 1995.

Nicholas Payton

REGISTER

Der Einführungstext ist mit römischen Ziffern versehen.

A

B

Christian McBride

C

D

E

Dieses Buch enthält
Kein Foto von Woody Herman!
Und auch nicht von Nat King Cole

I

J

Lewis Nash

K

N

O

P

R

Geri Allen

Joshua Redman

QUELLENNACHWEIS

Die Materialien über Louis Armstrong wurden mit der freundlichen Erlaubnis von Oscar Cohen, Präsident der Associated Booking Cooperation, New York, abgedruckt, dem alleinigen Vertreter der Louis Armstrong Educational Foundation, Inc.: David Gold, Phoebe Jacobs, Oscar Cohen.
Louis Armstrong House and Archives: Michael Cogswell, Direktor des Louis Armstrong Estate.

Wir bedanken uns bei den folgenden Verlagen und Institutionen für die Erlaubnis, bereits veröffentlichte Materialien wiederzu geben:

Amsterdam News: Kolumne von Dan Burley (*Amsterdam News*, 23.11.1940). Wiederabdruck mit Genehmigung der *Amsterdam News*.

Jason Berry: Jason Berry, Interview mit Danny Barker, aus *Louis Armstrong: An American Genius*, von James Lincoln Collier, Oxford 1983. Louis Armstrong Oral History Project, William Ranson Hogan Jazz Archive, Tulane University, New Orleans, LA. Wiederabdruck mit Genehmigung von Jason Berry.

Citadel Press: Auszüge aus *Really the Blues* von Mezz Mezzrow und Bernard Wolfe (herausgegeben von Citadel Press, einem Imprint der Kensington Publishing Corp.), Copyright © Mezz Mezzrow und Bernard Wolfe 1946. Wiederabdruck mit Genehmigung von Citadel Press.

Condé Nast Publications, Inc.: Auszüge aus *The Hot Bach* von Richard O. Boyer (*The New Yorker*, 24.6.1944 und 1.7.1944), Copyright © *The New Yorker Magazine, Inc.* 1944. Alle Rechte vorbehalten. Wiederabdruck mit Genehmigung von Condé Nast Publications, Inc.

Doubleday: Auszüge aus *To Be or Not to Bop* von Dizzy Gillespie, Copyright © 1979 John Birks Gillespie und Wilmot Alfred Fraser. Wiederabdruck mit Genehmigung von Doubleday, einem Verlag der Gruppe Random House, Inc.

Doubleday and CMG Worldwide: Auszüge aus *Music Is My Mistress* von Duke Ellington, Copyright © Duke Ellington, Inc. 1973. Rechte für Großbritannien und das Britische Commonwealth, TM Estate of Duke Ellington, unter Lizenz von CMG Worldwide, Inc. Wiederabdruck mit Genehmigung von Doubleday, einem Verlag der Gruppe Random House, Inc., und TM Estate of Duke Ellington, unter Lizenz von CMG Worldwide, Inc.

The Estate of John Hammond: Auszüge aus *John Hammond on Record* von John Hammond (Ridge Press, 1977; Penguin Books, 1981), Copyright © Estate of John Hammond. Wiederabdruck mit Genehmigung von Estate of John Hammond.

Frank Music Corp.: Auszug aus *Poor Man's Blues* von Bessie Smith, Copyright © 1930, erneuert 1958 von Frank Music Corp. Wiederabdruck mit Genehmigung von Frank Music Corp., vertreten durch Hal Leonard Corporation.

Hill and Wang und Mark Paterson and Associates: Auszüge aus *Treat it Gentle* von Sidney Bechet, Copyright © Twayne Publishers und Cassell & Company Ltd. 1960. Wiederabdruck mit Genehmigung von Hill and Wang, einem Verlag der Farrar, Straus und Giroux, LLC und Mark Paterson and Associates im Auftrag des Estate of Sidney Bechet.

Alan Lomax: Auszüge von *Mister Jelly Roll: The Fortunes of Jelly Roll Morton, New Orleans Creole and Inventor of Jazz* von Alan Lomax (überarbeitete und aktualisierte Taschenbuchausgabe erscheint 2001 bei University of California Press, Berkeley, Kalifornien.) Wiederabdruck mit Genehmigung von Alan Lomax.

McIntosh & Otis, Inc.: Auszüge aus *We Called It Music* von Eddie Condon (Holt, Rinehart and Winston, 1947), Copyright © Eddie Condon, 1947. Wiederabdruck mit Genehmigung von McIntosh & Otis, Inc.

Macmillan Press, Ltd.: Auszüge aus *A Life in Jazz* von Danny Barker, herausgegeben von

Alyn Shipton. Wiederabdruck mit Genehmigung von Macmillan Press, Ltd, Basingstoke.

The New York Times: Auszug aus *Review of Louis Armstrong* von Irving Kolodin (*New York Times*, 1.2. 1933). Copyright © *New York Times Co.* 1933. Wiederabdruck mit Genehmigung von *New York Times*.

Random House, Inc.: Auszug aus *Sleepless Nights* von Elizabeth Hardwick, Copyright © Elizabeth Hardwick 1979. Wiederabdruck mit Genehmigung von Random House, Inc.

Random House, Inc. und William Morris Agency, Inc.: Auszüge aus *Shadow and Act* von Ralph Ellison, Copyright ©, Ralph Ellison, 1953, 1964, Copyright verlängert 1981, 1992. Rechte im Britischen Commonwealth aus *The Collected Essays of Ralph Ellison* (Modern Library, 1995). Wiederabdruck mit Genehmigung von Random House, Inc., und William Morris Agency, Inc., im Auftrag des Autors.

Razaf Music: Vierstrophiges Gedicht von Andy Razaf (veröffentlicht in *New York Amsterdam News*, 1932). Alle Rechte vorbehalten. Wiederabdruck mit Genehmigung von Razaf Music, unter Aufsicht der Songwriters Guild of America.

Scribner: Auszüge aus *Jazz Masters of the Thirties* von Rex Stewart, Copyright © Estate of Rex W. Stewart, 1972. Wiederabdruck mit Genehmigung von Scribner, einem Verlag von Simon & Schuster.

Simon & Schuster: Auszüge aus *Miles: The Autobiography* von Miles Davis und Quincy Troupe, Copyright © Miles Davis, 1989. Wiederabdruck mit Genehmigung von Simon & Schuster.

Smithsonian Institution Press: Auszüge aus *The Night People* von Dickey Wells, nach einem Gespräch mit Stanley Dance, erschienen bei Smithsonian Institution Press, Washington, D.C.; Copyright © 1991. Wiederabdruck mit Genehmigung von Smithsonian Institution Press.

Stackpole Books: Auszüge aus *The Kingdom Swing* von Benny Goodman mit Irving Kolodin (Stackpole & Sons, New York, 1939). Wiederabdruck mit Genehmigung von Stackpole Books.

University of California Press: Auszüge aus *Pops Foster: The Autobiography of a New Orleans Jazzman as Told to Tom Stoddard* von George Foster. Copyright © Direktorium University of California, 1971. Wiederabdruck mit Genehmigung von University of California Press.

University of South Carolina Press: Vier Telegramme von Charlie Parker an Chan Parker, entnommen aus *My Life in E-Flat* von Chan Parker, Copyright © University of South Carolina, 1999. Wiederabdruck mit Genehmigung der University of South Carolina Press.

The Wylie Agency, Inc.: Auszüge aus *Stomping the Blues* von Albert Murray. Copyright © Albert Murray, 1976. Wiederabdruck mit Genehmigung von The Wylie Agency, Inc.

The Yale Law Journal: Auszug aus *My World with Louis Armstrong* von Charles L. Black (Erstveröffentlichung *Yale Review*, 1969, Wiederabdruck *The Yale Law Journal*, Band 95, S. 1595-1600, 1986). Wiederabdruck mit Genehmigung von The Yale Law Journal Company und William S. Hein Company.

Yale University Press: Auszüge aus *Latrobe's View of America* von Edward C. Carter II, u.a., (Hrsg.). Copyright © Yale University, 1985. Wiederabdruck mit Genehmigung von Yale University Press.

BILDNACHWEIS

Jeder Nachweis nennt Quelle, die Nummer des Negativs (sofern existent), sowie den Fotografen (sofern bekannt). Bei mehreren Nachweisen auf einer Seite erfolgt die Nennung im Uhrzeigersinn von links oben.

ABKÜRZUNGEN DER FOTOGRAFEN & INSTITUTIONEN

ABC	Anthony Barboza Collection
AP	Archive Photos
BP	Bob Parent
CI	Corbis Images, Inc.
CP	Charles Peterson
CS	Chuck Stewart
DSC	Duncan P. Schiedt Collection
FDC	Frank Driggs Collection
HJA	Hogan Jazz Archive, Tulane University
HL	Herman Leonard
HNC	Historic New Orleans Collection
IJS	Institute of Jazz Studies
KS	Kathy Sloane
KWC	Ken Whitten Collection
LAH	Louis Armstrong House and Archives
LOC	Prints and Photographs Division, The Library of Congress
LSM	Louisiana State Museum
LT	Lee Tanner
MI	Mosaic Images; Francis Wolff
MJH	Milton J. Hinton
NMA	Archives Center, National Museum of American History, Smithsonian Institution
NYPL-H	Humanities and Social Science Library, The New York Public Library
NYPL-P	Performing Arts Library, The New York Public Library
NYPL-S	Schomberg Center for Research in Black Culture, The New York Public Library
PH	Paul J. Hoeffler
SM	SONY Music Archives; Don Huntstein
WC	William Claxton
WG	William Gottlieb

Archivreproduktionen:
Paul H. Christensen und Chris Leary
Bildrecherche: Shola Lynch
Koordination: Kara Mickley

VORSATZ: WG
VORSPANN: i NMA ii–iii: BP iv: BP vi: FDC viii: FDC xi: Bill Trumbauer xii: CS xiii: HL xiv: HL xv: HL xvi–xvii: HL xviii: FDC xix: CP xx–xxi: CP

KAPITEL EINS: xxii–P 1: LSM 2: LSM #372 /George Francois Mugnier 3: LSM/Rowles 1979.120.244 4–5: HNC 6: Yale–Beinecke Rare Book Library UNCAT–JWJ #13MS.59; Eugene Groves 7: LSM/George Francois Mugnier 8: Museum of the City of New York 32.483 ab; Museum of the City of New York Theater Collection #32.340.36 9: The Brown Brothers–TH95 10: CI#PG8587 11: IJS; FDC 12–13: HJA 14: © Joshua Mann Pailet, A Gallery for Fine Photography; LSM/ George Francois Mugnier 15: FDC 17: LSM 1978.118(B)991 18: HJA; HJA 19: LSM #1978.118(B)5733; FDC 20: FDC 21: HJA 23: LSM #1978.118(B)532 24: NYPL–S #SC-CN-80-0094; FDC; David A. Jasen Archive; David A. Jasen Archive 25: FDC 26: HNC 27: LSM #1978.118(B)886 29: LSM #1978.118(B)883 30: FDC 31: FDC 32–33: HJA 35: LSM #1978.118(B)533

KAPITEL ZWEI: 36–37: FDC 38: HJA 39: FDC 40: Mollyne Karnofsky 41: FDC 42: HJA 43: HJA 44–45: LSM#1978.118(B)675 46: HNC 47: FDC 49: NYPL–S #SC-CN-98-0172; FDC; John Edward Hasse 50: Historical Society of Washington, DC #HSW 5878 51: Historical Society of Washington, DC #CHS 5718A 52–53: LSM, #1978.118 (B)958 54: FDC; FDC 56: FDC 57: Ladies Home Journal 12/1914 © Meredith Publishing Group 58–59: Maryland Historical Society MS2800 Box 72 59: FDC 60–61: FDC; HJA

KAPITEL DREI: 62–63: CI # U174082INP>2 64: The RCA Records Label of BMG Entertainment 65: FDC; Yale–Music Library, Dance Collection Bands-M 66: Moorland-Spingarn Research Center, Reid Badger Collection. 67: Maryland Historical Society #Z24.1575 68: National Archives III-SC 20417 69: National Archives #38760 WW1 box 284 71: FDC; FDC 72: DSC #H-4630 73: FDC 74–75: LSM #1979.1(2)77: FDC; Iowa State Historical Society #PA 183 – Crane Collection 78: FDC 80: FDC 81: FDC 82: DSC #H-2579 83: FDC 84: UMI / The Chicago Defender Newspaper 85: FDC 86: FDC 87: FDC 88: DSC #H-1001 89: Chris Albertson; ABC 90: IJS; Universal Music Enterprises/Brunswick; NYPL–H #XMG-767-393 91: FDC; Culver Pictures, Inc. #PH0001CP001141 92: Chris Albertson 93: FDC 94: IJS/Melrose Publishing 95: DSC #H595; Collection of Franz Jantzen 96–97: FDC 97: DSC #RI-34 98: DSC #H-6 99: FDC 100: FDC 102–103: DSC #H2580 104: Phil Pospychala; DSC 105: FDC 107: IJS 108: FDC; IJS 109: FDC; David A. Jasen Archive 110–111: AP 113: FDC 114: FDC; DSC #H-600 115: FDC

INTERVIEW MIT WYNTON MARSALIS
Fotos von Frank Stewart

KAPITEL VIER: 122–123: FDC 124: DSC 125: DSC #H2818; DSC #H2818A 126–127: FDC 128: FDC 129: FDC 130: FDC 131: LSM #T5. 1996.80 132: Chicago Historical Society #ICHi 01436 133: FDC; Chicago Historical Society 134: University of Illinois JAMC #894 135: DSC #H-3878 137: LSM #1978.118(B).542; The RCA Records Label of BMG Entertainment 138: FDC 139: FDC 140: FDC 142: FDC 143: FDC 145: CI 146–147: FDC 148: FDC; DSC #H3640 149: FDC 150–151: FDC 152: FDC 153: Chris Albertson 154: DSC 155: DSC #H345 156: Poster Photo Archives, Posters Please Inc., NY; Roger-Viollet 157: FDC 158: LAH 159: FDC 160: Chicago Historical Society #ICHi-14428; Yale Music Library 161: IJS 162: Courtesy Artie Shaw 163: DSC 164–5: FDC 166: LSM 167: FDC 168: David A. Jasen Archive 169: Courtesy Chris Albertson 170: UMI/Davenport Daily Democrat 170–171: FDC

KAPITEL FÜNF: 172–173: DSC #H3226 174: NYPL–S FSA Collection–Louisiana 175: FDC 176: Dorothy Miller 177: Elizabeth Campbell Rollins, Nachtklubplan von E. Simms Campbell; FDC 178: FDC; FDC 179: NYPL–S #SC-CN-81-0009 180: DSC# H-465 181: FDC 183: FDC 184: FDC 185: LAH 186: FDC; LAH; FDC 187: HNC; FDC; LSM 188: FDC 189: FDC 191: FDC 193: FDC 194: Kansas City Museum #PC35:435 195: FDC; DSC 196: Special Collections Department, Kansas City, Missouri Public Library 197: Kansas City Museum Association 199: FDC 200: FDC; FDC 201: FDC 203: DSC #W-31; DSC #W-28 204: DSC #H-3158 206: FDC 207: FDC 208–209: James T. Maher 210: James T. Maher 211: NMA Ruth Ellington Collection 415 Box 9 Folder 1 212: LAH #photo 1-1/49 213: FDC 214: FDC 215: LAH 216: Miles Educational Film Productions 217: Cornell Capa 218: NYPL–S #SC-CN-98-0040; NYPL–P Music #166a(c4010) Otto Hess; NYPL–P Music #166C(c4012) Otto Hess 219: Cornell Capa 220: IJS 222–223: FDC

ESSAY VON DAN MORGENSTERN
225: WG 226: WG 229: DSC 231: WG

KAPITEL SECHS: 232–233: NYPL–S #SC-CNN-98-0041 Otto Hess 234: CI #U1036094INP>5 235: FDC 236: NYPL–P Music #2a B1780 Otto Hess 237: FDC 238–239: AP 241: FDC 242: FDC; DSC 243: DSC; DSC #H-1448a; FDC 244: DSC #H-3982; FDC; FDC 245: FDC; CP 246: FDC 248: American Jazz Museum #12.42.OP10 249: FDC 250: FDC 251: MJH; MJH; LOC #USZ62-120259 253: The New York Daily News 254: CI # U833074INP>8 255: FDC 256: FDC 258: KWC 259: FDC 260–261: Alle Fotos von Henry Ries 262: FDC 264: CP 265: CP 266: CP 267: FDC 268: CS 270: CP 271: FDC 273: FDC 274–275: LAH: Foto# 3 9/45 276 LAH Foto# 3 9/50; LAH Foto# 3 9/48; LAH Foto# 3 9/49 277: LAH 278: KWC 279: FDC

KAPITEL SIEBEN: 280–281: National Archives III-SC-191838 282: LOC #USF34-29475-D 283: FDC 285: CP 286: HL 287: HL 288–89: FDC 290: FDC 292: HL 292: FDC 293: Jeanie Bryson 294: MJH 295: Patricia Willard 297: University of Missouri, Dave E. Dexter Collection 298: "That's Jazz" Ausstellungskatalog 1988 Darmstadt Pg. 390 299: WG; WG 300: FDC; FDC; RCA Records Label of BMG Entertainment; AP 301: FDC 302: National Archives #NWDNS-208-NP-8T-2 303: (both): Dave Brubeck Collection, Holt-Atherton Special Collections, The University of the Pacific, Stockton, CA. 304: CI #U726565 ACME>1 306: FDC 307: FDC 309: NYPL–S #SC-CN-98-0244 310: NYPL–P Music #19c [D1745] Otto Hess 311: IJS 312–313: LOC #LC-USW-3-23967-D Gordon Parks 314: LAH Foto #5–15/12 315: LAH 316–317: FDC 317: The New York Daily News 318: CP 319: FDC 321: Marvin Christian Collection #N-3-334 William Preston Mayfield 322: FDC 323: Savoy Records

ESSAY VON GERALD EARLY
327: WG 328: FDC 330–331: LT

KAPITEL ACHT: 332–333: FDC 334:Warner Special Products/Musicraft Records 335: WG 337: LAH Scrapbook #4, #873; LAH Snaps #3 3/68; LAH Snaps 3 3/33 338: HNC 339: CP 340: WG 341: FDC 343: LOC LC-USF-34-52589-D Marion Post Wolcott 344: FDC 345: HL 346: FDC 348: Life Magazine © Time Inc./ Allan Grant 348: Michael Ochs Archives 349: FDC; HL 350: HL 351: MI 352–353: HL 354: LSM #1978.118(B)179 354: LAH 355: FDC 355: Ralph Ginzburg 356: DSC #H-3780 357: HL 359: Herb Snitzer

ESSAY VON GARY GIDDINS
361: ABC 362: Enid Farber 364: Enid Farber 365: KS; KS 367: ABC

KAPITEL NEUN: 368– 369: BP 370: PH 371: HL 373: ABC; FDC 374: HL 375: FDC 376: CS 377: FDC 378: FDC 379: BP 380: © 1954 Time Inc. 381: BP 382: W. Eugene Smith 383: MI 384–385: MI 386: HL 387: HL 388: Fantasy Records/Prestige 389: HL 390: SM 391: MI 393: AP 395: LAH 396: HL 398–399: BP 399: MI; HL; HL 400: PH; BP; PH 401: PH; PH 402: WC 404: BP 405: SM #1169C3#22 406: Val Wilmer Collection/Daniel Filipacchi 407: SM #1464 C1 #23A 408: SM #1675 C2 #11; SONY Music/Columbia Records #CL 1041; SONY Music/ Columbia Records #CL 466312 409: WC 410–411: WC 412: HL 413: Universal Music Enterprises/Verve MGV 4013 414: KS 415: WC 416: WC 417: BP

ESSAY VON STANLEY CROUCH
419: KS 421: Carol Friedman 422: Carol Friedman 425: ABC

KAPITEL ZEHN: 426–427: Bruce Polonsky 428: FDC 429: Life Magazine © Time Inc./John Loengard 430: CI #U1436829A>8 431: HL 432–433: LT 434: WC 435: CS 436: Universal Music Enterprises/ Kapp Records 437: LT 438: SMA/Vernon Smith; Michael Paul Lund 439: CS 440: Universal Music Enterprises/Impulse Records A-9124 440: Universal Music Enterprises/Impulse Records A-42 441: Bengt H. Malmqvist 442: NMA #301 Box #6 Folder 2 443: Herb Snitzer 444: KS 445: SONY Music/Columbia Records #GP 26 446: ABC 446–447: SMA/Urve Kuusik C11025 6/73 448: SONY Music/Columbia Records #468209 448: SONY Music/Columbia Records #31067 449: HL 450: DSC 451: LAH 452: CI #U1709660>1 452: The New York Daily News #5 byook6m.jpg 454: AP 455: NMA Ruth Ellington Collection 456: MI 457: ABC 458: SONY Music/Columbia Records #C2K46824 459: Ellis & Dolores Marsalis 460–461: Nubar Alexanian

ANHANG 462–487: Jimmy Katz

Abdruck mit Genehmigung von The Estate of Duke Ellington, Lizenz über CMG Worldwide Inc.

Materialien über Louis Armstrong abgedruckt mit freundlicher Genehmigung von Oscar Cohen, Präsident der Associated Booking Corporation, New York, dem alleinigen Vertreter der Louis Armstrong Educational Foundation, Inc.: David Gold, Phoebe Jacobs, Oscar Cohen

Louis Armstrong House and Archives: Michael Cogswell, Direktor

Louis Armstrong Estate

ZUM FILM

Ein Film von
KEN BURNS
Regie
KEN BURNS
Buch
GEOFFREY C. WARD
Eine Produktion von
KEN BURNS
LYNN NOVICK
Co-Produzenten
PETER MILLER
VICTORIA GOHL
Supervisor Filmschnitt
PAUL BARNES
Schnitt Episoden
PAUL BARNES
SANDRA MARIE CHRISTIE
LEWIS ERSKINE
ERIK EWERS
SARAH E. HILL
CRAIG MELLISH
SHANNON ROBARDS
TRICIA REIDY
AARON VEGA
Erzählt von
KEITH DAVID
Kamera
BUDDY SQUIRES
KEN BURNS
Associate Producers
SARAH BOTSTEIN
NATALIE BULLOCK BROWN
SHOLA LYNCH
Consulting Producer
MADISON DAVIS LACY
Senior Creative Consultant
WYNTON MARSALIS
Senior Advisor
DAN MORGENSTERN
Fachberatung
MICHAEL CHERTOK
JAMES LINCOLN COLLIER
STANLEY CROUCH
MICHAEL CUSCUNA
DAYTON DUNCAN
JULIE DUNFEY
GERALD EARLY
TOM EVERED
GARY GIDDINS
MATT GLASER
JOANNA GRONING
ERIC HOBSBAWM
ROBIN D. G. KELLEY
CHARLIE LOURIE
ALLEN LOWE
ALBERT MURRAY
DANIEL OKRENT
BRUCE BOYD RAEBURN
LOREN SCHOENBERG
GUNTHER SCHULLER
MARGARET WASHINGTON
Stimmen
ADAM ARKIN
VERNEL BAGNERIS
PHILIP BOSCO
TOM BOWER
MATTHEW BRODERICK
HODDING CARTER III
KEVIN CONWAY
HARRY CONNICK, JR.
BRUCE DAVISON
ANN DUQUESNAY
CHARLES DURNING
KEITH LEE GRANT
ERIC GEORGE
DEREK JACOBI
SAMUEL L. JACKSON
CHERRY JONES
ANTHONY LAPAGLIA
ERIQ LASALLE
DELROY LINDO
AMY MADIGAN
WENDY MAKKENA
JOE MORTON
JAMES NAUGHTON
KEVIN RAMSEY
STUDS TERKEL
COURTNEY B. VANCE
Koordination Postproduktion
CRAIG MELLISH
AARON VEGA
Associate Editors
BARNARD D. JAFFIER
DAVE MAST
Assistant Editors
DAVID CHRISTIAN FAULKNER
MATTHEW L. McGRAIL
KEVIN J. MERCIER
DAVID McMAHON
THOR K. NEURIETER
MEG ANNE SCHINDLER
TIM CLARK
Production Associate
KARA E. MICKLEY
Zweite Kamera
STEPHEN McCARTHY
ALLEN MOORE
Kameraassistenz
SCOTT D. CARRITHERS
ELIZABETH DORY
ANNE MARIE FENDRICK
DAVID A. FORD
ANNE GWYNN
ROGER HAYDOCK
MARK HERSHFELD
JUDY HOFFMAN
ANTONIO ROSSI
ANTHONY SAVINI
FOREST THURMAN
WADE WHITLEY
ANDREW YARME
Sound Recording
MARC DICHTER
ERIK EWERS
CHARLES B. FITZPATRICK
JEFF KENTON
STACEY COHEN MAITRE
BRUCE PERLMAN
RICHARD POOLER
MARK ROY
WILLIAM SAROKIN
GEORGE SHAFNACKER
BARRY SPILLMAN
JOHN ZECCA
Geschäftsführung
BRENDA HEATH
Koordination Produktion
PAM TUBRIDY BAUCOM
Assistenz
SUSAN YEATON BUTLER
PATTY LAWLOR
Supervisor Sound Editor
IRA SPIEGEL
Dialoge
MARLENA GRZASLEWICZ
DAN KORINTUS
Effekte
BRUCE KITZMEYER
Musikaufnahme
JENNIFER DUNNINGTON
JACOB RIBICOFF
Tonassistenz
MARIUSZ GLABINSKI
CONOR GUY
Filmmischung
LEE DICHTER
DOMINICK TAVELLA
SOUND ONE
Musik u.a.
WYNTON MARSALIS
VICTOR GOINES
WYCLIFFE GORDON
DELFEAYO MARSALIS
HERLIN RILEY
DON VAPPIE
RODNEY WHITTAKER
TEESE GOHL
THE 2ND SOUTH CAROLINA STRING BAND
THE OLD TOWNE BRASS BAND
Animation Standfotografie
THE FRAME SHOP
Edward Joyce und Edward Searles
Archivfotografie
PAUL H. CHRISTENSEN
Digitale Bildbearbeitung
CHRIS LEARY
Voice-Over Recording
A&J RECORDING STUDIOS
Lou Verrico
Negativfilm
NOELLE PENRAAT
Titeldesign
CHURCH & MAIN, INC.
JAMES MADDEN
Farbkorrektur
DUART FILM LABS
Postproduktion Video
THE TAPE HOUSE/NEW YORK
Filmtransfer
JOHN J. DOWDELL III
Archivfilmtransfer
RICK PAGLIAROLI
Online Editors
JOE SALLERES
GEORGE T. BUNCE
Filmschnittequipment
THE BOSTON CONNECTION
Dwight Cody
Rechtsberatung
ROBERT N. GOLD
THOMAS R. LEVY
Publicity
DAN KLORES ASSOCIATES

Eine Produktion von Florentine Films und WETA, TV in Zusammenarbeit mit BBC

Mit freundlicher Unterstützung von
General Motors
PBS
Park Foundation
The Corporation for Public Broadcasting
The Pew Charitable Trusts
The Doris Duke Charitable Foundation
Louisiana Department of Culture, Recreation and Tourism
The National Endowment for the Humanities
The Arthur Vining Davis Foundations
The John D. and Catherine T. MacArthur Foundation
The Reva and David Logan Foundation
The National Endowment for the Arts
Helen und Peter Bing

Jimmy
RYAN'S
BAR
TONY'S
ONYX
LEON & EDDIE'S
HARRY the HIPSTER

CLUB
SAMOA
Club CAROUSEL
3 DEUCES
B.S. PULLY
ERROLL GARNER
J.C. HEARD
OSCAR PETTIFORD
THREE DEUCES
CLUB CAROUSEL
THREE DEUCES
ALL STAR QUARTET